Wolfgang Wiefel

Das Evangelium nach Lukas

Theologischer Handkommentar
zum Neuen Testament

In neuer Bearbeitung unter Mitwirkung von

Hermann Binder, Walter Grundmann †, Klaus Haacker, Günter Haufe, Harald Hegermann, Gottfried Holtz, Traugott Holtz, Albrecht Oepke †, Petr Pokorný, Gottfried Schille, Hans Wilhelm Schmidt, Johannes Schneider †, Werner Vogler, Nikolaus Walter, Wolfgang Wiefel

herausgegeben von

Erich Fascher †, Joachim Rohde und Christian Wolff

III

Das Evangelium nach Lukas

von

Wolfgang Wiefel

Das Evangelium nach Lukas

von

Wolfgang Wiefel

Evangelische Verlagsanstalt Berlin

Die erste Auflage des Handkommentars zum Lukasevangelium ist 1934 erschienen. Sie wurde von Friedrich Hauck verfaßt. Für die zweite Auflage von 1961 ist der Kommentar von Walter Grundmann völlig neu bearbeitet worden. Die vorliegende Auflage stellt eine weitere Neubearbeitung dar. Sie wurde – unter Nutzung der von Walter Grundmann erarbeiteten Auslegung – von Wolfgang Wiefel besorgt.

CIP-Kurztitelaufnahme:

Wiefel, Wolfgang:
Das Evangelium nach Lukas / von
Wolfgang Wiefel. – 1. Aufl. d.
Neubearb. – Berlin : Evangelische
Verlagsanstalt, 1987. – XVIII, 418 S.
– (Theologischer Handkommentar zum
Neuen Testament ; 3)
NET: GT

Theologischer Handkommentar zum Neuen Testament: ISBN 3–374–00039–8
Band III: ISBN 3–374–00040–1
Bisher erschienen:
Band X/1: ISBN 3–374–00350–8

1. Auflage der Neubearbeitung
Lizenz 420.205–218–88. LSV 6010. H 5891
Schutzumschlag und Einband: Werner Sroka
Printed in the German Democratic Republic
Satz: Union Druckerei Berlin
Druck: Graphischer Betrieb Jütte, Leipzig
01800

Vorwort

Die Auslegung des Lukasevangeliums im Rahmen des Theologischen Handkommentars zum Neuen Testament liegt hiermit in einer veränderten Gestalt vor. Walter Grundmann (1906–1976), der schon in der Vorkriegszeit seit 1932 – damals noch Pfarrer in Oberlichtenau – zum Mitarbeiterkreis des Auslegungswerks gehörte, hatte seine Kommentierung des dritten Evangeliums erstmalig 1961 vorgelegt. Er selbst war in die Nachfolge von Friedrich Hauck eingetreten, der den Lukasband in dem damals noch jungen Kommentarwerk übernommen und 1934 abgeschlossen hatte. In insgesamt 10 Auflagen hat der in unmittelbarer Reaktion auf die Wende der Evangelienforschung zur redaktionsgeschichtlichen Arbeit entstandene Kommentar Grundmanns seine Leser erreicht und sie zu sachgemäßem Verständnis des Lukas angeleitet. Lange Zeit hindurch war er der einzige vollständige neuere wissenschaftliche Kommentar zum Lukasevangelium im deutschen Sprachgebiet.

Nach mehr als einem Vierteljahrhundert schien es angezeigt, das überaus erfolgreiche Werk einer Neubearbeitung zu unterziehen. Herausgeber, Verlag und Bearbeiter waren darin übereingekommen, daß die Auslegung ihrer Substanz nach soweit wie angängig erhalten bleiben sollte. Es war jedoch eine gründliche Revision, Fortschreibung und Ergänzung erforderlich, die die Ergebnisse der Forschung seit 1960, soweit es in den gegebenen (auch umfangsbedingten) Grenzen möglich war, berücksichtigte. Dieser Aufgabe hat sich der Bearbeiter unterzogen, wobei er vor allem die zahlreichen Benutzer dieses Kommentarwerks vor Augen hatte, die in der DDR im Dienst der Verkündigung und Lehre stehen. Im Blick auf jene, für die andere wissenschaftliche Kommentare und bibliographische Hilfsmittel nur schwer erreichbar sind, wurden die Hinweise auf neuere Literatur ausführlicher gehalten als in den früheren Auflagen. Zu jedem Abschnitt wurden wichtige deutschsprachige, gelegentlich auch fremdsprachige Titel aus der exegetischen Arbeit seit 1945 aufgeführt. So soll dem Leser, dem es um eine vertiefte Beschäftigung mit einzelnen Perikopen zu tun ist, der Zugang zur neueren Diskussion erleichtert werden.

Meine Frau, Gunda Wiefel, hat nicht nur alle technischen Arbeiten bei der Erstellung des Manuskriptes übernommen, sondern auch die Gestaltung des vorliegenden Kommentars von Anfang bis Ende ratend und helfend begleitet. Ihr gilt deshalb mein besonderer Dank.

Wolfgang Wiefel

Inhalt

Abkürzungen

1. Altes und Neues Testament

Gen.	=	Genesis	Hagg.	=	Haggai
Ex.	=	Exodus	Sach.	=	Sacharja
Lev.	=	Leviticus	Mal.	=	Maleachi
Num.	=	Numeri	Jud.	=	Judith
Deut.	=	Deuteronomium	Weish. (Sap.)	=	Weisheit Salomos (Sapientia Salomonis)
Jos.	=	Josua	Tob.	=	Tobias
Richt.	=	Richter	Sir.	=	Sirach
Ruth	=	Ruth	Bar.	=	Baruch
1. Sam.	=	1. Samuel	1. Makk.	=	1. Makkabäer
2. Sam.	=	2. Samuel	2. Makk.	=	2. Makkabäer
1. Kön.	=	1. Könige	Matth.	=	Matthäus
2. Kön.	=	2. Könige	Mark.	=	Markus
1. Chron.	=	1. Chronik	Luk.	=	Lukas
2. Chron.	=	2. Chronik	Joh.	=	Johannes
Esra	=	Esra	Apg. (Act.)	=	Apostelgeschichte (Acta)
Neh.	=	Nehemia	Röm.	=	Römer
Esth.	=	Esther	1. Kor.	=	1. Korinther
Hiob	=	Hiob	2. Kor.	=	2. Korinther
Ps.	=	Psalmen	Gal.	=	Galater
Spr.	=	Sprüche	Eph.	=	Epheser
Pred.	=	Prediger	Phil.	=	Philipper
Hohesl.	=	Hoheslied	Kol.	=	Kolosser
Jes.	=	Jesaja	1. Thess.	=	1. Thessalonicher
Jer.	=	Jeremia	2. Thess.	=	2. Thessalonicher
Klagel.	=	Klagelieder	1. Tim.	=	1. Timotheus
Ez. (Hes.)	=	Ezechiel (Hesekiel)	2. Tim.	=	2. Timotheus
Dan.	=	Daniel	Tit.	=	Titus
Hos.	=	Hosea	Phm.	=	Philemon
Joel	=	Joel	1. Petr.	=	1. Petrus
Amos	=	Amos	2. Petr.	=	2. Petrus
Obad.	=	Obadja	1. Joh.	=	1. Johannes
Jona	=	Jona	Hebr.	=	Hebräer
Micha	=	Micha	Jak.	=	Jakobus
Nah.	=	Nahum	Judas	=	Judas
Hab.	=	Habakuk	Offb.	=	Offenbarung
Zeph.	=	Zephanja			

2. Intertestamentarische Literatur

Ass. Mos.	=	Assumptio Mosis	4. Esra	=	4. Esra
Bar. Apok.	=	Baruch-Apokalypse	aeth. Hen.	=	äthiopischer Henoch

sl. Hen.	slawischer Henoch
Jub.	Jubiläenbuch
Orac. Sib.	Sibyllinische Orakel
Ps. Sal.	Psalmen Salomonis
Test. XII	Testament der zwölf Patriarchen

3. Apostolische Väter und neutestamentliche Apokryphen

Act. Thom.	Acta Thomae
Apok. Petr.	Apokalypse Petri
Apost. Const.	Apostolische Konstitutionen
Barn.	Barnabasbrief
1. Clem.	1. Clemensbrief
Did.	Didache
Herm.	Pastor Hermae
Herm. m.	Pastor Hermae mandata
Herm. s.	Pastor Hermae similitudines
Herm. v.	Pastor Hermae visiones
Ignat.	Ignatius
Od. Sal.	Oden Salomonis
Petr. Evg.	Petrusevangelium
Polyk.	Polykarp
Protevg. Jac.	Protevangelium des Jakobus
Ps. Clem. Hom.	Pseudoclementinen Homilien
Ps. Clem. Rec.	Pseudoclementinen Recognitionen

4. Qumranschriften

CD	Damaskusschrift
1QH	Hodajoth (Dankpsalmen)
1QM	Kriegsrolle
1QpHab	Habakukkommentar
1QS	Sektenrolle (Ordensregel)
1QSa	Anhang zur Sektenrolle (Ordensregel)

5. Judaica

b.	babylonischer Talmud
Cant. rabba	Canticum rabba
Eka r.	Eka rabbati
Exod. rabba	Exodus rabba
Gen. rabba	Genesis rabba
jer.	jerusalemischer Talmud
Jos.	Josephus
Ant.	Antiquitates
Bell. Jud.	Bellum Judaicum
c. Ap.	Contra Apionem
vit.	Vita
Mech.	Midrasch Mechiltha zu Exodus
Midr.	Midrasch
Midr. Qoh.	Midrasch Qohelet (Midrasch zum Prediger Salomo)
Philo	Philo von Alexandrien
Qoh. rabba	Qohelet rabba
Sifre Deut.	Sifre Deuteronomium
Sifre Num.	Sifre Numeri
Targ. (jerusch.)	Targum
Tos.	Tosefta

Mischnatraktate und Schriften des Philo von Alexandrien werden mit den geläufigen Abkürzungen angeführt.

6. Antike Schriftsteller

Ael. Aristid.	Aelius Aristides
Aesch.	Aeschylos
Amm. Marc.	Ammianus Marcellinus
Aristoph.	Aristophanes
Aristot.	Aristoteles
Corp. Herm.	Corpus Hermeticum
Demosth.	Demosthenes
Diog. Laert.	Diogenes Laertius
Dio Chrys.	Dio Chrysostomus
Epict.	Epictet
Herm. Trismeg.	Hermes Trismegistos
Herod.	Herodot
Plut.	Plutarch
Suet.	Suetonius

7. Kirchenväter

Athan.	=	Athanasius
Clem. Al.	=	Clemens Alexandrinus
CSEL	=	Corpus scriptorum ecclesiasticorum Latinorum
Cypr.	=	Cyprian
Epiph.	=	Epiphanius
Euseb.	=	Eusebius
Hier.	=	Hieronymus
Hippol.	=	Hippolyt
Iren.	=	Irenäus
Just.	=	Justin (der Märtyrer)
Lact.	=	Lactantius
M(P)G	=	J. P. Migne, Patrologia Graeca
M(P)L	=	J. P. Migne, Patrologia Latina
Orig.	=	Origenes
Tat.	=	Tatian
Tert.	=	Tertullian

8. Inschriften und Papyri

CIG	=	Corpus Inscriptionum Graecarum
CIL	=	Corpus Inscriptionum Latinarum
Ditt. Or.	=	Orientis Graeci Inscriptiones selectae, ed. W. Dittenberger (1903ff.)
Ditt. Syll.	=	Sylloge Inscriptionum Graecarum, ed. W. Dittenberger (1915ff.)
Inschr. Priene	=	Inschriften von Priene, ed. F. Hiller von Gaertringen (1906)
PGM (Preis Zaub)	=	Papyri Graecae Magicae, ed. K. Preisendanz (1928ff.)
POxy	=	The Oxyrhynchus Papyri, ed. B. Grenfell et A. Hunt (1898ff.)

9. Abkürzungen von Reihen, Sammelwerken und Zeitschriften

AFLNW	=	Arbeitsgemeinschaft für Forschung des Landes Nordrhein-Westfalen
AGSU	=	Arbeiten zur Geschichte des Spätjudentums und Urchristentums
AnBibl	=	Analecta biblica
Angelos	=	Angelos. Archiv für neutestamentliche Zeitgeschichte und Kulturkunde
ARW	=	Archiv für Religionswissenschaft
ASNU	=	Acta seminarii neotestamentici Upsaliensis
AThANT	=	Abhandlungen zur Theologie des Alten und Neuen Testaments
AVThR	=	Aufsätze und Vorträge zur Theologie und Religionswissenschaft
AzKG	=	Arbeiten zur Kirchengeschichte
BBB	=	Bonner biblische Beiträge
BBE	=	Beiträge zur biblischen Exegese
BEphTheolLov	=	Bibliotheca ephemeridum theologicarum Lovaniensium
BevTh	=	Beiträge zur evangelischen Theologie
BFchrTh	=	Beiträge zur Förderung christlicher Theologie
BG	=	Botschaft Gottes
BGbE	=	Beiträge zur Geschichte der biblischen Exegese
BHTh	=	Beiträge zur historischen Theologie
Bibl	=	Biblica
BiKi	=	Bibel und Kirche
BJRL	=	Bulletin of the John Rylands library
BSt	=	Biblische Studien
BuL	=	Bibel und Leben
BWANT	=	Beiträge zur Wissenschaft vom Alten und Neuen Testament
BZ	=	Biblische Zeitschrift
BZNW	=	Beihefte zur Zeitschrift für neutestamentliche Wissenschaft
BZSF	=	Biblische Zeit- und Streitfragen zur Aufklärung der Gebildeten
Cath	=	Catholica

CBQ	=	Catholic biblical quarterly
ChrL	=	Die Christenlehre
CommViat	=	Communio viatorum
Coniectanea Bibl. NewTestSer	=	Coniectanea Biblica, New Testament Series
Coniect Neotest	=	Coniectanea neotestamentica
CThM	=	Calwer theologische Monographien
EHSchrTh	=	Europäische Hochschulschriften, Reihe Theologie
EKK	=	Evangelisch-katholischer Kommentar zum Neuen Testament
EKKV	=	Evangelisch-katholischer Kommentar zum Neuen Testament, Vorarbeiten
EphTheolLov	=	Ephemerides theologicae Lovanienses
EThSchr	=	Erfurter theologische Schriften
EThSt	=	Erfurter theologische Studien
EvTh	=	Evangelische Theologie
FRLANT	=	Forschungen zur Religion und Literatur des Alten und Neuen Testaments
FrThSt	=	Frankfurter theologische Studien
FThSt	=	Freiburger theologische Studien
FzB	=	Forschungen zur Bibel
GGA	=	Göttingische gelehrte Anzeigen
GTA	=	Göttinger theologische Arbeiten
GuL	=	Geist und Leben
HarvTheolStud	=	Harvard theological studies
HarvThRev	=	Harvard theological review
HNT	=	Handbuch zum Neuen Testament
HThK	=	Herders theologischer Kommentar zum Neuen Testament
JAC	=	Jahrbuch für Antike und Christentum
JBL	=	Journal of biblical literature
JJS	=	Journal of Jewish studies
JQR	=	Jewish quarterly review
JThSt	=	Journal of theological studies
Jud	=	Judaica
KEK	=	Kritisch-exegetischer Kommentar über das Neue Testament
KlT	=	Kleine Texte für (theologische und philologische) Vorlesungen und Übungen
KNT	=	Kommentar zum Neuen Testament
KuD	=	Kerygma und Dogma
KVR	=	Kleine Vandenhoeck-Reihe
LectDiv	=	Lectio divina
LingBibl	=	Linguistica Biblica
LitJahrb	=	Liturgisches Jahrbuch
LThK	=	Lexikon für Theologie und Kirche
MThSt	=	Münchener theologische Studien
MThZ	=	Münchener theologische Zeitschrift
NGG	=	Nachrichten von der Gesellschaft der Wissenschaften in Göttingen
NKZ	=	Neue kirchliche Zeitschrift
NouvRevTheol	=	Nouvelle revue théologique
NovTest	=	Novum Testamentum
NovTestSuppl	=	Novum Testamentum, Supplementum
NTA	=	Neutestamentliche Abhandlungen
NTD	=	Das Neue Testament Deutsch
NTF	=	Neutestamentliche Forschungen
NThT	=	Nieuw theologisch tijdschrift
NTS	=	New Testament Studies
ÖTK	=	Ökumenischer Taschenbuch-Kommentar zum Neuen Testament
OrbBiblOr	=	Orbis biblicus et orientalis
PadTheolStud	=	Paderborner theologische Studien

PJ	=	Palästinajahrbuch
QuaestDisp	=	Quaestiones disputatae
RAC	=	Reallexikon für Antike und Christentum
RechBibl	=	Recherches bibliques
RevBibl	=	Revue biblique
RevQumran	=	Revue de Qumran
RGG	=	Die Religion in Geschichte und Gegenwart
RheinMus	=	Rheinisches Museum für Philologie
RHPhR	=	Revue d'histoire et de philosophie religieuses
RNT	=	Regensburger Neues Testament
RScRel	=	Recherches de science religieuse
RThPh	=	Revue de théologie et de philosophie
SBA	=	Sitzungsberichte der Berliner (preußischen) Akademie der Wissenschaften
SBS	=	Stuttgarter Bibelstudien
SNT	=	Die Schriften des Neuen Testaments
SNTSMonSer	=	Society for New Testament Studies, Monographien Series
StANT	=	Studien zum Alten und Neuen Testament
StNT	=	Studien zum Neuen Testament
StNTU	=	Studien zum Neuen Testament und seiner Umwelt
StTh	=	Studia Theologica Lundensia
Str.-B.	=	H. L. Strack/P. Billerbeck, Kommentar zum Neuen Testament aus Talmud und Midrasch
StudEv	=	Studia Evangelica
StUNT	=	Studien zur Umwelt des Neuen Testaments
SupplNovTest	=	Supplements to Novum Testamentum
SvExÅrsb	=	Svensk Exegetisk Årsbok
SyBU	=	Symbolae biblicae Upsalienses
SymbOsl	=	Symbolae Osloenses
ThA	=	Theologische Arbeiten
ThB	=	Theologische Bücherei
ThBl	=	Theologische Blätter
ThEh	=	Theologische Existenz heute
TheolAkad	=	Theologische Akademie
TheolJahrb	=	Theologisches Jahrbuch
TheolJahrb Halle	=	Theologische Jahrbücher Halle
TheolVers	=	Theologische Versuche
TheolViat	=	Theologia viatorum
ThF	=	Theologische Forschung
ThHK	=	Theologischer Handkommentar zum Neuen Testament
ThLZ	=	Theologische Literaturzeitung
ThR	=	Theologische Rundschau
ThStKr	=	Theologische Studien und Kritiken
ThTh	=	Themen der Theologie
ThWB	=	Theologisches Wörterbuch zum Neuen Testament
ThZ	=	Theologische Zeitschrift
TThZ	=	Trierer theologische Zeitschrift
TU	=	Texte und Untersuchungen zur Geschichte der altchristlichen Literatur
UNT	=	Untersuchungen zum Neuen Testament
UppsUnivÅrssk	=	Uppsala universtets årsskrift
VigChrist	=	Vigiliae Christianae
WMANT	=	Wissenschaftliche Monographien zum Alten und Neuen Testament
WuD	=	Wort und Dienst
WUNT	=	Wissenschaftliche Untersuchungen zum Neuen Testament
WZ	=	Wissenschaftliche Zeitschrift
ZdZ	=	Die Zeichen der Zeit

ZKTh	=	Zeitschrift für katholische Theologie
ZNW	=	Zeitschrift für die neutestamentliche Wissenschaft und die Kunde der älteren Kirche
ZSTh	=	Zeitschrift für systematische Theologie
ZThK	=	Zeitschrift für Theologie und Kirche

10. Sonstige Sigla

Anm.	=	Anmerkung
App.	=	textkritischer Apparat
arab.	=	arabisch
aram.	=	aramäisch
Art.	=	Artikel
Aufl.	=	Auflage
Ausg.	=	Ausgabe
Bd.	=	Band
bes.	=	besonders
cap.	=	Kapitel
Cod.	=	Codex
Diss.	=	Dissertation
ed.	=	herausgegeben von
Festschr. (F.S., FS)	=	Festschrift
Exk.	=	Exkurs
hebr.	=	hebräisch
Hs.	=	Handschrift
LXX	=	Septuaginta
NF	=	Neue Folge
o. J.	=	ohne Jahresangabe
P.	=	Papyrus
pal.	=	palästinensisch
par.	=	parallel
Par(r).	=	Parallele(n)
patr.	=	patristisch
s.	=	siehe
Schol.	=	Scholien
s. o.	=	siehe oben
Sp.	=	Spalte
s. u.	=	siehe unten
s. v.	=	sub voce = z. W.
term. techn.	=	Terminus technicus
V., VV.	=	Vers, Verse
Vulg.	=	Vulgata
WB	=	Wörterbuch
Z.	=	Zeile
z. St.	=	zur Stelle

Literatur

1. Texte und Hilfsmittel

Bauer, W., Griechisch-deutsches Wörterbuch zu den Schriften des Neuen Testaments und der übrigen urchristlichen Literatur, Berlin-West 1952
Biblia Sacra. Iuxta Vulgatam Versionem, I.II, Stuttgart 1969
Blaß, F./Debrunner, A./Rehkopf, F., Grammatik des neutestamentlichen Griechisch, Göttingen [14]1976
Hatch, E./Redpath, H. A., A Concordance to the Septuagint, I.II, Graz 1954
Morgenthaler, R., Statistik des Neutestamentlichen Wortschatzes, Zürich/Frankfurt a. M. 1958
Novum Testamentum Graece, ed. E. Nestle et K. Aland, Stuttgart [26]1979
Pape, W., Handwörterbuch der griechischen Sprache, I–IV, Braunschweig 1872
Schmoller, A., Handkonkordanz zum griechischen Neuen Testament, Stuttgart [9]1951
Septuaginta, ed. A. Rahlfs, I.II, Stuttgart 1950
Synopse der drei ersten Evangelien, mit Beigabe der johanneischen Parallelstellen, hg. v. A. Huck, völlig neu bearbeitet von H. Greeven, Tübingen [13]1981
Synopsis Quattuor Evangeliorum, ed. K. Aland, Stuttgart [3]1966

2. Deutschsprachige Kommentare

Bartsch, H. W., Wachet aber zu jeder Zeit, Hamburg 1963
Ernst, J., Das Evangelium nach Lukas, RNT 3, Regensburg 1979 = Leipzig 1985
Gnilka, J., Das Evangelium nach Markus, EKK II,1.2, Leipzig 1982
Grundmann, W., Das Evangelium nach Lukas, ThHK 3, Berlin [10]1984
Hauck, F., Das Evangelium nach Lukas, ThHK 3, Leipzig 1934
Jeremias, Joach., Die Sprache des Lukasevangeliums, KEK Sonderband, Göttingen 1980
Klostermann, E., Das Lukasevangelium, HNT 5, Tübingen 1929
Pesch R., Das Markusevangelium, HThK II,1.2, Freiburg 1976/77
Rengstorf, K. H., Das Evangelium nach Lukas, NTD 3, Göttingen [10]1965
Schlatter, A., Das Evangelium des Lukas aus seinen Quellen erklärt, Stuttgart 1931, [2]1960
Schmid, J., Das Evangelium nach Lukas, RNT 3, Regensburg [4]1960
Schmithals, W., Das Evangelium nach Lukas, Zürcher Bibelkommentare 3, Zürich 1982
Schneider, G., Das Evangelium nach Lukas, ÖTK 3,1.2, Gütersloh/Würzburg 1977
Schürmann, H., Das Lukasevangelium, Erster Teil, Kommentar zu Kap. 1,1–9,50, HThK 3,1, Leipzig 1970
Schweizer, E., Das Evangelium nach Lukas, NTD 3, Berlin 1983
Stöger, A., Das Evangelium nach Lukas, Geistliche Schriftlesung 3,1.2, Leipzig 1963
Weiß, B., Das Evangelium des Markus und Lukas, KEK I,2[9], Göttingen 1901
Weiß, J./Bousset, W., Die drei älteren Evangelien, SNT I, Göttingen 1917
Wellhausen, J., Das Evangelium Lucae, Berlin 1904
Zahn, Th., Das Evangelium des Lucas, KNT III, Leipzig/Erlangen [3+4]1920

3. Fremdsprachige Kommentare

Browning, W. R. F., The Gospel According to Saint Luke, Torch Bible Commentaries, London/New York 1960

Creed, J. M., The Gospel According to St. Luke. The Greek Text with Introductions, Notes and Indices, London 1930, Nachdr. [6]1960

Easton, B. S., The Gospel According to St. Luke: A Critical and Exegetical Commentary, Edinburgh 1926

Ellis, E. E., The Gospel of Luke, The Century Bible, New Ed., London 1966

Fitzmyer, J., The Gospel according to Luke (I–IX), Anchor Bible 28, Philadelphia 1981

Lagrange, J.-M., Évangile selon Saint Luc, Études Bibliques, Paris [7]1958

Leaney, A. R. C., A Commentary on the Gospel According to St. Luke, Black's New Testament Commentaries III, London 1958

Loisy, A., Les Évangiles synoptiques I.II, Montier-En-Der 1907–1908

Loisy, A., L'Évangile selon Luc, Paris 1924

Manson, W., The Gospel of Luke, Moffatt New Testament Commentary, London 1930, Nachdr. [6]1948

Marshall, I. H., The Gospel of Luke, A Commentary on the Greek Text, The New International Greek Text Commentary, Exeter 1979

Plummer, A., Gospel According to S. Luke, International Critical Commentary, Edinburgh [5]1922, Neudr. 1960

4. Wichtige Monographien (Kurztitel)

v. Baer, H., Der Heilige Geist in den Lukasschriften, BWANT 3,3, Stuttgart 1926 = Der Heilige Geist

Bornhäuser, K., Studien zum Sondergut des Lukas, Gütersloh 1934 = Studien

Braumann, G. (Hg.), Das Lukas-Evangelium. Die redaktions- und kompositionsgeschichtliche Forschung, Darmstadt 1974 = Lukasevangelium

Brown, R. E./Donfried, K. P./Fitzmyer, J. A./Reumann, J. (Hg.), Maria im Neuen Testament. Eine ökumenische Untersuchung, Stuttgart 1981 = Maria im Neuen Testament

Bultmann, R., Die Geschichte der synoptischen Tradition, Berlin [4]1961 (= Göttingen 1958) = Synoptische Tradition

Conzelmann, H., Die Mitte der Zeit, BHTh 17, Tübingen 1954 = Mitte der Zeit

Cullmann, O., Die Christologie des Neuen Testaments, Tübingen [3]1963 = Christologie

Dalman, G., Die Worte Jesu, I, Einleitung und wichtige Begriffe, Leipzig 1930 = Worte Jesu

Dalman, G., Orte und Wege Jesu, BFchrTh 2,1, Gütersloh [3]1924 = Orte und Wege

Dibelius, M., Die Formgeschichte des Evangeliums, Tübingen 1933, Berlin 1967 = Formgeschichte

Eichholz, G., Gleichnisse der Evangelien, Neukirchen 1971 = Gleichnisse

Fuller, R. H., Die Wunder Jesu in Exegese und Verkündigung, Berlin 1970 = Wunder

Goppelt, L., Theologie des Neuen Testaments, Berlin 1977, 1978 = Theologie des Neuen Testaments

Goppelt, L., Typos. Die typologische Deutung des Alten Testaments im Neuen, Gütersloh 1939 = Typos

Hahn, F., Christologische Hoheitstitel, FRLANT 83, Göttingen [2]1964, Berlin 1965 = Hoheitstitel

Haenchen, E., Der Weg Jesu, Berlin-West [2]1968 = Weg Jesu

Hirsch, E., Frühgeschichte des Evangeliums II, Tübingen 1941 = Frühgeschichte

Hoffmann, P., Studien zur Theologie der Logienquelle, NTA 8, Münster 1972 = Logienquelle

Jeremias, Joach., Die Gleichnisse Jesu, Berlin 1956 = Gleichnisse

Jeremias, Joach., Jerusalem zur Zeit Jesu, Berlin [2]1958 = Jerusalem

Jeremias, Joach., Neutestamentliche Theologie, I, Gütersloh 1971, Berlin 1973 = Theologie

Jülicher, A., Die Gleichnisreden Jesu, Tübingen 1910 = Gleichnisse

Kahlefeld, H., Gleichnisse und Lehrstücke, I.II, Leipzig 1965 = Gleichnisse

Koch, K., Was ist Formgeschichte?, Berlin 1971 = Formgeschichte

Kopp, C., Die heiligen Stätten der Evangelien, Regensburg [2]1964 = Die heiligen Stätten
Kümmel, W. G., Verheißung und Erfüllung, Berlin 1967 = Verheißung
Leipoldt, J./Grundmann, W., Umwelt des Urchristentums, I–III, Berlin 1965–1967 = Umwelt
Linnemann, E., Gleichnisse Jesu. Einführung und Auslegung, Göttingen 1964 = Gleichnisse
van der Loos, H., The miracles of Jesus, SupplNovTest IX, Leiden 1965 = Miracles
Lührmann, D., Die Redaktion der Logienquelle, Neukirchen 1969 = Redaktion
Mánek, J., ... und brachte Frucht. Die Gleichnisse Jesu, Berlin 1977 = Frucht
Merklein, H., Die Gottesherrschaft als Handlungsprinzip, FzB 34, Würzburg 1978 = Gottesherrschaft
Meyer, E., Ursprung und Anfänge des Christentums I–III, Stuttgart/Berlin 1921 = Ursprung und Anfänge
Polag, A., Die Christologie der Logienquelle, WMANT 45, Neukirchen 1977 = Christologie
Robinson, W. C., Der Weg des Herrn. Studien zur Geschichte und Eschatologie im Lukas-Evangelium, ThF 36, Hamburg 1964 = Der Weg des Herrn
Roloff, J., Das Kerygma und der irdische Jesus, Berlin 1973 = Kerygma
Schmidt, K.-L., Der Rahmen der Geschichte Jesu, Berlin 1919 = Rahmen
Schniewind, J., Die Parallelperikopen bei Lukas und Johannes, Leipzig 1914 = Parallelperikopen
Schramm, T., Der Markus-Stoff bei Lukas, SNTSMonSer 14, Cambridge 1971 = Markusstoff
Schürer, E., Geschichte des jüdischen Volkes im Zeitalter Jesu Christi, I–III, Leipzig 1901, 1907, 1909 = Geschichte des jüdischen Volkes
Schütz, F., Der leidende Christus und die Gemeinde, BWANT 89, Stuttgart 1969 = Der leidende Christus
Schulz, S., Q. Die Spruchquelle der Evangelisten, Zürich 1972 = Spruchquelle
Trilling, W., Christusverkündigung in den synoptischen Evangelien, Leipzig 1968 = Christusverkündigung
Voss, G., Die Christologie der lukanischen Schriften in ihren Grundzügen, Paris/Brügge 1965 = Christologie
Weder, H., Gleichnisse Jesu als Metaphern, FRLANT 120, Göttingen 1978 = Gleichnisse Jesu als Metaphern
Zimmermann, H., Neutestamentliche Methodenlehre, Leipzig 1968 = Methodenlehre

5. Literaturberichte zu Fragen des Lukasevangeliums und der lukanischen Theologie

Conzelmann, H., Literaturbericht zu den synoptischen Evangelien, ThR 37, 1972, 220–272; 43, 1978, 3–51, 321–327
Talbert, C. H., Shifting Sands. The Recent Study of the Gospel of Luke, Interpretation 39, 1976, 381–395
Bovon, F., Luc le théologien, vingt-cinq ans des recherches (1950–1975), Neuchâtel/Paris 1978
Rese, M., Neuere Lukasarbeiten, ThLZ 106, 1981, Sp. 225–237

vgl. ferner:
Kümmel, W. G., Jesusforschung, ThR 31, 1965/66, 15–46, 289–315; 40, 1976, 289–336; 41, 1976, 197–258, 295–363; 43, 1978, 105–161, 233–265; 45, 1980, 40–84, 293–337; 46, 1981, 317–363

Einleitung

§ 1 Verfasser und Abfassungszeit des Lukasevangeliums

Die kirchliche Überlieferung nennt als *Verfasser* des (in der traditionellen Reihenfolge) dritten Evangeliums und der Apostelgeschichte Lukas. Weder die Evangelienschrift noch die an sie anschließende Apostelgeschichte tragen den Grund für diese Überlieferung in sich und geben einen direkten Hinweis auf sie. Sicher ist nur die in beiden Schriften (Luk. 1,3; Apg. 1,1) enthaltene Widmung an Theophilus und ihre durch viele Indizien erhärtete Zusammengehörigkeit als Teile eines vom gleichen Verfasser geschriebenen Doppelwerks.[1] So wäre zunächst nur vom Autor ad Theophilum zu sprechen. Der für ihn überlieferte Name Lukas kommt in der Antike verhältnismäßig selten vor. Er ist eine Kurzform aus Lucanus. Häufiger begegnet Lukios, für den gleichfalls der Name Lukas als verkürzte Form eintreten kann.

Das Neue Testament kennt sowohl einen Lukas als auch einen Lukios. An eine Identifizierung beider ist kaum zu denken. Ein Träger des Namens Lukas taucht an drei Stellen des Corpus Paulinum auf und zwar je einmal in den paulinischen Homologumena, den Deuteropaulinen und den Pastoralbriefen: Phm. 24; Kol. 4,14; 2. Tim. 4,11. In Phm. 24 erscheint er in der Reihe derer, die Paulus seine Mitarbeiter nennt. Kol. 4,14 sendet Grüße von Lukas, dem Arzt, dem Geliebten (d. h. von einer dem Autor nahestehenden Person); 2. Tim. 4,11 sagt aus, daß er (Lukas) allein bei dem gefangenen Paulus ist. Auffallend ist, daß es jeweils Gefangenschaftsbriefe sind, in denen ein Träger des Namens Lukas erwähnt wird. Aus Kol. 4,10–14 läßt sich außer der Angabe, Lukas sei Arzt gewesen, noch erschließen, daß er Heidenchrist war, denn seine Erwähnung in Kol. 4,14 wird von der der Judenchristen in 4,10f. deutlich abgehoben. Hingegen gehört der Röm. 16,21 genannte Lukios zum Kreis der *συγγενεῖς μου* also der (Christen aus den) Juden. Judenchrist dürfte auch der Lukios von Apg. 13,1 gewesen sein; seine Bezeichnung als Kyrenäer soll ihn als Diasporajuden charakterisieren.

Die Wir-Stücke der Apostelgeschichte (16,10–17; 20,5–15; 21,1–18; 27,1–28,16) – als Augenzeugenbericht und regelrechte Quelle verstanden oder auch als bloßes Stilmittel aufgefaßt – geben keine Anhaltspunkte für den Namen des Erzählers. Allenfalls läßt sich sagen, daß die Angaben des Corpus Paulinum über einen Weggefährten des Paulus, der dann in der Gefangenschaft (bzw. in den Gefangenschaften) an seiner Seite ist, eine längere Reisebegleiterschaft im Sinne der Wir-Stücke nicht ausschließt. Die Unsicherheit, die nicht zuletzt aus der umstrittenen Authentizität des Kol. (und natürlich auch des 2. Tim.) erwächst, läßt jede Kombination als gewagt erscheinen.

---

[1] Vgl. *R. Morgenthaler*, Die lukanische Geschichtsschreibung als Zeugnis, AThANT 14.15, Zürich 1949.

So sind wir auf die altkirchliche Tradition verwiesen. Dort fällt zuerst auf, daß Marcion für den Kanon, den er seiner Sonderkirche gibt, aus den Evangelien das von ihm bearbeitete Lukasevangelium auswählt, den Namen des Lukas freilich unterdrückt. Es ist für ihn »das Evangelium«, einer Verfasserangabe bedarf es nicht. Dennoch dürfte er der Meinung gewesen sein, daß es indirekt auf Paulus, den einzigen von ihm anerkannten Apostel, zurückgeht.[2] Es liegt darum nahe, daß Marcion in der ersten Hälfte des zweiten Jahrhunderts die gleiche Tradition erreicht hat, die Irenäus am Ausgang desselben mit der Nennung des Namens Lukas so wiedergibt: »Und Lukas aber, der Gefolgsmann des Paulus, legte das von jenem verkündete Evangelium in einem Buch nieder.«[3] Der Zusammenhang der Aussage ist dadurch bestimmt, daß Irenäus das Markusevangelium zuvor auf die Predigt des Petrus zurückgeführt hat. Die Irenäus bekannte Tradition besagt also: Lukas hat das dritte Evangelium geschrieben, er war Gefolgsmann des Paulus. Irenäus gibt dieser Überlieferung eine für ihn und die Kirche seiner Zeit entscheidende Interpretation. Wie Markus das Petrusevangelium, so ist Lukas das Paulusevangelium. Die beiden nicht unmittelbar apostolischen Evangelien sind als Werke von Apostelschülern an die als apostolisch geltenden (Matth., Joh.) nahe herangerückt.

Der Kanon Muratori[4] enthält in seiner Einleitung eine Bemerkung, die auffällt und neu ist: Lukas wird als iuris studiosus bezeichnet. Für das Evangelium gibt sie wenig her. Sie könnte aus dem Eindruck entstanden sein, daß der in Apg. 21–28 vorliegende Bericht über die Gefangenschaft des Paulus den Charakter einer Apologie hat und also mit dem römischen Prozeß des Paulus zusammenhängt. Doch vielleicht handelt es sich eher um eine Verschreibung, hinter der das weniger problematische itineris sui socius steht. Dies würde nur auf ein entsprechendes Verständnis der Wir-Stücke in der Apostelgeschichte verweisen. Bei Eusebius stoßen wir zum ersten Mal auf die Überlieferung von einer Herkunft des Lukas aus Antiochien.[5] Wenn er ihn Arzt nennt und von ihm sagt, er habe größtenteils in der Gesellschaft des Paulus gelebt und auch mit anderen Aposteln fleißig Umgang gehabt, so geht das über die bekannte Tradition nicht hinaus.

Hieronymus spricht in seiner Vorrede zum Matthäusevangelium davon, daß Lukas sein Evangelium in Achaia und Böotien geschrieben habe und in Theben gestorben sei.[6] Die monarchianischen Prologe geben in ihrer griechischen Fassung eine Art vita des Lukas: »Es ist Lukas ein antiochenischer Syrer, seines Gewerbes ein Arzt, ein Schüler von Aposteln, später aber hat er den Paulus bis zu seinem Martyrium begleitet. Nachdem er dem Herrn makellos gedient hatte, unbeweibt, kinderlos, entschlief er 84 Jahre alt in Böotien voll heiligen Geistes.« Sein Werk wird in einer Weise gekennzeichnet, die es (der Tendenz der Prologe entsprechend) als Werkzeug im Kampf gegen die aufkommende

---

[2] Über Lukas bei Marcion handeln mit z. T. unterschiedlicher Akzentuierung u. a. *Th. v. Zahn*, Geschichte des neutestamentlichen Kanons I, Leipzig 1888, 591–718; *A. v. Harnack*, Marcion, Leipzig 1924, 52–73; *H. v. Campenhausen*, Die Entstehung der christlichen Bibel, BHTh 39, Tübingen 1968, 187–189.

[3] Adv. haer. III, 1,1.

[4] Text bei *Th. v. Zahn*, Grundriß der Geschichte des neutestamentlichen Kanons, Leipzig ^{2}1904, 76–81; übers. bei *E. Hennecke/W. Schneemelcher*, Neutestamentliche Apokryphen I, Berlin 1961, 18–20.

[5] Hist. eccl. III, 4,6.

[6] MPL 26,18.

Gnosis erscheinen läßt. Er habe sein Evangelium, vom heiligen Geist getrieben, in Achaja geschrieben, »um den Gläubigen aus den Heiden eine genaue Erzählung der Heilsveranstaltung vorzutragen, damit sie nicht durch jüdische Mythologie hin und her gezerrt werden noch getäuscht durch ketzerische und nichtige Phantasien die Wahrheit verfehlten«.[7] Solche Charakterisierung entspricht kaum der Tendenz des Evangeliums selbst, eher einem aktuellen Bedürfnis des Verfassers, der in seinen weiteren Aussagen über Lukas Ähnliches bietet wie Hieronymus.

Der Vergleich der altkirchlichen Mitteilungen über Lukas zeigt das Anwachsen einer Tradition, die immer mehr konkrete Angaben machen will, wo nichts Näheres überliefert war. Die altkirchliche Heiligenverehrung bezieht auch ihn, der nicht als Märtyrer, sondern als jungfräulicher Asket gilt, ein. Seit 356/57 wird die Apostelkirche in Konstantinopel als Aufbewahrungsort der Reliquien des Lukas angesehen, die man aus dem griechischen Theben überführt hatte.

Wo man wie bei den konservativen Neulutheranern des 19. und auch des 20. Jahrhunderts und bei vielen älteren römisch-katholischen Autoren die neutestamentlichen Angaben über Lukas und den Kern der altkirchlichen Überlieferung zusammenfügte, ergab sich die traditionelle Sicht des Lukasproblems, bei der das in der herkömmlichen Abfolge des Kanons dritte Evangelium und die Apostelgeschichte auf einen Träger des Namens Lukas zurückgeführt wurden und vier Merkmale als gegeben galten:

1. Der Verfasser war ein Arzt.
2. Er war Mitarbeiter des Paulus.
3. Er war Antiochener.
4. Sein (Doppel-)Werk wurde für griechische Gemeinden in Griechenland geschrieben.

Zumindest die drei ersten Züge unterliegen erheblichen Zweifeln.

1. W. K. Hobart, Th. v. Zahn und A. v. Harnack[8] haben sich um den Nachweis bemüht, daß die Sprache des Lukas ärztliche Bildung verrate. Jedoch war eine ärztliche Fachsprache in der antiken Welt nur wenig entwickelt und hat bei Lukas kaum Spuren hinterlassen. Was er auf diesem Gebiet terminologisch und sachlich bietet, geht über allgemeine Kenntnisse nicht hinaus und zwingt, wie schon H. J. Cadbury gezeigt hat, keineswegs zu der Annahme, das Lukasevangelium könnte nur von einem medizinisch gebildeten Mann geschrieben sein.[9]

2. Kann der Verfasser der lukanischen Schriften ein Mitarbeiter und Vertrauter des Paulus gewesen sein? A. v. Harnack ist seinerzeit noch mit Entschiedenheit dafür eingetreten. Seit Martin Dibelius ist die Ansicht verbreitet, daß die Darstellung des Paulus in der Apostelgeschichte nicht durch persönliche Erinnerungen des Verfassers, sondern durch sachlich-theologische und vom Aufbau des Werkes bestimmte formale Gesichts-

---

[7] Text der griechischen und der lateinischen Fassung bei *Th. v. Zahn*, Komm., 739–744; vgl. auch *E. Haenchen*, Apostelgeschichte, KEK V, Göttingen [10]1956, 10f.

[8] *W. K. Hobart*, The medical language of St. Luke, Dublin 1882; *Th. v. Zahn*, Einleitung in das Neue Testament II, Leipzig 1899, 333f.; *A. v. Harnack*, Lukas der Arzt, Beiträge zur Einleitung in das Neue Testament 1, Leipzig 1906.

[9] *H. J. Cadbury*, Style and literary method of Luke, HarvTheolStud 6, 1919/20, 37–72.

punkte getragen sei.[10] Ph. Vielhauer ist in dieser Richtung weitergegangen und hat tiefgreifende Unterschiede zwischen der Theologie des Lukas und des Paulus hervorgehoben, wobei wie schon bei Martin Dibelius die Bewertung der Areopagrede eine wichtige Rolle spielt.[11] Die in den neueren Kommentaren zur Apostelgeschichte (Haenchen, Conzelmann, Alfons Weiser, Roloff, G. Schneider, Schille) vertretene Sicht, daß in der dort gegebenen Darstellung nicht ein Mann der Apostelzeit, sondern der nachapostolischen Zeit spricht, hat auch für das Evangelium Konsequenzen. Auf jeden Fall wird man davon ausgehen können, daß das lukanische Werk längere Zeit nach dem Ende des Paulus geschrieben ist. Ein prägender Einfluß der Theologie des Paulus ist nicht oder doch nur in sehr abgeschwächtem Maße erkennbar.

3. Die antiochenische Herkunft des Verfassers glaubte man durch Angaben der Apostelgeschichte über diese Gemeinde bestätigt zu sehen, die keinen legendären Charakter tragen, sondern den Eindruck authentischer Erinnerungen erwecken. Eine solche Bewertung der Antiochiastücke ist traditionsgeschichtlich problematisch. Nimmt man als zweites Argument eine Lokalkenntnis hinzu, die den palästinensischen Raum einschließt, so wird die Skepsis eher noch verstärkt. Vielmehr ist – für das Evangelium besonders wichtig – auf die Farblosigkeit jener (geographischen) Angaben über Palästina hinzuweisen, die auf den redigierenden Evangelisten selbst zurückgehen. In bezug auf ihn kam H. Conzelmann zu dem Urteil, Lukas habe wohl keine genauere Kenntnis vom Land.[12] Bei einem Antiochener dürfte man sie voraussetzen.[13] Ob er in Jerusalem gewesen ist, vielleicht gar als Reisebegleiter des Paulus, bleibt ungewiß. Die Bedeutung, die Jerusalem bei ihm besitzt, sollte man nicht davon herleiten. Einzelangaben oder Einzelschilderungen im Evangelium, die topographische Kenntnis verraten, möchte man eher den Quellen zuschreiben.

4. Am sichersten darf man damit rechnen, daß als Leser des Werkes hellenistische Christen vorausgesetzt werden. Die Tradition könnte darin recht gehabt haben, daß dem Autor bei der Abfassung seines Werkes Gemeinden in Griechenland vor Augen standen. An sie wendet er sich in einer Zeit, in der neue Fragen aufgekommen sind. Diesen stellt sich Lukas, indem er die ihm überlieferte Jesusgeschichte ebenso verarbeitet wie die Kunde von der urgemeindlichen und paulinischen Zeit (an der diese Gemeinden bereits Anteil gehabt haben) und deren Höhepunkte er ihnen in der Apostelgeschichte vor Augen stellt. Er bemüht sich, der nachapostolischen Generation ein Bild zu hinterlassen, wie es sich bei produktiver Verarbeitung der ihm vorliegenden Quellen seinem zur Synthese drängenden Geist darstellt. Er hat aus Vorlagen, die zu einem Teil direkt oder indirekt im palästinensischen Raum verwurzelt waren, ein Evangelium für hellenistische Leser gestaltet. In diesem Sinne ist er der Evangelist der Griechen.

Was die *Abfassungszeit* angeht, so ist die in der älteren Tradition vertretene Ansicht, die Apostelgeschichte sollte für den noch unabgeschlossenen Prozeß des Paulus als Apo-

---

[10] *M. Dibelius*, Aufsätze zur Apostelgeschichte, Berlin 1951, bes. Paulus in der Apostelgeschichte, 175–180.

[11] *Ph. Vielhauer*, Zum Paulinismus in der Apostelgeschichte, EvTh 10, 1950/51, 1–15 = Aufsätze zum Neuen Testament, München 1965, 9–27.

[12] *H. Conzelmann*, Mitte der Zeit, 57–59.

[13] Vgl. a. a. O., 57: »Das ganze Land scheint von Übersee her gesehen zu sein.«

logie dienen und das ihr vorausgehende Evangelium sei demnach schon um 60 n. Chr. entstanden, nicht mehr zu halten. Die in Luk. 1,1–4 ausgesprochene Abhängigkeit von einer längeren Geschichte der Tradition, die sich für eine quellenkritische Sicht zur Abhängigkeit von Markus, Q und wohl auch weiteren Vorlagen präzisiert, macht eine Frühansetzung unmöglich. Auch weist die Bedeutung Jerusalems und die Schilderung seines Schicksals (vgl. zu Luk. 21,20–24) in die Zeit nach 70. Die Apostelgeschichte widerspricht dem in keiner Weise. Es empfiehlt sich daher, die Abfassung des lukanischen Schrifttums nicht vor 75 n. Chr. anzusetzen und für den Abschluß des Doppelwerks bis in die Zeit etwa um 85–90 herabzugehen.

§ 2 Die von Lukas benutzten Quellen und ihre Verwendung

Die Aussagen des Prologs zum lukanischen Geschichtswerk zeigen, daß Lukas für die Darstellung der Geschichte und des Lehrens Jesu Vorgänger gehabt hat und sich von dem durch sie vermittelten Inhalt und von ihrer Darbietungsweise abhängig weiß. In welchem Umfang die Möglichkeit zu einer Berücksichtigung mündlicher Berichte und zur Rückfrage bei Trägern der Überlieferung zu seiner Zeit noch gegeben war, ist schwer zu sagen. Die namentliche Nennung eventueller Gewährsmänner ist nicht mehr als Vermutung.[1] Dagegen läßt sich die Verwendung schriftlicher Quellen aus dem synoptischen Vergleich nachweisen und erschließen. Es bleibt jedoch im Blick auf Umfang und Zahl der verwendeten schriftlichen Überlieferungen mancherlei Unsicherheit bestehen. Der synoptische Vergleich ergibt drei große Gruppen, in die sich der von Lukas rezipierte Stoff aufgliedern läßt, ohne daß diese mit drei in sich völlig einheitlichen schriftlichen Quellen identifiziert werden könnten.

I.

Die erste Gruppe umfaßt den mit Markus und zum größten Teil zusätzlich auch mit Matthäus gemeinsamen Stoff. Die Erweiterung des Markus in Richtung auf die Gestaltung eines »Berichtes vom Anfang« Luk. 3,1–4,30 (Täufer, Taufe Jesu, Stammbaum, Versuchung und erstes Auftreten) läßt Leitgedanken erkennen, die Komposition und Redaktion bestimmen. Dabei bleibt der in Mark. 1,1–15 gegebene Grundstock als Basis erhalten. Überschaubarer sind die folgenden vier Blöcke: 1. Luk. 4,31–6,19 = Mark. 1,21–3,19; 2. Luk. 8,4–9,50 = Mark. 4,1–25; (3,31–35); 4,35–6,44; 8,27–9,40; 3. Luk. 18,15–43 = Mark. 10,13–34.46–52; 4. Luk. 19,28–21,38 = Mark. 11,1–13,37. Der letzte große Komplex, die Passionsgeschichte und der Anfang der Ostererzählung, bedarf besonderer Erörterung, da hier eine Kombination der markinischen mit anderer Überlieferung zur Diskussion steht.

Der literarische Zusammenhang zwischen Lukas und Markus im Rahmen der erwähnten sechs Blöcke ist durch eine im wesentlichen gleiche Perikopenfolge und die Übereinstimmung in einer Vielzahl von Einzelheiten der Texte gesichert.[2] Von manchen

---

[1] *Th. v. Zahn*, Komm., 19–23; *M. Albertz*, Die Botschaft des Neuen Testaments, Berlin 1955, 141–143.

[2] Zum Problem der Markusrezeption bei Lukas: *Joach. Jeremias*, Perikopenumstellungen bei Lukas?, NTS 4, 1957/58, 115–119 = Abba, 93–97.

Forschern wird mit der Möglichkeit gerechnet, daß für einzelne der mit Markus übereinstimmenden Einheiten außer der literarischen Bearbeitung der Markusvorlage auch der Einfluß paralleler, nicht aus Markus stammender Stücke angenommen werden muß (so T. Schramm[3]) oder eine andere als die uns vorliegende Gestalt des Markusevangeliums als Quelle einzusetzen ist (so A. Fuchs)[4].

Die Bearbeitung des Markusstoffs durch Lukas glättet den Stil, verfeinert die Ausdrucksweise, stellt geschlossene Zusammenhänge her, wobei sich sein Bestreben, der Reihe nach zu erzählen und fortlaufende Geschichte zu bieten, deutlich bemerkbar macht. Bezeichnenderweise ist die Übereinstimmung mit Markus in der Überlieferung der Jesusworte (aber auch der an Jesus gerichteten Worte) am größten, während in den erzählenden Teilen die Hand des bearbeitenden Lukas deutlicher sichtbar wird. Am stärksten tritt sie uns in den einleitenden und ausleitenden Partien der einzelnen Perikopen entgegen. Die Gleichnisse, die Lukas mit Markus gemeinsam hat, werden ähnlich wie die erzählenden Passagen behandelt. Stofflich wirkt sich die Neugestaltung der Markusvorlage durch Lukas vielfach kürzend aus. Lukas läßt Aussagen, die Einzelheiten enthalten, Gemütsbewegungen darstellen und ausmalend die Situation schildern, zumeist fort. Wenn er Jesusworte verändert, dann werden diese Abwandlungen aus seiner Situation erkennbar (vgl. z. B. Luk. 5,34ff. mit Mark. 2,19ff.; Luk. 21,20ff. mit Mark. 13,14ff.). In einzelnen Fällen ersetzt Lukas Markusperikopen durch Eigenbildungen oder Einheiten nichtmarkinischer Herkunft, so Luk. 4,16–30 statt Mark. 6,1–6; Luk. 7,36–50 statt Mark. 14,3–9; Luk. 13,6–9 statt Mark. 11,12–14.

Ein besonderes Problem der Markusrezeption durch Lukas stellt die Reihe der Auslassungen im Markusstoff dar, die im Lukasevangelium begegnen. Zu ihnen gehören zunächst die sog. kleinen Auslassungen Mark. 3,22–30; 4,26–34; 9,41–10,12; 10,35–45. In einer Reihe dieser Fälle scheint die Auslassung damit zusammenzuhängen, daß Lukas über eine zweite Überlieferung verfügte, der er den Vorzug gab, wobei er eine Doppelüberlieferung vermeiden wollte: z. B. Mark. 3,22–30, die er in der 11,14–22 rezipierten Traditionsgestalt bringt; das gleiche gilt wohl für Mark. 10,35–45, die er durch die Ermahnung zum Dienst 22,24–27 vertreten sieht; Mark. 10,1–12 könnte für die jüdischer Ehegesetzgebung fernerstehenden Leser durch 16,18 repräsentiert sein.

Das Hauptproblem bildet die sog. große Auslassung Mark. 6,45–8,26. Auch hier kann man für einzelne Perikopen Mutmaßungen anstellen, was die Fortlassung hervorgerufen hat. Für Mark. 7,1–23 und 7,24–30 können es inhaltliche Gründe gewesen sein, die den Heidenchristen Lukas bestimmten, auf diese Stücke zu verzichten. Im Fall von Mark. 8,1–9 ist es wohl der Bericht über eine zweite Speisung einer großen Menge; beim Seewandel Mark. 6,45–52 vielleicht die inhaltliche Nachbarschaft zu der bereits berichteten Sturmstillung. Fraglich werden solche Vermutungen allerdings dadurch, daß Lukas Parallelüberlieferungen keineswegs grundsätzlich vermeidet, z. B. zwei Aussendungsreden (9,1–6; 10,1–12); zwei apokalyptische Reden (17,22–37; 21,5–36), zwei Auseinandersetzungen mit den Pharisäern (11,39–52; 20,45–47) jeweils aus verschiedenen Überlieferungen übernommen hat.[5]

---

[3] Der Markusstoff bei Lukas, SNTS Mon Ser 14, Cambridge 1971.
[4] Sprachliche Untersuchungen zu Matthäus und Lukas, AnBibl 49, Rom 1971.
[5] Zur Frage der Dubletten und Parallelüberlieferungen bei Lukas vgl. *H. Schürmann*, Die Dubletten

Der Blick auf die Auslassungen, dazu die Beobachtung, daß an einigen Stellen Lukas Übereinstimmungen in inhaltlichen Einzelheiten und Formulierungen mit Matthäus im Unterschied zu Markus aufweist, hat das Quellenproblem differenzierter erscheinen lassen, als es bei der Annahme eines unmittelbaren Rückgriffs auf eine im wesentlichen unserem Markus entsprechende Vorlage der Fall wäre. Um ihrer Einfachheit willen wird diese Sicht jedoch nach wie vor von vielen Exegeten bevorzugt.

II.

Die zweite große Überlieferungsgruppe umfaßt das von Lukas und Matthäus über den Markusstoff hinaus gemeinsame Traditionsgut. Es enthält zum großen Teil Spruchüberlieferung, dem der erzählende Text, wenn auch in knappster Form, zugeordnet ist, daneben auch ganze erzählende Einheiten. Die Beobachtungen, die man am Umgang des Lukas mit der Markusüberlieferung gemacht hat, lassen sich bedingt für die Arbeitsweise des Lukas an dieser ihm mit Matthäus gemeinsamen Überlieferung auswerten. Auch hier hat Lukas redaktionell gestaltet, und zwar am verbindenden und erzählenden Text stärker als am eigentlichen Spruchgut. Die mit Matthäus gemeinsame Überlieferung könnte zu einem Teil gleichfalls blockweise übernommen worden sein.

Man hat diese lukanisch-matthäische Überlieferung Spruch- oder Logienquelle genannt und sie mit dem Siglum Q bezeichnet. Als Bestätigung nimmt man einen berühmten Satz des Papias, der von einer Spruchüberlieferung berichtet, die er auf Matthäus zurückführt: »Matthäus hat die Aussprüche des Herrn in hebräischer Sprache geschrieben, jeder aber hat das Buch übersetzt, so gut er es vermochte« (Euseb., hist. eccl. III,39).[5a] Die klassische Form der Zweiquellentheorie, für die Q neben Markus die Grundlage der »Großevangelien« Matthäus und Lukas ist, rechnet mit einer schriftlichen Gestalt und läßt nur die sowohl bei Matthäus wie bei Lukas begegnenden Stoffe als ihr zugehörig gelten. In dieser strengen Form ist die Q-These nicht selten bestritten worden. Man hat auf feste mündliche Tradition verwiesen, wie sie sich in der rabbinischen Überlieferung nachweisen läßt. Die starken wörtlichen Übereinstimmungen in zahlreichen Perikopen sind jedoch am besten bei Annahme einer schriftlichen Quelle erklärbar. Eine gemeinsame Abfolge (Akoluthie) zwischen Matthäus und Lukas, die jeweils über eine ganze Reihe von Einheiten hin beobachtet werden kann, deutet ebenfalls eher auf schriftliche als auf mündliche Überlieferung.

Geht man von einer schriftlichen Gestalt aus, so stellt sich die Frage, ob Q von Anfang an griechisch überliefert sei oder aus dem Aramäischen übersetzt wurde (evtl. gar in mehreren Versionen). Sie wird heute meist in ersterem Sinne beantwortet. Auch die Einheitlichkeit der Quelle ist nach wie vor angefragt. Während von den neueren Exegeten D. Lührmann[6] und P. Hoffmann[7] mit einem einzigen Gestaltungsvorgang rechnen,

---

im Lukasevangelium. Ein Beitrag zur Verdeutlichung des lukanischen Redaktionsverfahrens, ZKTh 75, 1953, 338–345 = Traditionsgeschichtliche Untersuchungen, 272–278; *ders.*, Die Dublettenvermeidung im Lukasevangelium, ZKTh 76, 1954, 83–93.

[5a] Vgl. *U. H. J. Körtner*, Papias von Hierapolis, FRLANT 133, Göttingen 1983.

[6] Die Redaktion der Logienquelle, WMANT 33, Neukirchen 1967.

[7] Studien zur Theologie der Logienquelle, NTA 8, Münster 1972.

glauben S. Schulz[8], A. Polag[9] und H. Schürmann[10] mehrere Schichten ausmachen zu können. Dabei sind vorzugsweise inhaltlich-theologische, aber auch formgeschichtliche Kriterien in Ansatz gebracht worden. Gemeinsam ist die in der Regel günstige Bewertung, die die Überlieferungstreue der Lukasversion von Q erfährt.[11]

Neben diesen durch die traditionsgeschichtliche Fragestellung bestimmten Analysen verdienen auch die aus detailliertem Vergleich gewonnenen Beobachtungen der älteren Literarkritik weiterhin Beachtung. Grundlegend bleibt hier die Untersuchung A. Harnacks zur »zweiten Quelle des Matthäus und Lukas«, die in einen detaillierten Rekonstruktionsversuch ausmündet.[12] Sie wurde in der folgenden Zeit als ergänzungsbedürftig angesehen, wobei zusätzliche Beobachtungen Gewicht gewannen. So zeigt die Matthäus und Lukas gemeinsame Überlieferung bei Anwendung der traditionellen literarischen Kriterien ein differenziertes Bild: auf der einen Seite Einheiten mit starker Sinnübereinstimmung bei größerem Unterschied im Wortlaut; auf der anderen Seite Stücke mit weitgehender Übereinstimmung gerade im Wortlaut. Das hat etwa bei W. Bußmann in seinen Synoptischen Studien[13] zu der These geführt, die im Wortlaut differierende Überlieferung sei mit der von Papias erwähnten Sammlung von Logien identisch, die das Siglum Q 1 erhält. Dieser Sammlung sei eine von vornherein griechisch überlieferte Sammlung Q 2 an die Seite getreten, die aus jenen Logien besteht, die sich uns weitgehend übereinstimmend darbieten.

Die Frage nach der Gattung, der eine Größe wie Q zuzuordnen sei, und die nach deren Stellung in der Geschichte der Jesusüberlieferung können in diesem Zusammenhang nicht behandelt werden. Das gleiche gilt für die mutmaßliche Zeit und Region der Abfassung von Q. Von der hier vorgenommenen chronologischen Zuordnung des Lukasevangeliums aus gerechnet (vgl. § 1), bleibt dafür ein weiter Spielraum.

Der Ansatz, der der hier vorliegenden Auslegung der Einzelperikopen in Fortführung der durch F. Hauck und W. Grundmann repräsentierten Tradition des Kommentarwerks zugrunde gelegt wurde, hat sich bei der Exegese im Entscheidenden bewährt. Die genannten Untersuchungen von Schulz und Hoffmann einerseits und Harnack und Bußmann andererseits haben auf die Analyse modifizierend eingewirkt. Ohne die Vielzahl der Einzelfragen vorentscheiden zu können, gehen wir davon aus, daß Lukas die mit Matthäus gemeinsame Überlieferung schriftlich vorgelegen hat, und zwar in einer zusammenhängenden und im wesentlichen auch abgrenzbaren Quelle. Sie dürfte folgende Blöcke umfaßt haben: 1. Sprüche Johannes' des Täufers (Luk. 3,7–9.17; Matth. 3,7–10.12); 2. Versuchung Jesu (Luk. 4,1–13; Matth. 4,1–11); 3. Die große Predigt Jesu (Luk. 6,20–23. 27–38.41–49; Matth. 5,3.4.6.11.12.39–42.44–48); 7,1–5.12.16–21.24–27); 4. Der Hauptmann zu Kapharnaum (Luk. 7,1–10; Matth. 8,5–10.13); 5. Täuferanfrage und Worte Jesu über den Täufer (Luk. 7,18–28.31–35; Matth. 11,2–11.16–19); 6. Jünger-

[8] Q. Die Spruchquelle der Evangelisten, Zürich 1972.
[9] Die Christologie der Logienquelle, WMANT 45, Neukirchen 1975.
[10] Komm., ferner: Sprachliche Reminiszenzen an abgeänderten oder ausgelassenen Bestandteilen der Spruchsammlung im Lukas- und Matthäusevangelium, NTS 6, 1959/60, 193–210 = Traditionsgeschichtliche Untersuchungen, 111–125.
[11] Vgl. dazu die Hinweise bei den Einzelexegesen.
[12] Sprüche und Reden Jesu, Untersuchungen zum Neuen Testament 2, Leipzig 1907.
[13] I–III, Halle 1925, 1929, 1931.

nachfolge, Aussendung, Weheruf über die galiläischen Städte, Jesu Jubelruf und Preisung der Augenzeugen (Luk. 9,57–60; 10,2–16.21–24; Matth. 8,19–22; 9,37f. 10,7–16.40; 11,21–23.25–27; 13,16–17); 7. Jesu Gebetslehre (Luk. 11,1–4.9–13; Matth. 6,9–13; 7,7–11); 8. Auseinandersetzung mit den Gegnern (Luk. 11,14–26.29–36.37–53; Matth. 12,22–30.43–45.38–42; 5,15; 6,22.23; 23,4.6.7.13.23.25–27.29–31.34–36); 9. Jüngeranweisungen (Luk. 12,1–12.22–31.39f.42–46; Matth. 10,26–33; 12,32; 10,19.20; 6,25–33; 24,43–51); 10. Worte von der Umkehr und vom Reich Gottes (Luk. 12,51–53.58.59; 13,18–21.22–30; Matth. 10,34–36; 5,25f.; 13,31–33; 7,13; 25,11f.; 7,22.23; 8,11f.; 19,30); 11. Das Wort vom Ärgernis und vom Glauben (Luk. 17,2–6; Matth. 18,7.15.21f.; 17,20); 12. Die Wiederkunft des Menschensohns (Luk. 17,22–37; Matth. 24,26–44).

Umstritten bleibt, ob einzelne, im unmittelbaren Zusammenhang mit diesen Komplexen stehende, nur von Lukas überlieferte Einheiten gleichfalls der Redequelle zugehört haben, obwohl sie bei Matthäus keine Aufnahme fanden. Auch wird die Möglichkeit erwogen, daß Einheiten, die in unmittelbarer Nachbarschaft zu den aus Q übernommenen Stücken stehen, an sich aber der Markusüberlieferung folgen, wie 3,2–6.15–18 und die der Feldrede vorangehende Jüngerberufung 6,12–19, durch vermutete parallele Q-Berichte mitgeprägt sein könnten.

Vieles spricht dafür, daß die Abfolge der Spruchgruppen in Q von Lukas treuer wiedergegeben wurde als von dem stärker unter katechetisch-mnemotechnischen Gesichtspunkten systematisierenden Matthäus. Die Frage, wer den Wortlaut der Überlieferungsvorlage näher steht, ist generell nicht entscheidbar. Das Vorurteil, bestärkt durch Beobachtungen an der lukanischen Markusrezeption, spricht eher für Lukas.

Da jedoch Matthäus den palästinensischen Verhältnissen näher ist, muß in einer Reihe von Fällen damit gerechnet werden, daß seine Gestalt der Redequelle den Wortlaut besser reproduziert, während Lukas in seiner verdeutlichenden Redaktion Mißverständnissen erlag.[14] Namentlich bei größeren Stücken wie dem Gleichnis vom Gastmahl (Matth. 22,1–14; Luk. 14,16–24) und von den anvertrauten Talenten (Matth. 25,14–30; Luk. 19,11–27) ist die Entscheidung zwischen Matthäus und Lukas oder für eine hinter beiden stehende Urform schwer. Auf jeden Fall ist das Geschick zu bewundern, mit dem Lukas eine ihm vorliegende und von der Markusvorlage so verschiedene Quelle in ihrer Substanz bewahrt und zugleich gestaltend integriert hat.

III.

Bereits durch die Einfügung der Q-Überlieferung war es notwendig, vom Markusrahmen abzugehen. Es erwies sich erst recht als erforderlich, da Lukas noch einen zweiten großen Anteil an Sonderüberlieferung, das meist als lukanisches Sondergut (SLk) klassifizierte Material, unterzubringen hatte. Dabei nehmen freilich zwei größere Komplexe eine Sonderstellung ein, die eine getrennte Wertung erforderlich macht: die sog. Vorgeschichte mit den Erzählungen über Geburt und Kindheit von Johannes dem Täufer und Jesus (1,5–2,52) und die Eigenüberlieferung in der Passions- und Ostergeschichte. Auch abgesehen davon ist Lukas derjenige unter den synoptischen Evangelisten, der die reichhaltig-

[14] Vor allem *J. Wellhausen*, Komm. und Einleitung in die drei ersten Evangelien, Berlin 1905, rechnet mit Übersetzungsfehlern; vgl. dazu die Beispiele in der Einzelexegese.

ste Sonderüberlieferung von den Reden und Taten Jesu aufweist. So bestätigt die quellenkritische Musterung, was Lukas in seinem Vorwort sagt.

Betrachten wir den Hauptteil seines Werkes, so ist Lukas bei der kompositorischen Gestaltung so vorgegangen, daß er außer einigen Einschaltungen in jene Teile, die durch die Markusblöcke bestimmt sind, die Mehrheit des Stoffes aus Q und vor allem aus SLk im sog. Reisebericht (9,51–18,14) untergebracht hat. Inhaltliche Entsprechung dieses Reiseberichts im engeren Sinne bei Markus ist einzig die Notiz Mark. 10,1; durch die Wiederaufnahme der Markusvorlage in 18,15 (= Mark. 10,13) erhält er jedoch eine Weiterführung bis zum Eintreffen Jesu in Jerusalem (19,27). Dadurch stellt sich der Hauptteil des Evangeliums (ab 3,1) dreigegliedert dar: Galiläawirksamkeit, Reisebericht, Jerusalemwirksamkeit. Dank dieser Umgestaltung des Rahmens verändert sich das Gewicht des Markuskonzepts für den Aufriß des Evangeliums.

In dem mit 3,1 beginnenden und bis 9,50 reichenden großen Abschnitt, der durch die drei ersten Markusblöcke bestimmt wird, sind an einigen Stellen Stücke aus der lukanischen Sonderüberlieferung eingeschaltet. Zu ihnen gehören: die Auferweckung des Jünglings zu Nain (7,11–17), die Perikope von der großen Sünderin (7,36–50) und die anschließende Nachricht über die Jesus dienenden Frauen (8,1–3). Die beiden erstgenannten Stücke sind jeweils an einen Abschnitt angeschlossen, der Stoff aus Q enthält.

Eine Erweiterung von Q durch Eigengut des Lukas (und nicht bei Matthäus unberücksichtigt gebliebene Q-Überlieferung) sehen manche auch in den Weherufen der Feldrede (6,24–26). Eine Sonderstellung nimmt die Berufung des Petrus (»Petri Fischzug«) ein (5,1–11), die als einzige Einheit in diesem Abschnitt in einen direkten Markuszusammenhang eingeschaltet ist (4,44 = Mark. 1,39; Luk. 5,12 = Mark. 1,40) und offenbar stofflich Mark. 1,16–20 ersetzt, eine Perikope, für die es zuvor (also nach 4,15 bzw. 4,30) keine Parallele gibt. Nicht zum SLk zu zählen ist der auf Grund von Mark. 6,1–6 redaktionell gestaltete Bericht vom Auftreten in Nazareth (4,16–30).

Der weitaus größte Teil des lukanischen Sonderguts findet sich, mit Stoff aus der Q-Überlieferung durchsetzt, im eigentlichen, d. h. ohne Markusparallele gestalteten Reisebericht (9, 51–18,14), dem ein überleitender, wieder an Markus orientierter Abschnitt angefügt ist.

Durch die aus SLk stammende Perikope von der Abweisung durch die Samaritaner (9,51–56) wird der ganze Komplex unter das Vorzeichen des Zuges nach Jerusalem gestellt. Als redaktioneller Hinweis begegnet diese Reise noch an verschiedenen Stellen: 10,1; 13,22; 17,11; 18,35; 19,11. Wenn man voraussetzen kann, daß die Redeüberlieferung (Q) und das Sondergut im engeren Sinne (SLk) in einer strukturell ähnlichen Gestalt auf Lukas gekommen sind, so wäre damit die Zusammenfügung beider erleichtert worden. Der Umstand, daß kein dem Markusrahmen vergleichbarer erzählerischer Zusammenhang vorgegeben war, hätte Lukas bei der kompositorischen Gestaltung unter dem Vorzeichen eines Reiseberichts einen gewissen Spielraum gewährt. Lukas scheint diesen so genutzt zu haben, daß er sich bei der Anordnung des Stoffes innerhalb des Reiseberichts teils der Abfolge der Redequelle, teils der der Sonderüberlieferung angeschlossen hat, ohne jedoch auf die Aufnahme aus dem jeweils anderen Komplex gänzlich zu verzichten.

So ist dies erkennbar: in 9,51–13,35 beherrscht die mit Matthäus gemeinsame Tradition, also die Redequelle, das Feld. Sie dominiert in den Nachfolgeworten 9,57ff. und in der Aussendung der Siebzig 10,1–20 und führt auch im Folgenden. Jedoch sind dabei dann Stücke aus der Sonderüberlieferung eingefügt: die Erzählung vom barmherzigen Samariter (10,29–37) – seinerseits mit einem versetzten Element der Markustradition (Mark. 12,28–34) verbunden –, Jesus bei Maria und Martha (10,38–42), das Gleichnis vom bittenden Freund (11,5–8), das dem aus Q stammenden Vaterunser angefügt ist; die Seligpreisung der Hörer und Bewahrer des Wortes (11,27f.); die Abweisung der Bitte, im Erbstreit Schiedsrichter zu sein, und die Erzählung vom törichten Reichen (12,13–21). Der folgende, Q aufnehmende Redezusammenhang ist durch Logien aufgefüllt, die man jedenfalls zu einem Teil als gedankliche Fortführung der Erzählung verstehen kann (12,22–38 und 47f.).

Gegen Ende dieses Abschnitts nimmt der Bestand an Stücken aus der Sonderüberlieferung zu: der Aufruf zur Umkehr (13,1–9); die Heilung der verkrümmten Frau (13,10–17) und die Drohung des Herodes (13,31–33). In 14,1–16,31 ist dann das Sondergut des Lukas bestimmend. Hier finden sich das lukanische Symposion mit dem Gastmahlgleichnis (14,1–35) und die Gleichnisgruppe, die in der Erzählung von dem verlorenen Sohn (15,11–32) ihren Höhepunkt hat. Die Besitzfrage, die im Gleichnis bereits anklingt, beherrscht den Komplex 16,1–31, der durch das Gleichnis vom ungerechten Haushalter und die Erzählung vom reichen Mann und armen Lazarus sein Profil erhält. Der Einfluß der Logienquelle ist hier gering. Aus ihrem Zusammenhang ist wohl das Gleichnis vom verlorenen Schaf (vgl. Matth. 18,12–14) übernommen, auch die Sprüche 16,13 und 16,16–18 stammen aus ihr.

Im folgenden Abschnitt überschneiden sich die Einflüsse: in der Jüngerbelehrung 17,1–6 und dem eschatologischen Komplex 17,26–37 dominiert Q; das gleichnisartige Stück 17,7–10, die Heilung der zehn Aussätzigen 17,11–19, das Gleichnis von der bittenden Witwe 18,1–8 und die Erzählung vom Pharisäer und Zöllner 18,9–14 sind aus SLk übernommen und teilweise von Lukas redigiert.

Im ausleitenden Abschnitt des Mittelteils, wo der Reisebericht sich seinem Ziele nähert und in die Schilderung des Wirkens Jesu in Judäa und auf dem unmittelbaren Wege nach Jerusalem übergeht (18,15–19,27), nimmt Lukas wieder den Markusfaden auf. Er fügt hier den vierten Block aus dem Markusevangelium ein (18,15–43 = Mark. 10,13–34.46–52); aber auch hier werden am Schluß zwei Einheiten aus SLk bzw. Q nachgeschoben: die Begegnung mit dem Oberzöllner Zachäus (19,1–10) und das Gleichnis von den anvertrauten Talenten (19,11–27).

Damit ist der uns hier zunächst beschäftigende Anteil der lukanischen Sonderüberlieferung im Überblick erfaßt. Die Wirksamkeit in Jerusalem wird von Lukas (ab 19,28) nach Markus und im engen Anschluß an ihn berichtet. Zwar stellt sich auch hier wie bei der Rezeption des Markusstoffs im ersten Hauptteil des Evangeliums von Fall zu Fall die Frage nach einer Sonderüberlieferung, doch kann das meiste auf lukanische Redaktion der Markusvorlage zurückgeführt werden.

Komplizierter liegt das Problem der Passions- und Ostererzählung. Daß die Geschichte der österlichen Ereignisse 24,1–53 (abgesehen vielleicht von der zu Markus parallelen Geschichte von der Auffindung des leeren Grabes 24,1–12) Sonderüberlieferung ist, und zwar von höchst eigenartiger Gestalt, darf als unbestritten gelten. Schwieriger ist ihr Verhältnis zu den übrigen Teilen der Sondertradition zu bestimmen. Unmittelbare Verbindungslinien sind nur wenige zu erkennen. Die stilistische und theologische Gestaltung durch Lukas (vgl. die Kommentierung) ist hier besonders stark. Man gewinnt den Eindruck, daß man es hier unmittelbarer als im übrigen Evangelium mit Lukas selbst zu tun hat.

Noch verwickelter ist die Frage der Passionsüberlieferung. Daß größere Abschnitte nur in wenigen Versen mit Markus übereinstimmen (22,15–38; 22,39–46; 22,54–71; 23,26–48), wurde oftmals beobachtet. Dazu kommt das Fehlen wichtiger Bestandteile der Markuspassion, wie der Salbung, der Jüngerflucht und der Verspottung durch die römischen Soldaten. Ein weiteres Problemfeld bildet das Verhältnis zur johanneischen Passionsgeschichte: hier lassen sich Berührungen aufzeigen, die sich jedoch kaum zu einer literarischen Abhängigkeit des einen vom anderen oder von einer gemeinsamen Quelle verdichten.[15]

Das Vorhandensein einer eigenen Vorlage neben Markus für die Passionsgeschichte des Lukas ist schon von deutschen Forschern um die Jahrhundertwende[16] und dann mit besonderem Nachdruck von dem britischen Exegeten V. Taylor behauptet worden.[17] Nach ihm ist diese nichtmarkinische Quelle für Lukas die Basis; in sie läßt er Stücke und Züge aus Markus ein. Diese Einfügungen folgen zwar im großen ganzen der Reihenfolge des Markus, verändern aber ihre Funktion und ihren Sinn durch Einbettung in den lukanischen Kontext. Ohne Taylors Quellentheorie zu teilen, rechnet auch Schramm mit einem eigenständigen, von Lukas neben Markus benutzten Überlieferungsstrang im ganzen Evangelium einschließlich der Passionsgeschichte.[18]

Die Gegenposition ist schon in der ersten Phase der Formgeschichte, also vor Aufkommen der Redaktionsgeschichte, von K. Grobel vertreten worden. Er bezeichnete die lukanischen Abweichungen von der Reihenfolge des Markus als »überlegte, historisierende Umstellungen des Lukas. In der lukanischen Leidensgeschichte bleiben gewiß noch Sondertraditionen, die uns nicht bekannt sind. Aber es ist kein Grund anzunehmen, daß Lukas irgendeine zusammenhängende Leidensgeschichte neben der des Markus vorlag.«[19] Auch der rein literarkritisch arbeitende J. Finegan kam etwa gleichzeitig in seiner Untersuchung der Passions- und Ostergeschichte zu diesem Ergebnis: »Die späteren Evangelien bieten viel, aber nichts, was neben Mc eine Quelle von selbständigem Wert voraussetzt.«[20] Sieht man diese Sicht als begründet an, dann wäre auf die Fortführung von SLk in die Leidens- und Auferstehungsgeschichte hinein besser zu verzichten.

Zu einer konträren Sicht ist im Zusammenhang mit seinen Arbeiten zu seinem eigenen Lukaskommentar E. Schweizer gelangt. Er hat auf der Grundlage einer Analyse, die die

---

[15] Der Berührung zwischen lukanischer und johanneischer Tradition haben die früheren Bearbeiter dieses Komm. besondere Aufmerksamkeit geschenkt, so *F. Hauck*, 1. Aufl., 6f., und *W. Grundmann*, ab 2. Aufl., 17–22; dazu noch *H. Klein*, ZNW 67, 1976, 155–186.

[16] *P. Feine*, Eine vorkanonische Überlieferung des Lukas, Leipzig 1891; *B. Weiß*, Die Quelle der synoptischen Evangelien, Berlin 1907.

[17] Behind the third Gospel, Oxford 1926; The Formation of the Gospel Tradition, London 1933; The Passion Narrative of St. Luke, Cambridge 1972.

[18] Vgl. o. Anm. 3.

[19] Formgeschichte und synoptische Quellenanalyse, FRLANT 35, Göttingen 1937, 104.

[20] Die Überlieferung der Leidens- und Auferstehungsgeschichte Jesu, BZNW 15, Berlin 1934, 110.

Passions- und Ostergeschichte einschließt, das Quellenproblem des Lukas neu behandelt.[21] Dabei erklärt er die sprachlichen und sachlichen Schwierigkeiten im lukanischen Passionsbericht durch das Aufeinandertreffen der (für Lukas führenden) Sonderquelle mit der von ihm rezipierten Markusvorlage. Die Lukas vorliegende Sonderüberlieferung in der Passions- und Ostergeschichte wird dabei als Teil einer (hypothetischen) Sonderquelle verstanden, die auch die Überlieferung vom öffentlichen Wirken Jesu in Wort und Tat mitumfaßt hat, jedoch von der Kindheitsgeschichte trotz einer gewissen Verwandtschaft verschieden ist. Verbindungslinien zum Kernbereich des Sonderguts (SLk) lassen sich in der Tat von einigen charakteristischen Abschnitten des lukanischen Passionsberichtes aus ziehen: Es begegnen zentrale Motive wie die Heraushebung der Frauen (23,27–31), die Zuwendung zu den Ausgestoßenen (23,39–43) und die individuelle Eschatologie (vgl. 23,43 mit 16,19–31).

Auffallend bleibt, daß sich Lukas für einen Komplex, bei dem eine durchgängige Markusüberlieferung vorlag, so weit von dieser entfernte, während er sich in den Teilen des Berichtes vom öffentlichen Wirken Jesu, in denen eine Markusvorlage gegeben war, also in cap. 3–9 und 18,15–21,38, verhältnismäßig eng an diese anschloß. Das führt zur Annahme einer Sonderstellung der Passions- und Osterüberlieferung innerhalb des Lukasevangeliums. Wenn man sie auf eine eigenständige, von SLk relativ unabhängige Quelle zurückführt, wäre an eine Art Passionsevangelium zu denken. Für diese Hypothese könnte geltend gemacht werden, daß die Passionsgeschichte schon vor dem redaktionellen Abschluß des Markusevangeliums in fester Form tradiert wurde. Während zur Zeit des Lukas eigenständige Passionsgeschichten noch im Umlauf gewesen sein könnten, sind sie mit der Durchsetzung der Gattung Evangelium verschwunden oder in diesem aufgegangen. Sollte das apokryphe Petrusevangelium ein reines Passions- (oder Oster-) Evangelium gewesen sein, so hätten wir vielleicht einen letzten Ausläufer dieser Gattung vor uns.

Fragen, die denen entsprechen, die bei der Passionsgeschichte zu stellen waren, erheben sich auch im Blick auf die lukanische Kindheitsgeschichte.[22] Sie ist schon rein äußerlich dadurch vom übrigen Evangelium abgehoben, daß Lukas nach ihrem Abschluß noch einmal in aller Form neu ansetzt und den anschließenden ersten Block mit einer redaktionellen Einleitung versieht (3,1ff.). Die sprachliche wie die inhaltliche Eigenart der beiden vorausgehenden Kapitel setzen diese nicht nur vom nachfolgenden Evangelium und den in ihm verwerteten Quellen ab, sondern lassen sie ihrerseits wiederum als eine zusammenhängende, wiewohl in sich komplexe Größe erscheinen (vgl. dazu Einleitung und Exegese zu cap. 1–2).

Tragende Züge der Kindheitsgeschichte kommen im weiteren Evangelium nicht zur Geltung. Das gilt etwa für die enge Verbindung von Johannes dem Täufer und Jesus, wie sie in der Verklammerung ihrer Geburtsgeschichten sichtbar wird. Diese weicht einer Distanzierung (3,19f.; 16,16). Statt von einer Rolle des Täufers als Elia (1,17) ist eher von einer Elia-Typologie im Blick auf Jesus zu sprechen (4,25–27; 7,11–17; 9,6f.). Auch die

---

[21] Zur Frage der Quellenbenutzung durch Lukas, in: Neues Testament und Christologie im Werden, Göttingen 1982, 33–85.

[22] Dazu *E. Schweizer*, Zum Aufbau von Lukas 1 und 2, in: Neues Testament und Christologie im Werden, Göttingen 1982, 11–32.

Funktion des Geistes bei der Lebensentstehung steht in einer gewissen Spannung zur Geistausstattung bei Beginn des öffentlichen Wirkens (3,22; 4,1; 4,18; vgl. Apg. 10,38).

Selbständige Kindheitsgeschichten sind aus nachneutestamentlicher Zeit erhalten. Sie bieten sich uns dar als Zeugnisse »wilder« Weiterbildungen der in den kanonischen Evangelien vorliegenden Überlieferung und als Produkt üppig wuchernder Legendenschöpfung. Manches spricht dafür, daß diese Kindheitsevangelien auch ein formales Vorbild hatten im Gattungstypus einer selbständigen Kindheitsgeschichte. Wenn dieser bis in die Frühzeit der Traditionsbildung im ersten Jahrhundert zurückreicht, dann könnte man die Vorlage, die Luk. 1–2 zugrunde lag, als ältesten Vertreter der Gattung Kindheitsgeschichte ansehen. Während dieser noch – vielleicht gar durch unmittelbaren Überlieferungszusammenhang – der ursprünglichen Jesusüberlieferung nahe stand, führte die weitere Entwicklung der Gattung ins Dickicht des Phantastischen. Gestaltungsfreude und Fabuliersucht der Erzähler und Wißbegier des Publikums konnten sich um so leichter dieses Instruments bedienen, weil der Typus legitimiert erschien, man also noch eine Ahnung davon hatte, daß einst eine selbständige Überlieferung von der Kindheit Jesu (und Johannes' des Täufers) im Umlauf war.

Die Unsicherheiten, die bei der Musterung des lukanischen Eigenbestands zutage treten, lassen verständlich erscheinen, warum die neutestamentliche Forschung mit Rekonstruktionen, wie sie bei Q versucht wurden, beim lukanischen Sondergut ungleich zurückhaltender war. Dies gilt für die Abgrenzung und noch mehr für die Herausarbeitung des theologischen Profils. Im deutschsprachigen Raum sind in den letzten Jahrzehnten zwei großflächige Versuche unternommen worden, die freilich auch zu kritischer Auseinandersetzung herausfordern.

A. Schlatter, dessen großer Kommentar zum Evangelium des Lukas den Höhepunkt seiner Arbeit in den synoptischen Evangelien markiert,[23] bleibt auch hier seinem Bemühen treu, einen Weg abseits von dem zu seiner Zeit bereits weithin anerkannten Rahmen der Synoptikerkritik zu gehen. Er verwarf beide Seiten der Zweiquellentheorie: die Markuspriorität, an deren Stelle er den Vorrang des Matthäus setzen wollte, und die Existenz einer von Matthäus und Lukas benutzten Redequelle. Beides hatte für die Lukasanalyse weitreichende Konsequenzen.

Die für uns entscheidende Frage ist die nach dem sog. neuen Erzähler und seinem Konzept. Auf ihn wird faktisch der Großteil des Sonderstoffs im Lukasevangelium von der Ankündigung an Zacharias bis zur Himmelfahrt zurückgeführt, dazu freilich auch gewöhnlich der Redequelle zugeordnete Abschnitte vor allem aus der Feldrede, der Aussendungsrede und der kleinen Apokalypse. In der Sicht Schlatters handelt es sich um ein durchgängiges Evangelium, das Werk eines »neuen Evangelisten«, das uns dank seiner Benutzung durch Lukas erhalten geblieben ist. Von den Auslegern der nachfolgenden Generation ist dieser Quellentheorie K. H. Rengstorf in seinem Kommentar gefolgt. Herkunftsgeschichtlich handele es sich um das Buch eines Palästinensers, der jedoch bereits in der außerpalästinensischen (griechisch sprechenden) Welt lebt, nicht bei Gemeinden, die in Auseinandersetzung mit dem Rabbinat stehen. Nicht Allherrschaft des Gesetzes

[23] Das Evangelium des Lukas aus seinen Quellen erklärt, Stuttgart 1931.

und der jüdische Partikularismus sind die Gegner, mit denen dieser Evangelist sich auseinandersetzt, sondern Mammonismus und sozialer Egoismus. Zwischen seinem Christusbild und dem des Johannesevangeliums glaubt er verwandte Züge zu entdecken.[24]

Reichtumskritik deckt allerdings nicht die Zuwendung zu den Geringgeachteten und Ausgestoßenen schlechthin ab, die zu den Grundzügen des Eigenguts bei Lukas gehört, andererseits finden sich für die hoheitlichen Züge des johanneischen Christusbilds kaum Parallelen. Offen bleiben Fragen, ob wichtige Merkmale des Sonderguts, wie die Geistproblematik und das Motiv des Wanderns, auf die Quelle zurückgehen oder vom Evangelisten aufgeprägt wurden.

Der andere bedeutsame Versuch einer Einordnung des dritten großen Komplexes der Lukastradition, bei dem der Sonderstoff des Lukasevangeliums aus einer eigenständigen Evangelienschrift hergeleitet wird, steht in einem theologie- und zeitgeschichtlich in hohem Maße problematischen Kontext. E. Hirsch, der vom Neuidealismus herkommende Göttinger Kirchenhistoriker und Systematiker, der zum Parteigänger des Nazismus wurde, ist literarisch auch als Neutestamentler hervorgetreten. Seine »Frühgeschichte des Evangeliums«[25] nimmt sowohl in der Geschichte der neueren Synoptikerkritik als auch im Gesamtwerk des Autors eine Sonderstellung ein. Ein gewichtiger Teil desselben, vor allem die zeitkritischen und aktuellen Schriften, hatte bereits vor 1933 das destruktive Potential der Gedankenwelt dieses Theologen erkennen lassen und nicht wenig zur Desorientierung des deutschen Protestantismus beigetragen. Es lag in ihrer Konsequenz, daß ihr Verfasser in der Zeit nach der »Machtübernahme« zum kirchenpolitischen und theologischen Bundesgenossen des herrschenden Regimes wurde. Die »Frühgeschichte des Evangeliums«, vor allem der für die Lukasforschung wichtige zweite Teil, der 1941 herauskam, fordert ungeachtet des Erscheinungsjahrs zu einer differenzierten Bewertung heraus. Sie zeigt den Verfasser in auffallendem Kontrast zu anderen zeitgenössischen Werken als positivistisch arbeitenden, mit äußerster Akribie zu Werke gehenden Literaranalytiker in der Nachfolge der zum älteren Liberalismus gehörenden Exegeten des 19. Jahrhunderts H. J. Holtzmann und J. Wellhausen, auf die er sich ausdrücklich bezieht. Die Rezeption blieb auf den engen Kreis der an der Synoptikerexegese Arbeitenden beschränkt, hat dort jedoch eine Wirkungsgeschichte bis in die Gegenwart hinein, nicht zuletzt in der katholischen und in der angelsächsischen Forschung. Dies ergibt sich wohl vor allem aus dem Umstand, daß Hirsch die umfassendste quellenanalytische Aufgliederung des Lukasevangeliums versucht hat. Besonders jene Auslegungen, die – wie die in diesem Kommentar vorliegende – an einer quellenkritischen Einordnung des lukanischen Sonderstoffs interessiert sind, können auf die Auseinandersetzung auch mit diesem Werk trotz der zu entschiedener Kritik herausfordernden Position seines Verfassers nicht verzichten.

Die forschungshistorisch neu zu bewertende Sonderstellung Hirschs in der Geschichte der Synoptikerkritik hängt mit der methodisch-instrumentellen Seite seiner Arbeit zusammen. In dem nicht als Kommentar, sondern als Gesamtanalyse des synoptischen Stoffs angelegten Werk geht er im Unterschied zu Schlatter von einer (modifizierten)

---

[24] *A. Schlatter*, a. a. O., 463–471.

[25] Frühgeschichte des Evangeliums I, II, Tübingen ^{2}1951, 1941.

Zweiquellentheorie aus. So ist für ihn ein bearbeiteter Markus die Basis für Lukas; die den Charakter des Lukasevangeliums bestimmenden Komplexe erscheinen unter den Siglen Lu I und Lu II. Dabei beruht Lu I weitgehend auf Q, während Lu II das verarbeitete lukanische Sondergut meint. Wie bei Schlatter ist die Leidens- und Ostergeschichte eingeschlossen, anders als bei diesem wird die Kindheitsgeschichte differenzierter gesehen. Die Annahme einer nochmaligen, der Endgestalt des Lukasevangeliums vorausgehenden Bearbeitung des Sonderstoffs macht den Nachvollzug des hier vorausgesetzten literarkritischen Prozesses eher schwieriger als einleuchtender. Weiterführend erscheint, wie sich Hirsch der Frage einer bereits in den Vorlagen gegebenen Akoluthie und literarischen Verknüpfung stellt, die bei der Rezeption durch Lukas erhalten blieben.

Als inhaltliche Merkmale der Grundschrift, die die prägenden Bestandteile des lukanischen Sonderstoffs enthält, werden hervorgehoben: die Einführung von Samaritergeschichten, die scharfe Stellungnahme gegen den Reichtum, eine im Messianismus der Judenchristenheit verwurzelte Christologie, ein Zurücktreten der Gesetzeskritik und der Rolle der Zwölf. Die chronologische und regionale Einordnung schließt eine deutliche Aufwertung ein: die beiden außermarkinischen Quellenkomplexe seien ungefähr gleichzeitig, jedoch von verschiedenen und verschieden ausgerichteten Gruppen der palästinensischen Christenheit aufgezeichnet worden, und zwar im Jahrzehnt zwischen 60 und 70, jedenfalls vor der Zerstörung Jerusalems.[26]

Als Minimalkonsens beider Versuche (Schlatters wie Hirschs) wird man ansehen dürfen: die strikte Unterscheidung der Quelle von der gestaltenden Arbeit des Evangelisten selbst, deren Herleitung aus dem palästinensischen Judenchristentum, die Zurückführung auf die Zeit vor 70, die reichtumskritische Haltung und eine eigenständige Christologie. Problematisch bleibt bei beiden die Kohärenz des die Kindheitsgeschichten einerseits und die Passionserzählung andererseits umfassenden Stoffs mit dem Kernbereich der Jesusüberlieferung. Damit ist aber auch die Annahme eines neuen Erzählers bzw. eines durchgängigen Evangeliums analog dem markinischen Typus angefragt.

Mit diesen schon Jahrzehnte zurückliegenden Entwürfen ist die Aufgabe einer Rekonstruktion des lukanischen Sonderguts als Quelle gestellt, wenn auch keineswegs schon gelöst. Die Situation der Forschung erscheint hier ähnlich wie in bezug auf Q zwischen dem Vorstoß Harnacks und den Bemühungen der letzten Jahrzehnte. Einen Beitrag zur Erarbeitung des Profils der lukanischen Sondertradition im Rahmen der Einzelauslegung zu leisten hat sich der vorliegende Kommentar schon in früheren Auflagen angelegen sein lassen. Die Neubearbeitung steht hier in der Kontinuität ihrer Vorgänger.

In der Fortführung der dort entwickelten Ansätze legt sich eine Unterscheidung nahe zwischen dem lukanischen *Sonderstoff*, der die große Masse des von Markus und Q Unabhängigen umfaßt, also auch die Kindheitsgeschichte sowie die Sondertradition der Passions- und Osterüberlieferung, und dem lukanischen *Sondergut* im engeren Sinne (SLk), das wir als eine Sammlung von Rede- und Erzählstoff aus dem öffentlichen Wirken Jesu verstehen möchten. Unbeschadet einer Fülle darüber hinausgreifender hypothetischer Möglichkeiten glauben wir damit rechnen zu können, daß Lukas neben Markus und Q eine ihm vorliegende Sondergutquelle (SLk) benutzt hat und zusätzlich auf eine vorgeformte Kindheitsgeschichte und gestaltete Passions- und Ostertradition zurück-

[26] A. a. O., 347–352.

greifen konnte. Angesichts seines Umgangs mit dem Markusstoff werden wir davon ausgehen dürfen, daß er sich seinen Vorlagen gegenüber eher konservativ verhalten hat, obwohl er vor der Aufgabe stand, aus unterschiedlichem Material ein Ganzes zu gestalten. Diese Leistung wäre um so höher zu veranschlagen, wenn Zweifel daran bestehen, daß wie Q so auch SLk einen dem Markus vergleichbaren erzählerischen Zusammenhang gehabt hat. So gilt unsere Aufmerksamkeit dem Werk des Lukas selbst, der seine Vorlagen zu einer neuen Gestalt des Evangeliums zusammenfügt, dem er seinen eigenen Stempel unverkennbar aufprägt.

§ 3 Die Gestaltung der Überlieferung zu einem einheitlichen Werk durch Lukas

I.

Hieronymus hat den Verfasser des dritten Evangeliums und der Apostelgeschichte den inter omnes evangelistas graeci sermonis eruditissimus[1] genannt. Seine sprachliche Gestaltungsfähigkeit wird bereits in der Einleitung, die eine der besten Partien griechischer Sprache und griechischen Stils im Neuen Testament ist, sichtbar. Sie zeigt sich in der Verwendung der Partizipialkonstruktionen, in der Wahl der Vokabeln, in der Verbindung der Sätze und Satzteile. Im folgenden ist sie den von ihm rezipierten und redigierten Quellen aufgeprägt. Das gilt am stärksten für die Überleitungen und die jeweiligen Rahmenstücke, aber auch für die Bearbeitung der Vorlagen aus Markus, Q und (vermutlich auch) aus SLk.

Stileigentümlichkeiten, die den sprachlich geschulten Hellenisten erkennen lassen, sind seit langem beobachtet und zusammengestellt worden. Pionierarbeit hat A. von Harnack in seinen Studien zu Lukas und der Apostelgeschichte geleistet.[2] In der Folgezeit hat H. J. Cadbury in seiner stilistisch fundierten Untersuchung[3] darauf hingewiesen, daß der Wortschatz des Lukas zu 29 % aus Wörtern des klassischen Griechisch, zu 42 % aus erst in späterer Zeit sicher nachweisbaren Vokabeln besteht. Im Vergleich dazu weist der (um einige Generationen jüngere) hellenistische Schriftsteller Lukian, der einen guten griechischen Stil zu schreiben versteht, ebenfalls 29 % klassische Wörter gegenüber 20 % eindeutig späteren auf. Von den zeitgenössischen Schriftstellern kommt ihm im stilistischen Charakter der Historiker Polybius nahe,[4] auch zu Josephus, dem griechisch schreibenden Juden, gibt es manche Berührungen.[5]

Entscheidend hat sich der Stil des Hellenisten Lukas an der griechischen Bibel, der Septuaginta, gebildet.[6] Er will der hellenistischen Welt heilige Geschichte erzählen, Geschichte der Großtaten Gottes, in der zur Erfüllung kommt, was die heiligen Schriften

---

[1] Hieronymus, ep. 19.

[2] Beiträge zur Einleitung in das Neue Testament I–IV, Leipzig 1906–1911, bes. I., Lukas der Arzt, der Verfasser des dritten Evangeliums und der Apostelgeschichte.

[3] The Style and literary Method of Luke, HarvTheolStud 6, 1919/20, 37–72.

[4] *J. Vogel*, Zur Charakteristik des Lukas nach Sprache und Stil, bes. 57ff.; vgl. *E. Plümacher*, Lukas als hellenistischer Schriftsteller, StUNT 9, Göttingen 1972.

[5] *A. Schlatter*, Komm., 562–658 (auf der Basis der Apostelgeschichte).

[6] *T. Holtz*, Untersuchungen über die alttestamentlichen Zitate bei Lukas, TU 104, Berlin 1968; vgl. auch *E. Plümacher*, a. a. O., im Blick auf die Apostelgeschichte.

angekündigt haben. Durch diese mehr indirekte Weise wird seine Absicht deutlich, auch für den hellenistischen Leser, den er als einen mit der Septuaginta vertrauten Rezipienten denkt, aufzuzeigen, daß das Christusgeschehen in der Kontinuität der Gottesgeschichte des Alten Testamentes steht. So verwendet er im Evangelium nicht den Schriftbeweis in der Gestalt, wie ihn (der Judenchrist) Matthäus gehandhabt hat und wie er ihn in vergleichbarer Weise auch in den vor Juden in der Synagoge gehaltenen Missionsreden der Apostelgeschichte gebraucht.

Schon wenn man von der Einleitung (1,1–4) zur Kindheitsgeschichte übergeht, bemerkt man einen Stilwechsel. Er läßt erkennen, daß wir es mit einem bearbeiteten Text zu tun haben, bei dem die Hand des Lukas redigierend tätig war, die semitische Grundlage jedoch unverkennbar durchschimmert. Das hier vorliegende sprachliche und redaktionelle Problem kann nur im Zusammenhang mit der Einzelauslegung behandelt werden.

Eine direkte Möglichkeit, die Bearbeitung durch Lukas zu beobachten, haben wir beim Vergleich mit dem Markustext. Hier tilgt er die vorhandenen semitisierenden Stileigentümlichkeiten der Syntax durch Einführung verbindender Ausdrücke an Stelle des einfachen *καί*, schafft Partizipien und setzt das Verb, wie es in der griechischen Sprache üblich ist, an den Schluß. Lukas bevorzugt den Aorist vor dem Praesens historicum, er verwendet indirekte Rede, ferner auch den im vulgären Griechisch zurückgedrängten Optativ. Die Parataxe wird durch gegliederte Sätze ersetzt. Fremdwörter aus dem Aramäischen werden (als Barbarismen) weitgehend vermieden. Auch die Latinismen des Markus werden beseitigt. So wird der Stil durchgehend im Sinne einer gehobenen Koine verfeinert.[7]

Auch der Vergleich des Wortschatzes ist charakteristisch. Er ist wesentlich reicher als der des Markus. 1259 Vokabeln des Markus stehen 2080 des Lukas gegenüber, darunter 319 Sonderwörter, die nur ihm eigen sind. Diese Relation ist jedoch nur bedingt aussagekräftig, da ein Teil auf den Wortbestand der außermarkinischen, von Lukas benutzten (wenn auch gleichfalls redigierten) Quellen zurückgehen kann.

Neben dem Blick auf den ihm als Vorlage dienenden Markus lassen sich die stilistischen Eigentümlichkeiten des Lukasevangeliums in seinen Perikopeneinleitungen erkennen. Bei der Abgrenzung bleibt allerdings mancherlei Unsicherheit. Man hat insgesamt ca. 180 der 1149 Verse des Evangeliums zu ihnen zählen wollen, also etwa 15 % des Ganzen. Auf dieser Basis hat man errechnet, daß auf diese Verse etwa die doppelte Anzahl der für Lukas typischen Wörter und Wendungen entfällt: durchschnittlich 29 % »Lukanismen« gegenüber 15 % im übrigen Evangelium.[8] Einen durchgängigen Versuch, Tradition und Redaktion bei Lukas nach sprachlichen und stilistischen Kriterien jeweils bis in Verse und Versteile hinein zu trennen, unternahm Joach. Jeremias.[9] Grammatik, Syntax und Wortschatz werden bemüht, um den auf Lukas zurückgehenden Rahmen und

---

[7] Einzelbelege bei *F. Hauck*, Komm., 6f., z. T. übernommen und ergänzt von *W. Grundmann* in früheren Aufl. dieses Komm.

[8] *K. Grobel*, Formgeschichte und synoptische Quellenanalyse, FRLANT 35, Göttingen 1937, 37–80, im Anschluß an *J. Hawkins*, Horae synopticae, Oxford 1909; eine kurze Übersicht gab *W. Grundmann* in früheren Aufl. dieses Komm.

[9] KEK Sonderband, Göttingen 1980.

die stilistische Überformung einerseits und den formulierten Traditionsstoff andererseits voneinander abzuheben. Als Vorarbeit zu der nicht mehr publizierten Einzelauslegung behält die Analyse etwas Fragmentarisches, da manche Entscheidung erst im Zusammenhang mit einer inhaltlichen Exegese ihre volle Tragfähigkeit erlangen würde. Die in solchen Einzeluntersuchungen aufgewiesenen Relationen und dargebotenen Analysen machen deutlich, wie sich der »konservative« Umgang des Lukas mit seinen Quellen zu der gestalterischen Tendenz verhält, mit der er die Überlieferungen seiner Eigenart angleicht und vor allem den verbindenden und strukturbildenden Elementen seinen Stil aufprägte.

II.

Die Arbeit des Lukas an seinem Werk, das außer dem Evangelium auch die wohl von Anfang an im Blick befindliche Apostelgeschichte umfaßte, ist nicht nur sprachlicher und stilistischer Art, sondern hat vor allem theologische Bedeutung. Auswahl, Anordnung und Gestaltung, aber auch Reduktion und Ergänzung des Stoffs sind von einer theologischen Konzeption getragen. Im Mittelpunkt des theologischen Denkens des Lukas steht der Glaube an den in der Geschichte handelnden Gott. Dieser macht ihn zum Geschichtsschreiber und Erzähler, denn die großen Taten Gottes wollen erzählt werden. Als Mitte der Zeit, die sich von der Schöpfung bis zur Parusie Jesu Christi erstreckt, ereignet sich das Kommen Jesu in die Geschichte. Ihm gilt sein Bericht.

Lukas hat in seiner Christologie das ihm aus der Tradition der Gemeinde und seinen Quellen vorgegebene Bekenntnis integriert, daß Jesus der Messias ist. Der Engel Gabriel kündigt der Maria seine Messianität als die ewige, dem David verheißende Herrschaft an (1,32f.). Aber diese Ankündigung kommt erst zur Erfüllung in der seiner Erweckung folgenden Erhöhung (Apg. 2,36). Jesus ist für Lukas seit seiner Geburt Messias designatus. Zum Antritt seiner Herrschaft geht sein Weg durch Leiden und Sterben hindurch (vgl. 9,22; 9,51; 12,50; 17,25; 18,31ff.; 24,7.26.46). Als Messias designatus ist er in seiner irdischen Geschichte zugleich (worauf Lukas besonderen Wert legt) der mit dem Geist Gesalbte (4,18). Er tritt auf als mit Geist und Kraft begabter, den Menschen Wohltaten erweisender Prophet und Träger der Weisheit (3,21f.; 4,1; 4,14f.; 4,41; 5,17; 5,26; 7,16; 11,31f.; 13,33; 24,19; vgl. Apg. 2,22; 10,38). Von nicht so großer Bedeutung ist für Lukas die Identifizierung Jesu mit dem transzendenten Menschensohn, der am Ende der Tage zu den Seinen kommt (12,8; 17,22; 18,8; 21,36), obwohl er eine beträchtliche Zahl von Aussagen über den Menschensohn (den kommenden, den gegenwärtigen, den leidenden) aus markinischer und Q-Überlieferung übernommen hat. Von zumindest gleichem Gewicht dürfte für ihn ungeachtet des geringen Vorkommens die Bezeichnung Jesu als Sohn Gottes sein. Er ist Sohn Gottes als designierter Messias (1,32.35), als solcher wird er bestätigt in der Taufe (3,21f.), bewährt er sich in der Versuchung (4,3.9), bekennt er sich vor dem Hohen Rat (22,70) und wird er enthüllt in seiner Auferweckung (Apg. 13,33). Wie die erstgenannte Stelle zeigt, besteht ein Zusammenhang zwischen Sohnschaft und Geistbesitz.

Dieser zum Messias bestimmte Gottessohn, der als Prophet und mit dem Geist Begabter auf Erden handelnd und lehrend wirksam ist, erscheint in der Gestalt des Wanderers, der zu Gast bei den Menschen weilt. Durch ihn besucht sie Gott selbst, der verborgen in der Gestalt des Wandernden als Gast bei ihnen einkehrt (4,42–44; 5,12; 6,1.12.17; 7,1.11; 8,1; 10,38; 13,33; 14,1; 19,5; 24,28–32). Lukas hat hier wahrscheinlich Züge akzentuiert und verdichtet, die in seinen Quellen bereits enthalten waren. Unter diesem Gesichtspunkt bekommt auch die Gastmahlssituation spezifische Bedeutung (vgl. die Verarbeitung von Mark. 2,13–22 zu Luk. 5,27–39). Derartige Gastmahlsszenen kehren im Evangelium mehrfach wieder: 7,36ff.; 10,38ff.; 11,37ff.; 14,1ff.; 19,1ff.; 22,7–38; 24,28–32. Eine davon (14,1–24) ist ein regelrechtes Symposion, das an griechische Vorbilder erinnert. Bedeutsam ist in diesem Zusammenhang, daß das entscheidende Doppelmotiv des Wanderns und des Gastes in der lukanischen Ostererzählung von den Emmausjüngern (24,13–35) wiederkehrt. An herausgehobenen Stellen leuchten Aussagen auf, die vom Besuch Gottes bei den Menschen sprechen (1,78f.; 7,16; 19,44), der von den einen erkannt (7,16), von den anderen versäumt (19,44) wird. Von der Zugehörigkeit der Wanderschaft zum lukanischen Christusbild dürfte auch die für Lukas charakteristische Darbietung eines Teils der Überlieferung in der literarischen Gestalt des Reiseberichts (9,51–19,27) ihre letzte Begründung erhalten.

Den zu den Menschen Kommenden läßt Lukas mit einzigartiger Vollmacht ausgerüstet erscheinen. Vor ihm weicht der Satan (4,13; 10,18), darum hat er Vollmacht über die Dämonen und allerlei Krankheit und kann den Seinen an dieser Vollmacht Anteil geben (10,19). Während in der Zeit seines Wirkens der Satan zurückgedrängt ist, tritt er am Beginn der Passion wieder hervor (vgl. 4,13 mit 22,3).

Eine Kreuzestheologie im Sinne der paulinischen Soteriologie kennt Lukas nicht. Wie die ihm vorangehende Überlieferung sieht er die Passion im Zeichen der Vorherbestimmung, des von Jesus übernommenen göttlichen Muß (9,22; 13,33; 17,25; 18,31ff.). Nicht erst bei Johannes, schon bei Lukas ist das der Weg, der zur Herrlichkeit führt (9,51; 24,26). Dem widerspricht nicht, daß in der Ausführung des Todesplans die satanische Macht am Werk gesehen wird, die sich des Judas bedient (22,3). Der Schuldanteil der Volksoberen tritt in der verkürzten Synedriumsszene (22,66–71), aber auch beim Verfahren vor Pilatus (23,13–23) deutlich heraus, während der Vertreter Roms eher entlastet erscheint (dreimaliger Versuch der Freigabe: 23,14.20.22). Jesus hat seinen Tod als Prophet-Märtyrer angekündigt (13,33f.), die Eigengestalt der lukanischen Kreuzigungserzählung läßt verstärkt an einen Martyriumsbericht denken: die Beklagung (23,27–31); die Fürbitte für die Henker (23,34), die Gewißheit des unmittelbaren Eintritts in das Paradies (23,43), das Aushauchen des Lebens mit vertrauensvollem Gebet (23,46), die Anerkennung als Gerechter durch außenstehende Zeugen (23,47). Einige Züge finden sich in dem der Jesuspassion nachgestalteten Stephanusmartyrium (Apg. 7,54–60). Der Stellvertretungs- oder Sühnegedanke tritt direkt nicht in Erscheinung, doch gehört die Passion trotz des Wirksamwerdens der widergöttlichen Macht in die Geschichte des auf Erden veranstalteten und angebotenen Heils (13,34f.; 19,42), der göttlichen »Heimsuchung« (1,68; 19,44) hinein.

Auf diese Zeit des unmittelbar gegenwärtigen Heils schaut die Gemeinde zurück. Die Periode zwischen seinem Hingang und seiner Wiederkunft, die Zeit der Mission, ist zugleich die von Jesus angesagte Bedrängniszeit für die Seinen. Aber sie wissen ihn zum König des ewigen Lebens eingesetzt (vgl. 23,42f.) und erfahren seinen Beistand im Geist (12,11f.; 21,15).

Das Reich Gottes ist nicht so sehr von der zeitlichen Kategorie des Nahekommens gedacht (17,21), sondern umfaßt Gegenwart und Zukunft, meint letztlich die mit Jesu Kommen sich vollendende Geschichte des Heils. Es steht im Gegensatz zum Mißverständnis einer irdischen Herrschaft von Zion aus (19,11; 24,21; Apg. 1,6). Jesu irdische Sendung, die in Israel vollzogen wird, hat in der Perspektive des Lukas universalen Sinn (2,31f.; 3,6). Er sieht in dem aus dem Geist Erzeugten, den zweiten, durch Gottes Schöpferkraft ins Leben getretenen Adam, den Anfänger einer neuen Menschheit (vgl. den in seiner lukanischen Gestalt auf Adam, letztlich auf Gottes Schöpferhandeln zurückgeführten Stammbaum Jesu, eingefügt zwischen Taufe und Wüstenaufenthalt: der zweite Adam besteht die Versuchung). Dieser Universalismus hebt die in Israel geltenden Schranken ebenso auf wie jene Grenzen, die dem Heilswirken Gottes an der einen Menschheit entgegenstehen.

Der lukanische Universalismus kommt besonders da zur Geltung, wo Lukas (seinen Quellen, vor allem dem Sondergut folgend) Jesus in seiner irdischen Sendung als Heiland und Helfer der Armen und Sünder darstellt. Den Armen gilt sein Kommen (1,46–55; 4,18; 6,20–26; 7,22), die Sünder nimmt er auf (5,1–11; 7,36–50; 15,1–32; 18,9–14; 19,1–10; 23,29–43; ferner aus Markus übernommene Stoffe in 5,17–39). Nahe bei den Armen stehen die mindergeachteten und religiös minderberechtigten Frauen, die er in seine Jüngerschaft einbezieht (8,1–3) und bei denen er einkehrt (10,38–42), denen aber auch seine Worte auf dem Kreuzweg gelten (23,26–31).

Der Blick auf die hellenistischen Gemeinden veranlaßt Lukas in seiner Darstellung der Geschichte Jesu die Auseinandersetzung mit dem jüdischen Gesetz und den jüdischen Parteien zurücktreten zu lassen und statt dessen die Frage nach Besitz und irdischen Gütern in den Vordergrund zu rücken. Dem Heilruf für die Armen korrespondiert das Wehe über die Reichen (6,20.24). Die dem Sondergut zugehörigen Erzählungen vom reichen Kornbauern (12,16–21), vom ungerechten Haushalter (16,1–7) und vom reichen Mann und vom armen Lazarus (16,19–31) zeigen den an seinen Besitz gebundenen Menschen. Was in jüdischer Armenfrömmigkeit seinen Hintergrund hat (vgl. 1,53), berührt sich mit den popularphilosophischen (kynischen und stoischen) Idealen der hellenistischen Umwelt des Lukas. So steht der Geldgier der Gegner Jesu (16,14) die zur freiwilligen Armut bereite Jüngerschaft gegenüber (18,18–30; 21,34–36; vgl. 14,18–20; 17,26–33). Die Entscheidungsfrage kann sich zuspitzen in der Alternative Gott oder Mammon (16,13).

Da Reichtum und Macht miteinander verbunden sind, trifft die Umkehr der Verhältnisse, die Gottes Heilshandeln heraufführt, auch die Mächtigen (1,52). Die zur Würde der Messiaseltern erhobenen Maria und Joseph sind machtlose Menschen aus dem Volk (2,4; 2,24). Lukas hat diese Linie in der Kindheitsgeschichte vorgefunden und vielleicht durch den von ihm bereitgestellten Rahmen noch verstärkt. An die Stelle von Herrschaft tritt Dienst (22,24–30).

Jenseits der Grenzen des damaligen Israel liegt Samarien. Findet Jesus auch die Ablehnung der Samaritaner (9,51ff.), so kennt doch Lukas – wiederum dem Sondergut folgend – den barmherzigen Samariter der Erzählung (10,29–37) und den dankbaren Samariter aus den zehn Aussätzigen (17,11–19). Beide sind als Vorbild dargestellt, der eine für die tätige barmherzige Feindesliebe, der andere für den lobpreisenden Glauben.

Ist die Erscheinung Jesu Christi die Mitte der Geschichte, so stellt sie Lukas als gestaltender Redaktor und Evangelist hinein in ganz bestimmte geschichtliche Bezüge. Die Welt, in der er lebt, ist die des römischen Imperiums. Eine Verfügung des Kaisers Augustus beeinflußt seinen Eintritt in die Welt (2,1f.), unter seinem Nachfolger Tiberius tritt er auf (3,1) und unter dem Statthalter Pontius Pilatus stirbt er in Jerusalem. Auch zur Geschichte des Volkes, aus dem Jesus hervorging und in dessen Mitte er wirkte, stellt Lukas die geschichtlichen Beziehungen her (1,5; 9,7–9; 13,31; vgl. 23,5ff.).

Wie kein anderer Evangelist verbindet er das Schicksal der Stadt Jerusalem und den Weg des Kreuzes. Er würde das nicht tun, wenn er nicht unter dem auch ihn erschütternden Eindruck des Jüdischen Krieges stehen würde. In Aufnahme der ihm gegebenen Tradition läßt er sichtbar werden, wie Jesusweg und Jerusalemschicksal miteinander verknüpft sind (13,1–9. 31–34; 19,39–46; 20,9–19, 21,10–14; 23,26–31). Andererseits bleibt Jerusalem Ort des Heils: hier (nicht in Galiläa) erscheint der Auferstandene, hier hält er seine Jünger fest, bis sie den Geist empfangen haben (24,49; Apg. 1,8). Neben das Wissen um das Gericht über Jerusalem tritt das Bewußtsein der Notwendigkeit eines Ausgleichs zwischen der christlichen Gemeinde und dem römischen Imperium, in dessen Rahmen sie lebt.

Die Antwort der Menschen, die das Kommen und Wirken Jesu als Gottes Handeln und Gottes Tat begreifen, ist ein Lobpreis, der aus dem Glauben kommt und in dem sich der Glaube vollendet (1,64; 2,20.28; 4,15; 5,25.26; 7,16; 9,43; 13,13; 17,15; 18,43; 23,47; 24,53). Von da aus wird deutlich, warum das Lukasevangelium an seinem Beginn und an seinem Ende gottesdienstlichen Charakter trägt. Im Tempel beginnt es, im Tempel endet es. Hymnen begleiten seinen Eingang, die Feier des Herrentages durch die Gemeinde bestimmt die Darbietung der österlichen Ereignisse am Ausgang, segnend scheidet der Herr von den Seinen.

§ 4 Die exegetische Arbeit am Lukasevangelium von der Mitte der fünfziger bis zum Beginn der achtziger Jahre

Nur selten läßt sich ein Einschnitt, der eine neue Etappe der Forschung markiert, so eindeutig bezeichnen wie im Falle der Arbeit am lukanischen Geschichtswerk und der lukanischen Theologie in der Nachkriegszeit. Das Erscheinen von H. Conzelmanns Werk »Die Mitte der Zeit«[1] erwies sich schon bald als eine Zäsur, vergleichbar der Veröffentlichung jener Arbeiten, mit denen kurz nach dem ersten Weltkrieg die Begründung der formgeschichtlichen Methode in der neutestamentlichen Forschung erfolgte. Conzelmann war sich offenbar dessen bewußt, daß er mit der von ihm vorgenommenen Neubewertung der Komposition und des literarischen Rahmens des Evangeliums einen entscheidenden Schritt über die zunächst am einzelnen Traditionsstück interessierte Formgeschichte hinaus tat. Es war kein Zufall, daß dies in der Arbeit am Lukasevangelium geschah. M. Dibelius hatte, indem er Lukas als »Historiker« vorstellte und seiner schriftstellerischen Leistung besondere Beachtung widmete (freilich vor allem im Blick auf die Apostelgeschichte), dieser Betrachtungsweise den Weg geebnet. Conzelmann erfaßte ungleich schärfer den Theologen im Historiker Lukas und versuchte seine Eigenart darin zu sehen, »wie er dafür den überlieferten Stoff verwendet«[2]. Damit verbindet sich für ihn

[1] Die Mitte der Zeit. Studien zur Theologie des Lukas, BHTh 17, Tübingen 1954. Die Arbeit basiert auf der Heidelberger Habilitationsschrift des Autors. Vorausgreifend hat er einen zentralen Aspekt seines Werkes dargeboten in seinem Aufsatz: Zur Lukasanalyse, ZThK 49, 1952, 16–32.

[2] A. a. O., 5.

eine Bestimmung des geschichtlichen Standortes des Lukas innerhalb der kirchlichen Entwicklung. Er sieht diese durch das Ausbleiben der Parusie und die Erfahrung der Distanz zur archē, der die Kirche begründenden Zeit der Apostel charakterisiert. »Lukas stellt sich der Lage, in welche die Kirche durch das Ausbleiben der Parusie und die Entstehung einer innerweltlichen Geschichte gekommen ist. Er versucht sie zu bewältigen durch das Faktum seiner Geschichtsschreibung.«[3] Ihr liegt ein in drei Stufen sich darstellendes Schema der Heilsgeschichte im lukanischen Werk zugrunde: die Zeit Israels – die Zeit des (öffentlichen) Wirkens Jesu – die Zeit seiner Erhöhung, die zugleich die der ecclesia ist. Die den Hauptteil des Evangeliums bestimmende mittlere Stufe entfaltet sich selbst wiederum in dreifacher Weise: als Zeit der Sammlung der Jünger in Galiläa – als Zeit des Zuges »der Galiläer in den Tempel« – als Zeit der Lehre im Tempel und des Leidens in Jerusalem.[4] So wird die lukanische Christologie gleichsam zur Funktion seiner Geschichtstheologie. Sie »ist dargestellt durch die Entfaltung der Stellung Christi in der Mitte der Heilsgeschichte«[5] und kommt in den Einzelaspekten wie Geistchristologie, Verhältnis zu Israel, Wertung des Lebens Jesu und der Rolle des Satans als Gegenspieler[6] zur Geltung. Die zum Leitbegriff gewordene und als Titel gewählte »Mitte der Zeit« bezeichnet den »Ort Jesu in der Geschichte«.[7]

Gerade dieses Grundkonzept wirkte durchschlagend, zumal es verdeutlichte, in welchem Maße das »heilsgeschichtliche« Denken der kirchlichen Lehre und Dogmatik in der Nachfolge der lukanischen Theologie stand. Es konnte freilich auch nicht ausbleiben, daß vor allem hier die kritischen Anfragen laut wurden, einmal an die Bewertung der lukanischen Theologie durch Conzelmann, andererseits aber auch an deren exegetische Fundierung. Die große Resonanz, die Conzelmanns Entwurf sogleich fand, hing nicht zuletzt damit zusammen, daß seine Auffassung der lukanischen Theologie in der vorausgehenden Entwicklung der neutestamentlichen Arbeit bereits angelegt war[8] und deshalb irgendwie »in der Luft lag«.[9] Dies wurde dadurch erkennbar, daß (zunächst in kleineren Beiträgen) etwa gleichzeitig, jedoch unabhängig von Conzelmann, Gedanken und Formulierungen auftauchten, die eine ähnliche Sicht des Lukas erkennen ließen. E. Dinkler sprach in seinem 1954 vorgetragenen Durchblick durch die urchristliche Geschichtstheologie[10] davon, daß für Lukas in der Mitte der Weltgeschichte die heilsökonomisch aufgefaßte history of salvation steht, und folgerte daraus im Sinne einer existential orientierten Theologie: »The secularization of history in Christian theology beginns with Lukas.«[11] E. Lohse begriff »Lukas als Theologe(n) der Heilsgeschichte«,[12] geht dabei vom

[3] A. a. O., 6.
[4] A. a. O., 8f.
[5] A. a. O., 146.
[6] Zum letzten vgl. a. a. O., 135.
[7] A. a. O., 160.
[8] Neben den Arbeiten von *M. Dibelius* ist zu nennen: *Ph. Vielhauer*, Zum »Paulinismus« der Apostelgeschichte, EvTh 10, 1950/51, 1–15 = Aufsätze zum Neuen Testament, München 1965, 9–27.
[9] Vgl. *J. Rohde*, Die redaktionsgeschichtliche Methode, ThA 22, Berlin 1965.
[10] *E. Dinkler*, The Idea of History in Earliest Christianity, in: The Idea of History in Ancient Near East, New Haven 1955 = Signum Crucis, Tübingen 1967, 313–350.
[11] A. a. O., 334.
[12] EvTh 14, 1954, 256–275 = Die Einheit des Neuen Testamentes, Göttingen 1973, 145–165.

Proömium aus und wertet besonders den Gedanken der Erfüllung und der erfüllten Zeit: »Die Abfolge der sich erfüllenden Ereignisse zu schildern, machen Thema und Aufgabe aus, die sich Lukas gesetzt hat.«[13] Auch er hebt den Israel und Kirche umschließenden heilsgeschichtlichen Rahmen hervor, betont den im Gang der Geschichte sich realisierenden Plan Gottes und sieht in Geist und Kirche Platzhalter der erhofften Parusie und der sichtbaren Aufrichtung des Reiches Gottes. Er kommt zu dem Urteil: »Lukas will mehr als nur eine Entfaltung des urchristlichen Kerygmas von Tod und Auferstehung Christi bieten. Er entwirft eine christliche Geschichtsschau, die als Erfüllung göttlicher Verheißungen das Wirken Jesu, sein Sterben und Auferstehen umfaßt, über dieses Geschehen hinweg die Linie weiter auszieht und die Heilsgeschichte im Laufe der Kirche bis zum Ende der Zeiten weitergehen läßt.«[14]

E. Käsemann konnte in seinem 1954 gehaltenen Vortrag[15] Conzelmanns Auffassung von Lukas und seiner Theologie aufnehmen und in der ihm eigenen zugespitzten Art so formulieren: »Sein (des Lukas) Evangelium ist in Wahrheit das erste Leben Jesu, bei dem die Gesichtspunkte der Kausalität und Teleologie berücksichtigt und psychologische Einfühlung, Sammlertätigkeit des Historikers und die Tendenz des Erbauungsschriftstellers in gleicher Weise spürbar werden ... Sein Jesus ist der Stifter der christlichen Religion, das Kreuz ein Mißverständnis der Juden, welche die at.liche Weissagung nicht begriffen haben, die Auferstehung die danach notwendige Korrektur des menschlichen Versagens durch den göttlichen Weltenlenker. Die Lehre Jesu bringt eine höhere Moral, die Wunder sind in die Welt platzende, himmlische Macht und Herrlichkeit bekundende Mirakel. Die Geschichte Jesu wird etwas ganz und gar Zurückliegendes, wirklich Historie, nämlich initium Christianismi.«[16]

Zunächst mußte es so erscheinen, als ob durch die neutestamentliche Exegese die Theologie vor die Alternative Lukas oder Paulus gestellt wurde, vergleichbar der Alternative Jesus oder Paulus, wie sie der radikale Liberalismus am Anfang des Jahrhunderts aufzurichten versucht hatte. Die Frage nach den Voraussetzungen des Lukas zugeschriebenen geschichtstheologischen Entwurfs bereitete sich bereits in einer Diskussion vor, die in den Jahren des zweiten Weltkriegs vor allem von damals in der Schweiz wirkenden Theologen geführt wurde. M. Werner, ein enger Schüler Albert Schweitzers, hatte die Reaktion auf die ausbleibende Parusie, das Problem der Parusieverzögerung, zum Angelpunkt der Entwicklung von Lehre und Leben der frühen Christenheit gemacht.[17] Nach Conzelmann stand nun das lukanische Geschichtsbild, ja die Theologie des Lukas überhaupt, unter dem Vorzeichen des Ausbleibens der Parusie. So mußte in der durch E. Gräßer 1957 aufgenommenen exegetischen Überprüfung des Problems[18] sich der Blick bei der vergleichenden Exegese der einschlägigen synoptischen Texte vor allem auf Lukas

---

13 A. a. O., 153.
14 A. a. O., 154.
15 Das Problem des historischen Jesus, ZThK 51, 1954, 125–153 = Exegetische Versuche und Besinnungen, Göttingen 1960, 187–214 = (Auswahl) Berlin 1968, 105–131.
16 A. a. O., 199.
17 Die Entstehung des christlichen Dogmas, Bern 1941.
18 Das Problem der Parusieverzögerung in den synoptischen Evangelien und in der Apostelgeschichte, BZNW 22, Berlin-West 1957.

richten.[19] Die Untersuchung der Eschatologie, aber auch des Gleichnisguts bei Lukas bestätigten das Urteil von einem Konzept der Heilsgeschichte, »in der auf das Festhalten an der Naherwartung entschlossen verzichtet wird« und »das Interesse von der eschatologischen Erwartung weg auf die Paränese, auf die vita christiana und auf die Mission« rücke.[20]

Bald meldeten sich auch kritische Stimmen zu Wort. H.-W. Bartsch, von J. Schniewind und E. Lohmeyer inspiriert, setzte gleichfalls beim Problem der Parusieverzögerung an.[21] Für ihn ist dieses jedoch nicht mit der Reaktion auf den Geschichtsverlauf verbunden, sondern hat seine Wurzel im Verständnis des Ostergeschehens. Er geht davon aus, daß zunächst die Auferstehung Jesu als erster Akt der Parusie im Sinne einer Epiphanie des Menschensohnes verstanden wurde, dann aber sich die Bindung der Parusieerwartung an die Osterereignisse löste und man die Epiphanie des Erhöhten durch die Auffahrt Christi ersetzte. Nicht die Verzögerung der Parusie war das Problem der Gemeinde zur Zeit des Lukas, sondern die Bewährung einer Parusieerwartung, die von Ostern gelöst war. Sie konnte sich dann zeitweilig an die Ereignisse des Jüdischen Krieges knüpfen, sie stand noch mehr in der Gefahr der Preisgabe zugunsten der Vorstellung einer schon geschehenen Auferstehung (vgl. 2. Tim. 2,18), die auf Grund einströmenden gnostischen Gedankengutes zum Problem wurde. Solchen Tendenzen gegenüber betont Lukas – das glaubte Bartsch besonders an dessen Gestalt der synoptischen Apokalypse aufweisen zu können – die Beziehung des Eschatons auf jeden Augenblick des Lebens, die »Stetsbereitschaft«. So erscheint denn Lukas nicht als frühkatholischer Theologe der Heilsgeschichte, sondern als »der Theologe einer existentiell verstandenen Eschatologie«.[22] Man darf hier den (freilich vereinzelt gebliebenen) Versuch sehen, auch einer an der existentialen Anthropologie und ihrem Vorverständnis orientierten Theologie einen positiven Zugang zur Konzeption des Lukas zu eröffnen. Die Mahnung: »Wachet aber zu jeder Zeit« erweist sich als Schlüssel zur lukanischen Eschatologie und Theologie und erscheint dann kennzeichnenderweise als Titel der einige Jahre später von Bartsch vorgelegten zusammenhängenden Darbietung des Lukasevangeliums,[23] die die Linie des Programmaufsatzes ausführt.

Eine sorgsame Umakzentuierung nahm auch U. Luck vor.[24] Ihm scheint »mit der Feststellung eines heilsgeschichtlichen Aufrisses bei Lukas sein eigentliches theologisches Anliegen noch nicht erfaßt und damit das Problem einer Lukanischen Theologie noch nicht gelöst zu sein«. Er geht vom Proömium und den kerygmatischen Stücken der Actareden aus und kommt zu einer starken Betonung des pneumatologischen Aspekts. »Lukas geht aus von der ihn bewegenden entscheidenden Frage: Wie können die in Verkündigung und Lehre überlieferten *πράγματα* Gottesgeschichte sein? Er löst diese Frage von der ihm selbstverständlichen Wirklichkeit des Geistes her, der die *ἀσφάλεια* dieser

[19] A. a. O., 178–215.
[20] A. a. O., 179.
[21] Zum Problem der Parusieverzögerung bei den Synoptikern, EvTh 19, 1959, 116–135 = Entmythologisierende Auslegung, ThF 26, Hamburg 1962, 69–80.
[22] A. a. O., 80.
[23] Wachet aber zu jeder Zeit. Entwurf einer Auslegung des Lukasevangeliums, Hamburg 1963.
[24] Kerygma, Tradition und Geschichte Jesu bei Lukas, ZThK 57, 1960, 51–66.

Geschichte als Gottes Taten verbürgt. Das bedeutet aber, daß er den eigentlichen Zugang zur Geschichte Jesu nicht in einem heilsgeschichtlichen Schema begründet sieht, sondern allein durch das πνεῦμα erhält.«[25] Von da aus ergibt sich ihm der Stellenwert des Geschichtlichen, nicht von einer vorgängigen Geschichtstheologie her.

Im gleichen Jahr schaltete sich W. C. Robinson in die Diskussion ein, der bald zum herausragenden Wortführer einer kritischen Auseinandersetzung mit Conzelmanns Entwurf werden sollte. Als Vorgriff auf eine größere Arbeit erschien zunächst eine Untersuchung zur theologischen Wertung des lukanischen Reiseberichtes.[26] Jene selbst folgte 1962 in englischer, 1964 in deutschsprachiger Gestalt unter dem Titel: Der Weg des Herrn.[27] Für den von Conzelmann an Lukas aufgewiesenen Ablauf der Heilsgeschichte war das Drei-Epochen-Schema konstitutiv: Israel – Jesuszeit – Kirche. Dabei gehörte Johannes der Täufer der ersten Phase an. Das Eigentümliche der lukanischen Darstellung des Täufers liegt nach Conzelmann in der Zäsur, die Johannes und Jesus trennt. Robinson sieht an dieser Stelle sogar den Angelpunkt des Conzelmannschen Konzepts, weil hier kompositorischer Zugriff (geographische und chronologische Trennung zwischen Jesus und Johannes) und theologische Grundentscheidung (Enteschatologisierung der Täufergestalt) zusammentreten. Durch exegetische (synoptisch-vergleichende; redaktionskritische) Überprüfung versucht er den Nachweis, daß einerseits von einer bewußt gezogenen Trennungslinie zwischen Johannes und Jesus nicht die Rede sein kann, andererseits die Enteschatologisierung der Täufergestalt in der antitäuferischen Apologetik der Gemeinde vor Lukas bereits fest begründet war.[28] Auch das Drei-Phasen-Schema des Wirkens Jesu wird von Robinson kritisch gesehen; er möchte es durch die Zweigliederung ersetzen, deren Wendepunkt bei 9,51 liegt.[29] Die Geschichtstheologie des Lukas versucht er statt von einem heilsgeschichtlichen Konzept aus von zwei Begriffen her aufzuschließen: dem der »Heimsuchung« und dem des »Weges des Herrn«. Gemeint ist eine Heimsuchung, wie sie positiv im heilvollen Sichnahen Gottes besteht (1,68 und das Erscheinen Jesu als Gast auf der Wanderung), vor allem aber wie sie negativ am Schicksal Jerusalems deutlich wird (13,34f.; 19,11–27; 19,37–44; 23,27–31) sowie in der lukanischen Gestalt der synoptischen Apokalypse (21,7–36), in summa: das Kommen Jesu als Kommen Gottes, in dem sich die Gegenwart des Reiches naht.[30] Eng verbunden mit diesem Kommen ist die Vorstellung vom Weg des Herrn, durch das die geographischen Gegebenheiten (einschließlich des Reiseberichtes und seiner Proportionen) und dann die Wege der christlichen Mission ihren Stellenwert erhalten (als »Geographie in Bewegung«).[31] Die in solchem Auf-dem-Wege-Sein beschlossene räumliche Nähe des Reiches Gottes erscheint als Mittel, die traditionelle Form der Naherwartung des Gottesreiches zu überwinden und das Problem der Parusieverzögerung gleichsam zu überholen.

---

[25] A. a. O., 64.
[26] The Theological Context for Interpreting Luke's Travel Narrative, JBL 79, 1960, 20–34.
[27] Studien zur Geschichte und Eschatologie im Lukas-Evangelium. Ein Gespräch mit Hans Conzelmann, ThF 36, Hamburg 1964.
[28] A. a. O., 9–21.
[29] A. a. O., 23f.
[30] A. a. O., 50–54.
[31] A. a. O., 39–44, 59–67.

W. C. Robinson bot nach dem paränetisch-existential bestimmten Deutungsversuch von Bartsch und der pneumatologisch akzentuierten Einrede von Luck ein durch exegetische Nachprüfung und alternativen Gesamtentwurf charakterisiertes Gegenkonzept zu Conzelmann Lukasverständnis.

Knapper dargeboten und gröber konturiert erscheint die Skizze von H. Hegermann: »Zur Theologie des Lukas«.[32] Auf Grund exegetischer Beobachtungen zur synoptischen Apokalypse Luk. 21 verneint er entschieden die Frage, ob Lukas die urchristliche Naherwartung aufgegeben habe, sieht dessen Darstellung vielmehr von einem (doppelten) Zwei-Phasen-Schema des heilsgeschichtlichen Ablaufs bestimmt: auf eine anfängliche Freudenzeit folge jeweils eine Sturmzeit der Anfechtung und Verfolgung (bei Jesus beginnend mit Luk. 22,2; bei den Aposteln mit Apg. 6,1); er unterstreicht, daß die Gegenwärtigkeit des Heils in der Apostelzeit dieselbe sei wie in der Jesuszeit.

In seiner den Reden der Apostelgeschichte gewidmeten Untersuchung geht auch U. Wilckens auf die »theologische Wertung des lukanischen Entwurfs« ein, wobei er die Verschiedenartigkeit der Situation zwischen Lukas und Paulus besonders heraushebt.[33]

Als eine Korrektur zu Conzelmann versteht sich – wie schon der Titel seines Aufsatzes ausweist – G. Braumann mit der Untersuchung »Das Mittel der Zeit«.[34] Nach ihm konzentriert sich das Interesse des Lukas auf die Gemeinde als ecclesia pressa. »Er vertröstet nicht auf ein baldiges Ende der Verfolgung, sondern beantwortet das die Gemeinde bedrängende Problem mit dem ‚Mittel der Zeit'. Die Parusie bringt das Ende der Bedrückung, nicht jetzt, sondern in einer Zukunft, die in weiterer Ferne liegt.«[35] So erhalten die lukanischen Aussagen über Johannes den Täufer, dessen Wirken als Urbild der Verfolgungssituation gilt, über die Erwählung der Jünger, über die Kirche zwischen Juden und Heiden und über das (enteschatologisierte) Schicksal Jerusalems einen besonderen Stellenwert.

Als Korrektur in eine ganz andere Richtung erscheint H. Flenders Dissertation »Heil und Geschichte in der Theologie des Lukas«,[36] die die Eigenart des Lukas von seiner Christologie her zu entwickeln versuchte. Er sieht diese durch ein Zwei-Stufen-Schema, die »Entgegensetzung und Zueinandersetzung« von himmlischer und irdischer Existenzweise des Christus charakterisiert. Als Schlüsselstelle gilt Luk. 22,66–71. Dem korrespondiert eine Geschichtstheologie, nach der die evangelische Geschichte eine himmlische und eine irdische Seite hat. Auf der einen Seite stehen Erhöhung und Parusie als himmlische Heilsvollendung, auf der anderen die die Kontinuität mit Israel fortführende Heilsgegenwart in Jesusgeschichte und Gemeinde. Als eigenständiger (dritter) im Neuen Testament vorliegender Typus werde in der durch die Problematik des nachapostolischen Zeitalters bestimmten Theologie des Lukas »die neue Welt Gottes, die Christus gebracht« und »die (weitergehende) Geschichte der Welt, in der sich das Christusereignis zugetragen hat«,[37] aufeinander bezogen.

---

[32] ». . . und fragten nach Jesus«, Festschrift für E. Barnikol, Berlin 1964, 27–34.
[33] Die Missionsreden der Apostelgeschichte, WMANT 5, Neukirchen 1961, 193–201.
[34] ZNW 54, 1963, 117–145.
[35] A. a. O., 145.
[36] BEvTh 41, München 1963.
[37] A. a. O., 147.

Von den in der ersten Etappe der Lukasforschung nach Conzelmanns Werk hervorgetretenen Autoren sind neben E. Gräßer und E. Lohse vor allem S. Schulz und G. Klein in der gleichen Richtung wie dieser vorgestoßen. S. Schulz, der sich entschieden zu dem von Conzelmann entwickelten Drei-Epochen-Schema in der lukanischen Theologie bekennt, sieht gleichsam als dessen Rückgrat die Vorstellung vom Heilsplan Gottes, seinem Vorauswissen und Vorausplanen, die er unter dem Begriff der Vorsehung faßt.[38] »Heil ist für Lukas nur da, wo diese Gottesvorsehung Ereignis wird.«[39] Gottesvorsehung und Gottesgeschichte entsprechen einander. Stärker als andere Lukasinterpreten betont Schulz den hellenistischen Einschlag in dessen Theologie: ihr religionsgeschichtlicher Hintergrund ist die römisch-hellenistische Schicksalsideologie. Die Vorstellung einer »vorsehungsgeschichtlichen Entelechie« erscheint als »klassisch antikes Erbe, das Lukas für die Verkündigung aufgearbeitet hat«.[40] Die Verdeutlichung dieser Konzeption zum Zwecke einer den Leser überführenden Gewißheit erreicht Lukas mit den Mitteln der Historisierung (samt »Geographisierung« und »Biographisierung«), der Betonung der epiphaniehaften Züge an den Wundern, des designierenden Gottesgeistes, des Schriftbeweises und der Apologetik. Schulz hat dann einige Jahre später im Rahmen einer Theologie der vier Evangelisten eine Gesamtdarstellung der Theologie des Lukas geboten, in die er die vorausgegangene Studie in gestraffter Form integriert hat.[41] In diesem Zusammenhang erscheint Jesus bei Lukas als Mitte der Vorsehungsgeschichte, während die Eschatologie an das „nicht mehr kontrollierbare Ende« gerückt wird. Scharf tritt die Entgegensetzung von Paulus und Lukas und dessen Zuordnung zum sog. Frühkatholizismus (una sancta apostolica) heraus.

G. Klein war durch seine Untersuchung zum Zwölferapostolat in das Zentrum der aktuellen Lukasdiskussion vorgestoßen.[42] Zwar lag das Schwergewicht dieser Arbeit bei der exegetischen Nachprüfung des Befundes in der Apostelgeschichte und im spät- bzw. nachapostolischen Schrifttum, indem er jedoch die Schlüsselstellung des Lukas bei der Herausarbeitung und Durchsetzung der »Idee« betonte, ergaben sich entscheidende Konsequenzen für die Bewertung des Evangeliums. Es mußte Conzelmanns Sicht entgegenkommen, wenn nach Klein die aus dem Zusammenhang hochgespannter Naherwartung losgelöste Idee des Zwölferkreises durch Lukas »gegen die historische Wirklichkeit in das Leben Jesu zurückprojiziert worden war«[43] und zwar im Interesse der kirchlichen Tradition und Sukzession, die die Zeit Jesu und die der Kirche verbinden soll.

Klein hatte in seiner Monographie nicht nur gezeigt, was die Konzentration auf einen thematischen Aspekt für die Erfassung der lukanischen Theologie austrägt, sondern auch die Richtung bezeichnet, die für längere Zeit die Arbeit am Lukasevangelium entscheidend prägen würde: die monographische Behandlung einzelner Themen und Aspekte. Einige Jahre später wandte er sich einer anderen Möglichkeit zu, der detaillierten Exegese eines zentralen Abschnitts. Sein Beitrag zur Festschrift für R. Bultmann »Lukas 1,1–4 als

---

38 Gottes Vorsehung bei Lukas, ZNW 54, 1963, 104–116.
39 A. a. O., 105.
40 A. a. O., 112.
41 Die Stunde der Botschaft (1967), Berlin 1969, 235–296.
42 Die Zwölf Apostel. Ursprung und Gehalt einer Idee, FRLANT 77, Göttingen 1961.
43 A. a. O., 215.

theologisches Programm«[44] entwickelte am Proömium wesentliche Gesichtspunkte einer Theologie des Lukas.

Kurz zuvor hatte bereits H. Schürmann (als Vorarbeit für den später erscheinenden Kommentar) am gleichen Abschnitt das Verhältnis von »Evangelienschrift und kirchlicher Unterweisung« thematisiert.[45]

Gut ein Jahrzehnt nach dem Erscheinen von Conzelmanns Werk lagen die ersten Versuche vor, die bereits stark in die Breite gehende und das allgemeine theologische Gespräch mitbestimmende Diskussion über Lukas zu bilanzieren. Dabei zeigte sich, daß zwischen der von Conzelmann angestoßenen Rekonstruktion der lukanischen Theologie und deren theologischer Bewertung durchaus zu unterscheiden ist. Gegen Conzelmanns Entwurf war von konservativer Seite mancherlei Einspruch laut geworden, aber auch da, wo man seiner Lukasanalyse in den Grundzügen zuzustimmen bereit war, konnte das theologische Urteil über Lukas ganz anders ausfallen.

O. Cullmann, der seine geschichtstheologische Gesamtschau unter dem Titel »Heil als Geschichte«[46] darbot, ging dabei auch auf den veränderten Stand der Lukasdiskussion ausführlich ein. Er bewertet Conzelmanns Analyse zunächst positiv und sieht es dank ihrer für erwiesen an, »daß Lukas am Ausbau der Heilsgeschichte wirklich der Hauptbeteiligte war«.[47] Freilich habe – darin liegt eine wesentlich von Cullmann vorgenommene historische Korrektur – diese Entwicklung »lange vor Lukas eingesetzt, eigentlich schon von Ostern an«.[48] Die Zeit nach Jesu Tod als ganze sei »dadurch charakterisiert, daß das heilsgeschichtliche Denken sich progressiv im Zusammenhang mit der Deutung neuer Ereignisse weiterentwickelte«.[49] Diese unterschiedliche historische Sicht führt zu einer fundamental verschiedenen theologischen Bewertung. Was bei Cullmann als »Wesen der neutestamentlichen Auffassung schlechthin« bezeichnet ist, war bei Conzelmann eine Schöpfung des Lukas, die das Wesentliche der Eschatologie Jesu (das nur existential-punktuell interpretierbar sei) preisgegeben habe, indem sein »heilsgeschichtlich-periodisierendes Schema das Schwergewicht in die Vergangenheit und in die Gegenwart verlege und das baldige Kommen des Reiches durch die Wirksamkeit des heiligen Geistes ersetze«.[50] Die Frontlinien in der Bewertung der lukanischen Theologie sind offenkundig. Cullmann urteilt: Erst die von der existentiellen Hermeneutik bestimmte Abwertung des Lukas habe aus der berechtigten Gegenüberstellung von Paulus und Lukas die (falsche) Alternative Lukas oder Paulus gemacht.[51]

Cullmann ging bei der Verteidigung seines eigenen Konzeptes auch auf andere an Conzelmann anschließender Beiträge ein, vorzugsweise auf den E. Gräßers, verdeutlichte aber vor allem, in welchem Maße die Präzisierung seines eigenen Entwurfs – der Weg von »Christus und die Zeit« (1946), von woher Conzelmann das Motto zu seiner Darstellung

---

[44] Zeit und Geschichte, Festschr. f. R. Bultmann, Tübingen 1964, 193–216 = Rekonstruktion und Interpretation, München 1969, 237–261.
[45] Miscellanea Erfordiana, EThSt 12, Leipzig 1962, 48–73.
[46] Tübingen 1965.
[47] A. a. O., 28.
[48] A. a. O., 222.
[49] A. a. O., 215.
[50] A. a. O., 28.
[51] a. a. O., 223.

der *lukanischen* Theologie nahm, zu »Heil als Geschichte« (1965) – von der seit Mitte der fünfziger Jahre geführten Auseinandersetzung um Lukas und seine Theologie angeregt sei.

Die dem nordamerikanischen Neutestamentler Paul Schubert 1966 gewidmete Festschrift[52] brachte mehrere den Diskussionsstand resümierende Beiträge: den von Conzelmann selbst: »Luke's Place in the Development for Early Christianity,[53] in dem er seine Position zusammenfaßte, den von W. C. van Unnik: »Luke-Acts a Storm-Center in Contemporary Sholarship«,[54] der für das Recht der Tradition eintrat, und das theologisch profilierte Korreferat von U. Wilckens: »Luke-Acts in a Period of Existentialist Theology«[55]. Van Unnik, als Niederländer gleichsam in einer Mittelposition, verglich die angelsächsische und die deutschsprachige Lukasforschung der letzten Jahrzehnte und warnte sowohl vor einer Überschätzung der Parusieverzögerung als auch davor, die Geschichte des Heils bei Lukas an einem einseitig verstandenen Paulinismus zu messen. Auch Wilckens hält es für sehr zweifelhaft, daß Lukas seine Komposition als Reaktion auf die Parusieverzögerung hervorbrachte,[56] sieht vielmehr bei Paulus wie bei Lukas den auf das Alte Testament und das jüdische Denken gegründeten Versuch, zu zeigen, wie Gott sein Heil in geschichtlichen Ereignissen realisiert.[57]

Überblickt man die Entwicklung der Lukasdiskussion in den letzten Jahrzehnten, so markieren jene rückschauenden Darstellungen und Beiträge einen ersten deutlichen Einschnitt. Von nun an treten die Versuche, Lukas von einem zentralen Theologumenon her zu erfassen – sei es in einem das ganze Evangelium oder Geschichtswerk erfassenden monographischen Entwurf, sei es mehr in der skizzenhaften Gestalt von Aufsätzen – zurück hinter der *Untersuchung eines Einzelthemas* aus dem Umkreis der lukanischen Theologie. Deutlich wird ferner, daß die neue Lukasdiskussion den deutschsprachigen protestantischen Raum überschritten hat und nun sprachliche und konfessionelle Grenzen transzendierend in *ökumenischer Breite* fortgeführt wird.

Die in dieser Zeit erscheinenden Monographien katholischer Neutestamentler zu Lukasthemen zeigen, daß man sich dort nur zögernd und zurückhaltend auf eine vom protestantischen Prinzip der »Sachkritik« an Lukas bestimmte Fragestellung einläßt. G. Voß untersucht die »Christologie des Lukas«[58], W. Ott, unter den Leitworten »Gebet und Heil«, die Gebetstheologie des Lukas,[59] und für H. J. Degenhardt ist »Lukas der Evangelist der Armen«,[60] womit der lange vernachlässigte soziale Aspekt des Lukasevangeliums[61] wieder herausgestellt wird.

Auf evangelischer Seite reiht sich dem die von F. Schütz vorgelegte thematische Unter-

---

[52] Studies in Luke-Acts, Nashville 1966.
[53] A. a. O., 298–322 = (dt.) *G. Braumann*, Lukas-Evangelium, 230–260.
[54] A. a. O., 15–32 = Sparsa Collecta I, Leiden 1973, 92–110.
[55] A. a. O., 60–83 = (dt.) Rechtfertigung als Freiheit, Neukirchen 1977, 171–202.
[56] A. a. O., 66.
[57] A. a. O., 76.
[58] Die Christologie der lukanischen Schriften in ihren Grundzügen, Paris/Brügge 1965.
[59] Die Bedeutung der Gebetsparänese in der lukanischen Theologie, StANT 12, München 1965.
[60] Besitz und Besitzverzicht in den lukanischen Schriften. Eine traditions- und redaktionsgeschichtliche Untersuchung, Stuttgart 1965.
[61] Vgl. etwa *R. Koch*, Die Wertung des Besitzes im Lukasevangelium, Bibl 38, 1957, 151–169.

suchung über das Motiv des »leidenden Christus« und seiner Gemeinde an.[62] Zwei wichtige, etwa gleichzeitig erscheinende Studien gelten dem Schriftgebrauch bei Lukas. T. Holtz wandte sich den alttestamentlichen Zitaten bei Lukas[63] zu. M. Rese zeigte in seiner Analyse der alttestamentlichen Motive in der Theologie des Lukas,[64] daß sowohl die Rede von dessen »heilsgeschichtlichem Umgang mit dem Alten Testament« problematisch ist als auch die entgegengesetzte Ansicht, dieses habe dem Evangelisten nur als zufälliges Material gedient.

Die internationale Diskussion war durch die englische Übersetzung von Conzelmanns Werk unter dem Titel »The Theology of St. Luke«[65] entscheidend angeregt worden, obwohl wichtige Beiträge erst gegen Mitte der sechziger Jahre zur Veröffentlichung kamen. C. K. Barrett »Luke the Historian in Recent Study«[66] resümierte im wesentlichen die Forschung der ersten Jahrhunderthälfte. H. J. Davies dagegen behandelte unter Berücksichtigung redaktionsgeschichtlicher Gesichtspunkte »The Purpose of the Central Section of St. Luke's Gospel«.[67] E. E. Ellis nahm in »Present and Future Eschatology in Luke«[68] ein Thema auf, das einen Brennpunkt der Diskussion um die lukanische Theologie darstellte. Wie sehr er damit der im deutschsprachigen Raum entwickelten Fragestellung entsprach, zeigt sein Aufsatz über die Funktion der Eschatologie im Lukasevangelium.[69] Er möchte von einer Zweistufeneschatologie des Lukas sprechen: der Wirksamkeit des Geistes in und mit Jesus als erster Stufe und der Erfüllung des kommenden Äons in der künftigen Vollendung als zweiter.[70] J. Reumann, dessen Interesse vor allem bei der exegetischen Fundierung der Begriffe Heilsökonomie und Heilsgeschichte lag und der dabei das Spannungsfeld Paulus – Lukas vor Augen hatte, war zunächst den neutestamentlichen Grundlagen nachgegangen: »Oikonomia – Terms in Paul in Comparison with Lucan Heilsgeschichte«.[71] Im folgenden Jahr legte er eine weiterführende sowohl theologiegeschichtlich wie biblisch-theologisch ausgerichtete Skizze vor, die eine große Anzahl angelsächsischer und deutscher Beiträge verarbeitete und von ihrem je verschiedenen geistesgeschichtlichen Hintergrund her beleuchtete.[72] Hier kommt es zu einer Sicht, die Lukas und Paulus unter dem Aspekt der Heilsgeschichte zusammenschließt, zugleich aber auch auseinandertreten läßt. Heilsgeschichte ist für Lukas (im Anschluß an vorchristliche Geschichtsdeutung bis zurück zur alttestamentlichen Bundesformel) als eine Art angeschaute *Geschichte* zu sehen, für Paulus hingegen eine Weise, wie er sich selbst im Lichte der eschatologischen Offenbarung begreift.

---

[62] Der leidende Christus und die Gemeinde. Die angefochtene Gemeinde und das Christuskerygma in den lukanischen Schriften, BWANT 89, Stuttgart/Berlin-West 1969.

[63] Untersuchungen über die alttestamentlichen Zitate bei Lukas, TU 104, Berlin 1968.

[64] StNT 1, Gütersloh 1969.

[65] London 1960.

[66] London 1961.

[67] StudEv II, TU 87, Berlin 1964, 164–169.

[68] NTS 12, 1965/66, 27–41.

[69] ZThK 66, 1969, 387–402 = *G. Braumann*, Lukasevangelium, 378–397.

[70] A. a. O., 397.

[71] NTS 13, 1966/67, 147–167. – Voraus ging: Oikonomia – Covenant, Terms for »Heilsgeschichte« in Early Christian Usage, NovTest 3, 1959, 282–299.

[72] »Heilsgeschichte« in Luke. Some Remarks on its Background and Comparison with Paul, in: StudEv IV, TU 102, Berlin 1968, 86–115.

Deutlich zurückhaltender erwies sich die skandinavische Theologie. P. Borgen versuchte zu zeigen, »daß die Theologie der Lukasschriften als eine Weiterführung von Ansätzen bezeichnet werden (kann), die sich in den Paulusschriften finden«,[73] und belegt das an der Rolle Israels und an der Darstellung der österlichen Ereignisse. Kritische Reserve übte auch A. George mit seiner Studie »Tradition et rédaction chez Luc«,[74] die die redaktionsgeschichtliche Lukasforschung vom frankophonen Raum her begleitet und in der Folgezeit durch weitere subtile Beiträge ergänzt wurde.[74a]

Die hier kurz beschriebene zweite Phase der Lukasforschung seit Conzelmann, die durch eine Verlagerung des Schwergewichts zur Behandlung von Einzelthemen der lukanischen Theologie und durch eine stärkere Internationalisierung der Diskussion gekennzeichnet ist, fand Anfang der siebziger Jahre einen gewissen Abschluß durch W. G. Kümmels mehrfach publizierten Aufsatz »Lukas in der Anklage der heutigen Theologie[75]«. Er wertet die verschiedenen in der Diskussion des letzten Jahrzehnts geltend gemachten »Anklagepunkte« in differenzierter Weise. Zwar hat Lukas »die Naherwartung an den Rand geschoben, ohne sie völlig aufgeben zu wollen«, aber auch er »sieht nach wie vor seine Gegenwart im Zusammenhang des endzeitlichen Heilshandelns Gottes«. Die Heilsgeschichte als ein »Denken in Heilsperioden« ist keine Erfindung des Lukas, sondern steht in breiter (Paulus einschließender) urchristlicher Tradition.[76] Die Heilsbedeutung des Todes Jesu tritt bei Lukas zurück, ist aber keineswegs gestrichen.[77] »Frühkatholisch« im Sinne des Sukzessionsprinzips und des ekklesialen Institutionalismus ist Lukas keinesfalls.[78] Er versteht sich (laut 1,1–4 und 4,18ff.) nicht als referierender Historiker, sondern (wie auch die anderen Synoptiker) als Verkünder »der Taten Gottes in der Wirksamkeit Jesu und der Geschichte der ersten Gemeinde«[79], die auch im Zeichen zurücktretender Naherwartung nicht säkularisiert worden ist. Die gegenwärtige Kritik an der heilsgeschichtlichen Theologie des Lukas wurzele »in einer Verkennung der Bedeutung, die Geschichte für das christliche Kerygma hat«.[80]

Seit Anfang der siebziger Jahre zeichnet sich für die Lukasforschung eine erneute Gewichtsverlagerung ab. Von jetzt an bestimmen in immer stärkerem Maße Spezialmonographien über Einzelperikopen des lukanischen Werkes das Bild. Daneben erscheinen weiterhin, wenn auch in geringerem Maße als in der vorangehenden Phase, thematische Monographien zu Einzelproblemen und -gestalten.[81] Auch Versuche, das Zentrum

---

73 StTh 20, 1966, 140–147.

74 Enthalten in: De Jésus aux Évangiles. Tradition et rédaction dans les Évangiles synoptiques, BEphTheolLov 25, Gembloux 1967, 100–129.

74a Später gesammelt als: Études sur l'œuvre de Luc, Paris 1978.

75 Urspr. frz.: Luc en accusation dans la théologie contemporaine, EThL 46, 1970, 265–281 = (dt.) ZNW 63, 1972, 163–165 = *G. Braumann*, Lukasevangelium, 416–438 = Heilsgeschichte und Geschichte 2, Marburg 1978, 87–100 (danach zitiert).

76 A. a. O., 94.

77 A. a. O., 96.

78 A. a. O., 97.

79 A. a. O., 97.

80 A. a. O., 91.

81 Zu nennen sind hier: *W. Dietrich*, Das Petrusbild der lukanischen Schriften, BWANT 104, Stuttgart/Berlin-West/Köln/Mainz 1972; *J. Jervell*, Luke and the People of God. A new Look at Luke-Acts, Missoula/Ma. 1972; *J. Wanke*, Beobachtungen zum Eucharistieverständnis des Lu-

der Theologie des Lukas neu zu bestimmen, fehlten nicht.[82] Es dominieren jedoch jetzt (parallel zur Entwicklung in der Erforschung der anderen synoptischen Evangelien) Untersuchungen, in denen Abschnitte von oft nur wenigen Versen in detaillierter, kaum eine Einzelheit aussparender Exegese behandelt werden, wobei dann zumeist sehr umfangreiche Monographien entstehen. Die Führung lag fraglos bei den deutschsprachigen katholischen Autoren. G. Schneider hatte sich einem der Höhepunkte des lukanischen Passionsberichtes zugewandt. Er untersuchte den Komplex, der die Verleugnung des Petrus und das Verhör Jesu vor dem Hohen Rat umfaßt.[83] G. Lohfink konzentrierte sich mit der Himmelfahrtsgeschichte auf das Bindeglied zwischen Evangelium und Apostelgeschichte.[84] J. Wanke behandelte in gründlicher Einzelanalyse die Emmauserzählung.[85] P. Fiedler widmete einen großen Teil seiner Untersuchung über das Verhalten Jesu zu den Sündern der Auslegung lukanischer Perikopen, speziell von Luk. 15.[86] Der lukanischen Gestalt der sog. kleinen Apokalypse gelten die drei kurz nacheinander erschienenen Monographien von J. Zmijewski,[87] R. Geiger[88] und F. Keck[89]. R. Pesch analysierte die Geschichte von Petri Fischzug unter Bezugnahme auf die johanneische (österliche) Parallele.[90] Der Japaner M. Miyoshi legte eine gründliche Exegese der Anfangsabschnitte des Reiseberichts vor.[91] G. Schmahl behandelte die Perikope vom zwölfjährigen Jesus,[92] U. Busse die Antrittsrede in Nazareth,[93] W. Buners die Heilung der zehn Aussätzigen,[94] W. Bösen den lukanischen Bericht von der Einsetzung des Herrenmahls[95] und R. W. Dillon die Ostererscheinungen[96].

---

kas, EThSchr 8, Leipzig 1973; *P. Zingg*, Das Werden der Kirche, Orbis Biblicus et Orientalis 3, Freiburg i. B/Göttingen 1974; *C. P. März*, Das Wort Gottes bei Lukas, EThSchr 11, Leipzig 1975; *G. Lohfink*, Die Sammlung Israels. Eine Untersuchung zur lukanischen Ekklesiologie, StANT 39, München 1975.

[82] *C. H. Talbert*, The Redaction Critical Quest for Luke the Thelogian, in: Jesus and Man's Hope, Pittsburgh TheolStud I, Pittsburgh 1970, 171–222; *G. Baumbach*, Gott und die Welt in der Theologie des Lukas, BuL 45, 1972, 214–253; *A. Stöger*, Die Theologie des Lukasevangeliums, BuL 46, 1973, 227–236; *H. R. Hiers*, The Problem of the Delay of the Parusia in Luke-Acts, NTS 20, 1973/74, 145–155; *G. S. Smalley*, Spirit, Kingdom and Prayer in Luke-Acts, NovTest 15, 1973, 59–71.

[83] Verleugnung, Verspottung und Verhör nach Lukas 22,54–71. Studien zur lukanischen Darstellung der Passion, StANT 22, München 1970.

[84] Die Himmelfahrt Jesu. Untersuchungen zu den Himmelfahrts- und Erhöhungstexten bei Lukas, StANT 26, München 1971.

[85] Die Emmauserzählung. Eine redaktionsgeschichtliche Untersuchung zu Lk 24,13–35, EThSt 31, Leipzig 1973.

[86] Jesus und die Sünder, BbETh 3, Frankfurt a. Main/Bern 1976.

[87] Die Eschatologiereden im Lukas-Evangelium, BBB 40, Bonn 1972.

[88] Die lukanischen Endzeitreden, EHSchrTh 16, Bern 1973.

[89] Die öffentliche Abschiedsrede Jesu in Lk. 20,45–21,36, FzB 9, Stuttgart 1976.

[90] Der reiche Fischfang. Lk. 5,1–11/Joh. 21,1–14. Wundergeschichte – Berufungserzählung – Erscheinungsbericht, Düsseldorf 1969.

[91] Der Anfang des Reiseberichts Lk. 9,51–10,24. Eine redaktionsgeschichtliche Untersuchung, AnBibl 60, Rom 1974.

[92] Der zwölfjährige Jesus Lk. 2,41–52, FzB 17, Stuttgart 1977.

[93] Das Nazareth-Manifest Jesu, SBS 91, Stuttgart 1978.

[94] Die Reinigung der zehn Aussätzigen und die Heilung des Samariters, FzB 23, Stuttgart 1977.

[95] Jesusmahl, eucharistisches Mahl, Endzeitmahl, SBS 97, Stuttgart 1980.

[96] From Eye-Wittness to Ministers of Word, AnBibl 82, Rom 1978.

Obwohl die Lukasforschung während des ganzen, durch das grundlegende Werk von Conzelmann eröffneten Zeitabschnitts im wesentlichen redaktionsgeschichtlich bestimmt war, fehlte es – vor allem in den siebziger Jahren – keineswegs an Arbeiten, die die literarkritische Fragestellung fortführten. Den wichtigsten Beitrag leistete T. Schramm, der in seiner Studie über den Markusstoff bei Lukas[97] eine durchgehende Analyse des gesamten Evangeliums vorlegte. Er bemühte sich, durch versweisen Vergleich aufzuzeigen, daß Lukas neben dem Markusevangelium für eine große Anzahl der bei Markus überlieferten Stoffeinheiten noch eine weitere Quelle benutzt hat. Schon früher hatte F. Rehkopf eine von Lukas rezipierte Sonderquelle aus einem Abschnitt des Passionsberichtes (22,21–38) herauszupräparieren gesucht.[98] A. Fuchs versuchte die Zweiquellentheorie zu modifizieren. Er sah nicht in dem uns vorliegenden Markusevangelium die Vorlage des Lukas, sondern in einer späteren Fassung desselben, dem »Deutero-Markus«.[99]

Im gleichen Zeitraum, in dem die Arbeit am Lukasevangelium zu starker Spezialisierung ansetzte, rückte die Redequelle Q erneut in das Blickfeld des Forschungsinteresses. Da es sich bei Q um eine der wesentlichen »Quellen« des Lukasevangeliums handelt, tragen die neuen Arbeiten auch zu dessen exegetischer Durchdringung bei. Mit den in den siebziger Jahren in die Disskussion eingeführten größeren Werken wurde auch einem Desiderat Rechnung getragen, das seit den Tagen A. Harnacks bestand: der zusammenhängenden literarischen und theologischen Untersuchung des mutmaßlichen Q-Stoffs. Damit sollte die Basis geschaffen werden, den Ort von Q in der Herausbildung der Evangelien zu bestimmen.

Den Anfang machte D. Lührmann mit seinem Versuch, in der Redaktion der Logienquelle literarkritische und redaktionsgeschichtliche Gesichtspunkte zur Geltung zu bringen.[100] Bald darauf erschienen etwa gleichzeitig zwei Werke mit unterschiedlichem Profil, die als Höhepunkte der Q-Forschung angesprochen werden können. P. Hoffmann untersuchte in seinen »Studien zur Theologie der Logienquelle«[101] zentrale Abschnitte des Q-Bestands, wobei sich Luk. 10,21–24 als Schlüsselperikope darbot. S. Schulz behandelte in seiner »Q« betitelten großen Monographie[102] in gründlicher Detailanalyse alle in Frage kommenden Stücke, wobei er nicht nur die jeweilige Urgestalt zu rekonstruieren suchte, sondern auch das Material auf zwei Stufen der Überlieferung (Q 1 und Q 2) meinte verteilen zu können. A. Polag, dessen Arbeit zur Christologie der Logienquelle[103] schon wesentlich früher entstanden war, ist der vorerst letzte in der Reihe der deutschsprachigen Autoren von Monographien zur Redequelle und beeindruckte dadurch, daß über den im Thema angezeigten Rahmen hinaus die zeitliche und lokale Zuordnung der Traditionen und Traditionsschichten breiten Raum einnimmt.

Die hier genannten Werke sicherten als Gegengewicht zu den auf die Endgestalt des Evangeliums ausgerichteten redaktionsgeschichtlich bestimmten Auslegungen die methodische Vielfalt im Umgang mit den lukanischen Texten. Dies kam den Einzelunter-

---

[97] SNTSMonSer 14, Cambridge 1971.
[98] Die lukanische Sonderquelle. Ihr Umfang und Sprachgebrauch, WUNT 5, Tübingen 1959.
[99] Sprachliche Untersuchungen zu Matthäus und Lukas, AnBibl 41, Rom 1971.
[100] Die Redaktion der Logienquelle, WMANT 33, Neukirchen 1969.
[101] NTA NF 8, Münster 1972.
[102] Q. Die Spruchquelle der Evangelisten, Zürich 1972.
[103] WMANT 45, Neukirchen 1977.

suchungen und später den Kommentaren zugute. Im Unterschied zur Arbeit an Q stand das Bemühen um die Fragen des lukanischen Sonderguts ganz im Schatten. Die großflächigen Lösungsversuche wie die Annahme eines »neuen Erzählers« durch Adolf Schlatter oder einer Quellenschicht »Lukas II« durch Emmanuel Hirsch fanden nur vereinzelt Gefolgschaft. So blieb etwa K. H. Rengstorf auch in den späteren Auflagen seiner Lukasauslegung (NTD 3) der Schlatterschen Linie treu. W. Grundmann hat in den früheren Auflagen des vorliegenden Kommentars vor allem bei der Abgrenzung und Einordnung des lukanischen Sonderstoffs die Sicht von Hirsch kritisch aufgenommen und weitergeführt. Für die direkte lukanische Herkunft wesentlicher Stücke des Sonderguts sprach sich L. Schottroff aus. Als Exempel wählte sie Perikopen, die häufig als jesuanisch (mithin auf älteste Tradition zurückführbar) angesehen werden: die Erzählungen vom verlorenen Sohn[104] und vom Pharisäer und Zöllner [105], die sie als Paradigmen lukanischer (nachpaulinischer) Soteriologie verstehen möchte. Trotz der zentralen Bedeutung des hier angesprochenen Problems kam es nicht zu einer durchgreifenden Diskussion. Dennoch mag die Erinnerung an die ungelöste Frage des lukanischen Sonderguts dazu beigetragen haben, daß die alte (zunächst unter dem Gesichtspunkt der Literarkritik reflektierte) Frage der Abgrenzung zwischen dem Anteil des Evangelienautors und dem seiner Quellen im Bewußtsein blieb.

Die damit noch deutlicher zutage tretende Methodenvielfalt in der Lukasforschung läßt sich auch an dem naturgemäß stark mit lukanischen Perikopen befaßten Standardwerk der neuen Gleichnisauslegung ablesen, das H. Weder[106] veröffentlichte. Überhaupt wird man sagen dürfen, daß die zunehmende Integration der Methoden und die Zusammenführung von Sichtweisen, die zunächst von verschiedenartigen Positionen her entwickelt worden waren, Kennzeichen dieser Phase der Arbeit am Lukasevangelium war. 1978 konnte F. Bovon einen Überblick über ein Vierteljahrhundert Lukasforschung vorlegen[107] und dabei deutlich machen, welchen Raum gerade die zentralen Themen der lukanischen Theologie (Heilsgeschichte und Eschatologie, Verhältnis zum Alten Testament und zu Israel, Geist, Heil und Heilsempfang, Ekklesiologie) in der Beschäftigung mit Lukas in dieser Periode eingenommen haben. Als Ergänzung darf man zwei Aufsätze des gleichen Autors verstehen, in denen er die Geschichtstheologie des Lukas in markanter Zeichnung reproduzierte.[108]

In diesem Zusammenhang ist noch ein auffallendes Chrakteristikum der Arbeit am Lukasevangelium in der späteren Phase zu erwähnen. Eine Reihe von Autoren, die am Ende der siebziger oder am Anfang der achtziger Jahre mit einem Kommentar zum Evangelium hervortreten sollten, legten Einzelstudien vor, die sich (rückschauend betrachtet) als Vorarbeiten darstellen, ja nicht selten bereits die Umrisse des in der Auslegung entwickelten Gesamtbildes erkennen lassen. An erster Stelle ist hier auf die große Monographie des in der angelsächsischen Tradition verwurzelten I. H. Marshall hinzuweisen,

---

[104] Das Gleichnis vom verlorenen Sohn, ZThK 68, 1971, 27–52.

[105] Die Erzählung vom Pharisäer und Zöllner, in: Neues Testament und christliche Existenz, Festschr. H. Braun, Tübingen 1973, 439–461.

[106] Gleichnisse Jesu als Metaphern, FRLANT 120, Göttingen 1978.

[107] Luc le théologien, Neuchâtel/Paris 1978.

[108] L'importance des méditationes dans le projet théologique de Luc, NTS 21, 1974/75, 23–39; Israel, die Kirche und die Völker im lukanischen Doppelwerk, ThLZ 108, 1983, 403–414.

deren Titel bereits ein Programm erkennen läßt: »Luke, Historian and Theologian[109].« Am deutlichsten ist der Bogen von monographischer zu kommentierender Bearbeitung bei G. Schneider zu erkennen. Nachdem er sich mit der oben genannten Spezialuntersuchung zu einer Perikope der Passionsgeschichte[109a] in der Lukasforschung einen Namen gemacht hatte, behandelte er zwei zentrale theologische Themen: den Zwölferapostolat bei Lukas[110] und die lukanische Menschensohnchristologie[111]. Dem folgte noch eine zusammenhängende Darstellung der Parusiegleichnisse.[112] J. Ernst, der andere Kommentarautor aus dem deutschsprachigen katholischen Raum, machte in einer eindrucksvollen Untersuchung auf die Beziehung zwischen Auferstehungsglauben und Schriftverständnis bei Lukas aufmerksam.[113] In jeweils einem Festschriftbeitrag und einer kleineren Monographie widmete er sich einem zentralen redaktionellen und einem entscheidenden theologischen Aspekt: der großen Gastmahlsszene[114] und der Eschatologie[115]. W. Schmithals, dem es wie in anderen Bereichen der neutestamentlichen Arbeit so auch in der Lukasforschung darum zu tun war, daß die dem Siegeszug der redaktionsgeschichtlichen Arbeitsweise vorausgegangenen Problemstellungen und Ergebnisse der Exegese nicht verlorengehen, nahm ein vernachlässigtes Thema wieder auf: die soziale Botschaft des Lukas.[116] E. Schweizer, der durch die Arbeit am lukanischen Werk nicht nur der Synoptikerexegese, sondern auch der hermeneutischen Diskussion Anstöße zu vermitteln wußte, schaltete sich in das Gespräch mit einem »Plädoyer der Verteidigung in Sachen Moderne Theologie versus Lukas«[117] und mit weiteren Studien, die neben anderen auch der Quellenfrage im Evangelium, besonders dem Sondergut (bei dem er eine vorlukanische Kombination mit Q für möglich hält) und der Kindheitsgeschichte galten, ein.[118]

Über viele Jahre hindurch war die im vorliegenden Kommentarwerk gebotene Auslegung von W. Grundmann die einzige nach Conzelmann konzipierte vollständige Bearbeitung des Lukasevangeliums im deutschen Sprachgebiet. H. Schürmanns Kommentar, der noch in einer relativ frühen Phase der neueren Lukasdiskussion zu erscheinen begann und sie selbst mitbestimmte, blieb vorerst auf den von 1,1–9,50 reichenden Teil beschränkt.[119]

---

[109] Exeter 1970.
[109a] Vgl. o. Anm. 83.
[110] Die zwölf Apostel als Zeugen. Wesen, Ursprung und Funktion einer lukanischen Konzeption, in: Christuszeugnis der Kirche, Essen 1970, 39–65.
[111] Der Menschensohn in der lukanischen Christologie, in: Jesus und der Menschensohn, Festschr. f. A. Vögtle, Freiburg 1975, 267–282.
[112] Parusiegleichnisse im Lukas-Evangelium, SBS 82, Stuttgart 1975.
[113] Schriftauslegung und Auferstehungsglaube bei Lukas, in: Schriftauslegung, Paderborn 1972, 177–192.
[114] Gastmahlgespräche: Lk. 14,1–24; in: Die Kirche des Anfangs, Festschr. f. H. Schürmann, EThSt 38, Leipzig 1978, 57–78.
[115] Der Herr der Geschichte. Perspektiven der lukanischen Eschatologie, SBS 90, Stuttgart 1978.
[116] Lukas – der Evangelist der Armen, TheolViat 12, 1973/74, 153–167.
[117] ThLZ 105, 1980, 241–252.
[118] Zur Frage der Quellenbenutzung durch Lukas, I. Sprachliche und sachliche Beobachtungen, II. Analyse lukanischer Perikopen, in: Neues Testament und Christologie im Werden, Göttingen 1982, 33–85.
[119] Das Lukasevangelium. Erster Teil, HThK 3,1 (1969), Leipzig 1970.

Erst gegen Ende der siebziger Jahre änderte sich das Bild. Das Gespräch um die theologische Eigenart des Lukas hatte einen Sättigungsgrad erreicht, daß neue Bewegung fürs erste nicht zu erwarten war. Das von der Redaktionsgeschichte angestoßene Pendel, das zunächst in die Richtung entschiedener Skepsis gegenüber den historischen Aspekten des lukanischen Werkes auszuschlagen drohte, hatte zur Mitte zurückgefunden. Unbeschadet offener Fragen, vor allem im Bereich der Quellenkritik, wird der theologische Rang der lukanischen Konzeption anerkannt und eher positiv als kritisch gewertet. Dazu hat die Beschäftigung mit den Einzelperikopen eine Fülle von am Detail gewonnenen Erkenntnissen und Hypothesen gebracht, daß einer zusammenhängenden Auslegung reiches Material an die Hand gegeben ist. In mehreren Kommentarreihen, gemeinverständlichen und wissenschaftlichen, erschienen kurz nacheinander Auslegungen des Lukasevangeliums aus der Feder jener Autoren, deren vorbereitende und programmatische Studien bereits genannt waren. Am Anfang stand G. Schneider, der für den neu begründeten Ökumenischen Taschenbuch-Kommentar auf knappem Raum eine Fülle exegetischer Erkenntnisse unter steter Bezugnahme auf die Forschung der letzten Jahrzehnte darbot und mit einer eigenen profilierten Deutung verband.[120] Nahezu gleichzeitig kam J. Ernst mit seiner neuen Auslegung des Lukasevangeliums im Regensburger Neuen Testament heraus, die dieser Kommentarreihe ein völlig neues Gesicht gab und sie dank der darin vermittelten kritischen Problemdarbietung und der Tiefe der theologischen Reflexion nicht nur für den Bibelleser, sondern auch für den Exegeten wichtig machte.[121] Im angelsächsischen Bereich löste I. H. Marshall das mit seiner Monographie über Lukas gegebene Versprechen ein und legte einen wissenschaftlichen Kommentar von hohem Rang in einer damit zugleich neu konzipierten Reihe vor.[122] Joach. Jeremias, dem die Scheidung von Tradition und Redaktion bei Lukas von jeher am Herzen lag, konnte den von ihm geplanten großen, für die Meyersche Reihe (KEK) gedachten Lukaskommentar nicht mehr vollenden. Die Basis dazu, die sprachlich-stilistische Analyse wurde als Sonderband vorgelegt.[123] Der Ertrag dieser Vorarbeiten für eine philologisch-kritisch fundierte Analyse ist dennoch unschätzbar. W. Schmithals, der bereits in seiner Markuskommentierung eigene Wege gegangen war, wandte sich danach dem Lukasevangelium zu und versuchte in einer für einen größeren Leserkreis gedachten Folge sowohl literarkritische wie praktische Gesichtspunkte bei seiner Auslegung zur Geltung zu bringen.[124] E. Schweizer ergänzte die Neubearbeitung der Synoptiker im Rahmen des Göttinger Bibelwerks durch seine Kommentierung des Lukas.[125] Die nordamerikanische Bibelwissenschaft steuerte in Gestalt der Auslegung von J. Fitzmyer einen neuen wissenschaftlichen Kommentar bei.[126]

---

120 ÖTK 3,1 (Cap. 1–10) und 3,2 (Cap. 11–24), Gütersloh/Würzburg 1977.

121 RNT 3, Regensburg ^{5}1978.

122 The Gospel of Luke. A Commentary on the Greek Text (The New International Greek Text Commentary), Exeter 1979.

123 Die Sprache des Lukasevangeliums, KEK Sonderband, Göttingen 1980.

124 Das Evangelium nach Lukas, Züricher Bibelkommentare 3,1, Zürich 1981.

125 Das Evangelium nach Lukas, NTD 3, 1. Aufl. d. Neubearbeitung (1982 =) Berlin 1983.

126 The Gospel according to Luke (I–IX), Anchor Bible 28, Philadelphia 1981.

Auslegung

Vorwort
1,1–4*

(1) Nachdem es viele unternommen haben, einen Bericht zusammenzustellen von den Ereignissen, die unter uns zur Vollendung gekommen sind, (2) gleichwie sie uns überliefert haben die, die von Anfang an Augenzeugen und Diener des Wortes geworden sind, (3) erschien es auch mir (gut), nachdem ich von Anfang an allem genau nachgegangen bin, es dir der Reihe nach zu schreiben, hochgeehrter Theophilos, (4) damit du erkennst die Zuverlässigkeit der Worte, über die du unterrichtet worden bist.

Mit einer dem klassischen griechischen Sprachstil entsprechenden Satzperiode beginnt Lukas seinen »Bericht« (*διήγησις*). Sie hat den Charakter einer Widmung und lehnt sich in Wortwahl und Stil an konventionelle Formen an.[1] Blicken wir auf die Struktur, so bietet sich als Kern der Hauptsatz V. 3 dar, der das Vorhaben des Autors beschreibt, während in dem in V. 4 angeschlossenen *ἵνα*-Satz die Absicht seines Unternehmens bezeichnet wird. Die beiden vorangehenden Verse nennen die Voraussetzungen: die Vorgänger des Verfassers (V. 1), sodann die hinter ihnen stehenden Tradenten als Augenzeugen (V. 2).

Mit diesem Vorwort unterscheidet sich Lukas von den anderen Evangelisten. Sie schreiben namenlose Bücher, die dem Gebrauch der Gemeinde dienen. Lukas verfaßt ein

---

* Lit.: *Ed. Meyer*, Ursprung und Anfänge I, Stuttgart/Berlin 1921, 5–11 – *H. J. Cadbury*, Commentary on the Preface of Luke, in: The Beginnings of Christianity, I,2, London 1921, 489–510 – *E. v. Dobschütz*, Vom reinen Wort Gottes und dem Lucas-Prolog, in: Studies in Early Christianity, New York 1928, 61–82 – *M. Dibelius*, Formgeschichte, 10–14 – *J. B. Bauer*, *πολλοί*, NowTest 4, 1960, 263–266 – *H. Schürmann*, Evangelienschrift und kirchliche Unterweisung. Die repräsentative Funktion der Schrift nach Lk 1,1–4, in: Miscellanea Erfordiana, EThST 12, Leipzig 1962, 48–73 – *G. Klein*, Lukas 1,1–4 als theologisches Programm, in: Zeit und Geschichte, Dankesgabe an R. Bultmann, Tübingen 1964, 193–216 = Rekonstruktion und Interpretation, München 1969, 237–261 – *S. Schulz*, Die Stunde der Botschaft (1967), Berlin 1969, 242–250 – *A. Vögtle*, Was hatte die Widmung des lukanischen Doppelwerks an Theophilos zu bedeuten?, in: Das Evangelium und die Evangelien, Düsseldorf 1971, 31–42 – *A. Feuillet*, »Témoins oculaires et serviteurs de la parole«, NovTest 15, 1973, 241–259 – *M. Völkel*, Exegetische Erwägungen zum Verständnis des Begriffs *καθεξῆς* im lukanischen Prolog, NTS 20, 1973/74, 289–299 – *J. Kürzinger*, *ἀκριβῶς καθεξῆς σοι γράψαι*, BZ 18, 1974, 249–255 – *I. I. du Plessis*, Once More. The Purpose of Luke's Prologue (Lc 1,1–4), NovTest 16, 1974, 259–271 – *F. Mußner*, *καθεξῆς* im Lukasprolog, in: Jesus und Paulus, Festschr. f. W. G. Kümmel, Göttingen 1975, 253–255 – *G. Schneider*, Zur Bedeutung von *καθεξῆς* im lukanischen Doppelwerk, ZNW 68, 1977, 128–131 – *ders.*, Der Zweck des lukanischen Doppelwerks, BZ 21, 1977, 45–66 – *M. Dömer*, Das Heil Gottes, BBB 51, Köln/Bonn 1978, 5–14 – *J.-W. Taeger*, Der Mensch und sein Heil, StNT 14, Gütersloh 1982, 222–224.

[1] Vgl. die Parallelen in der jüdisch-hellenistischen Literatur: 2. Makk. 2,19–23; Sir. Prooem.; Aristeasbrief 1,1–8; Jos., Ant., Prooem. 1–4; Hellenistisches bei *H. J. Cadbury*, a. a. O., I,2, 491–493.

Werk, das auch für die Öffentlichkeit bestimmt ist und den Anspruch erhebt, zur Literatur zu gehören. »Wahrscheinlich nimmt die profane Ausdrucksweise auf Außenstehende Rücksicht und ist zugleich christlich Unterwiesenen hinreichlich verständlich.«[2] Der Mann, dem die Widmung gilt, Theophilos, ist eine hochgestellte Persönlichkeit. Sieht man in ihm ein hervorragendes Gemeindeglied, so liegt es nahe, daß ihm mit der Widmung die Aufgabe der Verbreitung und Vervielfältigung zugedacht war.[3] Sollte es sich um einen Nichtchristen handeln, so ist ein solcher Modus ungleich schwerer vorstellbar. Keinesfalls hat der Verfasser jedoch eine Privatschrift beabsichtigt; vielmehr sind in jedem Fall indirekt die Christen der Zeit angesprochen. Für sie ist der vergewissernde Rückgriff auf das Geschehen des Anfangs, der Nachweis intakter Überlieferung von den Urzeugen bis in die Gegenwart des Evangelisten unverzichtbar.[4]

Nimmt man die Formulierungen der Widmung beim Wort, so können diese nur dem Evangelium gelten,[5] nicht dem die Apostelgeschichte mit umfassenden Doppelwerk.[6] Der Autor nennt zwar den Empfänger der Widmung, sich selbst aber nicht dem Namen nach, weder hier noch in der Apostelgeschichte. (Zur Frage des Verfassernamens vgl. § 1 der Einleitung.) Mit diesem Verzicht auf die namentliche Herausstellung eines Verfassers steht das Werk in einer Reihe mit den anderen kanonischen Evangelien, obwohl es andererseits das erste Zeugnis christlichen Schrifttums ist, das sich auch einem über den Gemeindegebrauch hinausgehenden literarischen Anspruch stellt.[7]

1 Das Werk des Lukas hat Vorgänger. Der Ausdruck *πολλοί* ist plerophorisch, er meint eine Mehrzahl, nicht unbedingt eine Vielzahl.[8] *ἐπεχείρησαν* kennzeichnet deren Bemühungen, ohne sie herabzusetzen, als Versuche. Sie müssen es sein, denn es geht um den Bericht von Ereignissen, die einen besonderen Charakter haben und deshalb nur versuchsweise dargestellt werden können. *ἀνατάξασθαι διήγησιν* kann die Gestaltung einer Erzählung oder deren schriftliche Reproduktion meinen.[9] Diese ursprüngliche *διήγησις* ist Teil des Verkündigungsgeschehens, das die Voraussetzung für das Werk des Lukas bildet.[10] Mit einem ihm eigenen Wort charakterisiert er den Inhalt jener *διήγησις* als *πράγματα πεπληροφορημένα*. Es geht um Ereignisse, die zur Vollendung gekommen sind, d. h. Gott hat erfüllt, was er verheißen hat.[11] Im Vollzug dieser Taten stehen Lukas selbst

---

[2] *G. Schneider*, BZ 21, 1977, 48. Er verweist auf die »Zweigleisigkeit« der Areopagrede, die sowohl »biblisch« als auch griechisch-stoisch verstanden werden kann.

[3] *H. Schürmann*, Evangelienschrift, 48, Anm. 3.

[4] *S. Schulz*, a. a. O., 250; *G. Klein*, a. a. O., 258.

[5] *H. Conzelmann*, Mitte der Zeit, 7f.; *H. Schürmann*, Komm., 4.

[6] So von den älteren Auslegern *H. J. Cadbury*, *Th. Zahn*, *Ed. Meyer*, auch *W. Grundmann* in früheren Aufl. dieses Komm.

[7] *M. Dibelius*, Aufsätze zur Apostelgeschichte, Berlin 1951, 127f., über die im Prolog erkennbare doppelte Perspektive des Buches.

[8] Dazu *J. B. Bauer*, a. a. O.

[9] *G. Klein*, a. a. O., 240.

[10] *H. Schürmann*, Evangelienschrift, 72.

[11] Der gewählte Ausdruck ist nicht nur heilsgeschichtlich, sondern auch noetisch gedeutet worden: volle Überzeugung schaffen, so daß von Ereignissen gesprochen wäre, die »aus dem noch forschenden, noch schwankenden Denken in die fertige, zur Gewißheit gelangte Erkenntnis übergegangen sind« (*A. Schlatter*, Komm., 20). Vielleicht schwingt beides mit: Taten, die Gott erfüllt hat und die über allen Zweifel hinaus gewiß sind.

und seine Gemeinde mitten darin (ἐν ἡμῖν). Der Bogen der Erfüllungsgeschichte spannt sich von der Christuszeit über die Gegenwart bis zur Heilsvollendung.[12] **2** Hinter den Vorgängern und ihren Berichten von den Taten Gottes steht die Überlieferung, die auf die Augenzeugen von Anfang an zurückgeht. Was sie überliefert haben (*παρέδοσαν*), gilt es festzuhalten. Ihre Paradosis ist Besitz der Gemeinde, der Lukas selbst zugehört (*ἡμῖν*). Insofern läßt sich von einer Dreistufigkeit sprechen, die von der Überlieferung der Urzeugen über die Erzählungen der Vielen zu Lukas und seiner Gemeinde führt.[13] Die Augenzeugen stehen für den chronologisch definierten (vgl. Apg. 1,22) Anfang (*ἀπ' ἀρχῆς*) ein, der mit dem Jesusgeschehen gesetzt ist. Sie sind Diener des Wortes geworden (*γενόμενοι*). Zur Ausrichtung »des Wortes« – d. h. der Worte und Taten Jesu als Erfüllung des Wortes Gottes im Alten Testament[14] – haben sie einen Befehl empfangen. Augenzeugenschaft und Dienst am Wort erscheinen als Wesensmerkmale der Urzeugen, die Träger der Überlieferung und letzte Bürgen des von Lukas unternommenen Werkes sind. **3** Nachdem Lukas so die Voraussetzungen seines Unternehmens beschrieben hat, kommt er auf die von ihm gewählte Verfahrensweise zu sprechen. Das einleitende *ἔδοξε κἀμοί* macht eine Beschlußfassung kenntlich (vgl. Apg. 15,22).[15] Wie ein Forscher ist er der ganzen Fülle der überlieferten Ereignisse von Anfang an nachgegangen (*παρηκολουθηκότι ἄνωθεν πᾶσιν*). Von Anfang an (*ἄνωθεν*) heißt bei Lukas: bis zur Ankündigung der Geburt des Täufers. Hier könnte angedeutet sein, daß Lukas hinter die in 1,2 bezeichnete *ἀρχή* (also die Taufe Jesu) zurückgreifen und die Kindheitsgeschichten Jesu und Johannes' des Täufers einbeziehen will.[16] Dabei hat er auf seine Nachforschungen und Bemühungen alle Sorgfalt verwendet (*ἀκριβῶς*). Zur sammelnden kommt die gestaltende Tätigkeit: *καθεξῆς σοι γράψαι.* Das *καθεξῆς* ist verschieden gedeutet worden. Entweder: in geordneter (chronologischer) Folge – im Unterschied zu den fragmentarisch erscheinenden Berichten der Vorgänger;[17] oder: so, »daß der sie verbindende Sinn der berichteten Geschehnisse deutlich wird«,[18] oder: lückenlos, ohne Ausnahme;[19] oder einfach: im folgenden, wie folgt.[20] Die Dedikation an Theophilos, der durch die Anrede *κράτιστε* als ein Mann von Rang und Vermögen gekennzeichnet ist, soll in diesem Zusammenhang auch unterstreichen, daß die Sache Jesu keine Winkelangelegenheit ist (vgl. Apg. 26,26), ihre Dokumentation also allen Ansprüchen zu genügen vermag.[21] **4** Das mit der Widmung an Theophilos ausgehende Werk soll ihm und allen Lesern Gewißheit geben in bezug auf die *λόγοι,* die Ereignisse, aber auch die Worte und Lehren, über die er unterrichtet worden ist: *περί ὧν κατηχήθης*. Eine eindeutige Aussage über den Christenstand des Theophilos ist daraus

---

[12] Darum ist sein Evangelium *πρῶτος λόγος* und findet in der Apostelgeschichte seine Fortsetzung.
[13] *G. Klein*, a. a. O., 243; *G. Schneider*, Komm., 38.
[14] Zum terminologischen Aspekt von *λόγος* (*τοῦ θεοῦ*) vgl. *H. Riesenfeld*, The Gospel Tradition and its Beginnings, in: StudEv I, TU 73, Berlin 1959, 43–65.
[15] Die in den altlateinischen Lesarten folgende Hinzufügung »et spiritui sancto« macht aus der Einleitung eine legitimierende Formel.
[16] *G. Klein*, a. a. O., 251–253; 255.
[17] *H. Schürmann*, a. a. O., 61–63.
[18] *M. Völkel*, a. a. O., 298; ähnl. *G. Schneider*, Komm., 39; *ders.*, ZNW 68, 1977, 129.
[19] *F. Mußner*, a. a. O., 252.
[20] *J. Kürzinger*, a. a. O., 253.
[21] *G. Klein*, a. a. O., 257.

nicht zu gewinnen. Seine Unterrichtung kann amtlichen Charakter getragen haben, wie er sie sich als Beamter verschaffen mußte (*κατήχειν* im Sinn von berichten, mitteilen, Apg. 21,21). Sie kann aber auch im Leben der christlichen Gemeinde ihren Ort haben (Apg. 18,25; Gal. 6,6).[22] Auf ein formelles Katechumenat kann es sich nicht beziehen, da *κατήχειν* als Terminus für die Unterweisung der Katechumenen erst 1. Clem. 17,1 begegnet und Lukas diese Form der Taufvorbereitung noch nicht kennt.[23] Die von der vorgelegten Schrift beabsichtigte *ἀσφάλεια* ist zunächst subjektiv zu fassen: Erkenntnissicherheit, darüber hinaus: »Heilsgewißheit«. Sie gründet jedoch in den Taten Gottes in der Geschichte,[24] über die die Untersuchung Rechenschaft abgelegt hat und die Lukas in seinem Werk erneut zur Darstellung bringt.[25]

---

[22] Dazu: *G. Schneider*, BZ 21, 1977, 48.

[23] Vgl. *Th. Zahn*, Komm., 58, Anm. 44.

[24] Nach *M. Dömer*, a. a. O., 14, geht es auch um das Begründetsein der Heilswerke im kontinuierlichen Heilswerk Gottes.

[25] *J.-W. Taeger*, a. a. O., 224: »Die subjektive Sicherheit des Glaubens ist von der objektiven Zuverlässigkeit des Mitgeteilten nicht zu trennen.«

I. Die Kindheitsgeschichte 1,5–2,52*

Lukas hatte es als seine Absicht angegeben, er wolle, nachdem er allem von Anfang an genau nachgegangen sei, es in geordneter Folge aufschreiben. So beginnt er ganz von vorn mit einer Vorgeschichte, die nicht nur von Ursprung und Kindheit Jesu erzählt, sondern auch über Herkunft und Geburt des Täufers Johannes berichtet. Sie »gilt wegen ihres

---

* Lit.: *K. Bornhäuser*, Die Geburts- und Kindheitsgeschichte Jesu, Gütersloh 1930 – *R. Bultmann*, Synoptische Tradition, 320–328 – *M. Dibelius*, Jungfrauensohn und Krippenkind, SAH 1932 = Botschaft und Geschichte I, Tübingen 1953, 1–78 – *G. Erdmann*, Die Vorgeschichten des Lukas- und Matthäus-Evangeliums und Vergils vierte Ekloge, FRLANT 47, Göttingen 1932, 7–35 – *H. Sahlin*, Der Messias und das Gottesvolk. Studien zur protolukanischen Theologie, Uppsala 1945 – *P. Winter*, Some Observations on the language in the birth and infancy stories of the Third Gospel, NTS 1, 1954, 111–121 – *ders.*, The cultural background of the narrative in Luke 1 and 2, JQR 45, 1954, 159–167, 230–242 – *ders.*, On Luke and Lucan Sources, ZNW 47, 1956, 217–242 – *ders.*, The Proto-Source of Luke I, NovTest 1, 1956, 184–199 – *ders.*, Nazareth and Jerusalem in Luke 1 and 2, NTS 3, 1956/57, 133–142 – *ders.*, Lukanische Miszellen, ZNW 49, 1958, 65–77 – *P. J. Thompson*, The Infancy Gospel of St. Matthew and St. Luke compared, in: StudEv I, TU 73, Berlin 1959, 217–222 – *R. McL. Wilson*, Some Recent Studies in the Lucan Infancy Stories, in: StudEv I, TU 73, Berlin 1959, 235–253 – *A. R. C. Leany*, The Birth Narrative in St. Luke and St. Matthew, NTS 8, 1962/63, 158–166 – *H. H. Oliver*, The Lucan Birth Stories and the Purpose of Luke-Acts, NTS 10, 1963/64, 202–226 – *A. Stöger*, Die Spiritualität der lukanischen Kindheitsgeschichte, Geist und Leben 36, 1963, 404–417 = TheolJahrb 1966, 349–365 – *E. Krafft*, Die Vorgeschichte des Lukas, in: Zeit und Geschichte, Dankesgabe an R. Bultmann, Tübingen 1964, 217–223 – *P. S. Minear*, Lukes Use of the Birth Stories, in: Studies in Luke-Acts, Festschr. f. P. Schubert, Nashville/New York 1966 = Die Funktion der Kindheitsgeschichte im Werk des Lukas, in: G. Braumann, Lukas-Evangelium, 204–235 – *W. Trilling*, Fragen zur Geschichtlichkeit Jesu, Leipzig 1966, 71–82 – *K. H. Schelkle*, Die Kindheitsgeschichte Jesu, in: Wort und Schrift, Düsseldorf 1966, 59–75 – *H. Schürmann*, Aufbau, Eigenart und Geschichtswert der Vorgeschichte Lk 1–2, Bibel und Kirche 21, 1966, 100–111 = Traditionsgeschichtliche Untersuchungen zu den synoptischen Evangelien, Düsseldorf 1968, 198–208 – *W. B. Tatum*, The Epoch of Israel: Luke I–II and the Theological Plan of Luke-Acts, NTS 13, 1966/67, 184–195 = Die Zeit Israels: Luk. 1–2 und die theologische Intention der lukanischen Schriften, in: G. Braumann, Lukas-Evangelium, 317–336 – *R. Laurentin*, Struktur und Theologie der lukanischen Kindheitsgeschichte (dt. Ausgabe), Stuttgart 1967 – *A. Vögtle*, Offene Fragen zur lukanischen Geburts- und Kindheitsgeschichte, in: Das Evangelium und die Evangelien, Düsseldorf 1971, 43–56 – *A. Kamphaus*, Von der Exegese zur Predigt, Leipzig 1972, 135–156, 171–199 – *W. Kleiber*, Eine lukanische Fassung der sola gratia. Beobachtungen zu Lk 1,5–56, in: Rechtfertigung, Festschr. f. E. Käsemann, Tübingen 1976, 211–228 – *R. Glöckner*, Die Verkündigung des Heils beim Evangelisten Lukas, Mainz 1976, 68–124 – *R. E. Brown*, The Birth of the Messiah, a commentary on the Infancy Narratives in Matthew and Luke, Garden City 1977 – *R. E. Brown, K. P. Donfried, J. A. Fitzmyer*, und *J. Reumann*, Maria im Neuen Testament (dt. Übers.), Stuttgart 1981 – *E. Schweizer*, Zum Aufbau von Lukas 1 und 2, in: Neues Testament und Christologie im Werden, Göttingen 1982, 11–32.

Inhalts und auch wegen ihrer Darstellungsform als ein in sich geschlossenes, abgerundetes Ganzes, das sich von den übrigen Kapiteln des dritten Evangeliums durch seinen erbaulichen Charakter und durch seine stark semitisierende Sprache deutlich unterscheidet«.[1] Die Darstellungsweise weist ihre spezifische Eigenheit auf, die weder durch eine pauschale Einordnung als Legende oder Legendenkranz angemessen erfaßt ist noch mit der Annahme einer lukanischen Fiktion erklärt werden kann. Gegenständlichkeit und Milieu der erzählten Welt, die uns in den beiden Kindheitsgeschichten Jesu und Johannes' entgegentreten, erinnern an die haggadische Erzählweise, wie sie dem Judentum der neutestamentlichen Zeit vertraut war. Was dort als erbauliche und erklärende Aus- und Weiterbildung der biblischen Erzählungen in Übung steht, wird hier auf die Herkunftsgeschichte heilsbedeutsamer Personen angewendet. Die Beziehung dieser Gestalten und ihres Lebensbeginns zu den alttestamentlichen Vorbildern wird dadurch in spezifischer Weise kenntlich gemacht. Die Darstellungsweise macht es schwer, zwischen der historischen Ebene, den Begebenheiten der Kindheit Jesu und des Täufers, und der haggadischen Ebene, ihrer Deutung durch impliziten Rückverweis auf das Alte Testament, zu scheiden. Gegen eine rein lukanische Fiktion spricht die enge Nachbarschaft zu 1,3.4. Ein Autor, der eben noch seine Treue zur Überlieferung versichert hatte, konnte sein Werk schwerlich mit einem selbst geschaffenen Legendenkranz beginnen.[2]

Umstritten ist die ursprüngliche sprachliche Gestalt der Kindheitsgeschichte. Drei Möglichkeiten werden erwogen: ein semitisierendes Griechisch, das sich an die Sprache der Septuaginta anlehnt, sie vielleicht bewußt nachahmt,[3] eine aramäische[4] oder eine hebräische Vorlage[5]. Wo mit einer semitischen Grundgestalt gerechnet wird, liegt die Annahme einer Übersetzung nahe, die dann von Lukas übernommen und überarbeitet wurde. So ließe sich das Nebeneinander von lukanischer Einfärbung (etwa 2,1–3) und charakteristisch semitisch-palästinensischer Prägung miteinander ausgleichen.

Auf die Sonderstellung der Hymnen, des Magnifikats (1,46–55) und des Benediktus, wobei vor allem an seinen ersten Teil (1,68–75) zu denken ist, wurde schon früh und mit guten Gründen hingewiesen (zu beiden s. u.). Sie dürften eine von ihrem jetzigen Kontext unabhängige Prägung erfahren haben. Auf die Doxologie der Engel (2,14) und den Lobgesang des Simeon (2,29–32) ist dieses Urteil nicht ohne weiteres auszudehnen.

Weitergehende traditionsgeschichtliche Überlegungen sind unumgänglich, doch greifen sie vor allem in der Frage der Abgrenzung von Traditionen aus dem Täuferkreis und urchristlicher Überlieferung zumeist weit ins Hypothetische. Das gilt noch mehr von den Versuchen quellenkritischer Zergliederung. Traditionsgeschichtlich lag es nahe, Geburtsankündigung und Geburt des Täufers (1,5–25.57–66) von der Vorgeschichte Jesu zu sondern und auf Überlieferung aus dem Kreis der Täuferjünger zurückzuführen. Aber auch in der hinter der Kindheitsgeschichte Jesu stehenden Überlieferung glaubte man differenzieren zu können: die Weihnachtsgeschichte (2,1–20) setze die in der Geburts-

---

[1] *A. Stöger*, a. a. O., 349.

[2] *R. McL. Wilson*, a. a. O., 239.

[3] *G. Erdmann*, a. a. O., 8; *P. Benoit*, NTS 3, 1956/57, 169–176.

[4] *J. Schmid*, Komm., 85f.; *M. Dibelius*, Formgeschichte, 8; *K. H. Schelkle*, Vorwort zu *R. Laurentin*, a. a. O., 6.

[5] *P. Winter* in seinen verschiedenen Arbeiten; *H. Sahlin*, a. a. O.

ankündigung (1,26–38) enthaltene jungfräuliche Geburt nicht voraus; der Simeonsszene und der Erzählung vom zwölfjährigen Jesus im Tempel komme eine relative Selbständigkeit zu.[6] Hier stellt sich die Frage, wann und mit welcher Zielsetzung die Verknüpfung erfolgt sein soll. Dabei darf weder das im wesentlichen gleichartige sprachliche und religionsgeschichtliche Milieu übersehen werden, noch können die zahlreichen Verklammerungen unbeachtet bleiben.

Widerspruchsvoll sind die Versuche, verschiedene Quellen herauszulösen. *G. Erdmann* glaubte durch Schichtenanalyse die traditionsgeschichtliche These einer Priorität der Täufertradition verifizieren zu können. Täuferüberlieferung wurde auf Jesus übertragen, indem man einerseits in geformten Einheiten Johannes durch Jesus ersetzte und andererseits Täufergeschichten in der Jesustradition nachbildete.[7] Auch *P. Winter* denkt an eine Täuferquelle, in der Ankündigung und Geburt des Täufers nach dem Urbild der Simsongeschichte des pseudophilonischen Liber Antiquitatum Biblicarum erzählt wurden, und an eine zur Jesustradition gehörende Tempelquelle, die auf den Kreis um Jakobus den Gerechten zurückgeht.[8] Bei dem anderen Differenzierungspunkt der traditionsgeschichtlichen Dekomposition, der Voraussetzung der jungfräulichen Geburt Jesu, setzt *A. R. C. Leany* an. Er glaubte in der lukanischen Kindheitsgeschichte zwei Quellenstränge erkennen zu können, einen, für den die jungfräuliche Geburt Jesu konstitutiv ist, und einen anderen, der sie nicht voraussetzt.[9] Alle diese Versuche zeigen, wie schwierig es ist, traditionsgeschichtliche Annahmen zu quellenkritischen Analysen zu verdichten.

Auch wo man traditions- und quellenkritischen Erwägungen bedingt Raum gibt, muß man das gestalterische Geschick des Endredaktors bewundern, dem es gelungen ist, die für ihn entscheidende Beziehung überbietender Parallelität zwischen Johannes und Jesus zum Ausdruck zu bringen. So entsprechen sich die Ankündigung an Zacharias und an Maria, der Lobgesang des Magnifikats und des Benediktus; vom Täufer und von Jesus werden Geburt, Beschneidung und Namengebung – wenn auch mit unterschiedlicher Akzentuierung – berichtet; 1,80 und 2,40 (und 2,51f.) sind als parallele Aussagen gedacht.

Daß es eine authentische, an Konsistenz und Verbreitung mit der Kernüberlieferung von Jesus vergleichbare Kindheitsgeschichte Jesu zur Zeit des Lukas nicht gab, zeigt der Vergleich mit der Kindheitsgeschichte in Matth. 1–2. Die gemeinsamen Daten können jedoch als Grundbestand einer Verkündigung von den initia Jesu angesehen werden, die

---

6 *M. Dibelius*, a. a. O., 1–17, 77f.; Formgeschichte, 120–124; ähnlich *R. Bultmann*, a. a. O., der jedoch 1,34–37 für eine nachträgliche Einfügung hält und deshalb von einer Ankündigung der Messiasgeburt spricht.

7 Nach *G. Erdmann* umfaßt die lukanische Vorgeschichte die Johanneslegende (1,5–25.42a. 46–55.57–66.80; 2,36–39.40.42a.45b–47.51b–52), die ursprünglich christliche Quelle (2,7b–12.15–18.21.49b), eine lukanische Schicht, die Täuferstoffe auf Jesus übertrug (1,26–38; 2,6–7a.19.25–35) und Verklammerungen (1,39–41.42b–45a.56; 2,1–5.13–14.20.22–24.41.43b bis 45a.48–49a.50–51a); vgl. a. a. O., 33f.

8 Auch nach *P. Winter* schließt die von ihm postulierte Täuferquelle B später auf Jesus übertragene Stoffe ein und umfaßte 1,5–80; bei deren christlicher Adaption durch die nazarenische Quelle N trat 2,4–21 hinzu; die mit N verbundene Tempelquelle T umfaßte 2,22–39.41–51.

9 Die in Wirklichkeit jüngere um Maria und die Eltern des Johannes gruppierte Quelle I enthält demnach 1,5–45.57–66.80; 2,21, die ältere um das Kind zentrierte Quelle II 2,1–20.22–38.39–40 (evtl. 2,41–52).

das Historische zum Bekenntnishaften bzw. Theologischen hin transzendiert: der Name der Eltern, das Beieinander von nazarenischer Heimat und bethlehemitischer Geburt, davididische Herkunft des Joseph, die „geistgewirkte Lebensentstehung". Daß das älteste Kerygma mit noch einfacheren Aussagen auskam, zeigen Röm. 1,3f. und Gal. 4,4.

Schließlich fügen sich die von Lukas übernommenen Kindheitsgeschichten in eine Gesamtkonzeption ein, die die Epoche Israels als erste Periode der Heilsgeschichte der Jesuszeit vorausgehen läßt und den Vorläufer Johannes als Gestalt an der Wende der Zeiten versteht (Luk. 16,16). Der Rückbezug zum Alten Testament ist, wie die Einzelexegese zeigen wird, auf Schritt und Tritt gegeben; ein ungebrochenes Verhältnis zu alttestamentlich-jüdischer Frömmigkeit durchdringt das Ganze; darüber hinaus gibt das Motiv des Geistes – in seiner Ausprägung als göttlicher Schöpfungsgeist (1,35; vgl. 1,15) und prophetischer Geist (1,41; 1,67; 2,25–27) – dem Erzählungskranz ein besonderes Gepräge. In größter Verdichtung tritt uns jene Seite des Alten Testaments entgegen, die zum Neuen hin geöffnet ist. So dürfen die Gestalten der Kindheitsgeschichte, die Eltern des Täufers, Simeon und Hanna und nicht zuletzt die Mutter Jesu als Repräsentanten des alten Gottesvolkes und der im Kommen Jesu zur Vollendung geführten heilsgeschichtlichen Epoche Israels begriffen werden. Die Kindheitsgeschichte des Lukas bildet die Brücke vom Alten zum Neuen Testament.

1. Die Ankündigung der Geburt Johannes' des Täufers 1,5–25*

(5) Es geschah in den Tagen des Herodes, des Königs von Judäa, (da lebte) ein Priester mit Namen Zacharias aus der Dienstklasse Abia, und er hatte eine Frau von den Töchtern Aarons, und ihr Name war Elisabeth. (6) Sie aber waren beide Gerechte und wandelten vor Gott untadelig in allen Geboten und Rechtssatzungen des Herrn. (7) Und sie hatten kein Kind, weil Elisabeth unfruchtbar war, und sie beide waren in ihren Lebenstagen vorgerückt.

(8) Es geschah aber, als er Priesterdienst hatte in der Ordnung seiner Dienstklasse vor Gott, (9) erloste er nach der Sitte des Priesteramts, das Rauchopfer darzubringen, und er ging hinein in den Tempel des Herrn. (10) Und die ganze Menge des Volkes betete draußen zur Stunde des Rauchopfers. (11) Es erschien ihm aber ein Engel des Herrn, der stand zur Rechten des Rauchopferaltars. (12) Und Zacharias wurde bestürzt, als er (ihn) sah, und Furcht fiel auf ihn. (13) Es sprach aber zu ihm der Engel:

»Fürchte dich nicht, Zacharias,
denn dein Flehen wurde erhört,
und deine Frau Elisabeth wird dir einen Sohn gebären,
und du wirst seinen Namen Johannes nennen.
(14) Und er wird Freude sein für dich und Frohlocken,
und viele werden sich über seine Geburt freuen;
(15) denn er wird ein Großer sein vor dem Herrn,
und Wein und Rauschtrank wird er nicht trinken,
und vom heiligen Geist wird er erfüllt werden schon von Mutterleibe an.

---

* Lit.: *P. Benoit*, L' enfance de Jean-Baptiste selon Luc I, NTS 3, 1956/57, 169–194 – *W. Wink*, John the Baptist in the Gospel Tradition, Cambridge 1968, 58–65 – *A. George*, La parallèle entre Jean-Baptiste et Jésus en Luc 1–2, in: Mélanges Bibliques, Festschr. f. B. Rigaux, Gembloux 1970, 147–171.

(16) Und viele der Söhne Israels wird er bekehren zu dem Herrn, ihrem Gott.
(17) Und er wird vor ihm hergehen in Geist und Kraft des Elia,
zu bekehren die Herzen der Väter zu den Kindern
und Ungehorsame zur Gesinnung der Gerechten,
zu bereiten dem Herrn ein zugerüstetes Volk.«

(18) Und Zacharias sprach zu dem Engel: »Woran soll ich dies erkennen? Denn ich bin ein alter Mann und meine Frau ist vorgerückt in ihren Lebenstagen.« (19) Und es antwortete der Engel und sprach zu ihm: »Ich bin Gabriel, der vor Gott steht, und bin gesandt, zu dir zu reden und dies dir als Freudenbotschaft zu verkünden. (20) Und siehe, du wirst stumm sein und nicht reden können bis zu dem Tage, an dem dieses geschehen wird, weil du meinen Worten nicht geglaubt hast, die zu ihrer Zeit sich erfüllen werden.«

(21) Und das Volk wartete auf Zacharias und wunderte sich, daß er im Tempel (so lange) verweilte. (22) Als er aber heraus kam, konnte er zu ihnen nicht reden, und sie erkannten, daß er ein Gesicht gesehen hatte im Tempel, und er gab ihnen ein Zeichen und blieb stumm. (23) Und es geschah, als die Tage seines Dienstes erfüllt waren, kehrte er in sein Haus zurück. (24) Nach diesen Tagen aber empfing Elisabeth, seine Frau, und hielt sich verborgen fünf Monate, denn sie sprach: (25) »So hat der Herr mir getan in den Tagen, da er auf mich sah, hinwegzunehmen meine Schmach vor den Menschen.«

Die Erzählung von der Ankündigung der Geburt Johannes' des Täufers, die mit dem Bericht von seiner Geburt (1,57–66) den Grundstock des ersten Teils des Erzählungszusammenhangs bildet, geht nach verbreiteter Auffassung auf Überlieferungen aus Täuferkreisen zurück.[1] Lukas hat sie jedoch schwerlich unmittelbar von dort übernommen, vielmehr dürfte die dem Evangelium unmittelbar vorausgehende traditionsgeschichtliche Stufe in einem Zyklus judenchristlicher Herkunft zu suchen sein. Die Erzählung ist in ihrem Kern eine Angelophanie, die alttestamentlichen Vorbildern nachgestaltet ist (vgl. Richt. 13,2–20; Dan. 8,16; 9,21). Daß der Tempel zum Schauplatz der Engelerscheinung wird (anders 1,26ff.), liegt wegen der priesterlichen Abkunft des Täufers nahe und entspricht überhaupt jüdischer Erwartung (vgl. Joh. Hyrkanus bei Jos., Ant. XIII, 20,3).

Die Erzählung ist deutlich gegliedert, der entscheidende Mittelteil (V. 8–22) wird von zwei etwa gleichgroßen Stücken gerahmt: einer knapp gehaltenen Exposition (V. 5–7) und dem Bericht über die nachfolgenden Ereignisse (V. 23–25). Zentrales Motiv ist die Fruchtbarmachung der Unfruchtbaren (vgl. 1. Sam. 1,2–20), dazu treten die Ankündigung von Namen und Beruf des Ungeborenen aus Engelsmund (Richt. 13,5; Jes. 49,1) und die auf die Vision folgende zeitweilige Stummheit (vgl. die Erblindung des Paulus nach der Damaskusvision).

Diese in biblischer und jüdischer Tradition stehenden Motive sind verwoben mit Daten über die Herkunft des Täufers – P. Benoit spricht von donées irreductibles[2] – wie sie vor allem in der Exposition Eingang gefunden haben. So tritt der die ganze Erzählungsfolge bestimmende haggadische Charakter bereits bei diesem ersten Stück deutlich in Erscheinung.

5 Der mit dem Eingang dieses Verses markierte Stilwechsel ist unverkennbar. Nach der streng griechischen Satzperiode setzt eine Erzählweise ein, die den heiligen Schriften nachgebildet ist. Wahrscheinlich liegt die Übersetzung einer Überlieferung vor, die aus

---

[1] *R. Bultmann*, Synoptische Tradition, 320, *M. Dibelius*, Formgeschichte, 120f.
[2] A. a. O., 178.

palästinensischem Umkreis stammt. Die Erzählung spielt in den Tagen des Herodes, der als König Judäas (= ganz Palästinas) bezeichnet ist. Genannt wird ein Priesterehepaar, wobei der Mann Zacharias heißt und der Klasse des Abia zugehört. Der Bericht setzt die Kenntnis der Dienstordnung der israelitischen Priesterschaft voraus. Diese besteht aus 24 Priesterklassen, von denen die des Abia die achte war.[3] Jede Priesterklasse hatte je zweimal im Jahr eine Woche den Tempeldienst zu versehen. Sie war wiederum in vier bis neun Priestergeschlechter untergegliedert, die auf die einzelnen Tage des Priesterdienstes verteilt wurden. Über die einzelnen Funktionen wurde dann durch Los entschieden.[4] Neben Zacharias (Sacharja = Gott gedenkt) steht Elisabeth (= Gottesschwur) aus Aarons Geschlecht (vgl. Ex. 6,23). **6** Die priesterlichen Stammbäume wurden genau geführt; die Ehe ist dem Gesetz entsprechend und einwandfrei. Ihr Wandel vor Gottes Augen (*ἐναντίον τοῦ ϑεοῦ* dürfte zu *πορευόμενοι* zu ziehen sein) läßt sie untadelig erscheinen im Hinblick auf Gebote und Rechtssatzungen (*ἐντολαὶ καὶ δικαιώματα*) Gottes (vgl. Num. 30,13; Deut. 4,40). **7** So wird deutlich, daß ihre Kinderlosigkeit infolge Unfruchtbarkeit der Elisabeth keine Strafe Gottes sein kann. Sie gleichen Abraham und Sara (Gen. 17,17), den Eltern des Simson (Richt. 13,2f.) und denen des Samuel (1. Sam. 1,1f.).

8 Zacharias versieht seinen Priesterdienst in der für ihn bestimmten Ordnung vor Gott, er weilt in seiner Nähe (*ἔναντι τοῦ ϑεοῦ*). **9** Durch das Los wird er zum Ausrichten des Räucheropfers (vgl. Ps. 141,2) bestimmt. Dieses geht dem abendlichen Brandopfer voraus; seine Darbringung stellt für den Priester eine besondere Ehre dar (Tamid V,2; Joma IV,4). **10** Die Volksmenge, die sich schon im Blick auf das nahe Abendopfer versammelt hat, begleitet den Hergang im Vorhof mit Gebet.[5] **11** Im Heiligtum hat Zacharias ein Gesicht (vgl. V. 22 *ὀπτασία*). Gott läßt vor ihm einen Engel sichtbar werden (*ὤφϑη*). Er steht zur Rechten des Räucheraltars, vielleicht ein Hinweis auf die Ehrenstellung des erscheinenden Engels innerhalb der Engelhierarchien.[6] Man kann in solcher offenbarenden Erscheinung, die unmittelbar aus der göttlichen Welt kommt, eine Störung und Durchbrechung der alttestamentlichen Kultordnungen sehen.[7] **12** Dieses Widerfahrnis setzt Zacharias in Schrecken und Verwirrung (vgl. Jes. 6,5; Dan. 8,7; 10,11). **13** Darauf beginnt die Engelsverkündigung, die mit dem für die Angelophanie charakteristischen *μὴ φοβοῦ* einsetzt (1,30; 2,10; Matth. 28,5; vgl. Richt. 6,22f.; Dan. 10,12.19). Der erste Teil der folgenden Engelsverheißung gilt dem Geschehen, das jetzt und in naher Zukunft sich vollziehen wird. Sie sagt die Gebetserhörung zu (Apg. 10,31). Ihre Kinderlosigkeit enthüllt sich als Erwählung. Der Sohn, den Elisabeth gebären wird, bekommt durch Gott den Namen Johannes (Jochanan); er bedeutet: Gott ist gnädig. **14** Die Geburt des Kindes wird Freude und Frohlocken (*ἀγαλλίασις* bedeutet Jubel oder die Heilsgabe) auslösen; nicht allein für die Eltern, sondern für die *πολλοί,* die Gesamtheit des Gottesvolkes (vgl. V. 58). **15** Im zweiten Teil der Engelsverheißung wird enthüllt, wer der

---

[3] 1. Chron. 24,10; vgl. Str.-B. II, 55–71.

[4] Vgl. *Joach. Jeremias*, Jerusalem zur Zeit Jesu, IIB, Berlin ^{2}1958, 60–69.

[5] Nach Targ. Hohesl. 4,16 soll die Gebetsformel gelautet haben: »Es komme der Gott der Barmherzigkeit in das Heiligtum und nehme mit Wohlgefallen das Opfer seines Volkes an.«

[6] Str.-B. II, 89–98. Zur Vision beim Räucheropfer vgl. Jos., Ant. XIII, 10,3.

[7] *H. Schürmann*, Komm., 32.

angekündigte Sohn sein wird. Er wird groß sein in den Augen Gottes (*μέγας ἐνώπιον κυρίου*; vgl. Luk. 7,28). Dies wird entfaltet, indem zuerst von seinen Wesenszügen (V. 15b–d) und dann von seinem Wirken (V. 16–17) gesprochen wird. Die Schilderung der für ihn charakteristischen Ausstattung folgt dem Prinzip der Steigerung. Voran stehen Verhaltensweisen, die an einen Gott geweihten Nasiräer (vgl. Num. 6,2; Lev. 10,9) denken lassen. Wein und Rauschtrank werden ihm untersagt (Richt. 13,7), das Verbot des Schermessers fehlt jedoch. Statt dessen wird Johannes erfüllt werden vom heiligen Geist, so daß er mehr geistbegabter Prophet als Nasiräer im eigentlichen Sinn ist. Aber während der Prophet Gottes Geist von einer bestimmten Zeit an zur Erfüllung seines Auftrags empfängt, erhält ihn Johannes als bestimmende Macht für seine ganze Lebenszeit schon vor seiner Geburt. So ist er »mehr als ein Prophet« (Luk. 7,26.28). **16** Sein Beruf besteht darin, daß er viele der Söhne Israels Gott zuwenden soll. **17** Der Höhepunkt des Verheißungswortes stellt eine Beziehung zu Elia her. Doch werden Formulierungen gemieden, die den Täufer (wie es Matth. 11,14; 17,12; Mark. 9,12f. geschieht) direkt als wiederkehrenden Elias erscheinen lassen. Er ist Vorläufer Gottes,[8] zu seinem Auftrag ist er mit dem gleichen Geist und der gleichen Kraft ausgerüstet wie Elia. Die in V. 16 bereits bezeichnete Aufgabe an Israel erfährt ihre Fortführung durch eine Doppelaussage (17c–e), deren erster Bestandteil (c–d) einen Parallelismus darstellt. Eine strenge Auffassung, bei der sich Väter und Ungehorsame, Kinder und Gerechte entsprechen, unterliegt erheblichen Schwierigkeiten; eher ist an eine chiastische Beziehung zu denken. Wie Mal. 3,23; Sir. 48,10c geht es darum, die zerrütteten Familien zusammenzuführen. Durch diese Wandlung der Herzen und des Sinnes wird das eschatologische Gottesvolk für den kommenden Herrn bereitet.

18 Diese Ankündigung erscheint Zacharias so unglaubwürdig, daß er sich ein Zeichen ausbittet (vgl. Gen. 15,8; Richt. 6,36ff.; 1. Sam. 10,2–7; 2. Kön. 20,8; Jes. 7,11). Er begründet dies mit seinem und seiner Frau vorgerücktem Alter. **19** Der Engel antwortet, indem er seinen Namen Gabriel (vgl. Dan. 8,16; 9,21; aeth. Hen. 40,9) enthüllt und sich als Thronengel Gottes zu erkennen gibt. Als solcher steht er vor Zacharias, ein Gesandter Gottes mit dem Auftrag, ihn anzureden und ihm die Frohbotschaft zu verkündigen (*εὐαγγελίζεσθαι*; vgl. wieder 2,10). **20** Das Zeichen, das Zacharias erbeten hat, vollzieht sich an ihm selber und besteht in seinem Verstummen, das bis zur Erfüllung des vom Engel Angekündigten befristet wird. Dieses Verstummen ist sowohl Strafe für seinen Unglauben (*ἀνθ' ὧν οὐκ ἐπίστευσας τοῖς λόγοις μου*) als auch Hilfe zum Glauben, denn an der Wirksamkeit des Wortes, das ihm sein Verstummen ankündigt, kann er die Wirksamkeit der verheißenden Worte des Engels erkennen.

21 Daß die vor dem Heiligtum anwesende Menge warten muß, soll die Dauer der Begegnung mit dem Engel unterstreichen. **22** Wenn der Priester aus dem Heiligtum kommt, legt er den Segen auf die zum Gottesdienst versammelte Gemeinde. Zacharias kann nicht zu ihr reden, die Anwesenden erkennen, daß er eine Schauung gehabt hat, er kann nur den stummen Segensgestus machen. **23** Nach Beendigung des Dienstes kehrt er in sein Haus zurück, das im Gebirge von Judäa gelegen ist (vgl. V. 39). **24** Das Wirksamwerden der Verheißung wird an der Schwangerschaft der Elisabeth erkennbar. Die fünf

[8] Der Zusammenhang, in dem die Erzählung des Lukas steht, legt es nahe, das *αὐτοῦ* auf den kommenden Messias zu beziehen.

Monate der Verborgenheit weisen voraus auf die Begegnung zwischen Maria und Elisabeth, haben also den Charakter einer verknüpfenden Zeitangabe (1,26.36.39.44). **25** Der abschließende Lobpreis der Elisabeth preist Gott, der sein Augenmerk auf sie gerichtet hat, indem er die Schmach der Kinderlosigkeit von ihr nahm und damit ihre soziale Stellung änderte. Er wird nicht hymnisch ausgeführt, sondern hat summarischen Charakter, das unterscheidet ihn vom Lobgesang der Maria (1,46–55), mit dem er sich entfernt berührt.

2. Die Ankündigung der Geburt Jesu 1,26–38*

(26) Im sechsten Monat aber wurde gesandt der Engel Gabriel von Gott in eine Stadt Galiläas mit Namen Nazareth (27) zu einer Jungfrau, die mit einem Manne verlobt war mit Namen Joseph aus dem Hause Davids, und der Name der Jungfrau war Maria. (28) Und er trat zu ihr ein und sprach: »Sei gegrüßt, Begnadete, der Herr ist mit dir.« (29) Sie aber ward bestürzt über das Wort und überlegte, was dieser Gruß bedeute. (30) Und der Engel sprach zu ihr:
»Fürchte dich nicht, Maria,
denn du hast Gnade gefunden bei Gott.
(31) Und siehe, du wirst empfangen und einen Sohn gebären,
und du sollst seinen Namen Jesus nennen.
(32) Dieser wird ein Großer sein und Sohn des Höchsten genannt werden,
und Gott der Herr wird ihm den Thron seines Vaters David geben.
(33) Und er wird herrschen über das Haus Jakob in Ewigkeit,
und seine Herrschaft wird kein Ende haben.«
(34) Maria aber sprach zum Engel:
»Wie wird das geschehen, da ich keinen Mann erkenne?«
(35) Und der Engel antwortete und sprach zu ihr:
»Heiliger Geist wird auf dich kommen,
und Kraft des Höchsten wird dich überschatten.
Deshalb wird auch das, was geboren werden soll, heilig genannt werden, Sohn Gottes.

---

* Lit.: *K. L. Schmidt*, Die jungfräuliche Geburt Jesu Christi, ThBl 14, 1935, 289–297 – *J. M. Audet*, L'annonce à Marie, RevBibl 63, 1956, 346–374 – *J.-B. Bauer*, Monstra te esse matrem, virgo singularis, MThZ 9, 1958, 124–135 = TheolJahrb 1960, 257–270 – *O. Michel/O. Betz*, Von Gott gezeugt, in: Judentum, Urchristentum, Kirche, Festschr. für Joach. Jeremias, BZNW 26, Berlin-West 1960, 3–23 – *J. Gewieß*, Die Marienfrage Lk. 1,34, BZ 5, 1961, 221–254 = TheolJahrb 1963, 296–327 – *H. v. Campenhausen*, Die Jungfrauengeburt in der Theologie der alten Kirche, KuD 9, 1962, 1–26 – *A. Strobel*, Der Gruß an Maria (Lc 1,28), ZNW 53, 1962, 86–110 – *F. Mußner*, Der Glaube Mariens im Lichte des Römerbriefs, Catholica 18, 1964, 258–265 = Praesentia salutis, Düsseldorf 1967, 284–292 – *G. Voss*, Christologie, 62–81 – *P. Gaechter*, Der Verkündigungsbericht Lk. 1,26–38, ZKTh 91, 1969, 322–363, 567–586 – *Chr. Burger*, Jesus als Davidssohn, FRLANT 98, Göttingen 1970, 132–135 – *G. Schneider*, Lk. 1,34–35 als redaktionelle Einheit, BZ 15, 1971, 255–259 – *H. Schürmann*, Die geistgewirkte Lebensentstehung Jesu, in: Einheit in der Vielfalt, Festschr. f. H. Aufderbeck, EThSt 32, Leipzig 1974, 156–169 – *H. Gese*, Natus ex virgine, in: Vom Sinai zum Zion, München 1974, 130–146 – *K. Stock*, Die Berufung Marias Lk. 1,26–38, Bibl 61, 1980, 457–491 – Maria im Neuen Testament, 95–111 – *L. Legrand*, L'Annonce à Marie (Lc 1,26–38) une apocalypse aux origines de l'Evangile, LectDiv 106, Paris 1981.

(36) Und siehe, Elisabeth, deine Verwandte, auch sie hat einen Sohn empfangen in ihrem Alter, und dies ist schon der sechste Monat für sie, die eine Unfruchtbare hieß. (37) Denn bei Gott ist kein Ding unmöglich.« (38) Maria aber sprach: »Siehe, ich bin die Magd des Herrn, mir geschehe nach deinem Wort.« Und der Engel ging von ihr fort.

V. 28: Eine Reihe von Handschriften (D, C, Koinegruppe, Θ, lat, syr) fügen aus 1,42 *εὐλογημένη σὺ ἐν γυναιξίν* dem Engelsgruß hinzu. Hier scheint sich eine Annäherung an die spätere Gestalt des Mariengrußes (Ave Maria) anzubahnen. – V. 34–37: Die z. T. in literarkritische Fragestellungen hinübergreifenden Probleme der Textgestalt behandelt *H. Vogel*, ZNW 43, 1950/51, 256–260.

Im Aufbau der Kindheitsgeschichten stellt die Ankündigung der Geburt Jesu an Maria die Parallele zur vorausgehenden Ansage der Geburt des Johannes an Zacharias dar. Die ältere Traditionskritik hat mit der Möglichkeit gerechnet, daß auch diese Geburtsankündigung ursprünglich in die Reihe der Täufergeschichten gehörte und der Grundsubstanz nach die Ankündigung der Geburt des Täufers an seine Mutter Elisabeth darstellte.[1] Dabei spielte die Annahme eine Rolle, daß das Magnifikat ursprünglich ein Psalm der Elisabeth gewesen sei (dazu s. zu 1,46–55). Dann wäre mit dieser Anordnung der Täufergeschichte zu rechnen: Ankündigung an Zacharias, Ankündigung an Elisabeth, Lobgesang der Elisabeth, Geburt des Täufers, Lobgesang des Zacharias. Tatsächlich jedoch steht die Parallelität der beiden Ankündigungsgeschichten so sehr im Zeichen der Überbietung, daß kein auf die gleiche Person bezogener Kern erkennbar ist. Stellt die Geburt des Täufers eine Gebetserhörung dar (1,13), so tritt Jesus auf göttliche Initiative hin ins Leben (1,30); ist Johannes ein Großer (1,15), so ist Jesus groß und wird ein Sohn des Höchsten genannt werden (1,32); ist jener Wegbereiter im Geist und in der Kraft des Elia (1,17), so ist dieser der Davidssohn, dessen Herrschaft ewig währen wird (1,32f.); ist Johannes mit Geist ausgerüstet (1,15), so ist Jesu Lebensentstehung unmittelbar geistgewirkt (1,35). Dem Zweifel des Zacharias (1,18) tritt die glaubende Annahme durch Maria (1,38) gegenüber.

Die Gestaltung der Erzählung ist in erheblichem Maße durch alttestamentliche Stellen beeinflußt, die in der Täufertradition keinen Platz haben: 2. Sam. 7,12–16 (V. 32–33); Jes. 9,5–6 (V. 31–33); vielleicht auch Jes. 11,2 (V. 35). Ob auf die Formulierung der Engelworte Zeph. 3,14–17 (oder gar Sach. 9,9) eingewirkt hat, muß trotz gewisser Berührungen, auf die *R. Laurentin* aufmerksam machte,[2] als unsicher gelten. Für die gattungsmäßige Bestimmung sah man das Urbild vor allem in den Geburtsankündigungsgeschichten des Alten Testaments: Gen. 16,7–14; 17,15–22; 18,9–15; Richt. 13,3–23. Ganz eigene Wege geht *K. Stock*, der die Struktur einer Berufungsgeschichte erkennen zu können meinte und auf Parallelen zu Gideons Berufung Richt. 6,11–24 aufmerksam machte.[3] Dabei tritt freilich das Moment der wunderbaren Geburt (bzw. Lebensentstehung) zurück. Der christliche Haggadist könnte sie als äußerste Steigerung der alttestamentlichen Wundergeburten (vor allem des Isaaks durch Sara) aufgefaßt haben: der göttliche Schöpfergeist wirkt nicht mit irdischer

---

[1] *G. Erdmann*, a. a. O., 11–13. Weitere Vertreter bei *R. Bultmann*, Synoptische Tradition, 320, Anm. 1; ferner *R. E. Brown*, a. a. O., 156f., 297.

[2] A. a. O., 76–82; kritisch dazu *H. Schürmann*, Komm., 43.

[3] Schon vor ihm hatte *J.-M. Audet*, a. a. O., 352–355, (prophetische) Berufungsgeschichten zum Vergleich herangezogen.

Vaterschaft zusammen, sondern tritt an die Stelle irdischer Vaterschaft. Ganz fern liegt die (griechisch-hellenistische) Vorstellung eines *ἱερὸς γάμος*. Nicht ein zeugendes Prinzip (*ruach* ist im Semitischen weiblich!), sondern der die göttliche Schöpfermacht in sich schließende Geist (vgl. Gen. 1,2) wirkt unmittelbar lebenschaffend in die Welt hinein. Für die reflektierte Vorstellung lag der Gedanke an einen neuen Adam, der wie der erste unmittelbar von Gott kam (vgl. Luk. 3,38), nicht weit entfernt. Ein einmaliges neues Schöpfungsereignis schafft den eschatologischen Menschen als Gottes Sohn.

Einsichten dieser Art machen es schwer, für das hier vorliegende Stück der Kindheitsgeschichte Jesu auf eine »Traditionshypothese« zurückzugreifen, die den letzten Ursprung der hier gestalteten Überlieferung in intimer Familientradition aus dem Kreise der Familie Jesu sieht.

Für das Bekenntnis zur geisterzeugten Lebensentstehung und zur Geburt aus der Jungfrau hat neben der vorliegenden Perikope Matth. 1,18–25 grundlegende Bedeutung. Dabei ist zu beachten, daß Matth. 1,18–25 von apologetischer Tendenz bestimmt ist und die Beschuldigung abwehren will, daß Jesus in Unzucht erzeugt sei. Luk. 1,34–37 hingegen ist mit der Verheißung des eschatologischen messianischen Königs verbunden und deutet seine Entstehung als die des zweiten Adam. Die gesamte sonstige neutestamentliche Überlieferung weiß von der Geisterzeugung und von der Jungfrauengeburt nichts. Markus schildert die Familien- und Heimatgenossen Jesu ohne Kenntnis von wundersamen Vorgängen bei seiner Geburt (vgl. Mark. 3,20f.; 6,1–6a). Johannes spricht mehrfach betont von Jesus als dem Sohn des Joseph (Joh. 1,45; 6,42); andererseits steht seine Präexistenz-Christologie jenseits der Frage nach der irdischen Herkunft (vgl. 7,41.42). Paulus nennt Jesu Mutter *γυνή*, nicht *παρθένος* (Gal. 4,4) und spricht von der Sendung des Präexistenten.

Daß neben der Geisterzeugung die Geburt aus der Jungfrau entscheidende Bedeutung erlangte, ist auf das Gewicht von Jes. 7,14 zurückzuführen, wo die Septuaginta den Ausdruck *almah* mit *παρθένος* übersetzte; also junge Frau mit Jungfrau. Hier ist ein Glaubensinteresse der hellenistisch-jüdischen Gemeinde zu sehen.[4] Die Sohnschaft Jesu ist auch für den lukanischen Bericht nicht in der Jungfrauengeburt begründet, sondern im Wort und Geist Gottes. Die Jungfrauengeburt tritt als veranschaulichend-ausdeutendes Moment hinzu.

In diesem Zusammenhang wäre auf das abgewogene Urteil von *H. Schürmann* zu hören, das zunächst der theologischen Kernaussage gilt, aber Konsequenzen für die Bewertung hat: »Die Annahme, es handele sich bei der Aussage von Lk 1 und Mt 1 nicht um historische Tradition, sondern um ein Theologumenon, das sich der geistlichen Meditation und christologischen Reflexion der Urkirche verdankt, ist von daher vertretbar und kann gute Gründe für sich in Anspruch nehmen, zumal die Annahme theologisch nichts besagt über die Frage der eschatologischen Faktizität des Behaupteten und dessen näherer Ausdeutung.«[5]

Gemessen an dieser Grundentscheidung bleibt die literarkritische Frage von nachgeordnetem Rang, ob die Erzählung in sich einheitlich ist oder ob erst von Lukas oder gar

---

[4] Zum ganzen Problem vgl. *G. Delling*, ThWb V, 824–835 (Literaturangabe 924f.).

[5] A. a. O., 165.

einer anderen Hand die jungfräuliche Geburt (V. 34–37) eingearbeitet wurde und der ursprüngliche Text von V. 33 zu V. 36 (oder 38) überging.[6] Angesichts des dichten Gefüges der Perikope (vgl. die Verwendung von *κληθήσεται* und *ὑψίστου* in V. 32 und V. 35) müssen sich analytische Versuche jedoch dem Einwand stellen, ob hier nicht eine entlastende Operation vorliegt, die theologisch Unbequemes als literarisch sekundär aufweisen soll.[7] Die Erzählung ist mit der vorhergehenden durch die feste Zahlenangabe *ἐν δὲ τῷ μηνὶ τῷ ἕκτῳ* verknüpft. Derartige Verbindungen sind dem Lukas eigen (vgl. Apg. 1,3; 2,1), dessen Zeitmaß die Ordnung des Kirchenjahrs bestimmt hat, in dem Johannes- und Christtag (24. Juni – 24. Dezember) ein halbes Jahr auseinander liegen.

26 Der Bericht setzt mit einer (wohl auf Lukas zurückgehenden) zeitlichen Verklammerung ein. An die fünf Monate der Verborgenheit der Elisabeth (V. 24) schließt im sechsten Monat die Ankündigung der Geburt Jesu an Maria an. Wiederum wird von einer Sendung des Engels Gabriel (vgl. 1,19) berichtet. Im Unterschied zur Ankündigung an Zacharias stehen Land und Ort nicht in dem Rufe, für Gottes Wirken besonders angemessen zu sein (vgl. Matth. 4,12–16; Joh. 1,46). **27** Erst recht durchbricht die Sendung des Thronengels Gottes zu einer Jungfrau die Bahnen der gewohnten Vorstellung und läßt die Erwählung durch Gott sichtbar werden. Anders als in Matth. 1,23 wird trotz des zweimaligen Vorkommens von *παρθένος* nicht auf Jes. 7,14 LXX verwiesen. Von der Jungfrau, als deren Name Maria nachgetragen wird, heißt es, sie sei verlobt. Durch ihre Verlobung ist ihr Ehestand rechtlich begründet, ihre Heimholung in das Haus des Mannes und der Vollzug der ehelichen Gemeinschaft ist noch nicht erfolgt (vgl. V. 34). Ihr Verlobter trägt den Namen Joseph und gehört zum Hause Davids. Das *ἐξ οἴκου Δαυίδ* auf Maria zu beziehen,[8] geht nicht an (vgl. 1,36 in Verbindung mit 1,5); eher könnte die Erwähnung von Joseph und seiner Herkunft ein V. 32 vorbereitender Eintrag sein. **28** Die Begrüßung läßt den überbietenden Charakter der Ankündigung an Maria erkennen. Während Zacharias sofort unmittelbar angeredet wird, empfängt Maria zuerst einen besonderen Gruß, der durch seine Dreigliedrigkeit herausgehoben ist. Er beginnt mit der griechischen Alltagsbegrüßung *χαῖρε* – sei gegrüßt;[9] er redet sodann Maria als *κεχαριτωμένη* an, was sie als (pneumatisch) Begnadete kundtut (vgl. 1,31) und damit ihre Erwählung zum Ausdruck bringt;[10] in einem dem Alten Testament entnommenen Zuspruch (vgl. Richt. 6,12) wird schließlich die Angeredete der beistehenden Gegenwart des sie erwählenden Gottes versichert.[11] **29** Der an sie ergehende Gruß setzt sie in Verwirrung (vgl. die Reaktion des Zacharias in V. 12) und läßt sie nach dessen Bedeutung fragen. **30** Darauf antwortet der Engel mit seiner Botschaft. Sie wird mit *μὴ φοβοῦ* und mit dem Namen eingeleitet (vgl. V. 13). An jener Stelle, an der Zacharias die Erhörung des Gebetes angekündigt wird, steht hier die Aussage, sie habe Gnade bei Gott gefunden, womit die Anrede als Begnadete begründet werden soll. **31** Worin diese Begnadung besteht, wird in der

---

6 *R. Bultmann*, a. a. O., 320f.; zur Fragestellung auch *G. Schneider*, a. a. O., 256.
7 Auch *M. Dibelius*, Formgeschichte, 17, urteilt: »Es liegt kein literarischer Grund vor, die Verse Luk. 1,34–37 aus der Legende auszuscheiden.«
8 *K. Bornhäuser*, a. a. O., 82; zurückhaltender auch *G. Schneider*, Komm., 49.
9 Material zu *χαῖρε* als (profanem) Gruß bei *A. Strobel*, a. a. O., 89–105.
10 *A. Strobel*, a. a. O., 107; *K. Stock*, a. a. O., 466, sieht hier das Berufungsgeschehen.
11 *W. C. van Unnik*, Dominus vobiscum: The Background of a Liturgical Formula, in: New Testament Essays in Memory of T. W. Manson, Manchester 1959, 270–305, bes. 289–291.

folgenden Doppelzeile angesagt: Sie wird Mutter eines Sohnes werden, den sie Jesus nennen soll. Das *ἐν γαστρὶ καὶ τέξῃ υἱὸν καὶ καλέσεις* erinnert an Jes. 7,14 LXX. Auffallend ist, daß wie bei Zacharias Gott selbst den Namen des Kindes (Jesus = Jehoschua = Gott erlöst) festlegt, die Namengebung hier jedoch nicht dem Vater, sondern der Mutter zukommt (anders Matth. 1,21). **32** In zwei Doppelzeilen bezeichnet das Verheißungswort die Bedeutung des Sohnes der Maria: er ist zum messianischen König bestimmt. Anders als das *μέγας*-Sein des Johannes (1,15) ist die Größe Jesu christologischer Art. Die Bezeichnung *ὕψιστος* für Gott könnte auf eine der hellenistischen Umgebung angepaßte Übersetzung schließen lassen (vgl. 1,35.76). Das *κληθήσεται* läßt an eine Berufung zur Sohnschaft im Sinne des alttestamentlichen Königsrituals (vgl. Ps. 2,7; 89,27–30; 2. Sam. 7,13f.) denken, durch das David und die ihm nachfolgenden Könige in Israel als Sohn Gottes verstanden wurden.[12] Der Sohn der Maria ist Empfänger des Thrones Davids, seines Stammvaters (*τοῦ πατρὸς αὐτοῦ*). **33** An ihm erfüllt sich die Zusage einer ewigen Herrschaft im Sinne von Jes. 9,6. So wird hier nicht so sehr dem Hause David die unbegrenzte Dauer seiner Herrschaft zugesprochen (wie 2. Sam. 7) als vielmehr der ewig bleibende Träger des davidischen Königtums verheißen. **34** Maria fragt, wie das durch sie möglich sein wird, da sie keinen Mann erkannt habe, also nicht schwanger sei. Der vor allem seit Ambrosius (Expos. Ev. Luc., CSEL 32, 99) und Augustinus (de s. virg., CSEL 41, 327) hier herausgelesene Hinweis auf ein Gelübde andauernder Keuschheit ist eine dogmatisch bestimmte Sinneintragung. Die Frage der Maria wird auch von der neueren katholischen Exegese nicht mehr in diesem Sinn gedeutet.[13] Sie ist vielmehr als ein vom Erzähler eingesetztes Stilmittel zu werten, um die folgende Antwort des Engels zu akzentuieren. **35** Der Träger der ewigen Herrschaft kommt aus einem an der Jungfrau wirksam werdenden wunderbaren Handeln Gottes. Der Ankündigung seines eschatologischen Amtes wird die Deutung der wunderbaren Entstehung des eschatologischen Amtsträgers hinzugefügt. Entsteht Johannes aus dem Wunder des Fruchtbarwerdens alt gewordener und unfruchtbar gewesener Menschen, so empfängt Jesus sein Leben durch Gottes Schöpferhandeln anstelle menschlicher Zeugung. Die Berufung zur Sohnschaft in V. 32 ist hier als Erzeugung aus heiligem Geist interpretiert.[14] Heiliger Geist – artikellos wie »Kraft des Höchsten« – erweist sich an Maria als schaffende Gotteskraft (vgl. Gen. 1,2). Dem *ἐπελεύσεται* des Geistes entspricht das *ἐπισκιάσει* der *δύναμις*. Das *ἐπισκιάζειν* ist im biblischen Sprachgebrauch belegt im Zusammenhang mit der Wolke, die die Gegenwart Gottes verhüllt (vgl. Ex. 40,34f.; Num. 10,34[LXX]; Luk. 9,34; Mark. 9,7; Matth. 17,5). Das Wort umschreibt also nicht den Zeugungsvorgang, sondern deutet auf die Gegenwart Gottes im schaffenden Geist hin, der substantiell verstanden und im wirksamen Wort (vgl. *ῥῆμα* in V. 37.38) tätig ist. Weil aus dem Schöpfungshandeln Gottes durch seinen Geist erwachsend (*γεννώμενον* = erzeugt) ist das Kind der Maria heilig, d. h. Gott gehörig. Der Ausdruck *υἱὸς θεοῦ* ist appositionell angefügt.

36 Zum Zeichen bekommt Maria den Hinweis auf Elisabeth. Sie wird als ihre Ver-

---

[12] *R. Laurentin*, a. a. O., 82; *H. Schürmann*, Komm., 47.

[13] Bahnbrechend waren hier die Studien von *J.-B. Bauer* und *J. Gewieß* (s. Lit.).

[14] *G. Schneider*, a. a. O., rechnet mit einem starken Anteil an lukanischer Formulierung, doch bleibt der strukturelle Zusammenhang des durch die Marienfrage (1,34) eingeleiteten Stücks mit der übrigen Verkündigungsperikope eng (vgl. auch die Entsprechung zu 1,18).

wandte benannt, Maria stammt also aus levitischem Geschlecht. Elisabeth trägt den Beinamen »die Unfruchtbare«, eine Bezeichnung, die von ihr genommen ist, seit ihr Kind – vgl. V. 26 – im 6. Monat ist. **37** So wird die aus der Sara-Abraham-Geschichte Gen. 18,14 stammende Feststellung (vgl. auch Sach. 8,6) unterstrichen, daß für Gott die Erfüllung eines gegebenen Verheißungswortes nicht unmöglich ist. **38** Im Unterschied zu Zacharias traut Maria diesem Wort, indem sie sich als Sklavin des Herrn bezeichnet. Die feminine Form *δούλη κυρίου* ist (im biblischen Sprachgebrauch) singulär (vgl. 1,48). Die Aufnahme von *ῥῆμα* in der Antwort der Maria läßt erkennen, daß es hier wie im vorangegangenen Vers als »Wort« verstanden ist.

3. Die Begegnung zwischen Maria und Elisabeth 1,39–45*

(39) Maria aber stand auf in diesen Tagen und reiste mit Eile in das Bergland in eine Stadt (in) Juda. (40) Und sie trat ein in das Haus des Zacharias und grüßte Elisabeth. (41) Und es geschah, als Elisabeth den Gruß der Maria hörte, hüpfte das Kind in ihrem Leibe, und Elisabeth wurde erfüllt vom heiligen Geist. (42) Und sie rief mit lauter Stimme und sprach:

»Gesegnet bis du unter den Frauen
und gesegnet ist die Frucht deines Leibes.

(43) Und woher kommt mir dies, daß die Mutter meines Herrn zu mir kommt? (44) Denn siehe, als geschah, daß die Stimme deines Grußes in meine Ohren drang, hüpfte frohlockend auf das Kind in meinem Leibe. (45) Und selig, die geglaubt hat, weil zur Vollendung kommen wird, das ihr vom Herrn gesagt worden ist.«

Die Begegnung zwischen Maria und Elisabeth verbindet die beiden Erzählungskreise von der Kindheit des Johannes und von der Kindheit Jesu. Es liegt das in der Literatur gebräuchliche Stilmittel der Synkrisis vor.[1] Als Schöpfung des Lukas müßte man es nur dann ansehen, wenn man die Kombination von Johannesüberlieferung und Kindheitsgeschichte Jesu auf seine Hand zurückführt. Indes weicht das Stück nach Stil und Vorstellungswelt von den beiden vorausgehenden Perikopen so wenig ab, daß mit einer Zugehörigkeit zu der von Lukas vorgefundenen Vorlage gerechnet werden kann.[2] Erzählerisch war die Verbindung durch die Verwandtschaft der beiden Mütter und der Zeichencharakter, den die Schwangerschaft der Elisabeth für Maria hat, vorbereitet worden (V. 36). Für die Gestaltung ist die aus der jüdischen Tradition herrührende Anschauung tragend, nach der sich die kommende Bedeutung eines Menschen schon im Mutterleib abbildet, wofür wiederum Gen. 25,22ff. das alttestamentliche Modell bot.[3] Sie ist überhöht durch die für die Kindheitsgeschichte charakteristische Geistvorstellung (V. 41) und die Reflexion auf die Beziehung der Gestalten, deren Mütter sich hier begegnen (vgl. V. 43 *ἡ μήτηρ τοῦ κυρίου μου*). Die beiden Makarismen (V. 42.45) gelten Maria und preisen sie als Mutter ihres Sohnes und als Glaubende.

---

* Lit.: *P. Grelot*, La naissance d'Isaac et celle de Jésus, NouvRevTheol 104, 1972, 462–487, 561–585 – Maria im Neuen Testament, 111–113.

[1] *G. Erdmann*, a. a. O., 9.

[2] So auch *R. Bultmann*, Synoptische Tradition, 322; zurückhaltender *M. Dibelius*, Formgeschichte, 14.

[3] Str.-B. II, 100f.

39 Der Hinweis auf die Schwangerschaft der Elisabeth war in der Engelbotschaft als Zeichen genannt. So ist Maria veranlaßt, diese eilends aufzusuchen (vgl. 2,16). Die Verbindung *ἐν ταῖς ἡμέραις ταύταις* entspricht lukanischer Eigenart (vgl. 5,17; 6,12; 7,11; 8,1; 8,22 u. a.). Ihr Ziel ist das Gebirgsland Judäas, der Ausdruck *εἰς πόλιν Ἰούδα* ist unbestimmt.[4] Auf jeden Fall ist an einen Weg von 3–4 Tagen zu denken. **40** Obwohl Maria in das Haus des Zacharias kommt, gilt ihr Gruß der Elisabeth. **41** Dieser Gruß löst die erste Lebensregung des Kindes im Leibe der Elisabeth aus. Das *ἐσκίρτησεν,* das der Erzähler als freudiges Hüpfen verstanden wissen will, ist Gen. 25,22 LXX als »sich stoßen« aufgefaßt. Die Geisterfüllung gilt zunächst der Mutter, ist aber als auf das Kind übergreifend gedacht. In der Begegnung der Mütter wird die Beziehung von Vorläufer und Messias vorausgebildet. **42** Elisabeth ist durch die Geisterfüllung zur Prophetin geworden. Das laute Rufen weist hin auf den prophetischen Charakter ihrer Aussagen. Formal handelt es sich um eine zweigliedrige Eulogie. Sie gilt einer menschlichen Gestalt, nicht Gott, kommt also einem Makarismus nahe. *εὐλογεῖν* ist dementsprechend nicht mit »preisen«, sondern mit »segnen« zu übersetzen. Elisabeth nennt Maria eine Gesegnete. Die Formulierung *ἐν γυναιξίν* gibt ihr superlativen Sinn: Maria ist die Gesegnetste der Frauen. Wie Maria die Gesegnetste der Frauen, so ist auch die Frucht ihres Leibes gesegnet. Die Eulogie gilt ihr nicht um ihrer Mutterschaft willen, sondern als der Messiasmutter. **43** Die fragend-reflektierende Rede läßt Elisabeth als Mutter des Vorläufers sprechen: wie künftig Johannes Jesus, so ordnet Elisabeth sich Maria unter. Hier wird eine Deutung des Verhältnisses beider Gestalten vorausgesetzt, wie sie im Johannesevangelium kulminiert (3,29f.). Elisabeth nennt sie die Mutter *τοῦ κυρίου μου.* Es wird hier nicht nur Jesus zum ersten Mal *κύριος* genannt, sondern im persönlichen Bekenntnis von »meinem Herrn« gesprochen. **44** Dann nimmt Elisabeth erzählend das in V. 41 bereits Berichtete auf. Es soll als Begründung dafür dienen, daß sie Maria als Mutter des Messiaskindes erkannt hat. **45** Das Wort an Maria schließt mit einer förmlichen Seligpreisung, einem Makarismus ab. Er ist nach semitischer Weise in der dritten Person gehalten. Der *ὅτι*-Satz ist mit weil zu übersetzen, will also nicht den Inhalt des Glaubens beschreiben, sondern die Begründung für die Seligpreisung geben. Diese bestätigt Maria als Glaubende, darum kann sich das Wort als Zusage an ihr erfüllen. Maria ist die Mutter Jesu, weil sie die Glaubende ist. Diese Grundaussage der Kindheitsgeschichte (vgl. 2,19.51) hält Lukas fest (vgl. 11,27 in Verbindung mit 8,15).

4. Das Magnifikat 1,46–56*

(46) Und es sprach Maria:
»Es erhebt meine Seele den Herrn,
(47) und es frohlockt mein Geist über Gott, meinen Retter,
(48) denn er hat hingesehen auf die Niedrigkeit seiner Magd,
denn siehe, von jetzt an werden mich selig preisen alle Geschlechter;

---

[4] Die altkirchliche Tradition nennt En karim 6 km westlich von Jerusalem.

* Lit.: *A. v. Harnack*, Das Magnificat der Elisabeth, SBA 27, 1900, 538–566 = (in erweiterter Gestalt) in: Stud. z. Gesch. d. NT u. der alten Kirche I, Berlin/Leipzig 1931, 62–85 – *F. Spitta*, Das Magnificat, ein Psalm der Maria und nicht der Elisabeth, Festschr. f. H. J. Holtzmann, Tübin-

(49) denn es hat Großes an mir getan der Mächtige,
und heilig ist sein Name.
(50) Und sein Erbarmen von Geschlecht zu Geschlecht
bei denen, die ihn fürchten.
(51) Er hat gewirkt Gewalt mit seinem Arm
und hat zerstreut, die hochmütig sind im Sinn ihres Herzens.
(52) Er hat Herrscher von Thronen gestoßen
und Niedrige erhöht.
(53) Hungernde hat er mit Gütern erfüllt
und Reiche leer fortgeschickt.
(54) Er hat sich Israels, seines Knechts, angenommen,
zu gedenken (seines) Erbarmens,
(55) wie er geredet zu unseren Vätern,
zu Abraham und seinem Samen in Ewigkeit.«
(56) Es blieb aber Maria etwa drei Monate bei ihr und kehrte (dann) wieder in ihr Haus zurück.

Die wichtigste textliche Differenz besteht bei dem Namen der Beterin. Es lesen Elisabeth die westlichen (lateinischen) Zeugen a, b, l; ferner Iren., adv. haer. (lat) IV, 7,1; Niceta von Remesiana (de psalmodiae bono, 76); Hieronymus hat diese Version gekannt, aber nicht gebilligt. Alle maßgeblichen Zeugen des griechischen Textes aus älterer und jüngerer Zeit (einschl. Iren., adv. haer. III, 10,2) haben die Lesart Maria. Die nach wie vor gründlichste Behandlung der Textfrage bietet *Th. Zahn*, Komm., 744–750.

Als Antwort auf die Seligpreisung durch Elisabeth ist in den Gang der Erzählung ein Psalm, das nach dem Anfangswort der lateinischen Übersetzung sogenannte Magnifikat, eingefügt. Ihm wird in 1,68–79 nach Geburt und Namensgebung des Täufers ein zweiter, das Benediktus des Zacharias folgen. Diese beiden unterschiedlich gearteten Lieder sind zu verstehen auf dem Hintergrund der israelitisch-jüdischen Psalmdichtung.[1] Im Zusammenhang mit den verschiedenen »Erweckungsbewegungen« der frühjüdischen Zeit erlebte diese eine neue Blüte, von der die antihasmonäischer Laienfrömmigkeit zuzurechnenden Ps. Sal., aber auch die Dank- und Preislieder von Qumran Zeugnis ablegen[2]. Eine direkte Zugehörigkeit von Magnifikat und Benediktus zu diesem Umkreis vertritt *P. Winter*, der in ihnen ursprünglich der Makkabäer-Bewegung entstammende Psalmen sieht und das Magnificat für ein »Dankgebet nach gewonnener Schlacht« hält.[3] Andere denken an einen Ursprung in Täuferkreisen, die von neueren Forschern ihrerseits in die Nähe der Leute von Qumran gerückt werden.[4]

---

gen Leipzig 1902, 63–94 – *H. Gunkel*, Die Lieder in der Kindheitsgeschichte Jesu bei Lukas, in: Festgabe f. A. v. Harnack, Tübingen 1921, 43–60 – *P. Winter*, Magnificat and Benedictus – Maccabean Psalms, BJRL 37, 1954. 328–374 – *R. Schnackenburg*, Das Magnificat, seine Spiritualität und Theologie, GuL 38, 1965, 201–219= Theol. Jahrb. 1967, 124–138 – *S. Benko*, The Magnificat, a History of the Controversy, JBL 86, 1967, 263–275 – *F. Gryglewicz*, Die Herkunft der Hymnen des Kindheitsevangeliums des Lukas, NTS 21, 1974/75, 265–273 – *R. C. Tannehill*, The Magnificat as Poem, JBL 93, 1974, 263–275 – *L. Schottroff*, Das Magnificat und die älteste Tradition über Jesus von Nazareth, EvTh 38, 1978, 298–313 – Maria im Neuen Testament, 113–117.

[1] *H. Gunkel*, a. a. O.; *R. Bultmann*, Synoptische Tradition, 322f.
[2] *G. Morawe*, Aufbau und Abgrenzung der Loblieder von Qumran, ThA 16, Berlin 1960.
[3] A. a. O., 342.
[4] *W. Grundmann* in früheren Aufl. dieses Komm.

Für eine Herkunft aus christlichem Milieu spricht die Nähe der Aussagen des Magnifikats zu denen der Jesusverkündigung, wie sie sich in Q (vgl. Luk. 6,20–23; Matth. 11,6 = Luk. 7,22) oder auch im Sondergut des Lukas (6,24–26; 12,16–21; 16,19–31) finden.[5] Vielleicht ist an jene Kreise der palästinensischen Urgemeinde zu denken, die sich selbst als *πτωχοί* bezeichneten.[6] Hier hält man gewiß am Anspruch, das wahre Israel und damit Erbe der Verheißung zu sein, fest (vgl. V. 54f.). Zur Annahme eines christlichen Ursprungs stehen die gattungsgeschichtlichen Beobachtungen nicht im Widerspruch.[7] Das Magnificat hat den Charakter eines das Handeln Gottes beschreibenden Dankliedes. Es handelt sich um den Psalm einer Gemeinde, die durch das Handeln Gottes die Umkehr der irdischen Herrschafts- und Besitzverhältnisse eingeleitet sieht. In der Konsequenz frühjüdischer »Armenfrömmigkeit«, wie sie bei den Stillen im Lande gepflegt wurde und in den Ps. Sal. (daneben auch im aeth. Hen.) herausragenden Ausdruck fand, konnten nun das Christusgeschehen, die Erhöhung des am Kreuz Gerichteten und die Berufung der Seinen zur eschatologischen Herrschaft so gedeutet werden. Dabei bot sich das alttestamentlicher Psalmdichtung nachgestaltete Danklied als adäquate Form besonders an.[8] *Wir haben es demnach im Magnificat mit einem eigenständigen urchristlichen Psalm zu tun.*

Die von Form und Herkunft des Stücks ausgehenden Deutungen lassen die Möglichkeit redaktioneller Eingriffe offen. So wird etwa V. 48 als Einlage angesehen, die den an sich selbständigen Psalm auf die konkrete Situation der Beterin bezieht. Andererseits paßt die Konkretion vorzüglich in den Stil des individuellen Dankliedes. Das *μοί* von V. 49 wurde der Hand eines Redaktors zugewiesen, der den Psalm in den jetzigen Zusammenhang eingefügt hat.

Die Stellung des Magnifikats innerhalb des Kontextes ist nicht zu trennen von dem Urteil darüber, wer ursprünglich als Sängerin dieses Dankliedes gedacht ist. Seit Anfang des Jahrhunderts ist die Frage umstritten, ob der Psalm ein Lied der Elisabeth war und erst zu einem solchen der Maria geworden ist oder ob er von Anfang an als Lied der Maria gemeint war.[9] Rechnet man mit einem starken Einfluß der Täufertradition auf die Kindheitsgeschichte, dann könnte die erstere Annahme besonders naheliegen. Aber auch unter der Voraussetzung einer durchgängigen christlichen Gestaltung würde die Zuweisung des Magnifikats an Elisabeth nicht völlig undenkbar sein. In diesem Falle würden beide Eltern des Vorläufers mit Preisliedern auftreten, die der bevorstehenden Erlösung gelten. So müssen die textlichen und inhaltlichen Argumente genau gewogen werden. Die in einigen Handschriften begegnende Lesart »Elisabeth sprach« ist auffällig, aber schwach bezeugt (s. o. zur Textkritik). So hat Harnack, der an sich für Elisabeth als Sängerin des Magnifikats plädierte, die These vertreten, daß beide Namen Ergänzungen

---

[5] Vgl. *L. Schottroff*, a. a. O., die jedoch das lukanische Sondergut anders beurteilt.

[6] Dazu *E. Bammel*, ThWb VI, 909–912.

[7] Hier sind die von *H. Gunkel*, a. a. O., ferner in *ders./J. Begrich*, Einleitung in die Psalmen, Göttingen 1933, 265–292, entwickelten Bestimmungen von *H. Schürmann*, Komm., 71f., und *J. Tannehill*, a. a. O., 264–266, auf das vorliegende Stück angewandt worden.

[8] *J. Tannehill* a. a. O., nennt als Merkmale rhythmische Struktur, Parallelismus und Stichwortverbindung.

[9] Daß die Auseinandersetzung darüber nicht nur in der deutschen, sondern auch in der angelsächsischen Theologie eine wichtige Rolle spielte, zeigt der Überblick von *S. Benko*, a. a. O.

seien zu einem von ihm postulierten Text, der nur gelautet habe καὶ εἶπεν. Vom Zusammenhang her gemeint gewesen sei jedoch ursprünglich Elisabeth. Dafür sprächen die Anklänge an das Lied der Hanna 1. Sam 2,1–10, deren Lage der der Elisabeth, nicht der der Maria entspricht. Ferner kann man auf die prophetische Inspiration der Elisabeth verweisen (1,41), wenn man davon ausgeht, daß das Magnifikat wie das Benediktus (1,67) Gesänge von Geistträgern sind.

Dennoch sprechen (abgesehen von der textlichen Bezeugung) gewichtige formale und inhaltliche Gründe für Maria. Bei einer Zuweisung an Elisabeth würden zwei Redestücke derselben Person unmittelbar aufeinanderfolgen. Wenn V. 48 integraler Bestandteil des Psalms ist, so ergibt sich die unmittelbare Verbindung zur Selbstaussage 1,38. Der den Lobgesang bestimmende Gedanke der Entmächtigung der Mächtigen korrespondiert zur Erwartung des messianischen Königs, dessen Mutter die Jungfrau aus Nazareth ist. Sie erscheint weniger passend im Munde der Mutter eines Propheten aus priesterlichem Geschlecht. Die Aussagen des Magnifikats können begriffen werden als Bezeugung des Glaubens der Maria, die dem Wort zutraut, was es sagt. Was an ihr Großes geschehen ist und was Gott an seinem Volk tun wird, geschieht aus seinem Erbarmen und durch seine Kraft (V. 49f.51.54). *Das Magnifikat wäre demnach ein zunächst selbständiger urchristlicher Psalm, der bei der Gestaltung der Kindheitsgeschichte der Maria in den Mund gelegt wurde.* Hierzu hätte eine besondere Legitimation bestanden, wenn man davon ausgeht, daß die Familie Jesu der Armenfrömmigkeit nahestand, deren Erbe die Theologie jener urchristlichen Kreise ist, aus dem die Urgestalt des Magnifikats kommt.

In dem jetzt vorliegenden Aufbau der Kindheitsgeschichte zeigt sich ein Entsprechungsverhältnis, wenn die Mutter Jesu und der Vater des Täufers je mit einem Psalm hervortreten. Zudem ergibt sich eine chiastisch verschlungene Anordnung: Zachariasverkündigung, Marienverkündigung, Marienlobpreis, Zachariaslobpreis. In der Liturgie bildet seit der Zeit Benedikts (um 500) das Magnifikat den Höhepunkt des abendlichen Vespergebets.[10]

46 Das Danklied setzt wie sein alttestamentliches Vorbild im beschreibenden Stil ein (1. Sam. 2,1; vgl. Ps. 75,2). Die Aussage der Beterin, daß ihre *ψυχή*, d. h. ihr innerer Mensch den Herrn erhebt, bildet mit dem nächsten Vers einen Parallelismus (dort *πνεῦμα*), **47** Der dem *καί* folgende Aorist ist Hebraismus (ו mit Imperfektum) und ist daher nicht als Tempusänderung zu verstehen. Ein Wort, das das eschatologische Frohlocken bezeichnet (vgl. 1,14.44), wird verwendet, um das Preisen Gottes als des Retters auszudrücken (wie Hab. 3,18; Sir. 51,1; Ps. Sal. 3,7; 17,3). **48** Das Hauptstück des Psalms beginnt mit begründendem »denn« (hebr. כִּי) das die Beschreibung der Heilstat einleitet. Diese nimmt die Selbstbezeichnung der Maria (1,38) wieder auf. Von ihrer *ταπείνωσις* hat auch Hanna gesprochen (1. Sam 1,11), doch meint sie hier – wenn Maria und nicht Elisabeth gemeint ist – nicht die Kinderlosigkeit, sondern die Bedeutungslosigkeit, aus der heraus die Beterin erwählt ist. Diese Aussage schließt alles vorausgegangene Geschehen, das sie zur Messiasmutter machte, ein. Gott hat sie, die Niedrige, erwählt, indem er seinen Blick auf sie richtete (*ἐπέβλεψεν*). Deshalb wird sie von allen Menschengeschlechtern

---

[10] Regula S. Benedicti, cap. 17. In der Kirche des Ostens wird es vor der 9. Ode des Kanons gesungen.

gepriesen (vgl. V. 44), denn mit dieser Erwählung hebt das messianisch-eschatologische Geschehen an (vgl. das *εἰς γενεὰς καὶ γενεάς* in V. 50 und das *εἰς τὸν αἰῶνα* in V. 55. **49** Die großen Taten Gottes (vgl. Apg. 2,11) sind durch das *μοί* auf sie bezogen. Von jetzt an dominieren Sätze, in denen Gott das Subjekt ist. Er wird bezeichnet als der Mächtige (*ὁ δυνατός,* Ps. 44,4.6 LXX; Zeph. 3,17 LXX); diese Aussagen sind abgewandelt zu einer solchen über die Heiligkeit des Namens Gottes. **50** Hinzu tritt ein weisheitlich klingender Satz über sein Erbarmen, das zu allen Zeiten die erfahren, die ihn fürchten (vgl. Ps. 110,9 LXX). **51** Auf das beschreibende folgt das berichtende Lob, das die Taten schildert, die Gottes Heiligkeit und seinem Erbarmen entspringen. Eine Grundaussage bezeichnet das Folgende als Gottes eigene Krafttat. Sie ist gegen die Übermütigen und Hochfahrenden gerichtet, die als Feinde Gottes gelten und deshalb zerstreut werden (vgl. Ps. 88,11 LXX). Sie entfaltet sich zuerst als »Umkehr der Machtverhältnisse« (V. 52), sodann als »Umkehr der Besitzverhältnisse« (V. 53).[11] Beachtenswert ist die chiastische Struktur der Aussagegruppe. Die Vorstellungen von solcher Umkehr sind seit Tritojesaja in palästinensischer Armenfrömmigkeit verbreitet (Jes. 57,15ff.; 61,1–11; aeth. Hen. 92–104; 1 QM 11,8; 4 QpPs 37,II,9). Die Grundaussage betont, daß es Übermut und hochfahrender Sinn sind, der die Machtträger und die Reichen zum Objekt göttlichen Richtens werden lassen. Sie sind das Gegenteil der Gott Fürchtenden (V. 50). **52** Die Entfaltung stellt die politische Umkehrung, den Sturz der Machthaber, die als Thronende gedacht sind, voran. Ihr korrespondiert die Erhöhung der Niedrigen, die in der Erwählung der Maria anhebt und sich in der irdischen Wirksamkeit Jesu fortsetzt (vgl. 4,18–21; 6,20–26). Indem er als der Erniedrigte und Verworfene zu Gott als *κύριος* erhöht wird, ist die Zielrichtung von Gottes eschatologischem Handeln erkennbar. **53** Nachgeordnet ist die soziale Seite des Umkehrgeschehens. Sie wird daran sichtbar, daß die Hungernden, an denen sich die Armut in den unmittelbaren menschlichen Bedürfnissen zeigt, Güter empfangen und die Reichen leer weggeschickt werden (vgl. Hiob 12,21; Ps. 106,9 LXX). Umstritten ist, ob die aoristische Aussageform – durch die semitische Vorlage bestimmt – futurischen Charakter hat. Wird eine vom Ende aus gesehene Rückschau ausgedrückt oder bezeichnet sie ein bereits in Gang befindliches innergeschichtliches Geschehen?[12] **54** Eine nochmalige Erweiterung bedeutet es, daß Gott sich seines Knechtes Israel (vgl. Jes. 41,8f.) wieder annimmt. Zu dem, was man von der Endzeit erwartet, gehört die Wiederherstellung eines erneuerten Israel. Solches Handeln hat seinen Grund darin, daß Gott seiner Barmherzigkeit gedenkt. Der Infinitiv gibt nicht den Zweck an, den Gott mit solchem Handeln verfolgt, sondern den Grund, aus dem heraus es geschieht. **55** Dies entspricht den Verheißungen, die die (Erz-)Väter empfangen haben. Aus ihrer Reihe wird Abraham genannt (Gen. 12,5f.; 15,4). Das Verheißungswort an ihn vollzieht sich in der endgültigen Annahme Israels. Vielleicht versteht der den Psalm rezipierende Redaktor der Kindheitsgeschichte die Beterin als Prototyp des Gottesvolkes Israel, dessen eschatologisches Telos in ihrer Erwählung vorgebildet ist.[13] **56** Die Abschlußbemerkung spricht von einem dreimonatigen Aufenthalt der Maria bei Elisabeth (also bis zum Ende von

[11] So zuerst *E. Klostermann*, Komm., 21.
[12] Zu dieser Frage *L. Schottroff*, a. a. O., 302.
[13] In diese Richtung gehen die Erwägungen von *R. Laurentin*, a. a. O., 83ff.; kritisch *R. Schnackenburg*, a. a. O., 135f.

deren Schwangerschaft) und von der Rückkehr in ihr Haus. Sie ist lukanisch und könnte vorausgreifend gemeint sein (vgl. 3,19f. u. 21f.), also die Anwesenheit Marias bei den folgenden Ereignissen nicht ausschließen.

5. Die Geburt des Johannes 1,57–66*

(57) Für Elisabeth aber erfüllte sich die Zeit, daß sie gebären sollte, und sie gebar einen Sohn. (58) Und es hörten die Nachbarn und ihre Verwandten, daß der Herr sein Erbarmen mit ihr groß gemacht hatte, und sie freuten sich mit ihr.

(59) Und es geschah am achten Tag, daß sie kamen, um das Kind zu beschneiden, und sie nannten es bei dem Namen seines Vaters Zacharias. (60) Und es antwortete seine Mutter und sprach: »Nicht so, sondern es wird Johannes genannt werden.« (61) Und sie sprachen zu ihr: »Es ist (doch) niemand in deiner Verwandtschaft, der bei diesem Namen genannt wird.« (62) Sie gaben aber seinem Vater ein Zeichen, wie er wolle, daß es genannt werde. (63) Und er erbat ein Täfelchen und schrieb folgendermaßen: »Johannes ist sein Name.« Und alle wunderten sich. (64) Sogleich aber wurde sein Mund aufgetan und seine Zunge, und er redete und pries Gott. (65) Und es kam Furcht über alle ihre Nachbarn, und im ganzen jüdischen Bergland besprach man alle diese Ereignisse. (66) Und alle, die es hörten, nahmen es sich zu Herzen und sprachen: »Was wird mit diesem Kinde werden? Denn die Hand des Herrn war (ja) mit ihm.«

V. 63/64: Der Öffnung des Mundes ist in einigen Handschriften die Lösung der Zunge vorangestellt (D, a, b, syr). Hier scheint die Topik des Taubstummenheilungswunders einzuwirken (Mark. 7,35), noch ausgeprägter bei Minuskeln der sog. Lake-Gruppe (f 1).

Die Erzählung von der Geburt des Täufers Johannes steht im Zusammenhang der Kindheitsgeschichte in einer doppelten Beziehung. Sie ist Erfüllung der Zacharias gegebenen Ankündigung (1,5–23) und Gegenstück zur Geburt und Beschneidung Jesu (2,1–21). Die Rückbeziehung wird sichtbar an der durch die Geburt ausgelösten Freude (V. 14 u. V. 58), der Namensgebung (V. 13 u. V. 60) und der Lösung der Stummheit des Zacharias (V. 20 u. V. 64). Im Verhältnis zu den Jesusgeschichten fällt auf, daß die Geburt des Johannes nur knapp berichtet wird (V. 57f.), während die Namensgebung nicht selbstverständlich ist und erst durchgesetzt werden muß (V. 59–63). Genau umgekehrt ist es mit den Jesusgeschichten, wo es über den Namen keine Unklarheit gibt (2,21), die Geburt und die sie begleitenden Ereignisse hingegen mit Ausführlichkeit geschildert werden. Literarisch bildet die Erzählung eine Einheit. Allenfalls bleibt zu fragen, ob sie mit V. 66 oder mit V. 80 geschlossen hat, da das Benediktus als Einfügung aufgefaßt werden kann.

57 Die einleitende Wendung von dem Vollwerden der Tage (vgl. Gen. 25,24) schließt die Zeitangaben V. 25f. und 56 ab. Die Geburt bringt die Engelverheißung zur Erfüllung. **58** Erst jetzt erfahren die Nachbarn und Verwandten von dem, was geschehen ist und erblikken darin eine Großtat des Erbarmens Gottes (vgl. 1,50). Die vom Engel verheißene Freude über die Geburt (1,14) ist eingetreten. Sie ist Mitfreude mit den Eltern dieses

* Lit.: siehe zu 1,5–25

Kindes, deshalb kann das *συνέχαιρον* als congratulari verstanden werden (vgl. Gen. 21,6; auch Polyb. 29,19,4).

59 Vom Geburtstag des Johannes geht der Erzähler über zum Tag seiner Beschneidung, der zugleich Tag der Namensgebung ist. An die Stelle des älteren Brauches, Geburt und Namensgebung miteinander zu verbinden, besteht im Judentum die Sitte, bei der Beschneidung, die am achten Tage erfolgte (Lev. 12,3; Phil. 3,5), auch den Namen zu geben (vgl. Luk. 2,21).[1] Sie entspricht hellenistisch-römischer Gepflogenheit.[2] Die Erstaunen erregende Geburt führt zu dem Versuch (*ἐκάλουν* Imperfekt de conatu), ihm den Namen des Vaters zu geben (vgl. Tob. 1,1.9)[3] **60** Gegen diese Absicht erhebt die Mutter Elisabeth Einspruch und fordert als Namen Johannes. Ob auf Grund einer Offenbarung oder einer Verständigung mit (dem stummen) Zacharias, wird nicht gesagt. Auf jeden Fall wird der Auftrag von 1,13 erfüllt. **61** Der Widerspruch der Verwandten führt zur Entscheidung durch den Vater. **62** Ihm wird ein Zeichen gegeben, als wäre er nicht nur stumm, sondern auch taub. **63** Er fordert ein Schreibtäfelchen[4] und schreibt darauf ebenfalls den Namen Johannes. Die Übereinstimmung zwischen der Mutter und dem Vater, die den Verwandten unbegreiflich ist, wird als wunderbares Handeln Gottes verstanden und löst verwunderndes Erstaunen aller aus. **64** Dazu kommt ein zweites wunderbares Ereignis. Der stummgewordene Vater öffnet seinen Mund. Aus dem Zweifelnden ist ein Glaubender geworden, der sich im Lobpreis äußert. So ist auch die Ankündigung 1,20 in Erfüllung gegangen. Gelegentlich ist vermutet worden, daß hier der ursprüngliche Platz des Benediktus gewesen sei.[5] Doch hat der Psalm im jetzigen Aufbau auch die Funktion, auf die Frage V. 67 zu antworten (s. d.). **65** Es folgt die für Wunder typische Reaktion: Furcht fällt auf alle, die Zeugen sind. Der Nachsatz erweitert: auch im ganzen jüdischen Gebirge wird die Angelegenheit (*τὰ ῥήματα*) besprochen (*διαλαλεῖν*). **66** Aus der Erörterung des Geschehens erwächst die Frage (der Anwesenden, der Hörer), was aus dem Kind werden wird. Sie erfährt ihre Antwort im nachfolgenden Lobpreis (vgl. 1,76ff.).

---

[1] *S. Krauß*, Talmudische Archäologie II, Berlin/Wien 1911, 12, 439, Anm. 123; ferner Str.-B. II, 107.

[2] Griechen gaben ihren Kindern am siebenten (oder zehnten) Tage nach der Geburt ihre Namen; vgl. *M. Herrmann/H. Blümner*, Lehrbuch der griechischen Privataltertümer, München 1908, 282. Bei den Römern gab es den dies lustricus, quo infantes lustrantur et nomen accipiunt (Macrob., Sat. 1,16,36). Dieser Tag ist für Mädchen der achte, für Knaben der neunte Tag nach der Geburt; vgl. *H. Blümner*, Lehrbuch der römischen Privataltertümer, München 1911, 304.

[3] Im AT ist dies selten, weitaus häufiger wird der Name des Großvaters gegeben (vgl. 1. Sam. 22,20 u. 23,6 mit 2. Sam. 8,17; ferner die Genealogie in Joseph., vita 1,3–4; Gamaliel II. ist Enkel Gamaliel I.).

[4] Es ist aus Buchsbaumholz mit Wachs überzogen vorzustellen, so daß die Schrift eingeprägt wird (vg. Str.-B. II, 108–110).

[5] *M. Lambertz*, Sprachliches aus Septuaginta und NT, WZ Leipzig 1952/53, 79–89, bes 81f.

6. Das Benediktus des Zacharias 1,67–80*

(67) Und Zacharias, sein Vater, wurde vom heiligen Geist
erfüllt und redete prophetisch:
(68) »Gepriesen sei der Herr, der Gott Israels,
denn er hat besucht und Erlösung bewirkt seinem Volk,
(69) und uns errichtet ein Horn des Heils
im Hause seines Knechtes David,
(70) wie er geredet hat durch den Mund seiner heiligen Propheten von alters her,
(71) Rettung von unseren Feinden und aus der Hand aller unserer Hasser,
(72) zu schaffen Barmherzigkeit mit unseren Vätern
und zu gedenken seines heiligen Bundes,
(73) den Eid, den er geschworen hat, Abraham unserem Vater,
uns zu geben, (74) daß wir ohne Furcht, gerettet aus
der Hand der Feinde,
ihm zu dienen (75) in Heiligkeit und Gerechtigkeit
vor ihm alle unsere Tage.
(76) Und du aber, Kind, wirst ein Prophet des Höchsten genannt werden,
denn du wirst vor dem Herrn einhergehen, seine Wege zu bereiten,
(77) zu geben Erkenntnis des Heils seinem Volk,
in Vergebung ihrer Sünden,
(78) durch das herzliche Erbarmen unseres Gottes,
durch das uns besuchen wird der Aufgang aus der Höhe,
(79) zu erscheinen den in Finsternis und Todesschatten Sitzenden,
auszurichten unsere Füße auf den Weg des Friedens.«
(80) Das Kind aber wuchs und erstarkte im Geist und war in der Wüste bis zum Tage seines Hervortretens vor Israel.

Das Benediktus enthält den Lobpreis Gottes, zu dem der Mund des Zacharias sich wieder öffnet (V. 64: *εὐλογῶν*, V. 68: *εὐλογητός*), und gibt Antwort auf die Frage nach dem Kind und seiner Zukunft (V. 66a). In dieser doppelten Weise ist der in sich selbständige Hymnus mit dem Vorhergehenden verknüpft.

Umstritten ist seine Einheitlichkeit. Sie wird vor allem mit den Mitteln strukturaler Exegese verfochten.[1] In diesem Falle wäre an Lukas oder den Redaktor der Kindheitsgeschichte als Autor zu denken, wogegen freilich der Abstand der Aussagen des Benediktus zum christlichen Heilsverständnis (vgl. V. 69.71.74) schwer ins Gewicht fällt. Problematischer noch ist die Annahme, das Benediktus sei eine von Lukas stammende (schlechte) Nachahmung des Magnifikats.[2] Mit minimaler christlicher Überarbeitung rechnet R. Bultmann, der vor allem V. 76 als späteren Einschub ansieht und V. 77–79 als Weissagung innerhalb des Hymnus auffaßt.[3]

Kaum übersehbar ist der Einschnitt nach V. 75: der Übergang von der 3. zur 2. Person,

---

* Lit: *Ph. Vielhauer*, Das Benedictus des Zacharias, ZThK 49, 1952, 255–272 = Aufsätze zum Neuen Testament, ThB 31, München 1965, 28–46 – *P. Winter*, Magnificat and Benedictus (siehe zu 1,46–55) – *P. Benoit*, L'enfance (siehe zu 1,5–25) – *J. Gnilka*, Der Hymnus des Zacharias, BZ 6, 1962, 215–238 – *A. Vanhoye*, Structure du »Benedictus«, NTS 12, 1965/66, 382–389 – *P. Auffret*, Note sur la structure littéraire de Lc I,68–79, NTS 24, 1977/78, 248–258.

[1] Vor allem *J. Vanhoye* und *P. Auffret*, a. a. O.

[2] *G. Erdmann*, a. a. O., 32f.

[3] Synoptische Tradition, 323.

vom Gotteslob zur prophetischen Anrede des Kindes, von messianisch-national getönten zu spirituellen Heilsaussagen. Zudem hat V. 75b den Charakter eines Ausklangs. So unterscheidet man am besten zwischen zwei Stücken verschiedener Art und wohl auch unterschiedlicher Herkunft: einem (eschatologischen) Hymnus – bestehend aus einer Eulogie (V. 68) und einem die Begründung entfaltenden berichtenden Gotteslob (V. 69b–75) – und einem Glückwunschgedicht zur Geburt, einem Genethliakon (V.76–79).[4]

Den Ursprung des ersten Stücks (V. 69–75) wird man in jüdisch-messianischen Kreisen zu suchen haben. Die das Gotteslob begründenden Aussagen wurzeln im Alten Testament und sprechen vom Bund, von der Errettung, wie sie im Auszug aus Ägypten ihren Prototyp hat und der messianischen Weissagung eines künftigen Herrschers aus Davids Geschlecht. So klingen in dem ganzen Stück alttestamentliche Reminiszenzen (LXX) an: V. 68: Ps. 40,14; 71,18; 88,53; 105,48; 110,9. V. 69: Ps. 131,17; 1. Sam. 2,10; Hes. 29,21. V. 71: Ps. 105,10. V. 72: Micha 7,20; Ps. 105,45; Ex. 2,24. V. 73f.: Jer. 11,5; Ps. 104,9f.; Micha 4,10. Der Inhalt der Heilserwartung ist eher innerweltlich, jedoch ist sie so allgemein formuliert, daß von einer Einfärbung durch eine konkrete jüdische Gruppe nicht gesprochen werden kann.[5]

Für das Genethliakon (V. 76–79) käme christliche oder täuferische Herkunft in Frage. Im ersteren Falle würde es sich um ein urchristliches Christuslied handeln, dessen Höhepunkt in V. 78 liegt.[6] Dies ist jedoch schwer vorstellbar, weil es dem Zacharias in den Mund gelegt wird. Dadurch wären dann ursprünglich christologisch gemeinte Aussagen als Verherrlichung des Täufers (miß-)deutbar. So ist der umgekehrte Weg wahrscheinlicher: die Adaption eines täuferischen Preisliedes, das in der Anrede V. 76 der Situation angepaßt sein durfte. Ursprünglich ist in diesem Liede Johannes gemeint, dessen Auftreten als Anbruch des Heils verstanden wird. Er erscheint als Heilsprophet, ja als Anfänger des Heils, nicht (wie in älterer christlicher Tradition vorzugsweise) als Gerichtsprophet.[7] Durch die christliche Rezeption wird der Kyrios, dem Johannes vorausgeht, auf Jesus gedeutet.

Das Benediktus wäre demnach eine von christlicher (wohl judenchristlicher) Hand vorgenommene Kombination eines jüdischen Hymnus und eines täuferischen Preisliedes.[8] Wenn bei der Gestaltung der Kindheitsgeschichte zwei vorchristliche hymnische Stücke, ein jüdisch-messianisches und ein täuferisches, zum Benediktus verbunden und Zacharias in den Mund gelegt worden sind, während Maria mit ihrem Magnifikat einen urchristlichen Psalm betet, so wäre damit – wohl unbeabsichtigt – Kontrast und Einheit zwischen Jesus und seinem Vorläufer Johannes ausgedrückt.

Den unmittelbaren Anteil des Lukas wird man eher zurückhaltend zu beurteilen

---

[4] *Ph. Vielhauer*, a. a. O., 34; *J. Gnilka*, a. a. O., 237.

[5] Seit *P. Winter*, a. a. O., hat man makkabäische und auch qumranische Kreise vermutet. Gelegentlich ist auch an die Christianisierung einer jüdischen Vorlage gedacht worden; vgl. *H. Schürmann*, Komm., 89.

[6] G. Schneider, Komm., 93.

[7] *W. Grundmann*, wollte in früheren Aufl. dieses Komm. in diesem Lied ein Zeugnis für die im Johanneskreis sich abzeichnende Aufwertung des Täufers sehen, wodurch dieser über Jesus erhoben wurde.

[8] *J. Gnilka*, a. a. O., 237, spricht mit Recht von einer »ad hoc geschaffenen Einheit«.

haben. Am ehesten könnte er in den Rahmenversen und in der Formulierung V. 70 *διὰ στόματος τῶν ἁγίων ἀπ' αἰῶνος προφητῶν αὐτοῦ* gesehen werden. In der christlichen Liturgie ist das Benediktus zum Bestandteil des Morgenlobs, der Laudes, geworden.[9]

67 Das in V. 64 berichtete Gotteslob des Zacharias und die Beantwortung der Frage nach der Zukunft des Kindes gewinnen Gestalt in einem Hymnus, der als eine vom Geiste Gottes inspirierte Prophetie bezeichnet wird. Nach der Mutter (V. 41f.) tritt nun der Vater des Johannes als Prophet auf. **68** Stilgerecht beginnt der Psalm mit einer Eulogie, einem Lobpreis des Gottes Israels. Er gilt der Heimsuchung durch Gott, die erlösende Wirkung hat (vgl. Luk. 7,16). *ἐπισκέπτειν* heißt »seine Augen richten auf« und gewinnt die Bedeutung »besuchen«. Gottesbesuch bei den Menschen ist ein uraltes mythisches Motiv, das sich in vielen Religionen findet. Auch die Vätererzählung der Genesis kennt den Besuch Jahwes (Gen. 18,1–33). Es ist auffallend, daß gerade Lukas das Motiv des als Gast einkehrenden Jesus bevorzugt (vgl. 5,27 u. ö., s. d.; auch 24,13–33). **69** Die mit diesem Vers einsetzende Entfaltung führt aus, wie die *λύτρωσις* zu verstehen ist. Sie geschieht dadurch, daß Gott ein »Horn der Errettung« (vgl. 1. Sam. 2,10) erweckt.[10] Horn meint Kraft (vgl. Ps. 17,3 LXX: *κέρας σωτηρίας*). Die messianische Deutung des Ausdrucks wird in dem täglich von den Israeliten verrichteten Achtzehngebet erkennbar: »Den Sproß Davids, deines Knechtes, laß bald aufsprossen, und sein Horn erheben durch deine Hilfe. Gepriesen seist du, Jahwe, der du aufsprossen läßt ein Horn des Heils« (15. Benediktion der bab. Rezension). Auch hier richtet sich die Hoffnung auf den messianischen König aus dem Hause Davids, der *παῖς* Gottes genannt wird (vgl. Apg. 4,25). **70** In solchem Geschehen wird Gottes verheißendes Wort eingelöst, wie es von ihm durch den Mund der heiligen (= ihm gehörigen) Propheten von alters her (*ἀπ' αἰῶνος*) ergangen ist. Die Formulierung des Hymnus nähert sich heilsgeschichtlichem Denken, wie es Lukas übernimmt und weiterbildet.[11] **71** Das Thema des ersten Teils wird noch einmal aufgenommen. Da ein neues Verb fehlt, ist der Satz als Entfaltung zu V. 68f. zu denken. Interpretiert wird der Begriff *λύτρωσις*. Die Rettung, die Gott schafft, ist politisch verstanden als Rettung aus der Macht der Feinde und »aller uns Hassenden«. Man wird in dieser Wendung eine Reaktion auf die Bedrückungszeit seit den makkabäischen Kriegen zu sehen haben. **72** Die Rettung ist eine Tat des Erbarmens Gottes, der der Väter (sie nehmen als Bewohner des Paradieses am Geschick des Volkes teil) und des mit ihnen geschlossenen Bundes gedenkt. **73** Der Bund beruht auf den Gott selbst bindenden Eid, den er Abraham geschworen hat (Gen. 22,16–18; 26,3; vgl. Ps. 105,8f.). **74** In der Mitte der Rettungserwartung steht die Folge der politischen Befreiungstat. Sicher vor den Feinden kann Israel furchtlos leben und die Satzungen Jahwes befolgen. Das Leben erscheint als heiliger Priesterdienst (*λατρεύειν*) des ganzen Volkes. **75** Durch die politische Freiheit wird Gerechtigkeit als das rechte Verhalten untereinander und Heiligkeit als das rechte Verhältnis zu Gott ermöglicht. Die einen Abschluß markierende Wendung läßt an eine

---

[9] Regula St. Benedicti, c 12; 13,1.

[10] Str.-B. II, 110f. – *P. Winter* vergleicht Ps. Philo, Liber antiquit. bibl. II,3: et exaltabitur cornu eius valde (NovTest 1, 1957, 193).

[11] *J. Gnilka*, a. a. O., 220, sieht eine Entsprechung zu Apg. 3,21 und betrachtet den Vers als lukanischen Einschub; ähnlich *Joach. Jeremias*, Komm., 73f.

lange irdisch-messianische Heilszeit, nicht aber an einen neuen Weltenäon denken. Die christliche Rezeption dieses zunächst national-messianischen Psalms hat sich von der Vorstellung leiten lassen, daß die »politische Not als Realbild für alle Not«, auch die »Heilsnot«, gelten kann.[12] **76** Der messianisch-eschatologische Hymnus geht über zur Weissagung über das neugeborene Kind, die seine Stellung im Heilshandeln Gottes festlegt. Es ist zum Propheten des Höchsten und zum Vorläufer des Herrn (*κύριος* zunächst auf Gott, sekundär christlich auf Jesus gedeutet) bestimmt. Ob der Redaktor des Psalms die Abfolge messianischer König – messianischer Prophet im Auge hatte,[13] bleibt zweifelhaft. **77** Die Wegbereitung für den Herrn ist ein religiöser Vorgang. Während der erste Teil des Psalms mehr die äußere Befreiung betonte, geht es im zweiten um die innere. Der Infinitiv *δοῦναι* expliziert den Infinitiv *ἑτοιμάσαι*. Die Bereitung besteht in der Gabe der Erkenntnis wahrer Errettung. Diese wird in der Vergebung der Sünden verliehen. So tritt neben die Errettung aus der Hand der Feinde und Hasser die andere aus der Verfallenheit an die Macht der Sünde, die den Menschen von Gott trennt. **78** Diese wird aufgehoben um der Herzlichkeit (*σπλάγχνα* = Eingeweide, Inneres) des Erbarmens Gottes willen. Aus ihr heraus kommt es zum Besuch dessen, der *ἀνατολὴ ἐξ ὕψους* heißt. *ἀνατολή* kann Sproß bedeuten (Jer. 23,5; Sach. 3,8; 6,12 LXX) und damit eine dem Judentum vertraute Messiasbezeichnung wiedergeben.[14] Bei dieser Bedeutung würde *ἐξ ὕψους* Umschreibung des Gottesnamens sein und seine Herkunft aus Gott aussagen. Im Blick auf die Fortsetzung in V. 79 (vgl. Jes. 9,1) hat man bei *ἀνατολὴ ἐξ ὕψους* auch an den Aufgang eines aufleuchtenden Gestirnes aus Himmelshöhen, der Messias als sol salutis, gedacht. Die Verbindung ergab sich durch die Bileamweissagung Num. 24,17, die besonders in Test. XII ein starkes Echo gefunden hat. Test. Jud. 24,1; vgl. auch Test. Naphth. 8,1; Test. Sim. 7,1; Test. Dan 5,10.[15] War in dem zugrunde liegenden Preislied an Johannes gedacht worden, so deutet die uns vorliegende Gestalt der Kindheitsgeschichte auf den, in dem die Lichtherrlichkeit Gottes in die Welt eintritt (Luk. 2,32). **79** Die beiden folgenden Infinitive *ἐπιφᾶναι* und *κατευθῦναι* explizieren den Besuch aus der Höhe. Er bringt Licht in die Welt der Menschen, deren Dasein im Finstern liegt und vom Tode beschattet wird. Die Aussage ist aus Jes. 9,1f.; 42,7 und Ps. 106,10 LXX kombiniert. Der letzte Infinitiv führt aus und faßt zusammen. Was Gott tut durch die Entsendung der Heilsgestalt (zunächst Johannes, im christlichen Sinne Jesus), soll unsere Füße richten auf den Weg, der im Frieden, d. h. dem vollen Heil (schalom), sein Ziel hat. Diese Zielangabe greift von der innergeschichtlichen Realisierung über in einen neuen Äon ohne Sünde und Tod. **80** Von Johannes wird in einer Schlußbemerkung gesprochen, die zunächst körperliches Wachstum und geistiges Erstarken (*πνεῦμα* hier wohl innerer Mensch, nicht Heiliger Geist) feststellt. Sie spricht aber auch von seinem Aufenthalt in der Einöde bis

---

[12] *H. Schürmann*, Komm., 87.

[13] So *W. Grundmann* in früheren Aufl. dieses Komm., der die in der qumranischen Messianologie belegte Unterscheidung zwischen zwei messianischen Gestalten, »dem messianischen König, dem die nationalpolitische Befreiung zufällt, die das priesterliche Leben des ganzen Volkes vor Gott ermöglicht, und . . . dem messianischen Propheten und Hohenpriester, der dieses neue Leben vor Gott wirkt«, hier wiederfinden wollte.

[14] Str.-B. II, 113.

[15] Dazu *J. Gnilka*, a. a. O., 227–229.

zum Zeitpunkt seiner Bestallung zu öffentlicher Wirksamkeit von Israel.[16] Die Notiz, weitgehend von Lukas gestaltet,[17] ist so etwas wie eine biographische Brücke zu 3,1–20, da in den weiteren Erzählungen der Kindheitsgeschichte der Täufer nicht mehr vorkommt.

7. Die Geburtsgeschichte Jesu 2,1–20*

Vom Aufbau der Kindheitsgeschichte im ganzen her gesehen, ist auch die Weihnachtsgeschichte eingefügt in eine Ordnung, die von Parallelität und Überbietung bestimmt ist. Wie der Ankündigung der Geburt des Johannes an Zacharias die der Geburt Jesu an Maria folgt, so schließt an die Erzählung von Geburt (und Namengebung) des Johannes die von der Geburt Jesu an. Ihre relative Selbständigkeit tritt darin in Erscheinung, daß auf das in 1,26–38 berichtete Geschehen nicht Bezug genommen wird; die Verbindung dazu wird erst bei der Namengebung in 2,21 hergestellt. Wie stark der gestaltende Anteil des Lukas ist, kann nur schwer abgegrenzt werden. Von manchen wird er als Schöpfer der ganzen Weihnachtserzählung angesehen. Am stärksten zu greifen ist seine Eigenart in 2,1–5 (vgl. 3,1ff.). Lukas war an der weltgeschichtlichen Einbettung interessiert (vgl. Apg. 26,26), ihm war es auch darum zu tun, die Brücke von Nazareth nach Bethlehem zu schlagen, das heißt: deutlicher als vielleicht seine Vorlage zu begründen, warum und wie der »Nazarener« Jesus in Bethlehem geboren wurde. Die Herkunft der eigentlichen Weihnachtserzählung wird unterschiedlich bestimmt. Sie wurde auf die hellenistische Christenheit[1], aber auch auf die judenchristliche Urgemeinde[2] zurückgeführt. Sieht man den primären Bestand der Erzählung von Anfang an als in einen Erzählungskranz integriert an, so berührt das Urteil über dessen Herkunft auch die traditionsgeschichtliche Einordnung der Geburtserzählung in erheblichem Maße.

Neue Wege in der Bestimmung der Struktur ist *C. Westermann* gegangen. Den Hauptteil (V. 8–20) versteht er als Botengeschichte, in deren Mitte nicht die Geburt des

---

[16] Diese Bemerkung hat manche Ausleger daran denken lassen, daß Johannes in Qumran erzogen sei (so auch *W. Grundmann* in früheren Aufl. dieses Komm.). Tatsächlich bereitet sie wohl nur das Auftreten des Priestersohns aus dem judäischen Gebirge in der Wüste (Luk. 3,2) vor.

[17] Vgl. *Joach. Jeremias*, Komm., 76f.

* Lit.: *E. Barnikol*, Lukas als Dichter des Weihnachtsevangeliums, TheolJahrb Halle 9, 1941/42, 62–69 – *K. H. Rengstorf*, Die Weihnachtserzählung des Evangelisten Lukas, in: Stat crux dum volvitur orbis, Festschr. f. H. Lilje, Berlin-West 1959, 15–29 – *H. Schürmann*, »Sie gebar ihren ersten Sohn«, Lk 2,1–20 als Geschehnisdeutung im Lichte von Verheißung und Offenbarung, Liturgie und Mönchtum 39, 1966, 29–35 = Ursprung und Gestalt, Düsseldorf 1970, 217–221 – *C. Westermann*, Alttestamentliche Elemente in Luk. 2,1–20, in: Tradition und Glaube, Festschr. f. K. G. Kuhn, Göttingen 1971, 317–327 = Forschung am Alten Testament 2, München, 269–279 – *W. Schmithals*, Die Weihnachtsgeschichte Luk. 2,1–20, in: Festschr. f. E. Fuchs, Tübingen 1973, 281–297 – *A. Vögtle*, Was Weihnachten bedeutet. Meditation zu Lukas 2,1–20, Freiburg/Basel/Wien 1977.

[1] *R. Bultmann*, Synoptische Tradition, 323–325, unter Verweis auf die Terminologie der Engelsbotschaft; *M. Dibelius*, Jungfrauensohn, 73.

[2] *W. Grundmann* in früheren Aufl. dieses Komm.

Kindes steht, »sondern die Botschaft, daß Gott sein Volk retten will und daß das Eintreffen der Rettung mit der Geburt des Kindes gewiß geworden ist«.[3] Erzählt wird von einer Botschaft an die Hirten (V. 9–12), die zusammen mit einer Heilsankündigung das Angebot eines Zeichens enthält (vgl. Jes. 7,14–16); ihr folgt die Bestätigung des Zeichens, das dieser Botschaft beigegeben war (V. 15–16), und schließlich die Ausbreitung der Botschaft und deren Echo (V. 17–20). Der Rückgriff auf alttestamentliche Vorbilder des Erzählungsstückes[4] ist schon deshalb von Wert, weil er bisher zumeist übersehene strukturelle Beziehungen aufgedeckt hat. Unbefriedigend bleibt, daß V. 1–7 (auch V. 6–7) zur bloßen Exposition wird und V. 13–14 als eine aus dem Zusammenhang herauslösbare »Theophanie«[5] erscheint.

Man wird für die uns vorliegende Gestalt weiterhin von der Dreiteiligkeit der Erzählung auszugehen haben: die Geburt und ihre unmittelbare Vorgeschichte; ihre Proklamierung vor den Hirten; ihre Bekanntmachung durch die Hirten.[6] Sie ist ein kunstvolles Gebilde, das Motive zeitgenössischer Heilserwartung innnerhalb und außerhalb des Judentums in sich aufgenommen hat.[7] Der lukanischen Intention wird die Beschreibung als »homologetischer« (auf preisendem Bekenntnis beruhender) Geschichtsschreibung (so *H. Schürmann*) besser gerecht als die Einordnung als »Dichtung des Glaubens« (so *E. Barnikol* u. a.).

a) Die Geburt des Kindes 2,1–7*

(1) Es geschah aber in jenen Tagen, daß eine Verfügung ausging vom Kaiser Augustus, den ganzen Erdkreis zu registrieren. (2) Diese Registrierung geschah als erste unter der Statthalterschaft des Kyrenios in Syrien. (3) Und alle reisten, um sich registrieren zu lassen, jeder in seine Stadt. (4) Es zog aber hinauf auch Joseph von Galiläa aus der Stadt Nazareth nach Judäa in die Stadt Davids, die Bethlehem heißt, weil er aus Haus und Stamm Davids war, (5) sich registrieren zu lassen mit Maria, seiner ihm anvertrauten (Frau), die schwanger war. (6) Es geschah aber, als sie dort waren, erfüllten sich die Tage, daß sie gebären sollte, (7) und sie gebar ihren Sohn, den Erstgeborenen, und wickelte ihn und legte ihn in eine Futterkrippe, denn sie hatten keinen Platz in der Unterkunft.

---

[3] A. a. O., 322.

[4] Genannt werden die Ankündigungen der Geburt eines Kindes durch einen Gottesboten Gen. 16; 18; Richt. 13; vgl. a. a. O., 319.

[5] A. a. O., 323.

[6] Nach *K. H. Rengstorf*, a. a. O., 15, hat der dritte Teil deutlich die »Aufgabe, den ersten und den zweiten Teil zu verbinden«. Zu beachten ist ferner die durch das Motiv des Krippenkindes gegebene enge Verknüpfung: V. 7; V. 9; V. 16.

[7] Wieweit der Rahmen hier gespannt ist, kann man an den Ergebnissen der älteren religionsgeschichtlichen Forschung ablesen, wie sie von E. Klostermann, Komm. 35–37, sowie von *M. Dibelius*, a. a. O., 60–73, aufgearbeitet worden sind.

* Lit.: *F. X. Steinmetzer*, Census, in: RAC 2, 1954, 969–972 – *H. Braunert*, Der römische Provinzialzensus und der Schätzungsbericht des Lukas-Evangeliums, Historia 6, 1957, 192–214 – *H. U. Instinsky*, Das Jahr der Geburt Christi, München 1957 – *E. Stauffer*, Jesus, Bern 1957, 26–34 – *ders.*, Die Dauer des Census Augusti, in: Studien zum Neuen Testament und zur Patristik, Festschr. f. E. Klostermann, TU 77, Berlin 1961, 9–34 – *W. Trilling*, Fragen zur Geschichtlichkeit Jesu, Leipzig 1966, 72–74 – *H. R. Moehring*, The Census in Luke as an Apologetic Device, in: Studies in the New Testament and Early Christian Literature, Festschr. f. A. P. Wikgren, Leiden 1972, 144–166 – Maria im Neuen Testament, 117–120.

Wichtigste Textfrage ist die Kennzeichnung der Maria in V. 5. Die Lesart *τῃ μνηστευμένῃ αὐτῷ γυναικί* des *Θ* (leicht modifiziert auch von A), der Koine-Gruppe, die der Mehrzahl der lateinischen Übersetzungen zugrunde liegt (besonders eingeprägt durch Luthers: »seinem vertrautem Weibe«) ist offensichtlich eine Kombination der beiden älteren Textformen. Hier stehen sich gegenüber das *γυναικὶ αὐτοῦ* von b, c, syr^{sin} und das *ἐμνηστευμένῃ αὐτῷ* der wichtigsten alten Zeugen ℵ, B, C, D jeweils in ihrer unverbesserten Urgestalt. Letztere Lesart, die das Wort *γυνή* meidet, würde zu 1,34 passen und damit dem Gesamtzusammenhang besser entsprechen. Andererseits erscheint das *γυναικὶ αὐτοῦ* urtümlicher und unreflektierter. Doch ist es schwer vorstellbar, daß eine textkritische Variante des Lukastextes eine vorlukanische Traditionsstufe wiedergeben soll. Eher ist an eine Besonderheit der syrischen Textüberlieferung zu denken, wie sie sich auch bei Matth. 1,16 findet.

1 Mit *ἐν ταῖς ἡμέραις* wird über 1,80 auf die Geburt des Johannes zurückgegriffen; sechs Monate nach ihr vollzieht sich ein neues Ereignis. Es wird in seinem Verlauf bestimmt durch eine Verfügung (*δόγμα*), die der Cäsar Augustus erlassen hatte. Wenn Lukas nicht den Namen Octavian, sondern den Beinamen Augustus wählt, dann klingt die besondere Achtung an, die in diesem Namen enthalten ist, ungeachtet aller Distanz von der politischen Religion des Augustuskults.[1] Vergil hatte ihn so genannt, als er in der dem Vater Anchises in den Mund gelegten Zukunftsschau in der Aeneis VI, 791, verehrungsvoll schrieb: »Dies hier, dies ist der Mann, den du dir öfter hörtest verheißen, Caesar Augustus, des Göttlichen Sohn, der die goldene Zeit wieder nach Latium bringt, zu der Flur, die früher Saturnus' Szepter beherrschte, der das Reich ausdehnte bis über der Inder und Garanantos Gebiet.«[2] Wie sehr auch seine, des Augustus Geburt religiös überhöht wird, zeigt ein bedeutsames zeitgenössisches inschriftliches Zeugnis. Die (1899 aufgefundene) Inschrift von Priene, bald nach 9 v. Chr., hält einen Beschluß der griechischen Städte der Provinz Asia fest, durch den der Geburtstag des Kaisers zum Beginn einer neuen Zeitrechnung erklärt wird, »den wir mit Recht dem Anfang aller Dinge gleichsetzen dürfen, – da er der ganzen Welt ein anderes Aussehen gegeben hat, die am liebsten dem Verderben anheimgefallen wäre, wenn nicht das gemeinsame Glück aller Geborenen wäre ... Da nun bei seinem irdischen Erscheinen der Kaiser die Hoffnung der Früheren überbot, der nicht nur die vor ihm aufgetretenen Wohltäter übertraf, sondern nicht einmal für die Künftigen Hoffnung des Übertreffens ließ, da also für die Welt den Anfang der ihm geltenden Freudenbotschaften (*τῶν δι' αὐτὸν εὐαγγελίων*) der Geburtstag des Kaisers bildet ... ist das bisher Unbekannte zu Ehre des Augustus ersonnen, daß von dessen Geburt die Zeit des Lebens beginne.«[3] Der Ehrenname eines Sebastos/Augustus, d. h. eines höchster Ehre Würdigen, hatte Octavian bereits 27 v. Chr. vom Senat erhalten. – Das von Lukas genannte Edikt bezieht sich auf die Registrierung der gesamten Ökumene zu Steuerzwecken. Die im römischen Imperium zusammengefaßten Länder und Menschen bilden die Ökumene, den bewohnten Erdkreis; das ist Ausdruck römischen Rechtsbewußtseins. Zwar ist ein derartiges Dekret, das einen Reichszensus ansetzt, nicht bekannt. Man kann diese Angabe jedoch als verkürzte Beschreibung der Zensusvorgänge verstehen, die weite Teile des Imperiums erfaßten. Sie gehören in den Zusammenhang der Reichsreform, die Augustus bald nach dem Antritt des Prinzipats begonnen hat. Sie

---

[1] Die wichtigsten Zeugnisse, in: *J. Leipoldt/W. Grundmann*, Umwelt des Urchristentums II, 105–113.

[2] Nach der Übersetzung von *W. Hertberg*, in: Vergil, Werke in einem Band, Berlin 1965, 231.

[3] Vollständige Übersetzung in: *J. Leipoldt/W. Grundmann*, a. a. O., 106f.

erstreckte sich über Jahrzehnte und führte in manchen Provinzen (Gallien, Syrien) zu blutigem Widerstand der Bevölkerung. Aus der Terminologie der zeitgenössischen Zeugen glaubte man entnehmen zu können, daß der Census sich aus zwei Akten zusammensetzte, aus der *ἀπογραφή*, der Aufstellung eines Personenstandsregisters, der Vermessung und Abschätzung des Grundbesitzes sowie dessen Registrierung und der *ἀποτίμησις*, der amtlichen Steuerveranlagung.[4] Doch ist keineswegs sicher, daß damit wirklich zwei verschiedene Akte bezeichnet werden und nicht mit beiden Vokabeln der gleiche Vorgang beschrieben wird.[5] **2** Dieser Census wird als der erste bezeichnet; vor ihm liegt eine Zeit, in der derartiges nicht geschehen war. Die Schwierigkeiten, die er vielerorts hervorrief, in Gallien ebenso wie im syrischen Bereich, lassen das Ungewöhnliche dieses Vorgangs im Bewußtsein der Bewohner dieser Gebiete erkennen. Er wird befristet auf die Zeit der amtlichen Wirksamkeit des (P. Sulpicius) Quirinius (gräzisierte Namensform: *Κυρήνιος*) in Syrien. Dieser scheint seit etwa 12 v. Chr. im Orient tätig gewesen zu sein, vielleicht in der Stellung eines leitenden Mannes in Zusammenarbeit mit den provinzialen römischen Beamten, wobei auch der Census in seiner Verantwortung gelegen haben könnte.[6] Lukas umschreibt die Stellung des Quirinius in Syrien so, daß man meinen könnte, er habe das Statthalteramt innegehabt (*ἡγεμονεύειν* wie in 3,1 von Pontius Pilatus). Das ist nicht korrekt. Tertullian glaubte zu wissen, daß der von Lukas erwähnte Census unter Sentius Saturnius (Statthalter 9–6 v. Chr.) stattfand.[7] Hätte er recht, dann müßte man korrigieren: unter der Oberaufsicht des Quirinius und der Statthalterschaft des Sentius Saturnius in der Provinz Syrien. Das bedeutet, daß er noch in die Zeit des Herodes fallen müßte (vgl. Luk. 1,5), was eine weitgehende finanz- und steuerpolitische Beschränkung des Herodes durch Rom, jedenfalls gegen Ende seiner Regierungszeit einschließen würde. In Konkurrenz dazu steht eine Angabe des Josephus, Quirinius, ein früherer Konsul, sei nach der Absetzung des Herodessohnes Archelaos 6 n. Chr. und der Errichtung der Prokuratur nach Syrien und Palästina gekommen *ἀποτιμησόμενος τὰ ἐν Συρίᾳ* (Ant. XVII, 13,5; vgl. XVIII, 1,1). Sollte Lukas diese Geschehnisse im Auge gehabt haben? Dann müßte ihm der Widerspruch zu 1,5 entgangen sein. Geht man von der Unterscheidung zweier Akte des Census aus, ließen sich die genannten Angaben vielleicht in der Weise miteinander vereinbaren: der etwa 8–7 v. Chr. beginnende Census, dessen erster Akt die *ἀπογραφή* war, findet nach Absetzung des Archelaos (6 n. Chr.) in der *ἀποτίμησις* seine Beendigung, wobei auch über die Frage des königlichen Vermögens entschieden wird. Ein anderer Lösungsversuch rechnet mit einem vierzehnjährigen Turnus für den Provinzialcensus. Rückschließend von den besser bezeugten Vorgängen 6/7 n. Chr. käme man auf einen früheren Termin (vielleicht ersten) zur Zeit des Herodes 7/6 n. Chr.[8] Lukas, der ohnedies mit den Verhältnissen nicht genau vertraut gewesen sein dürfte, lag vor allem daran, die Erzählung von der Heilandsgeburt in die Geschichte seiner Heimatprovinz

---

[4] Vor allem vertreten von *E. Stauffer*, Die Dauer des Census, 15–31, unter Bezugnahme auf Jos., Ant. XVIII,1,1; 2,1; 2,4; übernommen von *W. Grundmann* in früheren Aufl. dieses Komm.; kritisch dazu *M. Hengel*, Die Zeloten, AGSU 1, Leiden 1961, 133.

[5] *H. R. Moehring*, a. a. O., 148–150.

[6] Als Beleg für die Tätigkeit des Quirinius in Syrien gilt der sog. Titulus Venutus, die Grabinschrift eines unter ihm tätigen Offiziers (CIL Suppl 6687).

[7] Adv. Marc. 4,19.

[8] *K. H. Rengstorf*, a. a. O., 18, im Anschluß an *H. U. Instinsky*, a. a. O., 39–41.

Syrien-Palästina (Cyrenius) und darüber hinaus des Römischen Reiches (Augustus) einzubeziehen. **3** Die Anordnung des Cäsar löst eine allgemeine Bewegung aus, der sich niemand entziehen kann. Sie wird beschrieben als Aufbruch der Bürger des Imperiums zu ihren Heimatorten. Gegen die Durchführbarkeit und damit gegen die historische Wahrscheinlichkeit solcher Vorschriften sind viele Bedenken laut geworden.[9] Sie können vielleicht gemildert werden durch die in ägyptischen Papyri enthaltenen Zeugnisse, die jedoch auf spätere Steuerschätzungen bezogen sind. Aus ihnen geht hervor, daß Leute, die auswärts wohnen, sich an ihren Heimatort begeben.[10] **4** Unter die, die in diesen Aufbruch hineingezogen werden, gehört auch Joseph; er kommt aus Nazareth in Galiläa, wo auch Maria wohnhaft war (1,26f.) und zieht zur Stadt Davids. Als solche wird Bethlehem entsprechend Micha 5,1 und 1. Sam. 16,1 bezeichnet. Joseph gehört zur Familie (*οἶκος*) und Sippe (*πατριά*) des David. Mit den Grundsätzen des Census, für den nicht Herkunft, sondern Besitz zählt, wäre das vereinbar, wenn wir voraussetzen können, daß Joseph in Bethlehem Grundbesitz hat. In diesem Falle wäre der Rechtssatz anwendbar: »Wer Grundbesitz in einer anderen Civitas hat, muß seine Deklaration in derjenigen Civitas abgeben, in dessen Feldmark der Grundbesitz liegt« (Ulpian, Digestes L, 15,4 § 2). Inwieweit Lukas solche Einzelheiten vertraut waren, bleibt unsicher. Wichtiger ist für ihn, daß auf diese Weise Weltgeschichte und Heilsgeschichte miteinander verflochten sind. Weltgeschichtliche Ereignisse müssen dem Gang der Heilsgeschichte dienen. Der Davidide ordnet sich dem Edikt des Kaisers unter; ganz außer Betracht bleibt der zelotische Weg, der sich dem kaiserlichem Gebot widersetzt.[11] **5** Er ist auf seiner Reise von Maria begleitet, die als die ihm Angetraute (in einigen Handschriften als seine Frau) bezeichnet wird. Von ihrer Schwangerschaft wird gesprochen; 1,26–38 wird nicht erwähnt. **6** In Bethlehem kommt die Stunde ihrer Niederkunft (vgl. 1,57 über Elisabeth). **7** Sie gebiert ihren ersten Sohn, seine Bezeichnung als *πρωτότοκος* unterscheidet ihn von späteren Kindern der Maria, unter denen er als der Erstgeborene der Älteste ist (vgl. Mark. 6,3; Luk. 8,19; Apg. 1,14). In einer Futterkrippe (*φάτνη*)[12] wird er zur Ruhe gelegt. Dies wird damit begründet, daß für das Kind kein Raum in der Herberge ist. *κατάλυμα* kann eine Karawanenherberge meinen wie *πανδοχεῖον* in Luk. 10,34, wo viele Menschen in einem Raum untergebracht sind; möglich ist aber auch die Wiedergabe mit Gemach, Gästeraum (wie in Luk. 22,11). Das Kind liegt also »außerhalb des menschlichen Wohnraums an einem ungewöhnlichen Ort, dort wo sonst die Tiere sind. Welche detaillierte Vorstellung zugrunde liegt, ob die Krippe sich in einem separaten Stall, einer Hürde im Freien oder der traditionellen Höhle befand, läßt sich dem Lukas-Text nicht entnehmen.«[13] Der Futterplatz als Aufbewahrungsort des Wickelkindes bereitet das Auftreten der Hirten im zweiten Teil der Erzählung vor, denen dies zum Zeichen wird (enge Verklammerung von V. 7

---

[9] Zuerst mit Nachdruck von *D. Fr. Strauß*, Das Leben Jesu II, 22. Aufl., Leipzig 1924, 19–23; ferner – Konsens der modernen Kritik begründend – *E. Schürer*, Geschichte des jüdischen Volkes im Zeitalter Jesu Christi I, 3/4. Aufl., Leipzig 1901, 519–543.

[10] *Ad. Deißmann*, Licht vom Osten, Tübingen ⁴1922, 231f.

[11] *A. Schlatter*, Komm., 185.

[12] Zu denken ist wohl nicht an ein Holzgestell, sondern an einen gemauerten Futtertrog, der im holzarmen Palästina aus Lehm (mit Häcksel vermischt) oder Stein besteht; vgl. *G. Dalman*, Orte und Wege Jesu, Gütersloh 1924, 41–46.

[13] *M. Hengel*, ThWb IX, 56.

und V. 12). Für Lukas ist gewiß auch der Kontrast wichtig, den er durch die zeitgeschichtliche Einleitung (V. 1–3) verstärkt hat. Die Erfüllung von Gottes Gebot beginnt unter dem Gegenteil verborgen. Als armes Kind, von Eltern, die sich unter kaiserlichem Befehl auf unfreiwilliger Wanderung befinden, wird der Herr der Welt geboren. Das Kind wird gewickelt; vielleicht soll damit ausgedrückt werden, daß es ein wirkliches und nicht ein Wunderkind ist. Doketische Tendenzen und legendäre Phantasiebildungen, wie sie sich in apokryphen Kindheitsevangelien finden, liegen weit entfernt.

b) Die Verkündigung an die Hirten 2,8–14*

(8) Und Hirten waren in derselben Gegend, weilten auf freiem Felde und hielten Nachtwache bei ihrer Herde. (9) Und ein Engel des Herrn trat an sie heran, und Herrlichkeit des Herrn umstrahlte sie, und sie fürchteten sich sehr. (10) Und der Engel sprach zu ihnen: »Fürchtet euch nicht, siehe, ich verkündige euch nämlich große Freude, die dem ganzen Volke gelten wird, (11) denn geboren wurde euch heute ein Retter, der ist Christus, Herr, in Davids Stadt. (12) Und dies sei euch zum Zeichen: Ihr werdet finden ein Kindlein gewickelt und liegend in einer Futterkrippe.« (13) Und plötzlich war bei dem Engel eine Menge des himmlischen Heeres, die lobten Gott und sprachen:

(14) »Ehre in den Höhen Gott
und auf Erden Frieden bei den Menschen des Wohlgefallens.«

V. 14: Die zweigliedrige (Distichon-)Form beruht auf den besten Zeugen א*, A, B*, D, W, Iren., lat, sa und ist als ursprünglich anzusehen. Die dreigliedrige (Tristichon-)Form wird vorwiegend durch die Koinegruppe, Θ und die griechischen Väter gestützt. Sie hat durch Luthers Übersetzung und den liturgischen Gebrauch besonderes Gewicht erhalten, muß im Hinblick auf die Textbezeugung jedoch als sekundäre Gestalt gelten (vgl. dazu G. Schrenk, ThWb II, 745f.). Ob vor *ἀνθρώποις* ein *ἐν* zu lesen ist (א*, B*, A, D, sa, z. T. vg), bleibt unsicher und trägt für das Verständnis nicht viel aus. Ein Problem für sich bildet die auf der distichischen Gestalt beruhende Wiedergabe bei vg: (in) hominibus bonae voluntatis, das den Gen. *εὐδοκίας* offenbar subjektiv auffaßt, während das sachlich angenommene Verständnis (s. u. Exegese) in die Richtung des Gen. obj. geht: »den Menschen des (göttlichen) Wohlgefallens«.

8 Der zweite Teil der Erzählung setzt mit einer neuen Szene ein. Die Proklamation der Geburt des Retterkindes wird an die Hirten gerichtet. Zu dem im Höhlenstall auf unfreiwilliger Wanderschaft geborenen Kinde gehören die Hirten, die »in demselben Land«, also in unmittelbarer Nähe von Bethlehem auf den Weidetriften nächtigen. Den hellenistischen Leser mochte ihr Auftreten an die Bevorzugung der Hirten und einfacher Landbewohner bei der Selbstoffenbarung göttlicher Wesen erinnern.[1] Wichtiger ist die Bedeu-

---

* Lit.: *Joach. Jeremias*, anthropoi eudokias (Lc 2,14), ZNW 28, 1929, 13–20 – *G. v. Rad*, Noch einmal Lc 2,14 anthropoi eudokias, ZNW 29, 1930, 111–114 – *C.-H. Hunzinger*, Neues Licht auf Lc 2,14, ZNW 44, 1952/53, 85–90 – *ders.*, Ein weiterer Beleg zu Lc 2,14, ZNW 49, 1958, 129–130 – *R. Deichgräber*, Lk. 2,14 anthropoi eudokias, ZNW 51, 1960, 132 – *ders.*, Gotteshymnus und Christushymnus in der frühen Christenheit, Göttingen 1967, 25–40 – *G. Schwarz*, Der Lobgesang der Engel, BZ 15, 1971, 260–264 – *E. Hansack*, Lk. 2,14: »Friede den Menschen auf Erden, die guten Willens sind«?, BZ 21, 1977, 118–121.

[1] Der von Servius zu Vergil, IV. Ekloge,10,26 zitierte Satz »solent numina plerumque se rusticis offere« bringt den Gedanken in allgemeiner Form zum Ausdruck. Nach einer – freilich umstrittenen – Deutung ist Vergils Ekloge selbst ursprünglich als Hirtenlied gedacht.

tung der Hirten in den alttestamentlichen Geschichten. Die Patriarchen, Mose und David sind Hirten gewesen. Die Szene spielt in der Nähe der Davidsstadt Bethlehem, in dessen Umgebung David, der Ahnherr des Messias, als Hirte aufwuchs (1. Sam. 16,1.11; 17,15.28.34ff.).[2] Die aus schriftgelehrten Kreisen kommenden verächtlichen Äußerungen über den Hirtenberuf[3] sind häufig überbewertet worden. Sie dürfen nicht darüber hinwegtäuschen, daß die Hirten auch Männer des Vertrauens sind. Ihnen sind die Herden anvertraut, die von März bis November unter freiem Himmel bleiben.[4] Während der Nacht war das Vieh in Hürden, die von kräftigen Zäunen aus Dorngestrüpp umgeben waren, untergebracht, während die Hirten in Laubhütten wohnten und sich die Nachtwache teilten, die gegen Räuber und wilde Tiere nötig war. **9** Diesen Hirten erscheint der Engel Gottes. Seine Bezeichnung ist die gleiche wie 1,11; ein Name wird nicht genannt. Er tritt plötzlich aus der Nacht heraus, und um die Hirten leuchtet der Lichtglanz Gottes (*δόξα*) auf, der himmlische Erscheinungen begleitet (Apg. 9,3; 22,6; 26,13; Offb. 10,1) und seinen Ursprung in der Lichtwelt Gottes hat (Ps. 104,2; 1. Tim. 6,16). Die erste Reaktion auf das Auftreten des Gottesboten ist Furcht, wie sie ein Epiphaniegeschehen auslöst.[5] **10** Die nun folgende Proklamation, die Begriffe verwendet, die auch in den Augustushuldigungen enthalten sind,[6] setzt damit ein, daß der Engel den Hirten die Furcht nimmt (vgl. 1,13.30). Er kommt als Freudenbote. Der Inhalt seiner Freuden- und Siegesbotschaft (*εὐαγγελίζομαι*) gilt nicht den Angeredeten allein. Vielleicht ist *παντὶ τῷ λαῷ* universal im Sinne von jedermann zu verstehen.[7] Die Hirten sind Vertreter des ganzen Volkes und sogar der Menschheit. **11** Der Inhalt der Botschaft, die die große Freude auslöst, ist die Geburt dessen, der dreifach als Retter, Christus und Kyrios bezeichnet wird. Die grundlegende Benennung ist die als *σωτήρ*. Dieser Hoheitstitel ist verhältnismäßig spät in die Christologie des Neuen Testamentes hineingenommen worden.[8] Er ist in der Septuaginta Übersetzung von go'el oder jeschuah und wird sowohl von menschlichen Rettern gebraucht als auch als Gottesbezeichnung verwendet. Im hellenistischen Bereich ist *σωτήρ* Attribut von Helfergöttern. Unter den *θεῖοι ἄνθρωποι* gelten die Herrscher als Retter der Menschheit. Die Vorgeschichte des Lukas hat von der rettenden Tätigkeit Gottes durch den Erwarteten gesprochen: 1,47.68f.74.77. Nun wird dieser ausdrücklich als *σωτήρ* proklamiert. Der Relativsatz bezeichnet ihn näher: der Retter ist nicht irgendeiner, sondern der verheißene, in der Davidsstadt geborene Messias.[9] Umstritten ist, ob es statt *χριστὸς κύριος* ursprünglich (als Wiedergabe einer semitischen Vorlage) *χριστὸς κυρίου*

---

[2] So gilt der Herdenturm von Bethlehem (vgl. auch Micha 4,8) als Ort, bei dem der Messias geboren werden soll: Tg Ps. Jonathan zu Gen. 35,21.

[3] Vgl. Str.-B. II, 113f.; ferner die Liste verachteter Gewerbe bei *Joach. Jeremias*, Jerusalem zur Zeit Jesu, II B, Berlin ²1958, 175–178.

[4] Nach Str.-B. II, 114–116.

[5] Luk. 1,12; Matth. 28,4.8; vgl. auch die Wundergeschichten Mark. 4,41; Luk. 5,26; 7,16; 8,37.

[6] Vgl. die Prieneinschrift (s. o.), aber auch die Verkündigung der Geburt des Retters und Friedebringers, Vergil, IV. Ekl.,57: aspice, venturo laetentur ut omnia saeculo. Weiteres bei *E. Norden*, Die Geburt des Kindes, Leipzig/Berlin 1924, 57f.

[7] Tat und syr^{sin} fassen es in diesem Sinne auf, wenn sie »die ganze Welt« lesen.

[8] *O. Cullmann*, Christologie des Neuen Testaments, Tübingen ³1962, 244–254.

[9] *M. Dibelius*, Jungfrauensohn, 62f., hält ihn für eine prosaische Erweiterung der Vorlage. *G. Schneider*, Komm., 67, möchte hingegen Retter und Herrscher als sekundäre Einfügung (des Hellenisten Lukas?) verstehen.

heißen müßte.[10] Das entspräche Luk. 2,26. Andererseits wird im Lukasevangelium (vorzugsweise im Sondergut) auch der Irdische *κύριος* – im Unterschied zu hier jedoch mit Artikel – genannt (7,13; 10,1; 11,39; 13,15; 17,5; 18,6; 19,8; 22,61). Daß der Messias göttlicher Herr ist, wird rückblickend auf seine Erhöhung am Schluß der Pfingstpredigt des Petrus proklamiert (Apg. 2,36). Worin die Rettung besteht, wird nicht hier, sondern erst im Engelgesang gesagt. Jedoch begegnet an dieser Stelle bei Lukas zum ersten Mal das heilsgeschichtliche »Heute«. Es »läßt die Zeit stillstehen und die eschatologische Welt Gottes in die Geschichte treten«.[11] **12** Das Zeichen, das den Hirten gegeben wird, erscheint alltäglich: ein gewickeltes Kind in einer Futterkrippe. Das *σημεῖον* entspricht dem, was über die Geburt des Kindes (vgl. V. 6f.) gesagt war. Wie bei David ist die Unscheinbarkeit und Kleinheit Zeichen der Erwählung. Die einander zugeordneten Motive: die Davidsstadt, die Hirten, das Kind in der Futterkrippe, weisen auf die Geburt eines davididischen Messias. **13** Der Proklamation des Engels folgt die huldigende Zustimmung des ganzen himmlischen Heeres. *ἐξαίφνης* sagt aus, daß sie unversehens erfolgt. *στρατιὰ οὐράνιος* ist sowohl die Menge der Sterne (Apg. 7,42; vgl. Jer. 7,18 LXX) als auch die die Menge der Sterne bewegenden Engel (aeth. Hen. 41,3ff.; 43,1ff.). Sie bilden die himmlischen Heerscharen (vgl. Jahwe Zebaoth), die zum Hofstaat Gottes, des »Herrn der Geister«, gehören. Bei ihrem Erscheinen umgeben sie den Engel (*σὺν τῷ ἀγγέλῳ*) und loben Gott.

14 Der Lobpreis ist in einem Zweizeiler, einem synthetischen Parallelismus, zusammengefaßt, der in jeder Zeile drei Glieder hat, die einander entsprechen: Ehre/Frieden; in den Höhen/auf Erden; Gott/den Menschen des Wohlgefallens.[12] Der semitische Sprachcharakter ist unverkennbar. Vielleicht war die Vorlage an dieser Stelle nicht aramäisch, sondern hebräisch. Eine Kopula fehlt, jedoch ist nicht der Optativ *εἴη*, sondern der Indikativ *ἐστίν* zu ergänzen.[13] Die erste Zeile spricht von Gott, der in den Höhen wohnt (vgl. 19,38; sowie den Ausdruck *ὕψιστος* in 1,32.76 und *ἐξ ὕψους* in 1,78). Der biblische Sprachgebrauch von *δόξα* umschließt Herrlichkeit und Ehre, wie sie vor allem in jüdisch bestimmten liturgischen Wendungen Gott zugesprochen werden (vgl. Röm. 11,36). Seiner weltüberlegenen Herrlichkeit gilt das erste Wort des himmlischen Lobgesangs. Nach manchen Auslegern muß man dabei auch den anderen (in 2,9 enthaltenen) Wortsinn von *δόξα* mithören, »den göttlichen und himmlischen Lichtglanz, der die Erhabenheit und Majestät, ja das Wesen Gottes und seiner Welt überhaupt darstellt«.[14] Irdische Ent-

---

[10] *P. Winter*, ZNW 49, 68, denkt an eine hebräische Vorlage, die vom Gesalbten des Herrn redete, was zunächst mit *χριστὸς κυρίου* (*κύριος* ohne Artikel = Gott) wiedergegeben, vom Abschreiber dann in die jetzt zu lesende Gestalt verwandelt wurde. Ähnlich *H. Oliver*, a. a. O., 222.

[11] *H. Schürmann*, Komm., 112. – Dies charakterisiert das erfüllungsgeschichtliche *σήμερον* gegenüber dem »heute« in dem Ruf aus dem nächtlichen Mysterium im alexandrinischen Koreion, Epiph., adv. haer. II, 22,8: *σήμερον ἡ Κόρη ἐγέννησεν τὸν Αἰῶνα.*

[12] *G. Schwarz*, a. a. O., 261, der als Vorlage der Doxologie ein aramäisches Distichon zu rekonstruieren versuchte, meinte aus metrischen und sachlichen Gründen das *εὐδοκίας* tilgen zu müssen. Es sei einschränkender Zusatz, der als Selbstbezeichnung der Gemeinde dort eingesetzt wurde, wo ursprünglich die Menschheit gemeint war.

[13] *Joach. Jeremias*, Komm., 83: »Lobsprüche ohne Kopula (an unserer Stelle zweimal) bildet Lukas nicht von sich aus.«

[14] *G. Kittel*, ThWB II, 240.

sprechung der himmlischen Herrlichkeit ist der Friede, der durch den Friedensschluß zwischen Gott und Menschenwelt gestiftet wird. Die prophetische Verheißung bezeichnet den Messias als Fürsten des Friedens (Jes. 9,5) und spricht vom Frieden ohne Ende, den er bringt (Jes. 9,6). Nach Micha 5,4 heißt der Messias geradezu der Friede (vgl. Eph. 2,14). Damit ist das Heilsein des Menschen in allen seinen Bezügen gemeint: Friede mit Gott, Friede zwischen den Menschen und Friede mit sich selbst.[15] So entfaltet sich das Heil, das mit der Geburt des Retters als eschatologische Wirklichkeit auf Erden beginnt.[16] Dieser eschatologische Friede gilt den *ἄνθρωποι εὐδοκίας*. Ein semitisches Äquivalent, das Umkreis und Sinn dieser Verbindung erschließen läßt, ist erst seit der Entdeckung der Danklieder von Qumran belegbar. Sie sprechen von dem durch den Geist gewirkten vollkommenen Wandel, »damit sie erkennen ... das Übermaß seiner Erbarmungen über alle Söhne seines Wohlgefallens« (1 QH IV,32f.).[17] Im gleichen Zusammenhang preist man Gott für »die Fülle der Vergebungen und seines Erbarmens an allen Söhnen seines Wohlgefallens« (1 QH XI,9).[18] raẓon (= Wohlgefallen) – bereits im AT überwiegend mit Gott verbunden – erscheint in beiden Fällen mit einem auf Gott bezogenen Subjekt. Geht man von diesem einzigen Äquivalent aus, so kann *εὐδοκίας* nicht Gen. subj. im Sinne von vg sein. »Söhne des Wohlgefallens« meint in Qumran die eigene Gemeinde, die sich als endzeitliche Heilsgemeinde versteht. Dort ist Wohlgefallen mehr in der Bedeutung delectatio und approbatio aufgefaßt worden, während der lukanische Text an Gottes benevolentia und gratia denkt. So ist dann auch *εὐδοκία* nicht exklusiv zu verstehen; auf *ἄνθρωποι* bezogen, meint sie vielmehr: Gott wendet den Menschen sein Wohlgefallen als Wohlwollen und Gnade zu. Da der Lobpreis der Engelproklamation antwortet, bringt er zum Ausdruck: die Geburt des Retters gereicht Gott zur Ehre, den Menschen eröffnet sie Anteil an dem von ihm gestifteten Frieden.

c) Die Huldigung durch die Hirten 2,15–20*

(15) Und es geschah, als die Engel von ihnen fortgingen in den Himmel, sprachen die Hirten untereinander: »Laßt uns doch bis Bethlehem gehen und diese Sache, die geschehen ist, sehen, die uns der Herr kundgemacht hat.« (16) Und sie kamen eilend und fanden vor Maria und Joseph und das Kindlein liegend in der Futterkrippe. (17) Als sie (es) aber gesehen hatten, gaben sie Kunde von dem Wort, das ihnen über dieses Kind gesagt worden war. (18) Und alle, die es hörten, wunderten sich über das, was ihnen von den Hirten gesagt worden war. (19) Maria aber bewahrte alle diese Worte, indem sie sie

[15] Dies unterscheidet den eschatologischen Frieden vom Frieden auf Erden, der als Werk des Friedensbringers Augustus gilt und um dessentwillen er verherrlicht wird als der, »dessen Vorsehung die Gebete aller nicht allein erfüllte, sondern übertraf, denn Friede herrscht über Land und Meer, die Städte blühen in trefflicher Rechtsordnung« (Inschrift von Halicarnassos; dt. Übersetzung bei *J. Leipoldt/W. Grundmann*, Umwelt III, 107).

[16] *Joach. Jeremias*, a. a. O., 20, begriff die Aussage als Wesensaussage urchristlicher Eschatologie, vgl. auch *W. Foerster*, ThWB II, 411–416.

[17] *C.-H. Hunzinger*, a. a. O. (ZNW 44), 86f.

[18] *C.-H. Hunzinger*, a. a. O. (ZNW 49), 129.

* Lit.: *J. Harrie*, Die Anbetung der Hirten, ARW 23, 1925, 369–382 – *B. F. Meyer*, »But Mary kept All These Things«, CBQ 26, 1964, 31–49 – Maria im Neuen Testament, 120–124.

in ihrem Herzen überdachte. (20) Und die Hirten kehrten zurück, priesen und lobten Gott wegen allem, was sie gehört und gesehen hatten, so wie es zu ihnen gesagt worden war.

Der dritte Teil der Geburtsgeschichte erzählt von der Ausbreitung der vom Engel empfangenen Botschaft durch die Hirten. Hier ist darauf zu achten, welche bedeutsame Rolle das Sagen und Hören in diesem kurzen Abschnitt haben. Dagegen fehlt das Moment huldigender Anbetung (anders als in der Magiergeschichte bei Matth. 2,1–12), das in Frömmigkeits- und Kunstgeschichte einen so breiten Raum einnimmt.

15 Noch einmal ist von den Engeln und dann von den Hirten die Rede. Die Engel gehören der himmlischen Welt zu, in die sie zurückkehren (vgl. 1,38). Die Hirten aber überzeugen sich von der Tatsächlichkeit des an sie ergangenen Wortes (*ῥῆμα* = Wort und Ereignis). Sie fassen untereinander den Entschluß, in Bethlehem das Ereignis anzuschauen, das Gott ihnen zur Kenntnis gebracht hat. **16** Ihr Vorhaben wird ohne Aufenthalt ausgeführt (*σπεύσαντες* vgl. *μετὰ σπουδῆς* in 1,39). Sie finden – gemeint ist wohl unter Gottes Führung (vgl. 1. Sam. 10,1–25) –, was ihnen verkündet worden war. In der Aufzählung ist Maria vorangestellt, es folgen Joseph und das als Zeichen angegebene (V. 12), in der Futterkrippe liegende Kind. **17** Nun werden die Hirten zu Boten. Sie machen die Botschaft – *τὸ ῥῆμα τὸ λαληθὲν αὐτοῖς περὶ τοῦ παιδίου* – bekannt. Dies kann zunächst heißen: sie geben den Eltern Kunde von dem, was ihnen durch den Engel offenbart worden war.[1] Darüber hinaus drängt die Bestätigung der Botschaft durch Auffinden des angekündigten Zeichens zu deren Ausbreitung.[2] **18** Alle, die es hören, geraten in Erstaunen über das, was ihnen gesagt wird. Diese sind wohl nicht an der Krippe zu denken,[3] so daß dort weitere Anwesende vorausgesetzt sind. Auch dürfte der Vers seinen Platz nicht erst am Ende hinter V. 20 gehabt haben;[4] vielmehr soll hier die der Ausbreitung der Botschaft entsprechende Reaktion in die Schilderung einbezogen werden. **19** Der Blick fällt noch einmal auf Maria.[5] Die Aussage ist vielfach so aufgefaßt worden, als solle damit Maria als Gewährsperson oder Quelle des Berichteten genannt werden.[6] Doch dürfte sie eher paränetisch gemeint sein: Maria als Urbild der in Luk. 8,15 und 11,28 herausgestellten Haltung. **20** Die Erzählung schließt mit einer Art chorischem Schluß. Die Hirten kehren in ihren Beruf zurück. Sie sind Menschen geworden, die Gott verherrlichen und preisen. Damit tun sie das gleiche, was von den Engeln gesagt war (2,13). Grund ihres

Gott in unserem Beruf verherrlichen + preisen

[1] So *G. Schneider*, Komm., 67.

[2] *H. Schürmann*, Komm., 116; C. Westermann, a. a. O.

[3] *M. Dibelius*, Jungfrauensohn, 54.

[4] So *B. F. Meyer*, a. a. O., 36f.

[5] Die Schreibweise des Namens differiert in den Textzeugen. *Μαρία* lesen u. a. א*, B, D, u. a.; *Μαρίαμ* findet sich in A und der Koinegruppe. Letzteres könnte eine nachträgliche Angleichung an die semitisierende Namensform sein, die in der Kindheitsgeschichte sonst begegnet (1,27.34.38f.46.56; 2,5; 2,34). Wäre demnach die erstere Namensgestalt allein an dieser Stelle ursprüngliche Lesart, so wäre (mit *W. Grundmann* in früheren Aufl. dieses Komm.) daran zu denken, daß Lukas diesen Vers in Nachbildung von 2,51b selbst eingefügt hat. Ein ähnliches Schwanken der Namensform findet sich jedoch auch in Apg. 1,14.

[6] *Th. Zahn*, Komm., 147: »Es ist damit deutlich genug gesagt, daß sie die hauptsächliche Trägerin der Überlieferungen ist, die in diesen ersten Abschnitten des Lcev niedergelegt sind.«

Lobpreises ist alles, was sie gehört und gesehen hatten, weil die Botschaft, deren Ohrenzeugen (ἤκουσαν) sie geworden waren, mit dem erfüllten Geschehen, zu dessen Augenzeugen (εἶδον) sie wurden, übereinstimmt. Das ihnen gesagte Wort hat sich als zuverlässig und wirklich erwiesen.

8. Jesu Darstellung im Tempel 2,21–40*

(21) Und als acht Tage voll waren, daß man ihn beschneiden mußte, da wurde sein Name Jesus genannt, der von dem Engel genannt worden war, ehe er empfangen war im Mutterleibe.

(22) Und als die Tage ihrer Reinigung voll waren nach dem Gesetz des Mose, brachten sie ihn nach Jerusalem hinauf, um ihn dem Herrn darzustellen – (23) wie geschrieben steht im Gesetz des Herrn: »alles Männliche, das den Mutterleib öffnet, soll dem Herrn heilig heißen« – (24) und ein Opfer zu bringen gemäß dem, was im Gesetz des Herrn gesagt ist: »ein Paar Turteltauben oder zwei Jungtauben«.

(25) Und siehe, ein Mensch war in Jerusalem mit Namen Simeon, und dieser Mensch war gerecht und fromm, wartend auf den Trost Israels, und heiliger Geist war auf ihm.
(26) Und es war ihm bezeichnet worden durch den Heiligen Geist, daß er nicht den Tod schauen werde, bevor er nicht den Messias des Herrn gesehen habe. (27) Und er kam im Geist in den Tempel. Und als die Eltern das Kindlein Jesus hereinbrachten, daß sie mit ihm verführen gemäß dem Brauch des Gesetzes, (28) da nahm er es auf die Arme und lobte Gott und sprach:

(29) »Jetzt entläßt du deinen Knecht, Herr,
nach deinem Wort in Frieden,
(30) denn meine Augen sahen dein Heil,
(31) das du bereitet hast vor dem Angesicht aller Völker
(32) als ein Licht zur Offenbarung für die Heiden
und als Ruhm für dein Volk Israel.«

(33) Und sein Vater und die Mutter staunten über das, was über ihn gesagt worden war.
(34) Und es pries sie Simeon und sprach zu Maria, seiner Mutter: »Siehe, dieser ist gesetzt zum Fall und Aufstehen vieler in Israel und zu einem Zeichen, dem widersprochen wird – (35) und auch du, durch deine Seite wird ein Schwert dringen –, damit offenbar werden aus vielen Herzen die Gedanken.«

(36) Und es war da eine Prophetin Hanna, eine Tochter Phanuels, aus dem Stamm Asser. Diese war hochbetagt, nachdem sie sieben Jahre mit einem Mann gelebt hatte seit ihrer Jungfrauenschaft, (37) war sie eine Witwe vierundachtzig Jahre; sie wich nicht vom Tempel und diente (Gott) mit Fasten und Beten Nacht und Tag. (38) Und in dieser Stunde trat sie herzu, pries Gott und redete über ihn zu allen, die die Erlösung Jerusalems erwarten.

(39) Und als sie alles vollendet hatten nach dem Gesetz des Herrn, kehrten sie nach Galiläa zurück in ihre Stadt Nazareth. (40) Das Kindlein aber wuchs und wurde stark, erfüllt von Weisheit, und Gnade Gottes war auf ihm.

Auch hier zeigen die wichtigen Varianten die Interessenpunkte der späteren Textrezeption. – V. 22: Die Form αὐτῆς bei der Reinigung entspräche dem jüdischen Gesetz, das nur von der Unreinheit der

* Lit.: *P. Benoit*, »Et toi-même, un glaive te transperça l'âme«, CBQ 25, 1963, 251–261 – *W. Grundmann*, Stehen und Fallen im qumranischen und neutestamentlichen Schrifttum, in: Qumran-Probleme, Berlin 1963, 147–166 – *J. Winandy*, La prophétie de Syméon (Lc II, 34–35), RevBibl 72, 1965, 321–350 – *H. Schürmann*, Es ward ihm der Name Jesus gegeben, in: Am Tisch des Wortes, Stuttgart 1966, 34–40 = Ursprung und Gestalt, Düsseldorf 1970, 222–226 – Maria im Neuen Testament, 124–127.

Mutter ausgeht. Etwas Ähnliches dürfte jedoch mit *αὐτοῦ* in D (lat; syr^{sin} vorausgesetzt) gemeint sein. Die überwiegende Zahl der Zeugen hat *αὐτῶν*, schließt also Joseph und das Kind ein, wohl um den Anstoß der Unreinheit der jungfräulichen Mutter abzuwehren. Dabei könnte griechischer Einfluß mitgewirkt haben, wo sich die Reinigungsvorschriften außer auf die Wöchnerin auch auf das neugeborene Kind und die bei der Geburt anwesenden Personen beziehen. – V. 33 nimmt eine große Anzahl von Zeugen Anstoß daran, daß von seinem Vater geredet wird, und setzt statt dessen den Namen Joseph ein. – V. 36 steigert syr^{sin}, Ephr die asketische Charakterisierung der Hanna: nicht sieben Jahre, sondern sieben Tage war sie verheiratet. – V. 40: Die Koinegruppe samt *Θ* und weiteren Zeugen ergänzen zwischen *ἐκραταιοῦτο* und *πληρούμενον* ein *πνεύματι*, womit der Geist des Kindes gemeint ist.

Die Erzählung von den beiden Zeugen, dem greisen Simeon und der Witwe Hanna, die die Sendung und Bestimmung des Kindes bezeichnen, ist nach vorn und hinten mit knappen Notizen gerahmt und in sich dreiteilig. V. 21 ist eine (vielleicht erst von Lukas geschaffene) Überleitung, die zugleich auf den früheren Teil der Kindheitsgeschichte (1,31) zurückverweist. V. 39f. bildet den Übergang zur letzten Einheit und trägt deutlich redaktionellen Charakter. In der so gerahmten Erzählung enthält das Mittelstück, das von der Begegnung mit Simeon und dessen Weissagung über das Kind berichtet (V. 25–35), den Kernbestand. Ihm geht voran die Schilderung der Reinigung, durch die die Begegnung im Tempel ermöglicht wird (V. 22–24); ihm folgt das Hinzutreten der Hanna als einer weiteren Zeugin (V. 36–38). An die Seite des vom Geist geführten Mannes tritt die als Prophetin gekennzeichnete Frau. Sowohl der wartende Gerechte als auch die Tochter eines Stammes Israels legen das vom Geist eingegebene Zeugnis für das Messiaskind ab. Daß diese beiden Repräsentanten der wartenden Gemeinde offenbar im höchsten Alter stehen, soll wohl zeichenhaft erscheinen.

Traditionsgeschichtlich sekundär könnte die für jüdische Leser überflüssige, für hellenistische jedoch erforderliche Schilderung der Reinheitsbräuche sein.[1] Die zweifache Weissagung des Simeon hat zu der Vermutung geführt, daß dem auf Israel bezogenen Wort (V. 34f.) eine universale, in hymnischer Form gehaltene Aussage (V. 29–32) zugefügt worden ist.[2] Als dritter Hymnus der Kindheitsgeschichte (vgl. 1,46–55.68–79) steht das (nach den Anfangsworten der lateinischen Übersetzung so genannte) Nunc dimittis in der liturgischen Tradition an herausragender Stelle als Höhepunkt des kirchlichen Nachtgebets (der Komplet).[3] Als mögliche Zusätze gelten bei manchen auch der mariologische Einschub V. 35a[4] und die Schilderung der Hanna als idealer Witwe in V. 36b.37.[5]

Daß bei der Simeon-Hanna-Erzählung ein vorlukanischer Bestand gegeben ist, wird nahezu allgemein anerkannt. Die historische Bewertung geht freilich weit auseinander. Teils denkt man an das nach religionsgeschichtlichen Vorbildern[6] in Dublettenform aus-

---

1 *H. Schürmann*, Komm., 122.

2 *Joach. Jeremias*, Komm., 95, weist darauf hin, daß das im Parallelismus membrorum gehaltene Gebet fast ganz frei von Lukanismen ist.

3 Älteste Spuren in Apost. Constit. VIII, 35 (MG 1, 1057); vgl. Leiturgia, Handbuch des evangelischen Gottesdienstes III, Kassel 1956, 132.

4 *M. Dibelius*, Formgeschichte, 103.

5 *W. Grundmann*, in früheren Aufl. dieses Komm., vgl. aber die parallele Schilderung des Simeon V. 25b.

6 *J. B. Aufhauser*, Buddha und Jesus, KlT 157, Bonn 1926, 9–15. Zur Diskussion vgl. *C. Clemen*, Religionsgeschichtliche Erklärung des Neuen Testaments, Gießen 1924, 209–211.

gestaltete Motiv der Weissagung von zwei Musterfrommen[7] oder an die Historisierung eines im hellenistischen Judentum umlaufenden Orakels.[8] Auf der anderen Seite urteilt man: »Es liegt kein Grund vor, die Namen ‚Symeon' und ‚Hannah' für Erfindungen zu halten oder in ihnen nach etymologischen Anspielungen zu suchen. Es hat den Anschein, daß Symeon und Hannah tatsächlich existierende Personen waren, die offenbar zum Bekanntenkreis der Eltern Jesu gehört haben und deren der palästinensisch-judenchristliche Verarbeiter gedachte, auf den die Zusammenstellung der in Lc 1/2 benutzten Quelle und die Anordnung dieser Stoffe zurückzuführen ist.«[9] Die Kennzeichnung der Personen macht deutlich, daß zwischen der Tempelfrömmigkeit und der Laienfrömmigkeit der »Stillen im Lande« kein Gegensatz gesehen wird.[10] Diese Haltung scheint auch für den aus der Familie Jesu stammenden Herrenbruder Jakobus charakteristisch gewesen zu sein und wird in der Vorgeschichte bei den Eltern Jesu vorausgesetzt (vgl. außer dieser Perikope noch 2,41–52).

21 Acht Tage nach der Geburt kommt gemäß Lev. 12,3 (vgl. Gen. 17,12) die Stunde der Beschneidung und Namengebung des Kindes. Die Einleitung, die auf eine festgelegte Zeit abhebt, entspricht lukanischer Formulierungsweise (vgl. 1,57; 2,6; 2,22; 9,51 u. a.). Auch die Parallelität zu Johannes setzt sich fort (1,59). Hier wie dort liegt der Ton auf der Namengebung, die erst jetzt erfolgt. Das Kind bekommt dabei den vom Engel angekündigten Namen (1,31; vgl. 1,13). Wie die Eltern mit der Beschneidung am achten Tag dem Gesetz gehorchen, so entsprechen sie mit der Namengebung der göttlichen Weisung. Sie anerkennen damit, daß das Kind Gott gehört, der diesen Namen offenbaren ließ.

22 Nicht nur die Beschneidung, auch das nachfolgend berichtete Reinigungsopfer folgt den Vorschriften des Ritualgesetzes nach Lev. 12,2–8. Nach weiteren 33 Tagen, die die Mutter im Hause bleiben muß und weder Heiliges anrühren noch das Heiligtum betreten darf, hat sie das Brand- und Sühneopfer darzubringen.[11] Ohne daß der Ton darauf gelegt wird, entspricht die Schilderung Gal. 4,4: mit seinen Eltern steht das Jesuskind unter dem Gesetz. Als Ort für das Reinigungsopfer gilt für die damalige Zeit (in Jerusalem und Judäa) ein Platz nahe dem Nikanortor an der Ostseite des Frauenvorhofs im Tempel.[12] Zum Vollzug würde das Erscheinen der Mutter allein genügen, nicht jedoch für Eltern und Kind die Reise von Bethlehem nach Jerusalem und die Anwesenheit im Tempel (dies mit *παραστῆσαι τῳ κυρίῳ*) notwendig sein. **23** Um diese zu begründen, wird auf eine weitere gesetzliche Bestimmung zurückgegriffen: alle (männliche) Erstgeburt ist Gott heilig und gehört ihm (Ex. 13,2.3–16); sie wird ausgelöst, seitdem der Stamm Levi dem Dienst am Heiligtum geweiht ist (Num. 18,15f.). Die Darbringung zur Auslösung geschah durch den Vater. An sich war es auch dazu nicht erforderlich, das Kind in den Tempel zu bringen; sie konnte bei jedem im Lande wohnenden Priester geschehen.[13] **24** Die Verbin-

[7] *R. Bultmann*, Synoptische Tradition, 326f.
[8] *G. Erdmann*, a. a. O., 13.
[9] *P. Winter*, a. a. O. (ZNW 49), 76.
[10] Zum zeitgeschichtlichen Aspekt vgl. *K. H. Rengstorf*, Komm., 49f. (Exkurs: Die Zeit der Erwartung).
[11] Spätere Reflexion über die Notwendigkeit einer Reinigung für Maria (vgl. Textkritik) liegen der ursprünglichen Gestalt noch fern.
[12] Str.-B. II, 119f.
[13] Str.-B. II, 120–123.

dung der Darbringung des Kindes und die Übergabe des Reinigungsopfers an den Priester (καὶ τοῦ δοῦναι θυσίαν) macht den Akt zu einer »Darstellung des Jesuskindes im Tempel«[14] und damit zur Voraussetzung für die nachfolgend geschilderte Begegnung. Die Art des Opfers, zwei Turteltauben oder zwei junge Tauben, die eine als Brandopfer, die andere als Sühnopfer, kennzeichnen die Eltern Jesu als Arme. Sie können das einjährige Lamm nicht aufbringen (vgl. Lev. 12,6.8) und begnügen sich mit dem »Opfer der Armen« (Lev.r. 3[107a]).

25 Nachdem der Rahmen für das Geschehen bezeichnet ist, setzt die Erzählung neu ein. Sie berichtet von einem Menschen in Jerusalem, der den (häufig belegten) Namen Simeon (= Erhörung) trägt. Von ihm wird gesagt, daß er gerecht sei (vgl. zu 1,6), als einem *εὐλαβής* eignet ihm Sorgfalt in der Einhaltung der Gesetzesbestimmungen (vgl. Apg. 2,5; 8,2; 22,12). Er wird als Wartender bezeichnet; die »Tröstung Israels«, der er harrt,[15] meint das messianische Heil (2,26.29–32). Der heilige Geist, der auf ihm ruht, ist der Geist der Prophetie und der Inspiration, wie er nach dem grundsätzlichen Erlöschen der Prophetie nur noch einzelnen gegeben wird und erst zur messianischen Zeit der ganzen Gemeinde gehört. **26** Der Geist hat Simeon ein Orakel gegeben, das eine persönliche Verheißung enthält. Er soll den Tod nicht sehen, ehe er nicht den Christus Gottes (vgl. Ps. 89,49), die Tröstung Israels, gesehen hat. **27** Die Führung durch den Geist läßt ihn im gleichen Augenblick in den Tempel kommen, als die Eltern ihr Kind darbringen. So wird dessen »Darstellung« der Anlaß einer großen messianischen Offenbarung im Tempel Gottes.[16] **28** Ein Bild des Kontrastes: Der greise Simeon, Repräsentant der alten Prophetie, nimmt das messianische Kind auf seine Arme und preist Gott. Im Augenblick, da die Eltern dem Gesetz entsprechend handeln, erfahren sie durch geistgewirktes prophetisches Zeugnis, daß sich an ihrem Kind die Verheißung der Propheten erfüllen wird. **29** Der Lobgesang hat die Gestalt eines aus drei Doppelzeilen (V. 29.30–31.32) bestehenden individuellen Lobpsalmes, der im Zeichen der »Inkarnationschristologie« steht. Simeon redet Gott mit *δέσποτα* an (vgl. Dan. 3,37; 9,8.16.17.19) und bezeichnet sich als sein Sklave (*δοῦλος*). Aus diesem harten Dienstverhältnis wird der Beter nun entlassen, weil Gott sein Wort eingelöst hat.[17] Die Entlassung erfolgt in heilvollem Zustand *ἐν εἰρήνῃ* (vgl. 1,79; 2,14). **30** Seine Augen haben wahrgenommen *τὸ σωτήριον σου* (vgl. die Seligpreisung der Augenzeugen Luk. 10,23; Matth. 13,16); es ist das Endheil, das die Propheten zu schauen begehrten.[18] **31** Dieses Heil ist von Gott vor allen Völkern bereitet. Die Weltvölker – hier *λαοί*, nicht *ἔθνη* genannt – haben teil an dem, was von Israel ausgeht (vgl. Jes. 52,10). **32** Die letzte Doppelaussage entfaltet den universalen Charakter des Geschehens; *φῶς* und *δόξα* können als Appositionen zu *τὸ σωτήριον* aufgefaßt werden. Der Heilbringer ist Licht, das den Heiden offenbart wird, wie es vom Gottesknecht Jes. 42,6; 49,6 ausgesagt ist. Sein Erscheinen beendet die Dunkelheit der Gottesunkennt-

---

[14] *H. Schürmann*, Komm., 122, vergleicht Samuels Darbringung 1. Sam. 1,11.21–28.

[15] Str.-B. II, 124–126.

[16] *H. Schürmann*, Komm., 124: »Mit diesem Bericht wird die kirchliche Lichtmeßfeier geboren.«

[17] Die hier begegnende Entlassungsformel (vgl. auch Apg. 15,33) hat im biblischen und hellenistischen Sprachgebrauch (vgl. Gen. 15,2; Num. 20,29; Tob. 3,6; Epict. Diss. I, 9,16) die Bedeutung sterben, die auch hier durch das Orakelwort V. 26 nahegelegt ist.

[18] Das substantivische Neutrum *τὸ σωτήριόν σου* umschreibt sowohl das Heil als auch den Bringer des Heils.

nis. Zugleich ist er *δόξα* für das Volk Gottes, für Israel. Durch sein Kommen erfährt es die Verherrlichung, zu der es Gott bestimmt hat. So verbinden sich in diesem Lobgesang messianischer Universalismus und Betonung des heilsgeschichtlichen Primats Israels. **33** Die staunende Reaktion der Eltern Jesu gilt dem, was der dem Kinde zugesprochene Lobpsalm über dessen Bedeutung für Israel und die Menschheit aussagt (vgl. 2,18). **34** Nach nochmaligen (wohl Eltern und Kind geltenden) Segenssprüchen richtet Simeon ein zweites, besonderes Wort an die Mutter des Kindes, in dem von seiner Bestimmung (*κεῖται*) gesprochen wird. Sie bezieht sich auf Israel, für das der von Simeon Gepriesene zur Entscheidung im negativen (Fall) oder positiven Sinn (Aufstehen) wird. Hier könnte an zwei kontrastierende Aussagen über den Gottesfels in Israel gedacht werden. Er ist der Stein, »an dem man anstößt«, der Felsblock, »über den man strauchelt« (Jes. 8,14). Dieser Stein ist zugleich ein »kostbarer Eckstein auf festester Grundlage«, angesichts dessen ausgerufen wird: »Wer da glaubt, soll nicht weichen« (Jes. 28,16). Sein Auftreten wird zur Entscheidung für viele in Israel. Wahrscheinlich ist *πολλοί* im universalen Sinn (vgl. Mark. 10,45) zu verstehen. Er ist Zeichen für das Geschlecht, in dem er auftritt (vgl. Jona in Luk. 11,30). *ἀντιλεγόμενον* kann ein Zeichen meinen, das Widerspruch findet, aber auch eines, das beispielhaft deutlich macht, was allen widerfährt, die Gott widersprechen.[19] **35** In diese dem Messiaskind geltende Aussage ist in Parenthese ein besonderes Wort an Maria eingeschoben.[20] Es spricht vom Schwert, das ihre Seele durchdringt (Hiob 20,25; Or. Sib. III, 15). Ihre Verwundung entsteht durch das Schicksal ihres Kindes, wie es in den umrahmenden Versen (V. 34.35b) gekennzeichnet ist. Widerspruch und Ablehnung im eigenen Volk bis hin zum Verworfenwerden (nicht erst der gewaltsame Tod) machen auch die Mutter zur mater dolorosa. Die auf diesen Einschub folgende Vershälfte führt die Beschreibung der Entscheidungssituation angesichts der Sendung des von Simeon begrüßten Kindes fort. An dem Zeichen, das Gott mit ihm setzt, wird wie beim endzeitlichen Gericht (vgl. dazu Joh. 3,19–21; 6,44f.) offenbar, was Menschen in ihrem Herzen wirklich sind und denken.

36 Ohne Übergang wird eine neue Person eingeführt: Hanna (= Gottbegnadete), die als Prophetin gekennzeichnet wird. Bei dieser zweiten Zeugin – auffallend angesichts der mangelnden Zeugnisfähigkeit der Frau im Rabbinat – werden Vatersnamen (Phanuel) und Stamm (Asser), also die genaue Herkunft genannt. Ihre Würde ist in doppelter Weise herausgehoben. Sie ist Prophetin, ein Rang, der in der jüdischen Theologie nur wenigen Frauen vorbehalten ist: Sara, Mirjam, Debora, Hanna (1. Sam. 2), Abigail, Hulda und Esther. Sie gilt als heilige Witwe, die sieben Jahre verheiratet war und **37** danach als Witwe gelebt hat. Die Zahl 84 könnte ihr jetziges Lebensalter, aber auch die Dauer ihrer

---

[19] *H. Sahlin*, a. a. O., 258–272, schlägt auf Grund einer von ihm postulierten Vorlage entsprechend Jes. 1,10–12 die Bedeutung Banner, Panier vor. Er bezieht die Aussage V.32 auf die Juden in der Diaspora und ihre Rückführung unter dem messianischen Banner. Lukas hat diese Worte gewiß in universalem Sinn verstanden.

[20] Das Bildwort V. 35a wird von fast allen Auslegern (vgl. auch die Textausgaben) als Parenthese aufgefaßt, über die hinweg V. 34/35b eine syntaktische Einheit bilden. *M. Dibelius*, Formgeschichte, 123, meint, daß »derselbe Evangelist, der die Szene der Mütterbegegnung schuf, auch dieses Motiv der Schmerzensmutter hier eingefügt« hat. *G. Erdmann*, a. a. O., 13f., verweist auf Ez. 14,17.

Witwenschaft angeben.[21] Ihre Witwenschaft verbringt sie als Fastende und Betende im Bereich des Tempels, ist also Repräsentantin einer Tempelfrömmigkeit. Die jüdische Überlieferung kennt solchen Dienst von Frauen.[22] **38** Ein besonderes Wort wird Hanna nicht in den Mund gelegt.[23] Sie antwortet der Tat Gottes mit lobpreisendem Bekenntnis (*ἀνθομολογεῖν*) und ihrem Zeugnis vor Leuten, die wie sie Wartende sind. Wenn als Ziel die Erlösung Jerusalems genannt wird, so steht die Hauptstadt für das ganze Volk Israel. Die abschließende Formulierung wird als Hinweis auf den Ursprungsort der Tradition gedeutet.

39 Der Abschluß erzählt die Rückkehr Marias und Josephs mit dem Kind nach Nazareth, das »ihre« Stadt genannt wird (1,26; 2,4). Die Verknüpfung von Nazareth und Bethlehem ist anders als im Bericht des Matthäus (vgl. Matth. 2,19–23). **40** Parallel zum Schlußsatz der Johanneserzählung (1,80) wird vom Wachsen und Erstarken des Jesuskindes gesprochen, im Unterschied zu ihr von einem Erfülltwerden mit Weisheit. Sie ist Geschenk der Gnade Gottes, die ihn mit seiner Mutter verbindet (vgl. 1,28.30). Die Formulierung hat nicht nur abrundende, sondern auch überleitende Funktion. Als Beispiel der in ihm wohnenden Weisheit und auf ihm ruhenden Gnade ist die folgende Erzählung angefügt.

9. Der zwölfjährige Jesus im Tempel 2,41–52*

(41) Und seine Eltern reisten alle Jahre nach Jerusalem am Passafest. (42) Und als er zwölf Jahre alt war und sie nach der Sitte des Festes heraufzogen (43) und die Tage (des Festes) sich vollendet hatten, blieb der Knabe Jesus in Jerusalem, während sie heimkehrten, und seine Eltern wußten es nicht. (44) Sie meinten aber, er sei in der Reisegesellschaft, und sie kamen einen Tagweg und suchten ihn unter den Verwandten und den Bekannten. (45) Und als sie ihn nicht fanden, kehrten sie nach Jerusalem zurück und suchten ihn. (46) Und es geschah nach drei Tagen, daß sie ihn im Tempel fanden, wie er in der Mitte der Lehrer saß und ihnen zuhörte und sie befragte. (47) Und es staunten aber alle (die ihn hörten) über sein Verständnis und seine Antworten. (48) Und als sie ihn

[21] In diesem Fall käme man auf 104 Jahre, wodurch Hanna unmittelbar neben Judith rückt, deren Alter mit 105 Jahren angegeben wird und die als heilige Witwe gilt (Jud. 16,28).

[22] Str.-B. II, 141.

[23] *P. Winter*, ZNW 49, 76f., macht darauf aufmerksam, daß die Einführung des Lobpreises den Einleitungsformeln 2,13.28.34a entspricht, ohne daß wie dort eine Aussage folgt. Daß Hanna nichts sagt, mag für eine Prophetin zumindest sehr ungewöhnlich erscheinen. Völlig willkürlich ist die Annahme *H. Sahlins*, a. a. O., 285–289, der ihr das Benediktus in den Mund legt.

* Lit.: *L. Rademacher*, Christus unter den Schriftgelehrten, RheinMus 73, 1920, 232–239 – *P. Winter*, Lc 2,49 and Targum Yerushalmi, ZNW 45, 1954, 145–179 – *B. van Jersel*, The Finding of Jesus in the Temple, NovTest 4, 1960, 161–173 – *R. Laurentin*, Jésus au temple, Paris 1966 – *R. Pesch*, »Kind, warum hast du so an uns getan?« (Lk. 2,48), BZ 12, 1968, 245–248 – *F. J. Steinmetz*, Jesu erste Wallfahrt nach Jerusalem, GuL 46, 1973, 60–64 – *G. Schmahl*, Lk 2,41–52 und die Kindheitserzählung des Thomas 19,1–5, BuL 15, 1974, 249–258 – *ders.*, Der zwölfjährige Jesus (Lk. 2,41–52), FzB 17, Regensburg 1977 – *H. J. de Jonge*, Sonship, Wisdom, Infancy, NTS 24, 1977/78, 317–354 – *B. Couroyer*, A propos de Luc II,52, RevBibl 86, 1979, 92–101 – Maria im Neuen Testament, 127–138.

sahen, erschraken sie, und seine Mutter sprach zu ihm: »Kind,warum hast du so an uns getan? Siehe, dein Vater und ich haben dich mit Schmerzen gesucht.« (49) Und er sprach zu ihnen: »Was habt ihr mich gesucht? Wußtet ihr nicht, daß ich sein muß in dem, was meinem Vater gehört?« (50) Und sie verstanden das Wort nicht, das er ihnen sagte. (51) Und er zog hinab mit ihnen und kam nach Nazareth und war ihnen gehorsam, und seine Mutter bewahrte alle Begebenheiten in ihrem Herzen. (52) Und Jesus nahm zu an Weisheit und Gestalt und Gunst bei Gott und Menschen.

Aufschlußreiche textliche Abweichungen zeigen sich an jenen Stellen, wo von den Eltern Jesu die Rede ist. Die unbefangene Erzählweise stößt auf die Bedenken einer reflektierten Christologie, für die die Erwähnung der *γονεῖς* bzw. eines irdischen Vaters Jesu als unangemessen erscheint (vgl. auch oben V. 27 und V. 33). – V. 41 setzen Zeugen von it statt dessen Joseph und Maria, in einem Zweig der Überlieferung sogar Joseph et Maria mater eius – V. 43 findet sich die Ersetzung der *γονεῖς* durch die Namen bei einer noch größeren Zahl der textlichen Zeugen: neben it A, C. Ψ und Handschriften der Koinegruppe. – V. 48: Besonders anstößig erschien im Munde der Maria das *ὁ πατήρ σου κἀγώ*. Einige Lateiner lassen es ganz fort, e spricht statt dessen von *συγγενεῖς*, syr^{cur} unbestimmt von *ἡμεῖς*.

Als einziger unter den Evangelisten hat Lukas eine Erzählung, in der der jugendliche Jesus im Mittelpunkt steht. Sie bildet eine erzählerische Einheit mit Ausnahme der VV. 51b.52, mit denen die lukanische Vorgeschichte im ganzen einen zweifach ausgerichteten Schluß (vgl. Einzelexegese) erhält. In ihrer sprachlichen Gestalt ist sie stärker griechisch durchformt als die vorausgegangenen Stücke der Kindheitsgeschichte.[1] Der Anteil an Kennzeichen lukanischer sprachlicher Einfärbung erscheint besonders hoch.[2] Manches spricht dafür, daß die Urform der Erzählung ursprünglich selbständig gewesen ist. Eine gewisse Verbindung mit der vorhergehenden Einheit ist durch den Tempel als Ort des Geschehens und dessen postive Wertschätzung (V. 41f.49) gegeben. Das Verhalten der Eltern scheint darauf zu deuten, daß sie auf nichts Außergewöhnliches an Jesus gefaßt sind. Während die Kindheitsgeschichten späterer apokrypher Evangelien durchgängig mirakulöse Züge haben, ist die von Lukas berichtete ganz auf den Gedanken der Sohnschaft Jesu abgestellt. Man sieht ihr Vorbild in Erzählungen, in denen bedeutende Männer der Menschheitsgeschichte schon in ihrer Kindheit große geistige Reife und Spuren der künftigen Sendung erkennen lassen.[3] Sie begegnen im hellenistischen und auch im jüdischen Bereich. Frühe Weisheit des Kindes weiß Josephus von Mose zu berichten,[4] er nimmt, wie ähnliche Äußerungen bei Philo zeigen,[5] eine allgemein jüdisch-hellenistische Tradition auf. Aus griechischem und hellenistischem Bereich haben wir derartige Nachrichten über Kyros,[6] Alexander[7] und von Apollonius von Tyana.[8] Charakteristisch für die neutestamentliche Erzählung ist die Verbindung zweier Motive, von Weisheit (vgl. Jes. 11,2; Sir. 51,13–17) und Sohnschaft. So ist denn auch die Erzählung kaum doppel-

---

[1] *A. Schlatter*, Komm., 201f., 205; *H. Schürmann*, Komm., 129.
[2] Vgl. die Wortstatistik bei *B. van Jersel*, a. a. O., 167; ferner die Einzelnachweise bei *Joach. Jeremias*, Komm., 99–102.
[3] *H. J. de Jonge*, a. a. O., 340–342; vgl. auch *R. Bultmann*, Synopt. Tradition, 327f.
[4] Jos., Ant. II, 9,6.
[5] Philo, de vita Mos. II, 83.
[6] Herodot I, 114f.
[7] Plutarch, Alex. 5.
[8] Philostrat, vita Apolonii I, 7.

strängig,[9] wohl aber von vornherein zweigipfelig angelegt.[10] Der in der Mitte der Lehrer Sitzende erweist, daß er mit Weisheit ausgestattet ist (V. 46f.; vgl. V. 40). Er läßt zugleich in einem sapientalen Logion erkennen, wer sein eigentlicher Vater ist (V. 49). Sieht man das erstere Motiv als übergeordnet an, so könnte man die Erzählung als (biographisches) Apophthegma einordnen, das zeigen soll, wie schon der junge Jesus den Lehrern seines Volkes gleichrangig, ja überlegen ist.[11] Bei Überordnung des zweiten Motivs wäre als ursprünglicher Sitz im Leben vielleicht an eine »katechetische Instruktion« über Jesu wirkliche Vaterbeziehung auf dem Hintergrund des Verhältnisses zu den irdischen Eltern zu denken.[12] Für Lukas ist die Verbindung von Weisheit und Sohnschaft deshalb wichtig, weil er hier Jesus zum ersten Mal selber sprechen läßt. Der als Sohn des Höchsten angekündigte (1,32), im Tempel ihm als Eigentum dargebrachte (2,22f.) Jesus erweist sich eben dort als Sohn zum Vater gehörig (2,49). Obwohl das Interesse nicht bei der Entwicklung des Kindes liegt, ist in den Bezeichnungen eine Linie erkennbar, die von *βρέφος* (V. 12.16) über *παιδίον* (V. 17.27.40) zu *παῖς* (V. 43) führt.

41 Die Erzählung beginnt mit der Erwähnung der Gewohnheit der Eltern Jesu, jährlich zum Passafest nach Jerusalem zu wallfahren. Darin erweisen sie sich als fromme Juden; denn das Gesetz schreibt vor, daß die Israeliten zu den drei großen Festen Passa, Wochen- und Laubhüttenfest in Jerusalem sein sollen (Ex. 23,14–17; Deut. 16.16f.). Für die Galiläer kam wegen der Entfernung nur eine Wallfahrt im Jahr in Frage. Die Beteiligung von Frauen und Kindern neben den in erster Linie verpflichteten Männern ist Gegenstand rabbinischer Diskussionen.[13] **41** Als Jesus das zwölfte Lebensjahr erreicht hat, ziehen die Eltern (gemeint ist: mit ihm) hinauf nach Jerusalem. Strenggenommen ist das ein Jahr vor Eintreten der vollen religiösen Reife und der daraus erwachsenden Verpflichtung. Soll dadurch die besondere Frömmigkeit der Eltern betont werden?[14] Geht es um die Pflicht, die Kinder von früh an, je nach ihrem jeweiligen Vermögen an die Erfüllung der Gebote zu gewöhnen und die heiligen Vorschriften mit ihnen einzuüben?[15] Oder ist nur an eine runde Altersangabe gedacht, die Jesus an der Schwelle zwischen Kindheit und Jugend zeigt?[16] **43** Der fromme Eifer der Eltern Jesu wird auch darin sichtbar, daß sie die ganze Festwoche (Passa- und Mazzotfeier) in Jerusalem verbringen. Über diese mit *τελειωσάντων τὰς ἡμέρας* bezeichnete Frist hinaus blieb Jesus ohne Wissen seiner Eltern in Jerusalem zurück. **44** Da die Familien nicht allein wallfahrteten, sondern sich Dorfgemeinschaften zu Wallfahrtskarawanen zusammenschließen, wurde der Knabe nicht vermißt. Man suchte ihn bei Verwandten und Bekannten. **45** Ein mehrtägiges Suchen setzt ein: am Ende des ersten Tages der Rückwanderung wird er nicht gefunden, ein

[9] So *G. Erdmann*, a. a. O., 33; er teilt a) 40.42a.45b–47.51b.52 täuferisch; b) 49b vielleicht christliche Quelle; c) 41.42b.45a.50.51a Klammersätze des Bearbeiters.

[10] *B. van Jersel*, a. a. O., 168f.; *H. Schürmann*, Komm., 132f.

[11] So *P. Winter*, a. a. O., 178, der an einen Ursprung in einem (»nazoräischen«) Judenchristentum ohne christologisches Interesse denkt.

[12] *B. van Jersel*, a. a. O., 164f., 172.

[13] Str.-B. II, 141–144.

[14] So *K. H. Rengstorf*, Komm., 51.

[15] Str.-B. II, 144–147.

[16] *H. J. de Jonge*, a. a. O., 349f.

zweiter Tag dient zur Rückkehr nach Jerusalem, **46** der dritte Tag ist der Tag der Wiederauffindung im Tempel. Dieser gilt als Stätte der Lehre (wie auch in Luk. 19,47; 20,1). Dabei könnte das Vorhandensein von Synagogen bzw. Lehrhäusern im Tempelbereich vorausgesetzt sein.[17] Oder denkt der Erzähler an öffentliches Lehren nach Art antiker Weisheitsschulen?[18] Wenn Jesus sitzend – wahrscheinlich auf dem Fußboden – zuhört und Fragen stellt, dann begibt er sich ganz in die Traditionen schriftgelehrter Lehrweise, bei der im gemeinsamen Bemühen der Kundigen die Erkenntnis aus Hören und Fragen gewonnen wird. **47** Nicht als Schüler, sondern als Gesprächspartner soll Jesus gekennzeichnet werden. An einen Gegensatz zu den Lehrern ist nicht gedacht. Seine Fragen verraten Verständnis, und seine Antworten, die er auf Gegenfragen gibt, rufen Erstaunen der Anwesenden hervor. In Hören, Fragen und Antworten wird die ihm verliehene Weisheit als Einsicht in Wort und Wille Gottes offenbar. **48** In dieser Situation finden die Eltern das Kind auf. Ein ähnliches Motiv hat auch die legendäre Biographie des Eliezer ben Hyrkanos, der seinem Vater entläuft und im Lehrhaus in Jerusalem beim Tora-Studium aufgefunden wird.[19] Maria spricht den Knaben an und nennt ihn *τέκνον*. Sie fragt ihn, warum er ihr und Joseph (*ἡμῖν*) das angetan habe. Die Formulierung lehnt sich wohl bewußt an alttestamentliche Wendungen an.[20] Unter Schmerzen hat sie den Knaben gesucht. Was Simeon angekündigt hat, beginnt sich zu erfüllen: ihr Kind hat sich von den Eltern gelöst und ist ihnen fremd geworden. **49** Jesu Antwort – das erste Wort, das Lukas aus seinem Munde berichtet – spricht von dem Muß, unter dem er steht. Die äußere Form ist die der rhetorischen Frage. Sie verweist auf den Bereich, in dem Jesus sein muß, und meint damit den Tempel, der Ort der Gegenwart Gottes und die Stätte der Lehre des göttlichen Willens ist. Ob die hier ausgedrückte Vaterbeziehung von Anfang an streng christologisch gemeint ist[21] oder von jedem jüdischen Frommen so formuliert werden könnte,[22] bleibt für die Urgestalt umstritten. Gattungscharakter und redaktionelle Intention des Lukas deuten jedoch stärker in die erstere Richtung. Jesus verweist angesichts des irdischen Vaters auf den himmlischen (vgl. Luk. 3,23). In dieser Sohnschaft wurzelt seine Weisheit. **50** Die Eltern stehen dem Wort, das Jesus zu ihnen sagt, ohne Verständnis gegenüber. Das Geheimnis seiner Sohnschaft wird von ihnen nicht begriffen. **51** Mit der Angabe, daß er mit den Eltern nach Nazareth »herabzieht« und ihnen gehorsam ist, schließt die alte selbständige Erzählung. Sie bekommt einen doppelten Schluß: einen auf Maria und einen auf Jesus bezogenen. Von Maria wird gesagt: sie bewahrt alle diese Worte und Geschehnisse (*ῥήματα*) in ihrem Herzen (vgl. auch 2,19). Damit ist ihr Bild

---

[17] Zu diesem Text: *S. Safrai*, Pilgrimage to Jerusalem at the End of the Second Temple Period, in: Studies on the Jewish Background of the New Testament, Assen 1969, 12–21.

[18] *H. J. de Jonge*, a. a. O., 330, traut ihm (Lukas) einen beabsichtigten Kontrast zwischen dem Auftreten Jesu im Tempel und dem Auftreten des Paulus auf dem Areopag zu (hier Jerusalem, dort Athen).

[19] *E. bin Gorion*, Der Born Judas I, Leipzig 1978, 167–169.

[20] *A. Schlatter*, Komm., 205, verweist auf Gen. 20,9 LXX; R. Pesch, a. a. O., fügt hinzu: Gen. 12,18; 26,10; Ex. 14,11.

[21] So *H. Schürmann*, Komm., 136, der hier die »Radikalität des Sohngeheimnisses« ausgesprochen sieht.

[22] In diesem Sinne *P. Winter*, a. a. O., der verwandte Formulierungen in Targ. Jer zu Ex. 15,2 heranzieht.

durch Lukas gezeichnet als einer (auf Gottes Wort) Hörenden und (die Geschichte ihres Sohnes) Bewahrenden. Das wird durch die aus Markus übernommene und geschilderte Szene 8,19–21 nicht aufgehoben, andererseits durch 11,27f. bestätigt. So begegnet sie dann letztmalig Apg. 1,14 als Glied der wartenden Gemeinde. **52** Der andere Schluß spricht von einem Fortschreiten Jesu, er bezieht sich auf seine Weisheit (vgl. 2,40), auf seine leibliche Gestalt (*ἡλικία* = Wuchs, nicht Alter) und sein Verhältnis zu Gott und den Menschen. Er steht in Gottes Gnade (V. 40), und auch die Menschen begegnen ihm mit Wohlwollen. Das wird mit Worten ausgesagt, die an 1. Sam. 2,21.26 anklingen, so daß an einen Einfluß der Kindheitsgeschichte des Samuel gedacht werden kann. Mit dieser Formulierung ist die ganze Geschichte Jesu bis hin zu seinem öffentlichen Auftreten bei der Taufe (3,21) überbrückt.

II. Die Wirksamkeit des Johannes und die Anfänge des Wirkens Jesu 3,1–4,30

1. Die Wirksamkeit Johannes' des Täufers 3,1–20; Mark. 1,2–8; Matth. 3,1–12*

Der Evangelist Lukas gibt zunächst eine in sich geschlossene Darstellung der Wirksamkeit Johannes' des Täufers bis zu seiner Verhaftung und greift dann in 3,21 noch einmal hinter 3,20 zurück. Der Abschnitt setzt sich aus verschiedenen Stücken zusammen und läßt die redaktionelle Tätigkeit des Lukas gut erkennen. Vom Evangelisten selbst gebildet ist die Einleitung, die den weltgeschichtlichen Rahmen und die politisch-hierarchische Konstellation in Palästina zur Zeit des Auftretens des Johannes und damit auch Jesu umschreibt. Angesichts der breit ausgeführten Form der Zeitangabe (des Synchronismus) an dieser Stelle ist die Frage aufgeworfen worden, ob die Kindheitsgeschichte Luk. 1,5–2,52 später (von Lukas oder gar von anderer Hand) zugesetzt wurde. Die Rückbeziehung des vorliegenden Täuferberichts auf die Kindheitsgeschichte (»Sohn des Zacharias«; sein Wüstenaufenthalt in 1,80 und 3,2) läßt deren nachträgliche Voranstellung jedoch wenig wahrscheinlich erscheinen.[1] Bei der Schilderung des *Auftretens* des Täufers greift Lukas im wesentlichen auf Markus zurück. Die *Verkündigung* des Johannes bietet er in einem dreifach gegliederten Abschnitt dar. Der Ruf zur Umkehr angesichts des drohenden Gerichts (V. 7–9) entstammt, wie die fast gleichlautende Parallele bei Matth. 3,7–10 zeigt, aus der Spruchüberlieferung Q.[2] Ihm folgen die gewöhnlich als Standespredigt bezeichneten Antworten des Täufers an die Volksmenge, an Zöllner und Soldaten (V. 10–14). Sie handeln von den Früchten der Umkehr und entstammen der lukanischen Sonderüberlieferung (SLk). Der dritte Abschnitt, eingeleitet durch von Lukas

* Lit.: *A. Schlatter*, Johannes der Täufer (1888), hg. v. W. Michaelis, Basel 1956 – *M. Dibelius*, Die urchristliche Überlieferung von Johannes dem Täufer, FRLANT 15, Göttingen 1911, 46–67 – *W. Michaelis*, Täufer, Jesus, Urgemeinde, NTF II,3, Gütersloh 1928, 9–47 – *H. Sahlin*, Studien zum dritten Kapitel des Lukasevangeliums, UppsUnivÅrssk 1949/2, Uppsala 1949 – *C. H. Kraeling*, John the Baptist, New York 1951 – *W. Wink*, John the Baptist in the Gospel Tradition, NTS Monogr. Ser. 7, Cambridge 1968, 42–58 – *J. Becker*, Johannes der Täufer und Jesus, BSt 63, Neukirchen 1972 – *H. Merklein*, Die Umkehrpredigt bei Johannes dem Täufer und Jesus von Nazareth, BZ 25, 1981, 29–46.

[1] *G. Schneider*, Komm., 83. Vertreter der Protolukashypothese, *B. H. Streeter* u. a., lassen hier die von ihnen postulierte Grundschrift beginnen.

[2] Q könnte demnach mit einer Spruchgruppe begonnen haben, die die Gerichtspredigt des Täufers wiedergibt; vgl. dazu *A. Polag*, Christologie, 154f. Q wie Markus hätten dann mit der Darstellung des Täufers begonnen, und zwar mit einer Zusammenfassung seiner Verkündigung.

formulierte Aussagen über die an den Täufer sich knüpfende Messiaserwartung (V. 15), ist im Kern (V. 16.17) eine Kombination von Q-Überlieferung (vgl. Matth. 3,11f.) und Elementen aus Markus (1,7f.). Dieses Stück spricht von dem Kommenden. Der Schlußabschnitt (V. 18–20) kann als eigene Komposition des Lukas gelten. Dessen redaktionelle Kunst zeigt sich daran, wie er die Bestandteile verschiedener Herkunft und selbstformulierte Stücke zu einem eindrücklichen Gesamtbild zusammenfügt.

a) Geschichtliche Einordnung
3,1.2*

(1) Im fünfzehnten Jahr aber der Regierung des Kaisers Tiberius, als Pontius Pilatus Statthalter Judäas und Herodes Tetrarch Galiläas war, Philippus aber, sein Bruder, Tetrarch des ituräischen und trachonitischen Landes und Lysanias Tetrarch von Abilene, (2) unter den Hohenpriestern Hannas und Kaiphas, erging das Wort Gottes an Johannes, den Sohn des Zacharias, in der Wüste.

Die feierlich stilisierte Eingangsnotiz führt von der zugleich den reichsgeschichtlichen Rahmen bezeichnenden Zeitangabe über die in fünffacher synchronistischer Ausführung gebotene Umschreibung der staatlichen und religionspolitischen Verhältnisse in Palästina bis zur Aussage über die Berufung Johannes' des Täufers, die das in Luk. 1,80 Gesagte aufnimmt. Das Geschehen des Heils, dem das Wirken des Täufers zugeordnet ist, vollzieht sich in einer fest umrissenen weltgeschichtlichen Stunde in einem durch politische und hierarchische Mächte bestimmten Raum.

1 Das fünfzehnte Jahr des Kaisers Tiberius ist wahrscheinlich das Jahr 28/29. Seine Regierung begann im Jahre 14. Die Entscheidung darüber, ob man 27/28 oder 28/29 rechnet, hängt davon ab, ob man die Zeit von seinem Regierungsantritt (19. August) bis zum Jahresbeginn damaliger Zeitrechnung (30. September) als selbständiges Regierungsjahr miteinbezieht. In Judäa ist Pontius Pilatus Statthalter (26–36); auch Samaria gehört zu seinem Bereich. Über Galiläa und das Ostjordanland regiert als Tetrarch (Vierfürst) Herodes Antipas (4 v. Chr.–39 n. Chr.), der Sohn Herodes' des Großen, über das ituräische und trachonitische Land Philippus, sein Halbbruder, (4 v. Chr.–34 n. Chr.).[1]

---

* Lit.: *R. M. Grant*, The occasion of Luke III,1–2, HarvThRev 23, 1940, 151–154.

Zum religionsgeschichtlichen Hintergrund und zur Herkunft der Johannestaufe: *J. Leipoldt*, Die urchristliche Taufe im Lichte der Religionsgeschichte, Leipzig 1928 – *Joach. Jeremias*, Zum Ursprung der Johannestaufe, ZNW 28, 1929, 312–320 – *W. Michaelis*, Zum jüdischen Hintergrund der Johannestaufe, Jud 7, 1951, 81–120 – *T. F. Torrance*, Proselyte Baptism, NTS 1, 1954/55, 150–154 – *T. N. Taylor*, The Beginnings of Jewish Proselyte Baptism, NTS 2, 1955/56, 193–198 – *J. Gnilka*, Die essenischen Tauchbäder und die Johannestaufe, RevQumran 3, 1961, 185–207 – *G. Delling*, Die Taufe im Neuen Testament, Berlin 1963, 38–55 – *H. Braun*, Die Täufertaufe und die qumranischen Waschungen, TheolViat 9, Berlin-West 1963, 1–14 – *ders.*, Qumran und das Neue Testament II, Tübingen 1966, 1–29 – *R. Pesch*, Zur Initiation im Neuen Testament, LitJahrb 21, 1971, 90–107.

[1] Zur herodianischen Dynastie vgl. *B. Reicke*, Neutestamentliche Zeitgeschichte, Berlin-West [2]1968, 82ff.; *W. Grundmann*, in: Leipoldt/Grundmann, Umwelt des Urchristentums I, 160–164. Als Herrschaftsgebiet des Philippus nennt Josephus Gaulanitis, Trachonitis, Batanaea und Paneas (Ant. XVII, 8,1; etwas anders XVII, 11,4). Die Landschaftsbezeichnungen sind nicht einheitlich.

schließlich wird Lysanias genannt, der über Abilene mit der Hauptstadt Abila regiert, eine Landschaft, die sich nordwestlich am Libanon hinzog und zur Zeit des Lukas zu Palästina gehörte.[2] **2** Neben die politischen Autoritäten rückt Lukas die hierarchischen, zusammengefaßt unter dem auffälligen Singular *ἐπὶ ἀρχιερέως*. Er will andeuten: es gibt nur einen Hohenpriester; tatsächlich hatte der im Jahre 15 n. Chr. abgesetzte Hannas (Ananos), dessen Amtszeit von der seines Schwiegersohnes Kajaphas (18–36 n. Chr.) durch die nur kurze Amtsperiode seines Sohnes Eleasar getrennt ist, neben der hierarchischen Würde auch entscheidendes Mitspracherecht in der Leitung (vgl. auch Joh. 18,12f.). In dem so fixierten Zeitabschnitt erging das Wort Gottes an Johannes, den Sohn des Zacharias, in der Wüste. Nach Luk. 1,80 war er in der Wüste bis zu seiner Bestallung. Nun wird ihm das Wort gegeben, das ihn herausruft und in seine Wirksamkeit einsetzt. Die Formulierung erinnert an Jer. 1,21f., daneben auch an Hos. 1,1, wo bei der Nennung des Propheten auch der Name seines Vaters erscheint und die Zeitangabe durch die Aufzählung der jeweils regierenden Herrscher erfolgt.[3]

b) Das Auftreten des Täufers
3,3–6; Mark. 1,2–6; Matth. 3,1–6*

(3) Und er kam in das ganze Gebiet um den Jordan und verkündigte die Taufe der Umkehr zur Vergebung der Sünden, (4) wie geschrieben steht im Buche der Reden des Propheten Jesaja: »Stimme eines Rufenden in der Wüste: Bereitet den Weg des Herrn, macht gerade seine Pfade! (5) Jede Schlucht wird ausgefüllt werden, und jeder Berg und Hügel wird erniedrigt werden, und das Krumme wird zum Geraden, und die rauhen (werden) zu ebenen Wegen. (6) Und es wird alles Fleisch das Heil Gottes schauen.«

3 Dem Ergehen des Wortes (V. 2) entspricht das Kommen des Täufers (V. 3). Sein Wirkungsort ist nicht die Wüste (wie bei Markus und Matthäus), sondern die Jordangegend (*περίχωρος τοῦ Ἰορδάνου*).[1] Hier könnte eine Übereinstimmung mit Joh. 1,28; 3,22 vorliegen. Oder denkt sich Lukas Johannes als Wanderpropheten zwischen Totem Meer und See Genezareth?[2] Er nimmt die Formulierung des Markus auf, wenn er ihn eine Taufe der Umkehr zur Vergebung der Sünden (Mark. 1,4) ansagen läßt. Die Verbindung von Bußtaufe und Sündenvergebung ist als priesterliche Heilsideologie mit der Abkunft des Täufers (Luk. 1,5) in Verbindung gebracht worden.[3] Sie ist jedoch unabhängig vom Tempelkult und Opferdienst. Ferner ist zu beachten, daß für Lukas »Buße und Ver-

---

[2] Angaben über Lysanias bei Josephus, Ant. XIX, 5,1; XX, 7,1 sowie inschriftlich CIG 4521 und 4523.

[3] Die von *H. Sahlin*, a. a. O., 7–10, gezogene Folgerung, Lukas habe hier eine im Stil der sakralprophetischen Geschichtsschreibung verfaßte Vorlage gehabt, in der sich Luk. 1–2 fortsetzen, wird schwerlich zu halten sein.

* Lit.: *H. Thyen*, Baptisma metanoias eis aphesin hamartion, in: Zeit und Geschichte, Festschr. f. R. Bultmann, Tübingen 1964, 97–125 – *G. Beasley-Murray*, Die christliche Taufe, Kassel 1968, 53–69 – *T. Schramm*, Markusstoff, 34–36.

[1] Im Interesse einer Harmonisierung mit Matthäus/Markus hat man *πᾶσαν τὴν περίχωρον τοῦ Ἰορδάνου* mit *κηρύσσων* verbinden (so *Th. Zahn*, Komm., 190) oder *τοῦ Ἰορδάνου* streichen wollen (so *H. Sahlin*, a. a. O., 12).

[2] So *H. Schürmann*, Komm., 160.

[3] Dazu *H. Thyen*, a. a. O., 121.

gebung nur Vorbereitung und Bedingung des Heils, nicht aber das Heil selbst« sind.[4] So bleibt Johannes auch als der zur sündenvergebenden Taufe Rufende der Vorläufer. **4** Der Zug der Jerusalemiten und Judäer zu Johannes, ihr Bekenntnis der Sünden und die Schilderung des asketischen Auftretens des Täufers fehlen bei Lukas.[5] Statt dessen folgt das wesentlich ausführlichere Zitat aus Jesaja, in dem deutlich werden soll, daß in Botschaft und Wirken des Täufers der Ruf zur Umkehr und die Verheißung des Heils miteinander verbunden sind. Nur der Anfang stimmt mit Markus überein (Mark. 1,3 = Jes. 40,3). **5** Daß Lukas das Jesajazitat bis hin zur Heilsverheißung fortführt, ergibt sich aus seiner Sicht jenes Geschehens, das durch den Täufer vorbereitet wird. In den Worten des Propheten findet er das bevorstehende Heilshandeln Gottes angesagt. Das Trennende füllt er aus, Unebenheiten begradigt er, er demütigt das Hohe. **6** Vor allem um der universalen Aussage willen, daß alles Fleisch Gottes Heil schauen wird, hat Lukas das bei Markus nur in Kurzform dargebotene Zitat erweitert.[6] Die Formulierung (*τὸ σωτήριον*) und die universalistische Perspektive erinnern an Luk. 2,30–32: das Heil Gottes für alle Völker wird von Simeon geisterfüllt vorausblickend geschaut und im Wirken des Johannes vorbereitet. Das letzte Wort des Zitats bildet auch die Brücke von Johannes zu Jesus.[7]

c) Der Ruf des Täufers zur Umkehr 3,7–9; Matth. 3,7–10*

(7) Er sprach nun zu den Volksmengen, die herausgezogen waren, um sich von ihm taufen zu lassen: »Schlangenbrut, wer hat euch gewiesen, daß ihr dem kommenden Zorn entfliehen werdet? (8) Wirket nun rechte Früchte der Umkehr und fangt nicht an, bei euch selbst zu sagen: Zum Vater haben wir Abraham. Ich sage euch nämlich: Es kann Gott aus diesen Steinen Abraham Kinder wecken. (9) Schon aber liegt die Axt an der Wurzel der Bäume. Jeder Baum aber, der keine gute Frucht bringt, wird abgehauen und ins Feuer geworfen.«

Im Aufbau der jetzt einsetzenden Wiedergabe der Botschaft des Täufers (3,7–18) mit der Dreiheit Umkehrruf, ethische Ermahnung, missionarische Verkündigung könnte sich Lukas an ein ihm vertrautes Schema der urchristlichen Taufunterweisung (vgl. Apg. 2,37ff.) angelehnt haben.[1] Über die Herkunft der Elemente dieser Komposition ist damit jedoch keineswegs entschieden.

7 Die Anrede des Johannes gilt den zur Taufe Herauskommenden. Er redet sie (und nicht nur wie bei Matth. 3,7 die Pharisäer und Sadduzäer) als Schlangenbrut an. Sie tragen Schlangenart an sich (vgl. auch 1QH II, 17) und gehören somit dem Widersacher zu

[4] *H. Thyen*, a. a. O., 97, Anm. 2.
[5] Vgl. jedoch Luk. 1,15; 7,33.
[6] Anders *H. Schürmann*, Komm., 160, der an eine Übernahme des ganzen Stücks aus Q denkt.
[7] *M. Dibelius*, a. a. O., 51.

* Lit.: *P. Hoffmann*, Logienquelle, 15–33 – *S. Schulz*, Spruchquelle, 366–378 – *F. Lang*, Erwägungen zur eschatologischen Verkündigung Johannes' des Täufers, in: Jesus Christus in Historie und Theologie, Festschr. f. H. Conzelmann, Tübingen 1975, 459–473 – *A. Polag*, Christologie, 154–156.
[1] *H. Schürmann*, Komm., 179ff.; *G. Schneider*, Komm., 85.

(Joh. 8,44). Nicht einer Gruppe, sondern dem ganzen Volk wird in der Aufnahme der prophetischen Scheltrede die es auszeichnende Gottessohnschaft (Hos. 11,1; Jes. 1,2) abgesprochen. Für sie wird es keine rettende Flucht geben, wenn das unmittelbar bevorstehende Zorngericht Gottes (vgl. Röm. 2,5) hereinbricht.[2] **8** Notwendig ist nicht nur die Umkehr, sondern auch die Frucht, die der Umkehr entspricht. Darin stimmt der Täufer mit dem Rabbinat überein. R. Eliezer ben Jakob hat gesagt: »Umkehr und gute Werke sind wie ein Schild vor Gottes Strafe« (Abot IV, 11). Auch die Berufung auf Abraham vermag nicht zu retten. Die hier zugespitzte Kritik an einem nationalen Erwählungsglauben ist in der prophetischen Predigt des AT vorbereitet, aber nicht erreicht.[3] Aus seiner prophetischen Vollmacht (*λέγω ὑμῖν*) sagt er: Gott kann in seiner Schöpferkraft eine neue Abrahamsnachkommenschaft erschaffen (vgl. Röm. 4,17). Die verblüffende Formulierung »Söhne – Steine« ist die Wiedergabe eines aramäischen Wortspiels (בניא – אבניא) und dürfte an die Steine am Jordanufer anknüpfen. **9** Das entscheidende Handeln Gottes steht unmittelbar bevor (*ἤδη*) – um diese Andringlichkeit des Gerichts, nicht um die Gerichtserwartung an sich geht es in der Täuferpredigt. Sie verdichtet sich in einem einprägsamen Bildwort: Die Erde ist bereits vom Wurzelwerk des Baumes entfernt, die Axt liegt schlagbereit an der Wurzel. Nur der Baum bleibt, der Frucht bringt. Für den fruchtlosen Baum bleibt nur Abhauen und Verbrennen übrig. Die pluralische Form unterstreicht den Gedanken der Scheidung, der auch im Ruf zur Umkehrtaufe vorausgesetzt ist.[4]

d) Die Frucht der Umkehr
3,10–14*

(10) Und es fragten ihn die Volksmengen und sprachen: »Was sollen wir tun?« (11) Er antwortete und sprach zu ihnen: »Wer zwei Röcke hat, gebe dem, der keinen hat, und wer Speise hat, tue ebenso.« (12) Es kamen aber auch Zöllner, um sich taufen zu lassen, und sie sprachen zu ihm: »Lehrer, was sollen wir tun?« (13) Er aber sprach zu ihnen: »Zieht nicht mehr ein, als was euch vorgeschrieben ist.« (14) Es fragten ihn aber auch Soldaten und sprachen: »Was sollen wir denn nun tun?« Und er sagte zu ihnen: »Mißhandelt niemanden und erpreßt niemanden und begnügt euch mit eurem Sold.«

10 Lukas unterbricht die Zusammenstellung der Johannessprüche aus Q, um einen Abschnitt aus der Sonderüberlieferung SLk einzufügen, der das Stichwort Früchte der Umkehr (3,8) konkretisiert. Die in sich geschlossene, dreigegliederte ethische Unterweisung (Volk, Zöllner, Soldaten) stellt eine Parallele zu den Angaben des Josephus (Ant. XVIII,

---

[2] Vgl. aeth. Hen. 90,18; 91,7; Weish. 5,21 sowie das bei Str.-B. I, 115f. enthaltene Material.

[3] Sie findet ihren Widerhall in der Polemik der nachneutestamentlichen Zeit, wenn es etwa bei Justin heißt: »Eure Lehrer meinen, daß denen, die aus dem Samen Abrahams nach dem Fleisch sind, auch wenn sie Sünder sind und ungläubig und gegen Gott ungehorsam, das ewige Reich gegeben werde« (Dial. 140,2).

[4] Zu Recht betont *F. Lang*, a. a. O., 466: »Hätte sich Johannes das Gericht als Totalvernichtung vorgestellt, dann wäre seine Taufe sinnlos gewesen.«

* Lit.: *H. Sahlin*, Die Früchte der Umkehr. Die ethische Verkündigung Johannes' des Täufers nach Lk. 3,10–14, Uppsala 1949 – *T. Holtz*, Die Standespredigt Johannes' des Täufers, in: Ruf und Antwort, Festschr. f. Emil Fuchs, Leipzig 1964, 461–474.

5,2) über Johannes dar.[1] Die Bezeichnung Standespredigt ist nur bedingt richtig, da sich die Belehrung des Täufers (vgl. die Anrede *διδάσκαλε*, V. 12) zunächst an die zusammengekommenen Volksmengen richtet. Diese fragen, was sie tun sollen, um gerettet zu werden, nämlich vor dem Zorngericht. Die Frage erinnert an Apg. 2,37. **11** Die Antwort des Täufers hält sich jedoch hier und im Folgenden im Rahmen kasuistisch formulierter Konkretisierung des Liebesgebots.[2] Vielleicht ist eine unmittelbare Anknüpfung gegeben. Wer mit zwei Leibröcken gekommen ist, um sich vor der Kälte der Nacht zu schützen, und wer genügend Speise für den langen Weg mitgebracht hat, gebe dem ab, der beides entbehrt. Aber das gilt über die augenblickliche Situation hinaus: in einer Welt, in der die Menschen an Nahrung und Kleidung Mangel leiden, steht schon der Mehrbesitz, nicht erst der Reichtum, unter dem Anspruch des zum Geben verpflichtenden Liebesgebotes. **12** Unter denen, die zur Taufe kommen, befinden sich auch Zollpächter (vgl. zu Mark. 2,14). Sie werden nicht zurückgewiesen, vielmehr mit einer von der Liebesforderung bestimmten neuen Gerechtigkeit konfrontiert (vgl. Luk. 7,29; Matth. 21,32). **13** Dazu werden sie nicht nach pharisäischer Art aus ihrem Beruf herausgerufen, wenn sie umkehren wollen. Was von ihnen verlangt wird, erinnert an das Gelöbnis des Zachäus (Luk. 19,8). Doch was dort (noch konkreter gefaßt) als Antwort erscheint, begegnet in der Täuferpredigt als Forderung.[3] **14** Als eine zweite Gruppe aus der Menge treten die Soldaten heraus. Gemeint sind Leute aus der Truppe des Herodes Antipas, nicht römische Soldaten. Auch von den Söldnern wird nicht die Trennung von ihrem Beruf verlangt, sondern ihnen wird auf die Frage, was sie tun müßten, geantwortet, sie sollen sich hüten vor gewalttätigem Raub[4] und vor Erpressung durch falsche Beschuldigung. Dementsprechend wird Genügsamkeit mit dem zustehenden Sold verlangt. Auch diese Mahnung enthält wie die beiden vorausgegangenen nichts, was den vorchristlichen Rahmen überschreitet. Der Grundbestand des Stücks könnte aus täufernahen Kreisen der in SLk gesammelten Überlieferung zugekommen sein.[5] Für die Aufnahme war wohl die der Grundlinie von SLk nahekommende Ausrichtung auf sozialethische Konkretisierung entscheidend.

e) Die Verheißung des Kommenden
3,15–17; Mark.1,7.8; Matth. 3,11.12*

(15) Als das Volk aber wartete und alle in ihren Herzen Überlegungen anstellten über Johannes, ob er nicht etwa selbst der Messias wäre, (16) antwortete Johannes und sagte zu allen: »Ich zwar taufe euch mit Wasser, es kommt aber der, der stärker ist als ich, dem ich nicht würdig bin, den Riemen seiner Sandalen zu lösen. Der wird euch taufen mit hei-

---

[1] Vgl. dazu *T. Holtz*, a. a. O., 461.

[2] *T. Holtz* verweist auf den Unterschied zur Nachfolgeforderung und Mark. 10,17ff.

[3] *T. Holtz* rechnet damit, daß Lukas die traditionsgeschichtlich ältere Täuferpredigt bei der Ausgestaltung der Zachäusperikope verwendet hat.

[4] Zu *διασεύειν* vgl. POxy 240,5 (aus dem Jahre 37 n. Chr.): *διασεσευσμένῳ ὑπὸ στρατιώτου.*

[5] Vgl. das Urteil *H. Schürmanns*, Komm., 183, über die traditionsgeschichtliche Herkunft der Täufersprüche dieser Komposition im allgemeinen: »Die Annahme nachösterlicher christlicher Bildung ist in keiner Weise erwiesen.«

* Lit.: siehe zu 3,7–9.

ligem Geist und Feuer. (17) Die Worfschaufel hat er in seiner Hand, zu reinigen seine Tenne und zu sammeln den Weizen in seine Scheune, die Spreu aber wird er verbrennen mit unauslöschlichem Feuer.«

15 Der von Lukas gebildete Übergangsvers, der ein Stück aus SLk und aus Q verbindet, leitet zu einem neuen Thema über: der Messiasverkündigung des Täufers. Die Frage (die unausgesprochene Erwägung) ist so formuliert, daß sie die Möglichkeit gibt, falsche Vorstellungen über den Täufer abzuwehren, die aus seinem Jüngerkreis kommen: Johannes ist als messianische Gestalt gewertet worden. Die Pseudoclementinen bekämpfen diese Sicht; die mandäische Literatur vertritt sie; auch das Johannesevangelium kennt und bestreitet sie (1,6–8.15.19ff.). **16** In der Antwort des Täufers greift Lukas auf Q zurück, nimmt aber auch Formulierungen des Markus auf. Johannes stellt sich als Wassertäufer dem »Stärkeren« gegenüber und betont seine Unterlegenheit. Vor dem Kommenden ist er geringer als der niedrigste Sklave, ungeeignet selbst zum Lösen des Sandalenriemens (vgl. Mark. 1,7). In der ursprünglichen Täuferpredigt ist der Kommende der mit den Zügen apokalyptischer Messianologie ausgestattete Gerichtsherr. Lukas versteht mit der christlichen Gemeinde unter dem Kommenden Jesus. Um den messianischen Ansprüchen aus dem Täuferkreis zu begegnen, unterstreicht Johannes, daß der Kommende sein Nachfolger ist (*ὀπίσω μου*, Matth. 3,11; Mark. 1,7), und bezeichnet ihn als den, der mit dem heiligen Geist und Feuer tauft. Der das Heil nur vorbereitenden (s. o. zu Luk. 3,3) Wassertaufe des Johannes tritt die geistmitteilende Taufe des »Stärkeren« gegenüber. Das in der Charakterisierung dieser Taufe neben *πνεῦμα ἅγιον* stehengebliebene *πῦρ* erinnert an den in der ursprünglichen Täuferpredigt enthaltenen apokalyptischen Sinn der von ihm angekündigten messianischen Taufe: *πῦρ* meint das Gerichtsfeuer, vor dem oder durch das hindurch die Empfänger der messianischen Geisttaufe gerettet werden.[1] Lukas, der die Ansage der Messiastaufe unapokalyptisch versteht und an die christliche Taufe denkt, konnte *πῦρ* deshalb stehenlassen, weil er es als Parallelausdruck für *πνεῦμα ἅγιον* auffaßte (vgl. 12,49f.; 24,32; Apg. 2,3).

17 Der Kommende gleicht dem Landmann, der mit der Worfschaufel auf der Tenne die Ernte in die Luft wirft. Während die schweren Weizenkörner zu Boden fallen, wird die leichte Spreu vom Winde weggeweht (vgl. Jes. 41,16). Der Weizen kommt in die Scheune, während die Spreu als Heizung dient.[2] Im Unterschied zur rabbinischen Literatur wird hier nicht im Weizen Israel, in der Spreu die Heidenvölker gesehen.[3] In packenden Bildern und knapp einprägsamen Sätzen wird die der Täuferpredigt eigene Verbindung von endzeitlicher Sammlung und eschatologischer Scheidung ausgedrückt. Lukas könnte diese Verheißung innergeschichtlich bezogen und an die ekklesiologische Sammlung beginnend mit der Geisttaufe an Pfingsten gedacht haben.[4]

---

[1] So *F. Lang*, a. a. O., 469–471; ganz anders *H. Thyen*, a. a. O., 10, nach dem die Geisttaufe nicht zur Täuferverkündigung gehörte.

[2] Zum Worfeln auf der Tenne vgl. *G. Dalman*, Arbeit und Sitte in Palästina I, 2, Gütersloh 1928, 551f.

[3] *Str.-B.*, 1, 122.

[4] So *G. Schneider*, Komm., 87.

f) Das Ende des Täufers
3,18–20

(18) Indem er nun vieles andere an Ermahnungen sagte, richtete er dem Volk die frohe Botschaft aus. (19) Herodes aber, der Tetrarch, wurde von ihm zurechtgewiesen um der Herodias, der Frau seines Bruders, willen und um aller Übeltaten willen, die Herodes getan hatte. (20) Und er fügte auch dies dem allen hinzu; und er schloß Johannes im Gefängnis ein.

18 Lukas, der den Abschnitt selbständig formt, läßt erkennen, daß er einen Auszug aus der Verkündigung des Täufers gegeben hat.[1] Der Verweis auf weitere Mahnungen soll wie in Apg. 2,40 die Eindringlichkeit der Täuferpredigt unterstreichen. Er bezeichnet sie als Heilsbotschaft – *εὐαγγελίζεσθαι* –, weil er sie von der Verkündigung Jesu her versteht. Das Auftreten des Täufers, die Botschaft Jesu und die Verkündigung der Apostel werden mit dem gleichen Begriff bezeichnet. Daß die Täuferpredigt schon Evangelium im eigentlichen Sinn ist, soll durch diese Wendung nicht ausgesagt werden (vgl. Luk. 16,16). **19** Das Ende wird dem Täufer durch den Tetrarchen Herodes Antipas bereitet. Die Zurechtweisung (*ἐλεγχόμενος ὑπ' αὐτοῦ*) seiner gesetzeswidrigen Verbindung erinnert an Elias (1. Kön. 21,17ff.; vgl. Luk. 1,14ff.). **20** So erfüllt sich auch an ihm das Schicksal des Propheten. Lukas berichtet von der Einschließung des Täufers (nach Josephus, Ant. XVIII, 5,2 in der Felsenfeste Machärus über dem Ufer des Toten Meeres), nicht jedoch von seinem Märtyrertod, der aber in 9,7–9 vorausgesetzt wird. Mit dieser Nachricht kommt der Bericht über die öffentliche Wirksamkeit des Täufers zum Abschluß, bevor das Wirken Jesu, einsetzend mit der Taufe durch Johannes, zur Darstellung gelangt.

2. Die Taufe Jesu
3,21.22; Mark. 1,9–11; Matth. 3,13–17*

(21) Es geschah aber, als das ganze Volk getauft wurde und Jesus getauft wurde und betete, daß sich der Himmel öffnete (22) und herabstieg auf ihn der Heilige Geist in leiblicher Gestalt wie eine Taube und eine Stimme aus dem Himmel erging: »Du bist mein geliebter Sohn, an dir habe ich Wohlgefallen.«

Besonders umstritten ist die Lesart der Taufstimme V. 22b. Im Unterschied zu den Mehrheitszeugen

[1] *πολλὰ μὲν οὖν καὶ ἕτερα* = vieles andere nun.

* Lit.: *G. O. Williams*, The Baptism in Luke's Gospel, JThSt 45, 1944, 31–38 – *H. Braun*, Entscheidende Motive in den Berichten über die Taufe Jesu von Markus bis Justin, ZThK 50, 1953, 39–43 = Ges. Stud. zum Neuen Testament und seiner Umwelt, Tübingen 1962, 168–172 – *H. Schlier*, Die Verkündigung der Taufe Jesu nach den Evangelien, Geist und Leben 28, 1955, 414–419 = Aufsätze zur biblischen Theologie, Leipzig 1969, 135–142 – *A. Feuillet*, Le baptême de Jésus, RevBibl 71, 1964, 321–352 – *G. Voss*, Christologie, 83–94 – *W. Wilkens*, Wassertaufe und Geistempfang bei Lukas, ThZ 23, 1967, 26–47 – *F. Lentzen-Deis*, Die Evangelien zwischen Mythos und Geschichtlichkeit, dargestellt an den Berichten über die Taufe Jesu, Theol. Akad. 5, Frankfurt/M. 1968, 88–113 = Theol. Jahrb. 1970, 81–98 – *ders.*, Die Taufe Jesu nach den Synoptikern, Frankfurt a. Main 1970, bes. 284–286 – *L. Hartmann*, Taufe, Geist und Sohnschaft, in: A. Fuchs, Jesus in der Verkündigung der Kirche, StNTU 1, Wien/München 1976, 89–106.

(B, א, Koine, A. W, Θ u. a.), die den gleichen Wortlaut wie Markus 1,11b bieten, lesen wir bei D, it sowie bei den Väterzeugen Justin, Clem. Alex., Origenes u. a. den Text von Ps. 2,7 LXX *υἱός μου εἶ σύ, ἐγὼ σήμερον γεγέννηκά σε.* Diese von zahlreichen neueren Auslegern bevorzugte Lesart könnte naheliegend erscheinen, weil sie den Charakter direkter Anrede hat. Gegen eine von Lukas vorgenommene Abänderung der Markusvorlage zugunsten ungeschmälerter Zitierung von Ps. 2,7 spricht jedoch, daß er diese Psalmstelle Apg. 13,33 auf die Auferstehung Jesu bezieht. Das Ebioniterevangelium enthält in einem seiner Spruchstücke (Epiph. 30,13, bei E. Hennecke/W. Schneemelcher, Neutestamentliche Apokryphen 1, 103) eine Kombination beider Taufworte; der Einfluß des Lukas auf die Gestaltung ist nicht zu verkennen.

Wie bei Markus folgt auf den Bericht über den Täufer Johannes der über die Taufe Jesu. Jedoch muß Lukas hinter 3,19f. zurückgreifen, indem er die Tauftätigkeit des Johannes anspricht, in die er die Taufe Jesu einbezieht. Grundstruktur und zentraler Motivbestand – offener Himmel, taubenähnlich herabkommender Geist, Himmelsstimme – bleiben, wenn auch in modifizierter Gestalt, erhalten. Das Problem der formgeschichtlichen Einordnung stellt sich auch hier. Die an den Markusbericht (bzw. an eine postulierte Vorlage) herangetragenen Modelle des *Epiphanieberichts*[1] oder der *Theophanie*[2] haben sich als unangemessen erwiesen. Es bleiben die Bestimmung als einer *Christusgeschichte eigener Art*, dargeboten *mit den Mitteln* des *apokalyptischen Erzählstils*[3], und der Versuch, die Grundstruktur der Taufgeschichte als *Verbindung von Faktum* und *Deutevision* zu erklären[4]. Diese in der Schriftauslegung der Targume aufgewiesene Redegattung artikuliert im Rahmen der dort gebotenen Paraphrase des Alten Testaments Anfangs- und Höhepunktereignisse im Leben von Gestalten der Heilsgeschichte.[5] Sie bietet der Gemeinde die Möglichkeit, Rang und Vollmacht Jesu bei seinem ersten Auftreten in der Öffentlichkeit erklärend darzustellen. Für ein Verständnis als *Berufungsvision*[6] bedeutet das Fehlen eines Auftragswortes eine kaum überwindbare Schwierigkeit.

In der Gestaltung geht Lukas eigene Wege. Es dürfte auf seine redaktionelle Tätigkeit zurückzuführen sein, daß er die Taufe Jesu hineinstellt in die große Taufbewegung des Johannes und sie gleichsam im Vorübergehen in Form eines Gen. abs. erzählt: diese Zurückdrängung hängt wohl mit der Anstößigkeit der Sündertaufe Jesu zusammen.[7] Diese Tendenz verstärkt sich noch in den Berichten der Folgezeit (Joh. 1,32–34; Justin, Dial. 88,3). Auch daß Jesus betet und der Geist als heiliger Geist bezeichnet wird und in leibhaftiger Gestalt erscheint, geht auf die gestaltende Arbeit des Lukas zurück. Seiner Erzählweise entspricht die Tendenz zu erbaulich-ekklesialer Stilisierung (Gebet bei der Taufe, Verbindung von Taufe und *Heiligem* Geist), aber auch zu objektivierender Darstellung. So liest er statt des markinischen *εἶδεν σχιζομένους τοὺς οὐρανούς* (Mark. 1,10) das direkte *ἀνεῳχθῆναι.* Der zweimalige Singular *οὐρανός* bei Lukas im Unterschied zum

[1] *M. Dibelius*, Formgeschichte, 270–273; *H. Schlier*, a. a. O., 136.

[2] So *E. Lohmeyer*, Markus, KEK I,2, Göttingen [10]1963, 21f., und zahlreiche andere Ausleger; zur Kritik vgl. *F. Lentzen-Deis*, a. a. O., 90f.

[3] So *H. Schürmann*, Komm., 197.

[4] So *F. Lentzen-Deis*, a. a. O., 95ff.

[5] A. a. O., 97.

[6] So *K. Berger*, Die königlichen Messiastraditionen des Neuen Testamentes, NTS 20, 1973/74, 1–44; bes. 28f.

[7] *H. Braun*, a. a. O., 168f. Abweichend *H. Schlier*, a. a. O., 138, der die Solidarität mit den Sündern in der Erwähnung der Taufe des ganzen Volkes ausgedrückt findet.

Plural *οὐρανοί* bei Markus und Matthäus entstammt der griechischen Sprach- und Denkweise des Lukas. Übereinstimmung mit Matthäus gegen Markus (*ἐπ' αὐτόν* statt *εἰς αὐτόν* beim Herabkommen des Geistes, Part. Aor. Pass. *βαπτισθείς* zur Bezeichnung des Taufaktes) hat die Frage aufkommen lassen, ob neben der Taufgeschichte des Markus eine solche in Q vorhanden war, aus der Lukas geschöpft habe.[8] Die gegebenen Übereinstimmungen zwischen Matthäus und Lukas reichen jedoch zu einer solchen Annahme nicht aus. Daß Q wie Markus mit der Trias Täufer, Taufe, Versuchung begonnen haben, paßt nur schwer zum Charakter von Q als einer Redequelle. Für den jetzigen Aufbau des Lukasevangeliums könnte es von Bedeutung sein, daß Johannes und Jesus, von denen seit 1,5 im überbietenden Nebeneinander berichtet wird, nun einander begegnen. Die Überbietung bestünde darin, daß vor Johannes Jesus als Sohn Gottes bestätigt und durch Herabkunft des Geistes auch als Geisttäufer eingesetzt wird.

21 Mit der Erwähnung der Tauftätigkeit des Johannes greift Lukas hinter die in 3,19 berichtete Gefangennahme des Täufers zurück: in 3,3 war die Umkehrtaufe Inhalt seiner Verkündigung. Formal gesehen haben wir es also mit einem Nachtrag im Täuferbericht zu tun. Das ganze Volk – vgl. Mark. 1,5 – läßt sich taufen, darunter befindet sich auch Jesus. Da er zum ersten Mal vor dem Volk auftritt, zeigt Lukas ihn sofort als Betenden (vgl. 5,16; 6,12; 9,18.28f.; 11,1). V. 21 bildet mit dem folgenden Vers einen einzigen, von *ἐγένετο* abhängigen Satz, so daß Öffnung des Himmels und Herabkunft des Geistes und Ergehen der Himmelsstimme mit der betend empfangenen Taufe engstens verbunden sind. **22** Lukas spricht vom Heiligen Geist, der auf ihn herabkommt, für ihn ist die Taufe Jesu nicht nur »Messiasweihe«, sondern Urbild und Voraussetzung der christlichen Taufe. Der aus dem Geist Erzeugte (vgl. 1,35) empfängt den Geist: das ist für Lukas offenbar kein Widerspruch. Die Geistsalbung gehört zu seiner persönlichen Ausstattung (4,1.14.18), sie macht ihn aber auch zum Geisttäufer (3,16), in dessen Wirken die nachösterliche Geisttaufe der Gemeinde (Apg. 2,38) gründet. Die objektivierende Darstellung des Lukas hebt auf ein Geschehen ab, das mehr ist als eine Vision Jesu. Dem dient auch der ausdrückliche Hinweis auf die leibliche Gestalt der Taube, die den Geist abbildet. Dazu tritt als Zielpunkt der Schilderung die Himmelsstimme, die Jesus seiner Sohnschaft versichert. Versteht man sie als direkte Stimme Gottes, nicht als *bat qol*, die nur ein Echo der Gottesstimme wäre,[9] so gewinnt damit das Geschehen den Charakter einer eschatologischen Manifestation: in der Endzeit redet Gott wieder unmittelbar.[10] Es bleibt die Frage, ob für Lukas diese die eigene geschichtstheologische Konzeption sprengende Sicht erschwinglich sein konnte oder ob ihm mehr an höchster Steigerung des proklamativen Charakters der Szene gelegen war. Der Inhalt der Stimme, der im Anschluß an die Markusvorlage wiedergegeben wird (zum textkritischen Problem s. o.), erweitert die Anrede des Gottesspruchs in Ps. 2,7 (*σὺ εἶ ὁ υἱός μου*) mit einer attributiven und relativischen Bestimmung (*ὁ ἀγαπητός, ἐν σοὶ εὐδόκησα*), die an die Gottesknechtslieder Jes. 42,1; 44,2 anklingt. An einen Anfang des Ebed-Bewußtseins Jesu bei der Taufe[11] denkt der innere

---

[8] Negativ beantwortet von *G. O. Williams*, a. a. O.
[9] Zur bat qol vgl. Str.-B. I, 125–134.
[10] Dies die Deutung von *H. Schürmann*, Komm., 190.
[11] In diese Richtung denkt *O. Cullmann*, Christologie, 65ff.

Vorgänge gänzlich aussparende Bericht ebensowenig wie an eine aufgrund terminologischer Berührung mit Gen. 22,2.12.16 erwogene Isaak-Typologie.[12] Vielmehr geht es darum, daß Gott selbst den Sohn identifiziert und ihn der Welt als den von ihm Erwählten (zu *εὐδοκεῖν* im Sinne von Erwählung vgl. 2,14) präsentiert.

3. Der Stammbaum Jesu 3,23–38; vgl. Matth. 1,2–17*

(23) Und es war Jesus selbst, als er begann, etwa 30 Jahre, er war, wie man annahm, ein Sohn des Joseph, des Eli, (24) des Matthat, des Levi, des Melchi, des Jannai, des Joseph, (25) des Mattathias, des Amos, des Nahum, des Esli, des Naggai, (26) des Maath, des Mattathias, des Semei, des Josech, des Joda, (27) des Johanan, des Resa, des Serubabel, des Salathiel, des Neri, (28) des Melchi, des Addi, des Kosam, des Elmadam, des Er, (29) des Jesus, des Eliezer, des Jorim, des Matthat, des Levi, (30) des Simeon, des Juda, des Joseph, des Jonam, des Eljakim, (31) des Melea, des Menna, des Mattatha, des Nathan, des David, (32) des Jesse, des Jobed, des Boas, des Sala, des Naasson, (33) des Aminadab, des Admin, des Arni, des Esrom, des Phares, des Juda, (34) des Jakob, des Isaak, des Abrahams, des Thara, des Nahor, (35) des Seruch, des Ragau, des Phalek, des Eber, des Sala, (36) des Kainam, des Arphachsad, des Sem, des Noah, des Lamech, (37) des Methusalem, des Henoch, des Jaret, des Maleleel, des Kainam, (38) des Enos, des Seth, des Adam, Gottes.

In V. 23 erscheint das *υἱός, ὡς ἐνομίζετο* in abweichender Wortfolge (in Koine, *Θ*: *ὡς ἐνομίζετο υἱός*; in D *ὡς ἐνομίζετο εἶναι υἱός*), was die Annahme einer redaktionellen – eher lukanischen – Einfügung dieser Stelle zu stützen scheint. – Daß D in V. 23–31 die Namen der matthäischen Genealogie Jesu von Joseph bis David aufweist, kann nur als Zeugnis naiver Harmonistik, bezeichnenderweise zugunsten des Matthäus, gewertet werden.

Zwischen Taufe und Versuchung unterbricht Lukas den bei Markus bestehenden Zusammenhang, um einen Stammbaum einzufügen. Die mit Bedacht gewählte Stellung ist von großer christologischer Tragweite. Durch die Himmelsstimme bei der Taufe wurde Jesus als geliebter Sohn proklamiert. Der als Sohn Gottes Ausgerufene ist, wie der Stammbaum ausweist, voller und wahrer Mensch. Man kann diese Sicht als Entfaltung des im Bekenntnissatz Röm. 1,3f. Ausgesagten verstehen. Durch die Einfügung der Genealogie könnte insofern ein Widerspruch zur Kindheitsgeschichte entstehen, als diese die Lebensentstehung Jesu auf die Schöpferkraft des Heiligen Geistes und die Jungfrau Maria zurückführt, während der Stammbaum die Ahnenreihe des Joseph darbietet.[1] Die für ein

---

[12] So *R. Pesch*, Anfang des Evangeliums Jesu Christi, in: Die Zeit Jesu, Festschr. f. H. Schlier, Freiburg 1970, 128ff.

* Lit.: *G. Kuhn*, Die Geschlechtsregister Jesu bei Lukas und Matthäus nach ihrer Herkunft untersucht, ZNW 22, 1923, 206–228 – *M. Lambertz*, Die Toledoth in Mt. 1–17 und Lc. 23bff., in: Festschr. f. Franz Dornseiff, Leipzig 1953, 201–225 – *Joach. Jeremias*, Jerusalem zur Zeit Jesu, Berlin [2]1958, II B, 145–168 – *M. J. Moreton*, The Genealogy of Jesus, in: StudEv II, TU 87, Berlin 1964, 219–224 – *M. D. Johnson*, The Purpose of the Biblical Genealogies, NTS Monogr. Ser. 8, Cambridge 1969, 229–252 – *Chr. Burger*, Jesus der Davidssohn, FRLANT 98, Göttingen 1970, 116–123 – *E. L. Abel*, The Genealogies of Jesus, NTS 20, 1974, 203–210 – *E. Lerle*, Die Ahnenverzeichnisse Jesu, ZNW 72, 1981, 112–117.

[1] Die immer wieder geäußerte Vermutung, Lukas biete in Wirklichkeit den Stammbaum der Maria

angemessenes Verständnis entscheidende Vorstellung, daß die rechtliche Vaterschaft des Joseph die geburtliche Deszendenz gleichsam überlagert, wird durch das *υἱός, ὡς ἐνομίζετο* nur eben angedeutet. Durch diese Zurückhaltung unterscheidet sich Lukas von Matthäus, in dessen Geburtsankündigungsgeschichte (1,18–25) vorausgesetzt wird, daß Jesus mit der als Adoption zu wertenden Namensgebung durch Joseph in dessen (davidische) Familie eingepflanzt wird.[2] Unübersehbar sind auch die Unterschiede in den Stammbäumen beider Evangelien. Während Matthäus bei Abraham beginnt und auf Jesus herabführt, beginnt Lukas bei Jesus und führt in einer Genealogienreihe zu Adam hinauf. Hier könnte das Interesse einer hellenistischen Gemeinde zur Geltung kommen, der weniger an dem volksgeschichtlichen Zusammenhang mit David und Abraham als an dem menschheitsgeschichtlichen mit Adam lag. Kaum auszugleichen ist die genealogische Reihe zwischen Jesus und David,[3] die nicht nur in den Namen, sondern auch der Zahl der Generationen nach in den beiden Evangelien auseinanderfällt. Matthäus führt den Stammbaum über Salomon und scheint die Reihe der legitimen Träger des Königsamtes im Auge zu haben, während Lukas über den unbekannten Davidssproß Nathan führt.[4] Die Genealogien begegnen sich, insofern nach dem Exil die Fortführung der Davidlinie an Serubabel geknüpft ist.

Daß es sich auch bei dem im Lukasevangelium vorliegenden Stammbaum um ein kunstvolles, mehrere Vorlagen zusammenfügendes Gebilde handelt, ist kaum zu bestreiten. Als Quelle dürften die Chronikbücher gedient haben (1. Chron. 1,1–34; 2,3–15), für die Reihe zwischen Abraham und Adam Gen. 5,3–32 und 11,20–26. Umstritten ist, ob der ursprüngliche Stammbaum die uns vorliegenden 77 Glieder hatte oder nur 72. Letzteres ist im Anschluß an eine auf die lukanische Genealogie bezogene Angabe Iren., adv. haer. III, 32,1 vermutet worden.[5] Bleibt man bei 77 Gliedern, dann könnte man an das Schema einer Zwölfwochenapokalypse denken.[6] Jesus wäre am Ende der elften der jeweils durch sieben Generationen repräsentierten Weltperiode geboren. Als Vollender der elften wäre er zugleich Anfänger der zwölften und letzten Periode, der eschatologischen Zeit. Hier würden die Zurückführung auf Adam und die Stellung in der apokalyptischen Zeitordnung einander in universalem Sinn ergänzen: der Anfänger und Schöpfer der eschatologischen Menschheit.

(so zuletzt noch *B. Weiß*), hat keinen Anhaltspunkt; vgl. die Kritik von *Th. Zahn*, Komm., 208–212.

[2] *A. Schlatter*, Der Evangelist Matthäus, Stuttgart 1929, 7ff.

[3] Der Versuch einer Angleichung führt über wenige unsichere Positionen nicht hinaus. Mit der auf Julius Africanus (um 230) zurückgehenden Hypothese der Leviratsehe zu arbeiten (so *K. Bornhäuser*, Geburts- und Kindheitsgeschichte, 23ff.), ist gewagt und führt nicht weiter.

[4] Daß eine Beziehung zum Propheten Nathan beabsichtigt und somit der Königslinie (Salomo) des Matthäus eine prophetische entgegengestellt sei, vermutet *M. D. Johnson*, a. a. O., 240–252.

[5] In diesem Falle müßten fünf Namen ausgeschieden werden. *Joach. Jeremias*, a. a. O., 164, denkt an Resa (ursprünglich nicht Eigenname, sondern Titel »Fürst« zu Serubabel), Melea oder Menna als Dittographie, Aminsdab für die Kurzform Admin, Matthat und Levi, die doppelt aufeinander folgen und entweder in V. 24 oder V. 29 zu streichen sind. Zur Kritik vgl. *H. Schürmann*, Komm., 203, Anm. 119.

[6] Bar. Apok. 53–72; 4. Esra 14,11; vgl. *Str.-B.* IV, 986f.; nachdrücklich erwogen von *K. Bornhäuser*, Geburts- und Kindheitsgeschichte, 21f.

Unbeschadet solcher theologischen Gestaltungsabsicht kann die Frage nach dem historischen Wert des nachexilischen Teils des Stammbaums gestellt werden. Sie erscheint freilich erheblich kompliziert, wenn die Annahme zu Recht besteht, daß in 23–26a und 29–31 zwei Parallelüberlieferungen zusammengefügt sind, worauf das doppelte Vorkommen von Namen in der Reihe zwischen Jesus und Mattathias hinweisen soll.[7] *Joach. Jeremias* rechnet dennoch für diesen Teil der lukanischen Genealogie – im Unterschied zu der bei Matthäus vorliegenden – mit der Verwendung von authentischem Material.[8] Geht man von der davididischen Abkunft des Joseph aus, so ist die Aufstellung und Bewahrung von Genealogien gerade für die spätere nachexilische Zeit keineswegs undenkbar.[9] Hält man aber diese trotz der der Sippe Jesu anhaftenden Tradition davididischer Herkunft[10] nicht für erweisbar, so wird man auch die Authentizität der Genealogien bezweifeln.[11]

23 Die Taufe Jesu gibt Lukas Anlaß, sein ungefähres Alter bei Beginn seines Auftretens auf etwa dreißig Jahre festzusetzen. Das weist auf alttestamentliche Vorbilder: das Alter der Priester (Num. 4,3), das des Joseph bei Beginn seiner großen Wirksamkeit (Gen. 41,46), das der Salbung zum König bei David (2. Sam. 5,4), das der Berufung zum Propheten bei Ezechiel (Hes. 1,1). Die Altersangabe ist also typisch, nicht im strengen Sinne biographisch zu werten. Das *ἐνομίζετο* ist Einlassung des Lukas selbst, der darin seine Aussage mit der Kindheitsgeschichte ausgleicht, schwerlich erst das Werk eines späteren Redaktors. **24–38** Geht man von der uns vorliegenden Genealogie ohne Kürzungen aus, so führen 3 × 7 Namen von Jesus bis Serubabel, 3 × 7 von Salathiel bis zum Davidssohn Nathan, 2 × 7 von David bis Isaak und 3 × 7 von Abraham bis Adam. Der letzte Genitiv kennzeichnet diesen als Gottes Werk und Schöpfung. Somit ist Jesus selbst sowohl auf das Schöpfungswerk, das mit der Erschaffung des ersten Menschen anhebt, bezogen als auch in die Geschichte des Heils, die mit Abraham beginnt, eingefügt.

4. Die Versuchung Jesu
4,1–13; Mark. 1,12f.; Matth. 4,1–11*

(1) Jesus aber, voll Heiligen Geistes, kehrte zurück vom Jordan und wurde vom Geist in die Wüste geführt (2) vierzig Tage, versucht vom Teufel. Und er aß nichts in jenen Tagen, und als sie vollendet waren, hungerte ihn. (3) Es sprach aber zu ihm der Teufel: »Wenn du Gottes Sohn bist, sprich zu diesem Stein, daß er Brot werde.« (4) Und es ant-

[7] *G. Kuhn*, a. a. O., 207.

[8] A. a. O., 168; vgl. auch *A. Schlatter*, Komm., 216.

[9] Josephus, c. Ap. I, 7, (30–31). Umstritten ist die Notiz des Julius Africanus, Herodes habe die Stammbäume der hebräischen Geschlechter verbrennen lassen, um seine eigene fremde Abkunft zu verdunkeln (bei Euseb. hist. eccl. I, 7,13).

[10] Der aus palästinensischer Überlieferung schöpfende, um 180 schreibende Hegesipp weiß noch davon, daß die Enkel des Herrenbruders Judas beim Verhör durch Domitian ihre davididische Abkunft bekannten (Euseb., hist. eccl. III, 19.20), und kennt den Vetter Jesu und Jakobusnachfolger in Jerusalem Simeon als Davididen (ib. III, 32,3ff.).

[11] Vgl. das skeptische Urteil des Philologen *M. Lambertz*, a. a. O., 208ff., der die Unterschiede der Stammbäume zu den Unterschieden der jeweiligen Kindheitsgeschichte in Beziehung setzt.

* Lit.: *E. Fascher*, Jesus und der Satan, Hall. Monogr. 11, Halle 1949 – *W. Schmauch*, In der Wüste,

wortete ihm Jesus: »Geschrieben steht: Nicht vom Brot allein lebt der Mensch.« (5) Und er führte ihn hinauf und zeigte ihm alle Königreiche des Erdkreises in einem Augenblick. (6) Und es sprach zu ihm der Teufel: »Dir werde ich diese ganze Macht und ihre Herrlichkeit geben, denn mir ist sie übergeben, und wem ich will, gebe ich sie. (7) Wenn du nun kniefällig anbetest vor mir, wird sie dir ganz gehören.« (8) Und es antwortete Jesus und sagte ihm: »Geschrieben steht: Du sollst den Herrn, deinen Gott, anbeten und ihm allein dienen.« (9) Er führte ihn aber nach Jerusalem und stellte ihn auf das Flügelchen des Tempels und sprach zu ihm: »Wenn du Gottes Sohn bist, wirf dich hier hinab. (10) Denn geschrieben steht: Seinen Engeln hat er deinetwillen Befehl gegeben, dich zu bewahren (11) und daß sie dich auf Händen tragen werden, damit du deinen Fuß nicht an einen Stein stößt.« (12) Und es antwortete ihm Jesus: »Gesagt ist: Du sollst den Herrn, deinen Gott, nicht versuchen.« (13) Und als der Teufel alle Versuchung beendet hatte, ließ er von ihm ab bis zu einem gelegenen Zeitpunkt.

Eine Reihe von Textkorrekturen bei D in V. 2 (*σατανᾶ* statt *διάβολος*), V. 3 (Plural statt Singular), V. 4 (Fortführung des Zitats aus Deut. 8,3), V. 5 (Charakterisierung des Ortes als *ὄρος ὑψηλὸν λίαν*, Ersetzung von *τῆς οἰκουμένης* durch *τοῦ κόσμου*) und der Koinegruppe in V. 4 (Fortführung w. o.), V. 5 (Einführung des *διάβολος* als Subjekt) und V. 8 (an den Satan gerichtete Apopompe) zeigen an, in welchem Maße die Matthäusversion normierend eingewirkt hat. Der Extremfall ist dort erreicht, wo wie in it, Ambrosiaster das Spezifikum der Lukasfassung, die Reihenfolge der Versuchungen auf dem Berg und in der Stadt, zugunsten der matthäischen Abfolge umgekehrt wird.

Die Versuchungsgeschichte ist mit dem Vorausgehenden in doppelter Weise verklammert. Unmittelbar schließt sie sich an den mit Adam endenden Stammbaum (3,38) an: das läßt an das Urbild aller Versuchungen denken und impliziert die Vorstellung, daß es hier um die Bewährung des Anfängers der neuen Menschheit geht. Mittelbar folgt sie wie bei Markus der Taufe: im Mittelpunkt steht die Erprobung der dort zugesprochenen Gottessohnschaft (3,22).

Im Unterschied zur Versuchungsgeschichte bei Markus (vgl. 1,12f.) hat Lukas wie Matthäus ein dreifaches Streitgespräch zwischen Jesus und dem Versucher, das beide Q entnommen haben dürften. Freilich weist die Gestaltung Unterschiede auf, sowohl in der Aufeinanderfolge der Versuchungen als auch in den Einzelheiten. Die Mehrzahl der neueren Forscher tritt für die Ursprünglichkeit der Matthäus-Abfolge ein.[1] Wesentlich ist die Beobachtung von *E. Fascher*[2] über die zentrale Bedeutung des Berges bei Matthäus und des Tempels (und der Stadt Jerusalem) bei Lukas im Zusammenhang ihrer Deutung der Versuchungsgeschichte.

---

in: In Memoriam E. Lohmeyer, Stuttgart 1951, 202–223 – *K.-P. Köppen*, Die Auslegung der Versuchungsgeschichte unter besonderer Berücksichtigung der Alten Kirche, BGbE 4, Tübingen 1961–*G. Baumbach*, Das Verständnis des Bösen in den synoptischen Evangelien, ThA 19, Berlin 1963, 169–177 – B. Gerhardsson, The Testing of God's Son, Coniectanea Bibl. NewTestSer 2,1, Lund 1966 – *J. Dupont*, Die Versuchung Jesu in der Wüste (überarb. dt. Fassung von *ders.*, L'arrière-fond biblique du Récit des Tentations de Jésus, NTS 3, 1956/57, 287–304), SBS 37, Stuttgart 1969 – *P. Hoffmann*, Die Versuchungsgeschichte in der Logienquelle, BZ 13, 1969, 207–223 – *S. Schulz*, Spruchquelle, 177–190 – *P. Pokorný*, The Temptation Stories and their Intention, NST 20, 1973, 115–127 – *W. Wilkens*, Die Versuchungsgeschichte Luk. 4,1–13 und die Komposition des Evangeliums, ThZ 30, 1974, 262–272 – *A. Polag*, Christologie, 146–151.

[1] *E. Fascher, G. Baumbach, P. Hoffmann, S. Schulz* und *P. Pokorný* jeweils a. a. O. Für die Gegenposition bringt *H. Schürmann*, Komm., 218f., beachtenswerte Argumente.

[2] A. a. O., 24, Anm. 1.

Die ältere Fragestellung, ob es sich bei den Versuchungen um die Prüfung des Sohnesgehorsams oder um die Erprobung von Jesu Verständnis der Messianität handelt, ist im Blick auf Lukas eher im ersteren Sinne zu entscheiden. Neuerdings bemüht man sich, stärker zu differenzieren zwischen der Vorlage (Q) und der bei Lukas (und Matthäus) vorliegenden Gestalt. So sieht *S. Schulz* in der Vorlage eine schriftgelehrte Auseinandersetzung um das, was Gottessohnschaft bedeutet,[3] in der die Mose-Thora gegen eine *ϑεῖος-ἀνήρ*-Christologie aufgeboten wird;[4] für *P. Hoffmann* steht sie im Zeichen der Zurückweisung jener messianischen Hoffnung, die von Sikariern und Zeloten vertreten wird, und damit der Begründung für die Nichtbeteiligung der Gemeinde an der von jenen ausgelösten politischen Bewegung;[5] *P. Pokorný* denkt an eine Abwehr jüdischer Opponenten gegen die Messianität Jesu im Bereich des hellenistischen Judentums.[6]

Eine stärkere Einbindung in die Redeformen der jüdischen Traditionsliteratur, als es bei der herkömmlichen Einordnung des Erzählkerns als (schriftgelehrtes) Streitgespräch möglich ist, findet sich bei *B. Gerhardsson* und *J. Dupont*. Sie setzen statt dessen einen haggadischen Midrasch voraus, in dem Jesus als Antityp zu Israel, dem Sohn Gottes in der Wüste, erscheint, wobei Deut. 6–8 als Hintergrund dient. Die Beziehung auf das Sch'ma bildet das Kernstück; durch seine Übernahme weist Jesus sich im Unterschied zu Israel als der wahre, die Versuchung bestehende Sohn aus.[7] *A. Polag*, der diese Deutung für die früheste Traditionsstufe akzeptiert,[8] rechnet schon für Q mit einer Verschiebung zu einem aktuellen christologischen Interesse.[9]

Die Interpretation wird davon auszugehen haben, daß diese oft nur hypothetisch konstruierten Beziehungen von Lukas nur indirekt aufgenommen wurden. Für ihn ist die Einordnung der Versuchungsgeschichte in die ihm eigene heilsgeschichtliche und paradigmatisch-aktualisierende Schau charakteristisch. Wenn die Erzählung Jesus und den Teufel konfrontiert, so spricht sie in der Sprache des Mythos und nicht der Geschichte; sie sagt in dieser Sprache aus, was für die Gemeinde Sohnschaft Gottes bedeutet; dieses Urteil aber hat sie nicht aus sich, sondern aus Jesus gewonnen.

Für Lukas hat der Rückblick auf die Versuchung Jesu aber auch eine paränetische Funktion. Die Zeit des neuen Gottesvolkes ist eine Zeit der Versuchungen und Anfechtungen durch den Satan. In ihnen dient der Geistträger Jesus, das Urbild der Getauften, der in dreifacher Versuchung dem Teufel widerstand, als Vorbild und als Stärkung der Gewißheit endgültigen Sieges.

1 Mit der Feststellung, Jesus sei voll Heiligen Geistes (*πλήρης πνεύματος ἁγίου*, vgl. Apg. 7,55) wird auf die Tauferzählung zurückgegriffen. Er kehrt aus der Jordangegend zurück und wird dabei durch den Geist (Verstärkung durch Verdoppelung!) in die Wüste geführt. An die Stelle des gewaltsamen *ἐκβάλλει* bei Markus tritt bei Lukas das paulinisch bestimmte *ἤγετο* (vgl. Röm. 8,14; Gal. 5,18). **2** In der Wüste, die der Ort der Dämonen wie des Heilsbeginns ist,[10] wird Jesus, der Geistträger, versucht. Lukas spricht von einem vierzigtägigen Wüstenaufenthalt (Kombination mit Mark. 1,12?), während er die Ver-

[3] A. a. O., 184.
[4] A. a. O., 189.
[5] A. a. O., 219.
[6] A. a. O., 125.
[7] *B. Gerhardsson*, a. a. O., 62–66, 76–79.
[8] A. a. O., 146ff.
[9] A. a. O., 15f.
[10] *W. Schmauch*, a. a. O., 214f.

suchung an das Ende rückt. Wo Matthäus das stärker terminologische *νηστεύειν* (Fasten als Handlung, vorzugsweise im rituellen Sinn) hat, begnügt sich Lukas mit dem einfachen *οὐκ ἔφαγεν:* das Nichtessen ergibt sich aus der Wüstensituation. Anlaß der Versuchung ist der Hunger, der am Ende dieser Zeit eingetreten ist. Dieses wird in lukanischer Weise bezeichnet: *συντελεσθεισῶν αὐτῶν*. Die Versuchung geht vom Teufel aus, der hier als *διάβολος*, als der Versucher, erscheint, der das Verhältnis zwischen Gott und Mensch zerrütten und zerstören will.[11] Dementsprechend wird bei *πειράζειν* der Ton »auf die Probe stellen« nicht zu überhören sein. Auch nach jüdischer Auffassung trifft die Versuchung den Gerechten als Erprobung; vgl. Gen. rabba 55,2: »Gott versucht nicht die Gottlosen. Warum? Weil sie nicht stehen können.« Die Versuchung dient als Erprobung der Festigung des Gerechten. **3** Auch im Zerrspiegel der diabolischen Anrede wird die Gottessohnschaft als Teilhabe an der schöpferischen Vollmacht verstanden (Ps. 33,9). An ein nach außen gerichtetes (Manna-)Wunder denkt Lukas jedenfalls nicht mehr. Der Singular *λίθος – ἄρτος* verdeutlicht den Gedanken, daß *ein* Brot genügen würde, um ihn zu sättigen. **4** Die Zurückweisung erfolgt durch ein Schriftwort in einer gegenüber der Vorlage (vgl. Matth. 4,4) verknappten Gestalt. Es erinnert an die Erprobung des Volkes in der Wüste und die wunderbare Speisung. (Kontext von Deut. 8,3: Er speiste dich mit Manna, »um dir kundzutun, daß der Mensch nicht von Brot allein lebt«.) Hier erfährt es jedoch eine neue Deutung. Der als Sohn Gottes Angeredete erscheint als der (neue) Mensch, der sein Leben vertrauend von Gott empfängt. **5** Jesus wird in einen »raptus diabolicus«[12] hinaufgeführt – gemeint ist auf einen Berg, jedenfalls an einen Ort, der ihn die *οἰκουμένη* und alle ihre Reiche überschauen läßt. Das mythisch-apokalyptische Motiv (vgl. Bar. Apok. 76,3) erhält eine neue Funktion. **6** Aus dem kurzen Satz, wie ihn Matth. 4,8 bietet, ist eine Rede geworden. In ihr wird das Motiv verstärkt, daß der Versucher über die Reiche der Welt, ihre Macht und ihre Herrlichkeit gebietet. Die vorliegende Gestalt des Dialogs teilt die Sicht, die den Teufel als (zwischenzeitlichen) »Herrscher der Welt« versteht (vgl. Joh. 12,31; 14,30; 16,11). Eine spezielle Beziehung zum römischen Imperium ist jedoch angesichts der lukanischen Staatsauffassung nicht anzunehmen. Das Anerbieten klingt an die bei der Adoption des Königs zum Gottessohn gesprochene Verheißung an, die in der Fassung des Psalmtargums (Ps. Targ. zu 2,8) lautet: »Verlange von mir, so werde ich geben die Reichtümer der Völker dir zum Eigentum und zu deinem Besitz die Herrschaften der Erde.« **7** Angeboten wird nicht die Weltherrschaft schlechthin, sondern die Herrschaft aus des Teufels Hand und (dies ist für die heilsgeschichtliche Sicht des Lukas entscheidend) zu diesem Zeitpunkt. Der Versucher will Jesus »das sofort geben, was dieser gemäß dem göttlichen Heilsplan erst nach einer bestimmten Folge notwendiger Fakten von Gott erhalten kann«.[13] Aber die mit der Teufelsanbetung erkaufte »diabolische Inthronisation«[14] eröffnet nicht das Reich des Sohnes, sondern bedeutet den Sieg des Satans. **8** So antwortet Jesus mit einem Satz aus dem Sch'ma, dem täglich gebeteten Grundbekenntnis Israels (Deut. 6,13). Der die Versuchung zurückweisende neue Mensch unterwirft sich dem, dem allein Anbetung (Proskynese) und Dienst gebühren, zugleich erweist er sich als Anfänger des wahren

[11] *E. Fascher*, a. a. O., 28.
[12] *H. Schürmann*, Komm., 210.
[13] *G. Baumbach*, a. a. O., 171.
[14] *H. Schürmann*, Komm., 212.

Israel. Die Abwehr des politischen Messianismus spielt dabei eine nur untergeordnete Rolle.[15] **9** Der Schauplatz der dritten Versuchung bei Lukas ist der Tempel. Der Versucher stellt Jesus auf das »Flügelchen« des Tempels; damit ist entweder nach b. Pes. 35b ein Flügel an der äußeren Tempelmauer in Form eines über die Straße vorspringenden Balkons oder ein altanartiger Vorbau oberhalb eines Tempeltores (vgl. Euseb., hist. eccl. II, 23,11ff.) gemeint. Aus späterer Zeit stammt die Überlieferung, daß sich der Messias auf dem Dach des Heiligtums stehend offenbaren wird (Pesikr. r. 36,162a bei Str.-B. I, 151). Die Versuchung durch den Teufel am heiligen Ort – das ist nicht nur für den Juden eine unglaubliche Vorstellung, sie muß auch Lukas als Höhepunkt des Greuels erschienen sein. Wiederum wird Jesus (wie in der ersten Versuchung) auf seine Gottessohnschaft angesprochen und aufgefordert, sich im Zutrauen auf Gottes Verheißung hinabzustürzen. Nach der Versuchung zur Eigensucht und zum Abfall setzt der Teufel im Zentrum an, bei der im bedingungslosen Vertrauen gründenden Sohnesbeziehung. **10** So greift der Versucher selbst auf Gottes Wort zurück; er verwendet, was Jesus zu seiner Abwehr benutzt hatte. Zitiert wird Ps. 91,11f., der vom schützenden Geleit der Engel spricht und **11** verheißt, daß der angeredete Fromme von ihnen auf Händen getragen wird und sein Fuß nicht an einen Stein stoßen wird. **12** Jesus antwortet mit einem Schriftwort aus dem Zusammenhang Deut. 6–8, also aus dem Umkreis des Sch'ma: »Du sollst den Herrn, deinen Gott, nicht auf die Probe stellen« (Deut. 6,16). Auch daran wird deutlich, daß weniger an eine Versuchung zu einem Schauwunder gedacht ist als an die selbstmächtige Erprobung der Gottesbeziehung. Das Gegenbild des gehorsamen Sohnes ist der Magier, für den kennzeichnend ist, was von Simon Magus berichtet wird: ego per aerem volavi, lapides panem feci, de monte in montem volatu transeavi (Ps. Clem. Rec. III, 47,2). **13** Der Schlußsatz geht auf Lukas zurück. Nach Vollendung (*συντελέσας*, vgl. V. 2: *συντελεσθεισῶν αὐτῶν*) der Versuchung läßt der Teufel ab bis zu der in Gottes Plan vorgesehenen Zeit (vgl. Luk. 22,3). Damit ist die in Jerusalem zu ihrem Höhepunkt geführte Versuchungsgeschichte mit dem in Jerusalem vollendeten Leiden verbunden. Die Passion kann als Gegenangriff Satans nach der hier geschilderten Niederlage verstanden werden. Der am Anfang des öffentlichen Wirkens erfochtene Sieg über den Teufel »ermöglicht die von der Satansmacht freie Jesuszeit«.[16] Der zweite Adam, Gottes geliebter Sohn, ist an der Versuchung nicht zu Fall gekommen.

5. Die Rückkehr nach Galiläa
4,14.15; Mark. 1,14f.; Matth. 4,12–17*

(14) Und Jesus kehrte in der Kraft des Geistes nach Galiläa zurück. Und die Kunde über ihn ging aus durch den ganzen Umkreis. (15) Und er selbst lehrte in ihren Synagogen, gepriesen von allen.

---

[15] Gegen *P. Hoffmann*, a. a. O., 214.
[16] H. Schürmann, Komm., 205.

* Lit.: *H. Schürmann*, Der »Bericht vom Anfang«. Ein Rekonstruktionsversuch auf Grund von Lk 4,14–16, StudEv II, TU 87, Berlin 1964, 242–258 – *J. Delobel*, La rédaction de Luc IV,15–16 et le »Bericht vom Anfang«, EphTheolLov 32, 1973, 203–233 – *M. Völkel*, Der Anfang in Galiäa, ZNW 64, 1973, 222–232.

Wie Markus berichtet auch Lukas analog zu Matthäus nach Taufe und Versuchung von der Rückkehr Jesu nach Galiläa. Inwieweit er von einer Vorlage abhängig ist, ist schwer zu entscheiden. Mark. 1,14f. kann es nicht gewesen sein (Fehlen der Verbindung mit der Verhaftung des Johannes und der Zusammenfassung der Lehre Jesu). *H. Schürmann*, der diesen Versen ein starkes Gewicht gibt, denkt an eine sehr eigenständige lukanische Verarbeitung eines weiteren Berichtes über die erste Verkündigung und das erste Auftreten Jesu, einem der Redequelle vorgebauten Gegenstück zu Mark. 1,14–39. Dessen Spuren glaubt er weit verstreut bei Matthäus und Lukas selbst entdecken zu können. Der ganze überkomplizierte Rekonstruktionsversuch steht im Dienste seiner Hypothese eines »Berichts vom Anfang«, der als Gegenpol zum Passionsbericht die Voraussetzung der Gattung »Evangelienschrift« als einer Darstellung des Weges Jesu zwischen seinem Kommen und seinem Ausgang gebildet hat. Seine Rekonstruktion und die Annahme eines »Berichts vom Anfang« überhaupt sind nicht ohne Widerspruch geblieben.[1] Beschränkt man sich auf eine Bestimmung der Funktion des Stücks innerhalb des Evangeliums, so bleibt es bei der Auskunft *H. Conzelmanns*, daß es Lukas darum geht, eine Übersicht über den gesamten ersten Zeitraum des Wirkens Jesu zu geben;[2] dabei ist die entscheidende Bedeutung von Galiläa für diese Phase zu beachten.[3]

14 Jesus kehrt zurück nach Galiläa, von wo ihn Taufe und Versuchung fortgeführt haben. Galiläa taucht hier erstmalig auf. In 3,22 hatte es Lukas im Unterschied zu Mark. 1,9 ausgespart. Die ihn bestimmende »Kraft des Heiligen Geistes« weist zurück auf die Taufe (kaum auf die Auseinandersetzung mit dem Satan). Die Notiz, daß sich das Gerücht von Jesus ausbreitet (vgl. Mark. 1,28; Matth. 9,26), ist von Lukas so akzentuiert, daß er das Gebiet, in dem Jesus wirkt, von dem unterscheidet, in das sein Ruf dringt und aus dem man zu ihm kommt (die *περίχωρος*). **15** Da Jesu zuerst als Lehrer gesehen wird, tritt er in den Synagogen (d. h. als Schriftausleger) auf. Daß er von allen gepriesen wird, gehört gleichfalls zum lukanischen Bild von der Wirkung Jesu (vgl. 2,13.20.28; 7,16).

6. Der Beginn in der Synagoge von Nazareth 4,16–30; vgl. Mark. 6,1–6a; Matth. 13,53–58*

(16) Und er kam nach Nazareth, wo er aufgezogen war, und er ging nach seiner Gewohnheit am Sabbattag in die Synagoge, und er stand auf, vorzulesen. (17) Und es wurde ihm die Buchrolle des Propheten Jesaja übergeben, und er rollte die Buchrolle auf und fand die Stelle, an der geschrieben stand: (18) »Geist des Herrn (ruht) auf mir, weil er mich

[1] *J. Delobel*, a. a. O.
[2] *H. Conzelmann*, Mitte der Zeit, 21.
[3] Vgl. dazu *M. Völkel*, a. a. O.

* Lit.: *A. Finkel*, Jesus' Sermon at Nazareth, in: Abraham unser Vater, Festschr. f. Otto Michel, Leiden/Köln 1963, 106–115 – *P. Billerbeck*, Ein Synagogengottesdienst in Jesu Tagen, ZNW 55, 1964, 143–161 – *C. H. Cave*, The Sermon at Nazareth and the Beatitudes in the light of the Synagogue Lectionary, in: StudEv III, TU 88, Berlin 1964 – *A. Strobel*, Das apokalyptische Terminproblem in der sog. Antrittspredigt Jesu, ThLZ 92, 1967, Sp. 251–254 (erw. Fassung s. u. in: E. Gräßer u. a., 38–51) – *L. C. Crockett*, Luke 4,25–27 and the Jewish-Gentile Relations in Luke and Acts, JBL 88, 1969, 177–183 – *H. Schürmann*, Zur Traditionsgeschichte der Nazareth-Perikope, in: Mélanges B. Rigaux, Gembloux 1970, 187–205 – *D. Hill*, The Rejection of Jesus at

gesalbt hat, Frohbotschaft zu verkündigen den Armen, er hat mich gesandt, zu verkündigen den Gefangenen Freiheit und den Blinden Augenlicht, zu entsenden Niedergebeugte in Freiheit, (19) zu verkündigen das angenehme Jahr des Herrn.« (20) Und er rollte die Buchrolle zu und gab sie dem Diener zurück, und er setzte sich. Und die Augen aller in der Synagoge waren gespannt auf ihn gerichtet. (21) Er begann aber zu ihnen zu sprechen: »Heute ist erfüllt diese Schrift vor euren Ohren.« (22) Und alle gaben ihm Beifall und wunderten sich über die Worte der Gnade, die aus seinem Munde kamen, und sprachen: »Ist dieser nicht der Sohn des Joseph?« (23) Und er sprach zu ihnen: »Gewiß werdet ihr mir dieses Sprichwort sagen: Arzt, hilf dir selbst! Was wir gehört haben, das in Kapharnaum geschehen ist, tue auch hier in deiner Vaterstadt.« (24) Er sagte aber: »Amen, ich sage euch: Kein Prophet ist in seiner Vaterstadt willkommen. (25) Wahrhaftig aber sage ich euch: Viele Witwen waren in den Tagen des Elia in Israel, als der Himmel verschlossen war drei Jahre und sechs Monate, als eine große Hungersnot über das ganze Land kam, (26) und zu keiner wurde Elia gesandt außer nach Sarepta in Sidonien zu einer Frau, die Witwe war. (27) Und viele Aussätzige waren in Israel zur Zeit des Propheten Elisa, und keiner von ihnen wurde gereinigt außer Naeman der Syrer.« (28) Und alle, die in der Synagoge das hörten, wurden von Zorn erfüllt, (29) standen auf und warfen ihn aus der Stadt hinaus und führten ihn bis auf einen Bergabhang, auf dem ihre Stadt erbaut war, um ihn hinabzustürzen. (30) Er aber schritt mitten durch sie hindurch und wanderte fort.

V. 16: Der Ortsname begegnet in unterschiedlicher Gestalt. Eine Mehrzahl der Zeugen liest *Ναζαρέϑ*, eine Lesart, die auch in der abweichenden Schreibweise *Ναζαρέδ* (D) sowie in der Form *Ναζαράτ* (A, *Θ*, syr^sin^) begegnet. Bei einer bedeutsamen Minderheit (א*, B*, Orig) findet sich die sonst nur Matth. 4,13 vorkommende Form *Ναζαρά*. Falls man diese (mit *H. Schürmann*, Komm., 228) auch bei Lukas als lectio difficilior bevorzugt, stellt sich die Frage nach dem Zusammenhang beider Stellen (Herkunft aus Q?). Wahrscheinlicher ist freilich, daß es sich um die in späterer Zeit ortsübliche (syrische) Form handelt, die hier einkorrigiert wurde. V. 17: Das hier gemeinte Aufrollen wird durch das *ἀναπτύξας*, in א, D, *Θ*, Koinegruppe besser wiedergegeben als durch das *ἀνοίξας* der Mehrheit. V. 18: Ein Teil der Überlieferung (Koinegruppe, *Θ*, Iren., Hippol.) ergänzt hinter *με* entsprechend Jes. 61,1 LXX *ἰάσασϑαι τοὺς συντετριμμένους τῇ καρδίᾳ* (bzw. *τὴν καρδίαν*). Daß Lukas diese Stelle nicht bringt, erscheint um so auffälliger, als sie gut zu 4,23 paßt (vgl. *T. Holtz*, Untersuchungen über die alttestamentlichen Zitate bei Lukas, TU 104, 39ff.). Dennoch läßt der Befund den Schluß zu, daß es sich um eine nachträgliche Angleichung an einen bekannten Bibeltext handelt.

Jesu Auftreten in Nazareth ist für Lukas Urbild und Schlüssel seines öffentlichen Wirkens. Was sich in der Synagoge seiner Vaterstadt abspielt, weist voraus auf Passion und Errettung, ja über den irdischen Weg hinaus auf die Annahme des Heils durch die Heiden. Wo eine Perikope so stark in die Gesamtkonzeption des lukanischen Werks integriert erscheint, erhalten die literarischen und historischen Fragen eher eine nachgeordnete Bedeutung.

Nazareth (Luk IV, 16–30), NovTest 13, 1971, 161–180 – *E. Gräßer/ A. Strobel/ R. C. Tannehill/ W. Eltester*, Jesus in Nazareth, BZNW 40, Berlin-West 1972 – *B. Reicke*, Jesus in Nazareth, in: Das Wort und die Wörter, Festschr. f. G. Friedrich, Stuttgart 1973, 47–55 – *C. Perrot*, Luc 4,16–30 et la lecture biblique de l'ancienne Synagogue, RScRel 47, 1973, 324–340 – *J. A. Sanders*, From Isaiah 61 to Luke 4, in: Christianity, Judaism and other Greco-Roman Cults, Studies for Morton Smith I, Leiden 1975, 75–106 – *U. Buse*, Das Nazareth-Manifest Jesu. Eine Einführung in das lukanische Jesusbild nach Lk. 4,16–39, SBS 91, Stuttgart 1978 – *J. L. Nolland*, Classical and Rabbinical Parallels to »Physicion, heal Yourself« (Lk. IV,22), NovTest 21, 1979, 193–209 – *ders.*, Words of Grace (Luke 4,22), Bibl 65, 1984, 44–60.

Literarisch rechnen die meisten Ausleger mit einer irgendwie gearteten Beziehung zu Mark. 6,1–6; Matth. 13,53–58. Neuere redaktionsgeschichtliche Deutungen sind geneigt, sie nur als ganz locker anzusehen.[1] Die Herleitung der Substanz dieses Abschnitts aus einer Sonderquelle (SLk) steht vor der Schwierigkeit, Momente der Zugehörigkeit zu einer solchen vorlukanischen Quelle gegenüber den spezifisch lukanischen Charakteristiken der Perikope abzugrenzen. Statt dessen rechnet *H. Schürmann* mit einer ihm wesentlichen aus der Q-Vorlage übernommenen Einheit, bei der die einfache, Mark. 6,1–6 verwandte Gestalt sowohl im berichtenden Teil als auch durch die Schriftreflexionen (4,17–21.25ff.) erweitert wurde.[2] Die komplizierte Quellenanalyse hat nicht zu überzeugen vermocht, wie denn auch die neueren Rekonstruktionsversuche von Q[3] die Nazarethperikope nicht einschließen. Noch weniger befriedigend erscheint *W. Eltesters* Annahme einer nachträglich durch Lukas vorgenommenen Umstellung der ursprünglich in Kap. 9 plazierten Einheit.[4] Gelegentlich wird auch versucht, die Einsicht in den redaktionellen Charakter der Perikope mit dem Festhalten an einer am Anfang des Wirkens Jesu liegenden, im vorliegenden Bericht reflektierten Begebenheit zu vermitteln.[5] Viel weiter in der Bestimmung des historischen Kerns gehen jene Interpreten, die die Schilderung des sabbatlichen Synagogengottesdienstes und vor allem die Verlesung von Jes. 61 zur Basis einer chronologischen Einordnung nehmen. Für *A. Strobel* ist die Beziehung zum Jobeljahr, dem gemäß Lev. 25,10 im 49jährigen Zyklus eintretenden Erlaßjahr, entscheidend.[6] Er glaubt, für den Anfang des öffentlichen Wirkens Jesu ein solches errechnen zu können (26/27 n. Chr.). Die von Lukas verarbeitete judenchristliche Tradition läßt Jesus an dessen Beginn nach Nazareth zurückkehren und dem Erlaßjahr durch seine Predigt in der Synagoge eine neue heilsgeschichtliche Bedeutung geben. Noch verbreiteter sind die Versuche, die synagogale Praxis der doppelten Schriftlesung zum Ausgang zu nehmen und aus der Prophetenlesung auf einen bestimmten Sabbat im jüdischen Jahr zurückzuschließen.[7] Die dabei bevorzugte Zuordnung der Prophetenlesung (Haftare) Jes. 61 zu der Thoralesung (Parasche) Gen. 35 soll die Fixierung auf einen Sabbat des Neujahrsmonats Tischri ermöglichen. Da die Prophetenlesung nur durch Kombination mit einer bestimmten Lektion der zyklischen Thoralesung im Jahreskreis festgemacht werden kann, haben alle diese Versuche etwas Hypothetisches. Es wird dabei verkannt, daß die Wahl der Haftarenlesung noch lange Zeit frei war. Von da aus erscheint es sachgerechter, nach der Intention des gewählten Abschnitts selbst zu fragen. Dieser ist nun in der Tat wie nur wenige geeignet, die heilsgeschichtliche Bedeutung des Auftretens Jesu zu verdeutlichen. Seinen Kontrapunkt findet er in den nachfolgenden Beispielen (4,25–27), die schwerlich nach den Regeln schriftgelehrter Auslegungskunst zu beurteilen sind, in denen vielmehr das Heilsangebot an die Heiden und seine Annahme ins Bild treten.

16 Jesus beginnt seine Wirksamkeit dort, wo er aufgezogen wurde (1,26; 2,4; 2,39; 2,51). Da, wo er nahezu verborgen gelebt hat (2,51; 3,23), ist der Ort seines demonstrativen und

[1] So *W. Eltester* und *R. C. Tannehill*, a. a. O.
[2] Ferner *H. Schürmann*, Komm., 241–244.
[3] So *S. Schulz*, Spruchquelle; *A. Polag*, Christologie.
[4] A. a. O., 154.
[5] *D. Hill, a. a. O.*
[6] Vergleiche die beiden oben genannten Beiträge des Autors.
[7] In diesem Sinne äußerten sich *A. Finkel*, *C. H. Cave* und *C. Perrot*.

programmatischen Auftretens. Als geeigneter Rahmen erscheint der öffentliche Gottesdienst in der Synagoge (dem Bet-, Lehr- und Versammlungshaus), dessen Hergang Lukas gut kennt. Der Sabbatgottesdienst, dem Jesus als frommer Jude regelmäßig beiwohnt, hat eine feierlichere Gestalt als der an gewöhnlichen Tagen gehaltene. Vor allem bietet er Gelegenheit zur Lesung aus den Propheten, die der Thoralektion folgt und an die sich der Lehrvortrag anschloß. Lukas geht davon aus, daß jene frei gewählt werden kann (im Unterschied zur fortlaufenden Lesung der Thora); er scheint zu wissen, daß das Recht zu Lesung und Lehrvortrag jedem erwachsenen kultfähigen Juden zustand. Den Lektionen vorausgegangen war die Rezitation des Hauptbekenntnisses, des Sch'ma (Deut. 6,4–9; 11,13–21; Num. 15,37–41) und das Hauptgebet (später Achtzehnbittengebet). Die Schilderung ist auch darin korrekt, daß die Lektionen stehend gehalten werden. **17** Jesus rollt die Buchrolle auf und »findet« den der Situation entsprechenden Abschnitt. **18** Jes. 61,1f. wird nach der Septuaginta frei zitiert. In der Mehrzahl der Handschriften fehlt »zu heilen die gebrochenen Herzen«, statt dessen wird aus Jes. 58,6 eingefügt »Niedergebeugte in Freiheit zu entsenden«. Hat Lukas diese Kombination vorgefunden oder für diesen Anlaß geschaffen? Die Stelle trägt nach urchristlichem Verständnis messianischen Charakter. Der Geistträger heißt Jesus; als der mit dem Geist Gesalbte ist er der Messias (vgl. Jes. 11,1). Die programmatische Funktion läßt sich durch den Aufweis von Verbindungen innerhalb des Evangeliums verdeutlichen: die Geistsalbung erinnert an das Taufgeschehen (3,22); daß Jesus sich mit seiner Botschaft zu den Armen gesendet weiß (6,20), gehört ebenso zum Bilde seines Wirkens wie die Heilung der Blinden (18,35ff.) und die Freilassung der (vom Satan) Gefangenen, der Besessenen (11,21f.). Dabei ist denkbar, daß Lukas darüber hinaus die an Erkenntnis Blinden und die Gefangenen der Sünde im Sinn gehabt hat. **19** Die abschließende Aussage erscheint als Zusammenfassung des messianischen Wirkens. Er sagt das Freijahr Gottes an, das Jahr, das für die Menschen angenehm und willkommen (*δεκτός*) ist, weil es das Jahr des Heils und der Freilassung (Lev. 25,10, *ἐνιαυτὸς ἀφέσεως*) bedeutet. **20** Nach der Prophetenlesung, die vor der Gerichtsankündigung (enthalten in Jes. 61,2b) abbricht, rollt Jesus die Buchrolle zusammen und gibt sie dem *ὑπηρέτης*, dem Synagogendiener, der zum Personal jeder Synagoge gehört. Zu dem an die Lektion anschließenden Lehrvortrag (vgl. Apg. 13,15) setzt er sich. Hier wie im vorausgehenden ist der Bericht mit dem Hergang des synagogalen Gottesdienstes bestens vertraut.[8] Die Augen der Anwesenden sind gespannt auf ihn gerichtet (vgl. Apg. 6,15). **21** Die eigentliche Auslegung besteht aus diesem einen Satz. An seinem Anfang steht das *σήμερον* (vgl. 2,11; 19,9; 23,43). Das Heilsjahr Gottes ist angebrochen mit dem Auftreten Jesu. Wo bei Markus die Proklamation der Nähe des Reiches stand (1,15), wird hier die gegenwärtige Erfüllung angesagt. **22** Die Reaktion der Nazarener erscheint zwiespältig. Die Hörer verwundern sich darüber, wie Jesus zu Worten der Gnadenkraft kommt. Andererseits verschließen sich die Bewohner seiner Vaterstadt dem Heilsanspruch dessen, den sie als Sohn des Joseph, als einen der Ihren kennen (vgl. Joh. 7,15). Die Frage entspricht Mark. 6,3 und bereitet die im Schlußteil (V. 23–30) geschilderte Ablehnung vor. **23** Jesus antwortet den Nazarenern mit dem Hinweis auf ihre kommende Reaktion (*ἐρεῖτε*). Sie werden auf das Wirken Jesu eine ihnen geläufige Spruchweisheit anwenden (*παραβολή* = מָשָׁל = Sprichwort), die den Arzt an sich selbst weist.[9] Jesus soll in

[8] *P. Billerbeck*, a. a. O., 155f.

seiner Vaterstadt – so hier πατρίς – seine Taten tun. Auf die noch bevorstehende Wirksamkeit zurückschauend, werden die Nazarener die Taten in Kapharnaum (vgl. Luk. 10,15f.) mit dem in Nazareth Geschehenen vergleichen. Dieser Vorgriff auf noch nicht Berichtetes ist nicht durch eilige redaktionelle Umstellung entstanden oder der unreflektierten Rezeption einer Quelle anzulasten, sondern ergibt sich aus dem programmatischen Charakter der Rede. **24** Der Neueinsatz (*εἶπεν δέ*) führt zu einem Amen-Wort, das aus Mark. 6,4 in modifizierter Form übernommen ist. Jesus versteht sich nach diesem Wort als Prophet und nimmt Prophetenschicksal auf sich. In einer abgewandelten Gestalt, die die Aussage vom Propheten und vom Arzt (vgl. V. 23) zusammenfaßt, findet sich das Herrenwort in apokrypher (wohl judenchristlicher) Überlieferung. In POxy I,5 lautet es: „Nicht willkommen ist ein Prophet in seinem Vaterland, und kein Arzt vollbringt Heilungen an seinem Nachbarn.« Noch altertümlicher ist die Fassung des Thomas-Evangeliums (Spr. 32): »Jesus sprach: Kein Prophet ist angenehm in seiner Stadt. Kein Arzt heilt alle, die ihn kennen.« **25** Der folgende Doppelspruch erinnert an Elia und Elisa und verknüpft so Prophetenschicksal und Prophetenhandeln. Im Anschluß an 1. Kön. 17–18 wird von der großen Dürre und Hungersnot zur Zeit des Elia gesprochen. Sie wird mit Jak. 5,17 und jüdischer Tradition (vgl. Str.–B. III, 760f.) auf dreieinhalb Jahre, eine halbe Jahrwoche (die apokalyptische Unglückszeit, vgl. Dan. 7,25; Offb. 12,14) befristet. **26** In dieser Zeit wurde Elia entsandt – *ἐπέμφϑη* vielleicht Passivum divinum –, nicht zu einer der vielen Witwen in Israel, sondern zu einer Witwe in Sarepta (vgl. 1. Kön. 17,8ff.). **27** Ein vergleichbares Geschehnis ereignete sich bei seinem Nachfolger Elisa mit dem Aussätzigen Naeman aus Syrien (vgl. 2. Kön. 5). Hierin eine Ankündigung des Erweckungswunders von Nain (7,11–17) und der Heilung des aussätzigen Samariters (17,11–19) oder gar der Annahme des heidnischen Hauptmanns (Apg. 10–11) als Zeichen universalen Heils zu sehen,[10] greift wohl zu weit. Dennoch ist eine das gesamte Wirken Jesu und die nachösterliche Zeit einbeziehende Perspektive nicht zu verkennen. Jesus wird auf die Abweisung durch die Juden mit der Zuwendung zu den Heiden antworten (vgl. Apg. 13,46ff.), freilich zunächst auf die Ablehnung durch die Vaterstadt mit der Hinwendung zu dem ihm fremden Kapharnaum. **28** Dies löst den Unwillen der Nazarener aus, die auf ihn reagieren wie die Bewohner von Anathoth (Jer. 11,21) auf die anklagende Rede des Propheten. **29** Dem falschen Propheten droht die Ausrottungsstrafe (Deut. 13,6); hier soll sie durch eine Art Lynchjustiz vollstreckt werden – außerhalb der Stadt (vgl. Hebr. 13,11f.). Die topographische Zuordnung ist unsicher. Am ehesten ist an einen 60 m abfallenden Hang in 2 km Entfernung von Nazareth zu denken.[11] **30** Jesus bleibt für seine Gegner unantastbar. Der Ausklang erinnert an Joh. 7,30; 8,59, vor allem aber an Joh. 10,39. Darüber hinaus bildet er (wiederum programmatisch) den doppelten Ausgang des Weges Jesu vorausgreifend ab: die nach seinem Leben greifende Verwerfung durch die Menschen seiner Umgebung, zugleich aber auch die auf das von Gott gesetzte Ziel gerichtete Fortführung seines »Wanderns« (9,51; 13,33; Apg. 1,10.11).

---

[9] Jüdisches Beispiel: »Arzt, heile dein eigenes Hinken« (Gen. rabba 23,15c). Aus dem griechischen Bereich: *ἄλλων ἰατρός αὐτὸς ἕλκεσιν βρύων* (Eurip., Fragm. 1086 [Nauck]). Weiteres bei *J. Nolland*, Classical and Rabbinic Parallels to »Physician, heal yourself«, NovTest 21, 1979, 193–209.

[10] So *L. C. Crockett*, a. a. O.

[11] Vgl. *C. Kopp*, Die heiligen Stätten, 122f.

III. Die Wirksamkeit Jesu in Galiläa
4,31–9,50

Der Bericht von der öffentlichen Wirksamkeit Jesu wird bei Lukas in einem deutlich erkennbaren geographischen Rahmen dargeboten. Die Ereignisse des ersten Teils sind in Galiläa lokalisiert (4,31–9,50); ihnen folgt der in mehreren Etappen sich vollziehende Zug nach Jerusalem (9,51–19,27); den Abschluß bildet das Wirken in Jerusalem (19,28–24,53), so daß sich eine klare Dreigliederung ergibt. Jeder der drei Komplexe zeichnet sich auch durch je unterschiedliches literarisches und inhaltliches Profil aus.

In dem hier beginnenden galiläischen Teil schließt sich Lukas im wesentlichen dem Gang des Markusevangeliums an, indem er die beiden ersten Blöcke aus Markus (I: 1,21–3,19; 4,1–25; 3,31–35; II: 4,35–6,44; 8,27–9,40) übernimmt und mit Stücken aus Q und SLk verbindet. Die Intentionen des Lukas werden sowohl an der redaktionellen Gestaltung der Vorlagen als auch an den von ihm vorgenommenen Umstellungen im Markusstoff erkennbar. Als Grundlinie tritt heraus, daß Jesus ausgehend von Kapharnaum die ganze Landschaft in sein Wirken als Lehrer (vgl. Luk. 23,5) und als Wohltäter der Kranken (vgl. Apg. 10,38) einbezieht und so das Programm der in seinem Handeln gegenwärtigen Gottesherrschaft realisiert.

1. Jesu Wirksamkeit in Kapharnaum
4,31–44; Mark. 1,21–39; Matth. 8,14–17*

(31) Und er kam hinab nach Kapharnaum, einer Stadt Galiläas. Und er lehrte sie am Sabbat. (32) Und sie erschraken über seine Lehre, denn in Vollmacht erging sein Wort.
(33) Und in der Synagoge war ein Mensch, der hatte einen Geist eines unreinen Dämons, und er schrie mit lauter Stimme auf: (34) »Ha, was haben wir und du (miteinander zu schaffen), Jesus von Nazareth? Du kamst, uns zu verderben? Ich weiß, wer du bist, der Heilige Gottes.« (35) Und Jesus bedrohte ihn und sprach: »Verstumme und fahre aus von ihm!« Und der Dämon warf ihn in die Mitte, fuhr von ihm aus und schadete ihm nicht.
(36) Und Erstaunen kam über alle, und sie redeten zueinander und sagten: »Was ist das für ein Wort? Denn in Vollmacht und Kraft gebietet er den unreinen Geistern, und sie fahren aus.« (37) Und es verbreitete sich der Ruf von ihm in jeden Ort der Umgebung.
(38) Er stand aber auf und ging aus der Synagoge in das Haus des Simon. Die Schwiegermutter aber des Simon war von einem schweren Fieber befallen. Und sie baten ihn ihretwegen. (39) Und er trat oben hin (und beugte sich) über sie, bedrohte das Fieber, und es verließ sie. Sofort aber stand sie auf und bediente sie.

---

* Lit.: *O. Bauernfeind*, Die Worte der Dämonen im Markusevangelium, BWANT III, 6, Stuttgart 1927 – *H. van der Loos*, Miracles, 339–382, bes. 378–382, 551–555 – *R. Pesch*, Die Heilung der Schwiegermutter des Simon Petrus, in: Neuere Exegese – Verlust oder Gewinn?, Freiburg 1968, 123–148 – *T. Schramm*, Markusstoff, 85–91 – *J. Roloff*, Kerygma, 115–119 – *C.-P. März*, Das Wort Gottes bei Lukas, EThSt 11, 1974, 37–41.

(40) Als aber die Sonne untergegangen war, brachten alle, die an mancherlei Krankheiten Erkrankte hatten, diese zu ihm. Er legte einem jeden von ihnen die Hände auf und heilte sie. (41) Es fuhren aber auch Dämonen aus von vielen, die schrieen und sprachen: »Du bist der Sohn Gottes.« Und er bedrohte sie und ließ sie nicht reden, weil sie wußten, daß er der Messias war.
(42) Als es aber Tag geworden war, zog er fort und kam an einen einsamen Ort. Und die Volksmengen suchten ihn und kamen zu ihm und hielten ihn fest, daß er nicht von ihnen fortzöge. (43) Er aber sagte zu ihnen: »Auch in den anderen Städten muß ich die Frohbotschaft von der Königsherrschaft Gottes sagen, denn dazu bin ich ausgesandt.« (44) Und er verkündigte in den Synagogen Judäas.

V. 44: Die sicher ursprüngliche Ortsangabe *Ἰουδαίας* – von Lukas im Sinne von Palästina gebraucht (vgl. 1,5; 6,17; 7,17; 23,5) – wird von einer Reihe von Textzeugen (A, D, Θ, Koinegruppe) in das eindeutiger erscheinende *Γαλιλαίας* abgeändert, womit eine Angleichung an Mark. 1,39 hergestellt ist.

Mit dem Neueinsatz 4,31 übernimmt Lukas den Bericht des Markus, der bis zum Ende des Kapitels die einzige faßbare Grundlage seiner Darstellung ist.[1] Dennoch ist die durch die vorausgegangene Perikope bestimmte Optik des Lukas eine andere. Der in seiner Heimatstadt Abgewiesene erwählt Kapharnaum als Ort seiner Wirksamkeit. Dort geschehen die ersten Taten, wie sie in Nazareth angekündigt waren (4,23f.). Den Rahmen dieses Wirkens bildet das öffentliche, in den Synagogen geschehende Lehren Jesu (4,31f.; 4,43f.). Der schon bei Markus betonte vollmächtige Charakter dieses Tuns wird unterstrichen. Dies erlaubt es, Lehren und heilendes Handeln in einem engen sachlichen Zusammenhang erscheinen zu lassen. In zwei signifikanten Wundern, einer Dämonenaustreibung (4,33–35) und einer Krankenheilung (4,38.39), wird das Heilandswirken Jesu vorgestellt. In summarischer Form, die gleichfalls diese beiden Elemente (wenn auch chiastisch zugeordnet) enthält, wird es verallgemeinert (4,40.41).

Die Grundelemente der Erzählformen Dämonenaustreibung und Heilungswunder[2] liegen fest. Sie haben die Gestaltung der markinischen Vorlage bestimmt. Differenzen zu Markus ergeben sich aus der bei Lukas gewählten redaktionellen Anordnung. Die bei Mark. 1,16–20 vorausgehende Berufungsgeschichte wird bei Lukas durch die erst im folgenden Kapitel berichtete Petrusberufung vertreten; die Jünger Jesu sind also noch nicht eingeführt. Da er auf Petrus in 4,38 nicht verzichten kann, muß er zumindest die Nennung anderer Jünger vermeiden. So wird auch die Jüngerszene Mark. 1,36ff. bei Lukas zu einer Massenszene. Eigene Akzente setzt Lukas durch die Verwendung des Begriffs *λόγος*[3], der für ihn mehr einschließt als das bloße Reden (4,32.36), ferner durch sein Bemühen, die »unreinen Geister« als Dämon vom Pneuma streng zu trennen (4,33.35), und durch die Betonung der Heilkraft der Worte (4,35.39). Das *ἐπιτιμᾶν* verbindet Dämonenaustreibung (4,35), Krankenheilung (4,39) und die Reaktion Jesu gegenüber den schreiend ausfahrenden Dämonen (4,41).

Schließlich spielt auch das geographische Moment eine Rolle: nur einmal spricht Lukas von Galiläa, bei der Nennung von Kapharnaum (4,31); von der *περίχωρος* redet er

---

[1] Gegen *H. Schürmann*, Komm., 250f., der an den Einfluß nichtmarkinischer Traditionen (Q) denkt; vgl. die Ausführungen von *T. Schramm*, a. a. O.
[2] Dazu *R. Bultmann*, Synoptische Tradition, 223f.
[3] Vgl. dazu *C. P. März*, a. a. O., bes. 39.

allgemein (4,37; vgl. 4,14); in der summarischen Formulierung am Schluß berichtet er von einer Verkündigung in den Synagogen Judäas, womit er Palästina meint (4,44).

31 Von Nazareth führt der Weg Jesu nach Kapharnaum; in dieser Feststellung trifft Lukas mit Matth. 4,13 und Joh. 2,12 zusammen, wobei Matthäus ausdrücklich von einer Übersiedlung nach Kapharnaum spricht. Das *κατῆλθεν* kann aus der Vorstellung herrühren, daß Nazareth auf einem Berge liegt. Mit *H. Conzelmann* mag man fragen, ob die Gegenüberstellung beider Städte eine Spitze darstellt.[4] Auch hier ist das Reden Jesu Lehre (vgl. 4,15.16), sein Wirkungsort die Synagoge, der Wirkungsrahmen die sabbatlichen Lehrvorträge. **32** Dieses Lehren ruft erstauntes Erschrecken hervor (zu dieser Verbindung vgl. Luk. 2,48; Apg. 13,12; ferner Mark. 6,2 Par.; Mark. 11,18 Par.; Matth. 7,28). Als *λόγος* ist es wirkkräftiges Verkündigungswort und geschieht in Vollmacht. (In Mark. 1,22.27 wird der Vollmachtscharakter der Lehre hervorgehoben, ähnlich Matth. 7,29.) Ein Vergleich mit den Schriftgelehrten scheint Lukas im Blick auf seine hellenistischen Leser überflüssig. **33** Die in der programmatischen Predigt angekündigte Freilassung der »Gefangenen« (4,18; entspr. Jes. 61,1) geschieht hier gleichsam als Konsequenz der vollmächtigen Rede. Die Bezeichnung des unreinen Geistes als (unreines) *δαιμόνιον* entspricht hellenistischer Vorstellungsweise. Er wirkt im Menschen, insofern der Kranke einen solchen Dämon als Bewohner in seinem Inneren »hat«. Daß dieser mit lauter Stimme ruft, bringt Markus erst 1,26 bei der Austreibung. **34** Nur bei Lukas begegnet der Ausruf des Unwillens *ἔα.* Darüber hinaus bleibt es bei dem Wissen um Namen, Herkunft und Auftrag Jesu. Die dämonische Kenntnis der noch verborgenen Messianität mag für Lukas mit der pervertierten Pneumanatur des Dämons zusammenhängen, sie erhält jedoch hier kein bestimmendes Gewicht. **35** Im Unterschied zu Markus schildert Lukas, daß der nach dem Weisungswort Jesu ausfahrende Dämon den Kranken in der Mitte der Synagoge zu Boden wirft und ihm nicht schaden kann. Der Kranke ist in die Gewalt Jesu übergegangen. **36** Nach dem einleitenden Hinweis auf die staunende Reaktion der Anwesenden bringt Lukas die ihnen in den Mund gelegte Deutung des Wundergeschehens. Diese betont das wirkkräftige Wort (*λόγος*), an dem neben der Vollmacht (*ἐξουσία*) die im Gebieten über die Dämonen sich manifestierende Kraft Jesu (*δύναμις*) herausgehoben wird. **37** Statt *ἀκοή* bei Markus wählt er *ἦχος* und modifiziert die Schlußaussage: *πάντα τόπον τῆς περιχώρου.* Diese die Wirkungsbreite beschreibende abschließende Formulierung macht das Exemplarische der Tat Jesu deutlich.

38/39 Wenn Jesus in das Haus Simons geht, so entspricht dies einer vielleicht Lukas bekannten jüdischen Sitte, Lehrer zur festlichen Mahlzeit am Sabbat (vgl. 4,31) einzuladen. Für Lukas gilt die Heilung der Schwiegermutter als Vorbereitung der eigentlichen Berufung des Petrus, die im Mittelpunkt der folgenden Perikope steht. Er steigert die Kennzeichnung der Krankheit (*πυρετὸς μέγας*), berichtet dann, daß man Jesus ausdrücklich für die Frau gebeten hat, und unterstreicht seine gebieterische Vollmacht: er tritt an das Kopfende, beugt sich von oben über die Kranke und befiehlt der Krankheit.

40 Auch das von Markus übernommene Summarium, das über abendliche Massenheilungen berichtet, erhält durch Lukas spezifische Züge. Daß Jesus jedem der Kranken die Hände auflegt, kennzeichnet ihn als Heiland der Kranken, der sich eines jeden per-

---

[4] Mitte der Zeit, 229.

sönlich annimmt. **41** Die den summarisch vorgestellten Krankenheilungen entsprechenden Dämonenaustreibungen, die man nach dem vorliegenden Zeitablauf als nächtliche Geschehnisse zu denken hat, werden mit Formulierungen geschildert, die einem anderen markinischen Summarium (Mark. 3,11f.) entsprechen. Anders als dort folgt der Ausruf der Dämonen ihrer Austreibung. Die durch sie geschehende Akklamation Jesu als Sohn Gottes wird ausdrücklich messianisch gedeutet. Die Identität der Bezeichnungen Messias und Sohn Gottes wird dabei vorausgesetzt. Im Unterschied zu Markus ist die hier gebotene Geheimhaltung der Messianität kein konstitutives Motiv (vgl. dazu 5,14; 8,56; 9,36).

42 Bei Lukas wird nicht der die Einsamkeit im Gebet aufsuchende Jesus von den Jüngern gesucht, vielmehr folgt ihm die aus Kapharnaum kommende Volksmenge, die Zeuge seiner Taten war und ihn für sich behalten will. Der Kontrast zum gewaltsamen feindlichen Zugriff der Nazarener ist wohl beabsichtigt. **43** Jesus erklärt den Leuten aus dem Volk, daß er unter dem »Muß« (*δεῖ*) seiner Sendung steht. Sein Auftrag ist das *εὐαγγελίσασϑαι τὴν βασιλείαν τοῦ ϑεοῦ* (vorzugsweise bei Lukas: 9,2.60; 16,16; vgl. Apg. 8,12). Indem die Königsherrschaft Gottes zum Inhalt der Frohbotschaft wird, ist diese als in Jesus gegenwärtig verstanden (vgl. 4,18–21). **44** Das so in Präzisierung der Markusvorlage als Ansage der Heilsbotschaft gekennzeichnete öffentliche Reden Jesu vollzieht sich zunächst als Verkündigen (hier nicht Lehren wie in 4,31) in den Synagogen »Judäas«. Für Lukas ist Galiläa wohl ein Teil Judäas (23,5), womit er das ganze jüdische Gebiet (Palästina) meint.

2. Die Berufung des Simon Petrus
5,1–11; vgl. Mark. 1,16–20; Matth. 4,18–22*

(1) Es geschah aber, als die Volksmenge ihn umdrängte und das Wort Gottes hörte – und er stand am See Genezareth –, (2) da sah er zwei Boote am See(ufer) liegen. Die Fischer aber waren aus ihnen ausgestiegen und wuschen die Netze. (3) Er stieg aber in eines der

---

* Lit.: *J. Schniewind*, Die Parallelperikopen bei Lukas und Johannes, Leipzig 1914, 11–16 – *L. Brun*, Die Berufung der Jünger in der evangelischen Tradition, SymbOsl 11, 1932, 35–54 – *J. Mánek*, Fishers of men, NovTest 2, 1957, 138–141 – *H. Graß*, Ostergeschehen und Osterberichte, Berlin 1964, 74–82, bes. 79ff., 295 – *K. Zillessen*, Das Schiff des Petrus und die Gefährten vom anderen Schiff, ZNW 57, 1966, 137–139 – *G. Klein*, Die Bibel will kritische Leser. Eine Demonstration an Luk. 5,1–11, ChrL 19, 1966, 59–68 – *ders.*, Die Berufung des Petrus, ZNW 58, 1967, 1–39 (= Rekonstruktion und Interpretation, München 1969, 11–49) – *E. Haenchen*, Historie und Verkündigung bei Markus und Lukas, in: Die Bibel und wir, Ges. Aufs. II, Tübingen 1968, 169–181 – *H. Schürmann*, Die Verheißung an Simon Petrus, 1964, in: Die Heilige Schrift in der Gemeinde II, Leipzig 1969, 108–115 – *R. Pesch*, Berufung und Sendung, Nachfolge und Mission, ZKTh 91, 1969, 1–31 – *ders.*, Der reiche Fischfang (Lk. 5,1–11; Joh. 21,1–14) Wundergeschichte – Berufungserzählung – Erscheinungsbericht, Komm. u. Beitr. z. Alten und Neuen Test., Düsseldorf 1969 – *ders.*, La rédaction lucanienne du logion des pêcheurs d'homme, EphTheolLov 46, 1970, 412–432 – *R. F. Fuller*, Die Wunder Jesu in Exegese und Verkündigung, (dt. Übers.) Berlin 1970, 112–115 – *J. Delorme*, Luc V,1–11 Analyse structurale et Histoire de la Rédaction, NTS 18, 1972, 338–350 – *W. Dietrich*, Das Petrusbild der lukanischen Schriften, BWANT 94, Stuttgart 1973, 23–89 – *R. E. Brown/K. P. Donfried/J. Reumann*, Der Petrus der Bibel, 1973, (dt. Übers.) Stuttgart 1976, 96–104 – *M. Theobald*, Die Anfänge der Kirche, NTS 30, 1984, 91–108.

Boote ein, das dem Simon gehörte, und bat ihn, ein wenig vom Land abzufahren. Er setzte sich aber, und vom Boot aus lehrte er die Volksmassen. (4) Als er aber aufgehört hatte zu reden, sprach er zu Simon: »Fahre auf die Höhe und werfet eure Netze aus zum Fang.« (5) Und Simon antwortete und sprach: »Gebieter, die ganze Nacht hindurch haben wir uns gemüht und nichts gefangen. Aber auf dein Wort will ich die Netze auswerfen.« (6) Und als sie dieses taten, umschlossen sie eine große Menge von Fischen. Es rissen aber ihre Netze. (7) Und sie winkten den Gefährten im anderen Boot, sie sollten kommen und mit ihnen zusammen zugreifen. Und sie kamen und füllten beide Boote, daß sie tief einsanken. (8) Als aber Simon Petrus (das) sah, fiel er Jesus zu Füßen und sprach: »Geh weg von mir, denn ich bin ein sündiger Mensch, Herr!« (9) Denn Staunen hatte ihn erfaßt und alle, die mit ihm waren, wegen des Fischfangs, den sie gemacht hatten, (10) in gleicher Weise auch Jakobus und Johannes, die Söhne des Zebedäus, die Teilhaber des Simon waren. Und Jesus sprach zu Simon: »Fürchte dich nicht, von jetzt an wirst du Menschen fangen.« (11) Und sie zogen ihre Boote an Land, verließen alles und folgten ihm nach.

V. 9 streicht D bei der Schilderung des Entsetzens *καὶ πάντας τοὺς σὺν αὐτῷ* und führt V. 10.11 die bei der Mehrzahl der Textzeugen knapp gehaltene und zu V. 9 in einer gewissen Spannung stehende Einfügung des Zebedaiden (unter Nutzung von Mark. 1,17; Matth. 4,19) weiter und glättet zugleich den Text.

Lukas unterbricht die Folge der aus Markus übernommenen Abschnitte, um mit der Berufung des Simon einen eigenen Akzent zu setzen. Obwohl diese neben Simon auch die Zebedäussöhne einschließt (5,10), ist sie von der Wahl der Zwölf zu Aposteln (6,12–16) deutlich abgehoben. Jesus ist also in der bisherigen Geschichte ohne fest berufenen Jüngerkreis. Lukas stimmt darin mit den anderen Synoptikern überein, daß Simon der Erstberufene ist und neben ihm die Zebedaiden stehen.

Der literarische Vergleich weist eine zweifache Beziehung des Lukasberichtes vom wunderbaren Fischzug und der Berufung des Simon auf: einerseits zu den am »galiläischen Meer« spielenden Berufungen der beiden Brüderpaare Mark. 1,16–20 Par. und andererseits zu dem am »See Tiberias« lokalisierten österlichen Erscheinungsbericht vor Simon Petrus und anderen Jüngern Joh. 21,1–19. Mit jenen ist er durch das Menschenfischerwort (5,10; vgl. Mark. 1,17 Par.), mit diesem durch das Fangwunder (5,4–7; vgl. Joh. 21,2–4a.6–8.11) verbunden. Darüber hinaus wird auch eine Beziehung zwischen der Berufung des sich als Sünder bekennenden Petrus der Fischzugsgeschichte (5,8) und der Beauftragung des (durch Verleugnung gefallenen) Petrus im österlichen Erscheinungsbericht Joh. 21,15–19 angenommen. Wörtliche Berührungen beschränken sich jedoch auf wenige Fomulierungen, so daß nicht nur der unmittelbare literarische Bezug bezweifelt, sondern sogar die völlige Unabhängigkeit der Überlieferung behauptet werden konnte. Ein engerer Zusammenhang von Mark. 1,16–20 und Luk. 5,1–11 ist indes schwerlich zu bestreiten. Kontrovers hingegen ist die Frage, ob der Ausgangspunkt der Traditionsbildung in einer österlichen Situation zu suchen ist oder in einer Begebenheit im vorösterlichen Leben Jesu. Handelt es sich bei Luk. 5,1–11 um eine in das Leben Jesu zurückübertragene Ostergeschichte nach Art von Joh. 21,[1] oder ist die vorösterliche Situation primär und der Erscheinungsbericht des Johannes-Nachtrags die Weiterbildung eines im Leben Jesu lokalisierten Geschehens?[2]

[1] So *R. Bultmann*, Synoptische Tradition, und *H. Graß*, a. a. O., 79ff.

[2] In diesem Sinne *J. Schniewind*, *L. Brun*, *E. Haenchen* jeweils a. a. O. Im Prinzip auch *H. Schürmann*, a. a. O., ferner Komm., 273f.

In differenzierterer Form stehen sich diese Grundpositionen in den beiden gründlichsten Analysen aus jüngerer Zeit gegenüber: die Behauptung des österlichen Ursprungs bei *G. Klein*, die Berufungssituation durch den Irdischen als Ausgangspunkt bei *R. Pesch*. Übereinstimmung besteht darin, daß es sich bei der vorliegenden Fischzugsgeschichte um ein fortgeschrittenes Stadium der Traditionsbildung handelt. Für *G. Klein* ist das Menschenfischerwort ein zunächst Petrus geltendes Wort des Auferstandenen, das in den Umkreis der Ersterscheinung des Auferstandenen vor Petrus gehört. Sehr früh habe sich die Weiterüberlieferung gegabelt in eine wunderlose Tradition, die zur Bildung eines Rahmens führte, der aus dem Menschenfischerwort eine Berufungsgeschichte machte, die sich auf den Anfang des vorösterlichen Wirkens Jesu übertragen ließ und in die auch andere Jünger einbezogen werden konnten (Ergebnis: Mark. 1,16–20), und eine wunderhaltige Tradition, in der das Wort in eine auf Simon konzentrierte Wundergeschichte umgesetzt worden ist. Diese sei zunächst ein österliches Fischfangwunder gewesen, dessen spätere Ausformung in Joh. 21 vorliegt. Die in die vorösterliche Situation übertragene Wundergeschichte sei von Lukas mit Hilfe markinischer Bauelemente als Jüngerberufungsgeschichte stilisiert worden (Ergebnis: Luk. 5,1–11).

Für *R. Pesch* steht im Zentrum des zu Lukas führenden traditionsgeschichtlichen Prozesses die Verbindung zweier Elemente: des von Lukas stark bearbeiteten und als Rahmen verwendeten markinischen Anteils (1a.2–3.10.11b.) und der Erzählung von einem Fischfangwunder, das Lukas aus einer Vorlage weithin unredigiert übernahm (1b.4–9.11a). Die parallel zur lukanischen Vorlage ausgebildete novellistische Version des gleichen Stoffs sei Grundlage für den Joh. 21 vorliegenden österlichen Erscheinungsbericht geworden. Lukas hingegen habe das Fischfangwunder in seiner Zuordnung zum vorösterlichen Leben Jesu belassen und zum Bestandteil einer Berufungsgeschichte gemacht, die im neu gefaßten Menschenfischerwort kulminiert.

Der hypothetische Charakter und die Kompliziertheit der Analysen haben schließlich zur Zurückdrängung traditionskritischer Gesichtspunkte zugunsten einer stärker ganzheitlichen Auffassung geführt.[3]

Man wird dem Grundanliegen *G. Kleins*, daß der Bericht des Lukas durch die von ihm verarbeiteten Gestaltungselemente österlich durchformt ist, auch dann gerecht, wenn man (mit *R. Pesch*) daran festhält, daß die Indienstnahme der Jünger durch Jesus ein vorösterlicher Vorgang war und als solcher in die Tradition einging. Die Überlieferungsgeschichte zeigt, daß sie eine mehrfache Spiegelung erfuhr, wobei die lukanische Verbindung mit dem Fischfangwunder sie an die Selbstbekundungen des Kyrios heranrückt. Zur Problematik des Naturwunders[4] ist zu berücksichtigen, daß überall da, wo Naturwunder vom vorösterlichen Jesus erzählt werden, die Tendenz zu österlicher Stilisierung gegeben ist: in ihnen wird am Irdischen die Vollmacht des Erhöhten sichtbar.

1 Jesus befindet sich, von einer Menge umgeben, am See Genezareth. Die von Lukas gestaltete Exposition weist Anklänge an Mark. 3,7.9 und Mark. 4,1 auf, wo je verschiedene

---

[3] *J. Delorme*, a. a. O., und *W. Dietrich*, a. a. O.

[4] Vgl. *R. F. Fuller*, a. a. O., 39ff., 112ff., sowie die in *R. Bultmann*, Synoptische Tradition, Ergänzungsheft 4, Göttingen 1971, 84, referierte Diskussion.

Situationen am gleichen Ort geschildert werden. Doch Lukas, der das Mittelmeer kennt, nennt den See nicht *θάλασσα*, sondern *λίμνη* (vgl. auch 8,22.23.33). Die Volksmenge hört das Wort Gottes. Lukas nimmt das Stichwort *λόγος* wieder auf, mit dem er bereits in 4,32.36 Jesu Wirken gekennzeichnet hat. Er präzisiert es, indem er Jesu Zuhörer zum Hörer des Wortes Gottes, gleichsam zum Prototyp der hörenden Gemeinde macht (vgl. 8,21; 11,28), wie denn Hören, Reden und Wachsen des Wortes Gottes Lebensäußerungen der ersten Gemeinde sind (Apg. 4,31; 6,7; 12,24; 16,32). **2** Die Grundelemente des Verses, zwei Fischerboote am Strand und die mit dem Auswaschen der (Auslege-)Netze beschäftigten Fischer, verweisen auf die Berufungsgeschichte Mark. 1,16–20. Die vielfach konstatierte, traditionsgeschichtlich begründete Beziehungslosigkeit von V. 1 und V. 2[5] erscheint aus der Sicht des Lukas gemildert, wenn dieser die Menge als Hintergrund der zu erzählenden Berufungsgeschichte und als Wirkungskreis der Berufenen denkt. **3** Simon, schon in 4,38 eingeführt, ist Besitzer eines Bootes. Jesus steigt ein, läßt sich ein Stück vom Ufer abfahren und unterweist sitzend die Menge. Der lehrende Jesus begegnet häufig bei Lukas (4,15.31; 6,6; 13,10; 20,1; 21,5 u. ö.), doch berührt sich die Unterweisung vom See her eng mit Mark. 4,1. Daß Jesus vom Schifflein des Petrus aus lehrt, ist vielfach als ekklesiologischer Symbolismus aufgefaßt worden,[6] kaum zu Recht.[7] **4** Der Szenenwechsel ist unverkennbar. Die Menge verschwindet, die Handlung wechselt, Jesus und Simon stehen sich gegenüber. Dieser bekommt den Befehl, hinauszufahren auf den See, wo er am tiefsten ist, und dort mit seinen Gefährten (Wechsel von Sing. *ἐπανάγαγε* zu Plur. *χαλάσατε*, oft traditionsgeschichtlich reflektiert!) die Netze zum Fang auszuwerfen. **5** In seiner Antwort nennt Simon Jesus *ἐπιστάτης*. Nur bei Lukas und nur in Anredeform gebraucht (8,24; 9,33.49; 17,13), ersetzt es im Jüngermund die distanzierte Anrede *διδάσκαλε* (= Rabbi). Wenn hier der Sprachgebrauch der Septuaginta und des profanen Griechisch zugrunde liegt, der damit eine beamtete Vorgesetztenstellung bezeichnet, soll die Vollmacht Jesu unterstrichen werden. Obwohl er eine Nacht ergebnislos beim Fangen verbracht hat, will Simon der Weisung folgen, wenn sie auch aller Berufserfahrung des Fischers widerspricht. Stellt man sich (mit Lukas) die Szene am hohen Mittag vor, so steigert sich die Paradoxie des Weisungswortes Jesu, aber auch die Größe des Wunders. Das Wort des Simon könnte aus einer vorlukanischen Fischfangerzählung stammen, fügt sich aber in die lukanische Vorstellung vom wirkkräftigen Wort Jesu (vgl. 4,31–37) ein. Hatte die Nazarethperikope die glaubenslose Ablehnung des Wortes Jesu gezeigt, so wird an diesem »Fremden«, der nicht zu den Seinen gehört, der dem Wort antwortende Glaube sichtbar, der ihm wider alle Einsicht Wirkkraft zutraut. **6** Simon und seine Leute führen die Weisung Jesu aus (zu *ποιήσαντες* vgl. Luk. 6,46–49; 8,19ff.). Dem tätigen Gehorsam widerfährt das Wunder. Die große Menge Fische läßt die Netze reißen. An dieser Stelle unterscheidet sich die Erzählung deutlich von Joh. 21, wo das Netz nicht zerreißt (21,11). Von einem symbolischen Verständnis (Wasser = Verderbensmächte, Fischer = Glaubende), für das *J. Mánek*[8] alttestamentliche Beziehungen aufweisen will, ist Lukas noch weit entfernt. **7** Das anschaulich erzählte, keineswegs missionstypologisch überzuinter-

---

[5] *E. Haenchen*, a. a. O., 173; *G. Klein*, Berufung, 12.
[6] So zuletzt *K. Zillessen*, a. a. O., 138.
[7] So auch *H. Schürmann*, Komm., 268.
[8] A. a. O., 140f.

pretierende Zuhilfeholen und Zuhilfekommen der Gefährten bereitet die erste Demonstration des Wunders vor: die vom Fang voll beladenen beiden Schiffe sinken ein. Damit kommt das Kernstück der Wundererzählung stilgerecht zum Abschluß (vgl. jedoch V. 9). Doch führt das sinnfällige Wunder auf das noch größere »Wunder« der Annahme und Berufung hin. **8** Die erneute Gegenüberstellung mit Jesus und das Bekenntnis des Sünderseins durch Simon werden von den Vertretern eines ganzheitlichen Verständnisses der Perikope wie *J. Delorme* und *W. Dietrich* zu Recht stark akzentuiert. Simon – ob Lukas bereits Petrus hinzugefügt hat, wie die Mehrzahl der Textzeugen ausweist, bleibt ungewiß, wenn ja, dann im Vorausblick auf 6,14 – erkennt Jesu göttliche Vollmacht und sinkt deshalb vor ihm nieder (wie bei einer Epiphanie). Er nennt sich einen Sünder und erkennt, daß es zwischen diesem göttlichen Herrn und den sündigen Menschen keine Gemeinschaft geben kann. Man hat an eine nähere Beziehung zu Joh. 21,15ff. gedacht, wo (indirektes) Schuldbekenntnis, Wiederaufnahme und Beauftragung vereint sind, und darauf aufmerksam gemacht, daß das »Hinausgehen« zur Situation auf hoher See nicht paßt. Doch hat Lukas dieses Wort sicher im übertragenen Sinn verstanden: Simon bittet um Aufhebung der Gemeinschaft um seiner Sünde willen. Die nachgestellte Anrede *κύριε*, die die göttliche Würde des Irdischen unterstreicht, ist lukanisch (9,61; 17,37). Diese Bitte bildet den Kontrast zu der in V. 10 ausgesprochenen Berufung und ist mit ihr zusammen das Zentrum der Erzählung. Sie schildert die Berufung des Sünders, nicht seine Wiederaufnahme wie in Joh. 21,15ff. Das rückt sie in die Nachbarschaft der Berufung des Zöllners 5,27. Zu *ἀνὴρ ἁμαρτωλός* vgl. 19,7. Die Selbstverurteilung des Simon mag im pharisäischen Kanon von gerecht und sündig ihren Ansatz finden, greift aber der Sache nach weit darüber hinaus. **9** In das erstaunte Entsetzen – das lukanische Wort *θάμβος* als Reaktion auf das Wunder in 4,36; Apg. 3,10 – bezieht der Bericht neben Simon auch seine Gefährten ein. **10** Die nachklappende Erwähnung der Zebedaiden nach den *πάντες* dürfte lukanische Erweiterung sein. Sie muß jedoch nicht aus Mark. 1,19f. (Andreas fehlt!) oder gar aus Joh. 21 herrühren, soll vielmehr die enge Verbindung des Simon mit den beiden vorbereiten, die sowohl im Evangelium (8,51; 9,28) als auch in der Apostelgeschichte (Kap. 3–4; 12,2f.) hervortritt. Das abschließende Menschenfischerwort ist in der jetzigen Form lukanisch,[9] stellt aber, wie *R. Pesch*[10] gezeigt hat, eine Überarbeitung dar. Statt des »Auf, mir nach« redet Jesus den Simon mit »Fürchte dich nicht« an, das im biblischen Sprachgebrauch vorwiegend im Munde Gottes oder seiner Engel vorkommt und Jesus auf der Seite Gottes stehend erkennen läßt. Er setzt ihn in eine neue Lebensaufgabe ein, wobei er ein Bildwort verwendet, das den bisherigen Beruf zum Ausgangspunkt nimmt: der Fischer Simon soll Menschen zu lebendigen Gefangenen (*ζωγρεῖν*) für das Reich Gottes machen. Sollte eine Beziehung zur vorgegebenen Topik mitspielen, so ist mit J. Manek an Jer. 16,16 zu denken (wobei freilich eine positive Umprägung erfolgt sein muß). Wenn man das *ἀπὸ νῦν* der Erzählung nicht als Hinweis auf die ursprüngliche Ostersituation verstehen will,[11] begreift man es am besten als Prophetie, die das ganze Wirken des Petrus umschließt.[12] **11** Zusammen mit seinen Gefährten zieht

[9] *J. Delorme*, a. a. O., 348.
[10] Vgl. die oben genannte eingehende Spezialstudie (La rédaction).
[11] So *G. Klein*, a. a. O., 45f.
[12] Mit *H. Schürmann*, Verheißung, ferner Komm., 271.

Simon das Schiff an Land und gibt alles auf, um Jesus nachzufolgen. Daß hier an Stelle des Singulars wieder der Plural vorliegt, verdeutlicht den für den Schlußsatz geltenden Funktionswechsel. Die Verbindung (alles) verlassen – nachfolgen könnte direkt aus Mark. 1,16–20 stammen, begegnet aber auch Mark. 10,28 Par. und der Sache nach in der Levi-Berufung Mark. 2,14 Par. Die Einheit von Verzicht und Nachfolge gilt daher als Signum der Jüngerschaft.

3. Die Heilung eines Aussätzigen
5,12–16; Mark. 1,40–45; Matth. 8,1–4*

(12) Und es geschah, als er in einer der Städte war, und siehe (da war) ein Mann voll Aussatz. Als er aber Jesus sah, fiel er auf (sein) Angesicht, bat ihn und sprach: »Herr, wenn du willst, kannst du mich reinigen.« (13) Und er streckte die Hand aus, berührte ihn und sprach: »Ich will, sei rein!« Und sofort wich der Aussatz von ihm. (14) Und er befahl ihm, es niemandem zu sagen, »sondern gehe hin, zeige dich dem Priester und bringe um deiner Reinigung willen (das Opfer) dar, wie Mose befohlen hat, zum Zeugnis für sie.« (15) Es lief aber das Wort über ihn noch mehr um, und große Volksmengen kamen zusammen, um zu hören und geheilt zu werden von ihren Krankheiten. (16) Er selbst aber entwich in einsame Gegenden und betete.

Der Berufung des Sünders Simon läßt Lukas die Heilung eines Aussätzigen folgen, der als gezeichneter Sünder angesehen wird. Nach jüdischem Verständnis gilt der Aussätzige als in höchster Stufe kultisch unrein und selbst (durch Kontakt) Unreinheit schaffend. Sein Zustand erscheint als durch Sünde verursacht.[1]

Lukas nimmt die Markus-Folge wieder auf. Im Kern der Erzählung stimmt er mit seiner Vorlage überein, jedoch hat er die auf das Messiasgeheimnis bezüglichen Stellen (Mark. 1,44a.45a) getilgt. Die neu geschaffene Einleitung ordnet die Erzählung in den weiteren Rahmen des Wirkens Jesu ein; der völlig umgestaltete Schluß läßt sie in ein Summarium ausmünden, das diese Heilungsgeschichte zum herausgehobenen Exempel eines umfassenden Tuns macht, zu dem Lehre, Heilungen und einsames Gebet gehören.

12 Die Ortsangabe ist unbestimmt und greift wohl auf 4,44 zurück. Die Heilung ereignet sich auf dem Hintergrund der Wanderpredigt Jesu durch die Städte Galiläas.[2] Die kniefällige Bitte um das reinigende Wunder (*πίπτειν ἐπὶ πρόσωπον* – nicht Kontakt stiftendes *γονυπετεῖν* wie bei Markus!) ist durch die *κύριε*-Anrede verstärkt und setzt das Wissen um die Heilungsmacht des Angeredeten voraus. **13** Allen Reinheitsvorschriften zuwider berührt Jesus den Aussätzigen und heilt ihn durch das souveräne *θέλω, καθαρίσθητι*, in dem das *ἐὰν θέλῃς* der Bitte aufgenommen ist. **14** Das bei Lukas in indirekter Rede

* Lit.: *H. van der Loos*, Miracles, 464–494 – *H. Zimmermann*, Methodenlehre, 237–242 – *F. Mußner*, Die Wunder Jesu, 1967, BG II,25, Leipzig 1969, 28–36 – *T. Schramm*, Markusstoff, 91–99.
Zum Aussatz: Str.-B. IV,2, 745–763 – *W. Michaelis*, ThWB IV, 240.

[1] Rabbinisches Material dazu bei Str.-B., a. a. O.; ferner *F. Mußner*, a. a. O., 30–33.
[2] Zum lukanischen Charakter der Formulierungen vgl. *H. Zimmermann*, a. a. O., 241.

gegebene Gebot, niemandem etwas zu sagen, untersagt die Verbreitung des Wundergeschehens, hat aber keinen Bezug mehr auf das Messiasgeheimnis. Lukas könnte es vielmehr auf die V. 16 ausgeführte Absicht hingeordnet haben, sich zurückzuziehen. Die religionsrechtliche Anerkennung der Reinigung (und damit die Wiederaufnahme in die Volksgemeinde) war nach Lev. 14,1–32 an die Feststellung durch den Priester und an ein in Jerusalem dargebrachtes Opfer gebunden. **15** Lukas überspielt den Ungehorsam des Geheilten, der das Schweigegebot übertritt, und setzt statt dessen die Mitteilung, daß Jesus durch diese Tat, die die Rabbinen der Erweckung eines Toten gleichsetzten, noch bekannter wird und der Zulauf sich vergrößert. Die Handlung wird dem *λόγος περὶ αὐτοῦ* untergeordnet; dem Geheiltwerden geht das Hören voraus. Die Stelle gehört in eine von Lukas als Steigerung gedachte Linie, die von 4,14.37 zu 6,17ff. führt. **16** Das Motiv des einsam betenden Jesus – als Kontrast zum lehrenden und heilenden – modifiziert die Flucht in die Einsamkeit (Mark. 1,35). Im Gebet empfängt er die Vollmacht für sein Handeln an der suchenden Menge. Lukas betont stärker als die übrigen Evangelisten das (einsame) Beten Jesu: 6,12; 9,18.28.29; 11,1. Die Dreiheit Lehren, Heilen, Beten macht für ihn das Ganze der Existenz Jesu sichtbar.

4. Die Vollmacht zur Sündenvergebung 5,17–26; Mark. 2,1–12; Matth. 9,1–8*

(17) Und es geschah an einem der Tage, als er lehrte, saßen Pharisäer und Gesetzeslehrer, die gekommen waren aus allen Dörfern Galiläas und Judäas und (aus) Jerusalem, (dabei). Und die Kraft des Herrn war in ihm zum Heilen. (18) Und siehe, Männer bringen auf einer Bahre einen Menschen, der gelähmt war, und versuchten, ihn hineinzutragen und vor ihn zu legen. (19) Und sie fanden wegen der Volksmenge keinen Weg, ihn hineinzubringen, und sie stiegen auf das Dach, ließen ihn hinab durch die Ziegel mit dem Bett mitten vor Jesus hin. (20) Und als er ihren Glauben sah, sprach er: »Mensch, vergeben sind dir deine Sünden.« (21) Und die Schriftgelehrten und die Pharisäer begannen untereinander zu überlegen und sagten: »Wer ist der, der (solche) Lästerung redet? Wer kann Sünden vergeben außer Gott allein?« (22) Jesus aber erkannte ihre Überlegungen, antwortete und sprach zu ihnen: »Was überlegt ihr in euren Herzen? (23) Was ist leichter zu sagen: ‚Vergeben sind dir deine Sünden‘, oder zu sagen: ‚Stehe auf und wandle‘? (24) Damit ihr aber wißt, daß der Menschensohn Vollmacht hat, auf der Erde Sünden zu vergeben« – sprach er zu dem Gelähmten: »Ich sage dir, stehe auf und nimm dein Bett und gehe in dein Haus!« (25) Und sofort stand er vor ihnen auf, nahm, worauf er gelegen hatte, und ging Gott preisend in sein Haus. (26) Und Entsetzen ergriff alle, und sie priesen Gott und wurden von Furcht erfüllt und sagten: »Unglaubliches haben wir heute gesehen.«

Mit der Annahme des Sünders Petrus (5,1–11) hatte Lukas eine Reihe von Szenen eröffnet, die er in die galiläische Wirksamkeit Jesu einordnet. Indem er sich dem Geschehens-

* Lit.: *H. Jahnow*, Das Abdecken des Daches Mc 2,4 Lc 5,19, ZNW 24, 1925, 155–158 (religionsgeschichtlich) – *S. Krauss*, Das Abdecken des Daches Mc 2,4 Lc 5,19, ZNW 25, 1926, 307–310 (archäologisch-palästinakundlich) – *H. van der Loos*, Miracles, 440–449 – *S. Wibbing*, Die Heilung eines Gelähmten, in: U. Becker/S. Wibbing, Wundergeschichten, Gütersloh 1965, 12–33 – *T. Schramm*, Markusstoff, 99–103 – *I. Maisch*, Die Heilung des Gelähmten, SBS 52, Stuttgart 1971 – *F. Neirynck*, Les accords mineurs et la rédaction des évangiles, L'épisode du paralytique, EphTheolLov 50, 1974, 215–230.

ablauf bei Markus anschließt, kann er eine Abfolge gestalten, in der er seinen Intentionen gemäß (vgl. 4,18) die Zuwendung Jesu zu den Ausgestoßenen und Sündern thematisch werden läßt. Auf die Heilung des Aussätzigen (5,12–16) folgt die Feststellung der Vollmacht zur Sündenvergebung (5,17–26), darauf die Tischgemeinschaft mit den sündigen Zöllnern (5,27–39).

Umgestaltend eingegriffen hat Lukas in die Erzählung von der Heilung des Gelähmten, die Streitgespräch und Wunderheilung umschließt, am stärksten zu Beginn (V. 17) und am Schluß der Erzählung (V. 25/26). Im Erzählungskern, der im übrigen weitgehend Markus folgt, differiert stärker nur das Abdecken des Dachs (V. 19).

17 Die Beziehung auf Kapharnaum wird gestrichen. Dagegen führt Lukas sogleich die Gegner ein (anders Mark. 2,6). Der über Jesus ausgebreitete Ruf hat auch Pharisäer (die Angehörigen der bestimmenden Partei im palästinensischen Leben) und Schriftgelehrte (Lukas verdeutlicht diese für die hellenistischen Leser als Gesetzeslehrer) erreicht. Sie sind (hier wie in 5,30) der Widerpart des sich den Sündern zuwendenden Jesus. Der von den meisten Zeugen gebotene Text läßt jene aus ganz Palästina zusammengekommen sein (vgl. Mark. 3,22), wodurch das Exemplarische der Konfrontation verstärkt wird. Ordnet man der Ortsbestimmung ein eigenes Subjekt zu (Leute, die zusammengekommen waren), so entspräche dies Mark. 3,7. Unter diesen Menschen ist Jesus zugleich lehrend und in der Kraft Gottes heilend (vgl. 4,36) tätig. Die Nennung der *δύναμις*, die ihn zum Heilungswunder befähigt, bereitet die Inanspruchnahme der *ἐξουσία* zur Sündenvergebung vor. Die Erzählung will zeigen, daß beide in der gleichen von Gott gegebenen Ausstattung ihren Ursprung haben. **18–24** Lukas bietet da, wo er Markus folgt, nur wenige Modifikationen: Die Zahl vier fehlt bei der Erwählung der tragenden Männer (V. 18), von deren vergeblichem Versuch, den Gelähmten zur Tür hineinzuschaffen, erzählt wird. Das Dach des Hauses ist von Lukas als Ziegeldach vorgestellt, wie es in der griechischen Welt gut bekannt ist, aber in Palästina kaum vorkommt. Das volkstümliche *κράβαττος* wird durch das anspruchsvollere *κλινίδιον* (V. 19.24) oder durch *ἐφ ὃ κατέκειτο* (V. 25) ersetzt. Das Wort an den Gelähmten (V. 20) ist nicht Zusage, sondern direkte Absolution (Perfektform statt des indikativischen Präsens!), die nur in den Erwägungen der Gegner als das Leichtere gegenüber dem Schwereren (der Heilung) ausgespielt werden konnte. Der Schluß zeigt, wie Lukas die traditionellen Elemente der Wundererzählung (Demonstration, Chorschluß) kerygmatisch akzentuiert. **25** Die erfolgte Heilung bestätigt zugleich die Vollmacht zur Sündenvergebung: Indem der Geheilte Gott preist, macht er seinen eigenen Glauben sichtbar (vgl. V. 20). **26** Die anwesende Volksmenge reagiert in »ekstatischer« Erregung, das bedeutet, daß sie sowohl zum Lobpreis Gottes bewegt als auch in Furcht versetzt wird. Die geschauten *παράδοξα* (Unwahrscheinliches) stehen im Zeichen des (lukanischen) *σήμερον* (2,11; 4,21; 13,33; 19,9), des Heute, in dem die Heilsvollmacht Jesu begegnet.

5. Berufung des Levi und Zöllnergastmahl 5,27–32; Mark. 2,13–17; Matth. 9,9–13*

(27) Und danach ging er hinaus und sah einen Zöllner mit Namen Levi am Zoll sitzen, und er sprach zu ihm: »Folge mir nach!« (28) Und er verließ alles, stand auf und folgte ihm nach. (29) Und Levi bereitete ihm ein großes Gastmahl in seinem Haus. Und es war eine große Menge von Zöllnern und anderen da, die mit ihm zu Tische lagen. (30) Und es murrten die Pharisäer und ihre Schriftgelehrten und sagten zu seinen Jüngern: »Warum eßt und trinkt ihr mit Zöllnern und Sündern?« (31) Und Jesus antwortete und sprach zu ihnen: »Nicht die Gesunden haben den Arzt nötig, sondern die Kranken. (32) Ich bin nicht gekommen, Gerechte zu rufen, sondern Sünder zur Umkehr.«

V. 27: D folgt der Tendenz, die unmittelbare Anknüpfung abzuschwächen, und gestaltet eine breit gehaltene Einleitung, durch die die Darstellung des Lukas der des Matthäus angenähert wird. – V. 32: Die Lesart *ἀσεβεῖς* (ursprünglicher Text von ℵ) statt *ἁμαρτωλοί* verstärkt das bei Lukas angelegte Verständnis der Umkehrforderung als eines Rufes zum Wandel der Gesinnung.

Lukas verbindet die bei Markus unter sachlichen Gesichtspunkten zusammengestellten und nach dem Prinzip einer Steigerung des Gegensatzes zwischen Jesus und seinen Gegnern gestalteten Abschnitte zu einem lockeren chronologischen Gefüge. Mit sparsamen Mitteln und daher fast unbemerkt schafft er eine gegenüber der Vorlage neue redaktionelle Konstellation. Die Rückbeziehung wird durch *μετὰ ταῦτα* hergestellt, das anschließende Gespräch über die Fastenfrage bezieht er in das Gastmahl ein. Mit dem Mahl im Haus des Levi gewinnt Lukas zum ersten Male das bei ihm sich wiederholende Bild des Gastmahls, bei dem Jesus selbst Gast ist (vgl. 7,36ff.; 10,38ff.; 14,1ff.; 19,1ff.).

27 Der von Lukas sogleich als *τελώνης* (gemeint ist Zolleinnehmer im Dienst eines Zollpächters) eingeführte Levi – er wird weder als Alphäussohn bezeichnet noch in den Kreis der Zwölf eingegliedert – erscheint ihm **28** als Exempel der Nachfolge (*καταλιπὼν πάντα*), die in der Preisgabe von Beruf und Besitz besteht (vgl. 5,11; 14,33; 18,22). **29** Indem Lukas Levi zum Subjekt des Satzes macht, erscheint dieser eindeutig als Gastgeber des Zöllnergastmahls. Er stellt es vorzugsweise auf die Zöllner ab, während er den in der Markus-Vorlage enthaltenen Ausdruck *ἁμαρτωλοί*, den er gewiß nicht technisch im Sinne rabbinisch verbotener Berufe versteht,[1] wohl als unangemessen vermeidet. **30** Die Pharisäer und ihre Schriftgelehrten murren (eine »lukanische« Konstellation vgl. 15,2; 19,7). Ihr Murren drückt Unzufriedenheit aus, hat aber im biblischen Sprachgebrauch von dem murrenden Volk in der Wüste her den Sinn der Beurteilung Gottes durch den Menschen und ist damit Gegensatz zum Glauben. In dieser Verwendung des Begriffs berührt sich

* Lit.: *Joach. Jeremias*, Zöllner und Sünder, ZNW 30, 1931, 293–300 – *B. M. F. van Jersel*, La vocation de Levi, in: De Jésus aux Evangiles II, Gembloux 1967, 212–232 – *S. Wibbing*, Das Zöllnergastmahl, in: H. Stock/K. Wegenast/S. Wibbing, Streitgespräche, Gütersloh 1968, 84–92 – *H. Zimmermann*, Methodenlehre, 90–104 – *R. Pesch*, Das Zöllnergastmahl, in: Mélanges Bibliques, Festschr. f. B. Rigaux, Gembloux 1970, 63–87 – *H. Braun*, Gott, die Eröffnung des Lebens für die Nonkonformisten, in: Festschr. f. E. Fuchs, Tübingen 1973, 97–101.

[1] Zu der für Lukas nicht mehr maßgebenden rabbinischen Klassifizierung der Angehörigen bestimmter Berufsgruppen als Sünder vgl. *Joach. Jeremias*, a. a. O.; ferner *ders.*, Jerusalem IIB, 174–184.

Lukas mit Johannes (6,41.43.61; 7,32). **31** Die Antwort Jesu erscheint in der ersten Hälfte gegenüber Markus nur geringfügig verbessert (*ὑγιαίνοντες* statt *ἰσχύοντες*). **32** Sie erhält jedoch durch die Erweiterung am Schluß (*εἰς μετάνοιαν*) eine tiefgreifende Uminterpretation.[2] War das *καλεῖν* zunächst Einladung zur Tischgemeinschaft, in der sich die den Zöllnern und Sündern geschenkte Gemeinschaft mit Gott darstellt, so bezeichnet es jetzt, wo Jesus Gast und nicht Gastgeber ist, den Ruf zur Umkehr, die als Voraussetzung der Gottesgemeinschaft verstanden werden kann. Die ursprüngliche Paradoxie wird abgeschwächt. Jesu Ruf gibt Gelegenheit zur Umkehr, die, als Gesinnungswandel verstanden, die Vergebung erhält.

6. Die Fastenfrage 5,33–39; Mark. 2,18–22; Matth. 9,14–17*

(33) Sie aber sprachen zu ihm: »Die Jünger des Johannes fasten häufig und verrichten Gebete, in gleicher Weise auch die der Pharisäer, die deinen aber essen und trinken.« (34) Jesus aber sagte zu ihnen: »Könnt ihr die Hochzeitsgäste veranlassen zu fasten, solange der Bräutigam bei ihnen ist? (35) Es werden aber Tage kommen, wenn der Bräutigam ihnen weggenommen wird, dann werden sie fasten in jenen Tagen.«

(36) Er sagte aber auch ein Gleichnis zu ihnen: »Niemand reißt einen Flicken von einem neuen Kleid ab und setzt ihn auf ein altes Kleid. Wenn (er es) aber doch (tut), dann wird er das neue zerreißen, und zum alten wird der Flicken vom neuen nicht passen. (37) Und niemand füllt jungen Wein in alte Schläuche. Wenn (er es) aber doch (tut), wird der junge Wein die Schläuche zerreißen, und er wird verschüttet werden, und die Schläuche werden zerstört werden. (39) Sondern man muß jungen Wein in neue Schläuche füllen. (39) Und niemand, der alten Wein getrunken hat, will jungen. Denn er sagt: Der alte ist mild.«

V. 33: D,e beziehen die Fragen auf Fasten- *und* Gebetsordnung der Jünger und lesen *μαθηταὶ σοῦ οὐδὲν τούτων ποιοῦσιν*. Jedoch wird die Gebetsübung der Jünger nicht hier, sondern erst in 11,1ff. angesprochen.

Das Gespräch über die Fastenfrage, von Lukas in die Situation des Zöllnergastmahls einbezogen, stellt – obwohl die Gegner die gleichen sind – formal eine Steigerung dar: nicht an die Jünger, an Jesus selbst ergeht die Anfrage. Dieser Vergleich mit den Jüngern Johannes' des Täufers auf dem Hintergrund der Mahlgemeinschaft und im Blick auf das Fasten erscheint wie ein vorweggenommener Kommentar zu Luk. 7,34 = Matth. 11,18f.

---

[2] Dazu *H. Zimmermann*, a. a. O., 103f., sowie *H. Braun*, a. a. O.

* Lit.: *W. Nagel*, Neuer Wein in alten Schläuchen, VigChrist 14, 1960, 1–8 – *J. Dupont*, Vin vieux, vin nouveau (Luc 5,39), CBQ 15, 1963, 286–304 – *F. G. Cremer*, Die Fastenansage Jesu, BBB 23, Bonn 1965 – *ders.*, Lukanisches Sondergut zum Fastenstreitgespräch Lk. 5,33–39 im Urteil der patristischen und scholastischen Exegese, TThZ 76, 1967, 129–154 – *A. Feuillet*, La controverse sur le jeûne (Mc 2,18–22; Mt 9,14–15; Lc 5,33–35), NouvRevTheol 90, 1968, 113–136, 252–277 – *F. Hahn*, Das Bildwort vom neuen Flicken und vom jungen Wein, EvTh 31, 1971, 357–375 – *T. Schramm*, Markusstoff, 105–111 – *J. Roloff*, Kerygma, 223–237 – *B. Reicke*, Die Fastenfrage nach Luk. 5,33–39, ThZ 30, 1974, 321–328 – *J. B. Muddiman*, Jésus and Fasting, in: Jésus aux origines de la Christologie, Gembloux 1975, 283–301.

Zum jüdischen Fasten: Str.-B. IV, 77–114 – *J. Behm*, ThWb IV, 925–935 – *R. Arbesmann*, RAC VII, 444–524.

Das Tischgespräch bekommt in der lukanischen Gestalt durch das Stichwort *μετάνοια* einen neuen Anschluß. Fasten ist Zeichen der Umkehr. So liegt es nahe, den Täufer und seine Jünger gegen Jesus auszuspielen. Die Perikope weicht besonders in 5,36f. stärker von Markus ab und scheint sich Matthäus anzunähern. Die Einwirkung einer zweiten Vorlage neben Markus[1] ist umstritten. Für Lukas ist die Kampfsituation der Streitgespräche zurückgetreten hinter dem Bestreben, die Unterscheidung der Jesusjüngerschaft von ihrer Umgebung im Frömmigkeitsvollzug zu markieren.

33 Im Vordergrund stehen die Johannesjünger, die Jünger der Pharisäer sind nachgetragen. Lukas fügt dem Fasten die Gebetssitte an (vgl. 11,1). **34** Die Antwort Jesu spricht nicht von prinzipieller Unmöglichkeit des Fastens für die Jünger, vielmehr von der Unzumutbarkeit, die Jünger (jetzt) zum Fasten zu bewegen. Die Spuren einer apodiktischen Antwort (in Mark. 2,19 noch erhalten) erscheinen verwischt. **35** Der innerhalb der vormarkinischen Traditionsgeschichte als sekundär geltende Hinweis auf das Fasten der Jünger (vgl. dazu Komm. zu Mark. 2,20) ist für Lukas Ansage der Fastensitte der Gemeinde.[2] Er lebt in »jenen Tagen«, die der Jesuszeit folgen. In Weiterführung des vorgegebenen Rätselworts[3] vom Bräutigam stehen diese im Zeichen des »Weggenommenseins« – vielleicht aus Jes. 53,8.10 entnommen[4] – und fordern deshalb andere Regeln. Wie der von Lukas vorausgesetzte Fastenbrauch aussieht, läßt sich nicht erschließen. Das zweimal wöchentliche Fasten (Did 8,1), das quartadezimanische Fasten (am 14. Nisan) und die Anfänge des vorösterlichen (später quadragesimalen) Fastens (dabei Berufung auf Luk. 5,35 in Didascalia apostolorum V. 14.16, Const.Apost. V. 18.21) können sich auf diese Fastenansage rückbeziehen.[5]

36 Dem Wort vom Bräutigam läßt Lukas mit eigener Einleitung die beiden Worte von alt und neu folgen. Der ursprünglich antithetische Doppelspruch, ein auf dem Hintergrund der Trennung Jesu von den Pharisäern formuliertes Logion,[6] wird bei Lukas als Kommentar zu 5,33–35 verstanden. Der Gegensatz alt und neu ist für ihn nicht das Gegenüber von ja und nein (zum Fasten), sondern von so und anders (in der Fastenausübung). Dabei verstärkt Lukas das erste Wort, indem er Jesus vom Flicken sprechen läßt, der aus einem neuen Gewand herausgeschnitten wird. Nicht neuer Flicken und altes Kleid werden verglichen, sondern zerschnittenes neues und unpassend ausgebessertes altes Kleid.[7] Zugleich wird das Wort zur genauen Parallele des zweiten: die Vermischung von alt und neu verdirbt beides. **37** Der neue Wein (= die neue Lehre; derselbe Vergleich Abot IV, 20) bedarf neuer Schläuche (= Lebensformen). **38** Lukas bietet ähnlich wie Matthäus eine über Markus hinausgehende positive Fortsetzung: Man muß neuen Wein in neue Schläuche gießen. Ihm ist es nicht um die Antithese, sondern um die neuen Frömmigkeitsformen zu tun.

---

1 So *T. Schramm*, a. a. O.
2 *B. Reicke*, a. a. O., 323: konstatierendes Futur, nicht Befehl.
3 *J. Roloff*, Kerygma, 220.
4 *A. Feuillet*, a. a. O.
5 Dazu *F. G. Cremer*, Lukanisches Sondergut.
6 *W. Nagel*, a. a. O.
7 *F. Hahn*, a. a. O., 364.

39 Durch Anfügung einer selbständigen Sentenz – ähnlich lautend in jüdischer und hellenistischer Antike weit verbreitet[8] – gibt Lukas dem Gedanken eine neue Wendung. Alter und neuer Wein stehen gleichsam als Angebot einander gegenüber und fordern die Entscheidung. Dabei hat es das Neue in der Konkurrenz mit dem Alten schwerer. Dieses im Bildwort enthaltene, den Rahmen des Kontextes überschreitende Urteil hebt kaum noch auf die Streitgesprächssituation ab, spiegelt vielmehr die Erfahrung der missionierenden Gemeinde. Thomas-Evg., Spruch 47(48) stellt eine Weiterbildung der Lukas-Fassung oder einer Lukas verwandten Tradition dar, wenn es mit einer Par. zu 5,39 einsetzt, dann aber in umgekehrter Folge das Doppelgleichnis anschließt: »Niemand trinkt alten Wein und begehrt sofort neuen Wein zu trinken. Und man schüttet nicht neuen Wein in alte Schläuche, damit sie nicht zerreißen. Und man schüttet nicht alten Wein in neue Schläuche, damit er nicht verderbe. Man setzt nicht einen alten Lappen auf ein neues Kleid; sonst wird ein Riß entstehen.«[9] Die Unvereinbarkeit von alt und neu wird hier im Zeichen der Trennung des (erlösten) Selbst von der Welt verstanden.[10]

7. Das Ährenausraufen am Sabbat
6,1–5; Mark. 2,23–28; Matth. 12,1–8*

(1) Es geschah aber an einem Sabbat, daß er durch die Saaten dahinging. Und seine Jünger rauften die Ähren aus und aßen sie, indem sie sie mit den Händen zerrieben. (2) Einige der Pharisäer aber sprachen: »Was tut ihr, was am Sabbat nicht erlaubt ist?« (3) Und Jesus antwortete und sagte zu ihnen: »Habt ihr nicht das gelesen, was David tat, als er Hunger hatte, er und die mit ihm waren? (4) Wie er hineinging in das Haus Gottes und die Schaubrote nahm, aß und (sie auch) denen gab, die mit ihm waren, welche niemandem erlaubt ist zu essen außer allein den Priestern?« (5) Und er sagte zu ihnen: »Herr über den Sabbat ist der Menschensohn.«

Der zur Kennzeichnung des Sabbats in 6,1 eingefügte singuläre Ausdruck *δευτεροπρώτῳ* ist trotz guter Bezeugung (C, Koinegruppe, A, D. u. a.) als (frühe) Glosse anzusehen. Man erklärt sie entweder rein technisch als Versuch, die Sabbatperikopen zu markieren: zuerst Einfügung von *πρώτῳ* wegen des *ἑτέρῳ* in V. 6, später Korrektur zu *δευτεροπρώτῳ* im Hinblick auf 4,31.[1] Oder man denkt an die Zählung der Sabbate nach dem Passafest gemäß Lev. 23,15: gemeint sei der zweite Sabbat nach Passa. – V. 5: Das Wort über den Menschensohn als Herrn des Sabbats wird von D hinter V. 10

---

[8] Vgl. dazu die Materialsammlung bei *J. Dupont*, a. a. O., 286ff.

[9] Übers. nach *J. Leipoldt/H. M. Schenke*, Kopt.-gnost. Schriften, ThF 20, Hamburg 1966.

[10] Vgl. dazu *W. Schrage*, Das Verhältnis des Thomasevangeliums zur synoptischen Tradition, BZNW 29, Berlin-West 1964, 112–116.

* Lit.: *B. Murmelstein*, Jesu Gang durch die Ährenfelder, Angelos 3, 1930, 111–120 – *E. Lohse*, Jesu Worte über den Sabbat, in: Judentum – Urchristentum – Kirche, Festschr. f. Joach. Jeremias, BZNW 26, Berlin-West 1960, 79–89 – *K. Wegenast*, Das Ährenausrupfen am Sabbat, in: H. Stock/K. Wegenast/S. Wibbing, Streitgespräche, Gütersloh 1968, 27–35 – *J. Roloff*, Kerygma, 52–62, 69–73 – *H. Hübner*, Das Gesetz in der synoptischen Tradition, Witten 1973, 113–128 – *Chr. Hinz*, Jesus und der Sabbat, KuD 19, 1973, 91–108 – *H. Braun*, Erwägungen zu Mark. 2,23–28 Par., in: Entscheidung und Solidarität, Festschr. f. J. Harder, Wuppertal 1973, 53–56.
Zum Sabbat: *E. Lohse*, ThWb VII, 1–34.

[1] Vgl. auch *G. W. Buchanan/Chr. Wolfe*, The »second-first Sabbath«, JBL 97, 1978, 259–267.

gerückt. An dessen Stelle findet sich in D folgendes Apophthegma: »Am selben Tag sah er einen am Sabbat arbeiten und sprach zu ihm: ,Mensch, wenn du weißt, was du tust, bist du selig, wenn du es aber nicht weißt, bist du verflucht und ein Übertreter des Gesetzes.'« Das von *Joach. Jeremias*[2] als jesuanisch gewertete Stück ist angesichts des textkritischen Befundes als postlukanischer Einschub und aus inhaltlichen Gründen als sekundäre Bildung anzusehen. Das Logion fällt durch die Verbindung von Makarismus und Fluchspruch auf, die jedoch im Konditionalis gehalten sind. Man versteht es am besten, wenn man es der Situation antilibertinistischer Abwehr zuordnet.[3] Nicht der als Exempel gesetzesfreien Handelns figurierende Bruch sabbatlicher Ruhe an sich zeigt die Freiheit Christi an, sondern das »wissende Tun« des aus dem Glauben Handelnden.

Lukas gliedert die beiden Sabbatkonflikte, die er der Markusvorlage entnimmt, der Wanderung Jesu ein. Darin könnte man eine behutsame Neuakzentuierung erkennen. Im übrigen bilden hier wie dort die Sabbatkontroversen den zeitweiligen Abschluß der Streitgespräche. Dabei ist das Ährenausraufen der Jünger (nach rabbinischer Sabbatkasuistik verbotene Erntearbeit) als erste Stufe des Konflikts gedacht. Durch die bei Lukas in 6,2 gegebene veränderte Angriffsrichtung der Gegner entsteht ein modifizierter Aufbau: Jesus schreitet durch die Ährenfelder – die Jünger raufen aus und essen – die Pharisäer greifen die Jünger an – Jesus antwortet für sie. Trotz punktueller Übereinstimmung mit Matthäus kommt hier keine andere Vorlage als Markus in Frage.[4]

1 Lukas fügt dem verbotenen Ährenausraufen durch die Jünger *ψώχοντες ταῖς χερσίν* hinzu, womit zusätzlich das unerlaubte Bereiten einer Mahlzeit gemeint ist. **2** Die Frage der Pharisäer wird nicht wie bei Markus an Jesus, sondern (wie schon in 5,30) an die Jünger gerichtet. Jedoch läßt das Verhalten der Schüler den Rückschluß auf den Lehrer zu. Das aus Markus übernommene *οὐκ ἔξεστιν* könnte den Charakter einer Warnung haben.[5] **3/4** In der Nennung des Hungers als eigentliches Motiv sowie durch die Fortlassung der fehlerhaften zeitlichen Bestimmung »unter dem Hohenpriester Abjathar« unterscheidet sich Lukas (wie auch Matthäus) von Markus. Wie bei diesem handelt es sich auch hier nicht um ein Zitat aus dem AT, sondern um eine geraffte Neuerzählung von 1. Sam. 21,1ff. (dort keine Erwähnung des Sabbats!), bei der David selbst und seine Begleiter in ihrem unerlaubten Tun in den Mittelpunkt gerückt sind. Die Initiative des David wird durch das von Lukas eingefügte *λαβών* noch verstärkt. Dabei fällt er – vielleicht unbewußt – in die eucharistische Terminologie, vgl. 22,19. Die Bezugnahme auf David impliziert einen Schluß a minori ad maius und ist darum christologisch relevant: was David und den Seinen erlaubt ist, kommt erst recht Jesus und den Jüngern zu.[6] Das bereitet die abschließende Sentenz über den Menschensohn als Herrn des Sabbats vor.

5 Das Wort über das Verhältnis von Mensch und Sabbat (Mark. 2,27) fehlt bei ihm wie bei Matthäus.[7] Wenn Lukas jenes Logion gekannt und fortgelassen hat, dann hat er es als

---

[2] Unbekannte Jesusworte, Gütersloh ^{3}1963, 61–64.

[3] Vgl. *W. Käser*, Exegetische Erwägungen zur Seligpreisung des Sabbatarbeiters Lk. 6,5 D, ZThK 65, 1968, 414–430.

[4] Zur Einzelexegese und zur Sabbatfrage vgl. *W. Grundmann*, Das Evangelium nach Markus, ThHK 2, z. St.

[5] *Joach. Jeremias*, Theologie I, 265f.

[6] *J. Roloff*, Kerygma, 56.

[7] Über das Verhältnis der beiden Schlußverse zueinander und zum Vorausgehenden vgl. *E. Lohse*, a. a. O., 83ff., und *H. Hübner*, a. a. O., 127.

verzichtbares Argument aufgefaßt, das die christologische Ausrichtung der Antwort eher beeinträchtigen würde: wenn schon David frei vom Gesetz war, so ist der Menschensohn (der in seiner irdischen Erscheinung Davids Sohn ist; vgl. 20,42–44) Herr über den Sabbat.

8. Die Heilung am Sabbat
6,6–11; Mark. 3,1–6; Matth. 12,9–14*

(6) Es geschah aber an einem anderen Sabbat, daß er hineinging in die Synagoge und lehrte. Und es war ein Mensch dort, und seine rechte Hand war verdorrt. (7) Und es beobachteten ihn die Schriftgelehrten und die Pharisäer, ob er am Sabbat heilt, damit sie etwas finden, ihn anzuklagen. (8) Er wußte um ihre Gedanken; er sagte aber zu dem Mann, der die verdorrte Hand hatte: »Steh auf und stell dich in die Mitte!« Und er stand auf und stellte sich hin. (9) Und Jesus sprach zu ihnen: »Ich befrage euch, ob es am Sabbat erlaubt ist, Gutes zu tun oder Böses zu tun, Leben zu retten oder zu verderben?« (10) Und sie ringsum alle anschauend sprach er zu ihm: »Strecke deine Hand aus!« Er aber tat es, und seine Hand wurde wiederhergestellt. (11) Sie aber wurden von Unverstand erfüllt und unterredeten sich untereinander, was sie Jesus antun sollten.

Mit dem zweiten Sabbatkonflikt wird bei Markus die Reihe der Streitgespräche abgeschlossen. Die in Mark. 3,6 gegebene dramatische Zuspitzung findet sich so bei Lukas nicht. An einen geschlossenen »Zyklus« hat er schwerlich gedacht, wenngleich das Moment der Steigerung ihm wichtig ist. Auf die Verteidigung der Jünger durch Jesus folgt hier die eigene demonstrative Tat. Das Stück enthält Elemente des Streitgesprächs (konfliktauslösende Tat – Frage der Gegner – Gegenfrage – Überwindung der Gegner) und der Wundergeschichte (Begegnung von Wundertäter und Krankem – dessen Präsentation – Heilungsbefehl und Heilung – Erfolg und Reaktion). Die von *Chr. Dietzfelbinger* (287) vorgenommene Einordnung der Erzählung als ein »typisierter Bericht, in dem sich eine Reihe von Sabbatheilungen verdichtet haben«, unterstreicht, daß das demonstrative und provokative Heilen von Kranken am Sabbat (vgl. noch 13,10–17; 14,1–6) zu den ipsissima facta Jesu gehört und zu seiner Verkündigung und seinem Vollmachtsbewußtsein in Beziehung gesetzt werden muß.

6 Lukas, an chronologischer Ordnung interessiert, legt den Konflikt ausdrücklich auf einen »anderen Sabbat« und betont die lehrende Tätigkeit in der Synagoge. Daß die verdorrte Hand[1] die rechte, die Arbeitshand ist, bedeutet eine Steigerung. **7** Erhalten bleibt der juristische Aspekt des Streits: *παρατηρεῖν* könnte observieren bedeuten; *κατηγορεῖν* als forensischer Terminus meint gerichtliche Anklage nach Ex. 31,14.[2] **8** Lukas hebt hervor,

* Lit.: *E. Stauffer*, Neue Wege der Jesusforschung, in: Gottes ist der Orient, Festschr. f. O. Eißfeldt, Berlin 1959, 161–189, bes. 166ff. – *H. van der Loos*, Miracles, 436–440 – *G. Dautzenberg*, Sein Leben bewahren, StANT 14, München 1966, 154–160 – *J. Roloff*, Kerygma, 63–66 – *H. Hübner*, Das Gesetz in der synoptischen Tradition, Witten 1973, 128–136 – *Chr. Dietzfelbinger*, Vom Sinn der Sabbatheilungen Jesu, EvTh 38, 1978, 281–298.

[1] Zur medizinischen Beurteilung der Krankheit vgl. *H. van der Loos*, a. a. O., 438ff.

[2] Dazu die zeit- und rechtsgeschichtliche Beleuchtung durch *E. Stauffer*, a. a. O., 167f., deren Wert durch die Verkennung form- und redaktionsgeschichtlicher Gesichtspunkte beeinträchtigt wird; vgl. die kritischen Bemerkungen von *H. Hübner*, a. a. O., 133.

daß Jesus die Gedanken der Gegner durchschaut (wie schon 5,22; vgl. Joh. 2,25). **9** Seine Frage an die Pharisäer wird ausdrücklich als eine Befragung gekennzeichnet. Den Wortlaut des gegen die Sabbatkasuistik gerichteten Logions bringt Lukas gegenüber Markus mit einer Abweichung: statt *ἀποκτεῖναι* hat er *ἀπολέσαι*. Er geht jedoch wie dieser vom konkreten Geschehen der Heilung aus (ohne eschatologischen Sinnüberschuß). Die Doppelfrage stellt der Alternative, am Sabbat *ἀγαθοποιεῖν* (= Tun des Willens Gottes) oder *κακοποιεῖν*, das den kranken Menschen (*ψυχή* = Person im Sinne des נֶפֶשׁ der alttestamentlichen Gesetzeskorpora) geltende *σῶσαι* und sein Verderben an die Seite.[3] Die Heilung des Kranken bedeutet Lebensrettung und erfüllt damit den positiven Sinn des Sabbats. So geht es weder um eine Ausnahmeregel, noch ist eine Verschiebung des heilenden Tuns möglich. Das Zusammentreffen von Sabbat und Heilungstat führt den Anbruch der Gottesherrschaft vor Augen. Wenn D und andere Zeugen hier das Logion 6,5 anfügen, so sind sie von der Tendenz bestimmt, den hier auch bei Lukas implizierten Vollmachtsanspruch zu einem expliziten zu machen. **10** Die starken Ausdrücke für das Gefühl Jesu fehlen bei Lukas (vgl. auch Luk. 5,13 mit Mark. 1,41.43). **11** Den Schluß, gleichsam ein »negativer Chorschluß«, gestaltet Lukas selbständig. Statt einer Beratung über die Beseitigung Jesu hat er die Feststellung, daß die Gegner tief getroffen überlegen, was sie Jesus antun sollen. Lukas legt auf die eigene Initiative Jesu bei seiner Passion wert, der er seinen Bericht in allmählicher Steigerung entgegenführt. Der Kampf um den Sabbat, für ihn und seine Leser mehr von biographischer als von aktueller Bedeutung, ist eine Station auf diesem Wege.

9. Die Berufung der Zwölf und die Jüngergemeinde aus dem Volk 6,12–19; Mark. 3,7–19; Matth. 4,23–25; 10,2–4*

(12) Es geschah aber in diesen Tagen, daß er hinausging auf einen Berg, um zu beten, und er verbrachte die Nacht im Gebet zu Gott. (13) Und als es Tag wurde, rief er seine Jünger heran und wählte aus ihnen zwölf aus, die er auch Apostel nannte. (14) Simon, den er auch Petrus nannte, und Andreas, seinen Bruder, und Jakobus und Johannes und Philippus und Bartholomäus und Matthäus und Thomas und Jakobus (den Sohn) des Alphäus und Simon, der der Zelot genannt wurde, (16) und Judas (den Sohn) des Jakobus und Judas Ischarioth, der zum Verräter wurde.

(17) Und er stieg mit ihnen hinab und blieb stehen an einem ebenen Ort und eine große Menge seiner Jünger und ein große Masse Volks aus ganz Judäa und Jerusalem und von

---

[3] vgl. *G. Dautzenberg*, a. a. O., 154f.

* Lit.: *W. Schmauch*, Ort der Offenbarung und der Offenbarungsort im Neuen Testament, Berlin 1956, 68–73 – *B. Rigaux*, Die »Zwölf« in Geschichte und Gegenwart, in: Der historische Jesus und der kerygmatische Christus, Berlin 1960, 468–486 – *G. Klein*, Die zwölf Apostel, FRLANT 71, Göttingen 1961, 34–68 – *B. Gerhardsson*, Die Boten Gottes und die Apostel Christi, SvExeÅrsb 27, 1962, 89–131 – *J. Roloff*, Apostolat – Verkündigung – Kirche, Gütersloh 1965, 138–168 – *O. Cullmann*, Der zwölfte Apostel, in: Vorträge und Aufsätze, Tübingen 1966, 214–222 – *J. Mánek*, On the Mount – on the Plain (Mt. V,1 – Lk. VI,17), NovTest 9, 1967, 124–131 – *S. Schulz*, Die Stunde der Botschaft, 1967, Berlin 1969, 258–262 – *T. Schramm*, Markusstoff, 113–116 – *G. Schmahl*, Die Berufung der Zwölf im Markusevangelium, TThZ 81, 1972, 203–213.

der Küste von Tyros und Sidon, (18) die kamen, ihn zu hören und geheilt zu werden von ihren Krankheiten, und die von unreinen Geistern Geplagten wurden geheilt. (19) Und die ganze Menge versuchte, ihn zu berühren, weil Kraft von ihm ausging und alle heilte.

Lukas macht durch den Einsatz V. 12 einen Einschnitt deutlich. Vergleicht man mit Markus, so erscheint bei ihm die dortige Reihenfolge – Volkszulauf und Berufung der Zwölf – umgekehrt. Jedoch ist in dem der Feldrede vorausgehenden Abschnitt auch mit Abhängigkeit von Q zu rechnen.[1] Auffallend ist die Entsprechung zu Matthäus, bei dem ebenfalls dem Volkszulauf und der Heilungstätigkeit Jesu die große Rede (die Bergpredigt) folgt.

War in 6,11 die Gegnerschaft gegen Jesus herausgestellt, so geht es nun um die Jünger. Aus ihnen werden die Zwölf erwählt; sie umgeben den von einem hörenden und Heilung suchenden Volk umdrängten Jesus; ihnen gilt dann die Belehrung der Feldrede. Zu beachten ist die für Lukas kennzeichnende Differenzierung von *μαθηταί* und *ἀπόστολοι*, die sogar die Gestaltung des Ablaufs der Jesusgeschichte mitbestimmt hat. Jünger schließen sich Jesus nach einer ersten Phase der öffentlichen Wirksamkeit an (vgl. 5,30.33; 6,1). Apostel gibt es erst seit der Einsetzung durch Jesus (6,13).

12 Mit *ἐγένετο ἐν ταῖς ἡμέραις ταύταις* wird ein neuer Abschnitt dem bisher Berichteten locker angefügt. Lukas zeigt Jesus als Beter (vgl. 3,21; 5,16). Ort des Gebets ist ein nicht näher bezeichneter Berg (zum Berg als Schauplatz des Gebets vgl. 9,28). Dieser ist zunächst Stätte der Einsamkeit, dann Offenbarungsort als Platz eines fast zur Epiphanie stilisierten Geschehens. Das die Nacht hindurch währende Beten kennzeichnet den Nachdruck, der auf diesem Tun liegt. Zu vergleichen ist das Gebet vor der Wahl des Matthias Apg. 1,24, wie denn überhaupt die Beziehung beider Abschnitte beachtet sein will. **13** Aus den Jüngern, d. h. aus denen, die bisher auf sein Wort hörten, seine Hilfe empfingen und ihn begleiteten, wählt er zwölf aus, die er »Apostel« nennt. Die damit von Lukas deutlich herausgestellte Zusammengehörigkeit des Kreises der *δώδεκα* und des Apostelbegriffs fordert zu kritischer Differenzierung heraus. Weitgehende Übereinstimmung im Urteil der Forschung besteht darüber, daß der urchristliche Apostolat erst nachösterlichen Ursprungs ist (1. Kor. 9,1; 15,7). Markantes Merkmal des Lukas ist es, daß er den Apostelbegriff in die Geschichte Jesu zurücküberträgt. Die von ihm konsequent vollzogene Identifizierung der *ἀπόστολοι* und der *δώδεκα* greift auf eine Größe zurück, die ihre eigene Bedeutungsqualität und Geschichte hat. Unumstritten ist die Beziehung der *δώδεκα* zum 12-Stämme-Volk. Deutlich ist auch die an einigen Stellen aufscheinende eschatologische Komponente (Matth. 19,28; Luk. 22,30). Wahrscheinlicher als das Verständnis der Zwölf als einer idealen Größe ist die Voraussetzung, daß Jesus selbst den Zwölferkreis als Zeichen seines Anspruchs auf Israel berief.[2] In der ursprünglichen Textgestalt des markinischen Parallelberichts fehlt der Apostelbegriff noch, ist jedoch durch das Wort *ἀποστέλλειν* (3,14) vorbereitet. Der dort prononcierte Sendungs- und Auftragsgedanke hat bei Lukas keine Entsprechung. Eher denkt er im Sinne von 1,2; Apg. 1,21f. an eine besondere Form der Augenzeugenschaft. Die berufenen Apostel sind von den

---

[1] *T. Schramm*, a. a. O.; ferner *H. Schürmann*, Komm., 319.

[2] So *B. Gerhardsson* und *B. Rigaux*, a. a. O.

Jüngern unterschieden, der Ausdruck *μαθηταί* meint bei Lukas die Glieder der Gemeinde (24,33; Apg. 6,1–7; 9,19.25–27; 11,26). Jesus, die Apostel, die Jünger, das Volk erscheinen wie konzentrisch angeordnete Kreise. Durch das betonte *ἐκλεξάμενος* – vorbereitet durch das nächtliche Gebet auf dem Berge – wird die Wahl geradezu zu einer geheimen Epiphanie.

14/15 Die Liste der Zwölf wird bei Lukas paarweise angeordnet. Zuerst werden die beiden Brüderpaare Simon und Andreas, Jakobus und Johannes genannt, wobei Simon (wie bei Markus) den Beinamen Petrus bekommt und fortan mit diesem Namen genannt wird (vgl. das Verhältnis der Namen Saulus und Paulus in der Apg.); die aus 5,10 bekannten Zebedaiden werden dagegen nicht näher bezeichnet. Auch die weiteren Namen stimmen mit den anderen Apostellisten überein. Lukanische Eigenheiten begegnen erst am Ende. Simon der »Kananäer« wird als Simon der Zelot gekennzeichnet. Hier könnte die richtige Einordnung der bei Markus fälschlich als Ortsnamen gedeuteten Transkription von קַנָּא = eifern vorliegen. **16** Zuletzt folgen die beiden Judas. Der eine, der Jakobussohn, steht an dem Platz, den Thaddäus (Mark. 3,18) bzw. Lebbäus (Matth. 10,3 [D, Koine]) einnimmt; der andere ist Judas Iskarioth. Ersterer erscheint auch in Joh. 14,22, wo eine sahidische Handschrift Judas kananites nennt. Ist das ein Indiz dafür, daß die Nennung der zwei Judas auf eine irrtümliche Verdoppelung der gleichen Person zurückgeht, die bald Judas Iskarioth (= Judas der Sikarier), bald Judas kananites (= Judas, der Zelot), bald Judas, Sohn des Jakobus, heißt?[3] Lukas, der die Liste tradiert bekam, dürfte von alledem nichts geahnt haben, wie er sich auch der Beziehung zwischen Jüngerkreis und Zelotenbewegung in diesem Zusammenhang nicht bewußt ist. Auffallend ist, daß er Judas nicht als Überlieferer Jesu (*παραδιδοὺς αὐτόν*), sondern als Verräter (*προδότης*) bezeichnet, bei der Dahingabe Jesu also den menschlich-innerweltlichen Faktor an Stelle des providentiellen heraushebt.

17 Jesus steigt mit den Erwählten an einen ebenen Ort herab. Die Bergsituation wird ausdrücklich preisgegeben.[4] Auf das verborgene Zusammensein mit Jesus folgt – auch lokal gesehen[5] – die Wirksamkeit unter dem Volk. Die Gegenden, aus denen die Menge kommt, umfassen nicht nur ganz Palästina (bei Lukas *Ἰουδαία*), sondern auch seine Randgebiete um Tyros und Sidon. Lukas dürfte die Angabe historisch (nicht aktualisierend) gemeint haben: bis an die Grenzen des Heidenlandes greift der Wirkungskreis Jesu aus.

18/19 Die Leute kommen, um zu hören und um seine Heilkraft zu empfangen (vgl. 5,15). Diese, die wie eine magnetische Kraft oder wie ein Fluidum gedacht ist, erfüllt ihn und geht bei Berührung auf den ihn Berührenden über (vgl. 4,14; 5,17; 8,44). Die Heiltätigkeit Jesu, die leibliche Hilfe suchende Menschen ebenso umschließt wie von Dämonen Besessene, wird umfassend beschrieben. Jesus der Arzt ist in vielfältiger Ausführung eines der großen Themen des Lukas: vgl. außer 4,23 und 5,31 die durch 5,13; 7,7; 8,47; 9,11.42; 14,4; 17,15; 22,51 bezeichnete Linie.

---

[3] *O. Cullmann*, a. a. O., 220.
[4] *W. Schmauch*, a. a. O., 72f.
[5] Vgl. *J. Mánek*, a. a. O.

10. Die Feldrede
6,20–49; Matth. 5,3.4.6.11f.39–42.44–48; 7,1–5.16–21.24–27*

Der Vergleich von Lukas und Matthäus zeigt: Nahezu alles, was Lukas in seiner Feldrede hat, steht auch in der Bergpredigt des Matthäus; und dieser gemeinsame Stoff erscheint bei beiden im wesentlichen in der gleichen Reihenfolge. Daraus ergibt sich: Lukas überliefert eine einfache, in ihrem Gedankengang wesentlich geschlossene Grundform, die Matthäus durch Sondertraditionen und weitere mit Lukas gemeinsame, bei diesem jedoch an anderen Stellen erscheinende Stücke zu seiner großen Bergpredigt erweitert hat, wie er das auch bei anderen Jesusreden (Kap. 10; 13; 24–25) getan hat. Es liegt nahe, die Feldrede bei Lukas als eine Wiedergabe eines aus Q stammenden Komplexes zu verstehen, an der er an einigen Stellen erkennbar gearbeitet hat, die aber grundsätzlich mit der Quelle übereinstimmt. Bestätigend tritt hinzu, daß in beiden Großevangelien der Rede die Heilung des Knechts des Hauptmanns folgt.

Auch unter der Voraussetzung, daß Q die Basis für die Feldrede und die Bergpredigt bietet und nach Umfang und Akoluthie von Lukas getreuer reproduziert wird, ist die Frage, ob der Wortlaut der einzelnen Stücke der Rede bei Lukas oder bei Matthäus der Fassung der Quelle nähersteht, umstritten. Generalisierende Urteile[1] sind schwer durchzuhalten. Die Entscheidung über den Charakter der einzelnen Stücke kann, soweit das möglich ist, erst bei der Einzelexegese fallen.

Unzweifelhaft stellte die Vorlage bei Q bereits einen strukturierten Redezusammenhang dar. Die Eigenart der gegenüber der Bergpredigt des Matthäus weit unterschätzten, Q näherstehenden Überlieferung der Feldrede bei Lukas sollte deshalb nicht gering gewertet werden. »Wir erfahren durch sie, was den *frühen*, noch vor den uns bekannten Evangelisten stehenden *Sammlern* des Überlieferungsgutes und den Gemeinden, in deren Dienst sie wirkten, als das Wesentliche und Wichtige in der Lehre des Herrn über das Dasein und Leben seiner Jünger gegolten hat.«[2]

Erste Versuche, eine spezifische formale Struktur der Feldrede herauszuarbeiten, gehen bis in die Zeit um die Jahrhundertwende zurück. *G. Heinrici* und ihm folgend *F. Hauck*[3]

---

* Lit.: *G. Heinrici*, Die Bergpredigt (Matth. 5–7, Luk. 6,20–49), Leipzig 1899 – *H. Windisch*, Der Sinn der Bergpredigt, UNT 16, Leipzig ²1937 – *E. Percy*, Die Botschaft Jesu, Lund 1943, 40–138, 156–163 – *W. Grundmann*, Die Bergpredigt in der Lukas-Fassung, StudEv I, TU 73, Berlin 1959, 180–189 – *H. W. Bartsch*, Der soziale Aspekt der urchristlichen Paränese von ihrem Ansatz her (Lk. 6,20–49), CommViat 5, 1962, 253–260 – *ders.*, Feldrede und Bergpredigt. Redaktionsarbeit in Luk. 6, in: Entmythologisierende Auslegung, ThF 26, Hamburg 1962, 116–124 – *H. Kahlefeld*, Der Jünger. Eine Auslegung der Rede Luk. 6,20–49, 1962, BG II,13, Leipzig 1963 – *H. Schürmann*, Die Warnung des Lukas vor der Falschlehre in der »Predigt am Berge« Lk 6,20–49, BZ 10, 1966, 59–81 – *H. Th. Wrege*, Die Überlieferungsgeschichte der Bergpredigt, WUNT 9, Tübingen 1968 – *P. Pokorný*, Der Kern der Bergpredigt, Hamburg 1969 – *G. Schneider*, Die Botschaft der Bergpredigt, 1969, BG II,30, Leipzig 1973 – *T. Holtz*, Grundzüge einer Auslegung der Bergpredigt, ZdZ 31, 1977, 8–16 – *W. Grundmann*, Weisheit im Horizont des Reiches Gottes, in: Kirche des Anfangs, Festschr. f. H. Schürmann, Leipzig 1977, 175–198, bes. 188–193.

[1] *A. v. Harnack*, Sprüche und Reden Jesu, 1907, entschied sich für Matth., *J. Wellhausen*, Einleitung in die drei ersten Evangelien, 1905, für Luk.

[2] *H. Kahlefeld*, a. a. O., 17.

[3] Vgl. *F. Hauck*, Komm., 83.

haben von drei Teilen gesprochen, einem prophetischen (V. 20–26), einem gnomischen bzw. paränetischen (V. 27–38) und einem parabolischen Teil (V. 39–49), und dazu die Dreigliederung in visiones, mandata und similitudines bei Pastor Hermae verglichen. In neuerer Zeit hat man den deutlich markierten Einschnitt V. 39 als Gliederungselement herausgehoben, der die beiden Hauptabschnitte voneinander sondert. Nach *H. Schürmann* ist in 6,27–38 das neue Gebot Jesu unreflektiert-positiv vorgelegt, während es von V. 39 an reflektiert-kritisch in Auseinandersetzung mit der Falschrede als einziger Heilsweg aufgewiesen wird (Warnung vor Irrlehre als Schlußmotiv urchristlicher Paränese). Etwas anders akzentuiert *W. Grundmann*, wenn er V. 20–38 als Rede an die Jüngergemeinde versteht, V. 39–49 hingegen an die Zwölf als die Lehrer und Lenker der Gemeinde gerichtet sieht (chiastische Anordnung der Elemente Zwölferkreis und Jüngergemeinde in 6,12–49). Beide Gesichtspunkte sind insofern vereinbar, als der Lehrerstand, als dessen Prototyp die Zwölf gelten, im Kampf gegen die Falschlehrer besonders gefordert ist. Die Umsetzung von Verkündigung in Paränese erfolgt nicht erst in der Bergpredigt des Matthäus,[4] sondern ist schon bei Lukas bzw. seiner Quelle gegeben. Die vielfach bevorzugte Bestimmung des Sitzes im Leben der Feldrede als postbaptismale Unterweisung[5] oder als Katechismus[6] könnte eher auf die in Q gegebene Vorlage zutreffen, während für Lukas die in der Feldrede gebotene Lehre Jesu an Jünger und Volk zugleich Medium der Belehrung einer in »Jünger« und Lehrerstand gegliederten Gemeinde ist.

a) Seligpreisungen und Weherufe 6,20–26*

(20) Und er erhob seine Augen auf seine Jünger und sprach:
»Selig ihr Armen,
denn euer ist das Reich Gottes.
(21) Selig, die ihr jetzt hungert,
denn ihr werdet gesättigt werden.
Selig, die ihr jetzt weint,
denn ihr werdet lachen.

---

[4] So *H. W. Bartsch*, a. a. O., 118. [5] *H. Schürmann*, Komm., 383. [6] *G. Schneider*, a. a. O., 24.

* Lit: *A. George*, La »forme« des béatitudes jusqu'à Jésus, in: Mélanges Bibliques, Festschr. f. A. Robert, Paris 1957, 398–403 – *J. Dupont*, Les béatitudes, Brüssel/Löwen 1958 – *G. Braumann*, Zum traditionsgeschichtlichen Problem der Seligpreisungen, NovTest 4, 1960, 253–260 – *K. Koch*, Formgeschichte, 21–83 – *O. H. Steck*, Israel und das gewaltsame Geschick der Propheten, WMANT 23, München 1967, 20–26, 257–260 – *N. Walter*, Die Bearbeitung der Seligpreisungen durch Matthäus, StudEv IV, TU 102, Berlin 1968, 246–258 – *W. Trilling*, Christusverkündigung, 64–85 – *S. Agouridès*, La tradition des béatitudes chez Matthieu et Luc, in: Mélanges Bibliques, Festschr. f. B. Rigaux, Gembloux 1970, 9–27 – *H. Frankemölle*, Die Makarismen Mt. 5,1–12; Lk. 6,20–23, BZ 15, 1971, 52–75 – *G. Strecker*, Die Makarismen der Bergpredigt, NTS 17, 1970/71, 225–275 – *S. Schulz*, Spruchquelle, 76–84, 452–457 – *E. Schweizer*, Formgeschichtliches zu den Seligpreisungen, NTS 19, 1972/73, 121–126 – *R. Kieffer*, Wisdom and Blessing in the Beatitudes of St. Matthew and St. Luke, in: StudEv VI, Berlin 1973, 291–295 – *G. Schwarz*, Lukas 6,22a.23b.26, Emendation, Rückübersetzung, Interpretation, ZNW 66, 1975, 269–274 – *H. Merklein*, Gottesherrschaft, 48–55 – *P. Klein*, Die lukanischen Weherufe Lk. 6,24–26, ZNW 71, 1980, 150–159.

Zur Gattung Makarismus: ThWb IV, 366–373.

(22) Selig seid ihr, wenn euch die Menschen hassen und wenn sie euch ausschließen und schmähen und euren Namen als einen bösen ausstoßen um des Menschensohns willen.
(23) Freut euch an jenem Tage und springt, denn siehe, euer Lohn ist groß im Himmel, ebenso nämlich taten den Propheten eure Väter.
(24) Jedoch wehe euch Reichen,
denn ihr habt euren Zuspruch weg.
(25) Wehe euch, die ihr jetzt satt seid,
denn ihr werdet hungern.
Wehe, die ihr jetzt lacht,
denn ihr werdet klagen und weinen.
(26) Wehe (euch), wenn euch schönreden alle Menschen, ebenso nämlich taten eure Väter den Falschpropheten.«

Die Rede beginnt mit vier Makarismen, von denen die drei ersten eng zusammengehören, der vierte jedoch nach Struktur und Aussage für sich steht. Ihnen sind in strenger Antithese vier Weherufe gegenübergestellt. Erstere werden durch Matthäus bestätigt, letztere nicht. Matthäus erweitert die Zahl der Seligpreisungen; die mit Lukas gemeinsamen sprechen von Menschen mit einem Mangel, die ihm eigenen von Menschen mit einer bestimmten Verhaltensweise. Matthäus bietet bis auf den letzten alle Makarismen in der dritten Person, Lukas gibt sie in der zweiten als Anrede wieder. Vierzahl und Anredeform dürften auf Q zurückgehen, wobei bei Lukas mit einer wenig modifizierten Reproduktion der Vorlage zu rechnen ist (vgl. Einzelauslegung), bei Matthäus dagegen mit einer eingreifenden Umgestaltung, die aus den paradox kerygmatischen Heilrufen allgemein gültige Makarismen macht.[1] Die Annahme einer je unterschiedlichen Version von Q als jeweilige Vorlage ist nicht erforderlich.[2] Im Blick auf die Q vorangehende Traditionsgeschichte differenziert man zumeist[3] zwischen der hymnisch geprägten Makarismenreihe (V. 20b–21) und dem paränetischen Makarismus-Trostwort (V. 22f.). Jene fügt sich ganz in die Situation der Verkündigung Jesu als des eschatologischen Freudenbringers ein, dieses könnte zwar auch auf Jesus zurückgehen,[4] doch ist eher an eine Prägung durch die in Verfolgungssituation stehende nachösterliche Gemeinde zu denken.[5]

Die Seligpreisung hat im griechischen Denken und in der alttestamentlichen Weisheitsliteratur weite Verbreitung gefunden. Im alttestamentlichen Bereich ist sie in die Tempelintroitusliturgie eingegangen, wo sie Pilgern und Wallfahrern die kultischen und sittlichen Bedingungen für den Eintritt in den Tempel nennt. Dabei verleugnet sie den Zusammenhang mit weisheitlicher Redeform nicht.[6] Die für die lukanische Gestalt kennzeichnenden Merkmale – Anredeform, Reihenbildung und Gegenüberstellung von Heil und Wehe – lassen sich jedoch nicht aus der Weisheit, sondern nur aus prophetisch-apokalyptischen Redeformen herleiten.[7] Auch die zweigliedrige Form, die der Seligpreisung die eschatologische Verheißung hinzufügt (vgl. Tob. 13,15b.16), ist wohl unter apokalyptischem

---

[1] Vgl. *N. Walter*, a. a. O.
[2] *S. Agouridès*, a. a. O.
[3] *H. Frankemölle*, a. a. O., 57ff.
[4] *G. Schneider*, Komm., 122.
[5] *W. Trilling*, a. a. O., 79.
[6] So u. a. *A. George*, a. a. O., 401; *K. Koch*, a. a. O., 21f., 36; *S. Schulz*, a. a. O., 78.
[7] *E. Schweizer*, a. a. O., 121–124.

Einfluß entstanden. In der in der Feldrede vorliegenden Gestalt sind die Makarismen eschatologischer Zuspruch segnender Art, erwachsen aus der Vollmacht Jesu und damit Erfüllung prophetischer Verheißung (vgl. Jes. 61,1), wie sie in Luk. 4,18 signalisiert ist.

Im Thomasevangelium finden wir die erste und die letzte Seligpreisung in Anredeform (Nr. 55: »Selig die Armen, denn euch gehört das Königreich der Himmel«; Nr. 69: »Jesus sprach: Selig seid ihr, wenn sie euch hassen und euch verfolgen und sie keinen Vorwand finden an dem Orte, an dem sie euch verfolgen«). Es handelt sich um eine Fassung, die durch Kontamination der Matthäus- und der Lukasversion entstanden ist und im letzten Stück eine gnostisierend interpretierende Umbildung zu sein scheint.[8]

20 Wenn Jesus seine Augen über seine Jünger erhebt, ist er nicht wie ein Lehrer sitzend, sondern wie ein Prophet stehend gedacht. Er wendet sich an die Jünger, nicht nur an die Zwölf. Was im Alten Testament nicht vorkommt und in der frühjüdischen Literatur nur Test. Isaak 8,12[9] geschieht, wird von ihm getan: Er spricht die Armen an und preist sie selig. Die inhaltliche Spanne des Begriffs »arm« reicht im Alten Testament und auch im Frühjudentum von der sozialen Armut bis zur religiösen Haltung des Vertrauens auf Gott und der Demut vor ihm. Gott ist zugleich Beschützer der Armen und will keine Armen in Israel. Die apokalyptische Eschatologie kennt die Hoffnung, daß die Armen reich werden (Test. Jud. 25,4; Ps. Sal. 10,6). Sie ist die Grundlage der Spiritualität des Magnifikat Luk. 1,46–55. Die Armut ist realistisch, nicht spiritualistisch zu verstehen. Sie ist nicht als (von den Jüngern übernommene) Gruppenbezeichnung zu fassen, weder im Blick auf die anawim als Armenpartei oder Armenbewegung[10] noch als Benennung des am-ha-arez. Noch weniger sind sie als getrennter »heiliger Rest« im Sinne der Qumrangemeinde gedacht. Vielmehr ruft die Seligpreisung der Armen, »das arme und geringe Volk, das seine Zuflucht auf den Namen des Herrn nimmt« (Zeph. 3,12), zum Vertrauen auf den sich ihm zuwendenden Gott auf. Indem Jesus ihnen das Königtum Gottes zum Geschenk macht – er tut das in der ihm eigenen Formulierung: euer ist das Reich Gottes –, beginnt die erwartete Umkehr aller Dinge sich zu vollziehen (vgl. Luk. 1,51–55). Darin erfüllt sich die prophetische Verheißung (Jes. 57,15; 61,1; 66,2) ebenso wie die Hoffnung der Armen auf Gott (Ps. 9,10; 12,6; 34,3.7.11; 37,11; 40,18; 69,30–34; 86,1–3). Die Reihe der Seligpreisungen spricht jeweils dieselbe Gruppe an. Die hier als die Armen angeredet werden, sind die Hungernden und Weinenden der folgenden Makarismen. **21** Jesus nimmt die Verheißung auf, daß die Armen nicht hungern und dürsten werden (Jes. 49,10; Hes. 34,29). Hier erscheint erstmalig das *νῦν* (vgl. V. 21b.25a.b), das als lukanisches Interpretament gegenüber der Q-Vorlage aufgefaßt werden kann.[11] Wenn dem Hunger im jetzigen Augenblick die kommende Sättigung gegenübergestellt wird, so ist damit auf das eschatologische Mahl als Mitte der Gottesherrschaft hingedeutet (vgl. Offb. 3,20). Das Passiv *χορτασθήσεσθε* verhüllt den Namen Gottes und spricht von seinem Handeln. Die zukünftige Verheißung beginnt sich an Jesu

8 *G. Strecker*, a. a. O., 258.

9 Vgl. *E. Bammel*, ThWb VI, 895, Anm. 82.

10 *W. Sattler*, Die Anawim im Zeitalter Jesu Christi, in: Festgabe f. Adolf Jülicher, Tübingen 1927, 1–15.

11 Anders *H. Th. Wrege*, a. a. O., 8.

Tisch zu verwirklichen (Luk. 5,29f.; 22,16.30). Wie als sättigendes Mahl für die Hungernden, so stellt sich das eschatologische Heil dar als »erlöstes Lachen«[12] der jetzt noch Weinenden. An ihnen erfüllt sich, was Israel im Exil erhoffte (Ps. 126,1–5). Auch diese Freude beginnt sich in der Geschichte Jesu zu erfüllen (vgl. Luk. 15,7.10.24.32). Wo verkannt wird, daß es sich hier um Zuspruch und anfanghafte Verwirklichung des eschatologischen Heils handelt, werden die Makarismen leicht zu allgemeingültigen Regeln eines jenseitigen Ausgleichs verkehrt.[13] **22** Zuletzt werden die seliggesprochen, die unter dem Haß der Menschen zu leiden haben. Das Wort wurde ursprünglich selbständig tradiert, aber schon früh den drei Makarismen angeschlossen. Es verrät palästinensisches Lokalkolorit und Sprachidiom.[14] Der Sitz im Leben ist klar erkennbar. Die Verfolgung führt zu richterlichen Maßnahmen gegen die Jünger. Sie werden »abgesondert«, das dürfte ihren Ausschluß aus der Synagogengemeinschaft bedeuten. Das »Schmähen« drückt aus, daß die der Exkommunikation folgende Streichung des Namens aus der Synagogenliste (also der große endgültige Bann) unter Schmähung vor sich geht (vgl. Joh. 16,2; 9,22). **23** Solches Gericht soll die verfolgten Jünger zur Freude und zum Springen, wie die Kinder es tun (oder zu einem Freudenfest mit Tanz, so *H. Schürmann*), veranlassen. Vor ihnen steht als Auszeichnung von Gott her (*ἐν τῷ οὐρανῷ*) großer Lohn – nicht als verdiente Belohnung, sondern als Geschenk der Liebe. Wie auch sonst in der Jesusverkündigung ist der Lohngedanke aus dem Vergeltungssystem herausgelöst. Die Verfolgten rücken in eine Linie mit den Propheten. Verfolgung als Prophetengeschick begegnet im Alten Testament vereinzelt, in der intertestamentarischen Literatur in großer Breite;[15] in der synoptischen Jesusüberlieferung ist diese Ansage aufgenommen (vgl. Matth. 23,37ff.; Luk. 11,49f.; 13,34f.; Mark. 12,1–9; ferner Hebr. 11,32–40). Bis zur Höhe von Propheten gehoben, werden die verfolgten Jünger mit der Fülle der Gottesgemeinschaft beschenkt.

24 Den Seligpreisungen folgen die Weherufe, in genauer gegensätzlicher Entsprechung zu den Seligpreisungen gebaut. Sie sind schon in der Vorlage des Lukas enthalten gewesen. *N. Walter* möchte es wahrscheinlich machen, daß sie erst sekundäre Analogiebildung sind, doch eignet ihnen der Charakter des eschatologischen Bußrufs, wie er Luk. 10,13–15 Par. begegnet. Wie in der Reihe der Makarismen, so ist auch hier jedesmal die gleiche Menschengruppe gemeint. Als Reichen gilt ihnen das Wehe nicht deshalb, weil sie Reiche sind, sondern wegen ihrer Sicherheit (Luk. 12,13–21), Selbstsucht (Luk. 16,19–31) und als Bedrücker der Armen. Der Ausdruck *ἀπέχειν* entstammt dem antiken Geschäftsverkehr und bedeutet quittieren.[16] Ihre Nichtachtung des Zuspruchs, der auch ihnen widerfährt, ist einer Quittung gleich, mit der sie den Empfang bestätigen, ohne vom Empfangenen Gebrauch zu machen. **25** Wie die Armen als die Hungernden und Weinenden gekennzeichnet werden, so die Reichen als die Satten und Lachenden. Das (lukanische) *νῦν* stellt gegenwärtiges Sattsein und selbstsicheres Lachen dem eschatologischen Heil gegenüber, bei dem sie leer ausgehen. **26** Der letzte Weheruf trifft zunächst die, die nur Schmeichler um sich sehen wollen, die ihnen nach dem Munde reden, im Verständ-

---

[12] *H. Schürmann*, Komm., 332.
[13] Dazu *J. Dupont*, a. a. O., 240–245.
[14] Siehe den Rückübersetzungsversuch ins Aramäische bei *G. Schwarz*, a. a. O.
[15] Dazu die Nachweise bei *O. H. Steck*, a. a. O., bes. 258f.
[16] *W. Bauer*, Wb., s. v. *ἀπέχω*.

nis des Lukas vor allem die, die sich durch Falschlehre betören lassen. Schon das Alte Testament weiß um die Beliebtheit der Lügenpropheten (Jer. 5,31; Micha 2,11). Statt auf die zur Umkehr rufende Stimme zu hören, folgen die Menschen jenen. Dem Zuspruch eschatologischer Freude in den Seligpreisungen steht der Bußruf der Weheworte gegenüber. Ihre Zusammenordnung im Eingang der Feldrede läßt sie als Konzentrat der Jesusverkündigung erscheinen.

b) Aufruf zur Feindesliebe und Barmherzigkeit 6,27–38*

(27) »Aber euch den Hörern sage ich: Liebet eure Feinde, tut wohl denen, die euch hassen; (28) segnet, die euch verfluchen; betet für die, die euch schmähen. (29) Dem, der dich auf die Wange schlägt, reiche auch die andere dar, und dem, der dir den Mantel raubt, verweigere auch das Unterkleid nicht. (30) Jedem, der dich bittet, gib! Und von dem, der (dir) das Deine nimmt, fordere (es) nicht zurück!

(31) Und gleich wie ihr wollt, daß euch die Menschen tun, tut ihnen gleicherweise! (32) Und wenn ihr liebt, die euch lieben, welchen Dank habt ihr (dafür)? Denn auch die Sünder lieben die, die sie selbst lieben. (33) Und wenn ihr denen wohltut, die euch wohltun, welchen Dank habt ihr (dafür)? Auch die Sünder tun das gleiche. (34) Und wenn ihr denen leiht, von denen ihr hofft zu empfangen, welchen Dank habt ihr (dafür)? Auch Sünder leihen Sündern, damit sie das gleiche wieder empfangen. (35) Vielmehr: liebet eure Feinde und tut wohl und leiht, wo ihr nichts erhofft. Und euer Lohn wird groß sein, und ihr werdet Söhne des Höchsten sein, denn er ist gütig gegen die Undankbaren und Bösen.

(36) Werdet barmherzig, wie euer Vater barmherzig ist. (37) Und richtet nicht, und ihr werdet nicht gerichtet werden. Und verurteilt nicht, und ihr werdet nicht verurteilt werden. Laßt frei, und ihr werdet freigelassen werden. (38) Gebt, und euch wird gegeben werden. Ein gutes, gedrücktes, gerütteltes, überfließendes Maß werden sie in euren Schoß geben. Denn mit dem Maß, mit dem ihr meßt, wird euch zugemessen werden.«

Der Übergang von V. 27f. greift auf V. 22 zurück: während die Adressaten der Weherufe die (nicht anwesenden) Verfolger waren, werden jetzt die verfolgten Jünger angesprochen. Einzelworte sind schon von Lukas zu einem zusammengehörigen Ganzen zusammengefügt worden. Während Matthäus den in Luk. 6,27–36 enthaltenen Stoff in den Zusammenhang der Antithesenreihe zur Thoragerechtigkeit einbezieht (Matth. 5,39–48) und den letzten Block Luk. 6,37–38 mit anderem Stoff zum Spruch über das Richten (Matth. 7,1–5) verbindet, hat Lukas sehr wahrscheinlich die Reihenfolge von Q

---

* Lit.: *W. Bauer*, Das Gebot der Feindesliebe und die alten Christen, ZThK 27, 1917, 37–54 = Aufsätze und kleine Schriften, Tübingen 1967, 235–252 – *P. Fiebig*, Jesu Worte über die Feindesliebe im Zusammenhang mit den wichtigsten rabbinischen Parallelen, ThStKr 91, 1918, 30–64 – *H. Clavier*, The Duty and Right of Resistance according to the Bible and the Church, Oxford/Leiden 1956 – *W. C. van Unnik*, Die Motivierung der Feindesliebe in Lukas VI, 32–35, NovTest 8, 1966, 284–300 = Sparsa Collecta I, Leiden 1973, 111–126 – *D. Lührmann*, Liebet eure Feinde (Lk. 6,27–36/Mt. 5,39–48), ZThK 69, 1972, 412–439 – *S. Schulz*, Spruchquelle, 120–139 – *L. Schottroff*, Gewaltverzicht und Feindesliebe in der urchristlichen Jesustradition, in: Jesus Christus in Historie und Theologie, Festschr. f. H. Conzelmann, Tübingen 1975, 197–223 – *H. Merklein*, Gottesherrschaft, 222–237, 269–275 – *G. Strecker*, Die Antithesen der Bergpredigt, ZNW 69, 1978, 36–72.

besser bewahrt.[1] Tiefer in die Traditionsgeschichte einzudringen versuchen *S. Schulz*,[2] der mit einer durch Lukas veränderten Reihenfolge (ursprünglich in Q: 29f.31.27f. [ohne 27c.28a]. 35b.33f.) und einer erweiterten Gestaltung (34.35a.c.27c.28a) rechnet, und *H. Merklein*,[3] der eine älteste Traditionsschicht (27.28.35c.36) rekonstruieren möchte.

Noch nachdrücklicher wird die Frage nach Intention und Sitz im Leben gestellt. *L. Schottroff* will die Aufforderung zur Feindesliebe »nicht als jederzeit und von jedem anwendbare ethische Regel« verstehen, sondern »als vom Christen in Widerstandsituationen geforderte Haltung«.[4] Im Unterschied zur allgemeinen Menschenliebe oder Barmherzigkeit, die unabhängig von gesellschaftlicher Machtsituation geboten ist, ist die Feindesliebe die Haltung jener, »die keine der in der Gesellschaft vorhandenen legalen Machtmittel zur Verfügung haben«. »Der Starke kann dem Schwachen Liebe und Barmherzigkeit zuwenden, Feindesliebe jedoch praktiziert der Schwache dem Starken gegenüber.«[5] Das Verhältnis von Feindesliebe und Verbot des Widerstands (Matth. 5,39) sei so zu vermitteln, daß das Widerstandsverbot mit antizelotischer Zielrichtung die bewaffnete Gewalt ausschließt, eine aktive, auf Veränderung ausgerichtete Feindesliebe aber nicht verwehrt.[6] Hier darf jedoch nicht übersehen werden, daß die faktische und reflektierte Selbstabgrenzung der Jesusjünger sich nicht in ausschließlichem Gegenüber zu den Zeloten vollzog, sie vielmehr in ein religiöses und soziales Gruppenleben eingespannt waren, das von Haß und Feindschaft bestimmt war. Der Gegensatz zwischen denen, die sich als die Gerechten betrachten, und den *am-ha-arez*, aber auch zwischen den verschiedenen Gruppen der Gerechten war scharf und haßerfüllt. Die in dieser Umgebung lebende palästinensische Jüngergemeinde wurde »in großer Armut und harter Verfolgung zur Freude ermuntert und darüber hinaus zur Feindesliebe aufgefordert«.[7] Auch über diese Situation hinaus kann die Feindesliebe als Hauptbestandteil der christlichen Paränese angesehen werden und wurde als solcher sowohl von Heiden als auch von Christen anerkannt.[8] Das Gebot der Feindesliebe wird im zweiten Jahrhundert am häufigsten von allen synoptischen Logien angeführt.[9] Was die innere Gliederung angeht, so wird man mit *H. Schürmann* sagen können, daß Luk. 6,27–35 auf die Betätigung der Liebe gegen jedermann, auch und gerade gegen die Nichtgemeindeglieder schaut, während es in Lk. 6,36–38 um das Verhalten in der christlichen Bruderschaft geht.[10]

27 Jesus wendet sich an seine Hörer, daß sie hören, was er ihnen zu sagen hat. In dem *ὑμῖν λέγω* ist seine Vollmacht, um derentwillen man auf ihn hören muß, ausgedrückt. Das Gebot der Liebe wird ohne Grenzen auch auf den Feind ausgedehnt. Feinde sind

---

[1] *D. Lührmann*, a. a. O., 416; differenzierter *H. Schürmann*, Komm., 358.
[2] Spruchquelle, 120, 131.
[3] Gottesherrschaft, 225f.
[4] *L. Schottroff*, a. a. O., 201.
[5] *L. Schottroff*, a. a. O., 203.
[6] So *L. Schottroff* resümierend a. a. O., 221.
[7] *H. Schürmann*, Komm., 358.
[8] Belege dazu bei *W. Bauer*, a. a. O., und *W. C. van Unnik*, a. a. O.
[9] *H. Köster*, Synoptische Überlieferung bei den apostolischen Vätern, TU 65, Berlin 1957, 44.
[10] *H. Schürmann*, Komm., 342.

dabei zunächst nicht die persönlichen Feinde, auch nicht die äußeren Feinde des Volkes, sondern die Gesinnungsgegner im Volk, die religiösen und politischen Feinde der Jüngergemeinschaft in Israel. Alttestamentliche Ansätze (vgl. Ex. 23,4; Spr. 25,21f.) werden zu einem umfassenden Gebot. Auch Aussagen im Judentum weisen in die Richtung Jesu. Hillel fordert zur Liebe zu den Menschen auf (vgl. Abot 1,12), bei den späteren Rabbinen kann etwa Sifre Lev. 19,12 verglichen werden.[11] In der griechischen Welt ist vor allem auf Sophokles' Antigone zu verweisen: »Nicht mitzuhassen, mitzulieben bin ich da« (Soph., Ant. 523). Im Gebot Jesu, das durch seinen grundsätzlichen und uneingeschränkten Charakter gekennzeichnet ist, wird das neue Verhältnis zu Gott zum Grund eines neuen Verhältnisses zu den Menschen. Lieben (*ἀγαπᾶν*) faßt eine Verhaltensweise ins Auge, die am besten mit »dasein für« wiedergegeben wird. Mit dem *καλῶς ποιεῖν* des Parallelsatzes, das in den Sachzusammenhang hellenistischer Ethik gehört,[12] wird die konkrete, aktive Wirkweise der Liebe herausgestellt und einem rein gefühlsmäßigen Verständnis gewehrt. Die tätige Feindesliebe soll die Feindschaft aufheben.

28 Wie der haßerfüllten Gesinnung die gute Tat entgegentreten soll, so der Verfluchung, die den Menschen von Gott scheiden will, die Segnung, die ihn mit Gott verbindet (vgl. Röm. 12,14). Im synthetischen Parallelismus wird fortgefahren: der Schmähung (*ἐπηρεάζω* um der Entsprechung willen statt des vielleicht ursprünglichen *διώκω* bei Matthäus) antwortet die Fürbitte, in der sich das »Dasein für den anderen vor Gott« äußert. **29** An vier Beispielen – im Singular als Anrede an den einzelnen formuliert – wird nunmehr deutlich gemacht, was Jesus mit dem Gebot der Feindesliebe sagt. Sie stellen sich als verblüffende Paradoxa dar, wie sie in der gesamten Antike gebräuchlich und auch Jesus geläufig sind. Sie wollen als Anrufe verstanden werden, die zum Aufmerken führen, sie sind nicht kasuistische Anweisungen, sondern beschreiben exemplarisch das neue Sein, das dem mit dem Reich Gottes Beschenkten eröffnet wird. Das erste Beispiel handelt von einem Streitfall: Einer hat den anderen geschlagen; statt zurückzuschlagen, bietet er ihm seine Backe zu einem zweiten Schlag dar. Das Verhalten erinnert an den Gottesknecht Jes. 50,6 und zeigt einen, der vom Bösen nicht besiegt wird und darum auf Vergeltung verzichtet. Das zweite Beispiel spricht vom einem Raubüberfall, bei dem der Räuber nach dem Mantel greift (anders in der Fassung des Matthäus, wo an einen Pfändungsprozeß gedacht ist). Wenn der Angegriffene in der Lage ist, auch auf das mit Ärmeln versehene Unterkleid zu verzichten, erweist er sich als überlegen.

30 Der zweite Doppelspruch mit dem dritten Beispiel könnte als klimaktischer Parallelismus verstanden werden, der die Forderung von V. 29b verallgemeinert.[13] Dem Bittenden soll der Mensch geben, wie er als der Bittende von Gott empfängt (vgl. Luk. 11,9–13). Losgelöst vom eigenen Besitz, kann er nicht nur geben, sondern, wie das vierte Beispiel sagt, darauf verzichten, das genommene Eigentum zurückzufordern. Die Beispiele sind deshalb so erstaunlich, weil die Weise des Verkehrs der Menschen untereinander nach ganz anderen Regeln verläuft. Sie decken darin, ohne Rücksicht darauf, ob Menschen untereinander so verkehren können, die Gottwidrigkeit des menschlichen Verhaltens auf und enthüllen das eschatologische Sein, wie Gott es will. **31** Die Mahnung

[11] Str.-B., I, 368f.
[12] *W. C. van Unnik*, a. a. O., 125; *L. Schottroff*, a. a. O., 214.
[13] *H. Schürmann*, Komm., 348.

zur Feindesliebe schließt mit einer allgemeinen Regel ab, durch die die Jünger in den Stand gesetzt werden, unabhängig von der Kasuistik im Umgang mit den Menschen nach dem Liebesgebot zu handeln. Diese Goldene Regel begegnet hier in positiver Fassung und pluralisch formuliert. In negativer Fassung (was du nicht willst, das man dir tue, das tue auch einem anderen nicht an) ist sie weit verbreitet und hat nahezu sprichwortartigen Charakter.[14] Einer der frühesten griechischen Belege ist Herod. 3, 142. Die ältesten jüdischen Zeugen stammen aus der jüdisch-hellenistischen Diaspora (Aristeasbrief 207; Tob. 4,15; Sir. 31,15; ferner Test. Napht. 1,6); in der berühmten Erzählung über Hillel b. Schabb. 31a erscheint sie als Interpretation des Liebesgebotes. In der hier tradierten, aus Q stammenden Fassung (Matthäus fügt hinzu, daß die Goldene Regel das ganze Gesetz und die Propheten zusammenfasse: 7,12) geht sie über den Bereich des Rechtes und der Selbstbewahrung hinaus und stellt eine Mahnung zu aktivem Tun dar.

32 Sowenig die Gemeinschaft auf dem Wege rechtlicher Vergeltung wiederhergestellt werden kann, sowenig geschieht es durch rein interne (im Kreise der Gesinnungs- und Glaubensgenossen sich haltende) Praktizierung wechselseitiger Liebe. In drei Beispielen wird das veranschaulicht. Daß es die *ἁμαρτωλοί* sind, die so handeln, könnte eine verallgemeinernde Korrektur des Lukas sein. Die Frage *ποία ὑμῖν χάρις ἐστίν* zielt nicht auf die göttliche Huld und Gnade, hebt vielmehr auf die profane Bedeutung ab (was für eine Gunst wird da zuteil?). **33** Liebe konkretisiert sich als Wohltat. Daß auf Wohltat Gegenwohltat folgt, zeigt an, wie die Reziprozität das Handeln der Menschen (der *ἁμαρτωλοί*!) bestimmt. **34** Leihgeschäfte schließen sie mit denen ab, von denen sie zurückzuerhalten hoffen, was sie geliehen haben. Dieses zusätzliche (von Lukas angefügte?) Exempel greift als Gegenbeispiel auf V. 30 zurück. **35** Die an dieser Stelle gegebene Wiederholung des Gebotes der Feindesliebe korrespondiert formal und sachlich mit den vorangegangenen Fragen und leitet sogleich zum folgenden Abschnitt über die Barmherzigkeit (von *χρήστος* und *οἰκτίρμων*) über.[15] Das Handeln des Menschen soll das Handeln Gottes abbilden. Dem Menschen, der ohne Beschränkung für den anderen, auch für den Feind da ist und wohltut und hingibt, wird großer Lohn zuteil (vgl. 6,23). Die Formulierung, daß Menschen zu Söhnen des Höchsten (erhöht) werden, weist in den frühjüdischen Bereich. Von der Sohnschaft gegenüber Gott als Folge jenes menschlichen Handelns, das das Handeln Gottes abbildet, redet Sir. 4,10ff.: »Werde Waisen wie ein Vater und tritt an die Stelle des Mannes neben ihre Mutter, und du wirst Sohn des Höchsten (*υἱὸς ὑψίστου*) sein« (vgl. Weish. 2,18; 5,5). Vom Prinzip adäquater Gerechtigkeit sich lösend, wird die Sohnschaft Gottes zu eschatologischer Hoffnung: Jub. 1,24f., Ps. Sal. 17,27. Wo bei Matth. 5,45a ein Ziel formuliert ist: *ὅπως γένησθε*, findet sich hier die Zusage familärer Gemeinschaft mit Gott (*ἔσεσθε*). Sie stellt die Jünger als *υἱοὶ ὑψίστου* an die Seite des Meisters, des *υἱὸς ὑψίστου* (Luk. 1,32).

36 Mit dem Aufruf zum Barmherzigwerden ist ein neuer Einsatz gegeben. Es setzt eine Traditionseinheit an, die schon vor Lukas mit den Ausführungen über die Feindesliebe 6,27–35 verbunden war. Matthäus, der thematisch anordnet, hat diese Einheit auseinandergesprengt.[16] Die Formulierung erinnert an die Heiligkeitsforderung Lev. 19,2; in

[14] Vgl. *A. Dihle*, Die goldene Regel, Göttingen 1962.
[15] *D. Lührmann*, a. a. O., 420.
[16] *H. Schürmann*, Komm., 365.

ihrer Konkretheit erscheint sie gegenüber Matth. 5,48 ursprünglicher. Daß in der Barmherzigkeit Gottes die der Menschen untereinander begründet ist, wußte auch die jüdische Theologie. Targ. Jer. I Lev. 22,28: »Wie euer Vater barmherzig ist im Himmel, so sollt auch ihr barmherzig sein auf Erden.« Das Wort bietet keinen verallgemeinernden Abschluß des Abschnitts über die Feindesliebe, sondern gibt der Jüngergemeinde eine Lebensregel an die Hand. **37** Nun werden Folgerungen gezogen, die in dem Satz zusammengefaßt werden: Mit welchem Maß ihr meßt, werdet ihr gemessen werden. Den zwei Verboten des Richtens und Verurteilens treten die zwei Gebote des Freilassens und des Gebens gegenüber. Daraus ergeben sich zwei Maße des Verhaltens: das Maß des Richtens und das der Barmherzigkeit. Damit nimmt Jesus eine Formulierung der jüdischen Theologie auf, die vom zweifachen Maß spricht, nach dem Gott handelt.[17] Daß die Konsequenz des göttlichen Richtens (Handeln Gottes auch hier im Passivum divinum) die Verurteilung des Menschen bedeutet, wird dabei vorausgesetzt. Die einzige Hoffnung besteht in der göttlichen Amnestie (*ἀπολύειν*), der auf Erden das Gericht nach dem Maß der Barmherzigkeit entspricht (Matth. 6,14f.). **38** Dem Gebenden antwortet Gott mit der Fülle der Gaben. An die Mahnung zum Geben schließt sich die Verheißung an (*δίδοτε – δοθήσεται – δώσουσιν*). Hier ist Gottes Handeln zuerst im Passiv, dann mit der dritten Person Pl. (vgl. Luk. 12,20.48) umschrieben. Die Häufung der Adjektive bringt in einer sich steigernden Reihe die unsagbare Fülle der Barmherzigkeit Gottes zum Ausdruck, die der Barmherzige erfährt. Ein (Getreide-)Maß, das reichlich ist, festgepreßt und gerüttelt wurde und dazu noch übervoll ist, wird hineingegeben in den Bausch des Kleides über dem Gürtel, der als Tasche dient und mit *κόλπος* gemeint ist. Das verallgemeinernde, strukturgleiche (Aktiv/göttliches Passiv) Wort vom Maß faßt diesen Teil der Jüngerlehre zusammen.

c) Der Gehorsam der Jünger gegenüber dem Herrn 6,39–49*

(39) Er sagte ihnen aber auch ein Gleichnis: »Kann etwa ein Blinder einen Blinden führen? Werden sie nicht beide in die Grube fallen? (40) Ein Jünger ist nicht über dem Meister. Wenn er ganz gerüstet ist, wird er (nur) sein wie sein Meister.

(41) Was siehst du aber den Splitter in dem Auge deines Bruders, den Balken aber in deinem eigenen Auge bemerkst du nicht? (42) Wie kannst du zu deinem Bruder sagen: ‚Bruder, laß, ich will den Splitter in deinem Auge entfernen', selbst aber siehst du nicht den Balken in deinem Auge? Heuchler, entferne zuerst den Balken aus deinem Auge, und dann magst du zusehen, den Splitter im Auge deines Bruders zu entfernen.

(43) Es gibt nämlich keinen guten Baum, der faule Frucht bringt, und wiederum keinen faulen Baum, der gute Frucht bringt. (44) Denn jeder Baum wird an seiner eigenen Frucht

[17] Str.-B. I, 444–446; III, 320.

* Lit.: *E. Lohmeyer*, Vom Baum und seinen Früchten, ZSTh 9, 1931/32, 377–397 – *H. Sahlin*, Zwei Lukas-Stellen Lk. 6,43–45 18,7, SyBU 4, Uppsala 1945 – *H. Schürmann*, Die Warnung des Lukas vor der Falschlehre in der »Predigt am Berge«, BZ 10, 1966, 59–81 – *S. Schulz*, Spruchquelle, 146–149, 312–320, 449–451, 472–474 – *M. Krämer*, Hütet euch vor den falschen Propheten, Bibl 57, 1976, 349–377 – *G. Schneider*, Christusbekenntnis und christliches Handeln. Lk. 6,46 und Mt. 7,21 im Kontext der Evangelien, in: Kirche des Anfangs, Festschr. f. H. Schürmann, Leipzig 1977, 9–24 – *H. Merklein*, Gottesherrschaft, 135–137 – *J. Duplacy*, Le véritable disciple (Luc 6,43–49), RScRel 69, 1981, 71–86.

erkannt. Man sammelt nämlich nicht von Disteln Feigen, noch liest man vom Dornstrauch Trauben. (45) Der gute Mensch bringt hervor aus dem guten Schatz des Herzens das Gute, und der Böse bringt aus dem Bösen das Böse hervor. Denn aus der Überfülle des Herzens redet sein Mund.

(46) Was ruft ihr mich Herr, Herr und tut nicht, was ich sage? (47) Jeder, der zu mir kommt und hört meine Worte und tut sie, ich werde euch zeigen, wem er gleich ist. (48) Er ist gleich einem Menschen, der ein Haus errichtet, der grub und ausschachtete und ein Fundament auf dem Felsen legte. Als aber Hochwasser entstand, brandete der Fluß gegen jenes Haus und konnte es nicht erschüttern, weil es gut gebaut war. (49) Wer aber gehört und nicht getan hat, ist einem Menschen gleich, der ein Haus errichtet hat auf der Erde ohne Fundament. Als der Fluß anbrandete, stürzte (es) sofort zusammen, und der Einsturz jenes Hauses war groß.«

Eine von Lukas formulierte Zwischenbemerkung (vgl. 5,36; 21,29) unterbricht die Rede und führt zu einem neuen Einsatz, zunächst mit einem Stück, das bei Matthäus nicht in seiner Bergpredigt, sondern in einem anderen Zusammenhang steht. Lukas dürfte die folgenden Einheiten als Spruchkette in Q vorgefunden haben, wo sie eine Sammlung bildeten, deren ursprünglicher Sitz im Leben die Auseinandersetzung mit dem Pharisäismus und die Warnung vor ihm war.[1] Im Zusammenhang der Feldrede gibt er ihr einen neuen Sinn: er macht sie dem in seiner Situation aktuellen (vgl. Apg. 20,17–38) Kampf gegen die Falschlehre dienstbar. Daß die Warnung vor der Irrlehre den Abschluß der Feldrede bildet, geht auf ein Schema zurück, das auch in den apostolischen Briefen strukturbildend gewirkt hat.[2] Der Kampf gegen die Irrlehre obliegt nach Lukas vor allem den Lenkern der Gemeinde.[3] In die Feldrede zurückprojiziert heißt das: ein engerer Kreis innerhalb der Jüngerschaft – man darf hier wohl an die Zwölf denken – wird jetzt angesprochen. In ihnen sind die Gemeindeleiter der Zeit des Lukas vorgebildet, ihnen zunächst gilt der durch den eingeschobenen Einführungssatz eröffnete Abschnitt. In diesem wird die Frage nach den rechten Leitern aufgeworfen. Das sofort anschließende Wort, das Matthäus erweitert in 10,24 hat, spitzt die Frage der Leitung auf die Lehre zu. Die Entfaltung geschieht nach drei Seiten: das Verhalten zu den sich verfehlenden Menschen, die Einheit von Sein und Wort, die Notwendigkeit von Hören und Tun.

Drei der folgenden Sprüche finden sich auch an verschiedenen Stellen im Thomasevangelium. V. 39: »Jesus sprach: wenn ein Blinder einen Blinden vorwärts zieht, fallen sie beide in eine Grube« (Nr. 35). V. 42: »Jesus sprach: Den Splitter im Auge deines Bruders siehst du, den Balken aber in deinem Auge siehst du nicht. Wenn du den Balken aus deinem Auge herausziehst, dann wirst du sehend werden, den Splitter aus dem Auge deines Bruders herauszuziehen« (Nr. 27). V. 43–45: »Jesus sprach: Man sammelt nicht Weintrauben von Dornen, und man pflückt nicht Feigen von Kameldisteln. Sie geben keine Frucht. Und ein guter Mensch bringt Gutes aus seinem Schatze heraus. Ein böser Mensch bringt Böses aus seinem bösen Schatz heraus, der in seinem Herzen ist, und sagt böse Dinge; denn aus dem Überfluß des Herzens bringt er böse Dinge heraus« (Nr. 46).

39 Der gleichnishafte Spruch wendet sich an die Zwölf als die zur Leitung der Jünger-

---

[1] *H. Schürmann*, Komm., 364; vgl. a. a. O., 378.
[2] Vgl. G. *Bornkamm*, Die Vorgeschichte des sogenannten Zweiten Korintherbriefs, SAH 1961, H. 2 = Geschichte und Glaube II, 162–194.
[3] Das zeigt die Adressierung der Miletrede an die Ältesten (Apg. 20,17ff.).

gemeinde Berufenen (ὁδηγεῖν meint den, der einen Weg weist, indem er vorangeht). Das Bild vom blinden Blindenführer hat in der Antike sprichwörtlichen Charakter (Plato, Pol. VIII, 554b; Philo, de virtut. 7). Die Juden erheben den Anspruch, »Führer der Blinden, Licht derer in Finsternis, Erzieher der Unbesonnenen, Lehrer der Unmündigen« zu sein (Röm. 2,19f.). Nach Matth. 15,14 bezeichnet Jesus die Schriftgelehrten als blinde Führer der Blinden. Statt des Aussagecharakters bei Matthäus bekommt der Satz die Frageform. Wenn er zu den Führern der Jüngergemeinde gesprochen ist, dann müssen sie Sehende und nicht Blinde sein, denn nur Sehende können den Weg weisen, andernfalls fallen Führende und Geführte in die Grube. **40** Leitung geschieht durch Lehre. Zum sehenden Wegführer wird der Schüler durch seinen Lehrer. Der Schüler kann den Lehrer nicht überragen; vielmehr hat er am Lehrer sein Bild, dem er »ganz« entsprechen soll. Im lukanischen Kontext ist dabei an »Jünger« gedacht, die Wegführer der Gemeinde zu sein beanspruchen und dabei in ihren (ethischen) Forderungen ein »Mehr« aufrichten, das über den Meister Jesus hinausgehen will. Ihnen ist zu wehren.

41 Die folgende Einheit (V. 41.42a) hat den Charakter einer Doppelfrage. Wie auch bei den nächsten Stücken wird eine auf Jesus zurückgehende antipharisäische Polemik für die Situation der Gemeinde aktualisiert. Mit einem im palästinensischen Sprachgebrauch belegten Bild wird vom Splitter im Auge des Gerichteten und vom Balken im Auge des Richtenden gesprochen, wobei der Splitter als Bild der Geringfügigkeit gegenüber dem Balken gilt.[4] Wer die Jüngergemeinde lenkt, muß andere zurechtweisen und ihnen helfen, von Sünde und Verstrickung frei zu werden. Solche Hilfe darf nur geschehen in der Solidarität von Schuld und Vergebung mit dem anderen. **42** Der Mahnende steht immer in der Gefahr der Heuchelei; sie tritt ein, wenn die eigene Schuld vergessen wird. Lukas denkt an Lehrer, die mit dem Anspruch höherer ethischer Vollkommenheit den moralisch Unvollkommenen gegenüber ihre Überlegenheit geltend zu machen suchen.

43 Das Bild vom Baum und den Früchten spricht von der Einheit von Äußerung und innerer Beschaffenheit. Nicht nur die Taten, auch die Worte entspringen dem Inneren und lassen dessen Beschaffenheit erkennen (vgl. Jak. 3,12). Nur ein guter Baum bringt gute Früchte. Es ist zunächst an gute und schlechte Bäume der gleichen Art gedacht, erst V. 44 verschiebt sich das Bild: es geht um verschiedenartige Gewächse, wertvolle und nutzlose. *σαπρός* meint innerlich angekränkelt und darum faul.[5] **44** Das Bildwort vom Baum und den Früchten wird zuerst ins Grundsätzliche gehoben, sodann weitergeführt und präzisiert durch das verwandte Bild von der Fruchtlese. Keiner sucht an den mannshohen Disteln Feigen, und keiner liest vom Dornstrauch mit seinen traubenartigen Früchten Weintrauben (*τρυγᾶν* ist term. techn. für Weinlese). Was ursprünglich wohl ein Stück antipharisäischer Polemik war, ist für Lukas im Blick auf die aktuellen Falschlehrer gesagt. Ihre auch nach außen wohl erkennbare Art kann in Lehre und Leben nichts Gutes hervorbringen. **45** Die verallgemeinernde Anwendung der Spruchfolge bildet zugleich deren Höhepunkt. Wie die Frucht aus dem Baume wächst, so kommt aus dem Herzen, dem Zentrum der Person, das Wort, das der Jünger als Lehrer und Helfer der ihm anvertrauten Menschen spricht. Das Herz gleicht einer Schatzkammer, und die

---

[4] Str.-B. I, 446f.

[5] *H. Sahlin*, a. a. O., 8.

Angeredeten müssen darauf achten, daß dort ein guter und heilbringender Schatz gesammelt werde. Hier kann eine sprichwörtliche Wendung aufgenommen sein. Das Herz gleicht einem überfließenden Gefäß, dem das Wort entquillt (vgl. als negatives Gegenstück Mark. 7,19ff.).

46 Der ursprünglich vielleicht ganz selbständig überlieferte Einzelspruch leitete schon in Q zum Hausbaugleichnis über. Jesus spricht die Jünger daraufhin an, daß sie »Herr« zu ihm sagen. Liegt hier ein Rückbezug auf die V. 40 angesprochene Autorität des Lehrers vor? Die Verdoppelung der Anrede intensiviert sie. Matth. 7,21 gibt die knappe Frage der Lukasfassung (die Q nahesteht) in Form eines ausgeführten Satzes wieder, der das »Tun des Willens des Vaters« zur Bedingung des Introitus in das Himmelreich macht.

47 In der Einführung des Schlußgleichnisses redet Jesus in einer an den johanneischen Sprachgebrauch erinnernden Weise (vgl. Joh, 6,45; 8,47; 12,47) von den Menschen, die zu ihm kommen, auf seine Worte hören und tun, um dann, abweichend vom formelhaften *ὁμοιωθήσεται* des Matthäus fortzufahren: »Ich werde euch zeigen, wem ein solcher Mensch gleicht.« **48** Das Gleichnis selbst ist zweiteilig, ein positives und ein negatives Bild folgen aufeinander. Das erstere zeigt einen Mann, der sein Haus baut und es auf guten Grund legt. Lukas hat die Art vor Augen, wie in der griechischen Welt gebaut wird: der Grund wird ausgegraben und ausgeschachtet, bis man auf Felsen stößt; darauf wird das Haus gegründet. An die Stelle von Sturm und Platzregen (so bei Matthäus) tritt der Hochwasser führende Fluß, der das gut gegründete Haus nicht zum Einsturz bringen kann. Mit dem Verzicht auf die »sintflutartigen« Züge ist auch die eschatologische Komponente abgeschwächt. **49** Daß das Unheilsgleichnis am Ende steht, verstärkt den eindringlich ermahnenden Charakter. Wer (als Jünger) den gehörten Worten nicht die Tat folgen läßt, gleicht einem Mann, der sein Lebenshaus nur auf die Erde setzt, ohne den Grund zubereitet zu haben. Er erlebt bei der Hochwasserkatastrophe einen furchtbaren Zusammenbruch dessen, was er gebaut hat (vgl. zum Verhältnis von Hören und Tun Jak. 1,21–25; zur Katastrophe 1. Kor. 3,11–15).

11. Der Centurio von Kapharnaum 7,1–10; Matth. 8,5–10.13*

(1) Nachdem er alle seine Worte vor den Ohren des Volkes vollendet hatte, ging er hinein nach Kapharnaum. (2) Es war aber ein Sklave eines Centurios krank und lag im Sterben, der ihm teuer war. (3) Als er aber von Jesus hörte, schickte er zu ihm Älteste der Juden und bat ihn, daß er komme und seinem Sklaven durchhelfe. (4) Die aber kamen zu Jesus und baten ihn inständig und sagten: »Er ist würdig, daß du ihm dies gewährst. (5) Denn er liebt unser Volk und hat uns selbst die Synagoge gebaut.« (6) Jesus aber ging mit ihnen. Als er aber schon nicht mehr weit von dem Hause war, schickte der Centurio Freunde und ließ ihm sagen: »Herr, bemühe dich nicht, ich bin nämlich nicht wert, daß du unter

* Lit.: *E. Wendling*, Synoptische Studien II: Der Hauptmann von Kapernaum, ZNW 9,1908, 96–109 – *J. Schniewind*, Parallelperikopen, 16–21 – *E. Haenchen*, Faith and miracle, in: StudEv I, TU 73, Berlin 1959, 495–498 – *ders.*, Johanneische Probleme (II), ZThK 56, 1959, 23–31 = Gott und Mensch, Tübingen 1965, 82–90 – *H. van der Loos*, Miracles, 530–550 – *S. Schulz*, Spruchquelle, 236–240 – *A. Polag*, Christologie, 158.

mein Dach eingehst. (7) Darum habe ich auch mich selbst nicht für würdig erachtet, zu dir zu kommen. Aber sprich nur ein Wort, und mein Knecht wird genesen. (8) Auch ich nämlich bin ein Mensch unter Befehl gestellt und habe unter mir Soldaten, und sage ich zu diesem: Geh, und er geht, und zu einem anderen: Komm, und er kommt, und zu meinem Sklaven: Tue dies, und er tut es.« (9) Als Jesus aber dieses hörte, staunte er über ihn und wandte sich zu der Menge, die ihm nachfolgte, und sprach: »Ich sage euch: Nicht einmal in Israel habe ich so großen Glauben gefunden.« (10) Und als die Abgesandten in das Haus zurückkehrten, fanden sie den Sklaven gesund.

V. 7: Die demütige Versicherung des Centurio in V. 7a fehlt in D, it, syr^{sin}. Statt des befehlenden *ἰαθήτω* lesen eine Reihe von Zeugen, z. B. ℵ, C, D, Koinegruppe, *Θ*, das Futur *ἰαθήσεται*. – V. 9: Das Wort Jesu wird nach den meisten Hss. mit *λέγω ὑμῖν* eingeleitet, nach D, *Θ*, *Ψ* jedoch auch mit *ἀμήν*, wohl entsprechend Matth. 8,10.

Mit der Erzählung vom Centurio in Karpharnaum setzt bei Lukas eine neue Folge ein, in der ein Heilungswunder (7,1–10) und ein Erweckungswunder (7,11–17) auf die zur Anklage gegen die *γενεά* sich steigernde Rede über den Täufer (7,18–35) hinführen. Den Wundern ist die Funktion zugedacht, die Antwort Jesu an den Täufer Luk. 7,22 vorzubereiten. Darüber hinaus wird man hier den von Lukas herausgearbeiteten Gedanken der in Jesus geschehenen gnädigen Zuwendung Gottes zu den Abseitsstehenden – dem Heiden, der Witwe – erkennen können, der durch die Nennung der Zöllner und Sünder in der Täuferrede (Luk. 7,29.34) noch eine Verstärkung erfährt. Die Aufeinanderfolge von Bergpredigt bzw. Feldrede und Centurioperikope bei Matthäus und Lukas – vgl. Luk. 7,1 mit Matth. 7,28a – lassen erkennen, daß wir es hier mit einer Übernahme der Q-Folge zu tun haben. Das Verhältnis des Lukas zu seiner Vorlage erweist sich jedoch als kompliziert. Der Vergleich ergibt, daß zwischen Luk. 7,6b–9 und Matth. 8,8–10 eine weitgehende Übereinstimmung besteht, während sich Einleitung (Luk. 7,1–6a) und Schluß (Luk. 7,10) deutlich von Matthäus unterscheiden. Während nach dem Bericht des Matthäus der Centurio selbst Jesus begegnet, verkehrt er hier durch eine doppelte Gesandtschaft mit Jesus, wobei an Stelle des bei Matthäus berichteten Gesprächs zwischen Jesus und dem Centurio die Bitte der ausgesandten Mittelsleute steht. Die Veränderung ist so stark, daß sich die Gestaltung des vorliegenden Stücks deutlich von der Bearbeitung jener Abschnitte abhebt, bei denen Lukas Erzählstoffe aus Markus übernommen und redigiert hat. Das legte die Folgerung nahe, daß bei Lukas zwei Berichte miteinander verbunden sind: der mit Matthäus gemeinsame Grundbericht aus Q und ein Sonderbericht. Diese Verbindung wird auch durch sprachliche Beobachtungen belegt. In dem beiden Evangelien gemeinsamen Grundbericht wird der Kranke als *παῖς* (Luk. 7,7; Matth. 8,6.8.13), in den nur Lukas eigenen Partien als *δοῦλος* (Luk. 7,2.3.10) bezeichnet, für den Ausdruck der Würdigkeit hat der Grundbericht *ἱκανός* (Luk. 7,6; Matth. 8,8), der Sonderbericht *ἄξιος* (Luk. 7,4). Von da aus entsteht die Frage, wie es zur Verschmelzung des Grundberichts mit dem Sonderbericht gekommen ist. Hat Lukas letzteren seinem Sondergut entnommen und ihn mit dem Q-Bericht verschmolzen? Da solche Arbeit des Lukas sonst kaum zu beobachten ist, hat diese Annahme wenig für sich. Zudem tragen die dem Sonderbericht zuzurechnenden Partien stark judenchristlichen Charakter (Empfehlung des Centurio als eines Gottesfürchtigen durch die jüdischen Ältesten, Betonung der Distanz zwischen Jesus und dem heidnischen Soldaten), das Sondergut des Lukas aber zeigt universalistische Züge. Diese Beobachtungen machen es wahrscheinlich, daß Lukas die Verbindung nicht selbst vollzogen, sondern bereits vorgefunden hat.[1] Diese Annahme einer Lukas vorausgehenden Bearbeitung des Q-Stoffs ist gewiß nicht ohne Schwierigkeiten, jedoch leichter durchzuhalten, als die von *H. Schürmann* bevorzugte Lösung, »daß Matth. eine gemeinsame Vorlage in der von Lukas bewahrten Fassung gestrafft und plausibel gemacht hat«.[2] Sie schlösse ein, daß der Judenchrist Matthäus die judenchristlichen Züge der Vorlage getilgt habe; der Synagogenkult und Gesetz respektierende Gottesfürchtige wäre ihm als eindrücklicher Kontrast zu den Söhnen des Reiches erschienen (Matth. 8,12). Nicht minder problematisch ist die Annahme von *S. Schulz*, Lukas selbst habe die Matthäus nahestehende Vorlage umgestaltet und »könnte bei der Überarbeitung Anklänge aus der Jairusgeschichte aufgenommen haben«.[3] Der ursprüngliche Sitz im Leben der von uns angenommenen erweiterten Q-Fassung könnte die Aufnahme von Gottesfürchtigen in die urchristliche Gemeinde gewesen sein. Durch die vorliegende Zusammenfügung wird der Wundercharakter gesteigert: der Knecht liegt im Sterben, während er bei Matthäus gelähmt und von Schmerzen geplagt ist, die Heilung erfolgt auf die Mitteilung des Wortes des Centurios hin ohne Heilwort Jesu und ohne Beziehung mit dem Bittsteller, zum Glauben des Centurio tritt seine Demut hinzu.

Eine dritte Fassung der Erzählung liegt im johanneischen Bericht von der Heilung des Sohnes eines Mannes im königlichen Dienst vor (Joh. 4,46–54). Er geht auf denselben Traditionskern zurück,[4] läßt wie bei Matthäus die beiden Männer sich direkt begegnen, steigert aber den Wundercharakter durch die Fernheilung auf große Entfernung hin; er wechselt zwischen *παῖς* und *υἱός* als Bezeichnung für den, um dessen Heilung der Mann im königlichen Dienst bittet. Bereits J. Schniewind hat gezeigt, daß zwar eine Verwandtschaft der Tradition vorliegt, nicht aber eine literarische Berührung. Johannes erzählt die Geschichte von seiner Frage nach dem Verhältnis von Zeichen und Wortglauben aus[5] und macht den Mann zum Beispiel des Wortglaubens. Die darüber hinaus beobachteten Gemeinsamkeiten mit der Jairusgeschichte (vgl. Luk. 7,6 mit Luk. 8,49; Mark. 5,35) und der von der Syrophönizierin (Mark. 7,24–30 Par., dort heidnischer Charakter des Bittstellers, Fernheilung) sind motivischer Art und machen diese keineswegs zu Erzählungsvarianten.

Im Aufriß des Lukas folgt dem gebietenden Wort Jesu in der Feldrede (Luk. 6,20–49) seine heilende Macht, die am Centurio von Kapharnaum und am Jüngling zu Nain deutlich wird.

1 Die Einleitung, die von der Feldrede zum Heilungswunder überleitet, enthält die dem Lukas eigene Ausdrucksweise (*πληροῦν*, vgl. 22,16; *εἰς τὰς ἀκοάς*, vgl. 1,44; Apg. 17,20), andererseits läßt sie als Hörerkreis der Rede das Volk (*λαός*) erkennen. Daß hier die Feldrede im Unterschied zu Luk. 6,20 als Volksunterweisung erscheint, könnte auf Q zurück-

---

[1] So auch *E. Haenchen*, a. a. O.

[2] Komm. z. St., 396.

[3] A. a. O., 238, Anm. 411.

[4] Dazu *H. van der Loos*, der a. a. O., 532f., die Diskussion über das Verhältnis beider Perikopen referiert.

[5] Dazu *E. Haenchen*, a. a. O., ferner *W. Grundmann*, Verständnis und Bewegung des Glaubens im Johannesevangelium, KuD 6, 1959, 131–154.

gehen, wo eine abschließende und überleitende Wendung enthalten war, die in Matth. 7,28 und Luk. 7,1 mit je unterschiedlicher Akzentuierung aufgenommen wurde. **2** Kapharnaum[6] hat als Grenzstadt neben seiner Zollstation auch eine Garnison mit Truppen des Herodes Antipas. Der Centurio (militärischer Befehlshaber einer Hundertschaft) ist schwerlich Römer, wahrscheinlich syrischer Herkunft. Er hat einen Sklaven, offenbar zu seinen persönlichen Diensten, der ihm viel wert ist. Bei Matthäus wird er *παῖς* genannt, ein Ausdruck, der das nahe Verhältnis des Knechts zu seinem Herrn (»Bursche«) oder auch das jugendliche Alter bezeichnen kann. Bei Johannes ist der *παῖς* der *υἱός* des Mannes im königlichen Dienst. Die Linie führt also von *δοῦλος* über den *παῖς* zum *υἱός*. **3** Da der Centurio Heide ist, wagt er sich nicht direkt zu Jesus, sondern schaltet die Ältesten der Juden[7] ein. Die *πρεσβύτεροι* bilden die Gemeindevertretung, also eine Art Ortsvorstand.[8] Sie sollen die Bitte überbringen, Jesus möge den Knecht, der im Sterben liegt, durchretten (*διασῴζειν*). Daß sogar jüdische Älteste für einen heidnischen Centurio bei Jesus bitten, mag der Gemeinde wichtig gewesen sein zu einer Zeit, als die Aufnahme von Gottesfürchtigen in die früheste Gemeinde noch angefochten war. **4** Als sie zu Jesus kommen, bringen sie ihre Bitte dringlich (Imperf. *παρεκάλουν*) und mit Eifer vor; sie weisen auf die Würdigkeit des Centurio hin, die Jesus veranlassen soll, seine Bitte ihnen zu gewähren. **5** Sie begründen ihre Aussage mit dem Hinweis darauf, daß er unser Volk – *τὸ ἔθνος ἡμῶν* (so häufig bei Josephus) – liebt und aus eigenen Mitteln Kapharnaum eine Synagoge gebaut hat.[9] Der Centurio wird nicht ausdrücklich als Gottesfürchtiger bezeichnet, soll aber als Angehöriger jener in der damaligen Welt großen Gruppe gekennzeichnet werden, die als *σεβόμενοι* oder *φοβούμενοι* zur Synagoge hielten, ohne den Übertritt zum Judentum durch Tauchbad und Beschneidung zu vollziehen.[10]

6 Jesus folgt der Bitte und geht mit dem jüdischen Ältesten zum Haus des Centurio. Weiß der Erzähler um die damit verbundene reinheitsgesetzliche Schwierigkeit? Jedenfalls kommt es nicht zum Betreten des Hauses. Unterwegs, kurz vor Erreichen des Ziels, erscheint eine zweite Gesandtschaft; sie besteht aus Freunden des Centurio, die eine direkte Botschaft überbringen, Jesus möge nicht bemüht werden. Sie müssen so sprechen, als stünde dieser selbst vor Jesus. Hier folgt – in Übereinstimmung mit Matthäus – seine Aussage, er sei es nicht wert, daß Jesus unter sein Dach kommt. **7** Die Versicherung, er habe sich selbst nicht für würdig erachtet, persönlich zu Jesus zu kommen, kennzeichnet zunächst einen Abstand, der als Gegensatz von unrein und rein qualifizierbar ist, sie gibt aber auch die Demut zu erkennen, die sich von der Hoheit und Kraft Jesu unüberbrückbar geschieden sieht. Der Centurio läßt die Bitte aussprechen, es bedürfe nur eines befehlenden Wortes Jesu zur Heilung des Knechts. Er, der Heide, ist von der kraftvollen Wirksamkeit des Wortes Jesu überzeugt und begehrt es für seinen Sklaven. **8** Er unterstreicht

---

[6] Zu Kapharnaum vgl. *Cl. Kopp*, Die heiligen Stätten, 215–230.

[7] Hier liegt eine Entsprechung zum Sprachgebrauch des Johannesevangeliums vor. Wie dort werden auch hier die Galiläer *Ἰουδαῖοι* genannt; vgl. *J. Schniewind*, a. a. O., 18.

[8] Vgl. *E. Schürer*, Geschichte des jüdischen Volkes, II, 223ff.; *G. Bornkamm*, ThWb VI, 1959, 655–661, bes. 660f.

[9] Die in Kapharnaum ausgegrabene Synagoge ist aus späterer Zeit, vgl. *W. Dittenberger*, OGIS 96; ferner *G. Dalman*, Orte und Wege Jesu, 128ff.; *Cl. Kopp*, Die heiligen Stätten, 219ff.

[10] *F. Siegert*, Gottesfürchtige und Sympathisanten, JStJ 4, 1973, 109–164.

sein Vertrauen durch einen Schluß a minori ad maius. Er hat Vorgesetzte, deren Wort er zu gehorchen hat, und er hat Untergebene, Soldaten und Sklaven, die seinem Wort gehorchen müssen. So gebietet Jesu Wort den Dämonen der Krankheit und des Todes, und sie müssen vor ihm weichen. Dem Machtwort Jesu traut er sogar eine Fernheilung zu, so daß er ihn um seine persönliche Anwesenheit nicht zu bemühen braucht. **9** Jesus antwortet mit einer Reaktion bewundernder Anerkennung, wie sie nur hier und in Matth. 15,28 von ihm Heiden gegenüber geäußert wird. Er wendet sich zur Volksmenge, die ihn auf seinem Weg begleitet, und spricht sein Urteil über den Centurio vor ihr aus. Hier liegt die Klimax des lukanischen Berichts. Das Wort über den »großen Glauben« des Nichtisraeliten beschämt die, die ihm diesen Glauben nicht entgegenbrachten (vgl. 4,28–30). Zugleich sind die Hörer eingeladen zu glauben, wie der Centurio es tat. **10** Das Heilwort wird bei Lukas – anders als in Matth. 8,13 – nicht gesprochen. Daß die zurückkehrenden Abgesandten des Centurio die Heilung konstatieren, ist nicht Höhepunkt der Erzählung, wohl aber Bestätigung der in ihr veranschaulichten heilenden Gewalt des Wortes Jesu.

12. Die Auferweckung des Jünglings zu Nain 7,11–17*

(11) Und es geschah danach, da wanderte er in eine Stadt, Nain genannt, und mit ihm wanderten seine Jünger und viel Volk. (12) Als er sich aber dem Tor der Stadt nahte, und siehe, es wurde ein Toter herausgebracht, der einzige Sohn für seine Mutter, und die war eine Witwe, und eine beträchtliche Volksmenge aus der Stadt war mit ihr. (13) Und als der Herr sie sah, erfaßte ihn Mitleid mit ihr, und er sprach zu ihr: »Weine nicht!« (14) Und er trat heran und berührte den Sarg, die Träger aber standen, und er sprach: »Jüngling, ich sage dir, stehe auf!« (15) Und der Tote richtete sich auf und begann zu reden, und er gab ihn seiner Mutter. (16) Es ergriff aber alle Furcht, und sie priesen Gott und sagten: »Ein großer Prophet ist unter uns aufgestanden, und heimgesucht hat Gott sein Volk.« (17) Und es ging aus dieses Wort über ihn in ganz Judäa und im ganzen Umland.

V. 11: Bei dem seltenen lukanischen *ἐν τῷ ἑξῆς* lesen א, D im Artikel *τῇ*, zu ergänzen *ἡμέρᾳ*. – V. 13: In D und syr findet sich hier und an anderen Stellen bei Lukas statt *ὁ κύριος* der Name *Ἰησοῦς*. Die darauf aufbauende Vermutung, *ὁ κύριος* könnte ein nachlukanischer Zusatz sein, besteht schwerlich zu Recht (vgl. Einzelexegesen).

Lukas läßt Jesus seine Wanderung fortsetzen und das Städtchen Nain berühren. Es kommt nur hier in der Evangelienüberlieferung vor und gehörte wohl von Anfang an zu dieser Erzählung. Das Stück entstammt dem SLk (als dritte Einheit nach dem Auftreten in Nazareth und dem Fischzug des Petrus). Wenn Lukas auch im folgenden die Reihenfolge der Stücke des Sonderguts bewahrt hat, dann wären dort drei Perikopen einander gefolgt, in denen es um die Zuwendung Jesu zu den Frauen geht: auf die Erweckung des Sohnes der Witwe folgen aus SLk die Begegnung mit der großen Sünderin (7,36–50) und die Nennung der Jüngerinnen Jesu (8,1–3). Lukas hat diese Stücke mit aus Q stammen-

* Lit.: *K. Bornhäuser*, Studien, 52–64 – *M. Stallmann*, Versuch einer katechetischen Meditation über die Auferweckung des Jünglings in Nain, in: Die biblische Geschichte im Unterricht, Göttingen 1963, 149–157 – *H. van der Loos*, Miracles, 573–576 – *R. F. Fuller*, Wunder Jesu, 39f., 63f. – *G. Rochais*, Les récits de résurrection des morts dans le Nouveau Testament, SNTSMonSer 40, Cambridge 1981, bes. 18–38.

den Einheiten verknüpft und dadurch erkennen lassen, daß für ihn andere Gestaltungsprinzipien bestimmend sind. Die Verbindung des Heilungswunders und des Erweckungswunders steht für ihn als Zeichen der Steigerung: gegenüber der Rettung des sterbenden Leibsklaven des Centurio (7,2) bedeutet die Auferweckung des toten Jünglings die größere Wundertat, aber auch die größere Barmherzigkeit, denn der Jüngling ist für seine Mutter unentbehrlicher als der Leibsklave für seinen Herrn. Darüber hinaus bereiten beide Erzählungen die Frage des Täufers und die Antwort Jesu an ihn (7,20.22) vor.

Wie bei den anderen Stücken aus SLk ist das palästinensische Lokalkolorit unverkennbar (vgl. Einzelexegese). Die Erzählung ist so gestaltet, daß die Beziehung der Tat Jesu zu den prophetischen Erweckungswundern offensichtlich wird. Am engsten ist die Berührung mit einer Totenerweckung durch Elia (1. Kön. 17,17–24, mit mehreren inhaltlichen Entsprechungen und der wörtlichen Übereinstimmung zwischen Luk. 7,15b und 1. Kön. 17,23 [LXX], ferner mit der Erweckung des Sohns der Sunamitin durch Elisa (2. Kön. 4,32–37). Damit wird das im Chorschluß lautwerdende Bekenntnis zum »großen Propheten« Jesus vorbereitet. Die früher überschätzte Parallele bei Philostrat, Vita Apollonii IV, 45, wo Apollonius von Tyana eine scheintote Braut, die zu Grabe getragen wird, auferweckt und dem Bräutigam wiedergibt, bietet einige gemeinsame Motive und zeigt darüber hinaus, in welchen menschheitlichen Erwartungszusammenhang die Tat Jesu eingeordnet ist. Die Einzelexegese macht deutlich, daß es sich bei der Erweckung des Jünglings weder um die einfache Nachbildung alttestamentlicher Prophetenwunder noch gar um eine auf Jesus übertragene hellenistische Wunderlegende handelt.

11 Zum ersten Mal nach 6,12ff. wird Jesus mit seinen Jüngern wandernd gezeigt. Nain liegt etwa acht bis neun Wegstunden von Kapharnaum, zwei bis drei Stunden von Nazareth entfernt gegenüber dem Tabor am nördlichen Abhang des kleinen Hermon.[1] Die Rabbinen leiten den Namen der Stadt ab von na'im, die Liebliche.[2] In der Nachbarschaft liegt auch Sunem, der Ort des Erweckungswunders des Elisa (2. Kön. 4,32–37). Bei den Jesus Begleitenden wird deutlich unterschieden zwischen Jüngern und Volk. **12** Dem Zug des Lebens begegnet der Zug des Todes. Aus dem Stadttor wird ein Toter herausgetragen zu der außerhalb der Stadt liegenden Begräbnisstätte. Da die Toten in Palästina am späten Nachmittag ihres Sterbetags beigesetzt werden, ist die Abendstunde anzunehmen. Das im Neuen Testament nur hier angewendete Verb *ἐκκομίζειν*, das sich häufig bei antiken Schriftstellern findet, ist term. techn. für das Hinaustragen eines Toten. Dieser ist der einzige (*μονογενής*) Sohn der Witwe. Die Zuordnung (Dativ) läßt die Bedeutung erkennen, die er für seine Mutter besitzt. Da es sich um eine Witwe handelt, ist der Sohn ihr Versorger und Rechtsvertreter. Der große Leichenzug läßt daran denken, daß Totengeleit als verdienstliches Werk gilt.[3] Zugleich werden jene Zeugen bereitgestellt, die sich mit den Begleitern Jesu zum Chorschluß vereinigen. **13** Anders als in den meisten anderen synoptischen Wundergeschichten greift Jesus ungebeten ein.[4] Jesus erfaßt angesichts dieser Frau Erbarmen – manchen Erklärern gilt dieser gefühlsbetonte Zug als lukanische Besonderheit – und fordert sie auf, nicht zu weinen (vgl. 8,52; Joh. 11,33). Als Subjekt

---

[1] Vgl. *Cl. Kopp*, Die heiligen Stätten, 294ff.
[2] Str.-B. II, 161.
[3] Str.-B. IV, 578ff.
[4] Vgl. *R. H. Fuller*, a. a. O., 63.

erscheint dabei (erstmalig in SLk) der christologische Titel ὁ κύριος.[5] **14** So wie er durch sein herrscherliches Wort der Trauer Einhalt geboten hat, so handelt er jetzt in Vollmacht dessen, der der κύριος ist. Er tritt an die Bahre, auf der gemäß palästinensischem Brauch der zugedeckte Tote liegt. Der Ausdruck σορός meint einen nicht geschlossenen Kastensarg, wie er auch Lesern außerhalb Palästinas bekannt ist. Die Berührung durch den Kyrios, der keine Scheu vor Verunreinigung kennt, läßt die Träger stillstehen. Im Unterschied zu den betenden Propheten spricht Jesus das erweckende Befehlswort und gebraucht dabei das eigene Vollmacht bekundende σοὶ λέγω. **15** Durch Aufrichten und Reden zeigt der Tote, daß der Befehl des Kyrios das Leben in ihn zurückgerufen hat. Daß ihn Jesus seiner Mutter zurückgibt, entspricht auch in der Formulierung dem, was vom Handeln des Propheten Elia an der Witwe von Zarpath (1. Kön. 17,23) gesagt ist. Eine Steigerung könnte darin gesehen werden, daß es sich dort um die Wiederbelebung eines gerade Verstorbenen, hier um die Erweckung des bereits zu Grabe Getragenen handelt. **16** Die Tat Jesu erweckt die Furcht aller (der Begleiter Jesu und der Teilnehmer des Trauerzuges) und löst zugleich Lobpreisung Gottes aus. Der lobpreisende Chorschluß ist zweizeilig, bei der zweiten Zeile könnte es sich um eine lukanische Erweiterung handeln. Gott wird gepriesen, daß er einen großen Propheten hat aufstehen lassen. Die eschatologische Zeit ist angebrochen, in der nach jüdischer Zukunftsschau das Prophetentum erneuert wird. Im Raum dieser Heilserwartung erweist sich der, der wie Elia und Elisa Tote wieder ins Leben ruft, als der Prophet der messianischen Zeit. Der Schluß des Lobpreises geht darüber hinaus, indem er Gott rühmt, daß er in diesem Propheten gegenwärtig ist. Er ordnet die Erzählung vom Jüngling zu Nain ein in die Geschichte der im Jesusgeschehen sich ereignenden gnädigen Heimsuchung durch Gott, die als Leitlinie des ganzen lukanischen Werkes gelten kann.[6] In seiner Barmherzigkeit besucht Gott sein Volk und erscheint denen, die in Finsternis und Schatten des Todes sitzen (1,68.78f.). **17** Die Kunde von Jesus erschallt im ganzen judäischen Land und darüber hinaus in seinem ganzen Umkreis. In dieser lukanischen Schlußbemerkung, die die Angaben von 4,14b; 4,37; 5,17; 6,17 fortführt, soll das »Wachsen des Wortes« angedeutet werden.

13. Die Frage des Täufers nach dem Kommenden und Jesu Antwort über den Täufer und sein Wirken 7,18–35; Matth. 11,2–19*

(18) Und es berichteten dem Johannes seine Jünger über das alles. Und Johannes rief zwei seiner Jünger heran (19) und sandte sie zum Herrn und ließ sagen: »Bist du der Kommende, oder sollen wir einen anderen erwarten?« (20) Als sie aber zu ihm kamen, sagten die Männer: »Johannes der Täufer hat uns zu dir gesandt und läßt sagen: ‚Bist du der Kommende, oder sollen wir einen anderen erwarten?'« (21) In jener Stunde heilte er

[5] Da κύριος bei Lukas vorzugsweise in SLk begegnet, läßt sich die Frage stellen, ob der Titel mit dieser Traditionsschicht zusammenhängt.

[6] Dazu *W. C. Robinson*, Der Weg des Herrn, 57f.

* Lit.: *F. Mußner*, Der nicht erkannte Kairos (Mt. 11,16–19; Lk. 7,31–35), Bibl 40, 1959, 599–613 – *G. Delling*, Botschaft und Wunder im Wirken Jesu, in: Der historische Jesus und der kerygmatische Christus, Berlin 1960, 389–402 – *J. Dupont*, L'ambassade de Jean-Baptiste, NouvRev-

viele von Krankheiten und Plagen und bösen Geistern, und vielen Blinden schenkte er zu sehen, (22) und er antwortete und sagte zu ihnen: »Geht hin und berichtet Johannes, was ihr saht und hörtet: Blinde sehen wieder, Lahme wandeln, Aussätzige werden rein, und Taube hören; Tote werden auferweckt, Armen wird die frohe Botschaft verkündigt. (23) Und selig ist, wer nicht Anstoß an mir nimmt.«

(24) Als aber die Boten des Johannes weggegangen waren, begann er zur Volksmenge über Johannes zu reden: »Was seid ihr hinausgegangen in die Wüste zu schauen? Ein Schilfrohr vom Winde bewegt? (25) Oder was seid ihr hinausgegangen zu sehen? Einen Menschen mit weichen Kleidern gekleidet? Siehe, die in prächtigem Gewand und Prunk leben, sind in königlichen Palästen. (26) Oder was seid ihr hinausgegangen zu sehen? Einen Propheten? Ja, ich sage euch; sogar mehr als einen Propheten! (27) Dieser ist, über den geschrieben steht: ‚Siehe, ich sende meinen Boten vor deinem Angesicht her, der deinen Weg vor dir bereiten wird.' (28) Ich sage euch: Niemand von den von Frauen Geborenen ist größer als Johannes, aber der Kleinste im Reiche Gottes ist größer als er.«

(29) Und das ganze Volk, das (ihn) hörte, und die Zöllner gaben Gott recht und ließen sich taufen mit der Taufe des Johannes. (30) Aber die Pharisäer und die Gesetzeslehrer setzten den Ratschluß Gottes über sich beiseite und ließen sich nicht von ihm taufen.

(31) »Wem soll ich nun die Menschen dieses Geschlechts vergleichen, und wem sind sie gleich? (32) Gleich sind sie den Kindern, die auf dem Markt sitzen und einander zurufen, wie es heißt: ‚Wir haben euch die Flöte geblasen, und ihr habt nicht getanzt! Wir haben ein Klagelied gesungen, und ihr habt nicht geweint!' (33) Es kam nämlich Johannes der Täufer, aß nicht Brot und trank nicht Wein, und ihr sagt: Er hat einen Dämon. (34) Es kam der Menschensohn, aß und trank, und ihr sagt: Siehe, der Mensch ist ein Fresser und Weinsäufer, ein Freund der Zöllner und Sünder. (35) Und recht gegeben wurde der Weisheit von allen ihren Kindern.«

V. 18: Die von Lukas vorgenommene Verknüpfung der Berichte gestaltet D noch straffer durch den relativischen Anschluß: *ἐν οἷς καὶ μέχρι Ἰωάννου τοῦ βαπτιστοῦ, ὅς* ... – V. 19: statt *ὁ κύριος* lesen א, *Θ* und Koinegruppe Jesus. – V. 22: Die Fassung von D unterstreicht die Augenzeugenschaft und paßt den Text an Luk. 10,23f. an. – V. 26: D nimmt am Schluß von V. 26 als nachgestellte, mit *ὅτι* eingeleitete Begründung den V. 28a der Mehrheitszeugen vorweg und gibt damit den vom Schriftzitat zur Folgerung voranschreitenden Aufbau preis. – V. 35: Die Lesart *τῶν ἔργων* statt *τῶν τέκνων* bei א ist wohl unter Einfluß von Matth. 11,19 zustande gekommen, könnte dort aber auf eine Übersetzungsvariante zurückgehen (verschieden punktiertes עבד).

Lukas fügt den Wundererzählungen eine Spruchkomposition an, die zum größten Teil aus Redestücken besteht, die Urteile Jesu über den Täufer und Urteile Jesu über die Stel-

---

Theol 83, 1961, 805–821. 943–959 – *W. Herrmann*, Das Wunder in der evangelischen Botschaft, AVThR 20, Berlin 1961 – *A. Strobel*, Untersuchungen zum eschatologischen Verzögerungsproblem, SupplNovTest II, Leiden 1961, 265–277 – *P. Stuhlmacher*, Das paulinische Evangelium I, FRLANT 95, Göttingen 1968, 218–225 – *F. Christ*, Jesus Sophia, AThANT 57, Zürich 1970, 63–80 – *A. Vögtle*, Wort und Wunder in urchristlicher Glaubenswerbung (Mt. 11,2–5; Lk. 7,18–23), in: Das Evangelium und die Evangelien, Düsseldorf 1971, 219–242 – *P. Hoffmann*, Logienquelle, 191–198, 215–233 – *S. Schulz*, Spruchquelle, 190–203, 229–236, 379–386 – *M. Völkel*, Anmerkungen zur lukanischen Fassung der Täuferanfrage Luk. 7,18–23, in: Theokratia II, Festschr. f. K. H. Rengstorf, Leiden 1973, 166–173 – *O. Linton*, The Parable of the Childrens Game. Baptist and Son of Man (Matt XI, 16–19 = Luke VII, 31–35), NTS 22, 1975/76, 159–179 – *D. Zeller*, Die Bildlogik des Gleichnisses Mt 11,16f./ Lk 7,31, ZNW 68, 1977, 252–257 – *W. G. Kümmel*, Jesu Antwort an Johannes den Täufer, Wiesbaden 1974 = Heilsgeschehen und Geschichte II, Marburg 1978, 177–201 – *M. Völkel*, Freund der Zöllner und Sünder, ZNW 69, 1978, 1–10 – *H. Merklein*, Gottesherrschaft, 162–164, 198f. – *F. Herrenbrück*, Wer waren die »Zöllner«?, ZNW 72, 1981, 178–194.

lung des Volkes zum Täufer und zu ihm selbst enthalten. Ihnen ist die Antwort Jesu auf die Täuferanfrage vorangestellt, in der er seine Taten als Zeichen des eschatologischen Heils deutet. Die Heilung des Knechtes des Centurio und die Erweckung des Jünglings zu Nain, die von Lukas zuvor berichtet wurden, erweisen sich als auf dieses Zeugnis gerichtete Vorbereitung. Das ganze Stück kann als Selbstoffenbarung Jesu verstanden werden, die in stetem Blick auf die Gegenüberstellung von Johannes und Jesus den heilsgeschichtlichen Ort und die Heilsfunktion Jesu deutlich macht. Man könnte in diesem Abschnitt auch ein Bauelement der von Lukas aufgenommenen Christologie erblicken. Die Bezeichnung Jesu als des »Kommenden« wird nicht zurückgewiesen, sondern erfährt in der Antwort ihre Korrektur. Der Täufer ist mehr als Prophet, vielmehr Bote, der vorausgesandt wird, und verweist damit auf den, dem er vorausgeht (V. 26–27). Als Höhepunkt darf das Schlußstück V. 31–35 angesehen werden, das seine Spitze in der verhüllten Selbstoffenbarung Jesu als Menschensohn und als Abgesandter der Weisheit hat. Die vorausgegangene Perikope hatte Lukas mit dem Lobpreis Jesu als eines großen Propheten ausklingen lassen, jetzt geht es darum, was dieses angesichts des Urteils über Johannes *περισσότερον προφήτου* heißen kann. Damit ist die christologische Frage gestellt.

Als gesichert kann gelten, daß Lukas den Grundstock der Redefolge aus der Spruchquelle übernommen hat.[1] Bereits dort dürfte die durch das Motiv Johannes und Jesus zusammengehaltene Komposition aus drei Stücken bestanden haben, die von Matthäus und Lukas in Wortlaut und Wortfolge weitgehend übereinstimmend überliefert wurden: Täuferanfrage und Antwort Jesu Luk. 7,19.22f. = Matth. 11,2b–6; das Urteil Jesu über den Täufer Luk. 7,24–28 = Matth. 11,7–11; Jesu Wort über die Reaktion des Volkes auf das Wirken des Täufers Luk. 7,31–35 = Matth. 11,16–19. Lukas hat die Einleitung erweitert, indem er historisierend den Zusammenhang mit dem Vorausgehenden herstellt und die Boten des Täufers zu Augenzeugen dessen macht, was sie ihrem Meister zu sagen haben (V. 18.20.21). Ferner fügt er das Stück 7,29.30 ein, das er möglicherweise in einer erweiterten Form von Q vorgefunden hat.

Traditionskritische Analyse hat vor allem die Selbständigkeit von Täuferanfrage und Jesusantwort herausgearbeitet, wobei *R. Bultmann* die Antwort als ursprünglich situationslos überliefertes Apophthegma ansieht, das nachträglich von der Gemeinde gerahmt worden ist.[2] Weiter in dieser Richtung stoßen *P. Stuhlmacher*, der in der Antwort einen urchristlichen Prophetenspruch sieht, der mit Hilfe prophetisch gedeuteter Schriftworte zum Entscheid über den eschatologischen Rang Jesu aufruft,[3] und *A. Vögtle* vor, der an eine Gemeindebildung im Zeichen der Auseinandersetzung zwischen Jesusjüngern und Johannesjüngern denkt[4]. Demgegenüber sind andere Exegeten nachdrücklich für die vorösterliche Herkunft eingetreten: *J. Dupont* mit historisch-reflektierenden,[5] *W. G. Kümmel* mit methodenkritischen Argumenten[6]. In der Tat sollte weder eine Kenntnisnahme Jesu durch den Täufer von vornherein abgewiesen werden, noch darf übersehen werden, wie

---

[1] *S. Schulz*, Spruchquelle, 190ff.
[2] *R. Bultmann*, Synoptische Tradition, 22.
[3] *P. Stuhlmacher*, a. a. O., 221.
[4] *A. Vögtle*, a. a. O., bes. 225f.
[5] *J. Dupont*, a. a. O.
[6] *W. G. Kümmel*, a. a. O., in durchgängiger Auseinandersetzung mit A. Vögtle.

gut sich 7,22 in den Zusammenhang der Kernüberlieferung von Wort und Tat Jesu einfügt (vgl. außer der Wunderüberlieferung Luk. 10,23; 6,20). Für den Grundstock der in 7,24–35 zusammengefügten Stücke (7,24–26; 31f.; wohl auch V. 35) läßt sich die Herkunft aus vorösterlicher Verkündigungssituation einsichtig machen. Umstritten ist vor allem, ob die dem Vergleich V. 31f. in V. 33f. nachgeschickte Deutung ursprünglich ist. Sie erscheint allegorisierend und zudem durch den Gebrauch des Menschensohntitels für das Erdenwirken Jesu verdächtig. Für die Authentizität spricht jedoch der eng an den Vergleich angelehnte Parallelismus und vor allem die singuläre inhaltliche Härte der Formulierung.

In Q sind diese Grundelemente in einer erweiterten und redigierten Gestalt zu einer Redefolge zusammengefügt, die dann von Lukas im wesentlichen übernommen wurde. Sie ist von der Spannung bestimmt, die zwischen Jesus und seiner Jüngerschaft auf der einen Seite und der Täuferbewegung auf der anderen Seite bestand, wovon gerade Lukas manche Spuren enthält (vgl. 5,33; 11,1; Apg. 18,24–19,7). Diese Frontstellung könnte auch die latent christologische Ausrichtung der Komposition (s. o.) erklären, die Lukas aufnehmen konnte. Die große Bedeutung dieser Tradition wird erkennbar an ihrer Wiederkehr in der mandäischen Literatur. Dort heißt es über den zum Gegenbild Jesu stilisierten göttlichen Gesandten Ginza R. (Lidzbarski, 29f.): »Er (Enoch-Uthra) geht und kommt in den Jahren des Paltus (Pilatus) ... Er heilt die Kranken, macht die Blinden sehend, reinigt die Aussätzigen, richtet die Verkrüppelten und am Boden Kriechenden auf, macht die Taubstummen redend und belebt die Toten.« *E. Stauffer* sah darin ein in der Nachwirkung der Täuferbewegung entstandenes antijesuanisches Täuferorakel.[7]

18 Von der über das ganze Land verbreiteten Kunde von Jesus erfährt auch Johannes der Täufer. Das *περὶ πάντων τούτων* des Lukas meint die von ihm berichteten Wundertaten, schließt aber auch die Frohbotschaft an die Armen (6,20–49) ein. Nach Matthäus kommt die Anfrage von dem gefangenen Täufer (11,2); Lukas setzt dies wohl voraus (3,20), nach ihm sendet Johannes zwei seiner Jünger – entsprechend dem Zeugenrecht Deut. 19,15 – zu Jesus.[8] **19** Er läßt fragen, ob er der Kommende sei. Der »Kommende« ist kein fester jüdischer messianischer Terminus. Er könnte vom Täufer selbst im Anschluß an Dan. 7,13 geprägt sein.[9] In diesem Falle hinge er mit der vom Täufer erwarteten Gestalt des apokalyptischen Feuerrichters zusammen (3,16; Matth. 3,11). Der Widerspruch zwischen dieser Figur und der geschichtlichen Wirklichkeit Jesu schien deutlich zutage zu liegen. Ob diese Frage dem Erstaunen oder dem Zweifel entsprang, wird aus dem Text nicht ersichtlich.[10] Nach *A. Strobel* liegt der Täuferanfrage das im Zeichen der Verzögerungsproblematik aufgenommene und interrogativ gefaßte Zeugnis Hab. 2,3 zugrunde, ein Prophetenspruch, der in der apokalyptischen Messianologie etwa von Qumran eine entscheidende Rolle spielt.[11] Auf jeden Fall geht die Formulierung der Anfrage davon

[7] *E. Stauffer*, Antike Jesustradition und Jesuspolemik im mittelalterlichen Orient, ZNW 46, 1955, 1–30.

[8] Ist das *διά* der Mehrheitszeugen von Matth. 11,2 Verschreibung von *δύο*?

[9] *W. G. Kümmel*, a. a. O., 196.

[10] Vgl. dazu die Exegesen der Kirchenväter, kurz referiert bei *E. Klostermann*, Matthäus-Evangelium, HNT 4, ²Tübingen 1927, 94f.

[11] *A. Strobel*, a. a. O., 273.

aus, daß mit dem Erscheinen des *ἐρχόμενος* auch das Ende gekommen ist. **20** Nur Lukas erzählt, daß die Boten zu Jesus kommen und ihre Botschaft ausrichten. **21** Die Boten treffen Jesus an, wie er eine Reihe von Krankheiten heilt. Dabei wird von Krankheiten, Plagen (*μάστιγες* = Krankheiten als Strafen Gottes) und bösen Geistern gesprochen, die Krankheiten verursachen. Unter den Heilwundern, die Jesus bei Ankunft der Boten tat, werden Blindenheilungen besonders erwähnt; Lukas hatte von ihnen noch nichts berichtet, aber die Antwort Jesu an den Täufer nimmt auf sie Bezug. **22** Sie macht die Boten zu Augenzeugen (vgl. 10,23f.), und als solche werden sie zu ihrem Meister gesandt. Jesus antwortet mit einem Heilswort, das seine bisherige Wirksamkeit zusammenfaßt und sie als Erfüllung prophetischer Verheißung vom Anbruch der Heilszeit deutet. Dabei handelt es sich nicht um eine Zitatenkombination, sondern um ein frei (ursprünglich vielleicht semitisch) formuliertes Stück,[12] das Elemente aus Jes. 61,1 (Armenverkündigung, Blindenheilung), Jes. 29,18 (Heilung von Tauben und Blinden, Armenverkündigung), Jes. 26,19 (Totenerweckung) und Jes. 35,5f. (Heilung von Blinden, Tauben, Lahmen und Stummen) aufnimmt. Die Dämonenaustreibungen fehlen,[13] dagegen bildet die Verkündigung der Heilsbotschaft an die Armen (vgl. 4,18–21; 6,18–20) den Höhepunkt. Wunder und Wort gehören als endzeitliche Geschehnisse zusammen. Die Augenzeugen sind zugleich Ohrenzeugen. **23** Zur Heilszeit gehört der Heilbringer. Die Warnung vor dem Anstoß am Bringer des Heils hat die Form des Makarismus. Er wirbt um Glauben, der den Anstoß überwindet, den die falsche Heilserwartung an ihm nimmt. Die dem Täufer zugemutete Entscheidung gilt für den Christusglauben überhaupt. Der Makarismus spiegelt den Eindruck wider, den Jesus in seinem Verhalten zu Ausgestoßenen und Armen, zu Zöllnern und Sündern hinterlassen hat. **24** Mit der Antwort an den Täufer sind – wie schon in der Q-Vorlage – eine Reihe von Jesusworten verbunden, die sein Urteil über den Täufer enthalten. Lukas läßt sie nach dem Weggang der Täuferjünger gesprochen sein. Sie tragen den Charakter prophetischer Volkspredigt und setzen mit verblüffenden Fragen ein, die zum Aufmerken zwingen. Die jeweils gegebene Antwort kann nur »nein« lauten. Wollte das Volk, das zu Johannes hinausgeströmt ist in die Einöde, ein vom Winde hin- und hergewehtes Schilfrohr sehen? **25** Wollten sie nur etwas Außergewöhnliches finden? In der Einöde einen Mann mit Prunkgewändern und Luxusentfaltung? Das würde nicht in die Einöde passen, sondern zum königlichen Palast – etwa des Herodes Antipas, gegen den Johannes (vgl. 3,19) sein prophetisches Wort richtete.[14] **26** Das Schlußurteil Jesu präzisiert die unklare Volksmeinung. Sie haben einen gefunden, der mehr ist als ein Prophet. Jesus bietet keinen der geläufigen oder einen neuen Hoheitstitel, hebt aber Johannes durch das »Mehr« über die alttestamentliche Prophetie hinaus. **27** Schon Q hat eine weitere – vielleicht der christlichen Gemeinde entspringende – Antwort gegeben. Er ist nicht irgendein Prophet, sondern der verheißene Prophet, der dem Kommen des Heilbringers vorausgeht. Das aus Mal. 3,1 und Ex. 23,20 geformte Mischzitat (vgl. Mark. 1,2) ist aus einer Ankündigung des Kommens Gottes selbst zu einer Rede Gottes an den Messias über dessen Vorläufer geworden. Vor dem Antlitz des

---

[12] *W. G. Kümmel*, a. a. O., 198.

[13] Es wäre jedoch verfehlt, daraus mit *A. Vögtle*, a. a. O., 231, nachösterliche Entstehung zu folgern. Vielmehr hätte ihre Nennung die alttestamentlich-prophetische Stilisierung durchbrochen.

[14] *N. Krieger*, Ein Mensch in weißen Kleidern, NovTest 1, 1956, 228–230.

angeredeten Messias her sendet Gott Johannes als den Boten, der dem Kommen des Heilbringers den Weg bahnt, indem er ihm das Volk bereitet (vgl. 1,17). Die Gleichsetzung des Täufers mit Elia als dem messianischen Wegbereiter klingt an (vgl. 9,8.19). **28** Das weiterführende Jesuswort greift auf die Feststellung zurück, daß Johannes mehr als ein Prophet ist: er ist unter allen von den irdischen Müttern Geborenen der größte. Dem wird entgegengesetzt: im Reiche Gottes gelten andere Maßstäbe, die Größe des Johannes ist nur außerhalb des Reiches Gottes unvergleichlich. Hinter der zweiten Hälfte des Logions, die den Kleinsten im Reiche Gottes als größer preist, steht eine Aussage, die das heilsgeschichtliche Selbstbewußtsein Jesu ausdrückt. Sie setzt die Heilszeit scharf gegen die vorangegangene Zeit ab. Die von vielen Exegeten angenommene Schichtung, nach der nur die erste Vershälfte auf Jesus zurückgeht, die zweite eine (polemisch-antitäuferische) Fortschreibung durch die Gemeinde darstellt, ist mit dem Hinweis auf den streng parallelen Aufbau der beiden Hälften des Logions zu Recht bestritten worden.[15]

29 An der Stelle, wo Matthäus den eschatologischen Charakter der Zeit Jesu gegenüber der des Täufers anspricht, steht bei Lukas die Feststellung vom Verhalten der verschiedenen Gruppen im Volk zu Johannes (vgl. das verwandte Wort Matth. 21,32). Sie stellt den vorausgenommenen Kommentar zu V. 31–35 dar. Während das ganze Volk (vgl. Luk. 3,7) ihn hört, nehmen die Zöllner seine Gerichts- und Umkehrbotschaft an. Sie anerkennen ihn als Propheten, indem sie dem durch ihn sprechenden Gott recht geben; das dokumentieren sie dadurch, daß sie sich der Bußtaufe unterziehen. Der Vollzug der Taufe gilt als Bekenntnis der Schuld, als Zustimmung zu Gottes Urteilsspruch, wie ihn der Täufer verkündet. **30** Die Pharisäer und Gesetzeslehrer – *νομικοί* wie 10,25; 11,45.46.52; 14,3 – lehnen die Taufe ab und setzen dadurch den Heilswillen Gottes als auf sie gerichteten Heilsratschluß außer Kraft.

31 Der abschließende Vergleich gilt den Menschen dieses Geschlechts, den Zeitgenossen des Täufers und Jesu (zur Doppelfrage als Gleichniseinleitung vgl. Mark. 4,30). **32** Der Vergleichspunkt liegt nicht darin, daß Jesus und der Täufer als je eine Gruppe einer anderen gegenübergestellt werden, oder darin, daß zwei Gruppen im Volk unterschieden werden, sondern in der Unentschiedenheit der spielenden Kinder, die nicht wissen, was sie wollen. Sie sitzen auf dem Markt einander gegenüber und rufen sich die Aufforderung zu einem Tanz zu. Die einen flöten eine Tanzweise, und die anderen wollen nicht tanzen. Darauf stimmen sie eine Trauerweise an, und die anderen wollen nicht das Klagelied dazu singen. **33** Die Unentschlossenheit der Menschen dieses Geschlechts kommt zum Ausdruck in dem Urteil über den Täufer und über Jesus. Johannes lebt als Asket; Lukas ergänzt die Feststellung, die mit den Worten »aß und trank nicht« gemacht wird, durch die Nennung von Brot und Wein.[16] Diese asketische Enthaltsamkeit des Fastenden und Büßenden wird als Besessenheit beurteilt. **34** Jesus, der genießt, was man ihm anbietet, ist den Menschen zu wenig Heiliger; man nennt ihn einen Fresser und Weintrinker und nimmt Anstoß an seinem Umgang. Diese Aussage über Jesus ist als Menschensohnwort gefaßt; als ein Wort über das irdische Wirken des Menschensohns ist sie vergleichbar mit 9,58 (gleichfalls im Anschluß an Q formuliert). Nach Meinung vieler Exegeten ist dieser unapokalyptische Gebrauch des Menschensohntitels Indiz für eine

---

[15] *F. Mußner*, a. a. O., 611; *S. Schulz*, Spruchquelle, 233.

[16] *O. Böcher*, Aß Johannes der Täufer kein Brot (Luk VII, 33)?, NTS 18, 1971/72, 90–92.

Gemeindeformulierung. Dies wird jedoch auch im Blick auf unsere Stelle mit gutem Grund bestritten.[17] Auf jeden Fall gibt dieses Wort das Urteil über Jesus aufgrund seines Auftretens wieder, wie es gerade Lukas eindrücklich schildert (5,30; 15,2; 19,7). In den unmittelbaren Zusammenhang fügt es sich gut ein, da es auf 7,29f. zurück und auf 7,36–50 vorausweist. **35** Mit einem ursprünglich selbständigen Spruch schließt der Vergleich ab. Das Auftauchen des Stichworts *σοφία* genügt nicht, seinen Ursprung im hellenistisch-jüdischen Raum anzusiedeln.[18] Die Weisheitstheologie hat vielmehr im Palästinajudentum ihren festen Platz.[19] Die (göttliche) Weisheit, deren Träger und Repräsentant Jesus ist, wird allein von den Kindern der Weisheit richtig beurteilt: sie stimmen ihr zu und geben ihr dadurch recht. Diese »Kinder der Weisheit« sind nicht die spielenden Kinder aus dem Vergleich V. 33f. Vielmehr ist durch die Komposition ein Kontrast entstanden: nicht die Mehrheit der Menschen der Generation, sondern die Minderheit derer, die die Botschaft des Täufers und Jesu annahmen, machen die Vollzahl der Kinder der Weisheit aus (*ἀπὸ πάντων τῶν τέκνων αὐτῆς*).

14. Jesus und die große Sünderin 7,36–50*

(36) Es bat ihn aber einer von den Pharisäern, daß er mit ihm esse. Und er ging hinein in das Haus des Pharisäers und legte sich zu Tisch. (37) Und siehe, eine Frau, die in der Stadt war, eine Sünderin, die erfahren hatte, daß er im Hause des Pharisäers zu Tisch liege, brachte ein Alabastergefäß mit Salböl herbei. (38) Und sie stellte sich hinten bei seinen Füßen hin, weinte, begann mit den Tränen seine Füße zu netzen und trocknete sie mit den Haaren ihres Hauptes ab und küßte seine Füße und salbte sie mit Öl. (39) Als aber der Pharisäer, der ihn eingeladen hatte, das sah, sagte er zu sich selbst: »Wenn dieser ein Prophet wäre, würde er erkennen, wer und was für eine Frau sie ist, die ihn berührt, denn sie ist eine Sünderin.« (40) Und Jesus antwortete und sprach zu ihm: »Simon, ich habe dir etwas zu sagen!« Der aber sagte: »Lehrer, sprich.« (41) »Zwei Schuldner hatte ein Geldverleiher. Der eine schuldete fünfhundert Denare, der andere fünfzig. (42) Da sie nicht erstatten konnten, schenkte er beiden (die Schuld). Wer nun von ihnen wird ihn mehr lieben?« (43) Simon antwortete und sprach: »Ich nehme an, dem er mehr schenkte.« Er aber sagte zu ihm: »Du hast recht geurteilt.« (44) Und er wandte sich zu der Frau und sagte zu Simon: »Siehst du diese Frau? Ich trat in dein Haus. Du gabst mir kein Wasser für die Füße. Diese aber hat mit den Tränen meine Füße genetzt und mit ihren Haaren (sie) getrocknet. (45) Einen Kuß gabst du mir nicht. Diese aber hat, seit ich hereintrat, nicht aufgehört, meine Füße zu küssen. (46) Du hast nicht mein Haupt mit Öl gesalbt. Diese aber salbte mit Salböl meine Füße. (47) Darum sage ich dir: ihre vielen Sünden sind ihr vergeben, denn sie hat viel geliebt. Wem aber wenig vergeben wird, liebt

[17] Etwa von *E. Schweizer*, Der Menschensohn, ZNW 50, 1959, 185–209 = Neotestamentica, Zürich 1963, 56–84, bes. 72f.

[18] Gegen *S. Schulz*, Spruchquelle, 381f.

[19] *F. Christ*, a. a. O., 13–60.

* Lit.: *J. Schniewind*, Parallelperikopen, 21–26 – *G. Braumann*, Die Schuldner und die Sünderin, NTS 10, 1963/64, 487–493 – *J. Delobel*, L'onction par la pécheresse, EphTheolLov 42, 1966, 415–475 – *H. Drexler*, Die große Sünderin, ZNW 59, 1968, 159–173 – *E. Haenchen*, Weg Jesu, 462–472 – *H. Leroy*, Vergebung und Gemeinde, in: Wort Gottes in der Zeit, Festschr. f. K. H. Schelkle, Düsseldorf 1972, 85–94 – *U. Wilckens*, Vergebung für die Sünderin, in: Orientierung an Jesus, Festschr. f. J. Schmid, Freiburg i. B. 1973, 394–424.

wenig.« (48) Und er sprach zu ihr: »Vergeben sind dir die Sünden.« (49) Und es begannen, die mit zu Tische lagen, bei sich zu sagen: »Wer ist dieser, der auch Sünden vergibt?« (50) Er aber sprach zu der Frau: »Dein Glaube hat dich gerettet. Gehe hin in Frieden!«

V. 39: Textlich ist nicht sicher, ob mit den meisten Zeugen der Artikel von *προφήτης* fortzulassen ist oder mit B, *Ξ*, 482* gelesen werden muß und damit wohl ein titularer Sprachgebrauch vorliegt. – V. 45: Strittig ist die Lesart *ἀφ' ἧς εἰσῆλθον*. Die Lesart *εἰσῆλθεν* (so L*, Ferrargruppe, lat. Übers.) dürfte Erleichterung sein. In jedem Fall ist die Beziehung von *ἀφ' ἧς* schwierig. Heißt es, daß Jesus mit der Frau gekommen ist (Widerspruch zu V. 37)? Oder soll es heißen, daß Jesus der Frau vor dem Gastmahl begegnet ist? – V. 47: Der Begründungssatz *ὅτι ἠγάπησεν πολύ* und der anschließende antithetische Satz fehlen in D.

Literarische und inhaltliche Gründe sprechen eindeutig für die Herkunft dieser Perikope aus SLk. Sie ist in dieser Schicht und auch für Lukas eines der wichtigsten Stücke zur Frage: Jesus und die Sünder und das Urteil der Pharisäer. Eine Rückbeziehung zum vorangegangenen Abschnitt aus diesem literarischen Umkreis (7,11–17) könnte durch die zentrale Stellung einer Frau in beiden Einheiten gegeben sein, aber auch in der Frage nach dem Prophetentum Jesu liegen (vgl. V. 16 und V. 39), das dann durch die zwischengeschaltete Perikope aus Q in Richtung auf den messianischen Propheten interpretiert wird. Noch wichtiger ist die redaktionell geschaffene Verbindung mit der Selbstaussage V. 34: Jesus erweist sich jetzt als *φίλος ἁμαρτωλῶν*. Daß dies bei einem Gastmahl geschieht (vgl. 5,29; 14,1; 19,5) mag an das damit verbundene Urteil erinnern: *ἄνθρωπος φάγος καὶ οἰνοπότης*.

Die traditionsgeschichtliche Analyse der Perikope selbst war zunächst von zwei einander entgegengesetzten Erklärungsversuchen bestimmt. Ist das Gleichnis V. 41–43 (samt V. 47 als Pointe), wie *R. Bultmann* es will,[1] das ursprüngliche Traditionselement, zu dem die Geschichte (Kern V. 36–40) komponiert wurde, oder war, wie *J. Wellhausen* urteilt,[2] die Geschichte primär, zu der das Gleichnis nachträglich hinzutrat? *J. Delobel*, der einen Überblick über die Forschungsgeschichte gibt,[3] konstatiert zu Recht, daß diese Alternative durch neuere Fragestellungen überwunden ist. So ist noch einmal bei der Sichtung des Materials im ganzen einzusetzen. In der Frage des Verhältnisses zu den Salbungsgeschichten Mark. 14,3–9 Par.; Joh. 12,1–8 besteht insofern weitgehende Übereinstimmung, daß ein direktes literarisches Abhängigkeitsverhältnis nicht mehr angenommen wird. Im Blick auf die Parallele bei Johannes hatte bereits *J. Schniewind*[4] die Beziehung auf eine Reminiszenz reduziert, die die Übereinstimmung von Joh. 12,3 und Luk. 7,38 ausreichend erklärt. Die bei Mark. 14,3–9 einsetzenden Exegeten rechnen mit einer Verbindung der Salbungstradition mit der Geschichte von den Reuetränen einer dankbaren Sünderin[5] oder der Umgestaltung einer der Markusperikope entsprechenden Gestalt zu einer Symposionszene durch Lukas.[6] Neuere Interpretationen haben sich verstärkt der

---

1 *R. Bultmann*, Synoptische Tradition, 19f.
2 *J. Wellhausen*, Evangelium Lucae, z. St.
3 *J. Delobel*, a. a. O., 415–421.
4 Parallelperikopen, 22.
5 *W. Grundmann*, in früheren Auflagen dieses Kommentars, in Anlehnung an *E. Hirsch* Frühgeschichte II, 199–205.
6 *J. Delobel*, a. a. O.

Frage einer (traditionskritisch zu erhebenden) inneren Schichtung – vor allem des zweiten Teils – der Perikope zugewandt. Dabei spielt als Kriterium auch die theologische Bewertung der jeweiligen Aussageabsicht eine Rolle. *H. Schürmann*, der die Widersprüchlichkeit im Verhältnis von Sündenvergebung und Liebe, wie sie vor allem in den Aussagen V. 47 in Erscheinung trete, stark betont, unterscheidet zwischen V. 36–46.47b (Liebestat als Folge bereits geschehener Vergebung) einerseits und V. 47a.48–50 (Vergebung aufgrund des Liebesbeweises) andererseits.[7] *G. Braumann* ordnet, ältere Analysen aufnehmend, der Geschichte V. 36–39.44–46 als Schluß V. 48f. zu, das Gleichnis V. 41–43 verbindet er mit V. 47.[8] *U. Wilckens* wiederum glaubt einen vorlukanischen Überlieferungskern zu erkennen, der der apophthegmatischen Tradition Mark. 2,13–17 strukturverwandt ist und V. 36.39–43.47 und bald auch V. 50 umfaßt haben soll, während der lukanischen Bearbeitung der Name Simon, das Salbungsmotiv V. 37f.44–46 und der abschließende Zuspruch der Sündenvergebung zuzuordnen sei.[9] Stark hypothetisch erscheinen die Versuche, den Sitz im Leben für die Überlieferung zu bestimmen: man denkt wegen V. 50 an die Taufverkündigung[10] oder präzisiert gar (wegen der Salbung) zu einer Beziehung zur Taufhandlung, möglicherweise an bekehrten Frauen.[11]

Angesichts der Unsicherheiten solcher Analysen steht man mit der Herleitung des Grundbestandes von 7,36–47 aus SLk auf sicherem Boden, wobei eine lukanische Bearbeitung etwa von 7,38f. nicht auszuschließen ist. Daß es sich zumindest bei V. 48–50 um einen der aus SLk stammenden Vorlage durch Lukas angefügten Schluß handelt, zeigen die hier verstärkt begegnenden Anklänge an andere Perikopen (V. 48: 5,20; V. 49: 5,21; V. 50: 8,48).

Die Identifizierung der namentlich nicht genannten Sünderin mit der in Luk. 8,2 aufgeführten Maria aus Magdala, die für Legende und Kunstgeschichte folgenreich war, wird in der alten Kirche nur vereinzelt vertreten (ältester Beleg: Ephraem der Syrer, Hymn. 1,176f.) und hat sich erst im Mittelalter durchgesetzt. Sie hat im Neuen Testament selbst keine Anhaltspunkte.

36 Wenn hier ein Pharisäer Jesus zu Gast bittet, wird ein Verhältnis zwischen Jesus und den Pharisäern vorausgesetzt, das nicht von Anfang an feindlich ist. Um so schärfer tritt der Kontrast hervor, der durch das Auftreten der Sünderin und Jesu Verhalten ihr gegenüber hervorgerufen wird. **37** Sünderin meint eine Prostituierte, schwerlich die Frau eines Mannes, den die Pharisäer als Sünder betrachten.[12] Auf ihre Vorgeschichte, etwa eine vorausgegangene Jesusbegegnung, wird nicht eingegangen. Sie kommt in das Haus des Pharisäers, da ein Gastmahl Zuschauern offensteht. Sie hat eine Alabasterflasche mit Salböl mitgebracht. Die jetzt einsetzende Schilderung ist sowohl traditionskritisch[13] wie

---

[7] *H. Schürmann*, Komm., 429f.
[8] *G. Braumann*, a. a. O., 488–492.
[9] *U. Wilckens*, a. a. O., 416–418.
[10] *G. Braumann*, a. a. O., 493.
[11] *U. Wilckens*, a. a. O., 419.
[12] So *A. Schlatter*, Komm., 259.
[13] *J. Delobel*, der Mark. 14,3ff. vergleicht, sieht in dieser Schilderung sogar das einzige vorlukanische Traditionsstück; a. a. O., 469.

motivgeschichtlich[14] gründlich untersucht worden. Dabei sollte ihre Funktion innerhalb der Erzählung nicht übersehen werden: das Verhalten der Frau ist auch Gegenstück zum Verhalten des Pharisäers, der in V. 44f. angesprochen wird. **38** Sie tritt von rückwärts an die Füße des zu Tisch liegenden Jesus heran und beginnt zu weinen. Da ihre Tränen seine Füße benetzen, beugt sie sich nieder, um mit ihren Haaren die befeuchteten Füße abzutrocknen und zu küssen. Zu diesem Verhalten der »bekehrten« Sünderin gibt es motivische Parallelen im Verhalten der bekehrten heidnischen Priestertochter Aseneth in der jüdisch-hellenistischen Novelle Joseph und Aseneth. Die parallelen Motive begegnen freilich an verschiedenen Stellen der Erzählung. Bei der Bekehrung vergießt Aseneth eine Flut von Tränen und löst ihre Haare zum Zeichen der Bußtrauer (10,14–17). Als sie mit Joseph verbunden wird, besteht sie darauf, daß sie selbst statt ihrer Jungfrauen den Dienst der Fußwaschung übernimmt: »Nein, Herr, von nun an bist du mein Herr und ich deine Magd. Nicht soll eine andere deine Füße waschen. So nötigte sie ihn und wusch ihm die Füße« (20,4f.). Hier sind die Motive »Zeichen einer Liebe, die im Zerbrechen aller Formen zeichenhaft wird«.[15] **39** Der Vorgang löst bei dem einladenden Pharisäer die (unausgesprochene) Frage nach Jesu Prophetentum aus. Er nimmt Anstoß an der Berührung Jesu und erwartet von ihm die gleiche Ablehnung. Da er es nicht tut, zweifelt er an seinem Prophetentum, denn ein Prophet muß einen Menschen durchschauen (vgl. Joh. 4,19; Apg. 5,3).

40 Jesus seinerseits spricht seinen Gastgeber an. Der Name Simon (vgl. Mark. 14,3) taucht hier zuerst auf. Indem Jesus weiß, was in ihm vorgeht, erweist er sich als Prophet. Die respektvolle Anrede *διδάσκαλε* (Rabbi) bedeutet Bereitschaft zu hören. Simon sieht in Jesus den Lehrer, nicht den Propheten. **41** Jesus erzählt daraufhin das Gleichnis von einem Geldverleiher, der zwei Schuldner hat. Vergleichbare Bilder begegnen auch bei den Rabbinen,[16] wie denn Züge des Kaufmännischen im Gottesbild des Rabbinats erhebliche Bedeutung haben. Auch Jesus nimmt die Vorstellung der Geldschuld auf, um das Verhältnis totalen Verpflichtetseins auszudrücken (vgl. 12,57ff.; 16,1–8; 19,12–27; ferner Matth. 18,23–35; 25,14–30). Die Schulden der beiden Schuldner, von denen die Geschichte Jesu erzählt, verhalten sich wie 10 : 1. **42** Beide kommen in die Lage, ihre Schulden nicht bezahlen zu können, und erhalten sie ganz geschenkt. Hier drängt die Sachaussage in das Bild hinein: Gott ist nicht der harte Gläubiger, der Schuld eintreibt, sondern der Schenkende. Jesus beendet die Erzählung mit der Frage nach der größeren Liebe der Schuldner zu dem, der ihnen die Schuld erließ. Das Gleichnis verweist ganz in die vorösterliche Situation, sein natürlicher Rahmen ist das Verhalten Jesu zu den Sündern, wie es auch bei den Gleichnissen vom Verlorenen Luk. 15,1ff. vorausgesetzt wird. **43** Vorsichtig antwortet (*ὑπολαμβάνω*) der Pharisäer, die größere Liebe bringe der auf, dem die größere Schuld erlassen wurde. Jesus bestätigt die Richtigkeit der Antwort des Pharisäers, der damit unwissentlich sein eigenes Urteil gesprochen hat. **44** Jesus wendet sich der Frau zu und spricht zu dem Pharisäer.[17] Dabei wird nicht der Unterschied zwi-

---

[14] Vgl. *U. Wilckens*, a. a. O., 419ff.
[15] *H. Schürmann*, Komm., 432.
[16] Str.-B. II, 163.
[17] *E. Haenchen*, Weg Jesu, 471, sieht hier einen mühsam verdeckten Widerspruch und den Hinweis auf den sekundären Charakter von V. 44–46; ähnlich *U. Wilckens*, a. a. O., 400.

schen der großen und der kleinen Schuld verwischt, wohl aber wird deutlich: Wem die große Schuld erlassen ist, ist zu großer, hingebender Liebe fähig, und darin überragt die Sünderin den Pharisäer. Auf sie weist er hin und erinnert an die Begrüßung in dessen Haus. Die Gegenüberstellung des Verhaltens beider setzt die Schilderung V. 37f. voraus. Dabei erscheint das Benetzen der Füße zu einer Fußwaschung gesteigert. **45** Dem fehlenden Begrüßungskuß durch den Gastgeber steht die überschwengliche Huldigung durch die Sünderin gegenüber. **46** Die Stelle einer ehrenvollen Salbung des Hauptes muß das Salben der Füße durch die Frau vertreten. **47** Das abschließende Wort bietet die Pointe von Gleichnis und Erzählung. Das *οὗ χάριν* begründet die Aussage; das *λέγω σοι* kann nicht parenthetisch verstanden werden, sondern leitet ein, was Jesus endgültig und vollmächtig zu sagen hat: Ihre vielen Sünden sind ihr vergeben, darum ist sie zu ihrer großen Liebe fähig. Bis zu dieser Stelle geht die Aussage nicht über das hinaus, was im Gleichnis gesagt war. Die Liebe antwortet der Vergebung. Nun ist in V. 47b der antithetische Satz angefügt: *ᾧ δὲ ὀλίγον ἀφίεται, ὀλίγον ἀγαπᾷ*. Durch ihn ist die Frage nach dem (redaktionellen) Sinn des vorangehenden *ὅτι* erneut gestellt. Die Aussage, die den Pharisäer ins Auge faßt, könnte so verstanden werden, daß die Liebe der Vergebung voranging, sie den Realgrund der Vergebung bildet. Der Nachsatz legt das *ὅτι* im Sinn des Erkenntnisgrundes fest: die Vergebung ist der Grund der Liebe, nicht umgekehrt.[18] **48** Die mit V. 47 zum Ziel gekommene Perikope erfährt eine wohl auf Lukas zurückgehende überraschende Fortführung. Die Vergebung wird der Frau ausdrücklich zugesprochen; man könnte an eine formelle Absolution denken, die durch diese Aussage betont werden soll (vgl. die lukanische Bearbeitung in 5,20). **49** Das nicht Zweifel, sondern Bewunderung artikulierende Wort erinnert an den Abschluß der Wundergeschichte: Wer ist dieser? (8,25; vgl. Mark. 4,41). **50** In dem formelhaft klingenden Schlußwort wird das Verhalten der Frau als rettender Glaube bezeichnet und sie mit dem Friedensgruß entlassen. Die Entsprechung zu den Heilungsgeschichten, wo ein solches Wort dem Geheilten zugesprochen wird (Mark. 5,34 Parr.; 10,52 Par.; Luk. 17,19; vgl. Matth. 9,29), ist unverkennbar. Ihr Glaube gleicht dem Glauben derer, die mit dem Verlangen nach Heilung zu Jesus kamen. Die ihr zugesprochene Vergebung ist in gleicher Weise Rettungstat wie die Heilung. Hier wird ein umfassendes Verständnis der Rettung deutlich, wie es gerade für Lukas kennzeichnend ist, vgl. 19,10. Die Schlußverse geben einen Fingerzeig, wie er die Geschichte verstanden wissen will.

15. Jüngerinnen Jesu 8,1–3*

(1) Und es geschah in der Folgezeit, da wanderte er von Stadt zu Stadt und von Dorf zu Dorf und predigte und verkündigte die Frohbotschaft von der Königsherrschaft Gottes, und die Zwölf (waren) mit ihm. (2) Und einige Frauen, die geheilt worden waren von bösen Geistern und Krankheiten, Maria, die Magdalenerin genannt wurde, aus der sieben Dämonen ausgefahren waren, (3) und Johanna, die Frau des Chuza, eines Verwalters des Herodes, und Susanna und viele andere, die sie versorgten aus ihrem Vermögen.

[18] Auf den logischen Sinn des *ὅτι* verweist auch der Philologe *H. Drexler*, a. a. O., 169 (neutestamentliche Beispiele: Joh. 9,16; 1. Joh. 3,14).

* Lit.: *J. Leipoldt*, Jesus und die Frauen, Leipzig 1921, 16–34 – *ders.*, Die Frau in der antiken Welt

Dieses kurze Stück, das der Grundsubstanz nach aus SLk stammt und dort wohl eine Art Sammelnotiz zu den beiden »Frauenperikopen« (Witwe von Nain, Sünderin) darstellte, bildet jetzt eine Überleitung zu dem von 8,4 an geschilderten ausgreifenden Wirken Jesu in Verkündigung und Tat.[1] Es ist der Schluß einer Einschaltung, die 6,12 einsetzte, als Lukas den bis Mark. 3,6 = Luk. 6,11 verfolgten Markusfaden verließ, den er dann mit der folgenden Einheit (Luk. 8,4 = Mark. 4,1) wieder aufnehmen wird. In die durch die einstweilige Fortlassung von Mark. 3,7–35 entstandene Lücke hat er Perikopen aus Q und SLk eingeschoben, von denen die über die Jüngerinnen Jesu die letzte ist. Die für den Gesamtaufriß des Lukas bedeutsame Betonung der Wandersituation verbindet die Einleitung dieses Stückes mit 7,1 und 7,11 (früher 4,44; 5,12).

Mit der Aufnahme von Jüngerinnen in den Kreis der Nachfolgenden sondert sich Jesus ebenso entschieden von Sitte und religiös begründetem Vorurteil der Umwelt ab, wie er es durch den Umgang mit Sündern getan hatte. In seinem Verhalten, in dem er die Grenzen von Herkommen und halachischer Tradition überschreitet, wird die befreiende Wirkung des sich nahenden Gottesreiches sichtbar. Daß der darin enthaltene emanzipatorische Anstoß nicht direkt, sondern erst später auf Umwegen zur Geltung kam, zeigt ein Blick in das Neue Testament selbst (1. Kor. 11,2ff.; Kol. 3,18; Eph. 5,22; 1. Tim. 2,11ff.; 1. Kor. 14,34f.).

1 Im Einleitungsvers muß mit einem stärkeren Formulierungsanteil des Lukas gerechnet werden. Auf seine Vorstellung vom stetig sich vergrößernden Wirkungsradius der Verkündigung Jesu geht der Doppelausdruck von Stadt zu Stadt, von Dorf zu Dorf (*κατὰ πόλιν καὶ κώμην*) zurück. Statt der theologischen Abbreviatur (Verkündigung des) Evangelium(s) bevorzugt Lukas hier die breiter gehaltene Redewendung: er proklamiert und ruft als Freudenbotschaft aus die Königsherrschaft Gottes (*κηρύσσων καί εὐαγγελιζόμενος τὴν βασιλείαν τοῦ θεοῦ*). Daß Jesus dabei von den Zwölf begleitet ist, soll deren Teilhabe an der missionarischen Verkündigung (9,1f.) vorbereiten. **2** Dem Kreis der Zwölf gesellen sich Jüngerinnen zu, Frauen, die von ihm geheilt worden sind von Besessenheiten und Krankheiten, also seelischen und körperlichen Leiden. Sie bleiben aus Dankbarkeit, vielleicht wohl auch, weil sie sich in der Nähe des Meisters vor Rückfall sicher wissen.[2] Unter ihnen werden einige mit Namen genannt. Daß Jesus Frauen in seiner Umgebung hat, ist angesichts ihrer Stellung in Gottesdienst, Recht und Sitte seiner Umwelt besonders auffällig.[3] Die Frau darf in der Synagoge nicht auftreten und ist auch von den meisten persönlichen gottesdienstlichen Verpflichtungen (Rezitation des Sch'ma, Danksagung beim Mahl) befreit. In dieser und anderer Hinsicht ist sie Sklaven und Kindern gleichgestellt. Sie erhält keinen Unterricht in der Thora (Sota 3,4) und gilt als anfällig für Zauberei (Abot 2,7). Der auf R. Jehuda ben Elai zurückgehende Lobpreis, nicht als

---

und im Urchristentum, ²Leipzig 1955, 119–146 – *M. Hengel*, Maria Magdalena und die Frauen als Zeugen, in: Abraham unser Vater, Festschr. f. O. Michel, Leiden 1963, 243–256 –*B. Witherington III*, On the Road with Mary Magdalene, Joanna, Susanna and other Disciples, ZNW 70, 1979, 243–248.

[1] Wenn SLk eine klare von Lukas übernommene Akoluthie gehabt haben sollte, dann könnte dort 9,51f. das nächstfolgende Stück gewesen sein (ähnlich *E. Hirsch*, Frühgeschichte II, 205–208).

[2] Zu diesem Motiv vgl. *J. Leipoldt*, a. a. O., 127 (Belege: 258, Anm. 26).

[3] Nachweise in den oben genannten Arbeiten von *J. Leipoldt*, 3–16 bzw. 72–116.

Heide, nicht als Unkundiger und nicht als Frau erschaffen zu sein (Tos. Ber. 7,18), ist in modifizierter Form in das liturgische Morgengebet eingegangen und hat dort seinen Platz behalten.[4] Unter den namentlich genannten drei Jüngerinnen steht Maria aus Magdala voran. Das dürfte mit deren Rolle als Jüngerin unter dem Kreuz (Mark. 15,40.47 Par.) und als Botin des Auferstandenen (Luk. 24,10; vgl. Mark. 16,9; Joh. 20,1.11ff.) zusammenhängen.[5] Es fügt sich zur Sicht des Lukas, daß die Zeugin des Auferstandenen auch Begleiterin des Weges Jesu ist (vgl. Apg. 1,21). Daß aus ihr sieben Geister ausgefahren sind, will besagen, daß sie von einem besonders schweren Fall von Besessenheit durch Jesus befreit wurde. Man mag darin eine Entsprechung zum Losspruch der Sünderin 7,36–50 sehen; zu einer Identifizierung ist kein Anlaß. **3** Neben Maria wird Johanna, die Frau eines Chuza, erwähnt. Dieser wird als Verwalter bezeichnet; zu seinen Aufgaben wird die Aufsicht über Güter des Herodes Antipas gehört haben. Eine Frau gleichen Namens begegnet unter den drei Auferstehungszeugen Luk. 24,10; eine Identität ist ungewiß. Von der dritten, Susanna, wissen wir nichts. Die drei ausdrücklich Erwähnten sind aus einer größeren Anzahl (*ἕτεραι πολλαί*) herausgehoben. Es wird gesagt, daß sie Jesus und die Zwölf auf ihrer Wanderung versorgt haben (*διακονεῖν* = mit Speise versorgen). Wie sich Frauen den Festpilgerzügen anschlossen, so folgen sie hier Jesus auf seiner Wanderschaft nach und gehören bis zum Kreuz zu seiner Begleitung (23,49.55).

16. Das Gleichnis vom Sämann
8,4–18; Mark. 4,1–25; Matth. 13,1–13.18–23*

(4) Als aber viel Volks zusammenkam und sie von Stadt zu Stadt bei ihm zusammenströmten, sprach er durch ein Gleichnis. (5) »Es ging der Sämann aus, zu säen seinen Samen. Und als er säte, fiel das eine an den Weg und wurde zertreten, und die Vögel des Himmels fraßen es. (6) Und anderes fiel auf den Fels, und als es aufwuchs, verdorrte es, weil es keine Feuchtigkeit hatte. (7) Und anderes fiel mitten unter die Dornen, und die mit ihnen aufgewachsenen Dornen erstickten es. (8) Und anderes fiel auf das gute Land, und es wuchs auf und brachte hundertfältige Frucht.« Als er das gesagt hatte, rief er aus: »Wer Ohren hat zu hören, soll hören!«

---

[4] Siddur Sephat Emeth, Rödelheim 1916, 8f.

[5] *M. Hengel*, a. a. O.

* Lit.: *G. Dalman*, Viererlei Acker, PJ 22, 1926,126–132 – *Joach. Jeremias*, Die Lampe unter dem Scheffel, ZNW 39, 1940, 237–240 = Abba, Göttingen 1966, 99–102 – *N. A. Dahl*, The parables of growth, StTh 5, 1951, 132–166 (bes. 152–155) – *L. Cerfaux*, La connaissance des secrets du Royaume d'après Mt. XIII,11 et parallèles, NTS 2, 1955/56, 238–249 = Receuil L. Cerfaux III, 123–138 – *ders.*, Fructifiez en supportant l'épreuve, RevBibl 64, 1957, 481–491 = Receuil L. Cerfaux III, 111–122 – *J. Gnilka*, Die Verstockung Israels, StANT 3, München 1961, 119–126 – *J. Dupont*, La parabole du semeur dans la version de Luc, in: Apophoreta, Festschr. f. E. Haenchen, Berlin 1964, 97–108 – *W.C. Robinson*, On Preaching the Word of God, in: Studies in Luke-Acts, Festschr. f. P. Schubert, Nashville 1966, 131–138 – *Joach. Jeremias*, Palästinakundliches zum Gleichnis vom Sämann, NTS 13, 1966/67, 48–53 – *B. Gerhardsson*, The Parable of the Sower and its Interpretation, NTS 14, 1967/68, 165–193 (bes. 182–191) – *H. Schürmann*, Lukanische Reflexionen über die Wortverkündigung in Luk. 8,4–21, 1967, Theol. Jahrb. 1968, 77–90 – *Chr. Dietzfelbinger*, Das Gleichnis vom ausgestreuten Samen, in: Der Ruf Jesu und die Antwort der Gemeinde, Festschr. f. Joach. Jeremias, Göttingen 1970, 80–93 – *G. Schneider*, Das Bildwort von der Lampe, ZNW 61, 1970, 183–209 – *T. Schramm*, Markusstoff, 114–123 – *U. Luck*, Das

(9) Es fragten ihn aber seine Jünger, was dies Gleichnis bedeute. (10) Er aber sprach: »Euch ist gegeben, zu erkennen die Geheimnisse des Reiches Gottes, den übrigen aber (werden sie nur) in Gleichnissen (gegeben); so daß sie sehend nicht sehen und hörend nicht verstehen. (11) Dies aber ist das Gleichnis: Der Same ist das Wort Gottes. (12) Die aber am Wege sind die, die gehört haben, danach kommt der Teufel, nimmt das Wort von ihrem Herzen weg, damit sie nicht glauben und gerettet werden. (13) Die aber auf dem Felsen sind die, wenn sie hören, das Wort mit Freuden aufnehmen; und diese haben keine Wurzel, die eine Zeitlang glauben und zum Zeitpunkt der Anfechtung abfallen. (14) Das aber in die Dornen Gefallene sind die, die gehört haben und hingehen und von Sorgen und Reichtum und Gelüsten des Lebens erstickt werden und es nicht zum Ausreifen bringen. (15) Das aber auf dem guten Land, das sind die, welche in gutem und rechtschaffenem Herzen das Wort, das sie gehört haben, festhalten und Frucht bringen in Geduld.

(16) Niemand aber zündet ein Licht an und verdeckt es mit einem Gefäß oder stellt es unter ein Bett, sondern er stellt es auf einen Leuchter, damit die Eintretenden das Licht sehen. (17) Denn nichts ist verborgen, das nicht offenbar werden wird, nichts ist geheim, das nicht erkannt und an die Öffentlichkeit kommen würde.

(18) Seht also zu, wie ihr hört. Denn wer hat, dem wird gegeben, und der nicht hat, von dem wird genommen werden, was er zu haben meint.«

V. 4: Die Textzeugen D, it bieten *εἶπεν παραβολὴν τοιαύτην πρὸς αὐτούς*. Das erinnert an Mark. 4,33 und hebt die Gleichniserzählung noch deutlicher heraus. – V. 15: Bei D, it^{var} fehlt in der Bezeichnung der *καρδία* das *καλῇ καί*. – V. 16: Der Nachsatz mit *ἵνα* ist textkritisch nicht gesichert: p^{75} und B lassen ihn fort. Er könnte aus Luk. 11,33 eingedrungen sein.

Lukas schließt sich mit dieser Perikope zwar dem Bericht des Markus wieder an, übernimmt jedoch dessen Rahmen nicht unverändert. Die Szene am See fällt weg; das Motiv der Seepredigt hat Lukas bereits in 5,3f. verwertet. Der Massenzulauf bleibt und wird mit der Wanderung (*κατὰ πόλιν*, vgl. V. 1) verknüpft: aus den Städten, die Jesus auf seinem Zuge berührt, kommen die Leute als Hörer zu ihm. Die Wanderung Jesu war in 8,1 mit der Verkündigung der Frohbotschaft vom Reiche Gottes verbunden. In der folgenden Komposition 8,4–18 will Lukas ein Beispiel dieser Verkündigung bieten.[1] Er kann auf Einheiten zurückgreifen, die Markus in seiner Seepredigt (4,1–34) bringt, dabei beschränkt er sich jedoch auf *ein* Gleichnis und wenige Worte, die mit dem Gleichnis eng verknüpft waren (4,21–25). Sie werden von Lukas einer kürzenden und neu akzentuierenden Redaktion unterzogen.[2] Die Konzentration auf das Sämanngleichnis und seine Deutung erlaubt es Lukas, die Botschaft vom Reiche Gottes zu einer Reflexion über das Wort Gottes und seine Wirkkraft[3] werden zu lassen. Freilich behält der ursprüngliche Sinn des Gleichnisses[4] ein Eigengewicht gegenüber der Aussageabsicht des Evangelisten. Die in der Vorlage enthaltene Unterscheidung des Adressatenkreises von Gleichnis und Deutung gab Lukas Gelegenheit, die Komposition zu gliedern: V. 4–8 ist verkündigende

---

Gleichnis vom Sämann in der Verkündigung Jesu, WuD 11, 1971, 73–92 – *F. Hahn*, Das Wort vom Licht, in: Orientierung an Jesus, Festschr. f. J. Schmid, Freiburg 1973, 107–138 – *Cl. P. März*, Das Wort Gottes bei Lukas, EThSt 8, Leipzig 1974, 57–59.

[1] *H. Schürmann*, der – ähnlich wie *J. Dupont*, a. a. O. – Luk. 8,4–21 zusammennimmt, sieht darüber hinaus in dieser Komposition eine Parallele zu Luk. 6,20–49 (Komm., 449).

[2] Nachweise bei *T. Schramm*, a. a. O.

[3] Besonders nachdrücklich betont von *W. C. Robinson*, a. a. O., 32f., und (im Anschluß an *H. Schürmann*) von *C. P. März*, a. a. O.

[4] Vgl. dazu die Exegese im Kommentar zu Mark. 4,1ff.

Rede an die Volksmenge; V. 9–18 Jüngerunterweisung.[5] Diese Gliederung hat mehr als nur redaktionelle Bedeutung. Die Wirkweise des Wortes ist eine andere bei den zum Hören bereiten Volksmassen und den Jüngern, denen das Geheimnis der *βασιλεία τοῦ θεοῦ* erschlossen ist. Nicht nur die Deutung, sondern auch die anschließenden Sprüche gelten nur diesen, nicht jenen.

4 Die Gestaltung des Gleichnisses scheint sich eng an Markus anzuschließen. Jedoch werden einige Änderungen vorgenommen – z. T. in Übereinstimmung mit Matthäus –, die nicht nur stilistischen Charakter haben, sondern auch von sachlichem Gewicht sind. Die von Markus abweichende Einleitung verbindet die Redekomposition 8,4–18 eng mit der vorausgehenden Perikope (vgl. 8,1). **5** Das Verbum *σπείρειν* bekommt in *τὸν σπόρον αὐτοῦ* ein Objekt, auf das Lukas den Ton legt. Der Same ist für ihn das in der Verkündigung Jesu wirksame Wort Gottes. Von da aus ist jedenfalls für die Lukasversion die Bezeichnung des Stücks als Gleichnis vom ausgestreuten Samen berechtigt.[6] Der auf den Weg fallende Samen wird nicht nur von den Vögeln – Lukas ergänzt *τοῦ οὐρανοῦ* – weggefressen, sondern auch zertreten. Hier ist wohl an die von der feindlichen Macht ausgehende gewaltsame Gegenwirkung gedacht.[7] **6** Für *ἄλλο* tritt *ἕτερον* ein; der auf das Felsige gesäte Samen wächst auf (*φυέν*) und verdorrt, weil er keine Feuchtigkeit hat (*ἰκμάς* an Stelle von *ῥίζα* bei Markus). **7** Bei dem unter die Dornen gefallenen Samen wird von Lukas das gemeinsame Wachsen beider betont. Das *καὶ καρπὸν οὐκ ἔδωκεν* des Markus fehlt (wie auch bei Matthäus). **8** Bei dem Samen auf gutem Lande wird nicht von einer dreifachen Weise der Frucht, sondern allein von der hundertfältigen Frucht gesprochen. Dabei sollte gerade im Blick auf Lukas, der hier wieder das Verb *φύειν* verwendet, nicht verkannt werden, daß der Blick auf den Saaterfolg, nicht auf die Ernte geht. Ziel der Aussage ist das überreiche innerweltliche Wachstum des Wortes. Als Ruf Jesu (*ἐφώνει*) wird die Mahnung zum Hören gekennzeichnet, die an apokalyptische Weckrufe erinnert[8] und den proklamativen Charakter der Gleichnisrede unterstreicht: sie ordnet sich damit in den Zusammenhang seiner öffentlichen Umkehrpredigt ein. **9** Die Jünger befragen Jesus um den Sinn des Gleichnisses: der Singular *παραβολή* zeigt die bewußte Beschränkung des Lukas auf *ein* Gleichnis. Er erwähnt nicht das Alleinsein Jesu mit den Jüngern; die von der Volkspredigt unterschiedene Jüngerunterweisung ist kein esoterischer Akt.[9] **10** Der ursprünglich selbständige, auf die Verkündigung Jesu als Ganzes zurückblickende »Verstockungsspruch« hat bei Lukas eine weitere Modifikation erfahren. Statt des singularischen *μυστήριον* bei Markus liest er (wie Matthäus) *τὰ μυστήρια*: aus dem Mysterium, das die *βασιλεία* in sich darstellt, sind die Mysterien des Gottesreichs, ja die »Mysterien des Christentums« geworden.[10] Lukas schwächt auch im folgenden ab: aus den *οἱ ἔξω* werden *οἱ λοιποί,* das *πάντα* ist gestrichen, das *ἵνα* ist konsekutiv zu verstehen (vgl. 9,45); im Bibelzitat ist Jes. 6,9 nur noch entfernt zu erkennen, die negative Schlußformulierung

---

[5] *H. Schürmann*, Komm., 450, verweist dazu auf den Unterschied von missionarischer Verkündigung und mündlicher Jüngerunterweisung (auch in der Apg.).

[6] *Chr. Dietzfelbinger*, a. a. O.

[7] *J. Dupont*, a. a. O., 100.

[8] *M. Dibelius*, Wer Ohren hat zu hören, der höre, ThStKr 83, 1910, 461–471.

[9] *J. Gnilka*, a. a. O., 120.

[10] So *H. Schürmann*, a. a. O., 83, Anm. 16.

fehlt völlig. Die Vorstellung vom Verstockungszweck der Gleichnisrede ist ganz zurückgedrängt. Es steht das Nichterkennen des Volkes der gottgegebenen Erkenntnis der Jünger gegenüber. **11** Die Auslegung – schon bei Markus urchristliche Reflexion über das Gleichnis, nicht ein ihm ursprünglich zugehöriger Bestandteil[11] – legt in der lukanischen Version den Ton auf Wort und Glauben. **12** *ὁ λόγος τοῦ θεοῦ* meint das von Gott ausgehende Wort, dessen Verkündiger Jesus ist. In seinem vierfachen Schicksal spiegelt sich urchristliche Missionserfahrung wider. Der Teufel (*διάβολος* statt *σατανᾶς*) will es verhindern, daß die Menschen durch Glauben zur Rettung gelangen. Die Zusammengehörigkeit von Glauben und Rettung ist ein lukanischer Gedanke (vgl. Apg. 16,31). **13** Der Bekehrungsenthusiasmus läßt es bei ungenügend eingewurzelten Menschen nur zum *δέχεσθαι* des Wortes, nicht zum *κατέχειν* (vgl. V. 15) kommen.[12] In *πειρασμός* faßt Lukas »Bedrängnisse und Verfolgungen um des Wortes willen« bei Markus zusammen. **14** Die dritte Gruppe bringt es nicht zu einem Ausreifen der Früchte (nur Lukas hat das gediegene *τελεσφορεῖν*). Sie (die Menschen, nicht das Wort) werden erstickt von Sorgen, Reichtum und Genüssen, die der Besitz von Lebensgut (*ὁ βίος*) ermöglicht. Lukas verschärft hier, wenn er nicht nur wie Markus die weltlichen Sorgen, sondern die Sorgen an sich, nicht den Trug des Reichtums und die übrigen Begierden, sondern das genußvolle Leben als solches aufführt. **15** Der auf gutes Land gefallene Samen gleicht Menschen mit aufnahmebereiten Herzen. Die von Lukas eingeführte, das griechische Lebensideal ausdrückende Doppelung *καλὴ καὶ ἀγαθή*, zeigt an, wie der griechische Humanismus als praeparatio evangelica verwendet werden kann.[13] Mit der Verbindung von *ἀκούειν, κατέχειν* und *καρποφορεῖν ἐν ὑπομονῇ* wird eine der urchristlichen Missionserfahrung adäquate Bestimmung des Christenstandes gegeben.

16 Ohne Überleitung und daher an die Deutung des Sämanngleichnisses wesentlich enger angeschlossen fügt Lukas aus den vier Sprüchen des Markus (4,21–25) drei an. Sie bilden, wie die jeweils einleitenden Konjunktionen zeigen, einen Begründungszusammenhang. Sie führen V. 15 paränetisch fort und sagen aus, wie der Jünger das Wort, das ihm die Geheimnisse des Gottesreiches erschließt, besitzen soll. Es darf nicht verborgen bleiben; über das Hören und Festhalten hinaus muß es zur Ausstrahlung gebracht werden. Das Wort vom Licht, von Lukas noch einmal in 11,33 aus Q übernommen, ist ein auf palästinensisches Milieu zurückweisender *maschal.*[14] Die Lampe meint die kleine Öllampe aus Ton; das Gefäß (*σκεῦος*) steht für den Scheffel (*μόδιος*), das gebräuchliche Getreidemaß; der Leuchter ist das Gestell für die Lampe, ein Halter mit einem Fuß. Wenn Lukas von den *εἰσπορευόμενοι* spricht, denkt er wohl an das hellenistische Haus mit Vestibül. Das Wort will als Licht den Leuten, die im Umkreis der Gemeinde leben, leuchten. **17** Auch wo es im Widerspruch zu seinem Wesen verborgen gehalten wird, bleibt es nicht verborgen. Lukas schließt sich hier an Markus an, der dieses Sprichwort vielleicht schon zusammen mit dem Bildwort von der Lampe vorgefunden hat.[15] Lukas hat diese

---

11 Anders *B. Gerhardsson*, a. a. O., der die aus dem Sch'ma stammende Trias Herz, Seele, Vermögen in der Deutung wiederfinden will.

12 So *H. Schürmann*, Komm., 464.

13 *J. Dupont*, a. a. O., 107.

14 *Joach. Jeremias*, a. a. O.

15 *F. Hahn*, a. a. O., 120f.

Aussage wie die folgende nicht eschatologisch verstanden, sondern im Blick auf das, was bei der missionarischen Verkündigung des Wortes geschieht.

18 Der als Abschluß der Jüngerbelehrung aufgenommene Erfahrungssatz hat durch die einleitende Wendung eine betonte Stellung. Er richtet sich wohl nicht gegen den Lehrer, der Gnosis zu haben meint, damit aber im Irrtum ist,[16] sondern gegen den Jünger, der das Wort verbirgt und nicht bezeugt (vgl. Luk. 19,26, wo nach dem Gleichnis von den anvertrauten Gütern der gleiche Satz begegnet). Das Heil, das er im Wort zu haben meint, wird von ihm genommen, während der, der das Wort bezeugt, im Bezeugen mehr empfängt.

17. Die wahren Verwandten Jesu 8,19–21; Mark. 3,31–35; Matth. 12,46–50*

(19) Es kamen aber zu ihm die Mutter und seine Brüder, und sie konnten mit ihm nicht zusammentreffen wegen der Volksmenge. (20) Es wurde ihm aber gemeldet: »Deine Mutter und deine Brüder stehen draußen und wollen dich sehen.« (21) Er aber antwortete und sprach zu ihnen: »Meine Mutter und meine Brüder sind die, die das Wort Gottes hören und tun.«

An Stelle der weiteren Stücke des markinischen Gleichniskapitels (Mark. 4,26–34), die in den von ihm konzipierten redaktionellen Zusammenhang nicht passen,[1] holt Lukas hier die der »kleinen Auslassung« (Mark. 3,20–35) zugehörige Perikope von den wahren Verwandten nach. Diese dem Redestück 8,4–18 nachgeschickte apophthegmatische Erzählung[2] soll als Beispiel für 8,15 dienen. Darüber hinaus könnte auch an eine Gegenüberstellung der in 8,1–3 geschilderten Begleitung Jesu und seiner Familie gedacht sein. Die der Ursprungsgestalt vielleicht anhaftende polemische Absicht gegen den Anspruch der »Herrenbrüder«[3] liegt Lukas völlig fern. Er hat außer Markus keine weitere Überlieferung benutzt,[4] versucht aber die Schroffheit der Vorlage zu mildern.

19 Die Szene ist, anders als bei Markus, im Freien gedacht. Die Verwandten stehen außerhalb der Volksmenge, von der Jesus umgeben ist. Die Schwestern werden nicht genannt. Statt des Rufes (*καλοῦντες*) bei Markus steht hier der (vergebliche) Versuch, mit Jesus zusammenzutreffen. **20** Auch das *ἰδεῖν* stellt eine Abschwächung dar: jede Vorstellung eines Ergreifens soll ferngehalten werden, wie auch das harte Urteil über Jesus (Mark. 3,20f.) fortfällt. Schwerlich dürfte gemeint sein, sie wollen Wunder sehen.[5] **21**

---

16 Gegen *H. Schürmann*, Komm., 468.

* Lit.: Vgl. die zu Luk. 8,4–18 genannten Titel von *J. Dupont*, *H. Schürmann*, *B. Gerhardsson*, *Cl. P. März*. Ferner: *J. Blinzler*, Die Brüder und Schwestern Jesu, SBS 21, Stuttgart 1967 – *T. Schramm*, Markusstoff, 123f. – *J. D. Crossan*, Marks and the Relatives of Jesus, NovTest 15, 1973, 81–113 – *J. Lamprecht*, The Relatives of Jesus in Mark, NovTest 16, 1974, 241–258.

1 Das von Lukas hier betonte aktive Moment – Hören und Tun – tritt in diesen Einheiten nicht hervor. Zur Rezeption des Senfkorngleichnisses vgl. die Ausführungen zu 13,18f.

2 *R. Bultmann*, Synoptische Tradition, 28f.

3 *J. D. Crossan*, a. a. O., 110–113.

4 *T. Schramm*, a. a. O.

5 So *H. Conzelmann*, Mitte der Zeit, 25.

Lukas kürzt, indem er die Frage Jesu und den Neueinsatz wegläßt und ein Wort bietet, das statt des bei Markus überlieferten Logions vom Tun des Willens Gottes die Formulierungen von 8,15 aufnimmt: Mutter und Brüder sind die, die das Wort Gottes hören und tun (vgl. auch Luk. 11,28). Dieses Hören und Tun schafft eine Gemeinschaft mit Jesus, eine neue Familie, in der die Bindungen der Blutsverwandtschaft aufgehoben sind. Die Nennung der *ἀδελφοί* läßt an die geistliche Bruderschaft der Gemeinde denken. Noch stärker als in der Vorlage ist bei Lukas das noch durchschimmernde afamiliäre Ethos des »Wanderradikalismus« frühester Jesusjünger[6] in eine allgemeine, auf Hören und Tun ausgerichtete Gemeindeethik transformiert.

18. Die Stillung des Sturms
8,22–25; Mark. 4,35–41; Matth. 8,23–27*

(22) Es geschah aber an einem der Tage, daß er in ein Schiff stieg und seine Jünger, und er sprach zu ihnen: »Laßt uns an das jenseitige Ufer des Sees fahren.« Und sie stießen ab. (23) Als sie aber segelten, schlief er ein. Und es fiel ein Sturm auf den See herab, und sie füllten sich und gerieten in Gefahr. (24) Da traten sie heran, weckten ihn und sprachen: »Meister, Meister, wir gehen zugrunde!« Er aber wachte auf und bedrohte den Wind und das Wogen des Wassers. Und sie hörten auf, und es trat Stille ein. (25) Er aber sprach zu ihnen: »Wo ist euer Glaube?« Sie fürchteten sich aber und staunten und sprachen zueinander: »Wer ist denn dieser? Denn den Winden gebietet er und dem Wasser, und sie gehorchen ihm.«

Lukas nimmt den bei Markus gegebenen Zyklus mit drei Berichten von Machttaten Jesu, die ihn in bedachter Steigerung als Helfer gegen drohenden Untergang, dämonische Mächte, Krankheiten und Tod zeigen, in seine Darstellung auf.[1] Er versteht das erste Stück, die Sturmstillung, als Epiphanie des Meisters vor seinen Jüngern, aber auch als *πίστις*-Geschichte, die nach der Bewährung des Glaubens in der Situation der Anfechtung fragt (V. 25a). Die alttestamentliche Basis der ursprünglichen Erzählung, die Jesu Machttat von der gebieterischen Gewalt Jahwes über Meer und Wetter her verstehen läßt (vgl. Ps. 29,3; 65,8; 104,7; 106,9), ist auch für die lukanische Gestalt zu berücksichtigen. Das Motiv »mehr als Jona« (vgl. Luk. 11,32 Par.), das die Seesturmgeschichte zu einer »freien Nacherzählung von Jona« macht, hat unmittelbar nur auf die Markusvorlage gewirkt.[2] Spuren, die auf einen österlichen Erscheinungsbericht deuten, lassen sich schwerlich

---

6 Vgl. Luk. 14,26/Matth. 10,37; zur ganzen Problematik: *G. Theißen*, Wanderradikalismus, ZThK 70, 1973, 245–271.

* Lit.: *H. van der Loos*, Miracles, 638–649 – *S. Wibbing*, Die Stillung des Sturms, in: U. Becker/S. Wibbing, Wundergeschichten, Gütersloh 1965, 33–55 – *X. Léon-Dufour*, La tempête apaisée, NouvRevTheol 87, 1965, 897–922 – *G. Schille*, Die urchristliche Wundertradition, AVThR 35, Berlin 1966, 32–35 – *E. Hilgert*, Symbolismus und Heilsgeschichte in den Evangelien, in: Oikonomia, Festschr. f. O. Cullmann, Hamburg 1967, 51–56 – *R. H. Fuller*, Wunder, 53f. – J. Roloff, Kerygma, 164–166.

1 Schon bei Markus findet sich die Zuordnung von Verkündigung im Wort (4,1–34) und Verkündigung durch Machttaten (4,35–5,43).

2 *R. Pesch*, Markusevangelium, HKNT II,1 Freiburg [2]1977, 269; vgl. auch *L. Goppelt*, Typos, 84f.

nachweisen.[3] Dagegen ist der in manchen Motiven parallele Bericht im lukanischen Werk selbst, die Seereise Apg. 27, zu beachten. Lukas hat wie in den folgenden Erzählungen den Bericht des Markus gekürzt und gestrafft.

22 Die Verbindung mit dem Gleichniskapitel ist gelöst, dementsprechend ist die Einleitung verändert. An einem der Tage auf der Wanderung (vgl. 8,1) kommt Jesus zum See, der wiederum *λίμνη* = Binnensee statt *θάλασσα* = offenes Meer genannt wird. **23** Daß Jesus auf der Fahrt schläft, sagt Lukas im Unterschied zu Markus, bevor er von der Gefährdung des Schiffs berichtet. Die Schilderung des auf den im Talkessel liegenden See herabkommenden Fallwindes[4] ist durch das *κατέβη* anschaulich gemacht, aber kaum dämonologisch aufgeladen. **24** Die Jünger rufen Jesus mit der Doppelanrede (vgl. 6,46) an: *ἐπιστάτα, ἐπιστάτα.* Sie liegt zwischen dem *διδάσκαλε* bei Markus und dem *κύριε*-Ruf bei Matthäus und drückt gehorsame Unterordnung aus, wie denn auch dem Hilferuf das Vorwurfsvolle (vgl. dagegen Mark. 4,38) fehlt. Wirkungsvoll rückt Lukas nebeneinander das Aufwachen Jesu und das Bedrohen der Naturgewalten, das sie zum Aufhören bringt und die große Stille heraufführt.[5] **25** Die Frage an die Jünger setzt ihren Glauben voraus und fragt sie, wo er geblieben sei. Sie ist so gestellt, daß deutlich wird: Der Glaube will in jeder Situation bewährt werden, weil er in Jesus den *ἐπιστάτης* bei sich hat. Er ist also nicht Zuversicht schlechthin, sondern ein Gemeinschaftsverhältnis der Jünger mit Jesus.[6] Die von *G. Schille* an der Markusfassung beobachtete Tendenz zur Aktualisierung[7] hat somit eine eigene Ausprägung erfahren. Die den chorischen Schluß bildende kerygmatisch stilisierte Frage der Jünger läßt den alttestamentlichen Hintergrund aufscheinen (vgl. Ps. 65,8; 89,10; 107,23ff.).

19. Die Heilung des Besessenen von Gerasa 8,26–39; Mark. 5,1–20; Matth. 8,28–34*

(26) Und sie fuhren hinüber in das Gebiet der Gerasener, das Galiläa gegenüber liegt. (27) Als er aber an Land stieg, begegnete ihm ein Mann aus der Stadt, der von Dämonen besessen war, und lange Zeit hatte er kein Kleid angezogen, und er wohnte in keinem Haus, sondern in den Gräbern. (28) Als er aber Jesus sah, schrie er auf, fiel vor ihm nieder und

[3] Gegen *J. Kreyenbühl*, Der älteste Auferstehungsbericht und seine Varianten, ZNW 9, 1908, 257–296; vgl. die Kritik von *X. Léon-Dufour*, a. a. O.

[4] *G. Dalman*, Orte und Wege, 197f.

[5] Die vielfach bemühten Parallelen zu Motiven der wunderbaren Stillung eines Seesturms, vor allem aus antiken Heroensagen und dem Cäsarenkult, finden sich übersichtlich bei *H. van der Loos*, a. a. O., 639–644.

[6] *J. Roloff*, a. a. O., 165.

[7] *G. Schille*, a. a. O., 34.

* Lit.: *C. H. Cave*, The obedience of the unclean Spirits, NTS 11, 1964/65, 93–97 – *H. van der Loos*, Miracles, 382–397 – *J. F. Craghan*, The Gerasene Demoniac, CBQ 30, 1968, 522–536 – *P. Lamarche*, Le Possédé de Gerase, NouvRevTheol 90, 1968, 581–597 – *T. Baarda*, Gadarenes, Gerasenes, Gergesenes and the Diatessaron Traditions, in: Neotestamentica et Semitica, Festschr. f. M. Black, Edinburgh 1969, 181–197 – *J. Venkowský*, Der gadarenische Exorzismus Mt. 8,28–34 und Parr., CommViat 14, 1971, 13–29 – *R. Pesch*, Der Besessene von Gerasa, SBS 56, Stuttgart 1972 – *F. Annen*, Heil für die Heiden, FThSt 20, Frankfurt a. Main 1976.

sprach mit lauter Stimme: »Was ist zwischen mir und dir, Jesus, Sohn des höchsten Gottes? Ich bitte dich, mich nicht zu quälen.« (29) Denn er hatte dem unreinen Geist geboten, auszufahren aus dem Menschen. Denn lange Zeit hindurch hatte er ihn gepackt, und er war gefesselt worden mit Ketten und Fußfesseln und war bewacht worden, und er zerriß die Fesseln und wurde vom Dämon an einsame Orte getrieben. (39) Es fragte ihn aber Jesus: »Wie lautet dein Name?« Der aber sagte: »Legion«, denn es waren viele Dämonen in ihn hineingegangen. (31) Und sie baten ihn, daß er ihnen nicht gebiete in den Abgrund zu fahren. (32) Es war aber dort eine große Schweineherde, die weidete auf dem Berg, und sie baten ihn, er möge ihnen erlauben, in jene hineinzufahren. Und er erlaubte es ihnen. (33) Als aber die Dämonen von dem Menschen ausfuhren, fuhren sie in die Schweine, und es stürzte die Herde den Abhang hinab in den See und ertrank. (34) Als aber die Hirten sahen, was geschehen war, flohen sie und verkündeten es in der Stadt und auf dem Lande. (35) Und sie (die Leute) gingen hinaus, um das Geschehene zu sehen, und sie kamen zu Jesus und fanden den Menschen, von dem die Dämonen ausgefahren waren, bekleidet und vernünftig zu Jesu Füßen sitzen, und sie fürchteten sich. (36) Und es erzählten ihnen die, die es gesehen hatten, wie der Besessene gerettet worden ist. (37) Es bat ihn aber die ganze Menge aus der Gegend der Gerasener, von ihnen wegzugehen, denn sie waren von großer Furcht ergriffen. Er stieg aber in das Schiff ein und kehrte zurück. (38) Es bat ihn aber der Mann, von dem die Dämonen ausgefahren waren, daß er mit ihm sein dürfe. Er entließ ihn aber und sagte: (39) »Kehre zurück in dein Haus und erzähle, was dir Gott getan hat.« Und er ging weg und verkündete in der ganzen Stadt, was Jesus ihm getan hatte.

V. 26: Die Ortsangabe differiert: p^{75}, B, D und die Lateiner lesen Gerasener; A, Koinegruppe und Syrer haben mit der Mehrheit der Zeugen von Matth. 8,28 Gadarener; ℵ, Θ Gergesener (als Minderheitslesart auch in Mark. 5,1; Matth. 8,28). In V. 37 wiederholen sich die Abweichungen. – V. 35: D gibt die gestraffte Fassung, führt also seinerseits die von Lukas gegenüber Markus angewandte Praxis fort.

Das Zeichen der Vollmacht Jesu über die Dämonen übernimmt Lukas aus Markus. Er strafft den Bericht durch Reduktion der novellistischen Züge und setzt durch Umstellungen und stilistische Änderungen neue Akzente. Die mit den Dämonenaustreibungsgeschichten verbundene sachliche Problematik erscheint in dieser Perikope besonders zugespitzt.[1] Auf religionsgeschichtliche Parallelen wurde häufig verwiesen.[2] In jüngerer Zeit ist die Bedeutung von Jes. 65,4 betont worden.[3] Eine pauschale Bewertung, die sich auf die Feststellung einer Übernahme von stereotypen Motiven bezieht, wird der Aussageabsicht der Erzählung nicht gerecht. *R. Pesch* gelangte in eingehender gattungs-, form- und motivkritischer Musterung der Markusfassung zu dem Urteil, daß eine Epiphanieerzählung zu einer exorzistischen Missionserzählung umgestaltet wurde. Letztere Bestimmung trifft in noch stärkerem Maße auf die lukanische Version zu. In seiner traditionsgeschichtlichen Analyse der Markus vorausgehenden Überlieferung glaubte *J. F. Craghan* drei Stadien zu erkennen: den Bericht über eine Besessenenheilung durch Jesus im Umkreis des Sees Genezareth; die urgemeindliche Aktualisierung des Geschehens in einer dem Midrasch nahestehenden Form unter Zuhilfenahme von Jes. 65,1–4

---

[1] Vgl. dazu die noch immer klassischen Ausführungen von *J. Schniewind*, Kerygma und Mythos I (Hamburg [3]1954), 113–115, auf die sich auch *J. Venkowský*, a. a. O., bezieht.

[2] Übersicht bei *H. van der Loos*, a. a. O., 384–386, der ägyptische, talmudische und aus dem Bereich des Synkretismus (Apollonius von Tyana) stammende Parallelen anführt.

[3] Etwa von *H. Cave*, a. a. O., 96, der auch hier den Einfluß einer jüdischen Leseordnung vermutet.

(von dort: heidnische Umgebung, Gräber, Schweineherde); die durch die evangelistische Redaktion vorgenommene Gestaltung des Schlusses, die den Besessenen zum Sendboten für die Heiden macht. Die Untersuchung von *F. Annen* sieht hier die eigentliche Zielrichtung der Gerasenerperikope. Es läßt sich zeigen, daß Lukas die bei Markus angelegten missionstheologischen Züge noch verstärkt hat.

26 In der Einleitung ist das von Lukas eingebrachte *κατέπλευσαν* Ausdruck der klassisch-griechischen Sprache. Von den differierenden Ortsangaben wäre topographisch Gergesener wohl am passendsten,[4] da Gadara wie Gerasa nicht in der Nähe des Sees Genezareth liegen;[5] jedoch kann die Vertrautheit mit der Topographie Palästinas nicht vorausgesetzt werden. Wo man sich die Örtlichkeit vorzustellen hat, zeigt die Angabe *ἀντιπέρα τῆς Γαλιλαίας:* es geht um einen Besuch der außerhalb Galiläas gelegenen Ufer des Sees und damit des nichtisraelitischen Landes.[6] So wird die Heilungsgeschichte zu einem Zeichen der Vollmacht Jesu auch über die Dämonen im Bereich der außerisraelitischen Welt (vgl. Apg. 13,6–12; 19,16; 26,18). **27** Die Aussage V. 30 vorwegnehmend, wird von dem Besessenen als einem Manne gesprochen, der »Dämonen« hat (vgl. auch Luk. 4,33). Daß Gräber als Stätten der Unreinheit Wohnplätze der Dämonen sind, ist jüdische Überzeugung.[7] Bei der Schilderung hat Lukas den Kontrast zur Beschreibung des Geheilten in V. 35 im Auge gehabt. **28** Das *προσεκύνησεν* des Markus wird durch *προσέπεσεν* ersetzt; an die Stelle der Beschwörung Jesu durch den Dämon ist eine Bitte (*δέομαί σου*) getreten. **29** Der Exorzismus wird in indirekter Rede, gleichsam nebenbei, wiedergegeben. Erst jetzt wird von Lukas die in V. 27 aufgenommene Schilderung der Besessenheit fortgesetzt. **30** Die Begründung des Namens Legion wird aus einer Aussage des Dämons zu einer Erklärung des Evangelisten. **31** Der Bericht unterscheidet zwischen der Apopompe (Austreibung des Dämons) und der Epipompe (der Verbannung an einen bestimmten Ort).[8] Der Dämon hat bei Lukas Furcht vor dem Abyssos, womit die Hölle gemeint ist; Markus hat an dieser Stelle *ἔξω τῆς χώρας*. **32** Die Schweineherde kennzeichnet das Heidenland. Die »unreinen« Geister zieht es zu den unreinen Tieren. **33** Der drastisch geschilderte Sturz zeigt den Erfolg des Exorzismus, macht aber auch deutlich, daß die niedergeworfenen Dämonen im Lande der Heiden noch Schaden anrichten können. **35** Daß der Geheilte als Schüler zu Jesu Füßen sitzt (vgl. 10,39), ist ein lukanischer Zug. Damit wird seine am Schluß geschilderte missionarische Rolle vorbereitet. **36** Was an ihm geschieht, gilt für Lukas als Rettungstat (*ἐσώθη*).

37 Während von den Bewohnern nur furchtsame Abwehr kommt, **38** will der als Heide gedachte geheilte Mann sich der Nachfolgerschar Jesu (*εἶναι σὺν αὐτῷ*) anschließen. Dafür ist noch nicht die Zeit. **39** Dennoch stehen Sendungsbefehl und Ausführung im Zeichen der Steigerung. Er soll in sein Haus gehen und erzählen (*διηγοῦ*), was Gott ihm getan hat. Er geht, und in der ganzen Stadt (*καθ' ὅλην τὴν πόλιν*) verkündet er (*κηρύσσων*), was Jesus getan hat – ein erster Vorbote der Christusverkündigung unter den Heiden.

[4] *G. Dalman*, Orte und Wege, 190–193.

[5] *Cl. Kopp*, Heilige Stätten, 282–287; vgl. auch *Th. Zahn*, Das Land der Gadarener, Gerasener oder Gergesener, NKZ 13, 1902, 923–945.

[6] Anders *J. Venkowský*, a. a. O., der an einen durch abgesunkene israelitisch-jüdische Volksfrömmigkeit gekennzeichneten Raum denkt.

[7] Str.-B. I, 491.

[8] *O. Weinreich*, Religionsgeschichtliche Studien, Darmstadt 1968, 13f.

20. Die Auferweckung der Tochter des Jairus und die blutflüssige Frau 8,40–56; Mark. 5,21–43; Matth. 9,18–26*

(40) Als aber Jesus zurückkehrte, hieß ihn das Volk willkommen. Denn alle warteten auf ihn. (41) Und siehe, es kam ein Mann mit Namen Jairus, und dieser war ein Synagogenvorsteher. Und er fiel Jesus zu Füßen und bat ihn, in sein Haus zu kommen. (42) Denn er hatte eine einzige Tochter, im Alter von zwölf Jahren, und die lag im Sterben. Als er aber hinging, umdrängte ihn die Menge. (43) Und eine Frau, die Blutfuß hatte seit zwölf Jahren, die ihr ganzes Vermögen für Ärzte aufgewendet hatte und von niemandem geheilt werden konnte, (44) trat von hinten herzu, berührte die Quaste seines Gewandes, und sofort stand der Fluß ihres Blutes still. (45) Und Jesus sagte: »Wer ist es, der mich berührt hat?« Als alle leugneten, sprach Petrus: »Meister, die Menge umringt und bedrängt dich.« (46) Jesus aber sagte: »Es hat mich jemand berührt, denn ich habe gemerkt, wie eine Kraft von mir ausging.« (47) Als aber die Frau sah, daß sie nicht verborgen blieb, kam sie zitternd und fiel vor ihm nieder und tat vor dem ganzen Volk kund, aus welchem Grunde sie ihn berührt hatte und wie sie sofort geheilt worden war. (48) Er aber sprach zu ihr: »Tochter, dein Glaube hat dich gerettet, gehe hin in Frieden!« (49) Als er aber noch redete, kommt einer von dem Synagogenvorsteher und sagt: »Gestorben ist deine Tochter, bemühe den Lehrer nicht weiter.« (50) Als Jesus es hörte, antwortete er ihm: »Fürchte dich nicht, glaube nur, und sie wird gerettet werden.« (51) Als er aber in das Haus kam, ließ er niemanden mit sich eintreten außer Petrus und Johannes und Jakobus und den Vater des Kindes und die Mutter. (52) Es weinten aber alle und klagten um sie. Er aber sprach: »Weint nicht! Sie ist nicht gestorben, sondern schläft.« (53) Und sie verlachten ihn, weil sie wußten, daß sie gestorben war. (54) Er selbst aber ergriff ihre Hand und rief und sagte: »Kind, stehe auf!« (55) Und ihr Geist kehrte zurück, und sie stand sofort auf, und er ordnete an, daß ihr zu essen gegeben werde. (56) Und es entsetzten sich ihre Eltern. Er gebot ihnen aber, niemandem das Geschehene zu sagen.

V. 43: Eine Reihe von Handschriften (א*, C, Θ, die meisten der Zeugen der Koinegruppe, syr^{cur} u. lat.) bietet die Bemerkung *ἰατροῖς προσαναλώσασα ὅλον τὸν βίον*. Dieser Einschub fehlt bei p^{75}, B, D und syr^{sin}. Die zur Verteidigung der Ursprünglichkeit der kürzeren Lesart vertretene Behauptung, der Arzt Lukas vermeide bewußt die ungünstige Bemerkung über die Ärzte, ist kaum beweisbar. – V. 50: Die verschiedenen Versionen zeigen, daß die Reihenfolge der Apostel Jakobus und Johannes wichtig genommen wurde.

Lukas übernimmt mit der Abfolge der Wunder das bei Markus gegebene Steigerungsprinzip. Nachdem sich Jesus als Herr über die Naturgewalten und die dämonischen Mächte erwiesen hat, zeigt er sich im dritten Zeichen als Herr über vieljährige Krankheit und Tod. Die Verklammerung der Heilungsgeschichte und des Erweckungswunders hat schon bei Markus eine eindeutige kompositionelle Funktion (Steigerung der Spannung durch ein verzögerndes Moment), sie könnte aber auch vormarkinisch sein. Heilung und Totenerweckung ließen sich als »Therapie« zusammenordnen, so daß der Tod als äußerster Fall der Krankheit erscheint.[1] So finden sich bei dieser Totenerweckung Züge,

---

* Lit.: *H. van der Loos*, Miracles, 509–519, 567–573 – *A. Suhl*, Die Wunder Jesu, Gütersloh 1968, 7–23 – *W. Marxsen*, Bibelarbeit über Mk. 5,21–43/Mt. 9,18–26, in: Der Exeget als Theologe, Gütersloh 1968, 171–182 – *R. Pesch*, Jairus (Mk. 5,22/Lk. 8,41), BZ 14, 1970, 252–256 – *L. Dambrine*, Guérison de la femme hémoroïsse et résurrection de la fille de Jaire, in: Mélanges S. de Dietrich, Paris 1971, 75–81 – *J. Roloff*, Kerygma, 153–155 – *G. Rochais*, Les récits de résurrection des morts dans le Nouveau Testament, SNTSMonSer 40, Cambrigde 1981, bes. 48–50, 74–87.

[1] So *R. Pesch*, Markusevangelium I, HThK II,1, Freiburg 1976, 297.

die für eine Heilungsgeschichte charakteristisch sind (von der an den Wundertäter gerichteten Bitte bis zu Demonstration und Reaktion). Auffällig im Rahmen einer Heilungsgeschichte ist jedoch die bereits in der Vorlage enthaltene Reduzierung der Zahl der Augenzeugen: außer den Eltern sind nur die drei engsten Jünger anwesend (8,51). Sie begegnen in dieser Funktion bei Lukas nur noch einmal: in der Verklärungsgeschichte (9,28).

Für das von Lukas vorausgehend berichtete Wunder am Jüngling zu Nain spielte die Elia-Elisa-Tradition eine große Rolle. Für die Jairusgeschichte (Markus-Vorlage, nicht SLk) erscheint diese Beziehung weniger direkt. Es fehlt der Prophetentitel (Luk. 7,16), eine Verwandtschaft mit 1. Kön. 17,17–24; 2. Kön. 4,18–37 ist nicht so deutlich erkennbar. Das von Lukas geübte Verfahren der Straffung und behutsamen Umakzentuierung ist das gleiche wie bei den vorangegangenen von Markus übernommenen Erzählungen.

40 Die Einleitung enthält weder eine Ortsangabe noch eine Auskunft darüber, wie Jesus auf galiläischen Boden zurückgekehrt ist, spricht hingegen von einer ihn erwartenden Volksmenge (vgl. 8,4; 8,19). **41** Jairus – der Name (wie Mark. 5,22) ist trotz des Fehlens bei Matthäus als ursprünglich anzusehen[2] – wird als *ἄρχων τῆς συναγωγῆς* bezeichnet. Als Synagogenvorsteher (Leiter der gottesdienstlichen Gemeinde) ist er einer der Angesehensten in seinem Ort. Die kniefällige Bitte mag als Kontrast zu der herausgehobenen Stellung des Mannes gedacht sein. **42** Nur Lukas sagt, daß es sich um die einzige Tochter handelt (vgl. Luk. 7,12). Er rückt wohl bewußt das Alter des zwölfjährigen Mädchens nahe neben die zwölfjährige Krankheit der Frau. **43** Der Krankheitsbericht der Frau wird gegenüber Markus wesentlich gekürzt, dennoch weiß Lukas, dem das Verhalten Jesu zu den Frauen besonders wichtig ist, daß ihr Zustand für eine jüdische Frau nicht nur Krankheit, sondern auch dauernde kultische Unreinheit bedeutet. Sie ist vom religiösen Leben gänzlich, vom gesellschaftlichen Leben weitgehend ausgeschlossen.[3] **44** Die Frau berührt eine der Quasten des Gewandes Jesu, wie sie der männliche Israelit an seiner Oberkleidung trug.[4] **45** Auf Jesu Frage, wer ihn angerührt habe, antwortet Petrus. **46** Die erläuternde Bemerkung wird bei Lukas direkte Rede Jesu. »Ich habe nämlich erkannt, daß eine Kraft von mir ausgegangen ist.« Jesus weiß sich im Besitz einer Kraft, die von ihm ausgehen und auf andere übergehen kann. Unausgesprochen (aber vorausgesetzt) bleibt dabei, daß Jesus das religiös sanktionierte Bluttabu nicht scheut, nicht einmal im hier vorliegenden Extremfall. Eine Grenze, die die Frau in ständiger Minderstellung festhält, ist damit überschritten. **47** Das Verhalten der Frau beschreibt Lukas in einem neuen kunstvollen Satz, indem die beiden Aussagen, die die Frau macht – warum sie ihn anrührte und daß die Berührung die augenblickliche Heilung verursacht hat –, durch die Satzaussage *ἀπήγγειλεν ἐνώπιον παντὸς τοῦ λαοῦ* getrennt werden. Die Aussage der Frau ist öffentliches Bekenntnis. Auf diese Weise wird die Formulierung des Markus, sie habe (ihm) die ganze Wahrheit gesagt, gefüllt. **48** Indem im Sendungswort Jesu entsprechend

---

[2] *R. Pesch*, a. a. O., 255, zeigt auf, daß an der Ursprünglichkeit des Namens Jairus, »sei es im Markustext, sei es in der vormarkinischen Tradition der Erzählung«, nicht gezweifelt werden kann. Luk. 8,41 ist lukanische Redaktion von Mark. 5,22 (besonders *ᾧ ὄνομα* statt *ὀνόματι*).

[3] Lev. 15,19–33; Mischna Zabim IV,1; V, 7; Str.-B. I, 519f.

[4] Str.-B. IV, 277–292.

der Markusvorlage der Glaube als Bedingung, nicht als Wirkursache der Heilung genannt wird, ist ein magisches Verständnis, das sich aus V. 44 ergeben könnte, abgeschwächt.[5] **49** An Stelle mehrerer Boten bei Markus meldet bei Lukas ein einziger dem Jairus den Tod (wörtlich: das Totsein) seiner Tochter. **50** Der knappen Antwort Jesu fügt Lukas *καὶ σωϑήσεται* hinzu und stellt damit erneut den Zusammenhang von Glauben und Rettung her (vgl. V. 48). **51** Bei den begleitenden Jüngern sind Petrus, Johannes und Jakobus genannt (wie Apg. 1,13). **52** Das Wort vom Schlaf ist keineswegs euphemistisch gemeint, sondern als eschatologische Metapher aufzufassen (1. Thess. 4,13). Der Tod des Mädchens ist zeitlich begrenzt. **53** Mit der Menge ist auch der Erzähler vom Tode des Mädchens – *εἰδότες* – überzeugt. **54** Das auferweckende Wort ist in knappster griechischer Gestalt und nicht aramäisch wie bei Markus wiedergegeben. Das Ergreifen der Hand ist nicht wunderwirkende Manipulation, sondern hilfreicher Gestus. **55** Nach der Lukas geläufigen Anthropologie hat sich im Tode das *πνεῦμα* vom Leibe getrennt (vgl. auch 24,46; Apg. 7,59) und wird nun zurückgerufen. **56** Die Anordnung, dem Kinde Essen zu geben, steht vor dem Verbot, die rettende Tat Jesu zu verbreiten. Die Wahrung des Messiasgeheimnisses kennt Lukas nur in abgeschwächtem Sinn (vgl. jedoch 9,21; 9,36). Da die Tatsache nicht verborgen bleiben kann, bezieht sich das Verbreitungsverbot hier nur auf den Hergang des Wunders (*τὸ γεγονός*).[6]

21. Die Aussendung der Zwölf
9,1–6; Mark. 6,7–13; Matth. 10,1–7.9–11*

(1) Er rief aber die Zwölf zusammen und gab ihnen Kraft und Vollmacht über alle Dämonen und Krankheiten zu heilen. (2) Und er sandte sie aus, das Reich Gottes zu verkündigen und zu heilen (die Kranken). (3) Und er sprach zu ihnen: »Nehmt nichts mit auf dem Wege, weder Stab noch Beutel, noch Brot, noch (Silber-)Geld, noch zwei Röcke für jeden. (4) Und wenn ihr in ein Haus eintretet, bleibt dort und zieht von dort aus weiter. (5) Und wenn sie euch nicht aufnehmen, zieht aus jener Stadt aus und schüttelt den Staub von euren Füßen zum Zeugnis wider sie.« (6) Und sie zogen aus, durchwanderten Dorf für Dorf, brachten die frohe Botschaft und heilten überall.

V. 2: Von einer Mehrzahl auch der älteren Handschriften wird die Tätigkeit des Heilens auf ein Objekt bezogen (früheste Lesart: die Kranken).

Mit dem Beginn dieses Abschnitts ist eine Zäsur im Bericht über die Wirksamkeit Jesu in Galiläa gegeben. Das Verhältnis zu den Jüngern rückt jetzt in den Vordergrund, daneben

---

[5] Vgl. zu dieser Frage *J. Roloff*, a. a. O.

[6] Es ist angemessener, von einer reflektierten Nacherzählung durch Lukas als von einer psychologisierten Redaktion (so. *A. Suhl*, a. a. O., 23) zu sprechen. Wo Lukas ändert, will er das Geschehen durchsichtiger, nicht die Motive der handelnden Personen verständlicher machen.

* Lit.: *H. Schürmann*, Mt. 10,5b–6 und die Vorgeschichte des synoptischen Aussendungsberichtes, in: Neutestamentliche Aufsätze, Festschr. J. Schmid, Regensburg 1963, 270–282 – *F. Hahn*, Das Verständnis der Mission im Urchristentum, WMANT 13, Neukirchen 1963, 33–36 – *M. Hengel*, Nachfolge und Charisma, BZNW 34, Berlin-West 1968, 82–89 – *F. W. Beare*, The Mission of the Disciples and the Mission Charge, JBL 89, 1970, 1–13 – *G. Theißen*, Wanderradikalismus, ZThK 70, 1973, 245–271.

ist das Person- und Leidensgeheimnis Jesu ein dominierendes Thema in der 9,1–50 gebotenen Folge von Einheiten. Schon früher hatte Lukas durch eine Jüngerszene jeweils einen Neueinsatz markiert (5,1; 6,12; 8,1). In dieser Perikope folgt er Markus,[1] dessen Aussendungsbericht gegenüber der in Luk. 10,1–16 aufgenommenen Sendungsperikope der Redequelle wohl die jüngere Gestalt der Überlieferung repräsentiert.[2] Lukas hat den Abschnitt nach seinen stilistischen und theologischen Gesichtspunkten geformt, wobei jedoch der von ihm in 10,2ff. verwendete Q-Bericht von der Aussendung eingewirkt hat.[3] Daß es sich bei der Aussendung der Jünger um ein in vorösterlicher Zeit verständliches und sinnvolles Geschehen handelt, ist früher oft bestritten worden,[4] wird von neueren Forschern dagegen entschieden festgehalten.[5] Man gewinnt zu ihm neuen Zugang, wenn man vom »Wandercharismatikertum« Jesu ausgeht.[6] Im einzelnen ist schwer zu unterscheiden, wo sich eine vorösterliche Galiläamission reflektiert und wo urgemeindliche Missionsinstruktionen eingezeichnet worden sind.

1 Die Zwölf, von Jesus zusammengerufen, empfangen von ihm Kraft und Vollmacht, wie er selbst sie besitzt (vgl. 4,36). Die Vollmacht gibt ihnen Überlegenheit über die Dämonen; die Kraft befähigt sie zu Heilungen. **2** Auf die charismatische Ausrüstung folgt die Sendung. Während die bei Markus berichtete Entsendung zu zweit fehlt, wird betont, daß die Zwölf neben ihrem Beruf zur Heiltätigkeit den Auftrag zur Predigt des Reiches Gottes empfangen. Predigt und Heilung sind also gleichermaßen missionarische Funktionen.[7] **3** Die jetzt einsetzende Jüngerinstruktion erscheint gegenüber der markinischen Vorlage formal und sachlich verändert. Es ist ein Vierzeiler mit zwei paarweisen Ausdrücken in der Mitte entstanden. Das Verbot, etwas mitzunehmen, ist verschärft. Nicht einmal der Stab, der als einfachstes Mittel der Selbstverteidigung zum Pilger gehört, wird erlaubt. Ist an die Praktizierung von Luk. 6,29 gedacht? An Stelle des Erzgeldes im Gürtel wird hier das Silbergeld untersagt. Das Verbot der Sandalen (vgl. Matth. 10,10) fehlt, das eines doppelten Untergewandes dagegen ist vorhanden. Man mag an einen Kontrast zu den kynischen Wanderphilosophen denken, selbst diese Apostel der Bedürfnislosigkeit waren mit Stock, Tasche und Mantel ausgerüstet.[8] Die ausgesendeten Zwölf werden radikal auf das Vertrauen in Gott, in dessen Dienst sie stehen, gestellt: ihre Ausrüstung sind die Gaben der Kraft und der Vollmacht. **4** Im zweiten Teil der Instruktion wird das Verhalten unterwegs geregelt: es ist durchaus an wechselnde feste Quartiere gedacht, nicht an ein unstetes Suchen nach immer neuen Unterkünften. **5** Die Verhaltensmaßregel im Falle

---

[1] *T. Schramm*, Markusstoff, 186; *F. W. Beare*, a. a. O., 2f.

[2] *H. Schürmann*, a. a. O., 270.

[3] T. Schramm, Markusstoff, 186. Vgl. Luk. 9,1b.2 mit 10,9; 9,3 mit 10,4; 9,4 mit 10,5; 9,5 mit 10,11.

[4] Etwa von *J. Wellhausen*, Komm. z. St.; ferner von *R. Bultmann*, Synoptische Tradition, 155ff.

[5] *F. Hahn*, a. a. O., 36., *M. Hengel*, a. a. O., 82f.

[6] *G. Theißen*, a. a. O., bes. 257f.

[7] *F. Hahn*, a. a. O., 34.

[8] Von dem Kyniker Antisthenes heißt es Diog. Laert. VI, 13: »Er verdoppelte seinen alten Mantel und beschränkte sich ganz auf ihn; dazu führte er Stock und Quersack mit sich.« Daß der Einfluß kynischer Popularphilosophie bis in die unmittelbare Nachbarschaft Jesu reicht und im ostjordanischen Gadara nachweisbar ist (dzau *G. Theißen*, a. a. O., 255f.), soll nicht übersehen werden.

der Abweisung entspricht der Reaktion der Juden beim Verlassen heidnischen Gebiets.[9] Daß der von den Füßen geschüttelte Staub ein Belastungszeugnis gegen die ist, die ihnen die Aufnahme verweigerten, wird durch *ἐπ' αὐτούς* deutlich. **6** Selbständig gegenüber Markus ist die Schlußbemerkung. Während Jesus vor allem in den Städten wirksam ist (4,44; 5,12; 7,1.11; 8,1.4), werden durch die Jünger die Dörfer vom Anbruch des Reiches Gottes in Verkündigung und Heiltätigkeit erreicht. Sie sind nicht Umkehrprediger (wie bei Markus), sondern Künder der Frohbotschaft.

22. Herodes über Jesus
9,7–9; Mark. 6,14–16; Matth. 14,1.2*

(7) Es hörte aber Herodes, der Tetrarch, alles, was geschah, und war in Verlegenheit, weil von einigen gesagt wurde, Johannes ist von den Toten erweckt worden, (8) von einigen aber, Elias ist erschienen, von anderen aber, ein Prophet der Alten ist auferstanden. (9) Herodes aber sprach: »Johannes habe ich enthaupten lassen. Wer aber ist dieser, von dem ich dieses höre?« Und er suchte, ihn zu sehen.

In diesem der Markusfolge nach eingeordneten Stück werden im Rahmen eines Berichtes über Herodes Antipas »älteste Erklärungen des Rätsels der Person und des Wirkens Jesu«[1] gegeben. Sie dürften älteste Meinungen über Jesus aus dessen Wirkungszeit widerspiegeln. Bereits das von Markus aufgenommene Traditionsstück sieht sie mit Distanz. Für Lukas sind sie gewiß unzureichend, führen jedoch die eine Frage fort, die in 7,16.19.49; 8,25 aufklang. Was sich in dieser Perikope ankündigt, erhält deutlichere christologische Konturen in 9,18–27 und 9,28–36. Die Einführung des Landesherrn Jesu, der von Lukas im Unterschied zu Markus nicht *βασιλεύς*, sondern *τετραάρχης* genannt wird, weist voraus auf 13,31–33 und 23,6–12. Die kleine Einheit ist also in mehrfacher Hinsicht fest in den Aufbau des Evangeliums eingefügt. Die Mitteilung vom Tode des Täufers bringt Lukas im Rahmen dieses Stücks, die Erzählung darüber (vgl. Mark. 6,17–29; Matth. 14,3–12) übernimmt er nicht.

7 Die Kunde von den Geschehnissen um Jesus (gedacht ist wohl an das in Luk. 8,22–56 Berichtete) dringt auch zu Herodes vor. Lukas reflektiert auf die psychologische Seite seiner Reaktion: *διηπόρει.* Die Urteile der Leute in der Umgebung des Herrschers werden zu einer dreifachen, parallel gebildeten Aussageform. Ihre Abfolge scheint antiklimaktisch gemeint zu sein. Inhaltlich entsprechen sie der Jüngerantwort Mark. 8,28 Parr. Der Erklärung, Jesus sei der von den Toten auferweckte Johannes der Täufer, wird **8** die Meinung an die Seite gestellt, in ihm sei Elia, der messianische Vorläufer, erschienen

---

[9] Str.-B. I, 571. Zu vergleichen ist das Verhalten der Apostel Apg. 13,51; 18,6.

* Lit.: *J. Blinzler*, Herodes Antipas und Jesus Christus, Stuttgart 1947, 6–12 – *O. Cullmann*, Christologie, 30–35 – *R. Schnackenburg*, Die Erwartung des »Propheten« nach dem Neuen Testament und den Qumrantexten, in: StudEV I, TU 73, Berlin 1959, 622–639 – *U. Wilckens*, Auferstehung, ThTh 4, Stuttgart 1970, 137–143 – *R. Hammer*, Elijah and Jesus: A Quest for Identity, in: Judaism 19, 1970, 207–218 – *K. Berger*, Die Auferstehung des Propheten und die Erhöhung des Menschensohns, StUNT 13, Göttingen 1976, 17–22, 114–116.

[1] *O. Cullmann*, a. a. O., 30.

oder einer der alten Propheten erstanden. In diesen Aussagen spiegeln sich volkstümliche eschatologische Erwartungen. Die Hoffnung auf den als endzeitlichen Boten wiederkehrenden Elia (nach Mal. 3,1.23f.) wird hier nicht auf Johannes den Täufer, sondern auf Jesus bezogen. Wenn der erstandene Prophet ursprünglich den eschatologischen Propheten schlechthin im Sinne von Deut. 18,15 gemeint haben sollte,[2] so ist diese Bedeutung schon früh, vollends bei Lukas, verlorengegangen. Dennoch unterscheidet er zwischen dem *ἐφάνη* (= kurzes Sichtbarwerden) bei Elias redivivus und dem *ἀνέστη* (= Wiederauftreten in leiblicher Gestalt) beim Propheten. **9** Für Herodes ist nur die erste Deutung von Belang: Jesus sei der wiedererweckte Täufer. Daß hier mehr vorlag, als ein im Schema der Reinkarnation spekulierender Volksglaube, zeigt der Blick auf die frühjüdische Märtyrertheologie. Hier gibt es die Vorstellung, daß eschatologisch-prophetische Gestalten von den Widersachern Gottes getötet und hernach von Gott auferweckt werden, um ihren Gegnern als Bußprediger gegenüberzutreten. Sie ist mit der Elia- und der Henochtradition eine Verbindung eingegangen.[3] Die Stelle könnte ein Hinweis darauf sein, daß das Schicksal des Johannes in täuferischen Kreisen so gedeutet wurde.[4] Eine sich daraus herleitende volkstümliche Vorstellung, Jesus sei der wiedererweckte Täufer, konnte weder von der Täufergemeinde noch von der Jesusgemeinde hingenommen werden. Ob die ursprüngliche Gestalt des Stücks einer solchen Abwehr diente, ist nicht unumstritten.[5] Lukas läßt jedoch, viel eindeutiger als Markus, Herodes an der Johannes-Frage nur noch indirekt Anteil nehmen. Eine religiöse Deutung liegt dem König als hellenistisch beeinflußtem Herrscher fern. Er hat Johannes enthaupten lassen, damit ist die Angelegenheit für ihn erledigt. Der Bericht darüber entfällt bei Lukas. Die Jesusfrage wird aber auch für ihn dringend. Mit dem Begehren, ihn zu sehen, wird die Begegnung in Jerusalem (23,6–12) vorbereitet.

23. Die Speisung der Fünftausend
9,10–17; Mark. 6,31–44; Matth. 14,13–21*

(10) Und die Apostel kehrten zurück und erzählten ihm, was sie getan hatten. Und er nahm sie zu sich, und er zog sich zurück abseits in eine Stadt namens Bethsaida. (11) Als aber die Mengen das merkten, folgten sie ihm. Und er nahm sie auf und redete zu ihnen vom Reiche Gottes, und die Heilung nötig hatten, machte er gesund.

---

[2] Kritisch zu dieser von *O. Cullmann*, a. a. O., vertretenen These vor allem *R. Schnackenburg*, a. a. O., 627ff.

[3] Dazu *K. Berger*, a. a. O. Als wichtigste Modelle werden genannt: Offb. 11,3–12; Apok. Elia 35,7–12.

[4] So *U. Wilckens*, a. a. O.

[5] Kritik bei *J. Gnilka*, Markus I, EKK 2,1, 247, in Abgrenzung gegen K. Berger, U. Wilckens und R. Pesch.

* Lit.: *L. Cerfaux*, La section des pains, in: Synoptische Studien, Festschr. f. A. Wikenhauser, München 1953, 64–77 = Receuil L. Cerfaux I, Gembloux 1962, 471–485 – *H. Clavier*, La multiplication des pains dans le ministère de Jésus, in: StudEv I, TU 73, Berlin 1959, 441–457 – *J. Knackstedt*, Die beiden Brotvermehrungen im Evangelium, NTS 10, 1963/64, 309–335 – *B. van Jersel*, Die wunderbare Speisung und das Abendmahl in der synoptischen Tradition, NovTest 7, 1964/65, 167–194 – *A. G. Hebert*, History in the Feeding of the Five Thousand, in:

(12) Der Tag aber begann sich zu neigen. Die Zwölf traten zu ihm heran und sprachen: »Entlasse die Menge, damit sie ringsum in die Dörfer und Höfe gehen und Bleibe und Verköstigung finden, denn wir sind hier an einem einsamen Ort.« (13) Er aber sprach zu ihnen: »Gebt ihr ihnen zu essen!« Sie aber sprachen: »Wir haben nicht mehr als fünf Brote und zwei Fische, sofern wir nicht gehen und für dieses ganze Volk Speise kaufen.« (14) Es waren gegen fünftausend Mann. Er aber sprach zu seinen Jüngern: »Laßt sie lagern in Tischgemeinschaften zu je fünfzig!« (15) Und sie taten so und ließen alle sich lagern. (16) Er nahm aber die fünf Brote und die zwei Fische, blickte zum Himmel, segnete sie und brach sie und gab sie den Jüngern, um sie der Menge darzureichen. (17) Und sie aßen und wurden alle satt. Und es wurde aufgehoben, was ihnen an Brocken übriggeblieben war, zwölf Körbe.

V. 10: Der in der Übersetzung wiedergegebene Text beruht auf ℵ^{a}, B u. a.; syr^{cur} und ℵ (Grundtext) lesen wie Markus und Matthäus *εἰς τόπον ἔρημον*; C und andere kombinieren *εἰς τόπον ἔρημον πόλεως καλουμένης Βηθσαϊδά*. D liest wie B, aber statt *πόλιν* hat er *κώμην*. – V. 16: Bei der Segnung des Brotes haben statt des von der Mehrheit bezeugten *αὐτούς* D, it, syr, Marcion *ἐπ' αὐτούς*.

Die Speisung der Fünftausend in der Wüste ist von Lukas wie schon vor ihm von Markus, der auch hier als einzige Vorlage angesehen werden kann, durch die Nachricht von der Rückkehr der Zwölf mit deren vorangehender Aussendung (9,1–6) verklammert worden. Dadurch, daß er sie erstmalig nach 6,13 Apostel nennt, deutet er ihr Wirken als Aposteldienst. Infolge der nach dieser Perikope einsetzenden Lücke im Markusstoff (die sich auf Mark. 6,45–8,26 erstreckende »Auslassung«) rückt sie in unmittelbare Nachbarschaft zum Petrusbekenntnis, so daß die Wüstenspeisung im Zusammenhang mit der »großen Wende im Wirken Jesu« gesehen wird.[1] Ob Lukas durch die Einordnung zwischen der Antipas-Frage (9,9b) und dem Petrusbekenntnis (9,26) eine christologische Akzentuierung beabsichtigt hat, bleibt unsicher. Deutlicher wird eine solche durch die von ihm vorgenommene Tilgung des bei Markus (6,34) vorhandenen Hirtenmotivs.[2] Jesus erscheint nicht als Hirte der schmachtenden Herde, sondern als heilender und die Gemeinschaft des Mahles gewährender Helfer. Gegenüber einer formgeschichtlichen Deutung der Speisungsgeschichte, die bei der nachösterlichen Mahlgemeinschaft ansetzt, ist als Sitz im Leben die Rückerinnerung an die Gemeinschaft der Erdentage Jesu[3] ins Spiel gebracht worden, deren entscheidendes Merkmal das Essen und Trinken Jesu mit den Seinen war. Auch wenn man an diesem vorösterlichen Ausgangspunkt festhält, wird man zumindest für die bei Lukas vorliegende Gestalt eine partielle Überformung durch

StudEv II, TU 87, Berlin 1964, 65–72 – *U. Becker*, Die wunderbare Speisung, in: U. Becker/ S. Wibbing, Wundergeschichten, Gütersloh 1965, 55–64 – *H. van der Loos*, Miracles, 619–637 – *A. Heising*, Die Botschaft der Brotvermehrung, SBS 15, Stuttgart 1966 – *R. Patsch*, Abendmahlsterminologie außerhalb der Einsetzungsberichte, ZNW 62, 1971, 210–231 – *J. Roloff*, Kerygma, 237–264 – *G. Wanke*, Beobachtungen zum Eucharistieverständnis des Lukas, EThSchr 8, Leipzig 1973, 45–54 – *I. de la Potterie*, Le sens primitif de la multiplication des pains, in: Jésus aux origines de la Christologie, EphTheolLov 40, Louvain 1974, 303–379 – *E. Repo*, Fünf Brote und zwei Fische, in: Probleme der Forschung, StNTU 3, Wien/München 1978, 114–143.

[1] So *H. Clavier*, a. a. O., 445, dessen Zutrauen zur lukanischen Gestalt des Rahmens der Geschichte Jesu jedoch problematisch erscheint.

[2] *H. Schürmann*, Komm., 513, ihm folgend *G. Schneider*, Komm., 205; *G. Wanke*, a. a. O., 57.

[3] *J. Roloff*, a. a. O., 261; kritisch dazu vor allem *H. Patsch*, a. a. O. (vgl. bes. 211, Anm. 4).

die eucharistische Terminologie (besonders in 9,16) nicht übersehen können,[4] wobei die nichteucharistischen Motive zurückgedrängt werden. Daß eine solche eucharistische »relecture« (vergegenwärtigende Lesung) der Speisungsgeschichte möglich war, zeigt auch, daß das Mahl der Gemeinde weit über den Sättigungscharakter hinausgreifend nicht nur als Christusmahl, sondern als »Wundermahl« verstanden wurde.

Im Unterschied zu Matthäus und Markus bringt Lukas nur diese eine Speisungsgeschichte. Die Speisung der Viertausend (Mark. 8,1–9 = Matth. 15,32–39) ist durch den Verzicht des Lukas auf den in Mark. 6,45–8,26 enthaltenen Stoff fortgefallen, so daß sich für ihn die Frage nach dem Verhältnis der beiden Speisungsüberlieferungen nicht stellt.[5] Alttestamentliche Züge sind oft genannt worden: Ex. 16; 1. Kön. 17,7–16, vor allem 2. Kön. 4,42–44; doch läßt sich eine unmittelbare Eintragung alttestamentlicher Motive in die synoptische Speisungsgeschichte nicht nachweisen.[6]

10 Lukas nimmt aus Mark. 6,45 den Namen der Stadt Bethsaida auf und verbindet ihn mit dem Rückzug Jesu und der Apostel in die Einsamkeit. **11** Die Volksmenge, die die Absicht Jesu, sich zurückzuziehen, vereitelt, ist zugleich die Tischgenossenschaft der wunderbaren Speisung. Lukas berichtet, daß Jesus sich mit ihr unterredet über das Reich Gottes und heilt – wiederum jene doppelte Tätigkeit, von der durchgehend berichtet wird. Sie steht an der Stelle des Bezuges auf die hirtenlose Herde bei Markus.

12 Daß die Speisung ein abendliches Mahl ist, läßt an Luk. 24,29 denken (dort auch *κλίνειν* vom zu Ende gehenden Tag). Der Vorschlag der Jünger, die Menge zu entlassen, wird jedoch mit der Einsamkeit des Ortes begründet: nur in den Dörfern des Umkreises finden sie Nahrung und Quartier. **13** Zu den Aufgaben der *δώδεκα* gehört hier der Tischdienst (vgl. Apg. 6,2). Ihre Antwort bildet den Spannung weckenden Kontrast. **14** Dem gleichen Ziel dient auch, daß die Zahl der Volksmenge schon jetzt genannt wird und nicht wie bei Markus und Matthäus erst am Ende. Die dem Traditionskern zugehörige Zahlenangabe muß zusammen gelesen werden mit der Zahl der Brote: es ist also an eine Vermehrung im Verhältnis 1:1000 gedacht. Lukas erwähnt nicht den grünen Rasen und läßt die Menge nur in Fünfzigergruppen sich lagern. Wie sehr die Mahlsituation der Gemeinde die Gestaltung des Berichtes durchdringt, zeigt die Verwendung des im Freien eigentlich unpassenden *κατακλίνειν*, das sonst die Plazierung zum Mahl bezeichnet (nur bei Lukas: 7,36; 14,8; 24,30) – vielleicht ist auch bei den Speisegruppen zu je fünfzig an die maximale Größe einer Hausgemeinde (nach Apg. 2,46) gedacht.[7] **15** Knapp berichtet Lukas die Ausführung der Weisung Jesu durch die Jünger. **16** Im Wortlaut des entscheidenden Satzes, der vom Handeln Jesu spricht und von Mahlterminologie überformt ist, stimmt Lukas mit Matthäus und Markus weitgehend überein. Er bietet jedoch einen

---

[4] Einzelnachweise bei *B. van Jersel*, a. a. O., 180ff., und *G. Wanke*, a. a. O., 47–53. Auf die Unterschiede von Luk. 9,16 und Luk. 22,19 macht *H. Patsch*, a. a. O., 215ff., aufmerksam, der dennoch zu dem Urteil kommt: »Mt und Lk hatten, unbeschadet der profanen jüdischen Speiseterminologie, ihre Brotvermehrungsberichte im Lichte der eucharistischen Gemeindefeier gelesen« (a. a. O., 227).

[5] Dazu *J. Knackstedt*, a. a. O., 311ff., der gegen die Dublettentheorie ficht.

[6] So mit Recht *J. Roloff*, a. a. O., 245. Zu den alttestamentlichen und religionsgeschichtlichen Analogien vgl. *H. van der Loos*, a. a. O., 624–626.

[7] *H. Schürmann*, Komm., 511.

kleinen, aber bedeutungsvollen Unterschied: Die Lobpreisung, die über den Broten gesprochen wird, ist als Segnung des Brotes verstanden. Auf sie führt er die Vermehrung des Brotes zur wunderbaren Sättigung zurück. Die mit der Zurückdrängung des Fischmotivs (anders Mark. 6,41b) gegebene Betonung der Brotmahlzeit verstärkt den eucharistischen Charakter der Erzählung.[8] **17** Der Schluß deckt sich inhaltlich mit Matthäus und Markus: kein Chorschluß, jedoch eindrückliche Demonstration des Wunders. Mehr als vorhanden war, blieb übrig. Die durch lukanische Redaktion an den Schluß gerückten *κόφινοι δώδεκα* könnten eine beabsichtigte Entsprechung zur Zwölfzahl der Apostel sein.[9]

24. Das Bekenntnis des Petrus, die erste Leidensweissagung und die Aufforderung zur Leidensnachfolge 9,18–27; Mark. 8,27–9,1: Matth. 16,13–28*

(18) Und es geschah, als er für sich allein betete, waren die Jünger bei ihm, und er fragte sie und sprach: »Was sagen die Leute, wer ich sei?« (19) Sie antworteten aber und sprachen: »Johannes der Täufer, andere Elia, andere aber, daß ein Prophet der Alten auferstanden sei!« (20) Er aber sprach zu ihnen: »Ihr aber, was sagt ihr, daß ich sei?« Petrus aber antwortete und sagte: »Der Christus Gottes.« (21) Er aber bedrohte sie und befahl ihnen, niemandem dies zu sagen, (22) indem er sagte: »Der Menschensohn muß viel leiden und verworfen werden von den Ältesten und Hohenpriestern und Schriftgelehrten und getötet werden und am dritten Tage auferweckt werden.«

---

[8] *B. van Jersel*, a. a. O., 170f.; kritisch *J. Roloff*, a. a. O., 257, Anm. 199.
[9] *B. van Jersel*, a. a. O., 191.

* Lit.: *R. Bultmann*, Die Frage nach dem messianischen Bewußtsein Jesu, ZNW 19, 1919/20, 165–174 = Exegetica, Tübingen 1967, 1–9 – *H. Conzelmann*, Mitte der Zeit, 49–50 – *A. Vögtle*, Messiasbekenntnis und Petrusverheißung, BZ 1, 1957, 252–272; 2, 1958, 85–103 = Das Evangelium und die Evangelien, Düsseldorf 1971, 137–170 – *E. Haenchen*, Die Komposition von Mark. VII,27 – IX,1 Par., NovTest 6, 1963, 81–109; erw. Fassung: Leidensnachfolge, in: Die Bibel und wir, Tübingen 1968, 102–134 –*E. Dinkler*, Petrusbekenntnis und Satanswort, in: Zeit und Geschichte, Dankesgabe f. R. Bultmann, Tübingen 1964, 177–193 = Signum Crucis, Tübingen 1967, 283–302 – *T. Schramm*, Markusstoff, 130–136 – *R. Pesch*, Das Messiasbekenntnis des Petrus, BZ 17, 1973, 178–195; 18, 1974, 20–31.

Zu 9,22: *E.Fascher*, Theologische Beobachtungen zu dei, in: Neutestamentliche Studien, Festschr. f. R. Bultmann, BZNW 21, Berlin-West 1954, 228–254 – *A. Feuillet*, Les trois grandes prophéties de la Passion et de la Résurrection des évangiles synoptiques, RevBibl 67, 1967, 533–560; 68, 1968, 41–74 – *F. Schütz*, Der leidende Christus, 65–67 – *Joach. Jeremias*, Die Drei-Tage-Worte der Evangelien, in: Tradition und Glaube, Festschr. f. K. G. Kuhn, Göttingen 1971, 221–229.

Zu 9,23: *E. Dinkler*, Jesu Wort vom Kreuztragen, in: Neutestamentliche Studien, Festschr. f. R. Bultmann, BZNW 21, Berlin-West 1954, 110–129 = Signum Crucis, Tübingen 1967, 77–98 – *O. Glombitza*, Das Kreuz, in: Domine, dirige me in verbo tuo, Festschr. f. M. Mitzenheim, Berlin, 1961, 60–67 – *A. Schulz*, Nachfolgen und Nachahmen, StANT 6, München 1962, 82–90.

Zu 9,24f.: *E. Fascher*, Seele oder Leben?, Hefte zur Förderung der evangelischen Krankenseelsorge 7, Berlin-West 1959 – *ders.*, Der unendliche Wert der Menschenseele, in: Forschung und Erfahrung im Dienste der Seelsorge, Festschr. f. O. Haendler, Berlin 1960, 44–57 – *J. B. Bauer*, Wer sein Leben retten will . . ., Neutestamentliche Aufsätze, Festschr. f. J. Schmid, Regensburg 1963, 7–10 – *G. Dautzenberg*, Sein Leben bewahren, StANT 14, München 1966, 51–82.

Zu 9,26: *G. Bornkamm*, Das Wort Jesu vom Bekennen, 1938, in: Geschichte und Glaube I,

Er sagte aber zu allen: »Wenn einer mir nachgehen will, dann verleugne er sich selbst und nehme sein Kreuz täglich und folge mir. (24) Wer nämlich sein Leben retten will, wird es verlieren. Wer aber sein Leben verliert um meinetwillen, der wird es retten. (25) Denn was nützt es einem Menschen, wenn er die ganze Welt gewinnt, aber sich selbst verliert oder einbüßt? (26) Denn wer sich meiner und meiner Worte schämt, dessen wird sich der Menschensohn auch schämen, wenn er kommt in seiner Herrlichkeit und der des Vaters und der heiligen Engel. (27) Ich sage aber euch in Wahrheit: Einige von denen, die hier stehen, werden den Tod nicht kosten, bis sie sehen das Reich Gottes.«

V. 18: Es lesen B, f statt *συνῆσαν* ein *συνήντησαν*, was wohl erleichternde Lesart sein dürfte, da das *συνῆσαν* dem *κατὰ μόνας* widerspricht. – V. 20: Im Petrusbekenntnis tragen D,e zwischen *χριστόν* und *τοῦ θεοῦ* ein *υἱόν* ein, was die Tendenz zur Komplettierung der christologischen Titel erkennen läßt. – V. 23: Die Auslassung der Worte »und nehme sein Kreuz täglich« bei D ist als Vereinfachung des Textes zu erklären. Die Wendung ist nicht mehr verstanden worden. Daß sie problematisch erschien, zeigt auch die noch breiter bezeugte Tilgung des *καθ' ἡμέραν* in C, Koine, D, it, syr^{sin}.

Lukas läßt auf die Speisungsgeschichte unmittelbar das Petrusbekenntnis und die durch die erste Leidensweissagung eingeleitete Jüngerbelehrung folgen. Dadurch entsteht die sog. große Auslassung, eine Lücke in dem von Lukas aufgenommenen Markusstoff, die sich von Mark. 6,45 bis 8,26 erstreckt. Die Annahme eines von Lukas benutzten unvollständigen Markusevangeliums befriedigt nicht. Der Verzicht auf ein großes Stück der von Lukas sonst weitgehend rezipierten Vorlage muß schwerwiegende redaktionelle Gründe haben. Man verweist auf den durch die Auslassung veränderten geographischen Rahmen. Die Entfernung des ganzen Stückes ermöglicht Lukas eine Darstellung der Geschichte Jesu, die mit der einen Ausnahme der Heilung des gerasenischen Besessenen auf das jüdische Land beschränkt bleibt und nicht nach Tyrus in das phönizische Gebiet und in den Umkreis der Dekapolis führt.[1] Noch gewichtiger ist, daß die jetzt aufeinanderfolgenden Perikopen durch eine sich immer deutlicher profilierende christologische Thematik zusammengehalten werden. Die in 9,9 gestellte Christusfrage wird in 9,18ff. aufgenommen und beantwortet, sie erhält mit der Leidensweissagung 9,22 eine neue Dimension; die Himmelsstimme in der sich anschließenden Verklärungsgeschichte (9,35) ist auch von Lukas als Bestätigung und Vertiefung gedacht. [2]Von geringerer Bedeutung ist die Lukas zugeschriebene Tendenz, Dubletten zu vermeiden, die zur Tilgung der zweiten Speisungsgeschichte (Mark. 8,1–9) geführt haben soll. Sie läßt sich auf die übrigen Stücke der Auslassung nicht ohne weiteres anwenden.[3] Daß Lukas zumindest den Anfang der Auslassung (Mark. 6,46ff.) gekannt und verwertet hat, wird aus zwei Beziehungen deut-

München 1968, 25–36 – *G. Lindeskog*, Das Rätsel des Menschensohns, StTh 22, 1968, 149–175.

Zu 9,27: *W. G. Kümmel*, Verheißung, 19–22 – *ders.*, Naherwartung in der Verkündigung Jesu, in: Zeit und Geschichte, Dankesgabe f. R. Bultmann, Tübingen 1964, 31–46 = Heilsgeschehen und Geschichte, Marburg 1965, 439–456 – *E. Gräßer*, Die Naherwartung Jesu, SBS 61, Stuttgart 1973 – *L. Oberlinner*, Die Stellung der »Terminworte« in der eschatologischen Verkündigung des NT, in: Gegenwart und kommendes Reich, Schülergabe f. A. Vögtle, Stuttgart 1975, 51–66 – *U. Künzi*, Das Naherwartungslogion Jesu Mark. 9,1 Par. Geschichte seiner Auslegung, BGbE 21, Tübingen 1977.

1 *H. Conzelmann*, a. a. O., 43–46; ferner *W. Wilkens*, Die Auslassung von Mk. 6,45–8,26 bei Lukas im Lichte der Komposition Lk. 9,1–50, ThZ 32, 1976, 193–200, wo von einer »Passions- und Osterprolepse« gesprochen wird.

2 *F. Schütz*, a. a. O., 64f.

3 Vgl. die Erklärungsversuche bei *A. Schlatter*, Komm., 96f.

lich: die Ortsangabe Bethsaida ist in die Einleitung der Speisungsgeschichte hinübergenommen worden (9,10), das einsame Gebet an den Anfang der Bekenntnisszene (9,18).

Das Messiasbekenntnis des Petrus und die erste Leidensweissagung samt einer der Jüngerunterweisung dienenden Spruchkette folgen bereits in der Markusvorlage aufeinander. Lukas hat, indem er Redeverbot und Leidensankündigung zu einem Satz macht (9,21f.), beide Stücke enger miteinander verklammert und zugleich den Widerspruch des Petrus und seine Zurückweisung durch Jesus fortfallen lassen.

Die Menschensohnaussagen der Leidensweissagung interpretieren und korrigieren den Christustitel des Petrusbekenntnisses. Durch die V. 23 einleitende verallgemeinernde Anrede soll die Spruchfolge V. 23–27 zu einer Einheit zusammengeschlossen werden. Sie weist die »existentialen« Konsequenzen auf, die sich aus dem Leidensgeheimnis des Messias für dessen Nachfolger ergeben. So spannt sich der Bogen von der Kreuznachfolge zur Erfahrung der Gottesherrschaft.

18 Wie schon mehrfach bei Lukas wird auch hier ein wichtiger Vorgang durch das Gebet eingeleitet (vgl. 3,21; 5,16; 6,12; ferner 9,28). Die Entlassung der Menge wird vorausgesetzt, aber nicht berichtet; nur die Jünger (wie in 9,10–17 die Zwölf) sind bei Jesus, als er für sich betet. Eine Ortsangabe (Markus/Matthäus: Caesarea Philippi) findet sich bei Lukas nicht. Die Frage, wer Jesus sei (7,49; 8,25; 9,9), wird, zunächst als Frage nach dem Urteil der *ὄχλοι* über ihn, von diesem selbst aufgeworfen. Der Zusammenhang läßt an die Menge der Speisungsgeschichte (vgl. 9,11) denken.[4] **19** In ihrem Urteil sind drei an Jesus herangetragene Bezeichnungen zusammengefügt, die in ähnlicher Gestalt schon im Zusammenhang mit der Reaktion des Herodes Antipas (9,7–9) aufgetaucht waren (9,19c entspricht nahezu wörtlich 9,9b). Die bereits der Markustradition (vgl. Mark. 8,28; 6,14f.) vorgegebene Trias reproduziert nicht eine »Vorläuferdogmatik«,[5] sondern läßt die Bewertung Jesu in seinem Volk zur Zeit seines Wirkens erkennen. **20** In bewußter Abgrenzung vom Urteil der Volksmenge legt Petrus auf Jesu Frage hin das Bekenntnis ab, jener sei »der Gesalbte Gottes«. Diese Formulierung ist lukanisch (vgl. 2,26; 23,35; Apg. 3,18; 4,26), sie beschreibt die Gottesbeziehung Jesu von seiner Aufgabe her. **21** Nach Lukas verbietet Jesus nicht das Bekenntnis selbst, sondern seine Verbreitung (vgl. auch 9,36b) – gemeint ist: bis Ostern. Damit ist der Hintergrund für die im folgenden vorgenommene Korrektur der Messianität durch das Leidenmüssen gegeben. **22** Wie bei Markus folgt auf das Petrusbekenntnis die erste Leidensansage. Jedoch ist der Zusammenhang noch enger, weil Lukas die Ankündigung des Leidens syntaktisch (*εἰπὼν ὅτι*) dem Verbot der Verbreitung unterordnet. Während das Bekenntnis den Christus ansprach, werden die Leidensansagen vom Menschensohn gemacht, doch liegt die eigentliche Korrektur nicht im Titel, sondern in den inhaltlichen Bestimmungen: Leiden, Verwerfung, Tod, Auferweckung. Sie stehen – nur in dieser ersten Leidensweissagung[6] – im Zeichen des *δεῖ,* des göttlichen Muß. Ihre mittleren Glieder sind als Entfaltung des ersten zu verstehen. In der Auferweckungsansage wird mit dem Passiv *ἐγερθῆναι* (wie bei Matthäus) das Handeln Gottes betont.

---

[4] *F. Schulz*, a. a. O., 65.
[5] So *E. Dinkler*, a. a. O., 292, unter Bezugnahme auf Joh. 1,19ff.
[6] *E. Fascher*, a. a. O., 239.

23 Lukas schließt an die unwidersprochen hingenommene Leidensankündigung eine von Jesus vorgetragene Spruchfolge an. Die Kürzung der Markusvorlage um den Widerspruch des Petrus und seine Zurückweisung durch Jesus (Mark. 8,32f.) stellt eine noch engere Verklammerung zwischen dem Leiden des Menschensohns und der Kreuzesnachfolge der Seinen her. Zugleich wird ein der Gemeinde schwer zumutbarer Zug im Bilde des Urapostels getilgt. Daß Lukas alle angeredet sein läßt, soll den verbindlichen Charakter der Sprüche verdeutlichen. Der erste in der Reihe hat den Charakter eines Weisungssatzes. Er formuliert die Bedingungen der Nachfolge, die durch das *ὀπίσω μου ἔρχεσθαι* in physischer Direktheit beschrieben wird. Es sind Selbstverleugnung, tägliche Aufnahme des eigenen Kreuzes, Gehen auf dem von Jesus vorangegangenen Wege. Der ursprüngliche Sinn der Aufforderung, das Kreuz auf sich zu nehmen, wird verschieden gedeutet: als Übernahme eines sichtbaren Umkehrzeichens (in Gestalt des hebräischen Buchstabens taw) und Übereignung an Gott[7] oder als ein Aufruf zur Martyriumsgemeinschaft, sei es durch Jesus selbst[8] oder in einem von der Gemeinde gebildeten Wort.[9] Lukas hat dem von Markus sicher in Richtung auf die Martyriumssituation verstandenen Logion durch die Zufügung des *καθ' ἡμέραν* eine neue Dimension gegeben. Er denkt an die täglich neu und unter vielerlei Bedrängnissen im Alltag des Christen sich vollziehende Bewährung nach Jesu Vorbild. **24** Der Spruch vom Retten und Verlieren des Lebens,[10] nahezu gleichlautend mit der Markusvorlage, bezeichnet dann den äußersten Grenzfall, in dem die vermeintliche Rettung des Lebens Verderben, Verlust des Lebens um Jesus willen aber (einzige) Rettung bedeutet.[11] **25** Im anschließenden Spruch ersetzt Lukas die Worte *τὴν ψυχὴν αὐτοῦ* bei Markus durch *ἑαυτόν*. Der Mensch steht vor der Frage, sich selbst zu verlieren oder sich selbst zu gewinnen. Dabei ist vor allem an die Folgen der Gewinnsucht gedacht (vgl. Luk. 12,15–21). Dadurch ist auch die Verklammerung mit dem vorausgehenden Wort enger geworden: »Bei Lukas treffen sich beide Verse im Verständnis von *ἀπολέσαι* als dem eschatologischen Mißerfolg jedes menschlichen Versuchs, sich selbst zu sichern«.[12] **26** Neben die Gefahr des Verderbens durch Gewinnsucht tritt die »Milieuanfälligkeit, sich des Bekenntnisses zu Jesus und seines Wortes zu schämen«.[13] Das apokalyptisch gefärbte Logion stellt talionartig dem menschlichen Sich-Schämen die eschatologische Beschämung durch den Menschensohn gegenüber. Es bildet die kürzere Fassung des Luk. 12,8f. wiedergegebenen Doppelworts.[14] Lukanische Besonderheit ist, daß von der eigenen Herrlichkeit des Menschensohns gesprochen wird und die Engel nicht seine Begleiter sind, sondern eine Art himmlisches Forum darstellen. **27** Im letzten Wort, das für Lukas den Abschluß der Spruchfolge bildet, gibt er das *ἀμήν* des Markus

---

[7] So *E. Dinkler*, a. a. O., 78.

[8] *O. Glombitza*, a. a. O., 62.

[9] *E. Haenchen*, a. a. O.,116.

[10] *J. B. Bauer* hat a. a. O. den Topos vom Tod des Lebenwollenden und vom Lebenbleiben des Todesmutigen auf die antike Feldherrenrede, die cohortatio, zurückgeführt.

[11] Zur Interpretation von *ψυχή* in diesem Zusammenhang hat *G. Dautzenberg*, a. a. O., 60, mit Recht gesagt, daß sie die konkrete Existenz eines Menschen meint und »durch unsere Begriffe Seele, Leben, Selbst nur unvollkommen wiedergegeben werden« kann.

[12] *G. Dautzenberg*, a. a. O., 81.

[13] *H. Schürmann*, Komm., 547.

[14] Es wird gegenüber diesem meist als sekundär angesehen; für die Priorität der kürzeren Fassung tritt nachdrücklich *G. Lindeskog*, a. a. O., 160, ein.

durch ἀληθῶς wieder. Indem er das ἐληλυθυῖαν ἐν δυνάμει tilgt, bekommt das Sehen des Reiches Gottes einen anderen Akzent. Das aus der Naherwartung erwachsene Wort[15] wird dadurch auf die Geschichte Jesu und das Sichtbarwerden des Reiches nach Ostern bezogen.

25. Die Verklärung Jesu
9,28–36; Mark. 9,2–8; Matth. 17,1–8*

(28) Es geschah aber ungefähr acht Tage nach diesen Worten, da nahm er Petrus und Johannes und Jakobus und stieg auf den Berg, um zu beten. (29) Und es wurde, während er betete, das Aussehen seines Gesichts anders und sein Gewand weiß aufblitzend. (30) Und siehe, zwei Männer unterredeten sich mit ihm, es waren Mose und Elia. (31) Sie erschienen in Herrlichkeit und sprachen von seinem Ausgang, den er in Jerusalem erfüllen sollte. (32) Petrus aber und seine Begleiter waren beschwert vom Schlaf. Als sie aber erwachten, sahen sie seine Herrlichkeit und die zwei Männer, die bei ihm standen. (33) Und es geschah, als sie von ihm getrennt wurden, sprach Petrus zu Jesus: »Gebieter, es ist gut, daß wir hier sind; und wir wollen drei Hütten bauen, dir eine, Mose eine und Elia eine.« Er wußte nicht, was er sagte. (34) Als er das sagte, kam eine Wolke und überschattete sie. Sie fürchteten sich aber, als sie (jene) in die Wolke eintraten. (35) Und es geschah aus der Wolke eine Stimme, die sagte: »Dies ist mein Sohn, der Auserwählte, hört auf ihn!« (36) Und als die Stimme erging, wurde Jesus allein aufgefunden. Und sie schwiegen und berichteten niemandem in jenen Tagen von dem, was sie gesehen hatten.

V. 34 ist das *αὐτούς*, das auf die Jünger *und* die verklärten Gestalten bezogen werden könnte, bei p^{45}, Koine, A, D, W *Θ*, *λ*, *φ* ersetzt durch das verdeutlichende *ἐκείνους*, mit dem nur die Gestalten gemeint sind. – V. 35: die Himmelsstimme wird bei Koine, A, W (C) an Markus, in C, D an Matthäus angeglichen.

Lukas folgt auch hier dem Bericht des Markus. Die Ansicht, daß er neben Markus noch eine zweite Quelle verarbeitet habe, ist immer wieder vertreten worden.[1] *H. Schürmann*[2] und *F. Neirynck*[3] konnten jedoch detailliert aufweisen, daß sich alle Abweichungen als lukanische Bearbeitungen erklären lassen. Lukas hat in die Vorlage redigierend eingegriffen, vor allem die Verse 30–32 gestaltet, wie er andererseits Mark. 9,10–13 wegge-

---

[15] *U. Künzi*, a. a. O., zeigt in seiner auslegungsgeschichtlichen Darlegung, wie eine unapokalyptische Interpretation im Sinne der Lukasfassung schon früh in die Deutung des apokalyptischen Naherwartungslogions Mark. 9,1 eingedrungen ist.

* Lit.: *J. Blinzler*, Die neutestamentlichen Berichte über die Verklärung Jesu, Münster 1937 – *H. Riesenfeld*, Jésus transfiguré, ASNU 16, Kopenhagen 1947 – *A. Feuillet*, Les perspectives propres à chaque évangéliste dans les récits de la transfiguration, Bibl 39, 1958, 281–301 – *H. Baltensweiler*, Die Verklärung Jesu, AThANT 33, Zürich 1959 – *H.-P. Müller*, Die Verklärung Jesu, ZNW 51, 1960, 56–64 – *T. Schramm*, Markusstoff, 136–139 – *J. M. Nützel*, Die Verklärungserzählung im Markusevangelium, FzB 3, Würzburg 1973 – *F. Neirynck*, Minor Agreements Matthew – Luke in the Transfiguration Story, in: Orientierung an Jesus, Festschr. f. J. Schmid, Freiburg 1973, 253–266 – *W. H. Williams*, The Transfiguration – a new Approach, in: StudEv VI, TU 112, Berlin 1973, 635–650 – *R. H. Stein*, Is the Transfiguration a misplaced Resurrection-Account?, JBL 95, 1976, 79–96.

[1] *T. Schramm*, a. a. O.; ferner *R. H. Stein*, a. a. O., 95.

[2] *H. Schürmann*, Komm., 563f.

[3] A. a. O.

lassen hat. Wenn in der so entstehenden Fassung der Verklärungsgeschichte nicht nur das Sichtbarwerden der Doxa Jesu betont wird, sondern auch das Sehen seiner Herrlichkeit durch die drei auserwählten Jünger (V. 32b), so liegt darin eine Steigerung gegenüber Markus vor. Die jenseitige Herrlichkeit tritt für eine kurze Zeit auf Erden voll in Erscheinung. Diese proleptische Schau ist freilich umrahmt von Todesansagen (9,22.44), die im lukanischen Bericht verstärktes Gewicht dadurch erhalten, daß es im Gespräch der beiden Männer mit Jesus um die *ἔξοδος*, den Ausgang seines Weges, geht. Indem Lukas hier den doppelsinnigen Begriff der *ἔξοδος* einbringt (der von 9,51 und 24,26 her zu interpretieren ist), nähert sich seine Sicht der Passions- und Erhöhungsgeschichte der johanneischen. Im Aufbau des Lukasevangeliums bereitet der Verklärungsbericht die in 9,51 markierte Wendung nach Jerusalem vor. Hatte die vorhergehende Perikope von dem angekündigten Leiden als dem notwendigen Durchgang auf diesem Weg zur Herrlichkeit gesprochen, so erscheint nun für kurze Zeit die Herrlichkeit Gottes an Jesus. Sie läßt das Ziel aufleuchten und nennt ihn mit dem Würdenamen des erwählten Sohnes; zugleich ist das Geschehen von Geheimnis umhüllt und verweist auf den bevorstehenden Passionsweg. Bei der Gattungsbestimmung des Grundberichts tritt die früher verbreitete Einordnung als vorweggenommener Ostergeschichte immer mehr zurück.[4] Ihn als eine ein vorösterliches Ereignis[5] überhöhende Epiphanieerzählung zu verstehen wird seinen tragenden Merkmalen besser gerecht als die speziell für diese Perikope eingeführte, schwer faßbare Kategorie des christologischen Midrasch.[6]

28 Lukas legt zwischen diese Perikope und die vorausgegangenen Worte Jesu einen Zeitraum von etwa acht Tagen. Diese Änderung gegenüber der Vorlage dürfte damit zusammenhängen, daß Markus/Matthäus der jüdischen Zählung (*μετὰ ἡμέρας ἕξ*) folgen, während Lukas die römische Zählweise aufnimmt.[7] *τὸ ὄρος* meint den Berg als Offenbarungsstätte, an einer Lokalisierung ist dem Bericht nicht gelegen.[8] Jesus betritt den Offenbarungsberg mit drei begleitenden Jüngern (vgl. Ex. 24,1f.). Die veränderte Reihenfolge (Petrus, Johannes, zuletzt Jakobus) zeigt die Rangfolge zur Zeit des Lukas an. Wie in 9,18 betet Jesus vor dem bevorstehenden Ereignis. **29** Dieses tritt wie die Taufoffenbarung 3,21f. während des Gebetes ein. Die Verwandlung der Gestalt konkretisiert sich bei Lukas zu einem Anderswerden des Aussehens seines Angesichtes und einem Lichthellwerden seines Gewandes, dessen Glänzen er mit einem Blitz vergleicht. Die göttliche Welt ist lichthafte Wirklichkeit, ihr Aufleuchten im irdischen Bereich geschieht blitzhaft. Es ist nicht das Überstrahltwerden mit göttlicher Lichtherrlichkeit bei Mose (Ex. 34,29f; vgl. 2. Kor. 3,7–13), vielmehr bekommen Gewand und Aussehen Jesu himmlische Lichtart, wie sie Gott eigen ist (Ps. 104,2). **30** Zwei himmlische Gestalten, hier in der Reihenfolge Mose und Elia (Gesetz und Prophetie), reden mit ihm und zeigen seine Zugehörig-

---

[4] Eine übersichtliche Zusammenstellung aller Gegengründe bei *R. H. Stein*, a. a. O., 90–94.

[5] Der Versuch einer biographisch-psychologischen Bestimmung eines solchen Ereignisses bei *H. Baltensweiler*, a. a. O., 89 (»Erlebnis, das Jesus in seinem Kampf gegen die Versuchung zum politischen Messiasideal in die entgegengesetzte Richtung bestimmte«), führt freilich in die Irre.

[6] Eingeführt von *H. Nützel*, a. a.O., 177–181.

[7] An einen »Oktavtag« zum Christusbekenntnis von 9,18ff. zu denken verbietet schon das *ὡσεί*.

[8] Die kirchliche Tradition denkt an den Tabor, daneben wird der Hermon erwogen (vgl. *Cl. Kopp*, Die heiligen Stätten, 299–304).

keit zu ihrer Welt. **31** Der Inhalt ihres Gespräches ist seine *ἔξοδος* in Jerusalem, die Passion, Auferstehung und Himmelfahrt umschließt[9] und als eine zu erfüllende Aufgabe (*ἤμελλεν πληροῦν*) vor Jesus steht. Damit wird der in 9,51 beginnende Weg nach »Jerusalem im göttlichen Heilsplan verankert«.[10] **32** Erst jetzt werden die Jünger in das Geschehen, das als ein nächtliches gedacht ist, einbezogen. Der Schlaf der Jünger und das Gebet Jesu lassen an die Nacht in Gethsemane denken (22,39ff.). Der nächtliche Zeitpunkt unterstreicht ebenso wie später das Unverständnis der Jünger (vgl. V. 33) den Geheimnischarakter. Bei ihrem Erwachen sehen die drei Jünger Jesus in seiner Herrlichkeit (vgl. 9,26) und die himmlischen Gestalten bei ihm. **33** Petrus, der die sich entfernende Erscheinung festzuhalten sucht (so Lukas), bietet den Hüttenbau an. Aus seinem Ansinnen spricht die Erwartung, die himmlische Vollendung nach dem Vorbild der irdischen Laubhüttenfeier zu erleben.[11] Schroffer als Markus betont Lukas das Unverständnis des Petrus. **34** Die Wolke, die sich herabsenkt und auf die Gegenwart Gottes deutet (vgl. Ex. 24,15–18), schließt die himmlischen Gestalten (jedoch nicht die Jünger) ein (vgl. auch Apg. 1,9). **35** Der Belehrung Jesu über seine *ἔξοδος* (9,31) entspricht die der Jünger über die göttliche Würde Jesu.[12] Die himmlische Stimme aus der Wolke proklamiert ihn vor den Jüngern als Sohn und Auserwählten Gottes. Die Bezeichnung der Würde ist stärker an Jes. 42,1 angelehnt. Zugleich fordert die Stimme (wie bei Markus) dazu auf, auf Jesus zu hören, und offenbart ihn damit als eschatologischen Propheten und neuen Mose (vgl. Deut. 18,15). Diese Himmelsstimme muß im Zusammenhang mit der Taufstimme (3,22) gehört werden, als deren Überbietung sie gelten kann. Stand jene am Anfang des öffentlichen Wirkens, so ist diese dem Aufbruch nach Jerusalem vorangestellt.[13] **36** Jesus bleibt allein zurück, nachdem die Wolke verschwunden ist. Die erwählten drei Jünger schweigen über die Vorgänge gegenüber jedermann, solange – *ἐν ἐκείναις ταῖς ἡμέραις* – Jesus unter ihnen ist. Nach Ostern ist dieses Schweigegebot wie das von 9,21 aufgehoben.

26. Die Heilung des epileptischen Knaben 9,37–43a; Mark. 9,14–29; Matth. 17,14–21*

(37) Es geschah aber, als sie am folgenden Tage vom Berge herabkamen, kam ihm eine große Volksmenge entgegen. (38) Und siehe, ein Mann aus der Menge rief aus und sprach: »Lehrer, ich bitte dich, herabzuschauen auf meinen Sohn, denn er ist mein

---

[9] Vgl. *A. Feuillet*, a. a. O., 290–292, der an die Vorstellung des Herausgehens aus der Welt (Exodos) denkt.

[10] *G. Schneider*, Komm., 216.

[11] Dazu *H. Riesenfeld*, a. a. O., 265–280; *H. Baltensweiler, a. a. O., 38–51, 59–61.*

[12] *H. Riesenfeld*, a. a. O., 291, macht auf den in der Lukasfassung damit gegebenen pädagogischen Zug aufmerksam.

[13] Dazu *H. Conzelmann*, Mitte der Zeit, 45–47.

* Lit.: *X. Léon-Dufour*, L'épisode de l'enfant épileptique, in: La formation des évangiles, RechBibl 2, Bruge/Louvain 1957, 85–115 – *H. van der Loos*, Miracles, 397–405 – *G. Bornkamm*, Pneuma alalon, in: Geschichte und Glaube II, München 1971, 21–36 – *H. Aichinger*, Zur Traditionsgeschichte der Epileptikerperikope Mk. 9,14 Par., in: Probleme der Forschung, StNTU 3, Wien/München 1978.

einziger; (39) und siehe, ein Geist nimmt ihn, und plötzlich schreit er, und er reißt ihn unter Schäumen, und nur schwer weicht er von ihm, wenn er ihn mißhandelt. (40) Und ich habe deine Jünger gebeten, daß sie ihn austrieben, und sie konnten es nicht.« (41) Jesus aber antwortete und sprach: »O du glaubensloses und verkehrtes Geschlecht, wie lange noch werde ich bei euch sein und euch ertragen? Bringe deinen Sohn hierher.« (42) Noch als er herkam, riß ihn der Dämon und zerrte ihn zusammen. Jesus aber bedrohte den unreinen Geist und heilte den Knaben und gab ihn seinem Vater. (43) Sie alle aber staunten über die Größe Gottes.

V. 37: Die zeitliche Verbindung mit der vorangehenden Perikope wird verschieden ausgedrückt: *διὰ τῆς ἡμέρας* lesen D, it, syr$^{sin, cur}$, *τῆς ἡμερὰς* p^{45}, alle anderen Handschriften *τῇ ἑξῆς ἡμέρᾳ*. Die erstgenannten Lesarten denken an den Tagesbeginn mit dem Abend. – V. 38: Das *ἐπιβλέψαι* wird gewöhnlich infinitivisch aufgefaßt, doch könnte *ἐπίβλεψον* bei א, D auch an die (seltenere) imperativische Form *ἐπίβλεψαι* denken lassen, so daß zu übersetzen wäre: »Ich bitte dich: Kümmere dich . . .«

Der Verklärung auf dem Berge folgt (wie bei Markus) die Heilung des epileptischen Knaben, den die zurückgebliebenen Jünger nicht gesund zu machen vermochten. Lukas verbindet das Ereignis zeitlich mit dem vorhergehenden: am Tage nach der Nacht der Verklärung findet diese Begegnung statt. Der Bericht ist gegenüber Markus stark gekürzt, dabei durch Straffung und Eigenformulierung neu akzentuiert, jedoch kaum von einer weiteren Quelle abhängig.[1] Der Kürzung fällt nicht nur die ausführliche Schilderung der Krankheit (Mark. 9,20b–22) und der Austreibung (Mark. 9,25–27) zum Opfer, sondern auch die Glauben fordernde und weckende Ansprache Jesu an den Vater (Mark. 9,23f.). Wo als Schluß eine Anweisung für die Jünger über den Exorzismus steht, durch die die Perikope der Jüngerunterweisung eingegliedert ist, hat Lukas den bei Wundergeschichten üblichen Ausklang: Die Menge preist die Großtat Gottes. Unter Verzicht auf alle Nebenlinien ist der Bericht zum reinen Heilungswunder geworden.[2] Die enge Verklammerung mit der folgenden Leidensweissagung erinnert daran, daß der wundertätige Jesus der zum Leiden ausgelieferte Menschensohn ist, rückt aber auch das Versagen der Jünger (V. 40) und ihr Unverständnis (V. 45) nahe aneinander.

37 Auf die Nacht folgt der Tag, auf die Einsamkeit des Offenbarungsortes die Begegnung mit der Menge. Wie Luk. 6,12.17 wartet das Volk unterhalb des Berges auf den herabkommenden Jesus. **38** Aus der Menge heraus ruft ein Vater Jesus als Lehrer (*διδάσκαλε*) an und bittet für seinen Sohn. Er erwartet von ihm das hilfreiche Herabsehen, das sonst von Gott ausgesagt wird.[3] Seine Bitte wird damit begründet, daß der Knabe – eine von Lukas artikulierte Steigerung – sein einziges Kind ist (*μονογενής* wie 7,12 und 8,42). **39** Die Krankheitsschilderung ist gegenüber Markus relativ selbständig. Sie redet von einem *πνεῦμα* (nicht *πνεῦμα ἄλαλον*) und hebt im Unterschied zu ihm hervor, daß der Kranke bei Beginn des Anfalls aufschreit, dieser lange anhält und Mattigkeit wie nach einer Mißhandlung verursacht (*συντρῖβον αὐτόν*). Das Krankheitsbild entspricht dem der Epilepsie.[4]

---

[1] Dazu *G. Bornkamm*, a. a. O., 32f.

[2] Religionsvergleichende Auslegung hat darauf verwiesen, daß in antiken Epiphanieerzählungen Priester von Heilgöttern nicht zu heilen vermögen, wenn der Gott abwesend ist, während bei seiner Rückkehr ihr Versagen in Ordnung gebracht wird; vgl. dazu *W. Grundmann*, z. St. in früheren Aufl. dieses Komm.

[3] Nach Jos., Ant. I, 20 ist Gott *πάντα ἐπιβλέπων*.

[4] Vgl. *H. van der Loos*, a. a. O., 402ff.

40 Daß die Jünger die Bitte um Austreibung des bösen Geistes nicht erfüllen konnten, wird erst jetzt nachgetragen. **41** Die Klage über das ungläubige Geschlecht kann sich vom Inhalt her nur gegen das Volk (in der Markusvorlage einschließlich der mit den Jüngern disputierenden Schriftgelehrten) richten. In der Formulierung klingt Deut. 32,20 durch. Sollte Lukas sie auf die Jünger beziehen, könnte er an ihr Unvermögen trotz der 9,1 gegebenen Vollmacht gedacht haben.[5] **42** Jesus heilt durch sein bloßes Drohwort an den »unreinen Geist« den Kranken und gibt ihn seinem Vater wieder (vgl. Luk. 7,15). **43** Die Menge preist Gottes Größe, die sich in Jesu Tat erweist. Als *μεγαλειότης* – ein echt hellenistischer Ausdruck – ist in 2. Petr. 1,16 Jesu Epiphanie auf dem Verklärungsberg beschrieben. Hier wird die Zugehörigkeit des Helfers Jesus zu Gott und seiner Welt ausgedrückt.

27. Die zweite Leidensankündigung
9,43b–45; Mark. 9,30–32; Matth. 17,22f.*

(43b) Als sich aber alle wunderten über alles, was er tat, sprach er zu seinen Jüngern: (44) »Nehmt ihr in eure Ohren diese Worte auf! Denn der Menschensohn wird übergeben werden in Menschenhände.« (45) Sie aber verstanden dieses Wort nicht, und es war vor ihnen verhüllt worden, so daß sie es nicht verstanden, und sie fürchteten sich, ihn zu befragen wegen dieses Wortes.

Lukas hat diese weitere Leidensankündigung eng mit dem Vorhergehenden verbunden, indem er sie Jesus vor den Zeugen des Heilungswunders aussprechen läßt. Der Kontrast von Heilandsmacht und wehrloser Auslieferung ist um so deutlicher. Von einer *zweiten* Leidensweissagung zu reden ist nur dann zutreffend, wenn man sich klarmacht, daß Lukas das Schema der drei Leidensweissagungen des Markus aufgegeben hat und Jesus mehrfach auf seine Passion vorausweisen läßt: 12,49; 13,31ff; 17,25; 18,31–34. Die Nähe des Reiseberichts, der seinen Weg zum Leiden schildert, ist zu beachten.

43b Die Einleitung, nach der »alle« staunten über »alles«, was er getan hat, deutet auf den bevorstehenden Abschluß der galiläischen Wirksamkeit. **44** Im Gegensatz zu dieser Bewunderung für seine *Taten* fordert Jesus auf, seine *Worte* genau aufzunehmen. Sie werden in einem knappen Satz zusammengefaßt, der sich auf sein »Ausgeliefertwerden« bezieht und das Wortspiel Menschensohn/Menschenhände enthält. Der Ausblick auf die Auferstehung bleibt fort. **45** Lukas erweitert den Satz, der von der Verständnislosigkeit der Jünger spricht; dadurch betont er das Leidensgeheimnis. In diesem Einschub ist *ἦν παρακεκαλυμμένον ἀπ' αὐτῶν* ein Semitismus: das *ἵνα* ist wie in 8,10 konsekutiv zu verstehen (nicht final), das Handeln Gottes kommt bereits in der passiven Wendung zum Ausdruck. Jesus bleibt nach dem Willen Gottes mit seinem unverstandenen Leidensgeheimnis einsam, auch diese Einsamkeit gehört in seine Passion.

---

[5] So *H. Schürmann*, Komm. z. St.

* Lit.: *G. Gamba*, Senso significato funzionale di Luca 9,43b–45, in: Il Messianismo, Atti della 18. Settimana biblica, Brescia 1966, 233–267 – *T. Schramm*, Markusstoff, 132–136.

28. Der Streit der Jünger um die Größe 9,46–50; Mark. 9,33–41; Matth. 18,1–5*

(46) Es kam aber eine Überlegung bei ihnen auf, wer der Größte von ihnen sei (oder: wer größer sei als sie). (47) Jesus aber wußte um die Überlegung ihres Herzens, ergriff ein Kind, stellte es neben sich (48) und sprach zu ihnen: »Wer dieses Kind aufnimmt in meinem Namen, nimmt mich auf. Und wer mich aufnimmt, nimmt den auf, der mich gesandt hat. Denn wer der Kleinste unter euch allen ist, der ist groß.«

(49) Es antwortete aber Johannes und sprach: »Gebieter, wir sahen einen, der in deinem Namen Dämonen austrieb, und wir hinderten ihn, weil er nicht nachfolgt mit uns.« (50) Jesus aber sprach zu ihm: »Hindert ihn nicht, denn wer nicht gegen euch ist, ist für euch.«

Die Jüngerfrage nach der Größe und die Begegnung mit dem fremden Exorzisten, der nicht zum Jüngerkreis gehört, sind die letzten Einheiten, die Lukas dem Markusfaden folgend überliefert, ehe er seinen langen, im wesentlichen aus SLk und Q gespeisten Reisebericht beginnt. Nur diese beiden Stücke hat er aus dem Zusammenhang Mark. 9,32 – 10,12 übernommen und zu einer einheitlichen Szene gestaltet. Dabei hat er einerseits gekürzt, an einigen Stellen jedoch die Markusvorlage aufgefüllt. Obwohl ein redaktioneller Anschluß nicht gegeben ist, kann die vorausgehende Einheit als Hintergrund verstanden werden. Sie hatte das Unverständnis der Jünger gegenüber der Leidensankündigung Jesu gezeigt. Aus der gleichen Wurzel stammen das Streben nach Geltung und Größe (9,46–48) und ihr unduldsamer Eifer (9,49.50).

46 Die von Lukas neu gestaltete Einleitung streicht die in der Vorlage enthaltene Ortsangabe ebenso wie die Frage Jesu und das Schweigen der Jünger. Es geht ihm allein um das Denken der Jünger, das sich um die Frage nach der Größe bewegt. Der Text der Frage bei Lukas läßt im Unterschied zur Markusfassung die Möglichkeit zu, die Frage der Jünger so aufzufassen, daß es darum ginge, wer größer sei als sie. Sie halten sich für die Größten, weil sie Jesu Jünger sind. **47** Jesus durchschaut sie (wie 5,22; 6,8) und beantwortet die Frage, indem er einer zeichenhaften Handlung ein deutendes Wort folgen läßt. Er stellt ein Kind in die Mitte und gewährt ihm damit den ersten Rang. **48** Die von Lukas bewußt an den Schluß gestellte Folgerung (vgl. dagegen Mark. 9,35b) besagt dementsprechend: wer der Kleinste unter euch allen ist, ist der Größte. Größer als die Jünger ist das Kind, das Jesus neben sich stellt. Dieses Schlußwort interpretiert die zunächst gegebene Antwort: Ihre Größe entscheidet sich an der Stellung zu den Kleinen, zuerst zu den Kindern. Die in der Welt geltenden Begriffe von Größe, Geltung und Rang werden im Jüngerkreis umgestaltet, ja umgekehrt.[1]

49 Diese Antwort Jesu beantwortet Johannes – als Sprecher der Jünger wie sonst Petrus

---

* Lit.: *E. Wilhelms*, Der fremde Exorzist, StTh 3, 1949, 162–171 – *G. Lindeskog*, Logia-Studien, StTh 4, 1950, 129–189, bes. 171–177 – *R. Schnackenburg*, Mark. 9,33–50, in: Synopt. Studien, Festschr. f. A. Wikenhauser, München 1953, 184–206 – *G. Klein*, Jesus und die Kinder, in: Ärgernisse. Konfrontation mit dem Neuen Testament, Wuppertal 1970, 59–81.

[1] Anders die Deutung von *E. Wilhelms*, a. a. O., 163, der diese und die folgende Szene ganz aus der nachösterlichen Situation erklärt und im Kind »nicht Symbol der Demut, sondern der hilfsbedürftigen Jünger« sehen will.

(vgl. 9,20) – mit der Frage nach dem fremden Exorzisten. Dieser bekennt sich zu Jesus, lehnt aber die Jünger ab. Jesu Name als der eines wirkkräftigen Exorzisten könnte schon in vorösterlicher Zeit von jüdischen Dämonenbannern verwendet worden sein.[2] **50** Jesus antwortet den Jüngern mit dem Verbot, ihm zu wehren (*μὴ κωλύετε* vgl. Mark. 10,13). Unter Aufnahme eines geflügelten Wortes begründet er es mit der Aussage, daß jeder, der nicht Gegner ist, als Bundesgenosse gelten darf. Lukas wandelt dabei das *ἡμῶν* des Markus in ein *ὑμῶν* um. Handelt es sich um ein profanes Weisheitswort?[3] Gebraucht Jesus eine auch in Palästina bekannte Version eines Schlagwortes aus der Zeit der römischen Bürgerkriege?[4] Auffallend ist der formale Gegensatz zu Luk. 11,23 (= Matth. 12,30 [Q]), den Lukas nicht übersehen haben kann. Viel spricht dafür, daß Lukas trotz der Situationsbezogenheit das hier vorliegende Wort als die übergeordnete, grundsätzliche Aussage betrachtete, während er den exklusiven Spruch in die in 11,14ff. angesprochene Kampfsituation eingebunden sah. Vom unduldsamen Eifer der Jünger und von Jesu Abwehr ist ja auch in der folgenden Perikope die Rede, mit der Lukas den Reisebericht nach Jerusalem einleitet.

---

[2] Dazu *O. Böcher*, Christus Exorcista, BWANT 96, Stuttgart 1972, 88ff.

[3] So *E. Wilhelms*, a. a. O., 164, für den es zur Verhaltensmaßregel der Jüngergemeinde in Verfolgungssituationen geworden ist.

[4] Zu der als Analogie zitierten Stelle Cicero, Pro Ligario 32: Te enim dicere audiebamus nos (die Leute des Pompeius) omnes adversarios purare nisi qui nobiscum essent; te (Caesar) omnes, qui contra te non essent, tuos, vgl. die Kontroverse zwischen *E. Nestle*, ZNW 13, 1912, 84–87, und *A. Fridrichsen*, ZNW 13, 1912, 273–281.

IV. Der Zug zur Passion von Galiläa nach Jerusalem 9,51–19,27*

Mit dem Reisebericht erfolgt die grundlegende Veränderung am Aufbau des Markusevangeliums durch Lukas. Durch diesen Eingriff nimmt sein Evangelium innerhalb der Synoptiker eine Sonderstellung ein. Die Bezeichnung Reisebericht für den jetzt einsetzenden Komplex ist nicht unumstritten.[1] In der Tat zeigt Lukas seit 4,42–44 Jesus als Wandernden (vgl. 5,12; 6,1.12.17; 7,1.11; 8,1). Ferner kann das Verb *πορεύεσθαι* mit 51 Stellen als Vorzugswort des Lukasevangeliums im ganzen gelten (Matth.: 29; Mark.: 3), wobei knapp die Hälfte (25 Stellen) auf Jesus (bzw. Jesus und die Seinen) als Subjekt entfallen. Was den nun folgenden Reisebericht von dem galiläischen Wandern unterscheidet, ist das Ziel der Wanderung: Jerusalem, die Stadt der »Hinaufnahme«. In seiner Gestaltung des Reiseberichts hat Lukas eine Linie verstärkt, die sein Evangelium durchgängig bestimmt: Jesus, der göttlichem Plan gemäß Wandernde, der zugleich der einkehrende Gast ist, in dem Gott sein Volk heilbringend »heimsucht« (1,78f.; 4,43; 5,27–39; 7,16; 7,36ff.; 19,44ff.).[2] Diese christologische Konzeption erhält durch die Gestaltung des Reiseberichts erhebliche Verstärkung (9,56f.; 10,1.38; 11,37; 14,1; 15,1f.; 19,5.11). Die Ausrichtung auf die Passion – es gehen voraus die beiden Leidensansagen 9,22 und 9,44 – und deren Verständnis als Eingang in die messianische Herrlichkeit (24,26) bestimmen auch die Funktion des Reiseberichts. »Lukas versteht also den Weg zur Messianität als eine Wanderung, die durch Heimatlosigkeit und Verstoßung (9,51–58 am Eingang des

---

* Lit.: *K. L. Schmidt*, Der Rahmen der Geschichte Jesu, Breslau 1919, 246–273 – *J. Blinzler*, Die literarische Eigenart des sogenannten Reiseberichts im Lukasevangelium, in: Synoptische Studien, Festschr. f. A. Wikenhauser, München 1953, 20–52 – *J. Schneider*, Zur Analyse des lukanischen Reiseberichts, in: Synoptische Studien, Festschr. f. A. Wikenhauser, München 1953, 207–229 – *E. Lohse*, Missionarisches Handeln Jesu nach dem Evangelium des Lukas, ThZ 10, 1954, 1–13 – *H. Conzelmann*, Mitte der Zeit, 48–60 – *W. Grundmann*, Fragen der Komposition des lukanischen »Reiseberichts«, ZNW 50, 1959, 252–279 – *B. Reicke*, Instruction and Discussion in the Travel Narrative, in: StudEv I, TU 73, Berlin 1959, 206–214 – *W. C. Robinson jr.*, The Theological Context for Interpreting Luke's Travel Narrative (9,51ff.), JBL 79, 1960, 20–31 = (dt. Übers.) Der theologische Interpretationszusammenhang des lukanischen Reiseberichts, in: G. Braumann, Lukasevangelium, 115–134 – *J. H. Davies*, The purpose of the Central Section of St. Luke's Gospel, in: StudEv II, TU 87, Berlin 1964, 164–169 – *M. D. Goulder*, The Chiastic Structure of the Lucan Journey, in: StudEv II, TU 87, Berlin 1964, 195–202 – *D. Gill*, Observation on the Lukan Travel Narrative and Some Related Passages, HarvThRev 63, 1970, 199–221 – *G. Ogg*, The Central Section of the Gospel according to St. Luke, NTS 18, 1971/72, 39–53 – *P. von der Osten-Sacken*, Zur Christologie des lukanischen Reiseberichts, EvTh 33, 1973, 476–496 – *J. W. Wenham*, Synoptic Independence and the Origin of Luke's Travel Narrative, NTS 27, 1981, 507–515.

[1] Dazu *W. Grundmann*, a. a. O., 252.

[2] *W. C. Robinson*, Der Weg des Herrn, 41f., 57f.

Reiseberichts), durch Leiden und Tod führt und die Herrlichkeit des Lebens und Lichtes zum Ziel hat.«[3] Die diesen Weg begleitenden Jünger zeigen ihr Unverständnis (9,54; 18,34), sind aber andererseits die, an die sich das belehrende Wort Jesu immer wieder richtet.

Daß es sich beim Reisebericht um die Schöpfung des Lukas handelt, wird durch sprachliche Beobachtungen an den Perikopeneinleitungen und -ausgängen erhärtet.[4] Läßt man für die Abgrenzung des Reiseberichts allein den literarkritisch-vergleichenden Gesichtspunkt maßgebend sein, so fiele er mit der großen Einschaltung 9,51–18,14 zusammen. Orientiert man sich hingegen an der Komposition des Lukas, so erreicht der Reisebericht mit der Ankunft in Jerusalem sein Ziel und umfaßt 9,51–19,27. Diese Abgrenzung wird seit *K. L. Schmidt*[5] weitgehend festgehalten und erscheint gegenüber neueren Versuchen, den Umfang noch weiter zu fassen,[6] als die angemessenere Sicht. Der im Reisebericht dargebotene Stoff stammt zumeist aus Q und SLk, am Schluß steht ein dritter Markusblock, den Lukas in seine Konzeption hineinnimmt und den er verhältnismäßig selbständig verarbeitet. Nur wenige Bemerkungen enthalten die Situation des Zuges nach Jerusalem: 9,51–53; 13,22.33; 17,11; 18,31.35. Dazu kommen die Erzählungen, die Jesus als Wandernden und als Gast zeigen: 9,5f.; 10,1.38; 11,37; 14,1; 15,1; 19,5.11. Der ganze übrige Stoff hat keinen Bezug zur Reise nach Jerusalem.

Weithin unbestritten ist die zuerst von *K. L. Schmidt* betonte Einsicht, daß der größere Teil des Stoffs – außer dem von Markus übernommenen Gut – ort- und zeitlos überliefert wurde und seine Rahmung erst durch Lukas erfuhr.[7] So erscheint der Reisebericht als Rahmen für ort- und zeitlos überlieferte Perikopen meist lehrhaften Inhalts. Die wenigen Reisebemerkungen haben schon früher die Frage wachgerufen, ob Lukas eine klare Vorstellung vom Reiseweg von Galiläa nach Jerusalem besessen hat.[8] Für *H. Conzelmann*, der sie entschieden verneint, ist das Reisemotiv bewußte Redaktionsarbeit und dient der Schaffung eines christologisch bestimmten Rahmens.[9] Bei Lukas wird Jesu »Leidensbewußtsein« als »Reise« ausgedrückt, die sich deshalb an die Enthüllung der Leidensnotwendigkeit (9,18–50) anschließt. An H. Conzelmann anknüpfend, hat *P. von der Osten-Sacken* es als Ziel des Reiseberichts bezeichnet, verschiedene christologische Stadien und Aspekte zu unterscheiden und aufeinander zu beziehen.[10] Hintergrund ist eine Sicht des lukanischen Werkes, die dieses von der Parusieverzögerung her zu begreifen versucht und als sein Zentrum ein neues Verständnis der Messianität ansieht. Der traditionelle Messiasbegriff (in Kap. 1–2 noch dominierend) wird einem Prozeß christologischer Klärung unterworfen, bei der dem Reisebericht der entscheidende Platz zukommt. Jesus, dessen Messianität im Bericht über die galiläische Wirksamkeit als exorzistisches und heilendes Handeln interpretiert wird, erscheint jetzt in die Perspektive der *ἔξοδος* und

---

3 *W. Grundmann*, a. a. O., 256.
4 *J. Blinzler*, a. a. O., 34.
5 A. a. O., 246.
6 So *D. Gill*, a. a. O., 213; *P. von der Osten-Sacken*, a. a. O., 476, die bis 19,44 gehen möchten.
7 Zur Arbeitsweise des Lukas vg. *K. L. Schmidt*, a. a. O., 254–258.
8 *K. L. Schmidt*, a. a. O., 269; *R. Bultmann*, Synoptische Tradition, 24.
9 *H. Conzelmann*, Mitte der Zeit, 50. Die geographische Unkenntnis zeigt sich vor allem in 17,11; dazu 56f.
10 A. a. O., 484.

der *ἀνάλημψις* gerückt. Die christologische Korrektur 24,26 wird vorbereitet. Dennoch erweist sich eine Interpretation zunehmend als einseitig, die den zentralen Komplex des Lukasevangeliums vorzugsweise im Zeichen christologischer Konstruktion sieht. In deutlicher Abgrenzung von H. Conzelmann hat *W. C. Robinson* schon in dem der Veröffentlichung seiner Monographie vorausgehenden Aufsatz den konstitutiven Charakter des Weges für das lukanische Verständnis der Heilsgeschichte betont: »For Luke is God's revelation the revelation of a way«,[11] und von da aus die tragende Bedeutung des Reiseberichts unterstrichen. Das auffallende Dominieren lehrhafter Partien (Jüngerunterweisungen, Auseinandersetzungen mit Gegnern) – bei H. Conzelmann nicht ausreichend berücksichtigt – hat weitere Erklärungsversuche auf den Plan gerufen. Bereits *J. Schneider*, der die heilsgeschichtliche und christologische Grundlinie etwa gleichzeitig mit Conzelmann erkannte, konstatierte: »Der Reisebericht ist durch eine didaktisch-paränetische Tendenz gekennzeichnet.«[12] *B. Reicke* stellt die Frage nach dem Stoff, den Lukas für geeignet hielt, in den Reisebericht einbezogen zu werden.[13] Er glaubte einen regelmäßigen Wechsel von Instruktionen für Lehre und Mission und Diskussionen mit Gegnern in den Kapiteln 10–18 feststellen zu können. Schon früher hatte *E. Lohse* das Reisemotiv und den Weg Jesu durch Samaria missionstheologisch gedeutet: im Wege Jesu sei das missionarische Handeln der Jünger vorgezeichnet, wobei die Grenzüberschreitung zu den Samaritanern hin beispielhaft für die außerjüdische Welt stehe.[14] So weist das lehrhaft-paränetische Moment in die Aktualität der nachösterlichen ekklesialen und missionarischen Situation. Von da aus ist es angemessen, den christologischen Aspekt so weit zu fassen, daß er die didaktische und ekklesiologische Seite mit einschließt. Der Reisebericht des Lukas zeigt Jesus als Lehrer auf dem von Gottes Plan verordneten Weg in die Passion. So vereint sich der Tatbestand des Zuges zur Passion mit seiner Tätigkeit als prophetischer Lehrer, der zum Messias bestimmt ist und dessen Lehre durch seine »Aufnahme« zu Gott besiegelt wird. Darin erhält sie ihre Gültigkeit für die nachösterliche Gemeinde, die ihr Urbild in den Jesus begleitenden und ihm nachfolgenden Jüngern hat.

Geht man von einer redaktionellen Durchgestaltung des gesamten Reiseberichts aus, so lassen sich Zäsuren erkennen, durch die das Ganze in drei Teile gegliedert erscheint: sie zeichnen am Anfang die Wandersituation und benennen das Ziel der Reise (9,51; 13,22; 17,11). Der von *G. Ogg* unternommene Versuch, die »central section« (wie bei anderen angelsächsischen Forschern steht diese Bezeichnung bei ihm für den Reisebericht) in zwei parallele Berichte über die Reise nach Jerusalem – 9,51–10,42 (A) und 17,11–19,28 (B), in die als Supplement ein in Galiläa lokalisierter Teil 11,1–17,10 eingeschlossen sei – neu zu gliedern,[15] fällt hinter die Einsichten redaktionsgeschichtlicher Arbeit zurück. Eher ist die Beobachtung hilfreich, daß innerhalb der durch die oben genannten Zäsuren abgegrenzten Teile am Anfang jeweils die Situation des Wandernden gegenwärtig ist, dann in längeren Abschnitten die Lehre Jesu im Vordergrund steht. Die drei Abschnitte sind:

a) 9,51–13,21, wobei 9,51–10,42 Jesus auf der Wanderung zeigt, in 11,1–13,21 das lehrhafte Moment im Vordergrund steht;

---

[11] *W. C. Robinson*, Theological Context, 20.
[12] *J. Schneider*, a. a. O., 220.
[13] *B. Reicke*, a. a. O., 209.
[14] *E. Lohse*, a. a. O., 6.
[15] *G. Ogg*, a. a. O., 39ff.

b) 13,22–17,10, wo mit 14,1 ein gewisser Einschnitt gegeben ist;
c) 17,11–19,27, in diesem letzten Teil (Einschnitt bereits 17,20) wird unter Aufnahme einiger Markusperikopen der Weg Jesu bis vor die Tore von Jerusalem geführt.

A. Der erste Abschnitt des Zuges Jesu nach Jerusalem 9,51–13,21

1. Die verweigerte Samaritanerherberge 9,51–56*

(51) Es geschah aber, als sich die Tage seiner Hinaufnahme erfüllten, da richtete er das Angesicht fest darauf, nach Jerusalem zu ziehen. (52) Und er sandte Boten vor sich her, und sie zogen fort und kamen in ein Dorf der Samaritaner, um ihm (Herberge) zu bereiten. (53) Und sie nahmen ihn nicht auf, weil sein Angesicht (darauf gerichtet) war, nach Jerusalem zu ziehen. (54) Als dies aber die Jünger Jakobus und Johannes sahen, sprachen sie: »Herr, wenn du willst, laß uns sagen, daß Feuer vom Himmel falle und sie verzehre.« (55) Er wandte sich aber um und schalt sie. (56) Und sie zogen in ein anderes Dorf.

Die kleine Perikope weist allein drei textkritisch und überlieferungsgeschichtlich bedeutsame Abweichungen auf: V. 54 schließt die Bitte der Jünger bei Marcion, in A, C, D, W, *Θ*, der Koinegruppe und it mit »wie auch Elia tat«. Diese Lesart ist auch für ursprünglich gehalten worden, z.. B. von *E. Hirsch*, Frühgeschichte II, 208. Sie sei getilgt worden wegen der dadurch in die Erzählung einfließenden Kritik an dem Propheten Elia.– V. 55 ist der wortlose Verweis zu einer doppelschichtigen Antwort Jesu erweitert worden. Marcion, D und weitere Zeugen, vor allem der westlichen Textüberlieferung, lesen die Frage: »Wißt ihr nicht, welches Geistes Kinder ihr seid?« Eine Reihe weiterer Zeugen (u. a. *Θ*, it, vg) fügen noch an: »Der Menschensohn ist nämlich nicht gekommen, Menschenseelen zu verderben, sondern zu retten.« Dieses Logion erinnert an Luk. 19,10 und könnte in Anlehnung an diese Stelle formuliert worden sein. Beide nachgestellte Herrenworte müssen nicht nur aus textkritischen Gründen (Fehlen bei den Zeugen der hesychianischen Textgruppe), sondern auch aus formgeschichtlichen Erwägungen heraus als sekundär gelten. Es lag nahe, das ohne Herrenwort dargebotene Stück im Zuge der Textüberlieferung durch Anfügung von Logien der gewohnten Form des Apophthegmas anzugleichen (vgl. *R. Bultmann*, Synoptische Tradition, 24).

Bereits am Anfang des Reiseberichts wird das Ziel genannt: der Weg führt nach Jerusalem. Lukas weiß, daß zwischen Galiläa und Jerusalem Samaria liegt. Dieser Reiseweg ist für galiläische Pilger üblich (Jos., Ant. XX, 6,1), wenn auch nicht gefahrlos wegen des Gegensatzes zwischen Juden und Samaritanern. So ist hier der rechte Ort, von der Abweisung durch die Samaritaner zu sprechen. Die Stellung der Perikope am Anfang des Weges nach Jerusalem hat grundsätzliche Bedeutung. Wie Jesu erstes Auftreten in Naza-

---

* Lit.: *J. Starcky*, »Obfirmavit faciem suam ut iret Jerusalem«, RScRel 39, 1951/52, 197–202 – *G. Lohfink*, Die Himmelfahrt Jesu, StANT 26, München 1971, 212–217 – *G. Friedrich*, Lk. 9,51 und die Entrückungschristologie des Lukas, in: Orientierung an Jesus, Festschr. f. J. Schmid, Freiburg 1973, 48–77 = Auf das Wort kommt es an, Gesammelte Aufsätze, Göttingen 1978, 26–55 – *M. Miyoshi*, Der Anfang des Reiseberichts Lk. 9,51–10,24, AnBibl 60, Rom 1974, 6–32.

reth zur Abweisung durch die Nazarethaner führt, so beginnt auch der Weg nach Jerusalem mit einer Abweisung.

Das Traditionsstück ist vorlukanisch, es hebt sich deutlich von der lukanischen Einleitung ab.[1] Die Herkunft ist schwer bestimmbar. Am nächsten liegt es, an die Missionserfahrung der Gemeinde im samaritanischen Raum zu denken.[2] Füllt das Stück eine Lücke aus zwischen dem Verbot der samaritanischen Stadt für die Jünger (Matth. 10,5) und der Samaritanermission (Apg. 8,4–25), indem diese selbst als durch Jesus vorbereitet dargestellt wird?[3] Wie sehr der Gemeinde an einer Legitimation der Samaritanermission durch Jesus selbst gelegen war, zeigt Joh. 4,4–42.[4]

Auffallend ist, daß bei diesem Traditionsstück, dessen ursprüngliche Gestalt ohne ein Jesuswort überliefert wurde, das Interesse nicht so sehr an der Abweisung als an der Reaktion der Jünger haftet. Die somit aufklingende Jüngerthematik setzt sich in dem angefügten Stück fort.

51 Lukas verbindet durch *ἐγένετο δέ* mit dem Vorhergehenden und läßt erkennen: die Wanderung Jesu ist an einem entscheidenden Abschnitt angelangt. Die Formulierung ist lukanisch (vgl. Apg. 2,1).[5] Wenn die Tage voll werden, rückt der entscheidende Tag heran. Er ist als Tag der *ἀνάλημψις* Jesu bezeichnet. Die Deutung des Begriffs ist umstritten, der vorneutestamentliche Sprachgebrauch deutet eher auf das Hinscheiden (Ps. Sal. 4,18). Daraus haben *J. Schmid*[6] und besonders nachdrücklich *G. Friedrich*[7] gefolgert, daß auch an dieser Stelle nur der Kreuzestod, nicht Erweckung und Himmelfahrt gemeint sei. Demgegenüber hat *G. Lohfink* auf den Plural *ἡμέραι* verwiesen, der verdeutliche, »daß sich für Lukas die *ἀνάλημψις* Jesu über eine längere Reihe von Tagen erstreckt«.[8] Zudem stehen die lukanischen Aussagen über den Tod Jesu (Ausnahme 9,44) »niemals für sich allein, sondern sind immer verknüpft mit Verherrlichungsaussagen«.[9] So ist der Begriff mit Hinaufnahme zu übersetzen, in ihm ist seine Kreuzigung, Auferstehung und Himmelfahrt zusammengefaßt.[10] Die Ausrichtung auf den Ort, an dem dies geschehen soll, wird mit einem aus der Septuaginta stammenden Ausdruck bezeichnet. Er könnte an Jes. 50,6–8 erinnern,[11] in der Formulierung noch mehr an den Propheten Ezechiel (Ez. 6,2; 13,17; 14,8; 15,7), bei dem diese Wendung jeweils eine Entscheidung gegen die ausdrückt, denen das Angesicht entschlossen zugewandt wird. **52** Vorausgesandte Boten – in *πρὸ προσώπου αὐτοῦ* steht *πρόσωπον* wie im Alten Testament und bei den Rabbinen für das Personalpronomen er – sollen seinem Zuge Quartier bereiten; wohl auch gleichsam als seine Herolde seine Ankunft ankündigen. **53** Den feindlichen Gegensatz von

---

[1] Einzelnachweise bereits bei *M. Dibelius*, Formgeschichte, 44, Anm. 3.

[2] *R. Bultmann*, Synoptische Tradition, 24.

[3] *K. L. Schmidt*, Rahmen, 268f.

[4] *O. Cullmann*, Samaria und die Anfänge der christlichen Mission, in: Vorträge und Aufsätze, Tübingen/Zürich 1966, 232–240.

[5] Einzelheiten bei *G. Lohfink*, a. a. O., 215–217.

[6] *J. Schmid*, Komm. z. St.

[7] *G. Friedrich*, a. a. O., 49ff.

[8] A. a. O., 214.

[9] A. a. O., 213.

[10] Somit entspricht er dem johanneischen *δοξασθῆναι*.

[11] *J. Starcky*, a. a. O., 199.

Juden und Samaritanern,[12] der in der Zeit von Jesu Auftreten sich bis zu haßerfüllten Verdächtigungen und Anschlägen gesteigert hatte, bekommt Jesus zu spüren durch die Quartierverweigerung, die dem Jerusalempilger widerfährt. **54** Die Jünger Jakobus und Johannes, hier in der bei Markus und Matthäus üblichen Reihenfolge (gegen Luk. 8,51; 9,28 mit Luk. 6,14) empören sich und wollen Feuer vom Himmel fallen und sie vernichten lassen. Ob die Szene mit der Bezeichnung Donnersöhne für die Zebedaiden (Mark. 3,17) zusammenhängt,[13] bleibt ungewiß. Sie trauen sich die Fähigkeit zu augenblicklich vernichtendem Strafgericht zu, wenn Jesus ihnen die Genehmigung gibt; ein deutlicher Hinweis auf das die Jünger erfüllende enthusiastische Kraftbewußtsein. Was die Jünger tun wollen, entspricht dem, was Elia getan hat (vgl 2. Kön. 1,10–14). **55** Jesus wendet sich zu den Jüngern, die an ihn herangetreten sind, um und schilt sie, indem er ihnen solche Gedanken verbietet. Wer ihn abweist, bleibt sich selbst überlassen. Selbst Vergeltung zu üben ist den Jüngern untersagt (vgl. 9,5; 10,10), wie auch er es nicht tut. Jesus ist nicht Messias nach Art des Elia, wie die beiden Jünger meinten. **56** Er überläßt das abweisende Dorf sich selbst und zieht in ein anderes; ob dies auch ein samaritanisches oder ein galiläisches ist, wird nicht deutlich.

2. Nachfolger Jesu
9,57–62; Matth. 8,19–22*

(57) Und als sie weiterzogen auf dem Wege, sagte einer zu ihm: »Ich will dir folgen, wohin du auch gehst.« (58) Und Jesus sprach zu ihm: »Die Füchse haben Gruben, und die Vögel des Himmels haben Nester, der Menschensohn aber hat nicht, wo er das Haupt hinlege.« (59) Er sprach aber zu einem anderen: »Folge mir nach!« Der aber sagte: »[Herr,] erlaube mir zuerst hinzugehen, um meinen Vater zu begraben.« (60) Er aber sprach zu ihm: »Laß die Toten ihre Toten begraben, du aber gehe hin und verkündige die Königsherrschaft Gottes!« (61) Es sprach aber auch ein anderer: »Ich will dir folgen, Herr, zuerst aber erlaube mir, Abschied zu nehmen von denen, die zu meinem Hause gehören.« (62) Es sprach aber zu ihm Jesus: »Keiner, der seine Hand an den Pflug legt und schaut rückwärts, ist tauglich für die Königsherrschaft Gottes.«

V. 59: Die Anrede *κύριε,* die bei B, D, syr^{sin}, Orig. fehlt, könnte bei der Mehrzahl der Zeugen aus V. 61 eingedrungen sein und zeigt die in der Textgeschichte sich fortsetzende Tendenz zur Angleichung der Szenen.

Dem Beginn des Reiseberichts (Aufbruch nach Jerusalem, Abweisung durch die Samaritaner) läßt Lukas eine aus drei Stücken bestehende Perikope folgen, in der es um die An-

---

[12] Dazu Str.-B. I, 538–560.

[13] *E. Hirsch*, Frühgeschichte II, 207f., versteht sie »als eine den Namen Donnersöhne erklärende Legende«. Zur Einordnung von E. Hirsch vgl. o.

* Lit.: *E. Schweizer*, Erniedrigung und Erhöhung bei Jesus und seinen Nachfolgern, AThANT 28, Zürich 1955, 12f. – *A. Schulz*, Nachfolgen und Nachahmen, StANT 6, München 1962, 105–108 – *ders.*, Jünger des Herrn (1963), BG II, 15, Leipzig 1964, 16–23, 28–30, 38–42 – *H. Zimmermann*, Neutestamentliche Methodenlehre (1967), Leipzig 1968, 116–122 – *M. Hengel*, Nachfolge und Charisma, BZNW 34, Berlin (West) 1968 – *H. G. Klemm*, Das Wort von der Selbstbestattung der Toten, NTS 16, 1969/70, 60–75 – *O. Glombitza*, Die christologische Aussage des Lukas in der Gestaltung der drei Nachfolgeworte, NovTest 13, 1971, 14–33 – *P. Hoffmann*, Logienquelle, 181–187 – *S. Schulz*, Spruchquelle, 434–442 – *H. Merklein*, Gottesherrschaft, 56–64.

forderungen geht, die an die Nachfolgewilligen gestellt werden. Die Einbettung in den Zusammenhang zeugt von höchstem kompositorischen Geschick. Der in einem samaritanischen Dorf Abgewiesene ist der Heimatlose, vom dem das erste Logion spricht. Die Verkündigung des Reiches Gottes, um die es im zweiten und auch im dritten Logion geht, bildet den Inhalt des Sendungsauftrages, von dem im folgenden Stück die Rede ist. Im Aufbau sind die Szenen einander ähnlich: auf die Anrede Jesu durch einen zum Eintritt in seine Nachfolge Bereiten folgt eine knappe, die Erwartungen des Petenten zurechtweisende Antwort Jesu. Die an Jesus Herantretenden bleiben anonym, der Ausgang ist offen. Die paränetisch-paradigmatische Tendenz, die die Szenen in der Stilisierung durch die Überlieferung erhalten haben,[1] wird dadurch offensichtlich.

Lukas hat die Perikope (bzw. ihren größeren Teil) aus Q übernommen; die wörtliche Übereinstimmung mit Matth. 8,19–22, vor allem in den Herrenworten, ist unbestreitbar.[2] Man kann sie als ein für die Q-Überlieferung charakteristisches Gegenstück zu den »epiphanie-christologischen« Berufungsgeschichten bei Markus (1,16–20) verstehen.[3] Sollte Lukas die Akoluthie von Q beibehalten haben, dann wäre sie dort auf das Gespräch über Johannes den Täufer (Luk. 7,18–35) gefolgt; die daran anschließenden Stücke wären die in die Aussendungsperikope integrierten Jüngerinstruktionen. Die Verbindung Jesusnachfolge – missionarische Verkündigung des Reiches Gottes ist dann nicht erst von Lukas geschaffen, sondern in Q angelegt.[4] Daß er diese akzentuiert zur Geltung bringen will, zeigt die Entsprechung der Formulierungen in 9,60b und 10,9.11. Die Überlieferung des Lukas ist reicher als die des Matthäus. Das zweite Stück beginnt mit einem Nachfolgeruf (V. 59a), ein drittes Apophthegma folgt. Hat Lukas eine erweiterte Form von Q als Vorlage gehabt,[5] oder ist ihm ein dritter Nachfolgespruch aus anderer Überlieferung zugekommen? Denkt man an den mit der letzten Szene gegebenen antithetischen Akzent zur Eliaüberlieferung (s. u. V. 61.62), so wäre auch die Möglichkeit in Betracht zu ziehen, daß diese SLk zugehört habe und von Lukas an diese Stelle gerückt worden sei.[6] Die Stilisierung aller drei Stücke zu einer idealen Szene[7] macht diese keineswegs zur »dogmatischen Aussage«[8], schließt vielmehr die Bewahrung von historisch Authentischem in solchen Einheiten in keiner Weise aus.[9]

57 Die Wiederaufnahme der Q-Überlieferung wird eingeleitet durch das von Lukas formulierte *πορευομένων αὐτῶν ἐν τῇ ὁδῷ,* das auf die Reise zurückweist, auf der sich Jesus seit 9,51 befindet und von der im unmittelbar vorangehenden Vers die Rede war. Ein ungenannter und unbekannt bleibender Mann tritt an Jesus mit dem Entschluß zu bedingungsloser Nachfolge heran. **58** Jesus stellt dieser Entschlossenheit eine nüchterne Darstellung seiner Lage entgegen. Er tut das mit einem Wort, das sprichwortartigen

---

1 *A. Schulz*, a. a. O., 41; *M. Hengel*, a. a. O., 5; *H. Merklein*, a. a. O., 57.
2 Einzelvergleich bei *H. Zimmermann*, a. a. O., 119; *S. Schulz*, a. a. O., 434f.
3 *S. Schulz*, a. a. O., 435.
4 So auch *G. Schneider*, Komm., 231; *M. Hengel*, a. a. O., 3f.
5 Ähnlich *E. Hirsch*, Frühgeschichte II, 96f., der diese mit seiner Quelle Luk. I identifiziert.
6 So *W. Grundmann*, in früheren Aufl. dieses Komm. z. St.
7 So zuerst *R. Bultmann*, Synoptische Tradition, 58–60.
8 *S. Schulz*, a. a. O., 437; vgl. dagegen das Urteil von *H. Merklein*, a. a. O., 57f.
9 *M. Hengel*, a. a. O., 5; *H. Merklein*, a. a. O., 58.

Charakter trägt und als solches den Griechen bekannt ist (vgl. Plut., Tib. Gracch. 9). Die Aussage stellt Tiere, die umherfliegen und umherstreifen und doch ihre Behausung haben, dem Menschen gegenüber, der unbehaust ist.[10] »Menschensohn« meint dabei zunächst den Menschen im Unterschied zum Tier. Sowohl Lukas wie auch Matthäus (und sehr wahrscheinlich auch Q) sehen in diesem allgemeinen Wort das besondere Schicksal dessen ausgedrückt, der es auf sich bezieht, und damit das Schicksal des Menschensohns im christologischen Sinn.[11] So sind die Konsequenzen angesprochen, derer der Nachfolger gewärtig sein muß. Indem der Menschensohn im christologischen Sinn zum Subjekt wird, kommt eine geradezu paradoxe Spannung in die Aussage. »Die Nachfolge des heimatlosen Jesus bedeutet die Nachfolge dessen, dem die Vollmacht über alles gegeben ist.«[12] **59** Die zweite Begegnung beginnt mit einer Aufforderung Jesu an einen Menschen, ihm zu folgen. Die von Lukas in Erweiterung der bei Matthäus vorliegenden Q-Fassung geschaffene Einleitung[13] rückt die Szene in die Nähe der Berufungsgeschichten. Der Aufgeforderte ist zur Nachfolge bereit, will jedoch zuvor die Sohnespflicht wahrnehmen, die ihm der Tod des Vaters auferlegt. Das *ἀπελθόντι* läßt erkennen, daß er dazu auf dem Wege ist. Totenbestattung gilt überall in der Antike als elementare und selbstverständliche Pflicht der Pietät. In Israel besteht sie selbst für Priester und Leviten, die sich an keiner Leiche verunreinigen sollen. Sie entbindet vom Studium der Thora und allen Pflichtgeboten.[14] Weit verbreitet ist der Wunsch, durch den eigenen Sohn begraben zu werden.[15] Auch Apollonius von Tyana begräbt seinen Vater mit eigenen Händen.[16] **60** Angesichts dessen ist die Antwort Jesu von schneidender Schärfe: für jüdisches Denken erscheint sie als Frevel, allgemeinmenschlichem Urteil als Pietätlosigkeit. Sie ist wegen ihrer Härte von der Auslegung meist abgeschwächt worden.[17] Selbst das metaphorische Verständnis als »geistlich Tote« erscheint als Milderung der Unerbittlichkeit dieses Herrenwortes, das sich tief eingeprägt hat. »Laß die Toten sich untereinander selbst begraben!«[18] Der Verweis auf das Nasiräat (Num. 6,6), das Verbot der Verunreinigung für den Hohenpriester (Lev. 21,11) und der Leichenklage für den Propheten (Jer. 16,5–7; Ez. 24,15–24) erfaßt nur Gedankenanalogien, keine Sachparallelen. Vielmehr treffen hier der eschatologische Aspekt – das aus Matth. 10,37 bekannte apokalyptische Motiv des Zerbrechens der Familie in der Zeit des letzten Peirasmos[19] – und der Vollmachts-

---

[10] Zur Herkunft und Geschichte vgl. *S. Luria*, ZNW 25, 1924, 282–286.
[11] *H. E. Tödt*, Der Menschensohn in der synoptischen Überlieferung, Gütersloh 1963, 112–114.
[12] *P. Hoffmann*, a. a. O., 182; vgl. *H. Zimmermann*, a. a. O., 121.
[13] *S. Schulz*, a. a. O., 434; *M. Hengel*, a. a. O., 4.
[14] Ber. III,1: »Wer seinen Toten vor sich liegen hat, ist frei von der Sch'marezitation, vom (Pflicht-) Gebet und von den Gebetsriemen«; b. Ber. 18a fügt hinzu: »und von allen Pflichtgeboten, die in der Thora genannt sind«; vgl. Str.-B. IV, 578–592.
[15] *M. Hengel*, a. a. O., 10, verweist auf Tob. 4,3f.; ferner Test. Ruben 7,1; Test. Levi. 19,5.
[16] Philostrat, Vita Apollonii 1,13.
[17] Vgl. die von *H.-G. Klemm*, a. a. O., dargebotene Auslegungsgeschichte. Dort auch die Auseinandersetzung mit älteren Deutungsversuchen, wie den Verweis auf ägyptische Märchenmotive (H. Greßmann, in: Protestantenblatt 19, 1916, 281, wo wirklich Tote Tote begraben) und der Annahme eines Übersetzungsfehlers (*H. Perles*, ZNW 18, 1919, 96: Laß die Toten ihren Totengräbern).
[18] So *F. A. Fritzsche* (1825) nach *H.-G. Klemm*, a. a. O., 72.
[19] *M. Hengel*, a. a. O., 14.

anspruch Jesu zusammen, der an die Stelle der Thora tritt und selbst den Bruch des Elterngebots fordern kann. Solche Radikalität läßt sich allein im Kontext des historischen Jesus überzeugend erklären.[20] An die Stelle der Totenklage, die zum Totengeleit gehört, soll die Botschaft von der Gottesherrschaft, die Lebensherrschaft ist, treten. **61** Tritt der erste der drei Nachfolger mit seinem Angebot an Jesus heran und wird der zweite gerufen, so macht der dritte nun wieder ein Angebot und verbindet damit eine Bitte, die wie in der vorhergehenden Szene eine Verzögerung einschließt. Sie entspricht der des Elisa, als ihn Elia ruft (vgl. 1. Kön. 19,20). Er will Abschied nehmen von denen, die seine Hausgenossen sind. **62** Während Elia dem Elisa seine Bitte gewährt, handelt Jesus anders. Er stellt das Bild des Pflügenden vor Augen, der nur gerade Furchen ziehen kann, wenn er vorwärts und nicht rückwärts schaut. Nur wer dazu fähig ist, ist geeignet für die Herrschaft Gottes. Dabei ist weniger an eine Qualifikation zum Eintritt in das Reich Gottes als an die Tauglichkeit zur Reichspredigt gedacht.[21]

3. Aussendung und Rückkehr der Boten
10,1–20; Matth. 9,37f.; 10,7–16; 11,20–24*

(1) Danach aber bestimmte der Herr andere [zweiund] siebzig und sandte sie je zwei [und zwei] vor sich her in jede Stadt und jeden Ort, wohin er kommen wollte. (2) Er aber sprach zu ihnen: »Die Ernte ist nämlich groß, die Arbeiter aber wenige. Bittet also den Herrn der Ernte, daß er Arbeiter ausschicke in seine Ernte. (3) Gehet hin! Siehe, ich sende euch wie Schafe mitten unter Wölfe. (4) Traget nicht Beutel, nicht Tasche, nicht Sandalen, und grüßt niemanden auf dem Wege. (5) Wenn ihr in ein Haus eintretet, sagt zuerst: Friede diesem Hause. (6) Und wenn dort ein Sohn des Friedens ist, wird euer Friede sich auf ihm niederlassen; wenn aber nicht, so wird er auf euch zurückkommen. (7) Bleibt in ein und demselben Hause, eßt und trinkt, was euch vorgesetzt wird. Denn der Arbeiter ist seines Lohnes wert. Wechselt nicht von Haus zu Haus. (8) Und wenn ihr

[20] Dazu *H. Merklein*, a. a. O., 57.
[21] *G. Schneider*, Komm., 233.

* Lit.: *B. Metzger*, Seventy or Seventy-Two Disciples? NTS 5 1958/59, 299–306 – *Joach. Jeremias*, Paarweise Sendung im Neuen Testament, in: New Testament Essays. Studies in Memory of T. W. Manson, Manchester 1959, 136–143 = Abba, Göttingen 1966, 132–139 – *F. Hahn*, Das Verständnis der Mission im Neuen Testament, WMANT 13, Neukirchen 1963, 33–36 – *G. Schille*, Die urchristliche Kollegialmission, AThANT 48, Zürich 1967 – *E. Haenchen*, Weg Jesu, 223–226 – *F. Mußner*, Die Wunder Jesu (1967), BG II, 25, Leipzig 1969, 21–24 – *D. Lührmann*, Redaktion, 59–64 – *F. W. Beare*, The Mission of the Disciples and the Mission Charge, JBL 89, 1970, 1–13 – *P. Hoffmann*, Lk. 10,5–11 in der Instruktionsrede der Logienquelle, in: EKKV 3, Zürich 1971, 37–53 – *ders.*, Logienquelle, 237–287 – *S. Schulz*, Spruchquelle, 360–366, 404–419, 457–459 – *ders.*, »Die Gottesherrschaft ist nahe herbeigekommen« (Mt. 10,7/Lk. 10,9), in: Das Wort und die Wörter, Festschr. f. G. Friedrich, Stuttgart 1973, 57–67 – *O. Merk*, Das Reich Gottes in den lukanischen Schriften, in: Jesus und Paulus, Festschr. f. W. G. Kümmel, Göttingen 1975, 201–220, bes. 212–214 – *A. Polag*, Christologie, 67–72 – *H. Merklein*, Gottesherrschaft, 154–157, 160 – *I. Bosold*, Pazifismus und prophetische Provokation. Das Grußwort Luk. 10,4b und sein historischer Kontext, SBS 90, Stuttgart 1978 – *W. Klasen*, A Child of Peace (Luke 10,6), in: First Century Context, NTS 27, 1980/81, 488–506 – *P. Grelot*, Etude critique de Luc 10,19, RScRel 69, 1981, 87–100 – *B. Lang*, Grußverbot oder Besuchsverbot? (zu Lk. 10,4b), BZ 26, 1982, 75–79.

in eine Stadt hineinkommt und sie euch aufnehmen, eßt, was euch vorgesetzt wird (9), und heilt in ihr die Kranken und sagt ihnen: Nahe gekommen ist zu euch die Königsherrschaft Gottes. (10) Wenn ihr in eine Stadt hineinkommt und sie euch nicht aufnehmen, geht heraus auf ihre Straßen und sprecht: (11) Sogar den Staub, der sich uns aus eurer Stadt an die Füße geheftet hat, schütteln wir euch ab. Jedoch wisset dies: Nahe gekommen ist die Königsherrschaft Gottes. (12) Ich sage euch: Sodom wird es an jenem Tage erträglicher ergehen als jener Stadt.

(13) Wehe dir, Chorazin; wehe dir, Bethsaida. Denn wenn in Tyrus und Sidon die Krafttaten geschehen wären, die unter euch geschehen sind, sie hätten längst in Sack und Asche sitzend Buße getan. (14) Aber Tyrus und Sidon wird es erträglicher gehen im Gericht als euch. (15) Und du, Kapharnaum, bist du nicht bis in den Himmel erhoben worden? Bis zum Hades wirst du herabstürzen. (16) Wer euch hört, hört mich, und wer euch abweist, weist mich ab. Wer aber mich abweist, weist den ab, der mich gesandt hat.«

(17) Und es kehrten zurück die [zweiund] siebzig und sagten voll Freude: » Herr, auch die Dämonen sind uns untertan in deinem Namen.« (18) Er aber sprach zu ihnen: »Ich sah den Satan wie einen Blitz vom Himmel fallen. (19) Siehe, ich habe euch Vollmacht gegeben, auf Schlangen und Skorpione zu treten und über alle Macht des Feindes, und nichts wird euch schaden. (20) Aber darüber freut euch nicht, daß euch die Geister untertan sind, freut euch aber, daß eure Namen in den Himmeln eingeschrieben sind.«

V. 1: Die Zahl der ausgesandten Jünger wird bei den ältesten handschriftlichen Zeugen verschieden wiedergegeben. ℵ, A, C, *Θ*, einige alte Lateiner und die Handschriften der Koinegruppe lesen siebzig; p^{75} (Bodmer XIV, um 200), B, D, die Mehrzahl der lateinischen Zeugen und die syrische Überlieferung dagegen zweiundsiebzig (vgl. *B. Metzger*, a. a. O.). Vom Gewicht der Zeugen her kann deshalb von einem Gleichstand gesprochen werden, wie er auch in den meisten modernen Textausgaben zum Ausdruck gebracht wird: *ἑβδομήκοντα* [*δύο*]. In die Entscheidung eingeführte sachliche Gesichtspunkte helfen kaum weiter. Eine symbolische Bedeutung kommt der Zahl der Ausgesendeten nicht zu (s. u. zu V. 1). Das Schwanken bei der Anzahl der Völker in der Völkertafel Gen. 10 (Mas.: 70; LXX: 72) und bei der Legende von der Entstehung der griechischen Übersetzung des Alten Testaments (nach Aristeasbr. 50 sind es 72 Übersetzer, ihr Werk heißt dennoch LXX) verdeutlicht lediglich das Problem. Sollte 70 nur die abgerundete Zahl für 72 sein? – V. 17 wiederholt sich fast genau entsprechend die in der Textüberlieferung von V. 1 aufgewiesene Differenz.

Die Aussendung der Jünger, deren Kernstück eine Jüngerinstruktion darstellt, wird von Lukas in Aufnahme der Botenaussendung von 9,52 (vgl. die Übereinstimmungen von 9,52 und 10,1) hier eingegliedert. Sie dient der Vorbereitung des Kommens Jesu und läßt erkennen, daß für Lukas die Herrschaft Gottes kommt (V. 8.16). Die Aussendung der Siebzig ergibt gegenüber Matthäus und Markus ein neues Bild der Geschichte Jesu. Lukas sieht sie als eine Wanderpredigt an, die nach dem Abschluß der galiläischen Tätigkeit noch weite Gebiete Samariens und Judäas erfaßt.

Die Aussendung selbst wie die dabei gegebenen Instruktionen bezeichnen eine Parallele zur Aussendung der Zwölf in Luk. 9,1ff. Ob Lukas dieser Doppelüberlieferung einen theologischen Sinn geben wollte, ist schwer auszumachen. Man hat die Aussendung der Zwölf auf Israel, die der Siebzig auf die Völkerwelt bezogen,[1] dabei jedoch übersehen, daß auch in der weiteren Instruktion nichts darauf deutet, daß die Grenzen Israels überschritten werden,[2] die Ortsbestimmung in V. 1a sogar dagegen spricht. Daß die Aussendung der Siebzig (V. 1) und deren Rückkehr (V. 17–20) der Redaktion bzw. dem Eigengut des

[1] So *W. Grundmann* in früheren Aufl. dieses Komm.
[2] *A. Polag*, a. a. O., 72.

Lukas zugehörig sind, ist kaum strittig. Jüngerinstruktion (V. 2–12) und Weheruf (V. 13–16) werden wegen ihrer Übereinstimmung mit Matthäus zur Q-Überlieferung gerechnet, wo bereits beide Komplexe – oder ihre Grundform – aufeinander folgten.[3] Vielfach wird angenommen, daß Lukas in der Aussendungsrede »trotz einiger redaktioneller, aber unwesentlicher Eingriffe die ursprüngliche Q-Überlieferung repräsentiert«,[4] und zwar sowohl im Blick auf die Reihenfolge als auch auf den Wortlaut. Die Doppelüberlieferung (Luk. 9,1–6 einerseits, 10,1–12 andererseits) scheint ein Hinweis darauf zu sein, daß Lukas jeweils die Markus- und die Q-Vorlage ungeachtet gewisser redaktioneller Modifikationen unvermischt wiedergeben wollte.[5] *F. Hahn* glaubte hinter beiden ein gemeinsames Schema der Aussendungsrede erkennen zu können, das von Lukas durch V. 2 (Bitte um Aussendung) und V. 12 (Gerichtsankündigung) erweitert wurde. Als Elemente dieses Schemas nennt er Aussendung – Ausrüstung – Anweisung über das Verhalten in Ortschaften.[6]

Ein differenziertes Bild ergibt sich durch die Analyse von *P. Hoffmann*. Er glaubte nicht nur zeigen zu können, daß die Instruktionsrede der Logienquelle keine ursprüngliche Einheit bildete, vielmehr allmählich zusammengewachsen ist, sondern auch, daß mit einem stärkeren Anteil redaktioneller Gestaltung durch Lukas gerechnet werden muß. In der Tat könnten der Widerspruch zwischen Friedensgruß (V. 5ff.) und Fluchanweisung (V. 10f.) und die inkonsequente Abfolge (erst Haus, dann Stadt) gegen die Annahme eines durchdachten Schemas sprechen.

In der Q-Überlieferung möchte er 10,2–4.10 und 12,13–15.16 (21.22) als zusammenhängende Folge verstanden wissen und diese von der gleichfalls Q zugehörigen, aber als eigene Einheit anzusehenden »Hausanweisung« 10,5–7a völlig gesondert sehen. Luk. 10,8 sei von Lukas neu gebildet, 10,10f. stark überarbeitet worden.[7] Bei dem in die Instruktionsrede eingegangenen Material handelt es sich zu einem erheblichen Teil um Verhaltensmaßregeln für urgemeindliche Missionare. Eine solche Analyse macht die Spannung deutlich zwischen der Intention des Lukas und dem von ihm gestalteten Material. Für ihn dient die Aussendung der Vorbereitung des Kommens Jesu, die den Ausgesandten mitgegebenen Bestimmungen sind durch die urchristliche Missionserfahrung mitgeformt. Wieweit man sie der Substanz nach als vorösterlich ansehen kann, hängt vom Urteil über eine missionarische Tätigkeit der Jünger zur Zeit des irdischen Wirkens Jesu ab.[8] Während der an die Instruktionsrede anschließende Weheruf über die Städte schon in Q mit dieser (nach dem Stichwortanschluß) verbunden war, ist die Freudenbekundung der (rückkehrenden) Jünger über ihre erfolgreiche exorzistische Tätigkeit und die Antwort Jesu darauf SLk zuzuweisen.[9] Geht man von einer stärkeren redaktionellen Gestaltung durch Lukas aus, so wird man die (V. 1 korrespondierende) einleitende Wendung V. 17

---

[3] *D. Lührmann*, a. a. O., 60ff.
[4] *S. Schulz*, a. a. O., 408; *F. Hahn*, a. a. O., 33.
[5] *S. Schulz*, a. a. O., 404.
[6] *F. Hahn*, a. a. O., 34; übernommen auch von *S. Schulz*, a. a. O., 404; *D. Lührmann*, a. a. O., 59.
[7] A. a. O., 38f.
[8] Der verbreiteten Skepsis gegenüber vgl. das Urteil von *T. W. Manson*, der im Blick auf die Breite der Überlieferung urteilt: »The mission of the disciples is one of the best attested facts in the life of Jesus« (zit. bei *F. W. Beare*, a. a. O., 12).
[9] Vgl. *E. Hirsch*, Frühgeschichte II, 208–211, der sie eng an V. 1 (4.8f.) anschließt.

auf diesen zurückführen. Auf jeden Fall ist das exorzistische Wirken der Jünger – das in der Beauftragung 10,9 im Unterschied zu 9,1 nicht ausdrücklich verankert war – signifikanter Teil der Jüngertätigkeit (vgl. dazu 9,40.49), der hier seine eschatologische Einordnung und christologische Deutung erfährt.

1 Die lukanische Einleitung gibt der folgenden Aussendung einen spezifisch hoheitlichen Akzent. Als *κύριος* bestellt sich Jesus Boten und sendet sie als seine Herolde vor sich aus. Das *ἀνέδειξεν* (vgl. 1. Esra [LXX] 2,2; 8,23; Apg. 1,24) gibt ihrer Bestallung einen amtlichen Charakter und ihrem Auftrag eine rechtliche Gültigkeit. Ihre Zahl besteht aus siebzig oder zweiundsiebzig (vgl. Textkritik). Das (*καὶ*) *ἑτέρους* bezieht sie zurück auf 9,52, eine Stelle, deren Formulierung hier stark nachklingt.[10] Die paarweise Aussendung entspricht urchristlicher Praxis (Apg. 3,1; 11,30; 20,4) und geht auf rabbinische Vorbilder zurück.[11] »Der Wortführende hat den Jochgenossen zur Bestätigung seiner Botschaft neben sich.«[12] **2** Die Aussendung der Boten wird mit der Größe der Ernte begründet. Das Bild von der Ernte meint alttestamentlichen Vorbildern (Joel 4,13; Hos. 6,11) entsprechend die endzeitliche Situation.[13] Das Logion findet sich in wörtlicher Übereinstimmung auch im Thomasevangelium, Nr. 73. Die Größe der Ernte, bei der Lukas gewiß an die Weite des Missionsfeldes gedacht hat, mag ursprünglich die drängende Zeit eingeschlossen haben.[14] Angesichts dessen ist die Zahl der Arbeiter zu gering. Die Bitte, zu der die Jünger aufgefordert werden, anerkennt, daß die Ernte Gottes Sache ist. **3** Ihre Sendung wird in dem (lukanischen) Imperativ *ὑπάγετε* zusammengefaßt. Das Entsandtsein als Schafe in die Mitte der Wölfe kann als Zeichen des Anbruchs der Drangsal gelten. Es entspricht aber auch dem Selbstverständnis des unter die Völker zerstreuten Israel, das sich »als Schaf unter siebzig Wölfen sah«, jedoch behütet von dem großen Hirten, »der es errettet und bewacht und sie vor ihnen niederbricht«.[15] **4** Die Regel für die Ausrüstung ist radikaler als Mark. 6,8f. Das Verbot von Beutel, Sack und Sandalen bedeutet totalen Besitzverzicht und geht noch über den Radikalismus der Nachfolgeworte hinaus. Daß Lukas gerade an dieser entschiedenen Fassung gelegen ist, zeigt die Bestätigung in 22,35. Der Grußverzicht unterstreicht, daß die Ausgesendeten zur Eile gemahnt sind. **5** Es schließt sich eine die folgenden drei Verse umfassende, in sich geschlossene Regel für das Verhalten in Häusern an. Das Haus, in das die Gesandten Jesu eintreten, soll zuerst mit dem Friedensgruß gegrüßt werden. Im semitischen Sprachbereich ist Gruß und Frieden das gleiche Wort; vgl. die rabbinische Verhaltensregel Abot IV,15b: »Komme jedermann mit dem Gruße (= Friede) zuvor!« Der Friedensgruß der Jesusboten steht unter dem Vorzeichen der sich nahenden Gottesherrschaft und hat den Charakter des eschatologischen Heilsgrußes. **6** Der im Gruß zugesprochene Friede ist wie eine Kraft, die bei dem, für den sie bestimmt ist, bleibt, während sie sonst zurückkommt zu dem, von dem sie ausgeht. Der Ausdruck » Sohn des Friedens« ist semitisch und bezeichnet den, der Frieden hat

[10] *E. Haenchen*, a. a. O., 223.
[11] *Joach. Jeremias*, a. a. O.
[12] Ebd., 135.
[13] *S. Schulz*, a. a. O., 405, spricht von »apokalyptischer Erntearbeit«; *D. Lührmann*, a. a. O., 60.
[14] So *P. Hoffmann*, a. a. O., 224.
[15] Tanch. Toledot 326 bei Str.-B. I, 574.

oder für ihn bestimmt ist.[16] **7** Die Aufenthaltsregel richtet sich sowohl gegen die Bedenklichkeit, die es vermeidet, in einem gastfreundlichen Hause länger zu bleiben, als auch gegen das stete Suchen nach einem neuen Quartier (anders die Anweisung für Wanderapostel Did. 11,5). Der Gast darf alles genießen, was ihm vorgesetzt wird, er ist also von der Sorge um die Speisegebote befreit. Der allgemeine Grundsatz, der die Versorgung der Boten regelt, erinnert an 1. Kor. 9,14; Gal. 6,6; vgl. auch 1. Tim. 5,18.[17]

8 Die Entsprechung zwischen dem, was über das Wirken in den Häusern, und dem, was vom Auftreten in den Städten gesagt ist, schafft einen redaktionell beabsichtigten Parallelismus von Hausmission und Stadtmission. Die Weisung stellt zunächst eine Wiederholung und Verdeutlichung von 10,7 dar. Lukas, dessen gestaltender Anteil hier besonders groß ist, hat, wie auch die Apostelgeschichte zeigt, ein besonderes Interesse an der Wirkung der Boten in der Öffentlichkeit der Städte.[18] **9** Im öffentlichen Wirken steht die Heilung der Kranken vor der Botschaft voran (vgl. zu dieser Reihenfolge 7,22). Die Kräfte des Heils manifestieren sich in der heilenden Wundertat. An die Stelle des dem Hause geltenden Friedensgrußes V. 5 tritt in der Stadt die Proklamation der für ihre Bewohner nahe gekommenen Gottesherrschaft. *ἐφ' ὑμᾶς* kann dabei als Verstärkung verstanden werden.[19] Mit Tat und Wort der Boten, die Jesu Kommen vorbereiten sollen, kündigt sich die nahe gekommene Gottesherrschaft an. Die Stelle entspricht einem Verständnis, in dem die Gottesherrschaft mit Jesus gleichgesetzt wird. **10** Die folgenden Verse bilden eine Verhaltensregel gegenüber einer ungläubigen Stadt. Finden die Jünger in einer Stadt keine Aufnahme, so sollen sie sich öffentlich[20] und völlig von ihr trennen. **11** Das wird durch eine Handlung sichtbar gemacht, die die Form eines prophetischen Zeichens hat: von den Füßen wird der Staub abgewischt.[21] Der Zusatz von V. 11b könnte positiv gemeint sein: die Umkehr ist immer noch möglich.[22] **12** Der Entscheidungscharakter, der mit der Botschaft Jesu verbunden ist, gilt auch für das Wort seiner Boten. Das Verhalten der Bewohner einer Stadt entscheidet über deren Geschick am Gerichtstag. Da das Urteil im Gericht der Größe des Angebotes Gottes entspricht, fällt es über eine solche Stadt härter aus als über Sodom.

13 An die Aussendungsrede schließen die Weherufe über die galiläischen Ortschaften an. Der Gerichtsgedanke und das Wort *ἀνεκτότερον* bieten eine Stichwortverbindung. Die Verbindung von Aussendung und Drohwort ist wohl nicht erst durch Lukas erfolgt, sondern schon bei der Redaktion von Q entstanden.[23] Die in den Weherufen genannten galiläischen Ortschaften bilden ein enges Dreieck von Orten. Bethsaida liegt östlich auf der

---

[16] *F. W. Beare*, a.a.O., 11, macht darauf aufmerksam, daß Lukas hier im Unterschied zu Matth. 10,13 die semitische (ursprüngliche) Gestalt bietet.

[17] *E. Haenchen*, a. a. O., 225, denkt deshalb an einen Prophetenspruch aus der Zeit der beginnenden urgemeindlichen Mission.

[18] Dazu *P. Hoffmann*, a. a. O., bes. 44–49.

[19] *D. Lührmann*, a. a. O., 59.

[20] Das *εἰς τὰς πλατείας αὐτῆς* läßt daran denken, daß palästinensische Orte wie hellenistische Städte vorgestellt sind, und fällt für *P. Hoffmanns* Annahme ins Gewicht, Lukas habe V. 10f. eine eigene Gestalt gegeben, a. a. O., 38–40.

[21] In der Schilderung der apostolischen Mission bei Lukas begegnet dieser Zug Apg. 13,51; 18,6.

[22] *E. Hirsch*, Frühgeschichte II, 55.

[23] *P. Hoffmann*, a. a. O., 38; ähnlich *D. Lührmann*, a. a. O., 62, für den Luk. 10,12/Matth. 10,15 als eine bei der Q-Redaktion geschaffene Übergangsbildung gilt.

anderen Seite des Jordaneinflusses in den See Genezareth, 3 km nördlich von Kapharnaum liegt Chorazin.[24] Die Worte lassen erkennen, daß sich die galiläische Wirksamkeit Jesu wesentlich in diesem Dreieck vollzogen hat, in kleinsten Provinzorten, fernab der Zentren hellenistischer Kultur im Lande. Das erste Wort zeigt die Struktur: Wehewort – Begründung – Gerichtsankündigung. Der Ton liegt auf den *δυνάμεις*, die in den Städten geschehen sind. Sie sind die Taten, die der Kraft Gottes entspringen, die Jesus eigen ist. Sie sind Zeichen der hereinbrechenden nahen Gottesherrschaft (vgl. V. 9), die die Macht der dämonisch verstandenen Krankheit bricht. Den beiden galiläischen Orten werden die Hafenstädte Tyrus und Sidon gegenübergestellt, die im Alten Testament als Feinde Israels gelten (Joel 4,4). Sie wären umgekehrt, wenn sie Zeugen solcher Taten geworden wären. Die Umkehr äußert sich darin, daß man als Bußfaster das grobe Sacktuch anlegt und Asche aufs Haupt streut.[25] **14** Die Gerichtsankündigung nähert sich der Form des Völkerorakels: am Gerichtstag werden die Feindesstädte ein erträglicheres Geschick finden als die Orte der Wirksamkeit Jesu. **15** Das gleiche Schicksal wird Kapharnaum angesagt. Es wird mit Worten angeredet, die dem Siegeslied über den König von Babel nachgebildet sind (Jes. 14,12–15). Die durch Jesu Wirksamkeit in den Himmel emporgehobene Stadt wird um so tiefer bis zum Hades, der unter der Erde liegt, hinabsinken. Diese prophetisch-apokalyptischen Worte gelten nicht dem Mißerfolg der Missionspredigt, sondern dem der Wirksamkeit Jesu. Als Hinweis der Zugehörigkeit der Logien zur vorösterlichen Logientradition darf das Verständnis der Wunder als umkehrwirkender Verkündigung gelten, aber auch der Hinweis auf den für die urchristliche Gemeinde uninteressanten, nur hier begegnenden Ort Chorazin. »Wenn ein Logion vorösterlich ist, dann sicher der Weheruf Jesu über die drei Städte seiner Heimat.«[26] **16** Das abschließende Wort nimmt eine Sonderstellung ein. Es könnte ursprünglich mit der in V. 12 abgeschlossenen Jüngerinstruktion zusammengehört haben oder ganz getrennt überliefert worden sein. Modell ist die jüdische Schaliachinstitution: der Gesandte ist wie der ihn Sendende (vgl. zu Mark. 9,37). In diesem antithetischen Parallelismus liegt eine »Kette der Bevollmächtigung«[27] vor, die von den Zeugen über Jesus zu Gott führt. Der Gegensatz von Hören (das nicht Anhören, sondern Anerkennen meint) und Abweisen entspringt der nachösterlichen Missionssituation und rückt das Wort stärker als Matth. 10,40 in die Nähe des johanneischen Christuszeugnisses (Joh. 5,23; 15,23).

17 Während V. 2–16 als instruierende Rede Jesu für die ausgesandten Jünger gedacht ist, setzt jetzt der Erzähler neu ein. Die Nachricht über die von Freude erfüllte Rückkehr ist das Gegenstück zur Aussendung in V. 1. Die Freude der Jünger (vgl. 8,13; 24,41.52) hat ihren Grund in erfolgreichen Exorzismen. Sie reden Jesu mit *κύριε* an. Sein Herrenname in ihrem Munde hat sich den Dämonen gegenüber als überlegen erwiesen.[28] **18** Die Antwort Jesu verbindet drei in sich vollständige Worte. Das erste sagt den plötzlichen – so ist das Bild vom zuckenden Blitz gemeint (vgl. 17,24) – Sturz des Satans aus dem

---

[24] Vgl. *Cl. Kopp*, Die heiligen Stätten, 243–246.
[25] Vgl. Str.-B. IV, 103f.
[26] *F. Mußner*, a. a. O., 23.
[27] *A. Polag*, a. a. O., 70.
[28] Wie sehr die Formulierung gängiger exorzistischerTerminologie entspricht, zeigt der Zauberpapyrus Paris. graec. 3080f.: *καὶ ὑποταγήσεταί σοι πᾶν πνεῦμα καὶ δαιμόνιον ὁποῖον ἂν ἦν.*

Himmel aus. Er hat seinen Platz als Verkläger der Menschen (vgl. Hiob 1,6–12) und sie prüfender Peiniger (vgl. Offb. 12,9f.) verloren. Seine Macht geht zu Ende, der endzeitliche Sieg über den Widersacher kündigt sich an. Wenn dieses dunkle, vielleicht fragmentarische Wort als Antwort der Freude über die gelungenen Exorzismen zugeordnet wird, so erscheinen diese damit als Folgen des Satanssturzes und Signale des endgültigen Triumphes. **19** Das Wort über die Jüngervollmacht ist an sich selbständig und in sich verständlich. Sie haben von Jesus Vollmacht empfangen, auf Skorpionen und Schlangen, den gefährlichsten und heimtückischsten Feinden des Menschen, schadlos zu schreiten (vgl. Gen. 3,15; Ps. 91,13) und über alle Kraft des hinter ihnen stehenden Widersachers zu triumphieren. Von *ἐξουσία* sind nebeneinander abhängig einerseits *τοῦ πατεῖν ἐπάνω ὄφεων καὶ σκορπίων,* andrerseits *ἐπὶ πᾶσαν τὴν δύναμιν τοῦ ἐχθροῦ;* diese wirkt sich darin aus, daß alle Versuche des Feindes, die Jünger zu Fall zu bringen, scheitern und ihnen nicht schaden können. In der hier vorliegenden Verbindung mit dem Wort über den Satanssturz soll eine kosmische Konstellation deutlich werden: der himmlische Sieg über den Satan, der seinen unaufhaltsamen Sturz zur Folge hat, hat seine irdische Auswirkung darin, daß Jesus den Jüngern Herrschaft über die bösen Mächte und Schutz vor ihren Anschlägen gibt.

20 Ein drittes Wort, von Lukas mit dem für ihn typischen *πλήν* angefügt und in seiner Selbständigkeit durch *τὰ πνεύματα* statt durch *τὰ δαιμόνια* in V. 17 erkennbar, soll die Freude der Rückkehrenden auf ihren wahren Grund richten. Sie besteht nicht in der Unterwerfung der Geister, sondern in ihrer Bekanntschaft bei Gott. Diese wird in einem vom Alten Testament her weitverbreiteten Bild ausgesagt (vgl. Ex. 32,32f.; Jes. 4,3; Ps. 69,29; 87,6). Die göttliche Erwählung, die die Gewähr endzeitlicher Errettung bedeutet, manifestiert sich als Einzeichnung in eine himmlische Bürgerliste. Diese dem Frühjudentum geläufige Vorstellung (Dan. 12,1; Jub. 19,9; aeth. Hen. 104,1) wird auch von der frühen Christenheit aufgenommen (Phil. 4,3; Offb. 3,5; 13,8; 20,15). »Sie sind *ἄνθρωποι εὐδοκίας* 2,14, von der Liebe Gottes erwählt und zu Gottes Eigentum gemacht.«[29] Lukas bereitet damit zugleich das folgende Dankgebet Jesu für die Erwählung der Unmündigen als Empfänger der durch ihn vermittelten göttlichen Offenbarung vor.

4. Jesu Dankgebet und Seligpreisung der Augenzeugen 10,21–24; Matth. 11,25–27; 13,16f.*

(21) Zu eben der Stunde jubelte er im (Heiligen) Geist und sprach:
»Ich preise dich, Vater, Herr des Himmels und der Erde, daß du dieses vor Weisen und Verständigen verborgen hast und hast es Unmündigen offenbart. Ja, Vater, so ist es

---

[29] *A. Schlatter*, Komm., 280.

* Lit.: *E. Norden*, Agnostos Theos, Berlin 1913, 277–308 – *T. Arvedson*, Das Mysterium Christi, Uppsala 1937 – *J. Bieneck*, Sohn Gottes als Christusbezeichnung der Synoptiker, AThANT 21, Zürich 1951, 75–87 – *P. Winter*, Matthew XI,27 and Luke X,22 from the first to the fifth Century, NovTest 1, 1956, 112–148 – *O. Cullmann*, Christologie, 292–295 – *W. Grundmann*, Die nēpioi in der urchristlichen Paränese, NTS 5, 1958/59, 188–205 – *L. Cerfaux*, L'Evangile de Jean et le »logion johannéique« des Synoptiques (1958), in: Receuil Cerfaux III, Louvain 1962, 161–174 –

Wohlgefallen vor dir gewesen. (22) Alles wurde mir übergeben von meinem Vater. Und niemand erkennt, wer der Sohn ist, nur der Vater; und wer der Vater ist, nur der Sohn; und wem es der Sohn offenbaren will.«

(23) Und er wandte sich um zu den Jüngern besonders und sprach: »Selig die Augen, die sehen, was ihr seht. (24) Ich sage euch nämlich: Viele Propheten und Könige wollten sehen, was ihr seht, und sahen es nicht und hören, was ihr hört, und hörten es nicht.«

Die Textgeschichte des Dankgebets zeigt, in welchem Maße die Textüberlieferung dogmengeschichtlich wichtiger Stellen von dogmatischen (christologischen, trinitätstheologischen) Interessen bestimmt war.

In V. 21 wird die Beziehung des den Jubelruf sprechenden Jesus zum Geist in der handschriftlichen Überlieferung auf vier verschiedene Weisen ausgedrückt: *τῷ πνεύματι τῷ ἁγίῳ* (p[75], B, C, *Θ*, vg); *τῷ πνεύματι* (A, W, Koinegruppe); *ἐν τῷ πνεύματι* (p[45]), *ἐν τῷ πνεύματι τῷ ἁγίῳ* (ℵ, D). In der Gottesprädikation fehlt das *καί τῆς γῆς* bei p[45] und Marcion. Ist seine allgemeine Ergänzung Abwehr der gnostisch-marcionitischen Unterscheidung zwischen dem Demiurgen und dem Vater Jesu Christi im Sinne des ersten Artikels des Apostolikums, oder ist seine Entfernung marcionitischer Einfluß? – Der Schlußsatz lautet in einem von Irenäus (adv. haer. I, 13,2) überliefertenText, der auf die von dem Gnostiker Markus begründete Sekte der Markosier zurückgeht: *οὐά, ὁ πατήρ, ὅτι ἔμπροσθέν σοι εὐδοκία μοι ἐγένετο.* Der Text ist alt: semitisierendes *οὐά* als Ausdruck der Freude (vgl. auch Mark. 15,29), Gottesanrede = Abba. Er sagt aus, daß die Gnadenwahl Gottes auf Jesus gefallen ist. Zum kanonischen Text steht er durch seine eindeutig adoptianische Vorstellung im Widerspruch. – V. 22: Das exklusive *πατρός (μου)* ist trotz des Fehlens bei Marcion, Justin und Teilen der lateinischen Überlieferung als primär anzusehen. Die Streichung erfolgte hier aus stilistischen, kaum aus dogmatischen Gründen. – Wichtigstes textgeschichtliches Problem ist die im Mittelstück bei einer Reihe von Väterzeugen (nicht jedoch in neutestamentlichen Handschriften) gebotene Umstellung. Das Erkennen des Vaters durch den Sohn vor dem Erkennen des Sohnes durch den Vater haben bei Matth. 11,27: Justin, Irenäus, Marcion (bei Tertullian, adv. Marc. IV, 25), die Markosier (bei Iren., adv. haer. I, 20,3), Hippolyt, Epiphanius (vgl dazu *P. Winter*, a. a. O., 114–125). Für die seltener überlieferte Lukasversion sind Zeugen der Umstellung Tert., adv. Marc. IV, 35,14, Epist. ad Alex. bei Theodoret, h. e. I, 4,47 (MG 82, 904) und Athanasius (MG 25, 217). Eine Reihe von Forschern, wie *J. Weiß*, *P. Winter*, zeitweise auch *W. Grundmann*, trat für die Priorität der umgestellten Fassung ein. Der Umstand, daß der kanonische Text nicht nur handschriftlich, sondern auch bei vielen Vätern gut bezeugt ist, spricht dagegen. Auch erscheint er als lectio difficilior: die Unerkennbarkeit Gottes ist viel geläufiger als die hier vorangestellte Unerkennbarkeit Christi (vgl. *O. Cullmann*, a. a. O., 294). – Ähnlich liegt der Fall bei dem tragenden Verb. Während die neutestamentlichen Handschriften das Präsens lesen, wird durch eine Reihe von Kirchenvätern der Aorist *ἔγνω* bezeugt. Er könnte Angleichung an die Reihe der vorausgehenden Aoriste sein. Wo er bevorzugt wird, denkt man (so *W. Grundmann*) an einen konkreten Offenbarungsakt in der Geschichte Jesu. – Am Schluß liest Marcion: *ὁ υἱὸς ἀποκαλύψῃ.*

Eingebettet in die Situation der freudeerfüllten Rückkehr der Jünger, erscheint das Dank-

---

F. Hahn, Christologische Hoheitstitel, 321–330 – *B. M. F. van Jersel*, Der Sohn in den synoptischen Jesusworten, NovTestSuppl 3, Leiden [2]1964, 146–161 – *W. Grundmann*, Matth. XI,27 und die johanneischen »Der Vater – der Sohn«-Stellen, NTS 12, 1965/66, 42–49 – *D. Lührmann*, Redaktion, 64–68,99f. – *F. Christ*, Jesus Sophia, AThANT 57, Zürich 1970, 81–99 – *W. Grimm*, Selige Augenzeugen, Lk. 10,23f., ThZ 26, 1970, 172–183 – *P. Hoffmann*, Die Offenbarung des Sohnes, Kairos 12, 1970, 270–288 – *ders.*, Logienquelle, 98–142, 210–212 – *Joach. Jeremias*, Theologie I, 62–67 – *S. Schulz*, Spruchquelle, 213–228, 419–421 – *W. Grimm*, Der Dank für die empfangene Offenbarung bei Jesus und Josephus, BZ 17,1973, 249–256 – *A. Polag*, Christologie, 160–162 – *W. Grundmann*, Weisheit im Horizont des Reiches Gottes, in: Kirche des Anfangs, Festschr. f. H. Schürmann, Leipzig 1978, 175–199, bes. 183–187 – *M. Hengel*, Jesus als messianischer Lehrer der Weisheit und die Anfänge der Christologie, in: Sagesse et Religion, Colloque de Strasbourg, 1979, 147–188, bes. 152ff.

gebet Jesu, in dem er Gott für das durch ihn selbst geschehende offenbarende Wirken preist. Hatte Lukas die Antwort Jesu damit schließen lassen, daß er den Grund der Freude, das Bekanntsein bei Gott, ausdrückt, so spricht Jesus nun in von pneumatischem Jubel getragenen Gebetsworten die Gemeinschaft von Sohn und Vater aus. Auf diesen Jubelruf läßt er die Seligpreisung derer folgen, die als Zeugen an seinem Wirken teilhaben.

Beide Stücke, Dankgebet und Seligpreisung, entstammen Q und sind von Lukas – abgesehen von den jeweiligen Einleitungen – nur in geringfügigem Umfang überarbeitet worden.[1] Das Dankgebet hat in Q sehr wahrscheinlich mit dem Wehe über die galiläischen Städte zusammengestanden, zu dem es einen deutlichen Kontrast bilden soll: dort die dem Heilandswirken sich verschließenden Städte, hier die Offenbarung an die »Unmündigen«.[2] Die anschließende Seligpreisung hat im Unterschied zum Dankgebet bei Matthäus eine völlig andere Stellung und Funktion: sie begegnet dort im Rahmen der Gleichnisdeutung (13,16–17). Äußerlich gesehen nimmt sie bei Lukas den Platz ein, den in der Matthäusfassung der Heilandsruf (11,28–30) innehat.

In der alten Christenheit hat das Dankgebet, dabei vor allem das Offenbarungswort, große Bedeutung erlangt. Die Häretiker nutzten es für ihre Lehre aus, die Kirchenlehrer verteidigten die ihnen angemessene textliche Gestalt; die Textgeschichte läßt die Spuren dieses Kampfes erkennen.

Die Bestandteile des Dankgebets, die Exhomologese (V. 21) und das Offenbarungswort (V. 22), sind als eigenständige, einander zugeordnete Elemente zu werten. Eine von *Ed. Norden* vertretene Ansicht greift weiter aus und versteht sie als Bestandteile einer dreigliedrigen Form, deren drittes Element in dem Heilandsruf bei Matthäus (11,28–30) erhalten ist. Diese Trias – Dankgebet, Offenbarung eines Geheimnisses, Aufruf an die Hörer[3] – finde sich auch in Sir. 51 und Corp. Herm. I und gehe auf die hellenistisch-orientalische Mystik zurück. *Th. Arvedson* glaubt aus dieser Struktur sogar die Liturgie einer die Inthronisation des Christus darstellenden Mysterienfeier erschließen zu können. Die Mehrzahl der Forscher stimmt heute der von *R. Bultmann* vertretenen Meinung zu, daß die nur bei Matthäus überlieferte letzte »Strophe« mit dem Dankgebet ursprünglich nicht zusammengehört.[4] Welchen Grund sollte Lukas gehabt haben, einen in Q enthaltenen Heilandsruf fortzulassen? Der besonders im Blick auf das Offenbarungswort konstatierte »johanneische« Charakter[5] läßt sich allein von der terminologischen Untersuchung her nicht ausreichend begründen.[6] Eine strukturelle und gedankliche Verwandtschaft der Aussagen des Offenbarungswortes zu den johanneischen Offenbarungsreden (vgl. Joh. 3,35; 5,19–23; 10,14f.; 17,10) ist jedoch zu Recht beobachtet worden.[7] Keines-

---

[1] *S. Schulz*, a. a. O., 213f., 419f.

[2] *D. Lührmann*, a. a. O., 68, sieht einen noch engeren Zusammenhang mit der Aussendungsrede: der Jubelruf biete »die Begründung für die Verkündigung der Jünger und für die Bedeutung, die die Stellungnahme zu ihrer Verkündigung für das Ergehen im Endgericht hat«.

[3] A. a. O., 308.

[4] Synoptische Tradition, 171f.; anders *D. Lührmann*, a. a. O., 67

[5] Oft zitiert wird *K. von Hases* Wort vom »Aerolith aus dem johanneischen Himmel gefallen« (Geschichte Jesu, Leipzig 1876, 422).

[6] *L. Cerfaux* a. a. O., 161.

[7] *L. Cerfaux*, a. a. O., 171; *W. Grundmann*, a. a. O. (NTS 12), 43.

wegs kann solche Nähe für eine hellenistische Herkunft des Offenbarungswortes ins Feld geführt werden, zumal wenn man die Rückverbindung auch der johanneischen Theologie zum semitischen Raum in Rechnung stellt. Hingegen sind immer mehr frühjüdische Apokalyptik und Weisheit als die für Vorstellungswelt und Aussage entscheidenden Komponenten erkannt worden.[8] Auf die Apokalyptik verweist die Formulierung der Exhomologese,[9] aber auch die Aussage über die Übergabe universaler Vollmacht am Anfang des Offenbarungswortes, die an die Menschensohnvorstellung erinnert.[10] Weisheitlich, freilich in einer paradoxen Weise, ist die Bestimmung der *νήπιοι* als Empfänger der göttlichen Offenbarung.[11] Aus der Weisheitstradition stammt die im Offenbarungswort sich aussprechende Exklusivität, aber auch die dabei vorausgesetzte Identität von Offenbarung und Offenbarer.[12] Apokalyptik und Weisheit sind in diesem Stück eine einzigartige Verbindung eingegangen.[13]

Die Frage nach dem Sitz im Leben ist für Exhomologese und Offenbarungswort getrennt zu stellen. Bei jener muß an den Gegensatz zwischen den aus dem am-ha-arez stammenden Einfältigen und den Vertretern des religiösen Wissens gedacht werden,[14] also an eine palästinensische, durchaus vorösterliche Situation. Beim Offenbarungswort reflektiert *B. M. F. van Jersel* auf einen konkreten Anlaß, bei dem in der Art von Matth. 13,54f. die Frage der Herkunft Jesu aufgeworfen wurde.[15] *W. Grundmann* spricht von einem Initialvorgang, durch den Weisheit und apokalyptische Menschensohnerwartung im Kommen Jesu von Nazareth fixiert und aus der Anonymität herausgehoben werden.[16] Für *P. Hoffmann* drückt sich in ihm die urchristliche Ostererfahrung aus: »Vorstellungen der Weisheitstradition haben es Anhängern Jesu möglich gemacht, ihre konkrete Erfahrung mit diesem Jesus von Nazareth zu begreifen und für andere auszusprechen. In dieser in der Apokalyptik vorgegebenen, in der Deutung Jesu weitergeführten Begegnung und Verschmelzung von Menschensohn und Weisheitstradition scheint mir der Grund dafür zu liegen, daß die einzigartige Funktion Jesu . . . mit Hilfe der Vater-Sohn-Aussagen beschrieben wurde.«[17]

Die letzte uns erreichbare traditionsgeschichtliche Differenzierung könnte davon ausgehen, daß der zur ältesten Jesustradition gehörenden Exhomologese das ursprünglich selbständige, eine frühe (möglicherweise esoterische) Christologie enthaltende Offenbarungswort gleichsam als Kommentar angefügt wurde. Für ein hohes Alter spricht auch die in den semitischen Bereich verweisende sprachlich-stilistische Eigenart.

---

[8] *F. Christ*, a. a. O., 83ff.; *W. Grimm*, a. a. O. (BZ 17), 250.
[9] *L. Cerfaux*, a. a. O., 161.
[10] *F. Hahn*, a. a. O., 322; *P. Hoffmann*, a. a. O., 273f., 280; *D. Lührmann*, a. a. O., 65.
[11] *S. Schulz*, a. a. O., 223; *W. Grundmann*, a. a. O. (NTS 5), 201ff.
[12] *F. Christ*, a. a. O., 88.
[13] Mit je unterschiedlicher Akzentuierung verteten von *F. Christ, P. Hoffmann, S. Schulz* (jeweils a. a. O.) und besonders nachdrücklich von *W. Grundmann*, Weisheit im Horizont des Reiches Gottes.
[14] *W. Grundmann*, a. a. O. (NTS 5), passim; *A. Polag*, a. a. O., 160.
[15] *B. M. F. van Jersel*, a. a.O., 161
[16] Weisheit, 184.
[17] A. a. O., 286.

21 Die Einleitung zeigt deutliche Züge lukanischer Redaktion. Durch *ἐν αὐτῇ τῇ ὥρᾳ* wird das Dankgebet Jesu mit der Rückkehr der Boten verbunden, durch *ἠγαλλιάσατο* als eschatologisches Jubelwort bezeichnet (vgl. 1,14.44.47; Apg. 2,26.46; 16,34), das durch den Heiligen Geist ausgelöst ist. *ἐξομολογεῖσθαι* mit Dativ bezeichnet das Lobpreisen, entspricht dem Hiphil von ידה. Hier erinnert es an die Psalmen (vgl. Ps. 33,2; 75,2; 111,1; 138,1) und – nach Form und Inhalt besonders nahestehend – an die Danklieder von Qumran; z. B. VII, 26f.: »Ich preise dich, Herr, daß du mich einsichtig gemacht hast durch deine Weisheit, und durch deine wunderbaren Geheimnisse hast du mir Erkenntnis gewährt.«[18] Das Dankgebet wendet sich an den Herrn des Himmels und der Erde, der für Jesus Vater ist. Indem es Gott als Himmelsherrn anredet, anerkennt es seine herrschaftliche Entscheidung. Diese besteht in einem Versagen (Verbergen) und einem Gewähren (Offenbaren). Das lukanische *ἀπέκρυψας* statt *ἔκρυψας* bei Matthäus beruht auf einer Angleichung an *ἀπεκάλυψας*. Was versagt bzw. gewährt wird, kommt in *ταῦτα* zum Vorschein. Ursprünglich geht es wohl auf die Botschaft Jesu, das Geheimnis des Gottesreiches;[19] in Q, sofern der Weheruf Luk. 10,13–15 vorausgestellt war, auf die Krafttaten Jesu und deren Bedeutung; Lukas bezieht es auf die Bekanntschaft mit Gott (V. 20), die die Überlegenheit über die dämonische Welt einschließt. »Dies« ist durch Gott verborgen vor »den Weisen und Verständigen«. Hier wird der paradoxe Charakter der im Horizont von Apokalyptik und Weisheit formulierten Aussage sichtbar. Es gibt weder im Alten Testament noch im Frühjudentum, weder in der Weisheit noch in der Apokalyptik einen Beleg dafür, daß die göttliche Offenbarung den Weisen und Einsichtigen verschlossen ist. Im Gegenteil: es wird z. B. in syr. Bar. 46,5 aufgerufen zur Unterwerfung unter die, »die in Furcht Wissende und Verständige sind«. Unmittelbar gemeint mit den Weisen und Verständigen sind die pharisäischen und schriftgelehrten Gegner Jesu und des Jüngerkreises. Indem gerade ihnen das im Ereignis Jesu von Gott her Offenbarte verborgen bleibt, wird deutlich, daß nicht der Mensch aus sich heraus sein Verständnis gewinnen kann, sondern daß es ihm als Geschenk widerfährt. Gewährt wird es den *νήπιοι*, den dem Reifegrad nach Unmündigen, den an Wissen Einfältigen. Der paradoxe Charakter der Antithese tritt heraus, wenn man berücksichtigt, daß selbst in der Weisheit der Einfältige der ist, der die heilbringende Erkenntnis und Wahrheit erst noch erlangen muß (Spr. 9,1–6; Ps. 19,8; 119,130).[20] Noch härter ist das Urteil des rabbinischen Frühjudentums über die Unwissenden. Eine mehrfach überlieferte Tradition sagt: »Es gibt keinen Armen außer dem, der arm ist an Wissen« (b. Ned. 40b). Aus dieser Haltung stammt das Wort des Hillel: »Ein Ungebildeter ist nicht sündenscheu, ein am-ha-arez ist nicht fromm« (Abot 2,5). Nur am Rande des Frühjudentums, vorbereitet durch Aussagen wie Ps. 116,6 (Jahwe behütet die Einfältigen), erkennen wir eine Linie, in der die Einfältigen neben die Armen und Demütigen gerückt werden (Selbstbezeichnung der Leute von Qumran in 1QHb XII,4: die Einfältigen Judas). Die hier in der Exhomologese die Unmündigen heißen, sind die Armen des ersten Makarismus der Feldrede (Luk. 6,20). Werden diese

---

[18] Zu Einleitungsformeln und Struktur der Hodajot vgl. *G. Morawe*, Aufbau und Abgrenzung der Loblieder von Qumran, ThA 11, Berlin 1960, 29–37.

[19] *F. Christ*, a. a. O., 81.

[20] Hier könnte man den Ansatzpunkt für die Verwendung der Bezeichnung *νήπιοι* in der urchristlichen Paränese, etwa 1. Kor. 3,1ff.; Eph. 4,14; Hebr. 5,13f., sehen; vgl. *W. Grundmann*, a. a. O. (NTS 5), 201ff.

dort selig gepriesen, so gilt hier das Dankgebet dem sie erwählenden Handeln Gottes. Der mit einem der wiederholten Anrede vorangestellten *καί* eingeleitete Schlußsatz bejaht diesen göttlichen Ratschluß (vgl. zu 2,14: *εὐδοκίας*).

22 Der formalen Struktur nach stellt sich der Offenbarungsspruch als ein viergliedriges Logion dar,[21] wobei die Selbstvorstellung der ersten Zeile, die lehrhafte Doppelaussage im Kernstück und die wieder apokalyptisch geprägte Schlußwendung eng aufeinander bezogen sind. Die durch *παρεδόθη* bestimmte Aussage könnte an Weisheitsliteratur und Rabbinat erinnern, wo mit dem adäquaten Ausdruck die Weitergabe der Überlieferung von Generation zu Generation, vom Lehrer zum Schüler, bezeichnet wird. *πάντα* bezöge sich dann auf die Totalität der Offenbarung. Näher liegt es jedoch, daran zu denken, daß universales Wissen dem Herrsein über alles, der universalen *ἐξουσία*, untergeordnet ist (vgl. Matth. 28,18). *πάντα* umfaßt dann Menschen und Welt.[22] Die Aussage nimmt die Vorstellung von der Übergabe aller Macht auf, wie sie in der Apokalyptik mit der Einsetzung in die Menschensohnwürde (Dan. 7,14; aeth. Hen. 62,6; 69,27) verbunden ist.[23] Das *ὑπὸ τοῦ πατρός μου* unterstreicht die Exklusivität dieses Geschehens und bereitet die Reziprozitätsaussage des Kernstücks vor.[24] Die beiden Sätze sind in der Form des Parallelismus gehalten; man kann sie als Entfaltung der ersten Zeile verstehen.[25] Die Sprache läßt gerade hier die semitische Grundierung erkennen.[26] Die Formung des Wortes durch Lukas *γινώσκει τίς ἐστιν* . . . ist gegenüber der Fassung des Matthäus *ἐπιγινώσκειν* mit Akk. durch die griechische Sprechweise bedingt. Inhaltlich ist Erkennen gemäß semitischer Vorprägung ein existentieller, nicht ein intellektueller Vorgang. Die aufeinander bezogenen Sätze sprechen vom erwählenden Erkennen des Sohnes durch den Vater und dem sich anvertrauenden Erkennen des Sohnes. Ihr Verständnis läßt sich von den beiden im Hintergrund stehenden Vorstellungsbereichen in je verschiedener Weise beleuchten. Weisheitlich interpretiert: »Jesus ist deshalb der allein vom Vater erkannte Sohn, weil ihm alle Herrschaft und Macht vom Vater bereits übergeben wurde und in ihm die himmlische Sophia endzeitliche Wohnung genommen hat, er also der eschatologische Gesandte der Weisheit auf Erden ist.«[27] Apokalyptisch gesprochen: »Den Sohn erkennen heißt, die Stellung und Aufgabe zu erkennen, die der Sohn in den Plänen des Vaters – der Welt grundsätzlich verborgen – einnimmt. Den Vater zu erkennen heißt, Einblick in die geheimen Heilspläne Gottes zu haben.«[28] Gegenüber verwandten Formeln wechselseitigen Erkennens im Bereich der hellenistischen Mystik enthält das synoptische Logion eine in diesen Formeln nicht vorkommende Exklusivität, die dieses Erkennen nicht zur allgemeinen Möglichkeit werden läßt. So liegt der Ton der Schlußzeile, die mit *ἀποκαλύψαι* ein Leitwort der vorausgehenden Exhomologese aufnimmt, auf dem erwählenden Handeln des Sohnes an den Jüngern. Sie sind Empfänger der Offenbarung des Vaters durch den Sohn.

---

[21] Vgl. die genaue Analyse bei *B. M. F. van Jersel*, a. a. O., 159–161.
[22] *F. Hahn*, a. a. O., 323.
[23] *D. Lührmann*, a. a. O., 66; *F. Christ*, a. a. O., 86; *P. Hoffmann*, a. a. O., 272f.
[24] Dazu bes. *F. Hahn*, a. a. O., 321ff.
[25] *F. Hahn*, a. a. O., 326.
[26] *G. Dalman*, Worte Jesu I, 251; *Joach. Jeremias*, Theologie I, 63–65.
[27] *S. Schulz*, a. a. O., 227; ähnlich *F. Christ*, a. a. O., 88, 99.
[28] *P. Hoffmann*, a. a. O., 280.

23 Dies wird durch den bei Lukas anschließenden, aus Q übernommenen Makarismus noch deutlicher gemacht. Lukas leitet neu ein: Jesus wendet sich besonders den Jüngern zu und preist sie selig um dessentwillen, was ihre Augen sehen. Im Unterschied zur Fassung des gleichen Wortes bei Matthäus liegt nicht auf dem »Daß«, sondern auf dem »Was« des Sehens der Ton. Ist Jesus der endzeitliche Heilsbringer, so werden seine Jünger zu eschatologischen Augen- und Ohrenzeugen der anbrechenden Gottesherrschaft. **24** Sie bekommen zu sehen, wonach die Propheten und Könige der Verheißungszeit verlangt haben. Die vermutete Bezugnahme auf Jes. 52,13–15[29] ist nicht ohne Probleme. Sie rechnet mit einer Änderung, bei der die Zeugenschaft der »Völker und Könige« durch die der »Propheten und Könige« ersetzt ist, dennoch aber eine Beziehung zur Gestalt des Gottesknechts vorliegt. In der Matthäusfassung (Matth. 13,17) ist sie völlig verdunkelt, wenn an die Stelle der Könige die Gerechten treten. Auf jeden Fall soll zum Ausdruck gebracht werden, daß Heilszeugenschaft zu der jetzt erfüllten Heilszeit gehört. Die durch die lukanische Redaktion geschaffene Zusammenfügung dieses Makarismus mit dem Dankgebet macht bewußt, daß es die *νήπιοι* sind, denen die Offenbarung zuteil ward und die als Zeugen des Heils selig gepriesen werden.

5. Das Doppelgebot der Liebe und die Erzählung vom barmherzigen Samariter 10,25–37; vgl. Mark. 12,28–31; Matth. 22,34–40*

(25) Und siehe, ein Gesetzeslehrer trat auf, um ihn auf die Probe zu stellen, und sprach: »Lehrer, was muß ich tun, damit ich das ewige Leben ererbe?« (26) Er aber sprach zu ihm: »Was ist im Gesetz geschrieben? Wie liest du?« (27) Er aber antwortete und sprach: »Du sollst den Herrn, deinen Gott, lieben aus deinem ganzen Herzen und mit deiner ganzen Seele und mit deiner ganzen Kraft und mit deiner ganzen Vernunft und deinen Nächsten wie dich selbst.« (28) Er aber sagte ihm: »Du hast richtig geantwortet. Tue das, und du wirst leben.« (29) Er aber wollte sich selbst rechtfertigen und sprach zu Jesus:

---

29 *W. Grimm*, a. a. O. (ThZ 26), 176f.

* Lit. zu V. 25–28: *W. Lütgert*, Die Liebe im Neuen Testament, Leipzig 1905, 112–127 – *R. Bultmann*, Das christliche Gebot der Nächstenliebe (1930), in: Glaube und Verstehen I, Tübingen 1933, 229–244 – *E. Fuchs*, Was heißt »Du sollst deinen Nächsten lieben wie dich selbst«, ThBl 11, 1932, 129–140 = Zur Frage nach dem historischen Jesus, Tübingen 1960, 1–20 – *G. Bornkamm*, Das Doppelgebot der Liebe, in: Neutestamentliche Studien, Festschr. f. R. Bultmann, BZNW 21, Berlin-West 1954, 85–94 = Geschichte und Glaube I, BevTh 48, München 1971, 37–45 – *W. Grundmann*, Das Doppelgebot der Liebe, ZdZ 11, 1957, 449–455 – *C. Spicq*, Die Nächstenliebe in der Bibel (1961), BG II,14, Leipzig 1964 – *J. B. Stern*, Jesus Citation of Dt. 6,5 and Lev. 19,18 in the Light of Jewish Tradition, CBQ 28, 1966, 312–326 – *E. Haenchen*, Weg Jesu, 412–415 – *T. Holtz*, Untersuchungen über die alttestamentlichen Zitate bei Lukas, TU 104, Berlin 1968, 64–68 – *Chr. Burchard*, Das doppelte Liebesgebot in der frühen christlichen Überlieferung, in: Der Ruf Jesu und die Antwort der Gemeinde, Festschr. f. Joach. Jeremias, Göttingen 1970, 39–62 – *Kl. Berger*, Die Gesetzesauslegung Jesu I, WMANT 40, Neukirchen 1972, 136–176, 232–242 – *A. Nissen*, Gott und der Nächste im antiken Judentum, WUNT 13, Tübingen 1974 – *R. H. Fuller*, Das Doppelgebot der Liebe, in: Jesus Christus in Historie und Theologie, Festschr. f. H. Conzelmann, Tübingen 1975, 317–329.

Zu V. 29–37: *A. Jülicher*, Gleichnisreden, 585–598 – *K. Bornhäuser*, Studien 65–80 – *Joach. Jeremias*, Gleichnisse, 143–145 – *B. Gerhardsson*, The good Samaritan – The good Shepherd, Coniect Neotest XVI, Lund 1958 – *H. Binder*, Das Gleichnis vom barmherzigen Samariter,

»Und wer ist mein Nächster?« (30) Jesus aber nahm das Wort und sprach: »Ein Mensch zog hinab von Jerusalem nach Jericho und fiel unter die Räuber; sie zogen ihn aus, versetzten ihm Schläge, gingen davon und ließen ihn zurück halbtot. (31) Zufällig zog ein Priester jene Straße hinab, und als er ihn sah, ging er vorüber. (32) In ähnlicher Weise kam aber auch ein Levit an die Stelle, und als er ihn sah, ging er vorüber. (33) Ein Samariter, der auf der Reise war, kam zu ihm, und als er ihn sah, erbarmte er sich (34) und trat heran, verband seine Wunden, goß Öl und Wein darauf, setzte ihn auf sein eigenes Reittier und führte ihn zur Herberge und sorgte für ihn. (35) Und am anderen Tag zog er zwei Denare heraus, gab sie dem Wirt und sprach: ‚Sorge für ihn, und wenn du etwas mehr aufwendest, werde ich es dir bei meiner Rückkehr erstatten.' (36) Wer von diesen dreien scheint dir der Nächste geworden zu sein dem, der unter die Räuber fiel?« (37) Er aber sprach: »Der Barmherzigkeit an ihm getan hat.« Jesus aber sprach zu ihm: »Gehe und tue du in gleicher Weise.«

Lukas läßt auf die christologisch-heilsgeschichtliche Perikope, in der Jesus Gott für sein offenbarendes Handeln dankt und die Augenzeugen seligpreist, zwei einander zugeordnete Einheiten folgen: in der ersten (10,25–37) geht es um das Tun des Gotteswillens, in der zweiten (10,38–42) um das Hören. Dieser Anschluß könnte vom Kontrast bestimmt sein: Jesus hatte davon gesprochen, daß das ihm anvertraute Geheimnis den Wissenden und Verständigen verborgen und den Einfältigen offenbart ist, und seine Jünger deshalb seliggepriesen. Nun tritt ein Gesetzeslehrer heran, um ihn auf die Probe zu stellen. Traditionsgeschichtlich besteht die Einheit aus zwei selbständigen Stücken: einem Gespräch lehrhafter Art V. 25–28 und der Beispielerzählung V. 30–35, die von Lukas bearbeitet und zusammengefügt sind. Die Absicht, die beiden Stücke zu verbinden, wird an dem vierfachen *ποιεῖν* (V. 25.28.37a.37b) deutlich, ihr entspricht die ausführliche Beschreibung des Tuns des Samariters. Während die Beispielerzählung eindeutig SLk zugehört, ist die Zuordnung des Gespräches umstritten. Mehrere Möglichkeiten werden erwogen: Lukas habe als Vorlage ausschließlich Markus gehabt (12,28–34). Das ist die einfachste und auch wahrscheinlichste Lösung. Für sie spricht vor allem die Beobachtung, daß die Frage nach dem größten Gebot bei den Jerusalemer Streitgesprächen, wo es zwischen 20,39 und 20,40 seinen Platz hätte haben müssen, fehlt, Lukas das vorliegende Stück also als vorgezogenen Ersatz angesehen hat.[1] Andere Forscher konstatieren eine auffallende Berüh-

---

ThZ 15, 1959, 176–194 – *E. Linnemann*, Gleichnisse, 57–64, 144–148 – *H. Gollwitzer*, Das Gleichnis vom barmherzigen Samariter, BSt 34, Neukirchen 1962 – *J. D. M. Derrett*, Law in the New Testament: Fresh Light on the Parable of the Good Samaritan, NTS 11, 1964/65, 22–37 – *H. Kahlefeld*, Gleichnisse und Lehrstücke II, 96–110 – *F. Mußner*, Der Begriff des »Nächsten« in der Verkündigung Jesu, in: Praesentia salutis, Düsseldorf 1967, 125–132 – *W. Monselewski*, Der barmherzige Samariter, BGbE 5, Tübingen 1967 – *B. Reicke*, Der barmherzige Samariter, in: Verborum Veritas, Festschr. f. G. Stählin, Wuppertal 1970, 103–109 – *H. Zimmermann*, Das Gleichnis vom barmherzigen Samariter, in: Die Zeit Jesu, Festschr. f. H. Schlier, Freiburg 1970, 58–69 – *J. D. Crossan*, Parable and Example in the teaching of Jesus, NTS 18, 1971/72, 285–307, bes. 285–296 – *H. G. Klemm*, Das Gleichnis vom barmherzigen Samariter. Grundzüge der Auslegung im 16./17. Jahrhundert, BWANT VI, 3, Stuttgart 1973 – *G. Sellin*, Lukas als Gleichniserzähler: Die Erzählung vom barmherzigen Samariter, ZNW 65, 1974, 166–189; 66, 1975, 19–60 – *D. Gewalt*, Der »barmherzige Samariter«, EvTh 38, 1978, 403–417 – *H. Merklein*, Gottesherrschaft, 250–253.

[1] *K. L. Schmidt*, Rahmen, 282, sieht die Begründung in dem bei Lukas betont zugespitzten Konflikt zwischen Jesus und seinen Gegnern seit dem Einzug. Eine unpolemische Szene (Mark. 12,34!)

rung mit der Matthäusfassung und denken an Beeinflussung durch eine von Markus unabhängige, eventuell Q zugehörige Version.[2] Daneben steht die These, daß man die Lukasfassung als selbständiges Überlieferungsstück neben Markus und Matthäus verstehen muß.[3] In jedem Fall bestand die entscheidende redaktionelle Leistung des Lukas darin, Gespräch und Erzählung nicht einfach zu verbinden, sondern jenes zu einem ein- und ausleitenden dialogischen Rahmen der Samariterperikope umzugestalten.

Das Gleichnis selbst ist die erste der dem Lukas eigenen Beispielerzählungen, in dem »der Mensch den Menschen vorgestellt wird, damit er an dem von Jesus ihm gezeigten Menschen sein eigenes Verhalten messe«[4]. Die gestaltende Hand des Lukas ist erkennbar in der zum Gespräch gehörenden Bestätigung V. 28 und in dem die Brücke bildenden V. 29 sowie in den Schlußversen, durch die die Frage des Gesetzeslehrers zum Rahmengespräch gemacht wird (leitendes Stichwort: *ποιεῖν*). Der so entstehende dialogische Charakter wird durch die von *K. Berger*[5] vorgeschlagene Gliederung besonders deutlich: Frage des Nomikos (V. 25b) – Gegenfrage Jesu (V. 26) – Antwort des Nomikos: Hauptgebot (V. 27) – Antwort Jesu: Lob und Imperativ (V. 28) – Frage des Nomikos nach dem Nächsten (V. 29) – Antwort Jesu: Samaritergleichnis (V. 30–35) – Frage Jesu (V. 36) – Antwort des Nomikos (V. 37a) – Antwort Jesu (V. 37b). Der formale Charakter dieses Aufbauschemas sollte den Blick nicht für den lukanischer Gestaltung zu verdankenden überraschenden Schluß verstellen: nicht der Hilfsbedürftige, sondern der Hilfeleistende wird darin zum Nächsten.[6]

25 Mit *καὶ ἰδού* verbindet Lukas die neue Perikope mit der vorhergehenden so, daß der Gesetzeslehrer – *νομικός* wie Matth. 22,35, bei Lukas auch 7,30; 11,45.52; 14,3 = Gesetzeskundiger – in den Kreis der Menschen um Jesus eintritt, um ihm eine Frage vorzulegen, die ihn auf die Probe stellen soll. Er redet Jesus mit *διδάσκαλε* an. Obwohl nicht ein Gelehrter, ist er Lehrer, die Berechtigung dazu soll dadurch erprobt werden, daß ihm die Frage nach dem Tun vorgelegt wird, das zum Erben des ewigen Lebens führt. Sie erinnert an die des Reichen (Mark. 10,17).[7] Durch sie ist die Szene bei Lukas ganz der Paränese dienstbar gemacht.[8] Was bei Markus (und Matthäus) als theoretische Frage formuliert ist, erfährt hier eine Wendung ins Praktische.[9] **26** Jesus antwortet mit einer doppelten Gegenfrage, dadurch gewinnt der Disput den Charakter eines Streitgespräches. Die Fragen richten sich auf die schriftlich gefaßte Thora. Sollte sich das *πῶς ἀναγινώσκεις* auf das täglich rezitierte Sch'ma beziehen (»Wie rezitierst du?«), dann wäre dies ein Hinweis auf die Stelle der Schrift (Deut. 6,4ff.), die in der Antwort V. 27 zur Sprache kommt. Es geht um

---

hätte keinen Platz in diesem Zusammenhang. Ferner *E. Klostermann*, Komm., 118, sowie die zu Luk. 10,29–37 genannten Arbeiten von *H. Binder* und *H. Zimmermann*.

2 Vgl. *Ch. Burchard*, a. a. O., 43; *E. Haenchen*, a. a. O., 412f.; ähnlich *E. Hirsch*, Frühgeschichte II, 58.

3 *G. Bornkamm*, a. a. O., 92.

4 *A. Schlatter*, Komm., 285.

5 A. a. O., 233.

6 *G. Schneider*, Komm., 246.

7 Auf die Entsprechung von Frage und Antwort zu Mark. 10,17ff. verweist *E. Haenchen*, a. a. O., 413; über das Verhältnis zur lukanischen Version 18,18 vgl. *K. Berger*, a. a. O., 233.

8 *G. Bornkamm*, a. a. O., 93.

9 *Ch. Burchard*, a. a. O., 49.

eine Auskunft aus der Thora, nicht um die die Leser des Lukas weniger interessierende Frage nach dem Prinzip des Gesetzes im ganzen. **27** Der Gesetzeslehrer antwortet mit einer Verbindung von Deut. 6,5 (ohne monotheistisches Bekenntnis, wie Matth. 22,37, aber im Unterschied zu Mark. 12,29) und Lev. 19,18. Gottesliebe und Nächstenliebe werden zum Doppelgebot der Liebe miteinander verbunden. Es begegnet hier nicht als Wort Jesu, sondern im Munde des Gesetzeslehrers. Man könnte dies als Hinweis darauf verstehen, daß »die christliche Gemeinde nicht überall die Zusammenfassung des Gesetzes in diese beiden Gebote als eine besondere Tat Jesu betrachtete«,[10] sie vielmehr als bereits vor ihm vollzogen voraussetzte. Man hat auf Test. XII verwiesen,[11] etwa Test. Benj. 3,3f.: »Fürchtet den Herrn und liebt den Nächsten ... Denn wer Gott fürchtet und den Nächsten liebt, kann nicht von dem in der Luft herrschenden Geiste Beliars getroffen werden« (vgl. Test. Naph. 1,6; Test. Seb. 5,1; Test. Iss. 7,6). Gewichtig ist gleichermaßen der Hinweis auf Philo, der in de spec. leg. II,63 in Frömmigkeit und Nächstenliebe die Hauptstücke (*κεφάλεια*) der Gesetzesunterweisung sieht. So könnte das Urteil berechtigt erscheinen, daß das doppelte Liebesgebot ein jüdisches Erbstück darstellt.[12] Ungeachtet dieser Einbettung in die jüdische Ethik gilt, daß es sich beim Doppelgebot um die in Jesu Wort und Tat in einzigartiger Weise zur Anschauung gebrachte summa legis handelt. Gewiß ist formal gesehen Heterogenes miteinander verbunden worden: ein religiöses Hauptgebot als Summe des Geforderten und eine ursprünglich als Einzelgebot verstandene Weisung. Möglicherweise hat dabei im hellenistischen Bereich die Zuordnung zu den Leitworten eusebeia (monotheistische Grundforderung) und dikaiosyne (Nächstenliebe) eine Rolle gespielt.[13] Doch ist dies auch für die hier vorliegende lukanische Gestalt nur von indirekter Bedeutung.[14] **28** Jesu Entgegnung ist Lob und Bestätigung. Sie entspricht der Formulierung der Frage V. 25. Dort: »Was muß ich *tun*, um das ewige *Leben* zu ererben?« Hier: »*Tue* das, und du wirst *leben*.« Freilich soll auch deutlich werden, daß die gleiche Einsicht in den Sinn des Gesetzes noch nicht das gleiche Tun zur Folge hat. »Dem theologischen Konsens zwischen Jesus und dem Gesetzeslehrer steht die Diskrepanz im Tun gegenüber.«[15] **29** Die Antwort Jesu führt zu einer weiteren Frage des Schriftgelehrten. Geht man davon aus, daß die Belehrung über die Summe des Gesetzes und die Beispielerzählung als in sich selbständige Einheiten zu werten sind, so kommt dieser Frage eine Brückenfunktion zu.[16] Das *δικαιῶσαι* bezeichnet die Haltung der Selbstrechtfertigung, in der Jesus nach Lukas den Grundzug pharisäischer Haltung sieht (16,15; 18,9.14). Durch die Einrede des Gesetzeslehrers wird die Frage nach dem Nächsten, genauer übersetzt nach dem Freund (rea = *πλησίον* = Freund)[17], in eine bestimmte Perspektive gerückt. Die in ihr ausgedrückte Haltung, die im Nächsten nur den Volks- und

---

[10] *E. Haenchen*, a. a. O., 414.
[11] *W. Grundmann*, a. a. O.
[12] So – eingeschränkt auf das hellenistische Judentum – *Ch. Burchard*, a. a. O., 61.
[13] *K. Berger*, a. a. O., 136ff., 151.
[14] Zur Auslegung des Liebesgebotes Lev. 19,18 im Judentum vgl. *J. B. Stern*, a. a. O., und *A. Nissen*, a. a. O., 288–317.
[15] *G. Schneider*, Komm., 248.
[16] *H. Binder*, a. a. O., 176; *K. Berger*, a. a. O., 234f.; *H. Merklein*, a. a. O., 250.
[17] Vgl. *Joach. Jeremias*, a. a. O., 143: »Der christliche Begriff des ‚Nächsten' ist das Ergebnis der Geschichte, nicht der Ausgangspunkt.«

Religionszugehörigen sieht, macht eine Begriffserklärung nötig. Sie erfolgt durch die Erzählung.

30 Als Beispielerzählung ist sie eine »Geschichte aus dem Leben«. Die bei einigen Auslegern versuchte starke Einbindung der Erzählung in die lukanische Theologie, die auf eine Gestaltung des Ganzen durch Lukas hinausläuft,[18] verkennt die überlieferungsgeschichtliche Genese. Die Zugehörigkeit zu einer Lukas vorangehenden Überlieferung – am naheliegendsten bleibt SLk[19] – und die Rückführung auf Jesus selbst[20] dürfen traditionskritisch als die plausibelste Lösung gelten. Als ursprünglicher Horizont ist kaum die Selbstverteidigung Jesu angesichts seines Verhaltens gegenüber Unreinen und Fremden[21] als vielmehr eine Belehrung über Feindesliebe anzusehen.[22] Die Erzählung Jesu führt ihre Hörer auf die einsame, 27 km lange Straße von Jerusalem nach Jericho, die sich zwischen Felsen in die Tiefe hinabwindet,[23] von Josephus (Bell. Jud. IV, 8,3) als »einsam und felsig« beschrieben. Auf dieser Straße war ein Mann, gedacht ist wohl an einen Juden, von Räubern überfallen worden; sie hatten ihn seiner Kleider beraubt und, da er sich wahrscheinlich zur Wehr gesetzt hatte, niedergeschlagen und halbtot liegengelassen. *λῃσταί* könnte die häufig von Raub lebenden zelotischen Terroristen bezeichnen.[24] **31** An dem halbtoten Mann kommt aus Richtung Jerusalem (*κατέβαινεν*) ein Priester vorbei, wohl auf dem Heimweg vom Tempeldienst, den er als auswärts Wohnender jeweils wochenweise zu verrichten hatte. Er geht in entgegengesetzter Richtung weiter (*ἀντιπαρῆλθεν*), um mit dem Schwerverletzten nicht in Berührung zu kommen. Daß er in dem Geschick ein Urteil Gottes sieht und deshalb ausweicht, ist weniger wahrscheinlich.[25] Eher ist an das vor allem in sadduzäischen Kreisen rigoros eingehaltene Verbot für einen Priester, sich an einer Leiche zu verunreinigen (Lev. 21,1), zu denken.[26] Der Halbtote könnte ihm unter den Händen sterben. In der uns vorliegenden Gestalt der Erzählung sind die Gründe nicht angedeutet – eine antiklerikale oder kultkritische Spitze ist nicht erkennbar –, es wird nur festgestellt, daß er sich der Tat der Hilfe entzieht. **32** Der folgende Levit handelt genauso, obwohl er der Reinheit nur im kultischen Dienst bedürfte, sie sich also nur auf dem Wege nach Jerusalem erhalten müßte, nicht auf dem Rückweg. **33** Der dritte, der vorbeikommt, – die Beispielerzählung ist nach dem Schema Regeldetri aufgebaut – ist nicht, wie man erwarten würde, ein israelitischer Laie, vielmehr ein Samariter. So wird die Erzählung nicht nur zum Anstoß für Sadduzäer und

---

[18] *G. Sellin*, a. a. O.; ähnlich *D. Gewalt*, a. a. O.,

[19] *H. Binder* denkt sogar an einen geschlossenen Kontext (9,51–56; 10,1.17–20.30–37.38–42), bei dem das Samariterthema eine zentrale Rolle spielt. Kaum wahrscheinlich ist die Zuordnung zu Q (zusammen mit 10,25–28) bei *J. D. Crossan*, a. a. O., 289.

[20] Die wichtigsten Argumente dafür schon bei *A. Jülicher*, a. a. O., 598.

[21] So *H. Zimmermann*, a. a. O., 66f., der an eine Situation wie Luk. 7,41–43 denkt.

[22] *W. Monselewski*, a. a. O., 159ff.; *H. Merklein*, a. a. O., 250–253; vgl. auch *E. Stauffer*, Jesus, Paulus und wir, Hamburg 1960, 58.

[23] *R. Beauvery*, La route romaine de Jerusalem à Jericho, RevBibl 64, 1957, 72–101.

[24] *K. Bornhäuser*, a. a. O., 67.

[25] So *K. Bornhäuser*, a. a. O., 70; *J. Leipoldt*, Jesu Verhältnis zu Griechen und Juden, Leipzig 1941, 144.

[26] Die pharisäische Auslegung war in diesem Fall flexibler; vgl. *Joach. Jeremias*, a. a. O., 144; *W. Monselewski*, a. a. O., 141. Die frühjüdische Exegese von Lev. 21,1 (und 19,16b) bei *J. D. M. Derrett*, a. a. O., 25–29.

Gesetzeslehrer, sondern für die israelitische Anschauung schlechthin.[27] Er geht nicht vorüber, sondern tritt heran und wird von Mitleid ergriffen (vgl. Matth. 5,43ff.; Luk. 6,36). **34** Der bisherige knappe Erzählungsstil weicht ausführlicher Schilderung der barmherzigen Tat. Er desinfiziert die Wunden durch Wein, bestreicht sie mit linderndem und heilendem Öl, verbindet sie, hebt den Verwundeten auf sein eigenes Reittier, bringt ihn in die Herberge und pflegt ihn weiter. **35** Als er am nächsten Tag weiterzieht (es ist wohl an einen Geschäftsreisenden gedacht), bezahlt er dem Wirt der Herberge, was für die Pflege nötig ist (nach Matth. 20,2 zwei durchschnittliche Tagesverdienste eines Tagelöhners) und nimmt zusätzliche Ausgaben auf seine Rechnung, die er bei seiner Rückkehr begleichen will. Ausdrücklich wird dem Wirt die Pflege des Verletzten anbefohlen. **36** Die angehängte Frage kehrt formal zu der das Gleichnis lösenden Einrede V. 29 zurück. Die damit gegebene »Inkonzinnität« ist oft beobachtet worden. Hatte der Gesetzeslehrer gefragt, wer sein Freund sei, so wird er nun gefragt, wer dem hilfsbedürftigen Mann Nächster geworden ist. Der Nächste ist jetzt Subjekt der Handlung. Handelt es sich bei diesem Vers nicht um den Schluß der jesuanischen Erzählung,[28] so hätte die Unausgeglichenheit redaktionelle Gründe. Was als Begriffserklärung angelegt war, wurde zum Paradigma. Die neu gestellte Frage ist auch in diesem Falle nicht einfach als stilistische Ungeschicklichkeit zu bewerten, fügt sich vielmehr in die paränetische Grundstruktur des ganzen Komplexes ein. Sie führt zu der Weisung, nicht über den Nächsten zu theoretisieren, sondern als Nächster zu handeln. Diesem paränetisch-paradigmatischen Charakter wird auch die moderne allegorisierende Deutung nicht gerecht, die Jesus selbst in der Gestalt des Samariters (*B. Gerhardsson, H. Gollwitzer*) oder gar des »unreinen« Verwundeten (*H. Binder*) verschlüsselt glaubt. **37** Die Ausleitung besteht aus der Antwort des Schriftgelehrten und einer abschließenden Aufforderung Jesu, die stark lukanisches Gepräge haben und auf V. 28b zurückgreifen (Stichwort: *ποιεῖν*). Das rechte Handeln wird als *ἔλεος* bezeichnet. Das betonte *σύ* vor dem Imperativ *ποίει* zeigt, wie der Angeredete persönlich zur Tat der Barmherzigkeit verpflichtet wird.

6. Jesus als Gast bei Maria und Martha
10,38–42*

(38) Auf ihrer Wanderung kam er in ein Dorf. Eine Frau aber mit Namen Martha nahm ihn auf. (39) Und diese hatte eine Schwester, Maria genannt, die setzte sich zu den Füßen des Herrn nieder und hörte auf sein Wort. (40) Martha aber war völlig in Anspruch genommen vom vielen Tischdienst. Da trat sie heran und sprach: »Herr, kümmerst du dich nicht darum, daß meine Schwester mich allein dienen läßt? Sage ihr doch, daß sie mit mir zugreift!« (41) Es antwortete ihr aber der Herr: »Martha, Martha, du sorgst dich und mühst dich um vieles. (42) Weniges aber ist not oder (eigentlich nur) eines. Maria hat nämlich das gute Teil erwählt, das nicht von ihr genommen werden wird.«

V. 42: Die stark auseinander fallenden Versionen zeigen, daß man schon früh bemüht war, dem umstrittenen Herrenwort eine bestimmte Akzentuierung zu geben. p^{45}, p^{75}, A, C, *Θ*, syr^{cur} lesen: *ἑνὸς*

---

[27] *H. Kahlefeld*, a. a. O., 101.

[28] So *H. Binder*, a. a. O., 181; *J. D. Crossan*, a. a. O., 291; *H. Zimmermann*, a. a. O., 66.

* Lit.: *E. Laland*, Die Martha-Maria-Perikope Luk. 10,38–42, StTh 13, 1959, 70–87.

δέ ἐστιν χρεία; dagegen haben syr^{pal}, arm und einige Minuskeln *ὀλίγων δέ ἐστιν χρεία*; B, Orig, haben beide Lesarten miteinander verbunden *ὀλίγων δέ ἐστιν χρεία ἐστιν ἢ ἑνός*; während it, syr^{sin} die ganze Partie mit dem doppelten Namen auslassen und mit *Μαριὰμ τὴν ἀγαθὴν* fortfahren. Auch D hat einen gekürzten Text, in dem V. 42a fehlt. Am naheliegendsten erscheint, daß einer der kürzeren Texte erweitert worden ist. Jedoch ist eine Entscheidung hier schwer zu begründen. So spräche einiges dafür, daß hier die Verdoppelung (in der von ℵ, B, L gebotenen Gestalt *ὀλίγων δέ ἐστιν χρεία ἢ ἑνός*) ursprünglich ist und diese in eine nüchterne und eine erbauliche Version auseinandergefallen ist. *ὀλίγων δέ ἐστιν χρεία* würde sagen: wir brauchen nur wenig; du machst dir zuviel Mühe; während das *ἑνὸς δέ ἐστιν χρεία* die Mühe der Hausfrau abwehren würde durch den Verweis auf das eine, was geistlich notwendig ist.

Die Verknüpfung der neuen Erzählung mit dem vorausgegangenen Komplex wird verschieden beurteilt, je nachdem ob man sie als Lukas vorgegeben oder als erst von ihm hergestellt ansieht. War die Abfolge Samaritergeschichte und Maria-Martha-Erzählung in SLk vorgegeben, so ließe sich bereits auf dieser Stufe eine beabsichtigte Verbindung beider Stücke annehmen. Sie erscheint dann »wie ein Korrektiv zu der Wahrheit, die die vorausgehende Perikope verkündigt«.[1] Denkt man jedoch an eine reflektierte redaktionelle Gestaltung durch Lukas, so läßt sich die Maria-Martha-Erzählung als Veranschaulichung der ersten Hälfte des Liebesgebots auffassen. War dieses nach der Seite der Nächstenliebe durch die Beispielerzählung vom barmherzigen Samariter ausgelegt, so erfordert die Liebe zu Gott das Hören auf sein Wort, wie es in dieser Perikope exemplarisch vorgestellt wird.

Dem literarischen Charakter nach handelt es sich um ein biographisches Apophthegma.[2] Es hält die Reisesituation fest und zeigt Jesus als Gast in einem ungenannten Dorf bei zwei Schwestern. Sie tragen die Namen Maria und Martha, die in der johanneischen Tradition erneut begegnen (Joh. 11,1ff.; 12,1ff.). Dort ist das Dorf als Bethanien bezeichnet. Wollte man dieses auch hier voraussetzen, dann würde sich Jesus schon in unmittelbarer Nähe von Jerusalem befinden. Durch das Fehlen einer Lokalisierung entfallen die sonst unvermeidlichen Schwierigkeiten im geographischen Verständnis des Reiseberichts.[3] Die Erzählung ist deutlich unter erbaulichen Gesichtspunkten geformt; das Interesse an ihr ist von der aktuellen Situation mitbestimmt und greift damit über den biographischen Aspekt hinaus. Dabei ist zu denken an die Gastfreundschaft in den Missionsgemeinden, zu der in den Briefen aufgerufen wird (Röm. 12,13; 1. Petr. 4,9; Hebr. 13,2) und bei der Frauen, wie Phöbe (Röm. 16,1f.), Prisca (Röm. 16,3), Lydia (Apg. 16,14f.), eine besondere Rolle spielten. Die Herausstellung der hörenden Maria könnte auch aus einem anderen Grunde von Interesse sein. An ihrem Beispiel ließ sich das Recht der Frau auf ungeteiltes Hören des Wortes und ungeschmälerte Jüngerschaft (*παρακαθεσθεῖσα πρὸς τοὺς πόδας τοῦ κυρίου*) begründen, gegenüber Stimmen, die Frauen ausschließlich in das praktische Leben zurückdrängen wollten (1. Tim. 5,10.14; vgl. 2,10–12).

38 Auf seiner Wanderung kommt Jesus in ein ungenanntes Dorf und wird Gast einer

---

[1] *E. Laland*, a. a. O., 84.

[2] *R. Bultmann*, Synoptische Tradition, 33.

[3] Vgl. *H. Conzelmann*, Mitte der Zeit, 55: »Jede Kombination mit der johanneischen Lokalisierung ist zu vermeiden; denn diese beruht auf historisierender Konstruktion. Lukas kennt den genauen Ort nicht.«

Frau namens Martha (= Herrin). Jesus als Gast gehört zu den Vorzugsthemen des Lukas vor allem in dem von ihm überlieferten Sondergut (7,36f.; 9,51f.; 14,1; 19,5; vgl. 5,29ff.). Zu dem in diesem Zusammenhang begegnenden *ὑπεδέξατο* vgl. 19,6; Apg. 17,7.[4] **39** Erst an zweiter Stelle nennt der Erzähler den Namen der Schwester Maria. Jesus ist als Lehrer vorgestellt, zu dessen Füßen sich Maria niedersetzt, wie das die Schüler (der Rabbinen) zu tun pflegten (vgl. *παρὰ τοὺς πόδας Γαμαλιήλ* Apg. 22,3; ferner Abot I,4: Laß dich bestäuben mit dem Staub ihrer Füße). Das Außergewöhnliche des Vorgangs besteht darin, daß dieser Lehrer eine Frau zu seiner Schülerin macht, während die Rabbinen die Thora nicht vor Frauen auslegten. Dem Erzähler ist das Exemplarische des Geschehens deutlich gewesen, auf ihn geht die Bezeichnung Jesu als *ὁ κύριος* und die Formulierung *ἤκουεν τὸν λόγον αὐτοῦ* zurück. **40** Dem stillen Hören der Maria tritt das geschäftige Wirken der Martha gegenüber. Die altkirchliche Exegese sah in ihnen geradezu die vita contemplativa und die vita activa typenhaft dargestellt. Die Tätigkeit der Martha will die Pflichten der Gastgeberin erfüllen; *διακονία* meint die Aufwartung bei Tisch. Erst vorwurfsvoll fragend, dann auffordernd tritt sie an Jesus heran. **41** In seiner Antwort anerkennt Jesus, daß Martha sich viele Sorgen und Unruhe macht (*ϑορυβάζῃ*). Die doppelte Anrede begegnet auch Luk. 22,31; Apg. 9,4; vgl. Luk. 6,46. Sie entspricht palästinensischem Brauch (z. B. Mech. Ex. 13,19: Joseph, Joseph). **42** In der textkritisch älteren, von der Doppelaussage getragenen Gestalt hat die Antwort Jesu einen schwebenden Sinn. Nur wenig ist notwendig oder – im Grunde – nur eines. Es wird von der Bedürfnislosigkeit Jesu und der Seinen auf die geistliche Notwendigkeit hingeführt. Maria hat das gute Teil erwählt (vgl. Ps. 15,5f. LXX), indem sie auf Jesus hört; das gehört ihr unverlierbar (fut. Form) und macht sie zu einem bleibenden Beispiel.

7. Das Gebet der Jünger
11,1–13; Matth. 6,9–13; 7,7–11*

(1) Und es geschah, als er an einem Ort (war und) betete, sprach, als er aufgehört hatte, einer seiner Jünger zu ihm: »Herr, lehre uns beten, wie auch Johannes seine Jünger

---

[4] Dazu *H. J. Cadbury*, Luke's interest in lodging, JBL 45, 1926, 305–322.

* Lit.: *G. Dalman*, Worte Jesu, 283–365 – *E. Lohmeyer*, Das Vater-Unser, Göttingen 1946, bes. 174–192 – *K. G. Kuhn*, Achtzehngebet und Vater Unser und der Reim, WUNT 1, Tübingen 1950 – *R. Leaney*, The Lucan Text of the Lord's Prayer, NovTest 1, 1956, 103–111 – *Joach. Jeremias*, Gleichnisse, 120–122 – *E. Gräßer*, Das Problem der Parusieverzögerung in den synoptischen Evangelien und in der Apostelgeschichte, BZNW 22, Berlin-West 1957, 95–113 – *H. Schürmann*, Das Gebet des Herrn, BG II, 6, Leipzig 1957 – *W. Marchel*, Abba Père! La Prière du Christ et des Chrétiens, AnBibl 19, Rom 1961, bes. 179–189; gek. dt. Fassung: Abba Vater, BG II, 20, Leipzig 1966 – *W. Ott*, Gebet und Heil, StANT 12, München 1965, 23–31, 92–123 – *Joach. Jeremias*, Das tägliche Gebet im Leben Jesu und in der ältesten Kirche, in: Abba, Göttingen 1966, 67–82 – *ders.*, Das Vater-Unser im Lichte der neueren Forschung, ebd., 152–171 – *J. Carmignac*, Recherches sur le »Notre Père«, Paris 1969 – *G. Schwarz*, Matthäus VI, 9–13/Lukas XI, 2–4 Emendation und Rückübersetzung, NTS 15, 1968/69, 233–247 – *S. Schulz*, Spruchquelle, 84–93,161–164 – *N. Brox*, Suchen und finden. Zur Nachgeschichte von Mt 7,7b/Lk. 11,9b, in: Orientierung an Jesus, Festschr. f. J. Schmid, Freiburg 1973, 17–36 – *A. Vögtle*, Der eschatologische Bezug der Wir-Bitten des Vaterunser, in: Jesus und Paulus, Festschr. f. W. G. Kümmel, Göttingen 1975, 344–362 – *J. Dupont*, La prière et son efficacité dans l'évangile de Luc, RScRel 69, 1981, 45–56.

lehrte.« (2) Er sprach aber zu ihnen: »Wenn ihr betet, sprecht: Vater, geheiligt werde dein Name! Es komme dein Reich! (3) Unser notwendiges Brot gib uns täglich! (4) Und erlaß uns unsere Sünden, denn auch wir erlassen jedem, der uns schuldet; und führe uns nicht in Versuchung.«

(5) Und er sprach zu ihnen: »Wer von euch hätte einen Freund, und er käme zu ihm um Mitternacht und sagte zu ihm: Freund, leihe mir drei Brote, (6) weil ein Freund von mir auf der Reise zu mir gekommen ist und ich nicht habe, was ich ihm vorsetzen kann – (7) jener würde von drinnen antworten und sagen: Mach mir keine Mühe, die Tür ist schon verschlossen, und meine Kinder sind mit mir auf dem Lager; ich kann nicht aufstehen und dir geben? – (8) Ich sage euch, wenn er auch nicht aufsteht und ihm gibt, weil er sein Freund ist, so wird er wegen seiner Aufdringlichkeit aufstehen und ihm geben, wessen er bedarf. (9) Und ich sage euch: Bittet, und euch wird gegeben; suchet, und ihr werdet finden; klopfet an, und euch wird geöffnet werden. (10) Jeder Bittende nämlich empfängt; und der Suchende findet, und dem Anklopfenden wird aufgetan. (11) Welchen Vater unter euch aber bittet der Sohn um einen Fisch, und er wird ihm statt des Fisches eine Schlange geben? (12) Und er bäte ihn um ein Ei, und er wird ihm einen Skorpion geben? (13) Wenn nun ihr, die ihr böse seid, wißt gute Gaben zu geben euren Kindern, um wieviel mehr wird der Vater vom Himmel den Heiligen Geist geben denen, die ihn bitten.«

V. 2–4: Der Text des Vaterunsers hat wegen seiner hohen Bedeutung für Frömmigkeit und Liturgie von früh an Modifikationen erfahren. Die aus einfacher Anrede und fünf Bitten bestehende Gestalt, wie sie mit geringen Abweichungen von den besten Textzeugen (der hesychianischen und der westlichen Gruppe) geboten wird, wurde in der Koinerezension der im kirchlichen Gebrauch akzeptierten Matthäusversion angeglichen. – V. 2: D hat zwischen erster und zweiter Bitte *ἐφ' ἡμᾶς*. Dies kann als Schluß zur ersten Bitte gezogen werden: sanctificetur nomen tuum super nos, oder wird als Einleitung der Reichsbitte verstanden (vgl. Luk. 11,20). In dieser Verbindung hat es auf die abendländische Fassung des Gebetes eingewirkt: Zu uns komme dein Reich. –

Gregor von Nyssa und ihm folgend Maximus Confessor, ferner die Minuskeln 162 und 700 haben an Stelle der zweiten Bitte den Satz: Es komme dein Heiliger Geist (700: zu uns) und reinige uns. Marcion hat diesen Text nach Tert., adv. Marc IV, 26 statt der ersten Bitte gelesen. Die Formulierung fügt sich in den Kontext gut ein (vgl. 11,13), sie scheint auch zur Stellung des Geistes in der lukanischen Theologie zu passen. Dennoch wird sie nur vereinzelt als von Hause aus lukanisch oder gar als jesuanisch angesehen.[1] Der Text lehnt sich an alttestamentliche Wendungen an: Ps. 50,13 LXX; 142,10 LXX. Eine marcionitische Herkunft ist von daher kaum wahrscheinlich. Eher ist an urchristliche Kreise zu denken, die von einer alttestamentlich-jüdischen Geisterwartung bestimmt waren.[2] Die Anfügung an die zweite Bitte lag sachlich nahe. Zwischen deren Gestalt bei D und der Geistbitte der Minuskel 700 bildet das *ἐφ' ἡμᾶς* eine Verbindung. – V. 13: Es wechseln die Bezeichnungen der göttlichen Gabe stark ab. Von manchen wird *πνεῦμα ἀγαθόν* (p^{45}, L) als ursprüngliche Lesart angesehen, doch dürfte es sich eher um eine Kompromißversion zwischen Luk. 11,13 und der Par. Matth. 7,11 handeln.

An die Perikope vom Lob der Maria, die im Hören auf das Wort Jesu das unverlierbare gute Teil erwählt hat, schließen sich Worte über das Beten an. Sie sind Beispiele für das »Wort Jesu«, auf das Maria hört. Dreifach gegliedert, geben sie auf die Bitte eines Jüngers hin der Jüngergemeinde das Herrengebet, enthalten ein Gleichnis, das auf die Erhörungsgewißheit hinweist, und begründen die Aufforderung zum Gebet mit eindrucksvollen Bildworten. Die von Lukas formulierte Einleitung verweist auf einen Grundgedanken der Komposition: Jesus, der selbst Vorbild des Betens ist, ist zugleich der rechte Lehrer des Gebets. Er lehrt beten und gibt Gebetsbelehrung. Lukas hat den Grundbestand der ein-

---

[1] Entschiedenster Vertreter dieser Sicht ist *R. H. Leaney*, a. a. O.

[2] Vgl. *E. Lohmeyer*, a. a. O., 191.

leitenden und abschließenden Einheit aus Q, das Mittelstück aus SLk genommen und seinem Leitgedanken gemäß gestaltet.

Das im ersten Stück überlieferte Vaterunser unterscheidet sich nach Kontext, Gestalt und Formulierung von der bei Matthäus (6,9–13) dargebotenen Gestalt. Es ist Ausgangspunkt der Gebetsbelehrung; es besteht aus einer einfachen Anrede und fünf Bitten (zwei Du-Bitten und drei Wir-Bitten). Matthäus bietet das Vaterunser in der Bergpredigt dar, im Rahmen der Auseinandersetzung mit verkehrten Frömmigkeitsformen; es hat eine ausgeführte Anrede und sieben Bitten. Die Kurzfassung des Lukas beruht nicht auf Kürzung, kann vielmehr nach Struktur und Aufbau als die ältere Gestalt gelten. Lukas dürfte sie in Q vorgefunden haben. Der Vergleich der Einzelheiten zeigt jedoch, daß bei abweichender Formulierung Matthäus eher die ältere Fassung zu bieten scheint, während in der lukanischen Version Spuren aktualisierender Umgestaltung erkennbar sind. Der Versuch einer Rückübersetzung ins Aramäische (vgl. *K. G. Kuhn*, *G. Schwarz*), der zu einer rhythmischen (Zweiheber) und durch Endreim charakterisierten Gestalt führen soll, ist von erheblichen Unsicherheiten belastet. Die abweichenden Versionen des Vaterunsers bei Matthäus und Lukas ergeben sich nicht aus der Reproduktion eines genau festgelegten je unterschiedlichen gemeindlichen Gebetsformulars. Eher ist an ein ähnliches Verhältnis von geprägter Form und Freiheit der Gestaltung zu denken, wie es *K. G. Kuhn* am jüdischen Achtzehngebet aufgewiesen hat. In diesem Rahmen war für eine behutsam aktualisierende Gestaltung der Vorlage durch Lukas ein gewisser Spielraum gegeben. In diesem von ihm geschaffenen Zusammenhang bildet das Herrengebet das Hauptstück und die Grundlage des Gebetsunterrichtes Jesu, in dem sich an das Mustergebet (V. 2–4), ein Gleichnis (V. 5–8), ein weisheitlich-prophetisches Mahnwort (V. 9–10) und ein Bildwort (V. 11–13) anschließen. Die Frage nach der rechten Gestalt christlichen Betens, nach der ihm entsprechenden inneren Haltung und seinem Ziel waren auch in der heidenchristlichen Gemeinde von unverminderter Aktualität.

1 In einer doppelt unbestimmten Weise – *καὶ ἐγένετο . . ., ἐν τόπῳ τινί* – setzt die neue Perikope ein. Wiederum schildert Lukas den betenden Jesus (vgl. 3,21; 5,16; 6,12; 9,18.28f.; vgl. 22,32; 22,41–45). Daß damit nicht nur ein biographischer oder christologisch bedeutsamer Zug hervorgehoben wird, sondern der Vorbildcharakter des Tuns Jesu angesprochen ist,[3] zeigt die Weiterführung. Einer aus dem Jüngerkreis tritt heraus mit der Bitte, er möge auch seine Jünger beten lehren. Dabei beruft er sich auf das Vorbild des Johannes, der seinen Jüngern Gebetsunterweisung gegeben hat, in dessen Kreis eine feste, auf den Meister zurückgehende Gebetsübung bestand (vgl. auch 5,33). Festformulierte Gebete gehören zu den Kennzeichen einer religiösen Gruppe und dienen als ihr äußeres Merkmal.[4] Die Bitte gilt also einem Gebetsformular. Offen bleibt, ob es sich dabei im strengen Sinne um das Gemeinschaftsgebet des Kreises handelt oder ob es »zunächst für den einzelnen gedacht ist, wie auch das jüdische Achtzehngebet täglich von den einzelnen Juden für sich privat gebetet wurde«.[5] In der Regel wird vorausgesetzt, daß es zur Zeit

---

[3] Dazu: *W. Ott*, a. a. O., 94–99.
[4] *Joach. Jeremias*, a. a. O., 77.
[5] *H. Schürmann*, a. a. O., 113.

und in der Gemeinde des Lukas »liturgisches« Gebet war. **2** Es beginnt mit der Anrede *πάτερ*; als ihre aramäische Rückübersetzung ist abba anzunehmen, die Gebetsanrede, die durch Röm. 8,15 und Gal. 4,6 als im Gebrauch der christlichen Gemeinde befindlich belegt ist (vgl. auch Mark. 14,36). Indem Jesus seine Jünger so beten lehrt, nimmt er sie in sein Gottesverhältnis hinein. Die anschließende Bitte um Heiligung des Gottesnamens ist mit der folgenden um das Kommen des Reiches auf das engste verbunden. Man kann von einer im synonymen Parallelismus gehaltenen Doppelbitte sprechen: Gott möge seinen Namen heiligen (= sich als heilig erweisen), indem er sein Reich kommen lasse.[6]

Die Bitte um Heiligung des Gottesnamens berührt sich mit jüdischen Gebeten, z. B. dem Kaddischgebet: »Verherrlicht und geheiligt werde sein großer Name in der Welt«; dem Achtzehngebet (3. Benediktion): »Heilig bist du und furchtbar dein Name.« Ein tiefer Unterschied zu diesen Parallelen besteht darin, daß die Vateranrede ohne jede Analogie ist und daß an die Stelle der Prädikationen wirkliche Bitten treten.[7] Wie im Vaterunser folgt auch im Kaddischgebet die Bitte um die Herrschaft Gottes: »Er bringe sein Reich zur Herrschaft . . . zu euren Lebzeiten und in euren Tagen.« Im Achtzehngebet wird in der 7. und 11. Benediktion um das messianische Reich als Erlösung von der Fremdherrschaft und als Königtum Gottes gebetet. Verstehen wir die Bitte um Kommen des Reiches von der synoptischen Botschaft her, so ist der Akzent hier anders gesetzt. Es soll das Kommen der Herrschaft Gottes die Herrschaft des Satans durch die dämonischen Mächte brechen und den vom Satan geknechteten Menschen Freiheit bringen. **3** Die dritte Bitte des Matthäus fehlt bei Lukas.[8] Es schließen sich die in der Fassung des Lukas in der Dreizahl überlieferten Wir-Bitten an.[9] Die Bitte um das Brot ist bei ihm durch den iterativen Präsensimperativ *δίδου* an Stelle des Aorist und durch *τὸ καϑ' ἡμέραν* (= täglich), das dem iterativen Imperativ entspricht, gegenüber Matthäus abweichend. Gegenüber dem harten *σήμερον*, das nur das Brot für den jeweiligen Tag erbittet, meint das *καϑ' ἡμέραν* das Existenzminimum für alle Tage. Darin wird ein Sicheinrichten in der Welt im Zeichen der Parusieverzögerung erkennbar.[10] Für die Bedeutung des äußerst seltenen *ἐπιούσιος*, das auch in einem Papyrus aus dem 5. Jahrhundert belegt ist,[11] macht *K. G. Kuhn* den Vorschlag, es auf einen aramäischen Ausdruck zurückzuführen, der den Übersetzer zu dieser seltenen Wortbildung veranlaßte. In dem Ausdruck l^{e}joma, Brot für den Tag, steckt nach ihm beides: Brot, soweit es für den Tag nötig ist, und Brot für heute. *ἐπιούσιος* und *σήμερον* einerseits und *ἐπιούσιος* und *καϑ' ἡμέραν* andererseits versuchen den aramäischen Wortlaut wiederzugeben.[12] Auch in der (leicht gemilderten) Fassung des Lukas bittet das Gebet um natürliche Güter und vertraut sich der Fürsorge Gottes an (Matth. 6,34). **4** Die Bitte um die Vergebung ist ebenfalls gegenüber Matthäus verändert; an Stelle des Ausdrucks *ὀφειλήματα* (Schulden) im Vordersatz, den Lukas durch seinen

---

[6] *G. Schneider*, Komm., 256; *S. Schulz*, a. a. O., 88.

[7] *H. Schürmann*, a. a. O., 27.

[8] Die Mehrzahl der Exegeten rechnet mit dem sekundären Charakter; entschieden gegenteilig hat sich *W. Marchel*, a. a. O., 188, ausgesprochen. *G. Schwarz*, a. a. O., 244, vermutet (schwerlich zu Recht) eine Weglassung bei Lukas wegen politischer Anstößigkeit.

[9] Vgl. dazu *A. Vögtle*, a. a. O.

[10] *E. Gräßer*, a. a. O., 108; *S. Schulz*, a. a. O., 91.

[11] *W. Foerster*, ThWb II, 587ff.

[12] *K. G. Kuhn*, a. a. O., 35–37.

Nachsatz auch voraussetzt, ist das allgemeinere, im Griechischen eindeutigere *ἁμαρτία* getreten. Auch diese Bitte ist auf dauernde Wiederholung angelegt wie die Brotbitte. Der präsentisch gefaßte Begründungssatz richtet keine Bedingung auf, die Gott zum Vergeben zwingt, sondern drückt aus: um die Zusage der Vergebung wissend, kann der Jünger nicht anders, denn als Vergebender zu handeln gegenüber jedem, der sich an ihm verschuldet. Auch in der letzten Bitte geht es nach der Lukasfassung nicht um die apokalyptische Auseinandersetzung mit satanischer Verführung und Verfolgung, vielmehr um das »Jetzt der Situation der Gläubigen in der Welt, die durch teuflische Anfechtung, durch die Situation des Sündigens und des Abfalls charakterisiert ist«[13]. Der Beter bittet Gott, der die Gemeinde führt, sie nicht in die Versuchung geraten zu lassen.

5 Mit einem neuen Einsatz (vgl. 6,39; 9,3.23 u. a.) beginnt die Erzählung eines Gleichnisses, das in 18,1ff. eine sehr nahe Parallele hat.[14] Es setzt ein mit einer rhetorischen Frage, die sich von V. 5 bis V. 7 erstreckt. *Joach. Jeremias* gibt sie wieder: Könnt ihr euch vorstellen . . .? Sie erwartet die Antwort: »Undenkbar!« Die Erzählung greift mitten hinein in das Leben in einem palästinensischen Dorf, in dem es keine Läden gibt, sondern jedes Haus die zum eigenen Bedarf notwendige Nahrung selbst herstellt. Aus der Vertrautheit untereinander weiß einer vom anderen, wer noch Brot hat. Es kommt einer in einem solchen Dorf um Mitternacht zu seinem Freunde und bittet ihn, drei Brote zu leihen. **6** Er hat, wie es in der Antike nicht ungewöhnlich war, zur Nacht noch unerwartet einen Gast bekommen. Drei Brotfladen ist die übliche Mahlzeit für einen einzelnen. **7** Es ist undenkbar, daß der Freund den Freund abweist, die Gastfreundschaft verweigert – trotz der Schwierigkeiten, die hier anschaulich aufgezählt werden (sachlich ein Irrealis, da von V. 5 abhängig!): er muß aufstehen und die gesicherte Tür öffnen. An den Flügeln der Tür befinden sich Ringe, durch die ein hölzerner Balken oder ein eiserner Stab gezogen ist; das Öffnen macht Mühe und verursacht Lärm, der die Kinder weckt. Verständlich wäre es, wenn der Hausvater ihn unwillig abweisen würde – ohne Anrede (kein *φίλε* wie V. 5): Ich kann nicht. Aber eben diese Abweisung ist undenkbar. **8** Daran knüpft das mit *λέγω ὑμῖν* eingeleitete Wort an, dem eine traditionsgeschichtliche Sonderstellung zukommt. Es wechselt die Perspektive: jetzt steht nicht der bittende, sondern der um Hilfe gebetene Freund im Vordergrund. Wenn er die Bitte nicht aus Freundschaft erfüllen würde, er würde sie um der Zudringlichkeit willen gewähren.[15] Nicht nur das Erbetene, alles, was er braucht, wird er ihm geben. Wenn schon Menschen so miteinander umgehen, um wieviel mehr erfüllt Gott den Bittenden ihre Bitte.

9 In einem dritten Stück wird ein Wort angeschlossen, das mit einem dreifachen objektlosen Imperativ beginnt. Es entstammt Q und stimmt nahezu wörtlich mit Matth. 7,7–11 überein. Lukas fügt damit der gegebenen Deutung des Gleichnisses eine weitere an.[16] Die Imperative meinen den Menschen in seiner ganzen Existenz und sind

---

[13] *E. Gräßer*, a. a. O., 104.

[14] *W. Ott*, a. a. O., 23–31, vergleicht den Aufbau, konstatiert aber (wie schon vor ihm *Joach. Jeremias*, a. a. O., 121) eine Verschiebung des Sinnes durch den Schlußvers V. 8. In der Urgestalt könnten beide (in SLk) ein Doppelgleichnis gebildet haben.

[15] *W. Ott*, a. a. O., 27, beobachtet eine gewisse Unstimmigkeit: nicht Freundschaft, sondern *ἀναίδεια* (wie bei der Witwe in 18,1ff.) ist der Grund des Handelns.

[16] *S. Schulz*, a. a. O., 161.

Rufe zur Umkehr: der Mensch muß, wenn er es wirklich mit Gott zu tun bekommen will, Bittender, Suchender, Anklopfender werden; dann antwortet ihm Gottes Handeln (Passivum divinum). Die Grundaussage schließt sich an die aus dem Gleichnis (V. 5–8) sich ergebende Mahnung zu beharrlichem Beten an. Die beiden erläuternden Imperative (suchen und anklopfen) machen es wahrscheinlich, daß es um die Zugehörigkeit zum Reiche Gottes geht: der Bittende wird sie erhalten, der Suchende wird sie finden, dem an die Tür des Hauses Klopfenden wird geöffnet (vgl. Luk. 13,24). **10** Den Imperativen schließen sich die Zusagen an, die Gewißheit vermitteln wollen, daß Gott den Bittenden hört. Aufforderung und Zusage sind an jeden gerichtet (*πᾶς γὰρ ὁ αἰτῶν . . .*). **11** Das jetzt einsetzende Logion ist gegenüber dem vorausgehenden relativ selbständig.[17] Eingefaßt in eine rhetorische Frage, wird ein Bildwort dargeboten (vgl. die Einfügung des Gleichnisses in V. 5–7). Es wird im synonymen Parallelismus entfaltet; die Antwort kann nur eine negative sein. Kein Vater gibt seinem bittenden Sohn statt eines Fischs eine Schlange; so hat es Lukas mit Matthäus gemeinsam. **12** Kein Vater gibt für ein Ei einen Skorpion (der zusammengezogen einem Ei gleichen kann) – so fährt Lukas allein fort. Dieses Glied vertritt die bei Matthäus enthaltene, dort vorausgehende Gegenüberstellung von Brot und Stein. Man darf davon ausgehen, daß Lukas die bei Matthäus erhaltene Q-Fassung abgeändert hat.[18] Bei ihm wird das Gegensatzpaar nützlich – unnütz durch nützlich – schädlich ersetzt. Die Zuordnung von Skorpion und Schlange könnte von 10,19 bestimmt sein. Kein Vater gibt seinem Sohn statt einer nützlichen Gabe eine schädliche. **13** Im Schlußverfahren a minori ad maius: Wenn ihr trotz eurer Bosheit euren Kindern gute Gaben zu geben versteht, wieviel mehr kann es der Vater, der aus dem Himmel seine Gaben schenkt. Matthäus hat als Inhalt der göttlichen Gaben *ἀγαθά*. Lukas interpretiert sie als *πνεῦμα ἅγιον*. Was dort noch allgemein (auch im Sinne irdischer Güter) aufgefaßt werden kann, bekommt bei Lukas den für ihn kennzeichnenden pneumatologischen Akzent.[19] Letztes Ziel des Gebetes ist die durch den Geist gewirkte Gemeinschaft mit Gott, die der Mensch sich nicht selbst verschaffen kann.

8. Jesu Auseinandersetzung mit seinen Gegnern 11,14–54

a) Abwehr des Vorwurfs des Teufelsbündnisses 11,14–28; Mark. 3,22–27; Matth. 12,22–30.43–45*

(14) Und er war dabei, einen Dämon auszutreiben, und der war stumm. Es geschah aber, als der Dämon ausgefahren war, redete der Stumme, und es staunte die Menge. (15) Einige aber von ihnen sagten: »Durch Beelzebul, den Fürsten der Dämonen, treibt er die

---

[17] *W. Ott*, a. a. O., 111, möchte einen Themawechsel konstatieren: in V. 11–13 geht es um den Lohn des in V. 5–10 gelehrten Betens.

[18] So *W. Ott*, a. a. O., 109; *S. Schulz*, a. a. O., 162; *G. Schneider*, Komm., 261; anders *E. Hirsch*, Frühgeschichte II, 102: Die Urform hatte nur Fisch/Schlange, Matthäus und Lukas ergänzen verschieden.

[19] Vgl. *W. Ott*, a. a. O., 108.

* Lit.: *A. Jülicher*, Gleichnisreden II, 214–240 – *W. G. Kümmel*, Verheißung, 98–102 – *J. E. Yates*, Luke's Pneumatology and Lk. 11,20, in: StudEv II, TU 87, Berlin 1964, 295–299 – *F. Mußner*,

Dämonen aus.« (16) Andere aber stellten ihn auf die Probe und verlangten ein Zeichen vom Himmel von ihm. (17) Er aber kannte ihre Gedanken und sprach zu ihnen: »Jedes Reich, das in sich zerspalten ist, wird wüste; und Haus stürzt auf Haus. (18) Wenn aber auch der Satan mit sich selbst zerspalten ist, wie wird sein Reich Bestand haben? Denn ihr sagt, daß ich durch Beelzebul die Dämonen austreibe. (19) Wenn aber ich durch Beelzebul die Dämonen austreibe, durch wen treiben eure Söhne sie aus? Darum werden sie eure Richter sein. (20) Wenn ich aber durch den Finger Gottes die Dämonen austreibe, dann ist zu euch gekommen die Königsherrschaft Gottes. (21) Wenn der Starke bewaffnet seinen Hof bewacht, ist sein Besitztum in Frieden. (22) Wenn aber einer, der stärker ist als er, über ihn kommt und ihn besiegt, dann nimmt er ihm seine Rüstung, auf die er vertraute, und verteilt seine Beute. (23) Wer nicht mit mir ist, ist wider mich, und wer nicht mit mir sammelt, zerstreut.

(24) Wenn der unreine Geist ausfährt aus dem Menschen, dann durchzieht er wasserlose Orte und sucht einen Ruheplatz, und findet er ihn nicht, dann sagt er: Ich will zurückkehren in mein Haus, von wo ich ausgegangen bin. (25) Und wenn er kommt, findet er es gekehrt und geschmückt. (26) Dann geht er und holt andere sieben Geister, böser als er selbst, und er zieht ein und wohnt dort. Und das Ende jenes Menschen wird schlimmer sein als der Anfang.«

(27) Es geschah aber, während er das sagte, erhob eine Frau aus dem Volke ihre Stimme und sprach zu ihm: »Selig der Leib, der dich getragen und die Brüste, aus denen du gesogen hast.« (28) Er aber sprach: »Vielmehr selig die, die das Wort Gottes hören und bewahren.«

Die neue Perikope ist an die vorhergehende ohne örtlichen und zeitlichen Zusammenhang angefügt. Eine sachliche Zuordnung von Gebetsbelehrung und Dämonenaustreibung ist kaum zu erkennen. Wahrscheinlich war die Abfolge bereits in der Vorlage des Lukas enthalten: im wesentlichen folgte er seit 11,1ff. Q, so daß mit einem größeren Zusammenhang 11,1–4.9–32 (bzw. 36) zu rechnen ist, in dem der aus Q stammende Stoff dominiert.[1] Das neue Stück zeigt zunächst den Gegensatz zwischen der Herrschaft Gottes und der durch die Dämonen ausgeübten Satansherrschaft (V. 14–23). Lukas fügt, mit Matthäus nahezu wörtlich übereinstimmend, das Bild von der Rückkehr des unreinen Geistes an (V. 24–26) und schließt mit der ihm eigenen Seligpreisung der Mutter Jesu, die Jesus mit der Seligpreisung derer beantwortet, die Gottes Wort annehmen. Die Erörterung um das Beelzebulbündnis ist auch bei Markus gegeben, doch ist ein Einfluß der Markusfassung auf Lukas nur schwer erkennbar.[2] Daß beide Traditionszweige, Markus

---

Lk 1,48f. und 11,27f. und die Anfänge der Marienverehrung in der Urkirche, Cath 21, 1967, 287–294 – *D. Lührmann*, Redaktion, 32–34,42f. – *S. Schulz*, Spruchquelle, 203–213, 476–480 – *M. Limbeck*, Beelzebul – eine ursprüngliche Bezeichnung für Jesus?, in: Wort Gottes in der Zeit, Festschr. f. K. H. Schelkle, Düsseldorf 1973, 31–42 – *Th. Lorenzmeier*, Zum Logion Mt. 12,28/ Lk. 11,20, in: Neues Testament und christliche Existenz, Festschr. f. H. Braun, Tübingen 1973, 289–304 – *E. Gräßer*, Zum Verständnis der Gottesherrschaft, ZNW 65, 1974, 3–26 – *H. Zimmermann*, Selig, die das Wort Gottes hören und bewahren. Eine exegetische Studie zu Lk. 11,27f., Cath 29, 1975, 114–119 – *A. Polag*, Christologie, 38–41,44f. – *H. Merklein*, Gottesherrschaft, 158–160.

Zur jüdisch-rabbinischen Dämonologie: Str.-B. IV, 501–535. Zur hellenistischen Dämonologie: *G. Haufe*, in: *I. Leipoldt/W. Grundmann*, Umwelt I, 77–82.

[1] *D. Lührmann*, a. a. O., 34, sieht in Luk. 11,14–32 eine große, auf der Bearbeitung von Q beruhende Einheit, die mit einem Apophtegma einsetzt und über ein Streitgespräch auf ein Drohwort hinleitet; vgl. auch *G. Schneider*, Komm., 265.

[2] Vgl. *S. Schulz*, a. a. O., 203.

und Q, eine entsprechende Überlieferung aufweisen, läßt deutlich werden: die exorzistisch-heilende Tätigkeit Jesu und der ihr entgegengehaltene (unerfindliche) Vorwurf einer Teufelsbündnisschaft gehören zu den Urdaten der Jesustradition. Die abschließende Seligpreisung der Mutter Jesu stellt eine selbständige Parallele zum Apophthegma von den wahren Verwandten bei Markus (3,31–35) dar, das dort den Abschluß des Streitgesprächs bildete.[3] Da diese kleine Einheit aus SLk stammen dürfte, gehört die Komposition Lukas zu.

Formal steht die Perikope jenen Streitgesprächen nahe, deren Anlaß eine Heilung ist (vgl. die Sabbatkontroversen: Mark. 3,1–6 Parr.; Luk. 13,10–17; 14,1–6; dazu aber auch Mark. 2,1–12 Parr.). Als apophthegmatischer Kern ist V. 14.15.17.18a herausgearbeitet worden.[4] Der lukanische Charakter von V. 16, der auf den Spruch vom Jonazeichen (V. 29–32) vorausweist, liegt offen zu Tage.[5] Auch die traditionsgeschichtliche Selbständigkeit (und höchste Ursprünglichkeit) von V. 20 gilt zahlreichen Forschern als gesichert.[6] Daß auch der Spruch über die Rückkehr des unreinen Geistes (V. 24–26) ursprünglich für sich stand, ergibt sich nicht so sehr aus der anderen Einordnung bei Matthäus (dort in 12,43–45 nach dem Jonazeichen) als aus der gegenüber dem Beelzebul-Stück abweichenden Terminologie (nicht »Dämon«, sondern »unreiner Geist«).

Hintergrund der ganzen Perikope ist die altjüdische Dämonologie, deren kosmologisches und eschatologisches Bezugsfeld durch die Vorstellungswelt der Qumrangemeinde erneut deutlich geworden ist. Dort stehen die »Geister der Wahrheit und der Verderbtheit« (1QS III, 18f.) einander gegenüber, der endzeitliche Kampf des Lichtes gegen die Finsternis schließt mit der Überwindung Belials, des Herrn der Verderbensgeister. Für Lukas, der darin die urchristliche Überzeugung entschieden akzentuiert hat, sind die heilschaffenden Taten des Wirkens Jesu auf Erden Zeichen des nicht mehr aufzuhaltenden Sieges über den Widersacher und des sich verwirklichenden Reiches Gottes.

14 Die Perikope beginnt mit einer knapp gefaßten Wundererzählung, die stilgerecht alle Elemente der Heilungsgeschichte enthält: Angabe der Krankheit, Heilung, Demonstration des Heilerfolgs, staunende Menge. Da entsprechend den Vorstellungen der altjüdischen Dämonologie[7] die Art des Dämons auf den Kranken übergeht, wird diesem Stummsein zugeschrieben, das mit dem Exorzismus weicht. **15** Die Heilung bildet die Einleitung zu einem Streitgespräch. Die Verklammerung geschieht so, daß einige aus dem Kreis der staunenden Menge zu Kritik und Anklage übergehen. Sie bestreiten nicht das Wunder, sehen aber den Wundertäter im Bunde mit Beelzebul, dem Fürsten der Dämonen. Dieser entspricht dem Belial der qumranischen Dämonologie. In Mark. 3,22 ist der Vorwurf ein doppelter: er »hat« Beelzebul und treibt »im Namen« des Dämonenfürsten

---

[3] Schon *David Friedr. Strauß* (Leben Jesu I, 1835, 696) sprach davon, »daß der unvergeßliche Ausspruch Jesu, in welchem er seine geistigen Verwandten über seine leiblichen setzte, . . . in der Sage zwei verschiedene Fassungen oder Rahmen bekommen« hatte.

[4] *H. Merklein*, a. a. O., 158.

[5] *D. Lührmann*, a. a. O., 32; *S. Schulz*, a. a. O., 205; vgl. *A. Jülicher*, a. a. O., 216.

[6] *R. Bultmann*, Synoptische Tradition, 174; *W. G. Kümmel*, a. a. O., 98f. (»Einzelspruch, der mit dem vorhergehenden Spruch nicht ursprünglich zusammenhängt«); *D. Lührmann*, a. a. O., 33; *E. Gräßer*, a. a. O., 9; *H. Merklein*, a. a. O., 159.

[7] Str.-B. IV, 501ff.

Dämonen aus. Hier ist nur das letztere ausgesagt. Wie stark die Frage des Verhältnisses Jesu zur Welt der Dämonen auf dem Hintergrund seiner exorzistischen Tätigkeit den Streit um Jesu Wirken bestimmt hat, zeigt auch Matth. 10,25b.[8] **16** Anderen genügen Exorzismen und Heilungen nicht, sie wollen ein Beglaubigungszeichen sehen, wie man es nach Deut. 18,15ff. von Endzeitpropheten erwartet.[9] Lukas weist mit diesem Einschub auf 11,29–32 voraus. **17** Jesus durchschaut die Gedanken seiner Kritiker (kennzeichnender Zug des Streitgesprächs, vgl. 5,22; 6,8) und antwortet mit einem Bild, das ihnen das Widersinnige des Vorwurfs des Teufelsbündnisses vorhält. Ein Reich, das in inneren Widerstreit gefallen ist, zerfällt und endet in Vernichtung. Dämonenaustreiben in des Dämonenfürsten Namen bedeutet Bürgerkrieg in Satans Reich. **18** Dem Bildwort schließt sich die Deutung an. Würde der Vorwurf stimmen, dann befände sich die Herrschaft des Satans in Auflösung. Aber gerade dies wollten die Gegner nicht sagen. So befinden sie sich mit sich selbst im Widerspruch. **19** Dem in Form eines Bildwortes gehaltenen Argument schließt sich ein zweites in Gestalt einer Gegenfrage an. Auch bei den Juden gibt es Exorzismen; *οἱ υἱοὶ ὑμῶν* meint »Leute aus eurer Mitte«, »Leute, die zu euch gehören«. Ihre Kunst wird auf Salomo zurückgeführt (Jos., Ant. VIII, 2,5). Wenn die Gegner den Exorzisten Jesus des Teufelsbündnisses beschuldigen, dann machen sie ihre eigenen Leute zu ihren Richtern, die sie der Verachtung Salomos zeihen würden (vgl. V. 31). Ein Stück urchristlicher Apologetik,[10] das hier das Bindeglied zwischen der argumentativen Aussagefolge des Streitgesprächs und einem behauptenden Satz bildet. **20** Die Exorzismen gehören in die Stunde der anbrechenden Erfüllung der Gottesherrschaft. Das *ἔφθασεν* drückt aus, daß das Reich Gottes in den Dämonenaustreibungen schon gekommen ist, besagt also mehr als das *ἤγγικεν* von Mark. 1,15.[11] In dieser auf das Reich Gottes bezogenen Gegenwärtigkeitsaussage spricht sich das Selbstbewußtsein Jesu in der Interpretation seines Wirkens aus. Das gilt auch dann, wenn die Vorstellung einer in der Gegenwart bereits wirksamen zukünftigen Vollendung nicht singulär jesuanisch ist, sondern Entsprechungen etwa zu Qumran aufweist.[12] Medium des exorzistischen Wirkens Jesu ist nach Lukas der »Finger Gottes«, nach der Parallele bei Matth. 12,28 der Geist Gottes. Die lukanische Formulierung gilt weithin als die ursprünglichere.[13] Die unwiderstehliche Kraft Gottes, die in den Dämonenaustreibungen erkennbar wird, führt in Jesu Wirken die Gottesherrschaft herauf. **21** Ein weiteres Bild schließt sich an. Es ist die Rede vom Starken, der die Waffenrüstung angelegt hat und unangefochten über seinem Besitztum herrscht (nicht der Hausbesitzer, sondern eine Art Burgherr). **22** Nun kommt der, der stärker ist und über ihn den Sieg erringt und die Beute, die er gemacht hat, verteilt. Es kann keinem Zweifel unterliegen, daß dieser Stärkere Gott ist, der den Starken, den Satan, besiegt. Auf diesem Hintergrund vollzieht sich der Kampf zwischen Jesus und den

---

[8] Zu diesem Themenkreis vgl. *M. Limbeck*, a. a. O.

[9] *A. Polag*, a. a. O., 45.

[10] *S. Schulz*, a. a. O., 212.

[11] *W. G. Kümmel*, a. a. O., 100; ähnlich *S. Schulz*, a. a. O., 209; schon früher *A. Jülicher*, a. a. O., 231.

[12] Vgl. *H. W. Kuhn*, Enderwartung und gegenwärtiges Heil. Untersuchungen zu den Gemeindeliedern von Qumran, StUNT 4, Göttingen 1966, 203f., gegen *W. G. Kümmel*, a. a. O., 101.

[13] *J. E. Yates*, a. a. O., versucht dagegen aufzuweisen, daß Lukas die Nennung des Pneuma alteriert hat durch den Finger Gottes, um die dynamische Komponente (= Kraft Gottes) zu unterstreichen.

Dämonen. **23** In diesem Kampf gibt es keine Neutralität. Dies drückt das hier angeschlossene zweigliedrige, vielleicht ursprünglich profane Weisheitswort aus.[14] Wer sich nicht auf seine Seite stellt, bezieht gegen ihn Stellung (vgl. jedoch 9,50). Jesus waltet als Hirte, der seine Herde sammelt (Jes. 40,11; Hes. 34), gegen ihn gerichtetes Wirken bedeutet Zerstreuung der Herde Gottes, des Gottesvolks.

24 Ein bildhafter Spruch, der von Vorstellungen der jüdischen Dämonologie bestimmt ist, schließt die Warnung ab. Ein kleiner Monolog eines unreinen Geistes bringt zum Ausdruck: ausgetriebene Dämonen streben nach ihrem alten Haus zurück.[15] **25** Finden sie es gefegt und geschmückt, aber leer, **26** dann holen sie sich andere Geister – die Siebenzahl spielt in der jüdischen Dämonologie eine Rolle (vgl. Test. Ruben 2f.) – zu Hilfe, um es in Besitz zu nehmen, und mit dem betreffenden Menschen wird es ärger als zuvor. Die Warnung gilt nicht dem »Rückfall«, sondern einer zweiten Indienstnahme des durch Jesu Tun Befreiten.

27 Ohne klar erkennbaren Zusammenhang wird hier der Ruf einer Frau angefügt, die Jesu Mutter seligpreist. Die Redaktion des Lukas wird nur verständlich, wenn man in diesem Stück den SLk-Ersatz für Mark. 3,31–35 sieht (vgl. o.). Nach jüdischer Anschauung liegt das Glück einer Frau in der Größe ihrer Söhne. Der Ruf nennt in palästinensischer Weise die Glieder, durch die eine Frau Mutter ist: der Leib, der trägt und gebiert, und die stillenden Brüste (vgl. auch 23,29). **28** Jesus antwortet auf diesen Makarismus mit einer anderen Seligpreisung, die über die leibliche Verwandtschaft hinausführt.[16] Gottes Wort hören und bewahren bedeutet Gemeinschaft mit Gott (vgl. 8,15; ferner 6,46). Lukas verehrt darum Maria, weil sie Hörende, Glaubende und Bewahrende ist (1,38.45; 2,19.51).[17]

b) Abwehr der Zeichenforderung und die Sprüche vom Licht 11,29–36; Matth. 12,38–42; 5,15; 6,22f.*

(29) Als sich aber die Volksmenge sammelte, begann er zu sagen: »Dieses Geschlecht ist ein böses Geschlecht. Es sucht ein Zeichen, und ein Zeichen wird ihm nicht gegeben

[14] *R. Bultmann*, Synoptische Tradition, 103.

[15] »Wehe, er hat mich aus meinem Haus vertrieben«, ruft nach b. Gitt. 52a der Satan, als R. Meir zwei Menschen versöhnt hat; nach b. Chul. 1056 tut der Dämon der Armut den gleichen Ausspruch.

[16] *F. Mußner*, a. a. O., hat auf den Zusammenhang mit Luk. 1,45 aufmerksam gemacht.

[17] Ganz anders das Thomasevangelium, in dem Luk. 11,28 und 23,29 miteinander verbunden sind: »Eine Frau aus der Menge sprach zu ihm: Selig der Leib, der dich trug, und die Brüste, die dich ernährten! Er sprach zu ihr: Selig, die das Wort des Vaters hörten und es in Wahrheit hüteten. Denn es werden Tage kommen, daß ihr sagt: Selig der Leib, der nicht empfing, und die Brüste, die keine Milch gaben« (Nr. 79).

* Lit.: *A. Jülicher*, Gleichnisreden II, 79–88, 98–108 – *E. Sjöberg*, Das Licht in dir. Zur Deutung von Matth. 6,22f. Par., StTh 5, 1951, 89–105 – *P. Seidelin*, Das Jonaszeichen, StTh 5, 1951, 119–131 – *C. Edlund*, Das Auge der Einfalt. Eine Untersuchung zu Matth. 6,22–23 und Luk 11,34–35, ASNU 19, Kopenhagen/Lund 1952 – *A. Vögtle*, Der Spruch vom Jonaszeichen, in: Synopt. Studien, Festschr. f. A. Wikenhauser, 230–277 = Das Evangelium und die Evangelien, Düsseldorf 1971, 103–136 – *D. Lührmann*, Redaktion, 34–43 – *P. Hoffmann*, Logienquelle, 181f. – *S. Schulz*, Spruchquelle, 250–257, 468–470, 474–476 – *F. Hahn*, Die Worte vom Licht Lk. 11,33–36, in: Orientierung an Jesus, Festschr. f. J. Schmid, Freiburg 1973, 107–138.

werden – außer dem Zeichen des Jona. (30) Denn wie Jona den Niniviten ein Zeichen war, so wird es auch der Menschensohn diesem Geschlecht sein. (31) Die Königin des Südens wird auferstehen im Gericht mit den Männern dieses Geschlechts und sie verurteilen; denn sie kam von den Enden der Erde, zu hören die Weisheit Salomos; und siehe, mehr als Salomo ist hier! (32) Die Männer von Ninive werden auferstehen im Gericht mit diesem Geschlecht und es verurteilen; denn sie kehrten um auf die Botschaft des Jona hin; und siehe, mehr als Jona ist hier!

(33) Niemand zündet ein Licht an und stellt es ins Verborgene und auch nicht unter den Scheffel, sondern auf den Leuchter, damit die Eintretenden den Schein sehen.

(34) Die Leuchte des Leibes ist dein Auge. Wenn dein Auge einfältig ist, dann ist auch dein ganzer Leib licht. Wenn es aber böse ist, ist auch dein Leib finster. (35) Sieh nun zu, daß nicht das Licht in dir Finsternis ist. (36) Wenn nun dein ganzer Leib licht ist und keinen finsteren Teil hat, so wird er ganz licht sein, wie wenn die Leuchte mit ihrem Strahl dich erleuchtet.«

V. 36: Der Schlußsatz hat schon früh dem Verständnis Schwierigkeiten bereitet. Dies zeigen vor allem die ältesten Übersetzungen. Auch neuere Forscher greifen auf die dort gebotenen Versionen zurück. *F. Hauck* hebt die Fassung von syr^{sin} sowie der alten Lateiner c, f, heraus: »Wenn nun dein Leib, kein Licht in sich habend, das ihn erleuchtet, finster ist, so wenn deine Lampe hell ist, erleuchtet sie dich«, und übersetzt: »Wenn nun dein Leib, der Leuchte entbehrend, finster sein wird, so erleuchtet dich dein Licht, wenn es strahlend brennt.« (Komm. 159.) *E. Hirsch* schlägt eine Konjektur vor, die die Tautologie zwischen Vorder- und Nachsatz beseitigen soll: »Wenn dein Gesicht licht ist ganz und gar, so daß es nichts Finsteres an sich hat, dann wird es sein, wie wenn das Licht mit seinem Blitz dich erleuchtet« (Frühgeschichte II, 104).

Lukas fügt einen schon in Q gegebenen Zusammenhang an, den er bereits mit dem Vorausverweis auf die Zeichenforderung (V. 16) vorbereitet hatte. Adressat ist die Volksmenge, der das in der Dämonenaustreibung gegebene Zeichen der Gottesherrschaft nicht genügt. Traditionsgeschichtlich liegt ein Apophthegma vor (V. 16.29b–30), das durch ein Doppelbeispiel interpretiert wird (V. 31.32). Angeschlossen sind das Bildwort von der Lampe (V. 33) und die nach dem Stichwortprinzip verknüpften Worte vom Licht (V. 34–36). Die beiden ersten Stücke waren bereits in Q miteinander verbunden.[1] Darüber hinaus könnte der gesamte hier vorliegende Zusammenhang, dessen spätere Teile Matthäus in anderem Kontext bietet, eine von Q geschaffene kompositorische Einheit gebildet haben.[2] Zwei Elemente des Komplexes haben auch eine Markusparallele. Die Abweisung der Zeichenforderung (11,29f.) erfolgt in Mark. 8,11–12 in knappester Form; das Bildwort von der Lampe (V. 33) begegnet auch in Mark. 4,21. Solche Mehrfachüberlieferung zeigt stets die feste Zugehörigkeit zur ältesten Jesustradition.

29 Lukas löst das die Zeichenforderung ablehnende Wort in einen stilistisch wirksamen Doppelsatz auf. Das Jesus umdrängende Volk steht für die *γενεὰ αὕτη*, die dem endzeitlichen Propheten entgegengestellte, seiner Umkehrbotschaft sich versagende Generation. Sie ist böse; und ihre Bosheit besteht darin, daß sie ein Zeichen sucht. Während Mark. 8,12 jedes Zeichen abgelehnt wird, kündigt das Wort in der Q-Fassung bei Matthäus und Lukas ein *σημεῖον* an, das Zeichen des Jona. **30** Worin dieses besteht, wird nicht ausdrücklich gesagt. Meint das Zeichen die Umkehrpredigt vor dem nahen Gericht,

---

[1] *D. Lührmann*, a. a. O.qq, 36f.; *S. Schulz*, a. a. O., 252.
[2] Als verbindendes Moment ist die Gerichts- und Entscheidungssituation anzusehen, vgl. dazu *F. Hahn*, a. a. O., 131.

die Jona und den Menschensohn verbindet?[3] Bei dieser Deutung wäre ein klarer Unterschied zu Matth. 12,40 gegeben: Dort ist das Zeichen der dreitägige Aufenthalt des Jona im Walfisch.[4] Traditionsgeschichtlich erscheint es einleuchtend, daß Lukas hier die ältere (der Q-Vorlage entsprechende) Gestalt bewahrt hat, die bei Matthäus eine Fortschreibung erfuhr. Anders verhält es sich, wenn *σημεῖον Ἰωνᾶ* ein Zeichen meint, »das von der Person des Jona verständlich zu machen ist«[5]. Dabei würde das Kommen des Jona zu den Niniviten und das Kommen des Menschensohns zu diesem Geschlecht in der Parusie verglichen.[6] Doch berechtigt der Menschensohntitel allein noch nicht dazu, das Wort zu einem Parusiewort zu machen und auf die eschatologische Gerichtssituation zu deuten, bei der es nur noch Scheidung, nicht Entscheidung gibt. Als dritte Möglichkeit wird erwogen, das Jonazeichen darin zu sehen, daß Jona bei seinem Auftreten vor den ungläubigen Niniviten durch eine wunderbare Errettung von Gott beglaubigt ist.[7] In diesem Falle wäre die Differenz zu Matthäus weitaus geringer.[8] Der Preis für diese harmonisierende Deutung bestünde jedoch in der Notwendigkeit, das Logion »eher als kerygmatische Erläuterung denn als genuines Deutewort Jesu zu erklären«,[9] mithin im Verzicht auf seine Authentizität.

31 Dieser Generation werden in einem doppelten Drohwort Menschen vergangener Geschlechter gegenübergestellt, den jüdischen Zeitgenossen Jesu Heiden der Vorzeit. Das ursprünglich wohl selbständige – inhaltlich Luk. 10,13–15 vergleichbare – Stück wurde schon früh im Zeichen der Stichwortassoziation (*γενεὰ αὕτη*) mit dem ursprünglichen Apophthegma, das die Zurückweisung der Zeichenforderung enthält, verbunden. Die Reihenfolge der beiden Beispiele bei Lukas dürfte die ursprüngliche sein, Matthäus stellte sie um, um beide Jonalogien zu verknüpfen.[10] Vorausgesetzt wird die Situation der endzeitlichen Auferstehung und des Gerichts. Gemeinsam mit den Männern des gegenwärtigen Geschlechts wird zum Gericht auferstehen die »Königin des Südens« (vgl. 1. Kön. 10,1–13). Sie verdammt die Menschen der *γενεὰ αὕτη*, weil sie sich vom äußersten Ende der Erde aufgemacht hat, um die Weisheit des Salomo kennenzulernen, während das gegenwärtige Geschlecht nicht auf die größere Weisheit achtet, die ihm mit Jesus, dem Verkünder der endzeitlichen Weisheit Gottes (vgl.7,35; 10,21), geschenkt wird. **32** Neben die heidnische Frau treten die heidnischen Männer von Ninive. Sie verurteilen die Generation Jesu, weil sie selbst auf die prophetische Predigt des Jona hin die Umkehr von einem verkehrten Weg vollzogen haben, während das zeitgenössische Geschlecht in Jesus einer Erscheinung gegenübersteht, die mehr ist als das alte Prophetentum. Die in diesem Doppelbeispiel ausgedrückte Verbindung von eschatologischer Weisheit und Prophetie ist von großer christologischer Relevanz.

---

[3] *S. Schulz*, a. a. O., 256, nennt als weitere Vertreter dieser These *H. J. Holtzmann*, *R. Meyer*, *W. G. Kümmel*, *M. Dibelius*, *G. Bornkamm*.

[4] Die jüdische Jonalegende ist, wie *P. Seidelin*, a. a. O., 122–128, gezeigt hat, nahezu ausschließlich an diesem Zug interessiert.

[5] *A. Vögtle*, a. a. O., 113.

[6] *R. Bultmann*, Synoptische Tradition, 124; *D. Lührmann*, a. a. O., 40.

[7] *P. Seidelin*, a. a. O., 121 f.; *A. Vögtle*, a. a. O., 114 ff.; G. Schneider, Komm., 271.

[8] Nach *P. Seidelin*, a. a. O., spricht Lukas aus, was Matthäus meint, habe jedoch Anstoß an der Nennung des Wals genommen.

[9] *A. Vögtle*, a. a. O., 124.

[10] *P. Seidelin*, a. a. O., 121; *S. Schulz*, a. a. O., 252.

33 Der bereits in 8,16 aus Markus übernommene Spruch von der Lampe erscheint an dieser Stelle, aus Q übernommen, noch einmal. War dort an den Dienst der Jünger gedacht, so kann dem Zusammenhang nach an dieser Stelle niemand anderes als Jesus selbst gemeint sein. Er ist das Zeichen Gottes, das Licht, das nicht in einen versteckten Winkel gestellt, sondern bestimmt ist, den in das Haus Eintretenden mit seinem Schein zu leuchten. So hat das eine Alltagserfahrung bewahrende, ursprünglich selbständige Bildwort vom Zusammenhang her eine christologische (Neu-)Deutung erfahren.

34 Das Leitwort *λύχνος* bleibt, die Perspektive wechselt. Dem Licht, das Jesus ist und den Menschen erleuchtet, tritt in einem anderen, gleichfalls Q zugehörigen Wort das Licht im Menschen gegenüber.[11] Der Spruch ist ein Bildwort, dem als Anwendung eine Mahnung (V. 35) und eine Schlußfolgerung (V. 36) nachgeschickt werden. Das Auge wird dabei als Lichtquelle, nicht als Lichtempfänger verstanden.[12] Sachverwandtes lesen wir bei Philo: »Wie in dem Leibe das eigentlich Leitende das Gesicht (= Auge) ist, so ist das Vorzüglichste unseres Inneren die Vernunft« (de sobrietate 5). Das hier zugeordnete Wort *ἁπλοῦς*, das *πονηρός* entgegengesetzt ist, könnte als Wiedergabe des aramäischen Wortes שְׁלִים aufgefaßt werden, das den unbeschädigten, fehlerlosen Zustand (etwa eines Opfertieres) bezeichnet,[13] in einem mehr übertragenen Sinne – so vorzugsweise in Test. XII – meint es die Aufrichtigkeit in der vollen Hingabe an Gott.[14] Wenn das Auge funktionstüchtig ist, lebt der ganze Leib im Licht, ist es krank, befindet sich der ganze Leib im Dunkel. **35** In der folgenden paränetischen Umformung wird der Hörer aufgefordert zuzusehen, daß nicht sein inneres Licht Finsternis sei. Der Ausdruck das »Licht in dir« braucht keineswegs platonisch interpretiert zu werden. Eher ist er durch Spr. 20,27 bestimmt, wo der Geist des Menschen eine Leuchte Jahwes genannt wird, woran in Qumran, aber auch in der rabbinischen Theologie angeknüpft wird. Das »Licht in dir« bedeutet Anteil an der Welt des Lichts. Die hier ausgesprochene Warnung vor einer nur scheinbaren Gottesgemeinschaft hat Lukas vielleicht auf die Gegner bezogen, die meinen, im Lichte zu sein, und in der Finsternis leben.[15] **36** Mit dem Schlußsatz erhält die Reihe der Lichtworte eine überraschende eschatologische Wendung. Hier ist wieder vom Licht die Rede, das Jesus bedeutet. Der auch textlich schwer zu sichernde Satz meint wohl, daß »der vom Licht getroffene und in seiner ganzen Existenz erfaßte Mensch, von dem im jüngsten Gericht aufblitzenden Lichtstrahl aufgedeckt, bestätigt und anerkannt wird«[16].

c) Das Wehe über Pharisäer und Schriftgelehrte 11,37–54; Matth. 23,4.6.7.13.23.25.27.29–31.34–36*

(37) Während er redete, bat ihn ein Pharisäer, daß er bei ihm das Mahl einnähme. Er aber trat ein und ließ sich nieder. (38) Der Pharisäer sah das und wunderte sich, daß er sich nicht zuerst (die Hände) wusch vor dem Mahl. (39) Es sprach aber der Herr zu ihm:

11 Zur Komposition vgl. *F. Hahn*, a. a. O., 116.
12 *E. Sjöberg*, a. a. O., 92.
13 *E. Sjöberg*, a. a. O., 93.
14 Belege bei *C. Edlund*, a. a. O., 62–73.
15 *E. Sjöberg*, a. a. O., 105.
16 *F. Hahn*, a. a. O., 131.

* Lit.: *W. Pesch*, Der Lohngedanke in der Lehre Jesu, MThSt I, 7, München 1955, 40–43 – *O. H. Steck*, Israel und das gewaltsame Geschick der Propheten, WMANT 23, Neukirchen 1967,

»Wohlan, ihr Pharisäer, das Äußere des Bechers und der Schüssel reinigt ihr, aber euer Inneres ist voll von Raub und Bosheit. (40) Ihr Toren, hat nicht der das Äußere geschaffen hat, auch das Innere geschaffen? (41) Gebt vielmehr den Inhalt als Almosen, und siehe, alles ist euch rein.

(42) Aber wehe euch, den Pharisäern, denn ihr verzehntet die Minze und die Raute und jedes Gemüse und übergeht das Recht und die Liebe zu Gott. (Dies muß man tun und jenes nicht lassen.)

(43) Wehe euch, den Pharisäern, denn ihr liebt den ersten Platz in den Synagogen und die Begrüßung auf den Märkten.

(44) Wehe euch, denn ihr seid wie unkennbare Gräber, und die Menschen gehen darüber hin und wissen es nicht.«

(45) Es antwortete aber einer der Gesetzeslehrer und sagte zu ihm: »Lehrer, wenn du das sagst, frevelst du auch gegen uns.«

(46) Er aber sagte: »Auch euch, den Gesetzeslehrern, wehe, denn ihr ladet den Menschen kaum tragbare Lasten auf, und selbst rührt ihr nicht mit einem eurer Finger an die Lasten.

(47) Wehe euch, denn ihr erbaut die Grabdenkmäler der Propheten, eure Väter aber haben sie getötet. (48) Deshalb seid ihr Zeugen und stimmt bei den Taten eurer Väter, denn jene haben sie getötet, ihr aber baut. (49) Deshalb sagt auch die Weisheit Gottes: ‚Ich werde zu ihnen senden Propheten und Apostel, und sie werden (einige) von ihnen töten und verfolgen, (50) damit abgefordert wird das Blut aller Propheten, das vergossen wurde von der Grundlegung der Welt bis zu diesem Geschlecht, (51) vom Blute Abels bis zum Blute des Zacharias, der umgebracht wurde zwischen Opferaltar und (Tempel-) Haus.‘ Ja, ich sage euch, es wird abgefordert werden von diesem Geschlecht.

(52) Wehe euch, den Gesetzeslehrern, denn ihr nahmt die Schlüssel zur Erkenntnis fort. Ihr selbst kamt nicht hinein, und die, die eintreten wollen, hindert ihr.«

(53) Und als er von dort fortging, begannen die Schriftgelehrten und die Pharisäer hart aufsässig zu werden und ihm auf den Mund zu sehen in vielem, (54) indem sie ihm auflauerten, etwas aus seinem Munde zu erjagen.

Mehrfach hat die Parallelüberlieferung bei Matthäus die textliche Gestalt in Handschriften und Übersetzungen beeinflußt. Die Aufforderung, dies zu tun und jenes nicht zu lassen in V. 42b, die bei D fehlt, dürfte schon früh aus Matth. 23,23 in die meisten Zeugen eingedrungen sein. – In V. 43 tragen C, D und einige Lateiner aus Matth. 23,6 den ersten Platz bei Tisch nach; eine größere Anzahl von Handschriften bringt in das Wehe V. 44 die Schriftgelehrten ein und fügt die bei Lukas vermiedene Anrede als *ὑποκριταί* aus Matth. 23,27 hinzu. Die V. 49 einleitende Botenformel, die das folgende Stück als Rede der Weisheit kenntlich macht, wird von D, b und bei Lucifer weggelassen (vgl. Matth. 23,34).– V. 50: Wegen des Parallelismus zu V. 51a ist die an sich schwächer bezeugte Leseart *ἕως* (D. it, syr^{sin}, syr^{cur}) gegenüber dem Mehrheitstext zu bevorzugen.– Weitere Veränderungen erstrecken sich auf den Rahmen: in V. 37 läßt D die Verknüpfung mit dem vorangehenden Stück fallen und setzt neu ein, im Schluß V. 53f. führt D die Volksmenge ein, vor der die Auseinandersetzung stattfindet, und schließt wirkungsvoll damit, daß sie einen Anlaß zur Anklage gegen ihn suchen.

Die Weherufe über Pharisäer und Gesetzeslehrer ordnet Lukas in eine Gastmahlsszene ein (vgl. 5,29; 7,36; 10,38; ferner 14,1). Die Situation führt zu einer Erörterung über die pharisäische Reinheit, die an Mark. 7,1ff. erinnert. Den drei Wehe über die pharisäische Lebensweise (V. 42–44) folgen nach dem Einwurf eines Schriftgelehrten drei Weherufe über die Gesetzeskundigen (V. 46.47f. 52), in die ein Zitat aus einer Weisheitsschrift

---

26–40, 51–53, 222–227 – *D. Lührmann*, Redaktion, 43–48 – *F. Christ*, Jesus Sophia, AThANT 57, Zürich 1970, 120–135 – *S. Schulz*, Spruchquelle, 94–114, 336–345 – *G. Klein*, Die Verfolgung der Apostel Luk. 11,49, in: Neues Testament und Geschichte, Festschr. f. O. Cullmann, Tübingen 1972, 113–124 – *A. Polag*, Christologie, 80–84.

(V. 49–51) eingefügt ist. Der Abschluß stellt den sich steigernden Gegensatz zwischen den pharisäischen Gesetzeslehrern und Jesus fest.

Für die Herkunft aus Q spricht der Vergleich mit Matth. 23,[1] doch ist das Material in den beiden Evangelien sehr verschieden verarbeitet und die Rekonstruktion der Ursprungsgestalt äußerst schwierig. Bei Lukas findet sich keine Entsprechung zu Matth. 23,2.3.8–12.15–22. Statt der sieben Weherufe bringt er sechs, je drei gegen die Pharisäer und gegen die Gesetzeslehrer. In Anzahl und Reihenfolge scheint Lukas hier von der Q-Vorlage abzuweichen.[2] Das ganze Stück Luk. 11,37–41.44f. 52–54 SLk zuzuschreiben[3] ist angesichts der stofflichen Gemeinsamkeit mit Matthäus nicht angängig.[4] Einen spezifischen Ausgangspunkt gewinnt Lukas dadurch, daß er die Pharisäerauseinandersetzung in den Rahmen eines Tischgesprächs rückt und damit das erste gegen die Pharisäer gerichtete Wort auf die Mahlsituation beziehen kann. Der bei Matthäus beherrschende Vorwurf der Heuchelei begegnet nicht. Während *R. Bultmann* den Kern der Weherufe für ursprünglich ansah,[5] hielt *E. Hirsch* die ganze Überlieferung für die »Rede eines jerusalemischen Judenchristen aus der Zeit, in der der Bruch zwischen Judenchristen und Juden unheilbar wurde, d. h. aus den Jahren nach dem Tode des Herrenbruders Jakobus[6]«. *S. Schulz* sieht in ihnen Worte des »erhöht-gegenwärtigen Jesus«, der das Gesetz durch sein prophetisches Wehe für die Gemeinde selbst auslegt,[7] und ordnet sie als »charismatisch-eschatologische Thoraverschärfung« urchristlichen, gegen die pharisäisch geführte Synagoge gerichteten Propheten[8] zu. Demgegenüber hat *W. Pesch* auf den Kampf Jesu gegen die Verbindung von Vergeltungslehre und einem um die Kultvorschriften kreisenden religiösen Egoismus hingewiesen,[9] von dem aus diese Drohweissagungen zu verstehen sind.

Der kompositorische Charakter der Weherede schon in Q wird ferner daraus deutlich, daß sich einige der dort zusammengestellten Logien auch im Thomasevangelium finden. Die dortige Überlieferung lautet: Nr. 89 zu Luk. 11,39f.: »Jesus sprach: Weshalb wascht ihr die Außenseite des Bechers? Begreift ihr nicht, daß der die Innenseite schuf, auch die Außenseite schuf?« Dieses Wort hat hier rein bildhaften Charakter: Es geht um die Reinigung des ganzen Menschen. Nr. 40 zu Lk. 11,52: »Jesus sprach: Die Pharisäer und Schriftgelehrten empfingen die Schlüssel der Erkenntnis. Sie verbargen sie und kamen nicht hinein und die, die hineinkommen wollten, ließen sie nicht.«

37 Ausgangssituation ist die Einladung Jesu durch einen Pharisäer zu einer Mahlzeit. Fraglich ist, ob mit *ἀριστήσῃ* (vgl. noch 5,29 D; *ἄριστον* V. 38; 14,12) auf das römischem Brauch entsprechende Mittagsmahl hingewiesen wird oder der Ausspruch allgemein »an einer Mahlzeit teilnehmen« zu verstehen ist. **38** Da Jesus, der der Einladung folgt, nicht

---

[1] Vgl. dazu die Analyse von *E. Haenchen*, Matthäus 23, in: Gott und Mensch, Tübingen 1965, 29–54.
[2] So *R. Bultmann*, Synoptische Tradition, 119; *D. Lührmann*, a. a. O., 45.
[3] *A. Schlatter*, Komm., 303.
[4] Vgl. die Einzelnachweise bei *S. Schulz*, a. a. O., 95ff., 100f., 104–110.
[5] Synoptische Tradition ebd.; ähnlich *A. Polag*, 82f.
[6] Frühgeschichte II, 113.
[7] Spruchquelle, 112.
[8] ebd., 94.
[9] A. a. O., 43.

das vorgeschriebene Reinigungsritual vollzieht, erregt er das Erstaunen des Gastgebers.[10] ἐβαπτίσθη meint hier die (rituelle) Handwaschung, nicht etwa ein volles Tauchbad. **39** Die Antwort Jesu entspricht Matth. 23,25, hat jedoch nicht die Form eines Weherufs. Ein solcher würde nicht nur dem im folgenden durchgehaltenen Parallelismus von je drei Weherufen gegen Pharisäer und Schriftgelehrte sprengen,[11] sondern auch nicht zum lukanischen Rahmen passen: Jesus kann nicht mit einem prophetischen Weheruf über seinen Gastgeber beginnen. Die Spannung zwischen Rahmen und Redeüberlieferung zeigt sich darin, daß Jesus nicht auf die Waschungsvorschrift eingeht, sondern auf das den Speisebehältnissen geltende Reinheitsgebot. Ein ähnlicher Vorwurf wie hier findet sich Ass. Mos. 7,9: »Ihre Hände und Herzen werden Unreines treiben, und doch werden sie dabei sagen: Rühre mich nicht an, daß du mich nicht verunreinigst.« – Es liegt keineswegs ein Bildwort vor, auch wird das Rituelle nicht einfach aufgehoben, vielmehr geht es darum, daß rituelles und ethisches Handeln einander nicht widersprechen. **40** Ein solches Verhalten nennt Jesus Torheit. Mit *ποιήσας – ἐποίησεν* ist wohl die schaffende Tätigkeit Gottes gemeint: Die Reinigung muß eine ganze sein, weil Gott Inneres und Äußeres geschaffen hat.[12] **41** Mit *πλήν* wird die Weisung eingeleitet, die den Weg zur wahren Reinigung zeigen soll. Der Ratschlag ist verschieden von dem, der in Matth. 23,26 nachgeschickt wird. In beiden Fällen handelt es sich um redaktionelle Bildungen des jeweiligen Evangelisten.[13] Lukas versteht *τὰ ἐνόντα* als das Vorhandene und formuliert eine allgemeine, seiner besitzkritischen Linie entsprechende Weisung: Gebt, was ihr besitzt, als Almosen. Nicht der Weg der Habsucht, sondern der der Hingabe führt dazu, daß für den Menschen alles rein wird. **42** Es folgen nunmehr drei Weherufe, von denen nur der letzte mit der Frage der Reinheit zusammenhängt. Die jetzt vorliegende Anordnung könnte einem Steigerungsprinzip folgen. Angeredet sind die Pharisäer. Die Zehntforderung wird von den pharisäischen Rabbinen auf der Grundlage von Deut. 14,22ff. erörtert. Von den Gartenkräutern, um deren Verzehntung es geht, war die Raute nach Scheb. 9,1 frei. Neben ihr wird die Minze genannt und die Aufzählung auf »jedes Gartengewächs« erweitert. Diese von Matth. 23,23 abweichende Verallgemeinerung könnte auf den Heidenchristen Lukas zurückgehen. Die Zehntforderung stellt vor die Frage, was Gott gehört. Entscheidend ist nicht allein die pharisäische Überbewertung des Zehnten, sondern daß die Verzehntung zum Vorwand geworden ist, durch die der Mensch selbst sich Gott entzieht, wenn er versäumt, das Rechte zwischen den Menschen zu tun (*κρίσις* = Entscheidung über Recht und Unrecht) und die Liebe zu Gott aufzubringen. **43** Der zweite Weheruf greift die Pharisäer wegen ihrer Ehrsucht an (vgl. Mark. 12,38f.). In der sich nahenden Gottesherrschaft gibt es keine *πρωτοκαθεδρία* der Geehrten. Vielmehr macht die große Umkehrung die Ersten zu Letzten (vgl. 13,30; 14,11; 18,14). **44** Der letzte der antipharisäischen Weherufe nimmt noch einmal auf die Reinigung Bezug und vergleicht die Angeredeten mit verborgenen Gräbern. Das Grab hat nach jüdischer Meinung verunreinigende Wirkung. Die Pharisäer, die sich um nichts so sehr als um die

---

[10] Zur rituellen Reinigung vor der Mahlzeit vgl. zu Mark. 7,1ff.

[11] *D. Lührmann*, a. a. O., 45.

[12] Diese Haltung bedeutet keinen Gegensatz zu den Rabbinen; vgl. b. Joma 72b: »Ein Gelehrtenschüler, dessen Inneres nicht wie sein Äußeres ist, ist kein Gelehrtenschüler.«

[13] *S. Schulz*, a. a. O., 97.

Reinheit mühen, wirken statt dessen verunreinigend, ohne daß die Leute es zu durchschauen vermögen. **45** Durch einen redaktionellen Einschub setzt Lukas die Worte gegen die Pharisäer von denen gegen die Gesetzeslehrer ab. Der Einwurf soll festhalten, daß die Worte Jesu einen Frevel bedeuten, der sich auch gegen die Gesetzeslehrer, die geistigen Führer der pharisäischen Partei, richten. Mit dem griechischen Wort *ὑβρίζειν* wird der Vorwurf frevelhafter Selbstüberhebung angesprochen. Lukas will offenbar unterscheiden zwischen den Vorwürfen gegen die Pharisäer, die sich auf die Lebenspraxis beziehen und Vorwürfen gegen Lehrer, die der Lehrweise und dem Lehramt schlechthin gelten. **46** Die Gesetzesauslegung bedeutet für die Menschen eine Belastung, die kaum tragbar ist (vgl. Apg. 15,10), während sie keinen Versuch machen, diese Lasten tragen zu helfen. Soll damit ausgedrückt werden, daß sie in erleichterndem Sinne nur für sich selbst entscheiden? Oder ist auf die unterschiedliche Lebenssituation von Gesetzeslehrern und am-haarez abgehoben? **47** Der zweite Weheruf gegen die Gesetzeslehrer geht von einem Tatbestand aus. Sie bauen Grabmäler für die getöteten Propheten. Die Gräber der Patriarchen und Könige, aber auch Prophetengräber, wie des Amos und des Habakuk, werden zur Zeit Jesu verehrt und waren Stätten der Wallfahrt.[14] Dem Volksglauben mögen letztere als Märtyrer gegolten haben: Hier wird das traditionelle Motiv vom gewaltsamen Geschick der Propheten[15] eingeführt. Das Wehewort Jesu bezeichnet die Mörder der Propheten als Väter der Gesetzeslehrer. **48** Hier wird einer Kontinuität der Unheilsgeschichte Ausdruck gegeben: Sie reicht von den mörderischen Gegnern der Propheten bis zu den Gesetzeslehrern der Gegenwart. So wird ihr Bauen ungewollt zur Bezeugung der einst geschehenen Morde. Ihre Haltung stimmt der Tat der Väter zu; jene töteten, sie bauen. **49** An dieser Stelle ist ein Zitat eingefügt, das wie die vorausgehenden Weherufe aus Q stammt und auch bei Matthäus dem Wehe über die Prophetenmördersöhne (Matth. 23,29–31) benachbart ist. Im allgemeinen wird angenommen, daß der Lukastext von wenigen, wenn auch gewichtigen Modifikationen abgesehen, der Q-Vorlage entspricht.[16] Lukas hat das Wort (V. 49–51) als Rede der Weisheit Gottes erhalten und durch die Botenformel eingeführt, während bei Matthäus Jesus selbst das Subjekt ist und folglich die futurische Form *ἀποστελῶ* durch das präsentische *ἀποστέλλω* ersetzt ist. Aller Wahrscheinlichkeit nach handelt es sich um ein jüdisches Traditionsstück, vielleicht aus einer Weisheitsschrift, das durch die Tradition vom gewaltsamen Geschick der Propheten bestimmt ist. Die Weisheit erscheint als übergeschichtliches Wesen, das auf die Geschichte Israels von der Frühzeit bis in die Gegenwart blickt. Eine vom deuteronomistischen Geschichtsbild herkommende Sicht ist in die Weisheitstradition integriert.[17] Q und ihr folgend Lukas können das Sophialogion als Herrenwort verstehen, weil Jesus immer mehr mit der Weisheit identifiziert wird. Eine wichtige Änderung gegenüber der älteren Fassung, die von Propheten, Weisen und Schriftgelehrten redet (so Matth. 23,34), liegt vor, wenn an deren Stelle bei Lukas die Propheten und Apostel treten. Hier wird das

---

[14] Vgl. *Joach. Jeremias*, Heiligengräber in Jesu Umwelt, Göttingen 1958.

[15] Dazu *O. H. Steck*, a. a. O., 29, wo die Q-Form rekonstruiert und zugleich der Nachweis geführt ist, daß in Q mit *προφῆται* stets die alttestamentlichen, an keiner Stelle die christlichen Propheten gemeint sind.

[16] So von den neueren Forschern *O. H. Steck*, a. a. O., 31f.; *F. Christ*, a. a. O., 120; *D. Lührmann*, a. a. O., 46; *S. Schulz*, a. a. O., 339; differenzierter die Analyse bei *G. Klein*, a. a. O., 117ff.

[17] Vgl. die Einzelnachweise bei *O. H. Steck*, a. a. O., bes. 226f.

heilsgeschichtliche Denken des Lukas erkennbar: die Propheten Israels sind die, die auf Christus hinführen, die Apostel jene, die von Christus herkommen.[18]

Einige von ihnen haben Verfolgung und Martyrium erfahren. **50** Die angeredete gegenwärtige Generation ist die letzte vor der apokalyptischen Katastrophe: von ihr wird das von Uranfang an vergossene Blut abgefordert. **51** Die Nennung der Namen Abel und Zacharias umspannt den ganzen im alttestamentlichen Kanon umschlossenen geschichtlichen Zusammenhang: von Gen. 4 bis 2. Chron. 24,20f. Die Stelle kann als frühestes Zeugnis für den abgeschlossenen hebräischen Kanon in seiner jetzt vorliegenden Gestalt gelten. Die Namensabweichung bei Matthäus, der hier Sacharja, den Sohn des Barachias hat, muß als Aktualisierung verstanden werden. Sie meint einen nach Josephus, bell. Jud. IV, 5,4 im Jüdischen Krieg 67/68 n. Chr. von den Zeloten umgebrachten Träger dieses Namens und führt dadurch die Linie bis in seine Zeit fort. Die nähere Angabe »zwischen Brandopferaltar und Tempelhaus« (etwas anders 2. Chron. 24,21) bezeichnet eine Stelle des Asyls und erschwert die Bluttat. Das mit *λέγω ὑμῖν* eingeleitete bestätigende Wort könnte eine lukanische Erweiterung sein. **52** Der dem Weisheitslogion nachgestellte letzte Weheruf wirft den Schriftgelehrten vor, die *κλεῖς τῆς γνώσεως* (= Schlüssel zur Erkenntnis) wegzunehmen. Die Wendung *εἰσέρχεσθαι* erinnert an die Formel: »in das Reich Gottes gelangen«. Gnosis und Basileia sind nahezu identisch (vgl. die Par. Matth. 23,13). Der schriftgelehrte Umgang mit der Schrift raubt den Schlüssel zu ihr; die *νομικοί* kommen selbst nicht hinein und hindern andere, zu ihr zu gelangen. **53** Die beiden Schlußverse sind redaktionell gestaltet (vgl. 6,11; 19,47; 20,19f.). Die Auseinandersetzung mit den Pharisäern und ihren Schriftgelehrten führt zum Widerstand gegen Jesus und zu einer Beobachtung durch sie, **54** indem sie genau auf seine Worte achten.

9. Die Stellung der Jüngergemeinde in der Welt 12,1–53

Lukas gibt in 12,1–53 eine große Komposition, die die Stellung der Jüngergemeinde in der Welt umschreibt. Die nach Einzelthematik und Formelementen weit gefächerte Rede Jesu geschieht wie die Feldrede (6,17ff.) vor dem Volk und richtet sich an die Jünger. Unter diesen ist hier jedoch nicht der engere Kreis der Zwölf zu verstehen (anders 6,39ff.; vgl. die Auslegung), sondern durchgängig die Gemeinde derer, die sich Jünger nennen. Der Stoff, aus dem die große Komposition genommen ist, stammt zum großen Teil aus Q, wobei Lukas gliedernd und stilisierend eingriff, Abfolge und Gedankengang in der Regel eher beibehalten hat als Matthäus. Dieser neigt dazu, die aus Q übernommenen Materialien in neue eigene Kompositionen an verschiedenen Stellen einzufügen und dementsprechend umzugestalten. Bei Lukas ist in den Q-Stoff eine größere Komposition aus SLk eingelegt, deren Kernstück V. 13–21 (Erzählung vom törichten Reichen) ist, dazu der Abschnitt V. 33–38 (evtl. V. 40), durch den – zunächst in SLk, ihm folgend auch durch Lukas – der Kern nach zwei Seiten hin erläutert wird (Wie verhält sich der in Gott Reiche? Was widerfährt ihm in seiner letzten Stunde?).

So ergibt sich bei Lukas folgende Gliederung:

a) V. 1–12: Aufruf zu zuversichtlichem und bekennendem Glauben,

[18] Dazu *G. Klein*, a. a. O.

b) V. 13–21: Warnung vor der Bindung an den Besitz,
c) V. 22–32: Überwindung der Sorge durch Trachten nach dem Reiche Gottes,
d) V. 33–34: Gewinn des Reiches Gottes durch Barmherzigkeit,
e) V. 35–40: Wachsamkeit angesichts des kommenden Herrn,
f) V. 41–48: Gleichnis vom klugen und vom törichten Hausverwalter,
g) V. 49–53: Jesu Kommen als Entscheidungssituation.

So liegen sieben in durchdachter Redaktion gestaltete Abschnitte vor. Die Bauelemente sind in ihrem Kern zumeist älteste Jesustradition. Dank der lukanischen redaktionellen Formung stellen sie keineswegs ein Konglomerat kleiner und kleinster Einheiten oder Gruppen dar, bilden vielmehr ein auch thematisch abgerundetes Ganzes.

a) Aufruf zu zuversichtlichem und bekennendem Glauben 12,1–12; Matth. 16,6; 10,26–33; 12,32; 10,19f.; vgl. auch Mark. 8,15; 4,22; 3,28f.; 13,11*

(1) Als sich unterdessen Unzählige aus der Volksmenge versammelten, so daß sie einander traten, begann er zuerst zu seinen Jüngern zu sprechen: »Hütet euch vor dem Sauerteig der Pharisäer, der in der Heuchelei besteht. (2) Nichts nämlich ist verhüllt, das nicht enthüllt werden wird, und nichts verborgen, das nicht bekannt werden wird. (3) Darum wird, was ihr in der Finsternis sagtet, im Licht gehört werden, und was ihr ins Ohr gesagt habt in den Kammern, wird auf den Dächern verkündet werden.

(4) Ich aber sage euch meinen Freunden: Fürchtet euch nicht vor denen, die den Leib töten und danach nichts weiter tun können. (5) Ich will euch aber zeigen, wen ihr fürchten sollt: Fürchtet den, der nach dem Töten Vollmacht hat, in die Hölle zu werfen.

---

* Lit.: *H. van Baer*, Der Heilige Geist, 136–145 – *G. Bornkamm*, Das Wort Jesu vom Bekennen (1938) = Geschichte und Glaube I, München 1971, 25–36 – *H. E. Tödt*, Der Menschensohn in den synoptischen Evangelien, Gütersloh 1959, 50–56, 109–112, 282–288 – *P. Vielhauer*, Jesus und der Menschensohn, ZThK 60, 1963, 133–177 = Aufsätze zum Neuen Testament, ThB 31, München 1965, 92–137 – *F. Hahn*, Hoheitstitel, 32–36, 40–42 – *D. Lührmann*, Redaktion, 49–52 – *R. Schippers*, The Son of Man Matth. XII,32 – Lk. XII,10, compared with Mk. III,28, in: StudEv IV, TU 102, Berlin 1968, 231–235 – *C. Colpe*, Der Spruch von der Lästerung des Geistes, in: Der Ruf Jesu und die Antwort der Gemeinde, Festschr. f. Joach. Jeremias, Göttingen 1970, 63–79 – *F. Neugebauer*, Jesus der Menschensohn, AVThR 53, Berlin 1971, bes. 13ff. – *S. Schulz*, Spruchquelle, 66–76, 157–161, 246–250, 442–444, 461–465 – *C. F. D. Moule*, Neglectes Features in the Problem of the »Son of Man«, in: Neues Testament und Kirche, Festschr. f. R. Schnackenburg, Freiburg 1974, 413–428 – *A. J. B. Higgins*, Menschensohn oder ich in Q, in: Jesus und der Menschensohn, Festschr. f. A. Vögtle, Freiburg 1975, 117–123 – *H. Schürmann*, Beobachtungen zum Menschensohntitel in der Redequelle, ebd. 124–147, bes. 135–137 – *W. G. Kümmel*, Das Verhalten Jesus gegenüber und das Verhalten des Menschensohns, ebd., 210–224 = Heilsgeschehen und Geschichte 2, Marburg 1978, 201–214 – *G. Schneider*, Der Menschensohn in der lukanischen Christologie, ebd., 267–282 – *L. Goppelt*, Theologie des Neuen Testamentes 1, 229–233 – *J. M. McDermott*, Luke XII, 8–9: a Stone of Scandal, RevBibl 84, 1977, 523–537 – *A. Polag*, Christologie, 108–115, 133f. – *R. Pesch*, Über die Autorität Jesu. Eine Rückfrage anhand des Bekenner- und Verleugnerspruchs Lk. 12,8f. par., in: Die Kirche des Anfangs, Festschr. f. H. Schürmann, Leipzig 1978, 25–55 – *R. J. Karris*, Missionary Communities a new Paradigm for the Study of Luke-Acts, CBQ 41, 1979, 80–97 – *F. Bovon*, Evangélisation et unité de l'Eglise dans la perspective de Luc, in: Unterwegs zur Einheit, Festschr. f. H. Stirnimann, Freiburg (Schw.)/Freiburg i. B./Wien 1980, 189–199 – *D. M. Sweetland*, Discipleship and Persecution: A Study of Luke 12,1–12, Bibl 65, 1984, 61–80.

Ja, ich sage euch, diesen fürchtet. (6) Kauft man nicht fünf Sperlinge für zwei As? Und nicht einer von ihnen ist vor Gott vergessen. (7) Aber auch die Haare eures Kopfes sind alle gezählt. Fürchtet euch nicht, ihr seid mehr (wert) als viele Sperlinge.

(8) Ich aber sage euch: Jeder, der mich bekennt in Gegenwart der Menschen, zu dem wird sich auch bekennen der Menschensohn in Gegenwart der Engel Gottes. (9) Wer aber mich verleugnet vor den Menschen, der wird verleugnet werden vor den Engeln Gottes.

(10) Jeder, der ein Wort sagen wird gegen den Menschensohn, dem wird (es) vergeben werden. Dem aber, der gegen den Heiligen Geist lästert, wird nicht vergeben werden.

(11) Wenn sie euch bringen vor die Synagogen und Behörden und Obrigkeiten, sorgt nicht, wie ihr euch verteidigen oder was ihr sagen sollt. (12) Der Heilige Geist nämlich wird euch lehren in derselben Stunde, was man sagen muß.«

Abweichungen von Belang finden sich am Anfang und gegen Ende der Perikope. – V. 1: Nach D ist die große Menschenmenge schon seit den Weherufen (vgl. 11,53 D) anwesend und beginnt nun ringsherum in Bewegung zu geraten (*συμπεριέρχεσθαι*) und sich durch Zusammendrücken fast zu ersticken. *συμπνίγειν* – eine Steigerung, die den problematischen Ausdruck *μυριάδες* vermeidet. – V. 9: Einige alte Handschriften haben den Verleugnerspruch weggelassen (p^{45}, e, syr^{sin}, 245). V. 11: Schwierigkeiten machte auch die Bestimmung dessen, worum sich der angeklagte Jünger nicht zu sorgen braucht: Das *ἢ τί* hinter *πῶς* fehlt in D, it, syr$^{cur\ pesch}$, statt dessen las syr^{sin} nur *τί*; das *πῶς ἢ τί* ist wahrscheinlich ein Mischtext.

Der erste Komplex, der dem Verhalten der Jüngergemeinde in einer feindlichen Umwelt gilt, wird durch eine von Lukas geschaffene Einleitung eröffnet. Die dann folgende Rede hat den Charakter einer Jüngerunterweisung. Sie beginnt mit einem aus Q übernommenen Warnwort (V. 1b). Ihm schließt sich eine Folge von Sprüchen an, die Matthäus in der Aussendungsrede hat (V. 2.3.4–7.8f. = Matth. 10,26.27.28–31.32f.); von den beiden abschließenden Logien (V. 10.11f.) erscheint das letztere gleichfalls in der Aussendungsrede (Matth. 10,19f.), das erstere in einem anderen Zusammenhang (Matth. 12,32). Bemerkenswert ist, daß einige dieser Sprüche auch bei Markus engere oder entferntere Parallelen haben: vgl. V. 1b und Mark. 8,15; V. 2 und Mark. 4,22; V. 8 und Mark. 8,38. Durch Anordnung und Zwischenbemerkungen, die aus seiner Hand stammen, gestaltet Lukas das Ganze zu einer dreigliedrigen Redekomposition: in ihr wird vor Heuchelei gewarnt (V. 1–3), zu furchtlosem Vertrauen (V. 4–7) und freimütigem Bekenntnis (V. 8–12) aufgerufen.

1 Die Situation, die Lukas gibt, ist diese: Jesus wird, nachdem er das Haus des Pharisäers verlassen hat (vgl. 11,37.53f.), von einer großen Menschenmenge umringt, die sich aneinander drängt, um in seine Nähe zu kommen. Jesus beginnt zu sprechen, und zwar zuerst (*πρῶτον*) zu seinen Jüngern. Die als Zuhörer gedachte Volksmenge wird mit dem übertreibenden Ausdruck *μυριάδες* (vgl. Apg. 21,20) gekennzeichnet. Obwohl damit ein Wechsel der Situation gegenüber der vorangehenden Perikope gegeben ist, schließt sich das erste Wort thematisch eng an die dort gebotene Polemik an. Es handelt sich um einen zu einem Warnwort ausgestalteten Vergleich. Der Sauerteig, vor dem es sich zu hüten gilt, ist die Heuchelei der Pharisäer. Heuchelei ist ihre Lebensweise, insofern ihr wirkliches Sein der äußeren Gestalt nicht entspricht. Die besondere Gefahr dieser Haltung besteht darin, daß sie sich wie ein Sauerteig ausbreitet. Daß das Bild vom Sauerteig (anders als Matth. 13,33) auch negativ besetzt sein kann, hängt mit der Entfernung des Sauerteigs zum Passa-Mazzot-Fest (vgl. auch 1. Kor. 5,6ff.) zusammen. **2** Das anschließende Wort gewinnt durch die Zuordnung eine neue, von den Parallelüberlieferungen abweichende

Bedeutung. Das Verhüllte ist offenbar, das Verborgene bekannt. Der Heuchler kann seine Rolle nicht durchhalten. Dieses volkstümliche Weisheitswort bezog sich Mark. 4,22 auf das Verstehen der Jünger angesichts des Nichtverstehens der Menge, in Matth. 10,26 hat es (wohl entsprechend Q) den Charakter einer Verheißung für die Verkündigung der Jünger. **3** In diesem Sinne hat auch Lukas den anschließenden zweigliedrigen maschal (ein im antithetischen Parallelismus gebautes doppeltes Vergleichswort) aufgefaßt. Auch die Botschaft der Jünger kann nicht verborgen bleiben. Ihr wohnt eine Kraft inne, die aus dem Verborgenen ins Öffentliche drängt. Was im Dunkel des Winkels gesagt wird, wird im Licht der Öffentlichkeit vernommen. Was man als Geheimlehre in den Kammern der Häuser, in denen die Jüngergemeinde zusammenkommt, ausspricht, wird von den Dächern proklamiert werden.

4 Die Aufforderung zur Furchtlosigkeit wird von Lukas durch den Neueinsatz mit *λέγω δὲ ὑμῖν* abgehoben. Die Jünger werden Freunde genannt, weil sie die Vertrauten seines Geheimnisses und die Täter seines Willens sind. An sie richtet sich der bis zur Martyriumssituation ausgreifende prophetische Doppelspruch. Ihre Stellung in der Welt, in der sie dem zum Töten bereiten Haß der Menschen ausgesetzt sind, kann ihnen Furcht einflößen. Deshalb muß ihnen zuerst die Furcht vor den Menschen genommen werden, weil diese über die Tötung des Leibes hinaus nichts tun können. **5** Ihre Furcht soll sich vielmehr auf den richten, der an den Ort dauernden Verderbens verstoßen kann. Während Matth. 10,28 dabei eindeutig den Satan im Auge hat, denkt die Lukasfassung wohl an Gott den Richter. Ihm allein, nicht dem Satan, kommt die Vollmacht zu, in die Verderbenshölle zu werfen. Von Menschenfurcht befreit die Furcht vor dem rettenden und richtenden Gott. **6** Zum prophetischen Spruch tritt ein weisheitliches Wort. Es schaut in die umgebende Schöpfung und schließt vom Geringsten auf das Größte. Zum Kleinsten und Unscheinbarsten gehören die Spatzen. Fünf von ihnen werden um zwei As (= 10 Pfennig) verkauft. Aber keiner ist bei Gott vergessen, weil er um alle seine Werke weiß. **7** Dem fügt sich die Aussage an: auch die Haare des Kopfes (das Kleinste und Unscheinbarste am Menschen) sind gezählt, d. h. Gott bekannt. So wird mit dem alttestamentlichen Gottesglauben (vgl. Ps. 139) radikal ernst gemacht. Gottes Allgegenwart und unbegrenzte Macht befreit von aller Menschenfurcht. So ist die Verbindung zum Aufruf zu furchtlosem Bekennen gegeben.

8 Dieser erfolgt in einem ursprünglich selbständig überlieferten Einzellogion.[1] In seiner Gestalt als V. 8 und 9 umfassender Doppelspruch, der auf die Q-Überlieferung zurückgeht (vgl. Matth. 10,32f.), kommt ihm die Priorität gegenüber der eingliedrigen markinischen Fassung (Mark. 8,38; vgl. Luk. 9,26) zu.[2] Bekennerspruch (V. 8) und Verleugnerspruch (V. 9) gehören nicht nur als antithetische Bildungen eng zusammen (Gegenüberstellung von Bekennen und Verleugnen, von irdischem und himmlischem Forum), sondern sind in der (durch Rekonstruktion zu erschließenden) Ursprungsgestalt in exakter Entsprechung der parallelen Glieder gebaut gewesen. Diese dürfte gelautet haben: »Wer mich bekennt in Gegenwart der Menschen, den wird auch der Menschensohn bekennen vor den Engeln Gottes, wer aber mich verleugnet in Gegenwart der Menschen,

---

[1] Dazu *D. Lührmann*, a. a. O., 51; *S. Schulz*, a. a. O., 67.

[2] Vgl. *F. Hahn*, a. a. O., 33, sowie den sorgfältigen Einzelvergleich bei *R. Pesch*, a. a. O., 35–39; Argumente für die Priorität von Mark. 8,38 bei *W. G. Kümmel*, a. a. O., 216ff.

den wird auch der Menschensohn verleugnen in Gegenwart der Engel Gottes.«[3] Beim Bekennerspruch hat Lukas die Urgestalt getreu bewahrt, während beim Verleugnerspruch einige Modifikationen vorliegen. Auffallendstes Merkmal dieser Gestalt des Spruches ist, daß Jesus vom Menschensohn in dritter Person spricht (anders in Matth. 10,32f.). Diese Redeweise und die eindeutig eschatologische Zuordnung des Menschensohns gelten vielfach als Hinweis auf hier vorliegendes ältestes, auf Jesus unmittelbar zurückgehendes Überlieferungsgut.[4] Umstritten ist dabei freilich, wie weit die Identifizierung des Sprechenden mit dem Menschensohn reicht und wie sie zu fassen ist.[5] Ist diese Identifizierung Jesu mit dem kommenden Menschensohn erst von der nachösterlichen Gemeinde vollzogen worden,[6] oder haben wir es mit einer verhüllten Redeweise zu tun, wo der Menschensohn als Deckname zur Beanspruchung höchster Autorität begegnet?[7] Gerade diese Verhüllung widerstreitet einem Verständnis des Spruches als nachösterlicher Bildung, wie es von denen vertreten wird, die der Verwendung des Menschensohntitels durch Jesus grundsätzlich skeptisch gegenüberstehen[8] und den Spruch in die problematische Gattung der »Sätze heiligen Rechtes«[9] einordnen möchten.[10] Selbst das einleitende *λέγω δὲ ὑμῖν*, ursprünglich vielleicht mit *ἀμήν*,[11] kann für die jesuanische Herleitung geltend gemacht werden. Auf jeden Fall gibt das Wort dem Bekenntnis zu Jesus eschatologisches Gewicht: es bewirkt das Bekenntnis des Menschensohns in der Stunde der endgültigen Entscheidung vor dem himmlischen Hofstaat Gottes. Die Formulierung läßt an den Menschensohn als Zeugen oder Bürgen denken,[12] doch weist die Vorprägung der Menschensohnvorstellung eher auf das richtende Amt.[13] Unübersehbar ist der soteriologische Sinn: die Gemeinschaft mit Jesus in seiner Nachfolge (diese meint das Bekennen im Vollsinn) gibt die Errettung im kommenden Gericht. Das Logion ist mit Recht als Kriterium für den Autoritätsanspruch des irdischen Jesus herangezogen worden. **9** Wie sich Jesus durch die Einladung zum Bekennen zum Heilsmittler macht, so mißt er sich in und mit der Gerichtsdrohung eschatologische Autorität zu.[14] Man mag einen Hinweis auf die Grundstruktur der Verkündigung Jesu (im Unterschied zu der des Täufers) darin sehen, daß die Heilszusage des Bekennerspruchs der Gerichtsankündigung des Verleugnerspruchs vorausgeht (vgl. Luk. 6,20–26).

---

[3] Rekonstruktion nach *R. Pesch*, a. a. O., 38; leicht abweichend *S. Schulz*, a. a. O., 67–69; *A. J. B. Higgins*, a. a. O., 123; *W. G. Kümmel*, a. a. O., 215.

[4] Dieser von *R. Bultmann*, Synoptische Tradition, 135, 163, nachdrücklich vertretenen Zuordnung schließen sich u. a. an: *H. E. Tödt*, a. a. O., 51; *F. Hahn*, a. a. O., 33; *W. G. Kümmel*, a. a. O., 224; *R. Pesch*, a. a. O., 41. – Kritisch dazu *H. Schürmann*, a. a. O., 136.

[5] Dazu *R. Pesch*, a. a. O., 47ff.

[6] So *F. Hahn*, a. a. O., 41.

[7] *L. Goppelt*, a. a. O., 233; *R. Pesch*, a. a. O., 48.

[8] *P. Vielhauer*, a. a. O., 76–80; kritisch dazu die Schrift von *F. Neugebauer*.

[9] Zuerst entwickelt von *E. Käsemann*, Sätze heiligen Rechtes im Neuen Testament, NTS 1, 1954/55, 248–260 = Exegetische Versuche und Besinnungen II, Göttingen 1965, 69–82 (ohne Bezugnahme auf diese Stelle), vgl. die grundlegende Kritik von *K. Berger*, Zu den sogenannten Sätzen heiligen Rechtes, NTS 17, 1970/71, 10–40.

[10] *D. Lührmann*, a. a. O., 51; *S. Schulz*, a. a. O., 69.

[11] Dazu *R. Pesch*, a. a. O., 30–35, 40.

[12] *H. E. Tödt*, a. a. O., 52; *W. Grundmann* in früheren Aufl. dieses Komm.

[13] *F. Hahn*, a. a. O., 36.

[14] *R. Pesch*, a. a. O., 44f.

10 Ein in sich selbständiger Spruch, der gleichfalls den Menschensohn nennt und in dem es auch um die Stellungnahme zu Jesus geht, ist – vielleicht schon in Q –[15] hier angefügt. Die Verkennung des auf Erden in Jesus verhüllten Menschensohns, die sich in schmähenden Worten gegen ihn äußert, kann dem Menschen vergeben werden; wer aber das Zeugnis des Geistes, das Jesus als den Auferstandenen und Erhöhten bezeugen wird, schmäht, kann keine Vergebung finden. Das Wort, das aus Q übernommen und unabhängig von Mark. 3,28–30 geformt ist,[16] entspricht dem heilsgeschichtlichen Denken des Lukas. Es unterscheidet die Zeit des Menschensohns von der künftigen Zeit des Geistes. Erst in dieser wird es die unvergebbare Sünde[17] der Blasphemie geben.[18]

11 Die sich darin abzeichnende Situation äußersten Konflikts wird durch die im abschließenden Trostwort genannte Möglichkeit verdeutlicht, daß sich die Jünger in Synagogen und vor weltlichen Behörden zu verantworten haben werden. **12** Gottes Geist gibt in solcher Stunde das notwendige Wort (vgl. Mark. 13,11). Lukas, der bereits an Konstellationen wie Apg. 4,5–22 denkt, hat dabei die Missionssituation seiner Kirche zwischen Judentum und heidnischen Behörden vor Augen. Der Spruch weist sowohl auf V. 8/9 (forensische Situation) als auch auf V. 10 (Heiliger Geist) zurück und bildet so einen wirkungsvollen Abschluß des Redestücks.

b) Warnung vor Bindung an den Besitz 12,13–21*

(13) Es sprach aber einer aus der Volksmenge zu ihm: »Lehrer, sage meinem Bruder, daß er mit mir das Erbe teile!« (14) Er aber sprach zu ihm: »Mensch, wer hat mich als Richter oder Erbteiler über euch eingesetzt?« (15) Er sagte aber zu ihnen: »Sehet zu und hütet euch vor aller Habsucht, denn (auch) wenn jemand Überfluß hat, so hat sein Leben seinen Bestand nicht aus seinen Gütern.«

(16) Er sprach aber ein Gleichnis zu ihnen und sagte: »Eines reichen Menschen Feld hatte gut getragen. (17) Und er überlegte bei sich und sagte: Was soll ich tun, weil ich nicht habe, wo ich meine Früchte sammeln werde? (18) Und er sagte: ‚Das werde ich tun, ich werde meine Scheunen abreißen und werde größere bauen und werde dort allen meinen Weizen und meine Güter sammeln (19) und zu meiner Seele sagen: Seele, du hast viele Güter für viele Jahre liegen; ruhe dich aus, iß, trink, sei guter Dinge!' (20) Gott aber sprach zu ihm: ‚Tor, diese Nacht fordern sie deine Seele von dir. Was du aber zu-

[15] Zum Problem einer doppelten Abschlußbildung der Spruchfolge (V. 10 einerseits; V. 11/12 andererseits) vgl. *H. Schürmann*, a. a. O., 137.

[16] So *H. v. Baer* und *R. Schippers* jeweils a. a. O.; für eine Priorität der Markus zugrunde liegenden Fassung, in der Jesus die Ablehnung der Vergebung unter ein eschatologisches ius talionis stellt, tritt *C. Colpe* ein, a. a. O., 67f.; die meisten neueren Ausleger gehen von der in Luk. 12,10; Matth. 12,32 vorliegenden Gestalt aus, so *H. E. Tödt*, a. a. O., 111; *S. Schulz*, a. a. O., 247; *H. Schürmann*, a. a. O., 136f.

[17] *H. v. Baer* weist auf die im Rabbinat von der Vergebung ausgeschlossenen Sünden mit erhobener Hand, a. a. O., 141.

[18] Welche Schwierigkeit der Spruch dem Verständnis bereitet, zeigt die außerkanonische Überlieferungsgeschichte, vgl. dazu *C. Colpe*, a. a. O., 76ff. Im Thomasevangelium steht das Logion unter Nr. 45: »Wer den Vater lästert, dem wird man vergeben, und wer den Sohn lästern wird, dem wird man vergeben, wer aber den Heiligen Geist lästern wird, dem wird man nicht vergeben, weder auf Erden noch im Himmel.«

* Lit.: *A. Jülicher*, Gleichnisreden II, 608–617 – *Joach. Jeremias*, Gleichnisse, 125f. – *G. Eichholz*, Gleichnisse, 179–191 – *H. J. Degenhardt*, Lukas, Evangelist der Armen, Stuttgart 1965, 69–89.

sammengebracht hast, wem wird es gehören?' (21) So geht es dem, der für sich Schätze sammelt und in Gott nicht reich ist.«

V. 18: Die Überlegung des Kornbauern lautet bei D und einigen Lateinern: »und werde sie größer machen«, und bei der Mehrheit: »und werde größere bauen«. – Auch der Inhalt der Vorratsbehälter wird verschieden bezeichnet: *πάντα τὰ γενήματά μου* lesen ℵ, D, it, syr$^{sin\ cur}$; die Koinegruppe, Θ, vg fügen *καὶ τὰ ἀγαθά μου* hinzu, während p^{75}, B. u. a. lesen: *πάντα τὸν σῖτον καὶ τὰ ἀγαθά μου*. – V. 19: Das Selbstgespräch wird bei D, it in kurzer Fassung gegeben: »Seele, du hast viele Güter, freue dich«, während die Mehrheit liest: »(du hast viele Güter) bereitliegen auf viele Jahre, ruhe, iß, trink!« – V. 21: Die abschließende Sentenz ist auch textkritisch umstritten, sie fehlt in D, a, b.

Das vorliegende Stück stammt aus SLk; Lukas hat es hier eingeschaltet, weil es die Frage nach dem Besitz aufwirft, die vor der Perikope über das Sorgen aus Q (12,22–32) ihren angemessenen Platz hat. Während diese als Jüngerunterweisung gekennzeichnet ist (vgl. V. 22), machen hier die gliedernden Zwischensätze (V. 13a.15a.16a) deutlich, daß Lukas an das Volk als Zuhörer denkt, obwohl das Verhalten zum Besitz auch für die Jüngergemeinde in der Welt grundlegende Bedeutung besitzt. Die Neueinsätze heben drei Elemente voneinander ab: a) ein kleines Apophthegma, in dem Jesus das Schiedsurteil in einem Erbstreit ablehnt (V. 13,14), b) ein Logion, das den Charakter eines Warnwortes mit kurzer Begründung hat (V. 15), c) dessen Veranschaulichung durch eine Beispielerzählung (V. 16–20 bzw. 21). Diese Gattung, die in einem Demonstrationsfall falsches oder richtiges Tun vorstellt, kommt nur in SLk vor (vgl. Luk. 10,29–36; 16,19–31; 18,10–13). Wie dort springt auch hier die Herkunft aus palästinensischem Milieu ins Auge.[1] Der Schlußsatz V. 21, der eine Anwendung formuliert, könnte sekundär sein. Traditionsgeschichtlich interessant ist, daß die bei Lukas zusammengefügten Stücke im Thomasevangelium an verschiedenen Stellen ihre Entsprechungen haben: die Beispielerzählung (c) in Nr. 64, das Apophthegma (a) in Nr. 72b.

13 Wie in 10,25 wird Jesus von einem Menschen angesprochen. Hier ist es ein Mann aus der Volksmenge, der eine Bitte an ihn heranträgt. Er soll ein Schiedsurteil fällen in einer Erbstreitigkeit zwischen zwei Brüdern. Da das jüdische Erbgesetz auf alttestamentlicher Grundlage ruht (vgl. Num. 27,8ff.; Deut. 21,17), ist der Schriftgelehrte, der zugleich Jurist und Theologe ist, der geeignete Mann. Der Bittende sieht in Jesus einen Lehrer (Anrede!) und legt ihm den Streitfall zur Entscheidung vor. Er ist aus bäuerlichen Verhältnissen zu verstehen, wo der ältere Bruder Grund und Boden und zwei Drittel des beweglichen Vermögens erbte: hier scheint er alles behalten zu wollen und verweigert die Auszahlung des brüderlichen Anteils. **14** Jesus lehnt die Bitte ab, mit einem Wort, das an Ex. 2,14 (vgl. Apg. 7,27) anklingt. Hier könnte verläßliche ältere Tradition vorliegen, da die Gemeinde, wie aus 1. Kor. 6,4f. hervorgeht, durchaus das Schiedsrichteramt zwischen ihren Gliedern beansprucht hat.[2] **15** Das Warnwort, das sich an die Zuhörer richtet, die Zeugen der Bitte geworden sind, soll die Ablehnung begründen. Zur Warnung vor der Habsucht vgl. Test. Jud. 18,19: »Hütet euch vor der Geldliebe, denn diese führt zu den Götzen.« Durch die Verbindung mit dem Apophthegma ist das Streben nach ererbtem

[1] Vgl. *K. Bornhäuser*, Studien, 81–93. *H. J. Degenhardt*, a. a. O., 70, weist auf den palästinensischen Charakter auch des Apophthegmas hin.

[2] So *E. Hirsch*, Frühgeschichte II, 215.

Besitz als Form der Habsucht gekennzeichnet. Die Begründung – daß der Mensch sein Leben nicht aus dem empfängt, was ihm gehört – leitet zur Beispielerzählung über. Sie soll diese Wahrheit veranschaulichen.

16 Die als *παραβολή* bezeichnete Erzählung knüpft in der Schilderung des reichen Mannes an jüdische Gedanken aus der Zeit vor dem Auftreten Jesu an; vgl. aeth. Hen. 97,8ff.: »Wehe euch, die ihr unrechtmäßigerweise Silber und Gold erwerbt, indem ihr sagt: Wir sind jetzt sehr reich geworden, haben Schätze und besitzen alles, was wir wünschen; jetzt wollen wir ausführen, was wir vorhaben, denn Silber haben wir gesammelt und unsere Kornhäuser gefüllt.« Ähnlich hebr. Sir. 11,18f.: »Mancher will reich werden, indem er sich kasteit, und der Erfolg bleibt ihm aus. Wenn er denkt: ich habe Ruhe gefunden, und nun will ich essen von meinem Gut, da weiß er nicht, was für ein Tag kommt und daß er es einem anderen lassen und sterben muß.« Jesus denkt an einen Grundbesitzer, der eine reiche Ernte erwartet. **17** Da der Ernteertrag seine Möglichkeiten zur Aufbewahrung übersteigt, überlegt er in einem Selbstgespräch, was er tun soll. **18** Seine Überlegung führt zu dem Ergebnis, daß er seine Vorratsbehälter (vor allem ist an die für Getreide und Wein zu denken) vergrößern will. **19** In der Fortsetzung des Selbstgesprächs wird die Seele (der innere Mensch) angeredet: die Sicherheit (in der erweiterten Fassung auch das Wohlleben) bezeichnet den Kontrast zu dem, was in der abschließenden Pointe erzählt wird. **20** Mit der Anrede »Tor« spricht Gott dem Reichen in sein Selbstgespräch hinein. Die Anrede macht ihm deutlich, daß er Gott vergessen hat (Ps. 14,1), weil er den Tod vergessen hat. Der tritt nun in sein Leben hinein, noch in dieser Nacht. Das *ἀπαιτοῦσιν* will nicht den Namen Gottes umschreiben, sondern den des Todesengels vermeiden. Auf den Tod, nicht auf die unmittelbar hereinbrechende apokalyptische Katastrophe zielt die Erzählung.[3] Die Seele, deren Besitz ihm sicher schien, gehört nicht ihm, sie wird ihm abgefordert. Hier melden sich Züge einer für das lukanische Sondergut kennzeichnenden Individualeschatologie (vgl. 16,19–31; 23,39–43). Die Frage, wem seine Güter gehören werden, läßt die Annahme zu, daß sein Ende nach Abschluß seiner geplanten Erweiterungen kommt (*ἃ δὲ ἡτοίμασας*). **21** Der redaktionell angefügte Schlußvers führt zu der Frage, wie das Reichwerden auf Gott hin entsteht. Die Antwort wird in V. 33f. gegeben.

c) Überwindung der Sorgen durch das Trachten nach dem Reiche Gottes 12,22–32; Matth. 6,25–33*

(22) Er aber sprach zu seinen Jüngern: »Deshalb sage ich euch: Sorgt nicht für das Leben, was ihr essen werdet, und nicht für euren Leib, was ihr anziehen werdet. (23) Denn das Leben ist mehr als die Nahrung und der Leib mehr als die Kleidung. (24) Betrachtet die Raben! Denn weder säen sie, noch ernten sie; ihnen gehört weder Kammer noch

---

[3] *Joach. Jeremias*, a. a. O., 126, der in diesem Sinne deutet, verschiebt die Pointe: »So töricht seid ihr, wenn ihr um Hab und Gut streitet – im Angesicht der Sintflut.«

* Lit.: *W. Pesch*, Zur Formgeschichte und Exegese von Lk. 12,32, Bibl 41, 1960, 25–40 – *E. Fuchs*, Die Verkündigung Jesu. Der Spruch von den Raben, in: Der historische Jesus und der kerygmatische Christus, Berlin 1960, 385–388 – *S. Schulz*, Spruchquelle, 149–157 – *D. Zeller*, Die weisheitlichen Mahnsprüche bei den Synoptikern FzB 17, Würzburg 1977, 82–93 – *H. Merklein*, Gottesherrschaft, 174–183, 207–209.

Scheune, und Gott ernährt sie. Wieviel mehr wert seid ihr als die Vögel? (25) Wer von euch, obgleich er sorgt, kann seiner (Lebens-)Länge eine Spanne hinzusetzen? (26) Wenn ihr also nicht einmal das Geringste könnt, was sorgt ihr euch um die übrigen Dinge? (27) Betrachtet die Lilien, wie sie weder spinnen noch weben. Ich aber sage euch: Auch nicht Salomo in aller seiner Herrlichkeit war bekleidet wie eine von denen. (28) Wenn aber Gott das Gras, das heute auf dem Felde ist und morgen in den Ofen geworfen wird, so bekleidet, um wieviel mehr euch, ihr Kleingläubigen! (29) Auch ihr – suchet nicht, was ihr essen und was ihr trinken werdet, und ängstet euch nicht! (30) Dies nämlich erstreben alle Völker der Welt. Euer Vater aber weiß, daß ihr dies nötig habt. (31) Vielmehr suchet seine Herrschaft, und dies wird euch hinzugegeben werden. (32) Fürchte dich nicht, du kleine Herde, denn es hat eurem Vater wohlgefallen, euch das Reich zu geben.«

V. 27: D, $syr^{sin\ cur}$, Clem lesen *πῶς οὔτε νήθει οὔτε ὑφαίνει* (= Nestle[25]). Dies erscheint als bessere Lesart gegenüber dem längeren *πῶς αὐξάνει· οὐ κοπιᾷ οὐδὲ νήθει* bei p^{45}, p^{75} und zahlreichen Zeugen vor allem des ägyptischen Textes (= Nestle[26]), da hier Paralleleneinfluß durch Matth. 6,28 angenommen werden muß (dort freilich Plural!).

Das Stück wird meist als Spruchkomposition aufgefaßt, wobei jedoch V. 25f. als Einfügung und V. 32 als nachträglich angehängtes Einzellogion angesehen werden.[1] Die weitgehende Übereinstimmung mit Matthäus sichert die Herkunft aus Q. Die Untersuchung der inneren Struktur bis hin zur rhythmischen Gestaltung haben vielfach zur Annahme eines geschlossenen Lehrgedichtes geführt, das als Werk urchristlicher Prophetie[2] oder als authentische Jesusrede[3] gilt. Neben diesen Deutungen, die den einheitlichen Charakter der Komposition betonen, stehen die Versuche traditionskritischer Differenzierung. *E. Fuchs* sieht in V. 24.27.28 die ursprüngliche Einheit, der in V. 29f. ein eigenes Logion zugewachsen ist;[4] *D. Zeller* rekonstruiert zwei eigenständige Mahnsprüche: V. 22b.23 und V. 24.27–29.30b, zu denen als judenchristliche Hinzufügung V. 30a.31 und als redaktionelle Einleitung V. 22a traten.[5] Als jesuanischer Kern wird das Wort V. 22b.23 beurteilt.[6] Der wohlproportionierte Wechsel von Imperativen (V. 22.24a.27a.29.31) und indikativisch-argumentierenden Aussagen (V. 23.24b.28.30) spricht jedoch für eine durchgestaltete Einheit. Man wird sie als eine vom prophetischen Anspruch bestimmte Mahnrede einzuordnen haben, die weisheitliche Argumentation in den Dienst nimmt.[7] Die prophetisch-eschatologische Ausrichtung, die in V. 31 in Erscheinung tritt, macht eine Korrektur der Kennzeichnung dieses Lehrgedichts als Ausdruck »der Frömmigkeit eines volkstümlichen Gottesglaubens«, dem »jede charakteristische eschatologische Mahnung fehlt«[8], erforderlich. Vielmehr »ergeht das Verbot des Sorgens in letzter Stunde vor dem nahen Herrschaftsantritt Gottes«.[9] Die enge Verbindung von Weisheit und Apokalyptik, die zur Grundstruktur der Verkündigung Jesu gehört, bestimmen Form und Inhalt auch dieser Einheit. Dabei ist V. 32 als ein ursprünglich isoliert umlaufendes Logion zu werten, das nach der Stichwortmethode angefügt wurde.

[1] *R. Bultmann*, Synoptische Tradition, 84; *S. Schulz*, a. a. O., 152f.; diesem folgend *H. Merklein*, a. a. O., 174ff.
[2] So *S. Schulz*, a. a. O., 155.
[3] So *H. Merklein*, a. a. O., 179.
[4] A. a. O., 387.
[5] A. a. O., 86f.
[6] A. a. O.,93.
[7] *H. Merklein*, a. a. O., 178.
[8] So *R. Bultmann*, Synoptische Tradition, 109.
[9] *S. Schulz*, a. a. O., 154.

22 Wie in 12,1 wird das folgende Stück als Jüngerbelehrung eingeführt. Durch das *διὰ τοῦτο* ist bei Lukas eine Verknüpfung mit der vorausgehenden Beispielerzählung gegeben. Das einleitende Mahnwort hat (im Unterschied zu Matthäus) den Charakter eines allgemeinen Grundsatzes erhalten. Wenn die Sorge um die Seele mit der Frage, wovon sich der Mensch ernähren soll, verbunden wird, dann wird daran deutlich, daß Seele hier als Träger des Lebens verstanden wird, das zu seiner Erhaltung der Nahrung bedarf. Die prophetische Warnung (*λέγω ὑμῖν*), die die Sorge um Nahrung und Kleidung verbietet, muß in einer Welt, die von dieser Sorge lebt, Erstaunen und Erschrecken hervorrufen. **23** Sie wird weisheitlich mit dem Verweis auf die Schöpfung begründet. Dabei ist die Folgerung vom Geringeren auf das Größere (vgl. V. 24 u. V. 28) vorausgesetzt. Das Leben ist ebenso wie der Leib Gottes Werk; beide sind mehr als Nahrung und Kleidung. **24** Zweimal werden die Jünger aufgefordert, nachdenklich zu schauen (V. 24.27). Die erste Aufforderung will sie veranlassen, ihren Blick auf die Raben zu richten. Sie gelten den Juden als unreine Vögel (vgl. Lev. 11,15; Deut. 14,14). Die jüdischen Lehrer sagen von ihnen: Der Rabe ist grausam gegen seine Jungen, aber Gott erbarmt sich über sie, indem er ihnen aus ihrem Unrat Mücken bereitet, die in ihren Schnabel eindringen.[10] Auch das AT nennt die Fürsorge Gottes für die (Jungen der) Raben als Beispiel (Ps. 147,9; Hiob 38,41). Wenn Gott in seiner Schöpfung als Erhalter auch der geringwertigen Tiere wirksam ist, dann gilt erst recht sein Erhalten dem Menschen. **25** Eine Zwischenbemerkung – eingeleitet durch das distanzierende *τίς δὲ ἐξ ὑμῶν* (vgl. Matth. 7,9) – besagt, daß der Mensch es nicht vermag (gemeint ist wohl: auch nicht durch Nahrung und Kleidung), seine Länge, das ihm zugemessene Maß, zu vergrößern. Gedacht ist bei *ἡλικία* an die zeitliche Lebensdauer, nicht aber an die Länge des Körpers. **26** Der Zwischenbemerkung ist eine gleichfalls in Frageform gehaltene Folgerung nachgestellt. Wenn der Mensch schon seines Lebens Länge nicht um eine kleine Spanne verlängern kann, soll er sich um *τὰ λοιπά*, d. h. um Nahrung und Kleidung keine Sorgen machen. **27** Wie für die Nahrung die Raben, so sind für die Kleidung die Lilien das Beispiel aus der Schöpfung, das es in betrachtender Anschauung wahrzunehmen gilt. Gemeint sind die Purpuranemonen, die im Frühling das galiläische Land blühend überziehen.[11] War bei den Vögeln die männliche Arbeit des Säens und Erntens genannt, so bei den Blumen, die als weiblich gelten, die weibliche des Spinnens und Webens. Obwohl sie das nicht tun, haben sie Gewänder, an die die sagenhaften Prachtkleider des Königs Salomo nicht heranreichen (vgl. 2. Chron. 9,13ff.). **28** Die Blumen gehören zum rasch vergänglichen Gras, das heute blüht und schon am nächsten Tage, wenn die dörrende Sonne darauffällt oder der heiße Steppenwind weht, verwelkt und als Brennmaterial verwendet wird (vgl. Jes. 40,6f.; Hiob 14,2; Ps. 37,2; 90,5; 102,12). Ein erneuter Schluß a minore ad maius (vgl. V. 24) lenkt den Blick vom Geringeren der Schöpfung auf das Größere. Die das nicht erkennen, werden kurzgläubig (vgl. das rabbinische k^{e}tanee' amānaāh = klein im Glauben) genannt. Der Doppelvergleich mit Vögeln und Blumen berührt sich eng mit dem Hinweis auf Sperlinge und Haare in V. 6f. **29** Der nun wiederholte Aufruf, sein Leben nicht voll unruhiger Angst (*μὴ μετεωρίζεσθε*) auf die Sorge um Essen und Trinken auszurichten, gilt bei manchen als Zusatz und Dublette zu V. 22,[12] kann jedoch auch als Abrundung des

[10] Vg. Str.-B. II, 191.
[11] *G. Dalman*, Orte und Wege, 139; Abbildung bei *J. Kroll*, Auf den Spuren Jesu, Leipzig [5]1975, 25.
[12] *E. Fuchs*, a. a. O., 385.

aus Aufruf, Feststellung und Doppelvergleich bestehenden Lehrgedichts verstanden werden. **30** Der Verzicht auf die Sorge soll die Jünger von den Völkern der Welt unterscheiden. Liegt hier ein judenchristlicher Zusatz vor,[13] oder findet hier der auch im Angesicht der Gottesherrschaft festgehaltene Erwählungsglaube seinen Ausdruck? **31** Erst die Preisgabe der Sorge macht den Menschen frei, sich ganz der nahenden Gottesherrschaft zuzuwenden. Hier mündet die weisheitliche Argumentation ein in die eschatologische Motivation. Wenn schon im Bereich der weisheitlich gefaßten Schöpfungstheologie für das Sorgen kein Raum ist, »so gilt das um so mehr jetzt, wo die eschatologische Basileia proklamiert ist«[14]. **32** In dem nur bei Lukas überlieferten Schlußwort werden Gegenwart und Endzustand einander gegenübergestellt: die kleine Herde wird an der Herrschaft Gottes beteiligt. Dieses Trostwort, das mit dem aus dem AT vertrauten *μὴ φοβοῦ* (vgl. Gen. 21,17; 26,24; 1. Sam 4,20 u. v. a.) eingeleitet wird, knüpft an die Vorstellung vom »Heiligen Rest« an. Fraglich ist, ob es sich um ein in Anlehnung an Jes. 41,8–20 (bes. 41,14) geprägtes vorchristliches, von Jesus übernommenes Wort handelt.[15] Das Bild von der Gemeinde als Herde, alttestamentlich begründet (Hes. 34,11ff.; Jes.40,11; Ps. 80,2), wird auch sonst in der synoptischen Überlieferung verwendet (z. B. Matth. 9,36; Mark. 6,34; 14,27; Luk. 11,23). Im Sinne des Restgedankens werden die Jünger als kleine Herde angesprochen, die angesichts ihrer Kleinheit im endzeitlichen Kampf verzagen möchte. Das Trostwort stärkt sie in der Gewißheit, daß sie Gott zum Vater hat und es dessen wohlgefälliger Ratschluß ist (*εὐδοκεῖν*, vgl. Luk. 2,14; 10,21), ihr seine Herrschaft zum Geschenk zu machen (vgl. Luk. 6,20). Die Zusammenfügung dieses Wortes mit dem Lehrgedicht vom Sorgen folgt äußerlich dem Stichwortanschluß (*βασιλεία* in V. 31 u. V. 32); ein innerer Zusammenhang besteht darin, daß die Angeredeten sowohl von Sorge wie von Furcht befreit und dadurch in der Gewißheit der für sie bereit gehaltenen *βασιλεία* gestärkt werden.

d) Gewinn des Reiches Gottes durch Barmherzigkeit 12,33–34; Matth. 6,19–21*

(33) »Verkauft euren Besitz und gebt Almosen! Schafft euch Geldbeutel, die nicht veralten, einen unerschöpflichen Schatz in den Himmeln, wo kein Dieb naht und keine Motte vernichtet. (34) Wo nämlich euer Schatz ist, dort wird auch euer Herz sein.«

Das Wort vom Schatz in den Himmeln kann thematisch mit der letzten wie mit der vorletzten der vorausgegangenen Perikopen verknüpft werden. Sieht man es vor allem als Kontrast zur Warnung vor irdischen Sorgen, so liegt es nahe, beide Einheiten auch literarisch im Zusammenhang zu sehen und auf Q zurückzuführen.[1] Begreift man es jedoch als

---

[13] So *D. Zeller*, a. a. O., 86.

[14] *H. Merklein*, a. a. O., 181.

[15] So *W. Pesch*, a. a. O., 34.

* Lit.: *W. Pesch*, Zur Exegese von Mt 6,19–21 und Lk 12,33–34, Bibl 41, 1960, 356–378 – *H. Riesenfeld*, Vom Schätzesammeln und Sorgen, in: Neotestamentica et Patristica, Festschr. f. O. Cullmann, NovTestSuppl VI, Leiden 1962, 47–58 – *H. J. Degenhardt*, Lukas, Evangelist der Armen, Stuttgart 1965, 89–93 – *S. Schulz*, Spruchquelle, 142–145.

[1] *W. Pesch*, a. a. O., 358; *S. Schulz*, a. a. O., 142; ohne Bezugnahme auf Q auch *H. Riesenfeld*, a. a. O.

Gegenstück zur Beispielerzählung vom reichen Toren, das zeigt, wie man reich wird bei Gott, könnte auch an eine Herkunft aus SLk gedacht werden.[2] Die Annahme paralleler, aber voneinander unabhängiger Überlieferung zwischen Q und SLk könnte zur Erklärung der Unterschiede zu Matth. 6,19–21 herangezogen werden. Auf jeden Fall sollte die Möglichkeit ins Auge gefaßt werden, daß Lukas einen mehrere Perikopen übergreifenden Zusammenhang bewußt gestaltet hat, also die nach V. 21 offen bleibende Frage nach dem wahren Reichtum erst jetzt (nach dem Lehrgedicht über das Sorgen) beantworten will.

33 Die ohne Einschränkung formulierte Aufforderung zum Besitzverzicht steht im Zusammenhang mit dem Ruf zu tätiger Barmherzigkeit, die Anteil an der künftigen Welt (bildlich: einen Schatz im Himmel) schafft (vgl. Mark. 10,21). Der Gedanke ist jüdischer Frömmigkeit nicht unvertraut. Tob. 4,9ff. mahnt zum Almosengeben, »denn so wirst du sammeln einen guten Schatz in der Not, denn Barmherzigkeit rettet vor Tod und läßt nicht in die Finsternis eingehen«. Bei den Rabbinen gehören die Werke der Barmherzigkeit zu den Dingen, deren Zinsen der Mensch in dieser Welt genießt, während das Kapital für ihn stehenbleibt für die künftige Welt (Pea I,1). Die hier vorliegende entschiedene Fassung des Gedankens – Besitzverzicht als Weg zum Heil – hat im Alten Testament keine Entsprechung, steht jedoch der Gedankenwelt von Qumran nicht fern.[3] Über die gemeinchristliche besitzkritische Linie, auf die unter Verweis auf Luk. 6,24; 8,14; Jak. 5,1ff.; 1. Tim. 6,17ff. *H. Riesenfeld*[4] aufmerksam machte, geht diese Stelle noch hinaus. Lukas hat dabei wohl an das von ihm geschilderte Leben der Urgemeinde gedacht (Apg. 2,45; 4,32–35; 4,36f.). Solches Tun schafft den Jüngern Anteil an der Gottesherrschaft. Dieses wird weisheitlicher Redeform entsprechend bildhaft ausgedrückt unter Aufnahme weltlicher Erfahrung: Geldbeutel, die nicht alt und rissig werden, deshalb kann nichts verlorengehen, was in ihnen aufbewahrt ist; ein Schatz, der nicht abnimmt und für den Besitzer bereitliegt, sicher vor der Begehrlichkeit des Diebes und vor Mottenfraß, die irdische Schätze (Geld und kostbare Kleiderstoffe) bedrohen. **34** Im abschließenden Vers trifft die lukanische Fassung mit Matth. 6,21 (= Q) zusammen. Er hat den Charakter einer Sentenz, eines die Alltagserfahrung ausdrückenden Weisheitswortes. Woran sich das menschliche Herz bindet, dahin gehört es. Wo es seinen Schatz weiß (ob in der vergänglichen Welt oder »in dem Himmel«), dort ist seine Heimat.

e) Wachsamkeit angesichts des kommenden Herrn 12,35–40; Matth. 24,43.44*

(35) »Es sollen eure Lenden umgürtet sein und eure Lampen brennen. (36) Und ihr sollt gleichen Menschen, die ihren Herrn erwarten, wenn er von der Hochzeit zurückkommt,

2 *A. Schlatter*, Komm. z. St., 311f.
3 *S. Schulz*, a. a. O., 145.
4 A. a. O., 47ff.

* Lit.: *A. Jülicher*, Gleichnisreden II, 137–145, 161–171 – *Joach. Jeremias*, Gleichnisse, 40–43 – *D. Lührmann*, Redaktion, 69f. – *A. Weiser*, Die Knechtsgleichnisse in den synoptischen Evangelien, StANT 29, München 1971, 161–177 – *S. Schulz*, Spruchquelle, 268–271 – *A. Smitmans*, Das Gleichnis vom Dieb, in: Wort Gottes in der Zeit, Festschr. f. K. H. Schelkle, Düsseldorf 1973, 20–37 – *G. Schneider*, Parusiegleichnisse im Lukasevangelium, SBS 74, Stuttgart 1975, 20–37 – *H. Weder*, Gleichnisse Jesu als Metaphern, 162–168.

um ihm, wenn er kommt und klopft, sofort zu öffnen. (37) Selig jene Knechte, die der Herr, wenn er kommt, wachend findet. Wahrlich, ich sage euch: Er wird sich umgürten und sie zu Tische liegen lassen, und er wird herantreten und ihnen aufwarten. (38) Und wenn er in der zweiten und wenn er in der dritten Nachtwache kommt und sie so findet, selig sind jene. (39) Dies aber wisset: Wenn der Hausherr wüßte, in welcher Stunde der Dieb kommt, so ließe er sein Haus nicht untergraben. (40) So seid auch ihr bereit, denn ihr wißt nicht, in welcher Stunde der Menschensohn kommt.«

Dem Wort über den unvergänglichen himmlischen Besitz schließen sich Mahnworte und Gleichnisse an, die zur Wachsamkeit aufrufen. Dominierte dort bei den gewählten Bildern das räumliche Element, so hier das zeitliche. Lukas verbindet zunächst zwei Gleichnisse, die durch die Vorstellung der unerwartet eintretenden Ankunft zusammengehören (V. 35–38 und V. 39–40). Das letztere Stück, das Bildwort vom Dieb, stammt aus Q und wird von Matthäus im Zusammenhang der sog. kleinen Apokalypse (24,43.44) nahezu wörtlich gleichlautend gebracht.[1] Es hat dort wohl in unmittelbarer Nachbarschaft zu einem weiteren, von Lukas anschließend in 12,42–46 gebotenen Wachsamkeitsgleichnis gestanden.[2] Schwieriger ist die Zuordnung des Gleichnisses vom zurückkehrenden Herrn. Man hat auch dieses aus Q herleiten wollen,[3] obwohl eine Matthäusparallele nicht vorhanden ist. Mark. 13,33–37 stellt nur eine entfernte Entsprechung dar und kommt als Vorlage für Lukas an dieser Stelle nicht in Frage.[4] So ist es wahrscheinlich, daß das Kernstück des Gleichnisses (V. 36.37a.38) aus SLk stammt. Geht man von einer bei Lukas erhaltenen und aufgenommenen Akoluthie aus, dann hätte es in der Vorlage im weiteren Umkreis der Erzählung vom törichten Reichen gestanden. Wie schon V. 33f. stellt es dem negativen Beispiel positive Weisungen an die Jünger gegenüber. Dabei ist zu fragen, ob das Kommen des erwarteten Herrn sein Kommen zur Parusie oder entsprechend V. 20 sein Kommen in der Todesstunde des Jüngers meint. Im letzteren Fall wäre freilich durch V. 37b eine sachliche Verschiebung eingetreten. Deutlicher ist die Parusiebeziehung des zweiten Stücks: durch die Betonung der Ungewißheit rückt die zeitliche Naherwartung an die Stetserwartung heran. Lukas fügt die Überlieferungsstücke aus SLk und Q zusammen und schafft eine Einheit, die verschiedene Gesichtspunkte umschließt. Sie zeugt vom Ringen der Christenheit am Ausgang der apostolischen Zeit um die Fragen, die durch die ausbleibende Parusie entstanden sind.

35 Ohne Zäsur oder erneute Anrede setzt die neue Einheit mit einer metaphorischen Aufforderung ein. Die Formulierung ist durch das nachfolgende Gleichnis mitbestimmt. Sie klingt an Motive urchristlicher Paränese an, die Lukas vertraut waren. Das lange Gewand, das der Orientale trägt, soll aufgerafft und durch einen Gürtel festgehalten werden, ein Zeichen der Bereitschaft zu Arbeit und Kampf (Eph. 6,14; 1. Petr. 1,13). Die Lampen müssen brennen, denn das Entscheidende kann unerwartet zu nächtlicher Stunde geschehen (Matth. 25,1–13; Luk. 8,16). **36** Die Kernaussage des Gleichnisses trägt die Deutung

[1] Einzelvergleich bei *A. Jülicher*, a. a. O., 138ff.; *S. Schulz*, a. a. O., 267f.; *G. Schneider*, a. a. O., 20ff.

[2] *D. Lührmann*, a. a. O., 69.

[3] *G. Schneider*, Komm., 288.

[4] *H. Weder*, a. a. O., 163: »Eine literarische Abhängigkeit ist unwahrscheinlich, auch wenn Mk und Lk wohl auf demselben Stoff beruhen mögen.«

in die Bildhälfte ein: die Jünger sollen Menschen gleichen, die auf ihren Herrn (*κύριος*) warten. Sein Aufbruch von der Hochzeit ist seine Rückkehr zu ihnen. Unsicher ist, ob beim Hochzeitsmahl ursprünglich an die messianische Hochzeit gedacht ist. Vielleicht ist es nur Bild für eine kurzzeitige Abwesenheit des Hausherrn, dessen baldige Rückkehr erwartet wird (ganz anders Mark. 13,34, wo an eine längere Reise gedacht ist).[5] Das Bild des kommenden und anklopfenden Herrn ist auch durch Offb. 3,20 für das urchristliche Denken als vertraut erwiesen. Seine Stärke lag darin, daß es auch losgelöst von der Parusieerwartung verwendet werden konnte. **37** Der Aufforderung zur Bereitschaft folgt eine Seligpreisung. Sie weicht von der üblichen Form ab, weil sie chiastisch gebaut ist. Dem *μακάριος*-Ruf am Anfang von V. 37 entspricht ein solcher am Ende von V. 38; die Seligpreisungen sind in der ersten Hälfte des Doppelmakarismus nachgestellt, in der zweiten Hälfte gehen sie voran. Ferner ist eine mit Amen eingeleitete Verheißung zwischen die beiden Hälften eingeschaltet. Den Herrn erwarten heißt wach sein (vgl. Mark. 13,33; 1. Kor. 16,13; 1. Thess. 5,6; 1. Petr. 5,8), weil »Schlafen« Aufhebung der Gemeinschaft ist. Der Situation des Gleichnisses entsprechend gilt die Seligpreisung einer Vielzahl von Knechten, was bei Lukas (bzw. schon in SLk) die Deutung auf die Jüngergemeinde erleichterte.[6] Das wohl von Lukas eingefügte Amen-Wort beschreibt den Lohn, der dem wachenden Knecht zugedacht ist. Allen üblichen Brauch umstoßend macht sich der heimkehrende Herr zum Diener seiner Knechte und bereitet ihnen das Festmahl. Kein irdischer Hausherr handelt so; auch ist schwerlich an einen karnevalistischen Saturnalienbrauch gedacht, wo die Sklaven von ihren Herren bedient wurden. Hintergrund ist vielmehr die geschichtliche Wirklichkeit Jesu, der im Kreise seiner Jünger wie ein Aufwartender ist und nicht kam, um sich bedienen zu lassen, sondern seinem Haus das Mahl zu bereiten und aufzuwarten (vgl. Luk. 22,27; Mark. 10,45; Joh. 13,1–11). Der kommende Herr ist auch darin kein anderer als der gekommene.[7] **38** Die Stunde seines Kommens ist ungewiß, das unterstreicht die zweite Hälfte des Makarismus. Es kann vor oder nach Mitternacht (zweite oder dritte Nachtwache) sein; denen, die dann bereit sind, gilt noch einmal das Selig. Denkt man an einen weiteren, durch die Akoluthie von SLk bestimmten Kontext, so ergibt sich ein wirkungsvoller Kontrast. Während der nicht bereite Reiche vom Todesengel eingefordert wurde (vgl. V. 20), kommt zum bereiten Jünger sein Herr.

39 Die Anfügung des folgenden Bildwortes (statt SLk folgt Lukas jetzt Q) ist durch die Stichworte Wachen und Kommen bestimmt. Das einleitende *γινώσκετε* ist imperativisch zu verstehen: achtet auf die Deutung. Der Herr eines Hauses rechnet mit einem Einbruch, der in der Weise zu erwarten ist, daß der Lehmboden, auf dem das Haus steht, von außen her aufgegraben und ein Gang ins Haus geschaffen wird (*διορύσσειν*). Da er die Stunde des Einbruchs nicht weiß, muß er stets wachsam sein. Das Bildwort vom unvorhersehbaren Kommen des Diebes hat für die urchristliche Erwartung besonders im Zeichen der Verzögerungsproblematik verstärkte Bedeutung gewonnen (1. Thess. 5,1f.; 2. Petr. 3,10; Offb. 3,3). **40** Es schließt sich die Deutung der in V. 39 gebotenen Bildhälfte an: Vergleichspunkt ist der unbekannte Termin, dort des Einbruchs, hier des Kommens

---

[5] Auf den Unterschied weist *Joach. Jeremias*, a. a. O., 42; vgl. auch *A. Jülicher*, a. a. O., 169f.

[6] *Joach. Jeremias*, a. a. O., 41; *H. Weder*, a. a. O., 167.

[7] Für *G. Schneider*, a. a. O., 30, gehören diese Züge der lukanischen Redaktion an.

des Menschensohns. Der Vergleich erscheint befremdlich,[8] verdeutlicht aber, was angesichts der Parusieerwartung auf dem Spiel steht.

f) Der kluge oder törichte Hausverwalter 12,41–48; Matth. 24,45–51; Mark. 13,34–36*

(41) Es sprach aber Petrus: »Herr, sagst du dieses Gleichnis zu uns oder auch zu allen?« (42) Und es sprach der Herr: »Wer ist denn nun der treue und kluge Haushalter, den der Herr einsetzen wird über seine Dienerschaft, daß er ihnen zur rechten Zeit das bestimmte Maß an Nahrung gebe? (43) Selig jener Knecht, den sein Herr bei seinem Kommen so tun findet. (44) Wahrlich, ich sage euch: Er wird ihn über alle seine Besitztümer einsetzen. (45) Wenn aber jener Knecht in seinem Herzen sagt: Mein Herr verzieht zu kommen, und fängt an, zu schlagen die Knechte und Mägde, zu essen und zu trinken und sich zu betrinken, (46) wird der Herr jenes Knechtes an einem Tage kommen, an dem er es nicht erwartet hat, und zu einer Stunde, die er nicht weiß, und er wird ihn zerstückeln und ihm seinen Teil bei den Ungläubigen geben.

(47) Jener Knecht aber, der den Willen seines Herrn gekannt hat und nicht bereitet und getan hat nach seinem Willen, wird viele Schläge empfangen. (48) Wer (ihn) aber nicht gekannt und der Züchtigung Wertes getan hat, wird weniger Schläge empfangen. Jedem, dem man viel gegeben hat, von dem wird viel gesucht werden, und wem man viel anvertraute, von dem wird man um so mehr fordern.«

Der Abschnitt enthält in seiner Mitte (V. 42–46) ein wiederum aus Q stammendes Gleichnis, das wie das vorangehende (V. 39f.) in die Reihe der Wachsamkeitsgleichnisse gehört. Es wird eingeleitet durch eine redaktionell gebildete Frage des Petrus (V. 41). Den Abschluß bilden zwei ursprünglich wohl selbständige Sprüche, die nur bei Lukas begegnen. Der erste ist ein kleines Gleichnis, das den Knechtsgleichnissen nahesteht (V. 47.48a); der andere eine im Parallelismus membrorum gebaute Sentenz, die um den Gedanken der Abrechnung (Metapher für Gericht) kreist (V. 48b).

Von traditionsgeschichtlichem Interesse ist die Einordnung des Gleichnisses vom Hausverwalter. Indem es Lukas mit der Petrus-Frage nach dem Kreis der durch die Gleichnisrede Angesprochenen verbindet und ferner aus dem Sklaven der Q-Vorlage (vgl. Matth. 24,45) einen diesem vorgesetzten Hausverwalter macht, läßt er erkennen: es geht ihm um die Stellung der Apostel, als deren Sprecher Petrus hier auftritt, und ihrer Nachfolger, die Leiter der Gemeinde.[1] Sie haben ihre besondere Stellung im Hause Jesu, ihre besondere Verantwortung, aber auch ihre besondere Verheißung (vgl. auch das zu Luk. 6,39ff. Ausgeführte). Rechnet man mit einer auf Jesus zurückgehenden Ursprungsgestalt, so ist an eine andere Zielrichtung zu denken. Das Wort dürfte zunächst eine

---

[8] So schon *A. Jülicher*, a. a. O., 142, ihm folgend *S. Schulz*, a. a. O., 270.

* Lit.: *A. Jülicher*, Gleichnisreden II, 145–161 – *Joach. Jeremias*, Gleichnisse, 43–45 – *A. Weiser*, Die Knechtsgleichnisse in den synoptischen Evangelien, StANT 29, München 1971, 178–225 – *S. Schulz*, Spruchquelle, 271–277 – *H. Schürmann*, Die zwei unterschiedlichen Berufungen, Dienste und Lebensweisen in einem Presbyterium, in: Sperare, Pastorale Aufsätze, 7. Band, Leipzig 1979, 106–121 (bes. 110–114).

[1] *H. Schürmann*, a. a. O., 111, unterstreicht, daß Lukas besonders an die von ihm »so programmatisch herausgestellten Presbyter gedacht haben wird (Apg. 20,17–38; vgl. Luk. 22,24–26.27)«.

Warnung an die religiösen Führer des Volkes gewesen sein, die sich ebenso wie die Könige und Propheten gern Knechte Gottes nannten, sie werden auf die kommende Prüfung der Treue hingewiesen.[2]

41 Als Sprecher aus dem Jüngerkreis erscheint Petrus (Lukas nennt ihn mit seinem Apostelnamen) und fragt nach dem Geltungsbereich des Gesagten. Die Gegenüberstellung *πρὸς ἡμᾶς – καὶ πρὸς πάντας* will wohl die Apostel gegenüber der Jüngergemeinde herausheben. Man erwartet eine Antwort, die die Stellung der Apostel in der Gemeinde verdeutlicht. **42** Jesus erwidert mit dem Gleichnis vom Hausverwalter. Er redet von einem aus dem Kreis der Sklaven, bei Matthäus *δοῦλος*, der zum Hausverwalter und damit zum Aufseher über die anderen Sklaven eingesetzt ist. Bildet sich im Verständnis des Lukas in solcher Heraushebung das werdende »Amt« in der Gemeinde ab?[3] Die futurische Form *καταστήσει* kann so gemeint sein, daß Lukas Jesus auf die Stunde seines Abschieds vorausschauen läßt. Der Auftrag des Hausverwalters besteht in der pünktlichen und gerechten Versorgung der Dienerschaft. Das *διδόναι ἐν καιρῷ σιτομέτριον* erinnert an die Funktion des Joseph in Ägypten (Gen. 47,12.14). Klugheit ist geboten (*φρόνιμος*), denn der Herr fordert Rechenschaft über die Verwaltung des Anvertrauten. **43** Dem zuverlässigen Verwalter gilt die Seligpreisung, deren Formulierung bereits von der Situation etwas abgelöst erscheint. **44** Das anschließende Verheißungswort bedient sich gleichfalls einer prophetischen Redeform, der apokalyptischen Lohnzusage. Das lukanische *ἀληθῶς* steht für Amen. Dem Treuen wird der ganze Besitz seines Herrn zur Verwaltung übertragen. **45** Die zweite Hälfte des Gleichnisses (V. 45.46) ist analog konstruiert. In der vorliegenden Gestalt führt es keine Kontrastfigur ein, sondern beschreibt die andere Möglichkeit, die für den Verwalter (hier und V. 46 nicht *οἰκονόμος*, sondern entsprechend Q *δοῦλος [ἐκεῖνος]* genannt) bestanden hätte. Die Verzögerung der Rückkehr seines Herrn hätte ihn leichtsinnig machen können. Statt die anvertrauten Menschen zu versorgen, kann er die ihm verliehene Macht ausnützen zur Mißhandlung derer, die jetzt seine Knechte und Mägde sind. Das anvertraute Gut verwendet er zu eigenem Genuß bis zur Trunkenheit. In der Wendung vom verziehenden Herrn dringt die Sachhälfte in das Bild hinein (vgl. Hab. 2,3; 2. Petr. 3,9). **46** Dann tritt das Kommen des Herrn ein, auf dessen Tag und Stunde er nicht vorbereitet ist. Wie der zuverlässige Hausverwalter den Lohn, so empfängt der ungetreue die Strafe. Die Vergeltung entspricht dem Tun. Die Schilderung des Strafvollzugs ist in der lukanischen Version von erschreckender Grausamkeit. »Ohne irgendeine Untersuchung oder gar Verhandlung entscheidet der Herr nicht nur über Leben und Tod seines Sklaven, sondern vollstreckt sogleich selbst das Todesurteil, indem er nach persischer Art seinen Leib spaltet.«[4] *Joach. Jeremias* weist einen Weg, die Strafschilderung zu mildern, indem er sie als mißverständliche Wiedergabe eines aramäischen Wortlautes deutet, der wörtlich übersetzt heißen sollte: »Er wird

---

[2] Vgl. *Joach. Jeremias*, a. a. O., 45. Die (schon vor Lukas einsetzende) Umdeutung entspricht dem in Luk. 6,39–45 Beobachteten.

[3] Zu dem hier betonten Gedanken der Einheit von oikonomia und diakonia vgl. *H. Schürmann*, a. a. O., 112.

[4] *S. Schulz*, a. a. O., 275.

ihm Schläge zuteilen und ihn als Ruchlosen behandeln.«[5] Die lukanische Version hat wohl die Höllenstrafe im Auge und verstärkt die schon im vorangehenden Vers beobachtete Eintragung der Deutung in das Gleichnis: der *κύριος* ist der wiederkehrende Herr und Weltenrichter (*τὸ μέρος αὐτοῦ τῶν ἀπίστων*).

47 Das anschließende Bildwort hängt mit dem Gleichnis zusammen, weil es gleichfalls um die Situation des von seinem Herrn zur Rechenschaft gezogenen Knechtes kreist. Es weist auf die größere Verantwortung hin, die der um den Willen Gottes Wissende vor dem besitzt, der ihn nicht in der gleichen Weise kennt. Entsprechend seiner Zurüstung oder der Ausführung seiner Aufgaben (*μὴ ἑτοιμάσας ἢ ποιήσας*) nach dem ihm bekannten Willen Gottes wird er behandelt. Auch hier ist ursprünglich wohl an die Verantwortung der Gesetzeslehrer vor dem Volk gedacht, während der jetzige Zusammenhang eine Beziehung auf die Pflichten der Gemeindevorsteher nahelegt. **48** Erfüllt einer der Knechte aus Unkenntnis den Willen Gottes nicht, dann fällt seine Strafe geringer aus. Auch die jüdische Theologie unterscheidet willentliche Sünden, die wider besseres Wissen geschehen, von den Versehenssünden.[6] – Ein abschließendes Wort, das ursprünglich selbständig war,[7] formuliert einen für das eschatologische Gericht geltenden Grundsatz. Es spricht von dem, was dem Menschen anvertraut wurde, hält sich also nahe bei dem vorausgegangenen Bildwort. Was dem Menschen gegeben ist, ist anvertrautes Gut; seiner Größe entspricht die geforderte Verantwortung. *παρατίθημι* ist eine Art terminus technicus für anvertraute Kapitalsummen.[8] Das anvertraute Gut soll vermehrt werden.[9] Diese Mahnung gilt hier vor allem den für die Gemeinde Verantwortlichen. Der Plural *παρέθεντο – αἰτήσουσιν* verhüllt den Namen Gottes, der der Anvertrauende und zugleich der Fordernde ist.

g) Die Sendung des Herrn und die Entscheidung der Seinen an ihm 12,49–53; Matth. 10,34–36*

(49) »Ein Feuer zu werfen auf Erden bin ich gekommen, und wie wünschte ich, daß es schon brennte! (50) Mit einer Taufe aber getauft werden muß ich, und wie ist mir bange, bis es vollbracht wird. (51) Meint ihr, daß ich da bin, Frieden zu schenken auf Erden? Nein, ich sage euch, sondern vielmehr Zertrennung. (52) Es werden nämlich von jetzt an fünf in einem Hause entzweit sein, drei gegen zwei und zwei gegen drei. (53) Es werden entzweit sein der Vater gegen den Sohn und der Sohn gegen den Vater, die Mutter gegen die Tochter und die Tochter gegen die Mutter, die Schwiegermutter gegen ihre Schwiegertochter und die Schwiegertochter gegen die Schwiegermutter.«

Die Zusammenstellung der Herrenworte, die die Stellung der Jünger in der Welt um-

---

5 A. a. O., 45, Anm. 6.
6 Vgl. Str.-B. II, 192.
7 *R. Bultmann*, Synoptische Tradition, 125; *Joach. Jeremias*, a. a. O., 44.
8 *A. Jülicher*, a. a. O., 156.
9 Die Verwandtschaft mit Matth. 25,14–30 = Luk. 19,11–27 ist oft beobachtet worden.

* Lit.: *G. Delling*, Baptisma baptisthenai, NovTest 2, 1958, 92–115 = Studien zum Neuen Testament und zum hellenistischen Judentum, Berlin 1970, 236–256 – *S. Schulz*, Spruchquelle, 258–260 – *A. Polag*, Christologie, 164–166 – *J. Gnilka*, Martyriumsparänese und Sühnetod in synoptischer und jüdischer Tradition, in: Die Kirche des Anfangs, Festschr. f. H. Schürmann, Leipzig 1978, 223–246, bes. 230f.

schreiben, schließt mit einer Wortfolge über Jesu eigene Geschichte und Sendung. Die erste Spruchgruppe (V. 49.50) ist durch Matthäus nicht belegt und gehört wahrscheinlich SLk zu, die andere (V. 51–53) ist der Q-Überlieferung zuzurechnen. Matthäus hat sie in die Aussendungsrede eingefügt (Matth. 10,34–36), wo sie sich auf die Bewährung der Jünger in der Krisensituation ihres missionarischen Dienstes bezieht. Der Zusammenhang bei Lukas ist von seinem heilsgeschichtlichen Denken zu verstehen. Der Blick der Jünger war auf die endgültige Entscheidung und die kommende Vollendung gerichtet (12,41–48). Auf sie schaut Jesus selbst aus; vor ihr aber steht die »Taufe«, der er sich unterziehen muß, ihr geht voraus die Bedrängnissituation der Jünger bis hin zur Scheidung, die die Familien entzweit. Die hier geschilderte Bedrängnis der Jünger (V. 51–53) ist Konsequenz jener Bedrängnis, der sich Jesus selbst unterziehen muß (V. 49–50). Seit dem Neueinsatz mit dem Reisebericht ist V. 50 der erste Hinweis aus Jesu Mund auf das bevorstehende Leiden.

49 Die beiden Aussagen über den von Jesus entfachten Feuerbrand und die ihm bevorstehende »Taufe« hängen eng miteinander zusammen und müssen schon vor Lukas verbunden gewesen sein. In formaler Hinsicht ist der weitgehend parallele Aufbau beider Sätze unübersehbar (Verknüpfung der Vershälften durch *καί*, Entsprechung von *τί* und *πῶς*, *εἰ ἤδη* und *ἕως ὅτου*).[1] Auch die jeweils tragenden Bilder, Feuerbrand und Eintauchen (im Wasser), sind aufeinander bezogen.[2] Daß mit dem Feuer das Gerichtsfeuer gemeint ist, ergibt sich aus alttestamentlichem (Amos 5,6; 7,4; Jer. 5,14; Hes. 38,22) und jüdischem (Ps. Sal. 15,4; 1QH VIII, 20) Sprachgebrauch. In dieser Selbstaussage Jesu ist das Feuer als ein Gerichtsgeschehen zu fassen, das Jesus nicht nur auslöst, sondern in das er selbst einbezogen ist. »Er löst ein Gerichtshandeln Gottes aus, das sich innerhalb seiner irdischen Wirksamkeit ereignet und innerhalb dieses Wirkens in der Menschheit (*ἐπὶ τὴν γῆν*) Bedeutung gewinnt.[3] Diese Deutung, die in der Selbstaussage Jesu nicht nur sein Wirken, sondern auch sein Geschick ausgedrückt sieht, wird zwingend, wenn man an der Parallelität der Worte vom Feuerbrand und von der Taufe festhält. **50** Das rätselhafte Wort Jesu, in dem er sein Getauftwerden mit einer Taufe ankündigt, wird nur verständlich, wenn man sie auf sein bevorstehendes Todesgeschick bezieht. *βάπτισμα* muß dabei keineswegs christlicher Terminus und Indiz für eine spätere Herkunft sein, bezeichnet vielmehr das Untertauchen, das Versinken in einer Wasserflut. »Jesus sieht sich vor der Notwendigkeit (*ἔχω*), daß ein äußerst notvolles Ereignis über ihn kommt, und er spricht ... von der *συνοχή*, mit der er ihm entgegenschaut, bis es vollbracht ist.«[4] Die Verwendung von *βάπτισμα* weicht auch von der im Wort über Leidenskelch und Todestaufe Mark. 10,38 ab: dort geht es um den Tod als Martyrium, hier wird entsprechend zur Vorstellung vom Feuerbrand in der vorausgegangenen Aussage der Tod als ein an Jesus selbst vollzogenes Gericht bezeichnet (vgl. auch Luk. 23,31). Das Wort, das den Eindruck eines authentischen Jesuswortes macht, spricht – und das verstärkt den Ein-

---

[1] Vgl. die Analyse von *G. Delling*, a. a. O., 246f.

[2] *A. Polag*, a. a. O., 164, erinnert an die Verbindung von Feuer und Wasser im apokalyptischen Bereich und konstatiert eine Nähe zur Begrifflichkeit der Täuferüberlieferung, wo Feuer und Wassertaufe einander zugeordnet sind.

[3] *G. Delling*, a. a. O., 250.

[4] *Ders.*, a. a. O., 245.

druck seiner Ursprünglichkeit – von der angstvollen Bedrängnis, in der er sich befindet bis zu dem Augenblick, da sich dies alles vollendet hat.

51 Angesichts dessen wird in einer weiteren Wortfolge das Mißverständnis abgewehrt, daß mit Jesu Anwesenheit die Erde in einen Heilszustand (*εἰρήνη*) verwandelt werde. Vielmehr setzt mit dem Kommen Jesu die apokalyptische Not ein. Sie wird ausgedrückt mit dem Wort *διαμερισμός*. Unter den Menschen entsteht eine Zerspaltung, die durch die Stellung zur Person Jesu hervorgerufen wird. Das *παρεγενόμην* (= ich bin da), entspricht dem *ἦλθον* (beides = aram. atet) in V. 49.[5] **52** Die Zerspaltung beginnt bereits. Das *ἀπὸ τοῦ νῦν* (offenbar lukanisches Interpretament) soll eine Auffassung ausschließen, als handle es sich um Geschehnisse einer künftigen Endzeit, die Entzweiung der Familien hebt mit der Jesuszeit an, wirkt hinein in die Häuser und spaltet sie auf. Lukas bringt das Wort in einer anschaulichen Gestalt: von fünf Personen, die in einem Hause wohnen, stellen sich drei gegen zwei. **53** Das wird beschrieben mit Worten, die auf Micha 7,6 zurückgehen und einen apokalyptischen Topos bezeichnen: die Entzweiung der nächsten Verwandten (vorzugsweise der Konflikt der Generationen) als Merkmal der dem Ende vorausgehenden Not. Das Motiv findet sich (vielleicht in Erinnerung an die Zeit Antiochus IV. Epiphanes) mehrfach in frühjüdischer Literatur: aeth. Hen. 99,5; 100,1f.; Jub. 23,16.19; syr. Bar. 70,6. In der hier vorliegenden Gestalt ist das Logion auf dem Hintergrund der Martyriumssituation formuliert, in der es nicht nur zur Verfolgung der Anhänger Jesu kommt, sondern auch zur Spaltung der Familien, »weil ein Teil sich Christus anschließt, der andere Teil das offenkundig für töricht ansieht«[6].

10. Der Aufruf zur Umkehr an das Volk 12,54–13,9

Mit 12,1 hatte Lukas eine Zusammenstellung von Worten Jesu beginnen lassen, die vor allem der Stellung der Jünger in der Welt galten. Sie richteten sich an die Jünger, aber die ihnen zugedachte Unterweisung erfolgte vor dem Volk. Ohne merkliche Verschiebung der Szenerie verändert sich jetzt der Adressatenkreis. Jesus wendet sich mit Worten, die zur Umkehr rufen, an das Volk, das Zeuge der bisherigen Lehre an die Jünger war. Lukas hat deutlich gemacht, daß er die Situation der Scheidung und Entscheidung heranreifen sieht (12,54–59). So hat hier die prophetische Verkündigung Jesu ihren angemessenen Platz, die die Hörer mahnt, die Zeit als die von Gott eingeräumte Gnadenzeit zu ergreifen.

a) Die Zeichen der Zeit 12,54–59*

(54) Er sprach aber auch zu der Menge: »Wenn ihr eine Wolke aufsteigen seht vom Westen, sagt ihr sofort: es kommt Regen; und es geschieht so. (55) Und wenn (ihr) den

[5] Dies sollte zur Zurückhaltung mahnen gegenüber generalisierenden Urteilen, die alle »ich bin gekommen«-Worte für Bildungen der rückschauenden Urgemeinde erklärt, wie *Joach. Jeremias*, Judaica 3, 1947/48, 259, mit Recht gegenüber *R. Bultmann*, Synoptische Tradition, 164ff., geltend gemacht hat.

[6] *J. Gnilka*, a. a. O., 231.

Südwind wehen (spürt), sagt ihr: es gibt Hitze; und es geschieht. (56) Ihr Heuchler, das Angesicht der Erde und des Himmels wißt ihr zu prüfen, warum aber wißt ihr diese Zeit nicht zu prüfen?

(57) Warum aber beurteilt ihr nicht auch von euch selbst aus, was recht ist? (58) Wenn du mit deinem Widersacher zum Amtmann gehst, unterwegs gib dir Mühe, von ihm loszukommen, daß er dich nicht vor den Richter schleppe, und der Richter wird dich dem Büttel übergeben, und der Büttel wird dich ins Gefängnis werfen. (59) Ich sage dir: Du wirst von dort nicht herauskommen, bis du auch den letzten Heller zurückerstattet hast.«

V. 56: Zwei textkritische Fragen stehen zur Erörterung. a) Die Stellung von *τῆς γῆς*, teils vor, teils hinter *τοῦ οὐρανοῦ* ist unsicher. Da es bei Matthäus fehlt, ist es möglicherweise sekundär. b) Statt *οὐ δοκιμάζετε* bei A, D, it, syr^{cur}, p^{45} und den Zeugen der Koinegruppe (= Nestle-Aland 25. Aufl.) lesen p^{75}, die hesychianische Textgruppe, ferner *Θ* und Marcion *οὐκ οἴδατε δοκιμάζειν* (= Nestle-Aland 26. Aufl.).

Aus zwei Stücken setzt sich der erste Ruf zur Umkehr zusammen. Das zweite (V. 57–59) gehört zur Überlieferung von Q und erscheint bei Matthäus und Lukas in leicht abweichender Gestalt und in unterschiedlichem Kontext. Bei Matthäus ist es eine Mahnung zur Versöhnlichkeit, die ihren Platz im Zusammenhang der Antithesen der Bergpredigt findet; bei Lukas hat es den Charakter einer eschatologischen Mahnung, womit die ursprüngliche Intention wahrscheinlich besser bewahrt ist. Auch die Gestaltung läßt Abweichungen erkennen. Im Unterschied zu Matthäus ist das Geschehen von Lukas in römische Verhältnisse übertragen: *ἄρχων* statt *κριτής*, dadurch Dreiteilung: Amtmann, Richter, Gerichtsdiener, der statt *ὑπηρέτης* bei Matthäus hier *πράκτωρ* genannt wird. – Das vorangestellte und durch einen überleitenden Vers mit der Erzählung verbundene Stück ist gleichnisartig: eine im Parallelismus formulierte Metapher von der Beobachtung der Wetterzeichen, die in eine rhetorische Frage übergeht, die auf die Deutung der Zeitzeichen zielt.[1] Die bei Lukas vorliegende Gestalt der Überlieferung ist selbständig; ein ähnliches Logion, jedoch nach Herkunft und Gestalt deutlich von dem hier vorliegenden abgehoben, findet sich bei einem Teil der Handschriften von Matth. 16,2f.[2] Die hier vorgenommene Verknüpfung beider Stücke bewahrt deren eschatologische Dimension: Wird zunächst aufgerufen, die Zeit zu erkennen, so wird sodann der Entscheidungsernst angesichts der Gerichtssituation deutlich gemacht.

54 Jesus spricht die Volksmenge, nicht die Jünger an. Es geht um eine Belehrung grund-

---

* Lit.: *A. Jülicher*, Gleichnisreden II, 240–246 – *H. Schürmann*, Eschatologie und Liebesdienst in der Verkündigung Jesu, in: Kaufet die Zeit aus, Festschr. f. Theod. Kampmann, Paderborn 1959, 39–71 = TheolJahrb 1962, 320–340 – *G. Klein*, Die Prüfung der Zeit (Lukas 12, 54–56), ZThK 61, 1964, 375–390 – *H. Kahlefeld*, Gleichnisse II,111–116 – *S. Schulz*, Spruchquelle, 421–424.

[1] *R. Bultmann*, Synoptische Tradition, 33, beurteilt die lukanische Gestalt als ein Stück echter Jesusüberlieferung. Er begründet dieses Urteil damit, daß in ihr »das Unmittelbare des eschatologischen Bewußtseins« stark zum Ausdruck komme, ohne daß es eine Beziehung zur Person Jesu enthalte (vgl. auch ebd., 185).

[2] In der Überlieferung des Thomasevangeliums wird eine Beziehung des Logions zur Person Jesu durch eine an Jesus gerichtete Aufforderung hergestellt: »Sie sprachen zu ihm: Sage uns, wer du bist, damit wir an dich glauben! Er sprach zu ihnen: Ihr versucht das Antlitz des Himmels und der Erde, und das, was in eurer Gegenwart ist, erkanntet ihr nicht, und diese Zeit erkennt ihr nicht, sie zu versuchen« (Nr. 92[91]).

sätzlicher Art, wie die Zeit, die mit Jesu Wirken eingesetzt hat, zu deuten ist. In metaphorischer Weise wird dabei auf die unter den Leuten übliche Wetterbeobachtung Bezug genommen. Die vorausgesetzten meteorologischen Gegebenheiten sind die Palästinas. Wenn am westlichen Horizont eine Wolke aufsteigt, dann steht ein Regenguß bevor, denn im Westen liegt das Meer, und von dort kommt der Regen her (vgl. 1. Kön. 18,44). **55** Wenn aber von Süden her der Wüstenwind weht, dann bringt er dörrende Hitze über das Land. Wetterregeln dieser Art sind jedermann bekannt und gelten als unbedingt verläßlich. **56** Die Deutung des Bildwortes ist in der barsch formulierten Frage enthalten: Der zutreffenden Wetterbeobachtung steht gegenüber die Unfähigkeit, den Kairos, die von Gott gesetzte Zeit, prüfend zu erfassen. Bei diesem *δοκιμάζειν* geht es nicht nur um die Erkenntnis dessen, was die Zeit in sich trägt, sondern zugleich um die Folgerung, die aus dieser Erkenntnis zu ziehen ist. Die sich dem versagen, werden *ὑποκριταί* genannt, ein harter Vorwurf, der sonst vor allem die Führer des Volkes trifft. Die in dem Bildwort angesprochene Entscheidungssituation bezieht sich zunächst auf die Zeit, in der Jesus aufgetreten ist. Der von Gott gesetzte Zeitpunkt, der Kairos, in dem die Entscheidung über Heil und Verderben fällt, ist herangekommen. Ihn zu erkennen, dazu wird aufgerufen durch eine e contrario erfolgende rhetorische Frage. Daß Lukas, der anders als Matth. 16,3 nicht von den *σημεῖα τῶν καιρῶν*, sondern vom *καιρός* redet, den ursprünglichen Sinn des Wortes, das den eschatologischen Charakter der Jesuszeit ansagt, ins Allgemeine verschoben habe,[3] hat im Wortlaut kaum einen Anhaltspunkt. An der Einmaligkeit der Jesuszeit liegt auch ihm (vgl. 4,16–30).

57 Der als verklammernde redaktionelle Überleitung einzuordnende Vers geht davon aus, daß die Hörer das Rechte von sich aus zu beurteilen in der Lage sind, und fragt sie, warum sie dies nicht tun. Wie dieses *δίκαιον*, das der Entscheidungszeit angemessen ist, aussieht, zeigt die angeschlossene Beispielerzählung. **58** Sie ist weder Klugheitsregel noch reines Gleichnis, vielmehr eine Bildrede, bei der sich die paränetische Anwendung in die Erzählung hineindrängt.[4] Ein Mensch macht sich mit seinem Widersacher, dem er verschuldet ist, auf den Weg. Seine einzige Chance ist, solange er noch unterwegs ist, unter Aufbietung aller Mühe (*δὸς ἐργασίαν* ist Latinismus) ein versöhnendes Übereinkommen mit seinem Widersacher zu erreichen (vgl. Matth. 18,29). Geschieht das nicht, geht die Angelegenheit ihren Gang. Der Amtmann der Behörde übergibt sie dem Richter, dieser überstellt den Schuldner dem Gerichtsdiener, und dieser wirft den Verschuldeten in die Schuldhaft (vgl. dazu Matth. 18,30.34). **59** Die Anrede hält sich im Rahmen der Beispielgeschichte. Ist die Angelegenheit erst einmal zu ihrem Ende gekommen, dann ist es zu spät, dann muß alles abgezahlt werden bis zur kleinsten Münze, dem *λεπτόν*, die nur etwas über einen halben Pfennig Wert hat. Die große Andringlichkeit der Formulierung verwehrt es, hier nur eine rechtliche Verhaltensmaßregel zu sehen. Gegenüber Matthäus, bei dem die Erzählung der Aufforderung zur zwischenmenschlichen Versöhnung untergeordnet ist (Matth. 5,25.26 als Weiterführung der 1. Antithese), stellt Lukas die eschato-

---

[3] Davon geht *G. Klein*, a. a. O., 384, aus, der Lukas an die nachösterliche Zeit denken läßt und die Prüfung der Zeit auf die Einstellung zu der den *καιρὸς οὗτος* prägenden Spaltung in der Familie bezieht, von der im vorangehenden Logion V. 51 ff. die Rede war.

[4] *H. Schürmann*, a. a. O., 323.

logische Entscheidung heraus. Es ist letzte Gelegenheit, mit Gott ins reine zu kommen, die Schuld, mit der sich der Mensch ihm gegenüber verschuldet hat, loszuwerden. Dies rückt das Gleichnis in die Nähe der Umkehrforderung Jesu, die im folgenden Abschnitt entfaltet wird. Daß bei solchem Verständnis Gott sowohl der Widersacher als auch der Richter ist, fällt nicht aus dem Rahmen, entspricht vielmehr dem, was in jüdischer Überlieferung in Abot IV,22 gesagt ist: »Er der Richter, Er der Zeuge, Er der Kläger.«

b) Der Ruf zur Umkehr angesichts des drohenden Untergangs 13,1–9*

(1) Es traten im selben Augenblick einige heran, die machten ihm Mitteilung über die Galiläer, deren Blut Pilatus vermischt hatte mit ihren Opfern. (2) Und er antwortete und sagte zu ihnen: »Ihr glaubt, daß diese Galiläer Sünder waren mehr als alle Galiläer, weil sie das erlitten haben. (3) Keineswegs, sage ich euch, sondern wenn ihr nicht umkehrt, werdet ihr alle in gleicher Weise umkommen. (4) Oder jene Achtzehn, auf die der Turm am Siloah fiel und sie tötete, ihr glaubt, daß sie Schuldner waren mehr als alle Einwohner von Jerusalem. (5) Keineswegs, sage ich euch, sondern wenn ihr nicht umkehrt, werdet ihr alle in gleicher Weise umkommen.«

(6) Er sagte aber dieses Gleichnis: »Es hatte einer einen Feigenbaum in seinem Weinberg gepflanzt, und er kam und suchte Frucht an ihm und fand sie nicht. (7) Er sprach aber zum Weingärtner: Siehe, drei Jahre (sind es), seitdem ich komme, Frucht an diesem Feigenbaum zu suchen, und sie nicht finde. Haue ihn ab! Wozu saugt er das Land aus? (8) Der aber antwortete und sprach zu ihm: Herr, laß ihn noch dieses Jahr, bis ich um ihn herum graben und Dünger werfen werde, (9) ob er vielleicht in Zukunft Frucht bringe. Wenn aber nicht, dann magst du ihn umhauen.«

Daß die Gnadenzeit eine Gnadenfrist im Sinne einer letzten Chance ist, wird schlaglichtartig deutlich, wenn Ereignisse eintreten, in denen das Gerichtsgeschehen vorweggenommen erscheint. Die hier angefügte Einheit läßt Jesus zwei solcher Vorkommnisse als Ruf zur Umkehr in letzter Stunde deuten und diese Deutung durch ein Gleichnis verstärken. Die Perikope entstammt SLk und entspricht im formalen Aufbau 12,13–21: ein Wort Jesu, in 12,13 wie hier durch eine an ihn herangetragenen Mitteilung verursacht, und anschließend eine Gleichniserzählung. Das eröffnende Stück (13,1–5) ist ein parallel gebautes Doppellogion (V. 2 entspricht V. 4b, V. 3 entspricht V. 5). Die beiden Teile weisen auf Geschehnisse in Jerusalem. Dort wurde geopfert, dort stand der Turm am Siloahteich. Beide Ereignisse, auf die in den Logien Bezug genommen wird, sind außerhalb der Perikope nicht bezeugt. Umstritten ist vor allem das erste. Es wurde gefragt, ob eine Verwechslung oder eine Kombination mit einem anderen Ereignis vorliegt.[1] Besonders hat man an die Jos., Ant. XVIII, 4,1 berichtete Niederschlagung von Samaritanern auf dem Garizim durch römische Soldaten während einer Opferhandlung im Jahre 35 gedacht, die dann nach Zeit, Ort und beteiligter Volksgruppe (Galiläer statt Samaritaner) verändert

* Lit.: *A. Jülicher*, Gleichnisreden II, 443–448 – *K. Bornhäuser*, Studien, 94–102 – *J. Blinzler*, Die Niedermetzlung von Galiläern durch Pilatus, NovTest 2, 1958, 24–39 – *H. W. Bartsch*, Die »Verfluchung« des Feigenbaums, ZNW 53, 1962, 256–260 – *H. Kahlefeld*, Gleichnisse I, 65–67.

[1] Kritische Musterung bei *J. Blinzler*, a. a. O., 31–35.

wurde.[2] Es kann sich freilich auch um ein unbekanntes Ereignis handeln, das selbst Josephus, der sonst die Taten des Pilatus gegenüber den Juden genau registriert, nicht erwähnt hat.

Auch der Einsturz eines Turmes am Siloah ist nirgends erwähnt. Wenn es sich um einen Mauerturm handelte, müßte er zur südlichen Stadtmauer Jerusalems gehören, die sich nach Jos., Bell. Jud. V, 4,2 ostwärts bis an die Siloahquelle hingezogen hat. Der Einsturz könnte sich beim Bau der Wasserleitung durch Pilatus ereignet haben (Jos., Ant. XVIII, 3,2; Bell. Jud. II, 9,4). Auch an die Verbindung beider Vorkommnisse ist gedacht worden: ein blutig niedergeschlagener galiläischer (=zelotischer) Aufstandsversuch im Tempel und ein ihm folgender Terrorakt.[3] Sichere Anhaltspunkte für diese Kombination gibt es nicht. Die seit *K. Bornhäuser* beliebte Deutung des Doppellogions als Antwort Jesu auf die zelotische Bewegung (und Ansage ihres schlimmen Ausgangs) verkennt, daß es in beiden Fällen um ein scheinbar blind treffendes Geschick geht und um die dadurch aufgeworfene Frage nach der Angemessenheit des herkömmlichen Vergeltungsgedankens.

Die nachfolgende Parabel nimmt Motive prophetischer Predigt auf. Es mag sich um eine umlaufende Erzählung handeln, die von Jesus benutzt[4] oder ihm von der Gemeinde in den Mund gelegt worden ist.[5] Umstritten ist die Beziehung zur Feigenbaumperikope Mark. 11,12–14.20f. Hat ein Ereignis wie das dort erzählte in der Parabel sein Echo gefunden, oder ist das Geschehnis Umsetzung des Gleichnisses in die Wirklichkeit?[6] Neben solchen Konstruktionen behält die These an Gewicht, daß beide Perikopen nach Ursprung und Zielsetzung völlig getrennt nebeneinander stehen.[7]

1 Die Einführung verklammert die neue Szene mit der vorausgegangenen Ermahnung an die Volksmenge (*ἐν αὐτῷ τῷ καιρῷ*) und leitet durch Einbeziehung zusätzlicher Gesprächspartner (*παρῆσαν δέ τινες*) und der Wiedergabe ihres Berichtes (*ἀπαγγέλλοντες αὐτῷ*) zu dem Logion über. Ob Lukas den einleitenden Vers ganz oder teilweise formuliert hat[8] oder ob er auf die Quelle zurückgeht, ist schwer auszumachen.[9] Pilatus hat, so wird Jesus berichtet, Galiläer töten lassen, so daß sich ihr Blut mit dem ihrer Opfertiere[10] vermischt hat.[11] Das berichtete Ereignis ist als Vorgang im Tempel gedacht. Es geschah im Priestervorhof beim Opfer, wo das Schlachten der Opfertiere durch die erfolgte, die sie

---

2 *R. Bultmann*, Synoptische Tradition, 57; *E. Hirsch*, Frühgeschichte II, 217.

3 *K. Bornhäuser*, a. a. O., 95–97.

4 Verwiesen wird vor allem auf die Parallele in den Parabeln des Achikar bei *R. H. Charles*, Pseudepigrapha II, 775.

5 *R. Bultmann*, Synoptische Tradition, 222.

6 *E. Klostermann*, HNT 3, Tübingen [4]1950, 116.

7 So *H. W. Bartsch*, a. a. O.,

8 In diesem Sinne vor allem *G. Schwarz*, NovTest 11, 1969, 121–126.

9 *J. Blinzler*, a. a. O., 25.

10 Daß mit den Opfern nicht Opfertiere, sondern die Opfer des dem Eingreifen des Pilatus vorangegangenen Anschlags galiläischer Zeloten gemeint seien, vermutet *O. Cullmann*, Der Staat im Neuen Testament, Tübingen 1956, 9 – kaum zu Recht.

11 Diese Ausdrucksweise ist palästinisch: vgl. von Trajan: »Er vermischte das Blut dieser (der Männer) mit dem Blut dieser (der Frauen)« (Klagel. rabba 1,16).

darbrachten, während die Priester das Blut auffingen und versprengten. So kommt zur Tötung der Opfernden noch die Schändung des Tempels hinzu. Da die Galiläer als Zeloten galten, dürfte ein gegen den Zelotismus gerichteter Schlag der Römer hinter diesem Geschehen stehen. **2** Die Antwort Jesu knüpft an das besonders von pharisäischer Seite ausgebildete Vergeltungsdogma an: Das Schicksal eines Menschen hat seine Ursache in seiner Verschuldung, so daß man aus jenem auf diese schließen kann. Jesus antwortet mit einer Feststellung. *δοκεῖτε* leitet einen Aussage-, keinen Fragesatz ein. Nach ihrer, der Mitteilenden, Meinung sind die Getöteten *ἁμαρτωλοὶ παρὰ πάντας*, besonderer Sünde schuldig gegenüber allen anderen, weil sie sonst dieses Schicksal nicht getroffen hätte. **3** Jesus verneint diese Auffassung. Er verwirft das hinter ihr stehende Vergeltungssystem. Statt dessen versteht er das Schicksal der Galiläer als ein stellvertretendes Ereignis. Sie haben ihr Schicksal nicht wegen eigener besonderer Schuld, sondern für die anderen erlitten. In ihm will den Nichtbetroffenen etwas Bestimmtes gesagt werden. Was gesagt werden soll, ist die Ankündigung: das tödliche Geschick der Galiläer, das Widerfahrnis des Todes als Katastrophe, wird sich an allen wiederholen, wenn sie nicht umkehren. Diese Wendung vom vergeltenden Verständnis des Galiläergeschicks zum stellvertretenden ist so entscheidend, daß als Kern der Antwort ein authentisches Jesuslogion angenommen werden kann, mag der erzählte Vorgang historisch verläßlich sein oder auf Übertragung beruhen. **4** Sachlich und formal analog, im Aufbau des Satzes jedoch etwas abweichend dargeboten, wird das zweite Beispiel eingeführt. Das Einsturzunglück des Siloahturmes wird als bekannt vorausgesetzt.[12] Die Folgerung, die die rabbinische Vergeltungstheorie zieht, wird wiederum abgelehnt. Im Unterschied zum ersten Teil des Doppellogions wird hier statt von *ἅρματολοί* von *ὀφειλέται* gesprochen (vgl. Luk. 11,4 mit Matth. 6,12). **5** Wie in V. 3 folgt auf die zurückgenommene Folgerung die eigentliche, durch das *λέγω ὑμῖν* verstärkte Antwort. Faßt man sie streng, so müßte man voraussetzen, daß als Gesprächspartner Einwohner Jerusalems gedacht sind. Das Gerichtswort kündigt der Stadt den Einsturz an, der ihre Bewohner unter sich begräbt, und bietet damit eine Unheilsansage mit eigenem Profil gegenüber 13,35 und 19,43f. Solches Geschick wird unausweichlich, wenn die Angeredeten nicht umkehren.

6 Das angeschlossene Gleichnis verstärkt den Ruf zur Umkehr, indem es den Gedanken der letzten Frist heraushebt. Um dieser Gedankenverbindung willen könnte das Feigenbaumgleichnis schon vor Lukas mit dem Doppellogion verbunden worden sein. Die überleitende Wendung ist freilich lukanisch (vgl. 5,36; 6,39; 12,16a; 14,7; 15,3; 18,1). Das Gleichnis erzählt von einem Feigenbaum, der in einem Weinberg steht. Prophetische Predigt sieht Israel als Gottes Weinberg (Jes. 5,1–7; Ps. 80,9–14; vgl. Micha 7,1). Ob der Feigenbaum, der gleichfalls auf Israel geht (Hos. 9,10), das Volk im ganzen meint oder speziell die Stadt Jerusalem, ist umstritten.[13] Der Feigenbaum ist durch Jahre hindurch fruchtlos geblieben. **7** Der Weinbergbesitzer verliert darüber nicht die Geduld, drei Jahre kommt er vergeblich, erst dann befiehlt er dem Weingärtner, dem Sklaven, dem er die Sorge für den Weinberg anvertraut hat, er solle ihn aus dem Weinberg entfernen, da er

---

[12] Daß es sich nicht um eine Naturkatastrophe, sondern um eine zelotische Unternehmung handelt, so *K. Bornhäuser*, a. a. O., 97, wird nirgends angedeutet.

[13] Im letzteren Sinne *Th. Zahn*, Kommentar, 523f.; auch *K. Bornhäuser*, a. a. O., 100.

nur das Land aussaugt. Die drei Jahre haben gewiß keine Beziehung auf die Wirksamkeit Jesu, erinnern auch kaum an die drei Geschlechter als Frist der Geduld nach Ex. 20,5, sondern erfüllen ihren Sinn in der Parabel selbst. Dreimal hält der Besitzer im Herbst vergeblich Ausschau. **8** Der Weingärtner erbittet eine letzte Chance, eine Gnadenfrist, die mit besonderer Bemühung um den Feigenbaum ausgefüllt ist. Der Boden um ihn soll noch einmal behackt und dabei das Unkraut entfernt, zugleich soll der Grund gedüngt werden. **9** Bleibt diese letzte Mühe erfolglos, dann soll der Befehl zur Entfernung gegeben werden. Eine Anwendung erfolgt nicht. Die Aussage des Gleichnisses ist dennoch klar: Jesu Tätigkeit, sein Ruf zur Umkehr, ist die letzte Bemühung um Israel vor dem drohenden Gericht.

11. Eine Heilung am Sabbat 13,10–17*

(10) Er lehrte aber in einer der Synagogen am Sabbat. (11) Und siehe, eine Frau hatte einen Krankheitsdämon seit 18 Jahren und war zusammengekrümmt und konnte sich nicht völlig aufrichten. (12) Als aber Jesus sie sah, rief er sie heran und sprach zu ihr: »Frau, du bist los von deiner Krankheit.« (13) Und er legte ihr die Hände auf, und sofort richtete sie sich auf und pries Gott. (14) Es antwortete aber der Synagogenvorsteher, der unwillig war, weil Jesus am Sabbat heilte, und sprach zum Volk: »Sechs Tage sind es, an denen man arbeiten soll; an ihnen kommt und laßt euch heilen und nicht am Tag des Sabbats.« (15) Es antwortete aber ihm der Herr und sprach: »Ihr Heuchler, löst nicht jeder von euch am Sabbat sein Rind oder den Esel von der Krippe und führt ihn fort und tränkt ihn? (16) Diese aber, die eine Tochter Abrahams ist, die der Satan gebunden hat volle 18 Jahre, mußte sie nicht gelöst werden von dieser Fessel am Tage des Sabbats?« (17) Und als er dies sagte, schämten sich alle seine Widersacher, und das ganze Volk freute sich über all die herrlichen Taten, die durch ihn geschahen.

Lukas hat diesen Bericht von einer Heilung am Sabbat wie das vorhergehende Stück seinem Sondergut entnommen. Ob eine innere Verbindung gegeben war – etwa Entlarvung der Heuchelei[1] –, ist schwer zu sagen. Dem gattungsgeschichtlichen Charakter nach handelt es sich um eine Kombination von Heilungsgeschichte und Streitgespräch. Die Perikope erscheint zunächst als Seitenstück zu anderen Sabbatheilungen in der Synagoge, z. B. Mark. 3,1–6 (vgl. auch Luk. 6,6–11; Matth. 12,9–14) und auch Luk. 14,1–6. Die Kritik hat bei V. 15 angesetzt und in dem dort überlieferten Logion eine sekundäre Parallelbildung zu Matth. 12,11; Luk. 14,5 sehen und in der Erzählung eine von da aus entwickelte jüngere Variante erkennen wollen.[2] Dabei blieb unbeachtet, daß Sinn und argumentative Funktion des Logions jeweils verschieden sind. Es geht nicht wie dort um Rettung, sondern um regelmäßige Versorgung des Tiers; der Hinweis ist eingefügt in einen

* Lit.: *E. Lohse*, Jesu Worte über den Sabbat, in: Judentum, Urchristentum, Kirche, Festschr. f. Joach. Jeremias, BZNW 26, Berlin-West 1960, 79–89, bes. 80f. – *H. van der Loos*, Miracles, 520–522 – *E. Haenchen*, Weg Jesu, 127–129 – *J. Roloff*, Kerygma, 67–71.

[1] So *G. Schneider*, Komm., 299.

[2] *R. Bultmann*, Synoptische Tradition, 10; *E. Lohse*, a. a. O., 81.

streng durchgeführten Schluß vom Geringeren auf das Größere (V. 15/V. 16). Mitte der Erzählung und Ausgangspunkt der Komposition ist das Gelöstwerden der Abrahamstochter von achtzehnjähriger Fesselung durch den Satan; diese Aussage prägt den argumentativen Hinweis auf die Lösung des Viehs am Sabbat V. 15, bestimmt aber auch die Formulierung des Heilungswortes V. 12b.[3] Die Wendung Abrahamstochter, vergleichbar dem Wort über Zachäus in 19,9, könnte für eine Herkunft aus palästinisch-judenchristlicher Überlieferung sprechen.[4] Die Erzählung trägt den Charakter eines Beispiels, durch das veranschaulicht wird: Jesus bemüht sich um das ganze Israel, er hilft auch denen, die kaum mehr als zu Israel gehörig angesehen werden. Sieht man in V. 10 und V. 17 redaktionelle Bildungen, so hätte Lukas diese Überlieferung verallgemeinernd aufgenommen (vgl. zu V. 10), ihr aber auch einen neuen Akzent gegeben: Jesu Tun führt zur Scheidung im Volk, er wird abgewiesen und findet Widerspruch, trifft aber auch auf freudige Zustimmung.

10 Eine Erzählung, die als Exempel für das Mühen Jesu um Israel dienen will, bedarf einer allgemeiner gehaltenen Einleitung. Überall und jederzeit lehrt Jesus in den Synagogen; so spielt also, was Lukas erzählt, in einer von ihnen an irgendeinem Sabbat (daher Pluralform wie Mark. 1,21 und Luk. 4,31). **11** In der Synagoge befindet sich eine kranke Frau. Durch eine Verkrümmung ist ihr eine Aufrichtung in die Höhe nicht mehr möglich.[5] Die Krankheit wird auf einen Geist, der sie bewirkt – *πνεῦμα ἀσθενείας* ein dem Status constructus entsprechender Gen. obj. – zurückgeführt. Damit ist das Wortspiel vom Lösen und Befreien vorbereitet. **12** Ohne gebeten zu werden, ruft Jesus die Frau von sich aus zu sich. Das ist ungewöhnlich, da eine Frau religiös und kultisch nicht vollwertig ist und diese außerdem durch Krankheit gezeichnet war. Sie bekommt das freisprechende Wort Jesu zu hören. Ihre Krankheit wird dabei verglichen mit einer Fessel (vgl. V. 16), die durch Jesu Wort gesprengt wird. **13** Gleichzeitig mit dem Wort legt Jesus seine Hände auf sie; die Handauflegung läßt die heilenden und befreienden Kräfte auf sie überströmen, so daß sich die Kranke aufrichten kann (*ἀνορθοῦν,* vgl. Apg. 15,16; Hebr. 12,12, ist hier medizinischer Ausdruck). Der an Gott gerichtete Lobpreis der Frau antwortet der Heilungstat, in der Gott durch Jesus gehandelt hat. Damit scheint die Heilungsgeschichte stilgerecht zu Ende geführt. **14** Daß das Streitgespräch nachgestellt und nicht eingefügt ist, gehört zum besonderen Charakter der Erzählung.[6] Die erfolgte Heilung erregt den Unwillen des Synagogenvorstehers (vgl. zu Mark. 5,22). Jesu Tat wird als Heilung (*ἐθεράπευσεν*), nicht als Exorzismus verstanden; das ist sachgemäß, da eine als Besessenheit im engeren Sinne zu verstehende Geisteskrankheit nicht vorliegt. Der Archisynagog spricht das Volk an und meint Jesus. Unter Bezug auf Deut. 5,13 und Ex. 20,9f., wo die Verrichtung aller Werke in den sechs Arbeitstagen geboten wird, fordert er die Leute auf, sich an diesen Tagen auch um ihre Heilung zu bemühen. Die Anrede ist so formuliert, daß sie als »eine vom jüdischen Standpunkt sachgemäße Reaktion« erscheint.[7] **15** Jesus,

[3] Vgl. *J. Roloff*, a. a. O., 68f.
[4] *E. Haenchen*, a. a. O., 127.
[5] Zur medizinischen Beurteilung (Skoliasis hysterica?) vgl. *H. van der Loos*, a. a. O., 520f.
[6] *R. Bultmann* und *E. Lohse*, a. a. O. (Anm. 2), möchten daraus traditionsgeschichtliche Rückschlüsse ziehen.
[7] *J. Roloff*, a. a. O., 69.

als der »Herr« bezeichnet – hier dürfte lukanische Stilisierung vorliegen –, antwortet mit einer rhetorischen Doppelfrage. Da sie nur mit ja beantwortet werden kann, bekommt seine Erwiderung hier den Charakter einer herrschaftlichen Verfügung, die dem Sabbatgebot seine Auslegung gibt. Jesus knüpft an den in den galiläischen Dörfern selbstverständlich geübten Brauch an, auch am Sabbat das Vieh zur Tränke zu führen. Die Thoraverschärfung in Qumran und die strengere Auffassung der Schriftgelehrten[8] lehnten ihn ab, drangen damit aber kaum durch. Jesus redet das Volk (Plural!) an, die Antwort richtet sich jedoch eigentlich an den Vorsteher der Synagoge. Die Heuchelei (vgl. 12,56) besteht darin, daß sie, ohne sich mit dem Sabbatgebot in Konflikt zu sehen, mit dem Vieh so verfahren, wie es Jesus hier an der Kranken getan hat: sie »lösen«. **16** Was für sich genommen in seiner Beziehung zu dem hier vorliegenden Anlaß noch rätselhaft erscheinen mag, wird durch den zweiten Fragesatz zum Glied in einem Schluß a minori ad maius. Die Tochter Abrahams ist ungleich wertvoller als das Haustier. Die Fesselung durch den Satan schlimmer als die Fesselung an der Krippe. Auch die Zeitangabe ist in den antithetischen Parallelismus hineinzunehmen: der Krankheitsdauer von 18 Jahren steht der eine Sabbat der Rettung gegenüber. Der Schluß mit *τῇ ἡμέρᾳ τοῦ σαββάτου* greift den Schluß der tadelnden Ansprache des Synagogenvorstehers V. 14 auf. Dem *δεῖ* dort entspricht das fragende *οὐκ ἔδει* hier. Was darf man am Sabbat tun? Die Antwort Jesu schließt ein neues Verständnis des Sabbats ein, das auf seinen Ursprung (Gen. 2,1–3) zurückgreift und ihn vollmächtig geltend macht. Der Sabbat ist die Vollendung des Schöpfungswerkes und als solcher von Gott geheiligt; darum ist er der rechte Tag für das Heilen Jesu, das dem Menschen zur Heilsvollendung hilft. **17** Der Schluß des Streitgesprächs blickt nicht nur, wie es stilgerecht wäre, auf die Reaktion der Gegner. Lukas verdeutlicht, wie es an Jesu Wort und Tat zur Scheidung und Entscheidung kommt. Dabei lehnt er sich an alttestamentliche Gottesaussagen an. Jesu Wort beschämt seine Widersacher, weil sie ihm nichts erwidern können und sich überführt sehen (vgl. Jes. 45,16). Es ruft aber auch die Freude des Volkes über seine herrlichen Taten hervor (zu *ἐπὶ πᾶσιν τοῖς ἐνδόξοις τοῖς γινομένοις ὑπ' αὐτοῦ* vgl. Ex. 34,10).

12. Das Geheimnis des Reiches Gottes
13,18–21; Matth. 13,31–33; vgl. Mark. 4,30–32*

(18) Er sagte nun: »Wem ist die Gottesherrschaft gleich, und wem soll ich sie vergleichen? (19) Sie gleicht einem Senfkorn, das ein Mensch nahm, warf es in seinen Garten, und es wuchs und wurde ein Baum, und die Vögel des Himmels wohnten in seinen Zweigen.«

(20) Und wiederum sprach er: »Wem soll ich die Gottesherrschaft vergleichen? (21) Sie ist gleich dem Sauerteig, den eine Frau nahm und verbarg ihn unter drei Maß Mehl, bis es ganz durchsäuert war.«

---

[8] Dam. A XI, 5–7: Man darf es nicht weiter als 2 000 Ellen vom Hof wegführen, wenn es störrisch ist, dann überhaupt nicht, und man darf es nicht schlagen. Aus etwas späterer Zeit b. Erub. 20b (Bar.): Man füllt kein Wasser ein und setzt es am Sabbat vor das Tier hin; wohl aber darf man einfüllen und ausgießen, so daß das Tier von selbst trinkt.

* Lit.: *A. Jülicher*, Gleichnisreden II, 569–581 – *Joach. Jeremias*, Gleichnisse, 91–93 – *F. Mußner*,

Mit einem Doppelgleichnis bringt Lukas den in 9,51 eröffneten ersten großen Komplex des Reiseberichts zum Abschluß. Es kann als Antwort auf das in 13,10–17 Berichtete verstanden werden: der wirksame Heilswille Gottes, der in der Heilung am Sabbat sich Bahn brach, ist Auswirkung der Gottesherrschaft, um deren Geheimnis es in den Gleichnissen geht. Angesichts des Widerstandes gegen Jesus ergibt sich die Frage, wie es um die in seinem Wort proklamierte Gottesherrschaft steht. Vielleicht sieht Lukas in der Schar derer aus dem Volke, die sich über Jesu Taten freuen (V. 17), ein Zeichen, das die im Gleichnis ausgesprochene universale Vollendung vorwegnimmt.[1]

Formal wird wieder ein Abschnitt mit Gesprächscharakter durch ein Gleichnis zu Ende geführt (vgl. Luk. 12,13–21 und 13,1–9). Die nur knapp eingeführten Worte sind in der Synagoge gesprochen. Manche Ausleger sehen eine noch weitere, in den folgenden Teil des Reiseberichts hinüberweisende redaktionelle Beziehung: Lukas habe das Gleichnispaar zwischen dem Bußruf an die Juden (13,1–9) und die Verheißung des Hinzukommens der Völker (13,28f.) eingestellt; es sagt für ihn die weltweite Heidenmission an.[2]

Die Gleichnisse vom Senfkorn und Sauerteig sind in Q als Doppelgleichnis überliefert (vgl. Matth. 13,31–33), während Markus nur das Senfkorngleichnis hat (4,30–32). Da Matthäus beim Senfkorngleichnis die Fassungen aus Markus und Q miteinander verbindet und in der Gestaltung des Sauerteiggleichnisses fast völlig mit Lukas übereinstimmt, ist anzunehmen, daß Lukas auch beim Senfkorngleichnis die Q-Fassung rein bewahrt hat.[3] Diese ist auch gegenüber der Markus-Form die ältere, jene trägt deutlich ausmalende und erläuternde Züge.[4] Wie alt die Doppelung (hier: Mann/Frau, Feld/Haus) ist (von Q geschaffen, vor Q vorhanden, auf Jesus selbst zurückgehend), läßt sich schwer beantworten. Die Überlieferung läßt beide Möglichkeiten zu: eine vom Ursprung an zusammengehörige Doppelaussage (vgl. Luk. 14,28–32) und parallele Gleichnisse, die nicht ursprünglich Doppelgleichnisse gewesen sind (Luk. 11,5–8 und 18,1–8). Ein wichtiger Gesichtspunkt ist die wohl nur auf Jesus selbst zurückführende Verwendung des Sauerteigbildes.

Ganz anders ist das Bild im Thomasevangelium. Es finden sich beide Gleichnisse, aber nicht zu einem Doppelgleichnis verbunden und an verschiedenen Stellen. Nr. 20: »Die Jünger sprachen zu Jesus: Sage, wem das Königreich der Himmel gleicht? Er sprach zu ihnen: Es gleicht einem Senfkorn. (Es ist) kleiner als alle Samen. Wenn es aber auf die Erde fällt, die man bearbeitet, sendet es einen großen Zweig aus und wird zum Schutz für die Vögel des Himmels.« Nr. 93: »Jesus sprach: Das Königreich des Vaters gleicht einer Frau. Sie nahm ein wenig Sauerteig, (tat ihn in) Mehl und machte ihn zu großen Broten.

Q Hodajoth und das Gleichnis vom Senfkorn, BZ 4, 1960, 128–130 – *O. Kuß*, Zum Sinngehalt des Doppelgleichnisses vom Senfkorn und Sauerteig, in: Auslegung und Verkündigung I, Regensburg 1963, 85–97 – *E. Haenchen*, Weg Jesu, 180–185 – *H. Zimmermann*, Methodenlehre, 123–127 – *H. K. McArthur*, The Parable of the Mustard Seed, CBQ 33, 1971, 198–210 – *S. Schulz*, Spruchquelle, 298–309 – *J. D. Crossan*, The Seed Parables of Jesus, JBL 92, 1973, 244–266 – *H. Weder*, Gleichnisse Jesu als Metaphern, 128–138.

[1] So etwa *A. Jülicher*, a. a. O., 576

[2] *H. K. McArthur*, a. a. O., 208, aufgenommen bei *H. Weder*, a. a. O., 130.136.

[3] Einzelnachweise für diese weithin anerkannte Zuordnung bei *S. Schulz*, a. a. O., 298ff.; *H. K. McArthur*, a. a. O., 198–200; *J. D. Crossan*, a. a. O., 257f.

[4] Ein Problem ist die Rekonstruierbarkeit einer vormarkinischen Gestalt, wie sie von *H. Weder*, a. a. O., 134f., versucht wurde.

Wer Ohren hat, der höre.« In beiden Fällen geht es, obwohl von der Basileia geredet wird, um den Gnostiker. Die Erde (= der Empfänger) muß vorbereitet sein, damit aus dem Senfkorn (= dem göttlichen Lichtfunken) etwas Großes wird. Durch Aktivität der Frau (des Gnostikers) wird der Sauerteig (sein pneumatischer Wesenskern) zum wirkkräftigen Daseinsprinzip.[5] Der Kontrastgedanke (hier klein – dort groß) steht also im Dienste einer der Jesusbotschaft fremden Anthropologie und Soteriologie.

18 Jesus, der mit seinem Zuhörerkreis noch in der Synagoge gedacht ist, setzt mit einer Frage ein, wem die Herrschaft Gottes, die er in seinem Wort proklamiert, gleiche und wem er sie vergleichen soll. Solche Doppelfrage (vgl. Luk. 7,31) entspricht durchaus rabbinischer Gepflogenheit. Dieser Einsatz in Frageform dürfte gegenüber der Matthäuseinleitung ursprünglicher sein.[6] **19** Zuerst wird das Reich Gottes mit einem Senfkorn verglichen, das zu großen Bäumen sich auswächst. Gemeint ist die Senfstaude, die in Palästina über zwei Meter groß wird. Erzählt wird im Aorist: Das Senfkorn wurde im Garten (so Lukas, die Parallelüberlieferungen sprechen vom Felde) ausgeworfen und wuchs (*ηὔξησεν*) und wurde schließlich zu einem Baum, in dessen Zweigen die Vögel wohnen. Dadurch wird der Parabelcharakter der Erzählung unterstrichen. Die alte Streitfrage, ob dieses Gleichnis im Zeichen des Kontrastes (unscheinbarer Anfang – großartige, gemeint ist: eschatologische Vollendung) oder vom Gedanken des Wachstums her zu deuten ist,[7] ist für die lukanische Fassung im letzteren Sinne zu entscheiden.[8] »Statt des Kontrastes betont sie die Herrlichkeit der Zukunft (‚Baum') und die an der Gewißheit des Wachstums ablesbare Gewißheit, daß auf den unscheinbaren Anfang ein herrliches Ende folgen wird.«[9] Zu bedenken ist dabei, daß in der Welt der Bibel Wachstum nicht Entwicklung im modernen Sinn bedeutet, sondern Schöpfungswunder bleibt. Der Bezeichnung dieses Ziels dient die Beschreibung des Baumes, die von alttestamentlichen Formulierungen abhängig ist (Ps. 104,12; Hes. 17,23; 31,6–9; Dan. 4,7–9), aber auch in der metaphorischen Selbstdarstellung der Gemeinde von Qumran (1QH VII,4–9; VI,146–147) die ihr jetziges verborgenes Dasein von einer weltumspannenden Vollendung (Weltenbaum) abgelöst sieht, Entsprechungen findet.[10] Lukas dürfte die ihm überlieferte Parabel als eine Art Zusammenfassung der Geschichte, beginnend mit dem Wirken Jesu bis hin zur Parusie, verstanden und beim Schlußbild an das Hinzukommen der Völker durch die Heidenmission gedacht haben. Insofern stellt 13,28f. den angemessenen Kommentar dar.

20 Mit einem neuen Einsatz (*πάλιν* wohl schon aus Q) wird die Frage nach einem Vergleich für die Gottesherrschaft wiederholt. **21** Das Reich Gottes wird mit dem Sauerteig verglichen. Eine Frau (das Backen ist in Palästina Sache der Frau) tut ihn in eine große Menge Mehl, läßt ihn über Nacht zugedeckt stehen, bis am Morgen der ganze Teig

---

[5] *W. Schrage*, Das Verhältnis des Thomas-Evangeliums zur synoptischen Tradition, BZNW 29, Berlin-West 1964, 65f., 185.

[6] *S. Schulz*, a. a. O., 229.

[7] Vertreter der konträren Thesen, die sich auf die (unterschiedlich bestimmte) Grundgestalt des Gleichnisses beziehen, sind aufgelistet bei *S. Schulz*, a. a. O., 300, Anm. 288.

[8] Daß die Frage für die einzelnen Stadien der Überlieferung unterschiedlich beantwortet werden muß, hat *H. Weder*, a. a. O., 134–137, gezeigt.

[9] *H. Weder*, a. a. O., 135.

[10] *F. Mußner*, a. a. O., 128f.

durchsäuert ist. Es geht um eine kleine Menge Sauerteig gegenüber der großen Menge Mehl (ein Sat = 13 Liter, drei Sat ergeben über 40 Pfund Brot), doch ist auch hier der Gedanke des Kontrastes und der des Wachstums (der ausgedehnten Wirkung) hineingenommen. Überraschend ist die Bildwahl. Sauerteig ist für den Juden, bestimmt durch die Passasitte vom Ausfegen des Sauerteigs (vgl. 1. Kor 5,6–8), ein Bild für das, was dem Willen Gottes entgegen ist. In diesem Sinne wird es auch in der Jesusüberlieferung verwendet (vgl. Mark. 8,15; Luk. 12,1). Das führt zu der Frage, ob Jesus das Bild in einem entgegengesetzten Sinn verwendet haben kann. Bejaht man sie, dann ist an die pädagogische Wirkung eines schockierendenVergleichs zu denken, wie er auch in Luk. 16,1–8 oder in Mark. 3,27 vorliegt. Die Aufnahme eines provozierend anstößigen Bildes durch Jesus selbst ist ungleich wahrscheinlicher als die Neubildung in einer judenchristlichen Gemeinde. Verstehen wir beide Abschnitte als eng miteinander verbundene Teile eines Doppelgleichnisses, so ergibt sich die Aussage: die unscheinbare, vor der Welt verborgene (*ἔκρυψεν*) irdische Wirksamkeit Jesu, die zu der Frage führt, wie sie die in seinem Wort proklamierte Gottesherrschaft heraufführen kann, bekommt eine die Welt umgreifende Wirkkraft. Lukas konnte hier noch stärker innergeschichtlich an die Verkündigung denken, die das Ende der Erde erreicht.

B. Der zweite Abschnitt des Zuges Jesu nach Jerusalem 13,22–17,10

1. Vor der Tür zum Gottesreich 13,22–30; Matth. 7,13f.22f.; 8,11f.; 19,30*

(22) Und er durchzog Städte und Dörfer, wobei er lehrte und nach Jerusalem reiste. (23) Es sprach aber jemand zu ihm: »Herr, ob wenige die Geretteten sind?« Er aber sprach zu ihnen: (24) »Ringet danach, durch die enge Tür einzugehen, denn viele, sage ich euch, werden suchen hineinzugehen und werden es nicht vermögen. (25) Dann, wenn der Hausherr aufgestanden ist und die Tür verschlossen hat, werdet ihr anfangen draußen zu stehen und an die Tür zu klopfen und zu sprechen: Herr, öffne uns! Und er wird antworten und euch sagen: Ich weiß nicht, woher ihr seid! (26) Dann werdet ihr anfangen und sagen: Wir haben vor dir gegessen und getrunken, und auf unseren Straßen hast du gelehrt. (27) Und er wird antworten und zu euch sagen: Ich weiß nicht, woher ihr seid! Weichet von mir alle, ihr Täter der Ungerechtigkeit. (28) Dort wird sein Heulen und Zähneknirschen, wenn ihr sehen werdet Abraham und Isaak und Jakob und alle Propheten in der Königsherrschaft Gottes, euch (selbst) aber hinausgestoßen. (29) Und kommen werden sie vom Aufgang und vom Niedergang (der Sonne), vom Norden und vom Süden und sich zu Tische legen in der Königsherrschaft Gottes. (30) Und siehe, es sind Letzte, die Erste sein werden; und es sind Erste, die werden Letzte sein!«

---

* Lit.: *F. Mußner*, Das Gleichnis vom gestrengen Mahlherrn (Lk. 13,22–30), TThZ 65, 1956, 129–143 = Praesentia salutis, Düsseldorf 1967, 113–124 – *H. Zimmermann*, Methodenlehre, 145f. – *P. Hoffmann*, Pantes ergatai adikias, Redaktion und Tradition in Lc 13,22–30, ZNW 58,1967, 188–214 – *D. Zeller*, Das Logion Mt. 8,11f./Lk. 13,28f., BZ 15, 1971, 222–237; 16, 1972, 84–93 – *S. Schulz*, Spruchquelle, 309–312, 323–330, 424–427 – A. Polag, Christologie, 91–93.

Ein neuer Einsatz nimmt die Wandersituation von 9,51 wieder auf. Lukas erinnert daran, daß sich Jesus noch immer auf der Reise nach Jerusalem befindet. Sieht man den Abschnitt bis zur nächsten Reisenotiz in 17,11 als eine zusammenhängende Komposition – unterbrochen durch die Gastmahlgespräche 14,1–24 als Exkurs – an, so treten in diesem zweiten Teil des Reiseberichts bei der Belehrung von Jünger und Volk bestimmte Themen, wie die Zuwendung zu den Verlorenen (Kap. 15) und der Wert zeitlicher Güter (Kap. 16), besonders hervor. In dem hier vorliegenden Stück wird eine Linie fortgeführt, die in den vorausgegangenen Perikopen erkennbar war: der Bußruf an Israel (vgl. 13,1–9) auf dem Hintergrund der Scheidung in Ablehnende und Aufnahmebereite (vgl. 13,10–17) angesichts der sich abzeichnenden Universalität des Heils (vgl. 13,18–21). An dieser Stelle – vor dem Wort über Jerusalem (13,34f.) – ist eine Redekomposition eingebettet, deren Zusammenfügung weitgehend das Werk des Lukas ist.[1] Sie steht unter der für diesen kennzeichnenden Doppelperspektive: sie zeigt einerseits Jesus in der Konfrontation mit seinen Zeitgenossen auf dem Weg nach Jerusalem und damit zur Passion; andererseits geht sein Blick über das irdische Wirken Jesu hinaus, er hat die Situation der heidenchristlichen Kirche im Auge und läßt die innergeschichtliche, ja die heilsgeschichtliche Perspektive erkennen. Von den redaktionsgeschichtlichen Analysen betont *P. Hoffmann* stärker den ersteren, *F. Mußner* vor allem den letzteren Gesichtspunkt.

Eine an Jesus herangetragene Frage (vgl. 10,29; 12,41) eröffnet eine Redekomposition, in der drei Herrenworte – ein paränetisches Bildwort (V. 24), ein Gleichnis (V. 25–27 o. 26f.), ein apokalyptisches Drohwort (V. 28f.) – sowie ein Wanderlogion zusammengefügt worden sind. Bei Matthäus begegnen diese Worte an verschiedenen Stellen, in der Hauptsache aber in großer Nähe zueinander (7,13f.; 7,22f.; 8,11f.). Die Herkunft aus Q ist wahrscheinlich, doch ergeben sich aus dem Vergleich zwischen Lukas und Matthäus weitgehende Unterschiede bei der Gestaltung der Überlieferung.[2] Das kompositorische Geschick des Lukas zeigt sich in der Nutzung der Stichwortverbindung *θύρα* (V. 24/V. 25), der Wiederaufnahme der Abweisungsformel (V. 25/V. 27) und des *ἔξω* (V. 25/V. 28b). Auf bewußte Redaktionsarbeit verweisen die Partikel *ἀφ' οὗ* (V. 25), *τότε* (V. 26) und *ἐκεῖ* (V. 28) und der durchgehende Gebrauch des Futur. Auf diese Weise ist ein nahezu geschlossenes Gleichnis entstanden,[3] das sich einerseits mit Matth. 25,1 bis 13, andererseits mit Luk. 14,16–24 berührt. Lukas hat von V. 24 an die Anredeform in der 2. Pers. Plural. Die Adressaten sind zunächst die als Begleiter der in V. 22 angesprochenen Reise zu denkenden Leute, also die Zeitgenossen Jesu.[4] Doch wird allein durch die als Mahnwort gefaßte Eröffnung der Bildrede und das generalisierende Schlußlogion eine erweiterte Beziehung sichtbar.

---

[1] Dazu die Analysen von *F. Mußner* und *P. Hoffmann* jeweils a. a. O.; für *H. Zimmermann*, a. a. O., 145.

[2] *E. Hirsch*, Frühgeschichte II, 128, denkt an einen in sich geschlossenen Q-Abschnitt, bei dem freilich nur V. 24 ein verläßliches Jesuswort darstellt, im übrigen christliche Prophetensprüche aus der Zeit des beginnenden Jüdischen Krieges vorliegen. Auch *R. Bultmann*, Synoptische Tradition, 123, sieht zumindest in 13,26f. Gemeindebildung, schließt aber wie *A. Jülicher*, Gleichnisreden II, 459, eine vorlukanische Spruchgruppierung aus, worin ihm *H. Zimmermann*, a. a. O., 145, *F. Mußner*, a. a. O., 121, und *P. Hoffmann*, a. a. O., 192, folgen.

[3] Dies betont vor allem *F. Mußner*, a. a. O., 120–122.

[4] *P. Hoffmann*, a. a. O., 212.

22 Die der redaktionellen Verknüpfung und Rückbeziehung dienende Notiz verdeutlicht, daß Lukas die Reise Jesu als eine länger dauernde ansieht (Imperf.: *διεπορεύετο*). Jesus berührt Städte und Dörfer, verliert aber das Ziel Jerusalem nicht aus den Augen. **23** Die an Jesus gerichtete Frage (wohl vom Evangelisten selbst gebildet) nimmt eine auch in der Apokalyptik angesprochene Problematik auf: »Diese Welt hat der Höchste um vieler willen geschaffen; aber die zukünftige Welt nur für wenige«; daraus folgt der Satz: »Viele sind geschaffen, aber wenige werden gerettet« (4. Esra 8,1.3). Die lukanische Redaktion mag sich der Spannung zum Universalismus der vorausgegangenen Perikope (13,18–21) bewußt gewesen sein. **24** Die Antwort Jesu wendet die theoretisch gemeinte Frage ins Aktuell-Praktische. Der Imperativ *ἀγωνίζεσθε,* der der lukanischen Fassung eigen ist, fordert zur Anstrengung und zum Kampf auf, wie sie für den Wettkampf, den *ἀγών*, nötig sind – eine in der hellenistischen Diatribe beliebte Metapher für das ethische Handeln, die auch in den urchristlichen Sprachgebrauch aufgenommen wurde (1. Tim. 4,10; 6,12; 2. Tim. 4,7). Hier ist sie verbunden mit dem Bild von der engen Tür, durch die man eingehen muß. Hinter diesem Wort steht eine räumliche Vorstellung. Anders als bei Matth. 7,21, wo eine Verklammerung mit der 2-Wege-Metaphorik vorliegt, ist das Bild durch den folgenden Vers bestimmt: durch die Tür tritt man in einen Raum, den Reichgottesfestsaal, ein.[5] Da die Tür eng ist, erfordert der Eingang Anstrengung.[6] Sie wird dringlich durch die Feststellung, daß viele den Eingang suchen werden, aber nicht das Vermögen aufbringen einzutreten. Auch hier hat die Weiterführung des Bildes die Formulierung mitbestimmt: da die folgenden Worte vom Verschließen der Pforte sprechen, steht hinter Jesu Wort die Aussage, daß sie zur Zeit (noch) offensteht. Die betonte Gegenüberstellung der Wenigen und der Vielen gibt dem Ruf einen paränetischen Akzent. **25** Die durch das Stichwort *θύρα* verknüpften Verse sind so eng miteinander verbunden, daß von einer Weiterführung des Bildes gesprochen werden kann. Die Nennung des Hausherrn, der sich selbst erhebt und die Pforte verschließt, läßt erkennen, daß an eine Haustür gedacht ist. Die V. 24 noch geöffnete, wenn auch enge Pforte, ist nun verschlossen. Die Draußenstehenden werden zwar an die Pforte klopfen und ihre Öffnung fordern, aber sie sehen sich vor die Ablehnung des Hausherrn gestellt. Er anerkennt sie nicht als seine Bekannten und bestreitet ihnen, um ihr Woher zu wissen. Blickt man auf den V. 26f. folgenden Dialog, so hat der Vers keineswegs nur überleitenden Charakter,[7] ist vielmehr integraler Bestandteil der Bildrede (vgl. V. 27). **26** In plastischer Weise wird das Gespräch geschildert, das sich an der verschlossenenTür entwickelt und wohl durch eine Öffnung geführt wird. Die Draußenstehenden erinnern an ihre Gemeinschaft, die sie mit dem Hausherrn gehabt haben. Sie waren Teilhaber des von ihm veranstalteten Mahles und Hörer seiner Lehre. Gemeint sind zunächst die Zeitgenossen Jesu, wie sie in der Situation des eschatologischen Gerichtes dastehen werden (vgl. 11,31f.). Lukas denkt darüber hinaus aktualisierend an die Christen, denen das Herrenmahl und die Verkündigung (die konstitutiven Elemente des Gottesdienstes) angeboten wurden, die aber für sich genom-

---

[5] Vgl. *F. Mußner*, a. a. O., 114, der für das Bild auf Abot IV,16 verweist.

[6] Das Wort gehört zu den Sprüchen vom Eingehen in das Reich Gottes; vgl. Mark. 9,43–48; 10,15.23–25; ferner Matth. 5,20; zur Gattung: *H. Windisch*, ZNW 27, 1928, 163–192.

[7] So *S. Schulz*, a. a. O., 310, und *P. Hoffmann*, a. a. O., 199, die *R. Bultmanns* Analyse folgen, der in V. 26f. ein ursprünglich selbständiges Gerichtsbild sehen will.

men keine Garantie des Heils bieten. **27** Erneut – vgl. V. 25 – lehnt der Hausherr ab, die Leute vor der Tür als seine Bekannten anzuerkennen. Diese Ablehnung (vielleicht als eine Art apokalyptische Bannformel zu verstehen) geschieht unter Verwendung eines aus Ps. 6,9 entnommenen Wortes. Die dem Lukas eigene Formulierung, die die Einlaßbegehrenden als *ἐργάται ἀδικίας* zurückweist, eignet sich gut zur Verallgemeinerung. Der im Gericht für alle geltende Maßstab wird angesprochen: sie haben (anderen Menschen) Unrecht getan. **28** Die Abweisung an der verschlossenen Tür löst bei den davon Betroffenen Wutgeheul und Zähneknirschen aus. Ihre Reaktion wird erhöht dadurch, daß die Öffnung in der Tür ihnen den Blick freigibt in den Festsaal, in dem die Patriarchen Israels versammelt sind. Daß diese schon beieinander sind, während sich an der Tür die Scheidung vollzieht, wird nicht betont. Der Festsaal ist Abbild des Reiches Gottes. Das Bild der verschlossenen Tür ist durchgehalten. In dieser Fassung ist anders als in Matth. 8,11f. das Drohwort vorangestellt. So erfordert es der Kontext: dem Urteil folgt die Vollstreckung. **29** Daß das Drohwort zunächst das ungläubige, dadurch von den eigenen Vätern geschiedene Israel vor Augen hat, macht die nachfolgende Heilsansage deutlich. Anstelle der Ausgeschlossenen kommen aus allen vier Himmelsrichtungen Menschen herzu, die sich zum Festmahl im Reiche Gottes zu Tische legen. Ob diese Aussage bestimmt ist durch die Vorstellung von der »eschatologischen Völkerwallfahrt zum Gottesberg« (Jes. 2,2f.; 49,12; Micha 4,1), ist umstritten,[8] vor allem ist die Verbindung von Völkerwallfahrt und Heilsmahl (trotz Jes. 25,6–8) ungewöhnlich. Lukas, für den die Erfüllung der Völkerverheißung in der Heidenmission keineswegs nur eschatologische Zukunft war, setzt den Akzent anders. Er vermeidet es (im Unterschied zu Matth. 8,11), von den *πολλοί* zu sprechen; ihm geht es eher um den Gedanken der Umkehrung: die da meinen, ein Anrecht zu haben, sind draußen, unerwartet Hinzugekommene drinnen. Damit ist das abschließende Logion vorbereitet. **30** Es gibt Letzte, die Erste sein werden, und von den Ersten solche, die Letzte werden. Der einfache futurische Hauptsatz, der die Umkehrung der irdischen Wertordnung im Eschaton ansagt (so Mark. 10,31; Matth. 19,30; 20,16), ist in einen Hauptsatz und einen Relativsatz zerlegt. In ihm ist der Gegensatz zwischen Juden (jüdische Zeitgenossen Jesu) und Heiden aufgehoben in die umfassendere Gegenüberstellung derer, die »Unrecht taten« (V. 27c), und denen, die den Kampf um den Eingang in die enge Pforte (V. 24) auf sich nahmen. Die eschatologische Schau des Gleichnisses vom »gestrengen Mahlherrn« bleibt dadurch aktuell, daß sie paränetisch gewendet wird.

2. Das Ende Jesu in Jerusalem und seine Folgen 13,31–35; Matth. 23,37–39*

(31) Und zur selben Stunde traten einige Pharisäer heran und sprachen zu ihm: »Gehe weg und wandere von hier fort, denn Herodes will dich töten.« (32) Und er sprach zu

[8] An der Sicht von *Joach. Jeremias*, der hier den Ansatzpunkt zur Heilserwartung für die Heiden sehen wollte (vgl. Jesu Verheißung für die Völker, Stuttgart 1956, 47–54), hat vor allem *D. Zeller* (a. a. O.) Kritik geübt, der nach gründlicher Musterung des Materials (a. a. O., 222–236) dieser Vorstellung keine eigenständige Bedeutung »im AT und seinen Nachfahren« zuerkennen möchte (a. a. O., 236).

* Lit.: *J. Blinzler*, Die literarische Eigenart des sog. Reiseberichts im Lukasevangelium, in: Synopti-

ihnen: »Gehet und saget diesem Fuchs: ich treibe Dämonen aus und vollbringe Heilungen heute und morgen, und am dritten Tag werde ich vollendet. (33) Aber ich muß heute und morgen und am kommenden Tag wandern; denn es ist ausgeschlossen, daß ein Prophet außerhalb von Jerusalem umkomme.

(34) Jerusalem, Jerusalem, das die Propheten tötet und steinigt, die zu ihr gesandt sind; wie oft wollte ich deine Kinder sammeln wie eine Henne ihre Brut unter ihre Flügel, und ihr habt nicht gewollt. (35) Siehe, euer Haus wird euch verlassen werden. Ich sage euch aber: Ihr werdet mich nicht mehr sehen, bis die Zeit kommt, daß ihr sprecht: Gesegnet sei der Kommende im Namen des Herrn.«

In V. 35 hat eine Reihe von Handschriften (u. a. D, Koinegruppe, it, vulg., auch *Θ*) *ἔρημος* = leer, verlassen, wodurch eine Annäherung zur Unheilsankündigung in Jer. 22,5; Ps. 69,26 erreicht wird.

Die Perikope, die auf den Ausgang des Weges Jesu und darüber hinaus blickt, ist aus zwei Teilen zusammengesetzt, die durch das Stichwort Jerusalem verbunden sind. Das zweite Stück V. 34f. stimmt nahezu wörtlich mit Matth. 23,37–39 überein und stammt aus Q.[1] Ob es dort wie in Matth. 23,34–39 den Schluß des in Luk. 11,49–51 überlieferten Zitates gebildet hat oder eine selbständige Überlieferung darstellte, ist umstritten.[2] Die Gattungstradition führt auf die prophetische Gerichtsrede zurück. Auf die in Form des Scheltwortes vorgetragene Anklage (V. 34) folgt das Drohwort, das den Charakter der Unheils- oder Gerichtsankündigung hat (V. 35).[3] Als Sprecher ist ein übergeschichtliches Subjekt gedacht, das den ganzen Weg Jerusalems überschaut (Tötung der Propheten, Vergeblichkeit der Sammlung, Gericht); am besten würde es zur personifizierten Weisheit passen. Aus diesem Grunde wird weitgehend an eine vorchristliche Prägung gedacht.[4] Ein solches prophetisch-weisheitliches Wort kann entweder von Jesus verwendet oder (wahrscheinlicher wegen seines rückblickenden Charakters) ihm in den Mund gelegt worden sein. Deutet man die Ankündigung V. 35b so, daß sie den Charakter der Unheilsansagen überschreitet,[5] so wäre sie als spezifisch christliches Element aufzufassen, das die christologische Aneignung dieser Weisheitstradition signalisiert: aus der göttlichen Weisheit wird der im Namen des Herrn Kommende, der Messias Jesus.

Das Jesuswort wird durch die Voranstellung von V. 31–33 neu eingefaßt. Die Einheit

---

sche Studien, Festschr. f. A. Wikenhauser, München 1953, 20–52, bes. 42ff. – *O. H. Steck*, Israel und das gewaltsame Geschick der Propheten, WMANT 23, Neukirchen 1967, 40–58 – *F. Christ*, Jesus Sophia, AThANT 57, Stuttgart 1970, 136–152 – *H. W. Hoener*, Herod Antipas, SNTSMon Ser 17, Cambridge 1972, 214–224, 343–347 – *P. Hoffmann*, Logienquelle, 171–190 – *S. Schulz*, Spruchquelle, 346–360 – *W. Grimm*, Eschatologischer Saul wider eschatologischen David. Eine Deutung von Lc XIII,31ff., NovTest 15, 1973, 114–133 – *M. Rese*, Einige Überlegungen zu Lukas XIII,31–33, in: Jesus aux origines de la christologie, Gembloux 1975, 201–225 – *A. Polag*, Christologie, 93–95.

[1] Bei den wenigen Abweichungen dürfte Matthäus gegenüber Lukas sekundär sein; vgl. die Analyse von *F. Christ*, a. a. O., 137.

[2] Für die Selbständigkeit sprechen sich nachdrücklich aus *S. Schulz*, a. a. O., 347; *O. H. Steck*, a. a. O., 48.

[3] Vgl. *O. H. Steck*, a. a. O., 57; *F. Christ*, a. a. O., 139f.

[4] Nach *R. Bultmann*, Synoptische Tradition, 120f., und vielen anderen *O. H. Steck*, a. a. O., 53–56.

[5] *O. H. Steck*, a. a. O., 56, und *A. Polag*, a. a. O., 94, denken jedoch an eine enge Zusammengehörigkeit mit V. 35a. Die Schlußaussage soll die Vergeblichkeit, die verflossene Entscheidungssituation ausdrücken.

setzt wie ein biographisches Apophthegma ein,[6] steht aber im Logion so stark im Zeichen einer zeitlichen Gliederung des Wirkens Jesu und der Vorstellung einer zielgerichteten Reise nach Jerusalem, dem Ort der Passion, daß man an eine Bildung durch Lukas gedacht hat.[7] In der Tat sind die Zuordnung von Wanderschaft und Wirken Jesu, die Notwendigkeit und die gottgewollte Zielhaftigkeit der Jesusgeschichte Grundgedanken der lukanischen Konzeption. Dennoch spricht die formale Struktur für ein Überlieferungsstück, das eine redaktionelle Bearbeitung erfahren hat.[8] Die Situation (Konflikt Jesu mit seinem Landesherrn) erscheint authentisch. Das Logion bietet zwei parallele Aussagen (V. 32 und V. 33), wobei die letztere als Interpretation der ersteren gedacht ist. Dem heilenden Wirken entspricht die Wanderschaft, dem Vollendetwerden am dritten Tage das Umkommen in Jerusalem. Vieles spricht dafür, daß es sich bei V. 33 um ein redaktionelles lukanisches Interpretament handelt. Damit wäre nicht nur ein (doppelter) Stichwortanschluß an Jerusalem als Ort des Prophetenmordes (V. 34) erreicht, vielmehr wird das eine biographische Situation reflektierende Apophthegma einer übergreifenden Komposition dienstbar gemacht, die programmatischen Charakter hat.[9] Diese stellt die Einheit von Wirken und Reise heraus (V. 33.34), schaut auf das Gericht über die Stadt und darüber hinaus (V. 34.35). So sieht man in dieser Doppeleinheit zu Recht einen Schlüsselabschnitt des Lukasevangeliums.

31 Durch *ἐν αὐτῇ τῇ ὥρᾳ* wird die neue Einheit ganz eng an die vorhergehende herangerückt (vgl. 10,21). Pharisäer treten an Jesus heran mit einer Warnung vor den Mordabsichten, die Herodes gegen ihn hegt. Ihr Aufforderung, seinen Machtbereich zu verlassen, drückt sich in einem doppelten Imperativ aus: Jesus soll herausgehen (aus dem Ort, in dem er sich befindet) und fortziehen (aus dem Lande). Da Jesus mit einer Botschaft an Herodes antwortet, gelten die hier genannten Pharisäer als Boten des Herodes, der den ihm unangenehmen Jesus aus dem Lande verdrängen will. Da zum Gebiet des Herodes Antipas außer Galiläa auch das ostjordanische Peräa gehört, ist eine Lokalisierung in Galiläa nicht notwendig. Für Lukas genügt es, daß sich die Szene irgendwo auf der Wanderung nach Jerusalem einordnen ließ. **32** In seiner Antwort nennt Jesus Herodes einen Fuchs. Der Fuchs gilt als schlau und verschlagen. In Palästina ist er darüber hinaus das kleine Raubtier gegenüber dem Löwen, dem großen Raubtier, deshalb auch die Bezeichnung für einen unbedeutenden und niedrigen Menschen gegenüber einem großen und bedeutenden Mann.[10] Die Antwort Jesu an den Tetrarchen beschreibt seine Sendung: sie besteht in der Befreiung der Menschen aus dämonischen Gewalten und in ihrer Heilung. Von ihr läßt er sich nicht abbringen, bis seiner Tätigkeit ein Ende gesetzt wird. Das Passiv *τελειοῦμαι* weist auf Gottes Handeln hin. Es bezeichnet zunächst den Abschluß des Wirkens, darüber hinaus das Ans-Ziel-Gelangen der Heilswirksamkeit (vgl. 12,50; 22,37; Joh. 19,30: *τελοῦν*; Hebr. 2,10; 5,8f. wie hier *τελειοῦν*). Mit »heute« und »morgen« ist

---

6 *R. Bultmann*, Synoptische Tradition, 35, vgl. auch 59.

7 Im Anschluß an *H. Conzelmann*, Mitte der Zeit, 125f., *A. Denaux*, L'hypocrise des Pharisiens et le dessein de Dieu. Analyse de Lc XIII, 31–34, in: L'évangile de Luc, Gembloux 1973, 245–285.

8 An eine Herkunft aus SLk denken *E. Hirsch*, Frühgeschichte II, 130f., der darin die unmittelbare Fortsetzung von 13,25 sieht und *G. Schneider*, Komm., 308.

9 *H. Conzelmann*, Mitte der Zeit, 125f.; *O. H. Steck*, a. a. O., 45.

10 Str.-B. II, 200f.

Tag für Tag gemeint, oder es bezeichnet (im Blick auf den dritten Tag) eine kurze Frist. **33** Die (redaktionell geformte) Parallelaussage modifiziert und vertieft die Beschreibung der Sendung und der Vollendung Jesu. Durch einen textkritisch nicht gesicherten Eingriff, die Eliminierung von *σήμερον καὶ αὔριον καί* möchte *J. Blinzler*[11] eine geschlossene Abfolge herstellen. Jesus wirkt drei Tage bis zum *τελειοῦσθαι*, am folgenden, am vierten Tage, muß er (aus Galiläa) fortgehen. Diese Deutung verkennt den Parallelismus der beiden Verse, aber auch den allgemeinen Sinn von *πορεύεσθαι* als Wandern. Der Vollendung am dritten Tag entspricht das Ziel der Wanderung, Jerusalem. Ein vielleicht in Anlehnung an ein Sprichwort formulierter Satz erinnert an das Schicksal der Propheten, das sich in Jerusalem vollendet. Wie an anderen lukanischen bzw. von Lukas aufgegriffenen Stellen ist Jesus unter die Propheten gerechnet (vgl. 4,24–27; 7,16.39; 24,19).

34 So schließt sich das folgende Wort über Jerusalem sowohl wegen seines Inhalts wie seiner prophetischen Gestalt hier passend an. Vollendet sich an Jesus das Schicksal, das Jerusalem den Propheten bereitet hat, so führt es damit zugleich das Gericht über sich selbst herauf. Prophetischer Redeform entsprechend setzt der Ausspruch mit dem Scheltwort ein, um dann zum Drohwort überzugehen. Diese Stadt (zur verstärkenden Doppelanrede vgl. 10,41; 22,31) tötet die Propheten und steinigt die zu ihr gesandten Gottesboten. Das anklagende Wort drückt nicht nur ein einmaliges, sondern ein wiederholtes Geschehen aus (Part. Präs.). Jerusalem hat dem unermüdlichen Werben widerstanden, das es in die Gemeinschaft Gottes bringen sollte. Das Wort hat Züge weisheitlicher Vorstellungswelt in sich aufgenommen, die nun auf Jesus bezogen werden, der Träger der Weisheit ist. Die *σοφία* hat durch Propheten und Boten um Jerusalem geworben; sie gleicht der Vogelmutter, die ihre Brut unter ihre Flügel versammeln will. Als ihre Verkörperung erscheint Jesus (1. Pers. *ποσάκις ἠθέλησα*). **35** Nun bleibt die Stadt, die Bergung durch die göttliche Weisheit abgelehnt hat, ohne Zuflucht und Schutz dem Gericht ausgeliefert. Das Drohwort kündigt an: Gott will den Tempel verlassen. Seinen Namen verhüllt die passivische Verbalform, unter *ὁ οἶκος ὑμῶν* ist der Tempel zu verstehen, in dem Gott wohnt. Der Schlußsatz ist durch *λέγω ὑμῖν* abgehoben. Schließt man ihn eng an das vorangegangene prophetische weisheitliche Wort an, so ist von einer zeitweiligen Verborgenheit die Rede, wobei das Sichzurückziehen der Weisheit nach ihrer Abweisung das Modell geliefert hat (vgl. aeth. Hen. 42,1f.). Das Nichtsehen (der göttlichen Weisheit) und der Vollzug des Gerichts sind dann zwei Seiten des gleichen Geschehens, das erst mit der Huldigung endet. Es ist jedoch fraglich, ob damit dem durch das *λέγω (δὲ) ὑμῖν* gegebenen Einschnitt voll Rechnung getragen wird. Sieht man hier eine neu einsetzende, gleichsam als Nachwort Jesu zu verstehende Ankündigung, so verliert die Erwähnung des (zeitweiligen) Nichtsehens seine eigenständige Bedeutung. Die Angeredeten werden dem bislang Verborgenen mit dem Segensruf huldigen, mit dem die Festpilger am Tempelberg begrüßt werden (Ps. 118,26).Er gilt dem, dem der Messiasname *ὁ ἐρχόμενος* (vgl. 7,20) zukommt. Die Erfüllung dieser Ankündigung ist, auch in der Sicht des Lukas, nicht mit dem Einzug in Jerusalem gegeben,[12] sondern mit der Parusie. An ihr wird die Identität des abgewiesenen Gesandten der Weisheit Jesus mit dem endzeitlichen Messias Israels offenbar. Die

---

[11] *J. Blinzler*, a. a. O., 44; ähnlich auch *W. C. Robinson*, Der Weg des Herrn, 23, der den 4. Tag als Tag der Passion und des Todes auffaßt.

[12] So *W. C. Robinson*, Der Weg des Herrn, 54.

Zuordnung von Parusie und universaler Huldigung greift über das Gerichtsgeschehen hinaus (anders Offb. 1,7; vgl. Matth. 24,30), indem es Elemente der Erhöhungstopik einbezieht (Phil. 2,10f.). Faßt man die Adressierung des prophetischen Wortes streng, so schließt es die Vorstellung ein, daß die Angeredeten (Jerusalem, die Judenschaft) schließlich Jesus als Messias huldigen werden (vgl. Röm. 11,26ff.).

3. Das Gastmahl im Hause des Pharisäers (das lukanische Symposion) 14,1–24

Im Bericht der Wanderung Jesu nach Jerusalem tritt mit der 14,1–24 umfassenden Komposition eine Unterbrechung ein. In der Form des Tisch- und Mahlgesprächs, wie es sein Muster im antiken (griechisch-römischen) Symposion hat, tritt Jesus als Lehrer auf. Die Vorliebe des Lukas, Jesus als Gast und Lehrenden bei einer Mahlgemeinschaft zu schildern, war schon früher zu beobachten (vgl. 5,29–39; 7,36–50; 11,37–52). Damit war eine Grundsituation im Wirken Jesu aufgenommen, die zugleich als Modell für das Miteinander von Mahlgemeinschaft und Lehre in der Gemeinde zur Zeit des Lukas dienen konnte.[1] Für die Gestaltung dürfte auf den Hellenisten Lukas eine lange kultur- und literargeschichtliche Tradition einwirken. Das Symposion als Rahmen für das Gespräch, von lockerer Unterhaltung bis zum philosophischen Dialog, ist Bestandteil antiker Bildungstradition, die seit Platon und Xenophon nicht abgebrochen war und weite Verbreitung gefunden hatte bis in den Bereich des hellenistischen Judentums hinein, wie das Kernstück des Aristeasbriefes (187–300) zeigt. Dagegen kommt die mischtita, das im jüdischen Bereich gepflegte Gelage, als Vorbild weniger in Frage, da dort das Gespräch zurücktritt.[2] Im lukanischen Symposion ist die Situation kaum dialogisch (nur in V. 15 erfolgt eine Art Zwischenruf), vielmehr folgen Stücke, zumeist Redestücke, aufeinander, die sämtlich in irgendeiner Form mit der Mahlsituation zusammenhängen: eine angesichts des Mahls geschehende Wunderheilung (V. 1–6), zwei Gastmahlregeln, eine für Gäste (V. 7–11) und eine für Gastgeber (V. 12–14), schließlich das Gleichnis von der Einladung zum Mahl (V. 15–24).

a) Die Heilung eines Wassersüchtigen am Sabbat 14,1–6*

(1) Und es geschah, daß er in das Haus eines Obersten der Pharisäer kam, am Sabbat am Mahl teilzunehmen, und sie waren darauf aus, ihn zu belauern.

(2) Und siehe, ein Wassersüchtiger stand vor ihm. (3) Und Jesus antwortete und sprach zu den Gesetzeskundigen und Pharisäern: »Ist es erlaubt, am Sabbat zu heilen, oder

---

[1] Vgl. *J. Ernst*, Gastmahlgespräche: Luk. 14,1–24, in: Die Kirche des Anfangs, Festschr. f. H. Schürmann, Leipzig 1978, 76.

[2] *J. Ernst*, a. a. O., 62.

* Lit.: *E. Lohse*, Jesu Worte über den Sabbat, in: Judentum, Urchristentum, Kirche, Festschr. f. Joach. Jeremias, BZNW 26, Berlin-West 1960, 79–89 – *H. van der Loos*, Miracles, 504–508 – *J. Roloff*, Kerygma, 66f. – *J. Ernst*, Gastmahlgespräche: Luk. 14,1–24, in: Die Kirche des Anfangs, Festschr. f. H. Schürmann, Leipzig 1978, 57–78.

nicht?« (4) Sie aber schwiegen. Und er ergriff ihn, heilte ihn und schickte ihn fort. (5) Und er sprach zu ihnen: »Wem von euch ein Sohn oder ein Ochse in den Brunnen fällt, wird er ihn nicht sofort herausziehen (auch) am Sabbat?« (6) Und sie konnten ihm darauf nicht antworten.

V. 5: Im Logion differiert die Bezeichnung, wem die erlaubte Hilfeleistung am Sabbat gelten darf, erheblich. Genannt werden Esel oder Ochse (ℵ, K, L, it^{var}), Ochse oder Esel (syr^{sin}), Sohn oder Ochse oder Esel (syr^{cur}), Esel, Sohn oder Ochse (Θ, W), Schaf oder Ochse (D), Sohn oder Ochse (A, B, p^{45}, p^{75} und die meisten Zeugen der Koineüberlieferung). Die letztgenannte Lesart wird aus textkritischen Gründen zumeist bevorzugt. Die Zusammenstellung von Kind neben dem Vieh wird mitunter auf das Sabbatgebot Ex. 20,10; Deut. 5,14 zurückgeführt. Die zuerst aufgeführte Lesart erinnert an Deut. 22,4 (Hilfeleistung für das Vieh des Nächsten), die Umkehrung entspricht dem Logion in der anderen Sabbatperikope Luk. 13,15. Die D-Lesart ist wohl von Matth. 12,11 beeinflußt, während die dreigliedrigen Bezeichnungen als Kombinationsversuche anzusehen sind. Über die Textgeschichte hinaus in die Überlieferungsgeschichte greifen Übersetzungsversuche zurück, wie der von *E. Lohse* (a. a. O., 87) im Anschluß an Joach. Jeremias vorgetragene: »Das lukanische Paar *υἱὸς ἢ βοῦς* aber wird durch eine echt orientalische Erweiterung des ursprünglichen Wortspiels b^{e}'ira [Ochse]/bēra [Brunnen] im Verlauf der mündlichen Überlieferung zu b^{e}ra [Sohn], b^{e}'ira, bēra entstanden sein.« Die dabei vorausgesetzte Urgestalt wäre dann durch den in der Frage enthaltenen Schluß vom Geringeren auf das Größere bestimmt. Wie unsicher solche Rückübersetzungsversuche sind, zeigt der von *J. Roloff*, a. a. O., 66, aufgenommene Gegenvorschlag *M. Blacks*, nach dem es sich bei dem in der Lukasversion textkritisch zu Recht enthaltenen *υἱός* um eine Fehlübersetzung der aramäischen Vorlage bar hamra handle, eigentlich also Ochse und Esel gemeint seien; ferner der von *W. Grundmann* in früheren Auflagen des Kommentars erwogene Rückgriff auf »ein altgriechisches *ὄις* = Schaf, aus dem sich sowohl *υἱός* wie *ὄνος* als Abschreibedeutungen wie auch seine Ersetzung durch das gebräuchlichere *πρόβατον* (Matth. 12,11) erklären ließen«.

Wie die anderen Sabbatheilungen Jesu, die bei Lukas berichtet sind, ist die Heilungsgeschichte in ein Apophthegma integriert (vgl. 6,6–11; 13,10–17). Überhaupt fällt auf, daß Lukas, der sonst Dubletten eher vermeidet, eine gewisse Häufung von Sabbatkonflikten aufweist (vgl. außer den genannten noch Luk. 6,1–5). Die Struktur ist geradezu schematisch streng: Situationsbezeichnung (V. 1.2), Frage Jesu (V. 3), statt der Antwort Schweigen der Gegner (V. 4a) und Heilung (V. 4b), als Höhepunkt das zentrale Logion (V. 5), dem das endgültige Schweigen der Gegner folgt (V. 6). An eine Abhängigkeit von Mark. 3,1–6[1] ist dennoch schwerlich zu denken, da wesentliche Motive eigenständig sind (Haus eines Pharisäers statt Synagoge, Wassersucht statt verdorrter Hand) und vor allem das Logion seine eigene Aussage hat. Es ist gewiß nicht angängig, die Sabbatkonflikte auf ein einmaliges Ereignis zurückzuführen. Geht man von der Eigenständigkeit der Überlieferung aus, so liegt es nahe, daß Lukas die Erzählung seinem Sondergut entnommen hat.[2] Für ihn, der als Heidenchrist die Sabbatperikope(n) aufnimmt, könnte der Gedanke der rechten Zuordnung von Gottesdienst und Nächstenliebe wichtig gewesen sein – als Eröffnung eines Mahlgesprächs ein durchaus angemessener Gedanke.

1 Die Einladung, die Jesus zu einem festlichen Mahl, wie es der Sabbatsitte entspricht, erreicht, führt ihn in das Haus eines *τῶν ἀρχόντων (τῶν) Φαρισαίων*. Dieser Einleitungs-

---

[1] So *R. Bultmann*, Synoptische Tradition, 10, 65.

[2] Vereinzelt wird auch an Q-Tradition gedacht, so von *E. Hirsch*, Frühgeschichte II, 134–136, der 14,5 nahe an Matth. 12,11 heranrückt, und *J. Ernst*, a. a. O., 63, für den Matth. 12,9–14 bereits eine Kombination von Q und der Markusvariante darstellt.

vers, bei dem mit starkem redaktionellen Anteil gerechnet werden muß, ordnet das Folgende der Mahlsituation zu und nennt den Sabbat, der das anschließend berichtete Heilungsgeschehen zum Konfliktstoff macht. Auch beim klassischen Symposion gibt es den Gastgeber, der sein Haus zur Verfügung stellt und vom Symposiarchen, der das Mahl leitet, verschieden sein kann.[3] Die Bezeichnung des Einladenden ist unklar, da die Pharisäer streng genommen keine *ἄρχοντες* haben. Der *ἄρχων* kann entweder ein (in diesem Fall pharisäischer) Vorsteher einer Synagoge sein (vgl. 8,41) oder ein Mitglied des Synedriums (vgl. Joh. 3,1). Ausdrücklich wird erwähnt, daß Jesus feindlich beobachtet wird (vgl. 11,53f.).

2 Unter den Leuten, die dem Mahl zuschauen (vgl. zu 5,29; 7,36), befindet sich ein Wassersüchtiger.[4] Er stellt sich vor Jesus hin (*ἔμπροσθεν αὐτοῦ*) und erzwingt so seine und der anderen Gäste Aufmerksamkeit. Daß ein Symposion durch einen ungebetenen Gast gestört wird, begegnet auch in der antiken Literatur (Plutarch, Brutus 34). **3** Das Auftreten des Kranken veranlaßt Jesus zur Frage an die Gesetzeskundigen und Pharisäer (*νομικοί* wie 7,30; 10,25; 11,45f.) nach der Berechtigung zum Heilen am Sabbat, die in scharfer Alternative formuliert ist (vgl. Mark. 3,4; Matth. 12,12; Luk. 6,9). **4** Die Gesetzeslehrer, die die Auskunft geben könnten, daß Heilungen am Sabbat lediglich im Falle vorliegender Lebensgefahr gestattet seien,[5] schweigen still. Es kommt nicht zu einer grundsätzlichen Diskussion. Darauf handelt Jesus aus der ihm eigenen Vollmacht. Er faßt den Kranken an, die Berührung hat heilende Kraft, geheilt läßt er ihn gehen. **5** Dann stellt er erneut eine Frage (vgl. zu Luk. 13,15). In der bei Lukas vorliegenden Gestalt hat sie Probleme der Textkritik und der Rückübersetzung wachgerufen (s. o. unter Textkritik). Der Aussagegehalt ist so zu fassen: Was dem eigenen Sohn oder Tier nicht verwehrt wird, muß jedem Menschen gewährt werden. Jesus formuliert eine *τις ὑμῶν*-Aussage, wie sie für seine Redeweise charakteristisch ist,[6] und knüpft wieder (wie schon in 13,15) an die Praxis an, die im weniger rigoristischen Galiläa das Verhalten bestimmt,[7] und zieht aus ihr die Folgerung: Helfende Güte duldet keine Begrenzung (auch nicht die zeitliche Grenze des ausgesonderten Tages, des Sabbats), sondern ist oberstes Gebot. Jesus handelt als Nächster an dem, der Hilfe bedarf (vgl. Luk. 10,25–37). **6** Die Schlußaussage ist dem Stilcharakter des Streitgesprächs, dem der Heilungsvorgang eingeordnet ist, angemessen (vgl. 13,17a). Seinen Gesprächspartnern ist auf die zentrale Frage keine Antwort möglich.

b) Jesu Gleichniswort an die Gäste 14,7–11*

(7) Er sagte aber zu den Geladenen ein Gleichnis, als er bemerkte, wie sie sich die ersten

---

[3] *J. Ernst*, a. a. O., 74.

[4] *H. van der Loos*, a. a. O., 505, führt Parallelen aus hellenistischer (vita Apoll. I, 9) und frühchristlicher (Acta Pauli 3) Literatur auf.

[5] *E. Lohse*, a. a. O., 81, unter Verweis auf das Material bei Str.-B. I, 622–629.

[6] *J. Roloff*, a. a. O., 66, rechnet sie unter die Merkmale der vox ipsissima.

[7] Dazu auch *E. Lohse*, a. a. O., 88.

* Lit.: *A. Jülicher*, Gleichnisreden II, 246–249, 252–254 – *Joach. Jeremias*, Gleichnisse, 137f. – *H. Kahlefeld*, Gleichnisse II, 59–63 – *J. Ernst*, s. o. zu 14,1–6 – *J. Mánek*, Frucht, 95f.

Plätze auswählten, und sprach zu ihnen: (8) »Wenn du von jemandem zur Hochzeit (zum Festmahl) geladen wirst, so lege dich nicht auf den ersten Platz nieder, damit nicht ein Würdigerer als du von ihm geladen sei, (9) und wenn er kommt, der, der dich und ihn geladen hat, zu dir sagen möchte: Mache diesem Platz! Und du wirst mit Schande den letzten Platz haben. (10) Sondern, wenn du geladen wirst, so gehe hin und laß dich auf den letzten Platz nieder, damit, wenn der kommt, der dich geladen hat, er zu dir sagen möchte: Freund, rücke weiter hinauf! Dann wird dir Ehre zuteil werden vor allen, die mit dir zusammen zu Tisch sind. (11) Denn jeder, der sich selbst erhöht, wird gedemütigt werden, und wer sich selbst demütigt, wird erhöht werden.«

Zur Textgeschichte: In einer Reihe von Handschriften findet sich im Anschluß an das *λύτρον*-Wort bei Matth. 20,28 eine inhaltsgleiche, aber textlich abweichende Gestalt des sonst nur bei Lukas (14,8–10) tradierten Logions. Es wird eingeleitet durch den kaum verständlichen Satz: »Ihr aber sucht vom Kleinen zu wachsen und vom Größeren geringer zu sein ...« Die dann folgende Form der Gästeregel ist eher eine sekundäre Variante zu Luk. 14,8–10 als eine eigenständige Überlieferung.

Das durch die Wunderheilung (14,4) ausgelöste Tischgespräch wird mit zwei Mahnworten fortgesetzt, die nach Thema und Aufbau eng zusammengehören. Beide Redeteile sind SLk zuzurechnen.[1] Das erste richtet sich an die Gäste (V. 7–11), das folgende an die Gastgeber (V. 12–14). Der Aufbau ist vom antithetischen Parallelismus bestimmt: zuerst wird eine negativ formulierte Verhaltensmaßregel geboten (V. 8f.), dann eine dieser entsprechende positive (V. 10); der Schluß wird durch eine wiederum antithetische, mit futurischem Nachsatz ausgezeichnete Gnome (V. 11) gebildet.[2] Obwohl das Stichwort *παραβολή* (V. 7) ein Gleichniswort erwarten läßt, spricht *A. Jülicher* von einer »eigentlichen Rede«, die nur drastisch und nicht abstrakt formuliert ist.[3] *R. Bultmann* hält das Wort für eine »profane und für die Weisheit typische Klugheitsregel ..., daß man sich wundern muß, wie das Stück überhaupt unter die Worte Jesu geraten ist«.[4] Dabei ist an Beispiele gedacht wie Spr. 25,6f.: »Prunke nicht vor dem König und stelle dich nicht auf den Platz der Großen. Denn es ist besser, daß man zu dir sage: Rücke hinauf, als daß man dich erniedrige vor einem Vornehmen.« Dem entsprechen jüdische Tischregeln, wie die des R. Schimon ben Azzai (um 110): »Halte dich fern von deinem Platz (der dir zusteht) zwei oder drei Sitze und warte, bis man dir sagt: Komm herauf! Aber gehe nicht (vorher) hinauf, man möchte zu dir sagen: Steige hinab! Es ist besser, daß man zu dir sage: Komm herauf, als daß man zu dir sage: Steige hinab, steige hinab« (Str.-B. II, 204). Bei einer profanen Einordnung wird jedoch die Eigenart des Schlußwortes verkannt, das nicht nur theologisch ist (Passivum divinum), sondern den Charakter einer eschatologischen Verheißung trägt.[5] Für Lukas ist es eine Regel, die von konkreter Beobachtung ausgeht und im Blick auf Gottes eschatologisches Handeln beispielhafte Bedeutung be-

---

[1] Vgl. *E. Hirsch*, Frühgeschichte II, 137, der das Stück als ein »Gleichnis vom Typ einer leicht allegorisierenden Beispielerzählung mit religiös-moralischer Zuspitzung« charakterisiert, wie sie für diese Quellenschicht kennzeichnend sei. Darüber hinaus möchte er eine Verbindung mit dem nächsten von Lukas aufgenommenen SLk-Stück, der Erzählung von den beiden Söhnen (15,1–3.11–32), sehen (a. a. O., 220f.).

[2] Vom Aufbau her ist zu vergleichen Matth. 6,2–6.16–18.

[3] A. a. O., 252.

[4] Synoptische Tradition, 108.

[5] *M. Dibelius*, Formgeschichte, 249; *Joach. Jeremias*, a. a. O., 137.

kommt. Dabei mag er bei der Aufnahme der Mahlregel auch die Situation des Gemeindemahls vor Augen gehabt haben, wie sie 1. Kor. 11,17–22 geschildert ist.[6]

7 Das erste der beiden miteinander verbundenen Redestücke, die Gästeregel, setzt mit einer eigenen Situationsangabe ein, deren entscheidender Zug aus dem Anfang des nachfolgenden Wortes genommen ist. Jesus wendet sich an die mit ihm geladenen Gäste, deren Verhalten beim Einnehmen der Plätze er beobachtet hat. Dabei knüpft er an die mit der Platzverteilung verbundene Ehrsucht an (Mark. 12,39; Luk. 11,43). Bei der Mahlzeit lag man auf Speisepolstern, die je drei Plätze hatten; jeweils drei Polster bildeten eine Gruppe; der Ehrenplatz (*πρωτοκλισία*) war am Kopfende oder in der Mitte des mittleren Speisepolsters.[7]

8 Die Tischregel entwickelt aus der aktuellen Situation einen allgemeinen Grundsatz. Sie spricht von der Einladung zu *γάμοι*, was hier wohl allgemein Festmahl (vgl. *δειπνῆσαι* in der Seitenüberlieferung Matth. 20,28D) und nicht speziell Hochzeitsmahl heißt. Es ist vorausgesetzt, daß die Gäste sich zunächst selbst den Platz wählen können, der Gastgeber von seinem Recht zur Plazierung erst später Gebrauch macht. So wird geraten, sich nicht auf den ersten Platz niederzulassen, denn es könnte einer geladen sein, der für den Gastgeber in noch höherem Ansehen steht. **9** Die Motivation hält sich im Rahmen des Praktischen: nur die kluge Zurückhaltung bewahrt vor Beschämung, die mit einer Aufforderung zur Räumung des bereits eingenommenen Platzes verbunden wäre. **10** Sie ermöglicht aber auch, so wird in dem an Spr. 25,7 anklingenden antithetisch geformten parallelen Satz gesagt, die Ehrung vor allen Gästen. Diese besteht darin, daß man auf den Ehrenplatz gebeten wird, der zur Rechten des Hausvaters ist. **11** Das Schlußwort macht die rein profan erscheinende Gästeregel zu einem Hinweis auf die letzte Entscheidung, enthüllt damit den beispielhaften Charakter der Gastmahlssituation. Die passive Verbalform umschreibt den Namen Gottes, der den Menschen seinen Platz anweist. Dieses grundsätzliche Wort – antithetischer Parallelismus mit Futur der notwendigen Folge – begegnet auch in anderem Zusammenhang (Luk. 18,14; vgl. Matth. 18,4; 1. Petr. 5,5; Jak. 4,6). Es spricht die eschatologische Umkehr aller Verhältnisse an, durch die die Mahnung zur Demut ihre theologische Qualität erhält.

c) Jesu Wort an die Gastgeber 14,12–14*

(12) Er sagte aber auch zu dem, der ihn eingeladen hatte: »Wenn du ein Frühstück oder ein Abendmahl gibst, dann rufe nicht deine Freunde, auch nicht deine Brüder, auch nicht deine Verwandten, auch nicht reiche Nachbarn, damit sie dich nicht ihrerseits wieder einladen und dir Vergeltung werde. (13) Sondern, wenn du ein Gastmahl gibst, rufe Arme, Krüppel, Lahme, Blinde, (14) und du wirst selig sein, denn sie haben nicht, dir zu vergelten. Es wird dir aber vergolten werden in der Auferstehung der Gerechten.

[6] *J. Ernst*, a. a. O., 71.
[7] Str.-B. IV, 618.

* Lit.: *A. Jülicher*, Gleichnisreden II, 249–252 – *H. Kahlefeld*, Gleichnisse II, 91–95 – *J. Ernst*, s. o. zu 14,1–6.

An die Gästeregel schließt sich das Wort an den Gastgeber an, das gleichfalls den Charakter einer Regel hat. Beide Stücke gehören nicht nur sachlich, sondern auch traditionsgeschichtlich zusammen. Die Gastgeberregel ist gleichfalls lukanisches Sondergut, auch sie ist antithetisch parallel aufgebaut. Sie führt nach knapper Einleitung von einer negativen (V. 12) über eine positive Mahnung (V. 13) zu einer eschatologischen Schlußaussage (V. 14). Wahrscheinlich ist die Gastgeberregel analog zur Gästeregel gestaltet.[1] *R. Bultmann* hält das Wort für ein spezifisch jüdisches Stück, das »mehr der Ressentimentstimmung etwa der letzten Kapitel des äthiopischen Henoch als der Verkündigung Jesu« entspricht.[2] Doch wäre mit *A. Schlatter* darauf zu verweisen, daß gerade bei den Tischgesprächen der Unterschied Jesu zum Pharisäat zum Ausdruck kommt; er liegt nicht so sehr in der Lehre, sondern im Verhalten: der Sabbat darf nicht die Hilfe verdrängen, der Griff nach der Ehre wird von Gott verworfen; und nun wendet sich Jesus dagegen, daß die Erwartung der Vergeltung die Liebe einengt, weil sie dadurch denen vorenthalten wird, die ihrer am meisten bedürfen.[3]

12 Ein neues Jesuswort folgt nach einer kurzen Einleitung; bei den Tischgesprächen hat nahezu ausschließlich er das Wort. Werktäglich kannten die Juden zwei Mahlzeiten, ein einfaches Frühstück in den Vormittagsstunden und die Hauptmahlzeit in den späteren Nachmittagsstunden. Die Formulierung *ἄριστον ἢ δεῖπνον* kann sich darauf beziehen. Der Sabbat hat noch ein drittes Mahl, das im Anschluß an den Sabbatgottesdienst gehalten wird. Da das lukanische Symposion am Sabbat gedacht ist (14,1), könnte mit *ἄριστον* auch dieses Sabbatmahl gemeint sein. Wenn der Gastgeber, wie das der Brauch ist, dazu seine Freunde, seine Brüder und Verwandten, seine reichen Nachbarn einlädt, bleibt er unter seinesgleichen. Die Antwort auf solche Tischgemeinschaft ist die Gegeneinladung. Die darin bestehende Vergeltung (*ἀνταπόδομα*) ist ohne Bedeutung für das ewige Geschick des Menschen (vgl. Matth. 6,1–6.16–18). **13** Statt in dem Kreislauf von Geben und Nehmen zu bleiben, soll der Gastgeber die bedenken, die man normalerweise von einer *δοχή* (darin sind die beiden V. 12 genannten Mahlzeiten zusammengefaßt) fernhält. Entsprechend den vier bevorzugten Gruppen in der parallelen Aussage werden auch hier vier Arten von Gästen genannt: die Armen, die Krüppel und Lahmen und Blinden.[4] Nach 2. Sam. 5,8 LXX (*τυφλοὶ καὶ χωλοὶ οὐκ εἰσελεύσονται εἰς οἶκον κυρίου*) haben Blinde und Lahme keinen Zutritt zum Tempel. – Für die beratende Versammlung von Qumran gilt: »Jeder, der an seinem Fleisch getroffen ist, gelähmt an Füßen oder Händen, hinkend oder blind oder taub oder stumm oder mit einem Makel an seinem Fleisch behaftet . . ., diese dürfen nicht hineinkommen« (1QSa II,5–8). Erst auf diesem Hintergrund bekommt Jesu Wort seine volle Bedeutung. Die Menschen, die aus Tempel und Ratsversammlungen ausgeschlossen sind, erfahren durch Jesus Hilfe und Heilung. Sie einzuladen bringt dem

---

[1] *J. Ernst*, a. a. O., 63, Anm. 37.

[2] Synoptische Tradition, 108.

[3] *A. Schlatter*, Komm., 334f.

[4] Diese Entsprechung widerrät einer Streichung der drei Letztgenannten (als aus 14,21 nachträglich eingedrungen), wie sie *E. Hirsch*, Frühgeschichte II, 137, vorschlägt. In diesem Falle würde Jesu Wort unmittelbar neben der rabbinischen Regel stehen: »Dein Haus sei weithin geöffnet, Arme seien deine Hausgenossen« (Jose ben Jochanan, 140 v. Chr.) Abot I,5. Die neutestamentliche Stelle bekommt gerade durch die Nennung der drei Gruppen ihre besondere Spitze.

Gastgeber eschatologischen Lohn. **14** Was denen geschieht, die keine Möglichkeit der Vergeltung haben, ist Liebe, die vom Eigennutz frei ist. Hier gilt die Verheißung *μακάριος ἔσῃ*, der die mit *ὅτι* eingeleitete Begründung nachgestellt ist (vgl. 6,20ff.). Entsprechend einer jüdischen Tendenz, die Auferstehung auf die Gerechten zu beschränken, wird hier von der *ἀνάστασις τῶν δικαίων* gesprochen. Man sieht hier einen Beleg für die urchristliche Anschauung, die eine Auferstehung der Frommen und die Auferstehung aller Toten zum Gericht zeitlich und sachlich unterscheidet.[5] Daß hier von den Gerechten die Rede ist, kann als Kontrast zu 13,27 gewertet werden. Den Taten der Liebe gilt die Teilhabe an der eschatologischen Vollendung.

d) Gleichnis von der Einladung zum Abendmahl 14,15–24; Matth. 22,1–14*

(15) Als aber einer der Tischgäste dieses hörte, sprach er zu ihm: »Selig der, der Brot ißt (am Mahl teilnimmt) in der Königsherrschaft Gottes.«

(16) Er aber sprach zu ihm: »Ein Mensch veranstaltete ein großes Gastmahl und lud viele ein. (17) Und er schickte seinen Knecht zur Stunde des Mahls, um den Geladenen zu sagen: Kommt, denn es ist schon bereit. (18) Und sie begannen auf einmal alle sich zu entschuldigen. Der erste sagte ihm: Einen Acker habe ich gekauft, und ich muß hinausgehen, ihn zu besehen. Ich bitte dich, halte mich für entschuldigt. (19) Und ein anderer sagte: Fünf Joch Ochsen habe ich gekauft, und ich bin unterwegs, sie zu prüfen. Ich bitte dich, halte mich für entschuldigt. (20) Und ein anderer sagte: Eine Frau habe ich geheiratet, und darum kann ich nicht kommen. (21) Und der Knecht kam und meldete dies seinem Herrn. Darauf wurde der Hausherr zornig und sprach zu seinem Knecht: Gehe eilends heraus auf die Plätze und Gassen der Stadt und führe die Armen und Krüppel und Blinden und Lahmen hier herein. (22) Und der Knecht sagte: Herr, es ist geschehen, was du geboten hast, und es ist noch Platz. (23) Und der Herr sagte zu dem Knecht: Gehe hinaus an die Wege und Zäune und nötige hereinzukommen, damit mein Haus voll werde. (24) Ich sage euch aber: Keiner jener Männer, die eingeladen wurden, wird von meinem Mahl kosten.«

V. 15: Es lesen *ἄριστον* statt *ἄρτον* syr$^{sin\ cur}$, die Ferrargruppe (f 13), W und die Zeugen des Koinetextes, vielleicht in Angleichung an V. 12. – V. 24: In einigen Handschriften (G, H u. a.) findet sich als Abschluß noch die Sentenz: »Viele nämlich sind berufen, aber wenige auserwählt«, die aus der Parallele Matth. 22,14 hier eingedrungen ist.

Der Gesprächscharakter des großen Symposions tritt ganz deutlich nur am Anfang dieser Perikope in Erscheinung, wo ein Teilnehmer des Gastmahls eine Seligpreisung ausspricht und Jesus dann mit einem Gleichnis auf diese Einrede antwortet. An sich wäre es denk-

[5] *A. Jülicher*, a. a. O., 251.

* Lit.: *A. Jülicher*, Gleichnisreden II, 407–433 – *Joach. Jeremias*, Gleichnisse 33–36, 51–54 – *E. Linnemann*, Überlegungen zur Parabel zum großen Abendmahl Lc. 14,15–24/Mt. 22,1–14, ZNW 51, 1960, 246–255 – *W. Trilling*, Zur Überlieferungsgeschichte des Gleichnisses vom Hochzeitsmahl, BZ 4, 1960, 251–265 – *H. Kahlefeld*, Gleichnisse I, 82–92 – *E. Haenchen*, Das Gleichnis vom großen Mahl, in: Die Bibel und wir, Tübingen 1968, 135–155 – *F. Hahn*, Das Gleichnis von der Einladung zum Festmahl, in: Verborum Veritas, Festschr. f. G. Stählin, Wuppertal 1970, 51–82 – *A. Vögtle*, Die Einladung zum großen Gastmahl und zum königlichen Hochzeitsmahl, in: Das Evangelium und die Evangelien, Düsseldorf 1971, 171–218 – *S. Schulz*, Spruchquelle, 391–403 – *J. Wanke*, Beobachtungen zum Eucharistieverständnis des Lukas, EThSt 8, Leipzig 1973, 57–59 – *J. Mánek*, Frucht, 60–64 – *H. Weder*, Gleichnisse Jesu als Metaphern, 177–193 – *J. Ernst*, s. o. zu 14,1–6, 71–74.

bar, daß Makarismus und Parabel ursprünglich zusammengehören.[1] Man könnte auf 11,27f. verweisen, wo ein in Gegenwart Jesu gesprochenes Heilwort eine Korrektur (durch ein Logion) erfährt. Die von der Stilanalyse her naheliegende Annahme, Lukas habe dem überlieferten Makarismus eine neue Einleitung geschaffen,[2] trägt der Beobachtung nicht genügend Rechnung, daß gerade der Inhalt der Seligpreisung (Teilnahme am himmlischen Mahl) mit dem Kontext nach rückwärts (Vergeltung bei der Totenauferstehung) und vorwärts (Einladung zum Mahl) zusammenpaßt. Auf jeden Fall wird durch den Makarismus sichergestellt, daß Lukas das Mahlgleichnis als Beschreibung der *βασιλεῖα τοῦ θεοῦ* verstanden wissen wollte.[3]

Das Gleichnis vom großen Abendmahl hat eine Parallele im Gleichnis von der königlichen Hochzeit Matth. 22,1–14. Bei einem inhaltlichen Vergleich ergeben sich folgende Übereinstimmungen: jemand veranstaltet ein festliches Mahl; er schickt aus, um die Geladenen zum Mahl zu bitten; die Einladenden lehnen mit verschiedenen Begründungen ab; der Mahlherr wird zornig, er sendet noch einmal aus mit dem Auftrag, neue Gäste von den Straßen hereinzuholen; sie kommen, und das Haus wird voll. Zu dieser gemeinsamen inhaltlichen Basis treten übereinstimmende Formulierungen, vor allem zwischen Luk. 14,16f. und Matth. 22,2f. sowie Luk. 14,21 und Matth. 22,8–10. Die genannten Beobachtungen reichen aus, um eine gemeinsame in Q gegebene Grundlage anzunehmen, die von beiden Evangelisten in unterschiedlichem Maße bearbeitet wurde. Weitgehende Übereinstimmung besteht auch darüber, daß traditionsgeschichtlich die Lukasfassung der ursprünglichen Gestalt des Gleichnisses nähersteht.[4] Als sekundärer lukanischer Zusatz gilt vor allem die dritte Einladung und damit die Doppelung der Ersatzgäste V. 22f.[5] Das so aus V. 16b–21.24 rekonstruierbare Urgleichnis weist ganz und gar in die Situation Jesu zurück. Die Zielrichtung kann verschieden aufgefaßt werden, je nachdem ob man den Schwerpunkt bei den Erstgeladenen oder den Zweitgeladenen sieht. Man kann es als ein an die Adresse Israels gerichtetes Drohwort verstehen, um den Ernst der Stunde und die jetzt fallende Entscheidung ins Bewußtsein zu bringen,[6] oder in ihm eine Deutung des Wirkens Jesu, wie es sich im Essen mit Pharisäern, Zöllnern und Sündern darstellt (vgl. Mark. 2,17; Luk. 7,34), als Antizipation der als Festmahl vorgestellten Königsherrschaft Gottes sehen.[7]

Die Annahme, daß Jesus die Parabel im Anschluß an eine rabbinische Beispielgeschichte erzählt habe, wie sie jer. Sanh. 23d = jer. Chag. 77d überliefert wird,[8] ist von *W. Salm* vertreten worden.[9] Dort wird vom Zöllner Bar Ma'jan berichtet, der ein Fest-

---

[1] *E. Linnemann*, a. a. O., 255.
[2] *S. Schulz*, a. a. O., 391.
[3] *E. Haenchen*, a. a. O., 144; *H. Weder*, a. a. O., 178. Etwas anders *E. Hirsch*, Frühgeschichte II, 138, der in V. 15 eine Komposition des Lukas sieht, in V. 12–14 die Einleitung des Gleichnisses in Q.
[4] Vgl. *W. Trilling*, a. a. O., 251, im Zusammenhang mit seiner Analyse der Matthäusfassung.
[5] *Joach. Jeremias*, a. a. O., 34; *A. Vögtle*, a. a. O., 195; *G. Schneider*, Komm., 218; *H. Weder*, a. a. O., 184. Anders *E. Linnemann*, die a. a. O., 252, gerade darin das Zentrum der Erzählung als »eines Schelmenstücks« sieht.
[6] So *A. Vögtle*, a. a. O., bes. 195f.
[7] So *F. Hahn*, a. a. O., 54f. 69.
[8] Vgl. Str.-B. II, 231f.
[9] Beiträge zur Gleichnisforschung, Diss. Göttingen 1958, 144–150.

mahl für die Ratsherren bereitet. Diese kommen nicht, da sagt er: Die Armen sollen kommen und es verzehren, damit es nicht umkomme. Der Bericht sieht darin das einzige Verdienst des Zöllners in seinem ganzen Leben; damit er dies vergolten bekommt, erhält er ein prächtiges Begräbnis und kann nach dem Tode voll abgestraft werden. Genau besehen gibt es nur ein gemeinsames Motiv, nämlich jenes, daß das von den Erstgeladenen verschmähte Festmahl den Armen überlassen wird, was dort nur einen Nebenzug darstellt. Eine Berührung ergibt sich allenfalls durch die redaktionelle Verbindung mit V. 13, wodurch die Formulierung von V. 21 beeinflußt sein dürfte.

Entscheidender Zug der lukanischen Fortschreibung ist die Übertragung des Gleichnisses von der vorösterlichen Situation in die Situation der missionierenden Kirche. Er hat bei der erneuten Einladung, die denen an den Wegen und Zäunen gilt, an die Heiden gedacht. Damit kommt ein allegorisierender Zug in die Parabel: die judenchristliche Gemeinde aus den verachteten »Armen«, was zur Selbstbezeichnung der Gemeinde geworden war, wird unterschieden von der heidenchristlichen Gemeinde, in der Lukas selbst steht und deren Mission er in der Apostelgeschichte beschreibt.

Das Schlußwort, von Lukas als Kommentarwort des gleichniserzählenden Jesus angefügt, macht deutlich, daß es sich beim Abendmahl um das Mahl der Heilszeit handelt, dessen Mahlherr Jesus selbst ist (»mein Abendmahl«), beinhaltet aber nicht den Ausschluß ganz Israels (zu dem auch die in V. 21 Gemeinten gehören), sondern nur der Erstgeladenen, deren Gewißheit, an der Auferstehung der Gerechten (V. 14), am himmlischen Mahl (V. 15) teilzuhaben, es radikal bestreitet.

Eine dritte Version der Parabel, enthalten im Thomasevangelium (Nr. 65), setzt die beiden synoptischen Fassungen voraus, steht aber der lukanischen näher. Es lautet: »Jesus sprach: Ein Mann hatte Gäste, und als er das Abendessen bereitet hatte, sandte er seinen Knecht, daß er die Gäste riefe. Er kam zu dem ersten und sprach zu ihm: Mein Herr ruft dich. Er sprach: Ich habe Geld für Kaufleute; sie kommen zu mir am Abend; ich werde gehen und ihnen Aufträge geben; ich sage das Abendessen ab. Er kam zu einem anderen und sprach zu ihm: Mein Herr ruft dich. Er sprach zu ihm: Ich kaufe ein Haus, und sie bitten mich einen Tag; ich werde keine Muße haben. Er kam zu einem anderen und sprach zu ihm: Mein Herr ruft dich. Er sprach zu ihm: Mein Freund wird Hochzeit halten, und ich werde das Hochzeitsmahl ausrichten; ich werde nicht kommen können; ich sage das Abendessen ab. Er kam zu einem anderen und sprach zu ihm: Mein Herr ruft dich. Er sprach zu ihm: Ich kaufte ein Dorf; ich gehe die Pacht zu holen; ich werde nicht kommen können. Ich sage ab. Der Knecht kam (zurück) und sagte seinem Herrn: Die, die du zum Abendessen riefst, sagten ab. Der Herr sprach zu seinem Knechte: Gehe hinaus auf die Wege; bringe die, die du finden wirst, damit sie das Abendessen halten; die Käufer und die Kauf(-leute werden) nicht hineinkommen in die Plätze meines Vaters.«[10] Hier finden sich keine christologischen oder heilsgeschichtlichen Züge, es ist alles fortgefallen, was unverständlich oder im Sinne der Neudeutung unbrauchbar war. Statt dessen hat sich das Schwergewicht zu den Entschuldigungen verlagert. Gezeigt werden soll, daß Besitz und weltliche Bindungen daran hindern, dem Rufe des (göttlichen) Gastgebers zu folgen und Gnostiker zu werden.

---

[10] Übersetzung nach *Joh. Leipoldt* und *H.-M. Schenke.*

15 Die auf die Auferstehung der Gerechten hinweisenden Worte Jesu veranlassen einen der Mahlgäste, die Teilnehmer am Freudenmahl im Reich Gottes seligzupreisen. Der Makarismus läßt erkennen, daß die Vorstellung vom eschatologischen Mahl zum festen Bestand der Zukunftserwartung gehört (vgl. auch 13,28f.; Mark. 14,25). **16** Jesus knüpft also an Bekanntes an, wenn er dieses Bild aufnimmt. Jedoch beschreibt er nicht das Festmahl, sondern spricht von der Einladung und vom Verhalten der Eingeladenen. Damit verlagert sich das Schwergewicht von der (eschatologischen) Zukunft in die Gegenwart.[11] **17** Setzt man die palästinensische Mahlsitte voraus,[12] so bedeutet die Entsendung des Knechtes, daß eine Voreinladung bereits ergangen war und nun den Gästen die unmittelbar bevorstehende Stunde des Mahles angesagt wird. Dadurch wird der Charakter der Dringlichkeit unterstrichen. **18** In diesem Augenblick fangen die Geladenen an sich zu entschuldigen. Ihre Antworten sind wohl nach dem Prinzip der Steigerung des Wertes – Acker, Vieh, junge Ehefrau – aufgebaut.[13] Daß sie »nicht als endgültige Absage, sondern nur als Entschuldigung für ein späteres Kommen gedacht sind«,[14] geht aus dem Text nicht hervor und scheitert an der letzten Antwort. Der erste entschuldigt sich mit dem Kauf eines Ackers, der besichtigt werden muß. **19** Ein anderer – das zweimalige artikellose *ἕτερος* V. 19.20 zeigt, daß Beispiele gegeben werden – entschuldigt sich mit dem Kauf von fünf Joch Zugochsen, die auf ihre Tauglichkeit überprüft werden müssen.[15] **20** Im dritten Fall ist der Entschuldigungsgrund die Hochzeit.[16] Das dem semitischen Perfekt entsprechende *ἔγημα* bezeichnet die abgeschlossene Handlung. Hier unterbleibt die Entschuldigung, der Eingeladene erklärt, er könne nicht kommen (Steigerung?). **21** Die Mitteilung an den Hausherrn löst dessen Zorn aus. Er gibt Weisung, von den Plätzen und Gassen der Stadt auch die hereinzuholen, deren gesellschaftlicher Rang und deren religiöse Einstufung (vgl. auch V. 13) sie von einem Gastmahl fernbleiben läßt. Daß die Nennung den in V. 13 aufgeführten Gruppen entspricht, könnte eine von Lukas vorgenommene Angleichung sein, rechtfertigt jedoch keineswegs eine Streichung der ersten Einladung überhaupt.[17] Vielmehr liegt eine Selbstinterpretation der Geschichte Jesu zugrunde, der sich zu denen »draußen« gesandt wußte (vgl. Mark. 2,17).

22 Traditionsgeschichtlich setzt in oder mit diesem Vers die Erweiterung an. Die erste Vershälfte wäre als Abschluß des ursprünglichen Gleichnisses (dem dann noch V. 24 folgen könnte) gut vorstellbar. Die Anrede *κύριε* nimmt die Bezeichnung des Gastgebers als Kyrios V. 21 auf (vgl. noch V. 23) und zeigt, daß der Hausherr unmerklich zum Kyrios geworden ist.[18] Daß im Festsaal noch Platz ist, schafft die Voraussetzung für die

[11] *J. Mánek*, a. a. O., 61: »Gegenüber dem Menschen, der vom Reich-Gottes-Mahl in der Zukunft sprach, betont also die Lukasfassung des Gleichnisses, das Reich Gottes hebe schon in der Gegenwart an.«

[12] Midr. Klagl. 4,2: (in Jerusalem) ging keiner zum Gastmahl, bevor er nicht zweimal gerufen war (Str.-B. I, 880).

[13] *F. Hahn*, a. a. O., 55.

[14] So *E. Linnemann*, a. a. O., 250.

[15] *E. Haenchen*, a. a. O., 144, verweist darauf, daß jemand, der fünf Joch Ochsen benötigt, über eine Bodenfläche verfügen muß, die ihn zum Großgrundbesitzer macht.

[16] Die gegen die Ursprünglichkeit des Verses vorgebrachten Gründe von *E. Linnemann*, a. a. O., 252, überzeugen nicht.

[17] So *E. Hirsch*, Frühgeschichte II, 141.

[18] Vgl. *J. Wanke*, a. a. O., 58.

erneute Einladung. **23** Noch einmal wird der Knecht ausgesandt, um Leute von den Landstraßen und den Umfriedungen der Häuser und Weinberge hereinzuholen. Die Weisung *ἀνάγκασον εἰσελθεῖν* ist in orientalischen Verhältnissen begründet. Der überraschend Eingeladene sträubt sich (aus Schicklichkeit) und läßt sich nötigen. Es könnte freilich ausgedrückt sein, daß den »Zaungästen« keine andere Wahl bleibt, weil ihr Platz beim Festmahl vom göttlichen Gastgeber von vornherein vorgesehen war.[19] Eine darin erkennbare allegorisierende Tendenz entspräche dem Charakter der Erweiterung. Lukas hat bei der Einladung an die missionierende Tätigkeit der Gemeinde wohl auch an den Übergang zur Heidenmission gedacht. Jesu Geschichte setzt sich in der Gemeinde fort: ihre Mission führt seine Einladung weiter. Wenn hier keine Rückmeldung des Knechts erfolgt, so kann dies als Hinweis darauf verstanden werden, daß dieser Auftrag noch nicht ausgeführt ist. **24** Das Schlußwort ist ein dem Mahlherrn in den Mund gelegtes abschließendes Wort Jesu (vgl. 11,8; 15,7.10; 16,9). Mit ihm wendet er sich an seine Hörer, nicht nur an den Knecht; daher wird es durch *λέγω ὑμῖν* eingeleitet. Es greift über die Bildhälfte zur Sachhälfte hinüber. Die Erstgeladenen, die die Einladung ausschlugen (d. h. die Gesetzeslehrer und Pharisäer; vgl. 7,29), werden nicht einmal eine Kostprobe des Festmahls bekommen.

4. Bedingungen der Jüngerschaft
14,25–35; Matth. 10,37f.; vgl. Matth. 5,13; Mark. 9,50*

(25) Es reisten mit ihm (oder: versammelten sich bei ihm) große Volksmengen, und er wandte sich und sprach zu ihnen: (26) »Wenn jemand zu mir kommt und haßt nicht seinen Vater und die Mutter und die Frau und die Kinder und die Brüder und die Schwestern, dazu auch noch seine eigene Seele, der kann nicht mein Jünger sein. (27) Wer nicht sein Kreuz trägt und mir nachfolgt, der kann nicht mein Jünger sein.

(28) Wer von euch, der einen Turm bauen will, setzt sich nicht zuerst hin und berechnet die Kosten, ob er (genug) hat zur Ausführung? (29) Damit nicht, wenn er das Fundament gelegt hat und er es nicht vollenden kann, alle, die zuschauen, anfangen, ihn zu verspotten, (30) und sagen: Dieser Mensch begann zu bauen und vermochte nicht zu vollenden. (31) Oder welcher König, der auszieht, um mit einem anderen Könige Krieg zu führen, setzt sich nicht zuerst hin und berät, ob er imstande ist, mit zehntausend (Mann) zu begegnen dem, der mit zwanzigtausend gegen ihn anrückt? (32) Wenn aber nicht, schickt er, wenn er noch fern ist, eine Gesandtschaft und bittet um Frieden. (33) So kann nun keiner von euch, der nicht den Abschied gibt allen seinen Besitztümern, mein Jünger sein.

(34) Gut nun ist das Salz. Wenn aber das Salz dumpf wird, womit soll gewürzt werden? (35) Weder für das Land noch für den Mist ist es geeignet. Hinaus wirft man es. Wer Ohren hat zu hören, soll hören!«

[19] So *J. Ernst*, a. a. O., 73.

* Lit.: *A. Jülicher*, Gleichnisreden II, 67–79, 202–214 – *E. Dinkler*, Jesu Wort vom Kreuztragen, in: Neutestamentliche Studien f. R. Bultmann, BZNW 21, Berlin-West 1954, 110–129 = Signum crucis, Tübingen 1967, 77–98 – *Joach. Jeremias*, Gleichnisse, 140f. – *J. Blinzler*, Selbstprüfung als Voraussetzung der Nachfolge, Bibel und Liturgie 37, 1963/64, 288–299 – *H. Kahlefeld*, Gleichnisse I, 126–232 – *S. Schulz*, Spruchquelle, 430–433, 446–449, 470–474 – *J. Mánek*, Frucht, 97f.

Mit dem Gleichnis von der Einladung zum großen Festmahl ist das lukanische Symposion zu Ende. Die Zusammenstellung von Jesusworten, die dem nächsten größeren Sinnabschnitt vorangehen, hat als Adressaten die Jesus umgebende Volksmenge. Auf das Mahl im Pharisäerhaus folgt die Anrede an die Leute von draußen, die fast als ein erweiterter Jüngerkreis angesprochen werden. *J. Wellhausen* hat beobachtet, daß hier Gedanken ausgedrückt sind, wie sie Matthäus in der Fortführung des Gleichnisses vom großen Abendmahl in der Gestalt des Mannes ohne hochzeitliches Kleid anklingen läßt.[1] Stand das Gleichnis vom Festmahl im Zeichen der Einladung und der verschiedenartigen Reaktion darauf, so ist jetzt (antithetisch dazu) von den Bedingungen die Rede, wie sie für die Nachfolge und damit für den Eintritt in das Reich Gottes gegeben sein müssen. Da sowohl äußere wie innere Verknüpfungen mit dem Vorhergehenden zu beobachten sind, bilden diese Worte eine Art Epilog zum Symposion.

Sie sind dreifach gegliedert. Zuerst begegnet ein Doppelspruch, der auch in Matth. 10,37f., wenn auch etwas anders gefaßt, überliefert ist und dessen zweiter Teil sich mit Mark. 8,34; Luk. 9,23; Matth. 16,24 berührt. Die Zusammenfügung und die vorliegende Gestalt beider Sprüche erscheint durch die Q-Vorlage bestimmt; ursprünglich dürften sie einmal selbständig gewesen sein.[2]

Der zweite Teil, ein *Doppelgleichnis*, findet sich nur bei Lukas. Es könnte als Folgerung aus 14,26f. begriffen werden; doch spricht es nicht von Selbstpreisgabe, sondern von Selbstprüfung. V. 33 erscheint wie ein Verbindungsstück, das zu 14,26 zurücklenkt. Das alles deutet darauf, daß das Doppelgleichnis aus SLk stammt und von Lukas mit V. 26f. verbunden wurde.

Das dritte der Worte, das vom Salz, steht der Formulierung nach zwischen Mark. 9,50 und Matth. 5,13. Es könnte aus Q stammen und in seiner lukanischen Gestalt von der Markusfassung beeinflußt sein. Durch den lukanischen Kontext wird jedoch eine neue Beziehung hergestellt. So ist das Ganze zu einer Rede von den Bedingungen echter Jüngerschaft geworden, gerichtet an jene Menge, an die der Ruf Jesu ergeht und aus der er seine Nachfolger gewinnt.

25 Ohne die Beendigung des Sabbatmahles zu erwähnen, setzt Lukas neu ein, indem er vom Zusammensein oder vom Zusammenkommen (*συμπορεύεσθαι* kann beides bedeuten) großer Volksmengen mit Jesus spricht. Den ihn Umgebenden sagt Jesus, was er von denen fordert, die zu ihm kommen; ihnen hält er die harten Anforderungen der Jüngernachfolge entgegen. **26** Für das Verständnis des ersten Nachfolgespruches ist die Bedeutung von *μισεῖν* entscheidend. Die dem Logion zugrunde liegende semitische Denk- und Sprechweise bevorzugt konträre Gegensätze, die keine Zwischentöne zulassen, wie Licht und Finsternis, Wahrheit und Lüge, Liebe und Haß. Dadurch wird der Entscheidungscharakter verstärkt. Dabei ist das Hassen keineswegs emotional gefärbt. Matthäus bietet in der Parallelüberlieferung (10,37) *φιλεῖν ὑπέρ*; daraus und aus dem Vergleich mit Luk. 16,13; Matth. 6,24 ergibt sich als Grundbedeutung: hintansetzen (als Gegensatz zu vorziehen). Jesu Wort fordert, daß der Jünger alles gegenüber der Bindung an ihn hintansetzt. Das darin ausgesprochene Verständnis der Nachfolge steht Luk. 9,57ff. nahe. Die

[1] *J. Wellhausen*, Komm. z. St.
[2] *S. Schulz*, a. a. O., 447.

Lukasfassung zählt pedantisch alle personalen Bindungen auf, in denen ein Mensch steht, und fügt noch ergänzend das eigene Leben hinzu. Die Formulierung *οὐ δύναται εἶναί μου μαθητής* ist gegenüber Matthäus ursprünglich.

Das Jesuslogion findet sich im Thomasevangelium, und zwar sogar zweimal: sein (asketisch verstandener) Radikalismus lag der Gedankenwelt der Tradenten nahe. Die eine Fassung (Nr. 98) ist textlich verderbt und in ihrem Sinn nicht voll durchschaubar: »Wer seinen Vater und seine Mutter nicht hassen wird wie ich, wird mir nicht Jünger sein können. Und wer seinen (Vater und) seine Mutter (nicht) lieben wird, wie ich, wird mir nicht Jünger sein können.« Die zweite Fassung (Nr. 56) rückt nahe an Lukas heran: »Jesus sprach: Wer nicht seinen Vater und seine Mutter hassen wird, wird mir nicht Jünger sein können; und (wenn er nicht) seine Brüder und seinen Schwestern haßt und sein Kreuz trägt wie ich, wird er meiner nicht würdig werden.«

27 Im Zusammenhang mit der vom Jünger geforderten Entschlossenheit wird das Bild vom Kreuztragen verwendet. Das Wort hat den gleichen Schluß wie das vorangegangene Logion. Lukas hat in der Formulierung die Q-Überlieferung besser erhalten.[3] In seiner ursprünglichen, wohl auf Jesus selbst zurückgehenden Gestalt spricht er von der völligen Hingabe an Gott, die von keiner irdischen Bindung beeinträchtigt werden darf.[4] Das *ἑαυτοῦ* hinter *τὸν σταυρόν* zeigt, daß ursprünglich nicht an die Kreuzigung Jesu gedacht war. Die Forderung letzter Entschlossenheit wird von Rabbinen wie von philosophischen Lehrern ebenfalls erhoben. Lev. rabba 19,1: »Wenn ein Mensch nicht unbarmherzig wird gegenüber seinem Körper und gegen seinen Sohn und gegen sein Haus, ist er der Worte des Gesetzes nicht würdig.« Epictet, Diss. III, 15,10–12: »Meinst du, du könntest der Philosophie obliegen und noch immer dasselbe tun, was du jetzt tust? Meinst du, du könntest noch ebenso trinken, noch ebenso im Zorn entbrennen, noch gleichermaßen verdrießlich und mürrisch sein? Nächte mußt du durchwachen, mußt Gelüste überwinden, mußt von deinen Verwandten und Bekannten wegreisen, mußt dich von deinem Diener verachten lassen, von den Leuten auf den Straßen auslachen lassen, in allem den kürzeren ziehen, in Ehrenstellen, in Rang und Würden, vor Gericht.« Freilich geschieht dies einer abstrakten Größe zuliebe (Thora, Philosophie), nicht in der Nachfolge einer Person!

28 Wenn Epictet dann fortfährt: »Darüber denke nach, und es wenn es dir dann gut erscheint, so gehe ans Geschäft«, so kommt es der Gedankenverbindung nahe, die Lukas durch die Anfügung des Doppelgleichnisses an dieser Stelle geschaffen hat. Vor unüberlegtem Eintritt in die Jüngerschaft Jesu, die so totale Anforderungen stellt, wird gewarnt. Die beiden sinngleichen Stücke veranschaulichen zunächst eine Klugheitsregel: wer vor Schaden bewahrt bleiben will, muß beim Beginn eines Vorhabens seine Kräfte richtig einschätzen. Das erste Beispiel ist dem Leben eines kleinen Bauern entnommen, der einen Turm in seinen Weinberg oder ein Wirtschaftsgebäude[5] bauen will. Er überschlägt vorher die Kosten, ob seine Mittel wohl bis zur Vollendung ausreichen. **29** Tut er das nicht, so käme er in Gefahr, den Bau unvollendet stehenzulassen und verspottet zu wer-

---

[3] Eine Ausnahme ist das lukanische *βαστάζειν* statt des ursprünglichen *λαμβάνειν*; *E. Dinkler*, a. a. O., 79, 92; *S. Schulz*, a. a. O., 430.

[4] Vgl. E. Dinklers oben zu Luk. 9,23 erwähnte Herleitung des *σταυρός* als Eigentumssiegel im Sinne von Hes. 9,4.

[5] So *Joach. Jeremias*, a. a. O., 140: die Betonung der hohen Kosten des Fundaments (V. 29) lassen an ein größeres Gebäude denken.

den. **30** Das spottende Wort nimmt den in der Erzählung enthaltenen Kontrast auf: anfangen und nicht vollenden. **31** Dem kleinen Mann wird der große, dem Bauern der König gegenübergestellt. Vielleicht ist an einen um seine Unabhängigkeit kämpfenden Vasallenkönig gedacht. Auch er muß sich, wenn er sich in kriegerische Verwicklungen einläßt, überlegen, ob er dem Gegner gewachsen ist. **32** Sonst ist es besser, daß er sich, ehe es zum Kampf kommt, unterwirft. *ἐρωτᾷ τὰ πρὸς εἰρήνην* meint sich unterwerfen (vgl. 2. Sam. 8,10; 11,7; auch Test. Jud. 9,7), praktisch heißt das: er muß auf sein Recht verzichten, Tribut entrichten, fremde Oberhoheit anerkennen.[6] **33** Was als Klugheitsregel zu verstehen ist und als Warnung vor einem unüberlegten Eintreten in Jesu Jüngerschaft seine Anwendung findet, erhält durch den nachgestellten, wohl von Lukas in Anlehnung an V. 26f. gebildeten Vers einen zusätzlichen Akzent: Jüngerschaft schließt die Bereitschaft zum Besitzverzicht ein. Man kann darin eine Umkehrung des Doppelgleichnisses sehen: für Bauen und Krieg ist Besitz notwendig, der Jünger muß ihm entsagen.[7] Auf jeden Fall fügt er sich in die von Lukas betonte besitzkritische Linie der Jesusverkündigung ein. *ἀποτάσσειν* (= Abschied nehmen) ist später zum Stichwort geworden für den Entschluß eines Menschen, der auf alles verzichtet, z. B. um Mönch zu werden.[8] **34** Daran ist das von Matthäus auf das Jüngersein bezogene Wort vom Salz angefügt, dessen ursprüngliche Bedeutung dunkel ist. Vielleicht war es einmal ein Drohwort gegen Israel, dem nur noch das Gericht angesagt wird.[9] Deutet man es vom lukanischen Kontext aus, so wäre beim Bild vom Salz an den Besitz zu denken. Wie dieses ist auch er nur bei rechtem Gebrauch von Nutzen. »Wie Lukas verlangt, daß der Besitz verkauft und als Almosen verteilt wird (18,22–27), damit er nicht verkommt (12,33), so ist es mit dem Salz, das nur dann etwas Gutes ist, wenn man es zur Würzung der Speisen gebraucht.«[10] Dumpf gewordenes Salz ist nicht nur nutzlos, sondern schädlich. **35** Es taugt weder zum Würzen (nach *F. Perles*, ZNW 19, 1920, 96ff. ist Erde – t^{e}bala' – Verlesung von Würze – tabbala') noch zum Düngen und kann nur als völlig wertlos fortgeworfen werden. Der Schlußspruch, aus Luk. 8,8b übernommen (Gleichnisschluß!), macht deutlich, daß Jesus in der Menge der ihm Folgenden auf hörbereite Jünger rechnet.

5. Gottes Freude an der Umkehr der Sünder (die lukanische Apologie) 15,1–32*

a) Der pharisäische Vorwurf gegen Jesus 15,1–3 vgl. Mark. 2,15–17 Par.

(1) Es nahten sich ihm aber alle Zöllner und Sünder, ihn zu hören. (2) Und es murrten die Pharisäer und Schriftgelehrten und sagten: »Dieser nimmt die Sünder auf und ißt mit ihnen.« (3) Er aber sagte zu ihnen dieses Gleichnis und sprach.

---

[6] *A. Jülicher*, a. a. O., 205.

[7] *G. Schneider*, Komm., 321.

[8] *R. Reitzenstein*, Historia Monachorum und Historia Laudiaca. Eine Studie zur Geschichte des Mönchtums und der frühchristlichen Begriffe Gnostiker und Pneumatiker, FRLANT 7, Göttingen 1916, 102.

[9] *S. Schulz*, a. a. O., 472.

[10] *G. Schneider*, Komm., 322.

* Lit.: *J. Schniewind*, Die Freude der Buße, KVR 32, Göttingen 1956 – *H. B. Kossen*, Quelques

Wiederum stellt Lukas unter einem sachlichen Gesichtspunkt mehrere Perikopen zusammen: diesmal sind es drei Gleichnisse, die das Wiederfinden von Verlorenem zum Inhalt haben und zur Freude darüber aufrufen.[1] Die vorangestellte Einleitung gilt als lukanisch-redaktionell, doch konzentrieren sich die lukanischen Spracheigentümlichkeiten auf V. 1 (u. V. 3), während in V. 2 traditionelles Material vorliegt.[2] Durch die Verbindung mit der Einleitung bekommen die Gleichnisse den Charakter einer Apologie gegenüber Vorwürfen, die von seiten der Pharisäer und ihrer Schriftgelehrten gegen Jesus erhoben werden. Jene, an die sich die Einladung Jesu zur Gemeinschaft mit ihm wendet, kommen zu ihm, und er hält mit ihnen das Festmahl (vgl. Mark. 2,15 Parr.; Matth. 11,19 Par.). Dieses Festmahl auf Erden ist Vorausblick auf das endzeitliche Freudenmahl, ja dessen Vorwegnahme. Daß dieses Mahl kein gewöhnliches ist, wird durch Jesu verteidigendes und deutendes Wort im Gleichnis erkennbar. Dadurch »bleibt klar, daß Jesus sich in seinem Verhalten betont, bewußt auf Gott bezieht«.[3] »Unter diesem Gesichtspunkt ist die Situationsangabe durchaus korrekt, und es besteht kein Grund, sie trotz ihres redaktionellen Charakters als historisch unzutreffend zu verdächtigen.«[4] Die Verklammerung von Situation und verteidigend-deutender Gleichnisrede unterstreicht den christologischen Charakter der Gleichnisse. In ihnen wird die Zuwendung Jesu zu den Sündern als deren Annahme durch Gott interpretiert. »So erschließen die Gleichnisse vom Verlorenen den zentralen Sinn des Erdenwirkens Jesu: Wo immer Jesus den Sündern seine Gemeinschaft schenkt, geschieht, ohne daß dies ausgesprochen wird, Vergebung von Gott her.«[5] Daß die Tischgemeinschaft beim Freudenmahl mit Jesus auf das Reich Gottes verweist, bestätigt, wie eng der Zusammenhang mit Jesu Verkündigung der Gottesherrschaft ist: »In der Zuwendung zu Zöllnern und Sündern konkretisiert sich, was die Proklamation der Basileia bedeutet: Gott ist zum Heil des Menschen entschlossen.«[6] Die Beobachtung, daß in der Ordnung der drei Gleichnisse eine Analogie zu den Gottessprüchen Jer. 31,10 (= V. 4–7), 31,15.16 (= V. 8–10), 31,17–20 (= V. 11–32) bestehen könnte,[7] ist für die Annahme einer vorlukanischen Redaktion, die die beiden ersten Gleichnisse vom Verlorenen und die Parabel zusammengestellt habe, nicht ausreichend.[8] Vielmehr dürfte es

---

remarques sur l'ordre paraboles dans Luc XV, NovTest 1, 1956/57, 75–80 – *Ch. H. Giblin*, Structural and Theological Considerations on Luke 15, CBQ 24, 1962, 15–31 – *E. Fuchs*, Das Fest der Verlorenen, in: Glaube und Erfahrung, Tübingen 1965, 402–415 – *E. Rasco*, Les paraboles de Luc XV, une invitation à la joie de Dieu dans le Christ, in: De Jésus aux Évangiles, Gembloux 1967, 165–183 – *P. Fiedler*, Jesus und die Sünder, BET 3, Frankfurt a. Main/Bern 1976, 148–153 – *L. Goppelt*, Theologie des Neuen Testaments 1, 177–185.

Zur Geschichte der Auslegung: *A. Adam*, Gnostische Züge in der patristischen Exegese von Luk 15, in: StudEv III, TU 88, Berlin 1964, 300–305 (Quellennachweise!).

[1] *G. Schneider*, Komm., 326, spricht von zwei »Doppelgleichnissen« (15,4–7.8–10 und 15–24.25–32), muß freilich differenzieren, wenn er die beiden ersten als »gleichsinnig-parallel«, das letzte Stück als »entgegengesetzte Verhaltensweisen« vorführend bezeichnet. *E. Fuchs*, a. a. O., 407, glaubte die jeweils zweite Hälfte als Nachtrag bestimmen zu können.

[2] *H. Weder*, Gleichnisse Jesu als Metaphern, 168ff., der an die Möglichkeit denkt, daß hier die in Q enthaltene Einleitung zum ersten Gleichnis verarbeitet wurde.

[3] *E. Fuchs*, a. a. O., 406.

[4] *H. Merklein*, Gottesherrschaft, 190; vgl. auch 197.

[5] *L. Goppelt*, a. a. O., 181.

[6] *H. Merklein*, a. a. O., 192.

[7] *H. B. Kossen*, a. a. O.

[8] *Ch. H. Giblin*, a. a. O.

Lukas selbst gewesen sein, dem es darum ging, Doppelgleichnis und Sohnparabel, die inhaltlich verwandt waren, durch Unterstreichung des Gedankens der Freude über das Wiedergefundene zur Apologie Jesu gegenüber seinen Gegnern und zu einer Einladung zur Mitfreude zu machen.[9]

1 Zu dem zum Volk sprechenden Jesus (14,25–35) kommen Zöllner und Sünder (zu diesem Begriff vgl. Mark. 2,13–17), um ihn zu hören. Das verallgemeinernde *πάντες* will vielleicht eine auf der Wanderung immer wiederkehrende Situation andeuten: überall kommen ihm die Zöllner und Sünder nahe. **2** Das daran Anstoß nehmende Verhalten der Pharisäer und Gesetzeslehrer wird mit *διεγόγγυζον* beschrieben (vgl. Luk. 5,30); sie gleichen ihren Vätern, deren Murren sie um das Betreten des verheißenen Landes brachte. Jesus, der mit den Sündern – hier ist wohl vorlukanischer Formulierung folgend nur noch von Sündern die Rede – beim festlichen Mahl zusammensitzt, verstößt gegen die rabbinische Regel: Der Mensch geselle sich nicht zu einem Gottlosen, »selbst nicht, um ihn der Thora zu nähern«.[10] Dementsprechend war Pharisäern die Tischgemeinschaft mit Sündern unmöglich, sie konnte erst eintreten nach sichtbar erfolgter Umkehr, verbunden mit Fasten und Bußübungen.[11] Jesus hingegen begriff die Zuwendung zu ihm als Umkehr. So ist der Anstoß unvermeidlich. **3** Er veranlaßt Jesus eine *παραβολή* zu erzählen. Lukas denkt dabei an die aus drei Stücken bestehende Gleichnisrede.

b) Das Gleichnis vom verlorenen Schaf und der verlorenen Drachme 15,4–10; Matth. 18,12–14*

(4) »Welcher Mensch von euch, der hundert Schafe hat und eins von ihnen verliert, läßt nicht die neunundneunzig in der Einöde und geht zum verlorenen, bis er es findet? (5) Und wenn er es gefunden hat, legt er es auf seine Schultern und freut sich (6) und kommt nach Hause und ruft die Freunde und die Nachbarn und sagt ihnen: Freut euch mit mir, denn ich habe mein Schaf gefunden, das verloren war.

(7) Ich sage euch: Ebenso wird Freude sein im Himmel über *einen* Sünder, der umkehrt, mehr als über neunundneunzig Gerechte, die die Umkehr nicht nötig haben.

(8) Oder welche Frau, die zehn Drachmen hat, wenn sie eine Drachme verliert, zündet nicht ein Licht an und fegt das Haus und sucht sorgfältig, bis sie findet? (9) Und wenn sie gefunden hat, ruft sie die Freundinnen und Nachbarinnen und sagt: Freut euch mit mir, denn ich habe die Drachme gefunden, die ich verloren hatte. (10) Ebenso, sage ich, wird Freude sein vor den Engeln Gottes über *einen* Sünder, der umkehrt.«

---

[9] *E. Rasco*, a. a. O.

[10] Mech. Ex. 18,1; bei Str.-B. II, 208.

[11] Str.-B. I, 498f.

* Lit.: *A. Jülicher*, Gleichnisreden II, 314–333 – *Joach. Jeremias*, Gleichnisse, 24–26, 109–111 – *E. Linnemann*, Gleichnisse Jesu, 70–79, 151–154 – *H. Kahlefeld*, Gleichnisse II, 21–27 – *W. Trilling*, Christusverkündigung, 108–122 – *S. Schulz*, Spruchquelle, 387–391 – *J. Dupont*, Les implications christologiques de la parabole de la brebis perdue, in: Jésus aux origines de la christologie, Gembloux 1975, 331–350 – *S. Arai*, Das Gleichnis vom verlorenen Schaf – eine traditionsgeschichtliche Untersuchung, Annual of the Japanese Biblical Institute 2, 1976, 111–137 – *J. Mánek*, Frucht, 51–53, 98f. – *H. Merklein*, Gottesherrschaft, 186–192 – *H. Weder*, Gleichnisse Jesu als Metaphern, 168–177, 249–252 – *J. D. M. Derrett*, Fresh Light on the Lost Sheep and the Lost Coin, NTS 26, 1979/80, 36–60.

Die Gleichnisse vom verlorenen Schaf und von der verlorenen Drachme bilden ein Paar ungleicher Stücke, die um den gleichen Gedanken kreisen: die Freude über das Finden des Verlorenen. Das Lokalkolorit weist bei beiden deutlich nach Palästina. Neben das Handeln des Mannes wird das der Frau gestellt, die jeweils folgende Anwendung (V. 7.10) unterstreicht trotz abweichender Formulierung die in der jetzigen Gestalt gegebene enge Zusammengehörigkeit.

Da das Gleichnis vom verlorenen Schaf auch bei Matthäus begegnet, liegt die Annahme nahe, daß es aus Q stammt. Während es bei Matthäus den Jüngern ihre Aufgabe gegenüber den Kleinen vor Augen stellt, spricht es bei Lukas vom Verhalten Jesu zu den Verlorenen. Der bei Matthäus vorliegende Kontext gilt überwiegend als sekundär.[1] Dagegen wird die Gestalt des Gleichnisses selbst in der Fassung, wie sie bei Matthäus gegeben ist (abgesehen von der einleitenden Formulierung), zumeist als die ursprünglichere, der Q-Tradition nähere, angesehen.[2] In diesem Zusammenhang wird V. 6 als Erweiterung durch Lukas betrachtet, der den Vers im Zuge der Angleichung an das Parallelgleichnis hier eingestellt habe.[3] Doch sollte die Neigung zu paralleler Erzählweise gerade in der ältesten im palästinischen Raum verwurzelten Jesusüberlieferung nicht unterschätzt werden.[4] Die weitestgehende Reduktion möchte das ursprüngliche Gleichnis ausschließlich in V. 4 sehen.[5] Hier stellt sich jedoch die Frage nach dem Verhältnis zu dem anderen Stück des Gleichnispaares. Angesichts der in Q gebotenen Doppelgleichnisse und Doppelbildworte Luk. 13,18–21 Par. und Luk. 17,34f. Par. (ursprünglich auch in diesem jeweils Mann/Frau) wäre hier trotz des Fehlens einer Matthäusparallele an eine Q-Zugehörigkeit der beiden Gleichnisse zu denken.[6] Auf welcher Stufe der Tradition die Anwendungen ihre jetzige Formulierung erfahren haben, läßt sich kaum mit Sicherheit sagen.[7]

Eine dritte Fassung des Gleichnisses vom verirrten Schaf, die gegenüber der bei Matthäus und bei Lukas deutlich die Zeichen einer in ihren Motiven nicht voll durchschaubaren Fortbildung trägt, begegnet im Thomasevangelium (Nr. 106 [107]): »Jesus sprach: Das Königreich gleicht einem Hirten, der hundert Schafe hat. Eines davon verirrte sich, das größte. Da ließ er die neunundneunzig und suchte nach diesem einem, bis er es fand. Als er sich (erfolgreich) abgemüht hatte, sagte er zu dem Schaf: Dich liebe ich mehr als die neunundneunzig.« Hier ist es das größte (und wertvollste) Schaf, das gesucht und wiedergefunden wird. Diesem Wert (mag es der des Gnostikers oder der eines Splitters des göttlichen Selbst sein) gilt die größere Liebe. Auf dem Hintergrund der hier anschau-

---

1 *W. Trilling*, a. a. O., 110; *H. Merklein*, a. a. O., 186; *H. Weder*, a. a. O., 168. – Anders *E. Hirsch*, Frühgeschichte II, 144, der bei dem Zusammenhang, in dem das Gleichnis jetzt bei Matthäus steht, die alte Q-Folge besser gewahrt sieht als bei Lukas.

2 *R. Bultmann*, Synoptische Tradition, 184f.; *S. Schulz*, a. a. O., 387f.; *H. Merklein*, a. a. O., 187f.

3 *E. Linnemann*, a. a. O., 73; *H. Weder*, a. a. O., 170; Bedenken schon bei *A. Jülicher*, a. a. O., 319.

4 *W. Trilling*, a. a. O., 117; vgl. auch *S. Schulz*, a. a. O., 388.

5 So *H. Weder*, a. a. O., 172, der jedoch auf dem Wege zur lukanischen Gestalt einen Wachstumsprozeß ausmacht, dem V. 5 und V. 7 zu danken sind.

6 *G. Schneider*, Komm., 324; *H. Merklein*, a. a. O., 189, schreibt die Doppelung der (ältesten) Gemeinde zu.

7 *H. Weder*, a. a. O., 170: »Dabei hat Lukas die beiden Gleichnisse schon mit Anwendung vorgefunden.« Anders *S. Schulz*, der a. a. O., 388, auf lukanische Vorzugsworte verweist.

lich werdenden Liebe zum in sich Wertvollen, hebt sich die vom jesuanischen Ursprung her intendierte und in der redaktionellen Gestaltung bei Lukas im Rahmen seiner »Apologie« durchgehaltene Liebe zum schlechthin Verlorenen entschieden ab.

4 Eröffnet durch die für die Gleichnisfolge charakteristische *τίς*-Einleitung (vgl. 15,8.11), die hier jedoch (wie V. 8) in Frageform gehalten ist (vgl. Matth. 7,9 Par.; 12,11), setzt die Erzählung Jesu von einem Hirten ein.[8] Er ist Eigentümer von hundert Schafen. Wenn ihm eines von diesen verlorengeht, so schließt er die neunundneunzig anderen Tiere in der Hürde ein. In ihr befinden sie sich bei der Nacht im Bergland. Das aramäische b^{e}tura ist dem Anschein nach in den beiden Versionen verschieden übersetzt worden: als *ἐπὶ τὰ ὄρη* Matth. 18,12; als *ἐν τῇ ἐρήμῳ* bei Lukas.[9] Dann sucht er das verlorene: all sein Denken ist durch das verlorene Eigentum bestimmt. Der übertragene Gebrauch der Rede von den Schafen und ihrem Hirten war den Hörern vom Alten Testament her vertraut: Jes. 40,11; Jer. 23,2ff.; Hes. 34,2ff.; Ps. 100,3 u. v. a.[10] Sie mußten bei dem verlorenen Schaf an die aus dem Gottesvolk herausgefallenen Menschen denken.[11] Die gewählte Metaphorik unterstreicht das deutlicher als das verwandt erscheinende rabbinische Gleichnis. Es erzählt von einem Viehtreiber, der »zwölf Tiere vor sich hatte, die mit Wein beladen waren. Eins von ihnen lief in das Warenlager eines Nichtisraeliten hinein. Da ließ er die elf zurück und ging jenem nach . . .« (Gen. rabba 86). Die Zahlenanordnung hundert – eins – neunundneunzig ist in der Umwelt Jesu nicht ungewöhnlich.[12] Sie betont weniger den Wert des Gesuchten als die suchende Sorge des Hirten. **5** Mit *εὑρών* setzt eine Anwendung ein, die häufig als lukanische Erweiterung angesehen wird.[13] Doch ist auf die völlige Einpassung in die Situation zu achten: die Aufnahme des Tieres auf die Schultern ist Hilfe für das schwache und ermüdete Tier und geschieht hier in Freude am Wiedergefundenen. **6** Mit der Einladung der Freunde und Nachbarn zur (festlichen) Freude berührt sich die erzählte Wirklichkeit des Gleichnisses mit der Situation Jesu und seiner Tischgemeinschaft. Das wiedergefundene Schaf ist ein Freudenfest (in diesem Sinne vielleicht *συγκαλεῖν*[14]) wert. **7** Deutlicher als in der Matthäusparallele sind Gleichnis und Anwendung getrennt.[15] Mit der Freude des Hirten vergleicht Jesus die Freude Gottes, mit seinem Handeln sein eigenes Handeln. Der Himmel umschreibt den Gottesnamen. Damit wird der Zusammenhang zwischen dem irdischen und dem himmlischen Geschehen ausdrücklich hergestellt. So wie Jesus verhält sich Gott. Seinen Kritikern sagt er, daß sie Gott die Mitfreude verweigern und an Gottes Freude nicht teilnehmen. Den Pharisäern bestreitet Jesus nicht ihre Gerechtigkeit (vgl. Mark. 2,17). Ihre Sünde entsteht

[8] Zum traditionellen Charakter der Einleitung vgl. *S. Schulz*, a. a. O., 387; *H. Weder*, a. a. O., 170.

[9] Ob es selbst schon ein Mißverständnis für b^{e}dura = in der Hürde darstellt, so *J. Mánek*, Frucht, 52, bleibt unsicher.

[10] Vgl. ThWB VI, 689f.; ausführlich *J. D. M. Derrett*, a. a. O.

[11] *S. Schulz*, der das Gleichnis ausschließlich in der Situation der Urgemeinde festmachen will, denkt an das Verhältnis zu den von der Thora Abgefallenen (a. a. O., 391).

[12] Beispiele bei Str.-B. I, 784f.

[13] *E. Linnemann*, a. a. O., 73; *S. Schulz*, a. a. O., 388; *H. Merklein*, a. a. O., 187.

[14] *Joach. Jeremias*, a. a. O., 109; vgl. *J. Mánek*, a. a. O., 51.

[15] *Joach. Jeremias*, a. a. O., 25, macht auf die bei der Rückübersetzung sichtbar werdende Alliteration aufmerksam: ḥädhewa (Freude), ḥadh (ein), ḥat'ja (Sünder).

in ihrer Unbarmherzigkeit gegenüber den Verachteten in dem Augenblick, da ihnen Gott seine Gnade zuwendet und sich über ihre Annahme freut. Auf dieses neue Verhalten aber kommt es jetzt an.

8 Der zweite Bestandteil des Doppelgleichnisses zeigt bei parallelem Aufbau klar gegen die vorangehende Einheit abgesetzte Einzelzüge. Neben den Mann tritt die Frau, neben den wohlhabenden Hirten die arme Hausfrau. Deutlicher noch als im Parallelstück ist die Hauptperson der Erzählung das allein dominierende und handelnde Subjekt; das Verlorene, ganz passiv, kann nur gefunden werden. Das Suchen geschieht nicht extensiv, sondern intensiv. Die zehn Drachmen (je ein Silberdenar) sind wohl als das ganze Vermögen der Frau gedacht.[16] Auf der Suche zündet sie ein Licht an: es ist dunkel, weil die Behausung klein und fensterlos ist, die Tür läßt nur wenig Licht hinein. Sie fegt; weil der Boden felsig ist, hört man die Münze klingen. Alle Sorgfalt wird auf das Suchen verwendet. **9** Solchem intensiven Suchen entspricht die große Freude, die sich wiederum (vgl. V. 6) darin ausdrückt, daß Freunde und Nachbarn zur Mitfreude aufgefordert und geladen werden. **10** Wie beim vorangegangenen Gleichnis folgt auch hier die Anwendung, jedoch ohne den Zahlenvergleich. Sie zieht den Schluß von der Freude der Frau auf die Freude Gottes. Von ihr wird verhüllt gesprochen, indem die Engel genannt werden.[17] Sie sind hier nicht die Boten Gottes, sondern sein himmlischer Hofstaat. Dort herrscht Freude, weil Gott sich freut. Es ist eine »soteriologische« Freude,[18] die der endgültigen, rettenden Annahme gilt.

c) Das Gleichnis von den beiden Söhnen 15,11–32; Matth. 21,28–32*

(11) Er aber sagte: »Ein Mensch hatte zwei Söhne. (12) Und es sagte der jüngere von ihnen zum Vater: Vater, gibt mir den Pflichtteil vom Vermögen. Er aber teilte ihnen das Gut. (13) Und nach wenigen Tagen nahm der jüngere Sohn alles zusammen und zog fort in ein fernes Land; und dort vergeudete er sein Vermögen in einem liederlichen Leben. (14) Als er aber alles verbraucht hatte, kam eine starke Hungersnot über jenes Land, und er begann Mangel zu leiden. (15) Und er ging hin und hängte sich an einen der Bürger dieses Landes, und der schickte ihn auf seine Felder, Schweine zu hüten. (16) Und er begehrte seinen Bauch zu füllen (sich zu sättigen) mit Johannesbrotschoten, die die Schweine fraßen, und niemand gab sie ihm. (17) Er aber ging in sich und sprach: Wieviel Tagelöhner meines Vaters haben Überfluß an Brot, ich aber gehe an Hunger hier zu-

[16] *Joach. Jeremias*, a. a. O., 110, verweist auf die Sitte, Silbermünzen (aus dem Brautschatz) als Kopfschmuck zu tragen.

[17] Das τοῦ θεοῦ könnte lukanische Ergänzung sein, vgl. Luk. 22,69 mit Mark. 14,62.

[18] *Joach. Jeremias*, a. a. O., 110.

* Lit.: *A. Jülicher*, Gleichnisreden II, 333–365 – *J. Kögel*, Das Gleichnis vom verlorenen Sohn, BZSF 5,9, Berlin 1909 – *K. Bornhäuser*, Studien, 103–107 – *E. Schweizer*, Zur Frage der Lukasquellen. Analyse von Luk. 15,11–32, ThZ 4, 1948, 469–471 – *Joach. Jeremias*, Zum Gleichnis vom verlorenen Sohn, ThZ 5, 1949, 228–231 – *ders.*, Gleichnisse, 106–109 – *E. Linnemann*, Gleichnisse Jesu, 79–87, 154–157 – *H. Kahlefeld*, Gleichnisse II, 41–45 – *K. H. Rengstorf*, Die Re-Investitur des Verlorenen Sohnes in der Gleichniserzählung Jesu, AFLNW 137, Köln/Opladen 1967 – *J. M. D. Derrett*, Law in the New Testament: The Parable of the Prodigal Son, NTS 14, 1967/68, 56–74 – *J. T. Sanders*, Tradition and Redaction in Luke XV, 11–32, NTS 15, 1968/69, 433–438 – *Joach. Jeremias*, Tradition und Redaktion in Lukas 15, ZNW 62, 1971, 172–189 – *L. Schottroff*, Das Gleichnis vom verlorenen Sohn, ZThK 68, 1971, 27–52 – *I. Broer*, Das Gleich-

grunde. (18) Ich werde aufstehen und zu meinem Vater gehen und ihm sagen: Vater, ich habe gesündigt gegen den Himmel und vor dir; (19) ich bin nicht mehr würdig, dein Sohn genannt zu werden, mache mich zu einem deiner Tagelöhner. (20) Und er stand auf und kam zu seinem Vater. Als er aber noch weit entfernt war, sah ihn sein Vater und empfand Mitleid, und er lief und fiel ihm um seinen Hals und küßte ihn. (21) Der Sohn aber sagte zu ihm: Vater, ich habe gesündigt gegen den Himmel und vor dir, ich bin nicht mehr würdig, dein Sohn genannt zu werden. (22) Der Vater aber sagte zu seinen Sklaven: Bringt schnell das erste Gewand heraus und bekleidet ihn, und gebt einen (Siegel-)Ring an seine Hand und Schuhe an seine Füße (23) und bringt das Mastkalb herbei, schlachtet und lasset uns essen und fröhlich sein. (24) Denn dieser mein Sohn war tot und ist wieder lebendig geworden, er war verloren und wurde gefunden. Und sie fingen an ein Freudenfest zu feiern.

(25) Sein älterer Sohn aber war auf dem Felde. Und als er kam und sich dem Hause näherte, hörte er Musik und Reigen (26) und rief einen der Knechte heran und erforschte, was das sei. (27) Der aber sprach zu ihm: Dein Bruder ist gekommen, und dein Vater hat das gemästete Kalb geschlachtet, weil er ihn gesund wiederhat. (28) Da wurde er zornig und wollte nicht hineingehen. Sein Vater aber kam heraus und redete ihm zu. (29) Er aber antwortete und sprach zu seinem Vater: Siehe, so viele Jahre diene ich dir, und niemals habe ich dein Gebot übertreten; und mir gabst du niemals ein Böckchen, daß ich mit meinen Freunden feiere. (30) Als aber dieser dein Sohn, der sein Gut verbracht hat mit Huren, kam, hast du ihm das Mastkalb geschlachtet. (31) Er aber sagte zu ihm: Kind, du bist allezeit bei mir, und alles Meine gehört dir. (32) Man sollte sich doch freuen und fröhlich sein, denn dieser dein Bruder war tot und ist wieder lebendig geworden, er war verloren und wurde gefunden.«

V. 16: Der starke Ausdruck *γεμίσαι τὴν κοιλίαν αὐτοῦ* (= sich den Bauch vollschlagen) wird abgeschwächt in der Version *χορτασϑῆναι*, die zahlreiche ältere Zeugen (p^{75}, א, B, D) bieten. – V. 21: Die mit Bedacht ausgelassene Bitte, als Tagelöhner verwendet zu werden, die in p^{75}, A und vielen Zeugen nicht enthalten ist, wird von א, B, D und anderen nachgetragen: nach Zahn »ein lehrreiches Beispiel für die beschränkte Bedeutung der ältesten griechischen Handschriften« (Komm., 562, Anm. 47).

Das Gleichnis vom verlorenen Sohn gehört zu den Stoffen der Gleichnistradition, die nur im Lukasevangelium überliefert sind, steht also in einer Reihe mit den großen Beispielerzählungen (10,29–36; 12,15–21; 16,19–31; 18,9–14) und den Parabeln vom ungerechten Haushalter (16,1–8) und der bittenden Witwe (18,1–8). Im jetzigen, offenbar von Lukas geschaffenen Kontext[1] stellt es den Höhepunkt der drei Erzählungen vom Verlore-

nis vom verlorenen Sohn und die Theologie des Lukas, NTS 20, 1973/74, 453–462 – *Ch. E. Carlston*, Reminiscence and Redaction in Luke 15,11–32, JBL 94, 1975, 368–390 – *F. Bovon*, La parabole de l'enfant prodigue (Luc 15,11–32), in: Exegesis. Problèmes de méthode et exercices de lecture. Neuchâtel 1975, 36–51, 291–306 – *R. Pesch*, Zur Exegese Gottes durch Jesus von Nazaret. Eine Auslegung des Gleichnisses vom Vater und seinen beiden Söhnen, in: Jesus, Ort der Erfahrung Gottes, Festschr. f. B. Welte, Freiburg 1976, 140–189 – *P. Fiedler*, Jesus und die Sünder, BBE 3, Frankfurt a. Main/Bern 1976, 155–184 – P. Grélot, Le père et ses deux fils Luc XV,11–32, RevBibl 84, 1977, 566–594 – *J. Manek*, Frucht, 99–104 – *F. Schnider*, Die verlorenen Söhne, OrbBiblOr 17, Fribourg/Göttingen 1977 – *O. Hofius*, Alttestamentliche Motive im Gleichnis vom verlorenen Sohn, NTS 24, 1977/78, 240–248 – *H. Merklein*, Gottesherrschaft, 193–197 – *H. Weder*, Gleichnisse Jesu als Metaphern, 252–262 – *W. Pöhlmann*, Die Abschichtung des verlorenen Sohnes und die erzählte Welt der Parabel, ZNW 70, 1979, 194–213 – *L. Ramoroson*, Le cœur du Troisième Évangile Lc 15, Bibl 60, 1979, 348–360 – *E. Marsch*, Die verlorenen Söhne, in: Unterwegs zur Einheit, Festschr. f. H. Stirnimann, Freiburg (Schw.)/Freiburg i. B./Wien 1980, 29–45 – *R. Hoppe*, Gleichnis und Situation. Zu den Gleichnissen vom guten Vater (Lk. 15,11–32) und gütigen Hausherrn (Mt. 20,1–15), BZ 28, 1984, 1–21.

[1] *Joach. Jeremias*, Tradition, 181; *H. Weder*, a. a. O., 170.

nen dar, deren Verbindung durch die gemeinsamen Motive (Verlorenes, Wiederfinden, Freude) nahelag. Auffallend ist die Zweiteiligkeit (»Zweigipfligkeit«) des Gleichnisses, sie hat zur Bestreitung der Einheitlichkeit Anlaß gegeben. Vertretern dieser Sicht galt nur der erste Teil (V. 11–24) als traditionell, d. h. auf Jesus zurückführbar, der zweite (V. 25–32) als sekundär (lukanisch). *J. Wellhausen*[2] sah dort das echte Gleichnis, das auf Grund der Verkündigung der Vaterliebe Gottes dem Sünder Mut zur Umkehr machen wollte, hier eine Weiterführung mit antipharisäischer Tendenz. *A. Loisy*[3] meinte, Lukas wolle durch den zweiten Teil die Eifersucht der Juden auf die Heiden zur Darstellung bringen. Sprachliche Indizien glaubten *E. Schweizer*[4] und *J. T. Sanders*[5] geltend machen zu können. Während sich im zweiten Teil die Lukanismen häuften, sei für den ersten die semitisierende Prägung kennzeichnend. Statt einer Teilung wollte *E. Hirsch*[6] eine Schichtung erkennen: in V. 11–14.17–20.24b–28a liege das einfache, durch die »herbe und knappe Erzählweise Jesu« ausgezeichnete Gleichnis vor, die um VV. 15.16.21–24a.28b–32 erweiterte Gestalt mache aus ihm die »älteste Apologetik für den Gott der Gnade«. Als in sich einheitlich, aber durchgängig lukanisch beurteilt *L. Schottroff* das Gleichnis.[7] Es handle sich um die erzählende Darbietung der lukanischen Soteriologie. Den beiden (konträren) Thesen, der Bestreitung der Einheitlichkeit und der Behauptung rein lukanischer Herkunft stehen sprachliche und stilistische Beobachtungen entgegen. *Joach. Jeremias* hat mehrfach gezeigt,[8] wie stark der semitisch geprägte, mithin vorlukanisch-traditionelle Anteil im ganzen Gleichnis, auch in V. 25–32, erkennbar ist; *Ch. E. Carlston*[9] hatte darüber hinaus nachgewiesen, daß die Lukanismen in V. 25–32 nicht häufiger sind als in V. 11–24. Kommt aber Lukas als Autor des Ganzen oder eines wesentlichen Teils nicht in Betracht, so wird man in der Frage der Authentie zuversichtlich urteilen dürfen.[10] Die Annahme einer von Lukas vorgenommenen Transposition einer Erzählung Jesu vom palästinensischen ins hellenistische, vom »königlichen« ins »großbürgerliche Milieu«[11] hat sich nicht durchsetzen können. Von dem summarischen Urteil, daß sich der lukanische Anteil auf stilistische Glättung reduziert, wird im Blick auf die »soteriologischen« Verse 24b und 32 eine Ausnahme gemacht: sie gelten als stärker lukanisch stilisiert.[12]

Der Gattungsgeschichte nach handelt es sich um eine Parabel: nicht ein typischer Vorgang, sondern ein interessanter Einzelfall wird erzählt.[13] Es ist eine »Geschichte aus dem Leben«; gegen ein allegorisches Verständnis spricht die Unterscheidung zwischen dem

---

[2] Komm., 83.
[3] L'évangile selon Luc, Paris 1924, 402.
[4] Vgl. jedoch zu der a. a. O. (1948) vertretenen Sicht die Ausführungen ThLZ 99, 1974, 724f.
[5] A. a. O.
[6] Frühgeschichte II, 221f.
[7] A. a. O. Daß sich diese Auffassung in eine weitergehende Konzeption einordnet, zeigt die Behandlung von Luk. 18,9–14 (vgl. Lit. z. St.).
[8] A. a. O. (1949) gegen *E. Schweizer*; a. a. O. (1971) gegen *J. T. Sanders*.
[9] A. a. O., bes. 390.
[10] So in jüngerer Zeit *I. Broer*, a. a. O., 461; *R. Pesch*, a. a. O., 150; *O. Hofius*, a. a. O., 248; *H. Merklein*, a. a. O., 196; *H. Weder*, a. a. O., 254.
[11] *K. H. Rengstorf*, a. a. O., 67.
[12] *F. Bovon*, a. a. O., 48, 51; fragend auch *H. Weder*, a. a. O., 252, Anm. 22.
[13] *R. Bultmann*, Synoptische Tradition, 188.

Himmel (Gott) und dem Vater auf Erden in V. 18/V. 21. Der Schluß bleibt offen: noch sind die Hörer vor die Entscheidung gestellt. Man hat die für die Parabel charakteristische Zweigliedrigkeit damit erklärt, daß (wie Matth. 21,28–32; Luk. 7,41–43; 18,9–14) zwei Verhaltensweisen geschildert werden,[14] doch ist auch die Frage nach der Gewichtung gestellt worden. Ist der zweite Teil nur Folie des ersten[15] oder umgekehrt?[16] Weiterführend könnte die Feststellung[17] sein, daß dieselbe Sache (Freude des Vaters über die Heimkehr des Sohnes) auf verschiedenen »Kommunikationsebenen« zur Sprache gebracht wird. Sie wird zunächst »referentiell« erzählt (V. 11–24), dann »konativ« ausgewertet (V. 25–32). Dem entspricht die Einsicht in die strukturbildende Bedeutung der refrainartigen Sätze V. 24 und V. 32.

Die Parabel hat zu der Frage geführt, ob in ihr nicht ein vorpaulinisches Evangelium von der Sünderliebe Gottes vorliegt, das nicht vom Opfertod Jesu überschattet sei.[18] Nur wo man sich dieser Schwierigkeit stellt, vermag man in die Botschaft der Parabel und den darin implizierten Anspruch einzudringen.[19] Es genügt dabei nicht, sie als Geschichte von der Vaterliebe Gottes aufzufassen und auf die Außergewöhnlichkeit, ja Singularität des väterlichen Verhaltens zu verweisen. Man hat darauf aufmerksam gemacht, daß völlig unberührt von christlicher Tradition in römischer Rhetorik ein (wohl konstruierter) Fall erzählt werden kann, um zu zeigen, wieweit die pietas, die Familienbindung reicht: »Ein Mann hatte zwei Söhne, einen sparsamen und einen verschwenderischen. Sie begaben sich in die Ferne und wurden von Seeräubern gefangen. Der verschwenderische wurde krank. Beide schreiben um Freikauf. Der Vater verkaufte seinen ganzen Besitz und reiste hin. Die Seeräuber erklärten ihm, daß er nur das Lösegeld für den einen gebracht habe; er solle sich aussuchen, welchen von beiden er haben wolle. Er kaufte den Kranken frei. Der starb bei der Rückkehr. Der andere floh aus der Gefangenschaft. In der Heimat wird er zur Zahlung von Unterhalt für seinen Vater aufgefordert. Er erhebt Einspruch.«[20] Die Antwort des Vaters lautet: non alimenta quaero sed filium. An diesem Gegenstück gemessen reicht es nicht aus, das Spannungsverhältnis von Recht und Liebe absolut zu setzen und göttliches Erbarmen als Abkehr vom Recht zu begreifen.[21] Der Aussagesinn der Parabel Jesu ergibt sich vielmehr auf dem Hintergrund seiner Situation, wie sie durch den lukanischen Kontext herausgestellt ist (vgl. V. 1–3). Es geht um die Zuwendung Jesu zu den Sündern, die kein einmaliges Geschehen ist, sondern sein ganzes öffentliches Wirken bestimmt. Ein reflektiertes Verständnis schließt dabei sein ganzes Leben bis zum Tode als Verurteilter ein und sieht darin Heilsstiftung. Es bedenkt zudem, daß zwischen der Annahme der Sünder und dem Tode Jesu ein sachlicher (»biographisch«-historisch verifizierbarer) Zusammenhang besteht: es war sein »Verhalten«, das zum tödlichen Konflikt mit den Gegnern führte. Daß die Deutung dieses Zusammenhangs nicht ausschließlich mit urgemeindlich-paulinischen Kategorien geschieht, zeigt am besten Lukas

---

[14] So *J. Schniewind*, a. a. O., 75.
[15] So *A. Jülicher*, a. a. O., 336, 339.
[16] *Joach. Jeremias*, a. a. O., 108.
[17] Von *H. Merklein*, a. a. O., 194.
[18] Am nachdrücklichsten *A. Jülicher*, a. a. O., 364f.
[19] *J. Kögel*, a. a. O., 4.
[20] *Quintilian*, Declamationes V, 88,6–15 (Wiedergabe nach *L. Schottroff*, a. a. O., 45f.).
[21] *R. Pesch*, a. a. O., 178.

selbst, der den Tod Jesu nicht direkt mit Sündenvergebung und Sühne in Verbindung bringt, sondern in ihm das Schicksal des leidenden Gerechten sieht, das Gott mit seiner Verherrlichung beantwortet und darin sein Verhalten bestätigt. Daß die von Lukas überlieferte Parabel in die Mitte des Wirkens Jesu verweist, zeigen nicht nur die in der Einzelexegese aufzuweisenden sprachlichen und motivischen Hintergründe, sondern ihre Konsistenz mit der Verkündigung Jesu (z. B. Matth. 20,1–15; 21,28–32) und der Umstand, daß (anders als im Frühjudentum) die Übernahme der Bußleistung nicht Vorbedingung der Vergebung ist, die Annahme vielmehr bedingungslos erfolgt.[22] Sie bezieht sich auf den in Jesu Handeln erschlossenen Weg und deutet ihn als Heilsweg: »Jesu Verhalten erklärt den Willen Gottes mit einer an Jesus Verhalten ablesbaren Parabel«, dabei handelt es sich »um ein wahrhaft kühnes Unternehmen: Jesus wagt es, den Willen Gottes so geltend zu machen, als stünde er selber an Gottes Stelle.«[23] Über den literarischen Zusammenhang hinaus gibt der sachliche Kontext der Parabel einen soteriologischen Sinn. Sie zeigt, daß sich Jesus »als Gottes Zeugnis für Gottes Sünderliebe begriffen« hat, »so daß die Gemeinschaft mit ihm die Gemeinschaft mit dem Gott der Gerechtigkeit verbürgt«.[24]

11 Der Mensch, von dem erzählt wird, ist ein wohlhabender Bauer, er hat »viele Tagelöhner«, die keinen Mangel haben (vgl. V. 17). Dazu hat er Sklaven auf seinem Hof (vgl. V. 22). Die beiden Söhne sind offenbar unverheiratet zu denken, der Vater leitet und bewirtschaftet den Hof noch selbst. **12** Die Bitte des jüngeren der beiden Söhne zielt auf die Inanspruchnahme des Erbrechts. Nach Deut. 21,17 erhält bei zwei Söhnen der Erstgeborene zwei Drittel, der zweite ein Drittel des Vermögens. Was der jüngere erbittet, ist die sog. Abschichtung, d. h. die Auszahlung bei Lebzeiten unter Verlust des Erbrechts.[25] Das ist weder rebellisch noch sittenwidrig, hat vielmehr seinen Grund darin, daß er auswandern will. Da Palästina seine Bewohner nicht ernähren kann, sind viele Juden ausgewandert und haben sich in der Diaspora eine neue Existenz begründet. Damit der Hof zusammenblieb, erfolgte bei der Verteilung des Vermögens die Aufteilung dessen, was der Betrieb als Gewinn und Vermögen abwarf. Das wird mit *οὐσία* bezeichnet und ist mit *βίος* (= Lebensgut) identisch. **13** Während die Abreise in die überseeische Diaspora – *εἰς χώραν μακράν* – keine Schuld darstellt, begegnet bei der Schilderung seines verschwenderischen Lebens ein Werturteil, das durch V. 30 bestätigt wird. *διεσκόρπισεν* bezeichnet einen ziellos verschwenderischen Umgang mit dem Gut (vgl. Luk. 16,1ff.). **14** Die Hungersnot (*ἐγένετο λιμός* ist biblische Wendung Gen. 41,54 LXX[26]) überrascht den mittellos gewordenen landfremden jungen Mann und läßt ihn Mangel leiden. **15** Zum moralischen kommt der religiöse Abstieg. Ein nichtjüdischer Bürger gibt ihm die Arbeit eines Schweinehirten. Doppelt dem Bereich der Unreinheit verhaftet (als Bediensteter eines Heiden und durch ständigen Umgang mit den schlechthin unreinen Tieren), fällt er vom Gesetz seines Volkes ab und steht unter dem Fluch: verflucht sei der Mensch, der Schweine züchtet (b.Baba qama 82b). **16** Die letzte Stufe des menschlichen Abstiegs läßt nur noch

[22] *H. Weder*, a. a. O., 254, Anm. 33.
[23] *E. Fuchs*, Zur Frage nach dem historischen Jesus, Tübingen 1960, 154.
[24] *K. H. Rengstorf*, Komm., 185.
[25] Dazu *W. Pöhlmann*, a. a. O., der auf Sir. 33,20–24; Tob. 8,21 verweist; zu den rabbinischen Vorschriften über das Erbrecht des jüngeren Sohnes vgl. *J. M. D. Derrett*, a. a. O., 59–65.
[26] *F. Bovon*, a. a. O., 44.

die elementare Gier übrig. So trägt er Verlangen nach den Schoten des Johannesbrotbaums, die auch in Palästina als Viehfutter verwendet werden.[27] Eine sprichwortartige Sentenz sagt: »Wenn die Israeliten Johannesbrot nötig haben, dann tun sie Buße« (Lev. rabba 35 [132c]). **17** Die Selbstbesinnung wird mit einem Satz beschrieben: Da kam er zu sich. Anlaß dazu ist der aus dem Hunger erwachsene Vergleich zwischen seiner Lage und der der vielen Tagelöhner seines Vaters, die zu der am schlechtesten gestellten sozialen Gruppe gehören.[28] **18** Das führt zu dem Entschluß, zu seinem Vater zurückzugehen und die Verfehlung einzugestehen. Die Ausdrucksweise ist semitisch. Das Vergehen ist sowohl eine Schuld vor dem irdischen Vater wie eine Sünde vor dem Himmel (vor Gott). **19** Mit dem Bekenntnis der Schuld verbindet sich die Einsicht, daß er sein Sohnesrecht verwirkt hat und nur um den Platz eines Tagelöhners (vgl. V. 17) bitten kann. **20** Die Schilderung der Rückkehr ist ausführlich und betont das Überraschende. Der Vater erkennt den Sohn, als er noch weit entfernt ist, als hätte er auf ihn gewartet. Er läuft ihm – ohne an seine Würde zu denken – entgegen, kommt den Worten mit Umarmung und Kuß zuvor. Die Annahme geht dem Schuldbekenntnis voraus. **21** Dieses schließt entgegen dem Vorhaben V. 19b die Bitte um Verwendung als Tagelöhner nicht ein. **22** Die Antwort des Vaters auf das Bekenntnis erfolgt indirekt und zeichenhaft. Er ruft seine Sklaven herbei und gibt ihnen Befehle, von denen jeder einzelne eine Antwort an den Sohn enthält. In ihrer Gesamtheit bezeugen sie die Wiedereinsetzung in die Sohnesstellung. Das Festkleid ist eine hohe Auszeichnung; der Ring bedeutet das Recht des Sohnes zu siegeln; die Schuhe kennzeichnen den freien Mann, während der Sklave barfuß geht. Die Schilderung könnte Gen. 41,42 nachgebildet sein.[29] **23** Schließlich wird die Schlachtung des Mastkalbes geboten, das für festliche Zwecke, mit Weizen gut gefüttert, im Stall steht. Die Heimkehr führt zum Freudenmahl. **24** Dessen Anlaß wird bezeichnet mit einem Satz, der als einfacher Parallelismus membrorum geformt ist. Die Vorstellungsebene der Erzählung wird überhöht zur soteriologischen Aussage. War das Versinken in Verlorenheit Tod, so ist die Heimkehr Auferstehung; bedeutet die Ferne Unheil, so drückt die Annahme zu neuer Gemeinschaft Heil aus. Die beiden Gegensatzpaare werden in V. 32 wieder aufgenommen. Die Parabel läßt die Situation durchscheinen: das Freudenmahl mit dem Verlorenen weckt den Gedanken an Jesu Tischgemeinschaft mit den Sündern. **25** Die Einführung des ältesten Sohnes läßt dessen rechtliche Stellung erkennen. Bei der Abschichtung des jüngeren hat er seinen Anteil zugesprochen, aber nicht als Erbteil übertragen bekommen. Er steht nach wie vor in der Arbeit, wohingegen sein Vater den Hof weiter bewirtschaftet. Während er vom Felde kommt, wird im Vaterhaus ein Fest gefeiert. **26** Der herangerufene Knecht heißt hier *παῖς* statt *δοῦλος* (V. 22). **27** Seine Antwort ist gegenüber der des Vaters vordergründig. Soll sie das Selbstverständliche des väterlichen Handelns suggerieren?[30] Auffallend ist nur die Begründung für die Freude: daß er gesund zurückgekehrt ist. **28** Auf den Zorn des älteren Sohnes reagiert der Vater, indem er erneut herauskommt und ihm gut zuredet (*παρεκάλει*). **29** Dieser verweist auf seinen Dienst, der als Sklavendienst beschrieben wird (*δουλεύω*, vgl.

---

[27] Str.-B. II, 213–215.
[28] *A. Jülicher*, a. a. O., 346.
[29] Dazu *O. Hofius*, a. a. O., 244.
[30] So *H. Weder*, a. a. O., 259.

Gal. 4,1f.). Es ist der Protest des Alleinerben, nicht des Besitzers.[31] **30** Dem an Wert geringen (Ziegen-)Böckchen steht das wertvolle Mastkalb gegenüber. Es wird dem heruntergekommenen Heimkehrer geschlachtet, als wäre er ein Ehrengast. Diesem versagt der Ältere die Bruderbezeichnung, wie auch die Vater-Anrede fehlt. **31** Hingegen redet dieser ihn mit *τέκνον* an, läßt sich auf keine Widerlegung ein, sondern erinnert ihn an das, was er in seiner Sohnschaft besitzt. Er nimmt ihm jeden Argwohn, die Heimkehr des Bruders könnte ihm seinen Besitzstand schmälern. **32** Der als sparsam und streng geschilderte Vater (vgl. V. 29) ist verschwenderisch und gütig bei der Heimkehr des Verlorenen. Zur Mitfreude wird der ältere Sohn geradezu gebeten: *ἔδει* ist Höflichkeitsformel[32]. Das Werben um die Mitfreude des Älteren wird begründet mit der Erinnerung an das Geschick des Bruders, das mit den gleichen Worten beschrieben wird wie gegenüber den Sklaven des Hauses (V. 24). Die beiden verlorenen Söhne werden zu gemeinsamer Festfreude eingeladen. Das Gleichnis endet, ohne daß berichtet wird, wie der ältere Sohn auf das Werben des Vaters antwortet. Angesichts der murrenden pharisäischen Gesprächspartner (V. 1), muß die Antwort offenbleiben; die Entscheidung liegt bei ihnen. Jesus, der im Bilde des Vaters sein Verhalten gekennzeichnet hat, steht vor ihnen im Namen Gottes und an Gottes Stelle.

6. Die Entscheidungsfrage der zeitlichen Güter 16,1–31

a) Das Gleichnis vom ungerechten Verwalter 16,1–7*

(1) Er sagte aber auch zu den Jüngern: »Es war ein reicher Mann, der hatte einen Verwalter, und dieser wurde vor ihm verklagt, daß er seinen Besitz verschleudere. (2) Und er ließ ihn rufen und sagte zu ihm: Was höre ich da über dich? Gib Rechenschaft von deiner Verwaltung, denn du kannst nicht mehr Verwalter sein. (3) Da sagte der Verwalter bei sich selbst: Was soll ich tun, denn mein Herr nimmt das Verwalteramt von mir? Graben

---

31 *W. Pöhlmann*, a. a. O., 205.

32 *F. Bovon*, a. a. O., 51: »Man sollte doch feiern und sich freuen.«

* Lit.: *A. Jülicher*, Gleichnisreden II, 495–514 – *H. Preisker*, Lukas 16, 1–7, ThLZ 74, 1949, Sp. 85–92 – *Joach. Jeremias*, Gleichnisse, 30–33, 130f. – *T. G. Jalland*, Note on Luke 16,1–9, in: StudEv, TU 73, Berlin 1959, 503–505 – *F. Maass*, Das Gleichnis vom ungerechten Haushalter, TheolViat 8, Berlin (West) 1961, 173–184 – *E. Kamlah*, Die Parabel vom ungerechten Verwalter im Rahmen der Knechtsgleichnisse, in: Abraham unser Vater, Festschr. f. O. Michel, Leiden 1963, 276–294 – *D. R. Fletcher*, The Riddle of the Unjust Steward, JBL 82, 1963, 15–30 – *F. E. Williams*, Is Almsgiving the Point of the »Ungust Steward«?, JBL 83, 1964, 293–297 – *H. Kahlefeld*, Gleichnisse II, 77–83 – *H. Drexler*, Zu Lukas 16,1–7, ZNW 58, 1967, 286–288 – *J. Fitzmyer*, The Story of the Dishonest Manager, in: Essays on the Semitic Background of the New Testament, London 1971/Missoula 1974, 165–170 – *M. Krämer*, Das Rätsel der Parabel vom ungerechten Verwalter, Zürich 1972 – *L. J. Topel*, On the Injustice of the Unjust Steward, CBQ 37, 1975, 216–227 – *J. Mánek*, Frucht, 104f. – *H. Merklein*, Gottesherrschaft, 69f. – *H. Weder*, Gleichnisse Jesu als Metaphern, 262–267 – *M. Barth*, The dishonest Steward and his Lord, Reflections on Luke 16,1–13, in: From Faith to Faith, Pittsburgh 1979, 64–85 – *R. Merkelbach*, Über das Gleichnis vom ungerechten Haushalter (Lukas 16,1–13), VigChrist 33, 1979, 180–187 – *B. B. Scott*, A Master's Praise Luke 16,1–8a, Bibl 64, 1983, 173–188.

kann ich nicht, zu betteln schäme ich mich. (4) Ich habe erkannt, was ich tun werde, damit, wenn ich von dem Verwalteramt abgesetzt sein werde, sie mich in ihre Häuser aufnehmen werden. (5) Und er rief heran jeden einzelnen der Schuldner seines Herrn und sprach zum ersten: Wieviel schuldest du meinem Herrn? (6) Der aber sagte: Hundert Bath Öl. Er aber sagte zu ihm: Nimm deinen (Schuld-)Schein und setze dich hin und schreibe schnell fünfzig. (7) Danach sagte er zu dem anderen: Du aber, wieviel schuldest du? Der aber sagte: Hundert Kor Weizen. Er sagte zu ihm: Nimm deinen (Schuld-)Schein und schreibe achtzig.«

Den Gleichnisreden vom Verlorenen folgt eine weitere Parabel, die nur durch einen überleitenden Satz angeschlossen und als Jüngerunterweisung gekennzeichnet ist. Daß dabei die Pharisäer auch weiterhin als anwesend gedacht sind, zeigt V. 14. Thematische Beziehungen und Stichwortverbindungen ergeben sich sowohl nach rückwärts (*διασκορπίζειν,* 15,13 u. 16,1) als auch nach vorwärts (Besitz in 16,19–31). Die unmittelbar anschließende Spruchfolge (16,8–18) setzt mit kommentierenden Sätzen zum Gleichnis ein.

Traditionsgeschichtliche Einordnung und Deutung des Sinngehalts der Parabel gehen weit auseinander. Die damit im Zusammenhang stehende Abgrenzung der Einheit (Ende mit V. 7, mit V. 8a, mit V. 8b oder mit V. 9) wird verschieden vorgenommen. Der Anstoß daran, daß ein skrupelloser Verwalter im Mittelpunkt einer von Jesus erzählten Parabel steht, hat das Urteil beeinflußt. So ist direkt oder indirekt die jesuanische Authentizität angefragt. Als eine bereits umlaufende Erzählung, die Jesus aufgenommen hat, sieht *M. Dibelius* sie an,[1] nach *A. Loisy* ist sie Ausdruck profanster Weisheit.[2] *Joach. Jeremias* meint, sie greife einen in der Umgebung Jesu besprochenen Skandalfall auf.[3] Doch gerade wegen der Anstößigkeit des Inhalts scheint die Herkunft von Jesus ungleich wahrscheinlicher als eine nachträgliche Zuschreibung.[4] Freilich gehen auch auf dieser Basis die Versuche der Deutung der Parabel in unterschiedliche Richtungen. *H. Preisker* nimmt sie mit den beiden Gleichnissen (Beispielerzählungen) vom törichten Reichen und vom reichen Mann (12,16–21; 16,19–31) zusammen und sieht in ihr eine Warnung vor der Gefahr des Reichtums.[5] Angelsächsische Forscher interpretieren von V. 9 her und sehen den Aussagesinn in der Aufforderung zum Almosengeben.[6] Diesen moralischen Deutungen steht die am entschiedensten von *Joach. Jeremias* vertretene eschatologische Interpretation gegenüber. Er sieht in ihr einen »Aufruf zum entschiedenen Handeln in bedrohlicher Lage« angesichts der unmittelbar bevorstehenden Krisis.[7] Weiter in diese Richtung geht die aktualisierende Deutung. »Indem er die böse Zukunft als die jetzt abwendbare beschreibt, bringt der Erzähler die Gottesherrschaft als kommende (zum Heil, nicht zum Gericht) zur Sprache.«[8] Die redaktionsgeschichtliche Betrachtung ermöglicht eine Differenzierung. Im ältesten Stadium der Überlieferung ist die

[1] Formgeschichte, 251f.
[2] L'Evangile selon Luc, Paris 1924.
[3] Gleichnisse, 130.
[4] *D. R. Fletcher*, a. a. O., 15; *H. Merklein*, a. a. O., 69.
[5] »Ein Bild von der sich steigernden dämonischen Wirkung des Mammons zu Lebzeiten des Menschen, der aus Erschrecken über seine Schuld nicht zur Umkehr findet« (a. a. O., 88).
[6] *T. G. Jalland*, a. a. O., 505; *F. E. Williams*, a. a. O., 295.
[7] A. a. O., 30.
[8] *H. Weder*, a. a. O., 266.

Parabel ein Gleichnis von der Gottesherrschaft: sie veranschaulicht das Verhalten des Haushalters, der Klugheit und entschlossenen Einsatz zeigt, so wie sie angesichts des nahenden Gottesreiches erforderlich sind. Lukas ist in Fortführung des in Luk. 12,21.33 ausgedrückten Gedankens an der Aufforderung zum rechten Gebrauch des Besitzes interessiert und bringt das durch den engeren und weiteren redaktionellen Zusammenhang zur Geltung.[9]

1 Jesus erzählt von einem reichen Mann (wohl einem Latifundienbesitzer), der einen Verwalter (mit weitgehend selbständiger Amtsführung) hat.[10] Dieser ist beschuldigt worden, das ihm von seinem Herrn zur Verwaltung anvertraute Vermögen verschleudert zu haben. *διαβάλλειν* heißt nicht verleumden. Es ist an dem Herrn, die Beschuldigung nachzuprüfen oder den Verwalter sofort zu entlassen.[11] **2** Der Herr tut beides. Er fordert Rechenschaftslegung, bei der alle Unterlagen, wie Urkunden, Schuldscheine und Rechnungen, ihm übergeben werden müssen, und spricht zugleich die Entlassung aus. **3** Von da an kreist die ganze Erzählung um das Verhalten des Verwalters. In einem Selbstgespräch gesteht er seine Ratlosigkeit ein (vgl. 15,17–19). Handarbeit vermag er nicht zu verrichten; die Wendung, die das ausdrückt, ist sprichwörtlicher Art (vgl. Aristoph., Aves 1432: *τί γὰρ πάθω, σκάπτειν οὐκ ἐπίσταμαι*). So bleibt ihm nur das Betteln. **4** Der Entschluß, sich durch ein betrügerisches Manöver Freunde zu verschaffen, zeigt, daß die Absetzung noch nicht wirksam ist. Die Formulierung nähert sich dem, was im nachgestellten Anwendungssatz V. 9 gesagt wird.[12] **5** Wie er sich entschlossen und mit allen zur Verfügung stehenden Mitteln auf die Zukunft einstellt, zeigt das Gespräch mit den Schuldnern seines Herrn. **6** Der erste der beiden hier beispielhaft genannten ist hundert Bath Öl schuldig. Hundert Bath Öl sind 36,5 hl und entsprechen dem Ertrag von 140 Ölbäumen. Der Verwalter setzt die Summe um die Hälfte herab. *τὰ γράμματα* sind die Schuldscheine, die in der Verhandlung zwischen dem Verwalter und dem Schuldner gefälscht werden. **7** Der zweite Schuldner schuldet hundert Kor Weizen, das sind 550 Zentner Weizen, der Ertrag von 42 ha Ackerland. In diesem Fall werden 20 % der Schuldsumme erlassen. Wertmäßig handelt es sich bei beiden Schuldnern um etwa die gleiche Summe von ca. 500 Denaren.[13] Die Zahlenangaben zeigen, mit welchem hohen Einsatz gespielt wird. Vom Ausgang der Angelegenheit wird nichts berichtet, die Erzählung scheint nur am Verhalten des Verwalters interessiert.

b) Gespräche über die rechte Verwaltung des Besitzes im Anbruch der Heilszeit 16,8–18; Matth. 6,24; 11,12; 5,18; Mark. 10,11 (abweichend)*

(8) Und es lobte der Herr den ungerechten Verwalter, daß er klug gehandelt hatte. Denn die Söhne dieser Welt sind klüger als die Söhne des Lichts gegenüber ihrem eigenen Geschlecht.

---

[9] Vgl. die Analysen von *L. J. Topel*, a. a. O., 226f.; *H. Weder*, a. a. O., 262–264.
[10] Weiteres dazu bei *E. Kamlah*, a. a. O., 280f.
[11] *H. Drexler*, a. a. O., 288.
[12] *L. J. Topel*, a. a. O., 220.
[13] *Joach. Jeremias*, a. a. O., 130.

* Lit.: *A. Descamps*, La composition littéraire de Luc XVI, 9–13, NovTest 1, 1956, 47–53 –

(9) »Und ich sage euch: Macht euch Freunde mit dem ungerechten Mammon, damit, wenn er ausgeht, sie euch aufnehmen in die ewigen Hütten.

(10) Wer im Kleinsten treu ist, ist auch im Großen treu, und wer im Kleinsten ungerecht ist, ist auch im Großen ungerecht. (11) Wenn ihr nun mit dem ungerechten Mammon nicht treu werdet, wer wird euch das wahre (Gut) anvertrauen? (12) Und wenn ihr mit dem fremden (Gut) nicht treu werdet, wer wird euch das Eure geben?

(13) Kein (Haus-)Sklave kann zwei Herren dienen. Entweder wird er den einen hassen und den anderen lieben oder dem einen gegenüber anhänglich sein und den anderen verachten. Ihr könnt nicht Gott dienen und dem Mammon.«

(14) Es hörten dies alles aber die Pharisäer, die geldgierig waren, und sie verhöhnten ihn. (15) Und er sagte zu ihnen: »Ihr seid es, die sich selbst gerecht erachten vor den Menschen, Gott aber kennt eure Herzen. Denn was unter den Menschen hoch ist, ist ein Greuel vor Gott.

(16) Das Gesetz und die Propheten (reichen) bis Johannes. Von da an wird die Herrschaft Gottes verkündet, und jeder drängt sich in sie hinein. (17) Es ist aber leichter, daß Himmel und Erde vergehen, als daß ein Häkchen des Gesetzes dahinfällt.

(18) Jeder, der seine Frau entläßt und heiratet eine andere, bricht die Ehe; und wer die von einem Mann Entlassene heiratet, bricht die Ehe.«

V. 12: Der Text schwankt zwischen *τὸ ὑμέτερον* (p^{75}, ℵ, D, Θ, Koinegruppe, lat, syr) – das, was euch zueigen sein wird – und *τὸ ἡμέτερον* (B, Origenes) – das, was uns zu eigen sein wird –, wobei sich Jesus im Besitz der ewigen Gabe Gottes mit den Jüngern zusammenschließt.

Zwischen der Parabel vom ungerechten Verwalter und der Erzählung vom reichen Mann und armen Lazarus ist eine Spruchreihe eingefügt, die von Lukas als Brücke zwischen dem ersten und dem zweiten Gleichnis gedacht ist. Sie besteht aus Jesusworten, die ursprünglich zumeist selbständig oder in kleinen Gruppen überliefert worden sind. In dem durch lukanische Komposition geschaffenen Zusammenhang V. 8–18 sind durch die einleitende Wendung V. 9 und den Neuansatz V. 14.15a Zäsuren geschaffen worden. Steht im ersten Teil die Frage nach dem Verhältnis zum Mammon (V. 9.11.13) im Mittelpunkt (Höhepunkt V. 13b), so gibt dem zweiten Teil das Wort über die Heilszeit (V. 16) das Gepräge. Die Entscheidungsfrage Gottesdienst oder Mammonsdienst wird dringlich angesichts der nun angebrochenen Heilszeit.

Die Logien V. 8–12 sind lukanisches Eigengut und möglicherweise in verschiedenen Schichten an das vorhergehende Gleichnis angewachsen. Inhaltlich entfernen sie sich immer mehr von der Parabel. Am unmittelbarsten gehört mit ihr V. 8 zusammen; V. 9 interpretiert das *φρόνιμος* des ersten Urteils, indem es auf die rechte und kluge Benutzung des Besitzes hinlenkt. So wurde es zum Anlaß für V. 10–12, eine in sich zusammenhängende Folge von Logien, die im Blick auf die Christen formuliert sind und e contrario dem ungerechten Haushalter den treuen Verwalter des Besitzes gegenüberstellen.[1] Der

---

F. W. Danker, Luke 16,16 – an Opposite Logion, JBL 77, 1958, 231–243 – *E. Bammel*, Is Luke 16,16–18 of Baptist Provenience? HarvThRev 51, 1958, 100–106 – *H. Schürmann*, »Wer daher eines dieser geringsten Gebote auflöst«, BZ 4, 1960, 238–250 – *H. Greeven*, Ehe nach dem Neuen Testament, NTS 15, 1968/69, 365–388, bes. 381–385 – *W. G. Kümmel*, »Das Gesetz und die Propheten gehen bis Johannes« – Luk. 16,16 im Zusammenhang mit der heilsgeschichtlichen Theologie der Lukasschriften, in: Verborum Veritas, Festschr. f. G. Stählin, Wuppertal 1970, 89–102 = Heilsgeschehen und Geschichte 2, Marburg 1978, 75–86 – *P. Hoffmann*, Logienquelle, 50–79 – *S. Schulz*, Spruchquelle, 114–120, 261–267, 459–461 – *H.-P. Rüger*, Mamonas, ZNW 64, 1973, 127–131 – *A. Polag*, Christologie, 48,79 – *H. Merklein*, Gottesherrschaft, 80–96, 275–278.

[1] *A. Descamps*, a. a. O., 51.

aus Q stammende V. 13 macht die Dringlichkeit der Entscheidung deutlich.[2] V. 14 und 15 gehören wieder der lukanischen Redaktion bzw. dem Eigengut des Evangelisten an und nehmen auf eine Kontroverssituation mit den Pharisäern (vgl. 18,10–14) Bezug. An diesen Zusammenhang werden V. 16–18 angeschlossen, drei Worte, die entweder aus verschiedenen Überlieferungsschichten übernommen wurden (V. 16,17: Q; V. 18: Mark.) oder (weniger wahrscheinlich) bereits in SLk eine Verbindung eingegangen waren.[3] Das ganze Stück wurde als Überleitung zur Erzählung V. 19–31 verstanden: V. 14–15 leitet die erste Gleichnishälfte ein (V. 19–26), die Nennung von Gesetz (und Propheten) in V. 16f. weist auf den zweiten Teil (V. 27–31) voraus.[4]

8 Das Lob des *κύριος* für den ungerechten Verwalter ist nicht der Schluß der Erzählung, sondern deren erste Anwendung. Mit dem Herrn ist entsprechend lukanischem Sprachgebrauch[5] Jesus gemeint. Der Haushalter bleibt für ihn ein *οἰκονόμος τῆς ἀδικίας*, ein Verwalter, der ungerecht ist. Seine Klugheit besteht darin, daß er für seine Zukunft gesorgt hat. Dies kann man von ihm lernen, da das Gericht Gottes bevorsteht. *φρόνιμος* ist der Mensch, der über dem vergänglichen Dasein nicht vergißt, daß die Herrschaft Gottes naht (vgl. 12,42ff.; Matth. 7,24). Das Lob des Verwalters wird begründet durch einen Satz, der die »Söhne dieses Weltzeitalters« für klüger erklärt als die Söhne des Lichts.[6] Er ist durch das Stichwort *φρόνιμος* mit dem Vordersatz verknüpft. Noch einmal, wie schon durch die Qualifizierung des Verwalters als *οἰκονόμος τῆς ἀδικίας* ergibt sich eine Distanzierung: Es sind die Söhne dieses Weltzeitalters, die gegenüber ihrem eigenen Geschlecht, d. h. gegenüber ihresgleichen so handeln. **9** Das Folgende, mit *καὶ ἐγὼ ὑμῖν λέγω* eingeleitet, bringt eine neue Anwendung des Gleichnisses. Das kluge Handeln besteht hier nicht in der Sorge für die Zukunft schlechthin, sondern darin, sich mit dem Mammon der Ungerechtigkeit[7] Freunde zu schaffen. Gemeint ist damit: Geld und Gut zu Almosen zu verwenden (Mark. 10,21;Luk. 11,41; 12,33). Unter den Freunden kann man die Engel Gottes verstehen, die die Aufnahme in die ewigen Hütten vornehmen, oder die Menschen, denen die Liebeswerke geschehen und die bei Gericht als Fürsprecher auftreten. In jüdischer Redeweise gibt es sogar die Personifizierung der Liebeswerke und Almosen selbst.[8] Der futurische Aspekt der Aussage ist bestimmt durch die Vorstellung, daß in der

---

2 Dazu *S. Schulz*, a. a. O., 459f.

3 Vgl. *W. G. Kümmel*, a. a. O., 77f.

4 *F. Hauck*, Komm., 206f.; ähnlich schon *A. Jülicher*, Gleichnisreden II, 632.

5 Vgl. Luk. 7,13; 10,39.41; 13,15; 18,6; 19,8 (sämtlich SLk); ferner redaktionell 7,19; 10,1; 11,39; 12,42; 17,5f.; 22,61.

6 Der Ausdruck »Söhne des Lichts« ist als Selbstbezeichnung der Leute von Qumran bekannt (1QM I,3.9 u. ö.), denen dort die Söhne der Finsternis gegenüberstehen. Er könnte von den Chassidim der Makkabäer-Zeit geprägt sein, aus denen sowohl Pharisäer wie Qumranleute hervorgegangen sind. Wahrscheinlich ist er von da aus auch christliche Bezeichnung geworden (Joh. 12,36; Eph. 5,8).

7 *H.-P. Rüger*, a. a. O., 129, versteht das kanaanäische Lehnwort Mammon, das im nachbiblischen Hebräisch und im Aramäischen heimisch geworden ist, als neutralen Begriff (Besitz, Geld), der erst durch das Genitivattribut in positiver oder negativer Hinsicht qualifiziert wird: *μαμωνᾶς τῆς ἀδικίας* = unrecht erworbenes Gut (vgl. aeth. Hen. 63,10).

8 Abot IV,11. Wer ein Gebot erfüllt, erwirbt sich einen Fürsprecher. – Tos. Pea 2,21, Woher weiß man, daß Almosen und Liebeswerke ein großer Fürsprecher sind?

eschatologischen Vollendung die Seligen in Laubhütten wohnen wie einst Israel in der Wüstenzeit.[9]

10 Die folgenden Worte reden zwar noch vom Besitz, aber nicht mehr von seiner Hingabe, sondern von seiner treuen Verwaltung. Sie stammen aus dem Umkreis des Gleichnisses von den anvertrauten Gütern (Luk. 19,17; Matth. 25,21), leiten aber vom irdischen zum »wahren« (ewigen) Gut über. Der Form nach handelt es sich um eine Spruchfolge mit antithetischem Charakter. Das irdische Gut ist das *ἐλάχιστον*, dem das ewige Heil als das Große gegenübergestellt wird. Zuverlässigkeit und Treue in der Verwaltung der irdischen Gaben ist Voraussetzung dafür, daß der Mensch zuverlässig ist in der Verwaltung der ewigen Heilsgaben. **11** Diese sind »das Wahrhaftige«, das im Unterschied zum trügerischen Mammon (vgl. Mark. 4,19) nicht täuscht und betrügt. **12** Der letzte Spruch lenkt den Blick zurück auf das anvertraute (in diesem Sinne fremde) irdische Gut (vgl. 1. Kor. 4,1–4). In diesen Logien spiegelt sich auch die Erfahrung der Gemeinde mit ihren Funktionsträgern, die sowohl Verwalter irdischen Gutes als auch »Haushalter Gottes« im Dienst am Wort waren (1. Tim. 3,2; Tit. 1,7; vgl. 1. Petr. 4,10). **13** So ist die Entscheidungsfrage vorbereitet: Gott oder Mammon. Das Logion – weisheitlich geprägt, in der Form paränetisch ausgerichtet – unterscheidet sich von der Fassung Matth. 6,24 nur geringfügig. Indem Lukas vom *οὐδεὶς οἰκέτης* spricht, macht er deutlich: der Mensch hat in jedem Fall einen Herrn, dem er gehört. Die im Parallelismus membrorum gegebene Begründung zeigt am Gegensatz hassen – lieben/sich halten an – verachten, daß sich der Mensch in seiner Anhänglichkeit nicht teilen kann. Die Entscheidungsfrage richtet sich nicht auf das, was der Mensch aus sich heraus sein will, sondern wem der Mensch gehört.

14 Die Pharisäer sind – so stellt es Lukas dar – seit 15,1 ff. auf der Szene anwesend und treten jetzt hervor. Ihre höhnende Reaktion (auf das V. 13 Gesagte) begründet Lukas mit dem Hinweis auf ihre Liebe zum Besitz. **15** Sie provoziert ein Urteil Jesu, das über den Anlaß hinausgreift. Er sieht in den Pharisäern Vertreter einer Frömmigkeit, die auf den Beifall der Leute aus ist, vor denen sie sich als gerecht darstellen (vgl. Matth. 6,1–6.16–18; Luk. 18,9–14). Gott aber schaut auf das Herz, die Mitte des Menschen, von der alles Denken, Wollen und Handeln ausgeht. Was auf Größe und Höhe vor Menschen aus ist, erscheint vor Gott als Greuel. Diese Aussage geht auf die prophetische Verkündigung zurück (vgl. Jes. 2,11–17; 5,14–16) und hat in der Geschichte und Verkündigung Jesu (Luk. 1,51–53; 14,7–11) entscheidende Bedeutung. **16** Die Zeit, in der diese Umkehrung offenbar wird, ist eingetreten. Das bringt der sog. Stürmerspruch zum Ausdruck, der in einer Matth. 11,12f. verwandten, hier aber in einer dem heilsgeschichtlichen Denken des Lukas angeglichenen Form gebracht wird. Er entstammt der Q-Überlieferung und hat von Anfang an die (heilsgeschichtliche) Scheidung der Zeiten zum Inhalt gehabt;[10] an ein umfunktioniertes Kampfwort der Pharisäer[11] ist schwerlich zu denken. Das Gesetz und die Propheten (entsprechend dem jüdischen Sprachgebrauch: die heiligen Schriften) haben ihre Zeit bis zu Johannes dem Täufer, dessen Auftreten eine Grenzscheide zwischen den Zeiten bildet. Das *ἀπὸ τότε* kann an sich ebensogut exklusiv (danach) wie

---

[9] Vgl. zu Mark. 9,5; Offb. 21,3.

[10] Die Rekonstruierbarkeit der Urgestalt wird von *G. Schneider*, Komm., 337, die jesuanische Authentizität von *S. Schulz*, a. a. O., 263, in Frage gestellt.

[11] So *F. W. Danker*, a. a. O., 236.

inklusiv (seit damals) aufgefaßt werden, doch ist vom Sprachgebrauch des Lukas her (vgl. *ἀπὸ τοῦ νῦν* in 12,52) das letztere wahrscheinlicher. Dem entspricht das darauf bezogene *ἡ βασιλεία τοῦ θεοῦ εὐαγγελίζεται.* Es bezeichnet die Predigt der gegenwärtigen und kommenden Gottesherrschaft (9,27; 11,20; 17,21), die von den Tagen Johannes' des Täufers an ergeht (vgl. 3,18; 7,26f.; Apg. 1,21f.; 10,37f.; 13,24f.).[12] Die Proklamation der Gottesherrschaft löst eine allgemeine (*πᾶς*) Bewegung aus: *εἰς αὐτὴν βιάζεται.* Die Deutung der Verbform differiert: sie kann passiv (jeder tut ihr Gewalt an) oder medial (jeder drängt sich hinein) aufgefaßt werden. Mit dem passiven verbindet sich zumeist ein negatives, mit dem medialen ein positives Verständnis des Verbs. Letzteres entspricht eher der im lukanischen Werk entfalteten Sicht: die Verkündigung der Gottesherrschaft will alle Menschen erfassen.[13] **17** Das angefügte Wort über die zeitliche Unverbrüchlichkeit und eschatologische Begrenzung des Mosegesetzes ist vom Stil rabbinisch-pharisäischer Gesetzesdisputation bestimmt und wohl schon vor Lukas als Interpretament gegen ein antinomistisches Mißverstehen von V. 16 verwendet worden.[14] Die Proklamation der Gottesherrschaft bedeutet nicht Abschaffung des Gesetzes. Dabei ist freilich von Lukas und seiner Gemeinde an eine jesuanisch interpretierte Thora gedacht. Erst dadurch kommt der ewige Gotteswille zur Erfüllung, denn eher fallen Himmel und Erde dahin, als daß Gottes Wille nicht zur Geltung komme. Da für die griechische Welt das hebräische Jota (vgl. die Par. Matth. 5,18) als kleinster Buchstabe nicht bekannt ist, bleibt bei Lukas allein das dort verständliche Häkchen. Daß an die Weitergeltung des Gesetzes als Norm sittlichen Handelns gedacht ist, zeigt der folgende Vers.[15] **18** Die Zufügung des Worts von der Ehescheidung ergibt sich aus der Funktion, die Lukas in der Aussage V. 17 gesehen hat, dem »Grundsatzwort« folgt das »Anwendungswort«.[16] Es vertritt den von Lukas ausgelassenen Abschnitt über Ehe und Ehescheidung Mark. 10,2–12. Es richtet sich gegen ein Verständnis der Ehe als einer »sachenrechtlichen Größe«, die die Frau zum Besitz des Mannes macht.[17] Das Logion ist aus der Perspektive des Mannes formuliert, der als Ehebrecher gilt, wenn er die Frau entläßt oder die Entlassene heiratet.[18] So richtet sich dieses Wort gegen eine besondere Form der Besitzgier, gegen ein egoistisches Besitzenwollen des Mannes.

---

[12] Die Vorstellung einer Dreistufigkeit der Heilsgeschichte bei Lukas, gegliedert in die Zeit des Gesetzes und der Propheten, die Jesuszeit, die Zeit der Kirche, wobei Johannes der Täufer zur ersten Periode gehört (vielfach vertreten seit *H. Conzelmann*, Mitte der Zeit, 17 u. ö.), kann sich auf diese Stelle nicht beziehen (dazu W. G. Kümmel, a. a. O., 82ff.).

[13] Zur Frage, ob hier eine Sinnverschiebung gegenüber dem ursprünglichen Aussagegehalt vorliegt (dort *βιάζεται* ad malam partem?), vgl. *P. Hoffmann*, a. a. O., 52–55; *H. Merklein*, a. a. O., 89f.

[14] *S. Schulz*, a. a. O., 114f.; *H. Merklein*, a. a. O., 94.

[15] *G. Schneider*, Komm., 338.

[16] *F. Hauck*, Komm., 206.

[17] *H. Greeven*, a. a. O., 381.

[18] Nach *H. Greeven*, a. a. O., 383f., liegt in Matth. 5,32 (ohne Klausel) die Grundgestalt vor, während Markus wie Lukas das Wort in einer auf die rechtlichen Vorstellungen der außerjüdischen Welt Bezug nehmenden Formulierung bieten. Vgl. auch *H. Merklein*, a. a. O., 275f.

c) Das Gleichnis vom reichen Mann und armen Lazarus 16,19–31*

(19) »Es war aber ein reicher Mann, und er kleidete sich in Purpur und Leinwand und feierte alle Tage in glanzvoller Weise. (20) Ein Armer aber mit Namen Lazarus lag vor seiner Tür voller Geschwüre. (21) Und er begehrte sich zu sättigen von den Abfällen vom Tisch des Reichen. Aber auch die Hunde kamen und leckten seine Geschwüre. (22) Es geschah aber, daß der Arme starb und getragen wurde von den Engeln in Abrahams Schoß. Es starb aber auch der Reiche und wurde begraben. (23) Und als er im Hades seine Augen aufhob, als er sich in Qualen befand, sieht er Abraham von ferne und Lazarus in seinem Schoß. (24) Und er rief und sprach: Vater Abraham, erbarme dich meiner und schicke Lazarus, damit er die Spitze seines Fingers in Wasser eintauche und kühle meine Zunge, denn ich leide Qual in dieser Flamme. (25) Es sprach aber Abraham: Kind, denke daran, daß du dein Gutes in deinem Leben empfangen hast, und Lazarus in gleicher Weise das Böse. Jetzt aber wird er hier getröstet, du aber empfindest Qual. (26) Und zu alledem ist zwischen uns und euch eine große Kluft befestigt, so daß die, die sie von hier zu euch überqueren wollten, es nicht können und sie auch nicht von dort zu uns herüberkämen. (27) Er sprach: Ich bitte dich nun, Vater, daß du ihn in das Haus meines Vaters sendest. (28) Denn ich habe fünf Brüder, daß er ihnen Zeugnis gebe, damit sie nicht auch an diesen Ort der Qual kommen. (29) Es spricht aber Abraham: Sie haben Mose und die Propheten. Sollen sie die hören! (30) Er aber sprach: Nicht so, Vater Abraham, sondern wenn einer von den Toten zu ihnen käme, dann würden sie umkehren. (31) Er sprach aber zu ihm: Wenn sie Mose und die Propheten nicht hören, werden sie sich auch nicht überzeugen lassen, wenn einer von den Toten aufersteht.«

V. 19 fügt die Lesart des D-Textes einen die Redeform als *παραβολή* kennzeichnenden Zwischensatz ein: ‚Er sagte aber auch ein anderes Gleichnis'. – Die Benennung des Armen mit Lazarus hat dazu geführt, daß man in einigen Texten auch dem Reichen einen Namen gegeben hat: Nineue (sa), Phinees (Priscillian).– V. 21 ist die Beschreibung des Elends des Armen von den Formulierungen anderer bekannten Perikopen beeinflußt: von Matth. 15,27 ($\aleph^2$, A, W, D, Θ u. a.) und Luk. 15,16 (f 13, vulg.). – V. 31: Statt *ἐκ νεκρῶν ἀναστῇ* lesen syr^{sin}, it, Marcion *ἀπέλθῃ* (ursprüngliche Lesart oder Angleichung an V. 30?). D, Iren verbinden *ἀναστῇ καὶ ἀπέλθῃ πρὸς αὐτούς*. p^{75} liest an beiden Stellen (V. 30 und V. 31) *ἐγερθῇ*.

Die dritte Beispielerzählung (vgl. 10,29–36; 12,16–21), die Lukas überliefert, befaßt sich mit dem Besitz und seiner Bedeutung für das ewige Schicksal des Menschen.[1] Durch die Zusammenfügung mit dem Haushaltergleichnis hat er einen Kontrast herausarbeiten wollen: »Gib, so sagte die erste Erzählung, so rettest du dich; behalte und genieße, so verdirbst du dich, sagte die zweite.«[2] Herkunft und Einheitlichkeit der Erzählung sind um-

* Lit.: *A. Jülicher*, Gleichnisreden II, 617–641 – *H. Gressmann*, Vom reichen Mann und armen Lazarus, Abh. d. Akad. d. Wiss. 1918, Phil.-hist. Kl. 7, Berlin 1918, 138–160 – *K. Bornhäuser*, Studien, 138–160 – *Joach. Jeremias*,'Gleichnisse, 131–134 – *H.-W. Bartsch*, Vom reichen Mann und armen Lazarus, in: Entmythologisierende Auslegung, Hamburg 1962, 183–187 – *H. Kahlefeld*, Gleichnisse II, 85–91 – *C. H. Cave*, Lazarus and the Lucan Deuteronomy, NTS 15, 1968/69, 319–325 – *O. Glombitza*, Der reiche Mann und der arme Lazarus, NovTest 12, 1970, 166–180 – *W. Schmithals*, Lukas – Evangelist der Armen, TheolViat 12, 1975, 153–167–*F. Schnider/W. Stenger*, Die offene Tür und die unüberbrückbare Kluft, NTS 25, 1978/79, 273–283.

[1] Die Deutung von *H. W. Bartsch*, a. a. O., die ausschließlich vom zweiten, im Sinne des kerygmatischen Anrufs gedeuteten Teil Zugang zum Verständnis des Ganzen zu gewinnen versucht, wird dieser Intention nicht gerecht.

[2] *A. Schlatter*, Komm., 376.

stritten. Religionsgeschichtlicher Vergleich hat auf ein ägyptisches Märchen verwiesen, das von der Fahrt des Setme Chamois ins Totenreich handelte. Es erzählt von einem reichen Mann, der unter vielen Klagerufen und mit großen Ehren zu Grabe getragen wurde, während ein Armer ohne jedes Totengeleit in eine Matte gehüllt ins Gräberfeld geschafft wird. Im Totenreich aber lösen sich die Rätsel: Der Arme befindet sich herrlich gekleidet in weißes Leinen in der unmittelbaren Nähe des Osiris, der befohlen hatte, daß ihm für seine guten Taten die Grabausstattung des reichen Mannes übergeben und er unter die Verklärten gesetzt werde, während der Reiche in die Unterwelt gebracht wurde. Die Erzählung schließt: Wer auf Erden gut ist, zu dem ist man auch im Totenreich gut, und wer auf Erden böse ist, zu dem ist man auch dort böse.[3] Wahrscheinlich vermittelt durch Juden aus Alexandrien ist die Erzählung auch nach Palästina gelangt. Eine weitverbreitete Fassung macht einen reichen Zöllner und einen armen Schriftgelehrten zu Hauptfiguren und entfaltet dabei die pharisäische Vergeltungslehre. Das ehrenvolle Begräbnis des reichen Zöllners ist die Belohnung für die einzige gute Tat, die schon auf Erden vergolten wird, so daß er dann sofort seiner Strafe zugeführt werden kann. Das armselige Begräbnis des Schriftgelehrten ist Strafe für die einzige Übertretung, die er begangen hat, so daß er nun alsbald an den Ort der Seligen versetzt wird.[4] Die Heranziehung solcher Parallelen schien die unterschiedliche Bewertung der beiden Gleichnishälften nahezulegen. So nahm man an, daß Jesus, der seine Erzählung den Vorbildern nachgestaltet habe, in dem von ihm hinzugefügten zweiten Teil (V. 27–31) seine eigentliche Aussage bringen wollte: die Zurückweisung des Demonstrationswunders.[5] Diese durch den religionsgeschichtlichen Vergleich inspirierte Interpretation ist die genaue Umkehrung der älteren literarkritischen Sicht, nach der das eigentliche Gleichnis in V. 19–25 vorliegt, während der Schluß als spätere christliche Zufügung beurteilt wurde, wobei V. 26 als Überleitungsstück gebildet worden sei.[6] Doch scheinen alle diese Konstruktionen zu wenig gesichert. Auch der erste Teil weist gegenüber den Parallelen originäre Züge auf, die durchaus Jesus zuzuschreiben sind. Andererseits gehören die beiden Bestandteile des zweigipfligen Gleichnisses organisch zusammen: der Ruf zur Umkehr, der von Mose und den Propheten her ergeht (V. 29), ist vom Reichen, der den armen Lazarus vor seiner Tür wußte (V. 19f.), ausgeschlagen worden. Lukas hat es in einer Fassung vorgefunden, die es ihm ermöglichte, in V. 16–18 bereits das Gesetz und die Propheten zu erwähnen. Noch bedeutsamer dürfte es für ihn gewesen sein, daß diese Beispielerzählung veranschaulicht, was Luk. 6,20–26 als »Selig« und »Wehe« grundsätzlich ausspricht.[7]

19 Ohne Überleitung schließt sich das Gleichnis an die vorhergehenden Worte an, die Gesprächspartner sind die gleichen wie vorher. Jesus redet von einem Reichen (vgl. Luk.

[3] *H. Gressmann*, a. a. O.

[4] Jer. Chag. 77d; jer. Sanh. 23c.

[5] So *Joach. Jeremias*, a. a. O., 133, der meint, daß solche Zeichenforderung von den Sadduzäern ausgegangen sein wird, da der reiche Mann als Typus des sadduzäischen Menschen geschildert worden sei; ähnlich *H. W. Bartsch*, a. a. O., 184f.

[6] *A. Jülicher*, a. a. O., 634, spricht von zwei lose zusammenhängenden Teilen; modifiziert von *E. Hirsch*, Frühgeschichte II, 224–227, der bereits für das Urgleichnis an eine Gemeindebildung denkt, mit der Jesus unmittelbar nichts zu tun hat.

[7] Darauf verwies *H. Windisch*, Over Strekking en Echtheid der Lazarus-Parabel, NThT 14, 1925, 343–360.

12,16ff.). Dieser macht das Leben zu einem einzigen Freudenfest: *εὐφραινόμενος* (12,19; vgl. 15,23f. 32) *καϑ' ἡμέραν λαμπρῶς*. Man mag darin einen Widerspruch zum Gebot Ex. 20,9 sehen.[8] Sein Reichtum drückt sich in seiner Kleidung aus: Purpur ist ein Stoff, der zu königlichen Gewändern verarbeitet wurde; Byssosuntergewänder gelten als Luxus. **20–21** Der Arme, der vor dem Toreingang des Reichen seinen Platz hat, wird mit Zügen gezeichnet, die seine Hilflosigkeit betonen. Da er liegt, kann man ihn sich als gelähmt vorstellen. Geschwüre kennzeichnen ihn als schwerkrank.[9] Er möchte sich von Brotfladen nähren, die man in wohlhabenden Häusern zum Abwischen der Hände benutzte und danach unter den Tisch warf (vgl. Matth. 15,27). Wilde Hunde (unreine Tiere) plagen ihn. Der Name Lazarus, von El'azar = Gott hilft, ist kaum eine Anspielung auf die gleichnamige alttestamentliche Gestalt, die schwerlich verstanden worden wäre.[10] Vielmehr geht es um die Bedeutung des Namens. Er ist ein Armer, dessen einzige Zuversicht Gott mit seiner Hilfe ist (vgl. Luk. 6,20).

22 Nach dem Tode tragen Engel den Lazarus zu Abraham. Der Ausdruck *εἰς τὸν κόλπον 'Αβραάμ* besagt: er bekommt den Ehrenplatz an Abrahams Seite beim paradiesischen Festmahl. Vom Reichen hingegen wird gesagt, er sei begraben worden. Die Knappheit des Ausdrucks gegenüber den ausführlichen Schilderungen des Begräbnisses in den als Parallelen genannten ägyptischen und jüdischen Fassungen des Erzählstoffs verdient Beachtung.

23 Der Tod versetzt den Armen an den Ort der Seligkeit, den Reichen in den Hades, der als Ort der Pein beschrieben ist. Sowohl der Ausdruck Hades, der der hebräischen Sch^{e}ol entspricht, im Unterschied zur Gehenna, der Hölle, wie auch die Nichterwähnung des göttlichen Gerichts deuten darauf hin, daß der Erzähler eher an einen Zwischenzustand denkt.[11] Die beiden Bereiche des Paradieses und des Hades liegen so beieinander, daß man vom einen aus in den anderen schauen und sich verständigen kann.[12] Dabei wird nicht irgendein Armer neben irgendeinen Reichen gesetzt, sondern der Reiche wird dem gegenübergestellt, der vor seinem Tor im Elend starb.

24 Der Reiche erhebt seine Stimme und ruft Abraham an. Er erinnert sich seiner Zugehörigkeit zu Abrahams Samen. Da im Paradies Quellen und Stöme entspringen,[13] bittet der Reiche, daß Lazarus seinen Finger feuchte und seine Zunge kühle. Der Hades ist wasserlos, und die feurige Hitze schafft Durstqualen.

25 Hatte Lazarus an Gut und Freude des Reichen kein Anteil, so wird diesem nun von Abraham Teilhabe an der Erquickung verweigert. Seine Zugehörigkeit zu Abraham wird nicht geleugnet; er redet ihn als Kind an. Doch das genügt nicht (vgl. Luk. 3,8), weil die Frucht der Umkehr fehlt, die in der dem Lazarus erwiesenen Hilfe bestanden hätte. Die

---

[8] *K. Bornhäuser*, a. a. O., 142.

[9] Dabei kann es sich nicht um einen Aussatz handeln, der ihn zum Unreinen machen würde, eher um den ägyptischen Aussatz (Ex. 9,10; Deut. 28,27).

[10] *C. H. Cave*, a. a. O., 323, denkt an Abrahams Knecht Gen. 15,2 und kombiniert damit Jes. 1,5 als Schilderung des Leidens.

[11] *Joach. Jeremias*, a. a. O., 132.

[12] Diese Vorstellung entspricht der Ausmalung der verschiedenen Abteilungen des Totenreiches in frühjüdischer Apokalyptik, aeth. Hen. 22,10; 4. Esra 7,36 (vgl. Str.-B. IV, 1114f.).

[13] Vgl. aeth. Hen. 22,9.

Worte Abrahams deuten eine umkehrende Vergeltung an: »Gedenke, daß du deine Güter in deinem Leben hingenommen hast.«[14] Lazarus empfängt jetzt seinen Trost (vgl. Luk. 6,20b.21.24b). Diese Gegenüberstellung reiht sich ein in den bei Lukas betonten Gedanken der von Gott gewirkten Umkehrung: 1,53; 6,20–26; 14,11; 18,14. **26** Die in der Antwort Abrahams sich anschließende Beschreibung leitet zum zweiten Teil der Erzählung über. Sie ist die Voraussetzung für eine Ablehnung der Bitte. Zwischen dem Bereich, in dem sich Lazarus befindet, und dem Hades ist ein tiefer Spalt, der unüberschreitbar ist. Er scheint – wie das Verb *διαπερᾶν,* aber auch *διαβαίνειν* (vgl. Hebr. 11,29) andeutet – mit Wasser gefüllt zu sein. **27** Noch einmal bittend redet der Reiche Abraham als Vater an, um die Entsendung des Lazarus in das Haus seines Vaters zu seinen Brüdern zu erreichen. Gedacht ist an eine leibliche Wiederkehr des Toten.[15] **28** Daß es fünf Brüder sind, die er vor dem gleichen Geschick bewahren will, hat keine allegorische Bedeutung, sondern ist als runde Zahl zu werten. Lazarus soll als Zeuge vor ihnen erscheinen, der sie zur Umkehr ruft, indem er ihnen das Schicksal ihres Bruders bezeugt.[16] **29** Die Bitte wird abgelehnt mit dem Hinweis auf Mose und die Propheten (vgl. Luk. 10,25ff.; 18,20). **30** Der Reiche erhofft sich die Umkehr seiner Brüder von einer Totenerscheinung. **31** Die Antwort Abrahams bedeutet eine Zeichenverweigerung (vgl. zu Mark. 8,12; ferner Luk. 11,16.29f.; Joh. 6,30; 1. Kor. 1,22). Nicht das Zeichen, sondern das Wort überwindet den Menschen zum Glauben aus Freiheit. Die Formulierung (vgl. besonders *ἐκ νεκρῶν ἀναστῇ*) könnte von der Erfahrung der Gemeinde mitbestimmt sein, daß auch die Auferstehung Jesu den Unglauben nicht zu überwinden vermochte.

7. Regeln für die Jünger
17,1–10; Matth. 18,6–7.15–17.21.22; 17,20; vgl. Mark. 9,42; 11,23*

(1) Er sprach aber zu seinen Jüngern: »Es ist unmöglich, daß nicht Ärgernisse kommen. Aber wehe dem, durch den sie kommen. (2) Es wäre ihm besser, wenn ein Mühlstein um seinen Hals gelegt und er ins Meer geworfen würde, als daß er Anstoß gebe einem von diesen Kleinen.

(3) Habt acht auf euch selbst! Wenn dein Bruder sich verfehlt, halte es ihm vor, und wenn er umkehrt, vergib ihm. (4) Und wenn er siebenmal am Tage sich gegen dich verfehlt und siebenmal zu dir zurückkehrt und sagte: Ich kehre um, so vergib ihm.«

(5) Und es sprachen die Apostel zum Herrn: »Mehre uns den Glauben!« (6) Es sprach aber der Herr: »Wenn ihr Glauben hättet wie ein Senfkorn, würdet ihr zu diesem Feigen-

[14] So die Wiedergabe durch *K. Bornhäuser*, a. a. O., 149; ähnlich die Deutung des *ἀπολαμβάνειν* bei H. W. Bartsch, a. a. O., 186.

[15] Das Verlangen danach ist in der ganzen Antike verbreitet: zum Judentum vgl. Str.-B. II, 233; zum Hellenismus: *E. Klostermann*, Komm., 169.

[16] Ein Zusammenhang mit der Erweckung des Lazarus Joh. 11, den noch *H. W. Bartsch* annimmt (a. a. O., 184), ist selbst bei der Annahme einer literarischen Abhängigkeit von johanneischer und lukanischer Überlieferung zu weit hergeholt.

* Lit.: *A. Jülicher*, Gleichnisreden II,11–23 – *W. Pesch*, Der Lohngedanke in der Lehre Jesu, MThSt I,7, München 1955, 20–22 – *W. Trilling*, Hausordnung Gottes, BG II,10, Leipzig 1960, 27–31, 37–39, 50–53 – *D. Lührmann*, Redaktion, 111–114 – *S. Schulz*, Spruchquelle, 320–322, 465–468 – *P. S. Minear*, A Note on Luke 17,7–10, JBl 93, 1974, 82–87 – *H. Merklein*, Gottesherrschaft, 132, 247–249.

baum sagen: Entwurzele dich und pflanze dich ins Meer. Und er würde euch gehorchen.

(7) Wer aber von euch, der einen Knecht hat, der pflügt oder weidet, wenn er vom Acker kommt, wird ihm sagen: Sofort komm her und lege dich (zu Tisch)? (8) Sondern wird er ihm nicht sagen: Bereite zu, was ich essen werde, und gürte dich, um mir (bei Tisch) zu dienen, bis ich gegessen und getrunken habe, und danach iß und trink (auch) du! (9) Entbietet er etwa dem Knecht Dank, daß er das Befohlene getan hat? (10) So auch ihr, wenn ihr alles getan habt, was euch befohlen war, sagt: Wir sind armselige Knechte, was wir zu tun schuldig waren, haben wir getan.«

V. 2: Während die meisten Handschriften *λίϑος μυλικός* lesen, hat die Koinegruppe, wohl unter Einfluß von Mark. 9,42, *μύλος όνικός* (Eselsmühlstein). – V. 10: Alle Zeugen außer dem syr^{sin} lesen *ἀχρεῖοι* hinter *δοῦλοι*. Die Lesart ist vor allem sachlich umstritten. Während *E. Hirsch* meinte, der Zusatz verderbe den Sinn des Gleichnisses, »da die Erfüllung all der harschen und strengen Befehle, die die ganze Rede bringt, nichts als eine nackte Pflichterfüllung ist« (Frühgeschichte II, 154), war *A. Schlatter* der Auffassung, *ἀχρεῖοι* sei unvermeidlich zum Anstoß geworden, »nachdem das jüdische Verdienst auch in der Kirche die übliche Moral geworden war« (Kommentar, 287).

Der zweite große Abschnitt des Reiseberichts, der in 13,22 mit einem Hinweis auf Jesu Wanderung eröffnet wurde und mit Beispielen der Lehre Jesu ausgefüllt war, wird in diesem Stück mit einer Komposition aus drei Spruchgruppen und einem Gleichnis abgeschlossen. Danach nimmt Lukas wieder den Faden der Wanderung nach Jerusalem auf.

Die Sprüche vom Anstoß, von der Vergebung und vom Glauben begegnen auch bei Matthäus, der die beiden ersten in einen übergreifenden Zusammenhang eingebettet hat. Lukas dürfte sie aus Q übernommen haben.[1] Weitgehend anerkannt ist, daß Lukas Reihenfolge, Struktur und auch Wortlaut der Vorlage aufs ganze gesehen besser wiedergibt als Matthäus.[2] In ihrer jetzigen Gestalt ist die Spruchreihe eine Jüngerlehre Jesu. Diese Zuordnung ist nicht nur für das knapp gerahmte Logion V. 5f., sondern auch für die in V. 3f. gegebene Frömmigkeitsregel fraglos, in der die Gemeinde den charakteristischen Unterschied ihrer Frömmigkeit gegenüber ihrer Umgebung erkennt.[3] Ein anderes Bild ergibt sich bei V. 1f., wo es sich ursprünglich um eine an die Gegner Jesu gerichtete Warnung gehandelt haben könnte. Ein differenziertes Urteil ist auch für das abschließende Gleichnis erforderlich, das aus SLk übernommen ist. Es wendet sich gegen eine am Lohnanspruch orientierte Frömmigkeit, wie sie Jesus in seiner Umwelt, vor allem im Kreise der Pharisäer antraf.[4] In der lukanischen Fassung ist daraus eine an die Jünger gerichtete Mahnung geworden, die sich an die *ἀπόστολοι* wendet (Anrede V. 5) und möglicherweise die Beschreibung des Sklavendienstes gleichnishaft für die apostolische Tätigkeit nimmt.[5] Umstritten ist dabei, ob der die Perspektive wechselnde V. 10 von Anfang an mit dem Gleichnis verbundene Anwendung oder nachgeschicktes lukanisches Kommentarwort

---

[1] *D. Lührmann*, a. a. O., 111; *S. Schulz*, a. a. O., 320, 465f. – Ferner *E. Hirsch*, Frühgeschichte II, 153, wo an einen vorgegebenen Zusammenhang von 16,12–18 und 17,1f. gedacht ist.

[2] So außer *S. Schulz*, a. a. O.; *G. Schneider*, Komm., 345; *H. Merklein*, a. a. O., 247. Zur kompositionellen Gestaltung durch Matthäus vgl. *W. Trilling*, a. a. O.

[3] *R. Bultmann*, Synoptische Tradition, 156f.

[4] *W. Pesch*, a. a. O. – Selbst *A. Jülicher* sieht Jesus hier in der gleichen Frontstellung wie Paulus und formuliert: »Das Wesen evangelischer Sittlichkeit ist meisterhaft in diesen Versen umschrieben« (a. a. O., 23).

[5] *P. S. Minear*, a. a. O., 83f.

ist.[6] Indem Lukas das Gleichnis auf den Dienst der Apostel und Gemeindevorsteher bezieht, ergibt sich ein übergreifender Zusammenhang, der von einer Pflichtenlehre für die Jünger (V. 1–4), ihrem Glauben (V. 5–6) und ihrem Dienst (V. 7–10) handelt.

1 Die Jüngerbelehrung setzt mit einer von Lukas häufiger gebrauchten Formulierung ein (vgl. 9,14; 12,22; 17,22; vgl. 16,1). Sie beginnt mit zwei Sprüchen über die Sünden. Zunächst geht es um jene, durch die man an anderen schuldig wird, sodann um die, durch die andere sich an den Angeredeten verfehlen. Über den Jüngerkreis Jesu hinaus sind dabei die Christen im Blick. Ihre Sünde besteht in dem Anstoß, den sie bereiten und der Anlaß zum Aufgeben des Glaubens und zur Verführung zur Sünde werden kann.[7] Dabei liegt der Nachdruck darauf, daß die Verführung durch den Verführer vermittelt wird (*διά* mit Gen.). Mit dem Lukas eigenen *ἀνένδεκτόν ἐστιν* (vgl. 13,33: *οὐκ ἐνδέχεται*) wird von der Unvermeidlichkeit solcher Anstöße gesprochen und mit dem Ernst des aus prophetischer Rede stammenden Wehe vor ihnen gewarnt. **2** Von dem, über den das Wehe ergeht, wird gesagt, es wäre ihm besser, er stürbe, als daß er andere verführe. Das wird mit dem Bild vom Mühlstein ausgesprochen (vgl. Mark. 9,42). Die, die durch den Anstoß verführt werden können, werden die Kleinen genannt. Während der Ausdruck bei Matthäus auf die Kinder bezogen ist (vgl. den Kontext von Matth. 18,1–6), denkt Lukas dabei an die Glieder der Gemeinde; die Bezeichnung *μικροί* hat den gleichen Sinn wie *πτωχοί*.

3 Die Mahnung, auf sich selbst achtzugeben, leitet über zu einer im Gesetzesstil formulierten Weisung, wie sich die Jünger verhalten sollen, wenn in ihren Reihen Sünde geschieht. Die Kennzeichnung *ὁ ἀδελφός σου* (vgl. 6,41 f.) macht deutlich, daß an den Kreis der Jünger gedacht ist.[8] Ihre Schuld wird nicht als bedeutungslos angesehen. *ἐπιτιμᾶν* heißt tadeln, schelten, aber auch ernstlich zureden, um ein Tun zu beendigen. **4** Daß dies nicht nur einmal, sondern jedesmal geschehen soll, zeigt der zweite Teil des Spruches,[9] der die an den Jüngern geschehene schuldhafte Tat klar ins Auge faßt. Das *ἑπτάκις* ist nicht kasuistisch zu verstehen (vgl. Ps. 119, 164), sondern will in paradoxer Redeweise deutlich machen, daß es für die Vergebung im Falle der Umkehr[10] keine Grenze gibt. Im Unterschied zu Matthäus kann von Kirchenzucht hier keine Rede sein.[11]

5 Wiederum eindeutig lukanische Züge trägt der Neueinsatz mit der Bitte der Jünger (*ὁ κύριος* für Jesus, *οἱ ἀπόστολοι* für die Jünger). Wenn sie darum bitten, daß ihrem Glauben

---

[6] Im ersteren Sinne *H. Merklein*, a. a. O., 132, im letzteren *P. S. Minear*, a. a. O., 87.

[7] *E. Hirsch*, Frühgeschichte II, 153, betont zu Recht, daß die Skandala als Störungen des Glaubens bei den Kleinen und Schwachen »durch ethisches Versagen der tragenden und verantwortlichen Christen, auf die sie schauen« ausgelöst werden.

[8] *W. Trilling*, a. a. O., 38, sieht den Unterschied zu Matthäus darin, daß es hier nicht um die Verfehlung gegenüber dem Bruder geht, sondern um das Faktum der Sünde (in der Gemeinde) als solchem.

[9] *R. Bultmann*, Synoptische Tradition, 90, sieht in ihm eine spätere Erweiterung von V. 3.

[10] Hier mag man mit *G. Schneider*, Komm., 347, das Interesse des Lukas am Bekehrungsvorgang erkennen: Umkehr ist Ausdruck der Reue, durch die man Vergebung erlangt.

[11] *H. Merklein*, a. a. O., 247, sieht im kompromißlosen Bemühen um den reuigen Bruder den jesuanischen Kern der Überlieferung.

zugelegt werde (*προστίϑημι* ist lukanisches Vorzugswort), so wird vorausgesetzt, daß die Jünger Glaubende sind. Das hier vorliegende Verständnis steht 1. Kor. 12,9 nahe: dort ist *πίστις* ein vom Geist verliehenes Charisma. **6** Jesu Antwort enthält ein Bild, das den Charakter eines verblüffenden Paradoxons trägt. Auch der kleinste Glaube, der die Größe eines Senfkornes, des kleinsten Korns (Mark. 4,31), hat, vermag zu wirken, was für Menschen unmöglich ist. Dieses für Menschen Unmögliche wird am Bild der Sykamine, des schwarzen Maulbeerbaums, veranschaulicht. Die Wurzelkraft der Sykamine gilt als besonders stark. Man nahm an, ein solcher Baum könne bis zu 600 Jahre in der Erde stehen. Er wird auf das bloße Wort hin entwurzelt und ins Wasser des Sees verpflanzt.[12]

7 Die unmittelbar anschließende (also nach Lukas vom Kyrios den Aposteln zugesprochene) Gleichnisrede gehört in die Reihe der »Wer von euch«-Gleichnisse, die einen einfachen Lebensvorgang zum Inhalt haben, dessen Übertragung für das Urteilsvermögen der Hörer keine Schwierigkeit machen dürfte.[13] Es spricht vom Bauern, der einen Sklaven hat. Wenn der vom Felde, auf dem er gepflügt oder geweidet hat (beides auch Metaphern für den apostolischen Dienst, vgl. 1. Kor. 9,7.10; Apg. 20,28; 1. Petr. 5,2), am Abend müde heimkehrt, fordert ihn sein Herr nicht zum Mahl auf. **8** Er läßt sich – das wird sehr lebendig in direkter Rede ausgeführt – vielmehr von ihm das Mahl bereiten (*διακονεῖν*). **9** Für die Erfüllung seiner Pflicht empfängt er keinen Dank; sie ist selbstverständlich. Das Gleichnis hat nicht den Tagelöhner vor Augen,[14] sondern das harte Verhältnis von Herrn und Sklaven, wie es in der Antike üblich war – freilich um damit etwas völlig anderes auszudrücken als das, was auf der Ebene des Sozialen liegt.[15] Wo das Verhältnis zu Gott ernst genommen wird, kann es keinen Anspruch auf Lohn und Dank geben. Die Gefahr der Übertragung des Lohngedankens ist auch von jüdischen Lehrern gesehen worden. Schon Antigonos von Socho (um 250 v. Chr.) wird die zur rechten Motivation mahnende Sentenz zugeschrieben: »Seid nicht wie die Knechte, die dem Herren dienen unter der Bedingung, daß sie Lohn empfangen, sondern vielmehr wie Knechte, die dem Herren dienen unter der Bedingung, daß sie keinen Lohn empfangen« (Abot I,3). Rabbi Jochanan ben Zakkai (20–90 n. Chr.) zielt mit seiner Warnung vor Überheblichkeit in die gleiche Richtung: »Wenn du viel Thora gelernt hast, dann halte dir darauf nichts zugute, denn dazu wurdest du geschaffen« (Abot II,8). Dennoch hat in der Vulgärfrömmigkeit zur Zeit des Neuen Testamentes die Lohnvorstellung eine verderbliche Wendung erfahren, gegen die sich der Einspruch Jesu richtet. **10** Die Schlußfolgerung hält sich im Rahmen der im Gleichnis entfalteten Situation. Die Akzentuierung ist wichtig: es wird nicht ausgedrückt, daß die Hörer Gottes Sklaven *seien*, sondern daß sie vor Gott *zu stehen hätten* wie Sklaven vor ihrem Herrn: ohne Anspruch.[16] Das umstrittene *ἀχρεῖος* (vgl. o. Textkritik) meint

---

12 Im Unterschied zum unter Juden gebräuchlichen Bild vom Berg, der sich ins Meer versenkt (vgl. Mark. 11,23; Matth. 17,20), handelt es sich hier um eine ungewöhnliche (deshalb wohl auch nachträglich unerfindliche) Bildrede.

13 Zu dieser Gruppe, zu der auch Luk. 11,11–13 Par.; 14,5 Par.; 11,5–8; 15,4–10 Par. gehört, vgl. *H. Greeven*, »Wer unter euch«, WuD 3, 1952, 96–101.

14 Die Wiedergabe mit Knecht bedeutet eine Abschwächung, wie *W. Pesch*, a. a. O., 20, zu Recht betont.

15 Beachtenswert ist auch der Kontrast zu dem Bild, in dem Jesus sich als Herr seiner Knechte darstellt und gerade das verrichtet, was der Herr in diesem Gleichnis nicht tut (12,37).

16 *W. Pesch*, a. a. O., 21.

wohl nicht faul oder unnütz (sie haben ja ihre Pflicht erfüllt), sondern eher armselig. Das Wort ist Ausdruck einer »Demut der Liebe, deren Begehren mit der getanen Pflicht noch nicht zur Erfüllung gekommen ist«,[17] und schließt so die Jüngerlehre eindrucksvoll ab.

C. Der dritte Abschnitt des Zuges Jesu nach Jerusalem 17,11–19,27

1. Die Heilung der zehn Aussätzigen und der dankbare Samaritaner 17,11–19*

(11) Und es geschah, als er nach Jerusalem zog, kam er selbst mitten durch Samarien und Galiläa. (12) Und als er in ein Dorf kam, begegneten ihm zehn aussätzige Männer, die von ferne standen; (13) und sie erhoben ihre Stimme und sprachen: »Jesus, Meister, erbarme dich unser!« (14) Und als er sie sah, sagte er zu ihnen: »Gehet hin und zeiget euch den Priestern.« Und es geschah, als sie hingingen, wurden sie rein. (15) Einer aber von ihnen, als er sah, daß er geheilt war, kehrte um und pries Gott mit lauter Stimme (16) und fiel auf sein Angesicht zu seinen Füßen und dankte ihm. Und das war ein Samaritaner. (17) Es antwortet aber Jesus und sprach: »Sind nicht zehn rein geworden? Wo aber sind die neun? (18) Haben sich keine gefunden, die umkehrten, um Gott die Ehre zu geben, außer diesem Fremdling?« (19) Und er sprach zu ihm: »Steh auf, geh hin, dein Glaube hat dich gerettet.«

V. 11: Die Fülle der Korrekturen an dieser Stelle zeigt, »daß man schon im Altertum die Topographie von 17,11 nicht verstanden hat« (*K. L. Schmidt*, Rahmen, 261). Als älteste Lesart dürfte *διὰ μέσον* (= mitten durch) gelten, was durch p[75], א, B, L bezeugt ist. Nur *μέσον* hat D, der vielleicht an eine Wanderung entlang der Grenze von Galiläa und Samaria denkt. Die meisten Handschriften (darunter A, W, Θ) lesen *διὰ μέσου* (= hindurch, zwischen). – V. 14: Der als stilgerecht empfundene und vermißte Heilungsbefehl wird in D und ausführlicher in einer Randlesart p[75] nachgetragen.

Die Erzählung ist durch Lukas in ihren jetzigen Zusammenhang hineingestellt worden. Auf ihn geht V. 11 im wesentlichen zurück (vgl. 9,51; 13,22), auch V. 19 ist wahrscheinlich lukanische Redaktionsarbeit (s. u.). Das verbleibende Kernstück gehört dem Sondergut zu. Vielleicht ist es dort mit 18,2–8a.10–14a unter dem Gesichtspunkt einer Belehrung über das Gebet zusammengeordnet gewesen: anbetender Dank, inständige, auf das Ende gerichtete Bitte, demütiges Bekenntnis der eigenen Schuld.[1]

Bereits die Wahl der Überschriften für diese Erzählung in den Kommentaren zeigt, daß die Akzente verschieden gesetzt werden. Man nennt sie die Perikope von der Heilung der

---

[17] *A. Schlatter*, Komm., 388.

* Lit.: *H. van der Loos*, Miracles, 494–503 – *O. Glombitza*, Der dankbare Samariter, NovTest 11, 1969, 241–246 – *R. Pesch*, Die Erzählung von der Heilung der zehn Aussätzigen, in: Jesu ureigene Taten, Freiburg 1971, 114–134 – *H. D. Betz*, The Cleaning of the Lepers, JBL 90, 1971, 314–328 – *W. Bruners*, Die Reinigung der zehn Aussätzigen und die Heilung des Samariters Lk 17,11–19, FzB 23, Würzburg 1977.

[1] *E. Hirsch*, Frühgeschichte II, 227f.

zehn Aussätzigen[2] oder vom dankbaren Samariter.[3] Tatsächlich wird weder eine Bestimmung als Heilungswunder noch als Apophthegma dem Charakter des Stückes gerecht. Dieses bildet vielmehr eine organische Einheit zweier einander zugeordneter Szenen: Heilung (V. 12–14) und »Umkehr« (V. 15–18). In dieser Struktur liegt auch der Unterschied zur Aussätzigenheilung Mark. 1,40–44, als deren Weiterbildung die vorliegende Erzählung nicht selten gewertet worden ist.[4] Wichtiger ist der Hinweis auf 2. Kön. 5,1–19. Der aussätzige Syrer Naeman und der aussätzige Samaritaner – beides Fremdstämmige (vgl. V. 18) – stehen nahe beieinander. Doch ist dort der Dank in das Bekenntnis (zum Gotte Israels) hineingenommen (2. Kön. 5,15ff.).

Die traditionsgeschichtliche Zergliederung meinte zwei Schichten erkennen zu können: eine vorzugsweise an der Heiltätigkeit des Wundermannes Jesu und der Reaktion darauf interessierte Kernerzählung 12–16a.17 und eine von antijüdischer Tendenz bestimmte Erweiterung 16b.18.[5] Während es ursprünglich nur um das Verhältnis 10:1, zehn Geheilte – ein Dankbarer, ging, sei auf der zweiten Stufe der Samaritaner eingeführt und sein Umkehren im Sinne christlicher Heilserfahrung gedeutet worden.[6] Dem wird entgegenzuhalten sein, daß die Beschreibung des Wirkens Jesu auf dem Hintergrund des jüdisch-samaritanischen Gegensatzes eher dem frühen als dem späteren (hellenistischen) Stadium der Traditionsentwicklung zuzuordnen ist. An eine spezifisch samaritanische Tradition wird man nicht zu denken haben, da die Perspektive der Erzählung eine nichtsamaritanische ist. Vielmehr dient die Herausstellung des Samaritaners dazu, den Universalismus des Jesusgeschehens zu bezeugen.

11 Lukas nimmt die Wandersituation Jesu wieder auf (vgl. zuletzt 13,22). Er betont zunächst, daß sich Jesus auf der Wanderung nach Jerusalem befindet, um diesen Satz damit zu erläutern, er ziehe mitten durch Samaria und Galiläa. Das sieht so aus, als sei seine Wanderung vom Süden her, von Jerusalem angeschaut. Die topographischen Schwierigkeiten haben *H. Conzelmann* zu einer Lösung veranlaßt, die von der Voraussetzung ausgeht, daß Lukas von Palästina keine unserem Kartenbild entsprechende Vorstellung gehabt habe. Vielmehr scheine er sich Galiläa und Judäa benachbart vorzustellen, so daß man zwischen beiden Landschaften hin- und hergehen könne; Galiläa stelle er sich von der Küste landeinwärts an Judäa stoßend und Samaria nördlich von Judäa vor.[7] Ältere topographische Lösungsversuche, die Lokalisierung in der Jesreelebene, durch die die Grenze mitten hindurch ging, erscheinen von daher problematisch.[8]

12 Die eigentliche Erzählung setzt ein Dorf in einem Gebiet voraus, in dem jüdische und samaritanische Aussätzige beieinander sein können. In Dörfern konnten sich Aussätzige aufhalten, während ihnen die zehn mauerumwehrten Städte und Jerusalem ver-

---

2 *H. van der Loos*, a. a. O., 502; *R. Bultmann*, Synoptische Tradition, 33.
3 *G. Schneider*, Komm., 350.
4 *R. Bultmann*, Synoptische Tradition, a. a. O.; ähnlich auch *H. D. Betz*, der a. a. O., 327, von einer »Parodie« dieser Heilungsgeschichte spricht.
5 *H. D. Betz*, a. a. O., 323–328; vgl. *J. Roloff*, Kerygma, 157.
6 So kommt es bei *H. D. Betz* zu dieser Tendenzbestimmung für die Erzählung: »The experience of the Christian miracle is identical to the experience of Christian salvatation« (a. a. O., 324).
7 Mitte der Zeit, 60–66.
8 *G. Dalman*, Orte und Wege, 223f.; *K. H. Rengstorf*, Komm., 200.

boten waren.[9] Sie gelten als von Gott Gestrafte (vgl. Num. 12,10; Deut. 28,27). Daß sie von ferne stehenbleiben, soll weniger den Abstand zum Wundertäter kennzeichnen[10] als der gesetzlichen Weisung entsprechen (Lev. 13,45f.). **13** Statt des Warnrufes »unrein« erheben sie ihre Stimme zur Bitte um Erbarmen. Sie reden Jesus mit Namen an und nennen ihn *ἐπιστάτα* (vgl. 5,5; 8,24.45; 9,33.49) – eine Anrede, die sonst nur im Munde der Jünger begegnet. Sollen die Bittenden an den Jüngerkreis herangerückt werden? Zu *ἐλέησον ἡμᾶς* in den Heilungsgeschichten vgl. 18,38. **14** Jesus weist sie zu den Priestern. Diese müssen durch ihre Reinerklärung die Wiederaufnahme der Kranken in die kultische und soziale Gemeinschaft Israels vollziehen (Lev. 14,2ff.). Dieser Zug stimmt mit Mark. 1,44 überein. Im Blick auf den Aufbau der Heilungserzählung ist er als retardierendes Moment (Glaubensprobe) aufgefaßt worden.[11] Die Schwierigkeit, daß der erst in V. 16b ausdrücklich erwähnte Samaritaner zum Berge Garizim, die übrigen wohl doch nach Jerusalem zu gehen haben,[12] wird im Bericht nicht reflektiert. Entscheidend ist, daß der Vollzug der Weisung auf dem Wege Heilung und Reinigung bewirkt (vgl. 2. Kön. 5,10–14).

15 Das *ὑποστρέφειν*, das (im absoluten Gebrauch) eine grundlegende Wendung bezeichnet, mag von den Lesern bald symbolträchtig im Sinne einer conversio aufgefaßt worden sein.[13] Wenn der zu Jesus Zurückkehrende Gott preist, versteht er Jesu Befehl als Gottes Tat. Als Geheilter ist er von Gott begnadigt. Wo Krankheit in ihrem religiös ausschließenden Charakter erfahren wird, ist Heilung Begnadung. **16** Die fußfällige Huldigung gilt Jesus als dem Herrn über die Krankheit. Betont wird gesagt: Und dieser war ein Samaritaner (vgl. 10,30–37). **17** In einer Doppelfrage fragt Jesus nach den anderen, die auch geheilt worden sind. Indirekt leitet er so von der großen Zahl der Geheilten zu dem einzelnen über, dessen Verhalten als Kontrast begriffen wird und der Erzählung ihr spezifisches Gewicht gibt. **18** Die dritte Frage (wie die erste verneinend eingeleitet) gibt dem Erstaunen Ausdruck, daß nur der Fremdgebürtige (aus jüdischer Perspektive formuliert) Gott lobpreist. **19** Der wohl nachträglich von Lukas angefügte Satz[14] bestätigt die im Verhalten des Geheilten sich ausdrückende *πιστις* als rettenden Glauben (vgl. 7,50). Der einleitende Befehl »Steh auf und geh!« weist ihn – denkt man an die lukanischen Parallelen (Apg. 8,26; 9,11; 10,20; 22,10) – in eine gleichsam missionarische Rolle ein. Die bereits mit der zweiten Szene gegebene Einladung zur Identifizierung mit dem Geheilten wird so verstärkt.

---

[9] Vgl. die Auslegung von Mark. 1,40–44.
[10] So *H. D. Betz*, a. a. O., 317.
[11] *G. Schneider*, Komm., 351.
[12] *H. van der Loos*, a. a. O., 497.
[13] *O. Glombitza*, a. a. O., 243; *H. D. Betz*, a. a. O., 318.
[14] Dazu *R. Pesch*, a. a. O., 121f.

2. Die Tage des Menschensohns 17,20–18,8

a) Jesu Antwort auf die Frage nach dem Kommen der Gottesherrschaft 17,20.21*

(20) Als er von den Pharisäern gefragt wurde, wann das Reich Gottes komme, antwortete er ihnen und sprach: »Das Reich Gottes kommt nicht in beobachtbarer Weise. (21) Auch wird man nicht sagen: siehe hier oder dort (ist es). Siehe, das Reich Gottes (mitten) unter euch ist es!«

Mit der Pharisäerfrage nach dem Kommen der Königsherrschaft Gottes wird innerhalb des Reiseberichts eine neue, die eschatologische Thematik aufgenommen.[1] Das knappe apophthegmatische Stück ist einer umfänglichen apokalyptischen Jüngerbelehrung (17,22–37) vorangestellt. Für eine im wesentlichen lukanische Bildung scheint zu sprechen, daß die Frage nach dem Zeitpunkt des Eschatons bei Lukas wiederholt gestellt wird: 17,20; 19,11; 21,7; Apg. 1,6, wobei die Antwort Jesu jeweils verschieden ist.[2] Dem vorliegenden Logion steht die knappe Abweisung in Apg. 1,7 am nächsten. Entnimmt man der Antwort Jesu ein wie immer geartetes präsentisches Verständnis der Gottesherrschaft, so bildet sie ein Gegengewicht zu den futurischen Aussagen des mit V. 22 eröffneten Folgestücks. Soll dem »Kommen des Reiches«, das künftig bleibt, seine gegenwärtige Manifestation gegenübergestellt werden?[3] Oder steht der glücklichen Gegenwart, in der die Gottesherrschaft im Wirken Jesu da ist, die düstere Zukunft gegenüber, wo sie verschwunden ist?[4] Auch als eine Bildung des Lukas, die sich gegen die in urchristliche Kreise eingedrungene jüdische Erwartung, die Parusie des Messias werde sich in der Passanacht (»Nacht der Beobachtung«) vollziehen, ist das Stück gedeutet worden.[5] Wo man die Einheit als traditionell ansieht und dem Sondergut des Lukas zuordnet,[6] muß man für die Einleitung (V. 20a) mit redaktioneller Bildung rechnen.[7] Die Adressierung an die

---

* Lit.: *G. Dalman*, Worte Jesu, 116–119 – *B. Noack*, Das Gottesreich bei Lukas, SyBU 10, Uppsala 1948 (vgl. ThLZ 75, 1950, Sp. 32) – *E. Percy*, Die Botschaft Jesu, Lund 1953, 216–223 – *H. Conzelmann*, Mitte der Zeit, 111–116 – *W. G. Kümmel*, Verheißung und Erfüllung, 26–29 – *A. Strobel*, Die Passa-Erwartung als urchristliches Problem in Lc 17,20f., ZNW 49, 1958, 157–196 – *A. Rüstow*, Ἐντὸς ὑμῶν ἐστιν. Zur Deutung von Lukas 17,20–21, ZNW 51, 1960, 197–224 – *F. Mußner*, »Wann kommt das Reich Gottes?« Die Antwort Jesu nach Lk. 17,20b.21, BZ 6, 1962, 107–111 – *R. Sneed*, The Kingdom of God is within you (Lk 17,21), CBQ 24, 1962, 363–382 – *W. Schenk*, Naherwartung und Parusieverzögerung, in: TheolVers IV, Berlin 1972, 47–69 – *R. Geiger*, Die lukanischen Endzeitreden, EHSchrTh 16, Frankfurt a. Main, 1973, 29–52 – *M. Völkel*, Zur Deutung des Reiches Gottes bei Lukas, ZNW 65, 1974, 57–70 – *H. Merklein*, Gottesherrschaft, 122–125.

[1] Eine Verknüpfung mit dem vorhergehenden Abschnitt ist nicht gegeben. Daß die Heilung Aussätziger der Erweckung Toter gleichkommt und darum ein eschatologisches Zeichen ist (so *W. Grundmann* in früheren Aufl. dieses Komm.), dürfte Lukas schwerlich bewußt gewesen sein.

[2] *H. Conzelmann*, Mitte der Zeit, 111.

[3] *H. Conzelmann*, Mitte der Zeit, 114.

[4] So *B. Noack*, a. a. O., 39ff.

[5] *A. Strobel*, a. a. O., bes. 164–171,176–178.

[6] *W. G. Kümmel*, a. a. O., 26.

[7] *H. Merklein*, a. a. O., 122; *Joach. Jeremias*, Komm., 206.

Pharisäer macht Schwierigkeiten, es sei denn, man wolle sie als Rätselwort auffassen.[8] Dem steht die durchsichtige, geradezu didaktische Struktur entgegen: auf zwei negative Aussagen (V. 20b/21a) folgt eine positive (21b), die die Negation der beiden vorausgehenden in sich schließt. Dadurch nähert sich das Stück einem regelrechten Lehrspruch.

Die Frage nach der Gottesherrschaft und eine Antwort Jesu darauf sind auch im Thomasevangelium enthalten. Das entsprechende Logion Nr. 112 (113) lautet dort: »Seine Jünger sprachen zu ihm: An welchem Tage kommt das Königreich? (Jesus sprach:) Es kommt nicht, indem man es erwartet. Sie werden nicht sagen: Siehe (jetzt ist es) hier oder siehe (jetzt ist es) dort. Sondern das Königreich des Vaters ist über die Erde ausgebreitet, und die Menschen sehen es nicht« (25). Noch eindeutiger ist die Spiritualisierung in einem Logion, das die Antwort Jesu aufnimmt (Nr. 2): »Jesus sprach: Wenn die, die euch zeihen, euch sagen: Siehe das Königreich ist im Himmel, so werden die Vögel des Himmels euch voraus sein. Aber das Königreich ist inwendig in euch und außerhalb von euch. Wenn ihr euch selbst erkennt, dann werden sie euch erkennen, und ihr werdet wissen, daß ihr die Söhne des lebendigen Vaters seid. Wenn ihr euch aber nicht selbst erkennt, dann seid ihr in Armut, und ihr seid die Armut« (10). Beide Logien, die die lukanische Tradition voraussetzen, sind Zeugnisse der radikalen (gnostischen) Spiritualisierung, der bald eine gemäßigte kirchliche Deutung an die Seite tritt.[9]

20 Pharisäer stellen Jesus vor die Frage nach dem Kommen der Königsherrschaft Gottes. Ihre Anfrage trägt keinen versucherischen Charakter, sie ist vielmehr auf eine Belehrung durch Jesus aus, dem prophetisches Wissen zugetraut wird. Jesus lehnt jede Möglichkeit ab, das Kommen des Gottesreiches festlegen zu können. Der dabei verwendete Begriff *παρατήρησις* wird vor allem für astronomische Beobachtungen gebraucht. Das würde bedeuten: das Kommen der Herrschaft Gottes kann nicht an himmlischen Zeichen abgelesen werden. Er hat aber auch einen technisch-kalendarischen Sinn. Legt man ihn zugrunde, so richtet sich die Abweisung auf die zeitliche Bestimmbarkeit.[10] Eine temporal bestimmbare oder berechenbare Zukünftigkeit wird damit abgelehnt. **21** Sowenig das Reich Gottes an einen Termin gebunden ist, sowenig ist es lokal fixierbar. Man wird nicht auf einen Bereich hinweisen können, in dem es sich vollziehen wird (Futur: *ἐροῦσιν*). Die Ablehnung einer räumlichen Fixierbarkeit schließt die politische Form der Erwartung ein, die das Reich Gottes als das messianische Reich Israels versteht. Der Sinn der positiven Aussage muß sich e contrario eingrenzen lassen. Dem Reiche Gottes eignet weder eine vorausbestimmbare Zukünftigkeit noch eine künftige lokale Bestimmbarkeit. Es verbleibt jedoch die Alternative: entweder zukünftig und zugleich »überräumlich« (transzendent) oder aber deshalb nicht vorausbestimmbar, weil schon jetzt (verborgen) vorhanden. Ein weiterführendes Kriterium stellt die Interpretation der Wendung *ἐντὸς*

[8] *F. Mußner*, a. a. O., 110.

[9] Vgl. zu dieser die Geschichte der Auslegung bei *B. Noack*, a. a. O., 3–38.

[10] Eine spezifische Auffassung geht dabei von der Wiedergabe der Stelle Ex. 12,42 bei den jüdischen Übersetzern Aquila, Theodotion und Symmachus aus, die die Passanacht als »Nacht der Beobachtung« (*παρατήρησις*) bezeichnen, was zur Annahme führt, das Logion polemisiere gegen die Verbindung von Passanacht und Parusie (erster und zweiter Erlösung); dazu außer *A. Strobel*, a. a. O., 173, die Belege bei *G. Dalman*, Jesus-Jeschua, 114.

ὑμῶν ἐστιν dar. Daß hier statt des bei Lukas viel häufigeren *ἐν μέσῳ* (vgl. 2,46; 8,7; 10,3; 21,21; 22,27.55; 24,36) das seltene *ἐντὸς ὑμῶν ἐστιν* gebraucht wird, kann nicht ohne Absicht geschehen sein.[11] Der inzwischen untersuchte Sprachgebrauch von *ἐντός* c. gen. scheint für einen präsentischen Sinn zu sprechen. Die Verwendung in Papyrustexten legte die Wiedergabe mit »im Verfügungsbereich von« nahe.[12] Die umfängliche Musterung zeitgenössischer griechischer Belege führt zur Übersetzung »im Wirkungsbereich von«.[13] Wenn die Königsherrschaft Gottes sich bis in den Wirkungsbereich der Angeredeten hin ausdehnt, dann ist sie in der Geschichte Jesu für die Anwesenden zur Gegenwart geworden. Dies kommt der älteren Deutung der Aussage: »die Gottesherrschaft ist in eurer Mitte da«,[14] nahe.

b) Die kommenden Tage des Menschensohns 17,22–37; Matth. 24,26–28.37–41; 10,39*

(22) Er sagte aber zu den Jüngern: »Kommen werden Tage, an denen ihr begehren werdet, einen der Tage des Menschensohns zu sehen, und ihr werdet (ihn) nicht sehen. (23) Und sie werden zu euch sagen: Siehe dort, siehe hier. Gehet nicht hin und jagt nicht nach! (24) Denn wie der Blitz aufleuchtet von einem Ende des Himmels bis zum anderen, so wird der Menschensohn sein an seinem Tage. (25) Zuerst aber muß er viel leiden und verworfen werden von diesem Geschlecht. (26) Und wie es war in den Tagen des Noah, so wird es sein auch in den Tagen des Menschensohns: (27) Sie aßen, sie tranken, sie heirateten, sie ließen sich heiraten bis zu dem Tage, an dem Noah in die Arche ging, und es kam die Sintflut und verdarb alle. (28) Gleicherweise wie es war in den Tagen Lots: Sie aßen, sie tranken, sie kauften, sie verkauften, sie pflanzten, sie bauten. (29) Am Tage aber, als Lot herausging aus Sodom, regnete es Feuer und Schwefel vom Himmel und verdarb alle. (30) Ebenso wird es an dem Tage sein, an dem der Menschensohn sich offenbart. (31) Wer an jenem Tage auf dem Dach sein wird und seine Sachen im Hause hat, steige nicht herab, sie zu holen, und ebenso wer auf dem Felde ist, wende sich nicht rückwärts. (32) Gedenket der Frau Lots. (33) Wer sein Leben zu erhalten sucht, wird es verlieren, wer aber es verliert, wird es lebendig erhalten. (34) Ich sage euch: In dieser Nacht werden zwei auf einem Bette sein, der eine wird angenommen werden, der andere wird zurückgelassen werden. (35) Zwei werden zusammen mahlen: die eine wird angenommen werden, die andere zurückgelassen werden.« (37) Und sie antworteten und sprachen zu ihm: »Wo, Herr?« Er aber sagte zu ihnen: »Wo das Aas ist, da sammeln sich die Geier.«

[11] *G. Dalman*, a. a. O., 119; *W. G. Kümmel*, a. a. O., 28; vgl. auch *A. Strobel*, a. a. O., 157.
[12] *Colin H. Roberts*, HarvTheolRev 41, 1948, 1–8.
[13] *A. Rüstow*, a. a. O., bes. 206–216.
[14] Aufgeführt bei *W. G. Kümmel*, a. a. O., 28.

* Lit.: *H. Conzelmann*, Mitte der Zeit, 111–116 – *E. Gräßer*, Die Parusieverzögerung in den synoptischen Evangelien und der Apostelgeschichte, BZNW 22, Berlin-West 1957, 170–172 – *D. Lührmann*, Redaktion, 71–83 – *R. Schnackenburg*, Der eschatologische Abschnitt Lk. 17,20–37, in: Mélanges Bibliques, Festschr. f. B. Rigaux, Gembloux 1970, 213–234 = Aufsätze und Studien zum Neuen Testament, Leipzig 1973, 326–348 – *P. Hoffmann*, Logienquelle, 37–42 – *S. Schulz*, Spruchquelle, 277–287, 444–446 – *D. Lührmann*, Noah und Lot, (Lk. 17,26–29) – ein Nachtrag, ZNW 63, 1972, 130–132 – *J. Zmijewski*, Die Eschatologiereden im Lukas-Evangelium, BBB 40, Bonn 1972, 326–540 – *J. Schlosser*, Les jours de Noé et le Lot, RevBibl 80, 1973, 13–36 – *A. Polag*, Christologie, 11f., 95f., 99–102 – *D. Zeller*, Der Zusammenhang der Eschatologie in der Logienquelle, in: Gegenwart und kommendes Reich, Schülerfestschr. f. A. Vögtle, Stuttgart 1975, 67–77 – *X. Léon-Dufour*, Luc 17,33, RScRel 69, 1981, 101–112.

V. 36: Den beiden Beispielen für die Trennung im Zeitpunkt der Parusie fügen eine Reihe von Zeugen, vor allem des westlichen Textes (D, lat, syr), ein drittes an: »Zwei werden auf dem Felde sein, einer wird angenommen, der andere zurückgelassen werden.« In enger Anlehnung an Matth. 24,40 wird so aus dem Beispielpaar eine Dreiergruppe. Die große Mehrheit der Handschriften enthält diesen Vers nicht.

Der Frage nach dem Kommen der Herrschaft Gottes und ihrer Beantwortung läßt Lukas als Jüngerbelehrung eine apokalyptische Rede folgen. Ihr liegt eine eschatologische Spruchfolge zugrunde, die vom Kommen des Menschensohns handelt.[1] Auf die lukanische Arbeit am Text gehen zurück: die Einleitung V. 22, der eingefügte V. 25, der die dritte Leidensankündigung im »Reisebericht« darstellt, sowie die abschließende Frage V. 37a, vielleicht auch der an Markus anklingende V. 31 samt dem Hinweis auf die Frau des Lot in V. 32.[2] Was verbleibt, dürfte dem Kern nach die Apokalypse der Logienquelle sein, die Lukas aus Q übernahm.[3] Man kann in ihr das Gegenstück zur kleinen Apokalypse Mark. 13 sehen, mit der sie sich berührt.[4] Das beherrschende Motiv ist nicht so sehr die Nähe wie die Plötzlichkeit des Eintretens der Parusie. Diese Zielrichtung kommt dem heilsgeschichtlichen Denken des Lukas entgegen und erleichtert die Integration in einen paränetischen Abschnitt. Während Lukas die apokalyptische Rede Jesu im vorliegenden Zusammenhang auf der Basis von Q darbietet, bringt er in Kap. 21 an gleicher Stelle wie Markus und im Anschluß an dessen Vorlage eine weitere Endzeitrede. Er wendet also das gleiche Verfahren an wie bei den Aussendungsreden und den Weherufen über Pharisäer und Schriftgelehrte, während jeweils Matthäus beide Überlieferungen in einer Rede zusammenfaßt.

Von der Komposition aus ergibt sich bei Lukas ein klar aufgebautes Redestück: V. 22 Einleitung; V. 23f. das Kommen des Menschensohns als unübersehbares Ereignis; V. 25 Notwendigkeit vorhergehenden Leidens; V. 26–30 das Kommen des Menschensohns als völlig überraschendes Ereignis (Doppelbeispiel: Gericht durch Wasser und Feuer); V. 31–36 Warnung, das Heil im Augenblick der Scheidung zu verspielen (Drohwort mit Beispielen der Scheidung); V. 37 Schlußwort. Lukas, der die polemische Abweisung der apokalyptischen Terminfrage in V. 20.21 vorangehen ließ, hat die Spruchfolge als Anrede an die Gemeinde verstanden und das Gefälle zum Paränetischen verstärkt. Er hat sie »aus der Situation, in der sie Jesus vortrug, in die der Gemeinde übersetzt«.[5]

22 Der einleitende Satz markiert einen Neueinsatz wie 12,1.22; 16,1. Jesus spricht nicht mehr zu den Pharisäern, sondern wendet sich an die Jünger. An eine esoterische Belehrung ist jedoch keineswegs gedacht (vgl. Luk. 21,5ff.). Seine Worte beginnen mit dem lukanischer Diktion entsprechenden[6] *ἐλεύσονται ἡμέραι* (vgl. Luk. 5,35; 21,6; 23,29).

[1] *R. Schnackenburg*, a. a. O., 329, meint, daß diese zwischen dem Kommen des Menschensohns und dem Kommen des Gottesreiches nicht differenziert habe.
[2] Vgl. die Analyse von *R. Schnackenburg*, a. a. O., 344ff., und *S. Schulz*, a. a. O., 280ff.; vgl. auch *E. Hirsch*, Frühgeschichte II, 155–159.
[3] Vgl. die Analysen von *D. Lührmann* und *P. Hoffmann*, a. a. O.
[4] Dazu *E. Gräßer*, a. a. O., 170; *S. Schulz*, a. a. O., 282f. Als letzte große Spruchgruppe der Logienquelle wird sie von *A. Polag*, a. a. O., 11, angesehen.
[5] *R. Schnackenburg*, a. a. O., 343.
[6] *Joach. Jeremias*, Komm., 266.

Damit sind in jedem Fall Tage des Schreckens gemeint (vgl. auch Jes. 39,6). Die hier vorliegende Perspektive ist offenbar diese: Den Tagen der verborgenen Gegenwart der Gottesherrschaft im Wirken Jesu (V. 21) folgt eine Wartezeit. Dem offenbaren Erscheinen des Gottesreiches in der Zukunft geht eine Zeit der Bedrängnis und Bedrohung voraus. In ihr werden die Jünger nach einem der Tage des Menschensohns verlangen. Der Ausdruck *ἡμέραι τοῦ υἱοῦ τοῦ ἀνθρώπου* entspricht dem in jüdischer Apokalyptik erwarteten »Tagen des Messias«[7] und ist daher wohl nicht rückschauend, sondern futurisch gemeint.[8] Die Entsprechung zu den Tagen des Noah und des Lot V. 26.28 ist eher formal. Die Betonung *μίαν τῶν ἡμερῶν* zeigt die Dringlichkeit des Verlangens. **23** Die jetzt einsetzende eigentliche Belehrung (vgl. Matth. 24,26) warnt vor der Vorstellung, die Gottesherrschaft ließe sich unbemerkt an einem Ort nieder. **24** Das Kommen des Menschensohns an seinem Tage (bei der Parusie) ist unübersehbar und zugleich überraschend. Es gleicht einem Blitz, der über den Himmel zuckt von einem Ende des Horizonts bis zum anderen (Horizont: *ἐκ τῆς ὑπὸ . . . εἰς τὴν ὑπ'* – die Punkte, wo der Himmel nach dem antiken Weltbild auf der Erde aufruht). Dabei ist gewiß an eine (Licht-)Erscheinung vom Himmel her gedacht (vgl. Apg. 9,3). **25** Dem himmlischen Kommen des Menschensohns geht jedoch seine Passion voraus (*πρῶτον δὲ δεῖ*). Lukas, der die (Wiederholung der ersten) Leidensweissagung (vgl. 9,22) hier eingeschaltet hat, gibt damit eine temporale wie sachliche Korrektur: vor der hier angekündigten Parusie muß sich der Menschensohn leidend bewähren. Angesichts der paränetischen Ausrichtung des Abschnitts liegt die Gedankenverbindung nicht fern, daß dieser Weg durch Leiden zur endzeitlichen Herrlichkeit auch für seine Nachfolger gilt (vgl. Apg. 14,22). **26** Im nun folgenden Doppelbeispiel werden zuerst die Tage des Noah und die Tage des Menschensohns miteinander verglichen. Daß auf die zur Urzeit gerechnete Noahzeit zurückgegriffen wird, entspricht der in der Apokalyptik verbreiteten Gegenüberstellung von Urzeit und Endzeit.[9] **27** Unvorbereitete Sorglosigkeit kennzeichnet ein Geschlecht, das aufgeht in der Befriedigung der elementaren Bedürfnisse. *γαμεῖν* und *γαμίζεσθαι* sind Euphemismen für den geschlechtlichen Umgang. **28** Das zweite Beispiel, das Verhalten der Lotgeneration, ist zwar nicht im eigentlichen Sinne urzeitlich, doch entspricht auch seine Wahl einem apokalyptischen Schema: dem Gericht durch Wasser tritt das durch Feuer an die Seite (vgl. 2. Petr. 2,5–8; 3,5ff.; vgl. auch Luk. 3,16).[10] In drei Wortpaaren werden die irdischen Geschäfte genannt. Daß vom Heiraten nicht die Rede ist, dürfte damit zusammenhängen, daß die Sodomiter Exempel der widernatürlichen Unzucht sind. Der Ton liegt auf der völligen Überraschung, mit der das eschatologische Geschehen ein unvorbereitetes Geschlecht trifft. **29** In den Formulierungen klingt der alttestamentliche Wortlaut (Gen. 19,24f.) an. **30** Mit einem Satz, der eine Wendung aus der allgemeinen apokalyptischen Sprache aufnimmt, wird der eigentliche Doppelvergleich abgeschlossen. **31** Eine Warnung, die an die Fluchtanweisung der markinischen Apokalypse erinnert (Mark. 13,14–16), leitet von der Vorstellung des überraschend eintretenden Endes zu der von der eschatologischen Scheidung über. Wenn sie anhebt, kann noch im letzten Augenblick die Rettung verspielt werden, wenn sich je-

[7] Str.-B. II, 137.
[8] *E. Gräßer*, a. a. O., 170.
[9] *S. Schulz*, a. a. O., 284.
[10] Weitere Belege bei *D. Lührmann*, Noah und Lot, 130.

mand nicht von seinem Besitz lösen kann. Vom Dach steigt er ins Haus, um ihn zu retten, vom Felde läuft er ins Gehöft zurück. **32** Die hier angesprochene Erinnerung an Lots Frau (Gen. 19,26) besagt: die zur Rettung Bestimmte verscherzte sie im letzten Augenblick. **33** Das angeschlossene Wort über Verlieren und Gewinnen des Lebens wird dem Kontext nach auf die Situation beim Gericht über Sodom zu beziehen sein und paränetisch der endzeitlichen Generation gelten. Die Verbindung könnte schon in der Q-Vorlage gegeben sein.[11] Wegen der Ausrichtung auf die Situation fehlt (anders als in Mark. 8,35) der Bezug auf die Person Jesu. Die Umsetzung in griechische Ausdrucksweise (*περιποιήσασθαι, ζῳογονήσει*) dürfte in jedem Fall auf Lukas zurückgehen. **34** Die mit der Parusie gegebene Scheidung wird wieder durch ein Doppelbeispiel veranschaulicht. Die unsichtbaren Unterschiede werden offenbar.[12] Zwei Männer liegen zur Nacht auf einem Lager, der eine wird entrückt, der andere zurückgelassen. Welche Rolle die Entrückungsvorstellung in der Frühzeit der Gemeinde gespielt hat, zeigt 1. Thess. 4,13 bis 18. **35** Wie bei anderen Doppellogien (Matth. 13,31–33; Luk. 15,4–10) folgt auf das männliche Beispiel das weibliche. Auch hier ist der nächtliche Termin der Scheidung vorausgesetzt. Zwei Frauen sitzen an einer Mühle, um vor Sonnenaufgang das Mehl zu mahlen, das alsdann verbacken wird für das tägliche Brot. Auch hier wird die eine entrückt, die andere zurückgelassen. **36** Der Vers ist eine textkritisch ungesicherte Glosse (s. o. Textkritik). **37** Lukas läßt die erschreckten Hörer nach dem Wo fragen. Das von Jesus zur Antwort gegebene Sprichwort bezog sich ursprünglich auf die bei der Parusie Zurückgelassenen. Ihr Ort ist die Stätte des Todes, wo sich die Aasgeier sammeln. Bezieht man sie (mit dem Evangelisten) auf das Geschehen der Parusie, dann geht es um die Unübersehbarkeit ihres Kommens.[13] Wie am Anfang der großen Redekomposition (V. 20f.) die zeitliche, so wird an ihrem Ende die örtliche Fixierung des Endgeschehens zurückgewiesen.

c) Das Gleichnis von der Witwe und dem Richter 18,1–8*

(1) Er sagte ihnen ein Gleichnis darüber, daß sie allezeit beten müssen und nicht ermüden dürften, (2) und sprach: »Es war ein Richter in einer Stadt, der Gott nicht fürchtete und vor einem Menschen keine Scheu hatte. (3) Es war aber eine Witwe in jener Stadt, und sie kam zu ihm und sprach: Schaffe mir Recht vor meinem Widersacher. (4) Und er wollte eine Zeitlang nicht. Danach sprach er bei sich selbst: Wenn ich auch Gott nicht fürchte und vor keinem Menschen Scheu habe, (5) werde ich, weil mir diese Witwe Mühe

---

[11] *G. Schneider*, Komm., 357; *S. Schulz*, a. a. O., 444; nach *R. Schnackenburg*, a. a. O., 338, in der Vorlage an V. 29 angeschlossen.

[12] Nach *A. Polag*, a. a. O., 95, handelt es sich um einen Aspekt der prophetischen Gerichtsansage.

[13] An dieser Stelle begegnet erstmalig bei Lukas *τὸ σῶμα* im Sinne von Leichnam (vgl. 23,52.55; 24,3.23; Apg. 9,40) statt des vulgären *πτῶμα*; vgl. *Joach. Jeremias*, Komm., 270.

* Lit.: *A. Jülicher*, Gleichnisreden II, 276–290 – *K. Bornhäuser*, Studien, 161–170 – *Joach. Jeremias*, Gleichnisse, 117–120 – *C. Spicq*, La parabole de la veuve abstinée et du juge inerte aux décisions impromptues, RevBibl 68, 1961, 68–90 – *G. Delling*, Das Gleichnis vom gottlosen Richter, ZNW 53, 1962, 1–25 = Studien zum Neuen Testament und zum hellenistischen Judentum, Berlin 1970, 203–225 – *H. Riesenfeld*, Zu *μακροθυμεῖν* (Lk. 18,7), in: Neutestamentliche Aufsätze, Festschr. f. J. Schmid, Regensburg 1963, 214–217 – *A. Wifstrand*, Lukas XVIII,7, NTS 11, 1964/65, 72–74 – *W. Ott*, Gebet und Heil, StANT 12, München 1965, 19–72 – *J. D. M. Derrett*,

bereitet, ihr Recht schaffen, damit sie nicht ewig kommt und mich anschwärzt.« (6) Es sprach aber der Herr: »Höret, was der ungerechte Richter sagt. (7) Sollte Gott nicht Recht schaffen seinen Auserwählten, die zu ihm rufen Tag und Nacht? Und (doch) er wird zögern über ihnen. (8) Ich sage euch: Er wird ihnen Recht schaffen unversehens. Aber wird der Menschensohn, wenn er kommt, Glauben finden auf Erden?«

Lukas hat das nachfolgende Gleichnis durch den einleitenden Satz (V. 1) der Mahnung zu anhaltendem Gebet untergeordnet. Der Ausklang der Perikope (V. 7f.) rückt die Thematik in eine eschatologische Perspektive. Der damit bezeichnete doppelte Aspekt bestimmt die redaktionelle Stellung und die inhaltliche Problematik des Stücks. Als Gebetsbelehrung ist es mit der nächsten Einheit, der Erzählung vom Pharisäer und Zöllner, verbunden. Die eschatologische Ausrichtung verknüpft es mit dem unmittelbar vorangehenden apokalyptischen Redestück. Die als Belehrung Jesu dargebotene Komposition V. 2–8 wird von vielen Exegeten als in sich uneinheitlich gewertet.[1] Es wird mit mehreren Traditionsstufen gerechnet. Klar hebt sich das Kernstück, die Parabel vom Richter und der Witwe (V. 2–5), heraus. Es steht anderen der ältesten Jesustradition zuzurechnenden Gleichnissen in SLk, der Erzählung vom ungerechten Haushalter (16,1–7) und der vom bittenden Freund (11,5–8), nahe. Mit dem letzteren soll nach Ansicht mancher Ausleger die Parabel von der Witwe ursprünglich ein Doppelgleichnis gebildet haben.[2] Doch sind die Unterschiede in Stil und Inhalt beträchtlich.[3] Umstritten ist auch die Frage, ob dem Gleichnis auf dieser frühen Stufe ein Schluß angefügt war,[4] und wenn ja, wo dieser in der jetzigen Komposition erhalten sein könnte.

Der (als traditionsgeschichtliches Kriterium überbewertete) zweimalige Einsatz der Anwendung (V. 6 und V. 8) und die Beobachtung von Bruchstellen zwischen V. 7a und V. 7b und V. 8a und V. 8b haben zu sehr unterschiedlichen Rekonstruktionen Anlaß geboten. So ließe sich V. 8a als der eigentliche, erst später aufgefüllte Schluß des Gleichnisses verstehen,[5] aber auch V. 6f. (jedoch ohne den Schluß von V. 7) als »Kommentar des ursprünglichen Erzählers der Parabel« begreifen.[6] Wahrscheinlicher ist freilich die Annahme eines im wesentlichen in der jetzigen Versabfolge sich spiegelnden dreistufigen Prozesses, die sich schon bei A. Jülicher findet.[7] Sie geht davon aus, daß Jesus die Parabel ohne explizite Schlußfolgerung, jedoch als Gebetsmahnung analog Luk. 11,5–8 erzählt hat. Auf einer frühen, auf jeden Fall vorlukanischen Überlieferungsstufe, erfolgt eine Anwendung, die in der Witwe die bedrängte, die Parusie sehnlich herbeiflehende Gemeinde

---

Law in the New Testament: The Parable of the Unjust Judge, NTS 18, 1971/72, 178–191 – *G. Stählin*, Das Bild der Witwe. Ein Beitrag zur Bildersprache der Bibel und zum Phänomen der Personifikation in der Antike, JAC 17,1974, 5–20 – *H. Weder*, Gleichnisse Jesu als Metaphern, 267–273 – *H. Zimmermann*, Das Gleichnis vom Richter und der Witwe (Lk 18,1–8) in: Kirche des Anfangs, Festschr. f. H. Schürmann, Leipzig 1978, 79–96 – *W. Bindemann*, Die Parabel vom ungerechten Richter, in: TheolVers XIII, Berlin 1983, 91–97.

[1] Eine Ausnahme stellt *G. Delling*, a. a. O., dar, der jedoch V. 8b eine Sonderstellung zuerkennt.

[2] Zuerst *A. Jülicher*, a. a. O., 283; ähnlich *W. Ott*, a. a.O., 25ff.

[3] *G. Delling* a. a. O., 204f.

[4] Als sicher sekundär sieht *R. Bultmann*, Synoptische Tradition, 189, den Schluß V. 6–8 an. *W. Ott*, a. a. O., 37, trennt Spuren lukanischer Bearbeitung von einem vorlukanischen Kern.

[5] *H. Zimmermann*, a. a. O., 87.

[6] *H. Weder*, a. a. O., 268f.

[7] A. a. O., 288f.

sah (V. 6–8a, vielleicht ohne V. 7b). Lukas, dessen Redaktion die dritte Stufe repräsentiert, lag daran, die Parusieerwartung zu dämpfen (V. 8b; evtl. V. 7b), zugleich aber den (ursprünglichen) Charakter des Stückes als Gebetsmahnung stärker zur Geltung zu bringen (V. 1). Dieser zweifachen Intention trägt er durch die Einfügung als Nachtrag zur Endzeitrede und als Gegenstück zum Zöllnergleichnis mit großem kompositorischen Geschick Rechnung.

1 Lukas, auf dessen Bildung der einleitende Vers zurückgeht,[8] möchte das nachfolgende Gleichnis vor allem als Aufforderung zu stetigem Gebet verstanden wissen. Solches betende Leben ist eine Notwendigkeit (*δεῖν*), und der Jünger darf in ihm nicht müde und seiner nicht überdrüssig werden. Diese Beharrlichkeit im Gebet umgreift auch die Bitte um das Kommen des Reiches. **2** Die Erzählung führt einen Einzelrichter ein und charakterisiert ihn in volkstümlicher Weise als einen Mann, der gottlos und selbstsüchtig ist.[9] Das ist der äußerste Kontrast zu jenem Bild des Richters, das man dem AT entnahm: ein Richter muß auf das Recht des Geringen und Armen aus sein und ihn aus der Macht der Gottlosen erretten (vgl. Ps. 82,2–7; Jes. 1,17). **3** Dieser Richter steht einer Witwe gegenüber, das Beispiel eines Menschen, der der Hilfe bedarf, die ihm Recht schafft (Ex. 22,21–23; Jes. 1,23; Jer. 7,6; vgl. Jak. 1,27). Da es sich um die Klage bei einem Einzelrichter, nicht bei einem Gerichtshof handelt, geht es wohl um eine Vermögenssache. »Wenn einer als Rechtskundiger anerkannt ist, dann darf er auch als Einzelrichter entscheiden« (b. Sanh. 4b). Prozeßgegenstand kann die Auszahlung ihres Erbes, die Zurückerstattung einer Schuldsumme oder eines Pfandes sein. Das iterativ gemeinte Imperfekt *ἤρχετο* zeigt, daß sie wiederholt kommen mußte. Sie hat es mit einem einflußreichen, vielleicht auch wohlhabenden Widersacher zu tun. In ihrer Wehrlosigkeit kann sie den Richter nur darum bitten, ihr Genugtuung zu schaffen. Ob es dabei um die Weitergabe des Falles an die höhere Instanz geht, wobei der Richter als ihr Advokat zu fungieren hätte,[10] ergibt sich aus dem Wortlaut nicht. **4** Der Richter schiebt den Vorgang auf die lange Bank (*ἐπὶ χρόνον*).Das Selbstgespräch des Richters, das die Charakterisierung von V. 2 aufnimmt, soll ihn als bewußt skrupellos kennzeichnen. Das Selbstgespräch ist in den Gleichnissen von SLk ein beliebtes Stilmittel: vgl. Luk. 12,17–19; 15,17–19; 16,3f.; 18,11f. **5** Zugleich wird in ihm hier begründet, warum der Richter schließlich doch der Witwe zu ihrem unbezweifelbaren Recht verhelfen will. Sie bereitet ihm durch ihr stetes Fordern Mühe, und er muß befürchten, daß sie unablässig (»ewig«) kommt[11] und ihn in Verruf bringt. *ὑπωπιάζειν* heißt an sich »unter das Auge schlagen«. Doch ist schwer vorstellbar, daß der Richter fürchtet, die Witwe könnte handgreiflich werden. So

[8] Vgl. Luk. 12,16; 13,6; 14,7; 15,3; 18,9; 19,11; weitere Stileigentümlichkeiten bei *G. Delling*, a. a. O., 206f.

[9] Vgl. dazu Jos., Ant. X, 5,2, wo es von Joakim heißt:»weder fromm gegen Gott noch gütig gegen die Menschen«, ähnl. Dion. Halic. X, 10,7: weder den göttlichen Zorn fürchtend noch die menschliche Rache scheuend. *C. Spicq*, a. a. O., 73, denkt an eine sprichwörtliche Wendung.

[10] So *J. M. D. Derrett*, a. a. O., 187f., der auf die doppelte Rechtsebene im damaligen Palästina verweist.

[11] Die Wendung ist im übertragenen Sinne zu verstehen, vgl. *Joach. Jeremias*, a. a. O., 118; *H. Zimmermann*, a. a. O., 86.

ist eher von der anderen Bedeutung auszugehen: das Gesicht schwärzen, das Ansehen schädigen.[12] Das Handeln des Richters wird auch hier durch seine Selbstsucht bestimmt, er bleibt ein *κριτὴς τῆς ἀδικίας*. Die Parabel schließt, ohne daß die Ausführung seines Entschlusses berichtet wird (vgl. 15,32; 16,6f.). **6** In der mit diesem Vers einsetzenden Anwendung wird der Hörer durch den Mund Jesu (er ist der *κύριος*) aufgefordert, auf die Worte des ungerechten Richters zu hören. *ὁ κριτὴς τῆς ἀδικίας* ist er nicht wegen seines beruflichen Versagens, sondern zur Kennzeichnung seiner Zugehörigkeit zur Welt der Ungerechtigkeit.[13] **7** Der Schluß a minori ad maius (kal wachomer) ist in eine Frage gekleidet, die eine Bejahung fordert. Wenn schon der ungerechte Richter der bedrängten Witwe ihr Recht schafft, wieviel mehr wird es Gott tun. Die um die Durchsetzung ihres Rechts und ihrer Rechtfertigung gegenüber ihren Bedrängern bittend rufen, sind die Auserwählten. Das darin zum Ausdruck kommende Selbstverständnis erinnert an die Frömmigkeit von Sondergruppen in Israel, deren Selbstbezeichnung von der Gemeinde aufgenommen wurde.[14] Das Anwendungswort könnte Situationen im Auge haben wie die in 17,22f. angezeigte. Die bittende Witwe im Gleichnis wird zum Bild der bedrängten Gemeinde. – Schwierig ist das Verständnis des Nachsatzes, der aus dem Konjunktiv der rhetorischen Frage in den Indikativ übergeht. Am einfachsten wäre er als eine aus Sir. 35,19 eingedrungene (oder von Lukas eingefügte?) Glosse zu verstehen. Gott hat Geduld, er zögert und verzögert. Das *ἐπ' αὐτοῖς* kann sich, anders als in Sir. 35,19, wo die Bedränger gemeint sind, nur auf die *ἐκλεκτοί* beziehen. »Sein Zögern ist gnädiges Zuwarten gegenüber den Gerechten.«[15] Da die erflehte Aushilfe Gottes sowohl rettende Parusie als auch Gericht ist, erscheint ihre Verzögerung als Folge der Geduld Gottes (2. Petr. 3,9). **8** Diese Einschränkung hebt die Zusage der Rettung nicht auf. Sie wird betont durch *λέγω ὑμῖν*. Gott schafft den Seinen ihr Recht, um das sie zu ihm rufen, unversehens. *ἐν τάχει* ist mit rasch, plötzlich, unversehens, aber nicht mit bald wiederzugeben.[16] Die abschließende, wohl von Lukas formulierte Frage[17] gibt der Anwendung eine neue Pointe. Was den Auserwählten ihr Recht schafft, ist das Kommen des Menschensohns. Dieses ist gewiß; ob er Glauben findet, ist die offene Frage. Die von den anderen Menschensohnstellen sich unterscheidende, auf Lukas zurückgehende Eigenart liegt darin, »daß es die Absicht des Menschensohns ist, Glauben auf Erden zu finden«.[18] Damit lenkt Lukas zu der von ihm formulierten Einleitung des Gleichnisses zurück. Der vom Menschensohn bei den Seinen gesuchte Glaube zeigt sich in jenem anhaltenden Beten, von dem das Gleichnis spricht.

---

[12] *J. M. D. Derrett*, a. a. O., 189.
[13] *G. Delling*, a. a. O., 214. Der Gen. ist qualifizierend wie 16,8.
[14] *G. Delling*, a. a. O., 216, der auf die synoptische Apokalypse verweist.
[15] *G. Delling*, a. a. O., 217.
[16] *K. Bornhäuser*, a. a. O., 165f.
[17] Zum sprachlichen Nachweis vgl. *W. Ott*, a. a. O., 41f., und *G. Delling*, a. a. O., 220; ferner *H. Zimmermann*, a. a. O., 80.
[18] *H. E. Tödt*, Der Menschensohn in der synoptischen Überlieferung, Gütersloh, 1959, 93.

3. Das Gleichnis vom Pharisäer und Zöllner 18,9–14*

(9) Er sprach aber auch zu einigen, die auf sich selbst vertrauten, daß sie gerecht sind, und verachteten die übrigen, dieses Gleichnis: (10) »Zwei Menschen stiegen hinauf in den Tempel, um zu beten, der eine ein Pharisäer, der andere ein Zöllner. (11) Der Pharisäer stand für sich und betete dies: Gott, ich danke dir, daß ich nicht bin wie die übrigen Menschen, Räuber, Ungerechte, Ehebrecher oder auch wie dieser Zöllner. (12) Ich faste zweimal die Woche, ich verzehnte alles, was ich erwerbe. (13) Der Zöllner aber stand von ferne und wollte auch nicht die Augen zum Himmel heben, sondern schlug an seine Brust und sagte: Gott, sei mir Sünder gnädig. (14) Ich sage euch, dieser ging hinab gerecht gesprochen in sein Haus gegenüber jenem. Denn jeder, der sich selbst erhöht, wird erniedrigt werden, wer aber sich selbst erniedrigt, wird erhöht werden.«

V. 11: Das *πρὸς ἑαυτόν* wird in der handschriftlichen Überlieferung verschieden zugeordnet, woraus sich ein unterschiedlicher Sinn ergibt. A, W und weitere Zeugen der Koinegruppe lesen *σταθεὶς πρὸς ἑαυτὸν ταῦτα προσηύχετο* (= er trat für sich besonders und betete dies); die hesychianische Textgruppe, p^{75}, $ℵ^2$, B, *Θ*, vulg haben: *σταθεὶς ταῦτα πρὸς ἑαυτὸν προσηύχετο* (= er stellte sich hin, und dies betete er bei sich). Von den beiden nahezu gleichwertigen Lesarten wird meist die erstere bevorzugt. ℵ* und it lesen nur *ταῦτα*. – V. 14: Die Frage nach komparativischem oder exklusivem Sinn der Zuordnung von Zöllner und Pharisäer hat auch die textliche Gestalt beeinflußt. Neben dem (wohl primären) *παρ' ἐκεῖνον* der hesychianischen Textgruppe, vulg, syr^{sin} und syr^{cur} steht das (verdeutlichende) *μᾶλλον παρ' ἐκεῖνον τὸν Φαρισαίον* bei D, it, syr^{pesch}. Dagegen lesen *ἢ ἐκεῖνος* W, *Θ* und einige Minuskeln; die meisten Zeugen der Koinegruppe *ἢ γὰρ ἐκεῖνος*. Auch diese beiden Versionen dürften wegen ihres abschwächenden Charakters sekundär sein.

Mit dieser Einheit schließt innerhalb des Lukasevangeliums jener Komplex, der beginnend mit 9,51 in die Markusvorlage eingefügt ist. Noch einmal bringt Lukas ein Stück aus SLk, bevor er mit der folgenden Perikope zum Markusfaden zurückkehrt. Setzt man den Reisebericht mit dieser »großen Einschaltung«, die im wesentlichen aus SLk- und Q-Stoffen besteht, gleich, so wäre mit 18,14 sein Ende erreicht. Inhaltlich gesehen ist die Schilderung der Reise Jesu jedoch erst in 19,28 mit dem Erreichen Jerusalems abgeschlossen.

Vom unmittelbaren Kontext her ist die Erzählung vom Pharisäer und Zöllner die Fortsetzung der Belehrung über das Gebet, der auch das Gleichnis vom Richter und der Witwe zugehörte. Möglicherweise ging in SLk diesem die Erzählung von den zehn Aussätzigen voraus, so daß sich eine Dreiheit ergibt, die vom Gebet handelt. Der traditionellen Gattungsbestimmung nach handelt es sich um eine Beispielerzählung (wie 10,29–36; 12,16–21; 16,19–31). Mit der Erzählung vom barmherzigen Samariter ist sie insofern verbunden, als hier wie dort zwei Verhaltensweisen gegenübergestellt werden und der Geringgeachtete zum Vorbild wird. Sie steht in einer Reihe mit der Geschichte vom reichen Mann und armen Lazarus, insofern auch in ihr zwei Menschen miteinander

* Lit.: *A. Jülicher*, Gleichnisreden II, 598–608 – *Joach. Jeremias*, Gleichnisse, 113–117 – *L. Schottroff*, Die Erzählung vom Pharisäer und Zöllner als Beispiel für die theologische Kunst des Überredens, in: Neues Testament und christliche Existenz, Festschr. f. H. Braun, Tübingen 1973, 439–461 – *H. Merklein*, Dieser ging als Gerechter nach Hause. Das Gottesbild Jesu und die Haltung des Menschen nach Lk. 18,9–14, BiKi 2, 1977, 34–72 – *ders.*, Gottesherrschaft, 129–131 – *F. Schnider*, Ausschließen und ausgeschlossen werden. Beobachtungen zur Struktur des Gleichnisses vom Pharisäer und Zöllner, BZ 24, 1980, 42–56.

verglichen werden und der Gedanke der Umkehrung die Tendenz der Erzählung bestimmt. Der Kern des Stückes ist in V. 10–13 enthalten, doch gehört V. 14a als abschließendes Urteil hinzu. Die Herkunft dieses Kerns von Jesus galt lange Zeit als gesichert.[1] Durch den sprachlichen Charakter, der jedenfalls palästinensischen Ursprung erkennen ließ, schien sie bestätigt.[2] Erst in jüngster Zeit wird sie zugunsten der Annahme einer rein lukanischen Komposition bestritten.[3] Unberührt davon ist die Einsicht, daß es sich bei V. 14b um eine verallgemeinernde Zufügung handelt, und daß in V. 9 die von Lukas grundlegend ausgestaltete Einleitung vorliegt.

9 Der einleitende Vers nennt als Gesprächspartner Leute, die gekennzeichnet werden durch Selbstvertrauen auf Grund ihrer Gerechtigkeit und durch ihre Verachtung der anderen. Daß Lukas dabei an die Jünger denkt, ist kaum anzunehmen.[4] Vielmehr hat er die antipharisäische Zielrichtung aufgenommen, indem er die Merkmale der Adressaten aus der Charakteristik des Pharisäers in der Erzählung selbst entnahm. Das Selbstvertrauen spricht sich im Dank und in der Nennung der zusätzlichen guten Werke aus (V. 12), die Verachtung in der Aufzählung der *λοιποί* und der Erwähnung des Zöllners (V. 11). Beispiele überzogenen Selbstvertrauens begegnen im Rabbinat. R. Schim^e^on ben Jochai wird die Behauptung nachgesagt, seine Gerechtigkeit sei so groß, daß er durch sie die ganze Welt vor der Bestrafung befreien könnte (b. Sukka 45b). Auch an das Selbstverständnis des vorchristlichen Paulus könnte erinnert werden (Phil. 3,6). Doch fehlt auch im rabbinischen Judentum die Warnung vor liebloser Verachtung nicht. Es gibt die Unterscheidung zwischen einem guten Gerechten, der »gut ist gegen Gott und gegen die Geschöpfe«, und einem Gerechten, der nicht gut ist; er ist gerecht gegen Gott, aber nicht gut gegen alle Geschöpfe (b. Qidd. 40a). **10** Von zwei Menschen, gedacht als Typen ihrer Gruppe, wird erzählt, daß sie zur gleichen Zeit in den Tempel gehen. Sie verkörpern die größten Gegensätze: ein Pharisäer und ein Zöllner; letztere wurden in die pharisäische Gemeinschaft niemals aufgenommen. Der gemeinsame Gang zum Tempel dürfte nach Meinung des Erzählers durch die Gebets- und Opferstunde veranlaßt sein, also das Morgengebet gegen 9 Uhr oder das abendliche Gebet gegen 15 Uhr als Hintergrund haben. **11** Der Pharisäer betet (gemeint ist wohl besonders für sich) stehend. Sein Gebet, das zum Ausdruck seines Selbstvertrauens wird, setzt als Dankgebet ein (*ὁ ϑεός, εὐχαριστῶ σοι*). Er dankt für die Bewahrung der göttlichen Gebote, indem er sich mit den anderen Menschen vergleicht. Deren Aufzählung erinnert an die Form des Lasterkatalogs. Er ist kein *ἅρπαξ* (= heimlicher Dieb oder gewalttätiger Räuber), kein *ἄδικος* (= Betrüger und Rechtsbrecher [vgl. 1. Kor. 6,9]), kein *μοιχός* (= einer, der in eine fremde Ehe einbricht). Daß er sich von diesen abgesondert sieht, macht die Wendung *οἱ λοιποὶ τῶν ἀνϑρώπων* deutlich, in der manche einen indirekten Hinweis auf Selbstverständnis und Selbstbezeichnung der Pharisäer sehen wollen.[5] Wie sehr sich sein Dank mit der Ver-

---

[1] Dazu die Ausführungen von *A. Jülicher*, a. a. O., 608.

[2] Kein anderes Gleichnis bei Lukas enthält so viele semitisierende Asyndeta wie dies; dazu *M. Black*, A Aramaic Approach to the Gospels and Acts, Oxford ²1954, 42f.; *Joach. Jeremias*, Komm., 272–274.

[3] *L. Schottroff*, a. a. O.

[4] So *G. Schneider*, Komm., 362.

[5] Schon bei *A. Jülicher*, a. a.O., 602.

achtung der anderen Menschen verbindet, zeigt die angefügte Erwähnung des anwesenden (*οὗτος*) Zöllners. **12** Vom Dank geht er zur Nennung der besonders verdienstlichen Werke über. Zuerst führt er das von den Pharisäern übernommene freiwillige zweimalige Fasten in jeder Woche auf. Es fand am 2. und am 5. Wochentag (Montag und Donnerstag) statt (Did. 8,1) und schloß völligen Verzicht auf Essen und Trinken ein. Im Gesetz vorgeschrieben war nur das Fasten am jährlichen Versöhnungstag. Fasten hatte Bußcharakter und wurde auch als stellvertretende Sühne aufgefaßt. Dann nennt er die Verzehntung des ganzen Erwerbs. Geboten war nur die Verzehntung der agrarischen Produkte durch die Produzenten (Deut. 14,22ff.). Die pharisäische Praxis der Zehntleistung[6] entsprach dem Prinzip des Zauns um die Thora. Die Sorge, auf dem Markt Unverzehntes zu erwerben, hat sie veranlaßt, die Nachverzehntung des Gekauften vorzunehmen. – Daß das Gebet des Pharisäers keineswegs als bloße Karikatur gewertet werden kann, zeigt das von R. Neᵉchunja ben Ha-qana (um 70 n. Chr.) jer. Ber. 4,7d überlieferte Gebet: »Ich danke dir, Jahwe, mein Gott und Gott meiner Väter, daß du mir meinen Teil gegeben hast bei denen, die im Lehrhaus und in der Synagoge sitzen, und daß du mir mein Teil nicht in den Theatern und Zirkussen gegeben hast, denn ich mühe mich und jene mühen sich; ich bin eifrig, und jene sind eifrig; ich mühe mich, um den Garten Eden zu erwerben, jene mühen sich um den Brunnen der Grube.«[7] **13** Dem Pharisäer wird der Zöllner gegenübergestellt. Er bleibt stehen, weit weg (*μακρόθεν*) vom Pharisäer. Er senkt seine Augen, weil er sie nicht zu Gott (*εἰς τὸν οὐρανόν* wie 15,18.21) zu erheben wagt. Er nimmt die Haltung des Umkehrenden ein, indem er an sein Herz schlägt. Mit den Worten, die an den Anfang des Bußpsalms 51 erinnern, spricht er die Bitte um Erbarmen, die verstärkt wird durch den Zusatz *τῷ ἁμαρτωλῷ* (= obwohl ich ein Sünder bin). Von einer Wiedergutmachung ist – anders als in Luk. 19,8 – hier nicht die Rede.[8] **14** Das Urteil Jesu ist durch *λέγω ὑμῖν* stark akzentuiert. Dabei dürfte das textkritisch umstrittene (s. o.) *παρ' ἐκεῖνον* nicht komparativischen, sondern exklusiven Sinn haben: der Zöllner wird gerechtgesprochen, nicht der Pharisäer.[9] Gott – im Passiv *δεδικαιωμένος* verhüllt – spricht ihn frei von seiner Schuld.[10] Der wohl von Lukas angefügte Nachsatz redet wie 14,11 vom eschatologischen Handeln Gottes (Futur- und Passivformen), in dem die Verhältnisse umgekehrt werden. In der Form des antithetischen Parallelismus gehalten, unterstreicht er einen Aspekt der Erzählung: Selbstvertrauen, das den anderen verachtet, bedeutet Selbsterhöhung, die unter das Urteil Gottes fällt; in der Selbsterkenntnis, die sich der Barmherzigkeit Gottes ausliefert, gründet jene Demut, der die Erhöhung durch Gott widerfährt.

---

[6] Str.-B. II, 244–266.

[7] Nach Str.-B. II, 240.

[8] *Joach. Jeremias*, a. a. O., 116, trägt diese Vorstellung ein, wenn er die (verzweifelte) Bitte um Erbarmen vom Hintergrund einer unmöglich gewordenen Rückerstattung des unrechtmäßig Erworbenen her verstehen will.

[9] *Joach. Jeremias*, a. a. O.,115; *ders.*, Komm., 274, bevorzugt jedoch die komparativische Bedeutung.

[10] Man kann mit *F. Schnider*, a. a. O., 54, das Ziel der Erzählung darin sehen, den Hörer zur Annahme dieses Urteils zu überreden.

4. Kindern gehört die Herrschaft Gottes 18,15–17; Mark. 10,13–16; Matth. 19,13–15; vgl. 18,3*

(15) Sie brachten aber auch die kleinen Kinder, damit er sie berühre. Als es aber die Jünger sahen, bedrohten sie sie. (16) Jesus aber rief sie heran und sprach: »Laßt die Kinder zu mir kommen und hindert sie nicht, solcher nämlich ist die Herrschaft Gottes. (17) Amen, ich sage euch: Wer die Herrschaft Gottes nicht aufnimmt wie ein Kind, der wird nicht in sie hineinkommen.«

Daß Lukas den Markusfaden mit der Perikope von der Kindersegnung (dort 10,13–16) wieder aufnimmt, kann zwei Gründe haben. Einmal hat der dabei in Fortfall gekommene Abschnitt über die Ehescheidung für seine heidenchristliche Gemeinde keine unmittelbare Bedeutung mehr. Sie lebt unter anderen rechtlichen Verhältnissen, als sie mit dem Scheidungsbrief angezeigt sind. Das in Luk. 16,18 bereits dargebotene Gesetzeswort enthält die grundsätzliche, darum auch für seine Leser gültige Weisung Jesu. Andererseits schließt die Aussage über die Beispielhaftigkeit des Kindes für das Empfangen des Reiches Gottes an das Wort über Erniedrigung und Erhöhung an, mit dem in V. 14b die Erzählung vom Pharisäer und Zöllner schloß. Die sachverwandte Perikope Matth. 18,1–4 verbindet beides, Kindessinn und Selbsterniedrigung, ebenfalls unmittelbar miteinander (18,4). So rückt auch diese Perikope unter die Fragestellung: Wer geht ein in die Herrschaft Gottes?

Die direkte Herkunft aus der Markusvorlage ist trotz der von Lukas vorgenommenen Veränderungen eindeutig zu erkennen. Klar erhalten ist die Struktur des Apophthegmas. Noch eindrücklicher stellt sich im Blick auf die Formulierung V. 15 die Frage nach der Kindertaufe als Sitz im Leben.[1]

15 Bei der nahezu unverändert aus Markus übernommenen Situationsschilderung fällt die Abweichung auf, daß Lukas statt von *παιδία* von *βρέφη* spricht. Wahrscheinlich denkt er dabei an die in der griechischen Kirche geübte Praxis der Taufe von Kleinkindern, zu deren Begründung eine so akzentuierte Erzählung dieses Vorgangs beitragen konnte.[2] *βρέφη* ist lukanischer Sprachgebrauch (vgl. 2,12), in den nachfolgenden Worten Jesu bleibt *παιδίον* stehen. **16** Es fehlt der Hinweis auf den Unwillen gegenüber den Jüngern ebenso wie die von Markus am Schluß berichtete emotional akzentuierte Segnung. Statt dessen wird vor dem entscheidenden Wort gesagt: Er rief sie heran. Lukas scheint eine

---

* Lit.: *H. Windisch*, Die Sprüche von dem Eingehen in das Reich Gottes, ZNW 27, 1928, 163–192 – *ders.*, Zum Problem der Kindertaufe im Urchristentum. ZNW 28, 1929, 118–142 – *Joach. Jeremias*, Mc 10,13–16 Parr und die Übung der Kindertaufe in der Urkirche, ZNW 40, 1941, 243–245 – *ders.*, Die Kindertaufe in den ersten vier Jahrhunderten, Göttingen 1958, 61–68 – *O. Cullmann*, Die Tauflehre des Neuen Testaments, AThANT 12, Zürich ²1958, 70–72 – *J. Blinzler*, Kind und Königreich Gottes, in: Umwelt des Neuen Testaments, Stuttgart 1963, 41–63 – *K. Berger*, Die Amen-Worte Jesu, BZNW 39, Berlin-West 1970, 41–46 – *J. H. Macdonald*, Receiving and Entering the Kingdom, in: StudEv VI, TU 112, Berlin 1973, 328–332.

1 Sie wird positiv beantwortet von *Joach. Jeremias*, Mc 10,13–16 Parr, 243, bzw. Die Kindertaufe in den ersten vier Jahrhunderten, 66f.; *O. Cullmann*, a. a. O., 72; zurückhaltender von *G. Schneider*, Komm., 366, entschieden kritisch von *K. Aland*, Die Säuglingstaufe im Neuen Testament und in der alten Kirche, ThEh 86, München 1961, 67–71.

2 *Joach. Jeremias*, Mc 10,13–16 Parr, 245.

Inkonsequenz in Kauf zu nehmen, da man *βρέφη* nur schwer heranrufen kann. Dadurch fällt der Ton auf die beiden Worte, die den Kindern die Herrschaft Gottes zusprechen und zu ihrem Empfang nach Weise der Kinder auffordern. Das bei Markus eindeutig an die Jünger gerichtete Wort erscheint in der Adressierung entschränkt, im Wortlaut jedoch mit der Vorlage übereinstimmend.[3] Inhaltlich steht die Zusage der Gottesherrschaft an die Kinder den Makarismen der Feldrede nahe (Luk. 6,20–22). Das Kindsein ist ein defizienter Status und bezeichnet gerade deshalb die Eignung für die Gottesherrschaft. **17** Auch das zweite Logion, eine als Amen-Wort gestaltete Aussage über das Eingehen in die Gottesherrschaft, ist gegenüber Markus unverändert. Das der traditionsgeschichtlichen Herkunft nach von der Kindersegnung unabhängige Logion[4] erhält in der Lukasfassung ein verstärktes Gewicht, da es nun den Schluß der Perikope bildet. Durch die Übernahme der Markusversion des Jesuswortes bleibt auch die Amen-Einleitung erhalten, auf die Lukas sonst keinen entscheidenden Wert legt (nur 6mal gegen 30mal bei Matth., 13mal bei Mark.). Die Wendung *δέχεσθαι τὴν βασιλείαν* – zu verstehen im Sinn eines Sicheinlassens auf, Akzeptierens – macht deutlich, daß es sich bei der Gottesherrschaft nicht um eine rein zukünftige Größe handelt. In der Form der Aufnahmebedingung wird die der Gottesherrschaft angemessene Haltung beschrieben.[5] Die Aufforderung, klein und gering zu werden wie Kinder, ist vielleicht ein wichtiger Bestandteil der Botschaft Jesu gewesen, meint es doch ein Handeln nach dem Prinzip der Umkehr aller Dinge, wie sie mit der Gottesherrschaft gegeben ist.[6]

Der paradoxe Charakter tritt vor allem in einer Umgebung heraus, in der erst das Nicht-Kind (der Zwölfjährige) ein Bar-mizwah (Sohn des Gebots) ist.[7] Für Lukas ordnet sich dieses Logion in den Kontext ein: nicht durch seine Leistung, auf die der Pharisäer pocht, empfängt der Mensch Anteil an der Gottesherrschaft, sondern durch die Bereitschaft, auf das zu verzichten, was auch den Kindern abgeht, auf Ansehen und Verdienst, Vorrang und Sicherheit, wie es im Beispiel des Zöllners sich abzeichnet.

5. Die Frage des Reichen nach dem ewigen Leben 18,18–30; Mark. 10,17–31; Matth. 19,16–30*

(18) Und es fragte ihn ein Oberster und sprach: »Guter Lehrer, was muß ich tun, um ewiges Leben zu ererben?« (19) Jesus aber sagte zu ihm: »Was nennst du mich gut? Niemand ist gut außer einem, Gott. (20) Die Gebote kennst du: Du sollst nicht ehebrechen,

---

3 Das aus der Markusfassung übernommene *μὴ κωλύετε* erinnert, wie *O. Cullmann*, a. a. O., betont hat, an Apg. 8,36; 10,47; 11,17, wo jeweils ein Taufhindernis angesprochen wird.

4 Nur Lukas hat beide Logien der Markusvorlage übernommen. Matthäus bringt das zweite in 18,3 in modifizierter Gestalt und in einem anderen Zusammenhang. Eigenständige bzw. weitergebildete Fassungen liegen in Joh. 3,3 bzw. 3,5 vor.

5 Dazu *H. Windisch*, a. a. O.

6 *K. Berger*, a. a. O., 41

7 *J. H. Macdonald*, a. a. O., 331.

* Lit.: *W. Zimmerli*, Die Frage des Reichen nach dem ewigen Leben, EvTh 19, 1952, 90–97 – *W. Trilling*, Christusverkündigung in den synoptischen Evangelien, Leipzig 1969, 123–145 *K.-M. Fischer*, Asketische Radikalisierung der Nachfolge Jesu, in: TheolVers 4, Berlin 1972, 11–25 – *H. J. Degenhardt*, Was muß ich tun, um das ewige Leben zu gewinnen? in: Biblische

du sollst nicht töten, du sollst nicht stehlen, du sollst nicht falsches Zeugnis geben. Ehre deinen Vater und die Mutter.« (21) Er aber sprach: »Das alles habe ich gehalten von Jugend an.« (22) Als aber Jesus es hörte, sprach er zu ihm: »Noch eines fehlt dir. Verkaufe alles, was du hast, und verteile es an Arme, und du wirst einen Schatz in den Himmeln haben, und komm und folge mir!« (23) Als er aber dieses hörte, wurde er betrübt, er war nämlich sehr reich.

(24) Als Jesus ihn (so betrübt) sah, sprach er: »Wie schwer gehen die Begüterten in das Reich Gottes ein. (25) Denn es ist leichter für ein Kamel, durch ein Nadelöhr zu gehen, als für einen Reichen, in das Reich Gottes hineinzugehen.« (26) Es sagten aber die Hörer: »Und wer kann gerettet werden?« (27) Er aber sprach: »Das bei Menschen Unmögliche ist möglich bei Gott.«

(28) Es sprach aber Petrus: »Siehe, wir haben das Eigene verlassen und sind dir nachgefolgt.« (29) Er aber sprach zu ihnen: »Wahrlich ich sage euch, es gibt niemanden, der verläßt Haus oder Frau oder Brüder oder Eltern oder Kinder um des Reiches Gottes willen, (30) der es nicht wiederbekommt vielfältig in dieser Weltzeit und in der kommenden Welt ewiges Leben.«

Das Gespräch mit dem Reichen, der nach dem Erbe des ewigen Lebens fragt, und das daran anschließende Gespräch mit den Jüngern haben als einzige Quelle Mark. 10,17–31. Durch die knapper gefaßte Einleitung ist der Zusammenhang mit der vorhergehenden Perikope enger, die Einfügung in die mit Luk. 17,20 eröffnete Folge von Redestücken fester geworden. Klar zeichnet sich die bereits mit der Markusvorlage gegebene Struktur ab: ein Apophthegma in der Art eines Schulgesprächs (V. 18–23) und die zu einem Gespräch gewordene Folge von Einzellogien über die Gefahren des Reichtums und den Lohn der Nachfolge (V. 24–30). Die Traditionsgeschichte zeigt die Tendenz, den Einzelfall des »reichen Jünglings« (so nur Matth. 19,20!) paradigmatisch zu erweitern und in den Dienst einer besitzasketischen Interpretation der Nachfolgeforderung Jesu zu stellen.[1] Der Reiche wird zum Exempel, es geht um ein Verhältnis zu Besitz und Nachfolge, wie es zum Ererben des Lebens führt. So kann denn Lukas auf anschauliche Einzelzüge verzichten. Bei den Reichen fehlen sein Herzulaufen und sein Kniefall vor Jesus (Mark. 10,17), Jesu Anblicken und Liebgewinnen des Reichen (Mark. 10,21) und dessen Seufzen (Mark. 10,22).

18 Der Fragesteller wird bei Lukas als Mitglied des Synedriums oder als Vorsteher einer Synagogengemeinde gekennzeichnet (*ἄρχων* wie 8,41; 14,1). Die wörtlich mit Markus übereinstimmende Frage nach dem Erben des ewigen Lebens könnte der Tempelliturgie nachgebildet sein.[2] **19** Die Antwort Jesu stellt eine erste Zurückweisung dar. Ob mit der Formulierung, die mit dem *εἷς ὁ θεός* an das Sch'ma anklingt, zugleich die Korrektur einer »Hochchristologie« beabsichtigt wird, ist umstritten.[3] **20** Bei der Nennung der

Randbemerkungen, Schülerfestschrift f. R. Schnackenburg, Würzburg 1974, 159–168 – *G. Theißen*, »Wir haben alles verlassen«, NovTest 19, 1977, 161–196 – *P. Huuhtanen*, Die Perikope vom »reichen Jüngling« unter Berücksichtigung der Akzentuierungen des Lukas, in: A. Fuchs, Theologie aus dem Norden, StNTU 2, Linz 1977, 79–98 – *H. Merklein*, Gottesherrschaft, 98–100.

[1] *E. Haenchen*, Weg Jesu, 355; *K. M. Fischer*, a. a. O., 16.

[2] Dazu *W. Zimmerli*, a. a. O.

[3] *K. M. Fischer*, a. a. O., 13, denkt an die ursprüngliche Formulierung durch »ein Judenchristentum, das neben Gott kein göttliches Wesen anerkennen konnte«. Zurückhaltender die kompositorische Funktion betonend dazu *G. Schneider*, Komm., 369.

Gebote des Dekalogs fällt die hellenistisch-jüdischer Dekaloginterpretation entsprechende Heraushebung der »sozialen Reihe« auf.[4] Darüber hinaus stimmt die abweichende Reihenfolge der Gebote mit der von Philo in de specialibus legibus III,8 – IV,78, de decalogo 121–134 und Pseudo-Phocylides 3–6 eingehaltenen Anordnung überein (vgl. auch Röm. 13,9; Jak. 2,11). **21** Die Antwort des Reichen bereitet eine Verschärfung vor, die für das Erben des Lebens eine zusätzliche, die Dekaloggebote überbietende Forderung ausspricht. **22** Lukas bindet in der von ihm gestalteten Fassung nicht nur die Nachfolge an den Besitzverzicht, sondern verschärft die Forderung durch das *πάντα*. Sie geht in ihrem grundsätzlichen Charakter über die jüdische Empfehlung des Almosens hinaus und unterscheidet sich auch von der in Qumran geübten Besitzübertragung auf die Gemeinde. Die überlieferte Vorstellung vom Schatz in den Himmeln (semitisierender Plural wie Matth. 19,21) ist Lukas geläufig (vgl. 12,33f.). **23** Den Reichen hindert seine Bindung an den irdischen Besitz am Erben des Ewigen. An Stelle des *ἀπῆλθεν λυπούμενος* hat Lukas *περίλυπος ἐγενήθη*.

24 Das anschließende Gespräch, das bei Markus nach Weggang des Reichen geführt wird, erfolgt bei Lukas noch in seiner Gegenwart. **25** Unverkürzt wird ihm und den Anwesenden das paradoxe Bild vom Kamel und dem Nadelöhr (größtes Tier und kleinste Öffnung) entgegengehalten.[5] **26** Dementsprechend wird die Frage, wer gerettet werden kann, nicht von den Jüngern, sondern aus dem Hörerkreis heraus gestellt. **27** Die Antwort betont in einer an Gen. 18,14 LXX erinnernden Formulierung (vgl. auch Luk. 1,37) den Geschenkcharakter dessen, was für das Eingehen in die Gottesherrschaft Bedingung ist.

28 Erst durch die Worte des Petrus kommen die Jünger direkt ins Gespräch. **29** Diese Änderung gibt der grundsätzlichen Beleuchtung der Fragestellung, unter die die Erzählung bei Lukas gerückt ist, größeren Raum. Dazu gehört auch, daß das *ἕνεκεν τῆς βασιλείας τοῦ θεοῦ* in der Schlußantwort Jesu an die Stelle anderer Fassungen bei Markus (und Matthäus) tritt. Gedacht ist wohl an die Verkündiger der Reichgottesbotschaft. Sie, die ihre Familien verlassen haben,[6] **30** erhalten schon jetzt vielfältigen Ersatz. Durch den Fortfall von Mark. 10,31 (= Matth. 19,30) ist in der Lukasfassung redaktionell geschickt der Hinweis auf das ewige Leben, nach dem der Reiche zu Eingang gefragt hatte, zum letzten Wort Jesu in dieser Perikope geworden.

6. Leidensankündigung vor Jerusalem 18,31–34; Mark. 10,32–34; Matth. 20,17–19*

(31) Er nahm aber die Zwölf zu sich und sprach zu ihnen: »Siehe, wir gehen hinauf nach Jerusalem, und es wird vollendet werden alles, was durch die Propheten geschrieben ist

---

[4] *K. Berger*, Die Gesetzesauslegung Jesu, WMANT 40, Neukirchen 1972, 403.

[5] Einer das Paradox abschwächenden Deutung ist auch für die Lukasfassung zu widersprechen, vgl. *O. Michel*, ThWb III, 598.

[6] In der Aufzählung dessen, was die Jünger verlassen haben, scheint sich bei Lukas eine gewandelte Situation zu spiegeln. Es kommt bei ihm hinzu die Ehefrau, es fallen fort die Schwestern, statt Vater und Mutter heißt es Eltern, ebenso fehlen die Äcker; vgl. auch *G. Theißen*, a. a. O.

* Lit.: *G. Schneider*, Verleugnung, Verspottung und Verhör Jesu nach Lukas, StANT 22, München 1969, 36–39 – *T. Schramm*, Markusstoff, 133–136 – *W. J. Bennett*, »the Son of Man must ...«, NovTest 17, 1975, 113–129.

über den Menschensohn. (32) Denn er wird übergeben werden den Heiden und verspottet und mißhandelt und bespieen werden, (33) und wenn sie ihn gegeißelt haben, werden sie ihn töten, und am dritten Tag wird er auferstehen.« (34) Und sie verstanden nichts davon, und diese Rede war verborgen vor ihnen, und sie verstanden das Gesagte nicht.

Zum dritten Mal übernimmt Lukas eine in der Markusvorlage enthaltene Leidensweissagung, wie Mark. 10,32–34 geht sie am stärksten in die Einzelheiten.[1] Im Rahmen des Evangeliums ist es das sechste Mal, daß Jesus seine Passion ankündigt (vgl. 9,22.44; 12,50; 13,32f.; 17,25). Diese letzte Leidensankündigung verbindet sich in besonderer Weise mit dem Motiv des Weges. Das Ende der Wanderung, die eine Reise nach Jerusalem ist, steht bevor. Dabei fällt erneut das Stichwort vollenden (vgl. 12,50; 13,32; 22,37). Der Weg in die Passion ist Durchgang zur Vollendung.

31 Die Leidens- und Auferstehungsweissagung ist auch hier nicht Inhalt öffentlicher Belehrung. Sie gilt vielmehr den Jüngern, dem engsten Kreis der Zwölf, die beiseite genommen werden (vgl. 9,28). Der Anfang der direkten Rede mit dem feierlichen *ἰδού* und dem fester Terminologie entsprechenden *ἀναβαίνειν εἰς Ἰερουσαλήμ* stimmt mit Markus überein. Das dort zuvor in indirekter Aussage enthaltene *τὰ μέλλοντα αὐτῷ συμβαίνειν* ist bei Lukas in ausgeführter Gestalt in die Fortsetzung der Leidensankündigung eingegangen. Jesus sagt nicht einfach das künftige Schicksal an, sondern spricht aus, daß alles, was durch die Propheten dem Menschensohn (Dativ!) in der Schrift für seinen Weg festgelegt ist, zur Ausführung und Vollendung kommt. Der darin enthaltene Gedanke der Erfüllung hat für Lukas sein besonderes Gewicht, was durch die Wiederholung in 22,37 und die Ausführung in 24,26f. 44–46; Apg. 2,22–36; 3,12–26 verdeutlicht wird. **32** Dagegen fehlt im Unterschied zu Markus (10,33) die Nennung des jüdischen Anteils an der Passion.[2] Lukas setzt mit der Übergabe an die Völker an (vgl. Apg. 2,23; 3,13–15). Dazu scheint zu stimmen, daß im lukanischen Passionsbericht eine formelle Verurteilung durch das Synedrium nicht erfolgt (vgl. zu 22,71). Es schließen sich drei weitere passivische Aussagen an, die das Handeln der Heiden am Menschensohn beschreiben. Den von Markus übernommenen, jedoch in der Passionsgeschichte nicht ausgeführten *ἐμπαίζειν* und *ἐμπτύειν* fügt Lukas das *ὑβρισθήσεται* hinzu. Denkt der Hellenist Lukas dabei an den frevelnden Übermut der Völker, an die der Menschensohn ausgeliefert wurde?[3] **33** Die Geißelung wird als Teil der Tötung verstanden (subordiniertes Partizip). Von der Kreuzigung wird anders als in Matth. 20,19 nicht ausdrücklich geredet. Scharf kontrastierend wird den Stationen des Leidens die Auferstehung »am dritten Tag« – nicht »nach drei Tagen« wie bei Markus – entgegengestellt. Diese Formulierung, die mit 24,7.46 übereinstimmt, hebt sich deutlich von der ersten Leidensweissagung (Luk. 9,22) ab, wo vom Erwecktwerden (*ἐγερθῆναι*) am dritten Tage die Rede war. **34** Das Unverständnis der Jünger, das Lukas

---

[1] Eine andere Quelle als Markus kommt auch hier nicht in Betracht. Die von *T. Schramm*, a. a. O., aufgewiesenen Abweichungen lassen sich, wie vor allem *G. Schneider* gezeigt hat, als reflektierende lukanische Redaktion erklären.

[2] Zu dieser Frage *G. Schneider*, a. a. O., 38.

[3] Noch weiter geht *W. Grundmann* in den früheren Auflagen dieses Kommentars, der diese Wortwahl direkt durch den Begriff der tragischen *ὕβρις* bestimmt sieht.

abschließend herausstellt und noch durch zwei Parallelsätze unterstreicht, weist indirekt auf die Ostergeschichte voraus. Erst im Umgang mit dem Auferstandenen gewinnen sie sein Verständnis der Schrift und die Erkenntnis des von ihm gegangenen Weges Gottes (24,19–22; 24,45–47).[4]

7. Der Blinde von Jericho 18,35–43; Mark. 10,46–52; Matth. 20,29–34*

(35) Es geschah aber, als er sich Jericho näherte, saß ein Blinder bettelnd am Wege. (36) Als er aber hörte, daß eine Volksmenge durchzog, fragte er, was dies sei. (37) Sie taten ihm aber kund, daß Jesus der Nazoräer vorbeizieht. (38) Und er rief und sprach: »Jesus, Sohn Davids, erbarme dich meiner.« (39) Und die vorausgingen fuhren ihn an, daß er schweige. Er aber schrie noch viel mehr: »Sohn Davids, erbarme dich meiner.« (40) Jesus aber stand still und befahl, man solle ihn zu ihm führen. Als er aber herangekommen war, fragte er ihn: (41) »Was willst du, daß ich dir tun soll?« Er aber sprach: »Herr, daß ich sehend werde.« (42) Und Jesus sprach zu ihm: »Sei sehend! Dein Glaube hat dich gerettet.« (43) Und sofort sah er und folgte ihm und pries Gott. Und das ganze Volk, das es sah, brachte Gott Lob dar.

Mit der Nennung des Ortsnamens Jericho (27 km von Jerusalem entfernt) wird deutlich, daß Jesus sich dem Ziel seiner Wanderung nähert. In den gleichen lokalen Umkreis hatte Markus die letzte der von ihm berichteten Wundergeschichten (für Luk. vgl. noch 22,51) eingeordnet. Lukas übernimmt sie, ändert jedoch topographische und andere Einzelheiten, vor allem tilgt er anschauliche Züge, die für die Markusüberlieferung kennzeichnend waren (V. 49b.50). Es ist die einzige von Lukas berichtete Blindenheilungsgeschichte. Die an der Markusvorlage beobachtete Breite der expositionellen und die Knappheit der zentralen und finalen Motive gilt auch noch für die lukanische Gestalt. Eine Kontrastwirkung ergibt sich aus der Komposition. Die Leidensankündigung löste Unverständnis der Jünger aus (V. 34). Während die Jünger auf dem Wege ohne Verstehen Jesus begleiten, folgt ihm der geheilte Blinde (V. 43: *ἠκολούθει αὐτῷ*) als Sehender und Gott Lobpreisender.

35 Anders als bei Markus (und Matthäus) geschieht die Begegnung mit dem Blinden nicht nach dem Verlassen Jerichos, sondern vor dem Einzug in die Stadt. Das ist wohl durch die Zufügung der in Jericho spielenden Zachäusgeschichte (19,1–10) verursacht. Der bei Markus mit dem Namen Bartimaios eingeführte Blinde ist namenlos. Der Zusammenhang von Blindheit und Bettelei ist typisch (Joh. 9,8). Vielleicht ist daran gedacht, daß der Blinde vorüberziehende Passapilger um ein Almosen angeht. **36** Lukas führt an dieser

---

[4] Man kann die Notiz über das Jüngerunverständnis auch als Ersatz für die von Lukas ausgelassene Perikope von der Zebedaidenfrage (Mark. 10,35–45; Matth. 20,20–28) verstehen. Deren sachlicher Gehalt findet sich in anderer Überlieferung bei Luk. 22,24ff. Zu Mark. 10,38b vgl. Luk. 12,50; zu Mark. 10,45 vgl. Luk. 19,10.

* Lit.: *H. van der Loos*, Miracles, 422–425 – *W. Trilling*, Christusverkündigung in den synoptischen Evangelien, Leipzig 1969, 146–164 – *Chr. Burger*, Jesus als Davidssohn, FRLANT 98, Göttingen 1970, 107–112 – *T. Schramm*, Markusstoff, 143–145 – *J. Roloff*, Kerygma, 121–126, 135.

Stelle auch die Jesus begleitende Volksmenge ausdrücklich ein. **37** Jesus wird von ihr als Nazoräer bezeichnet (bei Markus: Nazarener) wie in Apg. 2,22; 3,6; 4,10; 22,8; 26,9. **38** Mit der Anrufung als Sohn Davids ist nicht auf die genealogische Herkunft abgehoben, vielmehr ist an den Davidssohn als Helfer der Notleidenden gedacht. **39** Die Abweisung führt zur Steigerung des Hilferufs und bereitet so die **40** durch den Befehl Jesu eröffnete Zuwendung zu dem Hilfebegehrenden vor. **41** In dessen Antwort hat Lukas das aramäische rabbuni durch das *κύριε* ersetzt. **42** Das bei Markus fehlende Heilungswort fügt er ein. Die Konstatierung des rettenden Glaubens entstammt der Vorlage, entspricht aber Luk. 7,50; 8,48; 17,19. Sie ist nicht mit einer Entlassungsformel verbunden. **43** In einer dem Lukas eigenen Formulierung lobt der Geheilte Gott (*δοξάζων τὸν θεόν*; vgl. 1,64; 7,16; 13,13; 17,15), die Menge stimmt ihrerseits in das Lob Gottes mit ein (*ἔδωκεν αἶνον τῷ θεῷ*). Sie nimmt das Lob der Gemeinde für die Tat Gottes durch Jesus vorweg.

8. Einkehr beim Oberzöllner Zachäus
19,1–10*

(1) Und er kam hinein und durchzog Jericho. (2) Und siehe, (da war) ein Mann, mit Namen Zachäus genannt, und er war ein Oberzöllner, und er war reich. (3) Und er suchte Jesus zu sehen, wer er ist, und konnte es nicht wegen der Volksmenge, denn er war von kleiner Gestalt. (4) Und er lief voraus nach vorn, stieg auf einen Maulbeerfeigenbaum, damit er ihn sehe, denn an der Stelle sollte er durchziehen. (5) Und als er an die Stelle kam, blickte Jesus hinauf und sprach zu ihm: »Zachäus, beeile dich und steige hinab, denn heute muß ich in deinem Hause bleiben.« (6) Und er beeilte sich und stieg herab und nahm ihn mit Freuden auf. (7) Und alle, die es sahen, murrten und sagten: »Bei einem Sünder kehrt er ein, um zu übernachten.« (8) Zachäus aber trat hin und sprach zum Herrn: »Siehe, die Hälfte meiner Güter, Herr, gebe ich den Armen, und wenn ich jemandem etwas abgepreßt habe, erstatte ich es vierfach zurück.« (9) Es sprach aber zu ihm Jesus: »Heute geschah diesem Hause Heil, weil auch er ein Sohn Abrahams ist. (10) Denn es kam der Menschensohn zu suchen und zu retten das Verlorene.«

V. 2: Die Lesart (ψ), die aus dem Oberzöllner einen Synagogenvorsteher macht, läßt ein groteskes Mißverstehen der Perikope (vgl. V. 7) erkennen. Das gilt auch von *P. Fiedlers* (a. a. O., 131f.) freilich nicht textkritisch, sondern traditionsgeschichtlich begründeter gleichgerichteter Vermutung.

Hatte Lukas die Heilung des Blinden dem Einzug Jesu in Jericho vorgeordnet, so folgt nun eine Erzählung, die von einem Ereignis beim Durchgang durch den Ort berichtet. Beide Erzählungen bezeugen Jesus als Heilsbringer: dort der Davidssohn, der die Blinden sehend macht, hier der zur Rettung des Verlorenen gekommene Menschensohn, der bei dem Oberzöllner einkehrt. Die Zachäusgeschichte gehört dem lukanischen Sondergut zu. Die letzte Perikope, die Lukas aus diesem Zuammenhang übernahm, war die Beispielerzählung vom Pharisäer und Zöllner. Beide Stücke könnten schon in der Vorlage aufeinander gefolgt sein.[1] Innerhalb des Lukasevangeliums werden mit dieser Perikope Linien weitergeführt, die besonders dank der Aufnahme des Sonderguts heraustreten: Jesus als

* Lit.: *K. Löning*, Ein Platz für die Verlorenen, BuL 12, 1971, 198–208 – *W. P. Loewe*, Towards an Interpretation of Lk 19,1–10, CBQ 36, 1974, 321–331 – *P. Fiedler*, Jesus und die Sünder, BBE 3, Frankfurt a. Main/Bern 1976, 129–135 – *H. Merklein*, Gottesherrschaft, 197f.

[1] *E. Hirsch*, Frühgeschichte II, 231: »Ein Beleg zum Gleichnis vom Pharisäer und Zöllner.«

Retter der Verschuldeten und Verlorenen und Jesus als Gast. Der Grundstock der Erzählung weist diese beiden Motive deutlich auf, er besteht aus V. 2–7 und V. 9. Während *Joach. Jeremias* eine durchgängige redaktionelle Bearbeitung durch Lukas annimmt,[2] sind nach mehrheitlicher Meinung nur V. 8 und V. 10 mit einiger Sicherheit als lukanische Eigenbildungen anzusehen. V. 10 ist kerygmatisch bestimmter Schluß in Form eines Menschensohnwortes. V. 8 erscheint als ein den Zusammenhang unterbrechender Einschub, der im Unterschied zur Erzählung von Jesus als dem *κύριος* spricht und das typisch lukanische *σταθείς* verwendet. Vielleicht sollte der Zöllner so zum Gegenbild des Reichen von 18,18ff. gestaltet werden.

R. Bultmann hält die Erzählung für eine ideale Szene, »eine weitergesponnene Variante zu Mark. 2,14, zu der vielleicht die Verbindung von Mark. 2,14 mit 15–17 den Anstoß gab«.[3] *E. Hirsch* sieht demgegenüber die Verbindung von Namen und Ortsangabe als ursprünglich an: »Es muß in der christlichen Gemeinde einen Zöllner Zachäus gegeben haben, von dem man wußte, Jesus habe bei ihm durch Jericho durchreisend Quartier genommen.«[4] Die (legendäre) altchristliche Tradition macht ihn zum Bischof von Cäsarea.[5] Die Geschichte vom Oberzöllner kann als Höhepunkt der lukanischen Zöllnergeschichten gelten.[6] Darüber hinaus ist sie als Exempel des in den Gleichnissen vom Verlorenen (Kap. 15) angesprochenen Verhaltens Jesu zu den Sündern anzusehen.[7] Der bedingungslosen Zuwendung Jesu zum Sünder entspricht dessen Umkehr.

1 Wer von Norden kommend Jerusalem erreichen will, muß Jericho durchziehen. Die Ortsangabe fand sich bereits bei der vorausgehenden Blindenheilung, die sich nach Lukas in der Nähe von Jericho ereignet, während die Zachäusgeschichte wohl von Anfang an mit dieser Stadt selbst, einer wichtigen Zollstation, verbunden war. **2** Der Name Zachäus könnte auf Zakkai zurückgehen und heißt dann der »Gerechte«.[8] Man kann ihn auch als Kurzform zu Sacharia ansehen. Zachäus ist Oberzöllner – bisher war im Evangelium nur von Zöllnern[9] die Rede – und damit wohl Generalpächter der Zölle von Jericho, wo sich der Übergang in die Arabia befand. Infolge seiner Stellung ist er sehr wohlhabend. **3** Wodurch das Begehren, Jesus zu sehen (vgl. Luk. 9,9), veranlaßt ist, wird nicht gesagt. Die Kleinheit der Gestalt mag als Eigenschaft verstanden werden, die diesen »Großen« demütigt. **4** Seine Stellung wird von den Bewohnern Jerichos so wenig respektiert, daß er auf eine Sykomore klettern muß, einen Maulbeerfeigenbaum mit weitausladenden Ästen

---

[2] Komm., 275–277. – Noch weiter geht *P. Fiedler*, a. a. O., 130–133, der mit der lukanischen Bildung der ganzen Perikope rechnet.

[3] Synoptische Tradition, 33.

[4] Frühgeschichte II, 232.

[5] *Th. Zahn*, Komm., 619, nennt Ps. Clem. hom. II, 63–72; Recogn. III, 65–68; Apost. Const. VII, 46 und hält es für wahrscheinlich, »daß Zachäus zu einer gewissen Bedeutung in der palästinensischen Kirche gelangt ist«.

[6] *W. P. Loewe*, a. a. O., 331.

[7] *H. Merklein*, a. a. O., 197.

[8] Belege für den Namen Zachäos 2. Makk. 10,19; für das hebräische Äquivalent Zakkai Esra 2,9; Neh. 7,14. – Zu rabbinischen Trägern des Namens (Jochanan ben Zakkai u. a.) vgl. Str.-B. II, 249.

[9] Vgl. 3,12; 5,27–39; 7,29; 18,9–14.

und dichtem (ihn verbergendem) Laub.[10] **5** Jesus sieht ihn, ruft ihn herunter und kündigt ihm an, daß er in seinem Hause Herberge nehmen will. Das *μένειν* drückt die zum Erzählungskern gehörende Vorstellung der Zuwendung Jesu zu den Sündern aus. Dabei fällt auf das in V. 9 aufgenommene »heute« (vgl. 2,11; 4,21; 23,43) ein besonderer Akzent.[11] Die Einkehr Jesu bei Zachäus ist sein Heil. **6** Voll Freude nimmt er ihn als Gast auf. **7** Die Leute von Jericho sind insgesamt (*πάντες*) über diese Ankündigung unwillig. Es ist die gleiche Konstellation wie 5,30; 15,2. Sie murren (*διεγόγγυζον*) wie dort über die Tischgemeinschaft mit den Sündern so hier über die gastliche Einkehr (*καταλῦσαι*) bei einem von ihnen. **8** Die Einfügung fährt fort mit einer Reaktion des Zachäus, die der Kritik an Jesus die Spitze abbrechen soll. Er legt ein Gelübde ab, das seine Abkehr vom schuldhaften Wandel zeigt. Er entschließt sich, die Hälfte seines Vermögens an die Armen zu verteilen. Das geht weit über das hinaus, was die jüdischen Gelehrten festgesetzt haben. Diese schlagen ein Fünftel des Gesamtvermögens als erste Leistung und den gleichen Anteil vom jährlichen Einkommen als weitere vor.[12] Auch die Erstattung an die von ihm Geschädigten geht über das übliche Maß hinaus, das die Wiedergutmachung des Schadens zuzüglich eines Fünftels vorsieht.[13] Die von ihm begangene Verfehlung nennt der Oberzöllner selbst erpresserischen Betrug (*συκοφαντεῖν*). Sein Gelübde entspricht Vorstellungen, wie sie in der christlichen Gemeinde lebendig gewesen sind. **9** Die Antwort Jesu spricht von dem Heil, das dem ganzen Hause des Zachäus widerfahren ist. Ursprünglich war dieses Wort nicht Zustimmung zu dessen Entschluß, sondern Antwort an die Murrenden von V. 7. Das Handeln Jesu wird mit der Zugehörigkeit des Zachäus zu Abrahams Geschlecht begründet (vgl. 13,16). Die Sendung Jesu gilt also hier dem Volk Israel (vgl. Matth. 15,24). **10** Die abschließende Aussage, ein die Erzählung summierender »Predigtspruch«,[14] bezeichnet das suchende und rettende Handeln des Menschensohns als Ziel von dessen Gekommensein. Der Satz schließt sich an jene Worte an, die vom irdischen Wirken des *υἱὸς τοῦ ἀνθρώπου* reden (vgl. bei Lukas: 5,24; 6,5; 7,34; 9,58). Daß hier vom Verlorenen gesprochen wird, erinnert an 15,4–6, vielleicht soll es auch auf Hes. 34,16.23 zurückweisen. Sieht man das Wort als lukanische Ersatzbildung für Mark. 10,45 an, so ist zu beachten, daß hier das gesamte Erdenwirken, nicht allein die Lebenshingabe soteriologische Bedeutung hat.[15]

9. Das Gleichnis von den anvertrauten Minen 19,11–27; Matth. 25,14–30*

(11) Als sie aber dieses hörten, fügte er ein Gleichnis hinzu und sprach, weil er nahe bei Jerusalem war und sie meinten, daß sofort die Herrschaft Gottes in Erscheinung treten werde. (12) Er sagte nun: »Ein Mann von vornehmer Geburt zog in ein fernes Land, um

[10] Zum Topographischen *G. Dalman*, Orte und Wege, 259f.

[11] Daß es sich dabei um einen vorlukanischen Akzent handelt, betont *Joach. Jeremias*, Komm., 276.

[12] Str.-B. IV, 546–551.

[13] Str.-B. II, 249f.

[14] *M. Dibelius*, Formgeschichte, 61f.

[15] *G. Schneider*, Komm., 378.

* Lit.: *A. Jülicher*, Gleichnisreden II, 472–495 – *Joach. Jeremias*, Gleichnisse, 45–50 – *W. Foerster*,

für sich ein Königtum zu gewinnen und zurückzukehren. (13) Er rief aber seine zehn Knechte und gab ihnen zehn Minen und sagte zu ihnen: Treibt Geschäfte, bis ich (zurück)komme. (14) Seine Bürger aber haßten ihn und schickten eine Gesandtschaft hinter ihm her und sagten: Wir wollen nicht, daß dieser über uns König sei. (15) Und es geschah, als er zurückkehrte, nachdem er das Königtum empfangen hatte, da sagte er, daß jene Knechte zu ihm gerufen würden, denen er das Geld gegeben hatte, damit er erfahre, was sie für Geschäfte getrieben hatten. (16) Es kam aber der erste und sagte: Herr, deine Mine hat zehn Minen dazugewonnen. (17) Und er sprach zu ihm: Recht so, guter Knecht, weil du im Geringsten treu warst, sollst du Vollmacht haben über zehn Städte. (18) Und es kam der zweite und sprach: Deine Mine, Herr, hat fünf Minen geschafft. (19) Er sagte aber auch zu diesem: Und du wirst über fünf Städte (Herr) sein. (20) Und der andere kam und sprach: Herr, siehe deine Mine, die ich im Schweißtuch verwahrt habe. (21) Ich fürchte dich nämlich, weil du ein strenger Mann bist, du nimmst, was du nicht eingelegt hast, und du erntest, was du nicht gesät hast. (22) Er sagte ihm: Aus deinem Munde werde ich dich richten, böser Knecht! Du wußtest, daß ich ein strenger Mann bin, der ich nehme, was ich nicht eingelegt habe, und ernte, was ich nicht gesät habe, (23) und warum gabst du mein Geld nicht auf die Bank? Und ich hätte es, als ich zurückkehrte, mit Zinsen eingezogen. (24) Und den Umstehenden sagte er: Nehmt von ihm die Mine und gebt sie dem, der zehn Minen hat. (25) Und sie sprachen zu ihm: Herr, er hat (doch) zehn Minen. (26) Ich sage euch: Jedem, der hat, dem wird gegeben, von dem, der nichts hat, wird auch, was er hat, genommen werden. (27) Aber diese meine Feinde, die nicht wollten, daß ich über sie König sei, führt sie her und haut sie vor mir nieder.«

Mehrfach finden sich Angleichungen an die Parabel von den Talenten bei Matthäus. V. 25 (enthaltend die Einwände der Umstehenden) bleibt bei D, W und einigen alten Lateinern gänzlich fort. – V. 26 fügen die φ-Gruppe und syr^{cur} *καὶ περισσευθήσεται* entsprechend Matth. 25,29 an. – V. 27 setzt D das bei den übrigen Zeugen der Lukasfassung nicht enthaltene Strafgericht für den unnützen Knecht mit den Worten von Matth. 25,30 hinzu.

Die letzte Perikope des lukanischen Reiseberichts ist ein Gleichnis. Die lukanische Fassung, die von anvertrauten Minen spricht im Unterschied zu den anvertrauten Talenten der Matthäusversion,[1] zeigt an vielen Stellen eine deutliche Eigenprägung. Die von Lukas gewählte Stellung des Stücks vor dem Einzug in Jerusalem wird durch einen einleitenden Vers begründet.[2] Das Gleichnis wird erzählt, um die Vorstellung eines baldigen Erschei-

---

Das Gleichnis von den anvertrauten Pfunden, in: Verbum Dei manet in aeternum, Festschr. f. O. Schmitz, Witten 1953, 37–56 – *M. Zerwick*, Die Parabel vom Thronanwärter, Bibl 40, 1959, 654–674 – *J. M. D. Derrett*, Law in the New Testament. The Parable of the Talents and Two Logia. ZNW 56, 1965, 184–195 – *H. Kahlefeld*, Gleichnisse I, 132–153 – *E. Kamlah*, Kritik und Interpretation der Parabel von den anvertrauten Geldern, KuD 14, 1968, 28–38 – *J. Dupont*, La parabole des talents (Mat. 25:14–30) ou des mines (Luc 19:12–27), RThPh 19, 1969, 376–339 – *A. Weiser*, Die Knechtsgleichnisse der synoptischen Evangelien, StANT 29, München 1971, 227–258 – *S. Schulz*, Spruchquelle, 288–298 – *L. C. McGaughy*, The Fear of Yawh and the Mission of Judaism: A Postexilic Maxim and its Early Christian Expansion in the Parable of the Talents, JBL 94, 1975, 235–245 – *J. Mánek*, Frucht, 71–74 – *H. Weder*, Gleichnisse Jesu als Metaphern, 193–210 – *W. Resenhöft*, Jesu Gleichnis von den Talenten, ergänzt durch die Lukas-Fassung, NTS 26, 1979/80, 318–331.

[1] In beiden Fällen handelt es sich um Münzeinheiten des griechischen Systems. Eine Mine hat hundert Silberdrachmen, ein Talent, als Silber oder Goldbarren von ca. 40 kg, steht für die größte Einheit.

[2] Die sprachliche Analyse zeigt, in wie starkem Maße hier lukanische Eigentümlichkeiten begegnen.

nens der Königsherrschaft Gottes abzuwehren. Dazu stimmen am besten die Züge, die die von Lukas gebotene Gestalt des Gleichnisses von der matthäischen auffällig abheben: die Kennzeichnung der Hauptfigur als eines Thronanwärters, der in ein fremdes Land zieht und in seiner Stellung bestätigt zurückkehrt (V. 12b.14.15a.27), und die sich daraus ergebende Modifikationen im Dialog mit dem Knecht (V. 17b.19b).

Die literarkritische bzw. traditionsgeschichtliche Herleitung wird auf sehr verschiedene Weise versucht. Die Lukasversion sei aus SLk übernommen, während das Talentengleichnis des Matthäus aus Q stamme.[3] Lukas habe zwei ursprünglich selbständige Parabeln, die von den anvertrauten Minen und die vom Thronanwärter, miteinander verbunden,[4] wobei erst durch die letztere das für Lukas wichtige Moment der Parusieverzögerung hinzutrat.[5] Eine Mehrheit der Ausleger geht wohl zu Recht davon aus, daß es sich beim Minengleichnis des Lukas um die durch den Evangelisten erfolgte Bearbeitung einer aus Q stammenden Parabel handelt, die im Talentengleichnis des Matthäus in ursprünglicherer Form erhalten ist.[6] Für eine gemeinsame Quelle dürfte vor allem die weitgehende, z. T. nahezu wörtliche Übereinstimmung Luk. 19,21 = Matth. 25,24; Luk. 19,22–26 = Matth. 25,26–29 sprechen.[7] Die lukanische Erweiterung wird vielfach mit dem Schicksal eines Thronprätendenten in neutestamentlicher Zeit in Zusammenhang gebracht. Man denkt an die Vorgänge um Archelaos, den Sohn Herodes' d. Gr., der Ethnarch von Judäa und Samaria war, in Rom um die Königswürde nachsuchte, jedoch aufgrund der Klagen einer heimischen Gesandtschaft in die Hauptstadt zitiert und vom Kaiser abgesetzt wurde.[8] Das schließliche Schicksal des Archelaos unterscheidet sich also erheblich von der im Gleichnis erzählten Rückkehr des »Wohlgeborenen« als souveräner Gerichtsherr über sein Land. Die aus der Thronprätendententhematik dazugewonnenen Züge unterstreichen nicht nur das Moment der Verzögerung, sondern nähern auch formal das Gleichnis der Allegorie an.

Auch die Frage der Adressierung des Gleichnisses wird kontrovers entschieden. Sie ist selbst für den lukanischen Kontext nicht klar zu beantworten. Denkt Lukas noch an die Menschen in Jericho oder an die Reisebegleitung Jesu? Die ursprüngliche Gestalt der Erzählung wird vielfach als antipharisäisches Kampfgleichnis verstanden, gerichtet gegen ein Mißverstehen des Willens Gottes, das aus Furcht und falsch verstandener Sorgfalt nicht zum erfüllenden Tun kommt.[9] Daneben steht die Deutung der Knechte auf die Jünger, die zu tätiger Bereitschaft aufgerufen werden.[10] Diskutiert wird auch ein Funktionswandel, durch den eine vorösterliche Parabel, die den Zeitgenossen Jesu zugesprochen wurde und die Basileia als Gabe und Aufgabe beschrieb, zu einem urkirchlichen

---

[3] *E. Hirsch*, Frühgeschichte II, 161–170; *H. Kahlefeld*, a. a. O., 149ff.

[4] *H. Zerwick*, a. a. O., 654, ferner *A. Schlatter*, Komm., 405f.; vgl. auch *Joach. Jeremias*, a. a. O., 40.

[5] Dies betont *L. C. McGaughy*, a. a. O., 238.

[6] So aus älterer Zeit *A. Jülicher*, a. a. O., 485; aus neuerer *D. Lührmann*, Redaktion, 70f.; *H. Weder*, a. a. O., 193f.

[7] Vgl. auch *S. Schulz*, Spruchquelle, 290ff.; *W. Resenhöft*, a. a. O.

[8] Jos., Ant. XVII, 11–13.

[9] Mit ausführlicher Begründung bei *Joach. Jeremias*, a. a. O., 40f., und *H. Kahlefeld*, a. a. O., 141–143; ferner *J. Dupont*, a. a. O., 389; *J. Mánek*, a. a. O., 73f.

[10] Besonders nachdrücklich vertreten von *W. Foerster*, a. a. O.; ähnlich *E. Kamlah*, a. a. O., 29.

Parusiegleichnis wird.[11] Die bei Lukas vorliegende, relativ späte Gestalt spricht mit dem Ausbleiben oder doch Nichtsoforteintreten der Parusie ein zentrales innergemeindliches Problem an.

Der von Lukas dem Gleichnis zugewiesene Ort dient auch der christologischen Profilgebung. Der Weg Jesu, der mit dem Ende der Reise eine wichtige Station erreicht, führt nicht unmittelbar zur Errichtung der vollendeten Gottesherrschaft. Jerusalem ist zunächst der Ort des Leidens. Jesu Passion und Eingang in die Herrlichkeit bedeutet die Abwesenheit von den Seinen, die erst mit dem Kommen zum Gericht aufgehoben wird. Um dies zu verdeutlichen, sind die aus der Thronprätendententhematik stammenden Züge für Lukas an dieser Stelle unverzichtbar.

11 Ob Jesus das Gleichnis im Hause des Zachäus erzählt (vgl. die Komposition Luk. 5,27–39) oder schon auf dem Wege von Jericho nach Jerusalem, ist schwer zu bestimmen. Veranlaßt ist es dadurch, daß die Nähe von Jerusalem die Hoffnung weckt, nun werde die Herrschaft Gottes in Erscheinung treten. Die Frage nach der Gottesherrschaft, die im dritten Abschnitt des Reiseberichts immer wieder durchbrach (vgl. 17,20; 18,8; 18,16.30), beherrscht auch sein abschließendes Stück. In ihm wird eine falsche Erwartung abgewiesen.[12] **12** Jesus erzählt nach Lukas von einem Manne adliger Herkunft, der in die Ferne zieht, um sein Königtum in Empfang zu nehmen. Hier wird deutlich, wie durch das Thronprätendentenmotiv allegorische Züge hinzutreten: sein Königtum nimmt er sich nicht, er empfängt es. Es wird ihm zu eigen in »einem fremden Land«. Erst bei seiner Rückkehr tritt es in Erscheinung. Damit ist zwischen seiner Gegenwart und seiner Zukunft ein längerer Zeitraum gelegt. **13** Das lukanische Gleichnis spricht von zehn Knechten. Der Edelmann, der ein Königtum empfangen soll, hat nicht nur – wie bei Matthäus – drei Knechte. Sie erhalten freilich anders als bei diesem nicht das ganze Vermögen, sondern nur eine kleine Summe. Lukas fügt den Auftrag hinzu: *πραγματεύσασθε* (= treibt Handelsgeschäfte) *ἐν ᾧ ἔρχομαι*. Die Knechte – gemeint sind nicht Sklaven, sondern Abhängige (mit'aṣṣaqin), die selbständige Geschäfte treiben können[13] – gleichen den Jüngern, die in die Zeit zwischen der ersten Ankunft Jesu und seiner Zukunft hineingestellt sind. **14** Der Widerstand der Bürger erinnert an die Archelaosaffäre (vgl. Jos., Ant. XVII, 11,1). Lukas denkt dabei an die Gegnerschaft Jerusalems gegen Jesus. **15** Nach der Rückkehr beginnt die Rechenschaftslegung vor dem Herrn, der nunmehr das Königtum empfangen hat. Sie geht der Bestrafung der Feinde (V. 27) voraus. **16** Der erste der Gerufenen spricht von der Verzehnfachung der ihm anvertrauten Mine. In der lukanischen Fassung haben die Knechte die zehn Minen unter sich gleich verteilt (vgl. V. 13). Auffällig ist, wie von der Leistung der Mine des Herrn (*ἡ μνᾶ σου*), nicht von der eigenen gesprochen wird. **17** Der Herr lobt den Knecht (vgl. Luk. 16,10). Er lohnt ihn nicht mit Geld, sondern gemäß seiner neuen Machtstellung mit Vollmacht und Gewalt über zehn Städte. Der Knecht wird also vom König zum Gouverneur ernannt. **18** Der zweite Knecht kann nur auf die Hälfte dessen verweisen, was der erste herbeibrachte. Auch seine Antwort verdeckt die eigene Leistung. **19** Er wird ohne besonderen Lobspruch zum

[11] So etwa *H. Weder*, a. a. O., 205.
[12] *J. Dupont*, a. a. O., 382, zieht zu Recht eine Parallele zu Apg. 1,7f.
[13] Dazu *J. M. D. Derrett*, a. a. O., 185.

Gouverneur über fünf Städte eingesetzt. **20** Aus der Zehnzahl der Knechte wird noch ein dritter mit *ὁ ἕτερος* (ein anderer als Beispiel) bezeichnet, ausdrücklich herausgehoben. Er hatte seine Mine im *σουδάριον* (= Nackentuch, das vor der sengenden Sonne schützen soll) verborgen. **21** Das Verhalten des Knechts ist durch eine bis zur Angst gesteigerte Vorsicht bestimmt. Im Bild des Mannes, der nur bewahrt, um ja keinen Fehler zu machen, klingt wohl die antipharisäische Tendenz der ursprünglichen Gleichnisgestalt durch.[14] Lukas dürfte eher an die Jünger gedacht haben, die in der Bewährungszeit zwischen Himmelfahrt und Parusie die Gabe des Christus ungenutzt lassen. **22** Der »böse« Knecht (Gegenstück zum *ἀγαθός* in V. 17) wird nach seinen eigenen Worten gerichtet. So wird die Formulierung von V. 21 fast wörtlich aufgenommen. Dies soll freilich nicht heißen, daß der Herr tatsächlich so ist, sondern daß der Knecht ihn dafür hält. **23** Das falsche Bild von seinem Herrn hätte ihn veranlassen müssen, das Geld auf die Bank zu tragen, damit es wenigstens dort Gewinn bringt. Dessen Fehlen wird ihm vorgehalten. **24** Die Hofbeamten – *οἱ παρεστῶτες* – bekommen den Befehl, dem untätigen Knecht die Mine abzunehmen und sie dem zu übergeben, der am meisten erworben hat. **25** Von einer weiteren Strafe ist bei Lukas (anders Matth. 25,30) nicht die Rede. Dafür hat er den Einwand, warum gerade der am meisten Besitzende etwas dazubekommt. Er soll zu dem Herrenwort überleiten, das schon in der Vorlage mit dem Gleichnis verbunden war (vgl. Matth. 25,29). **26** Es wird wie 16,9; 18,8 mit *λέγω ὑμῖν* eingeleitet. Das ursprünglich selbständige Logion begegnet auch Mark. 4,25; Luk. 8,18; Matth. 13,12. Es spricht das Geheimnis aus, daß der sich dem Heilswillen Gottes ganz Hingebende mit wachsender Fülle begabt wird, während der, der ihn nur für sich empfängt, aber nicht zum Inhalt seines Handelns macht, alles verliert.[15] Mit dieser Anwendung endet die dem Lukas vorgegebene Parabel. **27** Das letzte, von Lukas angefügte Wort nimmt die Thronprätendententhematik wieder auf und führt sie zu Ende. Das an den Feinden vollzogene Strafurteil meint das bei der Wiederkehr des Königs (Parusie) vollzogene Endgericht.[16]

---

[14] *L. C. McGaughy*, a. a. O., 244f., sieht hier Anklänge an Äußerungen gesteigerter Gottesfurcht aus dem AT, wie Hiob 23,13ff.; 4,14; 10,16; Ps. 119,120.

[15] *H. Kahlefeld*, a. a. O., 146, stellt die Frage, ob die Sentenz nicht auf die Gestaltung der Erzählung eingewirkt hat, also der gegebene Stoff auf diesen Abschluß hin geformt wurde.

[16] *W. Grundmann* dachte in früheren Aufl. dieses Komm. an eine Verbindung mit dem Geschick Jerusalems, das nach der Art antiker Schlachtberichte hier angesprochen wird, doch läßt sich dies mit der heilsgeschichtlichen Ausrichtung des Gleichnisses auf das Kommen der Gottesherrschaft nicht in Übereinstimmung bringen.

V. Das Wirken Jesu in Jerusalem
19,28–21,38

Mit dem Erreichen Jerusalems ist der Reisebericht abgeschlossen. Die Elemente dieser für das Evangelium profilgebenden Komposition waren fast durchweg aus dem Sondergut (SLk) und Q übernommen. Die nun einsetzende Darstellung des Wirkens Jesu in Jerusalem ist bei Lukas vorwiegend nach Markus gestaltet. Er geht hier von dem vierten großen Markus-Block (11,1–13,37) aus. Dabei wirkt der die lukanische Konzeption mitbestimmende Zusammenhang von Jesusgeschick und Jerusalemgeschichte deutlich ein. Die Darstellung gruppiert sich in drei Abschnitte: die Ereignisse, die mit dem Einzug Jesu zusammenhängen, die Jerusalemer Gespräche und Auseinandersetzungen, die apokalyptische Rede. Dabei kommt der ersten Sequenz im Rahmen der lukanischen Komposition besonderes Gewicht zu, weil sie im Zeichen der »Anabasis« Jesu nach Jerusalem (19,28) steht und insofern die mit dem Beginn des Reiseberichts (9,51) eröffnete Perspektive wieder sichtbar werden läßt.

1. Die Ereignisse beim Einzug Jesu
19,28–48

a) Der Einzug Jesu in Jerusalem
19,28–40; Mark. 11,1–11; Matth. 21,1–11; Joh. 12,12–19*

(28) Und nachdem er dies gesagt hatte, ging er vorwärts und zog hinauf nach Jerusalem.

(29) Und es geschah, als er sich Bethphage und Bethanien an dem sogenannten Ölberg näherte, schickte er zwei der Jünger (30) und sprach: »Geht in das Dorf vor euch. Wenn ihr hineinkommt, werdet ihr ein (Esels-)Füllen angebunden finden, auf dem noch niemals ein Mensch gesessen hat. Bindet es los und bringt es. (31) Und wenn euch jemand fragt: Weshalb bindet ihr es los?, sprecht so: Der Herr bedarf seiner.« (32) Die Abgesandten gingen hin und fanden es so, wie er ihnen gesagt hatte. (33) Als sie das Füllen losbanden, sagten seine Herren zu ihnen: »Warum bindet ihr das Füllen los?« (34) Sie aber sprachen: »Der Herr bedarf seiner.« (35) Und sie führten es zu Jesus und legten ihre Kleider auf das Füllen und setzten Jesus darauf. (36) Als er aber weiterzog, breiteten sie ihre Kleider auf dem Wege aus.

(37) Als er sich schon dem Abhang des Ölbergs näherte, begann die ganze Menge der Jünger freudig Gott mit lauter Stimme zu preisen wegen aller Machttaten, die sie gesehen hatten, (38) und sprachen:

---

* Lit.: *J. Schniewind*, Parallelperikopen, 26–28 – *H. W. Kuhn*, Das Reittier Jesu in der Einzugsgeschichte des Markusevangeliums, ZNW 50, 1959, 82–91 – *W. Bauer*, Der Palmesel, in: Aufsätze und Kleine Schriften, Tübingen 1967, 109–131 – *E. Haenchen*, Weg Jesu, 372–379 – *T. Schramm*, Markusstoff, 145–149 – *H. Patsch*, Der Einzug Jesu in Jerusalem, ZThK 68, 1971, 1–26 – *J. M. D. Derrett*, The Palm Sunday Colt, NovTest 13, 1971, 241–258 – *C. P. März*, »Siehe, dein König kommt zu dir . . .«, EThSt 43, Leipzig 1980, 9–18.

»Gelobt sei der Kommende,
der König im Namen des Herrn
im Himmel Frieden
und Ehre in den Höhen.«

(39) Und einige der Pharisäer aus der Menge sprachen zu ihm: »Lehrer, weise deine Jünger zurecht.« (40) Und er antwortete ihnen und sprach: »Ich sage euch, wenn diese schweigen werden, dann werden die Steine schreien.«

Der lukanische Bericht bringt die Ereignisse beim Einzug in Jerusalem in dreifach gegliederter Gestalt. Deutlich heben sich voneinander ab: der eigentliche Einzug (V. 29–36), die Huldigung (V. 37–38) und eine knappe apophthegmatisch zugespitzte Kontroverse mit den Pharisäern (V. 39–40), die zu den anschließenden Worten Jesu über das Schicksal Jerusalems überleitet. Durch die Einleitung (V. 28) hat Lukas eine lockere Verbindung zum Minengleichnis hergestellt.

Die Arbeit des Lukas an dieser Perikope beschränkt sich nicht auf die Verklammerung. Zwar steht der Einzugsbericht im engeren Sinne nahe bei Markus (11,1–8). Erhalten bleibt dabei der Charakter als berichtend-kerygmatischer Erzählung mit dem Schwerpunkt bei der Beschaffung des Reittiers. Doch geht Lukas bei der Schilderung des Jubelrufs, beginnend mit seiner Lokalisierung beim Ölbergabstieg, eigene Wege. Die abschließende Pharisäerkontroverse wird traditionsgeschichtlich meist mit Matth. 21,14–16 zusammengebracht,[1] obwohl der Bezugspunkt des Ausrufes und die Antwort Jesu erheblich voneinander abweichen.

Daß Lukas in dieser Erzählung keine andere Quelle als Markus kennt, wird nach wie vor mit guten Gründen vertreten.[2] Dem steht die Annahme gegenüber, daß hier außer Markus ein weiterer aus dem Sondergut stammender Bericht verarbeitet wurde.[3] *H. Patsch* glaubte diesen aus V. 29a *α* und V. 37f. (Wiederaufnahme des *ἐγγίζειν*) rekonstruieren zu können,[4] doch bleibt die Basis schmal und unsicher. Eine Neufassung des Huldigungsteils durch Lukas kann als Verstärkung des mit 19,11 erkennbaren Leitgedankens gelten: es geht um die Eigenart der Königsherrschaft Jesu und den Zusammenhang mit dem Geschick Jerusalems. Um dem Ausdruck zu geben, hat Lukas die traditionskritisch unterscheidbaren, kaum aber literarkritisch dividierbaren Elemente Eselsritt und messianische Huldigung in neuer reflektierter Weise einander zugeordnet.

28 Die von Lukas geschaffene redaktionelle Klammer verbindet den Einzug mit dem Minengleichnis, »das den uneschatologischen Charakter seines Kommens nach Jerusalem hinreichend deutlich gemacht hatte«.[5] Jesus nähert sich von Jericho her der Stadt Jerusalem. **29** Dabei befindet er sich auf dem Wege der Festpilger. Die Stellung von Bethphage und Bethanien – zu diesen vgl. zu Mark. 11,1 – ist aus dem Blickwinkel Jerusalems, nicht von Jericho aus gesehen. **30** Das Reittier, dessen Beschaffung durch das Vor-

[1] Im Anschluß an *R. Bultmann*, Synoptische Tradition, 59f.

[2] *G. Schneider*, Komm., 385–387; vor allem *C. P. März*, a. a. O., 18: »freie lukanische Bildung auf der Grundlage des Markustextes«.

[3] So schon *B. Weiß*, Die Quellen des Lukasevangeliums, Göttingen 1907, 51f.; *A. Schlatter*, Komm., vgl. 116 mit 408; *K. H. Rengstorf*, Komm., 217f.

[4] A. a. O., 9f. Ihm schloß sich *T. Schramm*, a. a. O., 146f., an. Zur Kritik vgl. *C. P. März*, a. a. O., 10f.

[5] *G. Schneider*, Komm., 385.

auswissen Jesu bestimmt wird (vgl. 22,8–13), wird wie bei Markus *πῶλον* genannt. Obwohl das Wort im profanen Griechisch und in der Septuaginta ein Jungtier, zumeist ein Pferd bezeichnet,[6] hat Markus und erst recht Lukas an ein Eselsfüllen gedacht, wegen der Verbindung, die Gen. 49,11 (auch von daher *δεδεμένον*) und Sach. 9,9 schon früh eingegangen sind.[7] **31** Die gegenüber Markus stilistisch gebesserte Antwort auf den zu erwartenden Einspruch weist auf das herrscherliche Recht der Requisition hin[8] und verstärkt so den königlichen Charakter des Einzugs. **32** Die Schilderung der Ausführung läßt die Kleinheit des Ortes erkennen. **33/34** Die Dabeistehenden von Mark. 11,5 sind bei Lukas zu Eigentümern geworden. Daß nun von den Besitzern in der Mehrzahl die Rede ist, paßt zur Nennung des einen Reittiers nicht gut, doch Lukas nimmt dies in Kauf, um die *κύριοι* (vgl. Apg. 16,16) und ihren Besitzanspruch von dem einen *κύριος* und seinem Recht zu unterscheiden. **35** Die Jünger reiten nicht selbst (vgl. V. 30b), sondern setzen Jesus auf das Reittier. Dabei wird der gleiche Ausdruck *ἐπιβιβάζειν* verwendet wie 1. Kön. 1,33 LXX beim Einzug des Salomo zur Krönung. **36** Durch den Wegfall des Streuens der Zweige schließt sich der Weg über die ausgebreiteten Gewänder, der an 2. Kön. 9,13 LXX erinnert, sofort an. Dadurch werden zwei alttestamentliche Königsmotive miteinander verbunden.

37 Von diesem Vers an setzt sich Lukas gegenüber dem Markusbericht ab. Die anschließend geschilderte Huldigung ereignet sich auf dem Abstieg vom Kamm des Ölbergs. Sie geschieht durch die Jünger, nicht durch die begleitende Menge. Als Anlaß werden die Machttaten genannt, was dem Bericht bei Johannes nahekommt[9] und als Verstärkung des königlichen Charakters gedeutet werden kann.[10] **38** Der Lobpreis hat die Form eines Vierzeilers. Er weist eine deutliche Beziehung zu Luk. 2,14 auf. Von der zurufenden Menge wird Jesus im Stil der Tempelliturgie als der Kommende gesegnet (vgl. Ps. 118,26). Eingefügt ist *ὁ βασιλεύς*, während das Hosanna, das bei Markus und Matthäus sogar zweifach vorkommt, nicht begegnet. An die Stelle der kommenden Königsherrschaft Davids (Mark. 11,10) tritt der König, dem man beim Einzug in seine Stadt huldigt. Durch die lukanische Gestaltung ist die Szene zwar messianisch, jedoch unter Zurückdrängung jener Züge, die im Sinn apokalyptischer Naherwartung verstanden werden könnten (vgl. 19,11). So werden denn auch Friede und Herrlichkeit der himmlischen Welt – dem letzten Ziel seiner Anabasis – zugeordnet. Man könnte an den Preisruf des Kaddischgebets denken: »Der Friede macht in seinen Höhen, wolle uns und dem ganzen Israel Friede verschaffen.«[11] **39** Den Kontrast zur huldigenden Menge bilden die Pharisäer – wiederum ein mit Johannes (vgl. 12,19) gemeinsamer Zug.[12] Sie warnen Jesus im

---

6 Dazu der Nachweis von *W. Bauer*, a. a. O., 110ff., 117ff.

7 *H. W. Kuhn*, der a. a. O., 85–89, aufweist, daß schon in tannaitischer Zeit der Esel als Messiastier verstanden wurde.

8 *J. M. D. Derrett*, a. a. O., 247.

9 Vgl. *J. Schniewind*, a. a. O., 27; bei Joh. 12,17 ist es nur ein Wunder, das der Lazaruserweckung. Hier könnte man an die ganze Zeit des Wirkens Jesu außerhalb Jerusalems denken, die als eine Zeit der Wunder erscheint.

10 *H. Patsch*, a. a. O., 12. Auf den im Blick auf die folgende Doxologie besonders signifikanten Bezug zur Weihnachtsgeschichte 2,13.20 macht *C. P. März*, a. a. O., 11f., aufmerksam. Lukas will Jesus als Friedensfürsten zeichnen.

11 Auf diese Parallele wies zuerst *G. Dalman*, Worte Jesu I, 316f., hin.

12 Dazu *J. Schniewind*, a. a. O., 27.

Blick auf die Folgen, die das Verhalten der Jünger haben muß. **40** In seiner Antwort lehnt Jesus die Warnung ab und stellt eine Verbindung zwischen sich selbst und dem Schicksal Jerusalems her. Die Verwerfenden ziehen das Gericht auf sich, das in der Zerstörung der Stadt auf sie kommt. Dies blickt voraus auf V. 44, wo gleichfalls von den Steinen die Rede ist. Der Kontrast von Königsproklamation und Ablehnung, die zum Gericht führt, weist eine Konvergenz zum vorausgehenden Gleichnis (19,11–27) auf.[13]

b) Die Wehklage über Jerusalem 19,41–44*

(41) Und als er sich näherte, sah er die Stadt und weinte über sie. (42) Er sagte: »Wenn du doch erkennen würdest an diesem Tage, was dir zum Frieden dient. Jetzt aber ist es vor deinen Augen verborgen. (43) Denn es werden kommen Tage über dich, da werden deine Feinde einen Wall um dich aufwerfen und dich einschließen und dich von allen Seiten bedrängen, (44) und sie werden dich und deine Kinder in dir zu Boden werfen, und sie werden nicht einen Stein auf dem anderen lassen in dir, weil du nicht erkannt hast die Zeit deiner Heimsuchung.«

An Stelle der Verfluchung des unfruchtbaren Feigenbaums, die Markus nach dem Einzug erzählt, bringt Lukas (wohl aus seinem Sondergut) die Wehklage über Jerusalem. Vom unfruchtbaren Feigenbaum hatte er bereits in Form eines Gleichnisses erzählt (vgl. zu 13,6–9). Gegen die Annahme eines vaticinium ex eventu[1] spricht die Unbestimmtheit, die kaum über das hinausgeht, was über jede Belagerung und Eroberung einer antiken Stadt zu sagen wäre.[2] Die Verbindung ist durch V. 40 gegeben. Die Wehklage geht von einem Zusammenhang zwischen Jesusgeschick und Jerusalemschicksal aus. Jesu Kommen wird unter dem Gesichtspunkt des Besuches gesehen, der ein Heilsangebot einschließt. Jerusalem hat zweierlei nicht erkannt: *τὰ πρὸς εἰρήνην* (V. 42), womit vielleicht mehr die aktuell-zeitgeschichtliche Entscheidung ausgedrückt ist, und den *καιρὸς τῆς ἐπισκοπῆς* (V. 44), der den heilsgeschichtlichen Aspekt des Kommens Jesu meint.[3] Die Ereignisse beim Einzug in Jerusalem erhalten dabei beispielhafte Bedeutung.[4]

41 Auf dem Wege zur Stadt nähert sich Jesus Jerusalem. Als er es vor sich hat, beginnt er über ihr Geschick zu weinen – wie Jeremia über Jerusalem geklagt hat. **42** Das Kommen Jesu in die Stadt könnte auch für Jerusalem Heil bringen, wenn es sich dem Friedenskönig (vgl. V. 38) öffnen würde. Aber ihre Augen sind blind geworden. Das *νῦν δὲ ἐκρύβη* deutet auf ein bereits vollzogenes Handeln Gottes hin. Der Einsatz erinnert in der Form

---

13 *C. P. März*, a. a. O., 106, Anm. 105 u. 106.

* Lit.: *J. Gnilka*, Die Verstockung Israels, StANT 3, München 1961, 137–140 – *W. C. Robinson*, Der Weg des Herrn, 50–53, 55f. – *B. Reicke*, Synoptic Prophecies on the Destruction of Jerusalem, in: Studies in the New Testament and Early Christian Literature, Festschr. f. A. P. Wikgren, Leiden 1972, 121–134, bes. 121–123.

1 So *R. Bultmann*, Synoptische Tradition, 130.

2 Dazu *B. Reicke*, a. a. O., 122f., der daraus Schlüsse für die Abfassungszeit des Evangeliums ziehen will. Dagegen spricht jedoch die größere zeitgeschichtliche Konkretheit der Schilderung in 21,20–24.

3 *J. Gnilka*, a. a. O., 137.

4 *W. C. Robinson*, a. a. O., 50, der hier einen Hinweis auf die heilsgeschichtliche Bedeutung des »Weges« Jesu sieht.

an die alttestamentliche lamentatio, in der Formulierung an Jer. 15,5. **43** Das *ἥξουσιν ἡμέραι* der Einleitung könnte als apokalyptischer Anklang aufgefaßt werden, doch gilt die folgende Schilderung einer innergeschichtlichen Katastrophe. Deren Beschreibung in fünf jeweils durch *καί* eröffnete Aussagen (V. 43–44a) weist typische Züge auf und erinnert an alttestamentliche Unheilsankündigungen; vgl. Jes. 29,3: »Da will ich ein Lager ringsum im Kreis wider dich aufschlagen und Wälle gegen dich aufrichten.« Der Palisadenzaun (*χάραξ*) schließt die Stadt gegen außen ab.[5] Die fortschreitende Einengung der Bevölkerung löst Bedrängnis und Angst aus; *συνέξουσίν σε πάντοϑεν* kann das äußere Geschick und seine innere Wirkung bezeichnen. **44** Jerusalem wird als Mutter ihrer Kinder angesprochen. Mit ihnen wird sie zu Boden geworfen und die Stadt dem Erdboden gleich gemacht. Die Schilderung schließt mit der Aussage, daß von der dem Gericht verfallenen Stadt kein Stein auf dem anderen bleibt. Der Grund liegt darin, daß sie die Zeit des göttlichen Besuchs (*ἐπισκοπή*), des von Gott her ergehenden Heilsangebots (vgl. 1,78; 7,16) nicht erkannt hat. Es ist die fehlende Erkenntnis Jerusalems (*ἔγνως*), die die Klage auslöst (V. 42) und das Gericht begründet (V. 44).

c) Tempelreinigung und Lehren im Tempel 19,45–48; Mark. 11,15–18; Matth. 21,12–17; Joh. 2,13–22*

(45) Und er ging hinein in den Tempel und begann die Verkäufer hinauszutreiben, (46) indem er zu ihnen sagte: »Es steht geschrieben: Und es wird sein mein Haus ein Haus des Gebetes, ihr aber habt es gemacht zu einer Höhle der Räuber.«

(47) Und er lehrte täglich im Tempel. Aber die Hohenpriester und die Schriftgelehrten suchten ihn umzubringen ebenso wie die Ersten des Volkes. (48) Und sie fanden nicht, was sie tun sollten. Denn das ganze Volk hing ihm an und hörte ihm zu.

Im Markusbericht waren Jesu Tempelreinigung und der Tötungsplan der Oberen eng miteinander verklammert. Lukas löst diese Verbindung. Er verkürzt die Tempelreinigung und setzt dann zu einer Aussage über die Lehre Jesu im Tempel an, die tödliche Gegnerschaft hervorruft. Dadurch verliert die Tempelreinigung an eigenständiger Bedeutung. Einerseits ist sie überschattet von der vorangehenden Klage über Jerusalem.[1] Vor allem aber bekommt sie dank der Zuordnung auf das anschließende Lehren Jesu den Sinn einer vorbereitenden Handlung. Jesus ergreift vom Tempel Besitz, um ihn zur Stätte seiner Lehre zu machen.[2]

---

[5] Jos., Bell. Jud. V, 6,1f., 12,2ff. Tatsächlich wurde bei der Belagerung durch die Römer der Palisadenwall von den Juden verbrannt und durch eine Mauer ersetzt.

* Lit.: *E. Lohmeyer*, Die Reinigung des Tempels, ThBl 10, 1941, 257–264 – *V. Epstein*, The Historicity of the Gospel Account of the Cleansing of the Temple, ZNW 55, 1964, 42–58 – *N. Q. Hamilton*, Temple Cleansing and Temple Bank, JBL 83, 1964, 365–372 – *E. Trocmé*, L'expulsion des marchands du Temple, NTS 15, 1968/69, 1–22 – *J. Roloff*, Kerygma, 89–110 – *R. H. Hiers*, Purification of the Temple, JBL 90, 1971, 82–90 – *Joach. Jeremias*, Ein Widerspruch zur Perikope von der Tempelreinigung?, NTS 22, 1976/77, 179f.

[1] Vgl. *E. Lohmeyer*, a. a. O., Sp. 258.

[2] *H. Conzelmann*, Mitte der Zeit, 66: »Jesus bereitet ihn für sich selbst als Aufenthalt und hält sich von nun an in diesem seinen Eigentum auf. Die Reinigung ist nicht mehr eschatologisches Zeichen, sondern Mittel der Besitzergreifung.«

45 Lukas beschränkt den Bericht über die Tempelreinigung auf die knappste Wiedergabe der Grundelemente der Erzählung (Zeichenhandlung und deutendes Wort), wobei das Schriftwort der Handlung untergeordnet wird (Partizipialkonstruktion!). Mit *ἱερόν* ist der Vorhof des Tempels gemeint. Es werden nur allgemein die Verkäufer genannt, von Gewaltanwendung ist keine Rede.[3] **46** Auch das im Anschluß an Jes. 56,7; Jer. 7,11 gestaltete, die Handlung deutende Schriftwort ist gegenüber der Vorlage reduziert und hat dadurch die Form eines antithetischen Parallelismus erhalten. Was zum Haus des Gebetes bestimmt war, wurde zur Höhle der Räuber.[4] Für Lukas ist durch die Vertreibung der Händler der Tempel seiner eigentlichen Bestimmung zugeführt (vgl. 18,10; Apg. 3,1; aber auch Luk. 2,46–49). So erscheint es sinnvoll, daß nicht vom Betreten Jerusalems gesprochen wird, sondern vom Wirken Jesu im Tempel. **47** Dieser ist die Stätte täglichen Lehrens während der Leidenswoche (vgl. 21,37; 22,53). Die Mitglieder des Synedrions wollen seinen Tod. Lukas nennt die ihm zugehörigen drei Gruppen; statt *πρεσβύτεροι* heißen die Vertreter des Laienadels *οἱ πρῶτοι τοῦ λαοῦ*. **48** Sie sind wegen einer Anklage gegen Jesus in Verlegenheit, weil das Volk zu ihm steht. Statt wie bisher von *ὄχλος* ist jetzt von *λαός* die Rede, womit in der Regel das Gottesvolk bezeichnet ist. Lukas erscheint es wichtig, beim Eintritt in die Passionswoche zum Ausdruck zu bringen, daß das Volk auf der Seite Jesu ist, während die Führer seinen Untergang wollen. !

2. Streitgespräche in Jerusalem 20,1–21,4

a) Die Vollmachtsfrage 20,1–8; Mark. 11,27–33; Matth. 21,23–27*

(1) Und es geschah an einem der Tage, als er das Volk im Tempel lehrte und die Frohbotschaft verkündete, traten auf ihn zu die Hohenpriester und die Schriftgelehrten mit den Ältesten, (2) und sie sagten zu ihm und sprachen: »Sage uns, in welcher Vollmacht du dieses tust. Oder wer ist es, der dir diese Vollmacht gegeben hat?« (3) Er antwortete aber und sprach zu ihnen: »Ich werde euch auch ein Wort fragen. Sagt mir: (4) Die Taufe des Johannes, war sie vom Himmel oder von den Menschen?« (5) Sie überlegten aber miteinander und sagten: »Wenn wir sagen: vom Himmel, wird er sagen: Warum habt ihr ihm nicht geglaubt? (6) Wenn wir sagen: von den Menschen, so wird das ganze Volk Steine auf uns werfen, denn es ist überzeugt, daß Johannes ein Prophet sei.« (7) Und sie antworteten, sie wüßten nicht woher. (8) Und Jesus sprach zu ihnen: »So sage ich euch auch nicht, in welcher Vollmacht ich dies tue.«

---

[3] So treten für den lukanischen Bericht die vor allem von *V. Epstein* und *N. Q. Hamilton* behandelten lokal- und zeitgeschichtlichen Fragen zurück. Ob der Angriff den Voraussetzungen des Opferkultes schlechthin (Erwerb fehlerloser Opfertiere, Zahlung mit Tempelmünzen statt mit römischer Währung) galt oder allein seiner pervertierten Gestalt, ist aus ihm gleichfalls nicht zu entnehmen (vgl. dazu Mark. 11,15–19).

[4] Durch die Kürzung des Zitats fällt die für den Markusbericht wichtige Beziehung zum (eschatologischen) Kommen der Heidenvölker fort (dazu vgl. *J. Gnilka*, a. a. O., 129f.).

* Lit.: *E. Haenchen*, Weg Jesu, 392–396 – *J. Kremer*, Jesu Antwort auf die Frage nach seiner Vollmacht, BuL 9, 1968, 128–136 – *J. Roloff*, Kerygma, 93–95 – *G. S. Shae*, The Question on the Authority of Jesus, NovTest 16, 1974, 1–29.

Die Vollmachtsfrage war ursprünglich mit der Tempelreinigung, also mit einer prophetischen Aktion Jesu verbunden.[1] Bei Markus ist dieser Zusammenhang durch den Einschub der Feigenbaumperikope zwar gelockert, aber noch erkennbar.[2] Lukas hat ihn gelöst, indem er beim Aufenthalt Jesu im Tempel das Lehren in den Vordergrund rückt und die Vollmachtsfrage darauf bezieht. Erhalten bleibt trotz Kürzung der Vorlage der Aufbau des Stücks, das die Grundelemente eines Schulgesprächs aufweist. In der an Markus angelehnten Komposition eröffnet die Auseinandersetzung über Jesu Vollmacht eine Reihe von fünf Redestücken, die im Tempel lokalisiert sind und jeweils eine Kontroverssituation ansprechen.

1 Neben der Lehrtätigkeit Jesu im Tempel wird das Ausrufen der Heilsbotschaft (*εὐαγγελιζομένου*) erwähnt. Die korrekte Aufzählung der Gruppen des Synedriums unterstreicht den amtlichen Charakter der Anfrage. **2** Sie betrifft seine Vollmacht zu Lehre und Predigt im Tempelbereich und deren Herkunft, wobei vielleicht darauf abgehoben wird, daß Jesus kein ordinierter Rabbi ist.[3] **3/4** Lukas kürzt das Gespräch und mildert dadurch dessen Schärfe ab.[4] **5/6** Nur Lukas spricht von einer gemeinsamen Erwägung (*συνελογίσαντο*) und von der Befürchtung des Synedriums, die Leute aus dem Volk könnten Steine auf sie werfen. Hier ist wohl an eine Entsprechung zwischen Johannes und Jesus gedacht. Wie Johannes erscheint auch Jesus, dem das Volk anhängt (vgl. zu 19,48), auch er wird als Prophet bezeichnet (vgl. zu 7,16). **7** Die ausweichende Entgegnung soll die Gegner als unwahrhaftig kennzeichnen. **8** So erfährt aber auch die Frage nach der Vollmacht keine direkte Antwort.

b) Das Gleichnis von den bösen Weingärtnern
20,9–19; Mark. 12,1–12; Matth. 21,33–46*

(9) Er begann aber zum Volke dieses Gleichnis zu sagen: »Ein Mensch pflanzte einen Weinberg und übergab ihn Weingärtnern und zog für geraume Zeit fort (außer Landes). (10) Und zu gegebener Zeit sandte er zu den Weingärtnern einen Knecht, damit sie ihm

[1] So die heute weithin anerkannte Auffassung: *E. Haenchen*, a. a. O., 393; *J. Roloff*, a. a. O., 93; *G. Schneider*, Komm., 394.

[2] Vgl. die Rekonstruktion von *J. Roloff*, a. a. O., 93f.

[3] Dazu *D. Daube*, The New Testament and Rabbinic Judaism, London 1956, 217–219.

[4] Vgl. Luk. 20,3 mit Mark. 11,29.

* Lit.: *A. Jülicher*, Gleichnisreden II, 385–406 – *W. G. Kümmel*, Das Gleichnis von den bösen Weingärtnern, in: Aux Sources de la Tradition Chrétienne, Festschr. f. M. Goguel, Neuchâtel/Paris 1950 = Heilsgeschehen und Geschichte, Marburg 1965, 207–217 – *Joach. Jeremias*, Gleichnisse 54–59 – *B. van Jersel*, Der Sohn in den synoptischen Jesusworten, Leiden 1964, 124–145 – *H. Kahlefeld*, Gleichnisse I, 70–82 – *M. Hengel*, Das Gleichnis von den Weingärtnern Mc. 12,1–12 im Lichte der Zenonpapyri und der rabbinischen Gleichnisse, ZNW 59, 1968, 1–39 – *A. Weiser*, Die Knechtsgleichnisse in den synoptischen Evangelien, StANT 29, München 1971, 49–87 – *T. Schramm*, Markusstoff, 150–167 – *J. D. Crossan*, The Parable of the Wicked Husbandmen. JBL 90, 1971, 451–465 – *J. Blank*, Die Sendung des Sohnes. Zur christologischen Bedeutung des Gleichnisses von den bösen Winzern, in: Neues Testament und Kirche, Festschr. f. R. Schnackenburg, Freiburg 1974, 11–41 – *J. Mánek*, Frucht, 29–33 – *H. Weder*, Gleichnisse Jesu als Metaphern, 147–162.

vom Ertrag des Weinbergs (den Anteil) geben. Die Weingärtner aber schlugen ihn und schickten ihn mit leeren Händen fort. (11) Und er fuhr fort, einen anderen Knecht zu schicken. Sie aber schlugen auch jenen und entehrten ihn und schickten ihn mit leeren Händen fort. (12) Und er fuhr fort und schickte einen dritten. Sie aber verwundeten auch diesen und warfen ihn hinaus. (13) Es sprach aber der Herr des Weinberges: Was soll ich tun? Ich werde meinen geliebten Sohn schicken. Vielleicht werden sie sich vor ihm scheuen. (14) Als ihn aber die Weingärtner sahen, überlegten sie untereinander und sprachen: Dieser ist der Erbe. Wir wollen ihn töten, damit uns das Erbe zufalle. (15) Und sie warfen ihn aus dem Weinberg heraus und töteten ihn. Was also wird der Herr des Weinbergs ihnen tun? (16) Kommen wird er und umbringen diese Weingärtner und den Weinberg anderen geben.« Sie hörten es aber und sprachen: »Das möge nicht geschehen!« (17) Er aber sah sie an und sprach zu ihnen: »Was bedeutet nun dieses, was geschrieben steht? Der Stein, den die Bauleute verworfen haben, ist zum Schlußstein geworden? (18) Jeder, der auf jenen Stein fällt, wird zerschmettert werden, und auf wen er fällt, den wird er zermalmen.«

(19) Und es versuchten die Schriftgelehrten und die Hohenpriester in der gleichen Stunde, Hand an ihn zu legen, und sie fürchteten das Volk. Denn sie hatten erkannt, daß er das Gleichnis in bezug auf sie gesagt hatte.

Die Einschaltung des Gleichnisses von den bösen Weingärtnern zwischen die Vollmachtsfrage und die Streitgespräche Jesu mit den Repräsentanten der Gegner entspricht dem Aufriß bei Markus. Lukas bietet eine Sekundärform dieses Gleichnisses, das wohl auf einer einfachen, von Jesus erzählten Parabel beruht[1] und bereits von Markus christologisch-allegorisierend umgestaltet wurde.[2] Die lukanische Neuerzählung ist gegenüber der Vorlage gestrafft, von bewußter Steigerung bestimmt und heilsgeschichtlich akzentuiert. Spracheigentümlichkeiten des Lukas häufen sich in V. 9–13[3]; zudem geht er bei der Rezeption des Zitats eigene Wege. In der hier vorliegenden Gestalt beschreibt das Gleichnis den Weg Gottes mit Israel und darüber hinaus in die Welt der Völker.

9 Nach Lukas erzählt Jesus das Gleichnis vor dem Volk (*ὁ λαός* wie 19,47; 20,1); die Mitglieder des Synedriums sind als Zuhörer dabei (vgl. V. 19). Vom breiten Rückgriff auf Jes. 5,1f. bei Mark. 12,1ff. bleibt nur *ἐφύτευσεν ἀμπελῶνα*. Die lukanische Formulierung *ἀπεδήμησεν χρόνους ἱκανούς* spielt nicht auf die Parusieverzögerung an,[4] denkt vielmehr an die lange Ausdehnung der Heilsgeschichte seit der Zeit der Propheten. **10** Statt der vielen Knechte in Mark. 12,5b hat Lukas nur drei. Die Reaktion auf ihre Aussendung ist vom Prinzip der Steigerung bestimmt. Der erste Knecht wird geschlagen, **11** der zweite wird geschlagen und entehrt, **12** der dritte verwundet und in diesem Zustand aus dem Weinberg hinausgeworfen. **13** Erst der Sohn – von Lukas natürlich christologisch verstanden – wird getötet (anders Mark. 12,5). Seine Entsendung wird psychologisierend mit einer Selbstüberlegung des Vaters eingeleitet.[5] **14** Auch die Worte der Weingärtner brin-

---

[1] Für eine jesuanische Urgestalt traten unter Heranziehung antik-palästinensischer Rechtsverhältnisse ein: *Joach. Jeremias* und *M. Hengel*, a. a. O.; ferner *J. D. Crossan, H. Kahlefeld, H. Weder* jeweils a. a. O., sowie *R. Pesch*, Markus (HThK II, 2), 214. Als Gemeindebildung sehen es an: *W. G. Kümmel* u. *J. Blank*, a. a. O.; ferner *J. Gnilka*, Markus, 148.

[2] Vgl. die Analyse von *H. Kahlefeld*, a. a. O., 78ff., und *H. Weder*, a. a. O., 150f.

[3] Aufstellung bei *Joach. Jeremias*, a. a. O., 54, Anm. 1.

[4] So *F. Hauck*, Komm., 242; *J. Mánek*, a. a. O., 31.

[5] Das eingeschobene *ἴσως* mag als ein Zug der Vermenschlichung des Weinbergbesitzers erscheinen, wehrt jedoch vor allem das Mißverständnis einer mangelnden Allwissenheit Gottes ab.

gen eine Überlegung zum Ausdruck. Lukas, der die in der Vorlage enthaltene Anspielung auf die erbrechtliche Konstellation übernimmt, denkt allegorisierend an den Egoismus und den Alleinanspruch der jüdischen Führer. **15** Im Unterschied zu Markus trägt er das Schicksal Jesu stärker in die Erzählung ein: der Sohn wird aus dem Weinberg hinausgeworfen und dann getötet (Hinrichtung Jesu vor der Stadt, Joh. 19,17; Hebr. 13,12f.). **16** Die Ankündigung des Gerichts (Lukas denkt an die Zerstörung Jerusalems und das Werden des Volkes Gottes aus den Völkern der Welt) findet die entsetzte Abwehr der Zuhörer.[6] **17** So wird dieses Geschehen mit einem Schriftwort aus Ps. 118,22 begründet. In fortgeführter Gestalt war es bereits in der Vorlage dem Gleichnis nachgetragen (Mark. 12,10f.). Doch im Unterschied zu Markus, der neben das Gerichtswort den Lobpreis der Erhöhung stellt, übernimmt Lukas nur den ersten Teil **18** und ersetzt den zweiten durch einen Spruch, der an Jes. 8,14 (erste Vershälfte) und Dan. 2,34 (zweite Vershälfte) anklingt, jedoch kein Schriftzitat darstellt. Er könnte aus einem Apokryphon stammen[7] oder sprichwörtlich sein.[8] Wer sich wider den geliebten Sohn Gottes, den er erhöht, stellt, geht daran zugrunde.[9]

19 Der Versuch der Synedristen, die den Angriff verstehen, Jesus daraufhin zu verhaften, unterbleibt wegen ihrer Angst vor dem Volk.

c) Die Frage nach der Steuer an den Kaiser
20,20–26; Mark. 12,13–17; Matth. 22,15–22*

(20) Und sie lauerten ihm auf und schickten Beobachter, die vorgeben sollten, sie seien Gerechte, damit sie ihn bei einem Wort faßten, um ihn auszuliefern der Obrigkeit und der Macht des Statthalters. (21) Und sie befragten ihn und sagten: »Lehrer, wir wissen, daß du recht redest und lehrst und nicht nach der Person siehst, sondern in Wahrheit den Weg Gottes lehrst. (22) Ist es uns erlaubt, daß wir dem Kaiser Steuer zahlen oder nicht?« (23) Er aber bemerkte ihre Arglist und sprach zu ihnen: (24) »Zeigt mir einen Denar! Wessen Bild und Aufschrift hat er?« Sie aber sagten: »Des Kaisers.« (25) Er aber sprach zu ihnen: »Gebt also zurück, was dem Kaiser gehört, dem Kaiser und, was Gott gehört, Gott.« (26) Und sie vermochten ihn nicht beim Wort zu fassen vor dem Volk, und sie staunten über seine Antwort und schwiegen.

---

[6] Schon *A. Jülicher* erkannte diese Wendung zum Subjektiven als echt lukanisch, a. a. O., 400.

[7] So *A. Jülicher*, a. a. O., 401.

[8] Ein verwandtes Beispiel bietet Str.-B. I, 877: Fällt der Stein auf den Topf, wehe dem Topf; fällt der Topf auf den Stein, wehe dem Topf (Midr. Esth. 3,6).

[9] Für das lukanische Verständnis vgl. Apg. 4,5–12.

* Lit.: *E. Stauffer*, Christus und die Cäsaren, Hamburg 1954, 121–149 – *ders.*, Die Botschaft Jesu – damals und heute, Bern/München 1959, 95–118 – *L. Goppelt*, Die Freiheit zur Kaisersteuer, in: Ecclesia und Res Publica, Festschr. f. K. D. Schmidt, Göttingen 1961, 40–50 = Christologie und Ethik, Göttingen 1968, 208–219 (engl. Fassung: The Freedom to Pay the Imperial Tax), in: StudEv II, TU 87, Berlin 1964, 183–194 – *E. Haenchen*, Weg Jesu, 406–409 – *T. Schramm*, Markusstoff, 168–170 – *Ch. H. Giblin*, »The Things of God« in the Question Concerning Tribute to Caesar, CBQ 33, 1971, 510–527 – *W. Schrage*, Die Christen und der Staat nach dem Neuen Testament, Gütersloh 1971, 30–40 – *G. Petzke*, Der historische Jesus in der sozialethischen Diskussion, in: Jesus Christus in Historie und Theologie, Festschr. f. H. Conzelmann, Tübingen 1975, 223–235.

V. 20 verdient die Lesart παρατηρήσαντες den Vorzug vor der westlichen Lesart ἀποχωρήσαντες, weil so die für Lukas wichtige Aussage unterstrichen wird, daß man Jesus unter Beobachtung stellt. – V. 25: Die ältere Textgestalt meidet beide Male den Artikel vor *Καῖσαρ*. Dessen Einfügung bei D (nur in der Sentenz) hat im neutestamentlichen Sprachgebrauch allein in Joh. 19,12 eine Entsprechung.

Wie bei Markus und Matthäus folgt als nächstes Stück das Streitgespräch über die Kaisersteuer. Lukas hat hier die Markusvorlage schwach bearbeitet, vor allem um die politische Unverdächtigkeit Jesu herauszustellen.[1] Dabei hat er wohl bereits seine Darstellung des Verhörs vor Pilatus (23,2) im Sinn, wo die hier gegebene Antwort Jesu von seinen Anklägern bewußt verkehrt wird. Der Schwerpunkt des klassisch aufgebauten Apophthegmas liegt bei dem abschließenden, in allen Synoptikern nahezu gleichlautend überlieferten Logion.[2]

20 Lukas stellt ausdrücklich fest, daß Jesus beobachtet wird und die Aufpasser den Auftrag haben, Äußerungen aus ihm herauszulocken, die die Möglichkeit geben, ihn den römischen Behörden zu übergeben.[3] Die Pharisäer werden nicht ausdrücklich genannt; auch die Herodianer sind gestrichen. Es geht um die römische Behörde, vor der Jesus (wie später seine Jünger in der Apg.) zu Unrecht verdächtigt wird, nicht um die jüdischen Parteien. **21** Jesus wird wie ein Gesetzeslehrer angeredet. Das *ὀρθῶς* entspricht dem *ἀληθὴς εἶ* der Vorlage. Jesu Lehre ist recht, sie fragt allein nach Wahrheit und Recht. Der aus Markus übernommene Ausdruck *τὴν ὁδὸν τοῦ θεοῦ* meint ursprünglich die Halacha, also eine Lehre, die nicht den Verstand allein belehrt, sondern das Handeln des Menschen formt. **22** Bei der Benennung des Streitgegenstandes vermeidet Lukas bewußt das lateinische (politische) Wort *κῆνσος* und ersetzt es durch das farblosere *φόρος*. **23** Für die Charakteristik der Gegner wählt er das stärkere *πανουργία*, wo Markus *ὑπόκρισις* und Matthäus *πονηρία* setzen. **24** In der gestrafften Fassung fällt das Herbeibringen des Silberdenars weg. Dagegen bleibt die für das Logion entscheidende Doppelbezeichnung auf Bild (*εἰκών*) und Inschrift (*ἐπιγραφή*).[4] **25** Jesu Antwort macht als unwidersprochene Schlußfolgerung (*τοίνυν*) deutlich: die Zahlung der Steuer ist Rückerstattung. Dabei wird der Anspruch des Cäsars auf die mit seinem Bild und Namen geprägte Münze mit den alttestamentlichen Aussagen über den Menschen zusammengebunden. Dieser ist Gottes Bild (Gen. 1,26), das Gebot und der Wille Gottes sind ihm eingeprägt (Jer. 31,33; Jes. 44,5; Prov. 7,3), er ist also sein Eigentum.[5] Das beide Glieder des Parallelismus bestimmende *ἀπόδοτε* drückt aus, daß Jesus entgegen theokratischer Haltung sowohl die Erstattung der Kaisersteuer als auch die totale Hingabe an Gott fordert.[6] **26** Der bei Lukas ausführ-

---

[1] Vgl. *T. Schramm*, a. a. O., 169.

[2] *R. Bultmann*, Synoptische Tradition, 25. Die These, daß die Antwort Jesu nur die erste Hälfte des jetzigen Parallelismus umfaßt habe, in dem das »nationale und religiöse Dogma von der Unrechtmäßigkeit der römischen Herrschaft« verneint ist, während die Entgegensetzung »Kaiser – Gott« erst dem Christentum des Römerreiches zugehörte, ist von *E. Hirsch*, Frühgeschichte I, 131, vertreten und von *G. Petzke*, a. a. O., 231 f., erneuert worden.

[3] Zu den zeitgeschichtlichen und rechtlichen Aspekten vgl. die o. g. Untersuchungen von *E. Stauffer*.

[4] Als Kopfsteuermünze diente der Tiberiusdenar. Abbildung bei *H. Haag*, Bibellexikon, 1749.

[5] Dazu *Ch. H. Giblin*, a. a. O., 521–525.

[6] *L. Goppelt*, a. a. O., 208.

lichere Schluß betont ausdrücklich Jesu politische Schuldlosigkeit: seine Gegner haben keine Möglichkeit, ihn zu fassen und ihn anzuklagen.

d) Die Sadduzäerfrage nach der Auferstehung der Toten 20,27–40; Mark. 12,18–27.34; Matth. 22,23–33.46*

(27) Es traten aber heran einige der Sadduzäer, die bestritten, daß es eine Auferstehung gibt, befragten ihn (28) und sagten: »Lehrer, Mose hat uns (vor-)geschrieben, wenn jemandes Bruder stirbt, der eine Frau hat, und dieser kinderlos ist, daß sein Bruder die Frau nehme und seinem Bruder Nachkommenschaft erwecke. (29) Es waren aber sieben Brüder. Und der erste nahm eine Frau und starb kinderlos. (30) Und der zweite (31) und der dritte nahm sie und in gleicher Weise alle sieben, hinterließen keine Kinder und starben. (32) Zuletzt starb auch die Frau. (33) Wem von ihnen wird die Frau aber bei der Auferstehung als Frau gehören? Denn sieben hatten sie als Frau.«

(34) Und Jesus sprach zu ihnen: »Die Söhne dieser Weltzeit heiraten und werden geheiratet. (35) Die aber gewürdigt werden jener Weltzeit und der Auferstehung der Toten teilhaftig zu werden, heiraten nicht und lassen sich nicht heiraten. (36) Sie können ja auch nicht mehr sterben, engelgleich nämlich sind sie, und Söhne Gottes sind sie, indem sie Söhne der Auferstehung sind. (37) Daß aber die Toten auferstehen, hat auch Mose angezeigt (beim Abschnitt) am Dornbusch, wenn er vom Herrn spricht als dem Gott Abrahams, dem Gott Isaaks und dem Gott Jakobs. (38) Gott aber ist nicht (ein Gott) der Toten, sondern der Lebenden; denn ihm leben alle.«

(39) Es antworteten aber einige der Schriftgelehrten und sprachen: »Lehrer, du hast trefflich gesprochen.« (40) Denn sie wagten nicht mehr, ihn etwas zu fragen.

V. 34 hat die Einfügung *γεννῶνται καὶ γεννῶσιν* bei D vielleicht die ursprüngliche lukanische Textgestalt bewahrt (die Mehrheitszeugen hätten dann an Markus angeglichen), auf jeden Fall drückt sich in ihr ein richtiges Verständnis des Textes aus. – V. 36: Das Stück *καὶ υἱοί εἰσιν* fehlt in D, it, syr^{sin} sowie bei Marcion und wird deshalb als erläuternde Glosse angesehen. Das (*τοῦ*) *θεοῦ* (bzw. *τῷ θεῷ* in D) müßte dann auf *ἰσάγγελοι* bezogen werden.

Der Abfolge nach schließt sich Lukas weiter der Markusvorlage an. Ihr entspricht auch, abgesehen von einigen stilistischen Änderungen, die erste Hälfte des Stücks. Die im zweiten Teil von V. 34 an zu beobachtende deutliche Selbständigkeit hat zur Annahme einer Sonder- oder Nebenquelle für diese Perikope geführt.[1] Doch lassen sich die in V. 34b–37 auftretenden Abweichungen als redaktionelle Arbeit des Lukas selbst verstehen. Zudem setzt die Schlußnotiz den Ausklang des Streitgesprächs über das größte Gebot bei Markus voraus (vgl. Mark. 12,34), das Lukas im übrigen an anderer Stelle (10,25–28) eingefügt hat.

Zur Zeit des Lukas spielen die Sadduzäer keine Rolle mehr, dennoch berichtet er einzig an dieser Stelle im Evangelium (vgl. aber Apg. 4,1; 5,17; 23,6ff.) über die Konflikt-

* Lit.: *F. Dreyfus*, L'argument scriptuaire de Jésus en faveur de resurrection des morts, RevBibl 66, 1969, 213–224 – *K. Schubert*, Die Entwicklung der Auferstehungslehre von der nachexilischen zur frührabbinischen Zeit. BZ 6, 1962, 177–214 – *E. Haenchen*, Weg Jesu, 409–412 – *G. Baumbach*, Das Sadduzäerverständnis bei Flavius Josephus und im NT, Kairos 23, 1971, 17–37, bes. 31ff. – *K. Müller*, Jesus und die Sadduzäer, in: Biblische Randbemerkungen, Schülerfestschrift f. R. Schnackenburg, Würzburg 1974, 3–24.

[1] *E. Hirsch*, Frühgeschichte II, 233f.; *T. Schramm*, a. a. O., 170f.

situation zwischen Jesus und dieser Gruppe.[2] Traditionsgeschichtlich ist bei diesem nach den Regeln eines theologischen Lehrgesprächs gestalteten Schulgespräch an einen starken gestaltenden Anteil der Gemeinde gedacht worden,[3] doch sollte die Einbindung seines Aussagegehalts in den Kern der Jesusverkündigung nicht übersehen werden.[4] Lukas versucht eine behutsame Fortschreibung, die die Denkweise einer hellenistisch geprägten Gemeinde berücksichtigt.[5]

27 Die Sadduzäer erscheinen hier wie auch anderwärts im Neuen Testament (Apg. 23,8) und bei Josephus (Bell. Jud. II, 8,14) vor allem als Gegner des Auferstehungsglaubens. **28** Der Schriftbezug (wie die Entgegnung Jesu V. 37) ist der Thora entnommen. Die Ablehnung des Auferstehungsglaubens durch die Sadduzäer ist von ihrer konservativen Grundhaltung bestimmt, dank deren sie sich gegen die Lehrentwicklung stellten, die zur Apokalyptik führte.[6] **29–33** Der Fall ist konstruiert wie häufig im rabbinischen Schulgespräch.

34 Jesu Antwort, mit der der Lukasbericht von Markus deutlich abweicht, bezieht sich zunächst nicht auf die Schrift. Sie spricht von den »Söhnen (gemeint sind Kinder, vgl. 16,8) dieser Weltzeit«, deren Wesensmerkmal es ist, sich durch Zeugung und Geburt fortzupflanzen. Damit ist die innerweltliche natürliche Lebensordnung bezeichnet. **35** Ihr entgegengesetzt ist die Ordnung, in der jene leben, die gewürdigt werden, »jene Weltzeit und die Auferstehung der Toten« zu erlangen.[7] Die Formulierung *οἱ δὲ καταξιωθέντες . . . τῆς ἀναστάσεως τῆς ἐκ νεκρῶν* läßt vermuten, daß Lukas an eine Auferstehung allein der Gerechten denkt. Von ihnen wird gesagt, daß sie nicht heiraten und sich nicht heiraten lassen. **36** Bei Lukas wird dies damit begründet, daß das Aufhören des Todes in der künftigen Weltzeit Ehe und Fortpflanzung überflüssig machen. Dies bedeutet zunächst eine Abgrenzung gegen die rabbinische Vorstellung einer besonderen Fruchtbarkeit im kommenden Leben.[8] Der Vergleich mit den Engeln (angesichts der Engelleugnung durch die Sadduzäer eine polemische Zuspitzung) meint eine neue Seinsweise, wie sie der Wesensart der Gottessöhne[9] zukommt. Hier nähert sich die lukanische Formulierung am deutlichsten hellenistischer Denkweise an. Doch ist zu beachten, daß sie zu diesem »himmlischen Wesen« durch die Auferstehung umgeschaffen werden. Das Partizip *ὄντες* ist aufzulösen: indem oder wenn sie Söhne der Auferstehung sind. Auferstehung ist Ursache

---

[2] *G. Baumbach*, a. a. O., 33–36, betont, daß die Gegnerschaft der Sadduzäer gegen Jesus in der Geschichte seines Wirkens ursprünglich einen viel breiteren Raum eingenommen haben dürfte, aber schon von Markus auf diesen einen Punkt reduziert wurde.

[3] *J. Gnilka*, Markus II, 156, rechnet schon für die markinische Gestalt mit einer judenchristlich-palästinensischen und einer hellenistischen Schicht.

[4] *R. Pesch*, Markus II, 235: »Der Text ist ein höchstbedeutendes Dokument der Gotteserfahrung und Gottesgewißheit Jesu, seines Auferstehungsglaubens.«

[5] Vgl. die Auslegung von V. 34–38.

[6] *G. Baumbach*, a. a. O., 27ff.

[7] Die Wendung schließt geläufige jüdische Formulierungen ein: »Würdig, zwei Welten zu erlangen, diese und die zukünftige Welt«, so b. Chul. 44b; b. Ber. 51a; in Mech. Exod. 22,22 heißt es: »Ihr werdet würdig des Lebens des künftigen Äons sein.«

[8] Str.-B. IV, 891.

[9] Die Bezeichnung der Engel als Gottessöhne geht auf Gen. 6,2 zurück. Daß die bei Gott weilenden Gerechten ihnen an die Seite gestellt werden, entspricht Weish. 5,5.16.

und Voraussetzung der Gottessohnschaft und Engelgleichheit. **37** Höhepunkt des Streitgesprächs ist das Schriftzitat. *ἐπὶ τῆς βάτου* heißt: in der Perikope (Parasche) vom Dornbusch. Diese Zitierungsweise fügt sich in die bei Lukas vorliegende Modifikation ein. Die Selbstbenennung Gottes als des Gottes der drei Erzväter ist Aussage des Autors Mose, der damit als Kronzeuge für die Auferstehung eintritt – eine auch für die Sadduzäer unanfechtbare Instanz. **38** Ergänzend fügt Lukas hinzu *πάντες γὰρ αὐτῷ ζῶσιν*. Damit verlagert sich der Blick vom Auferstehungsleben zum Leben bei Gott als Gegenwart. Diese Präzisierung mochte erforderlich erscheinen, da bereits der Schriftbeweis nicht ausdrücken wollte, daß die Erzväter einst auferstehen werden, vielmehr, daß sie nicht tot sind, sondern leben.[10] Das entspricht auch der bei Paulus vorhandenen Erkenntnis: Im Sterben geht der Christ in das verborgene Leben mit dem Herrn ein, und die Auferstehung ist Offenbarung dieses verborgenen Lebens, in der die Verwandlung zu neuer Gestalt sich enthüllt (vgl. 2. Kor. 5,1–10; Phil. 1,21–23; 3,20).

39 Den Abschluß der bereits vorweggenommenen Perikope vom höchsten Gebot (10,25–28) hat Lukas an das Ende der Sadduzäerfrage gerückt. Aus dem einen bewundernden Schriftgelehrten bei Markus (12,34) werden einige Schriftgelehrte, die Jesus als rechten Lehrer anerkennen; sie reden ihn mit *διδάσκαλε* an und nennen seine Lehre recht. **40** Bei Lukas ist es denn auch die Antwort an die Sadduzäer, die bewirkt, daß niemand ihn mehr zu befragen wagt. Die folgenden Stücke haben nicht mehr den Charakter des Disputs, sondern stehen im Zeichen des polemischen Gegenangriffs.

e) Jesu Frage nach der Davidssohnschaft
20,41–44; Mark. 12,35–37a; Matth. 22,41–46*

(41) Er aber sprach zu ihnen: »Wie kann man sagen, daß der Messias der Sohn Davids sei? (42) David selbst nämlich sagt im Buch der Psalmen:

Es sprach der Herr zu meinem Herrn: Setze dich zu meiner Rechten, (43) bis ich deine Feinde zum Schemel deiner Füße stelle.

(44) David also nennt ihn Herrn. Und wie ist er sein Sohn?«

Die lukanische Fassung der Davidssohnfrage ist kein Streitgespräch, sondern eine von Jesus gestellte Gegenfrage. Vorausgesetzt wird die Davidssohnschaft des Messias, die in frühjüdischer (besonders pharisäischer) Erwartung ihren festen Platz hat (vgl. Ps. Sal 17,21), hier zu Ps. 110,1 in Beziehung gesetzt wird und zu einer Doppelfrage nach Art haggadischer Antinomiefragen führt.[1] Es wird jedoch nicht wie dort der Widerspruch zwischen zwei Schriftstellen durch deren je verschiedene Zuordnung aufgelöst, vielmehr

---

[10] Vgl. *E. Haenchen*, a. a. O., 411. *F. Dreyfus* zieht als unausgesprochene Schlußfolgerung, daß der Bund mit den Vätern deren eschatologische Dauer einschließt, a. a. O., 223f.

* Lit.: *R. P. Gagg*, Jesus und die Davidssohnfrage, ThZ 7, 1951, 18–30 – *W. Michaelis*, Die Davidssohnschaft Jesu als historisches und kerygmatisches Problem, in: Der historische Jesus und der kerygmatische Christus, Berlin 1960, 317–330 – *F. Hahn*, Hoheitstitel, 113–115, 259–262 – *Chr. Burger*, Jesus als Davidssohn, FRLANT 98, Göttingen, 1970, 52–70 – *G. Schneider*, Die Davidssohnfrage, Bibl 53, 1972, 65–90 – *F. Neugebauer*, Die Davidssohnfrage und der Menschensohn, NTS 21, 1974/75, 81–108.

[1] *Joach. Jeremias*, Neutestamentliche Theologie I, 247, im Anschluß an *D. Daube*, The New Testament and the Rabbinic Judaism, London 1956, 158–169.

werden zwei Messiasvorstellungen gegeneinander abgesetzt. Die Davidssohnschaft des Messias wird relativiert, indem sie dessen Herrsein untergeordnet wird. Diese Überbietung schriftgelehrter Messianologie muß keineswegs aus den hellenistisch-judenchristlichen Gemeinden hergeleitet werden,[2] da das Wortspiel auch in der aramäischen Fassung des Psalms möglich ist.[3] Daß der darin beschlossene Umbruch gegenüber der Davidsmessianologie auf Jesus selbst zurückgeht, gewinnt an Wahrscheinlichkeit.[4] Für den Lukasbericht ist von Bedeutung, daß das die Messianität überbietende Sitzen zur Rechten im Prozeß vor dem Synedrium wiederkehrt (22,69) und dort unmittelbar die Frage nach der Gottessohnschaft auslöst. Andererseits wird die davididische Herkunft nachdrücklich betont: 1,27.32; 2,4.11; 3,31.

41 Der Bezug auf die Schriftgelehrten in Jesu Frage ist nur indirekt gegeben. Das *πρὸς αὐτούς* verweist auf V. 39. Gefragt wird nach einem Lehrsatz – *πῶς λέγουσιν* – inwiefern sagt man? Die verallgemeinernde Fassung will vielleicht ausdrücken, daß darin nicht nur die Lehre der Schriftgelehrten ausgesprochen ist. **42** Anstelle der Rückführung auf den Heiligen Geist bei Markus gibt Lukas an, wo das Wort des David[5] steht: im Buch der Psalmen (vgl. Apg. 2,25–35). Das Schriftzitat stimmt fast wörtlich mit der Vorlage überein. **43** Nur durch die Eintragung des Schemels (*ὑποπόδιον*) wird es der Septuaginta angeglichen. **44** Gefragt wird nicht, aus welchem Grund (*πόθεν* bei Markus), sondern mit welchem Recht (*πῶς*) Davids Sohn dessen Herr genannt werden kann.

f) Jesu Angriff auf die Schriftgelehrten
20,45–47; Mark. 12,37b–40; vgl. Luk. 11,43; Matth. 23,1.6*

(45) Als aber das ganze Volk hörte, sprach er zu seinen Jüngern: (46) »Hütet euch vor den Schriftgelehrten, die in langen Gewändern umhergehen wollen und Begrüßungen auf den Märkten lieben und die ersten Sitze in den Synagogen und die Ehrenplätze bei den Gastmählern; (47) die da verzehren die Häuser der Witwen und zum Schein lange Gebete sprechen, diese werden ein härteres Gerichtsurteil erhalten.«

Nach der Abgrenzung gegenüber den Schriftgelehrten in der Messianologie folgt als zweiter, nun direkt polemisch vorgetragener Gegenangriff Jesu ein Warnungswort, das nach scharfer (sechsfacher) Charakterisierung der Gegner in eine Gerichtsdrohung übergeht. Bei Lukas ist es die zweite Auseinandersetzung dieser Art: nachdem er 11,37–54 weitgehend Q gefolgt war, schließt er sich hier nach Ort und Formulierung an Markus an.

45 Nur die Einleitung ist umgestaltet. Die Warnworte sind nicht an das Volk, sondern

---

[2] *F. Hahn*, a. a. O., 259ff.; *G. Schneider*, a. a. O., 85f.

[3] Aufgewiesen von *J. Fitzmyer*, Der semitische Hintergrund des neutestamentlichen Kyriostitels, in: Jesus Christus in Historie und Theologie, Festschr. f. H. Conzelmann, Tübingen 1975, 267–298.

[4] *F. Neugebauer*, a. a. O., 92ff. 104. *R. Pesch*, Markus (HThHK II,2), 255.

[5] Vgl. die Nennung von Mose als Autor in Luk. 20,37.

* Lit.: *K. H. Rengstorf*, Die stolai der Schriftgelehrten, in: Abraham unser Vater, Festschr. f. O. Michel, Leiden/Köln, 1963, 383–404 – *J. M. D. Derrett*, Eating up the House of Widows, NovTest 14, 1972, 1–9 – *F. Keck*, Die öffentliche Abschiedsrede Jesu in Lk 20,45–21,36. Eine redaktions- und motivgeschichtliche Untersuchung, FzB 25, Stuttgart 1976.

vor dessen Ohren an die Jünger gerichtet (vgl. die antipharisäische Polemik in 12,1). In ihnen ist somit auch die Trennung der Jünger von der Autorität der Schriftgelehrten angesprochen. **46** Diese werden durch die von ihnen beanspruchten Standesvorrechte gekennzeichnet: die *στολαί*[1], die öffentliche Begrüßung, die Ehrenplätze in den Synagogen und beim Festmahl (vgl. 14,8f.). **47** In scharfem Kontrast zur äußeren Ehre steht das Versagen auf sozialem und auf religiösem Gebiet (Übervorteilung der Witwen unter dem Vorwand des Rechtsschutzes und Entartung des Gebetslebens zur Heuchelei), das zum göttlichen Strafurteil führt.

g) Die Gabe der armen Witwe 21,1–4; Mark. 12,41–44*

(1) Als er aber aufblickte, sah er die Reichen, die ihre Gaben in den Opferstock einwarfen. (2) Er sah aber eine arme Witwe, die dort zwei Lepta einwarf. (3) Und er sagte: »Wahrlich, ich sage euch, diese arme Witwe hat mehr als alle eingeworfen. (4) Denn alle diese haben aus ihrem Überfluß zu den Gaben eingeworfen, diese aber hat aus ihrem Mangel ihren ganzen Lebensunterhalt, den sie hatte, eingeworfen.«

Durch Aufnahme des Stichworts Witwe (20,47) ist die apophthegmatische Erzählung (wie schon bei Markus) mit der vorangehenden Einheit verbunden. Die Heraushebung einer vielfach benachteiligten Gestalt (einer Frau, die arm ist) fügt sich voll in die Jesusüberlieferung ein,[1] paßt aber besonders gut zum Jesusbild des Lukas.[2] Während Matthäus auf diese Szene verzichtet, hat er sie fest in den von ihm geschaffenen Kontext eingefügt und erkennbar gestrafft.

1 Da sich Jesus seit 20,1 im Tempelbereich befindet und bereits seit 20,45 die Jünger angesprochen sind, braucht Lukas die Szenerie nicht zu wechseln. Er kontrastiert schärfer: er erwähnt nur die Reichen, **2** denen er die arme Witwe gegenüberstellt. Ihre Gabe besteht offenbar aus zwei Kleinmünzen (bei Markus: ein Quadrant). **3/4** Das Geschehen wird durch eine mit dem lukanischen *ἀληθῶς λέγω ὑμῖν* akzentuierte Jüngerbelehrung (bestehend aus paradoxer Aussage und antithetisch formulierter Begründung) gedeutet. Da die Frau nicht aus dem Überfluß des Reichtums spendet, sondern den ganzen Lebensunterhalt hingibt, wird ihr Tun zu einer ungesicherten Preisgabe des ganzen Menschen an Gott.

---

[1] Damit könnte ein besonderer Gebetsmantel gemeint sein (Str.-B. II, 33), aber auch das sabbatliche Festgewand, in das sich der Reiche kleidet (*K. H. Rengstorf*, a. a. O.).

* Lit.: *H. Haas*, Das »Scherflein der Witwe« und seine Entsprechung im Tripitaka, Leipzig 1922 – *H. J. Degenhardt*, Lukas – Evangelist der Armen, Stuttgart 1965, 93–97 – *E. Haenchen*, Weg Jesu, 432f.

[1] Entgegen der von *H. Haas*, a. a. O., vertretenen Herleitung von buddhistischen Vorbildern, die noch *R. Bultmann*, Synoptische Tradition, 33, und *E. Hirsch*, Frühgeschichte I, 135, beeindruckte, ist von *H. J. Degenhardt*, a. a. O., 96f., auf die fundamentalen Unterschiede verwiesen worden.

[2] *K. L. Schmidt*, Rahmen, 277, rechnet deshalb damit, daß sie erst aus Lukas in die Endgestalt des Markusevangeliums eingedrungen sei und ursprünglich SLk zugehörte.

3. Die apokalyptische Rede Jesu 21,5–38*

Unmittelbar vor dem Passionsbericht, dort, wo sich schon bei Markus die große apokalyptische Rede Jesu findet, hat diese auch bei Lukas ihren Platz erhalten. Für ihn ist sie jedoch die zweite Komposition, die von Zukunftsansagen Jesu bestimmt ist. Die erste brachte er in 17,20–37 am Anfang des dritten Teils des Reiseberichts. Stofflich war sie aus Q, z. T. auch aus SLk übernommen. Ihr Ton lag auf der Plötzlichkeit und Unübersehbarkeit der Tage des Menschensohns. Die zweite apokalyptische Rede spricht vor allem von der diesem Ende vorausgehenden Zeit. Dabei erweist sich Mark. 13 fraglos als Grundlage für Luk. 21,5–36. Für Lukas ergab sich jedoch die Notwendigkeit einer Umgestaltung, aus der heraus Geschehnisse, die für ihn bereits Vergangenheit sind, vor allem das Schicksal Jerusalems,[1] in anderer Weise geschildert werden müssen. Darüber hinaus setzt er mit den von ihm geschaffenen Einleitungswendungen (V. 10.12.25) Zäsuren, die eine Ereignisfolge deutlich werden lassen, durch die die Parusie von den Geschehnissen des Jüdischen Krieges abgesetzt wird. Durch das eingefügte *πρὸ δὲ τούτων πάντων* V. 12 wird der damit eröffnete Komplex V. 12–24 zeitlich vor dem V. 10/11 Geschilderten, also zwischen V. 9 und V. 10 eingeordnet.[2] Zeitlich folgen also aufeinander: V. 8–9.12–24.10–11.25–28. Daß Lukas nicht einfach umgruppiert, hängt wohl mit seiner konservativen Behandlung der Markusvorlage zusammen. Dennoch hat er auf diese Weise die Parusie von den Ereignissen des Jüdischen Krieges gelöst und zugleich unterstrichen: das Kommen des Menschensohns ist nicht termingebunden. Andererseits verstärkt die eingetretene Erfüllung bestimmter Voraussagen über die Jüngerschaft, das Weltgeschehen und »dieses Volk« (V. 25) das Gewicht der Parusieverheißung, deren Erfüllung noch aussteht.

Umstritten ist, ob man neben Markus 13 noch mit einer weiteren von Lukas verarbei-

---

* Lit.: *A. Feuillet*, Le discours de Jésus sur la ruine du Temple d'après Marc XIII et Luc XXI,5–36, RevBibl 55, 1948, 481–502; 56, 1949, 61–92 – *H. Conzelmann*, Mitte der Zeit, 116–124 – *E. Gräßer*, Das Problem der Parusieverzögerung in den synoptischen Evangelien, BZNW 22, Berlin-West 1957, 152–170 – *L. Gaston*, Sondergut und Markusstoff in Lukas 21, ThZ 16, 1960, 161–172 – *H. W. Bartsch*, Wachet aber zu jeder Zeit, Hamburg 1963, 118–123 – *N. Walter*, Tempelzerstörung und synoptische Apokalypse, ZNW 57, 1966, 38–49 – *E. Haenchen*, Weg Jesu, 435–461 – *L. Gaston*, No Stone on Another. Studies in the Significance of the Fall of Jerusalem in the Synoptic Gospels, Suppl NovTest 23, Leiden 1970, 244–369 – *T. Schramm*, Markusstoff, 171–182 – *J. Zmijewski*, Die Eschatologiereden im Lukas-Evangelium, BBB 40, Bonn 1972, 43–325 – *B. Reicke*, Synoptic Prophecies on the Destruction of Jerusalem, in: Studies in the New Testament and Early Church, Festschr. f. A. P. Wikgren, Leiden 1972, 121–134 – *O. Merk*, Das Reich Gottes in den Lukasschriften, in: Jesus und Paulus, Festschr. f. W. G. Kümmel, Göttingen 1975, 201–220, bes. 217–219 – *R. Geiger*, Lukanische Endzeitreden, EHS 23, 16, Bern/Frankfurt a. Main 1976, 149–258 – *G. Schneider*, Anbruch des Heils und Hoffnung auf Vollendung bei Jesus, Paulus und Lukas, in: Das Heil und die Utopien, München/Paderborn/Wien 1977, 83–108.

[1] Während die zeitliche Beziehung der Abfassung von Mark. 13 zu den Ereignissen des Jüdischen Krieges kontrovers beurteilt wird, kann der rückschauende Charakter der Gestaltung in der lukanischen Fassung der apokalyptischen Rede, vor allem in V. 20–24, als communis opinio gelten. Nur vereinzelt erhebt sich Widerspruch, etwa von *Bo Reicke*, a. a. O.

[2] So neben vielen anderen *N. Walter*, a. a. O., 49.

teten Quelle rechnen muß, wie es *A. Schlatter* dartut,[3] *E. Hirsch* für möglich hält,[4] es von *T. Schramm* vorgeschlagen[5] und in der angelsächsischen Forschung auf Grund der Protolukastheorie behauptet wird.[6] Demgegenüber sprechen das strikte Festhalten an der bei Markus gegebenen Abfolge der Einzelabschnitte trotz veränderter Perspektive und die große Zahl wörtlicher Übereinstimmungen für die »grundlegende Funktion der Markusvorlage«.[7] Darüber hinaus lassen sich fast alle Abweichungen einleuchtend als redaktionelle Arbeit des Lukas aufzeigen.[8] Schließlich hat er nicht nur einen ermahnenden Schlußakzent gesetzt, sondern auch dem Ganzen eine stärker paränetische Note gegeben, wie es der Situation der sich verzögernden Parusie und des Einstellens auf Dauer entsprach.[9]

a) Einleitung
21,5–7; Mark. 13,1–4; Matth. 24,1–3*

(5) Und als einige vom Tempel sagten, daß er mit schönen Steinen und Weihgeschenken geschmückt sei, sagte er: (6) »Dieses, was ihr seht – Tage werden kommen, in denen nicht ein Stein auf dem anderen bleibt, der nicht niedergerissen wird.« (7) Sie fragen ihn aber und sprachen: »Lehrer, wann nun wird dies sein, und was ist das Zeichen, wenn dies geschehen wird?«

Bereits in der Einleitung ändert Lukas gegenüber Markus die Situation. Er verlegt die Rede ganz in den Tempel und überbrückt den bei Markus zwischen 13,1–2 und 3–4 gegebenen Einschnitt vollständig. Der aus einigen alten, wohl noch vormarkinischen Apophthegmen[1] geformten Weissagung über das Geschick des Tempels folgt die Frage nach dem Wann. Ihre Beantwortung wird nicht abgewiesen wie die in Luk. 17,20f. Sie erfolgt jedoch nicht unmittelbar, sondern erst in V. 20ff.

5 Nicht beim Herausgehen, sondern im Tempel selbst weisen einige nicht näher bestimmte Leute, nicht einer aus dem Jüngerkreis, auf die großen Mauerquader hin. Den Zeitgenossen erschienen sie »von innen mit eisernen Klammern so fest ineinander gefügt, daß sie für alle Zeiten unauflöslich verbunden« sind (Jos., Ant. XV, 11,3). Bei Lukas werden noch Weihgeschenke genannt, zu denen der große Weinstock am Tor zum Heiligen gehört, den Herodes hatte anbringen lassen (Jos., ebd.). **6** Jesus greift den Hinweis auf und verbindet die volle Zerstörung des Tempels mit einem prophetischen Wort,[2] das im

[3] Komm., 412–420.
[4] Frühgeschichte II, 234f.
[5] A. a. O., 171–182.
[6] *L. Gaston*, a. a. O. – Weitere Vertreter bei *W. Grundmann* in früheren Aufl. dieses Komm.
[7] *G. Schneider*, Komm., 415; ähnlich *H. Conzelmann, E. Gräßer* u. a.
[8] Im einzelnen aufgezeigt von *J. Zmijewski*, a. a. O., 59–65.
[9] *E. Gräßer*, a. a. O., 170.

* Lit.: *R. Bultmann*, Synoptische Tradition, 126f. – *R. Meyer*, Der Prophet aus Galiläa, Leipzig 1940, 16–18.
[1] Zu dem damit bezeichneten Umkreis vgl. außer *R. Meyer*, a. a. O., die Kommentierung zu Mark. 13,1f. von *R. Pesch* und *J. Gnilka*.
[2] Jes. 25,2; Jer. 26,6.18; Micha 3,12; zur zeitgenössischen Tempelkritik vgl. CD IV, 18; Jos., Bell. Jud. VI, 5,3.

Kernbestand mit Markus und Matthäus nahezu übereinstimmt, jedoch mit der bei Lukas beliebten Formel *ἐλεύσονται ἡμέραι*[3] eingeleitet wird. **7** Da keine neue Ortsangabe eingeschaltet ist, wird die Frage nach dem Wann und dem Zeichen nicht auf dem Ölberg (»esoterisch«), sondern im Tempel in Gegenwart des Volkes öffentlich gestellt und beantwortet. Während die vier Jünger bei Markus nach der (eschatologischen) Vollendung fragen, wird hier – durch die Leute von V. 5 – einfach vom *γίνεσϑαι* und dem zugehörigen Vorzeichen gesprochen. Das Geschick des Tempels und Jerusalems wird aus dem unmittelbaren eschatologischen Zusammenhang gelöst und zu einem innergeschichtlichen Vorgang gemacht.[4]

b) Die kommenden Ereignisse
21,8–11; Mark. 13,5–8; Matth. 24,4–8

(8) Er aber sagte: »Seht zu, daß ihr nicht verführt werdet. Viele nämlich werden in meinem Namen kommen und sagen: ‚Ich bin es', und: ‚Der Zeitpunkt ist nahe.' Folgt ihnen nicht! (9) Wenn ihr aber hört von Kriegen und Aufständen, ängstigt euch nicht! Denn dies muß zuerst geschehen, aber das Ende ist nicht sofort da.«

(10) Da sagte er ihnen: »Es wird sich erheben Volk gegen Volk und Reich gegen Reich, (11) große Erdbeben und an verschiedenen Orten Hungersnöte und Seuchen werden sein, schreckliche Ereignisse und große Zeichen vom Himmel her wird es geben.«

V. 11: Die Lesart *λιμοὶ καὶ λοιμοὶ ἔσονται* dürfte wegen der Bezeugung (χ, A, D, Θ u. v. a.) und aus exegetischen Gründen (s. u.) der umgekehrten Reihenfolge gegenüber (B, lat, syr) vorzuziehen sein.

Die eigentliche Endzeitrede Jesu setzt bei Markus mit einem Abschnitt über den Anfang des Endgeschehens ein, den Lukas durch redaktionelle Eingriffe und Erweiterungen neu gegliedert und umgestaltet hat. Was dort als eine Ereignisfolge erscheint, tritt nun auseinander in vorausgesagte Ereignisse, auf die Lukas bereits zurückblickt, die sich aber jederzeit wiederholen können (V. 8–9), und in eine Reihe von endgeschichtlichen Vorzeichen, die der Parusie vorausgehen (V. 10–11).

8 Wie bei Markus spricht Jesus zuerst von der Gefahr, daß die Jünger durch falsche Messiasse und Heilsbringer verführt werden. Hinzugefügt sind die Verkündiger hochgespannter Naherwartung, die mit der Losung auftreten: *ὁ καιρός* (die Parusie) *ἤγγικεν*. **9** So wie durch Falschpropheten wird die Gemeinde durch politische Erschütterungen, Krieg und Aufstände[1] in Unruhe versetzt. Mit ihnen ist nicht der sofortige (*οὐκ εὐϑέως*) Eintritt des Endes verbunden, sondern sie gehen voraus (*πρῶτον* = zuvor). Die beiden geringfügig erscheinenden Zusätze zeigen die veränderte Perspektive des Lukas. Er hat die Gegenwart und die jüngste Vergangenheit der Gemeinde im Auge.

10 Mit einem Neueinsatz – *τότε ἔλεγεν αὐτοῖς* – werden einmal politische Wirren mit einem Jes. 19,2 und 2. Chron. 15,6 nachgebildeten Wort angekündigt und ihnen sodann eine Reihe kosmischer Geschehnisse angefügt. **11** Zunächst werden Erdbeben und Hun-

---

[3] Vgl. 5,35; 17,22; 19,43; 23,29.
[4] *H. Conzelmann*, a. a. O. 117.

[1] An Stelle des unbestimmten *ἀκοαὶ πολέμων* hat Lukas *ἀκαταστασίαι*, wobei er wohl an Vorgänge im Imperium Romanum in den Jahren 68–70, also aus dem zeitlichen Umfeld des Jüdischen Krieges, denkt.

gersnöte genannt, denen Lukas Pesterkrankungen hinzusetzt, wobei sich ein seit Hesiod, Erga 243 gebräuchliches Wortspiel *λιμοὶ καὶ λοιμοί* ergibt. Die folgende Erweiterung der Rede verstärkt den apokalyptischen Charakter der Aufzählung, auch wenn sie das Bild der (messianischen) Wehen meidet und statt dessen von Vorzeichen und Himmelserscheinungen redet. Unter *φόβητρα* sind Prodigien, z. B. Blutregen, Mißgeburten u. ä., zu verstehen, unter Himmelserscheinungen das Auftauchen von Kometen und Unwettervorgänge.[2] Die erweiterte Reihe der Ereignisse greift über das bereits Eingetretene hinaus und führt an das Endgeschehen heran (vgl. V. 11 Ende mit V. 25).

c) Die verfolgte Jüngerschaft
21,12–19; Mark. 13,9–13; Matth. 24,9–14

(12) »Vor allen diesen Dingen werden sie ihre Hände an euch legen und (euch) verfolgen, indem sie euch an die Synagogen und Gefängnisse übergeben und vor Könige und Statthalter führen um meines Namens willen. (13) Es wird euch zum Zeugnis gereichen. (14) Nehmt (euch) also in euren Herzen vor, daß ihr nicht vorsorgen sollt, wie ihr euch verteidigt. (15) Ich nämlich werde euch Mund und Weisheit geben, der alle eure Widersacher nicht widerstehen noch widersprechen können. (16) Ihr werdet aber auch von Eltern und Brüdern und Verwandten und Freunden ausgeliefert werden, und sie werden (einige) von euch töten, (17) und ihr werdet gehaßt sein von allen um meines Namens willen. (18) Doch kein Haar wird von eurem Haupte fallen. (19) Durch eure Geduld werdet ihr eure Seelen gewinnen.«

V. 18: Die Kontextfremdheit hat schon früh (Marcion und syr) zur Tilgung geführt. – V. 19 ist die Bezeugung von *κτήσασϑε* (χ, D, Koinegruppe) und *κτήσεσϑε* (A, B, Θ, lat) nahezu gleichwertig, inhaltlich liegt die futurische Form näher.

Lukas hat die Abfolge der angekündigten Ereignisse der Markusvorlage entnommen, an die er sich auch im Folgenden hält. Jedoch versucht er zwischen den bereits eingetretenen und in Gang befindlichen Geschehnissen einerseits und den Endereignissen andererseits zu unterscheiden. Dem dient wie vorher die zwischen V. 9 und V. 10 angebrachte Zäsur nun auch die Zuordnung dieses Abschnittes. Die Verfolgung der Jünger rückt er vor die endzeitlichen politischen und kosmischen Wirren (*πρὸ δὲ τούτων*). Diese Perspektivverschiebung bestimmt die Umgestaltung. Sie bedeutet eine Übertragung aus dem eschatologischen Stil in den kirchlichen.[1] Ihr ist aber auch die Ankündigung der Völkermission Mark. 13,10 zum Opfer gefallen. Deren Verheißung steht am Anfang des Weges der Gemeinde (Apg. 1,8). Die Ansage der Verfolgung erinnert in manchem Zuge an das in der Apostelgeschichte Ausgeführte.

12 Die Verfolgung ist das Werk der Gegner der Gemeinde, die geistliche und weltliche Instanzen gegen sie aufbieten. Lukas verwendet den bei ihm vorkommenden Ausdruck *ἐπιβάλλειν ἐπι (τινα) τὰς χεῖρας* (vgl. 20,19; Apg. 4,3; 5,18; 21,1; 21,7) und spricht nicht

---

[2] Der Vorzeichenglaube nimmt sowohl in der jüdischen (vgl. 2. Makk. 5,3; Or. Sib. III, 796–806; Jos., Bell. Jud. V, 3) als auch in der heidnischen Vorstellungswelt (Tac., Hist. 5,13) einen wichtigen Platz ein. Daß bestimmte Ereignisse sich identifizieren lassen (dazu *B. Reicke*, a. a. O., 131), ändert nichts an der Unbestimmtheit und apokalyptischen Stilisierung der Reihe.

[1] *H. Conzelmann*, a. a. O., 119.

nur von Synagogen, sondern auch von Gefängnissen. Hier könnte der Vorausblick auf das in der Apostelgeschichte Geschilderte eine Rolle spielen: sie zeigt Petrus und Paulus im Gefängnis. Damit ist die Vorführung vor Könige – die jüdischen Kleinkönige – und Statthalter verbunden.[2] **13** Aber die Verfolgung bewirkt das Gegenteil des Beabsichtigten: sie gereicht zu einem Zeugnis für das Evangelium.[3] **14** Die in Anklage versetzten Jünger brauchen ihre Verteidigung nicht vorzubereiten. *προμελετᾶν* heißt geradezu »eine Verteidigungsrede einstudieren«.[4] **15** Jesus selbst ist es, der bei den Verfolgten gegenwärtig ist und den Seinen »Mund und Weisheit« gibt. Das Organ (Mund) steht für seine Funktion, das Reden.[5] Die Gabe dessen, der Lehrer der Weisheit ist (Luk. 2,40.52; 7,35; 11,31), ist Weisheit. Ihr kann (so die lukanische Version) kein Widerstand entgegengesetzt werden, wie es das Schicksal der Apostel zeigt.[6] **16/17** Vom Vorausgehenden deutlich abgesetzt, wird nun von der Verfolgung durch Familienangehörige und Freunde der Gemeindeglieder gesprochen. Auf die Formulierung hat wohl Micha 7,6 LXX eingewirkt. Statt der paarweisen Entgegensetzung von Kontrahenten (so bei Markus) wird eine Aufzählung geboten, die konzentrisch vorgeht, indem sie Eltern, Brüder, Verwandte und Freunde nennt. Das Auseinanderbrechen der Familien begegnet in der synoptischen Überlieferung in vielfältiger Weise (vgl. Matth. 10,21f.35; Luk. 12,53). **18** Der Tötung einiger steht die Rettung der anderen und die Erhaltung der Gemeinde gegenüber. Diese Bewahrungen werden mit einer von Lukas hier in Aufnahme von 12,7 eingeführten sprichwörtlichen Wendung (vgl. 1. Sam. 14,45; 2. Sam. 14,11; 1. Kön. 1,52) angesprochen. **19** Lukanisch geformt ist auch die abschließende Wendung. Was von den Verfolgten verlangt wird, ist *ὑπομονή*, das standhafte Bleiben unter der Bedrängnis. Sie führt zum Gewinn der Seelen, d. h. zur ewigen Rettung.[7] Es ist die Erfahrung der Gemeinde, die die verstärkte Akzentuierung der Mahnung zu Geduld erforderlich macht.

d) Das Ende Jerusalems 21,20–24; Mark. 13,14–20; Matth. 24,15–22*

(20) »Wenn ihr aber seht Jerusalem von Heeren umringt, dann erkennt, daß seine Verwüstung nahe ist. (21) Dann sollen die in Judäa fliehen ins Gebirge und die in seiner Mitte (wohnen) ausziehen und die auf dem Lande nicht in sie hineingehen, (22) denn

[2] Vgl. dazu Apg. 4,17f.; 9,16.

[3] Im lukanischen Werk zeigt sich das an der Verbindung des Stephanusmartyriums mit der Ausbreitung des Evangeliums durch Philippus (Apg. 8) und durch das Zeugnis der aus Jerusalem Vertriebenen (Apg. 11,19–30).

[4] Die von Markus her vorgegebene Aussage bekommt eine der hellenistischen Sprachgestalt entsprechende Wendung (vgl. Aristoph., Eccles. 117: *ὅπως προμελετήσαμεν ἀκεῖ δεῖ λέγειν*).

[5] *A. Schlatter*, Komm., 414, leitet die Wendung von der palästinensischen Denkweise her.

[6] Vgl. Apg. 4,13; 5,38–40; 6,10 sowie die Verteidigung des Paulus vor Felix, Festus und Herodes Agrippa.

[7] *E. Haenchen*, Weg Jesu, 455, sieht hier die lukanische Vorstellung ausgedrückt, daß die Seelen beim Sterben gerettet werden (vgl. Luk. 23,43), wobei er offenbar die futurische Form der Aussage als ursprünglich ansieht.

* Lit.: *G. Braumann*, Die lukanische Interpretation der Zerstörung Jerusalems, NovTest 6, 1963, 120–127 – *E. Fascher*, Jerusalems Untergang in der urchristlichen und altkirchlichen Überlieferung, ThLZ 89, 1964, 81–98 – *F. Flückiger*, Luk. 21,20–24 und die Zerstörung Jerusalems, ThZ 28, 1972, 385–390.

diese sind die Tage der Bestrafung, damit alles erfüllt werde, was geschrieben ist. (23) Wehe aber den Schwangeren und Säugenden in jenen Tagen, denn es wird eine große Drangsal kommen über das Land und Zorn über dieses Volk. (24) Und sie werden fallen durch die Schneide des Schwertes und gefangen weggeführt werden zu allen Völkern, und Jerusalem wird zertreten werden von den (Heiden-)Völkern, bis die Zeiten der Heiden erfüllt sind.«

In diesem Abschnitt der apokalyptischen Rede zeigen sich in der lukanischen Gestalt besonders auffällige Abweichungen von der Markusvorlage. Zwar setzen beide gleich ein mit *ὅταν δέ ἴδητε*, aber das gekennzeichnete *βδέλυγμα τῆς ἐρημώσεως* wird bei Lukas auf die *ἐρήμωσις* Jerusalems gedeutet. Was bei Markus in mysteriöses apokalyptisches Halbdunkel getaucht ist, wird hier unter dem Eindruck der vollzogenen Geschehnisse umgestaltet. Der Schluß (V. 24) zeigt, wie deutlich diese von den eigentlichen Endereignissen abgesetzt werden. Der Jüdische Krieg steht hier als Beispiel für die politischen Umwälzungen, die eine Periode in der der Parusie vorausgehenden Zeit bilden, die selbst erst mit dem Ende der *καιροὶ ἐϑνῶν* (V. 24) abgeschlossen ist. Umstritten ist, ob bei Lukas an dieser Stelle die Verwendung einer anderen Überlieferung sichtbar wird.[1] Jedoch spricht vieles dafür, daß die Durchformung des Abschnitts mit alttestamentlicher Terminologie auf Redaktionsarbeit des Lukas beruht.[2] Mit dem hier angekündigten Krieg und der Zerstörung endet die Rolle Jerusalems, seine einstige heilsgeschichtliche Bedeutung ist in diesem Stück (anders als in 19,42.44) nicht mehr angesprochen.[3]

20 Die beginnende Belagerung durch feindliche Heere (vgl. Hes. 4,1–3) soll zur Erkenntnis führen, daß die Zeit der Verwüstung herangekommen ist. Anders als bei der Ansage des Greuels der Verwüstung (Mark. 13,14; Matth. 24,15) ist der Tempel nicht erwähnt; es geht nicht um Heiligtumsschändung, sondern um die Belagerung Jerusalems. **21** Deshalb kann die Stadt nicht wie Jer. 4,5f. Zufluchtsort für die Bewohner Judäas werden. Ihnen wird Flucht aus ihren Behausungen in das Gebirge angeraten. Liegt eine Anspielung auf die Flucht der Gemeinde nach Pella während des Jüdischen Krieges vor (Euseb, hist. eccl. II, 5,3)? Auffallend ist, daß nach Lukas die Flucht erst während der Belagerung erfolgt.[4] Der Spruch schließt mit einer Warnung vor Einwanderung in Jerusalem bzw. Judäa, gerichtet an die außerhalb lebenden palästinensischen Christen. **22** Die Trennung von Jerusalem muß erfolgen, weil Gottes Gericht über die Stadt angebrochen ist, wie es die heiligen Schriften aufgezeichnet haben (vgl. Jer. 5,29; Hes. 9,1; Hos. 9,7; Micha 3,12). Es geht um eine geschichtliche Erfüllung prophetischer Gerichtsankündigung. Der Ausdruck *ἡμέραι ἐκδικήσεως* (Deut. 32,35 LXX) betont den strafenden Charakter. **23** Das Wehe über die Schwangeren und Säugenden (vgl. Luk. 23,29) bezieht sich nicht wie bei Markus auf die Flucht, sondern auf die Not bei der Belagerung Jerusalems. Ein Nachsatz des Lukas spricht über die Bedrängnis im Land (*ἐπὶ τῆς γῆς* meint Judäa) und das Zorn-

---

[1] So etwa *A. Schlatter*, Komm., 415f.; *K. H. Rengstorf*, Komm., 236; ferner *F. Flückiger*, a. a. O., 385; *L. Gaston*, a. a. O., 162, dessen Eintreten für eine Sonderüberlieferung durchweg von dem Interesse bestimmt wird, den Eindruck eines Vaticiniums ex eventu fernzuhalten.

[2] Dazu den gründlichen Einzelnachweis bei *J. Schmid*, Komm., 308–311.

[3] *E. Fascher*, a. a. O., 84.

[4] *B. Reicke*, a. a. O., 127, macht auf diesen Unterschied zur Pella-Überlieferung aufmerksam.

gericht, das über das Gottesvolk ergeht (*λαός*). **24** Sein Vollzug wird in einer dreifachen Weise beschrieben: ein Teil der Bevölkerung verliert sein Leben durch das Schwert (Deut. 32,25; Jes. 3,25), der andere wird in Sklaverei und Gefangenschaft geführt (Jes. 5,13; Hes. 39,23), die Stadt wird durch die Völker entweiht (Sach. 12,3).[5] Es wird keine Abkürzung der Drangsale verheißen wie Mark. 13,19f., vielmehr ein lange andauernder Zustand angekündigt. Die Zeit Israels ist durch die Zeit der Völker abgelöst. Es ist einerseits jene Periode, wo die Heidenvölker über Israel triumphieren, ihnen aber andererseits das Evangelium angeboten wird.[6] Daß Lukas wie Paulus Röm. 11,25f. an eine Endrettung Israels denkt, ist aus seiner Fassung des Jerusalemworts Luk. 11,35 (s. dort) zu folgern. Vom Ende her wird deutlich, daß die historischen Vorgänge in das Licht eines theologischen Entwurfs gerückt sind.[7]

e) Die Vorzeichen der Parusie
21,25–28; Mark. 13,24–27; Matth. 24,29–31

(25) »Und es werden Zeichen geschehen an Sonne und Mond und Sternen, und auf Erden (wird sein) Beklemmung der Völker in Ratlosigkeit wegen des Rauschens und Wogens des Meeres, (26) während die Menschen vergehen vor Furcht und Erwartung dessen, was über den Erdkreis kommen wird; denn die Kräfte der Himmel werden ins Wanken geraten. (27) Und dann werden sie sehen den Menschensohn kommen auf einer Wolke mit Macht und großer Herrlichkeit. (28) Wenn aber dies zu geschehen anfängt, dann richtet euch auf und erhebt eure Häupter, weil eure Erlösung sich naht.«

Mit diesem Abschnitt wird die Thematik von V. 11 wieder aufgenommen. Der Blick richtet sich auf die kosmischen Geschehnisse, die der Parusie des Menschensohnes vorangehen. Lukas ist sich dessen bewußt, daß die von ihm gebotene apokalyptische Rede Jesu sich nun – anders als bei den in V. 12–24 enthaltenen Partien – auf endzeitliche Ereignisse im eigentlichen Sinn bezieht, er also aus erlebter Vergangenheit und Gegenwart zur Zukunft übergeht.[1] Ein direkter Zusammenhang mit der zuvor geschilderten Zerstörung Jerusalems besteht nicht mehr (vgl. V. 24). So verzichtet er bewußt auf eine zeitliche Fixierung, indem er die bei Markus vorliegende Einleitung (in jenen Tagen nach jener Drangsal) ersetzt durch das unbestimmte *καὶ ἔσονται*. Auch im Inhalt ergibt sich eine gewisse Verschiebung. Lukas richtet seine Aufmerksamkeit weniger auf die Beschreibung der Auflösung kosmischer Ordnung als auf deren Auswirkung bei den Menschen, die er mit paränetischer Akzentuierung schildert.

25 Veränderungen an Sonne, Mond und Sternen bezeichnen die himmlische Seite der endzeitlichen kosmischen Erschütterungen. Jedoch ist nicht vom Verlust der Leuchtkraft von Sonne, Mond und Sternen die Rede (so Markus und Matthäus), sondern nur von

[5] *πατεῖν* meint gewalttätiges entweihendes Zertreten; vgl. Sach. 12,3 LXX; 1. Makk. 3,48.51.
[6] So auch *E. Gräßer*, a. a. O., 162, Anm. 5.
[7] Dazu *F. Flückiger*, a. a. O., 389.

[1] Der Übergang von miterlebter Vergangenheit und Gegenwart in V. 12–24 zur Zukunft hat eine Parallele in der Verwendung von Joel 3 in Apg. 2,16–21; V. 16–18 behandelt die Gegenwart, V. 19.20 die kosmische Auflösung in der Zukunft, in der nur die Anrufung des Names des Herrn rettet, V. 21.

Zeichen an ihnen. Das Interesse der lukanischen Schilderung gilt dem irdisch-menschlichen Geschehen. Den himmlischen Erscheinungen wird auf Erden das Brausen und Toben des Meeres zur Seite gestellt.[2] Dazu tritt die Reaktion der Menschheit, die durch Angst und Ratlosigkeit bestimmt ist. **26** Diese Angst führt bis zum Vergehen des Lebens, da Furcht und Erwartung der kommenden Dinge tödliche Wirkung haben. Hintergrund dieses Geschehens ist die Auflösung der kosmischen Ordnung. **27** In diese Situation trifft das Kommen des Menschensohns, das vielleicht als Lichterscheinung[3] gedacht ist. **28** Daraus folgert Lukas, der die Sammlung der Erwählten durch die Engel (Mark. 13,27) und damit die Gerichtsvorstellung übergeht, den Aufruf zu getroster Zuversicht an die Jüngergemeinde. Sie erkennt hinter der Drangsal, an der die Menschen vor Angst vergehen, ihre Erlösung.[4] Die Zuversicht kommt in der Aufrichtung der bisher Niedergedrückten und im ausschauenden Aufheben ihrer Häupter zum Ausdruck, einer Haltung, die der am Anfang geschilderten Angst kontrastiert. Die von prophetischer Gewißheit getragene Ankündigung nimmt die Deutung des nachfolgenden Gleichnisses vorweg.

f) Das Gleichnis vom Feigenbaum und abschließende Versicherungen 21,29–33; Mark. 13,28–32; Matth. 24,32–36*

(29) Und er sagte ihnen ein Gleichnis: »Seht den Feigenbaum und alle Bäume! (30) Wenn sie schon treiben, dann seht ihr an ihnen und erkennt, daß der Sommer schon nahe ist. (31) So auch ihr, wenn ihr dies geschehen seht, erkennt, daß das Reich Gottes nahe ist. (32) Wahrlich, ich sage euch, dies Geschlecht wird nicht vergehen, bis das alles geschehen ist. (33) Der Himmel und die Erde werden vergehen, meine Worte aber werden nicht vergehen.«

Lukas folgt weiterhin dem Redezusammenhang des Markus; er leitet jedoch das nachfolgende Gleichnis neu ein. Es hat in dem Zusammenhang, in den es nun gerückt ist (vgl. V. 28), den Sinn einer Vergewisserung. So wird das Gleichnis (V. 29–30), das mit einem Deutesatz (V. 31) verbunden ist, bei Lukas zur näheren Ausführung der eschatologischen Mahnung: es entsprechen sich *ἐγγίζει ἡ ἀπολύτρωσις ὑμῶν* (V. 28) und *ἐγγύς ἐστιν ἡ βασιλεία τοῦ θεοῦ* (V. 31). Ausdruck der Gewißheit sind auch die beiden abschließenden mit Markus übereinstimmenden Worte, während die dort enthaltene Aussage von der Verborgenheit der eschatologischen Stunde vor den Engeln und vor dem Sohn wohl aus christologischen Erwägungen ausgelassen wurde.

29 Der für die lukanische Gestalt kennzeichnende zweimalige Hinweis auf das Sehen (hier *ἴδετε*, V. 30: *βλέποντες*) fordert zur Beobachtung auf, aus der das Erkennen erwächst. Daß die Betrachtung des Sichtbaren zur Gewißheit führt, gilt also auch für die Enderwartung. Durch die Verallgemeinerung auf alle Bäume geht etwas von dem konkreten

---

[2] Die Fesselung des Meeres, die zu Gottes Schöpfungswerk gehört (Ps. 65,8; 93,1–5; Hiob 38,8–11), zerspringt, damit löst sich die bestehende Ordnung der Schöpfung auf.

[3] Vgl. die Vorstellung der nächtlichen Parusie Luk. 17,34f. Ist an eine Parallele zur nächtlichen Verklärung Luk. 9,18–26 gedacht (singularisches *νεφέλη* in Verbindung mit *δόξα*)?

[4] *ἀπολύτρωσις* begegnet nur hier bei den Synoptikern, und zwar im eschatologischen Sinne. Die Formulierung: »Der Tag ihrer Erlösung ist nahe«, findet sich aeth. Hen. 51,2.

* Lit.: *A. Jülicher*, Gleichnisreden II, 3–11 – *Joach. Jeremias*, Gleichnisse, 98f.

Bezug verloren, der den Feigenbaum als Beispiel heraushebt. **30** Die Beschreibung des Sprossens und Springens der Knospen weicht der allgemeinen Aussage des Ausschlagens durch das Verb *προβάλλειν*. **31** Weniger die Plötzlichkeit als die unausweichliche Sicherheit, die den Schluß aus den Vorzeichen auf das Ende ermöglicht, wird durch dieses Gleichnis festgehalten. Das *ταῦτα γινόμενα* dürfte sich nur auf das in V. 25–27 Gesagte beziehen.[1] Zum folgenden Schlußsatz hat Lukas das Subjekt *βασιλεία τοῦ θεοῦ* (hier streng eschatologisch verstanden) ergänzt. **32** Die *γενεὰ αὕτη* dürfte an dieser Stelle nicht die Judenschaft, sondern entweder die ganze Menschheit[2] oder die Jüngerschar Jesu[3] meinen. Sie werden durch die Katastrophe hindurch erhalten. **33** In der Geltung der Worte Jesu ist Zuversicht und Gewißheit der Jünger begründet.

g) Ermahnung zu Nüchternheit und Wachsamkeit 21,34–36*

(34) »Habt acht auf euch selbst, daß nicht eure Herzen beschwert werden durch Rausch und Trunkenheit und Sorgen des Lebens und jener Tag unversehens an euch herantrete (35) wie ein Fallstrick. Er wird nämlich kommen über alle, die auf der Erdoberfläche wohnen. (36) Seid aber wachsam zu jedem Zeitpunkt und bittet, daß ihr gestärkt (oder: gewürdigt) werdet, diesem allem, was geschehen wird, zu entkommen und hinzutreten vor den Menschensohn.«

V. 36: Von nahezu gleicher Bezeugung und gleichem Gewicht sind die Lesarten *κατισχύσητε* (gestärkt werden) und *καταξιωθῆτε* (gewürdigt werden). Zur letzten vgl. Luk. 20,35; 2. Thess. 1,5.

Die Schlußworte der apokalyptischen Rede sind ohne Parallele.[1] Sie stehen in Terminologie und Form der urchristlichen Paränese nahe, wie wir sie aus der Briefliteratur kennen.[2] Ob Lukas sie aus SLk, aus einem paulinischen Zusammenhang übernommen[3] oder sie redaktionell selbst gebildet hat, bleibt offen. Auf jeden Fall zeigen sie, daß nicht an eine Eliminierung der Parusie gedacht ist, auch wenn das Ende ferner gerückt erscheint und daher das christliche Leben im Zeichen der »Stetsbereitschaft« verstärkter ethischer Regulierung bedarf.

34 Neben der Zuversicht, zu der die Jüngerschaft aufgerufen wird, steht das Wissen um die Gefährdung. Sie wird zum Achthaben auf sich selbst (lukanische Wendung: 17,3; Apg. 5,35) aufgerufen. Die Gefahr droht aus einem Leben in Rausch und Trun-

---

[1] Dazu *O. Merk*, a. a. O., 218: »Erst nach der ... Leidenszeit der Kirche, nach der Zerstörung Jerusalems (21,5–24), die bereits geschehen ist, erst nach den auf unbestimmte Zeit angesetzten kosmischen Erscheinungen (21,25–27), naht die Parusie. Jetzt ist das Bild vom Feigenbaum sachgemäß.«

[2] *J. Zmijewski*, a. a. O., 281f.

[3] Vgl. *M. Meinertz*, »Dieses Geschlecht« im Neuen Testament, BZ 1, 1957, 283–289.

* Lit.: *R. Bultmann*, Synoptische Tradition, 126 – *H. E. Tödt*, Der Menschensohn in der synoptischen Überlieferung, Gütersloh 1959, 89–92.

[1] Zum ausgelassenen Stück Mark. 13,33–37 besteht eine Verbindung durch das gemeinsame Stichwort *ἀγρυπνεῖν* in Mark. 13,33 und Luk. 21,36.

[2] 1. Thess. 5,4–8; Röm. 13,11; Eph. 5,14–18.

[3] So *R. Bultmann*, a. a. O., 126.

kenheit, mit der die Angst betäubt werden soll, und in Sorgen um den Lebensunterhalt angesichts der ungewissen und notvollen Lebenslage (8,14; 12,19; 17,26–30; ferner Röm. 13,12f.; 1. Thess. 5,6ff.). Die Beschwerung der Herzen beeinträchtigt die Aufmerksamkeit, so daß »jener Tag« (vgl. 10,12; 17,31) plötzlich und unversehens hereinbrechen kann. **35** Er gleicht für die unvorbereiteten Menschen einer Schlinge, in der sie sich fangen, wie sich ein Vogel ahnungslos in der gelegten Schlinge fängt (1. Tim. 6,9). Da der Tag Gottes, das Eintreten der Parusie, entsprechend der weltweiten lukanischen Perspektive über die ganze Erde kommt und alle trifft, gilt die Warnung ohne Ausnahme. **36** Darum ist Wachsamkeit zu jeder Zeit notwendig und das Gebet, den kommenden vernichtenden Ereignissen zu entgehen (21,28; vgl. 17,34–37) und vor den Menschensohn hintreten zu können.[4] *σταθῆναι* meint dabei kaum das Hingestelltwerden vor ein Gericht oder das Bestehen in ihm, sondern die Vereinigung der Jünger mit ihrem Herrn als ihrem Fürsprecher.[5]

h) Jesus in den Jerusalemer Tagen 21,37.38

(37) Er aber lehrte an den Tagen im Tempel, in den Nächten aber ging er hinaus und übernachtete am sogenannten Ölberg. (38) Und das ganze Volk kam früh morgens zu ihm in den Tempel, um ihn zu hören.

Mit einem Summarium schließt Lukas die Schilderung der Wirksamkeit Jesu als Lehrer in Jerusalem ab. Es beschränkt sich auf allgemeine Aussagen, für die keine besondere Kunde erforderlich war, und geht auf lukanische Redaktion zurück.[1] Damit wird Luk. 19,47 wieder aufgenommen und zugleich bestätigt, daß die apokalyptische Rede bei Lukas zur Tempellehre Jesu gehört.[2]

37 Der Zusammenhang spricht von der Lehre Jesu im Tempel, wo er die Tage über verweilt. Ihn hat er nach der Reinigung zu seiner Lehrstätte gemacht. Die Nächte verbringt er am Ölberg. Es wird weder die Dauer der Lehre noch der genaue Ort des nächtlichen Aufenthalts (Bethanien oder Gethsemane) bezeichnet. **38** Wie in 19,48 die Anhänglichkeit so wird hier die Hörwilligkeit des Volkes betont, das sich im Tempel um ihn schart und nichts von seiner Lehre versäumen will.

---

[4] Die Verbindung von wacher Bereitschaft und Gebet entspricht der apokalyptischen Mahnrede mit dem zum Gebet aufrufenden Gleichnis in Luk. 17,22–18,8; vgl. auch das Gethsemane-Wort Mark. 14,38 Parr.

[5] *H. E. Tödt*, a. a. O., 91f.

[1] *Joach. Jeremias*, Komm., 284.

[2] Der Formulierung des Summariums steht Joh. 8,1f. nahe. Handschriften der Ferrar-Gruppe (*φ*) und Blaß setzen Joh. 7,53–8,1 an diese Stelle.

VI. Die Passion Jesu
22,1–23,56*

Im Schlußteil seines Evangeliums geht Lukas, obwohl er die durch Markus gegebene Gestalt des Passionsberichts zur Basis nimmt, eigene Wege. Er verstärkt das dort angelegte Bild von Jesus als dem leidenden Gerechten,[1] indem er seine Darstellung unter den Gesichtspunkt des Märtyrerschicksals rückt.[2] Die Parallelität zum Sterben des Stephanus ist unverkennbar, aber auch der Gedanke, daß Jesu Passion der seiner Jünger vorgeordnet ist und er einen Weg bahnt, auf dem diese ihm folgen.[3] Von daher ist es bedeutsam, daß Lukas auf seine Darstellung der Passion Jesu (anders als Markus) eine ausgeführte Ostergeschichte folgen läßt. Zeigt die Passionsgeschichte Jesu Erniedrigung an ihrem Ende, so die Ostergeschichte seine Erhöhung an ihrem Beginn. Verstärkt ist auch der Gedanke des planmäßigen, von Gott vorherbestimmten Leidens, des göttlichen Muß, um das Jesus weiß und dem er sich bewußt unterwirft (22,10–15; 22,53). Schließlich tritt auch die Sicht hervor, die den Widersacher am Werke sieht (22,3.31.53).

Stofflich verzichtet der lukanische Passionsbericht auf eine Reihe von Perikopen und Einzelzügen der Markuspassion. So fehlen die Salbung in Bethanien (Mark. 14,3–9) und die Jüngerflucht (Mark. 14,50–52); statt des dreifachen findet sich nur ein einfacher Gebetsgang in Gethsemane (vgl. Mark. 14,33.34.38b–42); es werden ausgelassen die Verspottung durch die römischen Soldaten (Mark. 15,16–20a), die Verhöhnung durch Tempelwort und Eli-Ruf (Mark. 15,29.30.34.35), schließlich die Verwunderung des Pilatus über Jesu Tod (Mark. 15,44.45).

Dem steht eine beträchtliche Anzahl von Sonderüberlieferungen gegenüber. Sie be-

---

* Lit.: *G. Bertram*, Die Leidensgeschichte und der Christuskult, FRLANT 15, Göttingen 1922 – *J. Finegan*, Die Überlieferung der Leidens- und Auferstehungsgeschichte Jesu, BZNW 15, Gießen 1934 – *G. Schille*, Das Leiden des Herrn, ZThK 52, 1955, 161–205 – *J. Blinzler*, Der Prozeß Jesu, Regensburg 1960 – *P. Winter*, On the Trial of Jesus, Berlin-West 1961 – *E. Lohse*, Die Geschichte des Leidens und Sterbens Jesu Christi, Gütersloh 1964 – *H. Conzelmann*, Historie und Theologie in den synoptischen Passionsberichten, in: H. Conzelmann/E. Flessemann van Leer/E. Haenchen u. a., Zur Bedeutung des Todes Jesu, Berlin 1968 (= Gütersloh 1967), 35–53 bzw. 51–53 – *E. Linnemann*, Studien zur Passionsgeschichte, FRLANT 102, Göttingen 1970 – *V. Taylor*, The Passion Narrative of St. Luke, SNTSMonSer 19, Cambridge 1972 – *W. Schenk*, Der Passionsbericht nach Markus, Berlin 1974 (= Gütersloh 1974) – *H. Klein*, Die lukanisch-johanneische Passionstradition, ZNW 67, 1976, 155–186 – *W. Vogler*, Judas Iskarioth, ThA 42, Berlin 1983.

[1] Unter breiter Auswertung der alttestamentlichen und frühjüdischen Herkunft *L. Ruppert*, Der leidende Gerechte, FzB 5, Würzburg 1972.

[2] Zur Vor- und Nachgeschichte vgl. *H. W. Surkau*, Martyrien in jüdischer und frühchristlicher Zeit, FRLANT 36, Göttingen 1938.

[3] *Ed. Schweizer*, Erniedrigung und Erhöhung bei Jesus und seinen Nachfolgern, AThANT 28, Zürich 1955, bes. 47–51.

gegnen im Zusammenhang des letzten Mahles, wo der Passamahlbericht (22,15–18), der Rangstreit (22,24–30), die Worte an Simon (22,31f.) und über die zwei Schwerter (22,35–38) lukanisches Eigengut sind. Ferner heben sich deutlich ab die Engelerscheinung von Gethsemane (22,43.44), das Verhör Jesu durch Herodes Antipas (23,6–12), die Klagefrauen (23,27–31) und der Schächer (23,41–43).

Bei dem von Lukas zusätzlich eingeführten Überlieferungsgut stellt sich die Frage, ob wir es mit einer Sonderquelle oder (bzw. und) unterschiedlichem Traditionsmaterial zu tun haben, das Lukas aufnahm, weil es für seine Gestaltung des Passionsberichts brauchbar erschien. Die exakte Abgrenzung einer Sonderquelle hat sich als schwierig erwiesen.[4] Von einer Zugehörigkeit des Eigenguts zu SLk kann nicht ohne weiteres ausgegangen werden. Ein besonderes Problem stellen die vielfältigen Berührungen zur johanneischen Überlieferung dar, die dazu führten, daß man einen markinisch-matthäischen Typus des Passionsberichts von einem lukanisch-johanneischen unterschieden hat.[5]

1. Der Anschlag gegen Jesus
22,1–6; Mark. 14,1.2.10.11.; Matth. 26,1–5.14–16*

(1) Es nahte sich aber das Fest der ungesäuerten Brote, das sogenannte Passa. (2) Und es suchten die Hohenpriester und die Schriftgelehrten, wie sie ihn umbrächten, denn sie fürchteten das Volk.

(3) Da fuhr der Satan in Judas, den Ischarioth genannten, der aus der Zahl der Zwölf war. (4) Und er ging hin und unterredete sich mit den Hohenpriestern und Hauptleuten, wie er ihn ihnen übergebe. (5) Und sie freuten sich und kamen mit ihm überein, Geld zu geben. (6) Und er stimmte zu und suchte nach guter Gelegenheit, ihn abseits vom Volk ihnen zu übergeben.

Der die Passionsgeschichte eröffnende Bericht beruht auf der Markusfassung, bietet jedoch eine Reihe von selbständigen Zügen, die aus der Redaktionsarbeit des Lukas verstanden werden können. Der Tötungsplan der Oberen und der Verrat des Judas bilden bei ihm eine Einheit. Bei Markus und Matthäus sind sie durch die Salbungsgeschichte getrennt, die Lukas nicht bringt, sei es, weil er die Salbung in 7,36–50 als Parallele ansieht,[1] sei es, weil Jesus erst nach seinem Tode gesalbt werden soll (23,56–24,1), welche Absicht durch seine Auferweckung unausgeführt blieb.[2] Durch die Auslassung hat Lukas wohl unbeabsichtigt einen älteren, vormarkinischen Zusammenhang wiederhergestellt.[3] Die sachlich schwerwiegendste Veränderung, die Lukas vornahm, ist die Einlassung, daß der Satan in Judas eingeht (V. 3). Dem Satan gegenüber hat Jesus die Zeit der Darstellung

---

[4] *F. Rehkopf*, Die lukanische Sonderquelle, WUNT 2, Tübingen 1959, konzentriert sich auf Luk. 22,21–38.

[5] So *J. Schniewind*, Parallelperikopen; *H. Klein*, a. a. O.

* Lit.: *K. Lüthi*, Das Problem des Judas Iskariot – neu untersucht, EvTh 16, 1956, 98–114 – *E. Haenchen*, Weg Jesu, 461f., 472–474 – *W. Popkes*, Christus traditus, AThANT 49, Zürich 1967, 174–181, 217–219 – *H. L. Goldschmidt/M. Limbeck*, Heilvoller Verrat? Judas im NT, Stuttgart 1976 – *B. N. Wambacq*, Pesah – Massôt, Bibl 62, 1981, 499–518 – *W. Vogler*, Judas Iskarioth, 75–79.

[1] So *J. Finegan*, a. a. O., 3–5.

[2] *H. Conzelmann*, Mitte der Zeit, 72.

[3] *W. Schenk*, a. a. O., 142.

des Reiches Gottes im Gnadenjahr erstritten (vgl. 4,13). Nun geht diese Zeit zu Ende, und der Satan tritt wieder hervor, Jesus zu Fall zu bringen. Die mit dem Judasverrat eröffnete Auslieferungsgeschichte wird in der Gethsemane- bzw. Gefangennahmeszene fortgeführt (22,39–53); dazwischen steht der Mahlkomplex (22,7–38).

1 Lukas, für den die von Markus betonte Tageordnung keine Bedeutung hat, spricht nur allgemein vom Nahen des Festes, wodurch der Eindruck einer längeren Tätigkeit in Jerusalem entsteht. Das Fest wird als Fest der ungesäuerten Brote bezeichnet und mit dem Passa in eins gesetzt. Strenggenommen ist das nicht korrekt: das Passa wird am 14. Nisan begangen und erstreckt sich über die anschließende Nacht; das einwöchige Fest der ungesäuerten Brote (Mazzot) schließt sich an. Schlachtung und Verzehr des Passalamms waren nur in Jerusalem möglich, die Festfeier wurde auch außerhalb begangen. So konnte man dort beide leicht zusammenschauen und ähnlich wie hier formulieren.[4] **2** Hohepriester und Schriftgelehrte, die Hauptgruppen im Synedrium, werden als treibende Kräfte gegen Jesus genannt. Furcht vor dem Volk, das nach Lukas zu Jesus steht (vgl. 19,48; 21,38), hindert sie an der Durchführung ihres Tötungsplans.

3 Ihrer Ratlosigkeit kommt der Satan zu Hilfe, der sich des Judas, eines aus dem Kreis der Zwölf,[5] bedient. **4** Er bietet den Gegnern die Auslieferung an.[6] Bei der Verhandlung – Judas erscheint als gleichberechtigter Partner (vgl. V. 5: *συνέθεντο;* V. 6: *ἐξωμολόγησεν*) – werden auch die Tempelhauptleute (gedacht ist an die Befehlshaber der Tempelpolizei) genannt. **5** Daß der Schritt des Judas Freude auslöst und ihm Geld zugesagt wird, berichtet Lukas in Übereinstimmung mit Markus. **6** Er betont ausdrücklich die Zustimmung des Judas zur Verabredung. Damit wird sein Schuldanteil festgehalten. Erneut erwähnt Lukas den Versuch, Jesus ungesehen von dem Volk den Häschern in die Hände zu spielen.[7] Die Verantwortung liegt bei den Oberen und bei Judas, das Volk wird entlastet.

2. Die Vorbereitung des Passamahles 22,7–13; Mark. 14,12–16; Matth. 26,17–19*

(7) Es kam aber der Tag der ungesäuerten Brote, an dem man das Passa(-lamm) opfern mußte. (8) Und er schickte Petrus und Johannes und sprach: »Geht und bereitet uns das Passa, damit wir (es) essen.« (9) Sie sprachen zu ihm: »Wo willst du, daß wir (es) zubereiten?« (10) Er aber sprach zu ihnen: »Seht, wenn ihr in die Stadt hineingeht, wird

[4] *G. Bertram*, a. a. O., 9: »Falsch ist das nicht; auch Juden konnten so sprechen.« Dazu *B. N. Wambacq*, a. a. O., der die Wurzeln der Terminologie bis zu den alttestamentlichen Ursprüngen zurückverfolgt.

[5] Zur Person des Judas und zur theologiegeschichtlichen Einordnung der Judastradition vgl. *K. Lüthi*, a. a. O.,; *W. Popkes*, a. a. O., 176–180. Das hinzugefügte *ὄντα ἐκ τοῦ ἀριθμοῦ* unterstreicht die Feststellung: Der Verräter kommt aus dem Kreis der Zwölf.

[6] Das *πῶς* scheint darauf zu deuten, daß es nicht nur um die Absicht, sondern um die Weise der Auslieferung geht, vgl. *G. Schneider*, Komm., 440.

[7] So *W. Popkes*, a. a. O., 219.

* Lit.: *G. Dalman*, Jesus – Jeschua, Leipzig 1922, 98–111 – *H. Schürmann*, Der Dienst des Petrus und Johannes Lk. 22,8, TThZ 60, 1951, 99–101 = Ursprung und Gestalt, Düsseldorf 1970, 274–276 – *ders.*, Der Abendmahlsbericht Lk. 22,7–38 als Gottesdienstordnung, Gemeindeordnung, Lebensordnung, BG II,1, Leipzig 1955, 96–102 – *E. Haenchen*, Weg Jesu, 474f.

euch ein Mann begegnen, der einen Wasserkrug trägt. Folgt ihm in das Haus, in das er hineingeht. (11) Und ihr sollt dem Hausherrn des Hauses sagen: Es sagt dir der Meister: Wo ist der Raum, wo ich das Passa mit meinen Jüngern essen kann? (12) Und jener wird euch ein großes mit Polstern ausgestattetes Obergemach zeigen. Dort bereitet zu.« (13) Sie aber gingen hin und fanden es, wie er ihnen gesagt hatte, und bereiteten das Passa(mahl).

Der Bericht von der Vorbereitung des Passamahls hat die Gestalt einer »Einleitung, die die Bedeutsamkeit dieses letzten Mahles Jesu gebührlich herausstellt«.[1] Lukas hat die Szene aus Markus übernommen und redaktionell bearbeitet, wobei der Charakter des Mahles als Passamahl hier angesprochen und durch das Wort Jesu an dessen Anfang (22,15) ausdrücklich unterstrichen wird. Die hinleitende Funktion der Aussendungsgeschichte tritt so noch deutlicher hervor. Erwogen wird, ob Lukas eine ältere, viel knappere Situationsangabe, die mit der ihm eigenen Abendmahlüberlieferung verbunden war, durch den aus Markus übernommenen Bericht ersetzt hat.[2] Man hat diesen mit der Findung des Reittiers in der Einzugsgeschichte zusammengebracht[3] und auf strukturelle Entsprechung in 1. Sam. 10,1–9 verwiesen.[4] Die prophetische Zeichenvorhersage durch Jesus ist jedoch eingebettet in eine Botenaussendungsgeschichte, deren Mitte ein ausführlich gegebener (die Zeichenerkennung einschließender) Auftrag (V. 10–12) ist.[5] Diese Gattungseigenart der Markusvorlage fügt sich in die besonderen Absichten des Lukas gut ein, da sie die prophetische Vollmacht Jesu bezeugt. Was Jesus ankündigt, tritt ein; so schaut er dann in der folgende Perikope auf sein Ende und darüber hinaus (22,15f.21f.). Die wichtigste Änderung des Lukas besteht darin, Jesus als den in Vollmacht handelnden stärker herauszuheben.

7 Die Einleitung greift auf 22,1 zurück und wiederholt die Ineinssetzung von Passa und Mazzot. Die Formel *ᾗ ἔδει θύεσθαι τὸ πάσχα* deutet auf die Sitte der Festordnung. **8** Bei Lukas geht die Initiative zur Aussendung nicht von den Jüngern, sondern von Jesus aus. Er benennt die beiden Jünger als Petrus und Johannes (vgl. Apg. 3,1ff.; 8,14ff.). Damit wird der Situation nach dem Tode des Jakobus Rechnung getragen, »nach der in gewissen Teilen der Kirche Johannes neben Petrus aus der Zahl der anderen Apostel herausragte«.[6] **9** Das Passamahl wird nicht im gewöhnlichen Quartier Jesu abgehalten, sondern in der Stadt, also in Jerusalem, wo die Bewohner Räume für die Festpilger freizuhalten hatten.[7] **10** Das Auftragswort geht zunächst nicht auf die Frage ein, sondern zeigt das prophetische Vorherwissen Jesu. **11** Das von Lukas umformulierte Botenwort unterstreicht den hoheitlichen Charakter des Sendenden.[8] **12** Das Passamahl wird liegend

---

[1] *H. Schürmann*, Abendmahlsbericht, 98.

[2] *H. Schürmann*, a. a. O., 97, übernommen von *W. Grundmann*, in früheren Aufl. dieses Komm.; dagegen *G. Schneider*, Komm., 42.

[3] *E. Haenchen*, a. a. O., 474; *W. Schenk*. a. a. O., 182–184 u. a.

[4] *J. Gnilka*, Markus II, 231.

[5] *R. Pesch*, Markus II, 341.

[6] *H. Schürmann*, Dienst, 276.

[7] *G. Dalman*, a. a. O., 99f.

[8] Beim Gastgeber wird eine Wertung der Person Jesu vorausgesetzt, wie sie erst die Gemeinde haben kann. »Deren Stellung zu Jesus ist hier unbefangen in die Geschichte zurückgetragen«, so *G. Bertram*, a. a. O., 23.

eingenommen. *ἐστρωμένον* heißt mit Speisepolstern und Teppichen ausgelegt. **13** Die Bereitung des Passa schließt außer der Ordnung des Raumes die Schlachtung des Lammes im Tempel und seine Zurichtung am Ort des Mahles ein.[9]

3. Das Abschiedsmahl Jesu mit den Seinen 22,14–38; Mark. 14,17–31; Matth. 26,20–35

Lukas gestaltet das letzte Mahl Jesu zu einem Festmahl mit Tischgesprächen aus und verfolgt damit eine Linie, die in der antiken Literatur vorgebildet ist und von Johannes weitergeführt wird. Er formt diese Szene aus verschiedenen Traditionen, die er wie ein Mosaik kunstvoll zusammenfügt. Einer älteren, von *W. Grundmann* aufgenommenen Sicht gilt diese Komposition als »die eigentümlichste und selbständigste Tat, die Lukas getan hat«, und erscheint als »Jesu Testament an die Seinen«, wobei Lukas, »ohne den Rahmen der Abschiedsreden zu überschreiten, ein vollständiges Bild von dem gegeben« hat, »was er als Jesus Vermächtnis an die Jünger und damit als das Wesentliche christlicher Gemeinschaft empfindet«.[1] *H. Schürmann*, dem wir die gründlichste Untersuchung dieses Zusammenhangs verdanken, sieht ihn im Zeichen der in der Urkirche gegebenen Antwort auf die »Frage der eucharistiefeiernden Gemeinde«, so daß eine Komposition entsteht, die als Gottesdienstordnung, Gemeindeordnung und Lebensordnung angesehen werden kann.[2] Lukas bietet mit diesem Bericht die letzte seiner großen Tischszenen dar.[3]

a) Jesu Passa im Ausblick auf die eschatologische Vollendung 22,14–18*

(14) Und als die Stunde kam, legte er sich zu Tisch und die Apostel mit ihm. (15) Und er sprach zu ihnen: »Es hat mich sehnsüchtig verlangt, dieses Passa mit euch zu essen, bevor ich leide. (16) Ich sage euch nämlich, daß ich es nicht mehr essen werde, bis es sich

---

[9] *G. Dalman*, a. a. O., 105.

[1] Komm., 391.
[2] Abendmahlsbericht, 14.
[3] Vgl. zu 5,27–39; 7,36–50; 11,37–54; 14,1–24.

* Lit.: *G. Dalman*, Jesus – Jeschua, 111–166 – *P. Benoit*, Le récit de la Cène dans Luc XXII, 15–20, RevBibl 48, 1939, 387–393 – *H. Schürmann*, Abendmahlsbericht, 18–32 – *ders.*, Der Paschamahlbericht, NTA XIX,5, Münster 1953 – *Joach. Jeremias*, Die Abendmahlsworte Jesu, [3]Berlin 1963 (= Göttingen 1960), bes. 153–157, 199–210 – *E. Haenchen*, Weg Jesu, 475–487 – *F. Hahn*, Die alttestamentlichen Motive in der urchristlichen Abendmahlsüberlieferung, EvTh 27, 1967, 337–374 – *A. Vöobus*, Kritische Beobachtungen über die lukanische Darstellung des Herrenmahls, ZNW 61, 1970, 102–110 – *H. Patsch*, Abendmahl und historischer Jesus, Stuttgart 1972, 89–103 – *J. Wanke*, Beobachtungen zum Eucharistieverständnis des Lukas aufgrund der lukanischen Mahlberichte, EThSt 8, Leipzig 1973, 60–62 – *M. Rese*, Zur Problematik von Kurztext und Langtext in Luk. XXII, 17ff., NTS 22, 1975/76, 15–31 – *H. Merklein*, Erwägungen zur Überlieferungsgeschichte der neutestamentlichen Abendmahlstradition, BZ 21, 1977, 88–101, 235–244 – *R. Pesch*, Das Abendmahl und Jesu Todesverständnis, QuaestDisp 80, Freiburg 1978, bes. 26–31 – *W. Bösen*, Jesusmahl – Eucharistisches Mahl – Endzeitmahl, SBS 97, Stuttgart 1980.

erfüllt hat im Reich Gottes.« (17) Und er nahm den Kelch, dankte und sagte: »Nehmt den und teilt ihn unter euch. (18) Ich sage euch nämlich, daß ich von jetzt an nicht mehr trinken werde vom Gewächs des Weinstocks, bis das Reich Gottes kommt.«

Die das letzte Mahl Jesu einleitende Szene findet sich in dieser Gestalt nur im Lukasbericht. Sie stellt vor die Frage, ob in ihr eine eigenständige, mit Mark. 14,22–24 gleichwertige Abendmahlsüberlieferung vorliegt oder ob es sich um eine Bildung des Lukas handelt, die aus Mark. 14,25 heraus entwickelt ist. Schon in der älteren Auslegung wurden beide Positionen vertreten. *R. Bultmann* sieht in dem Bericht (eine »biographische Legende, wie der Hinweis auf das Leiden deutlich zeigt«) die »ältere Tradition vollständiger erhalten«.[1] *J. Finegan* hingegen erkennt allein Markus als benutzte Vorlage an und hält alle Abweichungen für das Werk des Lukas, der durch Umstellung »das Brotbrechen und das Brotwort zum Höhepunkt des Mahles« macht.[2]

Die zunächst von formgeschichtlichen Erwägungen bestimmte These von einer eigenständigen Abendmahlsüberlieferung im Lukasbericht ist von *Joach. Jeremias* durch sprach- und stilkritische Analysen vertieft worden, die ihn zur Annahme einer von Lukas überarbeiteten Sonderquelle führten.[3] *H. Schürmanns* Untersuchungen haben es wahrscheinlich gemacht, daß Lukas auf eine Vorlage zurückgreift, die in Jesu letztem Mahl das Urbild des zur eucharistischen Feier umgestifteten Passamahls darbieten will.[4] Mark. 14,25 hingegen ließe sich als Fragment aus dieser Überlieferung verstehen.[5] Er weist auf den unschematisch parallelisierten Aufbau hin und auf die überall noch durchscheinende aramäische Sprachform, rechnet aber auch mit einer den eucharistischen Charakter verstärkenden Redaktion. *F. Hahn* glaubt den Bericht als »Kultaitiologie einer christlichen Passafeier« einordnen zu können, in dem sich der liturgische Brauch einer Gemeindefeier spiegele,[6] wobei er an eine Herkunft der Überlieferung aus dem hellenistischen Judenchristentum denkt.[7]

Die Gegenposition, die ähnlich wie *J. Finegan* und *P. Benoit* die Annahme einer Sondervorlage abweist und allein Mark. 14,25 als Lukas vorgegebenes Überlieferungsgut anerkennen will, ist erneuert worden durch *G. Schneider*,[8] *H. Patsch*,[9] und *R. Pesch*.[10] Hier wird die bei Lukas gegebene Vorwegnahme des eschatologischen Ausblicks an der Stelle der Verratsansage redaktionell erklärt und der historisierende (nicht aitiologische) Charakter der lukanischen Passamahlschilderung betont. Dabei darf jedoch nicht übersehen werden, daß ein Bericht vorliegt, der die eschatologische Bezogenheit des Herrenmahls deutlich erkennen läßt (vgl. 1. Kor. 11,26; 16,22; Apg. 2,46; Did. 10,5f.).

---

[1] Synoptische Tradition, 286.
[2] Überlieferung, 11.
[3] A. a. O., 153–156; vgl. auch Komm., 286–288 (»vorlukanische christliche Kultsprache«).
[4] *H. Schürmann*, Abendmahlsbericht, 29–32.
[5] *H. Schürmann*, Abendmahlsbericht, 18f.; Paschamahlbericht, 34–46.
[6] A. a. O., 342, 353f., unter Verweis auf *B. Lohse*, Untersuchungen zum Passamahl der Quartadecimaner, BFchrTh 2,54, Gütersloh 1953, 110–112.
[7] A. a. O., 357.
[8] Komm., 444.
[9] A. a. O., 93f.
[10] A. a. O., 27–30.

Der von der redaktionell durchformten Einleitung (V. 14) abgehobene Kern des Berichts besteht aus einem Doppelspruch Jesu, dessen symmetrischer Aufbau an geformte Traditionen denken läßt. Während sich die erste Hälfte jeweils auf die Situation des Mahles bezieht und unterschiedlich formuliert ist (V. 15/V. 17), ist die Begründung mit dem eschatologischen Ausblick, jeweils eingeleitet durch *λέγω γὰρ ὑμῖν*, analog gestaltet (V. 16/V. 18). So erhält auch von der Struktur her das eschatologische Element ein starkes Gewicht. Da die Szene in der Komposition des Lukas den zum Abschiedsmahl ausgestalteten Passamahlbericht eröffnet, stellt sie das Ganze unter ein eindeutiges Vorzeichen.

14 Der einleitende, Zeit und Situation bezeichnende Vers ist wahrscheinlich an die Stelle einer knapperen Eröffnung in der Vorlage getreten[11] und trägt deutlich lukanische Färbung. Die Stunde meint die festgelegte Stunde des Passamahls, hat aber zugleich die Bedeutung der von Gott gesetzten Stunde der Passion Jesu (vgl. 22,53; Mark. 14,35.41; Joh. 12,23; 13,1; 17,1).[12] Lukas betont auch hier die Selbständigkeit des Handelns Jesu (vgl. auch 22,8 mit Mark. 14,12). Er ist der Herr des Mahls, er legt sich zu Tisch und seine Begleiter – die *ἀπόστολοι* wie 17,5, nicht die Zwölf wie Mark. 14,17 – »mit ihm«.[13] **15** Das Mahl Jesu wird durch einen Doppelspruch eröffnet, in dessen erster Hälfte Jesus zuerst sein Verlangen zum Ausdruck bringt, mit den Jüngern das Passamahl zu essen. Die Formel *ἐπιθυμίᾳ ἐπεθύμησα* mit seiner Verstärkung des Verbums durch ein Hauptwort hat seine Entsprechung in der Septuaginta.[14] *ἐπιθυμεῖν* kann wie 15,16 und 17,22 einen unerfüllbaren Wunsch bedeuten. **16** *Joach. Jeremias* versteht deshalb die Begründung als eine Verzichtserklärung, die er als ein Fasten deutet, das das fürbittende Eintreten Jesu für Israels Verschuldung begleitet.[15] Das Recht dieser Deutung ist freilich stark umstritten.[16] Einfacher erscheint es, hier eine Todesprophetie zu sehen, die vom eschatologischen Erfüllungsgedanken (*πληρωθῇ*) überhöht ist. Jesus spricht die Gewißheit aus (verstärkt durch das schwurartige *οὐ μή*), daß er das Passa in der vollendeten Gottesherrschaft feiern wird. So spannt sich der Bogen vom Abschiedsmahl zum eschatologischen Festmahl. **17** Der zweite Bestandteil des Doppelspruchs wird an den Becher angeschlossen. Wenn der überlieferte Bericht auf den Ablauf des Passamahls reflektiert, dann wäre an den dritten Becher zu denken, mit dem nach der Mahlzeit und dem im Zusammenhang mit ihr gesprochenen Dankgebet der festlich-gesellige Teil des Mahles begann. Doch unterscheidet sich der hier vorausgesetzte Brauch von dem des Passamahls an einem wichtigen Punkt. Dort hat jeder seinen eigenen Becher, während Jesus seinen Becher an die Jünger weiterreicht.[17] Die Übergabe des Bechers, über dem der Tischsegen gesprochen

[11] *G. Schneider*, Komm., 445.

[12] Anders *J. Wanke*, a. a. O., 61, der eine Erinnerung daran sieht, daß die Eucharistiefeier der Gemeinde ihre Stunde hat.

[13] *W. Grundmann* möchte hier einen Hinweis darauf erkennen, daß durch das heilige Mahl das *σὺν Χριστῷ* realisiert wird; vgl. ThWb VII, 797.

[14] *H. Schürmann*, Paschamahlbericht, 5–7.

[15] A. a. O., 199–209.

[16] Kritik an *Joach. Jeremias* vor allem von *H. Patsch*, a. a. O., 137–139, und *R. Pesch*, a. a. O., 101f.

[17] *H. Schürmann* weist auf die gelegentlich festgestellte Sitte hin, »den Segensbecher einem besonders zu ehrenden Mahlteilnehmer oder auch einem nicht am Mahl teilnehmenden Familienmitglied zu übersenden« (Paschamahlbericht, 61).

wird, bedeutet Übermittlung des Segens, was durch *εὐχαριστήσας* ausgedrückt wird. Die Jünger werden angewiesen, den Becher zu nehmen und untereinander auszuteilen. Die Fassung des Befehls dürfte durch liturgische Anweisung bei der Mahlfeier der Gemeinde bestimmt sein. **18** Die Begründung ist analog der von V. 16 strukturiert und schaut voraus auf das Kommen des Reiches Gottes. Der Wortlaut kommt Mark. 14,25 nahe. Was dort wohl als Fragment eines älteren Parallelberichtes erhalten ist, könnte in der Formulierung ursprünglicher sein.[18] Auffallend ist die Wendung *ἀπὸ τοῦ νῦν*. Dadurch wird der Zeitpunkt des Todesleidens stark akzentuiert. Der Segensbecher ist das »Abschiedsgeschenk Jesu, seine letzte Segensgabe an die Seinen vor dem nahenden Tode, ein letzter Liebeserweis«.[19] Zugleich wird durch das hinordnende *ἕως οὗ* eine Brücke geschlagen zwischen der jetzigen Stunde und der kommenden eschatologischen Erfüllung.

b) Die Stiftung des Herrenmahls
22,19.20; Mark. 14,22–24; Matth. 26,26–28*

(19) Und er nahm Brot, dankte, brach (es), gab ihnen und sprach: »Dies ist mein Leib, der für euch gegeben wird. Dies tut zu meinem Gedächtnis.« (20) Und den Kelch ebenso nach der Mahlzeit und sprach: »Dieser Kelch ist der neue Bund in meinem Blut, das für euch vergossen wird.«

Der Abschnitt von der Stiftung des Herrenmahls bei Lukas ist durch ein schwieriges textkritisches Problem belastet. Die große Mehrzahl der Handschriften, sowohl die Vertreter der hesychianischen Familie wie die Zeugen des byzantinischen Textes, bieten den sog. *Langtext*. Bei ihm folgen auf den Passamahlbericht V. 14–18 in V. 19.20 die Stiftungsworte in der Reihenfolge Brot und Becher. Nur ein Überlieferungszweig des westlichen Textes bezeugt den sog. *Kurztext*: D sowie a, d, ff^2, i, l haben nach V. 14–18 lediglich V. 19a (bis *τοῦτό ἐστιν τὸ σῶμά μου*). Eine weitere Textgestalt wird repräsentiert durch die Altlateiner b und e, die darüber hinaus V. 19a zwischen V. 15f. und V. 17f. stellen, während syr^{sin} und syr^{cur} V. 19 insgesamt vorziehen. Man wird in diesen Mischtexten den Versuch zu erkennen haben, die Reihenfolge Brot und Wein herzustellen. Die von *K. Th. Schäfer*, a. a. O., entwickelte Theorie, nach der alle anderen Kurztextformen aus dieser Textgestalt herzuleiten sind, läßt die entscheidende Frage unbeantwortet: Wann ist die durch diese Textgestalt hergestellte Harmonie in der Brot-Weinfolge durch einen V. 15–19 umfassenden Text wieder aufgehoben worden? Hier zeigt sich, daß man allein mit textkritischen Erwägungen ohne Beachtung der traditions- und redaktionsgeschichtlichen Probleme nicht auskommt.

---

[18] *H. Schürmann*, Paschamahlbericht, 38f.
[19] *H. Schürmann*, Abendmahlsbericht, 28.

* Lit.: siehe zu 22,14–18; darüber hinaus: *H. Schürmann*, Lk. 22,19–20 als ursprüngliche Textüberlieferung, Bibl 32, 1951, 364–392, 522–541 = Traditionsgeschichtliche Untersuchungen, Düsseldorf 1968, 159–192 – *ders.*, Die Semitismen im Einsetzungsbericht bei Markus und bei Lukas, ZKTh 73, 1951, 72–77 – *ders.*, Abendmahlsbericht, 33–47 – *ders.*, Einsetzungsbericht, NTA XX, 4, Münster 1955 – *K. Th. Schäfer*, Zur Textgeschichte von Lukas 22,19b–20, Bibl 33, 1952, 227–239 – *F. Lang*, Abendmahl und Bundesgedanke im Neuen Testament, EvTh 35, 1975, 524–538.

Angesichts der sonstigen Verbreitung des Langtextes ist es auffallend, daß er bei den Syrern erst mit syr^{pesch} vorausgesetzt werden kann, wo dann freilich V. 17 und 18 gestrichen sind, also eine Doppelung dadurch vermieden erscheint, daß auf das Passawort die Stiftungsworte unmittelbar folgen. Die weitgehende Bevorzugung des Langtextes in der neueren Forschung hängt mit der traditionsgeschichtlichen Wertung des lukanischen Abendmahlsberichts zusammen. Wo Passamahlbericht und Stiftungsworte als je verschiedene, von Lukas (oder seiner Vorlage) zusammengefügte Überlieferungen angesehen werden, wird man geneigt sein, für eine Ursprünglichkeit des Langtextes einzutreten. *H. Schürmann*, der dies am nachdrücklichsten getan hat, erklärt die Textentwicklung kultgeschichtlich. Während das erste Mahl Jesu der Abfolge eines jüdischen Gastmahls entsprach, Brotbrechen und Brotsegen am Anfang der Mahlzeit, Bechersegen und Becherspendung an ihrem Ende, sind schon in der apostolischen Zeit beide zu einer einzigen eucharistischen Doppelhandlung zusammengefaßt und an das Ende des Gemeindemahls gelegt worden. Dem entspricht der lukanische Langtext. Im zweiten Jahrhundert, bei Justin nachweisbar, ist die eucharistische Mahlfeier vom Gemeindemahl endgültig getrennt und mit dem morgendlichen Wortgottesdienst verbunden worden (Apologie I, 65.67). Der lukanische Kurztext soll die Berufung auf das Abendmahl Jesu durch die Anhänger der alten Ordnung und Gegner der Neuerung unmöglich machen. *F. Hahn*, der nach *Schürmann* die Priorität des Langtextes als Wiedergabe des urchristlichen Passamahls verteidigte, ordnet die Streichung von V. 19b.20 einer Zeit und einer Gegend zu, wo die Eigenart christlicher Passafeier nicht mehr verstanden wurde und man sich an der Nachbarschaft von eucharistischem Becher und Judasverrat stieß. Für die Ursprünglichkeit des Kurztextes sind *E. Haenchen*, *A. Vööbus*, *M. Rese* und *R. Pesch* eingetreten, die den Passamahlbericht durchgängig als Redaktion der Lukasvorlage begreifen und von da aus argumentieren.

Der Text der Stiftungsworte, die bei Lukas dem Passamahlbericht angeschlossen sind, weist im Unterschied zu den Parallelüberlieferungen Mark. 14,22–24; Matth. 26,26–28; 1. Kor. 11,23–25 eine Reihe von Besonderheiten auf (vgl. Versexegese). Vielfach werden sie als eine Kombination aus 1. Kor. 11,23–25 und Mark. 14,22–24 angesehen.[1] Dagegen sind freilich die Bedenken immer stärker geworden. *G. Bornkamm* will auch für die Stiftungsworte keine Abhängigkeit des Lukas von 1. Kor. 11,23–25 annehmen, sieht vielmehr bei Lukas und Paulus zwei auf die gleiche Tradition zurückgehende Texte.[2] Schon *A. Schlatter* dachte für beide an eine Vorlage in Gestalt eines schriftlichen Berichts über die Einsetzung des Abendmahls aus dem Bereich der syrischen Kirche.[3] *Joach. Jeremias* leitet den Bericht unmittelbar aus der Liturgie der Gemeinde her und sieht in ihm eine dritte Variation der Abendmahlsformel neben Paulus und Markus.[4] Auf diesem Wege

---

[1] *H. Lietzmann*, Messe und Herrenmahl, AzKG 8, Berlin 1926, 215–217; zuletzt noch *G. Schneider*, Komm., 445.

[2] Das Anathema in der urchristlichen Abendmahlsliturgie, in: Ende des Gesetzes, München 1952, 131.

[3] Komm., 423.

[4] A. a. O., 146–150, 181–183. Dabei wird die Kurzform des Textes aus dem Willen erklärt, die Abendmahlsüberlieferung vor Profanierung zu schützen, also aus den Anfängen der Arkandisziplin; vgl. 150–153.

geht *H. Schürmann* weiter, der in V. 19.20a nicht eine lukanische Redaktion von 1. Kor. 11,23–25 unter dem Einfluß von Mark. 14,22–24 sieht, sondern die eine, im wesentlichen ursprüngliche Fassung des Grundberichts, den Paulus übernommen hat und aus dem auch Mark. 14,22–24 herausgewachsen ist.[5] Nur das *τὸ ὑπὲρ ὑμῶν ἐκχυννόμενον,* das, zu *ἐν τῷ αἵματί μου* gehörig, hart anschließt, ist der lukanischen Redaktion (auf Grund einer Erinnerung an die Fassung in Mark. 14,24) zuzuschreiben.[6] Hingegen trägt der Markusbericht mit seinen liturgischen Parallelismen und seiner soteriologischen Orientierung (*ὑπὲρ πολλῶν* statt *ὑπὲρ ὑμῶν*) Spuren der Ableitung an sich und sei für die Einfügung in die Passionserzählung umgestaltet worden. So darf davon ausgegangen werden, daß die auf eigenständiger Überlieferung beruhende Einheit V. 19.20 dem nach Ergänzung verlangenden Passamahlbericht V. 14–18 angeschlossen wurde, um die Stiftungsworte Jesu festzuhalten und das Geschehen des letzten Mahles Jesu zu verdeutlichen. Es nimmt den Platz ein, wo in den urchristlichen Mahlzeiten das Herrenmahl gestanden hat, nämlich nach dem Sättigungsmahl. Liest man mit Lukas die Parallelberichte V. 15–18 und V. 19.20 als Einheit, so ändert sich gegenüber dem isolierten Mahlbericht V. 15–18 die Zuordnung der Becher zum Passamahl. V. 20 muß dann mit dem dritten Becher identisch sein, während V. 17 an die Stelle des ersten Bechers beim Passamahl rückt.

19 Auf den eschatologisch ausgerichteten Passamahlbericht folgen die soteriologisch akzentuierten Stiftungsworte. Die nach dem Danksegen und dem Brechen des Brotes durch den Mahlherrn dargereichte Gabe des Brotes wird mit einem begleitenden Wort erläutert. Es hebt nicht auf den Akt des Brotbrechens ab (etwa als Gleichnis für den gewaltsamen Tod), sondern identifiziert den Leib des Spendenden als Speise, als nährendes Brot. Im Unterschied zu Markus ist das Brotwort durch den Zusatz *τὸ ὑπὲρ ὑμῶν διδόμενον* erweitert. Das scheint näher an 1. Kor. 11,24 zu liegen, doch fehlt dort das *διδόμενον*. Die Hingabe des Leibes Jesu geschieht zum Heil derer, die im heiligen Mahl ihn empfangen. Die Formulierung dürfte sich auf Jes. 53 gründen und den stellvertretenden Tod zur Sühne ansagen.[7] Der Wiederholungsbefehl steht bei Paulus, fehlt aber bei Markus, was jedoch keine Abhängigkeit der Lukasfassung von jenem zu bedeuten braucht, sich vielmehr in das Bild einer dritten von Markus und Paulus unabhängigen Überlieferungsgestalt einfügen könnte. Was wiederholt werden soll, ist die Austeilung des Brotes, die neuartig gegenüber der bisherigen Form gewesen sein muß. Ihre Eigenart dürfte in dem mit der Verteilung verbundenen Dankgebet bestehen, das sich im Stiftungswort zusammenfaßt. Das Gedächtniswort wird vom jüdischen Brauch kultischer und stiftender Gedächtnisformeln hergeleitet, die den Sinn der Repräsentation vor Gott haben.[8] Die Verbindung von Wiederholungsbefehl (*τοῦτο ποιεῖτε*) und Gedächtnisformel

[5] Einsetzungsbericht, 82–132.

[6] A. a. O., 65–79; vgl. auch *A. Schlatter*, Komm., 422: »Indem er die Worte nicht in den Satz hineinkomponiert, werden sie zu einem Ausruf, der selbständiges Gewicht hat.«

[7] *H. Schürmann*, Abendmahlsbericht, 39: »Wir werden gesättigt mit allen Heil- und Segensgaben, die Jesu stellvertretender Sühnetod uns erworben hat. Wir werden gespeist vom Kreuz aus.«

[8] *Joach. Jeremias*, a. a. O., 235–245.

(*εἰς τὴν ἀνάμνησιν*) drückt aus: das Gedächtnis besteht in der Handlung, ist Tatgedächtnis.[9] Die Jünger, die das Mahl halten und dabei ihren Herrn bekennen, repräsentieren das begonnene Heilswerk vor Gott. **20** Das *ὡσαύτως* in der Einleitung zum Becherwort ermöglicht den Verzicht auf die Nennung von allem, was dem Geschehen beim Brotbrechen entspricht. So entfällt auch die Wiederholungsformel, womit ein weiterer Unterschied zu 1. Kor. 11,25 markiert ist. Das Becherwort steht zum Brotwort im Verhältnis eines klimaktischen Parallelismus. Das zweite Wort nimmt das erste unter inhaltlicher Weiterführung auf. Das könnte dem ursprünglich durch das Mahl gegebenen Handlungsablauf entsprechen: Brotwort am Anfang des Festmahls, Becherwort an seinem Ende. Es redet vom neuen Bund und läßt durch die Verwendung des *ἐκχεῖν* an ein Bundesopfer denken. Der Bezug zu dem durch Opfer bekräftigten Sinaibund (Ex. 24,8) ist auch in der Markusfassung des Wortes (*τὸ αἷμά μου τῆς διαθήκης*) gegeben. Ob hier bei Lukas durch die Bezeichnung des Bundes als neuer Bund die Unterscheidung und Ablösung vom Sinai terminologisch unterstrichen werden soll oder an Jer. 31,31–34 erinnert wird, ist umstritten.[10] Das *ἐν* vor *τῷ αἵματι* ist kausal zu verstehen und an *διαθήκῃ* angeschlossen.[11] *H. Schürmann* verweist auf die Präsensform der beiden Hingabewendungen und gibt davon ausgehend eine tiefsinnige Deutung der Stiftungsworte. Sie haben »wahrscheinlich Zukunftsbedeutung und wollen an die bevorstehende Selbsthingabe und Blutvergießung am Kreuz erinnern. Aber vielleicht läßt die Präsensform doch Raum für ein gewisses Gegenwärtigkeitserlebnis dieses zukünftigen Opfertodes. Denn feiernd wird dieser Tod in irgendeiner Weise gegenwärtig erlebt. So genügt es nicht, die Eucharistie auf Grund dieses Berichtes nur als Opfermahlzeit zu verstehen; der Opfertod selbst reicht lebendig in diese Mahlzeit hinein, wenn bei ihr des Herrentodes gedacht wird.«[12]

c) Die Ankündigung des Verrats
22,21–23; Mark. 14,17–21; Matth. 26,20–25*

(21) »Doch siehe, die Hand dessen, der mich verrät, ist mit mir über dem Tisch. (22) Denn der Menschensohn geht hin, wie es bestimmt ist, doch wehe jenem Menschen, durch den er verraten wird.« (23) Und sie begannen untereinander zu streiten, wer etwa von ihnen dies zu tun willens wäre.

Die Ankündigung des Verrates ist bei Lukas der Ausgangspunkt für die bis V. 38 reichen-

[9] *H. Schürmann*, a. a. O., 46.

[10] *Chr. Wolff*, Jeremia im Frühjudentum und Urchristentum, TU 118, Berlin 1976, 132f., hat darauf aufmerksam gemacht, daß diese Stelle weder im Frühjudentum noch im Urchristentum (abgesehen von Hebräer) verbreitet war, und ist mit guten Gründen für die erstere Möglichkeit eingetreten.

[11] *A. Schlatter*, Komm., 422: »Weil er für sie stirbt, ist der Empfang des Bechers, den er ihnen reicht, ihr Anteil am neuen Bund.«

[12] A. a. O., 45.

* Lit.: *J. Christensen*, Le fils de l'homme s'en va, ainsi qu'il est écrit de lui, StTh 10, 1956, 28–39 – *H. Schürmann*, Jesu Abschiedsrede, NTA XX, 5, Münster 1957, 37–62 – *ders.* Abendmahlsbericht, 85–91 – *F. Rehkopf*, Die lukanische Sonderquelle, WUNT 2, Tübingen 1959, 7–30 – *W. Vogler*, Judas Iskarioth, 79–81.

den Abschiedsgespräche, die er mit dem Mahl verbindet.[1] Johannes hat sie zu einer großen Komposition der Abschiedsreden ausgeweitet. Für die Gattung bieten sich alttestamentliche, altjüdische und außerbiblische Abschiedsgespräche und Abschiedszenen zum Vergleich an.[2] Zahlreichen Vorbildern entspricht es, daß die Abschiedsrede dem Mahl folgt. Die aus dieser Komposition sich ergebende Umstellung von Verratsankündigung und Herrenmahl gibt dem Ganzen einen paränetischen Sinn: Auch der Teilnehmer am Mahl des Herrn ist vor der Gefahr des Treubruches nicht geschützt.[3] Die von Lukas bei Markus vorgefundene Verratsansage wird nicht nur umgestellt, sondern auch umgeformt. Im Unterschied zur Vorlage werden zwei Worte Jesu (Mark. 14,18.20) in eines zusammengezogen und die Reaktion der Jünger (V. 19) an den Schluß der Ankündigung gerückt.[4] Darüber hinaus glättet Lukas stilistische Härten und meidet Wiederholungen, wie sie die Überlieferung in diesen Versen aufweist.[5] Mit dem abschließend berichteten Streit der Jünger, wer unter ihnen zum Verrat fähig wäre, leitet Lukas zum folgenden, im Zeichen der *φιλονεικία* beginnenden Tischgespräch über. Der Einsatz der Abschiedsreden mit der Verratsansage erweist sich auch von daher als Ergebnis einer voll durchreflektierten Komposition.

21 Die Ankündigung des Verrats durch Jesus diente ursprünglich dazu, den Anstoß zu mildern, den die Tat des Verräters aus dem Jüngerkreis bot. Vom Hintergrund der Mahlsituation her gewinnt sie den Charakter einer Warnung vor falscher Sicherheit. Durch das *πλὴν ἰδοὺ* schafft Lukas eine adversative Verknüpfung zum vorangehenden eucharistischen Jesuswort.[6] Offenbar will er ausdrücken, daß die reiche Gabe Jesu den Verräter nicht zu wandeln vermag. Das *μετ' ἐμοῦ* läßt deutlich die Vorlage Mark. 14,20 erkennen. **22** An die Stelle des Hinweises auf die Schrift (Mark. 14,21: *καθὼς γέγραπται*)[7] ist der auf den göttlichen Heilsplan getreten: *κατὰ τὸ ὡρισμένον* – eine lukanische (wohl hellenistische) Wendung (vgl. Apg. 2,23; 10,42; 11,29; 17,31). Statt *ὑπάγειν* steht das von Lukas gern gebrauchte *πορεύεσθαι*. Durch die Kürzung fällt das markinische Wortspiel Mensch – Menschensohn weg. Der Weheruf (eine prophetische Redeform, hier mit apokalyptischer Tönung) macht deutlich, daß der Verweis auf die göttliche Vorherbestimmung die Schuld des Verräters nicht aufhebt. **23** Auch im abschließenden Satz ist die Vorlage (Mark. 14,19) überarbeitet. An die Stelle der Bekümmerung der Jünger tritt bei Lukas der erregte Streit. Nicht Jesus wird gefragt, die Jünger sind miteinander beschäftigt.

---

[1] Überlieferungsgeschichtlich dürfte die Verratsansage als ein gegenüber der Überlieferung vom Herrenmahl selbständiges Traditionsstück anzusehen sein; vgl. *R. Bultmann*, Synoptische Tradition, 284f.

[2] Eine instruktive Übersicht bietet *E. Stauffer*, Theologie des Neuen Testamentes, Stuttgart 1941, 327–331 (Beilage VI, Abschiedsrede und Abschiedsszene); ferner *ders.*, RAC I, 29–35. Für die griechische Welt genügt der Hinweis auf Platons Kriton und Phaidon.

[3] Vgl. 1. Kor. 10,1–13; 11,27–29; Hebr. 6,4–6; 10,29.

[4] Daneben steht die Meinung, nur V. 22 sei aus Markus übernommen, während V. 21–23 (oder V. 21 allein) aus einer selbständigen Sondertradition stammen; dazu *F. Rehkopf*, a. a. O., 7–30.

[5] *H. Schürmann*, Abschiedsrede, 17f.

[6] Wo man sich für den Kurztext entscheidet, V. 19a und V. 21 aufeinander folgen läßt, kann man einen beabsichtigten Zusammenhang sehen zwischen der Austeilung des Brotes durch Jesus, bei der sich die Hände ihm entgegenstrecken, und der Hand des Verräters über dem Tisch.

[7] *J. Christensen*, a. a. O., 30ff.

d) Rangstreit der Jünger
22,24–27; vgl. Mark. 10,41–45; Matth. 20,24–28*

(24) Es entstand aber auch ein Streit unter ihnen, wer von ihnen als der Größte gelten würde. (25) Er aber sprach zu ihnen: »Die Könige der Völker herrschen über sie, und ihre Gewalthaber werden Wohltäter genannt. (26) Bei euch aber soll es nicht so sein. Sondern: der Größte unter euch soll werden wie der Jüngste und der Führende wie der Dienende. (27) Wer aber ist größer, der zu Tische liegt oder der, der dient? Nicht der, der zu Tische liegt? Ich aber bin in eurer Mitte der Dienende.«

V. 27f.: D liest hier wahrscheinlich unter dem Einfluß von Mark. 10,45 und unter festerer Verknüpfung mit V. 29f.: *ἐγὼ γὰρ ἐν μέσῳ ὑμῶν ἦλθον οὐχ ὡς ὁ ἀνακείμενος ἀλλ' ὡς ὁ διακονῶν, καὶ ὑμεῖς ηὐξήθῆτε ἐν τῇ δικονίᾳ μου ὡς ὁ διακονῶν.* (Ich bin in eure Mitte gekommen nicht wie einer, der zu Tische liegt, sondern wie einer, der dient; ihr aber wuchset in meinem Dienst wie einer, der dient.)

Die Worte, mit denen Jesus auf einen Streit der Jünger um die Größe antwortet, bilden nach der einleitenden Verratsankündigung den ersten Abschnitt der Tischgespräche. Auf eine apophthegmatische Einleitung (V. 24) folgt zuerst ein im Kontrastschema gebautes Doppelwort Jesu (V. 25/26), dessen zweites Element antithetisch-paradox strukturiert ist (*μείζων – νεώτερος, ἡγούμενος – διακονῶν*). Den Höhepunkt bildet ein zweites Logion, das über zwei rhetorische Fragen zu einer Selbstaussage Jesu führt.

Eine ähnliche Überlieferung – Rangstreit im Jüngerkreis, dem Jesus mit Worten über Herrschen und Dienen entgegentritt – findet sich in Mark. 10,35–45. Die Frage nach dem Verhältnis beider Stücke ist besonders im Blick auf die Herrenworte Mark. 10,42–45 und Luk. 22,25–27 gestellt worden. *J. Finegan* vertritt die These einer lukanischen Umformung der Markusüberlieferung, deren wichtigstes Moment die Abmilderung des Urteils über die Herrschenden sei.[1] Doch scheint vor allem V. 27 gegenüber Mark. 10,45 die ältere Form zu bieten, wie bei im übrigen unterschiedlicher Interpretation *R. Bultmann*[2] und *J. Roloff*[3] aufzuweisen versuchten. Neuere Ausleger treten dafür ein, daß es sich in Luk. 22,24–27 um eine von Markus literarisch unabhängige Überlieferungsvariante handelt. Schwer zu entscheiden ist, ob sie Lukas unmittelbar aus SLk übernahm[4] oder ob sie bereits Teil eines vorlukanischen Blocks war, der sich an das Becherwort des sog. Langberichts 22,20 angeschlossen habe.[5] Zunächst mag man einen Rangstreit der Jünger gerade beim eucharistischen Mahl als unpassend empfunden haben (was auch für eine ursprünglich mahlunabhängige Überlieferung geltend gemacht wurde). Doch fügte sich die Situation der im Rangstreit sich entzweienden Jünger in die Szenerie der Abschieds-

---

* Lit.: *H. Schürmann*, Jesu Abschiedsrede, 63–99 – *ders.*, Abendmahlsbericht, 76–84 – *J. Roloff*, Anfänge der soteriologischen Deutung des Todes Jesu (Mk. X,45 und Lk. XXII, 27), NTS 19, 1972/73, 38–64.

1 Überlieferung, 13f.

2 Synoptische Tradition, 154.

3 A. a. O., 55–60.

4 So *W. Grundmann* in früheren Aufl. dieses Komm.; *E. Haenchen*, Weg Jesu, 486; *G. Schneider*, Komm., 450; etwas anders *Joach. Jeremias*, Komm., 290, der V. 24 ganz der lukanischen Redaktion zuschreibt, in V. 25–27 bearbeitete Tradition sieht.

5 *H. Schürmann*, Abschiedsrede, 92f.

reden gut ein, und vor allem verwies die Metaphorik des abschließenden Logions V. 27 (vorbereitet durch V. 26c) auf das Mahl.

Der jetzt gegebenen redaktionellen Gestalt liegt klar eine paränetische Tendenz zugrunde. Sie ist Anweisung für die Leiter des Herrenmahls, deren Repräsentanten hier die Jünger sind. Sie verbietet ihnen Rangstreitigkeiten (vgl. Mark. 12,39; Jak. 2,2f.) und verpflichtet sie zu brüderlichem Dienst. Vorbereitet war sie bei Lukas durch das Bild des beim endzeitlichen Mahl die Seinen bedienenden Herrn (12,37), das hier im Zeichen der Passion eine neue Dimension gewinnt. Johannes baut diesen Zusammenhang aus zu seinem Bericht von der Fußwaschung, in der Jesus vor seinen Jüngern als der Dienende erscheint und sich ihnen zum Vorbild macht.

24 Der Streit um den Verrat schlägt um in die Frage, wer der Größte im Jüngerkreis sei. Im Unterschied zu Mark. 10,35ff. handelt es sich nicht um ein künftiges Großsein, wie denn auch die Antwort nicht lautet: wer groß sein will ... (Mark. 10,44). Die tatsächliche Größe der Führenden wird vorausgesetzt,[6] es geht darum, wer unter den Großen der Größte sei. *φιλονειχία* (klassisches Griechisch, Hapaxlegomenon) bezeichnet den wetteifernden Streit. **25** Jesus deutet in seiner Antwort auf die Herrschaft im politischen Bereich hin. Im markinischen Logion (Mark. 10,42) war von Gewalt über die Untertanen und von ihrer Unterjochung die Rede. Lukas spricht allein von der Herrschaft und weist auf den im ägyptisch-syrischen Bereich verschiedentlich begegnenden Beinamen Euergetes für Herrscher hin (Beispiele: Antiochus V.; Ptolemäus III.; Hoherpriester Onias III.; vgl. auch Apg. 10,38). **26** Im Unterschied zur Größe durch Herrschaft und Ruhm ist Größe im Jüngerkreis auf Dienst begründet. Es wird nicht der Weg zur Größe gezeigt (wie bei Markus), sondern gesagt, wie sie diese richtig gebrauchen sollen. Die verwendeten Ausdrücke deuten auf Gemeindeverhältnisse hin. Den Großen stehen die Jüngeren gegenüber (Apg. 5,6.10; 1. Tim. 5,1f.; Tit. 2,6; 1. Petr. 5,5), den Führenden (Apg. 15,22; Hebr. 13,7.17.24) die Dienenden. Das Wort bekommt den Charakter einer Gemeinderegel. Die als Paradoxon erscheinende Aufforderung macht deutlich, daß in der Gemeinde die eschatologische Umkehrung der Verhältnisse (Luk. 1,51ff.) darin wirklich wird, daß die Großen und Führenden zu Dienenden werden. Lukas hat dabei gewiß auch an die Mahlsituation gedacht, damit jedoch nicht eine Sitzordnung wie Luk. 14,7–11 begründen, vielmehr die Funktion der Führenden beim eucharistischen Mahl als Dienst aufzeigen wollen (vgl. auch 22,8).[7] Damit wird dem abschließenden Logion das Stichwort gegeben. **27** Mit einer Doppelfrage, wie sie im palästinensischen Bereich üblich ist, setzt Jesus neu ein. Die zu erwartende Antwort wird in der zweiten Frage bereits gegeben. Jesus weist darauf hin, daß er als der Dienende in ihrer Mitte ist. Schaut man allein auf die redaktionell gegebene Mahlsituation, so scheint dies nicht ganz zu passen. Jesus hat als Hausvater fungiert (22,17.19f.). So handelt es sich im Kern wohl um eine grundsätzlich gefaßte Selbstaussage Jesu. Sein Dienst umgreift sein Dasein im Ganzen und schließt die Selbsthingabe ein (vgl. 19,10). In der Markusgestalt (10,45) wird der Hingabecharakter des Dienstes expliziert, doch steht hier »nicht eine ethische Variante des Wortes vom

[6] *G. Schneider*, Komm., 451.
[7] *H. Schürmann*, Abendmahlsbericht, 82.

Dienen Jesu einer soteriologisch gefüllten gegenüber«.[8] Das Wort ist hier am angemessenen Platz, weil in dem in die passio eingebetteten Mahlgeschehen der Dienst Jesu an den Seinen seine Konzentration erfährt. Andererseits verpflichtet die Teilhabe an der Tischgemeinschaft Jesu zum Dienst an den Brüdern.

e) Die Einsetzung der Jünger in ihre eschatologische Aufgabe 22,28–30; vgl. Matth. 19,28*

(28) »Ihr aber seid es, die mit mir ausgeharrt haben in meinen Versuchungen. (29) Und ich vermache euch das Reich, wie es mein Vater mir vermacht hat, (30) daß ihr eßt und trinkt an meinem Tisch in meinem Reich und auf Thronen sitzt und die zwölf Stämme Israels richtet.«

Ohne Unterbrechung fügt Lukas eine Wortfolge an, die den Charakter eschatologischer Verheißung trägt. Die Tischgenossen erhalten die Zusage himmlischer Mahlgemeinschaft und der endzeitlichen Herrschaft. R. Otto, der diesen Worten archaische Prägung zuschrieb,[1] sah hier den Kernbestand des ältesten Abendmahlsberichts. Er hielt V. 28 für Redaktion und fügte V. 29.30 unmittelbar an V. 19a an.[2] Dieser alte Abendmahlsbericht sei später durch V. 19b–20 einerseits und V. 21–28 andererseits erweitert worden.[3] Der vergleichende Blick auf die Parallelüberlieferung Matth. 19,28 ergibt freilich ein anderes Bild. Man wird zu unterscheiden haben zwischen der den Jüngern zugesprochenen Verheißung endzeitlicher Herrschaft V. 28.30b, die wie die Matthäusparallele aus Q stammen dürfte (Thronwort), und einem Herrenwort, das die von Jesus gestiftete Herrschaft als Tischgemeinschaft beschreibt, V. 29.30a (Mahlwort).[4] Die Urgestalt des Thronwortes könnte den krönenden Abschluß der Redequelle gebildet haben.[5] Die Verbindung von Thronwort und Mahlwort ist also sekundär, vielleicht erst lukanisch. Welche Schwierigkeiten dabei bestanden, zeigt das doppelte Vorkommen von *βασιλεία* in V. 29 und V. 30 mit jeweils unterschiedlich getönter Bedeutung. Wir haben es hier also nicht mit Fragmenten eines ältesten Abendmahlsberichtes zu tun,[6] sondern mit Verheißungen an die Jünger, in denen man Worte des Auferstandenen sehen mag.[7] Lukas hat sie in die Ab-

---

[8] *J. Roloff*, a. a. O., 59.

* Lit.: *R. Otto*, Reich Gottes und Menschensohn, München 1934, 229–234, 245–255 – *H. Schürmann*, Abendmahlsbericht, 48–58 – *J. Dupont*, Le logion des douze trônes (Mt. 19,28; Lc. 22,28–30), Bibl 45, 1964, 355–392 – *E. Haenchen*, Weg Jesu, 486f. – *E. Bammel*, Das Ende von Q, in: Verborum Veritas, Festschr. f. G. Stählin, Wuppertal 1970, 39–50 – *S. Schulz*, Spruchquelle, 330–336 – *J. Guillet*, Luc 22,29. Une formule johannique dans l'évangile de Luc?, RScRel 68, 1981, 113–122.

[1] A. a. O., 232.

[2] A. a. O., 231.

[3] A. a. O., 231–234.

[4] *G. Schneider*, Komm., 450; ähnlich *S. Schulz*, a. a. O., 331, der jedoch V. 30a für sekundär hält.

[5] *E. Bammel*, a. a. O.

[6] So außer *R. Otto* auch *H. Schürmann*, der mit der Möglichkeit rechnet, daß die Zusage eschatologischer Mahlgemeinschaft (das Mahlwort) aus V. 16 bzw. V. 18 an diese Stelle gewandert ist, nachdem Passamahlbericht und Stiftungsworte miteinander verbunden wurden (vgl. Abschiedsrede, 54–63).

[7] *R. Bultmann*, Synoptische Tradition, 170: »Auch hier spricht fraglos der Auferstandene.« *K. H. Rengstorf*, Komm., 246: »... ein ursprüngliches Wort des Auferstandenen.«

schiedsrede integriert, um an dieser Stelle den Gedanken zu verdeutlichen: der Dienende wird erhöht werden. Daß das Mahlwort (V. 30a) zur Abendmahlssituation passend schien, bedeutete lediglich eine zusätzliche Verklammerung.

28 Jesus bezeichnet seine Jünger als die, die mit ihm in seinen Versuchungen ausgeharrt haben. Das *διαμεμενηκότες* steht an Stelle des *ἀκολουθήσαντες* in Matth. 19,28. Das *μετ᾽ ἐμοῦ* kennzeichnet die Jünger als Genossen und Begleiter Jesu, die mit ihm alles teilen, seine Versuchungen und seine Herrschaft. Die hier genannten *πειρασμοί* Jesu meinen ursprünglich den satanischen Angriff gegen Jesus, der sich in einer Fülle von Anfechtungen bemerkbar macht. Da Lukas die Wirksamkeit Jesu zwischen Versuchung (4,13) und Passion (22,3) als satansfreie Zeit denkt, muß er darunter die jetzt in der Passion gegebene Anfechtungssituation verstehen. »Seit dem Anbruch der Passion ist das Christsein Kampf – erst seit da – und die Apostel sind die, welche jetzt bleiben. Das ist der Sinn des Perfekts in V. 28. Dazu stimmt, daß sie nach Lukas nicht fliehen.«[8] **29** Den Jüngern, die jetzt das Schicksal Jesu teilen, wird Teilhabe an der künftigen messianischen Herrschaft zugesprochen. Das geschieht durch das Verbum *διατίθεσθαι*. Es heißt nicht nur in Aussicht stellen, sondern vermachen, stiften, verfügen. Der Verfügende weiß sich im Besitz der Verfügungsgewalt. Die Aussage ist nicht vom Testamentsgedanken der Griechen, sondern vom Bundesgedanken Israels her bestimmt.[9] Vom Satzaufbau her ist *βασιλείαν* als Objekt des Hauptsatzes zu verstehen, die inhaltliche Entfaltung erfolgt in V. 30. »Dabei ist nicht an eine gegenwärtige Übergabe des Reiches gedacht, sondern an eine Verfügung über die noch bevorstehende Übereignung.«[10] **30** Sie wird veranschaulicht als Tischgemeinschaft im Reiche Gottes und als herrschendes und richtendes Thronen.[11] Das Mahl ist Bild der Gemeinschaft, mit dem innerhalb und auch außerhalb des Judentums der Zustand jenseitiger Vollendung vorgestellt wird. Die *βασιλεία* hat hier die Bedeutung eines Bereichs (des »Himmels«). Die Tischgenossen sind zugleich die eschatologischen Richter. Die herrschaftlich-richterliche Funktion denkt an die apokalyptische Wiederherstellung Israels oder an das neue Gottesvolk, das nach dem Bilde des alten gestaltet ist und zu dessen Stammhäuptern und Richtern die Zwölf bestellt sind. Das Fehlen von *δώδεκα* bei *ἐπὶ θρόνων* (im Unterschied zu Matth. 19,28) dürfte mit dem Verrat des Judas zusammenhängen und lukanische Redaktion sein.

f) Warnung und Auftrag an Simon Petrus
22,31–34; Mark. 14,27–31; Matth. 26,31–35; vgl. Joh. 13,36–38*

(31) »Simon, Simon, siehe, der Satan hat sich ausgebeten, euch zu sieben wie den Weizen. (32) Ich aber habe für dich gebeten, damit dein Glaube nicht aufhöre. Und du, wenn du dann umgekehrt bist, stärke deine Brüder.« (33) Er aber sprach zu ihm: »Herr, ich bin

[8] *H. Conzelmann*, Mitte der Zeit, 73; *S. Schulz*, a. a. O., 330.

[9] Zur aramäischen Grundlage der Worte vgl. *G. Dalman*, Worte Jesu I, 109; Rückgriff auf hebr. karat berit bei *R. Otto*, a. a. O., 226; ferner *Joh. Behm*, ThWb II, 135–137.

[10] *G. Schneider*, Komm., 451.

[11] Die inhaltliche Zuordnung beider Bilder im Umkreis der Apokalyptik, die *J. Dupont*, a. a. O., 361ff., 381f., betont, hat die Verschmelzung der beiden Logien erleichtert.

* Lit.: *J. Schniewind*, Parallelperikopen, 28–32 – *W. Foerster*, Lukas 22,31f., ZNW 46, 1955,

bereit, mit dir auch ins Gefängnis und in den Tod zu gehen.« (34) Er aber sprach: »Ich sage dir, Petrus, nicht wird heute der Hahn krähen, bis du dreimal verleugnet hast, mich zu kennen.«

V. 31: Während eine Anzahl gewichtiger Zeugen (p^{75}, B, syr^{sin}) die Anrede Jesu an Simon Petrus ohne Verbindung folgen lassen, lesen andere Handschriften ℵ, A, D, W, die Koinegruppe, $syr^{cur\ pesch}$, it, vulg *εἶπεν δὲ ὁ κύριος* wie Luk. 17,6. – V. 32: Zu beachten ist die textliche Schwankung zwischen *ἐπιστρέψας* (Mehrheit) und (*σὺ δε*) *ἐπίστρεψον καί* (D, d, c, sa, $syr^{sin\ cur}$), was den Anklang an 2. Sam. 15,20 verstärkt: *ἐπιστρέφου καί ἐπίστρεψον τοὺς ἀδελφούς σου.*

Die Worte Jesu haben ihren Anknüpfungspunkt in V. 28: Die in den Anfechtungen bei Jesus ausharrenden Jünger sind nicht ungefährdet. Der Zusammenhang besteht deutlich aus zwei Teilen, der eine (V. 31,32) entstammt SLk, der andere dürfte lukanische Markusredaktion sein. Auffallend ist die unterschiedliche Anrede: in V. 31 Simon, in V. 34 Petrus. Das Verheißungs- und Zusagewort an Simon ist redaktionell zur Einleitung der von Lukas umgestalteten Verleugnungsansage geworden.[1] Das *πότε ἐπιστρέψας* wird daher als lukanische Zufügung zum Ausgleich der Verleugnungserzählung angesehen.[2]

Sieht man das Zusagewort als von der Verleugnungsszene ursprünglich unabhängig an, so entsteht die Frage nach dessen Sitz im Leben. *E. Linnemann* denkt an die Verfolgungssituation in urgemeindlicher Zeit,[3] *G. Klein* an die österliche Ersterscheinung des Auferstandenen vor Petrus,[4] *W. Foerster* hält das Wort für ein echtes Jesuslogion – wegen des Widerspruchs zur Gemeindetheologie, wie sie in Luk. 10,18; Joh. 12,31; Offb. 12,7ff. erscheine.[5] Bleibt man bei der vorösterlichen Tradition, so scheint eine Zuordnung zur Situation des Petrusbekenntnisses wahrscheinlicher.[6] Die Einbindung in SLk könnte als Zwischenstufe gedacht werden, zumal die Anrede Simon charakteristisch für SLk zu sein scheint.

Die Ankündigung der Verleugnung erscheint nicht nur gegenüber Markus gekürzt, sie wird in einer Weise umgestaltet, die den Lukasbericht in einigen Zügen nahe an Johannes heranrückt. Sie wird vom Weg nach Gethsemane losgelöst und in den Rahmen der Abschiedsgespräche nach dem Abendmahl gelegt; es erfolgt keine Ausdehnung auf die übrigen Jünger und keine Voraussage der Jüngerflucht.[7] Hier wirkt die lukanische Fassung der Ostererzählungen voraus, die sich um Jerusalem konzentrieren und im Unterschied zur galiläischen Tradition keine Jüngerflucht zur Voraussetzung haben. Dank der Einbettung in die Abschiedsrede Jesu werden die Worte an Simon, der als Erster im Zwölfer-

---

129–133 – *H. Schürmann*, Abschiedsrede, 21–35, 99–116 – *ders.*, Abendmahlsbericht, 59–65, 91–95 – *G. Klein*, Die Verleugnung des Petrus, ZThK 58, 1961, 285–328 = Rekonstruktion und Interpretation, München 1969, 49–98 – *J. Kosnetter*, Zur Geschichtlichkeit der Verleugnung Petri, in: Dienst an der Lehre, Festschr. f. Joseph Kardinal König, Wien 1965, 127–143 – *W. Dietrich*, Das Petrusbild in den lukanischen Schriften, BWANT 103, Stuttgart 1972, 116–139.

[1] *H. Schürmann*, Abendmahlsbericht, 62; *G. Klein*, a. a. O., 62.

[2] *R. Bultmann*, Synoptische Tradition, 287f.; *G. Klein*, a. a. O., 65.

[3] *E. Linnemann*, Die Verleugnung des Petrus, ZThK 63, 1966, 1–32, bes. 6f.

[4] A. a. O., 69; ähnlich schon vor ihm *J. Wellhausen*, Komm. z. St., und *E. Stauffer*, Zur Vor- und Frühgeschichte des Primates Petri, ZKG 62, 1943/44, 9–39, bes. 21.

[5] A. a. O., 132.

[6] Vgl. auch *D. Cullmann*, Petrus, Berlin 1961, 213f., der eine gemeinsame Quelle für Matth. 16,17ff.; Luk. 22,31f. und Joh. 6,66ff. vermutet.

[7] *J. Schniewind*, a. a. O., 28, hält deshalb eine literarische Abhängigkeit für nicht gegeben.

kreis die Jüngerschaft im ganzen vertritt, zur Zusage der Bewahrung, aber auch zur Warnung vor falscher Sicherheit in der Zeit der nachösterlichen Gemeinde.

31 Jesus spricht Petrus mit der Anrede Simon, Simon an und warnt ihn vor satanischer Bedrohung, die alle Jünger (*ὑμᾶς*) treffen wird. Der Satan ist hier wie Hiob 1,6–12; 2,1–7 als der vorgestellt, der mit Gottes Zulassung die Menschen auf die Probe stellt. Da diese Worte mit der Vorstellung einer satansfreien Zeit (s. o. zu 22,3) schwer in Einklang zu bringen sind, konnte sie Lukas erst an dieser Stelle bringen, wo die *πειρασμοί* der Passion (vgl. 22,28) eingesetzt haben. Die Erprobung der Jünger wird im Bild des Siebens ausgedrückt. Wie der Weizen durch das Sieben von der Spreu geschieden wird, so wird die Jüngerschar durch die bevorstehenden Ereignisse, in denen der Satan Hand an sie legt, erschüttert.[8] **32** Dem bedrohenden Satan wirkt Jesus entgegen, der mit seiner Fürbitte für die Jünger eintritt. *πίστις* bezeichnet zunächst die Treue des Simon, die seinem Herren gilt; wird *πίστις* mit Glaube übersetzt, so ist damit die Gebundenheit an Christus gemeint, aus der heraus er sich zu ihm bekennt. Die Gefahr des Aufhörens der *πίστις* kann nur durch Jesu fürbittendes Eintreten gebannt werden. Auftrag des Simon ist es, den Kreis der erschütterten Mitjünger zu stärken. Sie werden *ἀδελφοί* genannt (vgl. Luk. 6,41f.). Sehr weit geht *G. Kleins* Interpretation des ursprünglichen Sinns: alle Jünger werden versagen, nur Simon nicht; darum kommt ihm die Aufgabe der Stärkung zu.[9] Diese Deutung hängt mit Kleins These zusammen, die die Verleugnungsgeschichte als relativ spät entstandene Tendenzlegende beurteilt,[10] und fällt mit dieser. Bei der Zwischenbemerkung *πότε ἐπιστρέψας* denkt Lukas wohl an die Bekehrung des Simon nach seiner Verleugnung. **33** Die Verbindung mit der Verleugnungsansage erscheint geradezu als Korrektur der in V. 31f. gegebenen Zusage. Es wird sichtbar, wie gefährdet und schwach die *πίστις* des Petrus ist. Er antwortet mit einer Treueversicherung, die die Bereitschaft ausdrückt, mit Jesus ins Gefängnis (Hinzufügung gegenüber Mark. 14,31) und in den Tod zu gehen. **34** Darauf kündigt Jesus ihm die bevorstehende Verleugnung an. Anders als bei Markus wird auf eine genaue Zeitangabe verzichtet. Die Verleugnung wird heute (der Tag beginnt nach jüdischer Rechnung mit dem Abend) noch vor dem Hahnenschrei am Morgen erfolgen. Sie besteht darin, daß Simon abstreitet, Jesus zu kennen – eine gegenüber Mark. 14,30 abgemilderte Formulierung.

g) Ausblick in die kommende Bedrängnis 22,35–38*

(35) Und er sagte zu ihnen: »Als ich euch aussandte ohne Beutel und Vorratssack und Sandalen, habt ihr an irgend etwas Mangel gehabt?« Sie aber sprachen: »An nichts.« (36) Er aber sprach zu ihnen: »Jetzt aber, wer einen Beutel hat, trage ihn, ebenso den

[8] *W. Foerster*, a. a. O., 131, möchte unter Verweis auf den archäologischen Befund die herkömmliche Deutung korrigieren: »Er sucht die Schuld der Jünger herauszusieben, um sie als Ankläger vor Gott zu bringen. Er sucht das, worauf er sich stützen kann.«

[9] A. a. O., 65.

[10] S. u. zu 22,54–62.

* Lit.: *H. Windisch*, Der messianische Krieg und das Urchristentum, Tübingen 1909, bes. 28f.,

Vorratssack; und wer (es) nicht hat, verkaufe sein Obergewand und kaufe ein Schwert. (37) Ich sage euch nämlich, daß das Schriftwort an mir zur Erfüllung kommen muß: Er wurde zu den Gesetzlosen gerechnet. Denn mit mir hat es ein Ende.« (38) Sie aber sprachen: »Herr, siehe, zwei Schwerter sind hier.« Er aber sprach zu ihnen: »Es ist genug.«

Die Abschiedsgespräche schließen mit einer Reihe von Einzelworten, die »durch den Blick auf die kommende Not zusammengehalten werden«.[1] Formal bilden sie einen Dialog mit fünfmaligem Redewechsel. In die lukanische Gestaltung der Leidensgeschichte fügen sie sich gut ein. Wie in V. 31f. wird auf die mit der Passion Jesu einsetzende Bedrängnissituation geblickt. Das Schwertwort weist auf die Gefangennahme voraus, wo die Jünger das Schwert zücken (22,49). Daß die Jünger dort bewaffnet sind, erscheint weniger überraschend, wenn sie schon im Abendmahlssaal Schwerter vorweisen können. Dennoch wird man die Perikope, wiewohl sie sprachlich von Lukas geprägt ist, nicht als dessen schriftstellerische Bildung ansehen dürfen.[2] Besonders im Blick auf V. 35f. ist an eine Herkunft aus SLk zu denken. Die Verse scheinen eine Weiterführung des in die Missionssituation hineinsprechenden Weisungswortes an die 70 in Luk. 10,4 zu bilden.[3] Der hier vorliegende korrigierende Rückbezug steht einer Herkunft aus der gleichen Quelle nicht entgegen.

Umstritten und schwer bestimmbar ist der ursprüngliche Sinn der Einzelworte und auch der ganzen Szene. Im Doppelwort werden die Zeit, in der die mittellosen Botschafter von den Menschen friedlich aufgenommen werden, »und die Zeit der Feindschaft, in der nicht nur eigene Versorgung nötig wird, sondern sich sogar der Kauf eines Schwertes empfiehlt«,[4] einander gegenübergestellt. *H.-W. Bartsch* denkt an Konfliktsituationen des Jüdischen Krieges, die auf die Gemeinde übergreifen.[5] *G. Schneider* sieht dahinter neu aufgebrochene Schwierigkeiten für die Mission.[6] Von einer ursprünglichen Verbindung mit der Passionssituation her interpretiert *A. Schlatter*. Die für Jesus einsetzende Bedrängnis verändert auch die Lage der Jünger innerhalb der Judenschaft. Von daher ergibt sich auch eine Beziehung zwischen V. 35/36 und V. 37. Der Erwerb des Schwertes und die Zurechnung Jesu zu den Gesetzlosen hängen unmittelbar miteinander zusammen.[7] Noch weiter zurück im Wirken Jesu möchte *E. Hirsch* gehen, wenn er an eine Situation denkt, als Jesus vom Norden her durch das Land des Herodes in Galiläa zog, um nach Jerusalem zu kommen.[8] Jede dieser Deutungen mag Gründe für sich anführen, restlos überzeugend ist keine. Für die den Kern bildende Jüngerweisung V. 35f. ist als ursprünglicher Sitz im Leben eine Aussendungssituation anzunehmen; ob sie vor- oder nachöster-

---

47–49 – *A. Schlatter*, Die beiden Schwerter, BF chr Th 20,6, Gütersloh 1916 – H. Schürmann, Abschiedsrede, 116–139 – *ders.*, Abendmahlsbericht, 66–75 – *O. Cullmann*, Jesus und die Revolutionären seiner Zeit, Tübingen 1969, 66–69 – *H.-W. Bartsch*, Jesu Schwertwort, NTS 20, 1973/74, 190–203.

[1] *K. H. Rengstorf*, Komm., 248.
[2] *H.-W. Bartsch*, a. a. O., 199f.; vgl. auch *R. Bultmann*, Synoptische Tradition, 450.
[3] *A. Schlatter*, a. a. O., 19–21.
[4] *G. Schneider*, Komm., 455.
[5] A. a. O., 201.
[6] Komm., 455.
[7] A. a. O., 65.
[8] Frühgeschichte II, 260.

lich ist, läßt sich schwer ausmachen. Daß Lukas (oder seine Vorlage) diese Einheit bestimmt von seinem Interesse am Lebensunterhalt der urchristlichen Apostel aufgenommen und sie deshalb im weiteren Umkreis des Abendmahlsberichts überliefert habe,[9] ist wegen der Dominanz des Schwertwortes kaum einsichtig. Eher ist zu beobachten, daß sich die Mahlgespräche immer mehr von der einleitenden Situation entfernen.

35 Der Abschluß der Tischgespräche beginnt mit einer Frage, die die Aussendungssituation (vgl. die an Luk. 10,4 erinnernden Stichworte *βαλλάντιον, πήρα* und *ὑποδήματα*) voraussetzt und die Jünger nach etwaigem Mangel fragt. Sie müssen entgegnen, daß sie diesen nie gelitten haben. **36** Die Antwort, die Jesus darauf gibt, stellt die grundlegende Wandlung der Lage für die Jünger fest. Das *ἀλλὰ νῦν* markiert den Wechsel der Zeiten. Lukas könnte ihren Gegensatz in der Weise aufgefaßt haben, daß in der Jesuszeit eine Aussendung möglich war, die auf irdische Notwendigkeiten keinen Bedacht nimmt. In der jetzt anhebenden Zeit steht die Aussendung unter einem anderen Vorzeichen. Das Wort läßt eine doppelte Möglichkeit der Deutung zu.[10] Entweder ist zu *ὁ ἔχων* und *ὁ μὴ ἔχων* ein Objekt zu ergänzen: Wer Geldbeutel oder Brotsack hat, lasse sie nun nicht zu Hause, sondern nehme sie mit, und wer kein Schwert hat, kaufe eines, selbst wenn er sein Obergewand dafür drangeben muß, denn Mittel zur Versorgung und zum Schutz des Lebens vor möglichen Anschlägen sind jetzt notwendig. Oder die beiden Worte *ὁ ἔχων* und *ὁ μὴ ἔχων* sind objektlos und meinen den Besitzenden und den Nichtbesitzenden: Der eine soll seinen Besitz bei sich tragen, der andere sich auf alle Fälle ein Schwert verschaffen. Die Aufforderung scheint an die apokalyptische Vorstellung des messianischen Endkampfs zu erinnern.[11] Jedoch ruft sie die Jünger nicht zum Gebrauch des Schwertes auf (vgl. V. 38) und rückt sie damit nicht an die Seite der Zeloten, vielmehr dient sie zur Charakteristik der bevorstehenden drangvollen Zeit. **37** Dieser Ernst der Lage wird durch Jesu Tod bestimmt. In ihm geschieht, was die Schrift ankündigt und deshalb nach Gottes feststehendem Willen (*δεῖ*) zur Vollendung kommt [*τελεσθῆναι*). Das ausdrückliche Zitat – die einzige Stelle in den Synoptikern, in der Jesu Tod durch Jes. 53 interpretiert wird – weist Jesus als Gottesknecht aus. Es bezieht sich auf die negative Seite seines Sterbens, indem es hervorhebt, daß der Knecht Gottes mit den Gesetzlosen auf eine Stufe gestellt wird. Lukas, dessen Handschrift vor allem die Einfügung des Zitats verrät, hat wohl an die Übeltäter 23,39–43 gedacht. Der letzte Satz begründet nicht das Zitat, sondern den Hinweis auf die notwendige Erfüllung der Schrift, deren Stunde da ist. Die Sache Jesu kommt an ihr Ende und damit zugleich an ihr Ziel. **38** Die Antwort der Jünger – vielfach als lukanische Redaktion (Vorausverweis auf V. 49f.) eingeordnet – soll erkennen lassen, daß diese allein den Hinweis Jesu auf die Notwendigkeit des Schwertes gehört haben und nun die beiden Schwerter vorzeigen, die sie in ihrem Besitz haben. Jesus bricht den Dialog ab, der im Zeichen des Mißverstehens endet.[12] Die Jünger denken an einen bevorstehenden Kampf, Jesus an die anbrechende Zeit der Verfolgung und des Martyriums.

---

[9] So *H. Schürmann*, Abschiedsrede, 135: »Die Versorgung der Diener des Wortes gehört in den rechten Nachvollzug des Mahles Jesu und steht darum als Anweisung im Abendmahlsbericht.«

[10] Zum Folgenden *E. Klostermann*, Komm., z. St.

[11] *H.-W. Bartsch*, a. a. O., 199. Die Distanz Jesu zur Vorstellungswelt des messianischen Krieges betonen mit Recht *H. Windisch* und *O. Cullmann*, jeweils a. a. O.

[12] Zur Formel *ἱκανόν ἐστιν* (= genug davon) vgl. 1. Kön. 19,4; Deut. 3,26.

4. Der Gebetskampf Jesu am Ölberg 22,39–46; Mark. 14,32–42; Matth. 26,36–48*

(39) Und als er herausgegangen war, begab er sich der Gewohnheit entsprechend an den Ölberg. Es folgten ihm aber auch seine Jünger. (40) Als er aber an dem Ort war, sagte er zu ihnen: »Betet, um nicht in Versuchung zu geraten.« (41) Und er entfernte sich von ihnen etwa einen Steinwurf weit und fiel auf die Knie und betete (42) und sprach: »Vater, wenn du willst, laß diesen Kelch an mir vorübergehen; aber nicht mein Wille, sondern der deine soll geschehen.« (43) Es erschien ihm aber ein Engel vom Himmel und stärkte ihn. (44) Und er war in angstvollem Bangen und betete inständiger. Und es geschah, daß sein Schweiß wie Blutstropfen wurde, die zur Erde herabfielen. (45) Und er stand auf vom Gebet, kam zu den Jüngern und fand sie schlafend vor Trauer. (46) Und er sagte zu ihnen: »Was schlaft ihr? Steht auf, betet, damit ihr nicht in Versuchung hineingeratet.«

V. 43/44: Die Verse, die den Höhepunkt des Gebetskampfes Jesu mit Engelerscheinungen und Blutschweiß schildern, finden sich bei ℵ*, D, K, L, X sowie in it, vg, einem Teil der syrischen (syr^{cur} u. a.), den armenischen und äthiopischen Übersetzungen, ferner bei Justin, Hippolyt, Irenäus. Sie fehlen in p^{75}, ℵ', B, A, T, W, syr^{sin}, dem Großteil der koptischen sowie den georgischen Übersetzungen, ferner bei Marcion, Clemens, Origenes. Der damit ausgewiesene Gleichstand in der Bezeugung erklärt das Schwanken in den Textausgaben. Die Ausgabe der United Bible Society (New York/Stuttgart 1966) entscheidet sich für die Unechtheit der Verse (dazu B. M. Metzger, A Textual Commentary on the Greek New Testament, London 1971, 177), Nestle-Aland (26. Aufl.) hingegen setzt sie in Doppelklammern. Für die Ursprünglichkeit des längeren Textes spricht vor allem der lukanische Charakter von Vokabular und Stil, wie er zuerst von A. Harnack (Probleme im Text der Leidengeschichte Jesu, SBA 1901, 251–255), dann von L. Brun (a. a. O., 266–268) und zuletzt von G. Schneider (a. a. O., 113–115) aufgewiesen wurde (vgl. auch Einzelexegese). Dazu treten die von den beiden letzteren geltend gemachten redaktionskritischen Gesichtspunkte: die Bedeutungen der Engelerscheinungen bei Lukas, dessen Gebetstheologie, vielleicht die Korrespondenz zu Luk. 9,28–32, ferner eine gewisse hellenistische Färbung. Daß verhältnismäßig früh und auf breiter Front eine Textreduktion einsetzte, erklärt sich aus christologischen Motiven: Vielen wurde die Vorstellung unerträglich, daß der Gottessohn Jesus von einem Engel gestärkt wurde. Daneben könnte auch die Angleichung an Matth./Mark. eine Rolle gespielt haben.

Die Überlieferung vom Gebetskampf am Ölberg (der fremdartige Ortsname Gethsemane wird vermieden) schließt unmittelbar an die Abschiedsgespräche im Raum des letzten Mahls Jesu an. So fällt ein Dialog mit den Jüngern auf dem Wege fort; die Verleugnungs-

---

* Lit.: *L. Brun*, Engel und Blutschweiß, Lc 22,43–44, ZNW 32, 1933, 265–276 – *M. Dibelius*, Gethsemane, in: Botschaft und Geschichte I, Tübingen 1953, 258–271 – *K. G. Kuhn*, Jesus in Gethsemane, EvTh 12, 1952/53, 260–285 – *J. Hering*, Zwei exegetische Probleme in der Perikope von Jesus in Gethsemane, in: Neotestamentica et Patristica, Festschr. f. O. Cullmann, Leiden 1962, 64–69 – *Th. Boman*, Der Gebetskampf Jesu, NTS 10, 1963–64, 261–273 – *Th. Lescow*, Jesus in Gethsemane, EvTh 26, 1966, 141–159 – *ders.*, Jesus in Gethsemane bei Lukas und im Hebräerbrief, ZNW 58, 1967, 215–239 – *E. Haenchen*, Weg Jesu, 489–497 – *E. Linnemann*, Passionsgeschichte, 11–40 – *G. Schneider*, Engel und Blutschweiß, BZ 20, 1976, 112–116 – *A. Feuillet*, Le récit lucanien de l'agonie de Gethsémani, NTS 22, 1976/77, 397–417 – *W. J. Larkin*, The Old Testament Background of Luke XXII, 43–44, NTS 25, 1978/79, 250–254.

ansage an Petrus war V. 33f. vorweggenommen.[1] Der Bericht vom Gebetskampf bei Lukas unterscheidet sich von dem des Markus in wesentlichen Zügen. Er hat nur einen einzigen Gebetsgang Jesu im Unterschied zu den dreien des Markus. Eine Mahnung zum Gebet als Schutz vor der Versuchung findet sich im Eingangsteil und am Schluß der Perikope. Sie gilt allen Jüngern, die drei Vertrauten bei Markus werden nicht herausgehoben. Den Höhepunkt bildet (textkritische Echtheit vorausgesetzt) der Gebetskampf (die »Agonie«) mit Engelerscheinung und Blutschweiß. Die Gethsemaneszene ist also einerseits vereinfacht, andererseits christologisch und paränetisch vertieft.[2] Die Frage, ob Lukas einer eigenen Überlieferung folgt, ist umstritten. *K. G. Kuhn* sucht in der Vorlage der lukanischen Erzählung einen dritten Gethsemanebericht neben den beiden in Mark. 14,32–42 miteinander verbundenen.[3] *E. Haenchen* denkt dabei an »jenes Evangelium, das er in der Leidensgeschichte weithin Markus vorzog«[4], andere an eine auch den Passionsbericht umschließende Sonderquelle (SLk).[5] Daß Lukas seinen Bericht lediglich auf Grund der Markusvorlage gestaltet hat, wird von älteren[6] und neueren Autoren[7] vertreten. Die Annahme einer Kürzung des Markusberichts unterliegt jedoch erheblichen Schwierigkeiten. Auf jeden Fall fügt sich die lukanische Gethsemaneszene gut in den redaktionellen Zusammenhang dieses Teils der Passionsgeschichte ein. Man kann in der *ἀγωνία* die Fortführung des Kampfmotivs der vorangegangenen Perikope sehen.[8] Im weiteren Kontext ergibt sich im Zeichen des (auch durch den Satan ausgelösten) *πειρασμός* eine Steigerung: erst Judas (V. 21f.), dann Petrus (V. 31ff.), zuletzt alle Jünger (V. 40.46). Hier berührt sich das paränetische Moment mit einer geschichtstheologischen Konzeption, die in der Passion Jesu den in der Versuchung abgeschlagenen Angriff Satans wieder aufleben sieht.[9]

39 Jesus verläßt den Abendmahlsraum und kommt mit seinen Jüngern an den Ölberg. Lukas dürfte seiner Überlieferung das *κατὰ τὸ ἔθος* hinzugefügt haben, womit auf 21,37 zurückgegriffen wird. Jesus weicht seiner Passion nicht aus, am gewohnten Ort kann er gefunden werden. Vielleicht soll auch durch das auf das *ἐπορεύθη* zurückbezogene *ἠκολούθησαν* der Nachfolgegedanke akzentuiert werden (Subjekt: *μαθηταί* nicht *ἀπόστολοι*). **40** Die am Anfang erscheinende, am Ende wiederholte und durch Jesu Beispiel verstärkte Mahnung zum Gebet führt 22,28–38 weiter: Jetzt in der Stunde der Versuchung, da der Widersacher Macht erlangt, kannn nur der Betende bestehen. Die

---

1 Auf die darin vorliegende Entsprechung zu Johannes ist oft verwiesen worden; vgl. *J. Schniewind*, Parallelperikopen, 31f.

2 *A. Feuillet*, a. a. O., 416, sieht im lukanischen Bericht christologische und ekklesiale Züge miteinander verbunden.

3 Seine auch von *Th. Lescow*, a. a. O., übernommene quellenkritische Sonderung unterscheidet bei Markus die beiden Grundberichte A (14,32.35.40f.) und B (14,33f.36–38), wobei letzterer Lukas nähersteht.

4 A. a. O., 495.

5 *W. Grundmann*, in früheren Aufl. dieses Komm.

6 *R. Bultmann*, Synoptische Tradition, 289: *F. Hauck*, Komm., 268f.; *J. Finegan*, a. a. O., 18f.

7 *E. Linnemann*, a. a. O., 36–39; *G. Schneider*, Komm., 457.

8 *Th. Lescow*, a. a. O., 219.

9 So in Aufnahme von *H. Conzelmann*, Mitte der Zeit, 74–76, durch *A. Feuillet*, a. a. O., 401ff.

10 Zum hellenistischen Charakter des *ἀποσπᾶν* und der Entfernungsbenennung *ὡσεὶ λίθου βολήν* vgl. *A. Feuilett*, a. a. O., 399f.

Gebetsaufforderung erinnert an das Vaterunser (vgl. Luk. 11,4b). **41** Jesus entfernt sich von den Jüngern einen Steinwurf weit;[10] er bleibt also in Ruf- und Hörweite. Das kniende Beten ist Ausdruck der Dringlichkeit des Gebets und der Demut des Beters; die Juden beten zumeist stehend. **42** Der Wortlaut des Gebets ist Ausdruck des Verzichts auf den eigenen Willen, der der bei Lukas fehlenden dritten Bitte des Vaterunsers (vgl. Matth. 6,10) entspricht.[11] Der Kelch erinnert an den Zornesbecher Jahwes (Jer. 25,15; Ps. 75,9), der hier jedoch (im Sinn der jüdischen Märtyrertheologie) für das Leiden steht, das Gott selbst seinem Zeugen bereitet hat. **43** Als Antwort auf das Gebet erfolgt die Erscheinung eines Engels und die Stärkung durch ihn.[12] Sie kann als Hilfe Gottes verstanden werden, die den Kampf entscheidet.[13] **44** Daß die *ἀγωνία* erst jetzt geschildert wird, ist wohl so aufzufassen, daß der Gebetskampf in zwei Etappen verläuft. Die Engelerscheinung nahm Jesus nicht die Todesangst; der Kampf ist entschieden, aber nicht beendet. Die *ἀγωνία* ist als Angst vor dem Tode zugleich Angst um den Sieg in dem das Leben abfordernden Kampf mit dem Widersacher Gottes. Daß der Angstschweiß in Tropfen zur Erde fällt wie Blut ist von Lukas als Vergleich gemeint (*ὡσεί*). Wo man es realistisch auffaßt, wird an das Erscheinen von Blut als Omen gedacht[14] oder an die Andeutung einer Blutstaufe im Sinne von Luk. 12,50.[15] **45** Bei seiner Rückkehr findet Jesus seine Jünger schlafend. Das *ἀπὸ τῆς λύπης* ist als Psychologisierung oder als Entschuldigung im Interesse der Jüngerapologetik von Lukas eingefügt. **46** Die Jünger werden nicht getadelt, sondern erneut zum Beten aufgerufen, das sie vor der Versuchung bewahren soll. Die mit dem Abschluß gegebene Zuspitzung auf den *πειρασμός* ist auch kompositorisch äußerst wirkungsvoll (vgl. dagegen Mark. 14,41f.).

5. Die Gefangennahme Jesu
22,47–53; Mark. 14,43–52; Matth. 26,47–56; Joh. 18,1–11*

(47) Während er noch redete, siehe, eine Menge und der genannte Judas, einer von den Zwölfen, ging ihnen voraus und näherte sich Jesus, um ihn zu küssen. (48) Jesus aber sprach zu ihm: »Judas, mit einem Kuß lieferst du den Menschensohn aus?« (49) Als aber die, die um ihn waren, sahen, was geschehen würde, sagten sie : »Herr, sollen wir mit dem Schwert dreinschlagen?« (50) Und es schlug einer von ihnen auf den Knecht des Hohenpriesters ein und hieb ihm sein rechtes Ohr ab. (51) Es antwortete aber Jesus und sprach: »Laß es damit genug sein!« Und er berührte das Ohr und heilte es.

---

[11] *εἰ* kann als Frageartikel aufgefaßt werden, durch die die anschließend formulierte Frage eingeleitet wird, doch bleibt die Koordinierung mit dem Nachsatz schwierig.

[12] Vgl. stärkende Engelerscheinungen bei den Märtyrern, dazu *H.-W. Surkau*, Martyrien in jüdischer und frühchristlicher Zeit, FRLANT 54, Göttingen 1938, 72f.

[13] *M. Dibelius*, a. a. O., 270.

[14] *M. Dibelius*, a. a. O., 270f., unter Verweis auf hellenistische Parallelen.

[15] *A. Feuillet*, a. a. O., 403.

* Lit.: *J. Schniewind*, Parallelperikopen, 32–37 – *M. Dibelius*, Judas und Judaskuß, in: Botschaft und Geschichte I, Tübingen 1953, 272–277 – *J. W. Doeve*, Die Gefangennahme Jesu in Gethsemane, in: StudEv I, TU 73, Berlin 1959, 458–480 – *F. Rehkopf*, Die lukanische Sonderquelle, WUNT 5, Tübingen 1959, 31–82 – *E. Haenchen*, Weg Jesu, 497–503 – *E. Linnemann*, Passionsgeschichte, 40–69 – *G. Schneider*, Die Verhaftung Jesu. ZNW 63, 1972, 188–209 – *W. Vogler*, Judas Iskarioth, 81–85.

(52) Jesus aber sagte zu den Hohenpriestern und Tempelhauptleuten und Ältesten, die an ihn herangetreten waren: »Wie zu einem Räuber seid ihr hinausgezogen mit Schwertern und Hölzern? (53) Täglich war ich bei euch im Tempel, und ihr habt nicht die Hände nach mir ausgestreckt. Aber dies ist eure Stunde und die Macht der Finsternis.«

An mehreren Stellen finden sich textgeschichtlich aufschlußreiche Weiterbildungen: V. 51 lesen D, it *ἐκτείνας τὴν χεῖρα ἥψατο αὐτοῦ καὶ ἀπεκατεστάθη τὸ οὖς αὐτοῦ;* die Heilung wird also als Wiederherstellung verstanden, was man als legendären Zug – das wunderhafte Wachsenlassen eines neuen Ohrs – deuten kann. – V. 52 hat D das *τοῦ ἱεροῦ* ersetzt durch *τοῦ λαοῦ,* denkt demnach an Hauptleute einer Wache und korrigiert den problematischen Plural »Tempelhauptleute«. – V. 53: Bei D lautet die Stelle: »Aber das ist eure Stunde und Macht, die Finsternis« (*τὸ σκότος,* ähnlich d tenebrae), das heißt: Ihre Stunde und Macht, die die Häscher Jesus gegenüber haben, ist Finsternis.

Mit dem Bericht von der Verhaftung Jesu setzt jene Erzählungsfolge ein, die nach verbreiteter Auffassung den ältesten, nur hypothetisch rekonstruierbaren Passionsbericht (die »Urpassion«) gebildet hat.[1] Die früheste für uns literarisch faßbare Gestalt der Erzählung von der Gefangennahme, die des Markus mit ihrer vorsichtigen christologischen Stilisierung, hat am unmittelbarsten die Matthäusfassung geprägt.[2] Lukas weist demgegenüber eine größere Selbständigkeit auf und rückt durch eine Reihe von Übereinstimmungen näher an Johannes heran.[3] Dabei steht Jesus als Handelnder im Vordergrund, Judas erscheint als Führer des Haufens, der zu Jesus kommt; von einer Bewaffnung wird zunächst nicht gesprochen. Der Kuß des Verräters kommt nicht zur Ausführung. Die Flucht der Jünger wird nicht berichtet, wohl nicht nur um ihre Ehre zu schonen, sondern im Blick auf die von Jerusalem ausgehende apostolische Zeugenschaft.[4] Die Verhaftung Jesu steht erst am Ende des Berichts (V. 54); das Abhauen des Ohrs und die Worte Jesu an die Häscher gehen ihr voran. Nur bei Lukas wird der Verwundete wieder geheilt. Zur Eigenständigkeit seines Berichts gehört die Anwesenheit der Mitglieder des Synedriums, die von Jesus angeredet werden. Dennoch wird mit Entschiedenheit die These vertreten: Markus sei die einzige Quelle des Lukas, wobei alle Eigenheiten seines Berichts sich aus seiner erzählenden bzw. redaktionellen Intention erklären ließen.[5] In der Tat ist vor allem beim Anfang von V. 47 und in den Jesusworten V. 52b.53 die Anknüpfung an die Markusvorlage unverkennbar. Andererseits ist für den verbleibenden Grundbestand die Annahme eines Sonderberichts wahrscheinlich gemacht worden.[6] Lukas könnte ihn deshalb bevorzugt haben, weil er Jesus deutlicher als Märtyrer zeichnet und den Gedanken an ein romfeindliches politisches Messiasprätendententum nicht aufkommen läßt.

---

[1] So u. a. *R. Bultmann*, Synoptische Tradition, 301f.; *Joach. Jeremias*, Abendmahlsworte, 88f.; *G. Schneider*, Komm., 461.

[2] Quellenkritische Erwägungen zur Markusgestalt, wie sie von *E. Linnemann*, a. a. O., 44–52, und *G. Schneider*, Verhaftung, vorgetragen werden, berühren das Verhältnis zu den nachfolgenden Evangelien kaum.

[3] *J. Schniewind*, a. a. O., 37, spricht von einer zusammenhängenden Erzähltradition, findet aber von einer literarischen Beeinflussung keine Spur.

[4] *G. Schneider*, Komm., 462: »Die Jünger bleiben nicht nur in Jerusalem, sie bleiben auch unangefochten im Glauben.«

[5] Vgl. *J. Finegan*, a. a. O., 19–21: *G. Schneider*, Komm., 460f.

[6] *F. Rehkopf* glaubt zeigen zu können, »daß Lukas einen Sonderbericht als Hauptquelle benutzt und durch Markusgut bereichert« hat (a. a. O., 84).

47 Der an die Jünger gerichteten Mahnung V. 46 folgt unmittelbar die Aktion der Gegenseite. Die Menge wird von Judas geführt, der als einer der Zwölf und *ὁ λεγόμενος* bezeichnet wird. Erstere Benennung ist aus der Vorlage stehengeblieben, wo sie als Indiz für einen den engeren Passionsbericht eröffnenden Neueinsatz gilt. Die zusätzliche Kennzeichnung – vielleicht mit »der genannte Judas« zu übersetzen – weist auf 22,3–6.21–23 zurück. Er tritt an Jesus heran und versucht, ihn zu küssen. **48** Ehe es dazu kommt, reagiert Jesus mit einem in Frageform gehaltenen Wort, das an den Stil der Leidensweissagungen anklingt (Selbstbezeichnung als *υἱὸς τοῦ ἀνθρώπου, παραδίδως*). **49** Anders als bei Markus erfassen die Jünger sogleich, was sich vollzieht, und sind bereit, eine Verhaftung Jesu zu verhindern. Ihre an den Herrn (*κύριε*) gerichtete Frage läßt an die Schwerter denken, von denen im Abschiedsgespräch (22,35–38) die Rede war. **50** Der Schwertstreich, von einem der Jünger vollzogen, der die Antwort nicht abwartet, geht der Festnahme voraus. Er ist somit nicht ein Befreiungsversuch, sondern eine gewaltsame Verteidigung Jesu. Ihr Opfer ist einer der Sklaven des Hohenpriesters, dem das rechte Ohr abgeschlagen wird. **51** Jesu Wort unterbindet nicht nur die weitere Auseinandersetzung, sondern weist auch auf die Notwendigkeit seines Leidens hin. Die nur bei Lukas enthaltene Heilung des Ohrs stellt nicht nur – zum letzten Mal im Evangelium – Jesu heilende Macht heraus, sondern macht vielmehr Jesus zum Beispiel der Feindesliebe.

52 Erst jetzt werden die Mitglieder des Synedriums und die Tempelhauptleute genannt.[7] Jesus redet sie an und verwahrt sich dagegen, wie ein Zelotenführer behandelt zu werden. **53** Ihr Zugriff gegen ihn, den im Tempel Lehrenden, hätte stets geschehen können. Hinzu tritt die Deutung der Stunde. »Daß sich die Szene in der Nacht abspielt, gibt Anlaß, diesen künstlerischen Vergleich zwischen der Nacht und der Macht der Finsternis zu bilden.«[8] Die über Jesus Gewalt gewinnen, sind Werkzeuge der Finsternismacht. Mit diesem johanneisch klingenden Deutwort schließt der Bericht wirkungsvoll ab, ohne die Flucht der Jünger zu erwähnen.

6. Das Geschehen im Hause des Hohenpriesters 22,54–71; Mark. 14,53–72; Matth. 26,57–75

a) Die Verleugnung Jesu durch Petrus 22,54–62; Mark. 14,53–54.66–72; Matth. 26,57–58.69–75; Joh. 18,12–18.25–27*

(54) Nachdem sie ihn aber gegriffen hatten, führten sie ihn ab und brachten ihn in das Haus des Hohenpriesters. Petrus aber folgte von ferne. (55) Als sie aber ein Feuer inmitten des Hofes angezündet hatten und sich zusammensetzten, setzte sich Petrus mitten unter sie. (56) Da ihn aber eine Magd im Feuer(-schein) sitzen sah und ihn genau

---

[7] Ob in der Vorlage eine neue Szenerie gegeben war, wie *J. Schniewind*, a. a. O., 36, vermutet hat (vgl. Verhör vor Hannas Joh. 18,20), oder an eine Verhaftung durch die Tempelpolizei gedacht ist, so *E. Haenchen*, a. a. O., 498, ist schwer zu entscheiden.

[8] *J. Finegan*, a. a. O., 21.

* Lit.: *J. Schniewind*, Parallelperikopen, 37–62 (zu V. 54–71) – *G. Klein*, Die Verleugnung des Petrus, ZThK 58, 1961, 285–328 = Tradition und Rekonstruktion, München 1970, 49–98 –

anschaute, sprach sie: »Auch dieser war mit ihm!« (57) Er aber leugnete und sagte: »Ich kenne ihn nicht, Frau.« (58) Und kurz darauf sah ihn ein anderer und sprach: »Auch du gehörst zu ihnen!« Petrus aber sprach: »Mensch, ich bin es nicht!« (59) Und als ungefähr eine Stunde vergangen war, versicherte ein anderer: »Wahrhaftig, auch dieser war mit ihm, denn er ist auch ein Galiläer.« (60) Petrus sprach aber: »Mensch, ich weiß nicht, was du sagst!« Und sogleich, als er noch sprach, krähte ein Hahn. (61) Und es wandte sich der Herr um und sah Petrus an. Und es erinnerte sich Petrus des Wortes des Herrn, wie er zu ihm gesprochen hatte: Bevor ein Hahn heute kräht, wirst du mich dreimal verleugnen. (62) Und er ging hinaus nach draußen und weinte bitterlich.

V. 62: Der gesamte Vers fehlt bei den Zeugen der altlateinischen Überlieferung sowie in 0171. Zur Annahme, die ganze Aussage sei eine frühe Ergänzung der ursprünglich mit V. 61 schließenden Erzählung, reicht dieser Befund nicht aus.

Die Vorgänge nach der Verhaftung Jesu werden bei Lukas in einer von Markus und Matthäus abweichenden Anordnung dargestellt. Dort findet die Sitzung des Synedriums noch bei Nacht statt, zu gleicher Zeit ereignet sich die Verleugnung des Petrus. Lukas berichtet nichts von einer nächtlichen Verhandlung (vgl. 22,66), so fehlt bei ihm auch die für Markus kennzeichnende Verschränkung der beiden Berichte von der Nachtsitzung und der Verleugnung, die die Gleichzeitigkeit der Vorgänge ausdrücken sollte.[1] Statt dessen zeigt der bei Lukas vorliegende Bericht eine größere Geschlossenheit. Die Szene wechselt nicht. Alle drei Verleugnungen spielen sich auf der *αὐλή* ab, es ist der gleiche Hof, wo Jesus gefangengehalten wird bis zum Morgen. Das Moment der Steigerung tritt deutlich heraus. Die Härte der Absage des Petrus erscheint dagegen eher gemildert (vgl. V. 60 mit Mark. 14,71).

Daß Lukas dabei eine dem Markusbericht entsprechende Vorlage bearbeitet habe, wird unter Verweis auf eine Anzahl wörtlicher Berührungen mit Markus von zahlreichen Auslegern vertreten.[2] Doch läßt sich das Beieinander von Übereinstimmungen und Eigenem auch so erklären, daß Lukas diese Fassung aus der Sonderüberlieferung übernommen hat, sie aber mit einigen Zügen aus Markus versah.[3] Daß sich jene der johanneischen Tradition nähert, ist öfters vermerkt worden.[4] Die Feststellung mehrerer Traditionslinien bekräftigt das Alter der wohl unerfindlichen Überlieferung vom Versagen des Petrus. Sie

---

E. Linnemann, Die Verleugnung des Petrus, ZThK 63, 1966, 1–32 (= *dies.*, Passionsgeschichte, 70–108) – *E. Haenchen*, Weg Jesu, 505–516 – *G. Schneider*, Verleugnung, Verhör und Verspottung Jesu nach Lukas 22,54–71, StANT 22, München 1969, 42–46, 73–96 – *W. Dietrich*, Das Petrusbild in den lukanischen Schriften, BWANT 102, Stuttgart 1972, 139–157 – *R. Pesch*, Die Verleugnung des Petrus, in: Neues Testament und Kirche, Festschr. f. R. Schnackenburg, Freiburg 1974, 42–62 – *N. Walter*, Die Verleugnung des Petrus, TheolVers VIII, Berlin 1977, 45–61 – *J. Ernst*, Noch einmal: Die Verleugnung Jesu durch Petrus, in: Petrus und Papst, Münster 1977, 43–62 – *D. Gewalt*, Die Verleugnung des Petrus, LingBibl 43, 1978, 113–144 – *J. Delorme*, Le procès de Jésus ou la parole risquée (Luc 22,54–23,25), RScRel 69, 1981, 125–146.

[1] Für die Verleugnungsgeschichte war der nächtliche Zeitpunkt unverrückbar wegen des Hahnenschreis (V. 60f.; vgl. V. 34).

[2] *F. Hauck*, Komm., 273; *J. Schmid*, Komm., 338; *E. Linnemann*, a. a. O., 97–101; besonders ausführlich begründet bei *G. Schneider*, a. a. O., 73–96.

[3] So oder ähnlich *A. Schlatter*, Komm., 436f.; *K. H. Rengstorf*, Komm., 254ff.; *G. Klein*, a. a. O., 58.

[4] Grundlegend von *J. Schniewind*. Kaum zu Recht liest *K. H. Rengstorf* aus Luk. 22,54 das bei Joh. 18,19–23 berichtete Vorverhör heraus.

ist schwerlich Rückprojektion eines während der Zeit der Urgemeinde vollzogenen Positionswechsels des Petrus in das Leben Jesu,[5] auch nicht der legendenhaft ausgestaltete Spezialfall eines allgemeinen Jüngerversagens,[6] vielmehr Reminiszenz an einen Drehpunkt der Biographie des ältesten Osterzeugen.[7] Für die Weiterüberlieferung war freilich darüber hinaus ein paränetisches Moment maßgebend, das auch Lukas nicht fremd ist: »Niemand ist sicher vor dem Fall, wenn selbst ein Petrus gefallen ist.«[8]

54 Die Verhaftung Jesu wird erst jetzt kurz erwähnt. Rückschauend wird deutlich, daß die Worte an seine Gegner V. 52f. noch in Freiheit gesprochen sind. Faßt man sie als von Jesus selbst gegebenes Signal auf, so rückt der Bericht auch in diesem Punkte an Joh. 18,4–8 heran. Ziel der Verhaftungskommandos ist das Haus des Hohenpriesters, nach Jos., Bell. Jud. II,17,6 in der westlichen Oberstadt Jerusalems gelegen. Es ist an einen nächtlichen Gewahrsam bis zur Verhandlung am frühen Morgen gedacht. **55** Deutlich von Markus abweichend, redet der Bericht von *πῦρ* statt von *φῶς*; er verwendet den nur hier im Neuen Testament vorkommenden Ausdruck *περιάπτειν*, um darauf hinzudeuten, daß die Leute, die Jesus verhaftet haben, in der Mitte des Hofes ein großes kreisrundes Feuer anzündeten, damit möglichst viele sich wärmen konnten. **56** Eine Magd, die Petrus genau angesehen hat, stellt, ohne ihn anzureden, fest, daß er zu den Anhängern Jesu gehöre. **57** Petrus reagiert mit der verleugnenden Aussage, Jesus nicht zu kennen. **58** Ein anderer, wohl aus dem Kreis der um das Feuer Sitzenden – nicht die Magd wie bei Markus –, sagt nun in direkter Anrede an Petrus diesem die Zugehörigkeit zur Anhängerschaft Jesu auf den Kopf zu. Petrus antwortet mit dem verleugnenden *οὐκ εἰμί* (wie Joh. 18,25; vgl. 18,17). **59** Nicht nach kurzer Zeit (so Markus und Matthäus: *μετὰ μικρόν*), sondern nach einer Stunde tritt die Frage nach der Jüngerschaft erneut an Petrus heran. Lukas will offenbar ausdrücken: die Verleugnung war keine kurze Episode.[9] Die mit Bestimmtheit auftretende Behauptung (dies meint *διϊσχυρίζετο*) gründet sich auf die galiläische Herkunft des Petrus, die nach Matth. 26,73 an der Sprache erkennbar ist. **60** Während Petrus bei Markus mit einer Selbstverfluchung und Lossagung antwortet, steht im Bericht, dem Lukas folgt, eine unverbindlich ausweichende Antwort.[10] Vielfach hat man hier eine Tendenz sehen wollen, Petrus zu schonen. In seine Worte hinein kräht der Hahn. **61** In diesem Augenblick – so allein Lukas unter den Evangelisten – wendet sich Jesus Petrus zu, und dieser erinnert sich an die Vorhersage des Herrn.[11] Hat Lukas dabei den Moment im Auge, an dem Jesus zum morgendlichen Verhör geführt wird?[12] Oder

---

[5] So *G. Klein*, a. a. O., 86.
[6] So *E. Linnemann*, a. a. O., 80.
[7] In diesem Sinne gehört Joh. 21,15–19 unbedingt mit der Verleugnungstradition zusammen. Dabei sollte nicht *E. Haenchens* Hinweis übersehen werden: »Bei der Erzählung vom dreifachen Verleugnen des Petrus vergessen wir nur allzuleicht, daß allerhand Mut und eine treue Ergebenheit Jesu gegenüber erforderlich war, wenn einer von den Jüngern der Schar der Häscher folgte und bis in den Hof des Hohenpriesters vordrang« (a. a. O., 512).
[8] *H. Schürmann*, Abendmahlsbericht, 82.
[9] *J. Schniewind*, a. a. O., 45.
[10] Johannes läßt eine Antwort an dieser Stelle überhaupt weg (vgl. 18,27).
[11] Zweimal in diesem Zusammenhang begegnet *ὁ κύριος*, was auf lukanische Stilisierung hinweist.
[12] Daran denkt *J. Schniewind*, a. a. O., 45.

will er damit ausdrücken, daß Jesus die Verleugnung selbst miterlebt hat und dies ebenso wie die folgende Mißhandlung eine ihn treffende Einschüchterung bedeuten soll, von der sich sein offenes Bekenntnis vor dem Hohen Rat um so deutlicher abhebt?[13] **62** Die abschließende Aussage stimmt mit Matth. 26,75 wörtlich überein. Sie möchte sowohl auf die ungefährdete Entfernung des Petrus als auch auf seine Reue hinweisen.

b) Die Verspottung Jesu
22,63–65; Mark.14,65; Matth. 26,67–68; vgl. Joh. 18,22.23*

(63) Und die Männer, die ihn gefangenhielten, verspotteten ihn, indem sie ihn schlugen, (64) und nachdem sie ihn verhüllt hatten, fragten sie und sprachen: »Weissage, wer ist es, der dich schlug?« (65) Und vieles andere sagten sie lästernd gegen ihn.

Lukas schließt den kurzen Bericht über die Verspottung Jesu an die Verleugnungsgeschichte an. Sie erscheint als Vorgang, der in der Wartezeit vor der Verhandlung gegen Jesus am Morgen durch die Söldner, die ihn bewachen, geschieht – nicht nach der nächtlichen Verurteilung und ausgeführt durch die Mitglieder des Synedriums und ihre Diener (so Mark. 14,65; Matth. 26,67f.). Bedeutsam ist, daß Lukas nur die Verspottung durch die jüdischen Bewacher erzählt, nicht jedoch die durch römische Soldaten (diese in Mark. 15,16–20a). Im Vergleich mit den beiden anderen synoptischen Berichten, mit denen allein das herausfordernde *προφήτευσον* der Mißhandelnden gemeinsam ist, liegt eine in sich glaubhafte Szene vor: wartende Bewacher verschaffen sich an einem Gefangenen, den man für einen Propheten hält, grausame Kurzweil.

63 Die Angehörigen der Wache trieben ihren Mutwillen (*ἐνέπαιζον αὐτῷ*) mit Jesus. Es gilt als antiker Brauch, Sklaven und einfache Menschen, denen man hohe Ansprüche nachsagte, dadurch zu demütigen, daß man mit ihren Hoffnungen und ihrer vermeintlichen Selbsteinschätzung groben Scherz trieb.[1] **64** Der Mutwillen der Wächter besteht darin, daß sie ihn nach Art des Blindekuhspiels verhöhnen und stoßen,[2] damit er seine Prophetengabe erweise und den Mißhandelnden nenne. Damit könnte ein beabsichtigter Bezug zu der im Prozeß gegen Jesus erhobenen Anklage als messianischer Prophet liegen.[3] **65** Der nicht weiter bestimmte Ausdruck *βλασφημοῦντες* deutet vielleicht an, daß seine Stellung zu Gott Inhalt ihres Spottes ist.[4]

---

[13] *G. Schneider*, Komm., 464.

* Lit.: *G. Rudberg*, Die Verhöhnung Jesu vor dem Hohenpriester, ZNW 24, 1925, 307–309 – *W. C. van Unnik*, Die Verhöhnung Jesu vor dem Synedrium, ZNW 29, 1930, 310–311 = Sparsa collecta I (SupplNovTest 29), Leiden 1973, 3–5 – *P. Benoit*, Les outrages à Jesu prophète, in: Neotestamentica et Patristica, Festschr. f. O. Cullmann, Leiden 1962, 92–110.

[1] *G. Rudberg*, a. a. O., mit Verweis auf Diod., Bibl. XXIV,2.

[2] *W. C. van Unnik*, a. a. O., 5, vergleicht Pollux, Onomast. IX, 113 u. 129.

[3] *P. Benoit*, a. a. O., 110, setzt diesen Akzent: Der Titel Prophet spielt in der jüdischen Phase des Prozesses die entscheidende Rolle wie der Königstitel in der römischen Phase. Dabei ist freilich zu beachten, daß dies nur aus dem markinischen Prozeßbericht zu entnehmen ist. Die Verspottungsszene wäre dann nicht mit der lukanischen Darstellung der Verhandlung koordiniert.

[4] Das Anspeien, das Schlagen mit den Fäusten bei Mark. 14,65 fehlen bei Lukas.

c) Das Verhör Jesu vor dem Synedrium
22,66–71; Mark. 14,55–64; Matth. 26,59–66*

(66) Und als es Tag wurde, versammelte sich der Ältestenrat des Volkes, Hohepriester und auch Schriftgelehrte. Und sie führten ihn in ihr Synedrium. (67) Und sie sagten: »Wenn du der Messias bist, sage es uns!« Er aber sprach zu ihnen: »Wenn ich es euch sagte, glaubtet ihr mir nicht. (68) Wenn ich aber fragen würde, würdet ihr nicht antworten. (69) Von jetzt an aber wird der Menschensohn sitzend zur Rechten der Kraft Gottes sein.« (70) Es sagten aber alle: »Du bist also der Sohn Gottes?« Er aber sagte zu ihnen: »Ihr sagt (es), daß ich (es) bin.« (71) Sie aber sagten: »Was brauchen wir noch ein Zeugnis? Wir haben es doch selbst aus seinem Munde gehört.«

V. 66: Statt des von den meisten Zeugen gebotenen *ἀπήγαγον*, das die Vorführung durch die Jesus bewachenden Diener bezeichnet, liest die Koinegruppe samt A und $syr^{sin\ cur}$ *ἀνήγαγον*: hinauf in die Sitzung. – V. 68: Der zweite, wohl als Dublette empfundene Teil der Antwort Jesu fehlt völlig in e und bei Marcion. – V. 71: D und weitere Zeugen lesen *μαρτύρων* statt des *μαρτυρίας* in den meisten Handschriften.

In der Gestaltung seiner Erzählung vom Verhör Jesu ist Lukas gegenüber Markus weitgehend selbständig. Die Bewertung dieser Darstellung berührt auch die nach wie vor heftig umstrittene Frage nach der Geschichtlichkeit des Prozesses Jesu vor dem Hohen Rat und dem Charakter der darüber vorliegenden Berichte.[1] Die Alternative scheint zu sein: Entweder hat das Synedrium zur Zeit Jesu (also unter der römischen Prokuratur) die Blutgerichtsbarkeit besessen, dann kann von diesem das Todesurteil gegen Jesus nicht ausgesprochen worden sein, da ein solches die jüdische Steinigung und nicht die römische Kreuzigung zur Folge gehabt haben müßte. Der Bericht Mark. 14,55–64 wäre dann in seinen wesentlichen Zügen ungeschichtlich.[2] Oder aber die in Joh. 18,31 getroffene Feststellung gibt die rechtliche Situation zutreffend wieder. Das Synedrium konnte dann zwar in einer Kapitalsache ein Urteil sprechen, zur Vollstreckung bedurfte es eines zweiten, vor der römischen Instanz zu führenden Verfahrens. Das ist die traditionelle, den Markusbericht (vgl. auch Mark. 15,1) bestätigende Sicht, die der jüdischen Gerichtsbarkeit den entscheidenden Anteil am Urteil Jesu zumißt.[3] Da die rechtsgeschichtlichen und quellenkritischen Fragen kaum überzeugend geklärt werden können, ist das jeweilige

* Lit.: *H. Lietzmann*, Der Prozeß Jesu, SBA 1931, 313–324 = Kleine Schriften II, TU 68, Berlin 1958, 251–263 – *ders.*, Bemerkungen zum Prozeß Jesu I.II, ZNW 30, 1931, 211–215; 31, 1932, 78–84 = Kleine Schriften II, TU 68, Berlin 1958, 264–276 – *Joach. Jeremias*, Zur Geschichtlichkeit des Verhörs Jesu vor dem Hohen Rat, ZNW 43, 1950/51, 145–150 = Abba, Göttingen 1966, 139–145 – *P. Winter*, Luke XXII, 66b–71, StTh 9, 1955/56, 112–115 – *J. B. Tyson*, The Lucan Version of the Trial of Jesus, NovTest 3, 1959, 249–255 – *W. Trilling*, Fragen zur Geschichtlichkeit Jesu, Leipzig 1966, 130–141 – *E. Haenchen*, Weg Jesu, 506–512 – *G. Haufe*, Der Prozeß Jesu im Lichte der gegenwärtigen Forschung, ZdZ 22, 1968, 93–101 – *G. Schneider*, Verleugnung, Verhör und Verspottung Jesu, 105–134 – *ders.*, Gab es eine vorsynoptische Szene »Jesus vor dem Synedrium«?, NovTest 12, 1970, 22–39 – *J. Gnilka*, Die Verhandlungen vor dem Synedrium und vor Pilatus, EKKV 2, 1970, 5–21 – *P. W. Walasky*, The Trial and Death of Jesus in the Gospel of Luke, JBL 94, 1975, 81–93.

1 Ausführlich behandelt bei der Kommentierung von Mark. 14,53ff.; vgl. ferner *G. Haufe*, a. a. O.

2 Diese Sicht hat *H. Lietzmann*, a. a. O., vertreten und nachdrücklich verteidigt.

3 So in äußerster Präzision *Joach. Jeremias*, a. a. O.

Urteil stark durch grundsätzliche Positionen mitbestimmt worden. Historische Skepsis, aber auch das Bemühen, die jüdischen Oberen vom Urteil über Jesus möglichst zu entlasten, führte zur Bevorzugung der ersten Alternative.[4] Wo man hingegen die urchristliche Darstellung des Anspruches und der Passion Jesu positiv wertete und einer Sichtweise verpflichtet war, die den Konflikt mit den jüdischen Oberen in den Mittelpunkt seines Werkes rückte, sah man sich durch die andere, den Markusbericht stützende Rekonstruktion des Prozesses bestätigt.[5]

In diesem Zusammenhang gilt es, das eigenständige Profil des von Lukas gegebenen Berichtes zu beachten. Er hat anscheinend zwei Sitzungen des Synedriums im Sinn (V. 66a und 66b); dabei kommt es zu keiner Verurteilung Jesu. Der Hohepriester tritt nicht hervor, das Synedrium führt das Verfahren als Körperschaft.[6] Im Mittelpunkt des Verhörs steht von Anfang an die Frage nach der Messianität, die zu der nach der Gottessohnschaft führt. In dem redaktionell stark durchformten V. 69 ist die Hand des Lukas vor allem in der Terminangabe *ἀπὸ τοῦ νῦν* erkennbar, in der sich sein heilsgeschichtliches Denken geltend macht. Es ist darauf aufmerksam gemacht worden, daß Lukas hier erstmalig und einmalig ein Menschensohnwort schafft, in welchem die sessio ad dexteram den Hauptinhalt bildet. Es wird notwendig und möglich, weil zwischen Auferstehung und Parusie ein sich dehnender Zeitraum liegt.[7] Erkennt man in V. 69 die Arbeit des Lukas, so scheint der Bericht, in den dieser Vers eingefügt ist, einer in wesentlichen Punkten von Markus abweichenden Sonderüberlieferung entnommen zu sein. Sie liegt V. 66–68.70.71 zugrunde. Jedoch könnte die redaktionelle Arbeit des Lukas noch weiter gehen und die sich steigernde Anordnung der Trias christologischer Titel (vgl. V. 67a.69.70a) umfaßt haben.[8] Auffällig bleibt und für eine eigenständige Vorlage spricht, daß Lukas, der sonst die Schuld der jüdischen Oberen am Tode Jesu betont, sich hier nicht an den dafür günstigen Markusbericht anschließt, sondern einer anscheinend milderen Version den Vorzug gibt. Die Vorlage, nach deren Bericht Jesus vor dem Hohen Rat erscheint und dort einem seine Messianität betreffenden Verhör unterzogen, aber nicht verurteilt, sondern dem römischen Prokurator überstellt wird, geht auf eine eigenständige Vorstellung vom Prozeß Jesu zurück. Für dessen historische Bewertung ergeben sich dadurch möglicherweise neue Aspekte.

66 Die Sitzung, an die sich das entscheidende Verhör anschließt, beginnt (darin dem rabbinischen Recht entsprechend) erst, als es schon Tag geworden ist. Der Hohe Rat wird hier *πρεσβυτέριον τοῦ λαοῦ* genannt. Sollen dann die nachfolgend erwähnten *ἀρχιερεῖς τε καὶ γραμματεῖς* die wesentlichen Gruppen dieses Ältestenkollegiums bezeichnen, oder soll

[4] Einerseits etwa *R. Bultmann*, Synoptische Tradition, 290f.; *J. Finegan*, Überlieferung, 72f.; andererseits die jüdisch-apologetische Sicht, wie sie *P. Winter*, On the Trial of Jesus, Berlin-West 1961, auf der Basis umfangreichen rechts- und zeitgeschichtlichen Materials entfaltet.

[5] Das grundlegende Werk dieser Richtung: *J. Blinzler*, Der Prozeß Jesu, Regensburg 1969; darauf aufbauend: *W. Trilling*, a. a. O., 134ff.; die Kommentare *R. Pesch*, Markus II, 418f.; *J. Gnilka*, Markus II, 286; ferner *E. Stauffer*, Jerusalem und Rom zur Zeit Jesu, Bern 1957, 113–122, und *E. Bammel*, The Trial of Jesus, Cambridge [2]1971.

[6] *J. Tyson*, a. a. O., 255.

[7] *H. E. Tödt*, Der Menschensohn in der synoptischen Überlieferung, Gütersloh 1961, 94–97.

[8] *H. E. Tödt*, a. a. O., 97.

ausgedrückt werden, daß zu den Ältesten die Hohenpriester und Schriftgelehrten hinzutreten? Der Hohe Rat kommt zu seiner Vollsitzung, *συνέδριον* genannt, zusammen. Darauf wird ihm Jesus vorgeführt. **67** Sofort legt man ihm die Frage nach seiner Messianität vor. Von einem Zeugenverhör ist nicht die Rede, von seinem Verhältnis zum Tempel wird nicht gesprochen.[9] Jesus antwortet ausweichend. **68** Seine Reaktion steht der Antwort auf die Vollmachtsfrage (20,1–8) nahe. **69** Aber eines läßt Lukas – darin in Übereinstimmung mit Markus – Jesus hier sagen: Sie (die Ankläger) sind Werkzeuge seiner Erhöhung. Der Menschensohn wird zur Rechten Gottes sitzen. Der Zeitpunkt dazu ist jetzt (*ἀπὸ τοῦ νῦν*) gekommen. Mit der Passion beginnt die bis zur Parusie währende Zeit der Erhöhung. Den den Gottesnamen vertretenden Ausdruck *δύναμις*, wie er in der markinischen Fassung des Menschensohnworts begegnet, erläutert Lukas durch den Genitiv *τοῦ θεοῦ*. **70** Sieht man V. 69 als einen lukanischen Einschub an, so liegt es nahe, die von den Mitgliedern des Synedriums gestellte Frage nach der Gottessohnschaft auf die Reaktion Jesu V. 68 zurückzubeziehen. Die nicht eindeutig beantwortete Messianitätsfrage zieht die zweite Frage, die nach der Gottessohnschaft, nach sich. Lukas freilich dürfte sich bewußt gewesen sein, daß der von ihm gestaltete Bericht eine Trias zentraler christologischer Titel enthält. *H. Conzelmann* meint, Lukas wolle mit der Reihenfolge Messias – Menschensohn – Sohn Gottes »die sachliche Identität der geläufigen christologischen Titel darlegen«.[10] *H. E. Tödt* denkt (wohl mit größerem Recht) an eine Klimax, in der jeder Titel seine besondere Bedeutung besitzt.[11] Die Gottessohnschaft drückt die größtmögliche Nähe zu Gott aus. Jesus beantwortet die Frage nach ihr, indem er feststellt: sie haben dieses Wort gebraucht – *ὑμεῖς λέγετε* –, und er ist, was sie sagen. **71** Auf seine Antwort hin stellen die Glieder des Synedriums fest, daß eine Zeugenvernehmung nicht mehr notwendig ist. Ohne Verurteilung wird Jesus Pilatus übergeben. Die Verhandlung vor dem Hohen Rat hatte nach diesem Bericht den Charakter eines Verhörs.

7. Der Prozeß vor Pilatus
23,1–25; Mark. 15,1–15; Matth. 27,1.2.11–26; vgl. Joh. 18,28–19,16

a) Die Anklage gegen Jesus vor Pilatus
23,1–5; Mark. 15,1–5; Matth. 27,1.2.11–14; vgl. Joh. 18,28–38*

(1) Da erhob sich ihre ganze Versammlung, und sie führten ihn ab zu Pilatus.

(2) Sie begannen aber ihn anzuklagen und sagten: »Diesen fanden wir, daß er unser Volk aufwiegelt und es hindert, dem Kaiser Steuern zu zahlen, und sagt, er selbst sei der Messias, ein König.« (3) Pilatus aber fragte ihn und sprach: »Bist du der König der

---

[9] Darin liegt ein deutlicher Unterschied zum Verfahren gegen Stephanus Apg. 6,14. Angesichts der Lukas nachgesagten Neigung, die Passion Jesu und das Martyrium des Stephanus zu parallelisieren, könnte man hier ein weiteres Indiz für den eigenständigen vorlukanischen Charakter des Verhörberichts sehen.

[10] Mitte der Zeit, 76.

[11] A. a. O., 96f.

* Lit.: *H. Conzelmann*, Mitte der Zeit, 78–80 – *W. C. Robinson*, Der Weg des Herrn, 30–36 – *H. P. Kingdon*, Messiasship and the Crucifixion, in: StudEv II, TU 88, Berlin 1964, 67–86 – *E. Haenchen*, Weg Jesu, 518.

Juden?« Er aber antwortete ihm und sprach: »Du sagst es.« (4) Pilatus aber sprach zu den Hohenpriestern und zur Menge: »Ich finde keine Schuld an diesem Menschen.« (5) Sie aber erklärten heftiger und sprachen: »Er wiegelt das Volk auf durch seine Lehren über ganz Judäa hin, angefangen von Galiläa bis hierher.«

Auf Jesu Bekenntnis als Gottessohn folgt die Anklage vor dem Statthalter, die den messianischen Anspruch zum Ausgang nimmt. Die Darstellung, die Lukas von den Verhandlungen gegen Jesus vor Pilatus gibt, ist von der Absicht bestimmt, den römischen Statthalter zum Zeugen der Schuldlosigkeit Jesu zu machen und statt dessen den jüdischen Oberen die eigentliche Schuld an seinem Tode zuzuschreiben. Er denkt an eine Praxis, bei der römische Prokuratoren örtlichen Justizanschauungen und Bräuchen der unterworfenen Völker weitgehend Rechnung tragen.[1] So wird neben den Sprechern des Synedriums auch das Volk mithandelnd eingeführt (vgl. V. 4). Der einleitende Abschnitt beruht auf einer Bearbeitung der Markusvorlage 15,1–5. Kern ist die Übernahme von Mark. 15,2 in 23,3. Die umrahmenden Verse 23,1f.5 sind aus Mark. 15,3 entwickelt. Dabei zeichnet sich die lukanische Fassung durch klarere Linienführung aus. Berichtet werden die Überführung zu Pilatus (V. 1), der Inhalt der Anklage des Synedriums (V. 2), die Verhörfrage des Pilatus (V. 3), sodann als Höhepunkt die öffentliche Schuldlosigkeitserklärung Jesu durch den Statthalter (V. 4) und die Wiederaufnahme der Anklage von seiten der Gegner (V. 5). Das Schweigen Jesu zu den Anklagen bei Mark. 15,4 übergeht Lukas.

1 Wie es der Eigenart des Verhörs vor dem Synedrium, wie es Lukas schildert, entspricht, wo eine gemeinsame Verhandlung des Plenums gegen Jesus geschildert wurde, begibt sich nun die ganze Menge der Ratsmitglieder zu Pilatus, um ihm Jesus vorzuführen. **2** Anders als bei Markus (und psychologisch wahrscheinlicher) setzt die Verhandlung mit der Anklageerhebung ein. Die allgemeine Beschuldigung der Volksverführung wird in zwei Punkten politisch konkretisiert. Sie besteht darin, daß er zur Steuerverweigerung auffordert und sich zum Messias, d. h. zu einem von Rom unabhängigen König proklamiert. Die erste Aussage ist bereits durch das Gespräch über die Kaisersteuer 20,20–26 widerlegt. Eine politische Messianität ist nach dem Verhör 22,66–71 ausgeschlossen. So müssen sich die Anklagen als Verleumdungen erweisen. **3** Erst jetzt greift Pilatus die Messiasfrage auf, die Jesus entsprechend Mark. 15,2 mit *σὺ λέγεις* beantwortet.[2] Lukas muß dies als Verneinung aufgefaßt haben. **4** So läßt er die erste Schuldlosigkeitserklärung durch Pilatus folgen, für die hier keine Begründung gegeben wird. In ihrem apodiktischen Charakter bedeutet sie eine grundsätzliche Aussage über das Verhältnis von Jesus und Imperium. Für Lukas, der sie in dieser Weise unterstreicht (vgl. auch V. 14.22), geht es nicht nur um die Entlastung der Römer, sondern um die Herausstellung der politischen Unzweideutigkeit Jesu und seiner Jünger. **5** Die erneute Anklage rückt die Lehre Jesu in den Vordergrund, verbunden mit einem Hinweis, der unter Zuhilfenahme einer geographischen Formel den Wirkungsraum Jesu veranschaulicht. Dieser umfaßt *ὅλη ἡ Ἰουδαία*, womit wie in 4,44 ganz Palästina gemeint ist. Diese Grundaussage wird entfaltet durch

[1] Vgl. *H. P. Kingdon*, a. a. O., 76f.
[2] *H. Conzelmann*, a. a. O., 79, sieht hier mit Recht das Konzentrat eines Verhörs.

die Bezeichnung des Weges, wie er die Darstellung des Wirkens Jesu bei Lukas bestimmt.[3] Er habe in Galiläa begonnen und sei bis Jerusalem gedrungen: *ἕως ὧδε*. Mit der Nennung Galiläas ist die nächste Station des Prozesses Jesu vorbereitet.

b) Die Überweisung Jesu an Herodes 23,6–16*

(6) Als aber Pilatus das hörte, fragte er, ob der Mensch ein Galiläer sei, (7) und als er erkannte, daß er aus dem Herrschaftsbereich des Herodes war, schickte er ihn zu Herodes, der selbst auch in diesen Tagen in Jerusalem war.

(8) Als Herodes Jesus sah, freute er sich sehr, seit geraumer Zeit nämlich wollte er ihn sehen, weil er von ihm gehört hatte und hoffte, irgendein Zeichen von ihm gewirkt zu sehen. (9) Er befragte ihn aber mit vielen Worten, er (Jesus) aber antwortete ihm nichts. (10) Es standen aber da die Hohenpriester und Schriftgelehrten und beschuldigten ihn hart. (11) Herodes aber mit seinen Soldaten gab seiner Verachtung Ausdruck und verspottete ihn, indem er ihm ein weißes Gewand umhängte, und schickte ihn zu Pilatus zurück. (12) Es wurden Pilatus und Herodes Freunde untereinander an diesem Tag; vorher hatten sie in Feindschaft gegeneinander gelebt.

(13) Pilatus aber rief zusammen die Hohenpriester und die Oberen und das Volk (14) und sprach zu ihnen: »Ihr habt mir diesen Menschen gebracht als einen, der das Volk verführt; und siehe, ich habe ihn vor euch verhört, und ich fand an diesem Menschen keine Schuld, um derentwillen ihr ihn angeklagt habt. (15) Und auch nicht Herodes. Er schickte ihn nämlich zu uns zurück, und siehe, es ist nichts Todeswürdiges von ihm getan. (16) Ich werde ihn nun züchtigen und freilassen.«

V. 10–12: Das Kernstück der Herodesepisode – Beschuldigung, Verspottung und Rücksendung Jesu – fehlt in syr^{sin}, was eine Korrektur von 23,15 (*ἀνέπεμψα γὰρ ὑμᾶς πρὸς αὐτόν*) zur Folge gehabt hat. *J. Wellhausen* hielt diese kurze Form für die ursprüngliche (GGA 1894, 9); doch dürfte *M. Dibelius*, a. a. O., 287, im Recht sein, der an eine nachträgliche Kürzung denkt, da man die Verse als Dublette dessen auffaßte, was Markus und Matthäus von der Pilatusverhandlung berichten. – V. 15: Neben der von den besten Handschriften (p^{75}, א, B u. a.) gebotenen Lesarten *ἀνέπεμψεν γὰρ αὐτὸν πρὸς ἡμᾶς* finden sich die relativ gut bezeugte Version *ἀνέπεμψα γὰρ ὑμᾶς πρὸς αὐτόν* bei A, D, bei den alten Lateinern und zahlreichen späteren Zeugen sowie das seltenere *ἀνέπεμψε γὰρ αὐτὸν πρὸς ὑμᾶς*. Offenbar war der pluralis majestaticus mißverständlich.

Daß Jesus nicht nur Pilatus, sondern auch König Herodes Antipas, seinem Landesherrn, vorgeführt wurde, findet sich nur bei Lukas. Er hat dessen Mitwirkung am Prozeß Jesu in 9,7–9 vorbereitet, wo er dem aus Markus übernommenen Bericht als Schluß anfügte: *καὶ ἐζήτει ἰδεῖν αὐτόν*; er kommt auf sie zurück in Apg. 4,27, dort mit Bezug auf Ps. 2,1. Dieser Zusammenhang aber ist ein kultisches Gebet, so daß *M. Dibelius* zu dem Urteil kam, der Schriftbeweis bilde den Ausgangspunkt für die Entstehung dieser Episode. Die am Beginn dieses messianischen Psalms erwähnten gegen den Gottessohn sich verschwörenden Archonten bezog man auf Pilatus, für die Könige kam nur Herodes in Frage. Der durch den Weissagungsbeweis beeinflußten »kultischen Sprache« dankt »Herodes

---

[3] Dazu *W. C. Robinson*, a. a. O., 31.

* Lit.: *M. Dibelius*, Herodes und Pilatus, ZNW 16, 1915, 113–126 = Botschaft und Geschichte I, Tübingen 1953, 278–292 – *G. Rau*, Das Volk in der lukanischen Passionsgeschichte. Eine Konjektur zu Luk. 23,13, ZNW 56, 1965, 41–51 – *E. Haenchen*, Weg Jesu, 518–520 – *H. W. Hoehner*, Herod Antipas, SNTSMonSer 19, Cambridge 1972, 224–250.

Antipas seinen Platz in der Leidensgeschichte«.[1] Die Szene selber entbehre konkreter Züge und sei aus den bekannten Motiven des Schweigens Jesu, der Anklage durch die Mitglieder des Synedriums und der Verspottung zusammengesetzt.[2] Die literarische Einordnung der Erzählung hat *M. Dibelius* dazu bestimmt, in Lukas ihren Schöpfer zu sehen und ihren geschichtlichen Wert zu bestreiten. Auf eine unmittelbare Augenzeugenschaft, etwa den in 8,3 erwähnten Chuza, wird man kaum zurückgreifen dürfen.[3] In diesem Falle hätte der Bericht anschaulicher ausfallen müssen. Dennoch wird auch von älteren und neueren Forschern eine wie immer geartete Einbeziehung des Herodes in den Prozeß Jesu für möglich gehalten.[4] Die Untersuchungen über dessen politische und rechtliche Kompetenz schließen sie nicht aus.[5] Auch zeitgeschichtliche Erwägungen könnten dafür sprechen: Pilatus, dem durch den Sturz des Sejan der Rückhalt genommen ist, braucht Freunde und muß sich vor jedem inkorrekten Todesurteil hüten.[6]

Noch wichtiger ist die Bewertung der Funktion, die der Bericht über die Vorführung Jesu vor Herodes im Rahmen der lukanischen Passionsgeschichte hat. Sie läßt sich ohne weiteres in die Linie einordnen, die Schuld am Tode Jesu den Häuptern der Judenschaft zuzuweisen, verbunden mit einer Entlastung des Volkes. Diese erreicht später ihren Höhepunkt im Petrusevangelium, wo Herodes die entscheidende Gestalt bei der Verfolgung Jesu ist.[7] Im vorliegenden Bericht kommt es jedoch zu keiner Verurteilung Jesu, vielmehr läuft es darauf hinaus, daß Herodes neben Pilatus zu einem weiteren Zeugen[8] der Unschuld Jesu wird. Daß zwei obrigkeitliche Personen, der römische Statthalter und der jüdische König (V. 14f.; vgl. V. 4), wider Willen die Schuldlosigkeit bezeugen müssen, hat apologetische Bedeutung, läßt Jesus aber auch als Urbild des Märtyrers erscheinen, dessen siegende Vollmacht die Gegner zu Unschuldszeugen werden läßt.

6 Die Erwähnung Galiläas wird für Pilatus zum Anlaß, Jesus auf seine galiläische Herkunft zu befragen. **7** Daraufhin wird er an den zur Passazeit ebenfalls in Jerusalem anwesenden, für ihn als Galiläer zuständigen König Herodes (Antipas) überwiesen.[9]

8 Herodes, der nach dem Bericht des Lukas schon seit geraumer Zeit Jesus kennenlernen wollte (vgl. 9,9), versteht ihn als einen Wundertäter. **9** Seine wortreichen Versuche prallen am Schweigen Jesu ab. **10** Mit den verklagenden Hohenpriestern und Schriftgelehrten treten vor Herodes die gleichen Ankläger auf, die nach 22,66 bereits die Verhandlung vor dem Synedrium geführt haben. **11** Der Inhalt der Beschuldigung und die Reaktion darauf erscheinen nur indirekt. Durch das ihm angelegte (weiße) Prachtgewand

---

[1] A. a. O., 292.
[2] A. a. O., 288.
[3] *Th. Zahn*, Komm., 339, Anm. 8.
[4] *B. Weiß*, Komm., 586; *G. Schneider*, Komm., 474.
[5] *H. W. Hoehner*, a. a. O., 227–239.
[6] *E. Stauffer*, Jesus, Gestalt und Geschichte, Berlin 1957, 97–100.
[7] Vgl. Petr. Evg. 2: »da befiehlt der König Herodes, den Herrn zu ergreifen, indem er zu ihm sagt: Alles, was ich euch befohlen habe, an ihm zu tun, das tut« (Hennecke-Schneemelcher 1, 121).
[8] Vgl. den Rechtsgrundsatz Deut. 19,15.
[9] *ἀναπέμπειν* ist term. techn. für Überweisung an eine höherstehende Person oder (wie hier) an die zuständige Stelle.
Zur Sache vgl. Apg. 25,13ff. Hat Lukas eine Parallelität zwischen dem Prozeß des Paulus und dem Prozeß Jesu gesehen?

soll Jesus als Messiasbewerber verspottet werden.[10] **12** Die Rücküberweisung an Pilatus beendet die lange bestehende Feindschaft zwischen den beiden Männern. Ein Grund wird nicht angegeben. Die Notiz ist fraglos unter dem Einfluß von Ps. 2,2 (vgl. Apg. 4,25–27) zustande gekommen.

13 Der Neueinsatz und die nochmalige Nennung von Synedrium (Hohepriester und Archonten) und Volk[11] soll die Aufmerksamkeit auf die bevorstehende Verlautbarung des Pilatus lenken. **14** Sie ist eine erneute (vgl. 23,4) nachdrückliche Erklärung der Unschuld Jesu. **15** Auch Herodes wird in sie einbezogen, so daß die Funktion der zuvor berichteten Überweisung an Herodes nachträglich beleuchtet wird. **16** Als Verwarnung und zugleich als Genugtuung gegenüber den Anklägern soll Jesus gezüchtigt und dann freigelassen werden. Anstelle des *φραγελλοῦν* bei Mark 15,15 steht das mildere *παιδεύειν*.

c) Die Übergabe Jesu zur Kreuzigung
23,(17)18–25; Mark. 15,6–15; Matth. 27,15–26; Joh. 18,39–19,16*

[(17) Er stand aber unter der Notwendigkeit, zum Fest ihnen einen freizulassen.]

(18) Sie schrieen aber allesamt und sprachen: »Weg mit diesem; gib uns aber den Barabbas frei.« (19) Dieser war wegen eines in der Stadt geschehenen Aufruhrs und wegen Mordes ins Gefängnis geworfen worden. (20) Wiederum aber sprach Pilatus sie an, weil er Jesus freilassen wollte. (21) Sie aber riefen dagegen und sprachen: »Kreuzige, kreuzige ihn!« (22) Er aber sagte zum dritten Mal zu ihnen: »Was hat denn dieser Böses getan? Nichts Todeswürdiges fand ich an ihm. Ich werde ihn züchtigen und freilassen.« (23) Sie aber bedrängten ihn mit lauten Stimmen und forderten auf, ihn zu kreuzigen; und ihr Geschrei wurde übermächtig.

(24) Und Pilatus entschied, daß ihrer Forderung stattgegeben werden sollte. (25) Und er ließ frei den, der wegen Aufruhr und Mord ins Gefängnis geworfen war, den sie gefordert hatten, Jesus aber übergab er ihrem Willen.

V. 17: Die Erwähnung der Osteramnestie findet sich im Sinaiticus, den Handschriften der Koinegruppe und den lateinischen Übersetzungen; D hat sie an V. 19 angefügt; bei p^{75}, Vaticanus, Alexandrinus und der sahidischen Übersetzung fehlt sie völlig. Es dürfte sich um eine nachträgliche, aus den Parallelen (Mark. 15,6; Matth. 27,15; vgl. Joh. 18,39) herübergenommene Eintragung handeln. Der Versuch einer Einbeziehung Jesu in eine dem Barabbas zugute kommende österliche Amnestie (dazu vgl. *A. Bajsić*, a. a. O.) widerspricht dem bei Lukas dargestellten Prozeßverlauf.

Die Barabbasszene bildet den Höhepunkt der Verhandlung vor Pilatus. Darin stimmt die Darstellung des Lukas mit den Berichten bei Markus bzw. bei Matthäus überein. Das

---

[10] Als Königsgewand bei Jos., Ant. VIII, 7,3 für Salomo bezeugt; nach Polyb. X, 4,8 ist die toga candida das Gewand eines Amtsbewerbers.

[11] Die Nennung des Volkes mag überraschend erscheinen, da Lukas sonst geneigt ist, zwischen dem Volk und seinen Oberen zu unterscheiden (19,48; 20,19; 21,38; 22,2). *G. Rau* schlägt deshalb a. a. O., 48, (im Anschluß an *P. Winter*) die Konjektur vor: *τοὺς ἄρχοντας τοῦ λαοῦ*.

* Lit.: *J. Schniewind*, Parallelperikopen, 62–77 – *J. Blinzler*, Der Entscheid des Pilatus – Exekutionsbefehl oder Todesurteil? MThZ 5, 1954, 171–184 – *P. Winter*, Marginal Notes on the Trial of Jesus, ZNW 50, 1959, 234–249 – *H. W. Bartsch*, Wer verurteilte Jesus zum Tode? NovTest 7, 1964/65, 210–216 – *E. Lohse*, Die Geschichte des Leidens und Sterbens Jesu Christi, Gütersloh 1964, 89–93 – *A. Bajsić*, Pilatus, Jesus und Barabbas, Bibl 48, 1967, 7–28 – *H. Z. Maccoby*, Jesus und Barabbas, NTS 16, 1969/70, 55–60.

Urteil über die Herkunft der von Lukas gebotenen Gestalt geht weit auseinander, der lukanische Anteil an der Schilderung wird sehr verschieden bestimmt. Die Mehrheit der Ausleger sieht die Szene als Fortführung der lukanischen Markusbearbeitung an.[1] Komplizierter wird die Analyse, wo man mit einer die Passionsgeschichte einschließenden Sonderquelle des Lukas rechnet. *E. Hirsch* will diese allein in V. 23f. (als unmittelbare Fortsetzung von V. 16) erkennen, während V. 18–22.25 von Lukas in seine Sonderüberlieferung eingearbeitet seien.[2] Auch *A. Schlatter* hält es für unsicher, »ob die Szene mit Barabbas in der Quelle stand«, und er rechnet damit, daß diese nur erzählte, »daß Pilatus beharrlich nach einer Tat Jesu fragte, die ein Vergehen sei, und daß ihm darauf nur mit dem Ruf geantwortet wurde, der die Kreuzigung Jesu verlangte, und daß Pilatus sich dem Begehren der Juden fügte und das Todesurteil sprach«.[3] *K. H. Rengstorf*, der sonst weitgehend Schlatter folgt, setzt sich hier von ihm ab, weil nicht einzusehen sei, »weshalb Lukas aus dem klar aufgebauten Abschnitt Mark. 15,6ff. (Barabbasszene) seine Darstellung gemacht haben sollte, die gar nicht erkennen läßt, wieso Barabbas überhaupt zum Gegenspieler Jesu werden konnte«. So findet er es naheliegend, »daß wir auch hier eine besondere in sich geschlossene und von Lukas höchstens sprachlich geformte Überlieferung vor uns haben«.[4] Unübersehbar ist die Tendenz, Pilatus zu entlasten und die Ankläger als die eigentlichen Schuldigen erscheinen zu lassen (vgl. V. 25b: *τὸν δὲ Ἰησοῦν παρέδωκεν τῷ θελήματι αὐτῶν*) – mag sie auf die Bearbeitung des Lukas oder bereits auf eine ihm vorgegebene Überlieferung zurückzuführen sein. Eine gewisse Entsprechung gibt es auch in dem Bericht des Johannes: Beide schwächen den Schuldanteil des Pilatus ab, indem sie schildern, daß er dem Druck der Menge weicht, daß er eine dreimalige Unschuldserklärung für Jesus abgibt (Luk. 23,4.14f.22; Joh. 18,38; 19,5.12) und daß die Verspottung nach der Verurteilung, die Markus und Matthäus berichten, fortfällt.[5] Die Übereinstimmungen sind jedoch nicht literarisch, sondern traditionsgeschichtlich bestimmt.[6]

17 Die hier vorliegende nachträgliche Interpolation (s. o. Textkritik) ist als eine Erläuterung der folgenden Barabbasepisode gedacht; sie schwächt aber die Darstellung des Lukas ab, nach der Pilatus unter dem Druck der Menge handelt. **18** Die Absicht des Pilatus, er wolle Jesus freilassen, findet die einhellige Ablehnung der Anwesenden, die zusammen mit dem *αἶρε*, mit dem sie Jesus verwerfen, die Freilassung des Barabbas fordern. **19** Dieser wird wie in Mark. 15,7 als mörderischer Aufrührer charakterisiert, darüber hinaus wird gesagt, daß dieser Aufstand in Jerusalem geschehen sei. Soll angedeutet werden, daß

---

[1] Repräsentativ für die ältere literarkritische Sicht: *J. Finegan*, a. a. O., 29f.; für die jüngere redaktionsgeschichtlich orientierte: *G. Schneider*, Komm., 476.
[2] Frühgeschichte II, 269.
[3] Komm., 441.
[4] Komm., 264; in ähnliche Richtung stößt die von *Joach. Jeremias*, Komm., 302–304, vorgenommene Scheidung von Tradition und Redaktion vor.
[5] Die Verspottungsszene Luk. 23,11 und Joh. 19,1–3 haben je eine andere Funktion.
[6] *J. Schniewind*, Parallelperikopen, 76, kommt zu dem Urteil, »daß in Lk. 23 die undeutliche Wiedergabe einer bei Joh. 18,19 deutlicheren Tradition vorliegt«, betont dann aber: »Die Freiheit und Undeutlichkeit der Einzelheiten beweist um so mehr, daß es eine ganz bestimmte, aber letztlich doch noch nicht fixierte Tradition sein muß, die hinter beiden Evangelien steht,«

die mit Jesus zusammen gekreuzigten Übeltäter (V. 33) Tatgenossen des Barabbas waren?[7] **20** Ein erneuter Versuch des Pilatus, Jesus freizulassen, **21** scheitert am Widerspruch der Ankläger, die nun mit der offenen Kreuzigungsforderung (doppeltes *σταύρου* im Unterschied zu der einfachen Form bei Markus und Matthäus) antworten. **22** Die darauf folgende Unschuldserklärung durch Pilatus ist die dritte (vgl. V. 4.15), wie ausdrücklich hervorgehoben wird. **23** Mit erregtem Geschrei wiederholt die Menge die Todesforderung (vgl. V. 18.21). **24** Der Entscheid des Pilatus wird so dargestellt, daß er dem Verlangen der Ankläger nachgibt. Dabei wird vermieden, von einem ausdrücklichen Todesurteil zu sprechen.[8] **25** Der abschließende, wohl ganz lukanische Satz, steht im Zeichen der politischen Apologetik: der Aufrührer wird freigelassen und den mit ihm Sympathisierenden übergeben; denen, die sich damit als die wahren Feinde Roms erwiesen haben, wird der für unschuldig erklärte Jesus geopfert.

8. Der Kreuzweg Jesu
23,26–32; Mark. 15,21; Matth. 27,32*

(26) Und als sie ihn wegführten, griffen sie einen Simon aus Kyrene, der vom Felde kam, und legten ihm das Kreuz auf, es hinter Jesus her zu tragen.

(27) Es folgte ihm aber eine große Menge aus dem Volk und von Frauen, die betrauerten und beklagten ihn. (28) Jesus aber wandte sich zu ihnen und sprach: »Töchter Jerusalems, weint nicht über mich, sondern weint über euch und eure Kinder! (29) Denn siehe, Tage werden kommen, an denen werden sie sagen: Selig die Unfruchtbaren und die Leiber, die nicht geboren haben, und die Brüste, die nicht gesäugt haben. (30) Dann werden sie anheben, zu sagen zu den Bergen: Fallt über uns, und zu den Hügeln: Bedekket uns. (31) Denn wenn man das am frischen Holz tut, was wird mit dem dürren geschehen?«

(32) Es wurden aber auch zwei andere Übeltäter hingeführt, daß sie mit ihm hingerichtet würden.

Die in der Legende weitergebildete, in Volksfrömmigkeit und christlicher Kunst bedeutsame Darstellung des Kreuzwegs hat im Lukasevangelium ihren Ursprung. Der Hauptteil des Berichtes V. 27–31 gehört seiner Sonderüberlieferung zu. V. 26 ist von Markus beeinflußt, wobei die lukanische Fassung die Neigung zu einem symbolischen Verständnis der Situation des Kreuzträgers Simon erkennen läßt. *R. Bultmann* sieht in der stark mit hellenistischen und jüdischen volkstümlichen Zügen durchsetzten Darstellung ein biographisches Apophthegma, dem es auf die »Unterbringung einer Weissagung« in einem geeigneten Moment des Lebens Jesu ankomme.[1] *M. Dibelius*[2] und vor ihm schon

---

[7] So *A. Bajsić*, a. a. O., 17. – *E. Lohse*, a. a. O., 92, hält hingegen die ganze Barabbasszene für eine (antizelotische) Legendenbildung.

[8] Anders in Luk. 24,20, wo von einem durch die Oberen erreichten Todesurteil gesprochen wird. Darin wird sichtbar, daß es sich bei dem von Pilatus verhängten Spruch auch für Lukas um mehr als um einen bloßen Exekutionsbefehl handelt (zur Problematik vgl. *J. Blinzler*, a. a. O.).

* Lit.: *W. Käser*, Exegetische und theologische Erwägungen zur Seligpreisung der Kinderlosen, ZNW 54, 1963, 240–254 – *F. Untergaßmair*, Kreuzweg und Kreuzigung Jesu, PadTheolStud 3, Paderborn 1980.

[1] Synoptische Tradition, 59.

[2] Botschaft und Geschichte I, Tübingen 1953, 236.

H. J. Holtzmann[3] haben an Sach. 12,11–14 als Hintergrund gedacht. *W. Käser* meint, daß das ursprüngliche Apophthegma V. 27f.31 durch zwei Jesuslogien erweitert wurde, die in Reflexion prophetischer Aussagen (Jes. 54,1 bzw. Jes. 54,10 und Hos. 10,8) das »Ende des fleischlichen Israels« und seine Selbstzerstörung ankündigten.[4] Inhaltlich gehören sie in den Umkreis der Gerichtsaussagen über Jerusalem und das Volk, im jetzigen Zusammenhang haben sie die Funktion, das Jesuswort an die Töchter Jerusalems zu motivieren. Die jeweils mit *ὅτι* eingeleiteten konkurrierenden Begründungen V. 29 und V. 31 fallen auf. Doch bleibt ungewiß, ob die Einführung durch Lukas oder eine ihm vorgegebene Überlieferung erfolgt ist.[5] Geht man von einer durchgängigen neben der Markusvorlage von Lukas benutzten Sonderüberlieferung in diesem Teil der Passionsgeschichte aus, so hätte Jesus seit seiner Übergabe an Pilatus kein Wort mehr gesprochen. Auch nach der vorliegenden lukanischen Gestalt läßt er nach dem knappen *σὺ λέγεις* in V. 3 das Geschehen vor Herodes und Pilatus wortlos über sich ergehen. Jetzt öffnet er seinen Mund als Prophet, der das durch sein Schicksal ausgelöste Geschick Jerusalems verkündet. Es ist das dritte Mal innerhalb des letzten, um Jerusalem zentrierten Teils des Evangeliums, daß Jesus den Untergang der Stadt direkt ankündigt (vgl. 19,41–44; 21,20–24). Man kann fragen, ob die Einfügung dieser Szene in den Umkreis der Kreuzigungsgeschichte der Einsicht des Lukas zu verdanken ist, daß die Verwerfung Jesu, die die Entscheidung für Barabbas einschloß, die Option für den zelotischen Weg bedeutete, der schließlich in die Katastrophe führte. Daß für die zur Kreuzigungsstrafe Verurteilten zur Abschreckung ein Weg zur Hinrichtungsstätte gewählt wurde, bei dem sie von vielen gesehen werden konnten, entspricht ganz römischem Justizbrauch.[6] Dieser Weg geht in Jerusalem zuerst durch die West-Ost-Straße, von da auf der Nord-Süd-Straße zur Hinrichtungsstätte.[7]

26 Subjekt des *ἀπήγαγον* sind die römischen Soldaten, die nach V. 36 bei der Kreuzigung anwesend sind (vgl. auch V. 47). Wenn sie hier nicht ausdrücklich genannt werden, so daß der Eindruck entsteht, daß die gleichen Leute gemeint sind, die von Pilatus Jesu Tod gefordert haben, so könnte das mit der Tendenz des Lukas zusammenhängen, die römischen Soldaten so wenig wie möglich zu erwähnen. Aus diesem Grunde hat er auch die Verspottung Jesu (vgl. Mark. 15,16–20) ausgelassen. Nach römischem Recht findet die Vollstreckung eines Urteils sofort nach dessen Verkündung statt.[8] Der nach dem Bericht des Markus zur Hilfeleistung für den durch die Mißhandlung geschwächten Jesus aufgegriffene Simon von Kyrene, dem man den Kreuzesbalken (den Querbalken für den bereits stehenden Hinrichtungspfahl) zum Tragen auferlegt, wird bei Lukas zum Bild des Christen, der seinem Herrn als Träger des Kreuzes nachfolgt (zur Formulierung *τὸν σταυρὸν φέρειν ὄπισϑεν τοῦ Ἰησοῦ* vgl. Matth. 10,38; Luk. 9,23; 14,27).

---

[3] Komm., 291.

[4] A. a. O., 253f.

[5] *Joach. Jeremias*, Komm. 354f., sieht lukanische Redaktion nicht nur in V. 26f. und 32, sondern auch in der Einleitung von V. 29.

[6] (Ps.) Quintilian, Declamationes 274: celeberrimae eliguntur viae, ubi plurimi intueri, plurimi commoveri hoc metu possint.

[7] *Joach. Jeremias*, Golgatha, Leipzig 1926, 4f.

[8] Tacitus, Ann. III,51.

27 Die Beklagung des Verurteilten ist in Palästina bekannt.[9] *ἐκόπτοντο*, eigentlich: sie schlugen sich, bezeichnet das gestische Moment der Trauer, *ἐθρήνουν* die laut hörbare Totenklage. Ob eine öffentliche Totenklage für (durch römischen Spruch) zum Tode Verurteilte verboten war und sich im Verhalten der Frauen Protest äußern soll,[10] ist schwer auszumachen. Lukas dürfte es nicht so aufgefaßt haben. Eher sieht er in den klagenden Frauen Sprecherinnen des Volkes (vgl. V. 48), das – anders als seine Oberen (V. 35) – am haßerfüllten Trotz gegen Jesus nicht teilhat. Die Teilung der Begleitenden in die Menge des Volkes und die Trauernden könnte auch in Sach. 12,12–14 ihren Hintergrund haben. Die Szene ist so erzählt, daß an eine Erfüllung von Sach. 12,10–14 gedacht werden soll; vgl. bes. V. 10f.: »Sie betrauern ihn, wie man den einzigen Sohn betrauert, und weinen bitterlich um ihn, wie man den Erstgeborenen beweint. Ein großes Klagen tönt an jenem Tag aus Jerusalem.«[11] **28** Inmitten der klagenden Frauen wird Jesus zum Propheten. Er wendet sich nicht an das Volk, sondern fordert die Töchter Jerusalems (vgl. 2.Sam. 1,24; Jes. 3,16; Sach. 9,9; Hohesl. 1,5) auf, nicht über sein Geschick zu weinen, sondern über das eigene und das ihrer Kinder. Der in der Kreuzigung Jesu sichtbare Schuldzusammenhang trifft die ganze gegenwärtige Generation und noch die ihrer Kinder. Nicht um Mitleid geht es, sondern um Umkehr (vgl. 19,42–44). **29** Seine Verurteilung löst das Gericht über Jerusalem aus. Tage stehen bevor, in denen man das Segenswort über die Mutterschaft (vgl. 11,27) umkehren wird in Seligpreisung der Unfruchtbaren. Was in 21,23 als Weheruf erscheint, ist hier in einen paradox wirkenden Makarismus verwandelt. In seinem Charakter als Gerichtsankündigung (*ἔρχονται ἡμέραι*) ist es auch eine Umkehrung des vielleicht als Vorbild wirkenden Heilsspruchs Jes. 54,1. **30** Die angeschlossene Unheilsankündigung kann die Unerfüllbarkeit der Sehnsucht nach Schutz in der Katastrophe (nach Hos. 10,8) oder gar den selbstzerstörenden Todeswunsch ansagen. Auch hier wird von manchen an eine paradoxe Umkehr der Heilszusage Jes. 54,10 gedacht.[12]

31 Das Schlußwort Jesu – in der von W. Käser postulierten Gestalt des ursprünglichen Apophthegmas die eigentliche Antwort an die klagenden Frauen – kündigt unter dem Bild vom Feuer das kommende Gottesgericht an. Es hat wider die natürliche Regel zuerst den frischen Stamm erfaßt. Was wird mit dem dürren Holz geschehen, wenn die Flamme nach ihm greift? Meint Jesus mit dem grünen Holz den eigenen Tod, den er wie in Luk. 12,49f. als Übernahme des eschatologischen Geschicks deutet, während die Strafvergeltung an Israel (dem dürren Holz) noch aussteht? Die Frageform soll vielleicht andeuten, daß eine letzte Möglichkeit noch offen ist. So klingt das prophetische Wort Jesu als Ruf zur Umkehr aus. **32** Jesus setzt seinen Kreuzweg fort; seine Verlassenheit wird darin sichtbar, daß seine Jünger fehlen. Ein Fremder trägt das Kreuz nach, zwei Übeltäter (*κακοῦργοι*) sind seine letzte Begleitung (*σὺν αὐτῷ*).

---

[9] »Wenn einer hinausgeht, um gekreuzigt zu werden, weint sein Vater über ihn, und seine Mutter weint über ihn, und sie sprechen: wehe mir. Aber das Wehe gilt doch dem, der hinausging, um gekreuzigt zu werden?« Sifre Deut. 308 (133b); vgl. die Interpretation der Stelle durch *G. Dalman*, Jesus – Jeschua, Leipzig 1922, 174.

[10] So *J. Schmid*, Komm., 346.

[11] *M. Dibelius*, Botschaft und Geschichte, 236f.

[12] *W. Käser*, a. a. O., 252f.

9. Die Kreuzigung Jesu
23,33–49; Mark. 15,22–41; Matth. 27,33–56; vgl. Joh. 19,17–30*

(33) Als sie aber zu dem Platz kamen, dem sogenannten Schädel, kreuzigten sie ihn dort und die Übeltäter, den einen zur Rechten, den anderen zur Linken. (34) Jesus aber sprach: »Vater, vergib ihnen, sie wissen nämlich nicht, was sie tun.« Sie teilten aber seine Kleider und warfen Lose.

(35) Und das Volk stand schauend dabei. Es verhöhnten aber auch die Obersten und sagten: »Andere hat er gerettet, rette er sich selbst, wenn dieser der Messias Gottes ist, der Erwählte.« (36) Es verspotteten ihn aber auch die Soldaten, traten heran, hielten ihm Essig hin (37) und sprachen: »Wenn du der König der Juden bist, rette dich selbst.« (38) Es war aber auch eine Inschrift über ihm: »Dieser ist der König der Juden.«

(39) Einer aber der gehenkten Übeltäter lästerte ihn und sprach: »Bist du nicht der Messias? Rette dich selbst und uns!« (40) Der andere aber erwiderte, beschwor ihn und sagte: »Fürchtest du dich nicht einmal vor Gott, obwohl du unter dem gleichen Urteil stehst? (41) Wir zwar empfangen gerechtermaßen, was dessen wert ist, was wir getan haben. Dieser aber hat nichts Unrechtes getan.« (42) Und er sprach: »Jesus, gedenke meiner, wenn du in dein Reich kommst.« (43) Und er sagte zu ihm: »Wahrlich, ich sage dir, heute wirst du mit mir im Paradies sein.«

(44) Und es war schon gegen die sechste Stunde, und es kam eine Finsternis über das ganze Land bis zur neunten Stunde, (45) weil die Sonne zu scheinen aufhörte. Es zerriß aber der Vorhang des Tempels mittendurch. (46) Und mit lauter Stimme rief Jesus und sprach: »Vater, in deine Hände übergebe ich meinen Geist.« Als er aber dies gesagt hatte, verschied er.

(47) Als aber der Hauptmann sah, was geschehen war, pries er Gott und sprach: »Wahrlich, dieser Mensch war gerecht.« (48) Und die ganze Menge, die zu diesem Schauspiel zusammengekommen war und sah, was geschah, schlug sich an die Brust und kehrte heim.

(49) Es standen aber alle seine Bekannten von ferne und die Frauen, die ihm nachgefolgt waren von Galiläa, dieses zu sehen.

Die Vielzahl textkritischer Abweichungen unterstreicht auf ihre Weise die Aufmerksamkeit, mit der diese Perikope behandelt wurde.

V. 34: Die Fürbitte Jesu fehlt in p^{75}, B, D*, W, Θ, syr^{sin}, sa. Sie steht in ℵ*, C, der Koinegruppe, dem größten Teil der lateinischen und der syrischen Übersetzungen, ferner bei Marcion, Orig., Tat; Nestle-Aland 26. Aufl. setzt sie in Doppelklammern. Sie ist aus inhaltlichen Gründen (s. u.) als ursprünglich anzusehen. Ihre Auslassung könnte sich aus einer antijudaistischen Tendenz erklären: man sah in den Kreuzigern Jerusalemiten und wollte sie angesichts von V. 29f. nicht durch die Fürbitte Jesu entlastet sehen. – V. 35: Die Koinegruppe sowie Θ beziehen das Volk in die Verspottung mit ein (vgl. aber V. 48). – V. 37: D und die syrischen Übersetzungen ($syr^{sin\ cur}$) haben statt der höhnenden Aufforderung zur Selbsthilfe den verspottenden Gruß und fügen hinzu: *περιθέντες αὐτῷ καὶ ἀκάνθινον στέφανον*. – V. 38: Einige Zeugen tragen dabei aus Joh. 19,19f. die drei Sprachen des Kreuzestitulus nach (ℵ*, A, D, Zeugen der Koinegruppe und viele Lateiner). – V. 39: Die Läster-

* Lit.: *J. Schniewind*, Parallelperikopen, 77–85 – *P. Grelot*, »Aujourd'hui tu seras avec mois dans le Paradis« (Luc XXIII, 43), RevBibl 74, 1967, 194–214 – *W. Trilling*, Christusverkündigung in den synoptischen Evangelien, Leipzig 1968, 191–211 – *J. F. A. Sawyer*, Why is a Solar Eclipse mentioned in the Passion Narrative (Luke XXIII,44–45), JThSt 23, 1972, 124–128 – *J. Lange*, Zur Ausgestaltung der Szene vom Sterben Jesu in den synoptischen Evangelien, in: Biblische Randbemerkungen, Festschr. f. R. Schnackenburg, Würzburg 1974, 50–55 – *H.-W. Kuhn*, Jesus als Gekreuzigter in der frühchristlichen Verkündigung bis zur Mitte des 2. Jahrhunderts, ZThK 72, 1975, 1–46 – *M. Hengel*, Mors turpissima crucis, in: Rechtfertigung, Festschr. f. E. Käsemann, Tübingen 1976, 125–184 – *A. Büchele*, Der Tod Jesu im Lukasevangelium, FThSt 26, Frankfurt a. Main, 1978.

rede des Schächers fehlt in D, e, wohl weil sie als Wiederholung von V. 37 empfunden wurde. – V. 42: Die Worte des reuigen Schächers sind vielfach geändert worden. Statt der auffallenden Form, die Jesus mit seinem Namen anredet, haben die meisten der Koinegruppe *ἔλεγεν τῷ Ἰησοῦ μνήσθητί μου κύριε* ..., während in D die Anrede überhaupt fehlt. Bei der eigentlichen Bitte stehen drei Lesarten zur Auswahl: *ἐν τῇ βασιλείᾳ σου* (so ℵ, C, Θ, Koine), dies offenbar präzisierend: *ἐν τῇ ἡμέρᾳ τῆς ἐλεύσεώς σου* (D) und *εἰς τὴν βασιλείαν σου* (B, lat). Das hier sichtbar werdende Problem – zeitliche oder räumliche Auffassung der *βασιλεία* – ist allein textkritisch nicht zu entscheiden. – V. 45: Wesentliche Zeugen (A, D, Θ, Koine, lat, syr, sa, auch Marcion) sprechen mit apokalyptischem Anklang (vgl. Joel 3,4 bei Act. 2,20) von der Verfinsterung der Sonne: *ἐσκοτίσθη ὁ ἥλιος*. –

V. 48: Einige Zeugen haben die gestische Reueäußerung durch ein regelrechtes Sündenbekenntnis des Volkes ergänzt ($syr^{sin\ cur}$, g). Die Formulierung ähnelt der Klage, die im Petr. Evg. 7,25 (Hennecke-Schneemelcher I, 122) mit dem Begräbnis Jesu verbunden ist.

Die Grundlage des lukanischen Kreuzigungsberichts kann mit guten Gründen auf eine Sonderüberlieferung zurückgeführt werden, die durch einige Züge aus Markus ergänzt wurde.[1] Vertreter der von einer lukanischen Markusredaktion ausgehenden Gegenthese verkennen die strukturelle Geschlossenheit des nichtmarkinischen Basisberichts und die Eigenart seiner Elemente.[2] Zu den von Markus herübergenommenen Bestandteilen gehören: die Verteilung der Kleider Mark. 15,24 (vgl. V. 34b); die Kreuzesinschrift 15,26 (vgl. V. 38); die spottenden Oberen 15,31 (vgl. 35b); das Zerreißen des Tempelvorhangs 15,38 (vgl. V. 45b); im Bericht über den Hauptmann unter dem Kreuz 15,39 (vgl. V. 47) weicht das Wort erheblich ab.[3] Aber auch sonst bekommen die Einzelelemente z. T. ihren eigenen Platz und Sinn und erfahren auch im Wortlaut bemerkenswerte Änderungen.

So bleibt für den Basisbericht: V. 33.34a.35a.36.37.39–43.46.48.49. Die von Lukas auf dieser Grundlage gestaltete Darstellung des Kreuzigungsgeschehens und des Todes Jesu ist Herzstück und Höhepunkt der Passionsgeschichte. So kann gerade hier mit einer bedachten Komposition gerechnet werden. Von da aus gewinnt die Dreizahl der Worte Jesu in diesem Abschnitt besondere Bedeutung. Auch für die Gestaltung des Hergangs der Ereignisse, die dem Kreuzestod vorausgehen und nachfolgen, scheint die Dreizahl maßgebend zu sein. So erleidet der Gekreuzigte eine dreifache Verspottung durch die Oberen, die Soldaten und den einen Schächer (V. 35b–39); in allen drei Fällen wiederholt sich die Aufforderung zur Selbsthilfe (V. 35.37.39). Der Schlußabschnitt schildert die dreifache Wirkung des Todes auf den Hauptmann, das Volk und die Bekannten (V. 47–49).

Vom Aufbau her gewinnt die Schächerszene eine Mittelstellung, die den paränetischen Charakter der lukanischen Darstellung unterstreicht.[4] Im übrigen hat der Lukasbericht die schon in früheren Gestaltungen der Passionsgeschichte, vor allem bei Markus, enthaltenen Züge der passio iusti, der Präsentation Jesu als des leidenden Gerechten (sei es auf der Grundlage des Basisberichtes oder durch eigene Redaktion) noch verstärkt. Am deutlichsten erkennbar ist sie in den Worten des anderen Schächers V. 41b und des

---

1 Vgl. dazu die Analyse von *A. Büchele*, a. a. O., sowie von *Joach. Jeremias*, Komm., 306–309.

2 *J. Finegan*, a. a. O., 32–34; *G. Schneider*, Komm., 482f., 486f.

3 Hier ist die Annahme einer Herkunft aus dem nichtmarkinischen Bericht oder einer weitgehenden Gestaltung durch Lukas selbst (so *Joach. Jeremias*, Komm., 308) ernsthaft zu erwägen.

4 *R. Bultmann*, Synoptische Tradition, 307, sieht in Luk. 23,40–43 »das Muster der Reue in letzter Stunde«.

Hauptmanns V. 47b. Weitere Motive, wie die Fürbitte für die Henker, das stumme Ertragen des Spottes, die im Sterben vollzogene Hingabe an Gott, die tiefe Wirkung auf die Anwesenden, gehören gleichfalls in das Bild des Märtyrers, das Lukas vor allem in diesem Teil des Passionsberichtes vor Augen gestanden hat. Namentlich im Blick auf das Stephanusmartyrium, das der Passion Jesu nachgebildet ist, gilt das Urteil, daß Lukas in seiner Darstellung Jesus als den »Urmärtyrer« zeigt, der »an seinem Leibe die Leiden aller Märtyrer« erfüllt.[5] Diese im Kreuzigungsbericht kulminierende Sicht ist ein zentrales Element des lukanischen Christusbildes. Das zuletzt genannte Motiv tritt in Verbindung mit der im Lukasevangelium stark akzentuierten Umkehrforderung. Sie zeichnet sich in der Passionserzählung deutlich in den Worten an die »Töchter Jerusalems« ab und findet die Fortsetzung in der Umkehrpredigt der Apostel in den ersten Kapiteln der Apostelgeschichte. In der Gestalt des reuigen Schächers wird die Chance zur Umkehr im letzten Moment sichtbar, die Leute aus dem Volk (V. 49) sollen veranschaulichen, wie durch den betrachtenden Anblick des Sterbens Jesu Reue und Umkehr ausgelöst wird. In solcher »vorösterlicher«, noch unchristologischer Zuwendung[6] werden bereits die Konturen eines neuen Gottesvolks sichtbar, als dessen Vertreter der Centurio (als Repräsentant der Heiden), die umkehrenden Jerusalemiten und die »Seinen« beim Kreuzesgeschehen anwesend sind.

33 Den Platz der Kreuzigung, den der Zug mit den Verurteilten erreicht, nennt Lukas nicht mit seinem hebräischen Namen Golgatha, sondern griechisch *Κρανίον*. Dies kann als »Kopfberg« aufgefaßt worden sein, was dann die Form des Hügels bezeichnet. An der Deutung als *κρανίου τόπος* im Sinn von Schädelstätte bei Mark. 15,22 hat er vielleicht Anstoß genommen. Dort wurde die Kreuzigung vollzogen. »Die Hinrichtung am Kreuz, eine Sklavenstrafe, in den römischen Provinzen ein als Abschreckungsstrafe gegen Freiheitskämpfer gern benutztes Mittel zur Aufrechterhaltung der öffentlichen Ordnung und Sicherheit, vollzog sich so: Der Verurteilte, der das Querholz zur Hinrichtungsstätte getragen hatte, wurde nach seiner Entkleidung am Boden mit ausgestreckten Armen an das patibulum mit Nägeln angenagelt oder mit Stricken festgebunden. Das Querholz wurde dann am senkrecht am Boden stehenden Hinrichtungspfahl, dessen Höhe verschieden war, hochgezogen und in einer Kerbe am Ende des Pfahls befestigt; die Füße des Delinquenten wurden am Pfahl angebunden oder angenagelt. Ein Holzklotz, etwa in der Mitte des hängenden Körpers, stützte diesen und verhinderte einen raschen Tod.«[7] Auf eine Schilderung der Kreuzigung selbst verzichtet Lukas wie auch die übrigen Evangelisten, da der Vorgang den Lesern bekannt ist. Jesus wird in der Mitte zwischen zwei Übeltätern gehenkt. Was 22,37 auf der Grundlage von Jes. 53,12 gesagt war, erfüllt sich.
34 Das erste Wort des Gekreuzigten ist Fürbitte für die Henker und Richter. Es geht über das in der Forderung der Feindesliebe Luk. 6,28b Gebotene noch hinaus. Damit wird eine Linie eingeleitet, die sowohl im Martyrium des Stephanus (Apg. 7,60) wie auch in

---

[5] *H. W. Surkau*, Martyrien in jüdischer und christlicher Sicht, FRLANT NF 36, Göttingen 1938, 100.

[6] Vgl. die Anrede des Schächers (V. 42) und den Wahrspruch des Hauptmanns (V. 47).

[7] *R. Pesch*, Markus II (HThK), Freiburg 1979, 479; zum weiteren Hintergrund vgl. *H.-W. Kuhn*, a. a. O., 9–11.

dem des Herrenbruders Jakobus (Euseb., hist. eccl. II, 23,16) ihre Fortsetzung findet. Die Fürbitte steht an Stelle eines Schuldbekenntnisses, wie solches von einem Hinzurichtenden gesprochen wurde. Jesus bekennt nicht eigene Schuld, sondern bittet für die Schuld derer, die ihn hinrichten.[8] Die Kleiderverteilung, entsprechend dem Brauch, daß die Gewänder der Hingerichteten den Henkern zufielen, wird ohne Bezugnahme auf Ps. 22,19 berichtet.

35 Dem Gekreuzigten widerfährt ein dreifacher Spott, in dem sich die Versuchung zur Selbsthilfe wiederholt (vgl. 4,2–4; 4,23). Anders als bei Mark. 15,29f. wird das Volk ausgenommen. Es erscheint nur als Zuschauer, während die Oberen des Volkes Jesus auf seine Messianität hin ansprechen. Dabei steht neben *ὁ Χριστὸς τοῦ θεοῦ* die Bezeichnung *ὁ ἐκλεκτός*, die aus Jes. 42,1 stammt und nur ganz selten auf Jesus angewendet wird (Teilüberlieferung in Joh. 1,34; vgl. Luk. 9,35). Weniger in den Titeln als in der Aufforderung zur Selbsthilfe soll ein andersgeartetes Messiasverständnis ausgedrückt werden. **36** Auch die hier erstmalig genannten römischen Soldaten[9] beteiligen sich am Spott. Das Reichen des aus Essig bestehenden Betäubungstranks ist zu einem Spottvorgang geworden. **37** Sie fordern den *βασιλεύς τῶν Ἰουδαίων* zur Selbsthilfe auf. **38** Damit beziehen sie sich auf die Kreuzesinschrift, die Lukas erst an dieser Stelle nachträgt (anders Mark. 15,26), indem er sie unter Verzicht auf tiefere Sinndeutung der Verspottungsszene zuordnet. **39** Der nach den Oberen und den Soldaten sich am Spott beteiligende Mitgekreuzigte knüpft an den Messiasnamen an und fordert Jesus auf, sich und dem anderen Delinquenten zu helfen. Lukas nennt sein Verhalten *βλασφημεῖν* und bezeichnet ihn als *εἷς τῶν κρεμασθέντων*, meidet also das *σταυρωθῆναι* (vgl. *H. W. Kuhn*, a. a. O., 22). **40** Mit der Einführung des anderen Mitgekreuzigten kommt das Kontrastmotiv zur Geltung (anders Mark. 15,32b). Dieser verweist die Worte als Äußerung fehlender Gottesfurcht (vgl. Spr. 1,7), wie sie in der Lage der gemeinsamen Verurteilung angemessen wäre. **41** Er erkennt sich selbst als rechtmäßig verurteilt an, Jesus aber als den schuldlos leidenden Gerechten. Er ist nicht von seinem Wege abgewichen (*οὐδὲν ἄτοπον ἔπραξεν*). **42** Dieses Urteil bestimmt seine Bitte an Jesus, den er auffallenderweise mit seinem Namen anredet. Er bittet ihn, seiner zu gedenken, wenn er seine Herrschaft antritt, die ihm als dem leidenden Gerechten zukommt. Diese *βασιλεία* kann als künftige oder als himmlische Wirklichkeit aufgefaßt werden (wie schon die abweichende Textgestalt zeigt).[10] Geht man von der Antwort Jesu aus, so ist wohl an die letztere Möglichkeit zu denken. **43** Der Bitte um das Gedenken antwortet Jesus mit einem Amen-Wort, in dem er dem Schächer in der von seinem Vater verliehenen Vollmacht das Zusammensein mit ihm *ἐν τῷ παραδείσῳ* zuspricht. Das geschieht noch heute. Jesus tritt also durch den Tod hindurch sofort die ihm vom Vater zugedachte himmlische Herrschaft an.[11] Für den Schächer wird die Stunde seines Todes durch die Gemeinschaft mit Jesus (*μετ' ἐμοῦ*) zum Eingang in das

---

[8] Vgl. *E. Lohse*, Märtyrer und Gottesknecht, FRLANT NF 46, Göttingen 1955, 38–46.

[9] Auch der die römische Seite entlastende Bericht des Lukas kann nicht überspielen, daß Jesus von römischen Soldaten gekreuzigt wurde.

[10] Vgl. die ausführliche Wiedergabe der Diskussion bei *P. Grelot*, a. a. O.

[11] *E. Haenchen*, Weg Jesu, 529: »Eigentlich ist hier die Himmelfahrt vom Kreuz aus vorausgesetzt; aber Lukas hat diese Schwierigkeit nicht beachtet. Lk. 24 rechnet er mit der Himmelfahrt des Auferstandenen am Ostertag.«

Paradies. Wie in 2. Kor. 12,4 (vgl. Offb. 2,7) ist damit der überräumliche Bereich der Gottesnähe gemeint. Die Aussage entspricht der individuellen Eschatologie, wie wir sie aus den späteren Briefen des Paulus (2. Kor. 5,1–10; Phil. 1,23) kennen.

44 Die einzige Stundenangabe bei Lukas ist der Hinweis auf die sechste Stunde (vgl. dazu Mark. 15,33; Joh. 19,14). In der Vorlage könnte sie zu V. 46 gehört und die Sterbestunde bezeichnet haben. Hier gilt sie dem ersten der Vorzeichen des Todes Jesu, der um diese Zeit einsetzenden dreistündigen Finsternis (entsprechend Mark. 15,33).[12] **45** Dem himmlischen tritt das irdische Zeichen an die Seite: Der Tempelvorhang – der das Allerheiligste vom Heiligen trennt, oder der Vorhang am Heiligtum – zerreißt. Lukas hat auch dieses Zeichen dem Sterben Jesu zeitlich vorgeordnet. Er versteht es wohl als Prodigium, damit auch als Straf- oder Warnungszeichen an die Oberen. Ob darüber hinaus ein symbolischer Sinn des Geschehens ausgedrückt werden soll – freier Zugang zum Allerheiligsten, zum Gnadenort Gottes oder Beginn der Zerstörung des Tempels – ist nicht sicher.[13] **46** Statt des lauten Schreis (Mark. 15,37) enthält der von Lukas aufgenommene Bericht als letztes Wort Jesu das Abendgebet des frommen Juden[14], Jesus leitet es mit der ihm eigenen Abba-Anrede an Gott (vgl. 23,34; auch 22,42) ein. Der von Gott empfangene Geist als Träger des Lebens wird in Gottes Hand zurückgelegt.[15] In diesem Sinne faßt Lukas die Beziehung zwischen dem *πνεῦμα* des Psalmworts und dem von ihm übernommenen *ἐξέπνευσεν* des Passionsberichts auf. Der Bedeutung eines solchen letzten Wortes dürfte er sich voll bewußt gewesen sein. Dies schließt für ihn das christologisch bedenkliche Psalmwort Ps. 22,2 (bei Mark. 15,34) aus, macht andererseits das von ihm aufgenommene Vertrauensgebet als Vorbild bedeutsam (vgl. Apg. 7,59).

47 Der Hauptmann (hier mit der griechischen Bezeichnung *ἑκατοντάρχης*), der die Hinrichtung Jesu überwacht, wird zum Lobpreis Gottes geführt, der sich mit der Erklärung der Gerechtigkeit Jesu verbindet. Die passio iusti ist damit zu ihrem Ziel gekommen.[16] Für Lukas ist der Hauptmann wohl auch Zeuge derer aus den Völkern, die zum Glauben kommen werden. **48** Das Volk, das in der Haltung von Zuschauern verharrt (man beachte *θεωρία* bzw. *θεωρεῖν*), wird durch den Ausgang des Geschehens zur Umkehr geführt. Das Schlagen an die Brust ist ihr Ausdruck. So kehren die Zuschauer (zur Stadt) zurück (*ὑπέστρεφον*).

49 Zuletzt wird von den Bekannten Jesu gesprochen: Lukas nennt ausdrücklich »alle«, er denkt also auch die Jünger, die ihn zuvor verlassen haben, aber nicht entflohen sind, als anwesend. Die Frauen aus Galiläa (vgl. 8,2f.) werden besonders erwähnt, ihre Namen jedoch nicht wiederholt. Sie gelten damit ausdrücklich als Augenzeugen des Todes Jesu, wie denn aus ihrem Kreis die ersten Osterzeugen (vgl. Luk. 24,10) kommen.

---

[12] Eine Sonnenfinsternis zur Zeit des (Passa-)Vollmonds ist astronomisch unmöglich (*R. Pesch*, a. a. O., 498).

[13] Dazu *W. Trilling*, a. a. O., 201f.

[14] Ps. 31,6 wird in b.Ber.5a als Abendgebet aufgeführt (vgl. Str.-B. II, 269).

[15] Zum religionsgeschichtlichen Vergleich verweist man auf den Tod des Herakles, wie ihn Seneca, Heracles Oetaeus schildert: »Nimm meinen Geist, ich bitte dich, zu den Sternen auf« (1707f.). »Siehe, mein Vater ruft mich und öffnet den Himmel. Ich komme Vater, ich komme« (1729f.).

[16] Zu vergleichbaren Elementen der Märtyrerberichte, vgl. *H.-W. Surkau*, a. a. O., 99f. Nach *M. Dibelius*, Formgeschichte, 204, reflektiert Lukas auf das bei einem heidnischen Hauptmann in dieser Situation psychologisch Vorstellbare.

10. Das Begräbnis Jesu
23,50–56; Mark. 15,42–47; Matth. 27,57–61; vgl. Joh. 19,38–42*

(50) Und siehe, ein Mann mit Namen Joseph, der ein Ratsherr war und ein guter und gerechter Mann (51) – dieser hatte nicht ihrem Rat und ihrem Handeln zugestimmt – aus Arimathia, einer Stadt der Juden, der die Herrschaft Gottes erwartete, (52) der trat an Pilatus heran und erbat sich den Leichnam Jesu (53) und nahm ihn (vom Kreuz) ab, wickelte ihn in Leinen und legte ihn in ein ausgehauenes Grab, in dem noch niemals jemand gelegen hatte. (54) Und es war Rüsttag, und der Sabbat leuchtete auf.

(55) Es folgten ihm aber die Frauen, die mit ihm aus Galiläa mitgekommen waren, und schauten das Grab an und wie sein Leichnam hineingelegt wurde. (56) Und nachdem sie aber heimgekehrt waren, bereiteten sie Spezereien und Salböle, und am Sabbat ruhten sie gemäß dem Gebot.

Die interessantesten Abweichungen beziehen sich auf das Grab. V. 53 bezeichnet die große Mehrheit der Zeugen das Felsengrab als *μνῆμα λαξευτόν*. Die in Mark. 15,46 vorliegende Form *μνῆμα ὃ ἦν λελατομημένον ἐκ πέτρας* hat bei D zu einer Angleichung geführt. – Eine Reihe von Handschriften ergänzen am Schluß des Verses das Verschließen des Grabes mit einem großen Stein, so f^{13}, 700 im engen Anschluß an Mark. 15,46; in freiem Anschluß dagegen D, c, sa. Offenbar hat eine Rolle gespielt, daß dieser in Luk. 24,2 vorausgesetzt wird. Um so auffallender hebt sich das sicher ursprüngliche Fehlen dieses Zuges ab.

Der Bericht, den Lukas über das Begräbnis Jesu gibt, schließt bei ihm wie in den übrigen Evangelien die eigentliche Passionsgeschichte ab, ist freilich andererseits mit der nachfolgenden österlichen Grabauffindungsgeschichte (wohl dem letzten Stück der Urpassion) eng verbunden. Er berührt sich in seinem Kernbestand (V. 51–53) eng mit Markus, während die Einleitung in V. 50 sowie V. 54–56 eine größere Selbständigkeit aufweisen. Es bleibt fraglich, ob dies zur Annahme einer Verbindung zwischen einer markinischen und einer nichtmarkinischen Vorlage für den Lukasbericht ausreicht.[1] Sollte eine Doppelüberlieferung vorliegen, dann würde dies die Annahme verstärken, daß Joseph von Arimathia fest mit dem Ausgang des Lebens Jesu verbunden ist.[2] Nicht minder bedeutsam ist die Nennung der (galiläischen) Jüngerinnen, durch die die Begräbnisszene mit dem Kreuzigungsbericht (V. 49) und der Grabauffindung am Ostermorgen (24,10) verbunden wird. Die Akzentuierung der Zeitangaben (V. 54.56) läßt ein Interesse an der zeitlichen Abfolge der Geschehnisse erkennen, die dem Ostertag Jesu vorausgingen und auf ihn hinführten.

---

* Lit.: *K. Bornhäuser*, Kreuzabnahme, NKZ 42, 1931, 38–56 – *F. M. Braun*, La sépulture de Jésus, RevBibl 45, 1936, 34–52, 184–200, 346–363 – *J. Blinzler*, Zur Auslegung der Evangeliumsberichte über Jesu Begräbnis, MThZ 3, 1952, 403–414 – *O. Michel*, Jüdische Bestattung und urchristliche Ostergeschichte, Jud 16, 1960, 1–5 – *H. Graß*, Ostergeschichten und Osterberichte, [2]Berlin 1964, (= Göttingen 1962), 173–186 – *I. Broer*, Die Urgemeinde und das Grab Jesu, StANT 31, München 1972 – *J. Blinzler*, Die Grablegung Jesu in historischer Sicht, in: Resurrexit. Actes du Symposion sur la résurrection de Jésus, Rom 1974, 108–131 – *J. Schreiber*, Die Bestattung Jesu, ZNW 72, 1981, 141–177, bes. 161–165.

[1] Für eine solche trat *W. Grundmann* in den früheren Aufl. dieses Komm. ein. Die völlige Unabhängigkeit von Markus, wie sie von *F.-M. Braun*, a. a. O., behauptet wurde, kann durch die Kritik von *I. Broer*, a. a. O., 44–59, als widerlegt gelten.

[2] Vgl. dazu die Ausführungen zu Mark. 15,40–47. Weniger das Interesse der Gemeinde am Grab Jesu als an der Gestalt des Joseph von Arimathia schält sich für die historische Kritik als Kern der Perikope heraus; vgl. *I. Broer*, a. a. O., 198–200, 290–294.

50 Im Unterschied zu Markus wird Joseph hier nicht nur als Ratsherr, sondern als guter und gerechter Mann charakterisiert. **51** Als Erweis dessen wird hervorgehoben, daß er dem Beschluß gegen Jesus und seiner praktischen Ausführung seine Zustimmung nicht gegeben hatte. Obwohl die Vorlage dies nicht eindeutig ausdrückt, sieht Lukas also in ihm ein Synedriumsmitglied. Seine Herkunft wird (offenbar im Blick auf nicht landeskundige Leser) erläutert. Arimathia ist eine jüdische Stadt. Zu denken ist wohl an Rama (Matth. 2,18) oder Ramathajim bei Jerusalem, weniger an Armathaim Seipha (1. Sam. 1,1) bei Lydda. Mark. 15,43 folgend, übernimmt Lukas den Hinweis, daß Joseph zu den das Reich Gottes Erwartenden gehört. Diese Kennzeichnung entspricht der des Simeon in Luk. 2,25. Bei Joseph soll die zunächst moralische Begründung seines Verhaltens durch eine religiöse Motivierung verstärkt werden. An eine heimliche Jesusjüngerschaft ist nicht gedacht. **52** Lukas folgt weiter Markus, wenn er Joseph von Pilatus den Leichnam erbitten läßt – jedoch keineswegs als kühne Tat wie dort, eher als die Bitte eines Hochgestellten an einen noch Höhergestellten, die dann auch ohne Umstände gewährt wird.[3] **53** Darauf nimmt er ihn vom Kreuz herab, wickelt den Leichnam in Leinwand und legt ihn in ein Felsengrab, von dem ausdrücklich betont wird, daß es noch nicht benutzt worden war.[4] **54** Die bislang fehlende Zeitangabe, die bei Markus am Anfang steht (15,42), erfolgt erst jetzt und dient dem Hinweis auf die Vorläufigkeit und Eiligkeit des Begräbnisses. *παρασκευή* ist Bezeichnung für den Freitag; an ihm muß alles für den Sabbat, der Ruhetag ist, vorbereitet werden. Wenn vom Aufleuchten des Sabbats gesprochen wird (*ἐπέφωσκεν*), so ist damit das Aufleuchten des Abendsterns gemeint, mit dem nach jüdischer Tageseinteilung der neue Tag anbricht.

55 Die bereits V. 49 erwähnten galiläischen Jüngerinnen Jesu sehen nicht nur den Begräbnisort (so Mark. 15,47), sondern die Grabstätte und die eilige unzureichende Weise der Bestattung Jesu. Damit ist die Voraussetzung für ihr weiteres Verhalten bezeichnet. **56** Sie bereiten für den dem Sabbat folgenden Tag Spezereien und Salböle, um den Leichnam Jesu zu balsamieren, sobald der Sabbat vorbei ist, der von ihnen dem Gebot entsprechend beachtet wird. Während von den Jüngern seit 22,49 nicht mehr die Rede ist, reicht der Dienst der Jesu umgebenden Frauen (vgl. Luk. 8,2f.) über den Tod hinaus.

---

[3] Daß diese Bitte einerseits der Gesetzesvorschrift Deut. 21,23 entsprach (vgl. Jos., Bell. Jud. IV, 5,2; Philo, de spec. leg. III,28), andererseits die Bestattung eines Hingerichteten in einem Privatgrab statt auf einem öffentlichen Begräbnisplatz durch Sanh. VI,7 verboten war, illustriert die Spannung, in die der Bericht vom letzten Akt der Passionsgeschichte hineingestellt ist; dazu *J. Blinzler*, Grablegung, 110–116.

[4] *R. Bultmann*, Synoptische Tradition, 307, erblickt darin eine Bezeichnung des »kultischen Charakters der Passion Jesu wie beim Einzug durch das Reiten auf dem noch unberittenen Tier Mark. 11,3«. *I. Broer*, a. a. O., 55f., rechnet es unter die lukanischen Interpretamente (vgl. aber auch Joh. 19,41), die die Würde und Hoheit Jesu verdeutlichen sollen.

VII. Der Ostertag Jesu
24,1–53

Es gehört zur Eigenart der Darstellung des Lukas, daß er dem von ihm berichteten Ostergeschehen den Rahmen eines einzigen Tages gibt. Die aus verschiedenen Überlieferungen, vorwiegend aus solchen, die nur bei Lukas berichtet sind, zusammengefügten Ostergeschichten füllen einen Tag, den Ostertag. Diese im Vergleich zur sonstigen Evangelienüberlieferung singuläre Konzentration erklärt sich, wenn man sie auf dem Hintergrund der christlichen Feier des ersten Wochentags, des Sonntags als des urchristlichen Auferstehungsgedenkens versteht. In der Zeit bald nach Lukas gibt der Barnabasbrief in Auseinandersetzung mit dem Sabbat und der Sabbattheologie eine Begründung der christlichen Sonntagsfeier, indem er sagt: »Darum begehen wir den achten Tag in Freude, an dem auch Jesus auferstand von den Toten und, nachdem er erschienen war, zu den Himmeln aufgestiegen ist« (15,9). Die Konzentration der österlichen Geschehnisse auf den einen Tag dient zur Begründung der den Sabbat ablösenden Sonntagsfeier. In entsprechender Weise hat bereits Lukas den Ostertag Jesu als chronologische Einheit dargestellt, unter der die von ihm berichteten österlichen Geschehnisse zusammengefaßt sind. Diese Sicht ist freilich in der Apostelgeschichte nicht aufgenommen, vielmehr durch den vierzigtägigen Umgang Jesu mit den Seinen nach der Auferstehung (Apg. 1,3) und die Auffahrt am Ende dieser Frist ersetzt worden (vgl. Komm. z. Apg. 1,1–11). Weiterhin ist die Darstellung des Ostergeschehens durch die bei Lukas gegebene Voraussetzung bestimmt, daß die Jünger nicht geflohen, sondern in Jerusalem geblieben sind. So spielen alle von ihm berichteten österlichen Ereignisse in und um Jerusalem, zugleich richtet sich am Ende der Blick auf die dort versammelte Gemeinde.

1. Die Frauen am Ostermorgen
24,1–12; Mark. 16,1–8; Matth. 28,1–10; Joh. 20,1–10*

(1) Am ersten Tage der Woche im frühen Morgengrauen kamen sie zum Grabe und brachten Spezereien, die sie bereitet hatten. (2) Sie fanden aber den Stein abgewälzt vom Grabe. (3) Als sie aber hineingingen, fanden sie den Leib des Herrn Jesus nicht. (4) Und es geschah, als sie darüber ratlos waren, und siehe, da traten zwei Männer zu ihnen heran

---

* Lit.: *J. Schniewind*, Parallelperikopen, 85–91 – *L. Brun*, Die Auferstehung Christi in der urchristlichen Überlieferung, Oslo 1925 – *E. Fascher*, Die Auferstehung Jesu und ihr Verhältnis zur urchristlichen Verkündigung, ZNW 26, 1927, 1–26 – *J. Leipoldt*, Zu den Auferstehungsgeschichten, ThLZ 73, 1948, 737–742 = Von den Mysterien zur Kirche, Leipzig 1961, 197–210 – *P. Schubert*, The Structure and Significance of Luk. 24, in: Neutestamentliche Studien für R. Bultmann, BZNW 21, Berlin-West 1954, 165–186 – *W. Nauck*, Die Bedeutung des leeren Grabes für den

in blitzendem Gewande. (5) Als sie aber voll Furcht waren und das Gesicht zur Erde wandten, sprachen sie zu ihnen: »Was sucht ihr den Lebenden bei den Toten? (6) Er ist nicht hier, sondern ist auferweckt worden! Gedenket, wie er euch sagte, als er noch in Galiläa war, (7) als er sprach: Der Menschensohn muß übergeben werden in die Hände sündiger Menschen und gekreuzigt werden und am dritten Tage auferstehen.« (8) Und sie gedachten seiner Worte. (9) Und sie kehrten vom Grabe zurück und verkündigten dies alles den Elf und allen übrigen. (10) Es waren aber Maria Magdalena und Johanna und die Maria des Jakobus und die übrigen mit ihnen. Sie sagten dieses zu den Aposteln. (11) Und es erschienen ihnen diese Worte wie ein Geschwätz, und sie glaubten ihnen nicht. (12) Petrus aber stand auf und lief zum Grab und bückte sich hinein und sah allein die Binden, und er ging fort und wunderte sich über das Geschehene.

V. 1: *ἀρώματα* fehlt in D, it, syr$^{sin\ cur}$, sa – eine der in diesem Abschnitt gehäuft anzutreffenden sog. western non interpolations, die vielfach als primäre Lesart gelten (vgl. auch V. 12). In diesem Falle zu Unrecht: Die Weglassung von *ἀρώματα* soll den sonst gegebenen Widerspruch zwischen der zweigliedrigen Angabe in 23,56 und der eingliedrigen in 24,1 beseitigen. – V. 6: D, it lassen die kerygmatisch stilisierte Selbstbeantwortung weg, offenbar in Folge psychologisierender Reflexion. – V. 7: Die Tilgung von *ἁμαρτωλῶν*, wiederum in D, it, schwächt das Unerhörte der Aussage ab. – V. 12: Der ganze Vers fehlt in D, it sowie bei Marcion und wird deshalb von vielen als interpoliert angesehen (vgl. etwa *H. Graß*, a. a. O., 34). p^{75} bezeugt ihn. Er weist Berührungen mit Joh. 20,3–9 auf, ist aber gegenüber Johannes selbständig, da er nur von Petrus spricht. Sachlich entspricht er durchaus dem lukanischen Begriff der Augenzeugenschaft. Petrus staunt nur, zum Glauben kommt er erst durch das Sehen. Die Auslassung bei den westlichen Zeugen erfolgte, weil man einen Widerspruch zu V. 24 (dort Plural!) sah.

Die Ostergeschichte des Lukas setzt wie die des Markus und Matthäus mit dem Gang der Frauen zum Grabe am Ostermorgen ein. Die Auffindung des leeren Grabes ist die letzte Perikope, die Gemeinsamkeiten mit Markus aufweist. In der weiteren Osterüberlieferung steht jeder Evangelist für sich. So kann man davon ausgehen, daß Luk. 24,1–12 eine Überarbeitung von Mark. 16,1–8 ist, die den eigenen Fortgang berücksichtigt und von ihm bestimmt wird. Entscheidend ist die lokale Zuordnung der österlichen Geschehnisse. »Die Tradition, die Lukas gehabt hat, bestand darin, daß sich die Osterereignisse nur in Jerusalem abgespielt haben. Danach hat er die marcinische Grabesgeschichte umgestaltet.«[1] Erhalten geblieben sind nicht nur Zeit, Szenerie und die Frauen als menschliche Beteiligte, sondern auch der gattungsmäßige Charakter als Angelophanie, durch die bei Markus die von ihm vorausgesetzte Tatsache des leeren Grabes mit der Auferstehungsbotschaft verbunden wird.

Aus Markus stammen Elemente der in abgewandelter Form aufgenommenen beiden

---

Glauben an den Auferstandenen, ZNW 47, 1956, 243–267 – *E. Lohse*, Die Auferstehung Jesu Christi im Zeugnis des Lukasevangeliums, Neukirchen 1961 – U. Wilckens, Die Perikope vom leeren Grab Jesu in der nachmarkinischen Traditionsgeschichte, in: Festschr. f. Friedr. Smend, Berlin-West 1963, 30–41 – *H. Graß*, Ostergeschehen und Osterberichte, Berlin ^{2}1964 (= Göttingen 1962), 32–51 – *E. Haenchen*, Weg Jesu, 545–555 – *P. Seidensticker*, Die Auferstehung Jesu in der Botschaft der Evangelisten, SBS 26, Stuttgart 1967 – *L. Schenke*, Auferstehungsverkündigung und leeres Grab, SBS 33, Stuttgart 1968 – *W. Trilling*, Christusverkündigung in den synoptischen Evangelien, Leipzig 1969, 212–243 – *F. Schnider/W. Stenger*, Die Ostergeschichten der Evangelien, München 1969 – *F. Mußner*, Die Auferstehung Jesu, München 1969, 128–135 – *A. Vögtle/R. Pesch*, Wie kam es zum Osterglauben?, Düsseldorf 1975 (= Theol. Jahrb. 1976, 47–144) – *J. Kremer*, Die Osterevangelien – Geschichte und Geschichten, Stuttgart 1977 – *J. Plevnik*, The Origin of the Easter Faith according to Luke, Bibl 61, 1980, 497–508.

[1] *H. Graß*, a. a. O., 35.

Einleitungsverse, ferner die Verkündigung der Auferweckung Jesu in V. 6a sowie der gänzlich umgeformte Hinweis auf Galiläa (*ἔτι ὢν ἐν τῇ Γαλιλαίᾳ*). Die lukanische Umgestaltung tilgt den Hinweis auf die galiläischen Christophanien und schaut statt dessen auf die Leidens- und Auferstehungsankündigungen zurück (V. 6/7). Sie kennt kein Verschweigen der Frauen, redet vielmehr von deren Verkündigen (V. 9); typisch lukanische Redaktionsarbeit ist V. 10. So erscheint es fraglich, ob und wieweit mit einer Nebenquelle außer Markus gerechnet werden kann.[2]

Die eigengeprägte Gestalt des Lukasberichts hat zum Vergleich mit der johanneischen Überlieferung geführt, für die gleichfalls die Konzentration auf Jerusalem kennzeichnend ist. Gemeinsame Züge sind: die Ratlosigkeit der Maria Magdalena angesichts des bereits offenen Grabes, die beiden Engel und (unter Voraussetzung der Echtheit von Luk. 24,12) das Erscheinen des Petrus an der geöffneten Grabstätte. Ob mehr als eine unterschiedliche Weiterbildung gemeinsamer Tradition vorliegt, ist schwer zu entscheiden.[3]

In der jetzigen lukanischen Gestaltung bildet die Erzählung von den Frauen am Ostermorgen die grundlegende Einheit eines mehrgliedrigen Berichts, der das Wachsen des Osterglaubens schildern will. Dabei kommt dem leeren Grab keine glaubenwirkende Funktion zu, doch hat es gerade im Zusammenhang des lukanischen Osterberichtes eine relative Bedeutung als Unterstützung der von ihm betonten leibhaftigen Realität der Auferstehung, die er gegenüber einem dualistischen (hellenistischen) Weltbild herausstellt.[4]

1 Die in Luk. 23,55f. genannten Frauen, die noch am Todestag Jesu die Spezereien bereitet hatten und den Sabbat über ruhten, kommen in der Morgendämmerung,[5] um die bei der eiligen Bestattung unterlassene Einbalsamierung vorzunehmen. **2** Sie finden das Grab offen, der schützende Verschlußstein (über seine Größe wird nichts gesagt) ist abgewälzt. Im Aufbau, den Lukas seinem Bericht gibt, bedeutet das einen ersten unerwarteten Hinweis auf das Ostergeschehen, der aber unverstanden bleibt. **3** Anders als bei Markus konstatieren die Frauen, daß der Leib Jesu nicht mehr da ist. **4** Dies erweckt jedoch keinen Glauben, versetzt sie vielmehr in Ratlosigkeit. In diese Lage hinein treten zwei Gestalten, als Männer bezeichnet – vgl. Apg. 1,10 und auch Luk. 9,30 –, in blitzendem Gewand aus dem Unsichtbaren hervor. **5** Die Erscheinung versetzt die Frauen in Furcht, und sie senken ihr Angesicht zum Boden, geblendet und erschreckt. Geht man von einer anschaulichen Szene aus, so ließe sich die Begegnung eher vor der Tür des Grabes denken. Die himmlischen Boten richten nicht ein Trostwort an die Frauen (so Markus), sondern eine Frage, die einen deutlichen Hinweis auf den Ausgang Jesu aus dem Totenreich enthält.[6] **6** Der Frage folgt die Selbstbeantwortung, die so stilisiert ist, daß sie die kerygmatische Grundaussage (*ἠγέρϑη*) in sich aufgenommen und mit der Formel der Nichtauffindbarkeit verbunden hat. Daran schließt sich – von Lukas umgestaltet – der

---

[2] Anders *W. Grundmann* in früheren Aufl. dieses Komm.

[3] Einzelheiten bei *J. Schniewind*, a. a. O., 86f.

[4] *G. Schneider*, Komm., 412.

[5] Der Ausdruck *ὄρϑρου βαϑέως* ist seit Plato und Aristophanes belegbar (vgl. *W. Bauer*, Wb, s. v. *βαϑύς*). Lukas weicht hier von Markus ab, der die Frauen erst bei Sonnenaufgang zum Grabe kommen läßt (Mark. 16,2).

[6] Zu dem gnomischen, sprichwortartigen Stil des Engelwortes lassen sich Parallelen anführen; vgl. etwa Exod. rabba 5 (71c): Mose und Aaron zum Pharao: Du Narr, pflegt man wohl die Toten unter den Lebenden zu suchen, etwa auch die Lebenden bei den Toten? (Str.-B. II, 269).

erinnernde Hinweis auf die Worte Jesu an, der die Ankündigungen der galiläischen Erscheinungen ersetzt.[7] Jesus hat bereits in Galiläa sein künftiges Geschick angesagt (9,22; vgl. 9,44). Die Frauen, die zu den nachfolgenden Jüngerinnen gehören, sind als Ohrenzeugen gedacht. Man kann auch hier an eine von Stufe zu Stufe führende Hinleitung zum Osterglauben denken: »Die Worte Jesu verkünden mehr und klarer als der stumme Zeuge des Grabes.«[8] **7** Sie stellen eine freie Zusammenfassung der Leidensweissagungen dar. Die Passionsaussage steht Luk. 9,44 am nächsten, doch fehlt die Ankündigung der Auferstehung. **8** Es wird nicht ausdrücklich gesagt, daß die Erinnerung zum Osterglauben führt, doch soll deutlich werden, daß jetzt der Weg Jesu in neuem Licht zu erscheinen beginnt. **9** Der Vorgang am Grab löst bei den Frauen eine Wirkung aus: die rasche Rückkehr zu den Elf und den übrigen Anhängern Jesu, die in Jerusalem versammelt sind (vgl. 24,33) und denen sie Bericht geben. **10** Erst an dieser Stelle trägt Lukas die Namen von drei der 23,55f.; 24,1ff. genannten Frauen nach. Die eine ist allen Evangelien in diesem Zusammenhang gemeinsam und kann als Hauptfigur gelten, Maria Magdalena. Zu ihr treten Johanna aus Luk. 8,3 und die Maria des Jakobus aus Mark. 16,1, die weiteren Jüngerinnen werden als *αἱ λοιπαὶ σὺν αὐταῖς* hinzugefügt. Sie geben den Aposteln (so hier an Stelle von *οἱ ἕνδεκα* in V. 9 und V. 33) Kunde. **11** Sie finden aber mit ihrem Bericht keinen Glauben, die Worte der Frauen erscheinen den Aposteln als leeres und närrisches Geschwätz (*λῆρος*). Man kann dies als Folie für später zu Berichtendes verstehen. Ihr Osterglaube beruht nicht auf fremder Kunde, kommt vielmehr durch die den Unglauben überwindende eigene Begegnung mit dem Auferstandenen selbst zustande. **12** Rechnet man die Notiz über Petrus dem lukanischen Bericht zu, so bedeutet sie eine Verstärkung des Rätselhaften und ein Sichsteigern der Spannung. Petrus läuft zum Grabe hin und schaut durch die Öffnung in das Felsengrab hinein. Er sieht allein die Binden, die das Leinentuch, das um den Leichnam gewickelt war, zusammenhalten. Dieser Zustand (*τὸ γεγονός*) verweist auf etwas, das nicht von Menschenhand gemacht ist, und ruft Verwunderung hervor. Man wird davon ausgehen können, daß diese Petrusgeschichte aus einer nichtmarkinischen Tradition kommt, die nur bei Johannes (20,3-9) in einer erheblich erweiterten und umgestalteten Form begegnet.[9] Durch deren Aufnahme hat Lukas, der wiederum an einen dem Osterglauben vorausgehenden Zustand denkt, den Leser zu einem Punkt voller Spannung geführt.[10]

2. Die Erscheinung des Auferstandenen vor zwei Jüngern auf dem Wege nach Emmaus 24,13-35*

(13) Und siehe, zwei von ihnen wanderten am selben Tage nach einem Dorf, sechzig Stadien von Jerusalem entfernt, mit dem Namen Emmaus. (14) Und sie redeten mitein-

[7] Da Lukas keine Jüngerflucht aus Jerusalem kennt, hatte er auch Mark. 14,28 getilgt, worauf 16,7 Bezug nimmt.

[8] *W. Trilling*, a. a. O., 220.

[9] *E. Haenchen*, a. a. O., 551.

[10] *J. Plevnik*, a. a. O., 568, sieht hier einen Hinweis, daß Lukas bei den Geschichten vom Ursprung des Osterglaubens zwischen dem Auffinden des leeren Grabes und den Erscheinungen des Auferstandenen genau unterscheidet.

* Lit.: Außer den zu Luk. 24,1-12 genannten Titeln: *J. Dupont*, Les pèlerins d'Emmaus, in: Miscel-

ander über alles das, was sich ereignet hatte. (15) Und es geschah, während sie miteinander redeten und stritten, daß Jesus selbst sich näherte und mit ihnen ging. (16) Ihre Augen aber wurden gehalten, daß sie ihn nicht erkannten. (17) Er sprach aber zu ihnen: »Was sind das für Worte, die ihr zwischen euch wechselt, während ihr wandert?« Da blieben sie traurig stehen. (18) Es antwortete aber einer mit dem Namen Kleopas und sprach zu ihm: »Bist du allein ein Gast in Jerusalem und weißt nicht, was dort geschehen ist in diesen Tagen?« (19) Und er sprach zu ihnen: »Was?« Sie sprachen zu ihm: »Das von Jesus von Nazareth, der ein Prophet war, mächtig in Tat und Wort vor Gott und allem Volk, (20) und wie ihn die Hohenpriester und unsere Obersten auslieferten zum Todesurteil und ihn kreuzigten. (21) Wir aber hofften, daß er es sei, der Israel erlösen wird. Nun aber ist ja über diesem allen schon der dritte Tag (gekommen), seit dies geschehen ist. (22) Aber auch einige Frauen von uns erschreckten uns, denn sie waren früh am Grabe (23) und fanden seinen Leib nicht und kamen und sagten, daß sie eine Erscheinung von Engeln gesehen hätten, die sagen, er lebe. (24) Und einige von denen, die mit uns waren, gingen zum Grabe und fanden es so, wie die Frauen gesagt hatten; ihn selbst aber sahen sie nicht.« (25) Und er sprach zu ihnen: »O ihr Unverständigen und deren Herz (zu) träge ist, zu glauben allem, was die Propheten geredet haben. (26) Mußte nicht der Christus dieses leiden und (so) in seine Herrlichkeit eingehen?« (27) Und er fing an von Mose und allen Propheten, ihnen auszulegen aus allen Schriften, was sich auf ihn bezog.

(28) Und sie näherten sich dem Ort, wohin sie wanderten, und er stellte sich, als wollte er weiterwandern. (29) Und sie bedrängten ihn und sagten: »Bleibe bei uns, denn es geht auf den Abend zu, und der Tag hat sich schon geneigt.« Und er ging hinein, mit ihnen zusammen zu bleiben. (30) Und es geschah, als er sich mit ihnen zu Tische gelegt hatte, nahm er das Brot, dankte und brach und gab es ihnen. (31) Da wurden ihre Augen geöffnet, und sie erkannten ihn. Und er wurde unsichtbar vor ihnen. (32) Und sie sprachen zueinander: »Brannte nicht unser Herz in uns, als er auf dem Wege zu uns sprach, wie er uns die Schriften öffnete?«

(33) Und sie standen auf zur selben Stunde und kehrten zurück nach Jerusalem und fanden versammelt die Elf und die mit ihnen waren, (34) die sagten: »Wahrhaftig ist der Herr auferweckt worden und Simon erschienen.« (35) Und sie berichteten, was auf dem Wege geschehen war und wie er von ihnen erkannt wurde am Brotbrechen.

V. 13 setzen ℵ, *Θ* u. a. ein *ἑκατόν* hinzu, so daß von 160 Stadien (ca. 32 km) statt von 60 die Rede ist; hier scheint der Versuch vorzuliegen, die tatsächliche Entfernung Jerusalem – Amwas (= Nikopolis) an die Stelle der ungenauen älteren Angabe treten zu lassen. – V. 29: Bei der Formulierung der Bitte finden sich interessante Abweichungen. D, it, syr^{pesch} ziehen zusammen und lesen: *πρὸς ἑσπέραν (ἤδη) ἡ ἡμέρα.* syr$^{sin\ cur}$ haben statt *κέκλικεν* ein einfaches *ἦν*. – V. 31: D, c, e auch Orig fassen den Zusammenhang noch enger: *λαβόντων δὲ αὐτῶν τὸν ἄρτον ἀπ' αὐτοῦ ἠνοίγησαν οἱ ὀφθαλμοὶ αὐτῶν.* – V. 33: Wenn D am Anfang ein *λυπούμενοι* hinzufügt, nämlich betrübt über die Trennung, so liegt hier eine psychologisierende Interpretation vor. – V. 34: Wer dieses Bekenntnis ausspricht, ob die Versammelten (*λέγοντας,* so die Mehrheit der Zeugen) oder die beiden zurückgekehrten Jünger

---

lanea Biblica B. Ubach, Monserat 1953, 349–374 – *A. Ehrhardt*, The Disciples of Emmaus, NTS 10, 1963/64, 182–201 – *H.-D. Betz*, Ursprung und Wesen des christlichen Glaubens nach der Emmauslegende, ZThK 66, 1969, 7–21 – *W. Schenk*, Die Einheit von Wortverkündigung und Herrenmahl in der urchristlichen Gemeindeversammlung, TheolVers II, 1970, 65–92, bes. 77–81 – *F. Schnider/W. Stenger*, Beobachtungen zur Struktur der Emmausperikope, BZ 16, 1972, 94–114 – *J. Roloff*, Kerygma und irdischer Jesus, 256–258 – *J. Wanke*, Die Emmauserzählung, EThSt 31, Leipzig 1973 – *ders.*, Beobachtungen zum Eucharistieverständnis des Lukas, EThSchr 8, Leipzig 1973, 31–44 – *ders.*, ... wie sie ihn beim Brotbrechen erkannten, BZ 18, 1974, 180–192 – *J. E. Alsup*, The Post-Resurrection Appearance Stories of the Gospel-Tradition, CThM 5, Stuttgart 1975 – *Sœur Jeanne d'Arc*, Les pèlerins d'Emmaus, Lire la Bible 47, Paris 1977 – *R. J. Dillon*, From Eye-Witness to the Ministers of the Word, AnBibl 82, Rom 1978.

(*λέγοντες*, so D, Orig), läßt sich schwer ausmachen. Geht man vom lukanischen Kontext aus, so paßt das Bekenntnis der Elf und ihres Kreises schlecht zu V. 37 und V. 41.

Die Erzählung von den Emmausjüngern ist nach dem Urteil von *R. Bultmann* »die älteste der synoptischen Auferstehungsgeschichten, wie sie auch die einzige ist, die auf die grundlegende Erscheinung vor Petrus Bezug nimmt«.[1] Dies könnte freilich nur für den zugrunde liegenden Traditionskern gelten, während die Gestaltung deutlich die Züge einer späteren Zeit aufweist. Innerhalb der Ostergeschichten fällt die Emmauserzählung durch ihre Länge und ihre kunstvolle, ja künstlerische Darstellungsweise auf. Sie ist eingefügt zwischen den jeweils in Jerusalem lokalisierten Erzählungen von der Auffindung des leeren Grabes (24,1–12) und der Erscheinung des Erstandenen vor den Elf (24,36–49). Sie stellt eine »Weggeschichte« dar, die von Jerusalem ausgeht und dorthin zurückführt. Sie berichtet von der Begegnung mit einem zunächst unbekannt bleibenden Weggefährten (V. 13–16), einem längeren Weggespräch (V. 17–27), einer Mahlszene (V. 28–32) und dem Geschehen bei der Rückkehr (V. 33–35). Deutlich tritt der Kontrast zwischen Nichterkennen (V. 16) und (Wieder-)Erkennen heraus (V. 31), der sogar in der Formulierung zum Ausdruck gebracht wird.[2] Durch das Motiv des Wiedererkennens ist eine Verbindung mit anderen Ostererzählungen, vor allem der johanneischen Überlieferung (20,11–18; 21,1–14), gegeben.

Obwohl stilanalytische Untersuchungen die lukanische Durchformung des Stückes in allen seinen Teilen erwiesen haben und man mit Recht von einer schwer zu durchdringenden Redaktionsdecke spricht,[3] sind immer wieder Versuche der Analyse unternommen worden. *P. Schubert* glaubte in V. 13.15b.16.28–31 den vorlukanischen Kern zu sehen, eine Wiedererkennungsszene ohne Interesse am Schriftbeweis, während in V. 14.15a.17–27.32 die lukanische Redaktion vorliege.[4] An ihn schlossen sich andere Dekompositionsversuche an.[5] Sie gehen weit auseinander, doch tendieren die meisten Ausleger[6] dahin, die Verse 22–24 und 33–35 einer sekundären (in der Regel als lukanisch beurteilten) Redaktionsstufe zuzuordnen. In ihnen ist die Verklammerung mit dem Zusammenhang des Osterkapitels im Ganzen unverkennbar.

Eine rein lukanische Neuschöpfung ist kaum wahrscheinlich. Für eine vorgegebene Tradition sprechen Fixpunkte, wie der Ortsname Emmaus (der trotz der wohl ungenauen textkritisch widersprüchlichen Entfernungsangabe in die Nähe Jerusalems verweist) und die Nennung des Namens Kleopas. Er dürfte identisch sein mit dem Joh. 19,25 genannten Klopas (nach Hegesipp bei Euseb., hist. eccl. III,11 ein Bruder des Joseph und Vater des Simon, der dem Herrenbruder Jakobus in der Leitung der Urgemeinde nachfolgte). Diese Namensnennung aus der für die Legende charakteristischen Tendenz zur Konkretisierung zu erklären ist wohl deshalb nicht treffend, weil hier eine Ersterscheinung des

---

1 Synoptische Tradition, 314.

2 Vgl. die Analysen von *A. Ehrhardt*, a. a. O., 182; *F. Schnider/W. Stenger*, a. a. O., 102.

3 *J. Wanke*, Emmauserzählung, 22; dazu die ebd., 109–112, gebotene Liste der lukanischen Vorzugsvokabeln und Spracheigentümlichkeiten.

4 A. a. O., 167–173.

5 *W. Schenk*, a. a. O., 80f.; *J. Roloff*, a. a. O., 256; *H.-D. Betz*, a. a. O., 11f.; ferner *F. Hahn*, Christologische Hoheitstitel, 387–389.

6 So die Zusammenfassung von *J. Wanke*, Emmauserzählung, 19.

Auferstandenen erzählt wird, die zu der des Simon in Konkurrenz steht, was in 24,34 ausgeglichen werden muß. Daß der ungenannte Begleiter des Kleopas dessen Sohn Simon ist, wird seit Origenes immer wieder vermutet, auch im Interesse einer Deutung, die in der Emmausperikope »die Ostergeschichte derer, die die Gemeinde in Jerusalem führten und von dort aus die gesamte Kirche leiteten«, sieht.[7] Sie wird weitergeführt zu der Annahme, hier liege die Ostergeschichte der Familie Jesu vor, die zum Urbestand der Jerusalemer Gemeinde gehörte (vgl. Apg. 1,14) und mit den Zwölfen in Konkurrenz um den Vorrang stand.[8]

Der Aufweis solcher Haftpunkte sollte die Einsicht nicht überlagern, daß die Gestaltung mit Stilmitteln erfolgt, die innerhalb des Neuen Testamentes nahezu singulär sind. Der Begriff Legende (Glaubens- oder Kultlegende) ist hier schwerlich angemessen. Anders das Urteil von *H. Gunkel*: »Der Aufriß der Geschichte ist ganz analog den ältesten Erzählungen vom Erscheinen der Gottheit; die Geschichte könnte dem Stil nach in der Genesis stehen.«[9] Dabei ist wohl an Gen. 16,7ff.; 18,1ff. gedacht. Die für die Erzählung konstitutive Spannung von Erkennen und Nichterkennen erinnert an die Tobiaserzählung (Tob. 5,3–6; 12,6.15). Dem hellenistischen Menschen ist die Vorstellung vertraut, daß eine Gottheit in Gestalt eines menschlichen Wesens als Wegbegleiter erscheint oder auch daß religiöse Stiftergestalten nach dem Tode ihren Anhängern sich zeigen.[10] »Die religionsgeschichtlichen Analogien schärfen den Blick dafür, daß in Luk. 24,13ff. in einer dem antiken Menschen vertrauten Weise erzählt wird, die historische Freizügigkeit um so besser die Bedeutung der erzählten Begebenheit herauszustellen vermag.«[11] Seit den literargeschichtlichen Forschungen von *Karl Kerenyi*[12] bietet sich für das Modell, das Lukas vorgeschwebt haben mag, als Gattungsbezeichnung der *ἀναγνωρισμός* an, eine Erzählung, die auf Wiedererkennen und Wiedervereinigung abzielt. Sie hat ihre Gestaltung durch das Bild des unerkannt wandernden und als Gast einkehrenden Gottes bekommen, ein Motiv, das einer Anschauung nahekam, unter die Lukas seine Darstellung Jesu von Anfang an gerückt hat. Hier nun begleitet der Auferweckte als der unerkannte Wanderer und Gast die Seinen. Das Wiedererkennen des lebendigen Herrn und die Wiedervereinigung mit ihm geschieht unter dem Wort (bei der Auslegung der Schrift) und an seinem Tisch. Der Reiz dieser Erzählung besteht darin, daß die theologische Aussage und die dichterische Gestaltung sich in einer seltenen Weise verschlingen und ein Ganzes bilden.

13 Die Einleitung steht in unmittelbarem Zusammenhang mit V. 11: Subjekt sind zwei aus dem Kreis der mit den Elf verbundenen *λοιποί;* zu diesen führt die Erzählung V. 33 wieder zurück. Ziel der Wanderung ist das Dorf Emmaus, dessen Entfernung von Jerusalem in der Mehrzahl der Textzeugen mit sechzig Stadien angegeben wird. Die Lokalisie-

---

7 *A. Schlatter*, Komm., 454.

8 Bei *W. Grundmann* in früheren Aufl. dieses Komm.

9 Zum religionsgeschichtlichen Verständnis des Neuen Testamentes, FRLANT 1, Göttingen 1903, 71.

10 *A. Ehrhardt*, a. a. O., 186–194; *H. D. Betz*, a. a. O., 9ff.

11 *J. Wanke*, Emmauserzählung, 4.

12 Die griechisch-orientalische Romanliteratur in religionsgeschichtlicher Beleuchtung, Tübingen 1927, 87ff.

rung des Ortsnamens, vor allem in Verbindung mit der genannten Entfernung, hat zu großen Unsicherheiten geführt. *G. Dalman* hat an das südöstlich von Lydda gelegene Amwas (früher Nikopolis) gedacht.[13] Doch liegt dieser Ort weiter als 60 Stadien von Jerusalem entfernt. Die Militärkolonie Emmaus bei Josephus, Bell. Jud. VII, 6,6 (kalonije) ist nur halb so weit (30 Stadien) gelegen, scheint aber erst von Vespasian gegründet zu sein. Seit dem Mittelalter wird deshalb das 60 Stadien entfernte el-kubebe als das biblische Emmaus gezeigt.[14] Wahrscheinlich ist jedoch allein die Ortsangabe alt, während die ungenaue Entfernungsangabe von Lukas eingefügt wurde, weil er die Nähe zu Jerusalem und die Möglichkeit der Rückkehr am gleichen Tage betonen wollte.[15] **14** Das Wegegespräch der beiden Wanderer bezieht sich auf alle Ereignisse, die hinter ihnen liegen: die Passion und die Geschehnisse des Morgens (vgl. V. 20–24). **15** In ihre Unterredung greift ein ungenannter Wanderer ein. Dem Leser soll wohl signalisiert werden: Jesus begleitet die Seinen unerkannt auf ihrem Wege (vgl. Matth. 18,20; 28,20). **16** Daß der Wanderer, der an ihrer Seite geht, nicht erkannt wird, hat den Grund darin, daß ihre Augen »gehalten« sind. Damit wird eine für den Ablauf der Erzählung entscheidende Aussage gemacht (vgl. V. 31). **17** Nun setzt der das Unverstehen auflösende Dialog allmählich ein – ein für Lukas charakteristisches Stilmittel, wenn es um die Klärung entscheidender Zusammenhänge geht (vgl. 1,34ff.; Apg. 8,26–40) – und reißt die Wanderer aus ihrer hoffnungslosen Selbstbezogenheit. **18** Der eine von beiden, Kleopas, antwortet mit einer Gegenfrage. Sie setzt voraus, daß jedermann um das weiß, was in Jerusalem geschehen ist.[16] **19** Auf die Rückfrage nach den Geschehnissen hin wird ein Kurzbericht (eine Art Summarium) über Jesus von Nazareth gegeben.[17] Er wird als Prophet bezeichnet, als solcher ausgewiesen, »mächtig in Werk und Wort« (vgl. Moses in Apg. 7,22) sowohl in den Augen Gottes als auch in denen der Menschen (vgl. 7,16). Die Bedeutung des Prophetseins Jesu für das Christusbild des Lukas zeigt sich 4,16–30; 7,11–17; 13,31–33. **20** Sein Ende wird als Freveltat verstanden, verschuldet von den Hohenpriestern und Oberen (vgl. 23,13.35), die die Verurteilung zum Tode veranlaßten, indem sie Jesus an Pilatus übergaben und so ihn kreuzigten (vgl. Apg. 2,23.36; 3,15.17).

21 Diese Aussage dient weniger der Polemik gegen die Volksoberen als zur Begründung für die enttäuschte Hoffnung: Sie haben von ihm die Befreiung Israels erwartet und darin die Enthüllung seiner Messianität (vgl. 1,68; 2,38). An dieser Stelle tritt entsprechend 24,7 die Erwähnung der Drei-Tage-Frist ein.[18] Sie ist nicht rückbezogen, sondern leitet einen Nachtrag ein, der die Grabestradition einzubeziehen sucht. **22** Die Antwort der Jünger greift auf das 24,10 Berichtete zurück. Frauen, die am Morgen das Grab aufsuchten, haben im Jüngerkreis Aufregung verursacht. **23** Ihre Widerfahrnisse werden mit Antworten wiedergegeben, die an die Grabesgeschichte erinnern: Sie fanden den Leich-

---

[13] Orte und Wege Jesu, 241–246.

[14] *Cl. Kopp*, Die heiligen Stätten, 445–480.

[15] *J. Wanke*, BZ 18, 186. – Zur Einfügung von *ἑκατόν* vgl. die Textkritik.

[16] *παροικεῖν* kann einfach bewohnen heißen, doch ist die Grundbedeutung: als Fremder irgendwo wohnen, ohne Heimatrecht zu haben.

[17] Vgl. Apg. 2,22ff.

[18] *W. Grundmann* sah in früheren Aufl. dieses Komm. hier eine Anspielung auf Vorstellungen zeitgenössischer Anthropologie: drei Tage umschwebt die Seele den toten Körper, dann wird sie von ihm entfernt, seine Wiederbelebung ist deshalb nicht mehr möglich.

nam nicht (V. 3), sie sahen eine Erscheinung von Engeln (V. 4), die ihn als lebend verkündeten (V. 5). **24** Einige aus dem Jüngerkreis (*τινὲς τῶν σὺν ἡμῖν*) haben zwar bestätigt, was die Frauen am Grab festgestellt haben (ungenaue Wiedergabe der Sondertradition V. 12), aber von Jesus keine Spur entdeckt. Der Erzähler, der den Bericht bis zu diesem Punkt führt, macht deutlich, daß der Osterglaube nicht aus dem Kreis der Jünger selbst gekommen und nicht aus dem leeren Grab entstanden ist (vgl. V. 11). **25** Jesus antwortet, indem er die Angeredeten als unverständig bezeichnet (vgl. 9,43–45) und die langsame Art ihres Herzens tadelt, die sie hindert zu glauben, was durch Prophetenmund verkündet ist. Aus dem unbekannten Wanderer wird der Lehrer, der das Ganze der prophetischen Predigt (*πᾶσιν οἷς* ...) deutet. **26** Es besteht darin, daß der Messias leidend sterben muß (vgl. 9,22; 17,25; 22,37; 24,7) und allein auf diesem Wege zu seiner Herrlichkeit kommt. Hier liegt der Kernsatz des ganzen Wegegesprächs vor,[19] der eine Neubestimmung des Messiasbildes einschließt. *παϑεῖν*, dem *εἰσελϑεῖν εἰς τὴν δόξαν αὐτοῦ* gegenübersteht, heißt leidend sterben; *δόξα αὐτοῦ* ist die Herrlichkeit des ewigen Lichts, in die er eingegangen ist (vgl. auch 23,42f.).[20] Deutlich ist hier auch ausgesagt, daß Jesus nach seiner Auferweckung nicht einfach sein irdisches Leben fortgeführt hat. **27** Durch eine Auslegung der Schrift von Mose bis zu den Propheten und Schriften – aller drei Teile des alttestamentlichen Kanons – soll deutlich werden: im Wort der Schrift kommt Jesus zu den Seinen.[21] Erst der Auferstandene hat den Jüngern das Verständnis der Schrift geöffnet.

28 Inzwischen sind sie dem Ziel der Wanderung nahe gekommen. Der scheinbar zum Weitergehen sich rüstende Begleiter fordert die Bitte zum weiteren Verbleiben heraus. **29** Sie meint zunächst: der Wanderer soll ihr Gast werden; sie wollen das Zusammensein mit ihm nicht aufgeben, da der Abend hereinbricht. Jedoch ist die Einladung geradezu gebetsartig stilisiert und vom Standpunkt der urchristlichen Gemeinde formuliert.[22] So stellt Jesus die erbetene Gemeinschaft her, indem er bei ihnen einkehrt (vgl. Offb. 3,20), um mit ihnen zusammen zu bleiben (*μεῖναι σὺν αὐτοῖς*). **30** Die Gemeinschaft verwirklicht sich im gemeinsamen Mahl. Der Gast handelt dabei als Hausvater: Er nimmt das Brot, spricht den Tischsegen, bricht es und verteilt es unter sie. Dies kann als Erfüllung der gewohnten Gemeinschaft mit dem Irdischen verstanden werden, worauf die enge Anlehnung an Luk. 9,16 hinweist.[23] Vielleicht ist aber auch an eine Neuaufnahme des eucharistischen Mahles (vgl. 22,19) gedacht, das im Brotbrechen beim Gemeinschaftsmahl der Apostelzeit seine Fortsetzung findet (Apg. 2,46; 20,7–11).[24] Auch die in Joh. 21 berichtete österliche Erscheinung findet in der Mahlgemeinschaft ihren Höhepunkt (Joh. 21,12f.). **31** Darüber werden ihnen die Augen aufgetan, die gehalten waren, und sie erkennen ihn, den sie bislang nicht erkannt hatten. Im Mahl wird die Gemeinschaft mit den Seinen hergestellt, hier vollzieht sich zugleich das Erkennen, auch wenn er in dem

---

19 *J. Wanke*, Emmauserzählung, 87: *ders.*, BZ 18, 190.

20 Eine vorlukanische Formulierung vermutet *W. Schenk*, a. a. O., 79; anders *J. Wanke*, Emmauserzählung, 87–91.

21 *A. Ehrhardt*, a. a. O., 186, erinnert an die schon früh gebräuchlichen testimonia und sieht hier die Entfaltung des *κατὰ τὰς γραφάς* von 1. Kor. 15,4.

22 Zum Motiv der Einladung vgl. Luk. 5,29; 7,36; 10,38; 19,1–10; zur Einladungsformel Gen. 24,55; Richt. 19,9; Tob. 16,8; vgl. auch Joh. 1,38; Apg. 16,15.

23 *J. Roloff*, a. a. O., 256f.

24 *J. Wanke*, Emmauserzählung, 101; *ders.*, BZ 18, 184.

Augenblick, da ihnen die Augen aufgetan werden, von ihnen weg unsichtbar wird.[25] Die Erzählung hat damit den V. 16 korrespondierenden Punkt erreicht. **32** Es folgt die Reaktion, die eine Rückschau auf das Geschehen einschließt: Die Zurückgelassenen bekennen einander, daß über dem gemeinsamen Weg und der empfangenen Schriftauslegung[26] ihre Herzen zu brennen anfingen. Dabei ist an die dem Feuer vergleichbare Wirkung des Geistes (vgl. Apg. 2,3; 1. Thess. 5,19) gedacht.

33 Die abendliche Szene stellt das Bindeglied zum lukanischen Kontext dar, der die österlichen Ereignisse im Rahmen eines Tages und konzentriert auf einen Ort darstellt. Die Jünger von Emmaus kehren nach Jerusalem in den Kreis zurück, aus dem sie aufgebrochen waren und finden ihn versammelt vor. **34** Dort kommt es zum Osterbekenntnis in Form eines enthusiastischen Osterrufes: »Wahrhaftig ist der Herr auferweckt (durch Gott, verhüllendes Passiv) und ist dem Simon erschienen.« Wie es zu dem Bekenntnis, das vom kerygmatischen Sprachgebrauch geformt ist, aber wohl kein vorlukanisches Traditionsstück darstellt,[27] gekommen ist, wird vom Erzähler nicht ausgeführt. **35** Mit dem Bericht der beiden Jünger vor den Versammelten über die Begegnung mit dem auferweckten Herrn schließt die Erzählung ab. Die Aussage, daß Jesus von ihnen am Brotbrechen erkannt worden ist, ordnet die Mahlgemeinschaft in das österliche Geschehen ein.

3. Die Erscheinung des Auferweckten vor allen Jüngern 24,36–53*

(36) Als sie noch dies redeten, trat er selbst in ihre Mitte und spricht zu ihnen: »Friede sei mit euch!« (37) Sie aber erschraken und gerieten in Furcht und meinten, einen Geist zu sehen. (38) Und er sprach zu ihnen: »Was seid ihr verwirrt, und warum steigen (solche) Gedanken in eurem Herzen auf? (39) Seht meine Hände und meine Füße, daß ich selbst es bin. Berührt mich und seht, denn ein Geist hat nicht Fleisch und Knochen, wie ihr mich haben seht.« (40) Und als er dies gesagt hatte, zeigte er ihnen die Hände und

---

[25] Die im Neuen Testament nur hier gebrauchte Formel *ἄφαντος ἐγένετο ἀπ' αὐτῶν* entstammt der griechischen Sprach- und Gedankenwelt; vgl. Eurip., Orestes 1495f.; Helena, 606; Vergil, Aen. IX, 657f. sowie 2. Makk. 3,34.

[26] V. 31: *διηνοίχθησαν οἱ ὀφθαλμοί.* V. 32: *διήνοιγεν ἡμῖν τὰς γραφάς.*

[27] *J. Wanke*, Emmauserzählung, 9f.

* Lit.: *W. Michaelis*, Die Erscheinungen des Auferstandenen, Bern 1944 – *Ph. Menoud*, Remarques sur les textes de l'ascension dans Luc-Actes, in: Neutestamentliche Studien, Festschr. f. R. Bultmann, BZNW 21, Berlin-West 1954, 148–156 – *P. Benoit*, Die Himmelfahrt, in: Exegese und Theologie, Düsseldorf 1965, 182–218 – *G. Schille*, Die Himmelfahrt, ZNW 57, 1966, 183–199 – *H. Schlier*, Jesu Himmelfahrt nach den lukanischen Schriften, in: Aufsätze zur biblischen Theologie, Leipzig 1968, 143–155 (= Besinnung auf das Neue Testament, Freiburg i. B. 1964, 227–241) – *A. George*, Les récits d'apparitions aux Onze à partir de Luc 24,36–53, in: La résurrection du Christ et l'exégèse moderne, Paris 1969, 75–104 – *G. Bowman*, Die Erhöhung Jesu in der lukanischen Theologie, BZ 14, 1970, 257–263 – *G. Lohfink*, Die Himmelfahrt Jesu, Untersuchung zu den Himmelfahrts- und Erhöhungstexten bei Lukas, StANT 25, München 1971, bes. 147–176 – *J. Dupont*, La portée christologique de l'évangélisation des nations d'après Luc 24,47, in: Neues Testament und Kirche, Festschr. f. R. Schnackenburg, Freiburg i. B. 1974, 125–143.

die Füße. (41) Als sie aber noch ungläubig waren vor Freude und staunten, sprach er zu ihnen: »Habt ihr etwas Speise hier?« (42) Sie aber gaben ihm ein Stück gebackenen Fisches. (43) Und er nahm es und aß es vor ihren Augen.

(44) Er sagte aber zu ihnen: »Diese sind meine Worte, die ich zu euch geredet habe, als ich noch mit euch zusammen war: Es muß alles erfüllt werden, das geschrieben ist im Gesetz des Mose und in Propheten und Psalmen über mich.« (45) Da öffnete er ihnen den Sinn, die Schriften zu verstehen. (46) Und er sagte ihnen: »So steht geschrieben, daß der Christus leidet und aufersteht von den Toten am dritten Tage (47) und verkündigt wird in seinem Namen Umkehr zur Vergebung der Sünden unter allen Völkern, angefangen von Jerusalem. (48) Ihr seid dafür Zeugen. (49) Und (siehe) ich sende die Verheißung meines Vaters auf euch. Ihr aber sollt in dieser Stadt verbleiben, bis ihr angetan werdet mit Kraft aus der Höhe.«

(50) Und er führte sie hinaus bis nach Bethanien und erhob seine Hände und segnete sie. (51) Und es geschah, als er sie segnete, entfernte er sich von ihnen und wurde in den Himmel aufgehoben. (52) Und sie beteten ihn an, und sie kehrten zurück nach Jerusalem mit großer Freude. (53) Und sie waren alle Tage im Tempel und priesen Gott.

V. 36: Der von der großen Mehrzahl der Zeugen gebotene Friedensgruß entsprechend Joh. 20,19.26 dürfte wegen der Bezeugung ursprünglich sein und vielleicht auf eine Lukas und Johannes gemeinsame Basis verweisen. Dagegen ist das daran anschließende Offenbarungswort (vgl. Joh. 6,20), das sich u. a. in vg und syr^{pesch} findet, sicher sekundär. Der in vielen Ausgaben (Nestle bis 25. Aufl.) bevorzugte Kurztext steht nur bei D, it. – V. 37: Statt *πτοηθέντες* lesen p^{75}, B und 1241*θροηθέντες;* ℵ, W *φοβηθέντες*. An Stelle von *πνεῦμα* hat D *φάντασμα* (vgl. Mark. 6,49). – V. 40: Der mit Joh. 20,20 übereinstimmende Vers fehlt (wie V. 36b) bei D, it sowie syr$^{sin\ cur}$. – V. 42: Die Erwähnung einer Honigwabe als weitere Speise bei einer größeren Anzahl von Zeugen (*Θ, Ψ,* Koinegruppe, vg) deutet auf eine vom symbolischen Verständnis bestimmte Erweiterung hin. Der Fisch wird hier als Symbol des Christus aufgefaßt; Honig, der sowohl in der Taufliturgie wie auch in der Eucharistiefeier der alten Kirche seine Stellung hat, gilt als paradiesische Speise. – V. 43: Ein Teil der Textzeugen, die dem Mahl einen symbolischen Sinn geben (*Θ,* vg), fügen hinzu, daß er das übrige seinen Jüngern verteilt, und rücken das Geschehen damit an das Speisungswunder heran. – V. 51: Das abschließende *ἀνεφέρετο εἰς τὸν οὐρανόν* fehlt in ℵ, D, it, syr^{sin}. Auf diese Weise wird das Stück zu einer Abschiedsszene von Gewicht und mit Apg. 1,1–11 ausgeglichen. Es liegt also eine Kürzung vor, die der Harmonisierung dient. Eine Ursprünglichkeit der Kurzform ist kaum wahrscheinlich, weil da, wo Apg. 1 bekannt ist, kaum in der vorliegenden Form hätte ergänzt werden können. – V. 52: Die Erwähnung der Anbetung fehlt in den gleichen Zeugen, die auch keine Himmelfahrtsaussage enthalten, mit Ausnahme von ℵ. Wird die Himmelfahrt zu einem Abschied umgestaltet, dann muß auch die Anbetung fallen. Diese aber ist wegen des Bezugs auf Sir. 50 (vgl. Einzelexegese) als ursprünglich zu werten. – V. 53: Statt des *εὐλογοῦντες* der wichtigsten älteren Zeugen lesen *αἰνοῦντες* D, it, Tat. Hier sollte der andersartige Gebrauch des Wortes vermieden werden, das in V. 50f. den Segen bezeichnete.

Ausklang des Ostertags Jesu und damit krönender Abschluß des Evangeliums ist die Erscheinung Jesu vor allen Jüngern. Eine Dreigliederung, bei der ein Redestück die Mitte zwischen zwei erzählenden Teilen bildet, ist deutlich erkennbar: die versichernde Bestätigung der realen Auferweckung V. 36–43, die Einsetzung in das Zeugenamt V. 44–49 und die Entrückung V. 50–53.[1] Der als Einheit zu begreifende Bericht verknüpft zwei grundlegende Motive, das »des Auferstehungsbeweises durch die Erscheinung des Auferstan-

[1] Zur Formanalyse vgl. *G. Lohfink*, a. a. O., 147f.

denen« mit dem »Missionsauftrag des Auferstandenen«.[2] Das erstere hat er mit Joh. 20,19–29 gemeinsam,[3] für das letztere bietet Matth. 28,16–20 die Entsprechung.[4]

Die apologetische Tendenz des ersten Teils ist unübersehbar: die Leiblichkeit der Auferstehung soll sichergestellt werden. Hinter dieser Darstellung werden Reflexionen innerhalb der frühen Christenheit und Erörterungen mit ihren Gegnern sichtbar. Die Vorstellung des pneumatischen Leibes, wie sie Paulus 1. Kor 15,35–53 entfaltet und die auch hinter seinem Verständnis des *ὤφϑη* in der Aufzählung der Erscheinungen des Auferstandenen 1. Kor. 15,5–8 steht, ist von der Darstellung des Auferstehungsleibes Jesu im lukanischen Bericht deutlich abgehoben.

Das Auferstehungskerygma ist von Anfang an auf starken Widerstand gestoßen. War es im jüdischen Raum der Vorwurf des Leichendiebstahls (worauf Matth. 27,62–66; 28,11–15 antwortet), so bestand im hellenistischen Raum die Gefahr einer spiritualistischen Verflüchtigung bis zum Verdacht, einem subjektiven Trugbild erlegen zu sein. Dem setzt Lukas den Erweis der leiblichen Realität der Auferstehung Jesu entgegen, der als Grundmotiv die Gestaltung des einleitenden Teils beherrscht. Er berührt sich mit der antidoketischen Ausrichtung der Ostergeschichte bei Johannes. Hier wie dort werden aus der älteren Osterüberlieferung nur jene Züge aufgenommen und ausgebaut, die mit der jeweiligen Tendenz in Einklang zu bringen waren. Eine zusätzliche Reduzierung der Ostertradition ergibt sich durch die bei Lukas theologisch stilisierte Konzentration auf Jerusalem.

Mit den vorangegangenen Stücken des Osterberichts besteht ein enger Zusammenhang. Die Überwindung des Unglaubens vollzog sich bei den Emmausjüngern in Gestalt des Anagnorismos, in einer stufenweise vorbereiteten Wiedererkennensszene. Hier erfolgt sie durch eine Demonstration, die jeden Zweifel beseitigt. Gemeinsam ist auch, daß in offenbarender Rede Jesu das Leiden und die Verherrlichung des Messias als Erfüllung des Schriftzeugnisses gedeutet wird (V. 25–27 und V. 44–47). Dabei erscheint einmal das Todesleiden als Durchgang zur Herrlichkeit, sodann Sterben und Auferstehen als Voraussetzung der Heilsverkündigung. Diese Art der Schriftauslegung, die durch die Worte des Auferstandenen mit höchster Autorität bestätigt wird, entfaltet das urchristliche Bekenntnis *κατὰ τὰς γραφάς* 1. Kor. 15,3–5.

Der Schlußteil des Berichts ist eine Entrückungserzählung, die am Ende der Erscheinungen des Auferstandenen steht, genauer: in die der letzte Erscheinungsbericht übergeht. Analogien weisen das Alte Testament, das Judentum und auch der hellenistische Raum auf: Henoch, Elia, Assumptio Mosis, Ascensio Jesaja, Apollonius von Tyana. Die Erzählung trifft von der Vorstellungsweise her auf bereiteten Boden. Die von ihr geschilderte Entrückung ist nicht als zeitweiliger Abschied aufzufassen, dem erst in Apg. 1,1–11 die eigentliche Himmelfahrt folgt, vielmehr ist die Szene eindeutig als Ausklang des irdischen Wirkens Jesu (vgl. z. V. 51) gedacht. Auch der textkritische Befund (s. o. zu V. 51) ist entsprechend zu bewerten. Die damit zutage tretende Spannung zu Apg. 1,1–11 sollte durch

---

2 *R. Bultmann*, Synoptische Tradition, 313.

3 Zum Verhältnis des johanneischen zum lukanischen Osterbericht vgl. *J. Schniewind*, a. a. O., 91–93.

4 Hier gehen die galiläische Tradition des Matthäus und die auf Jerusalem konzentrierte des Lukas auseinander: zu Apg. 1,8 vgl. die Kommentare zur Apg.

literarkritische Hypothesen gelöst werden. *Ed. Meyer* sah Apg. 1,3–13 als große Interpolation an.[5] *Ph. Menoud* hingegen betrachtete Luk. 24,50–53 und Apg. 1,1–5 als Interpolation des zweiten Jahrhunderts, durch welche das einheitliche Werk des Lukas in zwei Teile auseinandergelegt worden sei, während ursprünglich Apg. 1,6 an Luk. 24,49 angeschlossen habe.[6] Den mit vielen Unwahrscheinlichkeiten belasteten Annahmen gegenüber erscheint die Ansicht besser begründet, Lukas habe die zeitliche Zuordnung der Himmelfahrt zwischen dem Evangelium (Entrückung am Ostertag) und der Apostelgeschichte (Auffahrt nach 40 Tagen) geändert.

Eine eigenständige Himmelfahrtserzählung bleibt in jedem Fall ein Proprium des Lukas und fordert theologische und traditionsgeschichtliche Überlegungen zum Verständnis der Auffahrtsüberlieferung im Spannungsfeld von Ostern und Erhöhung heraus. Fünf Grundantworten sind gegeben worden:

1. Die harmonistische, die von der Darstellung der Apg. ausgeht und alle Erscheinungsberichte in das 40-Tage-Schema einzuordnen versucht. Sie ließe sich nur halten, wenn man die Spannung zwischen Lukas und der Apostelgeschichte beseitigt.

2. Die kritizistische, die in der »Himmelfahrtslegende« eine Konsequenz der zunehmenden Materialisation der Ostererscheinungen sieht (R. Bultmann, G. Bertram, H. Graß): »Je fester der Auferstandene mit beiden Füßen auf der Erde stand, desto deutlicher mußte gewiß werden, das er die Erde schließlich doch verlassen hat.«[7]

3. Die redaktionstheologische: Erst Lukas habe die der Auferstehung ursprünglich parallele Vorstellung der Erhöhung Jesu historisiert und in die gestaltete Form einer Himmelfahrtserzählung gegossen (A. Fridrichsen, E. Haenchen, H. Conzelmann).

4. Die ganzheitliche: Erhöhung und Auferstehung sind von Anbeginn her als eine Einheit aufzufassen, die Erscheinungen des Auferstandenen sind Erscheinungen »vom Himmel her«, es gibt keinen Zwischenzustand, der durch eine Himmelfahrt beendet werden müßte, diese ist vielmehr die letzte Erscheinung (W. Michaelis, P. Benoit).

5. Die auffaltende, nach der bei der Verhältnisbestimmung von Auferstehung und Himmelfahrt drei Stufen anzunehmen sind: die ursprüngliche Einheit von Auferweckung und Erhöhung, ihre im Gemeindebewußtsein sich vollziehende Sonderung in Auferstehung und Himmelfahrt, wie sie sich in Luk. 24,50–53 spiegelt, und die von Lukas durchgeführte schließliche Trennung durch einen vierzigtägigen Zeitraum in Apg. 1,1–11 (L. Brun, A. Harnack).

Der letzte Erklärungsversuch könnte als hilfreiche Präzisierung des voranstehenden ganzheitlichen aufgefaßt werden, doch wäre es verfehlt, den starken lukanischen Anteil bei der Gestaltung der das Evangelium abschließenen Auffahrtserzählung zu verkennen.[8] Eine vergleichende Analyse zeigt auch den Unterschied zum Bericht Apg. 1,1–11 auf. Gemeinsam ist die Lokalisierung (Bethanien bzw. Ölberg); wichtigstes Eigenmerkmal der vorliegenden Erzählung ist die Verbindung von Segen und Proskynese. Hier ergibt sich eine enge Berührung mit Sir. 50, der Schilderung des hohenpriesterlichen Segens, mit

---

[5] Ursprung und Anfänge des Christentums I, Stuttgart/Berlin 1921, 34–45.
[6] A. a. O., 148ff.
[7] So faßt *G. Lohfink* a. a. O., 19, diese Position treffend zusammen; zur Kritik *P. Benoit*, a. a. O., 192–203.
[8] Vgl. die Rekonstruktion bei *G. Lohfink*, a. a. O., 156.

dem das eigentliche Sirachbuch seinen Abschluß findet. Die letzte Christophanie ist doxologisch gestaltet. Lukas krönt sein Evangelium mit einer doxologischen Interpretation der Auffahrt.[9] Daß mit dem Schlußvers der Bericht des Evangeliums zum Tempel zurückkehrt, wo seine Erzählung in 1,5 einsetzt, dürfte auf bewußte Gestaltung zurückgehen. Von hier aus wird noch einmal der »Sitz im Leben« für die lukanische Präsentation des Ostergeschehens erkennbar: auf kultische Weise schließt der Ostertag ab, der in jedem Sonntag der Gemeinde begangen wird.

36 Während sie Jesu Auferweckung bezeugen, ist dieser selbst gegenwärtig und tritt aus der Verborgenheit heraus in die Mitte der Hörer. Daß er sie mit dem Friedensgruß anredet, entspricht Joh. 20,19. Der Friedenswunsch ist das erste Wort des Auferstandenen an die Seinen (vgl. Luk. 10,5). **37** Die Erscheinung löst Schrecken aus und versetzt die Anwesenden in Furcht, weil sie vermeinen, ein Gespenst zu sehen. War bisher deutlich geworden: der Osterglaube hat die Jünger unerwartet ergriffen, so wird nun ausgesagt: er rührt nicht von Geistererscheinungen her. So wird die Präsentation V. 39f. vorbereitet. **38** Ein Wort des Herrn selbst weist das Fehlverständnis zurück. Er spricht von der Verwirrung der Jünger und fragt sie nach den Erwägungen, die aus ihren Herzen aufsteigen. Der Gedanke an Geistererscheinungen kommt also aus einem verwirrten Herzen. **39** An seinen Händen und seinen Füßen ist die Identität des Gekreuzigten und Auferweckten sichtbar (vgl. Joh. 20,20), das *ἐγώ εἰμι αὐτός* spricht sie ausdrücklich aus. Um ihre Leibhaftigkeit, die jeder Verflüchtigung entgegensteht, zu sichern, schließt sich der Hinweis auf die Eigenart des Auferstehungsleibes an. Der Auferstehende hat »Fleisch und Knochen«, die betastet werden können.[10] **40** Dem Hinweis folgt eine verstärkende Demonstration (vgl. Joh. 20,20). **41** Deren Wirkung beschreibt Lukas mit feiner Psychologie, indem er von einem Überwältigtwerden durch die Freude spricht, freilich einer solchen, die den Glauben, der ein kräftiges Erkenntnismoment in sich trägt, an seiner Entfaltung hindert. So sind sie noch ungläubig vor Freude und verharren in fassungslosem Staunen. In diese Gemütsbewegung hinein fragt der Auferstandene nach Speise. **42** Die folgenden Aussagen verdeutlichen, daß die Erscheinung vor oder nach einer Mahlzeit stattfindet. Daß die Jünger ihm Fisch bieten, hat in der Schilderung des Lukas keinen symbolischen Sinn (anders das altkirchliche Verständnis, vgl. o. zur Textkritik), eher eine apologetische Bedeutung. So wirklich ist die leibliche Auferstehung, daß der Auferstandene mit den Seinen zu essen vermag. **43** Dies wird noch ausdrücklich betont, er nimmt und ißt vor ihnen. Diese Mahlgemeinschaft macht die Jünger zu Augenzeugen seines Auferwecktseins (vgl. Apg. 10,41 ; auch Apg. 1,3f.).

44 Mit einem *εἶπεν δὲ πρὸς αὐτούς* wird, wie häufig bei Lukas, eine Reihe von Jesusworten eingeleitet. Als »letzte Worte« stellen sie eine Art Testament dar. Er erinnert sie an die Reden während seines irdischen Daseins (*ἔτι ὢν σὺν ὑμῖν*). Sie sind Vermächtnis Jesu und Gegenstand steter Erinnerung in der Gemeinde. Seine Worte haben auf die Notwendigkeit der Erfüllung der ganzen Schrift hingewiesen, also dessen, was im Gesetz

[9] Zu dieser Bezeichnung *H. P. van Stempvoort*, The Interpretation of the Ascension in Luke and Acts, NTS 5, 1961/62, 30–42.

[10] Hier mag die jüdische Vorstellung zugrunde liegen, daß die Gebeine für den Auferstehungsleib das Gerüst bilden und mit Haut und Fleisch überkleidet werden.

des Mose, bei den Propheten und in den Psalmen (Hinweis auf den dreiteiligen jüdischen Kanon aus Tora, Nebiim und Ketubim) geschrieben ist. Sie sind nach dem hier angezeigten urkirchlichen Verständnis Kunde von Jesus, der sie selbst aufgenommen und seinen Jüngern vorgestellt hat. **45** Seine Unterweisung öffnet ihnen den Sinn zum Verstehen der Schriften. So wird sichtbar, daß die Gemeinde ihre Auslegung der Bibel auf das Osterereignis zurückführt. **46** Das Geschehen von Kreuz und Auferstehung wird zum Schlüssel der Schrift und wird selbst von der Schrift her erhellt (vgl. 1. Kor. 15,3–5). Dies drückt eine Formulierung aus, die Bekenntnischarakter trägt. In ihr wird Jesus ausdrücklich Messias genannt *(τὸν χριστόν); παϑεῖν* bedeutet wie 24,26 leidend sterben. **47** Überraschend ist die (lukanisch geprägte) Fortsetzung: Der Missionsauftrag wird unter dem Gesichtspunkt der Schrifterfüllung mit Kreuzigung und Auferstehung gleichgestellt. Zu denken ist an die heilsgeschichtliche Theologie des Lukas, der die Geschichte Israels als Weissagung versteht, die Jesuszeit als Mitte der Geschichte begreift, die Zeit der Kirche im Zeichen von Zeugnis und Mission als dritte heilsgeschichtliche Periode ansieht. In ihr kommt das verheißene Heil Gottes dadurch zu den Menschen, daß an Stelle Jesu die Jünger als Herolde bestellt sind seinen Namen ausrufen (*κηρυχϑῆναι*), und in ihm Umkehr und Vergebung der Sünden verkündigen. Der Weg zur Völkermission (*πάντα τὰ ἔϑνη*) ist frei, das die Schrift aufgreifende Wort des Auferstandenen selbst geleitet sie. Die Verwirklichung dieses Auftrags beginnt in Jerusalem. **48** Die Daseinsweise der Angeredeten wird durch eine paränetisch-beschreibende und eine futurisch-verheißende Aussage charakterisiert. Die Jünger sind Zeugen dessen, was in ihrer Gegenwart geschehen ist: Kreuz, Auferstehung, Wiederaufnahme der Gemeinschaft mit ihnen. Als Zeugen verbürgen sie für das, was sie sagen, ihr Wort und setzen ihr Leben ein. Beides ist in *μάρτυρες* enthalten. **49** Für diesen von jetzt an zu erfüllenden Auftrag werden sie ausgerüstet. Jesus selbst wird ihnen den Geist geben, der wie in Apg. 2,33 als Verheißung (*ἐπαγγελία*) bezeichnet wird, als Gabe des Vaters durch den Sohn.[11] Er ist Kraft aus der Höhe (vgl. Luk. 1,78), die sie empfangen wie ein Kleid (*ἐνδύσησϑε*), mit dem sie angezogen werden. Die Terminologie streift hier die Gewandmystik: der Geist wird als Himmelskleid vorgestellt. Darauf müssen sie in Jerusalem warten, jener Stadt, die auch als Stätte des Geistempfangs und der Geburt der Gemeinde die Stadt des Heils bleibt wie sie es als Ort der Kreuzigung und der Erscheinungen des Auferstandenen war.

50 Dem Testament folgt der Abschied durch den »großen Segen«. Der Auferstandene führt seine Jünger aus der Stadt heraus auf Bethanien zu (Apg. 1,12: an den Ölberg). Dort erhebt er seine Hände zum Segen über sie. »Der seine Apostel nie gesegnet hat, jetzt legt er feierlich den Segen auf sie.«[12] Das segnende Erheben der Hände kennzeichnet Jesus als Erfüller des hohenpriesterlichen Dienstes (Lev. 9,22). Als Vorbild dieser Schlußszene, die Erhebung der Hände, Segen, Proskynese, Gotteslob enthält, könnte der große Segen in Sir. 50,20f. gedient haben, den der Priester nach dem Opferdienst als abschließende Handlung vollzieht: »Er erhob die Hände über die Gemeinde der Söhne Israels, um mit

[11] Damit ist die Pfingstgeschichte verheißend vorweggenommen. Die Verklammerung zwischen Evangelium und Apostelgeschichte wird daran ebenso sichtbar wie an der Beziehung der beiden Himmelfahrtsberichte.

[12] *H. Schlier*, a. a. O., 145.

den Lippen des Herrn Segen auszusprechen und seines Namens sich zu rühmen.« **51** Die Logik der Handlung erfordert den endgültigen, nicht den zeitweiligen Abschied, wie es auch in der längeren Textgestalt (s. o. Textkritik) eindeutig zum Ausdruck kommt. Während Jesus sie segnet, wird er von ihnen getrennt. »Nun tritt der Auferstandene von den Jüngern weg in eine absolute Distanz.«[13] Im Segen aber hat er sich mit ihnen und sie mit Gott verbunden, zu dem er erhoben wird. **52** Am Schluß dieser letzten österlichen Erscheinung, gleichsam am Ende dieser großen Liturgie steht die Proskynese, die kniefällige Anbetung, ein Zug, der die Szene mit Sir. 50,21 verbindet. Danach kehrten sie nach Jerusalem zurück, nicht voller Trennungsschmerz, sondern erfüllt von der großen Freude, die das Leben der werdenden Gemeinde bestimmt (Apg. 2,46; vgl. 16,34). **53** Der Abschluß hat den Charakter des Summariums, das wieder deutlich lukanische Züge trägt. Hatte V. 47–49 noch einmal die Bedeutung Jerusalems unterstrichen, so erscheint hier der Tempel als Ort der Kontinuität. Im Tempel begann Lukas sein Evangelium (1,5), hier beschließt er es. Dort ist nun die Schar der Jünger versammelt, dort wird auch die Anbetungsstätte der ersten Gemeinde sein (Apg. 2,46; 3,1; 5,42), wie er auch der letzte Wirkungsort des Herrn war (Luk. 19,47; 22,53). Die Jünger sind im Tempel als Lobpreisende, sie erfüllen, wozu nach Sir. 50,22–29 die Söhne Israels aufgefordert werden. Die Zeit der Gemeinde hat begonnen.

[13] *H. Schlier*, a. a. O., 146.